THÉORIE DES OBLIGATIONS

4e édition

J. PINEAU   D. BURMAN   S. GAUDET

THÉORIE DES OBLIGATIONS

4ᵉ édition

par

Jean Pineau
Professeur émérite,
Faculté de droit
Université de Montréal

Serge Gaudet
Avocat
Heenan Blaikie

Les Éditions Thémis

Données de catalogage avant publication (Canada)

Pineau, Jean, 1934-

    Théorie des obligations

    4ᵉ éd. / par Jean Pineau, Serge Gaudet.
Comprend des réf. bibliogr. et un index.

    ISBN 2-89400-144-4

    1. Obligations (Droit) – Québec (Province). 2. Contrats – Québec (Province). 3. Responsabilité (Droit) – Québec (Province). I. Burman, Danielle. II. Gaudet, Serge, 1961- . III. Titre.

KEQ365.P55 2001   346.71402   C2001-940956-7

Composition : Frisson design inc.
Graphisme : Claude Lafrance

Ouvrage publié grâce à l'aide financière du gouvernement du Canada par l'entremise du Programme d'Aide au développement de l'Industrie de l'Édition.

On peut se procurer le présent ouvrage aux
Éditions Thémis
Faculté de droit
Université de Montréal
C.P. 6128, Succursale Centre-ville
Montréal, (Québec)
H3C 3J7
Téléphone : (514) 343-6627
Télécopieur : (514) 343-6779
Courriel : themis@droit.umontreal.ca
Site Internet : http://www.themis.umontreal.ca

1979 • La 1re édition a été assurée par Jean Pineau.

1988 • La 2e édition a été assurée par Jean Pineau et Danielle Burman.

1996 • La 3e édition a été assurée par Jean Pineau et Serge Gaudet.

2001 • La 4e édition a été assurée par Jean Pineau et Serge Gaudet.

AVANT-PROPOS

Cet ouvrage sur la théorie des obligations ne se veut aucunement être un traité; il a, certes, été conçu principalement pour les étudiants en droit, mais, peut-être, pourrait-il aussi ne pas s'avérer inutile aux juristes qui, savants en bien des domaines, sentiraient le besoin de retrouver facilement certains éléments fondamentaux du droit commun, qu'il ne semble pas vain de rappeler de la façon la plus simple et la plus claire possible.

Depuis la publication de la deuxième édition, un nouveau Code civil est né, apportant son cortège de modifications, plus ou moins significatives, qu'il importe de mettre en lumière et d'analyser. Même si le *Code civil du Québec* ne rompt pas avec le passé et même s'il assure la continuité du *Code civil du Bas Canada* ainsi que de l'interprétation qui en a été donnée, il n'en demeure pas moins qu'a été tentée une nécessaire adaptation du droit d'hier à la société québécoise contemporaine, afin d'être en harmonie avec le présent et de ne pas compromettre l'avenir, tout au moins immédiat.

Aussi, nous sommes-nous résolus sur le plan formel, d'abord, à conserver les grandes lignes du plan de la précédente édition, tout en y insérant, çà et là, les changements que le nouveau contexte législatif impose. Quant au fond, nous nous sommes astreints à rappeler le droit d'hier toutes les fois qu'il nous est apparu nécessaire à la compréhension du droit nouveau : l'étudiant en droit ne peut, en effet, recevoir une saine formation juridique s'il ignore l'histoire et l'évolution de la règle de droit, et le praticien, pour sa part, habitué à manipuler le texte législatif d'hier, peut se montrer dubitatif sur le caractère novateur ou conservateur de la règle, dès lors que la langue du nouveau Code et la légistique du jour ne correspondent plus à celles du milieu du XIXe siècle. Ainsi, espérons-nous, l'un et l'autre pourront y trouver leur compte.

En la matière qui nous occupe, on remarquera que la construction romaine s'avère encore solide et que, sur le plan de la technique juridique, la machine étant bien rodée, l'innovation est rare. En revanche, on constatera que, sur le plan des politiques législatives, le nouveau Code tantôt se borne à consacrer, dans un texte, des solutions jurispruden-tielles ou doctrinales déjà sagement admises, tantôt met l'accent sur des points qui paraissent essentiels à l'aboutissement de solutions qui se veulent plus justes : la recherche d'un certain équilibre contractuel et, plus générale-ment, la valorisation d'une certaine morale contractuelle semblent avoir été l'idée directrice constamment suivie par le législateur. En tout état de cause, c'est ce que nous avons cru percevoir tout au long de cette étude qui tente de dégager les lignes de force de la théorie des obligations, d'en analyser et d'en expliquer les règles, à la lumière des enseignements reçus et des orientations nouvelles.

J.P. et S.G.
Juillet 1996

Depuis la parution de la troisième édition, les auteurs ont beaucoup écrit et les juges ont beaucoup... jugé! L'informatique s'affaire à nous le faire savoir et nous aide puissamment à repérer textes et décisions; hélas, elle ne lit ni ne pense ni ne sélectionne à notre place, de sorte que nous risquons de nous trouver submergés par toute cette « matière à réflexion », et bien vulnérables lorsque vient le moment de tenter d'en faire le tri et la synthèse. Le trop-plein paraît alors aussi dangereux que l'absence d'information et Montaigne revient à la mémoire: « mieux vaut une tête bien faite que bien pleine... ».

Néanmoins, nous nous sommes attachés à développer certains points, en expliciter ou préciser certains autres, en tenant compte, évidemment, de nos lectures doctrinales et jurisprudentielles: ainsi, avons-nous ajouté de nombreuses références et quelques six cent décisions des tribunaux de toute instance, en essayant de bien dégager les règles appliquées et les idées prônées, sans pour autant esquiver toute critique.

À la fin de l'exercice, il nous est permis de soutenir qu'après sept années d'application du nouveau Code civil du Québec, non seulement le chaos annoncé ne s'est pas produit, mais encore les juges ont su globalement percevoir cette recherche d'équilibre dans les intérêts des justiciables, tant préconisée par le législateur.

J.P. et S.G.
Mai 2001

Les auteurs désirent remercier toute l'équipe des Éditions Thémis, pour sa compétence et son efficacité, particulièrement Madame Josée Martin qui a assumé la responsabilité de l'édition de l'ouvrage et Madame France Lamarre et Monsieur Benoit Martin qui ont pris soin de la mise en pages. Un remerciement tout particulier à Mesdames Émilie Bachand, Réa Hawi, Karine Labrie, Jolaine L'Heureux et Messieurs Sébastien Jetté et Jean Sébastien Lebrun pour la recherche d'appoint et le travail d'édition.

Ils tiennent également à exprimer leur gratitude aux associés du cabinet Heenan Blaikie, pour le soutien constant qu'ils leur ont apporté, leur permettant notamment d'obtenir les services appréciés de Monsieur Olivier Tardif, qu'ils remercient vivement, pour son aide précieuse dans la recherche doctrinale et jurisprudentielle.

On trouvera, à la fin du volume, la référence complète des ouvrages qui n'ont été cités que par le seul nom de l'auteur.

INTRODUCTION

1. *Notion d'obligation.* Dans le langage courant, l'obligation est synonyme de devoir, de contrainte, ce devoir ou cette contrainte pouvant certes résulter de la loi, mais aussi des usages, des convenances, de la morale ou encore de la conscience. On dit indistinctement qu'on est « obligé » de circuler à droite, de payer ses impôts, d'être ponctuel aux rendez-vous, d'agir avec respect envers autrui, etc.

Dans le langage juridique, l'obligation a un sens beaucoup plus étroit puisqu'elle ne vise alors que des rapports juridiques, d'une nature pécuniaire, établis entre deux personnes déterminées.

Ne sont donc pas des « obligations », au sens juridique du terme, les devoirs ou contraintes qui ne sont pas reconnus par le droit (tels les devoirs de morale, de conscience, de politesse), non plus que les rapports juridiques qui ne sont pas d'une nature pécuniaire (les droits extrapatrimoniaux) ou qui ne sont pas établis entre deux personnes déterminées[1].

D'ordinaire, le mot « obligation » n'est envisagé que sous son aspect négatif. Lorsque je dis : « j'ai l'obligation de payer cent

---

[1] Par exemple, au volant de mon automobile, la loi m'oblige à rouler à droite. Il s'agit là d'un devoir – et non point d'une obligation –, car il n'y a aucune relation juridique entre celui qui est ainsi tenu et une autre personne déterminée : on ne peut alors parler d'un lien de droit. Cependant, ce devoir peut donner lieu à une obligation dans le sens véritable du mot, dans la mesure où, n'ayant pas roulé à droite, j'ai fait subir un préjudice à une tierce personne : j'ai, alors, une dette à l'égard de cette dernière, l'obligation de réparer. *Cf.* POPOVICI, 1995, p. 379.

dollars », cela signifie que je suis dans la situation d'un débiteur, c'est-à-dire celui qui doit. En termes commerciaux, l'obligation est le titre remis à celui qui prête de l'argent à une société, pour constater le droit ou plus précisément la créance de ce prêteur : elle n'est, alors, envisagée que sous son aspect positif, c'est-à-dire sous l'angle du créancier.

Or, l'obligation, telle qu'elle sera analysée, est un rapport de droit entre deux ou plusieurs personnes, en vertu duquel l'une d'elles, appelée le débiteur, est tenue envers une autre, appelée le créancier, d'exécuter une prestation qui consiste à faire ou ne pas faire quelque chose. On pourrait aussi bien la définir comme un rapport de droit entre deux personnes, en vertu duquel l'une d'elles (le créancier) est en droit d'exiger quelque chose de l'autre (le débiteur).

L'obligation – le rapport de droit – est donc composée de trois éléments :

1. Une personne, sujet actif de droit : le créancier (*creditor* : celui qui a fait confiance au débiteur); d'où l'expression « droit de créance ».

2. Une personne, sujet passif de droit : le débiteur, celui qui doit.

    Ces deux éléments montrent que la même valeur figure à la fois dans deux patrimoines : sous forme positive, dans le patrimoine du créancier, et sous forme négative, dans le patrimoine du débiteur; d'un côté une créance, de l'autre une dette. Il importera donc de préciser la notion de patrimoine.

3. L'objet du droit (la prestation), qui consiste soit dans un fait positif que doit accomplir le débiteur (faire quelque chose), soit dans une abstention qui doit être observée par ce débiteur (ne pas faire telle chose).

2. *Notion de patrimoine.* Le Code civil n'indique pas ce qu'est véritablement un patrimoine. C'est la doctrine – en particulier Aubry et Rau – qui a élaboré une théorie devenue désormais classique et qui définit le patrimoine comme étant l'ensemble des biens et dettes, appréciables en argent, qui ont pour titulaire une seule et même per-

sonne et qui sont considérés comme formant un tout appelé
« universalité de droit ».

Ainsi sont exclus du patrimoine les droits qui n'ont pas en soi de
valeur pécuniaire : tels sont les droits familiaux, comme l'autorité
parentale ou encore les droits de la personnalité, comme le droit au
nom, le droit à l'honneur, le droit à l'image. Ils n'ont pas de valeur
économique en soi puisqu'ils sont en dehors du commerce, en ce sens
qu'ils ne peuvent pas être cédés ou transmis : ils sont dits extrapatrimoniaux[2].

---

[2]   Dire qu'un droit est extrapatrimonial et donc qu'il n'a pas, *en soi*, de
      valeur économique, ne signifie pas qu'un tel droit ne soit jamais
      susceptible d'être évalué en argent. S'il est un droit qui est hors du
      commerce, incessible et en principe intransmissible, c'est bien le droit
      aux aliments qui résulte du mariage ou de la filiation (art. 585 C.c.Q.);
      pourtant, il s'évalue en argent, au cours de tout litige familial, en tenant
      compte des besoins de celui qui en exige le paiement et des moyens de
      celui qui doit payer. De la même façon, si le droit à l'honneur ou le droit à
      sa propre image ou tout autre droit de la personnalité est un droit
      extrapatrimonial incessible, comme le déclare désormais l'article 3
      C.c.Q., il revêt un caractère patrimonial dès lors que son titulaire entend
      le faire reconnaître en faisant jouer les règles de la responsabilité civile;
      en effet, la diffamation ou l'atteinte au respect de la vie privée ou toute
      autre violation d'un droit de la personnalité peut donner ouverture à
      l'octroi de dommages-intérêts (*cf. Aubry c. Éditions Vice-Versa inc.*,
      [1998] 1 R.C.S. 591) : on est alors amené à évaluer le préjudice subi et on
      constate, donc, que ces droits extrapatrimoniaux peuvent avoir des effets
      patrimoniaux. Ce droit à des dommages-intérêts demeure certes
      incessible, mais il est transmissible aux héritiers de la personne dont les
      droits de la personnalité ont été violés (art. 1610, al. 2 C.c.Q.). En effet,
      l'article 625 C.c.Q. permet clairement aux héritiers d'être saisis des
      droits d'action du défunt contre l'auteur de toute violation d'un droit de la
      personnalité ou contre ses représentants. On observera également que
      certains droits de la personnalité peuvent faire l'objet de conventions
      dans des circonstances exceptionnelles où ils peuvent avoir une valeur
      économique : il en est ainsi, par exemple, des contrats de publicité
      relatifs à l'exploitation commerciale de telle vedette du monde de la
      mode, de la chanson, du sport ou autres... Sur ce point, *cf.* Édith
      DELEURY et Dominique GOUBAU, *Le droit des personnes physiques*, 2ᵉ
      éd., Cowansville, Éditions Yvon Blais, 1997, nᵒˢ 72 et suiv.; Patrick
      MOLINARI, «Le droit de la personne sur son image en droit québécois et
      français», (1977) 12 *R.J.T.* 95. Sur le caractère patrimonial de certains
      droits de la personnalité, *cf.* Grégoire LOISEAU, « Des droits
      patrimoniaux de la personnalité en droit français », (1997) 42 *R.D.*

On observe, en outre, que l'universalité de droit que constitue le patrimoine est rattachée à la personne de façon indissociable : c'est « l'émanation de la personne, écrivent Aubry et Rau[3], et l'expression de la puissance juridique dont une personne est investie comme telle ». Il faut, alors, en tirer certaines conséquences :

1. Seules les personnes physiques ou morales peuvent avoir un patrimoine et toute personne a nécessairement un patrimoine (art. 2 C.c.Q.), ne serait-il limité qu'à des dettes ou même serait-il vide, comme, le plus souvent, celui de l'enfant qui vient de naître : tout sujet de droit étant, on le verra, apte à être titulaire de droits, il lui faut une enveloppe destinée à les recevoir.

2. Une personne ne peut avoir qu'un patrimoine : « [a]xé sur la personne humaine, qui est une et indivisible, le patrimoine a logiquement le même caractère »[4]. Cela signifie qu'il ne peut y avoir d'universalités distinctes, telle une universalité composée exclusivement de l'actif et une autre composée exclusivement du passif; c'est pourquoi l'ensemble des actifs devra répondre en principe de l'ensemble des dettes.

3. Le patrimoine est lié à la personne tant que dure la personnalité; c'est dire qu'il est intransmissible entre vifs et transmissible seulement à cause de mort[5]. En effet, la mort mettant fin à la personnalité juridique, le patrimoine du défunt ne peut rester sans titulaire; c'est pourquoi il sera transmis à l'héritier qui continue la personne du défunt et le voit se fondre avec le sien.

McGill 319. Sur la transmissibilité aux héritiers du droit de monnayer l'exploitation commerciale de l'image, *cf.* Jean PATARIN, « Successions et libéralités », *Rev. trim. dr. civ.* 1990.126.

[3] AUBRY et RAU, 6ᵉ éd., t. 9, n° 573, p. 306.

[4] *Id.,* n° 575, p. 310.

[5] Lors même qu'une personne consentait une « donation universelle », c'est-à-dire une donation portant sur l'ensemble de ses biens – actifs et passifs –, elle ne cessait pas, pour autant, d'être titulaire de son patrimoine; elle se dépouillait, en effet, du contenu de celui-ci, mais non point de l'enveloppe que constitue le patrimoine : demeurant apte à acquérir des droits et à contracter des dettes, le contenant lui demeurait nécessaire. On notera que cette donation universelle que prévoyait l'article 780 C.c.B.C. est désormais sanctionnée par la nullité absolue (art. 1823 C.c.Q.).

Il faut admettre que cette théorie très remarquable ne correspond pas tout à fait à la réalité qu'elle ne recouvre pas entièrement; aussi a-t-elle fait l'objet de vives critiques.

Tout d'abord, le principe d'unité et d'indivisibilité du patrimoine n'est pas aussi absolu que la théorie classique le prétend. On rencontre, en effet, des hypothèses où un sujet de droit se trouve, tout au moins provisoirement, à la tête de deux patrimoines. Tel était le cas, dans le cadre du *Code civil du Bas Canada*, de celui qui acceptait une succession sous bénéfice d'inventaire : le patrimoine du défunt ne se confondait pas, alors, à celui de l'héritier, de sorte que ce dernier n'était pas tenu, sur ses biens personnels, des dettes de la succession; il n'en était autrement que lorsque l'acceptation était pure et simple[6]. On rencontrait aussi des hypothèses où le patrimoine était divisé en plusieurs masses soumises à des régimes juridiques divers ou affectés à des buts particuliers : tel était le cas de la masse commune dans le cadre du régime de communauté, distincte de la masse des biens propres de chacun des époux, ou encore le cas de ce que, jadis, les armateurs français ou allemands appelaient la « fortune de mer », c'est-à-dire le navire et le fret que l'armateur avait la possibilité d'abandonner à ses créanciers lorsqu'il était responsable des faits de son capitaine, sans être tenu au-delà, sur ses biens personnels[7].

---

[6] Le législateur admet désormais le principe de la séparation des patrimoines du défunt et de celui de l'héritier, automatiquement et sans que celui-ci ait besoin d'accepter, comme hier, la succession sous bénéfice d'inventaire, tant que la succession n'a pas été liquidée (art. 780 C.c.Q.), ainsi que le principe voulant – sous réserve des exceptions expressément prévues – que les héritiers ne soient pas tenus des obligations du défunt au-delà de la valeur des biens qu'ils recueillent (art. 625 C.c.Q.); ces mesures nouvelles ne contredisent aucunement la règle ancienne selon laquelle l'héritier continue la personne du défunt, l'acceptation sous bénéfice d'inventaire n'ayant jamais, dans le passé, effacé l'idée de la continuation de la personne du défunt, mais elles apportent une atténuation à l'idée d'unicité et d'indivisibilité du patrimoine de la personne.

[7] *Cf.* Madeleine CANTIN CUMYN, « La propriété fiduciaire : mythe ou réalité? », (1984) 15 *R.D.U.S.* 7. La Cour d'appel du Québec a décidé qu'une caisse de retraite administrée par l'employeur constituait un patrimoine d'affectation : *cf. T.S.C.O. of Canada Ltd.* c. *Châteauneuf*, [1995] R.J.Q. 637 (C.A.) (jj. LeBel et Baudouin, la juge Deschamps étant dissidente, notamment sur ce point).

Le patrimoine, que la théorie classique était en définitive arrivée à confondre avec l'aptitude même de la personne à acquérir des droits, est dans ces cas détaché de la personnalité juridique. C'est ce qui devait pousser la doctrine moderne, influencée par les juristes allemands, à développer la notion de plus en plus reconnue de patrimoine d'affectation : il s'agit d'une masse d'actifs et de dettes affectés à un but déterminé ou à une destination commune et constituant un patrimoine ou une « universalité de droit ». Même si cette notion de patrimoine d'affectation comporte des avantages non négligeables, elle appelle néanmoins des réserves. Poussée à l'extrême, elle serait susceptible de conduire à une multiplicité d'universalités ayant chacune leur but particulier ou leur destination propre, qui pourrait être source de fraudes en permettant à un débiteur de soustraire une partie de ses biens au gage général de ses créanciers.

Aussi ne peut-on pas rejeter la théorie classique et doit-on revenir vers elle, sans exagérer, toutefois, l'intégration patrimoine-personnalité, en admettant que le patrimoine peut ne pas être toujours un et indivisible. Ce n'est certes qu'en faisant appel à la notion de patrimoine d'affectation que l'on sera en mesure d'expliquer des situations particulières[8], telle la nature juridique de la masse des biens communs en régime communautaire ou celle de la fiducie, telle la constitution d'une fondation sans que soit créée une personne morale ou encore la constitution d'un fonds de retraite[9]; cependant, ce n'est pas à partir de cette notion que l'on peut bâtir une théorie générale du patrimoine[10].

C'est pourquoi, tout en maintenant la doctrine classique d'un patrimoine en principe unique et indivisible rattaché à la personne, le nouveau Code reconnaît explicitement la possibilité, pour le patrimoine, de faire l'objet d'une division ou d'une affectation; cependant,

---

[8]   Voir Pierre CHARBONNEAU, « Les patrimoines d'affectation : vers un nouveau paradigme en droit québécois du patrimoine », (1983) 85 *R. du N.* 491.

[9]   *T.S.C.O. of Canada Ltd.* c. *Châteauneuf*, [1995] R.J.Q. 637 (C.A.).

[10]   Frédérique COHET-CORDEY, « La valeur explicative de la théorie du patrimoine en droit positif français », *Rev. trim. dr. civ.* 1996.819. Sur la notion de patrimoine, *cf.* MARTY et RAYNAUD, t. 1, vol. 1, 2ᵉ éd., n° 287 et suiv., p. 465 et suiv.; FLOUR, AUBERT et SAVAUX, vol. 1, 9ᵉ éd., n° 27 et suiv., p. 16 et suiv.; WEILL et TERRÉ, 4ᵉ éd., 1979, n° 361 et suiv., p. 352 et suiv.; Alain SÉRIAUX, « La notion juridique de patrimoine », *Rev. trim. dr. civ.* 1994.801.

il n'en sera ainsi que dans la seule mesure prévue par la loi (art. 2, al. 2 C.c.Q.); d'où la présence, dans le nouveau Code, d'un titre sixième, « De certains patrimoines d'affectation », qui traite de la fondation (art. 1256 à 1259 C.c.Q.) et de la fiducie (art. 1260 à 1298 C.c.Q.).

2.1. *Patrimoine d'affectation et rapport de droit.* On notera que la reconnaissance du concept de patrimoine d'affectation ne manque pas de créer quelque embarras vis-à-vis de l'analyse classique qui est faite de l'obligation, comme rapport de droit entre deux ou plusieurs personnes : en effet, un patrimoine d'affectation (telle une fiducie) n'est rattaché à aucune ... « personne ». Certes, les biens ainsi affectés à une fin particulière sont détenus et administrés par une personne appelée fiduciaire, mais celle-ci n'est aucunement titulaire de ce patrimoine qui n'est pas le sien et dont elle n'est que l'administratrice. Ce patrimoine fiduciaire « constitue un patrimoine d'affectation autonome et distinct de celui du constituant, du fiduciaire ou du bénéficiaire, sur lequel aucun d'entre eux n'a de droit réel » (art. 1261 C.c.Q.). Or, ce patrimoine fiduciaire peut faire l'objet de droits et d'obligations et c'est le fiduciaire qui exercera ces droits ou qui veillera à l'exécution des obligations, sans pour autant être lui-même créancier ou débiteur : il ne fera qu'user des pouvoirs – et non des droits – que la loi lui attribue en tant qu'administrateur de biens qui ne sont pas les siens (*cf.* art. 1299 et suiv. C.c.Q.).

Le patrimoine d'affectation n'étant ni une personne physique ni une personne morale, peut-il être considéré comme créancier ou débiteur, lorsqu'un contrat est conclu entre une personne physique ou morale et le fiduciaire agissant à ce titre, c'est-à-dire en tant qu'administrateur, ou encore entre deux fiduciaires agissant ès qualité?

On le constate, le rattachement quasiment indissociable du patrimoine à la personne – pas de personne sans patrimoine, pas de patrimoine sans personne – nous contraint à « forcer » l'analyse traditionnelle de l'obligation en tant que rapport de droit entre deux « personnes ». Certes, il paraît bien téméraire de « détacher » l'obligation de la personne en n'en faisant plus qu'un rapport de droit entre deux patrimoines! Il paraîtrait plus approprié d' envisager de créer, à côté de la personne physique et de la personne morale, une troisième catégorie de sujets de droit, le patrimoine d'affectation, ou tout au moins de le considérer comme un sujet de droit. Il serait alors permis de dire que peuvent être créanciers et débiteurs les personnes physiques, les personnes morales et les patrimoines d'affectation, telles les fiducies[11]. Cette « personnalisation » du patrimoine d'affectation nous paraît préférable à l'admission d'une obligation sans titulaire.

Cette difficulté est, d'ailleurs, mise en lumière dans un arrêt de la Cour d'appel[12] : il est intéressant de comparer la diversité des motivations des juges, lorsqu'un patrimoine d'affectation (en l'occurrence il s'agissait d'une caisse de retraite) est « débiteur » : est-ce la « caisse » ou le fiduciaire ès qualité qui est le véritable débiteur des prestations de retraite? La question exige une réponse, surtout si l'on considère que les patrimoines d'affectation sont plus nombreux qu'on pourrait le croire dans la mesure où l'on peut penser que certains types de sociétés civiles (qui, au Québec, n'ont pas la personnalité civile) doivent être ainsi qualifiés, compte tenu notamment de l'alinéa second de l'article 2221 et de l'article 2225 C.c.Q.[13].

3. *Place de l'obligation dans la composition du patrimoine.* On a déjà dit que le patrimoine était l'ensemble des biens et des dettes dont une personne était titulaire. Or, qu'entend-on par « biens » ?

---

[11] *Cf.* Madeleine CANTIN CUMYN, *L'administration du bien d'autrui,* coll. « Traité de droit civil », Cowansville, Éditions Yvon Blais, 2000 : sur la notion de pouvoirs, n° 80 et suiv.; sur les pouvoirs du fiduciaire, n° 145 et suiv., particulièrement n° 147; l'auteure suggère, avec précautions, de « considérer la fiducie comme le sujet des droits et des obligations compris dans le patrimoine d'affectation ». Sur la notion de patrimoine, *cf.* Pierre-Claude LAFOND, *Précis de droit des biens,* Montréal, Éditions Thémis, 1999, p. 159 et suiv.; Denys-Claude LAMONTAGNE, *Biens et propriété,* 2ᵉ éd., Cowansville, Éditions Yvon Blais, 1995, p. 103 et suiv.; Sylvio NORMAND, *Introduction au droit des biens*, Montréal, Wilson et Lafleur, 2000, p. 21 et suiv.

[12] *T.S.C.O. of Canada Ltd.* c. *Châteauneuf,* [1995] R.J.Q. 637, 697 (C.A.). (Même si cet arrêt a été rendu sous l'empire du *Code civil du Bas Canada*, le raisonnement demeure le même).

[13] *Cf. Corporation des maîtres électriciens du Québec* c. *Clément Jodoin Électrique inc.*, REJB 00-18092 (C.S., en appel, C.A. Montréal, n° 500-09-009379-009). Quant au statut de la société sous le *Code civil du Bas Canada, cf. Québec (Ville de)* c. *Compagnie d'immeubles Allard ltée,* [1996] R.J.Q. 1566 (C.A.) : cette décision a cependant été rendue avant la reconnaissance législative du patrimoine d'affectation et il semble que l'analyse qui y a été faite devrait être revue à la lumière des dispositions du nouveau Code civil. *Cf.* à ce sujet, Nabil N. ANTAKI et Charlaine BOUCHARD, *Droit et pratique de l'entreprise,* t. 1, Cowansville, Éditions Yvon Blais, 1999, p. 353 et suiv.

On oppose traditionnellement les biens corporels aux biens incorporels. Les premiers sont ceux qui ont un « corps »; ce sont les choses matérielles : une maison, une table, une chaise. Les seconds sont ceux qui n'ont pas de corps; ce sont les biens immatériels, c'est-à-dire les droits, tel le droit de créance. Cette distinction est cependant susceptible de critique. Dans le langage courant, je dirai volontiers « ma maison » plutôt que « la maison sur laquelle j'ai un droit de propriété », alors que, si je suis locataire et non point propriétaire, je ne dirai plus « *ma* maison ». Le droit de propriété ainsi confondu avec la chose elle-même est considéré comme un bien corporel, tandis que les autres droits sont qualifiés d'incorporels. Or, pour qu'une chose soit dans mon patrimoine, il faut que j'aie un droit sur elle, car ce qui a une valeur patrimoniale, c'est le droit que j'ai sur telle chose et non point la chose en soi; il m'importe peu que telle maison vaille 200 000 $ si elle n'est pas mienne ! Au contraire, si j'en suis le propriétaire, j'ai sur elle un droit évaluable en argent, sans pour autant que soient confondus ce droit et la chose. La distinction biens corporels-biens incorporels est donc inexacte, dans la mesure où, les biens n'étant que des droits, ils sont nécessairement incorporels. Néanmoins, cette distinction traditionnelle a été maintenue en raison de sa commodité.

L'obligation qui nous intéresse ici est précisément ce bien immatériel ou incorporel qu'est le droit de créance qui, défini comme « le bien entre deux personnes, en vertu duquel l'une est en droit d'exiger quelque chose de l'autre », est envisagé sous l'aspect positif, celui du créancier. Toutefois, on l'a déjà noté, le terme « obligation » désigne un rapport de droit entre deux personnes, qui doit être vu non seulement sous l'angle du créancier, mais encore sous son aspect négatif, sous l'angle de celui qui doit, le débiteur. L'obligation est, alors, une dette.

Une distinction d'un autre type est également admise traditionnellement et consacrée par le Code civil : « [l]es biens, tant corporels qu'incorporels, se divisent en immeubles et en meubles » (art. 899 C.c.Q.). Le caractère immobilier d'un bien réfère au critère physique d'immobilité et de fixité, contrairement au caractère mobilier qui se définit physiquement par la mobilité et la faculté de déplacement : ainsi, un terrain, une maison, sont des immeubles, tandis qu'une table, un tableau, sont des meubles. On observe qu'on est porté naturellement à choisir des exemples parmi les biens corporels : cela se comprend aisément du fait que le critère de distinction est un critère purement physique; il peut donc paraître étrange d'appliquer cette distinction à des biens incorporels qui, par définition, sont des biens immatériels. Néanmoins, il est nécessaire de les qualifier de meubles ou d'immeubles, afin de déterminer à quel régime juridique ils doivent être soumis; ainsi, trouve-t-on des droits immobiliers et des droits mobiliers. En vertu de l'article 904 C.c.Q., sont immobiliers les droits réels[14] qui portent sur des immeubles, tels la propriété, l'emphythéose, l'usufruit, ainsi que les actions qui tendent à les faire valoir et celles qui visent à obtenir la possession d'un immeuble, ce que le *Code civil du Bas Canada* qualifiait d'« immeubles par l'objet auquel ils s'attachent ». De la même façon, on dira que le droit est mobilier dès lors qu'il porte sur un meuble, tel l'usufruit consenti sur un meuble.

Plus artificielle est la qualification du droit personnel, celui-ci ne portant pas directement sur une chose : l'obligation qui porte sur une somme d'argent, ainsi que les obligations de faire ou de ne pas faire sont nécessairement mobilières, du seul fait... qu'elles ne sont pas immobilières, tout ce qui n'est pas immeuble étant meuble (art. 907 C.c.Q.) ! Cela laisserait croire que tout droit de créance est mobilier, surtout depuis que l'obligation de transférer un droit de propriété s'effectue automatiquement par le seul accord de volontés ou le seul consentement des parties (art. 1453, al. 1 C.c.Q.) : ainsi l'acquéreur d'un immeuble en acquiert la propriété instantanément et possède, à l'égard du vendeur qui n'exécuterait pas son obligation de livrer, un droit de créance dont l'objet est, non point l'immeuble, mais une obligation de faire (obligation de livrer l'immeuble), donc droit de créance mobilier.

Pourtant, quoiqu'on en dise, la créance immobilière existe bel et bien; advenant le cas où il serait convenu que le transfert de propriété ne s'effectuerait pas au moment de l'échange des

---

14 *Cf. infra*, n° 8.

consentements, mais seulement à une date ultérieure, l'acquéreur de cet immeuble aurait, jusqu'à ce moment, à l'égard de son vendeur, un droit de créance immobilier : le droit personnel de se faire transférer un droit (de propriété) portant directement sur un immeuble. Il en sera de même dans le cas d'une promesse de vente, le bénéficiaire de la promesse ayant, à l'égard du promettant-vendeur, un droit de créance dont l'objet porte sur l'immeuble[15]. Advenant le cas où le promettant-vendeur refuserait de conclure le contrat de vente qui transférerait effectivement la propriété au créancier de la promesse, ce dernier pourrait obtenir, à la suite d'une action en passation de titre, un jugement qui équivaudrait à un titre de vente et en aurait tous les effets légaux (art. 1712 C.c.Q.)[16]. Il semble bien qu'il s'agisse donc ici d'une action personnelle immobilière, ce que nous paraît confirmer l'article 904 C.c.Q.

4. *I. Caractères de l'obligation.* On peut prétendre que l'obligation revêt trois caractères. C'est un lien de droit – entre des personnes – de nature patrimoniale.

5. *1. Caractère obligatoire.* À l'origine, l'expression « lien de droit » n'était pas une image. Dans le très ancien droit romain, le débiteur qui ne payait pas ce qu'il devait au créancier pouvait être incarcéré chez ce dernier et enchaîné (*ligatus* = lien). La situation de l'« obligé » était pire que celle d'un esclave, le créancier ayant le droit de le faire travailler pour son compte et même, en certains cas, celui de le tuer ou de le vendre comme esclave à l'étranger : on voit donc qu'à cette époque, le débiteur, littéralement, s'« engageait » (devenait le gage)[17]. Puis, ce lien est devenu symbolique et s'est transformé en *juris vinculum* : le débiteur reste « lié » en ce qu'il demeure tenu d'exécuter ce qu'il doit, mais le lien n'est plus physique, matériel, il s'est idéalisé.

---

15 MIGNAULT, t. 2, p. 430; MARTY et RAYNAUD, t. 1, vol. 1, 2ᵉ éd., n° 318, p. 501 et suiv.; WEILL et TERRÉ, 4ᵉ éd., 1979, n° 278, p. 288 et suiv.

16 *Cf. Westmount Medical Building Inc.* c. *126149 Canada Inc.*, J.E. 86-76 (C.A.) (requête pour autorisation de pourvoi à la Cour suprême rejetée, dossier n° 19753, 22 mai 1986).

17 Voir Édouard CUQ, *Les institutions juridiques des Romains*, Paris, Plon, 1891, p. 187-189 et p. 331 et suiv.

Ainsi donc, le débiteur doit exécuter ce à quoi il est tenu et, s'il n'exécute pas, le créancier pourra recourir aux moyens de contrainte mis à sa disposition par l'État.

Il existe, cependant, certaines obligations qui ne sont pas susceptibles d'exécution forcée; mais on peut dire qu'elles sont exceptionnelles : ce sont les obligations naturelles. Malgré cette absence d'exécution forcée, on peut dire que le débiteur doit exécuter cette obligation.

6. *2. Caractère patrimonial.* L'obligation représente une valeur pécuniaire qui figure dans les patrimoines du créancier et du débiteur. C'est un élément d'actif pour le créancier et un élément de passif pour le débiteur, quel que soit l'objet de l'obligation, que la prestation porte ou non sur une somme d'argent. Lorsque, par exemple, un entrepreneur s'est engagé à construire une maison ou qu'un architecte a promis ses services à un entrepreneur, cette prestation a en soi une valeur écono-mique et, au cas d'inexécution de l'obligation par le débiteur, le créancier pourra obtenir des dommages-intérêts en réparation du dommage causé. C'est dire que l'obligation est une valeur pécuniaire, une valeur patrimoniale.

7. *3. Caractère personnel.* L'obligation est un lien de droit entre deux personnes. En effet, la personnalité du créancier et celle du débiteur revêtent une certaine importance, surtout celle du débiteur : il est préférable pour le créancier d'avoir un débiteur solvable plutôt qu'insolvable ! La chose n'est pas in-différente.

En outre, si, à l'origine, le créancier avait un droit sur la personne de son débiteur (droit remplacé ultérieurement par la faculté pour le créancier de faire jeter son débiteur en prison par la « contrainte par corps », disparue depuis la promulgation d'un nouveau *Code de procédure civile* en 1966), le créancier a aujourd'hui un droit sur le patrimoine de son débiteur : c'est ce qui lui permet de forcer l'exécution, de contraindre le débiteur. On dit que le créancier a un droit de gage général sur le patri-moine de son débiteur; cette expression est impropre : le gage, tel qu'il est réglementé par les articles 2665, al. 2 et 2702 et suiv. C.c.Q., est un droit réel, une sûreté qui donne à celui qui en est le titulaire un droit de préférence et un droit de suite sur le bien envisagé. Or, en vérité, le créancier « ordinaire », qu'on appelle créancier chirographaire, a seulement le droit de faire saisir les biens du débiteur, les faire vendre en justice, se servir sur le produit, et, en cas d'insolvabilité, se faire éventuellement payer en concours avec les autres créanciers de ce débiteur[18]. Ainsi, le droit qu'a le créancier est toujours en quelque sorte un droit qu'il a sur la personne du débiteur ou, plus précisément à travers celle-ci, un droit sur le patrimoine pris dans son ensemble, c'est-à-dire sur l'universalité des biens du débiteur, et non point sur tel ou tel bien déterminé. C'est tout simplement le droit pour le créancier, qui n'a ni droit de suite ni droit de préférence, de contraindre son débiteur à exécuter son obligation.

8. *Distinction entre le droit de créance et le droit réel.* Ainsi peut-on opposer l'obligation, ce droit personnel, au droit réel, ce dernier étant celui que l'on a directement et immédiatement par rapport à une chose, dans lequel on ne trouve que deux des éléments constitutifs de l'obligation : une personne, sujet actif du droit, tel le propriétaire, l'usufruitier ou le titulaire d'une servitude, et une chose déterminée qui est l'objet du droit. Le sujet actif pourra, en ces cas, retirer de la chose les avantages que lui confère le droit, sans avoir besoin qu'intervienne une autre personne.

On ne rencontre donc pas dans le droit réel, entre le sujet actif et l'objet, cet intermédiaire qu'est le débiteur, sujet passif, dans l'obligation. C'est pourquoi l'obligation ne peut pas être ramenée au droit réel et le droit réel ne peut pas être ramené à l'obligation, malgré les tentatives faites par une certaine doctrine[19].

Le droit de créance est, en effet, différent du droit réel :

1. Le droit réel ne comporte qu'un sujet actif avec un pouvoir direct sur la chose, objet du droit, alors que le droit personnel

---

[18] *Cf.* art. 2644 C.c.Q. et art. 578 C.p.c.

[19] Sur la critique de cette distinction classique, *cf.* Marcel PLANIOL, *Traité élémentaire de droit civil,* 9ᵉ éd., t. 1, Paris, L.G.D.J., 1922, nº 2158 et suiv., p. 655 et suiv.; Raymond SALEILLES, *Essai d'une théorie générale de l'obligation d'après le projet de Code civil allemand,* Paris, Pichon, 1890; Shalev GINOSSAR, *Droit réel, propriété et créance,* Paris, L.G.D.J., 1960.

comporte un sujet actif, un sujet passif et la prestation, objet du droit;

2. Le droit personnel est dit « relatif » dans la mesure où le créancier ne peut exiger que de son débiteur la prestation qui lui est due; dans l'hypothèse où celui-ci n'exécuterait pas son obligation, seuls les biens composant son patrimoine au moment de la saisie par le créancier répondraient de sa dette. Ainsi, « être tenu personnellement » ou « être tenu sur tous ses biens » ou « sur l'ensemble de ses biens » sont des expressions synonymes qui caractérisent le droit personnel du créancier.

Au contraire, le droit réel est dit « absolu », dans la mesure où il peut être invoqué à l'égard de tous et où tous doivent le reconnaître et le respecter, puisqu'il porte directement sur le bien qui en est l'objet[20]. C'est pourquoi en principe le droit réel comporte le droit de préférence et le droit de suite, que ne comprend aucunement le droit personnel. Ainsi, celui dont la créance est garantie par une hypothèque portant sur l'immeuble de son débiteur, est titulaire d'un droit réel sur cet immeuble; en conséquence, dans l'hypothèse où celui-ci serait vendu en justice à la suite d'une saisie, le créancier hypothécaire serait payé, sur le produit de la vente, avant tout autre créancier chirographaire, c'est-à-dire créancier ordinaire dont le droit n'est assorti d'aucune garantie particulière : on dit que le créancier hypothécaire a un droit de préférence, contrairement aux créanciers chirographaires qui, au cas d'insolvabilité de leur débiteur, viendront en concours et seront payés au prorata de leur créance. Dans l'hypothèse où cet immeuble grevé d'une hypothèque serait sorti du patrimoine du débiteur, par exemple à la suite d'une vente, le créancier hypothécaire aurait le droit, pour être payé, de faire saisir et vendre l'immeuble en cause entre les mains de son nouvel acquéreur : on dit que le créancier hypothécaire a un droit de suite, contrairement aux créanciers chirographaires qui, voulant forcer leur débiteur à les payer, ne pourraient faire

---

[20] Cette affirmation doit être atténuée, car, pour être opposable à tous, le droit réel est parfois soumis à des règles de publicité : par exemple, le transfert de propriété d'un immeuble effectué par vente ne sera opposable à tous qu'à compter de l'inscription du droit sur le registre foncier (art. 1455 C.c.Q.).

saisir que les biens qui, à ce moment-là, sont encore dans le patrimoine de celui-ci et non point ceux qui en sont sortis[21].

Pour illustrer ce que sont les droits de préférence et de suite, on a choisi l'hypothèque qui est un droit réel dit « accessoire »; il accompagne, en effet, une créance dont il renforce la solidité au cas d'insolvabilité du débiteur, sans pour autant accorder à son titulaire quelque maîtrise de la chose. Il en est de même du gage portant sur un meuble, qui confère au créancier le même droit de préférence et de suite (art. 2660 C.c.Q.); il s'agit effectivement d'une « sûreté réelle », c'est-à-dire une garantie destinée à consolider une créance, comme le fait l'hypothèque, et qui porte sur un bien meuble déterminé : on constate donc, comme on l'a déjà signalé, qu'il est inexact, juridiquement parlant, de dire que le créancier chirographaire a un « droit général de gage » sur le patrimoine de son débiteur[22].

À côté de ces droits réels accessoires, on trouve, bien évidemment, les droits réels dits « principaux », qui confèrent à leur titulaire une maîtrise de la chose sur laquelle ils portent, maîtrise plus ou moins totale selon qu'il s'agit d'un droit de propriété ou d'un démembrement du droit de propriété (usufruit, par exemple)[23].

---

[21] *Cf.* art. 2660, 2665 et 2751 C.c.Q.

[22] Sur les sûretés, *cf.* Pierre CIOTOLA, *Droit des sûretés*, 3ᵉ éd., Montréal, Éditions Thémis, 1999; Louis PAYETTE, *Les sûretés dans le Code civil du Québec*, Cowansville, Éditions Yvon Blais, 1994; Denise PRATTE, *Priorités et hypothèques*, Sherbrooke, Les Éditions Revue de droit de l'Université de Sherbrooke, 1995.

[23] On notera que, comme pour toute classification, celle opposant les droits réels et les droits personnels ne peut couvrir adéquatement toute la réalité juridique. Il existe des droits qui, par essence personnels, possèdent néanmoins certains caractères qui les font s'apparenter à la catégorie des droits réels : tel est le cas du droit du locataire d'un immeuble d'habitation qui, entre autres, a le droit au maintien dans les lieux. (*cf.* Pierre-Gabriel JOBIN, *Le louage*, 2ᵉ éd., Cowansville, Éditions Yvon Blais, 1996, p. 27 et suiv.) Il en est d'autres, sur la nature juridique desquels on s'interroge, tel le droit de rétention, certains le qualifiant de droit réel, d'autres n'y voyant qu'une simple modalité de la dette de restitution, accessoire à la créance du rétenteur (*cf.* MARTY et RAYNAUD, t. 3, vol. 1, nᵒˢ 16 et suiv.). Face à ces difficultés de classification, certains auteurs les qualifient de «droits mixtes» (Pierre-Claude LAFOND, *Précis de droit des biens*, Montréal, Éditions Thémis, 1999, p. 195; Denys-Claude LAMONTAGNE, *Biens et Propriétés,* 3ᵉ éd., Cowansville, Éditions Yvon Blais, 1998, nᵒ 94, p. 47 et nᵒˢ 105-107, p. 51-

Parallèlement au droit personnel et au droit réel, on trouve, parmi les droits incorporels, une autre catégorie de droits, appelés droits intellectuels, tels les droits qu'ont les auteurs ou les artistes sur leurs œuvres, ou encore les inventeurs sur leurs découvertes. On parle, parfois, des droits sur les œuvres de l'esprit ou de la propriété intellectuelle. Ces droits, dont il est impossible de dire qu'ils sont soit personnels, soit réels, ont la particularité de présenter un double caractère : d'une part, un caractère moral et, d'autre part, un caractère pécuniaire. En effet, l'auteur, par exemple, a sur son œuvre le droit moral d'en accepter ou d'en refuser la divulgation, de la protéger contre toute atteinte qui pourrait lui être portée (plagiat, altération) : ce droit se rattache à la personnalité même de son titulaire; mais le droit de cet auteur a aussi un caractère pécuniaire, appelé monopole d'exploitation, qui permet à celui-ci d'en tirer profit, puisqu'il lui est possible de l'exploiter financièrement[24].

9. *II. Classifications des obligations*[25]. Les obligations, telles que définies, peuvent être si nombreuses et si variées que l'on a éprouvé le besoin d'en établir une classification. On peut les classer principalement d'après leur objet (l'objet d'une obligation étant ce à quoi s'est engagé le débiteur), ou d'après leur source (la source d'une obligation étant l'événement qui lui donne naissance), ou encore d'après leurs effets.

10. *1. Classification d'après l'objet de l'obligation.* Il était classique dans le droit d'hier de distinguer entre l'obligation de

---

53), ce qui, nous semble-t-il, ne nous avance guère, compte tenu de l'absence de points communs à ces différents droits; en outre, cette appellation risque de créer une certaine confusion avec ce que le droit judiciaire appelle les « actions mixtes », c'est-à-dire les actions visant à faire valoir à la fois un droit réel et un droit personnel et non point un droit qui serait « mixte ». Pour une conception encore plus audacieuse, évoquant des « droits personnels enrichis » et des « droits réels atrophiés », voir Roderick A. MACDONALD, « Reconceiving the Symbols of Property : Universalities, Interests and Other Heresies », (1994) 39 *R.D. McGill* 761, 774-776.

[24] *Cf.* FLOUR, AUBERT et SAVAUX, vol. 1, 9ᵉ éd., n° 19, p. 11. Sur un aspect particulier de ces droits, voir Ysolde GENDREAU, *La protection des photographies en droit d'auteur français, anglais, américain et canadien*, Paris, L.G.D.J., 1995.

[25] *Cf.* FLOUR, AUBERT et SAVAUX, vol. 1, 9ᵉ éd., n° 40 et suiv., p. 24 et suiv.; MAZEAUD, 9ᵉ éd., t. 2, vol. 1, n° 16 et suiv., p. 11 et suiv.

donner, de faire et de ne pas faire, suivant que l'objet de l'obligation était une dation, un fait ou une abstention. Il faut noter que l'expression « obligation de donner » était prise dans le sens latin de *dare* et non point de *donare : dare* visait non point une donation, mais le transfert d'un droit réel; c'était, par exemple, l'obligation de transférer la propriété d'une chose ou de constituer sur elle un droit réel[26].

Il convient de dire que cette obligation de « donner » n'existait plus à la charge du vendeur d'un corps certain, depuis que la propriété d'un corps certain était transmise automatiquement à l'acheteur par le seul accord des volontés, *solo consensu* (art. 1025 C.c.B.C. repris à l'art. 1453 C.c.Q.)[27]. Néanmoins, cette obligation de *dare* existait dès lors que le transfert de propriété était retardé et ne s'effectuait pas instantanément au moment de l'échange des consentements[28].

Cette obligation de *dare*, héritée du droit romain, ne présentant d'intérêt ni sur le plan théorique ni sur le plan pratique, elle ne se retrouve pas dans le nouveau Code, ce qui n'est aucunement gênant; désormais, lorsqu'elle se rencontrera, elle se trouvera incluse dans la catégorie des obligations de faire (art. 1373 C.c.Q.)[29].

---

[26] *Cf.* FLOUR, AUBERT et SAVAUX, vol. 1, 9ᵉ éd., n° 41, p. 25; MAZEAUD, 9ᵉ éd., t. 2, vol. 1, n° 19, p. 12; TERRÉ, SIMLER et LEQUETTE, 5ᵉ éd., 1993, n° 4, p. 6; MARTY et RAYNAUD, 2ᵉ éd., t. 1, n° 2, p. 1.

[27] *Cf.* Muriel FABRE-MAGNAN, « Le mythe de l'obligation de donner », *Rev. trim. dr. civ.* 1996.85.

[28] Il en est ainsi lorsque les parties contractantes ont exprimé leur volonté de retarder ce transfert ou lorsque le transfert de propriété porte sur des choses de genre : en ce dernier cas, la propriété n'est transférée que lorsque la chose est individualisée (art. 1453 C.c.Q.). *Cf.* également *supra,* n° 3.

[29] On aura néanmoins l'occasion de constater qu'il peut être encore pertinent de distinguer l'obligation de *dare* des autres obligations de faire : *cf. infra*, n° 436 et suiv.; en ce sens, *cf.* POPOVICI, 1995, p. 438 et suiv. *Cf.* toutefois, Muriel FABRE-MAGNAN, « Le mythe de l'obligation de donner », *Rev. trim. dr. civ.* 1996.85; Comp. Geneviève PIGNARRE, « À la redécouverte de l'obligation de *praestare* », *Rev. trim. dr. civ.*, 2001.41.

— Obligations de faire et de ne pas faire

Dans le droit d'hier, l'obligation de faire était définie comme étant l'obligation pour le débiteur d'accomplir au profit du créancier un fait autre qu'une dation : par exemple, l'obligation d'exécuter tel travail, tel transport ou l'obligation pour tel comédien de se produire sur telle scène. La définition demeure la même, en y incluant désormais la dation.

L'obligation de ne pas faire est l'obligation pour le débiteur de s'abstenir d'accomplir telle ou telle chose : c'est, par exemple, l'obligation pour le vendeur d'une entreprise de ne pas faire concurrence à son acheteur.

Cette classification présente un intérêt dans le cadre de l'exécution de l'obligation lorsqu'on s'interroge sur la question de l'exécution en nature.

— Obligations de moyens et obligations de résultat

Demogue a proposé de distinguer entre les obligations de moyens (ou obligations de prudence et de diligence) et les obligations de résultat (ou obligations déterminées)[30].

Dans les obligations de prudence et de diligence, la prestation du débiteur se ramène seulement à l'emploi, par lui, de certains moyens, d'une certaine diligence, sans garantir le résultat. Par exemple, dans le contrat intervenu entre le médecin et son patient, le médecin ne s'engage qu'à donner des soins consciencieux, sans promettre la guérison. On dit que l'obligation du médecin en est une de moyens ou de prudence et diligence.

Dans les obligations de résultat ou déterminées, le débiteur promet au créancier un résultat. Par exemple, le transporteur est tenu de livrer les marchandises transportées en bon état et aux jour et lieu convenus.

Cette distinction peut présenter un intérêt, sur le plan de la preuve et de la responsabilité. S'il s'agit d'une obligation

---

[30]   Sur ce sujet, *cf.* Paul-André CRÉPEAU, *L'intensité de l'obligation juridique,* Montréal/Cowansville, C.R.D.P.C./Éditions Yvon Blais, 1989.

déterminée, il suffira au créancier de l'obligation de prouver que le résultat attendu n'a pas été obtenu. Ainsi, il suffira au créancier destinataire de la marchandise de prouver que celle-ci ne lui a pas été livrée en bon état aux jour et lieu convenus; il appartiendra, alors, au transporteur de s'expliquer sur les raisons de l'inexécution et de prouver la force majeure qui l'a empêché d'exécuter son obligation. La situation du créancier est, donc, privilégiée[31].

S'il s'agit d'une obligation de prudence et de diligence, le créancier devra – pour prouver que le débiteur n'a pas exécuté son obligation ou l'a mal exécutée – démontrer que son débiteur ne s'est pas comporté avec la prudence et la diligence qu'il aurait dû manifester. Il ne peut se contenter de prouver que le résultat qu'il espérait n'a pas été atteint, puisque l'obtention de ce résultat ne lui avait pas été promise[32]; il lui faut établir que son débiteur ne s'est pas comporté avec l'habileté requise, ce qui peut être délicat à établir : ainsi, le patient, créancier de l'obligation du médecin, devra prouver que ce dernier n'a pas usé de la prudence et de la diligence attendues. La situation du créancier est donc, ici, moins avantageuse.

Cette classification a été critiquée, car, d'une part, il n'est pas toujours aisé de savoir si l'on est en présence d'une obligation de moyens ou d'une obligation de résultat. Pour le savoir, il faut rechercher l'intention du législateur ou des parties (le débiteur doit-il aboutir à tel résultat déterminé ou bien seulement prendre toutes les mesures de prudence et de diligence afin d'essayer d'aboutir à tel résultat ?)[33]. Or, cette recherche n'est pas nécessairement facile, notamment lorsque la loi prévoit expressément les moyens de défense – autres que la force majeure – qui permettront au débiteur de dégager sa responsabilité : il en est ainsi, dans le cadre des ouvrages immo-

---

31 *Cf. Compagnie générale Maritime* c. *Camionnages intra-Québec inc.*, J.E. 99-1464 (C.S.); *Lambert* c. *Minerve Canada, compagnie de transport aérien inc.*, [1998] R.J.Q. 1740 (C.A.).

32 *Cf. I.A.V. Multimedia Corp.* c. *Excelnet Communications Inc.*, J.E. 01-6 (C.S.).

33 *Cf. 87313 Canada inc.* c. *Société immobilière du patrimoine architectural de Montréal*, J.E. 97-1132 (C.S.).

biliers, de la responsabilité de l'entrepreneur, de l'architecte et de l'ingénieur (art. 2118, 2119 C.c.Q[34]). D'autre part, bien souvent, un débiteur n'a pas à assumer qu'un seul type de ces obligations[35] : le médecin s'engage à faire tout son possible pour guérir le malade, mais il peut aussi s'engager à effectuer sa visite tel jour (obligation déterminée)[36]; l'avocat ne s'engage généralement qu'à une obligation de moyens, ce qui ne l'empêche pas d'avoir parfois une obligation de résultat notamment lorsqu'il s'agit de respecter les règles de procédures et les délais de prescription[37]; le peintre s'engage à faire mon portrait (obligation déterminée), mais il s'engage aussi à ne pas le bâcler et à mettre là tout l'amour qu'il éprouve pour son art !...

— Obligation de garantie

À ces obligations de résultat et de moyens, on ajoute parfois une troisième catégorie, l'obligation de garantie : il s'agit en réalité d'une obligation de résultat qui engage la responsabilité du débiteur même dans l'hypothèse où l'inexécution découlerait d'un cas de force majeure. Rien n'interdit, en effet, aux parties contractantes de prévoir un tel engagement, mais on devine que cela demeure assez exceptionnel. Cette obligation de « résultat renforcé », qui a donc pour but de mettre à la charge du débiteur les risques que peut entraîner la survenance d'une force majeure, ne doit pas être confondue avec d'autres situations dans lesquelles des risques *autres* sont assumés par le débiteur, comme la garantie en matière de vente (le vendeur

---

34 *Cf.* les commentaires de Jean-Louis BAUDOUIN et Patrice DESLAURIERS, *La responsabilité civile*, 5ᵉ éd., Cowansville, Éditions Yvon Blais, nᵒˢ 1641 et suiv., p. 992 et suiv.

35 *Cf.* Paul-André CRÉPEAU, *L'intensité de l'obligation juridique*, Montréal/Cowansville, C.R.D.P.C./Éditions Yvon Blais, 1989, p. 24-27.

36 *Cf. Hôpital de Chicoutimi* c. *Battikha*, [1997] R.J.Q. 2121 (C.A.) : lors d'une opération chirurgicale, l'hôpital assume une obligation de résultat quant au compte et au décompte des compresses insérées dans le corps du patient.

37 *Cf. Rocheleau* c. *Pouliot*, C.S. Montréal, nᵒ 500-05-012268-940, 9 novembre 1999; *Pinard* c. *Meunier*, [1995] R.R.A. 63 (C.S.). Sur le principe de l'obligation de moyens à laquelle s'engage l'avocat, *cf. Entreprises Jacques Lebeau inc.* c. *Papineau*, [2000] R.R.A. 367 (C.S.).

assume les « risques » d'éviction ou de vices cachés) ou en matière d'assurances (l'assureur assume les « risques » prévus au contrat)[38].

— Obligations en nature et obligations pécuniaires

Cette autre classification d'après l'objet a été proposée afin de mettre l'accent sur les particularités de l'obligation portant sur une somme d'argent : elle présente un intérêt certain lorsque le créancier se voit contraint de recourir à l'exécution forcée.

Lorsqu'on a mentionné la distinction entre les obligations de « donner » et les autres obligations de faire, on n'a pas indiqué – et cela volontairement – où se situait l'obligation portant sur une somme d'argent : certains en font une obligation de donner, c'est-à-dire transférer la propriété d'une certaine quantité de monnaie[39], d'autres en font une simple obligation de faire[40]. Il semble qu'elle ne peut se limiter à une obligation de faire *stricto sensu,* c'est-à-dire simplement remettre au créancier la somme due, puisque le débiteur est ici tenu de transférer la propriété d'une quantité déterminée de monnaie, de la même façon que le vendeur d'une chose de genre; pourtant, on ne peut assimiler totalement ces deux opérations, puisqu'une somme d'argent ne peut être aucunement considérée comme une simple marchandise : d'où l'intérêt de faire de l'obligation pécuniaire une catégorie particulière. Elle est, en effet, sensible à la dépréciation monétaire : la dette de 100 $ contractée le 1er septembre 1950 et exigible le 1er septembre 1996, demeurera chiffrée à 100 $ lors de l'échéance, même si, à ce moment-là, sa réalité économique ne correspond plus du tout à ce qu'elle était 46 ans auparavant; la dévaluation profite ainsi au débiteur et nuit au créancier. Elle est aussi l'obligation dont il est le plus facile d'obtenir l'exécution forcée : le créancier ne peut se voir opposer, par le débiteur, le cas fortuit ou la force majeure qui libérerait celui-ci de sa dette et il lui suffira de faire saisir et vendre en justice les biens de son débiteur pour obtenir exac-

---

[38] Voir à ce sujet le commentaire de Serge GAUDET, (1991) 36 *R.D. McGill* 235, 240-242; *contra* : Didier LLUELLES avec la collaboration de Benoît MOORE, *Droit québécois des obligations,* vol. 1, Montréal, Éditions Thémis, 1998, n° 111 et suiv., p. 48 et suiv.

[39] *Cf.* FLOUR, AUBERT et SAVAUX, vol. 1, 9e éd., n° 46, p. 27; CARBONNIER, t. 4, 21e éd., n° 10 et suiv., p. 35 et suiv.; MAZEAUD, 9e éd., t. 2, vol. 1 , n° 934, p. 1019.

[40] MARTY et RAYNAUD, 2e éd., t. 1, n° 2, p. 2.

tement ce qu'il s'attendait à recevoir, sous réserve évidemment de l'insolvabilité de celui-ci.

Quant à la catégorie des obligations en nature, elle recouvre l'obligation de faire ou de ne pas faire, dans la mesure toutefois où l'objet de cette obligation ne porte pas sur une somme d'argent. Contrairement à la catégorie précédente, elle n'est pas sensible à la dépréciation monétaire : l'obligation de livrer une tonne de blé contractée le 1ᵉʳ septembre 1950 et exigible le 1ᵉʳ septembre 1996, donnera le droit au créancier d'exiger, à l'échéance, une tonne de blé quelle qu'en soit alors la valeur. Advenant le cas où le débiteur n'exécuterait pas son obligation, il pourrait en principe s'en libérer en prouvant cas fortuit ou force majeure; au cas d'inexécution fautive, le créancier pourrait ne pas recevoir exactement ce qu'il était en droit de s'attendre – l'exécution en nature – et devrait se contenter, alors, d'une exécution par équivalent, c'est-à-dire des dommages-intérêts[41].

Cette distinction entre l'obligation en nature et l'obligation pécuniaire conserve aujourd'hui toute sa pertinence, malgré la disparition de l'obligation de *dare* en tant que catégorie particulière.

— Dette de valeur

Le droit allemand a poussé la doctrine française à dégager la notion dite de dette de valeur : il s'agit d'une obligation qui s'exécute par le versement d'une somme d'argent dont le montant ne sera fixé qu'au moment même de l'exécution. L'exemple généralement cité est celui de l'obligation alimentaire : la dette alimentaire fixée, par exemple, à 100 $ représente non point un montant nominal de 100 $, mais plutôt le pouvoir d'achat que procure cette somme (art. 590 C.c.Q.). On remarque, alors, que cette obligation a, certes, un caractère pécuniaire et que l'exécution forcée en est donc facile, mais qu'elle est insensible à la dépréciation monétaire : « à travers la variabilité du montant nominal de la somme due, est obtenue la stabilité de la valeur réelle que représente cette somme[42] ».

11.2. *Classification d'après les sources de l'obligation.* La source d'une obligation est le fait qui l'a produite. Le droit ro-

---

41   *Cf. infra,* n° 444 et suiv.

42   FLOUR, AUBERT et SAVAUX, vol. 1, 9ᵉ éd., n° 48, p. 28. *Cf.* également CARBONNIER, t. 4, 21ᵉ éd., n° 12, p. 38; BAUDOUIN et JOBIN, 5ᵉ éd., n° 30, p. 30; Georges L. PIERRE-FRANÇOIS, *La notion de dette de valeur en droit civil,* Paris, L.G.D.J., 1975; TANCELIN, 6ᵉ éd., n° 971.

main a présenté une classification connue sous le nom de *summa divisio*, fondée sur l'existence ou l'absence de la volonté dans la formation de l'obligation, et distingue, ainsi, les obligations contractuelles, les obligations délictuelles et quasi délictuelles, et les obligations quasi contractuelles.

Les obligations contractuelles sont les obligations qui ont leur source dans le contrat : c'est la commune volonté des parties au contrat qui crée l'obligation; c'est le cas, par exemple, des obligations résultant du contrat de vente.

Au contraire, les actes illicites (délits et quasi-délits : obligations résultant d'un dommage causé à autrui) et les quasi-contrats (par exemple, la gestion d'affaires) créent des obligations en dehors de toute volonté. On s'expliquera plus tard sur cette classification, lorsqu'on étudiera les sources des obligations.

On retiendra, pour l'instant, que le *Code civil du Bas Canada* énumérait cinq sources possibles d'obligations : selon l'article 983 C.c.B.C., « les obligations procèdent des contrats, des quasi-contrats, des délits, des quasi-délits, ou de la loi seule ». On verra que cette classification a été critiquée.

Simplifiant les choses, on a pu ramener la classification à deux séries : les obligations contractuelles et les obligations extracontractuelles; c'est ce que le *Code civil du Québec* a consacré à l'article 1372 C.c.Q.

12. *3. Classification d'après l'effet des obligations.* On distingue, d'une part, les obligations morales et les obligations reconnues par le droit et, d'autre part, les obligations civiles et les obligations naturelles; on aura aussi à distinguer selon que l'obligation confère un « droit de gage » général ou limité.

13. *Les obligations morales et les obligations reconnues par le droit.* L'obligation morale, c'est le devoir de morale, le devoir de conscience : on dépasse, alors, le cadre du droit. Lorsqu'on me demande de faire la charité, je ne suis pas tenu sur le plan du droit : ne devant rien à personne, je ne suis pas débiteur. Ce n'est qu'affaire de conscience et éventuellement devoir de morale.

Au contraire, l'obligation juridique – ou tout simplement l'obligation – est celle qui est reconnue par la loi. Le débiteur est, alors, tenu d'exécuter son obligation et, en exécutant, il paie sa dette. Ce n'est pas à dire que l'esprit de libéralité soit étranger au droit; la donation implique l'intention libérale, mais elle est un contrat qui se décompose en deux étapes. Tout d'abord, je ne suis pas obligé d'être donateur : rien ni personne ne pouvant me contraindre à donner, il n'y a, au départ, aucune obligation juridique. Cependant, ayant décidé d'être donateur, il y a obligation juridique dans la mesure où, mon offre de donner ayant été acceptée et les formes étant remplies, je m'engage à donner tel bien à telle personne : je suis, alors, lié et tenu d'exécuter ma prestation, je deviens débiteur. En livrant la chose donnée, j'exécute mon obligation, je paie ma dette même si mon intention est tout à fait libérale.

Cette distinction entre obligation morale et obligation juridique ne signifie pas, non plus, que la morale n'ait rien à faire avec le droit. Il y a, sans doute, entre le droit et la morale une certaine interdépendance. C'est ce qui fait dire à MM. Mazeaud que « le législateur et le juge doivent faire pénétrer la morale dans un domaine qui peut paraître le terrain d'élection des intérêts égoïstes »[43], le droit des obligations étant, disent-ils, « le droit des intérêts égoïstes ».

14. *Les obligations civiles et les obligations naturelles.* Mettant de côté l'obligation purement morale telle qu'on vient de la décrire, on distingue – parmi les obligations juridiques – les obligations civiles et les obligations naturelles.

Ces deux séries d'obligations sont de véritables obligations dans la mesure où leur exécution constitue un paiement. Toutefois, alors que les obligations civiles sont susceptibles d'une exécution forcée, on ne peut pas contraindre le débiteur d'une obligation naturelle à exécuter celle-ci : l'obligation naturelle ne connaît qu'une exécution volontaire de la part du débiteur (*cf.* art. 1554 C.c.Q.); en d'autres termes, au cas d'inexécution de

---

[43]   MAZEAUD, 9ᵉ éd., t. 2, vol. 1, n° 24, p. 16.

son obligation naturelle par le débiteur, celui-ci n'encourt aucune responsabilité.

On a beaucoup discuté sur la nature de cette obligation sans aboutir à une solution claire et précise. En effet, deux grandes tendances se sont développées[44].

Selon l'une d'elles, l'obligation naturelle est une véritable obligation, distincte du devoir de conscience, même si elle est une obligation imparfaite; car, avant qu'elle ne soit reconnue par le débiteur ou exécutée par lui, elle préexiste dans le patrimoine du créancier. On peut en donner les exemples suivants :

- Un débiteur tenu d'une obligation civile ne paie pas sa dette et le créancier n'en exige pas l'exécution dans le délai prescrit par la loi; l'obligation civile est, alors, éteinte et le créancier ne peut plus en forcer l'exécution. Néanmoins, subsiste une obligation dite naturelle, qui est une obligation au sens juridique du terme dans la mesure où son exécution volontaire constitue le paiement d'une chose due.

- Une personne est mise en faillite : ses créanciers ne récupèrent qu'une partie de leurs créances, le failli étant libéré pour le reste. Ce dernier a, néanmoins, une obligation naturelle à leur égard, pour le solde.

Ces deux exemples sont des cas où une obligation civile a préexisté à l'obligation naturelle : on a dit, de cette dernière, qu'elle était la survivance d'une obligation civile dégénérée.

Selon une autre tendance, l'obligation naturelle est plus ou moins assimilée au devoir de conscience, mais « elle naît, selon l'expression du doyen Ripert, de la reconnaissance par le débiteur du devoir moral ». Me reconnaissant débiteur d'une obligation naturelle, je me sens impérieusement tenu par ma conscience d'effectuer telle prestation dont je ne peux pas en

---

44 *Cf.* MARTY et RAYNAUD, t. 1, vol. 1, 2ᵉ éd., n° 271 et suiv., p. 438 et suiv.

conscience éviter le paiement[45]. On peut en donner les exemples suivants :

- La loi prévoit une obligation alimentaire entre parents et enfants, mais non point entre collatéraux : il y aurait une obligation naturelle entre frères et sœurs.

- La loi prévoit qu'une personne non douée de raison ne peut pas être tenue de réparer le dommage qu'elle cause à autrui : le malade mental aurait l'obligation naturelle de réparer le préjudice qu'il aurait injustement causé.

L'exécution volontaire de l'obligation naturelle[46] dans ces deux exemples constituerait le paiement d'une dette et non point un acte purement gratuit, de sorte que les règles gouvernant les libéralités ne s'appliqueraient pas.

Comme l'ont fait remarquer certains auteurs[47], on constate, si l'on s'en tient à cette seconde tendance, que l'obligation naturelle n'existe pas, puisque, en définitive, on a une obligation civile naissant de la volonté du débiteur et ayant pour cause l'exécution d'un devoir moral. En outre, ne confond-on pas alors devoir moral et obligation juridique ?

On cite, parfois, l'article 2630 C.c.Q., relatif aux dettes de jeu ou au pari comme une application de la théorie de l'obligation naturelle[48] : certains auteurs font cependant observer que l'impossibilité pour le gagnant de forcer l'exécution et celle pour le perdant de répéter les deniers versés sont plutôt l'application de la théorie du refus de l'action en justice et de la règle *nemo auditur propriam turpitudinem allegans*[49].

---

[45] *Cf.* MAZEAUD, 8ᵉ éd., t. 1, vol. 1, n° 359 et suiv., p. 422 et suiv.; BAUDOUIN et JOBIN, 5ᵉ éd., n° 25, p. 23.

[46] LANGEVIN et VÉZINA, vol. 5, p. 30.

[47] MARTY et RAYNAUD, t. 1, vol. 1, 2ᵉ éd., n° 272, p. 439 et suiv.

[48] *Cf.* LANGEVIN et VÉZINA, vol. 5, p. 30.

[49] *Id.*, n° 273, p. 441 et suiv.; STARCK, 6ᵉ éd., vol. 2, n° 2243, p. 793 : ce dernier fait valoir qu'il serait incongru de faire d'une dette de jeu une obligation naturelle, notion éminemment morale, alors que la loi considère que le jeu ou le pari est immoral (sauf, évidemment, le monopole du jeu exercé par l'État...).

14.1. *Droit de gage général et droit de gage limité.* Une autre classification d'après l'effet des obligations propose de distinguer les obligations ordinaires et les obligations dont les effets ne s'étendent pas à l'ensemble du patrimoine du débiteur. Cette possibilité d'un « droit de gage limité » est prévue à l'article 2645, al. 2 C.c.Q.; cette disposition, qui reprend un amendement apporté en 1983 à l'article 1980 C.c.B.C., n'exige cependant plus que le créancier jouisse, sur le bien visé, d'une « cause légitime de préférence », ce qui permet désormais à un créancier chirographaire de s'en prévaloir. On parle également, parfois, de l'obligation réelle *propter rem* qui ne tient pas le débiteur responsable au-delà de la chose à laquelle l'obligation est attachée : telle serait la situation du tiers acquéreur d'un immeuble hypothéqué ou encore celle du propriétaire qui affecte un de ses immeubles en garantie de la dette d'autrui (caution réelle); la contrainte serait ici limitée à l'immeuble grevé. Ce n'est que par extension que l'on peut parler ici d'obligation réelle, car ce tiers acquéreur ou ce propriétaire n'est pas personnellement obligé : il est seulement tenu de subir éventuellement la saisie du bien grevé, par le créancier bénéficiant de la sûreté réelle.

15. *III. Évolution du droit des obligations*[50]. Au XIXᵉ siècle, des auteurs ont prétendu que la théorie générale des obligations était immuable et non susceptible d'évolution, car de droit naturel. Cette position était due notamment au fait que la théorie consacrée par les Codes civils a été largement empruntée au droit romain. Toutefois, c'est oublier qu'en droit romain même, cette théorie a subi une évolution et qu'elle continue aujourd'hui à évoluer, lentement, certes, mais sûrement. Le vieux droit romain, qui ne connaissait que les contrats réels ou formels, a été complété par le droit prétorien et les constitutions impériales. On a déjà dit qu'à l'origine le débiteur était « lié » en ce sens que l'exécution s'effectuait sur la personne même du débiteur. Ce n'est que plus tard qu'elle s'est limitée aux biens de ce débiteur. On n'a jamais admis complètement que les contrats puissent se former, comme aujourd'hui, simplement par le consentement des parties. En outre, les délits, actes illicites générateurs de responsabilité, étaient en nombre limité.

---

[50] Jean-Louis GAZZANIGA, *Introduction historique au droit des obligations*, Paris, P.U.F., 1992.

Le Moyen Âge connut l'influence des coutumes germaniques dont le droit privé, très formaliste, rapprochait étroitement la notion de responsabilité civile et l'idée de vengeance privée et de responsabilité pénale.

C'est aux Xe et XIe siècles qu'on redécouvrit le droit romain et qu'on s'en inspira à nouveau, car il évoquait la *ratio scripta*, la raison écrite. Puis, ce fut l'influence de l'Église et de ses juristes, les canonistes, les clercs de l'époque; ce sont ces derniers qui dégagèrent le principe moral du respect dû à la parole donnée, ce qui devait conduire à la règle de la force obligatoire des conventions, en dehors de toute solennité entourant l'échange des consentements. C'est ainsi qu'on aboutit à la règle fondamentale, inscrite à l'article 1053 C.c.B.C. et désormais à l'article 1457 C.c.Q., selon laquelle on est responsable du dommage causé par sa faute à autrui, faute faisant naître l'obligation de réparer. C'est ainsi, également, que le Code consacra le contrat comme source principale d'obligations et la liberté contractuelle : la loi n'interviendra que pour protéger cette liberté. Les restrictions anciennes s'évanouiront et ne deviendront qu'exceptions, la liberté de chacun n'étant limitée que par la défense d'empiéter sur la liberté des autres. C'est la liberté contractuelle, l'autonomie de la volonté qui vont donner un sang nouveau aux échanges entre les hommes. Puis, cette liberté s'est révélée à son tour source d'abus : le fort écrase le faible. Le libéralisme est, alors, combattu.

La prédominance donnée au contrat va s'atténuer au profit des sources extracontractuelles et la théorie de la responsabilité civile va prendre de l'ampleur, afin de corriger l'injustice provenant de situations nouvelles, le nombre de dommages et leur importance s'accentuant de plus en plus. Le cadre des contrats va, en outre, se transformer. Les individus vont avoir tendance à se grouper et, donc, l'initiative individuelle à se rétrécir; des formes contractuelles nouvelles vont se développer : la stipulation pour autrui, l'assurance, l'association, le syndicat, les contrats d'adhésion, les contrats types. L'interventionnisme étatique se fait de plus en plus pressant, en réglementant de plus en plus certains contrats (contrat de travail, bail d'habitation, contrat de consommation).

On peut donc dire que la théorie des obligations est prise entre deux tendances : le courant libéral qui met au sommet l'individu en lui faisant confiance, et le courant de socialisation, qui met au-dessus de l'individu l'intérêt de la collectivité. Et c'est précisément à la recherche d'un juste équilibre entre ces deux tendances que s'est attaché le législateur lors de l'élaboration du nouveau *Code civil du Québec* : d'une part, conserver le principe de liberté, d'autre part, veiller à ce que les intérêts des moins aptes ou des profanes ne soient pas aisément bafoués dans leurs relations d'affaires avec des personnes mieux informées ou plus compétentes; exercice délicat, voire périlleux, néanmoins indispensable.

16. *Les diverses composantes de l'évolution.* Comme l'a fait observer le Doyen Ripert[51], plusieurs éléments ont participé et participent encore à l'évolution de ce droit dont on a tendance à croire *a priori* qu'il est statique et insensible aux transformations qui se produisent dans la société : ils relèvent de la morale, de l'économique et du politique.

— La morale. On a déjà fait état du principe du respect dû à la parole donnée dégagé par les canonistes : il s'agit là d'un devoir moral qui s'est traduit juridiquement par le consensualisme, sur lequel repose, on le verra, la formation du contrat. La morale exige aussi des hommes qu'ils soient honnêtes dans leurs relations et ne s'exploitent pas les uns les autres : ce devoir s'exprime juridiquement dans la théorie des vices du consentement lorsqu'elle sanctionne le dol, la violence, éventuellement la lésion. Il est également moral que le faible jouisse d'une protection particulière à l'encontre du fort qui profiterait de sa supériorité : le droit vient à l'aide d'une catégorie de personnes appelées « incapables », ou désormais « personnes protégées », afin de leur éviter d'être victimes de leur âge ou de leur état mental. La morale a aussi pour rôle de veiller à l'intérêt général de la société : la notion juridique d'ordre public et de bonnes mœurs y pourvoira. Enfin, le principe de la responsabilité civile repose sur une base morale, la notion de faute.

---

51   Georges RIPERT, *La règle morale dans les obligations civiles,* 4ᵉ éd., Paris, L.G.D.J., 1949. Du même auteur : *Le régime démocratique et le droit civil moderne,* 2ᵉ éd., Paris, L.G.D.J., 1948; *Aspects juridiques du capitalisme moderne,* 2ᵉ éd., Paris, L.G.D.J., 1951; *Les forces créatrices du droit,* 2ᵉ éd., Paris, L.G.D.J., 1994.

— L'économique. À l'époque de la codification, le libéralisme économique règne incontestablement; il se traduit juridiquement par l'adoption du principe de la liberté contractuelle. On est alors convaincu que, par la libre discussion des termes des contrats et par les concessions mutuelles que peuvent se consentir les parties, l'intérêt de tous est sauvegardé, puisque, a-t-on pu dire, l'intérêt général est la somme des intérêts particuliers. C'était oublier que, bien souvent, les contractants se trouvent économiquement dans des situations inégales et que le plus fort impose sa loi au plus faible; c'était aussi ne pas prévoir l'essor du grand commerce et de la grande industrie qui entraîne progressivement la quasi-totale disparition de l'artisanat et du petit commerce. L'intervention étatique, qui peut alors paraître nécessaire afin de rétablir un certain équilibre, aboutit inexorablement à un dirigisme économique qui va mettre des limites plus ou moins rigoureuses à la liberté contractuelle. En outre, les changements technologiques qu'on a pu observer dans les dernières décennies ont incontestablement eu des effets dans la vie économique et juridique : il suffit de songer au développement de l'informatique et au rôle que celle-ci peut jouer dans les rapports contractuels.

— Le politique. La philosophie politique qui dominait l'époque de la codification étant fondée essentiellement sur l'individualisme, la volonté de l'individu devait, sur le plan juridique, jouer un rôle primordial : aussi celui-ci devait-il avoir la liberté de s'engager comme il l'entendait. C'est ce que devait exprimer le principe de l'autonomie de la volonté. Cependant, compte tenu de la réalité économique, on se rend compte que le fort est plus fort que jamais et que le faible demeure faible. Ainsi observe-t-on chez le législateur un désir de plus en plus net de protéger ceux qu'il estime être faibles contre ceux qu'il identifie comme forts : il défend l'ouvrier contre l'employeur, l'assuré contre l'assureur, le locataire contre le locateur, l'acheteur contre le vendeur, le consommateur contre le commerçant. C'est d'ailleurs dans le domaine de la consommation que le législateur est intervenu de la façon la plus spectaculaire, en adoptant, dans les années 70, la *Loi sur la protection du consommateur*[52] dont l'esprit a ouvert la plus large brèche dans l'interprétation volontariste qui fut donnée des règles codifiées.

On constate donc que la théorie générale des obligations est susceptible d'évolution, et, même si celle-ci est moins perceptible que dans certains autres domaines (tel le droit de la famille), le droit des

---

[52]   L.R.Q., c. P-40.1.

obligations du nouveau *Code civil du Québec* porte nettement la marque de la pensée juridique et sociale de notre époque.

Cela dit, quel que soit le sens dans lequel elle évolue, cette théorie générale est commandée par une logique précise qui permet d'élaborer une construction harmonieuse qui, pour l'essentiel, demeure encore celle du droit romain. Que l'on soit dans un contexte de libéralisme ou de dirigisme, de consensualisme ou de formalisme, la technique relative à la naissance, aux effets et à l'extinction de l'obligation demeure à peu près la même. Cependant, il serait erroné de réduire le droit des obligations à une simple technique; c'est une science sociale qui répond à ce qui, à tel moment de l'histoire, est ressenti par tel peuple : comme on l'a très bien dit, c'est « un reflet de sa civilisation »[53].

17. *Le nouveau Code civil du Québec.* Il ne fait aucun doute que, lors de la réforme du Code civil, le législateur fut sensible aux critiques adressées au *Code civil du Bas Canada*; or, que lui reprochait-on ? On lui reprochait essentiellement d'être trop attaché au principe de la liberté contractuelle, tant sur le plan de la forme que du fond, d'être d'un siècle passé, trop ancré dans la volonté de l'homme. Le consensualisme y régnait et ce qui était voulu était présumé, voire réputé juste, alors qu'en réalité une telle philosophie pouvait permettre au fort d'écraser le faible.

Certes, les dérives du libéralisme ont été dénoncées et de nombreuses voix se sont élevées pour réclamer un peu plus de justice dans les relations contractuelles; néanmoins, les tribunaux n'ont pas répondu à ces appels, alors même que le *Code civil du Bas Canada* leur fournissait des armes propres à combattre les abus les plus choquants, tel l'usage plus ingénieux de la théorie des vices du consentement et surtout l'usage plus audacieux de ces notions floues ou « molles » que sont la bonne ou la mauvaise foi, l'abus de droit, l'ordre public. Ils ont préféré donner une interprétation volontariste aux dispositions du Code civil.

Pour remédier à certaines injustices trop flagrantes, le pouvoir politique eut recours à ce que l'on pourrait appeler les

---

53 FLOUR, AUBERT et SAVAUX, vol. 1, 9ᵉ éd., nº 72, p. 42.

grands moyens, c'est-à-dire à l'adoption, de façon ponctuelle, de textes législatifs ou réglementaires, éventuellement aussi confus que tatillons. Il fallut attendre, par ailleurs, assez longtemps pour voir les tribunaux sanctionner la mauvaise foi et l'exercice abusif des droits contractuels.

C'est, en définitive, cette dernière démarche que le nouveau Code privilégie. Certes, sont maintenus les grands principes de la théorie générale qui, d'ailleurs, est consolidée par la codification de la plupart d'entre eux; mais certaines des armes peu exploitées par les tribunaux sont aussi mises en relief dans le nouveau Code et quelques autres sont affûtées, de façon à permettre au juge de réaliser un meilleur équilibre dans les rapports entre les personnes[54]. Si l'on souhaite, en effet, éviter la prolifération de lois particulières, assorties de leurs cortèges de règlements, il est nécessaire de s'en remettre au pouvoir judiciaire pour que le juste l'emporte sur le voulu lorsque s'opposent des intérêts égoïstes. Il est certes permis de craindre l'insécurité ou l'instabilité des transactions, du fait d'interventions intempestives de la part du juge qui aurait le pouvoir de réviser les contrats; mais il est possible d'enfermer celui-ci dans un cadre prédéterminé, dans des critères établis, de sorte que ne soient point confondues discrétion judiciaire et arbitraire, de sorte que le juge ne se transforme pas en justicier[55].

Ainsi, afin d'assurer une meilleure justice contractuelle, le *Code civil du Québec* donne de nouveaux pouvoirs au juge et consacre législativement certaines solutions déjà admises par la jurisprudence : par exemple, dans les contrats d'adhésion ou

---

[54]   *Cf.* Jean CALAIS-AULOY, « L'influence du droit de la consommation sur le droit civil des contrats », *Rev. trim. dr. civ.* 1994.239; voir également Louise ROLLAND, « Les figures contemporaines du contrat et le *Code civil du Québec* », (1999) 44 *R.D. McGill* 903.

[55]   *Cf.* Jean PINEAU, « Les pouvoirs du juge dans le nouveau Code civil du Québec », dans *Nouveaux juges, nouveaux pouvoirs? Mélanges en l'honneur de Roger Perrot*, Paris, Dalloz, 1996, p. 363. *Cf.* également Pierre-Gabriel JOBIN, « La stabilité contractuelle et le *Code civil du Québec* : un rendez-vous tumultueux », *Mélanges Paul-André Crépeau*, Cowansville, Éditions Yvon Blais, 1997, p. 417.

de consommation, le tribunal peut annuler les clauses illisibles, incompréhensibles ou abusives (art. 1435 et suiv. C.c.Q.) – ce qui est nouveau –, tout comme il peut sanctionner l'exercice abusif des droits contractuels (art. 6, 7 et 1375 C.c.Q.), ce qui avait déjà été reconnu par les tribunaux[56]. De nombreuses autres dispositions, que nous aurons l'occasion d'étudier, visent également cet objectif, même si le législateur, soucieux de préserver la stabilité contractuelle, n'est pas allé aussi loin que certains l'auraient souhaité, en ne retenant pas, par exemple, le principe de la lésion entre majeurs ou la théorie de l'imprévision[57].

Alors que son prédécesseur était imprégné, à l'origine, d'une vision essentiellement volontariste du contrat («ce qui est voulu *est* juste»), le *Code civil du Québec*, tout en conservant l'idée directrice que le contrat demeure l'instrument privilégié pour que des personnes libres organisent leurs affaires au mieux de leurs intérêts, impose cependant certaines balises afin que le principe même de cette liberté contractuelle ne conduise pas à l'exploitation indue de l'inexpérience ou de la vulnérabilité de certains («ce qui est voulu est *présumé* juste, mais ne l'est pas nécessairement»). C'est au fond reconnaître que derrière le principe de l'égalité formelle des personnes se perpétuent des inégalités (de fait) bien réelles qui peuvent, en l'absence de contrôles appropriés, mener à l'exploitation du faible par le fort, du profane par le professionnel. Prenant acte de ces inégalités, le législateur a jugé bon d'allonger quelque peu la liste des contrats «sous surveillance», soit en raison de la vulnérabilité de l'une des parties (contrats d'adhésion, art. 1379 et 1435

---

[56] *Cf. Houle* c. *Banque canadienne nationale*, [1990] 3 R.C.S. 122.

[57] En même temps qu'il introduit plus de justice dans le contrat, le nouveau Code raffermit la force du lien contractuel : ainsi, depuis l'entrée en vigueur du nouveau Code, l'option entre les régimes de responsabilité, qui avait été admise par la Cour suprême sous le *Code civil du Bas Canada* (*cf. Wabasso Ltd.* c. *National Drying Machinery Co.*, [1981] 1 R.C.S. 578), est dorénavant interdite, ce qui signifie qu'une partie à un contrat ne peut plus faire fi de la nature contractuelle de ses relations avec son cocontractant afin d'invoquer le régime extracontractuel de responsabilité (*cf.* art. 1458 C.c.Q.).

à 1437 C.c.Q.), soit en raison de leur importance pour les individus (la vente d'une résidence par un promoteur immobilier, art. 1785 et suiv. C.c.Q.)[58]. De même, certaines clauses, dont les effets peuvent s'avérer draconiens, font désormais l'objet d'un contrôle légal (par exemple, les clauses de limitation de responsabilité, art. 1474 C.c.Q.) ou judiciaire (par exemple, les clauses pénales, art. 1623 C.c.Q.).

Par ailleurs, tel qu'on l'a mentionné, le *Code civil du Québec*, suivant en cela la doctrine et la jurisprudence contemporaines, insiste sur le fait que les droits civils, qu'ils soient ou non d'origine contractuelle, doivent être exercés de bonne foi, d'une manière qui ne soit ni excessive, ni déraisonnable (art. 6 et 7 C.c.Q.). L'exercice même des droits fait donc l'objet d'une «surveillance générale» par l'intermédiaire de la bonne foi, notion qui mérite qu'on s'y arrête.

17.1. *La bonne foi.* « Mer sans rivages » pour les uns[59], « lumière qui scintille sur l'océan du droit » pour les autres[60], la bonne foi est un concept-phare du droit civil contemporain, aux contours d'autant plus flous que son domaine est étendu. Il

---

[58] Sous le Code précédent, le législateur, au fil de certaines réformes, d'abord timides, puis de plus en plus musclées, avait notamment réglementé le prêt d'argent (art. 1040a et suiv. C.c.B.C.), le bail résidentiel (art. 1650 et suiv. C.c.B.C.), le contrat de consommation (*Loi sur la protection du consommateur*, L.R.Q., c. P-40.1) et les transactions portant sur les valeurs mobilières (*Loi sur les valeurs mobilières*, L.R.Q. c. V-1.1).

[59] Expression de Simone DAVID-CONSTANT, « La bonne foi : une mer sans rivages » dans Simone DAVID-CONSTANT (dir.), *La bonne foi*, Liège, A.S.B.L., Éditions du Jeune Barreau de Liège, 1990, citée par Brigitte LEFEBVRE, *La bonne foi dans la formation du contrat*, Cowansville, Éditions Yvon Blais, 1998, p. 2.

[60] Philippe LE TOURNEAU, *Rép. civ.* Dalloz, v° Bonne foi, n° 1. *Cf.* également Paul-André CRÉPEAU et Élise M. CHARPENTIER, *Les principes d'UNIDROIT et le Code civil du Québec : valeurs partagées ?*, Scarborough, Carswell, 1998, p. 48 : pour ces auteurs, les articles 6 et 1375 C.c.Q. sont «des moments de grâce dans l'évolution du droit civil québécois». Voir leur analyse aux pages 46 et suiv.

n'est donc pas aisé de la définir d'une façon précise, encore moins d'en expliquer sommairement toutes les subtilités[61].

Cela dit, on enseigne généralement que la bonne foi, au sens large, recouvre deux notions distinctes : d'une part, la « croyance erronée en l'existence d'une situation juridique régulière » et, d'autre part, « un comportement loyal [...], une attitude d'intégrité et d'honnêteté »[62].

17.2. *Croyance erronée.* Ce premier aspect de la bonne foi est subjectif, psychologique : la personne *est* de bonne foi si elle croit sincèrement et légitimement qu'une situation juridique existe, alors que la réalité est autre. Cette croyance erronée, mais sincère, pourra la protéger des conséquences qui de-

---

[61] De nombreux auteurs se sont attaqués au sujet, on se contentera de citer ici : R. DESGORCES, *La bonne foi dans les contrats : rôle actuel et perspective,* thèse Paris II, 1992; Brigitte LEFEBVRE, *La bonne foi dans la formation du contrat,* Cowansville, Éditions Yvon Blais, 1998; Ph. STOFFEL-MUNCK, *L'abus dans le contrat, essai d'une théorie,* thèse Aix-Marseille, 1999; BAUDOUIN et JOBIN, 5e éd., nos 89 et suiv., p. 110 et suiv.; A. BÉNABENT, « Rapport français sur la bonne foi dans l'exécution du contrat »; C. MASSE, « La bonne foi dans l'exécution du contrat »; G. LECLERC, « Rapports canadiens : le contrat en général » dans *Travaux de l'Association Henri-Capitant, Journées Louisianaises, 1992,* Paris, Litec, 1994, p. 291, 224 et 265. *Cf.* également le numéro spécial que lui a consacré la *Revue de droit de l'Université de Sherbrooke,* (1995-96) 26 *R.D.U.S.* : (Menezez CORDEIRO, « La bonne foi à la fin du vingtième siècle »; Élise M. CHARPENTIER, « Le rôle de la bonne foi dans l'élaboration de la théorie du contrat »; Brigitte LEFEBVRE, « La bonne foi : notion protéiforme »; Jean-Pierre VILLAGI, « La convention collective et l'obligation de négocier de bonne foi : leçons du droit du travail »; Louise ROLLAND, « La bonne foi dans le *Code civil du Québec* : du général au particulier »; Nathalie CROTEAU, « Le contrôle des clauses abusives dans le contrat d'adhésion et la notion de bonne foi »; Vincent KARIM, « Preuve et présomption de bonne foi »; Nathalie VÉZINA, « La demeure, le devoir de bonne foi et la sanction extrajudiciaire des droits du créancier »). Voir également : Denis W. BOIVIN, « La bonne foi et l'indemnisation des personnes assurées », (1998) 43 *R.D. McGill* 222.

[62] Gérard CORNU (dir.), *Vocabulaire juridique,* Paris, P.U.F., 2000, *verbo* : bonne foi. *Cf.* Brigitte LEFEBVRE, *La bonne foi dans la formation du contrat,* Cowansville, Éditions Yvon Blais, 1998, p. 72 et suiv; BAUDOUIN et JOBIN, 5e éd., n° 89, p. 110 et suiv.

vraient normalement découler du fait que ses agissements, bien que légitimes au regard des apparences, peuvent cependant contrarier les droits de tierces personnes[63]. Ainsi, la personne qui érige des constructions sur un terrain en croyant légitimement, mais erronément, qu'elle en est propriétaire bénéficiera d'une certaine protection à l'encontre du véritable propriétaire, puisqu'elle a agi de bonne foi, dans l'ignorance des droits de ce dernier[64]. Cette facette de la bonne foi se rattache à la théorie de l'apparence : la personne qui, compte tenu des apparences, adopte un comportement honnête et légitime ne devrait pas encourir les rigueurs de la loi lorsqu'il s'avère que ces apparences l'ont trompée. Il en va évidemment autrement de la personne qui a agi en pleine connaissance des droits d'autrui ou qui ne pouvait pas légitimement les ignorer : celle-ci sera dite de «mauvaise foi» et elle ne bénéficiera d'aucun régime de faveur, bien au contraire.

Cette acception de la bonne foi joue un rôle très important en droit des biens, le possesseur de bonne foi étant avantagé par rapport au possesseur de mauvaise foi, tant en matière d'accession (*cf.* art. 954 et suiv. C.c.Q.) qu'en matière de prescription acquisitive (*cf.* art. 2917 et suiv. C.c.Q.). Elle joue aussi un rôle non négligeable dans la théorie générale des obligations, comme nous aurons l'occasion de le voir. À titre d'exemple, le paiement fait de bonne foi au créancier apparent est libératoire (art. 1559 C.c.Q.) et les règles relatives à la restitution des prestations (applicables à la suite de l'anéantissement rétroactif d'un acte juridique ou en cas de paiement de l'indû) favorisent clairement les parties de bonne foi, celles qui ignorent les vices de leur titre (art. 1699 et suiv. C.c.Q.).

17.3. *Le comportement loyal et honnête.* Si la première acception de la bonne foi revêt un caractère subjectif (la personne

---

[63] Philippe LE TOURNEAU, *Rép. civ.* Dalloz, v° Bonne foi, n° 3.

[64] Ainsi, bien qu'il en acquière la propriété par voie d'accession, le propriétaire du fonds doit indemniser le possesseur de bonne foi des impenses nécessaires ou utiles, selon les modalités prévues aux articles 955 et suiv. du Code.

de bonne foi *ignore* la réalité : c'est un état d'esprit), la seconde possède un caractère plus objectif puisqu'il s'agit d'apprécier un comportement : la personne *agira* de bonne foi lorsqu'elle adoptera dans ses relations avec autrui, notamment en matière contractuelle, une attitude honnête, loyale et raisonnable, le comportement qu'aurait adopté dans les circonstances le bon citoyen, l'honnête homme. Cette attitude d'intégrité, de loyauté envers autrui la conduira tantôt à s'abstenir de faire ce qui serait malhonnête (par exemple, sciemment induire en erreur, ce qui constituerait un dol, ou exercer son droit en vue de nuire à autrui, ce qui serait un abus de droit), tantôt à faire ce que la loyauté, l'honnêteté exigent (par exemple, révéler au cocontractant qui n'est pas en mesure de s'informer lui-même des renseignements qu'il aurait intérêt à connaître : c'est l'*obligation de renseignement*).

Cet aspect de la bonne foi plonge ses racines dans la *fides* du droit romain, notion d'abord religieuse puis morale, qui impose non seulement le respect de la parole donnée, mais aussi d'agir honnêtement en s'abstenant de manoeuvres dolosives (*dolus*) ou de menaces (*metus*). La *fides*, c'est l'attitude du bon citoyen romain, honnête, consciencieux, respectueux des lois de la cité et, surtout, fidèle à sa parole[65]. Cicéron (*De Officiis*, I, 7) la définit en insistant sur la sincérité du propos et le respect de la parole donnée : *fides est dictorum conventorumque constantia et veritas* [66].

La *fides* donnera lieu à la distinction romaine entre les contrats de droit strict et les contrats de bonne foi. Les premiers sont les contrats traditionnels qui se forment par le respect de certaines formalités (*res, verbis ou litteris*), dont le strict accomplissement est nécessaire à la création d'un engagement valable, et sont sanctionnés par les actions dites de droit strict (*condictiones*) où le juge est lié par la formule de l'action et donc par la lettre de la convention. Progressivement, la coutume reconnut la validité de certains contrats sur la seule base de la parole donnée (les contrats *consensuels*, tels la vente,

---

[65] Brigitte LEFEBVRE, *La bonne foi dans la formation du contrat*, Cowansville, Éditions Yvon Blais, 1998, p. 12 et suiv.; Philippe LE TOURNEAU, *Rép. civ.* Dalloz, v° Bonne foi, n° 4.

[66] «La bonne foi est la constance et la vérité des choses dites et convenues» traduction tirée du *Précis élémentaire de droit romain*, Paris, Sirey, 1926, p. 56.

le louage, la société, la fiducie, le mandat) et donna pour les sanctionner une action dite de bonne foi (*actio bonae fide*), où le juge jouissait d'un plus large pouvoir d'interprétation et d'appréciation, la formule de ces actions lui demandant de condamner le défendeur à donner et faire tout ce qui était requis selon les exigences de la bonne foi (*quidquid dare facere oportet ex fide bona*)[67].

Après la réception du droit romain en Europe (vers le XIe siècle) et sous l'influence des canonistes, le principe du respect de la parole donnée et de la bonne foi gagna progressivement du terrain, à tel point que Domat (1625-1696), dans ses *Loix civiles suivant leur ordre naturel* (1689), fit valoir que la distinction romaine des contrats de droit strict et de bonne foi était périmée, tous les contrats étant désormais de bonne foi[68]. Cette idée fut reprise au Code civil des français (1804), dont le troisième alinéa de l'article 1134 établit que « [les conventions] doivent être exécutées de bonne foi »[69].

Le *Code civil du Bas Canada* n'ayant pas repris la formule, et son interprétation ayant longtemps été dominée par le dogme de l'autonomie de la volonté, la notion de bonne foi- loyauté, si elle n'a jamais été totalement absente (ne serait-ce qu'en raison des nombreuses dispositions de la loi qui en découlent, telles la sanction du dol, de la violence ou, en certains cas, de la lésion), a néanmoins joué un rôle assez effacé pendant le premier siècle de son entrée en vigueur, les tribunaux québécois étant réticents à créer de toutes pièces, au nom de la bonne foi, des obligations que les parties n'avaient pas expressément convenues. Avec le déclin de la théorie de l'autonomie de la volonté, l'on a cependant assisté à une véritable résurgence de la bonne foi-loyauté, notamment à la suite d'importantes décisions rendues par la Cour suprême du Canada, dans les affaires *Soucisse* et *Houle*.

---

[67] *Id. Cf.* également, Paul OURLIAC et Jehan de MALAFOSSE, *Droit romain et ancien droit*, t. 1, « Les obligations », Paris, P.U.F., 1957, n° 10.

[68] 1re partie, livre 1er, tit.1, sect. III, par. 12.

[69] Cette formulation semble exclure la bonne foi dans la conclusion du contrat, mais ce n'est pas le cas : en réalité, comme l'explique Brigitte LEFEBVRE, *La bonne foi dans la formation du contrat*, Cowansville, Éditions Yvon Blais, 1998, p. 261, les codificateurs furent d'avis, sous l'influence de Portalis, qu'il n'était pas nécessaire de préciser que les conventions devaient être «contractées» de bonne foi (expression qui fut retranchée du projet) puisque cela leur apparut suffisamment sous-entendu par les dispositions traitant des vices du consentement.

Dans l'affaire *Soucisse*[70], la Cour suprême a jugé qu'une banque avait manqué à son obligation de loyauté et à la bonne foi, en omettant d'avertir les héritiers d'une personne qui avait souscrit un cautionnement illimité de l'existence de ce cautionnement et de la possibilité qu'ils avaient d'y mettre fin. Ce manque de loyauté a été sanctionné par une fin de non recevoir, quand la banque a tenté de récupérer de ces héritiers (tenus par la loi aux dettes de leur auteur) les dettes encourues par le débiteur principal postérieurement au décès de la caution. Plus importante encore est l'affaire *Houle*[71], où la Cour suprême a posé le principe de l'abus de droit en matière contractuelle, en se fondant, encore là, sur la notion de bonne foi. Pour la Cour (hormis le cas des droits discrétionnaires, qui sont des plus rares), les droits civils, incluant les droits d'origine contractuelle, doivent toujours être exercés selon les exigences de la bonne foi, c'est-à-dire que non seulement ils ne peuvent être exercés dans le but de nuire à autrui, mais, en outre, ils ne peuvent l'être d'une manière excessive et déraisonnable, sous peine d'engager la responsabilité[72]. La notion générale de bonne foi fonde ainsi la théorie particulière de l'abus de droit.

Aujourd'hui, le *Code civil du Québec* énonce formellement le principe selon lequel « la bonne foi doit gouverner la conduite des parties, tant au moment de la naissance de l'obligation qu'à celui de son exécution ou de son extinction » (art. 1375 C.c.Q.). Cette disposition reprend, dans le cadre particulier de la théorie des obligations, le principe général que nous livre l'article 6 C.c.Q. : « Toute personne est tenue d'exercer ses droits civils

---

[70] *Banque canadienne nationale* c. *Soucisse*, [1981] 2 R.C.S. 339.

[71] *Houle* c. *Banque canadienne nationale*, [1990] 3 R.C.S. 122.

[72] En l'espèce, la banque avait agi de façon intempestive, rappelant un prêt et liquidant les actifs de sa débitrice en quelques heures à peine, alors que les actionnaires de celle-ci étaient sur le point de vendre leurs actions à des tiers et ce, à la connaissance de la banque. Les agissements de la banque ayant fait avorter la transaction projetée, elle fut tenue responsable du préjudice ainsi causé aux actionnaires de sa débitrice, au motif, non pas qu'elle avait cherché à leur nuire, mais bien parce qu'elle n'avait pas exercé ses droits d'une manière raisonnable, à la lumière des circonstances. *Cf.* également *Supermarché A.R.G. Inc.* c. *Provigo Distributions Inc.*, [1995] R.J.Q. 464 (C.S.), appel accueilli sur l'évaluation des dommages seulement : [1998] R.J.Q. 47. *Cf.* également *SMC Pneumatiques (Canada) Ltée* c. *Diesa Inc.*, J.E. 00-1448 (C.S., en appel, C.A. Montréal, n° 500-09-009816-000).

selon les exigences de la bonne foi », ce qui laisse évidemment entendre que l'on ne peut exercer ses droits civils de façon abusive, c'est-à-dire dans le but de nuire ou encore d'une manière excessive ou déraisonnable, ce qu'édicte expressément l'article 7 C.c.Q.

17.4. *Illustrations.* Comme l'indique l'article 1375 C.c.Q., la bonne foi doit gouverner la conduite des parties au cours de toutes les étapes de la vie de l'obligation, de sa naissance à son extinction, en passant par celle de son exécution. Bien que ce texte, à l'instar des principes posés aux articles 6 et 7 C.c.Q., vise toutes les obligations, qu'elles soient d'origine contractuelle ou légale, il demeure que le contrat est le domaine de prédilection de l'obligation de bonne foi-loyauté, et c'est sous l'angle contractuel que nous allons ici l'envisager.

— *Bonne foi et formation du contrat.* Dire, dans un contexte contractuel, que la bonne foi doit guider le comportement des parties au moment de la naissance de l'obligation, c'est dire que les parties, dans leurs négociations, doivent agir de façon loyale et honnête. Cela signifie bien sûr que la fraude, les manoeuvres dolosives, la violence illégitime, sont illicites, mais ces conséquences «naturelles» de l'obligation de bonne foi font précisément l'objet de dispositions spécifiques du Code dans le cadre de la théorie des vices du consentement. C'est dans le cadre de l'étude de ces dispositions particulières que nous aurons notamment l'occasion de nous pencher sur l'obligation de renseignement et sur son corrollaire, l'obligation de *se* renseigner[73].

Ces dispositions particulières mises à part, quelles sont les autres exigences de la bonne foi lors des négociations ?

On peut négocier durement, âprement, mais il faut le faire avec loyauté et *fair-play* : les parties ne sont nullement tenues de s'entendre et peuvent défendre avec ténacité et pugnacité leurs intérêts respectifs, mais elles ne peuvent adopter un comportement déloyal. Il en serait ainsi de la partie qui entamerait des négociations sans avoir l'intention de les mener à terme ou qui les poursuivrait en sachant ne plus vouloir

---

[73] *Cf. infra*, n°s 82 et 88.1.

conclure, faisant ainsi perdre à l'autre partie temps et argent, en plus de susciter chez elle de faux espoirs : dans certains cas, «la bonne foi impose une obligation de rompre les négociations»[74]. Plus fréquemment, il y aura déloyauté par une rupture abusive des négociations[75]. Puisque les parties ne sont pas tenues de s'entendre, ce n'est pas la rupture qui est en soi proscrite, c'est plutôt celle qui, à la lumière des circonstances, est blâmable, car déraisonnable. Ainsi, on peut penser que celui qui se retire au tout dernier moment d'une négociation longue et ardue devra être en mesure de fonder sa décision sur des motifs sérieux et non point sur des caprices. Comme l'a noté un auteur, plus les négociations auront été longues et coûteuses, et plus elles seront avancées, moins la partie qui veut se retirer aura les coudées franches : passé un certain stade, elle ne pourra plus tirer sa révérence que pour des motifs légitimes dont la preuve lui incombera[76], à défaut de quoi elle engagera sa responsabilité extracontractuelle[77].

Notre système économique étant fondé sur la libre concurrence, l'obligation de loyauté dans les pourparlers n'exige cependant pas que les négociations soient exclusives; à moins d'une entente entre les parties ou de circonstances très particulières, chacune des parties à la négociation restera libre de recevoir des propositions d'autrui ou même d'entamer elle-même des négociations parallèles : conclure autrement risque-

---

[74] Brigitte LEFEBVRE, *La bonne foi dans la formation du contrat*, Cowansville, Éditions Yvon Blais, 1998, p. 117.

[75] *Cf. Banque Hong-Kong du Canada c. Bert Friedman Enterprises Ltd.*, [1996] R.J.Q. 2427 (C.A.).

[76] *Id.*, p. 151. *Cf. infra* n° 62.

[77] Il arrive que, dans le cadre de certaines négociations plus complexes, les parties concluent des accords, destinés à faciliter leur marche vers la conclusion du contrat définitif. De tels accords prennent différentes formes (accords de principe, accords partiels, etc.) et peuvent créer à la charge des parties des obligations *contractuelles* de négocier de bonne foi : en un tel cas, la rupture injustifiée des pourparlers entraînera une responsabilité contractuelle, *cf. infra*, n° 62. *Cf.* également Brigitte LEFEBVRE, *La bonne foi dans la formation du contrat*, Cowansville, Éditions Yvon blais, 1998, p. 124 et suiv.

rait d'avoir un impact non souhaitable sur le jeu de la concurrence[78].

Par ailleurs, les négociations amènent parfois les parties à s'échanger des plans ou des secrets d'affaire ou d'autres informations confidentielles. La bonne foi exige que celui qui obtient ainsi de telles informations ne puisse les divulguer à des tiers, ni les utiliser lui-même à son profit, sauf dans la mesure convenue entre les parties[79].

— *Bonne foi et exécution du contrat.* Une fois le contrat conclu, l'obligation d'agir selon les exigences de la bonne foi ne cesse pas, bien au contraire. Le principe général de la bonne foi, là encore, donne lieu à de nombreuses dispositions qui seront étudiées plus loin. Il suffit ici d'en dresser sommairement la liste.

La bonne foi joue un rôle non négligeable dans l'établissement du contenu contractuel. Tout d'abord, le Code pose le principe général en vertu duquel le contrat s'interprète selon l'intention commune des parties, « plutôt que de s'arrêter au sens littéral des termes utilisés » (art. 1425 C.c.Q.). D'une certaine manière, cette règle réaffirme le fait que les contrats modernes ne sont plus des « contrats de droit strict », où le juge serait lié par la lettre de la convention : il serait en effet contraire à la bonne foi de s'en tenir au sens littéral, lorsque celui-ci ne reflète pas la volonté commune. Ensuite, le Code

---

[78]   *Cf.* Joanna SCHMIDT, *Négociation et conclusion de contrats*, Paris, Dalloz, 1982, n° 482; Brigitte LEFEBVRE, *La bonne foi dans la formation du contrat*, Cowansville, Éditions Yvon Blais, 1998, p. 144 et suiv. *Cf. Wolofsky* c. *Trust Général inc.*, J.E. 93-461 (C.A.) (requête pour autorisation de pourvoi à la Cour suprême rejetée, dossier n° 23484, 23 septembre 1993).

[79]   *Cf. Anastasiu* c. *Gestion d'immeubles Belcourt inc.*, J.E. 99-2240 (C.Q., en appel C.A. Montréal, n° 500-09-008918-997). Selon Brigitte Lefebvre, les principes posés à cet égard par la Cour suprême du Canada dans l'affaire *Lac Minerals Ltd.* c. *International Corona Resources Ltd.*, [1989] 2 R.C.S. 574, sont transposables en droit civil québécois (Brigitte LEFEBVRE, *La bonne foi dans la formation du contrat*, Cowansville, Éditions Yvon Blais, 1998, p. 137 et suiv.); *cf.* également Philippe LE TOURNEAU, *Rép. civ.* Dalloz, v° Bonne foi, n° 24.

pose le principe que les obligations résultant du contrat (précisément parce que les contrats ne sont plus de « droit strict ») ne se limitent pas à ce que les parties ont expressément convenu, mais qu'on doit y ajouter les obligations qui, selon la nature du contrat, découlent de la loi, des usages ou de l'*équité* (art. 1434 C.c.Q.). Sans doute, équité et bonne foi se distinguent à certains égards, mais, en la matière, des liens profonds les unissent et si, compte tenu des circonstances, il apparaît équitable d'ajouter une obligation quelconque au contrat, cela signifie que la partie ainsi obligée n'agirait pas selon la bonne foi si elle refusait d'exécuter cette obligation pour s'en tenir à la lettre du contrat[80].

C'est ainsi que la bonne foi et l'équité obligent chacune des parties au contrat à exécuter ses prestations d'une manière honnête et loyale, ainsi qu'à recevoir de l'autre partie ce qui est dû, sans chercher à rendre sa prestation plus onéreuse[81], ce qui peut nécessiter une saine collaboration entre les parties (fourniture de pièces, instructions ou informations), afin de faciliter l'exécution du contrat et afin que chacun des contractants en retire l'avantage escompté : c'est l'obligation de coopération[82], qui peut notamment se traduire par une obligation de renseignement[83]. C'est également la bonne foi et l'équité qui obligent, dans certains cas, à éviter les conflits d'intérêts. Ainsi, le mandataire doit éviter toute situation où ses intérêts seraient susceptibles d'entrer en conflit avec ceux de son mandant (*cf.* art. 2138 C.c.Q.).

De la même manière, comme on l'a vu, nul ne peut exercer ses droits dans le but de nuire à autrui ou d'une manière excessive et déraisonnable : l'abus de droit, que ce droit soit ou non d'origine contractuelle, est sanctionné et a donné lieu à une

---

[80] *Cf. infra*, n° 235.

[81] *Cf. Métal Laurentide inc.* c. *Entreprise Yvan Frappier inc.*, J.E. 01-445 (C.S., en appel, C.A. Montréal, n° 500-09-010543-015). *Cf. infra*, n° 315.

[82] *Cf. Sobeys Québec Inc.* c. *Marché St-Ambroise Inc.*, J.E. 01-322 (C.S.) (règlement hors cour le 11 décembre 2000, C.S. Chicoutimi, n° 150-05-002413-005); *Banque royale du Canada* c. *Nettoyeur Terrebonne (1985) Inc.*, J.E. 88-61 (C.S.).

[83] *Cf. infra*, n° 235.

abondante doctrine et à une volumineuse jurisprudence, notamment en droit bancaire, en droit du travail et dans les contrats de distribution[84]. On se contentera de dire que la Cour d'appel, dans le contexte du droit du travail, a tenu à rappeler que tout congédiement illégal n'est pas nécessairement abusif; pour qu'il y ait abus de droit, il faut que, dans les circonstances, le comportement reproché soit particulièrement blâmable, voire choquant[85], en un mot « déraisonnable » comme le précise l'article 7 C.c.Q.

La bonne foi supposerait aussi que l'on ne profite pas de l'inexpérience ou de la vulnérabilité d'autrui pour lui imposer des conditions draconiennes, pour lui soutirer des avantages qui ne correspondent pas à ce qu'on lui donne. Se pose alors la question de la lésion, question fort délicate puisqu'elle met directement en cause la stabilité contractuelle. L'on verra qu'au terme de longues tractations, le législateur québécois a finalement adopté une position de compromis : si la lésion entre majeurs n'est en principe pas reconnue, on permet cependant au juge d'intervenir dans les situations où l'une des parties est, par rapport à l'autre, en position de faiblesse. Ainsi, aujourd'hui comme hier, le contrat lésionnaire peut ainsi être annulé lorsqu'il a été conclu au préjudice d'un mineur ou d'un majeur protégé[86], mais, en outre, ce qui est nouveau, les clauses abusives des contrats d'adhésion ou de consommation, c'est-à-dire celles qui désavantagent d'une manière excessive l'adhérent ou le consommateur, peuvent être annulées ou réduites[87].

---

[84] Voir l'étude détaillée de la jurisprudence que font MM. Baudouin et Jobin (BAUDOUIN et JOBIN, 5ᵉ éd., n° 114 et suiv., p. 133 et suiv.).

[85] *Cf. Standard Broadcasting Corp.* c. *Stewart*, [1994] R.J.Q. 1751 (C.A.). *Cf.* également *Timmons* c. *Banque Nationale du Canada*, [1995] R.R.A. 949 (C.S.) (appel rejeté sur requête le 8 janvier 1996, C.A. Québec, n° 200-09-000553-955); *Bonaventure Systems Inc.* c. *Banque royale du Canada*, [1997] R.J.Q. 139 (C.S.) (appel accueilli, J.E. 00-1403); requête pour autorisation de pourvoi à la Cour suprême, n° 28129); *Subaru Auto Canada ltée* c. *Caravane et auto du Cap inc.*, J.E. 96-754 (C.A.).

[86] *Cf. infra*, n° 108 et suiv.

[87] *Cf. infra.*, n° 239.

L'obligation générale de bonne foi va-t-elle jusqu'à imposer la renégociation du contrat, lorsque des circonstances imprévisibles en ont modifié l'économie générale au détriment de l'une des parties? Certains, à la suite de la doctrine allemande, le pensent. C'est là toute la question, également très controversée, de la théorie de l'imprévision, qui sera analysée plus loin[88].

— *Bonne foi et extinction du contrat.* En certains cas, la bonne foi prolonge même ses effets au-delà du contrat, au moment de son extinction, hypothèse d'ailleurs expressément prévue par l'article 1375 C.c.Q. Par exemple, le Code prévoit que l'obligation de loyauté et de confidentialité de l'employé envers son employeur survit à l'expiration du contrat de travail, et ce, pour une période raisonnable (art. 2088 C.c.Q.)[89].

Ce tour d'horizon nous fait voir toute la portée de l'obligation générale de bonne foi. À l'instar de la responsabilité civile ou de l'enrichissement injustifié, il s'agit d'une *notion-cadre*, qui fonde de nombreuses dispositions législatives, tout en conservant un contenu qui lui est propre. C'est dire que la bonne foi doit régner à tout moment au coeur des relations de droit entre les personnes[90]; il n'y a là rien de nouveau, mais l'insistance que met le législateur sur cette notion indique clairement que la morale n'est pas absente du droit des obligations, même s'il importe par ailleurs de ne pas utiliser la notion générale de bonne foi pour contourner les dispositions de la loi[91], (par exemple, pour sanctionner un contrat lésionnaire conclu entre personnes majeures) ni de confondre bonne foi et angélisme : le bon citoyen est honnête et juste, il n'a cependant pas l'obligation d'être charitable...

---

[88] *Cf. infra*, n° 285.

[89] *Cf. Voyages Robillard inc.* c. *Consultour/Club voyages inc.*, J.E. 94-203 (C.A.).

[90] L'obligation générale d'agir de bonne foi est, selon la Cour d'appel, d'ordre public : *Trust La Laurentienne du Canada inc.* c. *Losier*, J.E. 01-254 (C.A.), ce qui ne signifie cependant pas que toutes ses manifestations ne puissent faire l'objet d'aménagement par les parties.

[91] *Cf. Dalpro Chemical Cleaning Processes Inc.* c. *Dalpro Industries Inc.*, [1995] R.J.Q. 556 (C.S.).

Observations sur le droit transitoire. Le Projet de loi 38, *Loi sur l'application de la réforme du Code civil*, adopté le 18 décembre 1992[92], énonce un certain nombre de principes et de règles, destinées à résoudre les problèmes inévitables de conflits de lois dans le temps. Tout d'abord, est posé le principe de la non-rétroactivité de la loi nouvelle (art. 2), principe fondamental du droit transitoire, qui cependant n'exclut pas l'existence d'exceptions jugées parfois nécessaires à la sauvegarde de l'intérêt général. Est établi, ensuite, le principe de l'effet immédiat de la loi nouvelle sur les situations en cours lors de son entrée en vigueur (art. 3), mais est également adopté, en certains cas, et notamment en matière contractuelle, le principe de la survie de la loi ancienne (art. 4), sauf pour ce qui est des stipulations antérieures à la loi nouvelle et contraire à ses dispositions impératives (art. 5), compromis entre la nécessité de voir la loi nouvelle s'appliquer le plus rapidement possible et le souhait de ne pas trop contrarier la volonté des contractants. Une manifestation du souci qu'a le législateur de ne pas voir se perpétuer plus longtemps la loi ancienne et de faire appliquer immédiatement la loi nouvelle se trouve notamment à l'article 7, en vertu duquel « les actes juridiques entachés de nullité lors de l'entrée en vigueur de la loi nouvelle ne peuvent plus être annulés pour un motif que la loi nouvelle ne reconnaît plus ». Dès lors que l'acte juridique conclu antérieurement à la loi nouvelle et non encore annulé répond aux exigences de formation de cette loi nouvelle, il est valable même s'il était nul ou annulable selon la loi ancienne : la nullité que prônait la loi ancienne ayant perdu, selon la loi nouvelle, sa raison d'être, il n'y a plus lieu de s'en souvenir.

Il ne nous appartient pas de traiter dans cet ouvrage des règles du droit transitoire; il s'agit d'une matière vaste et complexe qui fait l'objet d'ouvrages spécialisés auxquels nous renvoyons le lecteur[93]. Nous nous bornerons, dans le cadre de cette étude sur la théorie générale des obligations, à attirer l'attention du lecteur sur les dispositions particulières de la Loi d'application qui portent sur des points intéressant notre matière.

---

[92] L.Q. 1992, c. 57.

[93] *Cf.* Pierre-André CÔTÉ et Daniel JUTRAS, *Le droit transitoire civil : sources annotées,* Cowansville, Éditions Yvon Blais, 1994; Paul ROUBIER, *Le droit transitoire : conflits des lois dans le temps,* 2ᵉ éd., Paris, Dalloz, 1960; Jacques HÉRON, « Étude structurale de l'application de la loi dans le temps », *Rev. trim. dr. civ.* 1985.277.

18. *IV. Importance du droit des obligations*[94]. Il est inutile d'insister sur l'importance pratique de la théorie des obligations, puisque ce droit apparaît à chaque instant dans notre vie quotidienne : lorsque nous achetons le journal ou le Code civil, lorsque nous prenons l'autobus, lorsque nous empruntons, lorsque vient le moment désagréable de payer les factures. C'est pourquoi l'on a pu dire que le droit des obligations était le « centre du droit », non seulement du droit civil, mais de toutes les disciplines du droit en général : droit administratif, droit du travail, droit commercial, etc.

De plus, l'importance théorique est également grande, car la théorie des obligations est, parmi toutes les branches de la science juridique, celle où le caractère logique est le plus marqué, même si les considérations économiques ont leur importance, même si la théorie des contrats peut différer selon que l'on se trouve dans une économie libérale ou une économie planifiée. Les considérations sociologiques, historiques, exercent une influence moindre que dans les autres domaines du droit (le droit de la famille ou des successions, par exemple), dans la mesure où l'on envisage la technique. C'est ce qui permet de tendre à l'universalité; c'est un droit qui ne diffère pas essentiellement d'un pays à l'autre, de telle sorte qu'on a pu envisager la conclusion (difficile) d'accords internationaux destinés à unifier le droit des obligations[95].

19. *Plan.* Les codificateurs avaient, dans le *Code civil du Bas Canada*, traité successivement, en un seul titre[96], des

---

[94] *Cf.* Paul-André CRÉPEAU, « La fonction du droit des obligations », (1998) 43 *R.D. McGill* 721.

[95] *Cf.* Paul-André CRÉPEAU et Élise M. CHARPENTIER, *Les principes d'UNIDROIT et le* Code civil du Québec : *valeurs partagées ?,* Scarborough, Carswell, 1998; FLOUR, AUBERT et SAVAUX, vol. 1, 9ᵉ éd., n° 65 et suiv., p. 38 et suiv.; MARTY et RAYNAUD, t. 1, vol. 1, 2ᵉ éd., n° 9, p. 16 et suiv.; MAZEAUD, 9ᵉ éd., t. 2, vol. 1, n° 27 et suiv., p. 22 et suiv.; TERRÉ, SIMLER et LEQUETTE, 5ᵉ éd., 1993, n° 7 et suiv., p. 8 et suiv.

[96] Le troisième titre du troisième livre du *Code civil du Bas Canada* s'intitulait « Des obligations »; il débutait avec l'article 982 et se terminait à l'article 1256.

contrats, des quasi-contrats, des délits et des quasi-délits, des obligations qui résultent de l'opération de la loi seule, de l'objet des obligations, de l'effet des obligations, des diverses espèces d'obligations, de l'extinction des obligations (et de la preuve). Ainsi, ils s'étaient écartés du plan suivi par les codificateurs napoléoniens qui avaient traité, sous un Titre III « Des contrats ou des obligations conventionnelles en général », des conditions essentielles pour la validité des conventions, de l'effet des obligations, des diverses espèces d'obligations, de l'extinction des obligations, de la preuve du paiement, et, sous un Titre IV, « Des engagements qui se forment sans convention », c'est-à-dire des quasi-contrats, des délits et quasi-délits. Ce plan avait été unanimement critiqué, car, quel que soit le fait qui donne naissance à l'obligation, quelle que soit sa source, l'obligation une fois née suit les mêmes règles. Les obligations peuvent naître de différentes façons, mais, une fois nées, elles produisent toutes les mêmes effets : elles s'exécutent, se transmettent ou meurent suivant les mêmes règles. C'est pourquoi les codificateurs québécois préférèrent suivre, en 1866, le plan que leur fournit l'œuvre de Pothier.

Dans le *Code civil du Québec,* tout en maintenant d'abord le chapitre sur les sources des obligations – le contrat, la responsabilité civile et les autres sources (correspondant à ce que recouvraient hier les « quasi-contrats », c'est-à-dire gestion d'affaires, réception de l'indu, enrichissement injustifié) —, on traite ensuite des modalités de l'obligation, puis de l'exécution quelle que soit la source de l'obligation, et on aborde alors la transmission et les mutations de l'obligation en les dégageant de l'extinction proprement dite de l'obligation; on termine enfin en proposant un ensemble de règles relatives à toutes les situations où il y a lieu à la restitution des prestations.

Cette étude sera divisée en deux grandes parties : le livre I sera consacré à l'étude des sources des obligations et le livre II aux effets des obligations, ces effets étant examinés indépendamment de la source de l'obligation, du fait qui lui a donné naissance.

LIVRE I
LES SOURCES DES OBLIGATIONS

20. *Classification.* Parlant de la classification des obligations d'après leur source, on a déjà indiqué quelle était la *summa divisio* romaine : contrat, délit, quasi-délit, quasi-contrat.

En vérité, à l'époque de Gaïus (IIe siècle), on distinguait les obligations qui naissaient *ex contractu* et celles qui naissaient *ex delicto.* Toutefois, à côté de ces deux sources, le contrat et le délit, il y en avait d'autres qui n'étaient pas classées, appelées *variae causarum figurae,* et qui regroupaient les diverses opérations juridiques qui n'entraient pas dans la classification bipartite, celles qui ne relevaient pas pleinement ou du contrat ou du délit, comme vraisemblablement les obligations qui résultaient du droit prétorien qui avait, alors, une grande autorité à côté de la loi.

Afin d'établir le régime de ces obligations issues de causes diverses, on les rapprocha tantôt du contrat, en disant qu'elles naissaient *quasi ex contractu,* tantôt du délit, en disant qu'elles naissaient *quasi ex delicto,* selon qu'elles procédaient d'un fait licite ou illicite. C'est ainsi que Justinien (VIe siècle), soucieux de symétrie, obtint une division quadripartite et que les anciens auteurs en sont venus à parler de contrats, délits, quasi-délits et quasi-contrats. Se rendant compte qu'il existait encore d'autres obligations qu'on ne pouvait classer dans aucune de ces catégories, ces derniers ajoutèrent une cinquième source, la loi.

Définissons ces termes :

— le contrat : c'est une entente, un accord de volonté, qui intervient entre deux ou plusieurs personnes et qui est destinée à engendrer des effets juridiques (créer, modifier ou éteindre une obligation ou transférer un droit réel)[97].

---

[97] Si tout contrat résulte d'un accord de volonté, tout accord de volonté n'est pas forcément un contrat: une invitation à dîner, même lorsqu'elle a été acceptée,

— le quasi-contrat : c'est un fait licite, volontairement accompli qui n'est pas un contrat, mais d'où découlent des obligations à la charge de son auteur ou à la charge d'un tiers (exemple : la gestion d'affaires).

— le délit : c'est l'acte par lequel une personne, avec l'intention de nuire à autrui, lui cause un préjudice. Le délit implique, donc un préjudice et une faute intentionnelle.

— le quasi-délit : c'est l'acte par lequel une personne, sans intention de nuire, mais par imprudence ou négligence, a causé un préjudice à autrui. Le quasi-délit implique, donc, un préjudice et une faute non intentionnelle.

— la loi : selon cette classification, toute obligation, qui ne résulte pas de l'une des quatre sources nommées, est censée provenir de la loi.

Cette classification a été critiquée abondamment. D'une part, la cinquième source, la loi, est considérée comme un fourre-tout, un débarras, alors que la loi est, en vérité, la source suprême du droit d'autre part, la distinction entre délit et quasi-délit est en principe inutile, car ces deux notions sont traitées également par le Code civil tout acte dommageable entraîne l'obligation de réparer, que la faute soit intentionnelle ou non[98]. En outre, la notion de quasi-contrat est très incertaine et bien difficile à cerner : les auteurs s'y usent depuis fort longtemps[99].

On en est venu à élaborer une nouvelle classification, sans doute plus rationnelle et peut-être plus simple, en distinguant deux événements susceptibles d'engendrer des obligations : l'acte juridique et le fait juridique.

---

n'est pas pour autant un contrat, car aucune des parties n'a entendu s'obliger, au sens juridique du terme; on est ici dans le domaine des convenances, qui a tendance à exclure l'application du droit (le « non-droit »). Les frontières entre le contrat véritable et l'entente non contractuelle sont difficiles à tracer et dépendent à la fois de critères subjectifs (intention des parties) et objectifs (l'usage). À ce sujet, cf. POPOVICI, 1995, p. 504 et suiv.

[98] Art. 1457 C.c.Q. On aura cependant l'occasion de voir qu'en certains cas, cette distinction entre le « délit » et le « quasi-délit » n'est pas inutile (cf. infra, n° 465).

[99] Cf. infra, n° 249.

L'acte juridique est toute manifestation de volonté destinée à roduire des effets de droit. Ces effets peuvent consister en la création e droits ou obligations, la création ou la modification d'une situation iridique, la création d'un droit réel (tel l'acte constitutif d'une ervitude).

C'est une manifestation de volonté : ce peut être la manifestation e deux volontés, le contrat étant l'exemple typique de l'acte juridique ilatéral, source d'obligations. Ce peut être aussi la manifestation 'une volonté unilatérale, le testament étant un exemple d'acte iridique unilatéral[100], de même que la reconnaissance d'un enfant, la enonciation à un droit (à une succession), la confirmation d'un acte nnulable.

Le fait juridique est tout événement auquel la loi attache 'autorité des effets de droit. La naissance est, par exemple, un fait iridique, car elle marque le début de la personnalité juridique avec us les attributs qui y sont attachés; le décès en est également un, car marque la fin de la personnalité juridique et, donc, la transmission es biens aux héritiers. La démence, un accident de voiture sont des its juridiques, car la loi y attache des effets de droit. Ces effets de roit sont, donc, créés en l'absence de toute volonté de la part des téressés, sans qu'ils l'aient voulu.

Alors que l'acte juridique est une source volontaire, le fait iridique est une source non volontaire, bien que la volonté puisse, éanmoins, intervenir : lorsqu'une personne cause délibérément un réjudice à autrui, le fait est, certes, volontaire; mais la conséquence iridique qui en découle n'a pas été voulue : l'auteur de ce préjudice

---

[00] Certains ont prétendu que le testament était un mauvais exemple d'acte juridique unilatéral, sous le prétexte que l'acceptation du légataire était nécessaire à l'efficacité de ce testament. L'argument est irrecevable. Le testament est, en effet, la manifestation de la volonté du seul testateur de transmettre un patrimoine ou un bien, indépendamment de ce qu'en pense le légataire, et n'a point, non plus, pour effet de créer des obligations à la charge du testateur. Le légataire a le droit, pour sa part, de renoncer à la succession, cette renonciation étant un acte juridique unilatéral, manifestation de la volonté du légataire de ne pas succéder. De la même façon, l'acceptation de la succession est un acte unilatéral, puisqu'il est la manifestation de la volonté du légataire d'abandonner le droit qu'il avait de renoncer à la succession.

intentionnel n'a pas causé celui-ci pour s'offrir le luxe d'indemniser la victime; il devient débiteur non point parce qu'il a voulu devenir débiteur, mais parce que la loi, prenant en considération le fait même du préjudice, l'oblige, en tant que responsable, à le réparer, effet de droit. De la même manière, la gestion d'affaires est un fait volontaire toutefois, le gérant n'agit pas dans le but de devenir débiteur ou créancier : la loi attache d'autorité à ses initiatives des effets juridiques. Ce fait juridique peut, donc, être licite ou illicite.

Ainsi, avec les notions d'acte juridique et de fait juridique, on recouvre les cinq sources qu'énonçait le *Code civil du Bas Canada* l'acte juridique recouvrant le contrat et l'engagement unilatéral, dans l'hypothèse où il serait admis, le fait juridique recouvrant le quasi-contrat, le délit, le quasi-délit et la loi.

En résumé, les obligations peuvent prendre naissance soit par la volonté des intéressés, l'acte juridique, soit en dehors de la volonté des intéressés, le fait juridique, obligations, qui, en ce dernier cas, se créent en marge de la volonté des intéressés, voire contre leur volonté simplement parce que, d'autorité, la loi attache des conséquences de droit à certains faits déterminés.

Qu'en est-il dans le nouveau Code civil ?

À la suite de la critique qui avait été faite de la classification adoptée par le Code civil français et le *Code civil du Bas Canada* Planiol avait réduit à deux les sources des obligations : le contrat et la loi; c'est ce que proposa l'O.R.C.C. : « Les obligations naissent du contrat ou de la loi »[101]. Or, cette classification des sources avait, elle même, fait l'objet de critiques : le contrat, avait-on pu soutenir, n'est source d'obligations que parce que la loi en dispose ainsi, de sorte que la loi serait l'unique source d'obligations, ce qui équivaudrait à une absence de classification[102].

---

[101] O.R.C.C., *Rapport sur le Code civil du Québec,* vol. I, « Projet de Code civil », Québec, Éditeur officiel, 1977, livre V, art. 3, p. 335.

[102] *Cf.* MARTY et RAYNAUD, 2ᵉ éd., t. 1, n° 18, p. 17.

Certes, toute classification est sujette à critique[103], mais le
égislateur a choisi d'adopter une formulation que suggèrent les
nseignements de la doctrine qui distingue l'acte juridique et le fait
uridique. Ainsi, selon l'article 1372 C.c.Q., l'obligation « naît du
ontrat et de tout acte ou fait auquel la loi attache d'autorité les effets
'une obligation »; c'est dire que sont sources d'obligations, d'une part,
e contrat et, d'autre part, le fait juridique, c'est-à-dire tout événement
uquel la loi attache d'autorité des effets de droit et plus précisément
out événement qui, de par la loi, crée un rapport d'obligation entre
eux personnes, indépendamment de toute volonté de l'une ou l'autre
e ces personnes. Le fait juridique recouvre donc incontestablement
es sources désignées dans le *Code civil du Bas Canada* sous
'appellation « quasi-contrats », « délits ou quasi-délits » et « opération
eule de la loi »; quant au contrat, il demeure la source principale des
bligations[104].

Il serait permis de se demander si cet article 1372 C.c.Q. reconnaît
'engagement unilatéral, c'est-à-dire l'acte juridique par lequel une personne
nanifesterait de façon unilatérale sa volonté de créer des obligations à sa
propre charge par sa seule volonté, ce qui n'a jamais été admis jusqu'à ce jour
n droit civil québécois. L'O.R.C.C. avait proposé que « [les obligations]
aissent, en certains cas prévus par la loi, de l'acte juridique unilatéral » et
ndiqué, dans ses commentaires, qu'« il a été jugé opportun de reconnaître
ormellement que l'acte juridique unilatéral [...] est lui aussi source
'obligations dans les cas prévus par la loi »[105] Malgré ce commentaire, on
ouvait douter de la reconnaissance véritable de l'engagement unilatéral
uisqu'un acte de volonté de la part d'une seule personne ne pouvait
ngendrer une obligation que si la loi prévoyait expressément cette
bligation : celle-ci ne découlerait-elle pas, alors, de la loi plutôt que de l'acte
e volonté ? L'article 1372 C.c.Q. ne nous paraît pas poser ce problème :
'« acte [...] auquel la loi attache d'autorité les effets d'une obligation » peut
tre un acte de volonté – la gestion de l'affaire d'autrui, par exemple, ou le
aiement de l'indu ou une offre assortie d'un délai exprès – sans pour autant

---

03 *Cf.* Benoît MOORE, « De l'acte et du fait juridique ou d'un critère de distinction
    incertain », (1997) 31 *R.J.T.* 277. *Cf.* également POPOVICI, 1995, p. 483.

04 Pour une autre classification, opposant les « actes juridiques légitimes » aux
    « actes juridiques illégitimes », *cf.* TANCELIN, 6ᵉ éd., n° 89, p. 50.

05 O.R.C.C., *Rapport sur le Code civil du Québec,* vol. II, « Commentaires », t. 2,
    Québec, Éditeur officiel, 1977, livre V, sous l'article 3, p. 605.

être un acte juridique[106]; il s'agit alors d'un « fait volontaire » : les obligations du gérant et du géré, celles du *solvens* ou de l'*accipiens*, celle de l'offrant de maintenir son offre découlent essentiellement non point de la volonté des personnes en cause, mais bel et bien de la loi. C'est pourquoi il nous apparaît inutile de recourir à la théorie de l'engagement unilatéral. D'ailleurs, si cette théorie avait été retenue, le législateur n'aurait-il pas dit : « L'obligation naît de l'*acte juridique* et de tout événement auquel la loi attache d'autorité les effets d'une obligation » ?

---

[106] *Contra* : POPOVICI, 1995, p. 24.

TITRE I
L'ACTE JURIDIQUE

21. *Définition.* L'acte juridique est une manifestation de volonté, créatrice d'effets de droit. L'acte juridique, source d'obligations, a été voulu. Ainsi, lorsqu'une personne vend un de ses immeubles à une autre personne, il en résulte des obligations à la charge du vendeur et de l'acheteur : le premier a l'obligation de livrer l'immeuble (remise des clefs et des titres) et d'en garantir la jouissance paisible à l'acheteur; le second a l'obligation de payer le prix au vendeur. Ces obligations ont pour origine le contrat de vente, qui est un acte juridique.

On notera qu'il ne faut pas confondre l'acte juridique avec « l'acte instrumentaire », qui est le titre constatant et prouvant l'acte intervenu. Si j'achète un immeuble, j'irai voir mon notaire et lui demanderai de dresser un acte de vente, distinct du contrat de vente : l'acte de vente sera l'écrit, l'instrument constatant que j'ai acheté tel immeuble. Il faut, donc différencier l'acte-instrument de preuve (*instrumentum*) et l'opération elle-même, la vente (*le negotium*).

L'exemple par excellence d'acte juridique, qu'on cite généralement, est le contrat de vente : cet acte juridique est bilatéral, c'est-à-dire qu'il résulte du concours de deux volontés : la volonté du vendeur et celle de l'acheteur. C'est le cas le plus fréquent. Les actes juridiques les plus courants sont bilatéraux. On appelle l'acte juridique bilatéral une « convention ». Mais le terme « convention » est seulement un terme générique; toutes les conventions n'ont pas le même objet : certaines créent des obligations (exemple : contrat de vente); d'autres ont pour objet de transformer des obligations existantes (exemple : la cession de créance); d'autres ont pour but d'éteindre des obligations (exemple : la remise de dette).

Lorsque la convention a spécialement pour objet de créer des obligations nouvelles, on l'appelle un contrat. Le contrat est, donc, une espèce particulière de convention, l'acte bilatéral-type, et c'est lui qu'on étudiera plus spécialement; d'ailleurs, pratiquement, convention et contrat sont des termes utilisés fréquemment l'un pour l'autre, de sorte que, dans le nouveau *Code civil du Québec*, le législateur n'utilise que le vocable « contrat ». On s'en rend compte en comparant l'article 1378 C.c.Q. (« Le contrat est un accord de volonté par lequel une ou plusieurs personnes *s'obligent...* »), qui définit le contrat *stricto sensu*, et l'article 1433 C.c.Q. (« Le contrat crée des obligations et quelquefois les *modifie* ou les *éteint...* »), qui vise tout autant le contrat *stricto sensu* que toutes les autres conventions.

Toutefois, il existe une autre catégorie d'acte juridique, l'acte juridique unilatéral. Il est dit unilatéral lorsqu'une seule personne exprime sa volonté individuelle en vue de produire des effets de droit. On cite traditionnellement comme exemple le testament, la reconnaissance d'un enfant naturel, la renonciation à un droit (à une succession), la confirmation d'un acte nul. Les actes unilatéraux sont relativement rares et leur étude relève de diverses matières spécialisées (famille, succession, etc.), mais on aura à s'interroger sur l'engagement unilatéral comme source d'obligation.

D'où la division de ce Titre I en deux sous-titres : le contrat et l'engagement unilatéral de volonté.

SOUS-TITRE I
LE CONTRAT

22. *Plan.* On étudiera successivement les conditions de formation du contrat (chapitre I), la sanction de ces règles (chapitre II), le contenu du contrat (chapitre III) et, enfin, l'effet particulier des contrats translatifs de propriété (chapitre IV). Cependant, avant d'aborder cette étude, on doit admettre qu'il existe une foule de variétés de contrats dont on ne peut pas fournir une énumération. Aussi convient-il de les classer en différentes catégories. On peut les classer soit d'après leurs conditions de formation, soit d'après leurs effets, chacune de ces classifications n'excluant pas l'autre.

I. Classification des contrats d'après leurs conditions de formation

Dans ce cadre, on retiendra deux séries de catégories :

23. *1. Contrats consensuels, solennels et réels.* D'une façon générale, on peut dire que les contrats sont consensuels, c'est-à-dire qu'ils se forment par le seul consentement des parties, quel que soit le mode d'expression de ce consentement : c'est le principe du consensualisme[107]. Bien souvent, on croit dans l'opinion publique que la rédaction d'un écrit est nécessaire pour que se forme un contrat. C'est une erreur : beaucoup de contrats se forment verbalement, notamment par téléphone, et la validité

---

[107] *Cf. infra,* n° 35. À titre d'exemples, *cf. Morin* c. *Villeneuve,* J.E. 01-156 (C.S.); *M.D.* c. *L.B.,* J.E. 01-275 (C.S.).

du contrat n'est nullement entachée. Il est vrai que cette solution peut être parfois dangereuse, lorsque le débiteur, par exemple, nie de mauvaise foi l'existence de ce contrat et refuse d'exécuter sa prestation. Le créancier peut, alors, avoir des difficultés à prouver l'existence de sa créance. Mais on voit qu'il s'agit d'une difficulté de preuve du contrat et non point d'un doute sur la validité même du contrat, quant à sa formation.

Ce principe du consensualisme n'a pas toujours existé. Bien au contraire, en droit romain, la formation des contrats était soumise à un formalisme très strict : le contrat ne se formait qu'au prononcé de formules rituelles, sacramentelles, qui–si elles n'étaient pas utilisées–rendaient la validité des engagements très contestable. Mais ce système strict s'atténua peu à peu, compte tenu de deux facteurs : l'un d'ordre moral, l'autre d'ordre pratique.

— Le défaut de prononcer les paroles sacramentelles, une « erreur dans la cérémonie », pouvait entacher la validité de l'engagement. Ainsi, il pouvait être facile pour un débiteur de mauvaise foi de se libérer de ses engagements et même, en toute bonne foi, pouvait-on voir un débiteur libéré de ses engagements, alors que ceux-ci avaient été librement consentis et voulus. Ces inconvénients furent mis en relief par les canonistes.

— D'autre part, qui dit formalisme, dit tracasserie, lenteur, ce qui n'est guère profitable aux échanges, aux rapports d'affaires. Aussi, avec le développement des échanges (vers le XVe siècle) et les impératifs de la vie économique, le formalisme allait progressivement perdre du terrain.

C'est au XVIIe siècle que Loysel pouvait dire : « On lie les bœufs par les cornes et les hommes par les paroles et autant vaut une simple promesse ou convenance que les stipulations du droit romain »[108]. L'évolution arrive ainsi à son aboutissement, le principe du consensualisme remplaçant le principe du formalisme.

---

[108] La « *stipulatio* » du droit romain était un contrat qui se formait par l'échange de paroles solennelles.

Cela ne signifie pas, toutefois, que le consensualisme soit sans inconvénient. L'inutilité des formes augmente la rapidité des échanges et, donc, des engagements; c'est dire que ces derniers peuvent être plus irréfléchis que dans l'hypothèse où un formalisme est nécessaire. En outre, les tiers – étrangers au contrat – ont, parfois, intérêt à connaître la portée de certains engagements. Or, en l'absence de tout formalisme, ils peuvent être facilement dans l'ignorance complète. Si, au contraire, un certain formalisme a été respecté, par exemple la rédaction d'un écrit, alors, on pourra trouver trace de l'engagement. C'est pourquoi on peut observer aujourd'hui, sinon un retour au principe du formalisme, tout au moins un certain recul du consensualisme, le législateur ayant tendance à exiger de plus en plus la rédaction d'un écrit (c'est le cas, par exemple, du contrat de consommation : *cf.* art. 23 L.P.C.).

— Les contrats solennels

Ce sont ceux qui font exception au principe du consensualisme, ceux dont la validité est tributaire de l'accomplissement d'une formalité prévue par la loi (art. 1414 C.c.Q.), qui, souvent, se concrétisent par la rédaction d'un écrit, lequel doit fréquemment revêtir la forme notariée[109].

Ainsi, on ne peut constituer une hypothèque, faire une donation ou conclure un contrat de mariage sans demander au notaire d'intervenir. Ces contrats seraient entachés de nullité, comportant un défaut dans la formation, sans l'intervention du notaire dont le rôle est de constater dans un écrit l'accord intervenu entre les parties. En ces cas, la volonté des parties ne suffit plus pour créer un lien de droit; des effets de droit ne seront produits que si l'accord intervenu s'appuie sur la forme imposée par la loi.

---

[109] Il faut se garder de confondre la véritable solennité, dont le défaut entache la validité du contrat, et l'exigence parfois prévue par la loi de fournir à l'une ou l'autre des parties un écrit constatant l'accord intervenu : par exemple, en matière d'assurance, *cf.* art. 2399 et suiv. C.c.Q.; en matière de bail de logement, *cf.* art. 1895 C.c.Q.

Pourquoi cette exigence ? Simplement parce qu'il s'agit d'actes particulièrement graves qui doivent se fonder sur un consentement réfléchi et dont il faut assurer la conservation. Mais comme il s'agit d'une exception au principe, il n'y a de contrats solennels que ceux que la loi détermine expressément[110]. Lorsqu'on a quelque doute sur la portée exacte de la formalité imposée par la loi, on doit considérer que le contrat est consensuel et non point solennel, la formalité n'étant requise que *ad probationem* et non point *ad solemnitatem*.

Il faut, en effet, se garder de confondre la formalité exigée pour la formation du contrat, celle qui est nécessaire à la preuve du contrat et celle enfin qui permet aux contractants d'opposer le contrat aux tiers. Ainsi, la donation portant sur un immeuble n'est valablement formée qu'au moment où sera dressé, par le notaire, un acte authentique (art. 1824 C.c.Q.); en revanche, la vente portant sur un immeuble ne requiert pas un écrit pour qu'elle soit valablement formée (art. 1453 C.c.Q.), même si, dans les faits, vendeur et acheteur ont l'habitude de s'adresser au notaire. L'acte de vente (*instrumentum*) rédigé par celui-ci a une tout autre fonction qui, d'ailleurs, est double : d'une part, il sert à prouver l'existence du contrat et son contenu; d'autre part, il permet que cette vente soit publiée et soit ainsi rendue opposable aux tiers. Alors que, dans le cas de la donation, l'inobservation de la formalité entraîne la nullité du contrat[111], cette même inobservation, dans le cas de la vente, n'enlève rien à la validité du contrat, qui s'est bel et bien formé et lie les parties contractantes : toutefois, celles-ci pourraient avoir de sérieuses difficultés lorsqu'elles voudraient faire preuve de leurs droits[112] et les opposer à ceux qui prétendraient les ignorer[113]. Certains considèrent que, vu l'importance de ces forma-

---

[110] Art. 1385, al. 1 C.c.Q.; *cf. Loi sur la protection du consommateur*, L.R.Q., c. P-40.1 dont l'article 30 édicte que, dans certains contrats déterminés par l'article 23, le contrat est formé lorsque les parties l'ont signé : il s'agit bien là d'une condition de formation.

[111] *Cf. Droit de la famille-2125*, J.E. 95-342 (C.A.).

[112] Le droit de la preuve a tendance à se méfier de la simple preuve testimoniale (c'est-à-dire par témoin) et prévoit qu'en principe un écrit est nécessaire à la preuve d'un acte juridique, sous réserve d'un certain nombre d'exceptions (art. 2861 et 2862 C.c.Q).

[113] Afin de régler tout conflit qui pourrait surgir entre plusieurs personnes qui prétendraient avoir des droits sur un même immeuble et afin d'aviser toute personne intéressée des droits réels qui existent sur un immeuble,

lités de preuve et de publicité en matière immobilière, il y aurait lieu de faire de celles-ci des conditions de formation et de validité, ce qui donnerait à la vente immobilière un caractère solennel; c'est sans doute aller fort loin dans le domaine d'exigences formelles et revenir inutilement au formalisme romain dont on s'est jadis éloigné au nom du progrès et du raffinement de la pensée[114].

Puisque la solennité permet notamment à celui qui s'oblige de mieux prendre conscience des conséquences de l'acte qu'il accomplit, on peut alors se demander si une promesse de conclure un contrat solennel nécessite une solennité identique à celle requise pour le contrat principal envisagé. Certes, on ne voit pas pourquoi une promesse d'hypothèque devrait être obligatoirement sous forme notariée, comme doit l'être la convention d'hypothèque elle-même : une telle convention, il est vrai, risque de compromettre gravement le patrimoine du débiteur, mais la solennité n'est-elle pas destinée autant à attirer l'attention des tiers qu'à protéger celui qui grève ainsi son immeuble ? En outre, sur le plan pratique, ne serait-il pas extravagant d'exiger que toute promesse de prêt ou emprunt hypothécaire soit faite sous forme notariée ? Au contraire, une promesse de donation, qui serait valable par le seul consentement des parties, ne viendrait-elle pas mettre à néant le but poursuivi par le législateur, consistant à mettre en garde le donateur contre l'absence de contre-prestation, c'est-à-dire contre l'idée de se dépouiller ? C'est pourquoi certains ont prétendu qu'une promesse de donation ne devrait être valable que si les formes solennelles de la donation étaient respectées.

Dans le nouveau *Code civil du Québec*, l'article 1415 C.c.Q. pose clairement le principe selon lequel la promesse de conclure un contrat n'est pas soumise à la forme exigée pour ce contrat. Cette règle s'applique donc à toutes les promesses de contrat, quelle que soit la nature du contrat envisagé, y compris la promesse de donation; en ce dernier cas, en effet, le promettant-donateur est adéquatement protégé par l'article 1812 C.c.Q., en vertu duquel la violation de la

---

la loi prévoit des formalités destinées à assurer une publicité adéquate (*cf.*, par exemple, art. 1455 et 2938 C.c.Q.).

[114] Il ne faut pas confondre les formalités dont il vient d'être question avec ce qui est connu sous le nom de *formalité habilitante*, qui consiste en l'autorisation requise pour qu'un incapable – ou celui qui le représente – puisse accomplir valablement certains actes juridiques graves : une telle exigence, qui a pour but d'assurer la protection de l'incapable, n'enlève en rien, au contrat conclu, son caractère consensuel.

promesse par le promettant-donateur ne donne au bénéficiaire un droit à des dommages-intérêts que si celui-ci a concédé des avantages ou fait des frais en considération de cette promesse : dans une telle hypothèse, le créancier de la promesse inexécutée obtiendra réparation dans la mesure du préjudice ainsi subi, alors qu'il ne pourra prétendre à rien en toute autre hypothèse.

— Les contrats réels

Ce sont ceux dont la formation est subordonnée à la remise de la chose (res) sur laquelle porte le contrat : c'est le prêt (art. 2313 C.c.Q.), le dépôt (art. 2281 C.c.Q.) et l'hypothèque mobilière avec dépossession, appelée aussi gage (art. 2665, al. 2 et 2702 C.c.Q.). Cette catégorie est une relique du droit romain, notion qui est aujourd'hui controversée en doctrine. On peut également citer le cas de la donation des choses mobilières qui, pour sa formation, nécessite non plus la formalité de l'acte authentique, mais seulement la délivrance par le donateur de la chose au donataire : c'est ce qui est appelé le « don manuel » (art. 1824, al. 2, C.c.Q.).

Ces divers contrats, en effet, pourraient fort bien suivre les règles du consensualisme et se former dès l'accord des volontés du prêteur et de l'emprunteur, du déposant et du dépositaire, du créancier gagiste et de son débiteur, sans attendre que le prêteur, le déposant ou le débiteur du créancier gagiste remette la chose à son cocontractant : la remise ne serait, alors, que l'exécution par l'un des contractants de son obligation[115]. On a pu soutenir, en outre, qu'en ce qui concernait le gage, il était loin d'être certain qu'il fût un contrat réel, compte tenu notamment de ce qu'il existait un gage sans dépossession, c'est-à-dire qui n'impliquait pas la remise de la chose, et qu'en conséquence, la dépossession pouvait être comprise comme une simple mesure de publicité, destinée à rendre le contrat de gage opposable aux tiers[116].

Malgré ces critiques, il était néanmoins difficile de prétendre que la catégorie des contrats réels n'existait plus dans le *Code civil du*

---

[115] *Cf. infra*, n° 28.

[116] *Cf.* MARTY et RAYNAUD, 2ᵉ éd., t. 1, note 6, sous n° 62, p. 57; des mêmes auteurs, t. 3, vol. 1, n° 78, p. 47 et 48.

Bas Canada[117] et, en tout état de cause, elle a été maintenue dans le *Code civil du Québec*. Cette attitude du législateur peut se justifier dans la mesure où cette catégorie de contrats n'a jamais donné lieu à des difficultés insurmontables : avant que le contrat de prêt ne soit formé par la remise de la chose prêtée à l'emprunteur, rien n'interdit aux parties de conclure préalablement une promesse de prêt qui contiendra éventuellement les modalités du prêt et qui, si elle n'est pas respectée par le promettant-prêteur, permettra à l'emprunteur bénéficiaire de la promesse d'aller chercher ailleurs la chose dont il entendait profiter, sans avoir à attendre que le promettant-prêteur veuille bien exécuter tardivement sa promesse, tout en ayant droit le cas échéant à des dommages-intérêts. Il n'y avait donc pas de raison impérative de supprimer cette catégorie de contrat[118].

24. 2. *Contrats de gré à gré et contrats d'adhésion.* Le contrat de gré à gré est celui dont les conditions, les modalités, peuvent être discutées librement par les parties et qui supposent généralement des pourparlers qui peuvent être plus ou moins longs. Ces pourparlers ne s'avèrent cependant pas être une nécessité : un simple «oui» en réponse à une offre précise, complète et ferme n'enlève pas à ce contrat son caractère de gré à gré puisque l'offre effectuée peut parfaitement convenir à celui à qui elle s'adresse et qui accepte, sans discuter, le contrat proposé allant dans le sens de ses intérêts.

Toutefois, il existe des contrats où il est impossible pour l'une des parties, et ce pour des raisons bien particulières, d'en discuter les conditions; l'une étant en position de faiblesse, l'autre en position de force, la première ne peut qu'adhérer à la proposition de la seconde ou refuser d'adhérer; c'est à prendre ou à laisser. Certes, il est sans doute rare que deux contractants soient parfaitement en égale position de force ou en égale position de faiblesse: il peut toujours arriver que l'une des parties soit plus avisée, plus habile, plus rusée que l'autre qui est moins prompte, moins futée, plus timide... Ce n'est pas de cette « inégalité » entre simples particuliers dont il est ici question; en revanche, le simple citoyen ne fait bien souvent pas le poids lorsqu'il s'adresse à un assureur, à un transporteur, à Hydro-

---

[117] *Cf.* PINEAU et BURMAN, 2ᵉ éd., n° 21, p. 37.
[118] *Cf.* GHESTIN, 3ᵉ éd., n° 447 et suiv., p. 413 et suiv.

Québec ou à une compagnie de télécommunications : s'agissant de négocier, n'étant qu'un client parmi tant d'autres, il est en position de faiblesse par rapport à l'autre, il ne peut qu'adhérer au contrat proposé ou refuser d'adhérer, se privant ainsi de produits ou de services qui pourraient lui être indispensables. De tels contrats sont dits d'adhésion. Cependant, ces mêmes contrats d'assurance, de transport ou de fourniture d'électricité peuvent ne pas être d'adhésion si l'assuré, l'expéditeur ou le client est une entreprise dont le poids économique est suffisant pour amener l'autre partie à la négociation.

Les contrats d'adhésion ne sont pas rares et sont notamment – mais non exclusivement – la conséquence des situations de monopole ou de quasi-monopole ou encore de production et de distribution de masse, phénomène qui prend de plus en plus d'importance. Le danger est certain : la partie contractante en position de force va pouvoir tirer profit de la position de faiblesse du cocontractant, en lui imposant, sans possible discussion, ses conditions et, notamment, des clauses qui peuvent s'avérer exorbitantes, inacceptables, abusives.

C'est à ce problème que le législateur ou, le cas échéant, la jurisprudence doit s'attaquer, en interdisant ou en annulant certaines clauses jugées abusives ou en réglementant certains contrats. Par cette intervention étatique, on peut alors voir se rétrécir le champ de la liberté contractuelle, mais on peut aussi voir se résoudre un problème moral et social.

25. *Contrat-type et contrat d'adhésion.* On a parfois tendance à confondre ces deux catégories de contrats, alors qu'en vérité ils doivent être distingués[119]. Le contrat-type est celui qui a fait l'objet d'un écrit préparé à l'avance, pour une catégorie donnée de relation contractuelle : le contrat d'assurance en est un exemple; l'assureur, en effet, présente à tout assuré un même document énonçant les conditions du contrat, dont il suffira de remplir les blancs. Le contrat-type se rencontre de plus en plus fréquemment et même dans les circonstances les plus usuelles : ainsi en est-il aujourd'hui du bail d'habitation, du contrat de consommation, de la promesse d'achat utilisée par les agents immobiliers, etc. Il n'est rien d'autre qu'un formulaire semblable à ceux qu'ont l'habitude d'utiliser certains professionnels, qui permettent de standardiser un nombre de plus en

---

[119] *Cf. Boutique Jacob inc.* c. *Place Bonaventure inc.*, J.E. 95-1040 (C.S.).

plus grand de contrats. Aussi a-t-on pu le définir comme « un modèle qui fait autorité »[120]. Ce « modèle » a pu être préparé ou non de façon unilatérale : par exemple, le contrat-type d'assurance a été rédigé par une ou plusieurs compagnies d'assurances; les chartes parties-type qui constatent le contrat d'affrètement ont été rédigées par des comités représentant les intérêts des armateurs, des chargeurs et, parfois, des assureurs. Certains ont pu prétendre que la place réservée à la volonté des parties contractantes était si étroite qu'on ne pouvait parler de contrat librement négocié, de sorte qu'on se rapprocherait ainsi du contrat d'adhésion. Il est pourtant inexact de prétendre que tout contrat-type soit un contrat d'adhésion, car rien ne s'oppose en principe à ce qu'une partie contractante modifie certaines clauses du contrat-type, remplaçant la clause imprimée par une clause différente et personnalisée. De la même façon, les parties à un contrat-type ne sont pas nécessairement d'inégale force sur le plan économique; ainsi, dans les relations armateur-affréteur, il n'y a pas un fort et un faible : il y a les lois du marché, tantôt favorables à l'un, tantôt favorables à l'autre. Parfois, au contraire, l'une des parties est en position de force et peut alors imposer à l'autre ses volontés, en refusant toute négociation; on est alors en présence d'un contrat d'adhésion, puisque le choix laissé à l'une des parties consiste seulement « à prendre ou à laisser ».

26. *Le problème soulevé par le contrat d'adhésion.* La littérature sur le contrat d'adhésion est plus qu'abondante et le sujet n'est pas nouveau : au XIXe siècle, il faisait déjà l'objet de débats passionnés, dans la mesure où il paraissait s'attaquer au grand principe de l'autonomie de la volonté, et de nombreux ouvrages encore cités par la doctrine contemporaine remontent au tout début du XXe siècle[121].

---

120 GHESTIN, 3e éd., n° 80, p. 60.
121 *Cf.* GHESTIN, 3e éd., n° 94, p. 75; FLOUR, AUBERT et SAVAUX, vol. 1, 9e éd., note 2, sous n° 175, p. 115; MARTY et RAYNAUD, t. 2, vol. 1, note 6, sous n° 116, p. 100; Georges BERLIOZ, *Le contrat d'adhésion*, 2e éd., Paris, L.G.D.J., 1976; Paul-André CRÉPEAU, « Contrat d'adhésion et contrat type », dans Adrian POPOVICI (dir.), *Problèmes de droit contemporain, Mélanges Louis Baudouin,* Montréal, P.U.M., 1974, p. 67 et suiv.; Adrian POPOVICI, « Les contrats d'adhésion : un problème dépassé? », dans *id.,* p. 161; du même auteur, « Le nouveau Code civil et les contrats d'adhésion », (1992) *Meredith Lect.* 137. Voir aussi Nathalie CROTEAU, *Le contrat d'adhésion : de son émergence à sa*

C'est à la suite de Saleilles que l'on parla de « contrat d'adhésion » qui devrait être soumis à des règles particulières et auquel on nia même la qualité de contrat, sous le prétexte que la volonté impliquant un choix, on ne donne pas un véritable consentement à un contrat dont le contenu est imposé; il ne pourrait s'agir que d'une espèce d'acte réglementaire. Ainsi vont s'affronter la thèse « anticontractualiste » de Saleilles (et de ceux qui l'ont suivi, tel Duguit)[122] et la thèse « contractualiste », celle de la grande majorité des civilistes, c'est-à-dire celle selon laquelle le contrat d'adhésion conserve sa nature contractuelle. C'est manifestement en ce sens qu'est allé le législateur québécois.

Aujourd'hui comme hier, nombreux sont les contrats qui ne laissent place à aucune discussion : l'usager du métro ne discute pas des conditions du contrat passé avec la S.T.C.U.M., pas plus que le client de Bell Canada, de Provigo ou celui du « dépanneur du coin », d'Esso ou de Pétro-Canada; à la rigueur, de très nombreux contrats pourraient être dits d'adhésion. Cela n'est pas nécessairement une mauvaise chose. Comme l'a observé le Doyen Carbonnier : « on ne saurait interdire les contrats d'adhésion qui représentent un progrès par rapport aux marchandages et palabres des droits archaïques »[123]. Cela est plus vrai encore dans le contexte économique contemporain, où efficacité et rapidité incitent les entreprises à la standardisation.

Les contrats d'adhésion ne sont donc pas néfastes, mais il importe de tenter de remédier aux inconvénients résultant de l'absence de possibilité de discussion entre les contractants, l'un d'eux imposant ses conditions à l'autre, lesquelles peuvent ainsi être abusives.

On a laissé entendre que la liberté contractuelle aboutissait, de plus en plus, à des injustices flagrantes que le *Code*

---

reconnaissance, Wilson et Lafleur, 1996; Didier LLUELLES avec la collaboration de Benoît MOORE, *Droit québécois des obligations,* vol. 1, Montréal, Éditions Thémis, 1998, n° 187 et suiv., p. 89 et suiv.

[122] *Cf.* TANCELIN, 6ᵉ éd., n° 506, p. 253 et 254.

[123] CARBONNIER, t. 4, 21ᵉ éd., n° 39, p. 92.

civil du Bas Canada était impuissant à combattre; pourtant, les armes ne lui manquaient pas pour faire régner la justice contractuelle, mais les tribunaux ne les ont probablement pas utilisées comme ils auraient pu le faire. En effet, la théorie des vices du consentement, destinée à assurer que le consentement soit libre et éclairé, aurait pu corriger certains abus si elle avait été appliquée de façon moins restrictive. Ainsi, aurait-on pu reconnaître plus facilement l'existence d'une erreur lorsque celui qui adhérait au contrat n'avait pu avoir véritablement une bonne connaissance des conditions auxquelles il souscrivait, parce que celles-ci n'étaient pas facilement compréhensibles ou parce qu'elles n'étaient pas facilement accessibles. On a peut-être eu tendance à oublier que la bonne foi des parties devait présider à la formation des contrats, que les fausses représentations ne consistaient pas seulement en des manoeuvres positives, mais que le silence ou la réticence pouvaient être les pires des mensonges. On n'a peut-être pas fait suffisamment appel aux règles d'interprétation qui favorisent le débiteur lorsque les clauses sont ambiguës, ce qui n'est pas rare dans le contexte d'un contrat d'adhésion. On n'a certainement pas exploité suffisamment la notion de faute lourde assimilable au dol dans le cadre de l'application des clauses d'exclusion ou de limitation de responsabilité : n'aurait-on pas pu dépasser la définition qu'en avait donnée Pothier[124] ?

À défaut par les tribunaux de n'avoir pas mieux tiré parti de ces moyens que fournissait le droit commun, on a proposé parfois des mesures de contrôle. Ce fut le cas de certains contrats dont les conditions sont déterminées ou vérifiées par des organismes administratifs : ainsi, la commission des transports – tant au fédéral qu'au provincial – a déjà eu pour rôle d'agréer les conditions du contrat de transport qui lui était soumises par les entrepreneurs et de protéger alors, tout au moins en principe, les intérêts de l'industrie en même temps que ceux des usagers; la régie du logement a pour fonction, quant à elle, de veiller à ce que les locataires ne soient pas à la

---

[124] Il s'agirait de la faute que commettraient les personnes les moins soigneuses et les plus stupides : POTHIER, 2e éd., t. 2, p. 497.

merci des locateurs. On a également fait appel à des dispositions législatives. D'une part, on a constaté la prolifération de règles impératives qui s'imposent dans le cadre de certains contrats nommés : il suffit de songer au contrat de louage et, plus particulièrement, au bail d'habitation ou encore au contrat d'assurance. D'autre part, le législateur a éprouvé le besoin d'adopter la *Loi sur la protection du consommateur*[125], qui s'applique à certains contrats qu'elle définit et qui traduit bien son souci de protéger une catégorie de personnes qui ne semblent pas toujours être suffisamment armées pour défendre elles-mêmes leurs intérêts[126].

En réalité, le véritable problème soulevé par le contrat d'adhésion aurait pu, depuis longtemps, être réglé par l'adoption d'une règle générale qui sanctionnerait le contrat lésionnaire entre majeurs, ainsi que les clauses abusives, en accordant au juge le pouvoir d'annuler le contrat injuste ou la clause abusive ou de réduire les obligations qui en découleraient. Certes, le législateur, on le verra, cédant à une forte pression, a choisi de ne pas admettre le principe de la sanction du contrat lésionnaire entre majeurs, mais il nous paraît avoir réussi néanmoins à remédier aux inconvénients soulevés par le contrat d'adhésion : lorsque l'un des contractants, en position de force, impose, par des clauses inacceptables ou abusives, sa volonté à l'autre qui, en position de faiblesse, a pour seul choix d'adhérer ou de ne pas contracter, s'appliqueront les articles 1435, 1436 et 1437 C.c.Q. relatifs aux clauses externes, aux clauses illisibles ou incompréhensibles et aux clauses abusives. Ce sont d'ailleurs ces règles qui justifient l'existence d'une définition que l'article 1379 C.c.Q. propose du contrat d'adhésion : il convenait, en effet, de donner au juge certains critères lui permettant de déterminer la portée de ces articles,

---

[125] L.R.Q., c. P-40.1.

[126] *Cf.* Nicole L'HEUREUX, *Droit de la consommation*, 5ᵉ éd., Cowansville, Éditions Yvon Blais, 2000, p. 1 et suiv.; Claude MASSE, *Loi sur la protection du consommateur : analyse et commentaires*, Cowansville, Éditions Yvon Blais, 1999.

afin qu'il puisse rétablir une certaine justice contractuelle, sans toutefois confondre équité et arbitraire[127].

26.1. *Le contrat d'adhésion selon le Code civil du Québec.* L'article 1379 C.c.Q. offre, en effet, une définition du contrat d'adhésion, qui demeure incomplète, car il est extrêmement difficile de s'entendre sur la détermination des critères permettant de qualifier une convention de contrat d'adhésion; certains auteurs vont jusqu'à parler d'une « catégorie indéfinissable »[128]. L'article 1379 C.c.Q. énonce les critères premiers sur lesquels on s'entend : contrat imposé par une partie à l'autre et dont les stipulations essentielles ne pouvaient être librement discutées. Ce n'est là qu'un schéma qui ne doit pas faire oublier l'esprit de la loi. De plus, nous devons nous demander pourquoi nous avons besoin de déterminer si tel contrat est d'adhésion ou de gré à gré.

Nous aurons l'occasion de voir que le législateur n'a pu adopter − on n'a su imposer − ni une règle générale qui aurait sanctionné le contrat lésionnaire entre majeurs, ni une règle générale sanctionnant dans tout contrat les clauses abusives ou incompréhensibles ou autres en ce genre. Or, ce même législateur a souhaité introduire, dans les contrats, une certaine morale, une certaine justice; il a souhaité protéger le faible contre le fort : on le lui a d'ailleurs sévèrement reproché. Il a donc choisi la solution consistant à veiller à ce que justice soit rendue aux citoyens qui concluent un contrat dans une position de faiblesse, face à un cocontractant qui, en position de force, en profite pour imposer des clauses draconiennes : d'où les articles 1435, 1436 et 1437 C.c.Q. qui donnent au juge le pouvoir de se pencher sur les clauses les plus néfastes, consenties dans un contexte si peu favorable au plus faible, si profitable au plus fort. Si ces trois dispositions n'avaient pas été incluses dans le nouveau Code, il eût été superfétatoire d'édicter l'article 1379 C.c.Q. et le débat sur les critères du contrat d'adhésion eut été purement académique, relevant du moral et du social bien plus

---

[127] Sur la lésion, *cf. infra,* n° 101 et suiv. Sur les clauses déraisonnables ou abusives, *cf. infra,* n° 236 et suiv.

[128] *Cf.* FLOUR et AUBERT, vol. 1, 7ᵉ éd., n° 197 p. 126.

que du juridique; mais il devient juridique dès lors que la loi concède au juge le pouvoir de contrôler ce contrat et seulement ce contrat, les principes de la liberté contractuelle et de la force obligatoire du contrat devant être par ailleurs maintenus.

Hormis le critère de la force inégale des contractants, qui, sous-entendu ou implicite, découle des politiques législatives adoptées, l'article 1379 C.c.Q. mentionne le critère de l'imposition, par l'un des contractants à l'autre (imposition rendue possible précisément par sa position privilégiée), des « stipulations essentielles » du contrat, c'est-à-dire des stipulations principales ou importantes, non seulement celles qui sont fondamentales eu égard à la nature du contrat (par exemple, dans la vente, le transfert de propriété, la délivrance et le paiement du prix), mais encore des autres stipulations qui peuvent s'y ajouter et sont, elles aussi, déterminantes[129] (telles les garanties dans une vente). À ce critère de l'imposition du contenu du contrat par l'un, s'ajoute celui de l'impossibilité pour l'autre d'en discuter librement.

On retrouve donc les éléments classiques et caractéristiques – sur lesquels tous peuvent s'entendre – du contrat d'adhésion qui s'oppose au contrat de gré à gré, qui impliquent non point l'absence volontaire de négociations, mais plutôt l'absence de la faculté d'en négocier librement le contenu, étant donné le déséquilibre des forces en présence. On constate également, par la formulation de cet article (« stipulations imposées par l'une des parties ou rédigées par elles, pour son compte ou suivant ses instructions »), que ne sont pas systématiquement confondus contrat d'adhésion et contrat-type, ce dernier pouvant être d'adhésion, mais ne l'étant pas nécessairement : il ne le sera que lorsque l'essentiel de son contenu sera imposé par celui des contractants qui l'a rédigé – directement ou indirectement

---

[129] On pourrait parler ici des « obligations annexes », par opposition aux « obligations fondamentales » que sont, dans la vente, le tranfert et le prix : *cf.* Philippe JESTAZ, « L'obligation et la sanction : à la recherche de l'obligation fondamentale », dans *Mélanges offerts à Pierre Raynaud*, Paris, Dalloz-Sirey, 1985, p. 273.

(« pour son compte ou suivant ses instructions ») – et qu'il n'a pu faire l'objet d'une libre négociation.

Il importe cependant d'insister sur la difficulté qu'il y a à définir le contrat d'adhésion. Après avoir examiné les définitions données par une quarantaine d'auteurs, un quarante et unième[130] a relevé plus de 13 caractéristiques du contrat d'adhésion, dont quatre reviennent fréquemment : imposition du contrat, impossibilité de négocier, inégalité des forces, tant techniques qu'économiques, rédaction unilatérale du contrat.

Toute la difficulté, nous semble-t-il, consiste à déterminer l'existence d'une inégalité dans les rapports de force entre les contractants, inégalité telle qu'il est justifié de mettre le contrat « sous surveillance ». S'il est clair que cette inégalité existe lorsqu'un simple citoyen contracte avec une entreprise en situation de monopole ou de quasi-monopole, il ne faut cependant pas croire que la concurrence exclut nécessairement l'adhésion. En effet, il arrive fréquemment que des entreprises qui, entre elles, se font concurrence, soient cependant en mesure d'imposer à leurs clients respectifs leurs propres conditions, sans discussion possible. Ces derniers n'ont plus alors que le choix, s'ils veulent contracter, d'adhérer à telle ou telle autre proposition « non négociable » : songeons, par exemple, aux différentes « options » qui s'offrent aux utilisateurs de téléphone cellulaire... En ces cas, l'imposition d'un contrat sans possibilité d'en discuter librement le contenu découle moins de l'absence de concurrence que, comme le souligne un auteur : « *de la centralisation des pouvoirs de décision dans la production et la distribution et des relations contractuelles de masse. Le nombre et la répétition des contrats, la rapidité de leur conclusion et l'intervention des préposés, qui n'ont aucun pouvoir de décision, interdisent en fait, dans la distribution moderne des biens et des services, toute négociation susceptible de modifier les modèles prérédigés par des services spécialisés* »[131].

---

[130] Benoît MOORE, « À la recherche d'une règle générale régissant les clauses abusives en droit québécois », (1994) 28 *R.J.T.* 177, 202 et suiv., notamment les notes 137 et 138 qui réfèrent aux 40 auteurs.

[131] GHESTIN, 3ᵉ éd., n° 96, p. 77.

Il est vrai, en effet, que de nombreuses entreprises imposent aujourd'hui l'utilisation de contrats-types, favorisant ainsi l'adhésion, ce qui ne signifie pas, comme nous l'avons déjà dit, que tout contrat-type soit un contrat d'adhésion; mais il est également vrai qu'il peut y avoir adhésion sans recourir à un contrat-type, notamment entre professionnels et non-professionnels ou entre entrepreneurs ou fournisseurs de services et clients.

Ce qui nous paraît important, c'est que l'une des parties, en raison de son poids économique ou de ses connaissances techniques, soit dans une situation privilégiée par rapport à l'autre. C'est pourquoi, la plupart du temps, les relations contractuelles *entre particuliers*[132] ne donnent pas lieu à un contrat d'adhésion, même si celui qui fait une offre ferme et précise quant à son contenu refuse toute possibilité de négociation : il n'y a entre ces contractants, qui sont juridiquement sur un pied d'égalité, aucun déséquilibre économique ou technique justifiant l'application de règles particulières. Ce particulier qui, en effet, a décidé malgré tout d'accepter, ne peut prétendre être victime d'une force supérieure qui ne lui aurait laissé aucun choix, et mériter une protection; il aurait en effet pu refuser ce contrat et trouver ailleurs une alternative : tel serait le cas du simple particulier qui offrirait de vendre sa résidence (ou telle autre chose) à tel prix, sans garantie ou aux risques et périls de l'acheteur. L'esprit de cette solution nous paraît être exprimée dans l'article 1733, al. 2 C.c.Q. qui distingue bien le « vendeur non professionnel » du vendeur professionnel ou du promoteur (*cf.* art. 1785 et suiv.). On voit bien, là, le souci du législateur de ne protéger que certaines personnes, celles qui sont les plus vulnérables, opposant ainsi les commerçants aux consommateurs, les professionnels aux profanes, les grandes compagnies aux petits commerçants, les multinationales à tous les autres.

26.2. *Le contrat d'adhésion et l'arrêt Janin.* Compte tenu de ce qui vient d'être dit, l'arrêt de la Cour d'appel dans l'affaire

---

[132] *Contra : Yoskovitch* c. *Tabor*, [1995] R.J.Q. 1397 (C.S.); *cf.* également *Isgro* c. *Groulx-Griffins*, J.E. 95-1081 (C.S.) (règlement hors cour, C.A. Montréal, n° 500-09-001014-950).

Janin[133] nous paraît critiquable, tout au moins dans ses motivations, lorsque cette Cour endosse l'opinion de certains auteurs selon lesquels « *le législateur ne s'est pas attaché au rapport inégal des forces entres les parties, du point de vue juridique, ne sont donc pas pertinentes aujourd'hui l'existence d'un monopole...la possibilité de faire affaires avec un concurrent, la compétence dans le domaine concerné, ni la puissance économique et commerciale. Le législateur a retenu deux éléments: ...les stipulations du contrat ne pouvaient être librement discutées et...elles ont été imposées par la partie en position de force, rédigées par elle, pour son compte ou suivant ses instructions*[134] ». Ces deux phrases ne sont-elles pas contradictoires? D'une part, on ne doit pas s'attacher au rapport inégal de force, mais d'autre part, les stipulations ont été « imposées par la partie en position de force ». Pour que l'une des parties soit en position de force, l'autre ne doit-elle pas être en position de faiblesse ou, tout au moins, de force inégale? Nous avouons avoir du mal à suivre le raisonnement[135].

En vérité, le législateur n'a fait qu'insister sur les principales caractéristiques de ce contrat, étant entendu, comme nous l'avons déjà expliqué, que la loi ne vise que les cas d'injustice les plus flagrants, le « consensus » n'ayant pu être obtenu sur la généralisation de la justice contractuelle en tout état de cause. Ne pas admettre cela, c'est

---

[133] *Régie d'assainissement des eaux du bassin de La Prairie* c. *Janin Construction (1983) ltée*, [1999] R.J.Q. 929 (C.A.).

[134] BAUDOUIN et JOBIN, 5ᵉ éd., n° 51, p. 68 (nous avons souligné); *cf.* également LANGEVIN et VÉZINA, vol. 5, p. 33; Nathalie CROTEAU, « L'intervention du tribunal dans les contrats », dans *Développements récents en droit des contrats (2000)*, Service de la formation, Barreau du Québec, Cowansville, Éditions Yvon Blais, p. 5 et suiv.

[135] Nous ne sommes d'ailleurs pas seuls: *cf.* Marc LEMIEUX, « Les clauses abusives dans les contrats d'adhésion », (2000) 41 *C. de D.* 61, 86. *Cf.* également MARTY et RAYNAUD, 2ᵉ éd., t. 1, n° 130, p. 129 et suiv.; GHESTIN, 3ᵉ éd., n° 98, p. 79 et suiv.; FLOUR, AUBERT et SAVAUX, vol. 1, 9ᵉ éd., n° 182, p. 119; TERRÉ, SIMLER et LEQUETTE, 6ᵉ éd., 1996, n° 192, p. 159 et suiv.; STARCK, 6ᵉ éd., vol. 2, n° 154 et 157, p. 53; MALAURIE et AYNÈS, t. 6, 10ᵉ éd., n° 328, p. 202 : chez tous ces auteurs, l'accent est mis sur la prise en considération de l'inégalité de situation des parties et de la protection nécessaire que mérite le contractant faible contre le fort.

étendre indûment la notion de contrat d'adhésion et c'est faire fi des politiques législatives arrêtées, puisqu'en définitive c'est permettre au juge de contrôler des contrats qui devraient échapper à son emprise.

Outre cela, il est encore surprenant de faire d'un appel d'offres auquel le soumissionnaire a répondu, un contrat d'adhésion : n'est-ce pas, en effet, le soumissionnaire qui propose un prix au contrat dont le contenu a été fixé, certes, par l'auteur de l'appel d'offre, lequel prix, cependant, a été déterminé en fonction précisément de ce à quoi ledit soumissionnaire s'engagera? En faisant du procédé de la soumission un contrat d'adhésion, ne risque-t-on pas de fausser les règles du jeu? Il est vrai que, dans l'affaire *Janin*, la Régie d'assainissement des eaux a eu un comportement choquant sur lequel nous reviendrons; mais les autres soumissionnaires qui ont offert un prix plus élevé (et n'ont pas obtenu le contrat) ont peut-être tenu compte de l'existence des clauses désavantageuses pour établir leur proposition, faisant ainsi preuve de prudence. Suffira-t-il désormais au soumissionnaire de proposer le prix le plus bas possible pour obtenir le contrat, quitte ensuite à plaider adhésion et clause abusive? Les entrepreneurs méritent-ils d'être particulièrement protégés dans un système de soumission, alors que l'État, les organismes publics ou parapublics sont garants de l'intérêt public et ont le devoir de veiller à l'intérêt du contribuable? En fait, en matière de soumission publique, il est d'intérêt public, voire d'ordre public, qu'il n'y ait pas de négociation entre l'auteur de l'appel d'offres et les soumissionnaires.

En l'espèce, la Cour d'appel pouvait donner gain de cause au soumissionnaire en recourant à d'autres notions ou concepts que celui de contrat d'adhésion : s'agissant d'un appel d'offres effectué en vue de la construction d'infrastructures d'interception d'eaux usées, les informations fournies par la Régie sur les études de sol étaient seulement « à titre indicatif », ce qui est une clause qui n'est pas rare en pareil contrat; l'entrepreneur, qui a dû engager des frais qu'il n'avait pas envisagés, compte tenu des difficultés rencontrées, plaide contrat d'adhésion et clause abusive, afin d'obtenir remboursement de ces débours supplémentaires. La Cour d'appel acquiesce à sa

demande, alors qu'en 1987 et 1988, cette même Cour avait refusé de qualifier d'adhésion une soumission de même type, avec
études de sols « à titre indicatif seulement »[136]. L'affaire *Janin*
présentait cependant un aspect particulier en ce que les études
de sol dévoilées par la Régie dans son appel d'offres avaient été
effectuées en fonction d'un tracé qui n'était pas exactement
celui qui devait en définitive concerner l'ouvrage que Janin
devait construire; de sorte que les « études » fournies « à titre
indicatif » par la Régie étaient totalement inadéquates : la
preuve en est apportée. Il est donc permis de prétendre que les
déboursés supplémentaires que Janin a encourus résultent
d'un défaut, voire d'une absence d'information de la part de la
Régie, de l'exécution erronée et fautive de son obligation de
renseignement ou même de l'inexécution totale et fautive de
son obligation, qui a donc fait subir à Janin un préjudice susceptible d'être indemnisé. La Régie ayant cependant prévu sur
ce point, dans son appel d'offres, une clause de non-
responsabilité, il fallait, pour donner raison à l'entrepreneur,
mettre celle-ci de côté, ce que la Cour a fait en recourant à la
notion de clause abusive dans un contexte d'adhésion, alors
qu'elle aurait pu arriver à ce résultat en considérant que, dans
les circonstances, on était en présence d'une faute lourde de la
part de la Régie, au sens de l'article 1474 C.c.Q., ce défaut
d'information dénotant « une insouciance, une imprudence ou
une négligence grossières ».

Ainsi, nous semble-t-il que, plutôt que de s'accrocher à une
interprétation littérale de l'article 1379 C.c.Q., la Cour d'appel
eût mieux fait d'en rechercher l'esprit, qui est de protéger le
faible contre le fort... et non point de protéger les entrepreneurs de travaux publics !

26.3. *Conclusion.* Hormis cette décision de la Cour d'appel,
on constate que les juges ne s'attachent pas toujours à vérifier
(ou à tout le moins à indiquer) si les critères les plus caractéristiques du contrat d'adhésion se retrouvent dans les litiges qui

---

[136] *H. Cardinal Construction inc.* c. *Ville de Dollard-des-Ormeaux*, (1989) 18
Q.A.C. 58; *Communauté urbaine de Montréal* c. *Ciment indépendant inc.*,
(1989) 17 Q.A.C. 161.

leur sont soumis[137]; désormais, cette décision – si elle ne devait pas être considérée comme un cas d'espèce – leur permettrait, dans les faits, d'ausculter quasiment tout contrat et, le cas échéant, de jouer au justicier, ce que, jusqu'à présent, ils n'ont pas fait.

Néanmois, ils ne risquent guère de se tromper en qualifiant de contrat d'adhésion les contrats d'assurance[138], de crédit-bail[139], de franchise[140] ou d'affacturage[141]. Ces contrats – généralement des contrats-types – proviennent d'un même moule, concoctés par les assureurs, crédit-bailleurs, franchi-

---

[137] Par exemple, *cf. Sigma Construction inc.* c. *Ievers*, J.E. 95-1846 (C.A.); *Isgro* c. *Groulx Griffins*, J.E. 95-1081 (C.S.); *Location du cuivre ltée* c. *Construction Cardel inc.*, J.E. 95-492 (C.Q.); *Micor Auto inc.* c. *Aubert*, J.E. 95-1087 (C.Q.); *Boutique Jacob inc.* c. *Place Bonaventure inc.*, J.E. 95-1040 (C.S.); *Éclipse Optical Inc.* c. *Bada U.S.A. Inc.*, [1998] R.J.Q. 289 (C.Q.); *Pérusse* c. *Eastern Marketing Ltd.*, J.E. 96-1449 (C.S.); *Banque Royale du Canada* c. *Jazra*, B.E. 97BE-435 (C.S.).

[138] *Cf. Groupe pétrolier Nirom inc.* c. *Compagnie d'assurances du Québec*, [1996] R.R.A. 176 (C.S., appel rejeté [1999] R.R.A. 253); *Bytewide Marketing inc.* c. *Compagnie d'assurances Union commerciale*, [1996] R.R.A. 757; *Bacon-Gauthier* c. *Banque Royale du Canada*, [1997] R.J.Q. 1092 (C.S.); *Millette* c. *S.S.Q., société d'assurance-vie inc.*, [1997] R.R.A. 243 (C.Q.).

[139] *Cf. Société générale Beaver inc.* c. *Métaux ouvrés St-Philippe Inc.*, J.E. 94-1295 (C.S.) (en appel, C.A. Montréal, n° 500-09-001322-940); *Lachapelle* c. *Promotions C.G.S. Inc.*, J.E. 95-1356 (C.Q.); *Pacific National Leasing Corp.* c. *Domaine de l'Eden (1990) inc.*, J.E. 95-1447 (C.Q.); *Société générale Beaver inc.* c. *Destefano*, J.E. 96-1193 (C.Q.); *Société générale Beaver Inc.* c. *Gagné*, B.E. 97BE-645 (C.Q.); *Location Tiffany Leasing inc.* c. *3088-6022 Québec inc.*, J.E. 98-1485 (C.Q.); *Crédit-bail Findeq* c. *9030-8669 Québec inc.*, J.E. 00-395 (C.Q., en appel, C.A. Montréal, n° 500-09-009258-005).

[140] *Cf. 2632-7502 Québec inc.* c. *Pizza Pizza Canada inc.*, J.E. 95-1568 (C.S., appel accueilli en partie afin de réduire la condamnation de l'appelante à la somme de 162 893 $, B.E. 00BE-399); *Bel-Gaufre inc.* c. *159174 Canada inc.*, J.E. 95-1448 (C.S., appel accueilli en partie; les intimés devront verser à l'appelante une somme additionnelle de 13 834 $, J.E. 98-1291); *Jo loue tout inc.* c. *Jubinville*, J.E. 97-1908 (C.S.); *Hyundai Motor America* c. *Automobiles des Îles (1989) inc.*, J.E. 97-783 (C.S.); *Sachian inc.* c. *Treats inc.*, J.E. 97-728 (C.S., appel rejeté, J.E. 98-1163).

[141] *Cf. Lacharité Apparel (1989) Inc.* c. *GMAC Commercial Credit Corp. Canada*, C.S. Montréal, n° 500-17-002685-983, 28 septembre 2000.

seurs en position de force, bâtis de la même manière, contenant des éléments similaires généralement non négociables et toujours à leur avantage, exprimant un diktat qui laisse seulement au cocontractant le choix de « prendre ou laisser ».

Il en est de même dans le domaine bancaire[142] : qu'il s'agisse des cartes de crédit ou des contrats de prêts, hypothécaires ou autres, même si les institutions financières se font concurrence sur le plan du marketing, de la publicité ou des menues faveurs accordées ici ou là (des points-bonis accordés pour ceci ou pour cela), la bataille n'est guère sévère entre elles sur le contenu du contrat, sur les droits et obligations du client, sur les clauses qui s'avèrent importantes pour son portemonnaie... si ce n'est lorsque ledit client est suffisamment important pour mériter le « droit » de négocier.

Il est permis de présumer, en quelque sorte, que ces contrats sont d'adhésion, mais il se peut aussi, en certaines circonstances, qu'ils n'en soient pas[143], les juges relevant, dans

---

142 *Cf. Compagnie Commonwealth Plywood ltée* c. *9018-2304 Québec inc.,* J.E. 96-1338 (C.Q.); *La Garantie, compagnie d'assurances de l'Amérique du Nord* c. *Bélanger,* J.E. 96-640 (C.S.); *La Garantie, compagnie d'assurances de l'Amérique du Nord* c. *Létourneau,* B.E. 97BE-152 (C.S.); *Banque Royale du Canada* c. *Audet,* J.E. 97-882 (C.Q.); *Productions Mark Blandford inc.* c. *Caisse Populaire de St-Louis-de-France,* [1997] R.J.Q. 1779 (C.S.) et [2000] R.J.Q. 1696, 1702 (C.A.); *Banque de Montréal* c. *Kontaratos,* L.P.J. 97-0872 (C.Q.); *Banque Toronto-Dominion* c. *Saint-Pierre,* L.P.J. 97-0873 (C.Q.); *Le Groupe Commerce, Compagnie d'assurances* c. *Bokobza,* J.E. 98-297 (C.S., en appel, C.A. Montréal, n° 500-09-005948-971); *9032-4005 Québec inc.* c. *Société de cautionnement du St-Laurent inc.,* J.E. 98-422 (C.S.); *St-Germain* c. *Québec (Ministère de l'Éducation),* J.E. 99-426 (C.Q.).

143 *Cf. Boutique Jacob inc.* c. *Place Bonaventure inc.,* J.E. 95-1040 (C.S.); *Place Fleur de lys* c. *2958-8696 Québec inc.,* J.E. 95-1622 (C.S.); *Petra ltée* c. *Ultramar Canada inc.,* [1994] R.D.I. 572 (C.S.); *Mousseau* c. *Société de gestion Paquin ltée,* [1994] R.J.Q. 2004 (C.S.); *International Mercantile Factors Ltd.* c. *Galler,* J.E. 95-669 (C.S.); *Banque Nationale du Canada* c. *Veilleux-Dubois,* J.E. 96-875 (C.Q.); *Huel* c. *Décalcomanie Beaver Inc.,* J.E. 97-727 (C.S.); *M.G.B. Auto inc.* c. *Trois Diamants Autos (1987) ltée,* J.E. 97-777 (C.S., en appel, C.A. Montréal, n° 500-09-004614-970); *2736349 Canada inc.* c. *Rogers Cantel Inc.,* J.E. 98-1178 (C.S.); *Alta Ltée* c. *Corporation des maîtres mécaniciens en tuyauterie du Québec,* [1998]

la preuve qui leur est soumise, des éléments qui ne les autorisent pas à les qualifier d'adhésion et leur interdit en conséquence de contrôler les clauses litigieuses.

À la lumière de cet examen, on constate qu'il n'est pas aisé de qualifier un contrat, d'adhésion ou de gré à gré: une analyse de chacun des contrats suspectés et des circonstances entourant sa conclusion est nécessaire et le juge doit s'attacher à rechercher les traits caractéristiques du contrat d'adhésion, notamment l'imposition du contenu contractuel résultant du rapport inégal de force entre les parties contractantes[144].

Cela dit, on ne doit pas oublier que tel contrat, s'il n'est pas d'adhésion, peut cependant être un contrat de consommation.

27. *Contrat de consommation.* Le nouveau Code civil à l'article 1384 définit ainsi le contrat de consommation : « *Le contrat de consommation est le contrat dont le champ d'application est délimité par les lois relatives à la protection du consommateur, par lequel l'une des parties, étant une personne physique, le consommateur, acquiert, loue, emprunte ou se procure de toute autre manière, à des fins personnelles, familiales ou domestiques, des biens ou des services auprès de l'autre partie, laquelle offre de tels biens ou services dans le cadre d'une entreprise qu'elle exploite* »[145].

On remarque que cette définition comporte trois caractéristiques. D'abord, il y a contrat de consommation seulement lorsque se trouvent, face à face, d'une part un consommateur,

---

R.J.Q. 387 (C.A.); *Gestion Jeroden inc.* c. *Choice Hotels Canada Inc.*, J.E. 00-2175 (C.S.).

144 Parfois, le juge s'attache à une clause précise et déterminée qu'il qualifie de « clause d'adhésion », cette clause donnant au contrat lui-même son caractère d'adhésion; cf. *Fram* c. *Office municipal d'habitation de Pointe-Claire*, J.E. 98-1402 (C.Q.); *Industries Ultratainer Inc.* c. *Rosenberg*, J.E. 97-2125 (C.S.); *Cf.* Jean PINEAU, « La discrétion judicaire a-t-elle fait des ravages en matière contractuelle? », dans Service de la formation permanente, Barreau du Québec, *La réforme du Code civil, cinq ans plus tard,* Cowansville, Éditions Yvon Blais, 1998, p. 141, à la page 166.

145 *Cf.* Pierre-Claude LAFOND, « Contours et ramifications de la "nouvelle" définition du contrat de consommation du Code civil du Québec », (1996) 56 *R. du B.* 569; LANGEVIN et VÉZINA, vol. 5, p. 34 et 35.

personne physique, et d'autre part une personne, physique ou morale, qui exploite une entreprise. Ensuite, n'est consommateur que la personne qui conclut un contrat à des fins personnelles, familiales ou domestiques, ce qui exclut donc le contrat conclu dans le cadre de l'exploitation d'une entreprise. Enfin, n'est un contrat de consommation, au sens de l'article 1384 C.c.Q., que le contrat qui fait déjà l'objet d'une loi relative à la protection du consommateur.

On constate ainsi que cette définition va au-delà de celle que prévoit la *Loi sur la protection du consommateur*, en ce qu'elle vise non seulement le commerçant, mais encore toute personne qui exploite une entreprise (*cf.* art. 1525, al. 3 C.c.Q.), et en ce qu'elle vise des lois particulières autres que celle-là, lesquelles ont également pour but de protéger le consommateur, telles la *Loi sur les arrangements préalables de services funéraires et de sépulture*[146] et la *Loi sur les agents de voyage*[147]. En revanche, les contrats régis par les règles du Code civil, telles celles qui sont relatives, par exemple, au bail de logement (art. 1892 et suiv. C.c.Q.), à la vente d'immeuble à usage d'habitation (art. 1785 et suiv. C.c.Q.) ou à la vente d'entreprise (art. 1767 et suiv. C.c.Q.) n'entrent pas dans la catégorie des contrats de consommation visés par l'article 1384 C.c.Q., malgré l'esprit consumériste qui les a inspirés, puisque ces contrats ne sont pas visés par une loi particulière ayant pour but de protéger les consommateurs.

On peut alors se demander pour quelles raisons le législateur a éprouvé le besoin d'insérer, dans le nouveau Code, une définition qui, somme toute, renvoie à des lois particulières. Il faut comprendre que, lors des travaux de codification, s'est posée la question de savoir ce que devait contenir le code; à cet égard, eut lieu un débat sur l'opportunité d'inclure ou non dans le Code les règles particulières relatives au contrat de consommation, telles qu'on les trouve dans la *Loi sur la protection du*

---

[146] L.R.Q., c. A-23.001.
[147] L.R.Q., c. A-10.

consommateur. Après hésitations et controverses[148] le législateur estima préférable de ne pas ajouter le contrat de consommation à la liste des contrats nommés dont fait état le Titre deuxième du Livre cinquième; toutefois, l'introduction d'une définition du contrat de consommation parut nécessaire et utile non point seulement pour soumettre ce contrat aux règles particulières auxquelles sont soumis également les contrats d'adhésion (art. 1435 et suiv. C.c.Q.), mais aussi et surtout pour montrer clairement que la *Loi sur la protection du consommateur*, comme d'ailleurs d'autres lois protectrices, font partie intégrante du droit civil, bien que non insérées dans le nouveau Code civil : il convenait de faire le lien entre le nouveau Code et le droit de la consommation, qui prend une place de plus en plus importante dans notre droit civil.

II. Classification des contrats d'après leurs effets

Plusieurs classifications sont proposées : tenant compte de la réciprocité des obligations, on distingue les contrats unilatéraux et les contrats bilatéraux ou synallagmatiques; tenant compte du but économique, on distingue les contrats à titre onéreux et à titre gratuit; tenant compte de l'aléa du contrat, on distingue les contrats commutatifs et aléatoires; tenant compte de l'exécution du contrat, on distingue les contrats à exécution instantanée et à exécution successive; tenant compte enfin des personnes liées par le contrat, on distingue les contrats individuels et collectifs.

28. *1. Contrats unilatéraux et contrats bilatéraux ou synallagmatiques.* Le contrat unilatéral est celui qui ne fait naître des obligations qu'à la charge d'une seule des parties, sans que, de la part de l'autre, il y ait d'obligation (art. 1380, al. 2 C.c.Q.). C'est le cas du contrat de donation, puisque seul le donateur s'engage : le donataire se contentera de recevoir et n'aura au-

---

[148] *Cf.* Claude MASSE, « La réforme du droit des obligations. L'Avant-projet de Loi et la protection des consommateurs », (1989) 30 *C. de D.* 827. Du même auteur, *cf. Loi sur la protection du consommateur : analyse et commentaires*, Cowansville, Éditions Yvon Blais, 1999.

cune obligation envers le donateur (sous réserve de la donation avec charges)[149].

Le contrat bilatéral ou synallagmatique est celui qui fait naître des obligations réciproques à la charge des deux parties contractantes (art. 1380, al. 1 C.c.Q.). Ainsi, chacun des contractants va être à la fois créancier et débiteur : le vendeur d'une chose est créancier du prix et débiteur de la livraison de la chose vendue, alors que l'acheteur est créancier de la livraison de la chose et débiteur du prix (exemples de contrats synallagmatiques : vente, louage, assurance, transport).

Toutefois, il ne faut pas confondre d'une part le contrat unilatéral et l'acte unilatéral, d'autre part le contrat bilatéral et l'acte bilatéral. Un contrat est nécessairement un acte bilatéral. Dans les actes unilatéral et bilatéral, les termes « unilatéral » et « bilatéral » réfèrent seulement aux sources de la volonté. Parlant de contrats unilatéral et bilatéral, les termes unilatéral et bilatéral ne réfèrent plus aux sources, mais aux effets. Le contrat unilatéral est, comme tout contrat, un acte bilatéral (le donataire doit accepter la donation), alors que l'acte unilatéral est le fait d'une volonté individuelle (renonciation à un droit). Cependant, dans le contrat unilatéral, l'une des parties est créancière et l'autre débitrice, alors que, dans le contrat bilatéral, les deux parties sont à la fois créancières et débitrices.

Cette distinction entre le contrat unilatéral et le contrat bilatéral ou synallagmatique présente un intérêt en ce sens que, dans le contrat synallagmatique, les obligations des contractants se font mutuellement équilibre, de telle sorte que si l'une des parties n'exécute pas ses obligations, l'autre pourra refuser d'exécuter les siennes (*exceptio non adimpleti contractus*); on pourra aussi demander la résolution du contrat, c'est-à-dire son anéantissement rétroactif (*cf.* art. 1590 et 1591 C.c.Q.)[150].

---

[149] Il ne faut pas oublier que la donation est un contrat (acte juridique bilatéral), puisque sa formation suppose notamment un accord de volontés entre le donateur et le donataire.

[150] *Cf. infra,* n° 404 et suiv.

Certains auteurs ont apporté quelques nuances à cette classification. Pour les uns, le caractère synallagmatique ou unilatéral d'un contrat se détermine une fois pour toutes au moment même de la formation, alors que, pour les autres, un contrat qui a un caractère unilatéral lors de sa formation peut devenir ultérieurement synallagmatique; par exemple, le contrat de dépôt à titre gratuit qui, parce qu'il est un contrat réel, est en principe unilatéral lorsqu'il se forme (seul le dépositaire a une obligation, celle de restituer, à l'échéance, la chose déposée), pourrait devenir synallagmatique dans la mesure où le déposant se verrait ultérieurement obligé à rembourser au dépositaire les frais encourus pour la conservation du bien déposé (art. 2293, al. 1 C.c.Q.) : c'est ce qu'on appellerait un « contrat synallagmatique imparfait ». Ceux qui s'opposent à ce point de vue font valoir que l'obligation qu'a le déposant de rembourser est, non point le résultat de l'accord des déposant et dépositaire, mais plutôt le résultat d'une obligation légale découlant de l'idée d'enrichissement sans cause, c'est-à-dire d'un fait juridique qui serait seulement accessoire au contrat[151]. Ce raisonnement ne manque pas de rigueur, même si l'on a tenté de lui opposer que cette obligation accessoire, née postérieurement à la conclusion du contrat, est néanmoins issue de la volonté tacite des parties lors de sa formation[152]. En effet, l'intérêt du caractère réciproque des obligations nées d'un contrat synallagmatique réside essentiellement dans l'idée d'interdépendance des obligations de chacun des contractants, dont on a dit qu'elles se font mutuellement équilibre, c'est-à-dire que chacune d'elles a été voulue en fonction de l'autre : c'est effectivement ce que dit désormais l'article 1380 C.c.Q., le contrat synallagmatique étant celui par lequel « les parties s'obligent réciproquement de manière que l'obligation de chacune d'elles soit *corrélative* à l'obligation de l'autre »; or, cette obligation de rembourser les dépenses encourues est indépendante de l'accord initial, ce n'est pas elle qui a déterminé le dépositaire à restituer la chose déposée. En outre, advenant le cas où le déposant refuserait de rembourser ces dépenses, le dépositaire pourrait lui opposer un droit de rétention (art. 2293, al. 2 C.c.Q.) et non point *l'exceptio non adimpleti contractus* – qui est un moyen de défense propre au contrat synallagmatique – dont tous les auteurs nous disent qu'il ne

---

[151] *Cf.* FLOUR, AUBERT et SAVAUX, vol. 1, 9ᵉ éd., n° 84, p. 57; RIPERT et BOULANGER, t. 2, n° 71, p. 32.
[152] *Cf.* TERRÉ, SIMLER et LEQUETTE, 5ᵉ éd., 1993, n° 62, p. 54 et 55; MARTY et RAYNAUD, 2ᵉ éd., t. 1, n° 65, p. 61 et 62.

faut précisément pas les confondre[153]. Cette notion de contrat synallagmatique imparfait ne nous paraît donc pas devoir être retenue.

On notera, enfin, que la suppression du concept de contrat réel ferait du prêt, du dépôt et du gage, des contrats consensuels synallagmatiques : la remise de la chose qui, dans le droit d'aujourd'hui, est une condition de formation du contrat, deviendrait une obligation à la charge du prêteur, du déposant ou du débiteur du créancier gagiste, obligation corrélative de celle qu'a l'emprunteur, le dépositaire ou le créancier-gagiste, de restituer la chose à l'échéance. La seule question qui se posait, à cet égard, était de savoir si le contrat réel devait ou non demeurer et la doctrine dominante semblait aller dans le sens de la disparition de cette notion[154]. Toutefois, comme on l'a vu, le législateur a décidé de maintenir la catégorie des contrats réels[155].

29. 2. *Contrats à titre onéreux et contrats à titre gratuit.* Le contrat à titre onéreux est celui qui profite aux deux contractants, chacun des deux ayant un intérêt à retirer de ce contrat (art. 1381, al. 1 C.c.Q.). C'est, donc, celui qui a pour but de réaliser un échange de services ou de biens entre les deux parties (par exemple, le contrat de vente : le vendeur d'un immeuble voit sortir de son patrimoine l'immeuble en question, qui va être remplacé par le prix perçu. L'acheteur va s'appauvrir du prix et s'enrichir de l'immeuble). Au contraire, le contrat est à titre gratuit lorsque l'une des parties s'appauvrit ou procure un avantage sans recevoir de compensation (art. 1381, al. 2 C.c.Q.) : le patrimoine du donateur d'un immeuble s'appauvrit de cet immeuble sans recevoir de contrepartie de la part du donataire.

---

[153] *Cf.* MARTY et RAYNAUD, t. 3, vol. 1, n° 20, p. 14 et 15; FLOUR, AUBERT et SAVAUX, vol. 1, 9ᵉ éd., n° 84, p. 57; Nicole CATALA-FRANJOU, « De la nature juridique du droit de rétention », *Rev. trim. dr. civ.* 1967.9. Tout ce qui vient d'être dit relativement au contrat de dépôt pourrait être également dit à propos du contrat de prêt.

[154] *Cf.* FLOUR, AUBERT et SAVAUX, vol. 1, 9ᵉ éd., n° 304, p. 215; MARTY et RAYNAUD, 2ᵉ éd., t. 1, n° 62, p. 56 et 57; MAZEAUD, 9ᵉ éd., t. 2, vol. 1, n° 82, p. 71; STARCK, 6ᵉ éd., vol. 2, n° 218, p. 78; *cf.* également Denise PRATTE, « Le prêt de consommation : contrat réel ou consensuel », (1988-89) 19 *R.D.U.S.* 287.

[155] *Cf. supra,* n° 23.

On pourrait donc croire qu'un contrat à titre onéreux est toujours synallagmatique et qu'un contrat à titre gratuit est toujours unilatéral. Il en est souvent ainsi, puisque la meilleure façon de réaliser un échange de valeur est précisément de prendre des engagements mutuels. Mais il n'en est pas nécessairement ainsi. Un contrat unilatéral peut être à titre onéreux : c'est le cas du prêt à intérêt; il s'agit bien d'un contrat unilatéral[156], seul l'emprunteur ayant une obligation, celle de restituer la somme prêtée, mais il s'agit aussi d'un contrat à titre onéreux puisque l'emprunteur doit payer des intérêts : le prêteur fait payer le service qu'il rend. Inversement, un contrat à titre gratuit peut être synallagmatique; l'exemple le plus typique est le mandat non rémunéré : en effet, il est synallagmatique puisque mandant et mandataire ont, l'un et l'autre, des obligations, et il est à titre gratuit, puisque le mandataire rend un service sans recevoir compensation. On pourrait également citer l'hypothèse de la « donation à charge » : tel est le cas de la donation par X d'un immeuble à Y, à charge pour Y d'effectuer une prestation au profit de Z. C'est un contrat à titre gratuit, tout au moins dans la mesure où la charge est très inférieure à la gratification, puisque X s'appauvrit d'un immeuble et ce, sans contrepartie véritable; mais il est synallagmatique, puisque, en vertu de ce contrat, X a l'obligation de livrer l'immeuble à Y et que Y a lui aussi une obligation, celle d'effectuer une prestation au profit de Z.

La distinction des contrats à titre gratuit et des contrats à titre onéreux présente un intérêt, en ce sens que l'on se méfie des contrats à titre gratuit. On s'en méfie, car ils sont dangereux : d'abord, pour le donateur qui s'appauvrit sans contrepartie; or, on peut craindre des élans de générosité irréfléchis ou encore la faiblesse devant quelques pressions non désintéressées. Dangereux aussi pour les tiers, les créanciers, qui pourraient, ainsi, voir fondre le patrimoine de leur débiteur, qui est leur « gage commun ».

---

[156] S'agissant d'un contrat réel, qui se forme, donc, par la remise à l'emprunteur de la chose prêtée, on ne peut pas dire que le prêteur a l'obligation de remettre cette chose à l'emprunteur : s'il ne la lui remet pas, le contrat n'a pu, en effet, se former.

C'est pourquoi le contrat à titre gratuit est généralement entouré de formalités au moment de sa formation et reste plus « fragile » que le contrat à titre onéreux, pouvant plus aisément être remis en cause pour des raisons particulières (*cf.* par exemple, art. 1836 et suiv., 1631 et suiv., 1707 C.c.Q.).

30. 3. *Contrats commutatifs et contrats aléatoires.* C'est l'idée de jeu ou d'appréciation des chances qui gouverne cette classification.

Le contrat commutatif est celui dont les parties sont, lors de sa conclusion, en mesure d'évaluer avec plus ou moins d'exactitude le profit respectif qu'elles vont en retirer. Lorsque j'achète tel immeuble à tel prix, je suis en mesure de savoir, en prenant quelques précautions élémentaires, si je fais une bonne affaire ou non. Le vendeur, lui, sait, en vendant tel prix, s'il vend bien ou non. Chacun des contractants peut se tromper, mais en vérité, au moment de contracter, chacun peut avoir en main tous les éléments de l'affaire (art. 1382, al. 1 C.c.Q.).

Au contraire, lorsqu'un contractant n'est pas en mesure d'évaluer l'avantage qu'il pourra retirer de son engagement, lorsqu'il accepte de courir un risque, lorsqu'il spécule sur un aléa, le contrat est dit aléatoire (art. 1382, al. 2 C.c.Q.). Si j'achète un immeuble moyennant le versement au vendeur de telle somme par mois jusqu'à sa mort, je ne suis pas en mesure d'apprécier, alors, l'avantage que je pourrais en tirer : le vendeur peut mourir le surlendemain; il peut tout aussi bien devenir centenaire. Les contractants ont délibérément spéculé sur cet aléa. Un autre exemple est le contrat d'assurance : l'assureur risque d'avoir un « mauvais » client si celui-ci a certains malheurs et l'assuré risque de payer des primes « pour rien ». Certains se sont demandé s'il y avait là aléa, car l'assuré « achète » une valeur certaine et permanente qui est la garantie et l'assureur parvient, de son côté, à amortir les indemnités versées, par le calcul du montant de la prime, compte tenu du risque couru et de la loi des grands nombres : ce raisonnement ne nous paraît pas devoir être retenu, car c'est faire abstraction du caractère nécessairement aléatoire de chacun des contrats d'assurance; la loi des grands nombres permet de maîtriser l'aléa, mais elle est incapable de l'éliminer pour chaque contrat pris individuellement[157].

31. 4. *Contrats à exécution instantanée et contrats à exécution successive.* Lorsque la nature des choses ne s'oppose pas à ce qu'un contrat soit exécuté sur-le-champ, par une seule prestation, on dit qu'il est à exécution instantanée (art. 1383, al. 1 C.c.Q.). La vente d'une chose est un contrat à exécution instantanée, car rien ne s'oppose normalement à ce que cette chose soit livrée immédiatement et le prix versé en même temps.

Si, au contraire, la nature des choses s'oppose à ce qu'il soit exécuté de façon instantanée, en un trait de temps, si elle oblige l'une des parties à des prestations répétées, en une exécution faite « en plusieurs fois ou d'une façon continue » (art. 1383, al. 2 C.c.Q.) le contrat sera dit à exécution successive, car l'exécution se prolonge nécessairement dans le temps. C'est dire que la durée joue ici un rôle incontournable. Il en est ainsi du contrat de travail : hélas, l'employé doit travailler tous les jours, il loue ses services de tous les instants à son employeur jusqu'au jour où il ne sera plus au service de celui-ci; de même dans le cadre d'un bail, le locateur s'engage à procurer la jouissance paisible des lieux loués pendant toute la durée du bail; c'est aussi le cas de l'engagement à livrer quotidiennement tel journal à domicile.

Il ne faut cependant pas confondre l'exécution successive et l'exécution échelonnée dans le temps, telle qu'on la retrouve dans une vente où le prix est payable par versements échelonnés : ce sont ici les parties qui en ont décidé ainsi, ce n'est pas la nature des choses qui fait obstacle à l'exécution instantanée. Il en est autrement de la vente d'une machine qui, outre le prix, contient des obligations principales d'entretien, de réparations et d'ajustement qui en font un contrat où la « nature des choses » s'oppose à une exécution en un seul trait de temps[158].

---

[157] *Cf.* TERRÉ, SIMLER et LEQUETTE, 5ᵉ éd., 1993, n° 65, p. 56.

[158] *Cf. Ateliers d'usinage Malcor inc.* c. *Soniplastics inc.*, J.E. 00-986 (C.A.): il s'agit là d'un cas d'espèce, dans la mesure où les obligations d'entretien

L'intérêt de la distinction se présente, notamment, dans le cadre de la résolution d'un contrat. Au cas, par exemple, d'inexécution d'une obligation, il y a normalement anéantissement rétroactif du contrat qui est censé n'avoir jamais existé. Or, la rétroactivité est mise de côté dans le cadre d'un contrat à exécution successive[159], en raison de son caractère peu pratique. Dans le cas d'une vente, on imagine facilement cet anéantissement rétroactif, restitution de la chose par l'acheteur, restitution du prix par le vendeur. Mais dans le cas d'un bail que l'on anéantit au bout de trois ans, pour défaut de paiement du loyer par exemple, il serait difficile d'anéantir rétroactivement le bail. C'est dire que l'anéantissement de ce bail n'aura d'effet que pour l'avenir. Il n'y a pas résolution du bail, mais seulement résiliation (art. 1604, al. 1 C.c.Q.), c'est-à-dire anéantissement sans rétroactivité, opérant pour l'avenir seulement. Cela dit, l'anéantissement rétroactif d'un contrat à exécution successive sera envisageable lorsqu'il sanctionnera un défaut dans la formation de ce contrat : en ce cas, la nullité sera prononcée, quitte à ce que le locataire, par exemple, doive au locateur une indemnité pour la jouissance déjà procurée du bien loué (art. 1699 et suiv. C.c.Q.).

32. 5. *Contrats individuels et contrats collectifs.* En général, les contrats sont individuels, c'est-à-dire que se trouvent engagés, par ces contrats, seulement les individus qui y sont parties, qui y ont donné leur consentement, soit personnellement, soit par l'intermédiaire d'un représentant.

Mais on connaît aujourd'hui le contrat collectif qui est celui qui, intervenu entre certaines personnes seulement, va lier tous les membres d'une collectivité : tel est le cas de la convention collective de travail, conclue entre représentants syndicaux et patronaux, et dont l'objet est de fixer les conditions générales de travail pour tous les travailleurs visés par l'unité d'accréditation.

---

et de garantie sont en général des obligations accessoires, insuffisantes en soi à transformer la nature du contrat.

[159] *Cf. Ateliers d'usinage Malcor inc.* c. *Soniplastics inc.*, J.E. 00-986 (C.A.).

Cette distinction est utile étant donné la nature hybride du contrat collectif qui revêt à la fois un aspect contractuel et un aspect réglementaire[160].

33. 6. *Contrats nommés et contrats innommés.* On distingue également les contrats nommés et les contrats innommés : les contrats nommés sont ceux expressément prévus par le législateur : vente, louage, dépôt, mandat, prêt, etc. Les contrats innommés sont ceux qui sont le fruit de l'imagination des contractants et que le législateur n'a pas expressément réglementés : le contrat entre le médecin et son patient, les fameux contrats en « *ing* », tels *leasing, franchising, licensing*, encore que l'on puisse se demander si ces contrats ne doivent pas désormais être qualifiés de contrats d'entreprise au sens de l'article 2098 C.c.Q. Toutefois, même si l'on devait les qualifier ainsi, il n'en demeure pas moins qu'en dehors du cadre très général du contrat d'entreprise prévu au Code, les effets précis de chacun de ces contrats particuliers ne sont aucunement énoncés au Code. On peut donc continuer à dire qu'ils sont innommés.

Les tribunaux pourront déterminer le régime applicable à tel ou tel contrat après qu'ils l'auront qualifié en l'interprétant : ainsi, dans le cas d'une vente, si les parties ne stipulent rien de particulier, les règles prévues au Code civil au chapitre de la vente s'appliqueront. Si le contrat est innommé, son interprétation et la détermination du régime qui lui sera applicable s'avéreront plus délicates.

---

[160] *Cf.* FLOUR, AUBERT et SAVAUX, vol. 1, 9ᵉ éd., n° 504 et suiv., p. 371 et suiv.; TERRÉ, SIMLER et LEQUETTE, 5ᵉ éd., 1993, n° 54, p. 47.

CHAPITRE I
LES CONDITIONS DE FORMATION DU CONTRAT

On doit, tout d'abord, analyser les éléments de formation du contrat, pour s'interroger, ensuite, sur la conformité de celui-ci à l'ordre public.

Section 1. Les éléments du contrat

34. *Notions générales.* L'article 984 C.c.B.C. énumérait « quatre choses nécessaires à la validité d'un contrat » : des parties ayant la capacité légale de contracter; leur consentement donné légalement; quelque chose qui soit l'objet du contrat; une cause ou considération licite.

Le nouveau Code reprend la substance de la disposition d'hier en en modifiant toutefois la formulation : « Le contrat se forme par le seul échange de consentement entre des personnes capables de contracter, à moins que la loi n'exige, en outre, le respect d'une forme particulière comme condition nécessaire à sa formation, ou que les parties n'assujettissent la formation du contrat à une forme solennelle. Il est aussi de son essence qu'il ait une cause et un objet » (art. 1385 C.c.Q.)[161].

---

[161] Il est techniquement possible de distinguer les conditions de formation (celles en l'absence desquelles le contrat ne se forme pas) et les conditions de validité (celles en l'absence desquelles le contrat peut exister sans toutefois être valide); cependant, en pratique, on emploie indistinctement ces deux expressions pour référer à toutes les exigences de la loi pour qu'un contrat se forme valablement. Aussi n'y a-t-il aucune modification de fond dans l'article 1385 C.c.Q. par rapport à l'article 984 C.c.B.C. Sur

Le schéma demeure donc ce qu'il était : le contrat étant un accord de volonté, il faut, pour qu'il se forme, que la volonté de l'une et l'autre des parties contractantes se rencontrent – c'est l'échange des consentements – et pour cela encore faut-il que ces personnes soient capables de contracter; il faut également que cet accord et les obligations qui en découlent aient un objet – sinon aucun résultat ne pourrait être obtenu – ainsi qu'une cause : un échange de biens ou de service ne se fait pas sans raison.

On remarquera que la formulation de l'article 1385 C.c.Q. permet de mettre en relief le principe du consensualisme. Compte tenu, en effet, d'un incontestable renouveau, au cours de ces dernières années, du formalisme (qui s'est manifesté principalement dans les mesures de protection prises en faveur de certaines catégories de personnes, particulièrement les consommateurs au sens large du terme), il aurait été permis de se demander si le contrat consensuel n'allait pas devenir l'exception et le contrat solennel, la règle. Le législateur répond catégoriquement à cette question : le consensualisme demeure le principe, la solennité demeure l'exception. Le droit d'hier est donc maintenu : le contrat se forme par le seul échange des consentements; il n'y a de contrat solennel que lorsque la loi exige l'accomplissement d'une formalité comme élément nécessaire à la formation du contrat, élément en l'absence duquel le contrat ne serait pas valablement conclu.

Il y a, toutefois, un autre cas où l'échange de consentement ne suffira pas : c'est celui où les parties contractantes auront voulu qu'il en soit ainsi et auront décidé d'un commun accord que leur entente ne vaudra que lorsqu'elle sera revêtue de la solennité par elles prévue : il n'y a pas, là, de difficulté particulière, c'est l'expression même de la liberté contractuelle.

---

la distinction entre les conditions de formation et les conditions de validité, voir Serge GAUDET, « Inexistence, nullité et annulabilité : essai de synthèse », (1995) 40 *R.D. McGill* 291.

Par. 1. *Le consentement*

35. *La doctrine de l'autonomie de la volonté.* La notion de contrat telle que conçue par les codificateurs de 1866 repose sur la théorie de l'autonomie de la volonté, issue du libéralisme développé par les philosophes du XVIIIe siècle : l'homme est libre et sa liberté ne peut être limitée que de façon exceptionnelle. Cependant, devant vivre en société, l'homme n'est pas seulement titulaire de droits : il a aussi des obligations et celles-ci sont moins contraignantes si elles ont été librement voulues par lui. La meilleure règle est celle que l'individu s'impose à lui-même, puisque – n'étant lié que par sa volonté – il exprime ainsi sa liberté : c'est ce qu'on appelle « l'autonomie de la volonté », expression empruntée à Kant. Tout individu ne pouvant être mieux servi que par lui-même et étant le plus apte à veiller à ses intérêts, les règles qu'il consentira, avec un autre, à se donner seront les plus justes et assureront ainsi le bien de tous : c'est pourquoi l'homme s'oblige contractuellement par sa volonté et c'est pourquoi l'obligation contractuelle est nécessairement conforme à la justice.

En conséquence, sur le plan juridique, cette philosophie se traduit par la liberté pour l'individu de contracter ou non avec qui il veut, quand il veut, comme il veut; c'est le principe de la liberté contractuelle que l'on retrouvera tout au long de cette étude : d'une part, liberté quant au fond, qui permet aux contractants de déterminer eux-mêmes le contenu du contrat, et, d'autre part, liberté quant à la forme, qu'on appelle le consensualisme, qui permet aux contractants de se lier par le seul échange des consentements. De cette liberté qu'ont les hommes de se lier, découle enfin le principe de la force obligatoire du contrat, qui s'impose aux parties aussi bien qu'au juge[162].

---

[162] *Cf.* MARTY et RAYNAUD, 2e éd., t. 1, n° 27 et suiv., p. 27 et suiv.; MAZEAUD, 9e éd., t. 2, vol. 1, n° 116 et suiv., p. 103 et suiv.; FLOUR, AUBERT et SAVAUX, vol. 1, 9e éd., n° 96 et suiv., p. 65 et suiv.; TERRÉ, SIMLER et LEQUETTE, 5e éd., 1993, n° 24 et suiv., p. 24 et suiv.; GHESTIN, 3e éd., n° 36 et suiv., p. 27 et suiv.

Comme on l'a dit, la doctrine de l'autonomie de la volonté, même si elle perdure, a subi un incontestable déclin : on aura l'occasion de le constater à l'examen du droit positif[163].

36. *Plan.* On décomposera l'étude du consentement en trois étapes :

- le consentement doit, d'abord, être manifesté;

- mais il doit également être intègre, exempt de vice;

- il doit, enfin, être donné par une personne capable.

Sous-par. 1. *Le consentement doit être manifesté*

37. *Volonté interne et volonté déclarée.* Tout d'abord, il doit être clair qu'étant dans le domaine du contrat, l'acte de volonté doit émaner de deux personnes au moins. Le « consentement » consiste en un concours de volontés, en un échange, alors que dans le langage courant, « consentement » signifie simplement acquiescement. Le contrat implique la volonté de deux parties : la volonté de s'obliger de la part de celui qui s'engage et la volonté d'accepter cet engagement de la part du créancier qui en bénéficie. C'est le choc de ces deux volontés, l'échange des consentements, qui va former le contrat. La volonté ne peut rester purement interne; pour qu'il y ait accord, il faut que la volonté de chacune des parties soit manifestée à l'autre. Toutefois, pour que ces deux volontés se rencontrent, il faut que chaque déclaration externe de volonté corresponde à une volonté interne réelle de contracter.

On pourrait, alors, se demander quelle est la volonté qui sert réellement de base à l'acte – la volonté interne ou la volonté déclarée – lorsque volontés interne et déclarée ne coïncident pas. Une certaine doctrine classique, basée sur l'individualisme, répond que seule la volonté interne doit être prise en considération, car c'est ce qu'on a réellement voulu dans son for intérieur : on met en valeur l'autonomie de la vo-

---

163 *Cf. infra,* n°s 154 et suiv. Pour une critique de cette théorie, *cf.* TANCELIN, 4e éd., n°s 54 et suiv.

lonté, ce qui a pour conséquence de rechercher quelle a été l'intention véritable des parties sans se préoccuper de ce qui a été convenu oralement ou par écrit; cette réponse devrait logiquement conduire à un développement important de la théorie des vices du consentement. Une autre doctrine, développée principalement par des auteurs allemands, fondée sur les nécessités sociales, répond que ce qui importe est la volonté déclarée : l'intention profonde des parties est ainsi ignorée, l'accent étant mis sur l'aspect formel[164]. Cette controverse est plus théorique que pratique, car, en vérité, aucun de ces deux systèmes ne peut être suivi dans son intégralité. Les deux doctrines ont du bon et du mauvais et on aura l'occasion de voir qu'elles s'interpénètrent.

La volonté de chacune des parties doit être manifestée à l'autre. C'est ainsi que l'une des parties va prendre l'initiative en proposant à l'autre de contracter, et que cette autre partie déclarera consentir. La première déclaration de volonté, la proposition, est une offre – ou pollicitation –, la seconde étant une acceptation; d'où la formulation de l'article 1386 C.c.Q. : « L'échange de consentement se réalise par la manifestation, expresse ou tacite de la volonté d'une personne d'accepter l'offre de contracter que lui fait une autre personne. »

Cependant, on doit envisager plusieurs situations, selon que les parties s'en tiennent au processus habituel de conclusion des contrats ou qu'elles recourent à des processus particuliers.

A. Le processus habituel : l'offre et l'acceptation

38. *Position du problème.* On pourrait intituler ce paragraphe : *règles générales de l'offre et de l'acceptation.* Bien souvent, un contrat se conclut en un seul trait de temps : je vous offre de vendre mon réfrigérateur, telle marque, telle année, à X dollars et vous acceptez immédiatement; le contrat est, dès lors, conclu au moment où vous acceptez, puisque c'est lors de

---

[164] *Cf.* TANCELIN, 4ᵉ éd., nᵒˢ 132 et suiv.

cette acceptation que s'effectue le choc des consentements. Toutefois, les deux manifestations de volonté peuvent aussi se faire en deux temps : je vous offre de vendre mon réfrigérateur, présentant telle et telle caractéristique et à tel prix, et vous acceptez ultérieurement.

Dans les deux cas, certaines questions se posent, quant à l'offre, quant à l'acceptation et quant au moment ou lieu où l'offre et l'acceptation se rencontrent.

a) L'offre

On doit examiner successivement le contenu et la forme de l'offre, sa durée et ses effets.

39. *1. Contenu et forme de l'offre.* L'offre, pour être véritable, doit exprimer la volonté ferme de conclure un contrat dont elle fixe toutes les conditions essentielles : un simple « oui » de la part de son destinataire doit suffire à former le contrat.

Il faut une volonté ferme, car un simple désir possible ne serait pas une offre de contrat : « je songe à vendre mon automobile » n'est pas une offre; c'est un simple désir que, peut-être, je me résoudrai à réaliser. Ce ne pourra devenir une offre que lorsque ma décision de vendre sera réellement prise.

En outre, cette offre doit contenir toutes les conditions du contrat envisagé ou, tout au moins, tous les éléments essentiels de ce contrat[165]; car le destinataire de l'offre ne pourra donner une acceptation valable qu'en connaissant les données essentielles de la proposition envisagée : achat de telle automobile ayant telles caractéristiques moyennant tel prix. C'est dire que l'offre peut ne pas contenir des éléments qui ont un caractère accessoire (art. 1388 C.c.Q.). Une offre de vente devra, sans aucun doute, pour constituer une offre, indiquer la chose vendue et son prix ou les éléments permettant de le déterminer; une offre de bail devra indiquer la chose louée, le montant du loyer, la date d'entrée en jouissance. Sinon, il ne pourrait s'agir

---

[165] *Cf. Lacasse c. Lacasse*, J.E. 98-757 (C.S.).

que d'une invitation à engager des pourparlers. Mais on le voit, le degré de précision requis va dépendre de la nature même du contrat envisagé, un partage devant être fait, le cas échéant, entre ce qui est « élément essentiel » et « élément accessoire », ce qui est la consécration législative des enseignements du passé.

Par ailleurs, l'offre peut être faite tantôt à une personne déterminée, tantôt à une personne indéterminée, c'est-à-dire au public en général (art. 1390, al. 1 C.c.Q.). Offrant de vendre mon automobile à tel prix à X, il est évident que c'est l'acceptation de X que j'attends et non point celle de Y, ce qui ne signifie pas que je ne puisse pas, en principe, faire la même offre à Z, autre personne déterminée.

Quand l'offre est faite au public, un problème peut être soulevé; on aura à se demander s'il s'agit d'une véritable offre de contracter ou simplement d'une invitation à engager des pourparlers. La distinction est importante : s'il y a offre véritable, l'acceptation forme le contrat et le pollicitant est, alors, lié et tenu d'exécuter. S'il s'agit d'une simple invitation à engager des pourparlers, la réponse du destinataire ne sera pas une acceptation; ce pourra être une proposition : le contrat ne sera pas formé, puisque les parties ne se seront pas encore entendues sur le contenu du contrat[166].

Toutefois, on peut dire que lorsqu'une offre faite au public est acceptée par un individu, cette acceptation entraîne la formation du contrat; mais il n'en sera pas ainsi, par exemple, lorsque la personnalité du destinataire de l'offre sera un élément essentiel du contrat. Si je fais paraître dans les journaux une annonce pour retenir les services d'un employé de maison, à tel prix, j'entends conclure ce contrat *intuitu personae*, en considération de la personne; si l'individu qui se présente a un air qui ne m'inspire pas confiance, j'ai le droit de lui dire « je n'entends pas contracter avec vous ». C'est une « offre » assortie de réserves, ces réserves pouvant être tacites,

---

[166] *Cf. Association pharmaceutique de la province de Québec* c. *T. Eaton Co.*, (1931) 50 B.R. 482.

pouvant résulter de la volonté présumée du pollicitant ou des usages. On aura à se demander si de telles « offres assorties de réserves » sont, en droit, de véritables « offres ».

Quant à la forme que peut prendre l'offre, elle peut être expresse, par écrit ou verbale; elle peut être aussi tacite, consistant dans des agissements qui comportent nécessairement la volonté d'offrir : par exemple, dans une vitrine, l'exposition d'objets marqués d'un prix; en ce cas, le commerçant est engagé par l'acceptation du premier venu.

40. *Précision et fermeté de l'offre.* Il est aisé d'affirmer que l'offre de contracter se distingue essentiellement de l'invitation à engager des pourparlers, en ce que l'offre véritable est une proposition exprimant une volonté précise et ferme[167]; mais, dans les faits, il est souvent malaisé de savoir si la volonté exprimée est réellement ou suffisamment précise et ferme, les nuances éventuellement apportées dans la formulation pouvant traduire divers degrés dans l'intention de contracter. Ainsi, le panneau « À vendre », placé devant une maison, indique clairement la volonté de vendre, sans indiquer cependant l'un des éléments essentiels de ce contrat, qui est le prix : il ne peut donc s'agir que d'une invitation. L'annonce de cette vente avec description, indication de l'adresse et du prix, publiée dans un journal, laisserait croire *a priori* qu'il s'agirait d'une offre véritable, précise et ferme; or, il n'est pas exclu que, faite par un agent immobilier, cette annonce ait pour but, non point de conclure le contrat, mais simplement d'appeler des acquéreurs afin de les inciter à faire des offres d'achat : c'est, le plus souvent, le mandat qui a été confié à l'agent par le propriétaire. En revanche, cette même annonce faite directement par le propriétaire pourrait être considérée comme une offre véritable. L'offre doit donc être distinguée de l'« appel d'offres », qui est une proposition destinée à suggérer la conclusion d'un contrat dans un domaine déterminé; tel est le cas de l'annonce qui indiquerait : « Disposé à vendre recueils de jurisprudence, 1940-1980, bon état, reliés, au plus offrant »; on se rapproche de l'offre, mais ce n'en est pas une[168].

---

[167] *Cf. Construction Albert Jean Ltée* c. *Agenco inc.*, J.E. 98-149 (C.Q.).

[168] *Cf. Beaurivage et Méthot Inc.* c. *Corporation de l'Hôpital de Saint-Sacrement*, [1986] R.J.Q. 1729 (C.A.) : dans cette affaire, relative à un appel d'offres pour faire effectuer certains travaux, il est clairement jugé (j. Chouinard, 1731 et suiv.) que l'offrant n'est point l'hôpital qui sollicite

On pourrait, alors, être tenté de confondre cette opération (l'appel d'offres) avec la « vente aux enchères », dans la mesure où celle-ci serait envisagée comme un moyen de rechercher un acquéreur ou une invitation à proposer un prix; toutefois, cette analyse est inexacte[169]. Définie à l'article 1757 C.c.Q. comme étant la vente « par laquelle un bien est *offert* en vente à plusieurs personnes par l'entremise d'un tiers, l'encanteur, et est déclarée adjugée au *plus offrant* et dernier enchérisseur », il est permis de se demander quelle est la situation des personnes participant à l'opération. Il nous apparaît que, comme dans le passé, ce vendeur fait plus qu'une offre : il promet de vendre à l'un des enchérisseurs potentiels[170]. En effet, en vertu de l'article 1759 C.c.Q., il peut fixer une mise à prix ou d'autres conditions à la vente qui seront indiquées par l'encanteur ou l'encanteur fixera lui-même la mise à prix et les conditions, et dès lors que ces éléments sont communiqués aux enchérisseurs éventuels, ces derniers acceptent de prendre la proposition en considération (ce qui fait naître l'accord de volonté qui est la promesse de vente), le vendeur ne pouvant plus retirer sa proposition, sa promesse. Dans le droit d'hier, en vertu de l'article 1567 C.c.B.C., on pouvait dire que, lors de l'adjudication, le dernier enchérisseur promettait à son tour d'acheter (la promesse unilatérale de vente devenant alors synallagmatique), puisque la vente n'était parfaite qu'au moment de l'entrée du... nom de l'enchérisseur sur le livre de vente de l'encanteur. Or, dans le nouveau Code civil, en vertu de l'article 1762 C.c.Q., « la vente aux en-

---

l'offre, mais plutôt l'entrepreneur qui présente sa soumission. Il faut noter que l'entrepreneur était, en l'espèce, lié par son offre qu'il ne pouvait plus retirer dès lors qu'il l'avait déposée et que les parties en avaient connaissance (1736); il était donc dans la situation d'un promettant, analogue à celle de l'enchérisseur dans le cadre d'une vente aux enchères (*cf. infra*, n° 50). Il est en effet permis de soutenir qu'un appel de soumission traduit la volonté de prendre en considération les soumissions qui sont déposées, ce qui laisserait entendre que les soumissions sont des promesses de contracter; on ne peut cependant pas soutenir le même point de vue dans le cas d'un appel d'offre autre qu'un appel de soumission publique : sinon, ce serait forcer l'offrant à s'engager même s'il ne le veut pas, ce qui devrait décourager de répondre à un appel d'offre. En outre, pour qu'une soumission soit valablement acceptée, encore faut-il que le soumissionnaire reçoive l'avis d'adjudication : *Coopérative de commerce des Mille-Îles* c. *Société des Alcools du Québec*, [1996] R.J.Q. 2112 (C.A.).

169 *Cf.* BAUDRY-LACANTINERIE, 3e éd., vol. 19, n° 737, p. 769 et suiv.
170 *Cf. infra*, n° 50.

chères est parfaite par l'adjudication du bien, par l'encanteur au dernier enchérisseur »; l'inscription au registre de l'encanteur n'a qu'un effet probatoire. Le contrat de vente est donc formé lors de l'adjudication qui correspond à la levée de l'option, qui se concrétise par la conclusion immédiate de la vente. Cependant, avant que le marteau de l'encanteur ne s'abatte, il est permis de dire que tout enchérisseur est un promettant-acheteur jusqu'à la nouvelle enchère; en effet, en vertu de l'article 1761 C.c.Q., « l'enchérisseur ne peut, en aucun temps, retirer son enchère ». C'est dire que le dernier enchérisseur est un promettant-acheteur jusqu'à ce que le marteau fasse de lui un propriétaire. (*Cf.* article 1763 C.c.Q. sur la passation de l'acte de vente lorsque la vente porte sur un immeuble, et l'article 1765 C.c.Q. sur le défaut de l'acheteur de payer le prix).

On le constate donc, pour déterminer si la proposition faite est suffisamment précise ou ferme, on doit examiner chaque situation à la pièce; et si l'examen donne un résultat négatif, la proposition n'est qu'une invitation ou un appel d'offre, mais non point une offre.

41. *Offre assortie de « réserves ».* Il est d'autant plus malaisé de connaître la véritable intention de l'« offrant » que celui-ci assortit souvent son « offre » de « réserves » qui peuvent être expresses ou tacites. *A priori*, la seule existence d'une réserve accompagnant une proposition de contracter devrait écarter la qualification d'offre, puisqu'elle traduit l'absence d'une volonté précise ou ferme de conclure un contrat : ainsi, lorsque l'« offrant » se réserve la possibilité de modifier l'une des conditions du contrat, par exemple le prix de vente, il est clair qu'il ne s'agit pas là d'une offre, mais plutôt d'une invitation à engager des pourparlers ou, peut-être même, de simples propos « en l'air » !

Pourtant, l'existence d'une réserve n'affecte pas toujours la précision ou la fermeté de la volonté de contracter : ainsi, le commerçant, qui annonce la vente de tel produit à tel prix, fait une offre qui est toujours assortie de la réserve expresse ou tacite qui veut que ledit produit soit offert en quantités limitées; cette réserve n'enlève aucunement à l'offre son caractère précis ou ferme, puisque la simple acceptation du client entraînera la formation du contrat tant et aussi longtemps que le stock ne sera pas épuisé : advenant l'épuisement, l'offre est naturellement retirée et devient caduque, car le bon sens veut qu'on ne puisse exiger du commerçant qu'il demeure en perpétuel état d'offre[171].

Il est d'autres cas où la situation est plus ambiguë : c'est celle où l'offrant se réserve la faculté de refuser l'acceptation qui est donnée par une personne déterminée. Ainsi, celui qui propose de vendre tel bien à tel prix, en se réservant la faculté de refuser à son gré l'acceptation, ne fait pas une offre véritable, dans la mesure où l'on ne peut savoir s'il a ou non une volonté ferme de contracter : cette attitude est *a priori* incompatible avec l'état d'offrant. Pourtant, on peut comprendre qu'un vendeur se réserve tacitement la possibilité de refuser l'acceptation d'une personne dont la solvabilité s'avérerait douteuse : une telle restriction n'affecte pas, nous semble-t-il, la fermeté de l'intention, puisque le vendeur se préoccupe, alors, de l'exécution future du contrat qu'il entend conclure.

La question se pose également lorsqu'une offre est faite au public, en vue de conclure un contrat *intuitu personae* (en considération de la personne); l'« offre d'emploi » en est le meilleur exemple : s'agit-il d'une offre véritable ? Selon certains, la faculté pour l'offrant de refuser l'acceptation d'une personne n'affecte nullement le caractère ferme de l'offre : « L'offre au public n'est [...] pas une offre faite à n'importe qui, lorsque la considération de la personne de l'acceptant est essentielle pour le pollicitant »[172]. Selon d'autres, il ne peut jamais s'agir d'une offre, puisque « le proposant se réservant toujours, au moins tacitement, le droit d'agréer son cocontractant, nulle acceptation ne peut, à elle seule, former le contrat »[173]. Pour d'autres, enfin, plus nuancés, la réserve d'agrément « laissera à l'offre son efficacité juridique si son exercice est subordonné à des critères objectifs, résultant d'usages professionnels, par exemple »[174]. Il nous apparaît, en définitive, difficile de qualifier d'offre véritable la proposition faite au public, dès lors que la considération de la personne est un élément essentiel à la formation du contrat : on se trouve dans une

---

[171] L'offre qui serait faite par annonce publique et qui porterait sur des stocks qui se révéleraient insignifiants quant à leurs quantités, pourrait constituer un cas de publicité frauduleuse sanctionné notamment par la *Loi sur la protection du consommateur*, L.R.Q., c. P-40.1 (*cf.* art. 215 et suiv., plus particulièrement l'art. 231).

[172] MAZEAUD, 9ᵉ éd., t. 2, vol. 1, n° 133, p. 126.

[173] FLOUR, AUBERT et SAVAUX, vol. 1, 9ᵉ éd., n° 135, p. 91, note 2; dans le même sens : MARTY et RAYNAUD, 2ᵉ éd., t. 1, n° 110, p. 106.

[174] GHESTIN, 3ᵉ éd., n° 295, p. 263.

situation identique à celle de la proposition de vente sans indication de prix ou « au plus offrant ». Dans l'un et l'autre cas, on est en présence d'une simple invitation. En effet, celui qui se réserve la faculté de choisir l'« acceptant » entend avoir le dernier mot, puisque c'est lui qui, en réalité, donnera l'acceptation finale à celui qu'il a décidé de choisir : en d'autres termes, celui qui répond à la proposition se trouve, en ce cas, dans la situation de l'offrant, alors que celui qui donne son agrément n'avait fait qu'un appel d'offres et se trouve dans la situation de l'acceptant. Ainsi, l'annonce relative à la recherche d'un employé de maison à telles conditions ne nous paraît pas être une offre véritable, car le proposant a toujours la possibilité de répondre au candidat qu'il ne convient pas (sous réserve évidemment d'un refus qui reposerait exclusivement sur un motif de discrimination interdit par la *Charte des droits et libertés de la personne*). Il en est de même, nous semble-t-il, de l'« offre d'emploi » faite par une faculté universitaire qui chercherait à recruter un ou plusieurs professeurs, même si l'annonce contenait une description des qualités objectives que devrait avoir le futur « membre du personnel enseignant » : en effet, la direction universitaire conserve toujours la faculté de refuser celui qui répond à l'annonce, fut-il seul à y répondre et fut-il seul à posséder les qualités décrites, car, au-delà de celles-ci, il y a des qualités non décrites qui peuvent être prises en considération (sous réserve, là encore, des dispositions de la *Charte des droits et libertés de la personne*) pour conclure ou non le contrat. D'ailleurs, même si, dans le langage courant, on parle, de façon inexacte, d'« offre d'emploi », on ne s'y méprend point, puisqu'on qualifie de « postulant » ou de « candidat » celui qui répond à une telle annonce : la direction universitaire sollicite des candidatures qui, après examen, conduiront à une véritable offre d'emploi à une personne déterminée, qui sera, alors, acceptée ou non par le candidat. On est alors bien obligé de conclure qu'il ne peut y avoir une offre véritable pour conclure un contrat *intuitu personae* que lorsque la proposition s'adresse à une personne déterminée, c'est-à-dire une personne préalablement choisie par l'offrant.

42. *Différentes formes d'offres.* Ce n'est pas à dire qu'une proposition faite au public ne puisse pas être qualifiée d'offre. Si la considération de la personne n'est pas un élément essentiel à la formation du contrat, une offre véritable, donc précise et ferme, peut être adressée au public ou plus précisément à des personnes indéterminées, non individuellement désignées. Ainsi en est-il du propriétaire d'un immeuble de rapport, qui désire louer ses appartements à quiconque est en mesure de payer le loyer; on comprend que la situation est ici différente de celle du propriétaire qui désirerait louer une chambre ou un appartement dans l'immeuble qu'il occupe lui-même partiellement : en ce cas, la considération de la personne du locataire peut être un élément déterminant (sous réserve de l'art. 1899 C.c.Q.). De la même manière, le commerçant dont les marchandises sont exposées sur les rayons de son magasin avec indication du prix fait bel et bien une offre au public, qui liera le vendeur à son client dès que celui-ci aura accepté d'acheter l'une de ces marchandises.

À l'offre au public, on oppose l'offre à une personne déterminée, qui d'ailleurs peut s'adresser aussi bien à une qu'à plusieurs personnes individualisées : tel est le cas de celui qui offre de vendre sa montre, pour telle somme, uniquement à son voisin, ou bien à trois de ses amis. En réalité, toutes ces offres, qu'elles soient adressées au public ou à des personnes déterminées, sont de même nature, en ce sens que l'une d'elles liera l'offrant dès lors qu'elle sera acceptée.

Dans l'un et l'autre cas, l'offre peut être expresse ou tacite, mais les auteurs ne s'entendent pas toujours sur ce qui distingue l'une de l'autre. Il est clair que l'offre faite verbalement ou par écrit est une offre expresse, mais il y a discussion sur ce caractère lorsque l'offre se manifeste autrement. Ainsi, la marchandise exposée en vitrine, le taxi en stationnement dans un lieu réservé à cet effet sont des « gestes », qui, pour les uns, manifestent une offre expresse[175] et, pour d'autres, une offre tacite[176]. La distinction ne présente en soi aucun intérêt, l'important étant de déterminer le caractère non équivoque de l'intention que traduit le geste : ainsi, l'objet exposé en vitrine est-il lui-même à vendre, ou bien est-il seulement un modèle destiné à la publicité ? Le chauffeur du taxi en stationnement est-il encore prêt à conduire le client qui se présente à lui, ou bien est-il seulement prêt à... rentrer chez lui ? Autant de cas qui, *a priori*, laissent croire qu'il y a offre, mais qui peuvent

---

[175] FLOUR, AUBERT et SAVAUX, vol. 1, 9ᵉ éd., n° 137, p. 91.
[176] MAZEAUD, 9ᵉ éd., t. 2, vol. 1, n° 131, p. 124.

aussi laisser place au doute; ce qui importe est de lever ce doute, afin de savoir s'il y a véritablement offre ou non.

43. *Qui est l'auteur de l'offre ?* Lorsque le destinataire de l'offre ne répond pas à l'offrant par un simple oui mais répond plutôt par « non » ou par « oui, mais... », l'offre tombe et, de deux choses l'une : ou bien on en reste là, ou bien le destinataire de l'offre devenue caduque se manifeste autrement. En ce dernier cas, ou bien il se met ou se remet à discuter avec l'auteur originaire de l'offre et on se trouve alors au stade des pourparlers ou négociations, ou bien l'un ou l'autre fait une nouvelle proposition, une nouvelle offre; si cette nouvelle offre émane de celui qui précédemment n'a pas accepté l'offre qui lui avait été faite, on parlera de « contre-offre », cette « contre-offre » n'étant qu'une offre émanant de celui qui précédemment avait été le destinataire de la première offre : d'où l'article 1389 C.c.Q. (*cf.* également l'art. 1393, al. 2 C.c.Q.). Certains semblent trouver difficile de déterminer qui est l'offrant et qui est l'acceptant : pour cela, il faut suivre le dialogue qui s'instaure entre ces deux personnes qui souhaitent contracter. Il importe de savoir qui, en définitive, a dit « oui » inconditionnellement : il est l'acceptant, l'autre est l'offrant; on peut aussi se demander qui, en définitive, a présenté le dernier élément essentiel du contrat projeté : il est l'offrant, l'autre est l'acceptant[177].

Ainsi, l'offrant n'est-il pas toujours celui qui a pris l'initiative du contrat, qui a proposé le document indiquant le contenu du contrat, c'est-à-dire le rédacteur ou celui qui s'en tient au formulaire du contrat-type : il suffirait que le destinataire de cette offre apporte une modification sur un élément essentiel du contrat projeté, modification sujette à l'acceptation de l'offrant initial, pour que ce destinataire devienne l'offrant. Le candidat-locataire qui, par exemple, modifierait la date d'entrée en jouissance (et donc le point de départ du loyer) telle qu'elle a été proposée dans le bail-type fourni et rempli par le

---

[177] *Cf. Industries Vanox Ltée* c. *Produits Alcan Ltée*, [1980] C.S. 490. Parfois, le dialogue est confus et peut conduire à la méprise, l'une des parties croyant erronément le contrat conclu : *cf. Compagnie France Film inc.* c. *Imax Corp.*, J.E. 98-1218 (C.S.).

locateur, deviendrait l'auteur de l'offre et le locateur deviendrait l'acceptant.

Aussi faut-il se garder, lorsqu'on est en présence d'un contrat d'adhésion, de confondre acceptant et adhérent, de croire que l'auteur final de l'offre n'est jamais adhérent ! Si, par exemple, on se réfère au contrat d'assurance, en vertu de l'article 2398 C.c.Q., « le contrat d'assurance est formé dès que l'assureur accepte la proposition du preneur ». C'est bien dire que l'assuré est l'offrant et l'assureur, l'acceptant : mais qui osera prétendre que l'assureur est l'adhérent... ? « L'adhérent n'est [donc] pas toujours celui dont l'acceptation forme le contrat », il peut être celui qui « présente le dernier élément essentiel du contrat projeté » (art. 1389 C.c.Q.)[178].

44. *2. Durée de l'offre.* Le destinataire de l'offre peut accepter immédiatement et le contrat est alors formé au moment et au lieu où l'offrant reçoit cette acceptation (art. 1387 C.c.Q.); il peut aussi ne pas répondre immédiatement, afin de réfléchir à l'offre qui lui est faite. Pendant ce temps l'offre persiste, le principe étant que l'offre dure jusqu'à ce qu'elle soit retirée, à moins qu'elle ne soit auparavant devenue caduque. Quels sont alors les cas de caducité de l'offre ?

45. *Cas de caducité de l'offre.* Tout d'abord, une évidence : lorsque celui à qui a été adressée l'offre apprend, avant même d'avoir reçu cette offre et donc d'avoir pu l'examiner, que l'offrant a révoqué ladite offre, celle-ci devient caduque : oubliez cette offre que je vous ai faite et dont vous ignorez le contenu, considérez que je ne vous l'ai pas faite ! Voilà qui ne risque guère de porter préjudice à ce « destinataire »; aussi cette offre est-elle caduque, qu'elle ait été ou non assortie d'un délai (art. 1391 C.c.Q.).

Il est tout aussi évident que l'offre devient caduque lorsque le destinataire la refuse, soit directement, soit en proposant une contre-offre : dans l'un et l'autre cas, il manifeste sa vo-

---

[178] GHESTIN, 3e éd., n° 299, p. 267 et 268. *Cf.* Benoît MOORE, « L'offre dans un contrat d'assurance : une divergence qui en appelle une autre », (1998) 32 *R.J.T.* 361.

lonté de ne pas conclure le contrat projeté par l'offrant (art. 1392, al. 1 C.c.Q. (*in fine*))[179].

L'offre devient également caduque lorsque l'offrant ou le destinataire de l'offre vient à décéder avant que l'acceptation ne soit reçue par l'offrant : si l'acceptation a déjà été reçue par l'offrant avant le décès de l'un ou de l'autre, le contrat est déjà formé; mais si elle n'a pas été ainsi reçue, le contrat n'est pas formé et ne peut plus se former, puisqu'il ne peut y avoir concours des volontés, la volonté de l'un n'étant plus de ce monde : il en est ainsi que l'offre soit ou non assortie d'un délai, puisqu'on ne peut guère reprocher à l'offrant de mourir. On a toujours enseigné que l'offre mourait avec l'offrant, *a fortiori* avec le destinataire qui n'a pas encore accepté : l'art. 1392, al. 2 C.c.Q. confirme ce point.

L'offre devient encore caduque par « l'ouverture à l'égard [de l'offrant ou du destinataire de l'offre] d'un régime de protection », si toutefois cela se produit « avant que l'acceptation ne soit reçue par l'offrant » (art. 1392, al. 2 C.c.Q.). Cela est conforme au droit antérieur, selon lequel l'offre était caduque lorsque l'offrant devenait inapte à contracter[180]. On notera que l'article 1392 C.c.Q. vise plus précisément l'ouverture d'un régime de protection, c'est-à-dire le cas d'incapacité au sens juridique du terme, cas où il y a eu jugement ouvrant un régime de curatelle, de tutelle ou de conseil : il est, en effet, établi, en ces cas, que le majeur, n'ayant pas une volonté suffisamment claire et consciente, n'est pas en principe en état de contracter. Mais, nous semble-t-il, on doit pouvoir prétendre à la caducité de l'offre, non seulement lorsqu'il y a incapacité juridique, mais dès lors qu'on est en mesure de prouver que l'offrant ou le destinataire de l'offre n'était plus en mesure d'exprimer valablement sa volonté lors de la réception, par

---

[179] MAZEAUD, t. II, 5ᵉ éd., n° 135; BAUDOUIN et JOBIN, 5ᵉ éd., n° 176; *contra* : Vincent KARIM, *Commentaires sur les obligations*, vol. 1, Cowansville, Éditions Yvon Blais, 1997, p. 67.

[180] MIGNAULT, t. 5, p. 181; MAZEAUD, 9ᵉ éd., t. 2, vol. 1, n° 135, p. 127 et 128; MARTY et RAYNAUD, 2ᵉ éd., t. 1, n° 111, p. 107; FLOUR, AUBERT et SAVAUX, vol. 1, 9ᵉ éd., n° 145, p. 96.

l'offrant, de l'acceptation. On remarquera que l'acceptation au-rait pu être donnée par le destinataire de l'offre avant qu'il ne décède ou en toute connaissance de cause avant qu'il ne de-vienne inapte, sans que toutefois l'offrant ait reçu ladite accep-tation : à supposer que les héritiers ou le curateur ou tuteur de l'acceptant fassent ensuite parvenir à l'offrant l'acceptation du *de cujus* ou du majeur désormais protégé, l'offrant pourrait valablement soutenir que, l'offre étant devenue caduque lors du décès ou de l'inaptitude, événements antérieurs à la réception de l'acceptation, le contrat ne s'est pas formé. L'offre devient donc caduque en même temps que l'absence de volonté, la démence de l'offrant ou celle du destinataire de l'offre.

Le décès et l'inaptitude antérieure à la formation du contrat sont considérés comme des obstacles à la formation du contrat, que l'offre soit ou non assortie d'un délai (art. 1392, al. 2 C.c.Q.).

L'offre devient également caduque, encore là qu'elle soit ou non assortie d'un délai, par la faillite de l'offrant ou du destina-taire de l'offre, si cette faillite survient « avant que l'acceptation ne soit reçue par l'offrant » (art. 1392, al. 2 C.c.Q.), c'est-à-dire avant que le contrat ne se forme. Il s'agit là d'un cas nouveau de caducité : la faillite de l'un ou de l'autre n'est pas, en effet, un événement susceptible d'encourager la conclusion d'un contrat et pourrait même être la source d'inconvénients sérieux pour le failli, comme d'ailleurs pour la partie solvable. Le légis-lateur a choisi de faire de la faillite un cas de caducité, et de la traiter comme le décès ou l'inaptitude.

Il est enfin précisé que l'offre devient caduque dès lors qu'expire le délai dont elle est éventuellement assortie – ce qui n'est pas de droit nouveau – et qu'en l'absence d'un délai ex-près, elle devient caduque à l'expiration d'un délai raisonnable (art. 1392, al. 1 C.c.Q.)[181]. Dès lors que le délai expressément prévu est dépassé, il est normal que l'offre tombe d'elle-même; en ne donnant pas son acceptation dans le délai qui lui est im-parti, le destinataire de cette offre manifeste sa volonté de ne

---

[181] *Cf. St-Jacques c. Desmarais*, J.E. 96-45 (C.A.).

pas contracter ou tout au moins ne peut pas se plaindre de ce que l'offre ne soit pas maintenue. Il savait, en effet, que l'offrant lui avait demandé de répondre dans un délai déterminé. En l'absence d'un délai exprès, il est aussi normal que l'offre tombe d'elle-même, sans que l'offrant ait à exprimer de quelque façon que ce soit son retrait, lorsque s'est écoulé un « délai raisonnable », dont l'appréciation est laissée au tribunal, qui tiendra compte notamment du type de contrat envisagé, des relations préexistantes des parties, des pratiques et usages commerciaux. L'offrant qui attend une réponse doit pouvoir tenir pour acquis qu'au-delà d'un délai raisonnable, l'absence d'acceptation ou le silence signifie refus. Aussi l'acceptation doit-elle être donnée dans un délai raisonnable : l'offrant, s'il n'a pas fait part explicitement du retrait de l'offre, ne doit pas être maintenu dans un perpétuel état d'offre ouverte à une acceptation qui pourrait venir à n'importe quel temps. On notera cependant que si toute acceptation doit ainsi survenir dans un délai raisonnable, cela ne signifie pas pour autant que toute offre soit assortie d'un délai raisonnable.

Dans l'hypothèse où l'offre ne deviendrait pas caduque pour l'une des causes énumérées aux articles 1391 et 1392 C.c.Q., l'offre peut-elle alors être retirée à tout moment, ou crée-t-elle l'obligation de la maintenir dans un certain délai ? C'est poser la question des effets de l'offre.

46. *3. Les effets de l'offre.* Les questions relatives à la durée et aux effets de l'offre sont en réalité intimement reliées et délicates à résoudre, car elles posent le problème de la force obligatoire de la pollicitation avant qu'elle ne soit acceptée ou refusée et, en conséquence, de sa nature juridique. En d'autres mots, comme on l'a dit, il s'agit de savoir si l'offrant peut retirer son offre à tout moment avant l'acceptation ou si, au contraire, il doit la maintenir pendant un certain délai. Le *Code civil du Bas Canada* ne fournissait aucune réponse; aussi y avait-il controverse et les opinions étaient-elles divergentes. Le *Code civil du Québec* apporte des éléments de solution aux articles 1390, al. 2 et 1396 C.c.Q.

47. *Plan.* L'offre n'est qu'une étape qui peut éventuellement conduire à la conclusion d'un contrat, mais elle ne crée, en principe, aucune obligation à la charge de son auteur. Cependant il est nécessaire de faire la distinction entre l'offre simple – celle qui n'est pas assortie d'un délai exprès –, l'offre assortie d'un délai exprès et la promesse de contracter.

48. *L'offre simple.* S'inspirant d'une certaine doctrine française, quelques auteurs ont soutenu que l'offre simple, bien que non assortie d'un délai exprès, était assortie de façon implicite d'un délai « raisonnable » dont le caractère était, le cas échéant, laissé à l'appréciation du tribunal[182].

Dire que l'offre est nécessairement assortie d'un délai raisonnable signifie que l'offrant s'oblige à maintenir son offre durant ce délai et donc qu'il ne peut retirer son offre avant l'expiration du délai.

Comment, alors, justifier cette obligation ? Quelle en serait la source ? On a proposé trois possibilités : le contrat, l'engagement unilatéral et la responsabilité extracontractuelle.

– L'offre est-elle un contrat ? Certains, tel Demolombe, l'ont soutenu[183]. Il faudrait, alors, dire que le destinataire de l'offre accepte tacitement d'envisager la possibilité de conclure le contrat proposé pendant ce délai, dont le caractère raisonnable serait laissé à l'appréciation du juge. Une telle qualification reposerait sur une double fiction : l'intention de l'offrant d'accorder un délai de réflexion et l'intention du destinataire d'envisager la conclusion du contrat. Plus personne aujourd'hui ne retient une telle analyse qui, en définitive, exclut la notion d'offre de contracter pour ne retenir que le concept de promesse de contracter[184].

---

[182] FLOUR, AUBERT et SAVAUX, vol. 1, 9ᵉ éd., nº 140, p. 93 ; MARTY et RAYNAUD, 2ᵉ éd., t. 1, nº 112, p. 108.

[183] DEMOLOMBE, vol. 24, nº 64, p. 61.

[184] En droit québécois, on a souvent semblé confondre offre et promesse de contracter : *cf.*, par exemple, *Cité de Québec* c. *Delage*, [1957] C.S. 114.

– L'offre est-elle un engagement unilatéral ? Ce concept
d'engagement unilatéral n'a jamais été retenu par la jurisprudence du Québec, pas plus que par la jurisprudence française dominante[185]. Mais il faut dire qu'il
s'agit là d'une idée « très bien portée » aujourd'hui chez
certains auteurs[186]; or, il nous paraît incongru de s'en
remettre à ce concept à une époque où tout le monde se
plaît à constater et même à souhaiter plus encore le
déclin du dogme de l'autonomie de la volonté. On n'a
donc pas à retenir cette analyse dans la mesure où l'on a
la possibilité de s'en passer[187]. D'ailleurs, si l'offre était
un acte juridique[188] et, qui plus est, un engagement
unilatéral, la mort de l'offrant ou son inaptitude survenue postérieurement ne devrait pas faire obstacle à la
conclusion du contrat, puisque l'acte unilatéral se trouverait déjà dans le patrimoine de l'offrant. Or, l'article
1392 C.c.Q. est explicite à cet égard.

– L'offre n'étant ni un contrat ni un engagement unilatéral, l'obligation de maintenir l'offre a-t-elle sa source
dans la loi ?

Pour répondre affirmativement, il faudrait que cette
obligation de maintien soit prévue expressément par la
loi (obligation légale), ce qui n'était pas le cas dans le
droit d'hier et ne l'est pas non plus dans le droit nou-

---

[185] *Cf.* MARTY et RAYNAUD, 2ᵉ éd., t. 1, n° 113, p. 109.

[186] FLOUR, AUBERT et SAVAUX, vol. 1, 9ᵉ éd., n° 143, p. 95; GAUDEMET,
p. 37; POPOVICI, 1995, p. 371 et suiv.

[187] D'ailleurs le législateur nous paraît avoir rejeté la notion d'engagement
unilatéral (*cf. infra*, n° 248).

[188] Certains prétendent que l'offre simple, même si elle n'engageait pas
l'offrant, serait néanmoins un acte juridique, car la proposition de
contracter est une manifestation de volonté : *cf.* POPOVICI, 1995, p. 371
et suiv.; Didier LLUELLES avec la collaboration de Benoît MOORE,
Droit québécois des obligations, Montréal, Éditions Thémis, 1998, n° 328,
p. 169. S'il est vrai que l'offre est une manifestation de volonté, cette
volonté ne crée, à elle seule, aucun effet de droit : c'est éventuellement sa
rencontre avec l'acceptation qui en fera un acte juridique bilatéral; en
attendant, elle n'est qu'un fait volontaire, tout comme un acte de gestion
portant sur l'affaire d'autrui.

veau (art. 1390, al. 2 C.c.Q.); ou bien il faudrait admettre que tout retrait avant l'expiration d'un délai raisonnable constitue un comportement fautif : c'est la justification qui est donnée par certains[189], mais qui nous paraît ne pas devoir être retenue, car on ne voit pas pourquoi il serait systématiquement fautif de revenir sur la décision d'offrir, lorsque cette offre n'est pas assortie d'un délai exprès.

On doit donc dire que le retrait n'est pas en soi fautif et que l'offrant a le droit de retirer son offre, tant que le contrat n'est pas formé, c'est-à-dire tant qu'il n'a pas reçu l'acceptation[190] : c'est ce que disent l'article 1390, al. 2 C.c.Q. *in fine* et l'article 1387 C.c.Q. Cependant, on peut admettre que, même si l'offrant a le *droit* de retirer son offre, il ne peut cependant pas exercer abusivement ce droit de retrait : c'est l'application de la théorie de l'abus de droits (art. 7 C.c.Q. : retrait exercé en vue de nuire à autrui ou d'une manière excessive ou déraisonnable, allant ainsi à l'encontre de la bonne foi), mais il appartiendra au destinataire de l'offre de prouver que ce retrait est abusif et cette preuve sera plus ou moins difficile à apporter selon les circonstances de l'espèce.

---

[189] TERRÉ, SIMLER et LEQUETTE, 5ᵉ éd., 1993, n° 113, p. 93; PLANIOL et RIPERT, 2ᵉ éd., t. 6, n° 132, p. 152 et suiv.; MARTY et RAYNAUD, 2ᵉ éd., t. 1, n° 113, p. 108-110.

[190] Dans le droit d'hier, allaient en ce sens : *Maison Rite Inc.* c. *Vigneault*, [1968] C.S. 517; *In re Witt-Reliance Plumbing & Heating Inc. : Bissel & Bissel Ltd.* c. *Zwaig*, [1975] C.A. 853. Certes, l'offrant peut révoquer son offre tant qu'il n'a pas reçu l'acceptation. Mais qu'en est-il lorsque révocation et acceptation se croisent? Tel serait le cas où la révocation, expédiée avant la réception –par l'offrant– de l'acceptation, ne parviendrait au destinataire de l'offre que postérieurement à la réception de l'acceptation par l'offrant. Le Code ne répond pas directement à la question, mais l'article 1391 C.c.Q. contient l'idée que, pour que la révocation soit efficace, elle doit être « parvenue » au destinataire, ce qui nous amène à penser, qu'en l'occurrence, le contrat serait conclu, compte tenu du caractère tardif de la révocation. Il est vrai qu'à l'époque du courriel et du cellulaire, une telle question ne risque guère de se poser fréquemment...

Admettre l'application de la théorie de l'abus de droits en la matière ne signifie pas, pour autant, que l'offrant est tenu de l'obligation de maintenir son offre pendant un délai raisonnable[191]. Il importe, en réalité, que l'offrant ne puisse impunément laisser croire au destinataire de l'offre qu'il lui donne une espèce d'exclusivité ou qu'il s'engage à lui consentir un délai ou à ne pas révoquer son offre. Néanmoins, rien n'interdit à quiconque de faire une même offre à plusieurs personnes déterminées, afin de s'assurer ainsi d'une plus grande chance d'obtenir plus rapidement une acceptation à la proposition telle qu'elle a été formulée. Si, au contraire, on laisse croire au destinataire de l'offre que c'est avec lui et lui seul que l'on veut contracter, que l'on attend sa réponse, alors qu'une réponse positive exige de lui qu'il prenne certaines dispositions, qu'il engage des dépenses, qu'il fasse certaines enquêtes, un retrait de l'offre pourrait constituer alors un retrait abusif, susceptible d'être sanctionné par la responsabilité extracontractuelle (le contrat n'étant pas encore formé, art. 7 et 1457, al. 2 C.c.Q.).

En revanche, on peut dire que l'acceptation qui ne répond pas à l'offre dans un délai raisonnable ne rencontre pas l'offre qui, elle, est devenue caduque à l'expiration d'un délai raisonnable, puisque, à défaut de dire cela, l'offre qui n'aurait pas été expressément retirée serait, on l'a déjà mentionné, ouverte à une acceptation qui pourrait venir à n'importe quel temps. C'est pourquoi, comme on l'a vu, s'il est vrai de dire que l'offre devient caduque à l'expiration d'un délai raisonnable ou que l'acceptation doit être donnée dans un délai raisonnable, il est inexact de dire que « toute offre est assortie d'un délai raisonnable ». C'est ce qu'exprime l'article 1392, al. 1 C.c.Q.

49. *L'offre assortie d'un délai exprès.* Qu'en est-il, maintenant, d'une offre assortie d'un délai exprès ? Il paraît normal que l'offrant qui la retirerait avant l'expiration du délai prévu, puisse être exposé à une sanction. Il faut cependant analyser la situation.

---

[191] *Contra* : POPOVICI, 1995, p. 400 et suiv.; *cf.* également TANCELIN, 6ᵉ éd., p. 73-74, selon lequel toute offre devrait être assortie d'un délai raisonnable, mais qui reconnaît que telle n'est pas la solution législative.

Le problème qui se pose alors est de savoir si celui à qui s'adresse l'offrant manifeste ou non son intérêt à l'affaire et cette manifestation peut prendre diverses formes. Si on arrive à la conclusion qu'il y a eu signe d'intérêt, on peut alors soutenir que ce signe exprime son intention d'envisager l'hypothèse de conclure l'affaire : il y a donc déjà un accord de volonté, donc contrat, mais contrat unilatéral puisque seul l'offrant s'engage, son obligation consistant à maintenir l'offre dans le délai prévu et donc à conclure le contrat proposé si l'acceptation de conclure le contrat proposé est donnée dans le délai accordé. On se trouve dans la situation d'une promesse unilatérale de contracter[192].

Si on arrive à la conclusion qu'il n'y a pas eu signe d'intérêt, par exemple silence absolu, qu'en est-il ? Certains disaient : silence vaut acceptation et il s'agit alors d'une promesse[193]. D'autres disaient : silence ne vaut pas acceptation, donc pas de promesse. Était-ce à dire, alors, que l'offrant pouvait retirer son offre impunément ? Certainement pas. Car ayant laissé croire à son interlocuteur qu'il lui accordait un délai de réflexion, ce dernier était en droit d'en profiter et de se plaindre d'un retrait prématuré. En effet, même en n'étant pas créancier d'une obligation contractuelle, il avait raison de prétendre que le retrait constituait une faute qui, si elle lui avait causé un préjudice, méritait réparation, alors que si l'offrant venait à décéder ou devenait inapte à l'intérieur du délai, on ne pouvait prétendre qu'il était fautif[194].

C'est précisément ce que consacre l'article 1390, al. 2 C.c.Q. : l'offre assortie d'un délai exprès est irrévocable avant l'expiration du délai. On peut alors dire désormais que l'offrant a l'obligation *légale* – découlant expressément de la loi – de maintenir son offre durant le délai imparti et que son retrait dans le délai constitue une faute au sens de l'article 1457, al. 2 C.c.Q. susceptible, au cas de préjudice en résultant, d'entraîner

---

[192] *Cf. infra*, n° 50.
[193] En ce sens, *cf.* DEMOLOMBE, vol. 24, n° 64 et suiv., p. 61 et suiv.
[194] *Cf.* PINEAU et BURMAN, 2ᵉ éd., n° 42, p. 66 et 67.

la responsabilité de l'offrant qui n'a pas respecté l'obligation que la loi lui imposait[195].

On aboutit donc à la conclusion que l'offre simple n'engage à rien et qu'elle peut être retirée en tout temps avant la réception de l'acceptation par l'offrant, sous réserve de l'application de la théorie de l'abus de droit (art. 7 C.c.Q.) en cas de retrait intempestif; que l'offre assortie d'un délai exprès est un événement auquel la loi attache d'autorité des effets de droit, en l'occurrence l'obligation de maintenir l'offre durant le délai prévu. Dans l'un et l'autre cas, on se trouve alors éventuellement dans un cas de responsabilité extracontractuelle sanctionné par l'article 1457, al. 2 C.c.Q., c'est-à-dire entraînant le cas échéant l'octroi de dommages-intérêts. On ne peut, en effet, forcer l'offrant à conclure un contrat qu'il a décidé de ne plus vouloir : lui faire dire oui serait forcer sa volonté, ce qui est contraire à l'essence même de ce qu'est un contrat, ce serait substituer à sa volonté la volonté judiciaire[196]. Mais il devra alors réparer par équivalent si les éléments constitutifs de la responsabilité extracontractuelle sont réunis.

Cela signifie donc qu'une offre avec délai, dite irrévocable, peut néanmoins faire l'objet d'une révocation par l'offrant qui, cependant, engage, le cas échéant, sa responsabilité extra-

---

[195] On constate donc que, contrairement au droit français qui n'a pas de disposition semblable, il n'est aucunement besoin de chercher à expliquer le caractère irrévocable de l'offre assortie d'un délai exprès, en ayant recours à la théorie de l'engagement unilatéral. D'ailleurs, si l'offre simple est un fait volontaire et non point un acte juridique, comment le fait de l'assortir d'un délai pourrait-il provoquer un changement de nature et transformer le même fait en acte juridique, qui plus est en engagement unilatéral ? En sens contraire, cf. POPOVICI, 1995, p. 398.

[196] L'article 1378 C.c.Q. précise d'ailleurs que le contrat est « un accord de volontés... ». Pour cette raison, il est permis de penser qu'il ne s'agit pas d'un cas qui permette l'exécution forcée en nature de l'obligation, tel que le requiert l'article 1601 C.c.Q. Sur cette question, cf. infra n° 61 et n°s 436 et suiv.; contra : POPOVICI, 1995, p. 407 et 436 qui permettrait la conclusion forcée du contrat tout en reconnaissant qu'il ne s'agirait pas alors d'un véritable contrat et Didier LLUELLES avec la collaboration de Benoît MOORE, Droit québécois des obligations, vol. 1, Montréal, Éditions Thémis, 1998, p. 156-157.

contractuelle. On retrouve le même genre de situation dans le cadre du mandat; ce contrat, révocable de par sa nature compte tenu de l'élément de confiance qu'il suppose, peut certes être stipulé « irrévocable », mais cette stipulation n'empêche aucunement la révocation de ce mandat, son seul effet étant d'entraîner la responsabilité (en ce cas contractuelle) de celui qui révoque malgré son engagement[197].

Lorsqu'on a abordé l'analyse de l'offre assortie d'un délai, on a constaté – l'offrant ayant l'obligation légale de maintenir son offre – que l'on pouvait, en certains cas, être en présence d'une promesse de contracter qui, elle, engage contractuellement le promettant à maintenir sa proposition et à conclure ultérieurement le contrat envisagé.

50. *Distinction de l'offre et de la promesse de contracter.* La promesse de contracter est nécessairement un contrat puisqu'elle implique un accord de volonté entre l'auteur et le bénéficiaire : par exemple, l'auteur consent à s'engager, à l'égard du bénéficiaire, à lui louer tel bien à telles conditions – et en conséquence à ne pas proposer ce contrat à un tiers –, alors que le bénéficiaire accepte uniquement d'envisager de conclure éventuellement ce contrat; seul le promettant ayant une obligation – celle de louer ledit bien si le bénéficiaire le souhaite –, cette promesse est un contrat unilatéral, ou promesse unilatérale de louer, qui mènera éventuellement à la conclusion du contrat de louage si le bénéficiaire y consent ultérieurement (ce que l'on appelle, la levée de l'option). C'est pourquoi on dira, parfois, que la promesse est un « avant-contrat », en l'hypothèse un avant-contrat de louage ou un contrat préparant un contrat de louage, comme on le verra ultérieurement[198].

---

[197] *Cf.* art. 2179 C.c.Q. *Cf.* également Claude FABIEN, *Les règles du mandat*, Montréal, Chambre des Notaires du Québec, 1987, n°s 198 et 199 et Claude FABIEN, « Le nouveau droit du mandat », dans Barreau du Québec et Chambre des Notaires du Québec, *La réforme du Code civil – Obligations, contrats nommés*, t. 2, Sainte-Foy, P.U.L., 1993, p. 881, à la page 893.

[198] *Cf. infra*, n°s 59 et suiv. Encore faut-il, pour que soit conclue une promesse de contrat (avant-contrat), qu'il y ait, entre les parties, une

Si donc le bénéficiaire décide ultérieurement de prendre en louage, alors le contrat de louage pourra se former; s'il décide de ne pas prendre en louage, la promesse devient caduque et le promettant est libéré. En attendant que le bénéficiaire fasse part au promettant de sa décision définitive de louer ou non, ce dernier est tenu de ne pas louer à quelqu'un d'autre et plus précisément de maintenir sa promesse sans pouvoir la retirer.

Dans l'hypothèse où le promettant ne respecterait pas son engagement, soit en prétendant avoir retiré sa promesse soit en ayant loué ou vendu à un tiers la chose promise, il y aurait inexécution de la promesse, qui entraînerait sa responsabilité contractuelle. Il est dès lors évident qu'on ne peut consentir une même promesse à différentes personnes sans risque d'engager sa responsabilité, dans l'hypothèse où plusieurs d'entre elles décideraient de conclure le contrat envisagé.

D'où l'article 1396 C.c.Q., selon lequel « l'offre de contracter, faite à une personne déterminée, constitue une promesse de conclure le contrat envisagé, dès lors que le destinataire manifeste clairement à l'offrant son intention de prendre l'offre en considération... ».

On constate donc qu'il peut être difficile de distinguer la promesse de contracter, de l'offre assortie d'un délai exprès[199] : il faut alors comprendre que cette dernière est une offre qui n'a pas reçu, de son destinataire, la manifestation claire de son intention de prendre l'offre en considération et d'y répondre dans le délai imparti. C'est l'offre à laquelle ne répond pas l'intention de l'envisager et qui donc n'aboutit pas à un premier accord de volonté : le silence du destinataire est l'exemple typique de cette situation (cf. art. 1394 C.c.Q.). Absence d'accord de volonté, c'est dire absence de contrat, absence de promesse; néanmoins, engagement de l'offrant tenu par la loi de ne pas retirer l'offre avant le délai imparti et responsabilité extra-contractuelle (art. 1457, al. 2 C.c.Q.) au cas où le non-respect de

---

volonté commune sur les éléments essentiels du contrat envisagé ultérieurement : cf. Jolicoeur c. Rainville, J.E. 00-201 (C.A.).

[199] Par exemple, cf. Renfrew Flour Mills c. Sanschagrin Ltée, (1928) 45 B.R. 29; Beaudry c. Randall, [1962] B.R. 577, 580-584; [1963] R.C.S. 418.

cette obligation légale ferait subir un préjudice au destinataire de l'offre. Mais cet engagement est moins fort et plus incertain que celui qui résulte de la promesse, puisque s'appliquent à lui les règles relatives à la caducité (qui s'appliquent également à l'offre simple), alors que, s'agissant d'une promesse, le décès, la faillite ou l'inaptitude des parties survenus postérieurement ne la rendent pas caduque[200].

Qu'en est-il, maintenant, de la distinction entre la promesse de contrat et l'offre simple, c'est-à-dire celle qui n'est pas assortie d'un délai exprès ?

Mentionnons, d'abord, que l'article 1396 C.c.Q. exige, pour qu'il y ait promesse, que la proposition soit faite à une personne déterminée et que celle-ci manifeste son intention de la prendre en considération et d'y répondre dans un délai raisonnable. Il n'y a donc pas de promesse lorsque ces conditions ne sont pas réunies. Suffirait-il, alors, pour qu'il y ait promesse, que le destinataire de l'offre réponde « Je vais y réfléchir » ? Une réponse négative nous semble s'imposer dans la mesure où l'article 1396 C.c.Q. ne doit s'appliquer que lorsqu'il y a volonté non équivoque de la part de l'auteur de la proposition de *s'engager* à contracter avec le destinataire de l'offre, en d'autres mots, engagement non équivoque de ne pas faire à un tiers une proposition incompatible. Ainsi, la promesse de contracter implique-t-elle l'idée d'exclusivité à l'égard de son destinataire, même si l'article 1396 C.c.Q. n'en fait pas mention[201]. Interpréter autrement l'article 1396, al. 1 C.c.Q. ne laisserait aucune place à

---

200 La promesse synallagmatique peut cependant devenir caduque par l'écoulement du délai convenu pour conclure le contrat définitif. On observera cependant que, selon la Cour d'appel, un tel délai ne serait de rigueur que lorsque les parties l'ont ainsi stipulé ou que leur intention à cet égard a été claire. *Cf. Bareil-Stea* c. *Piasentier*, [1995] R.D.I. 478 (C.A.). Sur la distinction entre offre et promesse, cf. POPOVICI, 1995, p. 435-36; Didier LLUELLES avec la collaboration de Benoît MOORE, *Droit québécois des obligations,* vol. 1, Montréal, Éditions Thémis, 1998, n°s 486 et suiv., p. 295 et suiv.

201 Sur la notion d'exclusivité dans le contexte de l'article 1396 C.c.Q., *cf.* POPOVICI, 1995, p. 414 à 418 et p. 487, et du même auteur, « Les avant-contrats », (1995) 1 *C.P. du N.* 133, n°s 11 et suiv.

l'offre simple faite à personne déterminée, dès lors que celle-ci hocherait la tête ! Il faut donc s'attacher à examiner l'ensemble des circonstances, afin de déterminer si l'auteur de la proposition entendait simplement offrir ou, au contraire, promettre et, en cas de doute, pencher en faveur de l'offre simple plutôt qu'en faveur de la promesse. C'est dire que l'auteur de la proposition doit faire preuve de prudence en ne laissant pas croire à celui à qui il s'adresse qu'il lui donne l'exclusivité de sa proposition, auquel cas il promettrait, ou, mieux encore, lui indiquer clairement qu'il entend offrir, et non point promettre, en mentionnant qu'il ne lui accorde aucune exclusivité. D'ailleurs, le fait de n'avoir pas assorti l'offre d'un délai exprès, bien que non déterminant à lui seul, indique vraisemblablement que l'auteur de la proposition n'a pas entendu s'engager[202].

51. *Problème du retrait de l'offre faite au public.* L'offre faite au public s'oppose à l'offre faite à une ou plusieurs personnes déterminées. C'est celle qui est faite généralement par un commerçant qui s'adresse à une clientèle potentielle non individualisée; ce n'est pas à dire que le catalogue adressé de façon nominative soit nécessairement une offre à personnes déterminées ou individualisées, car son auteur n'a fait qu'utiliser des listes d'envoi impersonnelles, susceptibles d'être mises à la disposition de tous et qui ne donnent qu'une fausse impression d'individualisation, dans la mesure où cet offrant n'a pas choisi les personnes à qui il le destine : si ce catalogue peut être éventuellement qualifié d'offre, il ne peut s'agir que d'une offre faite au public[203].

On observera que ce qui a été dit précédemment vaut tant pour l'offre faite au public ou à des personnes indéterminées que pour l'offre faite à une personne déterminée, en ce sens qu'une offre faite au public peut être retirée de la même façon qu'une offre faite à une personne déterminée : une offre simple faite au public pourra être retirée à tout moment avant qu'une personne n'y réponde par une acceptation. En revanche, si l'offre faite au public est assortie d'un délai exprès, on peut soutenir désormais qu'en vertu de l'article 1390,

---

[202] *Cf. infra*, n° 59 et suiv.

[203] *Cf.* Jean-Luc AUBERT, *Notions et rôles de l'offre et de l'acceptation dans la formation du contrat*, Paris, L.G.D.J., 1970, n° 33, p. 41; *cf. Association pharmaceutique de la province de Québec* c. *T. Eaton Co.*, (1931) 50 B.R. 482.

al. 2 C.c.Q., cette offre est irrévocable avant l'expiration du délai[204] :
en effet, il est permis de penser que le refus, par exemple, de vendre
un produit offert au prix annoncé, alors que les stocks ne sont pas
épuisés et que le délai n'est pas expiré, reviendrait à abuser de la
confiance du public, entraînant la responsabilité extracontractuelle
de l'offrant. Toutefois, rappelons qu'il ne peut y avoir de *promesse*
faite au public, puisqu'une promesse suppose l'acceptation, de la part
d'une personne déterminée, de prendre l'offre en considération : on ne
peut pas s'engager contractuellement à l'égard de personnes indéterminées.

b) L'acceptation

L'acceptation se présente, en quelque sorte, de la même
façon que l'offre. C'est une manifestation de la volonté du destinataire de l'offre.

52. *1. Forme de l'acceptation.* Comme le pollicitant, le destinataire de l'offre doit avoir la volonté réelle d'accepter l'offre
et doit la manifester extérieurement. C'est cette manifestation
qui réalise l'échange de consentement (art. 1386 C.c.Q.). Le
Code n'impose, cependant, aucune règle à la forme de cette acceptation. Aussi peut-elle être expresse ou tacite; elle sera expresse lorsque faite par écrit ou verbalement, ou résultant d'un
geste non équivoque tel que celui qui consiste à glisser une
pièce de monnaie dans l'appareil de distribution...; elle sera
tacite lorsque le destinataire de l'offre ne répond rien, mais
exécute son obligation. Toutefois, il faut se montrer prudent,
car il peut être difficile d'interpréter tel ou tel agissement
comme étant une acceptation; *a fortiori* lorsque le destinataire
de l'offre garde le silence.

Selon un vieil adage, « qui ne dit mot consent ». Cet adage
n'a aucune valeur juridique. On doit même renverser le principe et dire que le silence ne vaut pas consentement ou acceptation. En effet, lorsque l'on se tait, cela ne signifie pas que l'on
soit consentant; pour s'en persuader, il suffit de songer à toutes
les offres de vente que l'on reçoit à son domicile. Si le silence du

---

[204] En ce sens, POPOVICI, 1995, p. 378.

destinataire devait valoir acceptation, ce dernier serait rapidement ruiné. On ne peut pas exiger d'une personne qu'elle proteste contre un contrat qu'un individu prétendrait lui imposer. Comme l'a écrit un auteur, « le silence rend impénétrable la volonté de celui qui le garde et permet de douter que celui-ci ait eu, dans le for intérieur, la volonté de prendre une décision »[205].

Toutefois, dans certaines circonstances (exceptionnelles, peut-on dire), le silence pourra être interprété comme une acceptation; c'est ce que consacre l'article 1394 C.c.Q. :

- lorsque la loi le dit : par exemple, l'article 2132 C.c.Q. relatif au mandat dispose que l'acceptation « est tacite lorsqu'elle s'induit des actes et même du silence du mandataire » (*cf.* en matière de bail, la question de la tacite reconduction, art. 1879 C.c.Q.);

- lorsque les parties décident, dans une convention réglant leurs rapports contractuels futurs, que leur silence vaudra acceptation;

- lorsque, en raison de circonstances particulières, tels les usages ou les relations d'affaires antérieures des parties[206], le silence prend la signification d'une acceptation : l'abonné régulier de telle revue néglige, à l'expiration de l'abonnement, de renouveler celui-ci et continue à recevoir ladite revue sans protester; on peut dire, alors, qu'il accepte tacitement le renouvellement (mais s'il n'avait pas été abonné antérieurement, son silence n'aurait pas signifié acceptation);

Selon certains, le silence vaudrait aussi acceptation lorsque l'offre a été faite dans le seul intérêt de celui à qui elle s'adresse : c'est la position adoptée par la jurisprudence française qui, d'ailleurs, fait l'objet de vives critiques[207]. D'une part, l'exclusivité de l'intérêt ne peut se rencontrer que dans les contrats unilatéraux et non point

---

[205] VOIRIN, cité dans MAZEAUD, 9ᵉ éd., t. 2, vol. 1, n° 137, p. 133.

[206] *Cf. Industries Vanox Ltée* c. *Produits Alcan Ltée*, [1980] C.S. 490.

[207] FLOUR, AUBERT et SAVAUX, vol. 1, 9ᵉ éd., n° 153, p. 102; GHESTIN, 3ᵉ éd., n° 406, p. 363.

dans les contrats synallagmatiques, puisque ces derniers font naître des obligations à la charge des deux parties contractantes; or, les contrats unilatéraux les plus usuels – la donation, le prêt, le gage, le dépôt – sont des contrats qui, pour leur formation, nécessitent, outre l'échange de consentements, une formalité telle qu'un acte authentique ou la remise d'une *res* (contrats réels) : le silence est donc bien insuffisant. D'autre part, comprendre le silence du bénéficiaire comme signifiant acceptation consacre, comme l'a dit un auteur, « une interprétation parfaitement divinatoire de volonté »[208], et oblige ce bénéficiaire à rompre le silence pour manifester son refus. L'intérêt de l'assimilation du silence à l'acceptation se rencontrait dans le cadre de la promesse unilatérale de contracter, lorsque l'on interprétait le silence du bénéficiaire de la promesse (ou avant-contrat) comme signifiant que ce dernier acceptait d'envisager l'hypothèse de conclure ultérieurement le contrat proposé[209]. Désormais, les articles 1390 et 1396 C.c.Q. règlent la question; en effet dès lors que celui à qui s'adresse une offre ou une promesse ne manifeste pas *clairement* son intérêt, il n'y a pas de promesse, car on considère qu'il n'y a pas, alors, d'accord de volonté : il ne peut y avoir qu'une offre assortie ou non d'un délai exprès.

53. *2. Conditions de validité de l'acceptation.* Pour que l'acceptation forme le contrat, il importe qu'elle rejoigne l'offre avant que celle-ci ne soit devenue caduque et qu'il y ait concordance de l'offre et de l'acceptation : X offre à Y de vendre son automobile à telles conditions et Y accepte d'acheter la bicyclette de X à telles conditions; le contrat n'a pas pu se former. De la même façon, X offre à Y de lui vendre telle automobile à 10 000 $; Y accepte de l'acheter à 5 000 $; c'est là, non point une acceptation, mais une contre-proposition : les marchandages ne sont pas achevés (art. 1393 C.c.Q.)[210].

Il n'y a donc aucun changement sur ces points par rapport au droit d'hier, si ce n'est qu'il est précisé que, pour que l'acceptation forme le contrat, il lui suffit d'être « substantielle-

---

[208] FLOUR, AUBERT et SAVAUX, vol. 1, 9ᵉ éd., n° 153, p. 102.

[209] *Cf. supra*, n° 49.

[210] *Biron* c. *St-Aubin*, J.E. 00-2053 (C.S.); *Placements Univesco (1987) Ltée* c. *Confédération des Caisses populaires et d'économie du Québec*, J.E. 01-633 (C.S.) (en appel, C.A. Montréal, n° 500-09-010702-017); *Terrasses Greenfield Canada inc.* c. *Greenfield Park (Ville de)*, J.E. 97-142 (C.A.).

ment conforme à l'offre » (art. 1393 C.c.Q.) : cela est logique puisque, pour qu'une proposition soit véritablement une offre, il ne lui est nécessaire de contenir que les *éléments essentiels* du contrat projeté (art. 1387 *in fine* et 1388 C.c.Q.); c'est dire que certaines modalités accessoires peuvent ne pas être encore fixées, mais c'est dire également qu'il doit y avoir non seulement concordance quant aux éléments du contrat « objectivement essentiels » mais aussi quant à ceux qui sont considérés comme essentiels par les parties[211]. Ainsi, la vente est un contrat qui nécessite un accord sur le transfert de la propriété de tel bien et sur le prix de ce bien, éléments objectivement essentiels en vertu de l'article 1708 C.c.Q., les autres éléments non mentionnés par les parties étant alors ceux que prévoit le Code civil; les parties ou l'une d'elles peuvent cependant considérer comme essentiels que « la chose soit livrée ici plutôt que là, à telle date et non avant ni après, que le paiement soit effectué à une époque, sous une forme ou en un lieu déterminé, avec ou sans acompte »[212] : pour qu'il y ait contrat, il doit y avoir concordance entre l'offre et l'acceptation sur tous les éléments estimés essentiels par l'une ou l'autre des parties[213].

En outre, le contrat ne sera pas formé par la simple acceptation s'il s'agit d'un contrat solennel (art. 1414 C.c.Q.) ou si les parties conviennent d'en soumettre la formation à l'accomplissement d'une formalité (1385, al. 1 *in fine* C.c.Q.)[214]. Le contrat ne sera, alors, formé que lorsque surviendra l'accomplissement de la formalité prévue.

---

[211] *Cf.* GHESTIN, 3ᵉ éd., n° 320, p. 284 et n° 326, p. 288. Si, le contrat étant formé, les parties ne réussissent pas à s'entendre sur certains éléments secondaires qu'elles ont laissé en suspens, on complétera l'entente par la loi, les usages ou l'arbitrage judiciaire.

[212] Gérard CORNU, « Contrats spéciaux », *Rev. trim. dr. civ.* 1963.364.

[213] C'est pourquoi celui qui « accepte » une contre-offre ne peut modifier celle-ci sans en informer l'auteur de la contre-offre : en ce cas, l'acceptation n'est pas valable : *cf. Pouliot c. Couturier*, [2000] R.D.I. 60 (C.S.).

[214] Répétons qu'il ne faut pas confondre formalité solennelle et formalité simplement probatoire, *cf. Ciccone c. Scalise*, J.E. 94-850 (C.Q.).

c) Moment et lieu de rencontre de l'offre et de l'acceptation

Il importe de préciser ce moment et ce lieu afin de déterminer quand et où se forme le contrat. Le *Code civil du Bas Canada* n'ayant rien indiqué à cet égard, la question fut posée dans l'hypothèse où l'offrant et l'acceptant n'étant pas en présence l'un de l'autre et plusieurs réponses furent données. La doctrine proposa deux systèmes, celui de l'expédition et celui de la réception, chacun ayant ses avantages et ses inconvénients, et la jurisprudence tergiversa allègrement, pour aboutir, en définitive, à des solutions qui ne manquaient pas d'ambiguïté, voire d'incohérence, en traitant par exemple, de façon distincte, les contrats par téléphone et les contrats par correspondance.

Bien que le nouveau Code civil tranche le débat en retenant une solution unique et claire, que l'offrant et l'acceptant soient ou non en présence l'un de l'autre, il ne nous paraît pas inutile de présenter les diverses solutions entre lesquelles le législateur pouvait choisir.

54. *Intérêt de la question.* Dans certaines circonstances, les parties au contrat sont éloignées l'une de l'autre et traitent soit par téléphone, soit par correspondance, cette dernière hypothèse comprenant aussi bien la poste, le télégraphe, le télécopieur ou le messager.

Les problèmes qui peuvent ici surgir concernent le lieu et le moment de la formation du contrat.

Puisque les deux parties au contrat se trouvent en des lieux différents, il faut se demander, d'une part, auquel de ces lieux doit être située la conclusion du contrat : dans l'hypothèse où l'un des contractants se trouve à Montréal et l'autre à Québec, le contrat s'est-il formé à Montréal ou à Québec ? La réponse à cette question présente un intérêt incontestable : le tribunal du lieu de formation du contrat est compétent pour statuer sur un éventuel litige (art. 68, al. 3 C.p.c.) et il peut devenir important de déterminer le lieu de formation du contrat pour décider des lois fiscales applicables[215].

D'autre part, peut également se poser la question du moment auquel le contrat s'est formé. Cette question n'a pas d'objet, s'agissant d'un contrat conclu par téléphone; au contraire, elle se pose nécessairement lorsque l'éloignement des parties entre elles implique un certain délai pour que soit communiquée à l'offrant et à l'acceptant leur volonté respective. Faut-il, dès lors, pour fixer le moment de la formation du contrat, prendre en considération l'instant où survient l'acceptation de l'offre, ou bien l'instant où l'acceptation parvient à la connaissance de l'offrant ? Le contrat se forme-t-il au moment où la lettre d'acceptation est expédiée ou bien au moment où cette lettre d'acceptation parvient à l'offrant ?

Il peut être important de déterminer le moment précis de la formation du contrat : pour savoir si le retrait de l'offre était possible ou pour permettre de fixer le point de départ de certains délais, tels que les délais de prescription; de même, un contrat demeure en principe régi par la loi qui était en vigueur au moment de sa formation[216], d'où l'intérêt que l'on a à connaître le moment de la formation du contrat qui lie X et Y, dans l'hypothèse où une loi nouvelle pouvant affecter ce contrat serait mise en vigueur.

Quand le contrat est conclu par téléphone ne se pose que la question du lieu de formation du contrat et c'est l'hypothèse la plus simple. Il faut comprendre qu'un contrat conclu par téléphone est tout contrat dont l'acceptation est donnée par téléphone, même si l'offre a été faite par lettre, télégramme, télécopieur ou messager. En effet, lorsqu'une acceptation est donnée par téléphone, quel que soit le moyen par lequel l'offre a été transmise, il s'agit d'un contrat conclu par téléphone et non point d'un contrat par correspondance; il n'est alors d'aucune utilité de s'interroger, comme on l'a fait dans le passé, dans le

---

[215] *Cf.*, par exemple, *Sous-ministre du Revenu du Québec* c. *Simpsons-Sears Ltd.*, J.E. 86-137 (C.A.).

[216] Paul ROUBIER, *Le droit transitoire : conflits des lois dans le temps*, 2e éd., Paris, Dalloz, 1960, p. 360 et suiv.

cadre du contrat par correspondance, sur le point de savoir si l'on doit appliquer le système de l'expédition ou le système de la réception. L'important est ici de déterminer le lieu où la volonté de l'acceptant rencontre celle de l'offrant, pour que se forme le contrat, tout se passant – quant au moment de la formation – comme si les parties étaient en présence : l'offrant, qui, se trouvant « au bout du fil », entend l'acceptation, en a évidemment une connaissance immédiate; on devrait alors ajouter qu'il a cette connaissance immédiate au lieu où il se trouve[217].

Quand les parties au contrat correspondent par lettre, télégramme ou messager, se posent à la fois les questions du lieu et du moment de formation; mais on peut dire que la question du lieu est subordonnée à la question du moment. En effet, en déterminant le moment de la formation, en résultera la détermination du lieu. On ne peut résoudre la question du lieu qu'après avoir déterminé celle du moment.

55. *Constructions doctrinales.* La question du moment de formation est présentée par la doctrine sous la forme d'une alternative :

– ou bien le contrat se caractérise par la simple coexistence de deux volontés de contracter et l'on doit, alors, reconnaître qu'il est conclu dès le moment où l'offre est acceptée;

– ou bien il se caractérise par le concours effectif des deux volontés et l'on doit, alors, admettre qu'il s'est formé seulement lorsque l'offrant a été informé de l'acceptation.

Sur cette alternative, la doctrine a construit deux théories qui recouvrent quatre systèmes. On raisonnera à partir d'un échange de lettres.

56. *Théorie de l'émission.* L'idée de base est celle-ci : dès le moment où l'acceptation est donnée, l'on a un accord entre la volonté de l'offrant et celle du destinataire de l'offre; en conséquence, le contrat s'est formé.

Toutefois, une question plus précise se pose : quand l'acceptation a-t-elle lieu ? Deux réponses étaient données :

---

[217] Cependant, pour ce qui est du téléphone portable, *cf. infra,* n° 58.

- Système de la déclaration : pour être efficace et engendrer des effets de droit, l'acceptation doit être déclarée, exprimée dans la lettre ou le télégramme qui sera envoyé à l'offrant. Ainsi, le contrat est conclu lorsque l'acceptant a rédigé le texte dans lequel il manifeste son intention.

On perçoit immédiatement l'inconvénient que présente ce système : l'acceptant pouvant détruire le document dans lequel il a manifesté sa volonté ou pouvant en retarder l'expédition à sa guise, il est en mesure de mettre l'offrant à sa merci en n'extériorisant pas sa volonté. Il sera difficile, alors, de rechercher quelle a été son intention. Aussi a-t-on proposé un second système.

- Système de l'expédition : il ne suffit pas que la lettre ou le télégramme soit rédigé; il faut que l'acceptant se soit dessaisi de sa lettre d'acceptation. Le contrat se forme, alors, non point au moment où il manifeste sa volonté en rédigeant la lettre d'acceptation, mais au moment où il expédie celle-ci, où il la remet, par exemple, au service postal.

Les partisans de ce dernier système prétendent qu'ainsi l'acceptant ne peut pas revenir sur son acceptation : cette proposition est fausse, car, dans les faits, le destinataire de l'offre peut manifester sa volonté contraire de ne pas accepter, en téléphonant ou encore en expédiant un télégramme à l'offrant qui, croyant que son offre a été refusée, sera en droit de ne pas se considérer lié par l'acceptation qu'il recevra ultérieurement par lettre. Cela revient à dire que le destinataire de l'offre pourrait parfois réussir à revenir sur son acceptation avant que celle-ci ne soit parvenue à la connaissance de l'offrant.

C'est pourquoi certains ont proposé la théorie de la réception.

57. *Théorie de la réception.* L'idée de base est celle-ci : l'accord des volontés ne se réalise pas tant que l'acceptation n'est pas connue de l'offrant; c'est lorsque ce dernier en aura connaissance que se concrétisera le véritable concours des volontés et que se formera le contrat.

Là encore, une question plus précise se pose : quand l'offrant prend-il connaissance de l'acceptation ? Deux réponses étaient données :

- Système de l'information : le moment de la formation du contrat est retardé jusqu'à ce que l'offrant prenne réellement connaissance de l'acceptation; le contrat ne se forme, donc, que lorsque l'offrant lit la lettre d'acceptation.

Ce système présente un inconvénient identique à celui qui a été mentionné dans le cadre du système de la déclaration, mais en sens inverse : l'offrant peut détruire la lettre reçue ou ne jamais la lire, de sorte que le concours des volontés peut ne jamais se réaliser; il est ainsi en mesure de mettre l'acceptant à sa merci. En outre, pour qu'il y ait véritablement concours, pourquoi ne pas exiger que l'acceptant soit informé de la réception de l'acceptation ? Aussi, a-t-on proposé un dernier système.

- Système de la réception proprement dite : le seul fait pour l'offrant de recevoir la lettre expédiée par l'acceptant suffit à rendre le concours des volontés effectif et, en conséquence, emporte présomption de connaissance de la part de l'offrant. C'est, donc, à la réception de la lettre d'acceptation (et non plus à sa lecture) que se forme le contrat.

On pourrait cependant reprocher à ce concours de volontés d'être purement fictif.

58. *Solutions retenues.* Le *Code civil du Bas Canada* ne proposant aucun argument de texte, la jurisprudence québécoise marqua, tout comme en France, de grandes hésitations avant de se fixer définitivement : après avoir opté en 1897 pour le système de la réception[218], elle adopta le système de l'expédition en 1901[219], pour revenir ensuite vers le système de la réception en 1928, en distinguant selon que les moyens (ou plus précisément les intermédiaires) utilisés pour communiquer l'offre et l'acceptation étaient identiques ou non[220], tout en traitant à part le contrat par téléphone qui, lui, se formait au lieu où l'acceptation était donnée (système de la déclaration) !

Le moins que l'on pouvait alors dire était que la cohérence n'était pas la principale vertu de la réponse donnée[221].

---

218 *Underwood Ltd.* c. *Maguire*, (1897) 6 B.R. 237.
219 *Magann* c. *Auger*, (1901) 31 R.C.S. 186.
220 *Charlebois* c. *Baril*, [1928] R.C.S. 88.
221 *Cf.* Serge GAUDET et Robert P. KOURI, « Contrats entre non-présents et contrats entre présents : y a-t-il une différence? », (1989) 20 R.D.U.S. 175. *Cf.* également PINEAU et BURMAN, 2e éd., n° 51, p. 77-82. En effet, quant au contrat par téléphone, on enseignait que, selon la jurisprudence, le contrat se formait au moment et au lieu où était donnée l'acceptation (offrant à Montréal et acceptant à Toronto : contrat formé à

Le nouveau Code civil met fin au débat en optant pour une solution unique, le système de la réception proprement dite : « Le contrat est formé au moment où l'offrant reçoit l'acceptation et au lieu où cette acceptation est reçue, quelqu'ait été le moyen utilisé pour la communiquer... » (art. 1387 C.c.Q.); le contrat se caractérise donc par le concours effectif de la volonté de l'offrant et de la volonté de l'acceptant, la réception de l'acceptation par l'offrant faisant présumer que celui-ci a ainsi connaissance de l'acceptation. Il n'y a donc plus lieu de distinguer désormais les contrats par téléphone des contrats par correspondance : dans tous les cas, c'est le moment et le lieu où est « reçue » l'acceptation qui sont déterminants, sans qu'on ait à se demander si les parties ont utilisé ou non le téléphone à l'allée et le télécopieur au retour ou le service postal et la compagnie privée de messageries. La solution juridique n'est donc plus tributaire – ce qui n'avait pas de sens – d'un choix technique. La règle est désormais claire et cohérente, le législateur a choisi *une* théorie et *un* système, celui de la réception. Et l'article 1387 C.c.Q. précise qu'il en est ainsi, « lors même que les parties ont convenu de réserver leur accord sur certains éléments secondaires » : cela annonce l'article 1388 C.c.Q., en

---

Toronto), ce qui permettait de faire un parallèle avec le système de l'expédition. Quant au contrat par correspondance, on a finalement abouti à la solution boiteuse suivante : application du système de la réception en principe, mais application du système de l'expédition lorsque l'offrant et l'acceptant utilisent un intermédiaire commun, la Cour suprême faisant intervenir la notion d'« agent », pour prétendre que l'offrant avait « reçu » l'acceptation dès lors que celle-ci était remise au service postal, constitué « agent » ou mandataire par l'offrant : c'était en réalité admettre en tous les cas le système de la réception, dans la mesure où l'on doit dire que l'acceptation remise au représentant de l'offrant est censée être remise à l'offrant lui-même. Cependant, là ou le bât blesse, c'est qu'il est impossible de soutenir juridiquement que le service postal est le mandataire du destinataire du courrier, alors qu'il n'est rien d'autre qu'un transporteur... (c'est effectivement ce que sont Purolator ou Courrier Express!). Pour être représentant, il faut avoir la volonté de représenter dans l'accomplissement d'un acte juridique, ce qui n'est guère le cas du service postal! Quant au contrat par télécopieur, *cf.* Vincent GAUTRAIS, « La formation des contrats par télécopieur », (1995) 29 *R.J.T.* 377.

vertu duquel, on l'a déjà mentionné, il y a offre suffisamment précise et ferme dès lors que la proposition contient « les éléments essentiels » du contrat, ainsi que l'article 1393 C.c.Q., en vertu duquel il y a acceptation valable dès lors qu'elle est « substantiellement conforme à l'offre ».

L'évolution récente des moyens de communication (téléphone portable, courriel, répondeur mécanique ou électronique) nous contraint à réexaminer le problème du moment et du lieu de formation du contrat. Nous croyons que le contrat se forme au moment où le message (quelle que soit sa forme) devient accessible à son destinataire (peu importe le moyen d'accès) et au lieu où ce dernier a l'*habitude* d'en prendre connaissance, ce qui devrait généralement correspondre au lieu de sa résidence ou à un établissement donné. Il faut éviter en effet que, par une application littérale de l'article 1387 C.c.Q., on aboutisse à considérer que le contrat s'est formé en des lieux purement fortuits qui ne peuvent aucunement correspondre à la volonté, réelle ou présumée, des parties. Ainsi, l'acceptation envoyée par courriel ne sera pas juridiquement reçue au lieu où se situe le serveur gérant le compte de messagerie (lequel peut être n'importe où), ni à bord de quelqu'avion d'où le destinataire aurait pris connaissance de ses messages. Le même raisonnement s'applique aux systèmes de boîtes vocales. Quant à l'acceptation reçue de vive voix par téléphone portable, si le moment de formation ne présente pas de difficultés, la détermination du lieu est plus problématique; pour les raisons que l'on vient d'énoncer, il conviendrait, nous semble-t-il, de situer juridiquement ce téléphone portable à la résidence ou à l'établissement de son utilisateur habituel[222].

Si le législateur s'est prononcé sur le choix du système de la réception, cela ne signifie pas qu'il l'impose aux parties contractantes,

---

[222] Sur l'impact des moyens modernes de communication sur la théorie du contrat, *cf.* Vincent GAUTRAIS, « Une approche théorique des contrats : application à l'échange de documents informatisés », (1996) 37 *C. de D.* 121; du même auteur, *L'encadrement juridique du contrat électronique international*, thèse de doctorat, Montréal, Faculté des études supérieures, Université de Montréal, 1998 publié par Academia Bruylant/Bruylant, Vincent GAUTRAIS, *Le contrat électronique international : encadrement juridique,* Louvain-la-Neuve, Bruylant-Academia/Bruylant, (édition expérimentale) 2000.

la règle énoncée à l'article 1387 C.c.Q. n'étant pas d'ordre public[223]. On signalera cependant que la *Loi sur la protection du consommateur* dispose de façon impérative (art. 261 L.P.C.) que le contrat à distance est considéré comme conclu à l'adresse du consommateur (art. 21 L.P.C.), lorsque l'offre est faite par le commerçant et que les parties ne sont en présence ni lors de l'offre ni lors de l'acceptation (art. 20 L.P.C.).

B. Processus particuliers

On a déjà eu l'occasion de faire état de l'existence de promesses de contrat, afin de mieux cerner les notions d'offre simple et d'offre assortie d'un délai exprès et de ne point confondre ces dernières avec la notion de promesse ou « avant-contrat ». Il arrive, en effet, que les négociations soient longues et complexes et que le contrat se forme par étapes. Il arrive, aussi, que les contrats soient conclus par l'entremise d'un représentant. Il convient ici d'apporter quelques précisions.

a) La formation du contrat par étapes

59. *Promesse unilatérale et promesse synallagmatique.* Lorsqu'une personne tient à conclure un contrat donné avec telle autre personne « particulièrement » déterminée, elle va attirer l'attention de cette autre personne, l'« accrocher », en lui faisant plus qu'une offre, une promesse de contrat qui l'engage immédiatement. Contrairement à ce que l'appellation pourrait laisser croire, une promesse de contrat n'est pas une manifestation de volonté unilatérale, un acte juridique unilatéral ou un engagement unilatéral – même si le promettant s'engage bel et bien –; la promesse de contrat est un acte juridique bilatéral dans sa formation, un accord de volonté, un contrat : elle suppose l'acceptation de celui à qui la promesse est adressée, le créancier de la promesse. Mais qu'accepte donc le créancier de la promesse ?

---

[223] *Cf. Gauvin c. Courtier R.C.S.I. inc.*, J.E. 95-1223 (C.A.).

Ce créancier accepte simplement de prendre en considération la promesse qui lui est faite, de l'examiner et d'y répondre ultérieurement : on est alors en présence d'un contrat unilatéral dans ses effets, puisque seul le promettant a une obligation, celle de maintenir sa proposition ou « promesse de contrat » et de conclure ultérieurement le contrat envisagé si le créancier de la promesse décide, après avoir délibéré, de conclure ce contrat qui lui a été proposé. On procède donc par étapes successives : la promesse unilatérale est un premier contrat qui en prépare un autre, d'où son nom d'avant-contrat ou de contrat préparatoire : par exemple, le candidat-vendeur promet de vendre tel bien à tel prix, à telle personne qui manifeste un intérêt pour ce bien et qui accepte d'envisager l'hypothèse de l'acheter aux conditions qui lui sont proposées; après examen, si le créancier de la promesse manifeste sa volonté d'acheter, on dit qu'il lève l'option[224], c'est-à-dire qu'il donne une deuxième acceptation : qu'accepte-t-il, alors ?

Cette « levée de l'option » recouvre deux possibilités :

– ou bien le créancier de la promesse unilatérale accepte à son tour de s'engager à conclure ultérieurement le contrat envisagé : la promesse qui était unilatérale devient alors synallagmatique puisque le nouvel accord réalisé crée des obligations à la charge des deux parties; ainsi le créancier de la promesse de vente – l'acheteur éventuel – décide de s'engager, à son tour, à acheter ultérieurement : c'est la deuxième étape, promesse de vente à laquelle se joint une promesse d'achat, sans que pour autant le contrat de vente soit conclu. Il y aura alors une 3ᵉ étape : les deux promettants s'étant engagés à conclure ultérieurement le contrat définitif, viendra donc le moment de conclure ce contrat définitif, le contrat de vente dans notre exemple, moment où

---

224 Pour que l'option soit levée, il est nécessaire que le bénéficiaire de la promesse unilatérale réponde positivement et non point par une contre-proposition : cf. Terrasses Greenfield Canada inc. c. Greenfield Park (Ville de), J.E., 97-142 (C.A.); Bélanger c. Gestion André Houle inc., [1995] R.D.I. 555 (C.S.); Amyot c. Denis Malo & Fils inc., J.E. 98-730 (C.S.).

s'effectuera en principe le transfert de propriété et où naîtront les obligations d'un vendeur et d'un acheteur.

- ou bien le créancier de la promesse unilatérale accepte, par cette levée de l'option, de conclure immédiatement le contrat définitif et, reprenant l'exemple de la promesse de vente, le contrat de vente sera conclu à ce moment même.

Il est cependant possible que la levée de l'option n'indique pas clairement à laquelle des deux possibilités le créancier de la promesse unilatérale se réfère : l'article 1396, al. 2 C.c.Q. établit une présomption simple de promesse synallagmatique; d'où la formulation de cette disposition : « [le bénéficiaire de l'option] s'oblige alors [...] à conclure le contrat, à moins qu'il ne décide de le conclure immédiatement ». Le législateur adopte ici la procédure « étapiste » suivie habituellement sur le marché immobilier : un éventuel acheteur prend l'initiative d'une proposition qui sera une promesse d'achat que le candidat-vendeur acceptera de prendre en considération et qui deviendra le plus souvent une promesse synallagmatique lorsque ce vendeur, après avoir délibéré sur la promesse d'achat, décidera de lever l'option; il promettra à son tour de vendre, le contrat de vente devant être passé ultérieurement, devant tel notaire, la propriété n'étant transférée à l'acheteur et les obligations du vendeur et de l'acheteur ne naissant qu'à ce moment-là[225].

60. *Intérêt du recours aux promesses de contracter.* L'intérêt de la promesse unilatérale est évident : elle va permettre au créancier de la promesse de fixer l'offre, sans que celle-ci puisse être retirée dans le délai convenu ou, à défaut de l'avoir prévu, avant l'expiration d'un délai raisonnable (art. 1396, al. 1 C.c.Q.) dont l'appréciation sera laissée au tribunal, selon les critères habituels, en tenant compte cependant du fait qu'il y a ici engagement contractuel, ce qui pourrait

---

[225] On observera qu'en France, le marché immobilier favorise la promesse de vente plutôt que la promesse d'achat qui est, au Québec, le procédé habituel. C'est donc le vendeur qui, en France, s'engage le premier par une promesse unilatérale, alors qu'au Québec, de façon générale, le promettant est d'abord l'acheteur.

permettre d'allonger le délai par rapport à celui qui rend caduque l'offre simple[226]. Cette promesse unilatérale va permettre au créancier de s'informer sur le contenu du contrat avant de s'engager, de le vérifier, de s'assurer du financement de l'opération ou de la solvabilité du promettant. Elle va permettre au promettant de choisir son contractant, d'attirer vers lui telle personne plutôt qu'une autre, de démontrer l'intérêt qu'il porte à vendre à telle personne ou à acheter tel bien aux conditions qu'il a déterminées. Bref, l'un et l'autre y trouvent leur compte.

Quel est alors l'intérêt de la promesse synallagmatique ? Lorsqu'à la promesse unilatérale de l'un, l'autre répond par la levée de l'option, pourquoi celle-ci se révélerait-elle être une promesse plutôt que la conclusion du contrat définitif ? Si l'on considère la promesse unilatérale d'achat à laquelle vient se joindre une promesse de vente, on peut voir l'intérêt : on retarde le transfert de propriété en même temps que la création des obligations de vendeur et d'acheteur, on donne du temps à l'un et à l'autre pour régler les problèmes personnels de l'un et de l'autre : organiser le déménagement, finaliser le cas échéant d'autres transactions liées à cette vente (achat ou location d'un autre immeuble pour le vendeur, vente ou règlement de fin de bail pour l'acheteur, conclusion de contrats d'assurance, finaliser le financement de l'opération, etc.) bref, « donner du temps au temps... »

On voit donc la différence entre la promesse de contracter et les pourparlers ou même l'offre : le bénéficiaire de la promesse est immédiatement titulaire d'un droit qui se trouve donc dans son patrimoine; l'auteur de la promesse (le promettant) est lié par sa promesse[227] et, s'il refusait de la respecter après la levée

---

[226] En ce sens, *Bélair* c. *Rivest*, [1965] C.S. 587; *Pontbriand* c. *Montreal Land and Housing Corp.*, [1985] C.S. 321. D'un point de vue pratique, le promettant pourrait, nous semble-t-il, mettre en demeure le créancier de la promesse, de lever ou non l'option dans un délai raisonnable qu'il fixerait (art. 1595 C.c.Q.).

[227] En conséquence de cet engagement, les héritiers du promettant sont également tenus et ceux du créancier pourront en bénéficier, ce qui signifie que la promesse, contrairement à l'offre, ne devient pas caduque

de l'option, il engagerait sa responsabilité contractuelle[228]. Au contraire, les pourparlers, on l'a vu, n'engagent à rien, d'autant que le contenu de l'offre n'est pas définitivement déterminé[229]. De même, l'offre simple, précise et ferme, n'engage à rien l'offrant, tant qu'il n'a pas reçu une acceptation : celui-ci n'encourt aucune responsabilité en cas de retrait (sous réserve d'un exercice abusif du droit de retirer l'offre qui, s'il avait causé un préjudice au destinataire de l'offre, pourrait être sanctionné, sur le plan extracontractuel, de dommages-intérêts)[230].

61. *Sanctions de l'inexécution de la promesse.* S'il est vrai que la promesse engage le promettant, est-ce à dire que le créancier de la promesse inexécutée peut forcer le promettant[231] à conclure le contrat projeté, ou doit-il se contenter de l'octroi de dommages-intérêts[232] ?

Selon le droit d'hier, il était admis que la promesse de contracter donnait ouverture à une action (contractuelle) en dommages-intérêts, mais il était également admis que la conclusion forcée du contrat définitif était impossible, sauf dans le cas d'une promesse de vente ou d'achat qui pouvait donner lieu à une action en passation de titre (article 1476 C.c.B.C.)[233].

---

par le décès de l'une ou l'autre des parties. De la même manière, comme on l'a précédemment vu, les autres causes de caducité de l'offre mentionnés au second alinéa de l'article 1392 C.c.Q. ne s'appliquent pas aux promesses. Comme tout contrat conditionnel, la promesse peut cependant devenir caduque dès lors que la condition à laquelle elle est assujettie ne se réalise pas : *2431-4098 Quebec inc. c. Scott*, J.E. 98-1246 (C.S.).

[228] *Cf. Développements de la Haute-Gatineau inc. c. 2687-461 Canada inc.*, J.E. 94-1692 (C.S.).

[229] *Cf. Productions Numuzik inc. c. Oss*, J.E. 98-2040 (C.S.).

[230] *Cf. supra*, n° 48.

[231] *Cf. Bousquet c. Leitman, Reil Scheffer (Succession de)*, J.E. 01-36 (C.A.).

[232] On notera qu'en cas de violation intentionnelle de la promesse, les dommages-intérêts ne sont pas limités au seul préjudice prévisible : art. 1613 C.c.Q.; *cf. infra* n° 465; *cf.* également : *Gendron c. Duquette*, J.E. 99-310 (C.S.).

[233] *Cf.* Jean PINEAU, « À la recherche d'une solution au problème de la promesse de vente », (1964-65) 67 *R. du N.* 387. *Cf.* cependant : Vincent KARIM, « Les recours appropriés en cas d'une offre ou promesse acceptée : l'action en passation de titre, l'action en exécution forcée et l'action en dommages-intérêts », (1991-92) 94 *R. du N.* 3.

On considérait, en effet, que l'article 1065 C.c.B.C., en vertu duquel le créancier d'une obligation pouvait, « dans les cas qui le permettent, [...] demander l'exécution de l'obligation même », ne permettait pas la conclusion forcée d'un contrat; c'eût été forcer la volonté du promettant, lui substituer en quelque sorte la volonté judiciaire : d'où le grand débat autour de l'action en passation de titre, en matière de vente, et la solution législative de l'article 1476 C.c.B.C.

Contrairement à ce qui a été parfois affirmé[234], il nous paraît inexact de prétendre qu'il y aurait une différence entre le Code du Bas-Canada et celui du Québec, relativement à l'exécution en nature. L'article 1065 C.c.B.C. se retrouve en effet à l'article 1590(1) C.c.Q., précisé à l'article 1601 C.c.Q., avec une formulation identique : l'exécution en nature n'a lieu que dans les « cas qui le permettent », ce qui exclut en principe la conclusion forcée d'un contrat. Certes, l'article 1712 C.c.Q. le permet encore dans le cadre d'une promesse de vente ou d'achat; mais l'article 1812 C.c.Q. ne le permet pas dans le cadre d'une promesse de donation, ni l'article 2316 C.c.Q., dans le cadre d'une promesse de prêt[235]. Bien plus, en vertu de l'article 1397 C.c.Q., le contrat conclu par le promettant et un tiers, en violation d'une promesse, est désormais clairement opposable au créancier de cette promesse inexécutée; le recours octroyé à ce créancier insatisfait est un recours en dommages-intérêts contre le promettant et contre le tiers si ce dernier est de mauvaise foi, c'est-à-dire si ce dernier a contracté, bien qu'ayant eu connaissance de la promesse de son cocontractant[236]. La mau-

---

[234] *Cf. Aéroterm de Montréal inc.* c. *Banque Royale du Canada*, [1998] R.J.Q. 990 (C.A.); *A.V.I. Financial Corp. inc.* c. *Novergaz inc.*, J.E. 97-1882 (C.S.); *Lavoie* c. *2948-7055 Québec inc.*, J.E. 95-2114 (C.S.); pour une discussion sur ce sujet, *cf. infra* n° 439.

[235] *Banque Hong-Kong du Canada* c. *Bert Friedman Enterprises Ltd.*, [1996] R.J.Q. 2427 (C.A.); *Stag Management Canada Ltd.* c. *Banque Royale du Canada*, J.E. 94-1631 (C.S.); *Sharahbani* c. *London Life, Cie d'assurance-vie*, J.E. 01-512 (C.S.).

[236] Sur le droit d'hier, *cf.* Serge GAUDET, « Le droit à la réparation en nature en cas de violation d'un droit personnel *ad rem* », (1989) 19 *R.D.U.S.* 473. Par ailleurs, on ne saurait contourner l'article 1397 C.c.Q. par le biais de l'action paulienne (rebaptisée action en inopposabilité) des

vaise foi de ce tiers contractant n'étant pas sanctionnée par la nullité de ce contrat ou son inopposabilité à l'égard du créancier de la promesse, nous voyons là un argument supplémentaire favorable au rejet de la conclusion forcée du contrat dans les autres cas de promesses non explicitement sanctionnées par le législateur, telle la promesse de louage, de mandat ou de dépôt.

Dans le cadre d'une promesse de donation, on notera que, comme dans toute autre promesse, elle n'est pas soumise à la forme exigée pour la donation elle-même (art. 1415 C.c.Q.); cette absence de formalisme aurait pu faire craindre pour le promettant-donateur, dans la mesure où il aurait pu s'engager inconsidérément à se dépouiller; d'où la sagesse de la solution qui consiste à ne pas forcer la donation et à n'accorder des dommages-intérêts que pour les avantages que le bénéficiaire a concédés et pour les frais avancés en considération de la future donation : sinon, rien. Pour ce qui est d'une promesse de prêt, forcer la conclusion du contrat eût été forcer la remise de la chose; il en serait de même d'une promesse de dépôt : forcer la livraison d'une chose.

---

articles 1631 et suiv. C.c.Q., puisqu'il s'agit d'une règle particulière faisant exception aux règles générales relatives à la protection des droits du créancier : *cf. Golf Royal Sherbourg inc.* c. *177274 Canada inc.*, J.E. 97-574 (C.S.); *Beaudet* c. *Veillette*, J.E. 00-1406 (C.S.); *contra*, Vincent KARIM, *Commentaires sur les obligations*, vol. 1, Cowansville, Éditions Yvon Blais, 1997, p. 78 et *9057-4948 Québec inc.* c. *Spina*, [1999] R.D.I. 274 (C.S.) : cas où l'article 1397 C.c.Q. aurait pu être invoqué, nous semble-t-il, à l'encontre d'une action en inopposabilité qui fut accueillie. En revanche, on peut soulever le voile corporatif lorsqu'une personne tente d'éviter l'application du pacte par l'entremise d'une personne morale qu'elle contrôle : *cf. Côté* c. *Bouchard*, [1995] R.J.Q. 2192 (C.S.); de la même façon, une vente simulée ne saurait faire échec au droit du bénéficiaire : *cf. Emballages Montcorr ltée* c. *Alta Industriel Ltée*, [2000] R.D.I. 118 (C.S.). On observera finalement que l'article 1397 C.c.Q. ne protège que le contrat définitif conclu en violation d'une promesse, et non point le simple avant-contrat (en d'autres mots, on ne peut frustrer le créancier de la promesse par la simple conclusion d'une seconde promesse incompatible avec la première) : *cf. Investissements Reprodim inc.* c. *Metropolitan Life Insurance Co.*, J.E. 97-189 (C.S.); *Beaudet* c. *Veillette*, [2000] R.D.I. 423 (C.S.); Adrian POPOVICI, « Les avants-contrats », (1995) 1 *C.P. du N.* 133. n°s 33 et suiv.

Certains auteurs[237] soutiennent que la promesse de bail inexécutée donne au créancier de la promesse une « action en passation de bail », de même type que l'action « en passation de titre » dans le cas de vente : en d'autres termes, l'article 1712 C.c.Q. sur la promesse de vente ou d'achat serait l'application d'une règle générale relative à l'exécution en nature, règle s'étendant donc aux autre promesses de contracter[238], notamment la promesse de bail. C'est, nous semble-t-il, faire abstraction de tout l'historique du problème de la promesse de vente, du débat et du refus du droit québécois de s'aligner à cet égard sur la position française.

En droit français, contrairement au droit québécois, d'hier et d'aujourd'hui, la loi établit que « la promesse de vente vaut vente, lorsqu'il y a consentement réciproque des deux parties sur la chose et sur le prix » (art. 1589 C.c.fr.), ce qui signifie que la propriété du bien vendu est transférée dès la levée de l'option[239]; aussi n'est-il pas surprenant que certains auteurs soutiennent, par le même raisonnement, que promesse de bail *vaut* bail, d'où l'action en passation de bail, non point pour conclure le contrat de louage qui s'est formé dès la levée de l'option par le créancier de la promesse, mais pour obtenir un document probatoire. Il convient donc, en cette matière, de se méfier du droit français[240].

On voit ici qu'en droit français, qu'il s'agisse d'une promesse de vente ou de louage, l'action exercée au cas d'inexécution de la promesse n'a pas pour but d'obtenir la formation du contrat de vente ou de louage, puisque celui-ci se forme dès la levée de l'option : elle est plutôt destinée à obtenir un document, soit un titre prouvant la propriété ou le louage. Au Québec, dans le cadre de la vente, l'action dite

---

[237] Didier LLUELLES avec la collaboration de Benoît MOORE, *Droit québécois des obligations,* vol. 1, Montréal, Éditions Thémis, 1998, n° 488, p. 249; Pierre-Gabriel JOBIN, *Le louage,* 2ᵉ éd., Cowansville, Éditions Yvon Blais, 1996, n° 41, p. 122. *Cf.* également les commentaires de Adrian POPOVICI, « Les avant-contrats », (1995) 1 *C.P. du N.* 133 nᵒˢ 32 et suiv.

[238] *Cf.* en *obiter, Aéroterm de Montréal inc.* c. *Banque Royale du Canada,* [1998] R.J.Q. 990 (C.A.). *Cf.* également LANGEVIN et VÉZINA, vol. 5, p. 40.

[239] En matière immobilière, et malgré ce transfert immédiat et... précoce, la pratique requiert des promettants, vendeur et acheteur, qu'ils réitèrent leur consentement ultérieurement devant un notaire, afin que soit assurée la publicité de la vente.

[240] *Cf.* En ce sens, *cf.* POPOVICI, 1995, p. 386, 388 et 428.

« en passation de titre » est destinée à obtenir un jugement qui scellera la vente en décrétant la formation du contrat, qui conférera un droit réel sur le bien acheté – immédiat et définitif – et qui constituera un titre probatoire; il s'agit donc d'une « action en passation de vente » plutôt que d'une simple action en passation de titre (probatoire). Si on tenait le même raisonnement dans le cadre du louage, l'« action en passation de bail » conférerait, outre le document probatoire, des droits personnels à exécution successive, à savoir la jouissance pendant toute la durée du bail, ce qui impliquerait une participation personnelle et prolongée pour celui qui la procure, s'il est le promettant, ou pour celui qui est censé en jouir, si c'est lui le promettant. Il est permis de douter de l'opportunité d'une politique législative ou judiciaire qui forcerait les parties à des relations contractuelles prolongées – alors que l'une d'elles ne le souhaite plus –, puisque l'obligation, faut-il insister, est à exécution successive et non point à exécution instantanée comme dans le cas de la vente. On imagine aisément l'« ambiance » pour le moins sulfureuse qui pourrait régner tout au long du bail dans les relations locateur-locataire et les réelles possibilités de chicanes constantes, aussi nombreuses que diverses. Favoriser une telle solution ne nous paraît aucunement souhaitable : il s'agit là, selon nous, d'un cas qui ne permet pas l'exécution en nature (*cf.* art. 1601 C.c.Q.).

Pour ce qui est d'une promesse de mandat inexécutée, forcer le mandat, forcer le mandataire à agir au nom et pour le compte d'un autre, ou encore forcer la confiance du mandant nous semblerait encore plus inappropriée compte tenu de la nature de ce contrat. Il s'agit, incontestablement, d'un cas qui ne permet pas l'exécution forcée en nature de la promesse, ce qui nous semble être confirmé par le fait que, même stipulé irrévocable, un mandat peut toujours être révoqué. En revanche, une promesse de transporter pourrait donner lieu à exécution en nature, dans la mesure où le transporteur public ne peut pas refuser de transporter (art. 2033 C.c.Q.).[241]

En définitive, la conclusion forcée du contrat projeté ne nous paraît pas être une sanction appropriée au cas de l'inexécution de la

---

[241] Dans le cadre d'un contrat d'assurance, si l'étape de la promesse de contrat n'est pas utilisée, on peut avoir recours, préalablement à la conclusion du contrat d'assurance, à la « note de couverture » qui est, en fait, un contrat préliminaire. *Cf.* Didier LLUELLES, *Précis des assurances terrestres*, 3ᵉ éd., Montréal, Éditions Thémis, 1999, p. 65 et suiv. Sur la promesse d'hypothèque, POPOVICI, 1995, p. 359.

promesse, sauf dans les hypothèses où la loi prévoit, de façon exceptionnelle, une telle possibilité : il en est ainsi dans le cadre de la promesse de vente ou d'achat (art. 1712 C.c.Q.), ce qui se comprend dans la mesure où le contrat de vente n'implique aucune relation suivie entre les parties. Cette conclusion forcée du contrat projeté peut aussi se justifier dans le contexte très particulier du droit du travail[242].

62. *Préliminaires d'un contrat, autres qu'une promesse de contracter*[243]. On constate donc qu'il peut y avoir un long parcours entre le moment où commencent les pourparlers et celui où se conclut le contrat définitif. Parfois même, la route est plus ardue, lorsque la négociation porte sur des contrats importants et complexes : négocier l'achat d'une usine « clefs en mains » ne se déroule pas comme la négociation de l'achat d'un tapis ! Des études, enquêtes, autorisations, transactions diverses sont nécessaires préalablement, sans parler des coûts et du financement. Les pourparlers risquent donc d'être durs et longs avant d'aboutir éventuellement. Certes, il est évident qu'ils n'engagent en rien les parties en présence, puisque, par définition, l'essentiel du contenu du contrat n'est pas déterminé, qu'il n'y a rien de suffisamment précis et ferme. Chacune des parties attend précisément de l'autre qu'elle lui fasse une offre ou même qu'elle s'engage tout au moins sur certains points.

Pourtant, en certains cas, la rupture de pourparlers peut entraîner la responsabilité extracontractuelle de son auteur, par application de l'obligation générale de bonne foi ou de la théorie de l'abus de droit (art. 6 et 7 C.c.Q.)[244]. Les personnes

---

242 *Cf. Aubrais* c. *Ville de Laval*, [1996] R.J.Q. 2239 (C.S.); *cf. infra* n° 443. En effet, dans la mesure où est possible, en vertu du droit statutaire, la réintégration d'un employé illégalement congédié, il n'apparaît pas injustifié de sanctionner la promesse de contrat de travail inexécutée, par la conclusion forcée du contrat de travail.

243 *Cf.* Adrian POPOVICI, « Les avant-contrats », (1995) 1 *C.P. du N.* 133.

244 *Cf. infra* n° 17. *Cf.* également Brigitte LEFEBVRE, *La bonne foi dans la formation du contrat*, Cowansville, Éditions Yvon Blais, 1998, p. 113 et suiv.; du même auteur, « La bonne foi dans la formation du contrat », (1992) 37 *R.D. McGill* 1053; Sylvette GUILLEMARD, « Tentative de description de l'obligation de bonne foi; en particulier dans le cadre des négociations précontractuelles », (1993) 24 *R.G.D.* 369, ainsi que « Qualification juridique de la négociation d'un contrat et nature de

qui sont en pourparlers sont certes libres de rompre et de ne pas s'engager; mais on ne peut admettre que la rupture soit faite par l'une, dans l'intention de nuire à l'autre. À défaut même d'intention de nuire, « la bonne foi doit gouverner la conduite des parties [...] au moment de la naissance de l'obligation [...] " (art. 1375 C.c.Q) et même avant la naissance : une rupture qui donc interviendrait après de longs et coûteux pourparlers, de façon brutale, « sans raison légitime »[245], ou avec une légèreté blamâble[246], alors que tout laissait supposer qu'on allait aboutir et rien ne laissait prévoir le brisement, pourrait être sanctionnée par des dommages-intérêts puisque nul droit, incluant celui de rompre une négociation, ne peut être exercé « d'une manière excessive et déraisonnable, allant ainsi à l'encontre des exigences de la bonne foi » (art. 7 C.c.Q.)[247].

Serait-il honnête de prolonger indûment des pourparlers auxquels on a l'intention de mettre fin ? Si donc il est évident que les pourparlers ne lient pas, cela ne signifie pas nécessairement qu'il ne se soit rien passé juridiquement : tout va dépendre de la situation de fait qu'il va falloir qualifier, mais on devine l'aspect essentiellement subjectif d'un tel exercice.

En outre, en certains cas, un ou plusieurs contrats préparatoires pourraient être conclus : on peut rencontrer des *accords de principe* qui font naître une obligation contractuelle de négo-

---

l'obligation de bonne foi », (1994) 25 R.G.D. 49; Jean Marc MOUSSERON, « Le droit de la négociation contractuelle », (1995) 29 *R.J.T.* 287; du même auteur, « Conduite des négociations contractuelles et responsabilité civile délictuelle », *R.T.D. Com.* 1998.243; *cf.* également, Joanna SCHMIDT, *Négociation et conclusion de contrats*, Paris, Dalloz, 1982.

245 Com., 20 mars 1972, J.C.P. 1973.II.17543; GHESTIN, 3e éd., n° 330, p. 296; Jacques MESTRE, « Obligations en général », *Rev. trim. dr. civ.* 1996.145.

246 *Cf.* Jacques MESTRE, « Obligations en général », *Rev. trim. dr. civ* 1994.849; Jacques MESTRE, « Obligations en général », *Rev. trim. dr. civ.* 1998.97.

247 Sur la responsabilité du tiers qui, par sa faute, fait rompre les pourparlers, *cf.* Jacques MESTRE, « Obligations en général », *Rev. trim. dr. civ.* 1996.145; *Rev. trim. dr. civ.* 1996.383.

cier de bonne foi sur les bases convenues; c'est l'engagement contractuel de faire une offre ou de poursuivre une négociation déjà entamée, « afin d'aboutir à la conclusion d'un contrat dont l'objet n'est encore déterminé que de façon partielle »[248]; ce faisant, on fixe certains éléments du contrat à venir par un contrat-cadre ou on pousse à éviter la rupture, sous peine de voir engagée la responsabilité de l'auteur de ladite rupture. De pareils accords de principe, s'ils ne sont pas respectés, entraîneront, le cas échéant, une responsabilité contractuelle, sans pour autant aboutir à la conclusion forcée du contrat.

On peut aussi rencontrer des *accords partiels,* là encore par exemple dans les contrats complexes, tel celui qui prévoit la livraison d'une usine « clefs en main ». Les négociations sont si longues, coûteuses et compliquées qu'on procède par étape et il arrive un moment où il n'est plus permis de reculer : on conclut, alors, un accord définitif sur des points particuliers sur lesquels on a réussi à s'entendre et on renvoie à des accords à venir, pour ce qui est du reste : cette méthode, appelée par certains la « punctation », sans obliger à conclure le contrat définitif, oblige néanmoins les parties à continuer de bonne foi les négociations sans revenir sur les points déjà acquis[249].

C'est dans le contexte de ces pourparlers longs et complexes que les parties ont parfois recours à ce que l'on appelle des engagements d'honneur et des lettres d'intention, par lesquels elles cherchent à consolider leurs positions de négociation sans, cependant, s'engager formellement. Pour cette raison, les effets juridiques de ces « liens » sont souvent difficiles à déterminer clairement[250].

---

[248] GHESTIN, 3ᵉ éd., n° 344, p. 316.

[249] *Cf.* Alfred RIEG, « La punctation : contribution à l'étude de la formation du contrat », dans Alfred JAUFFRET (dir.), *Études offertes à Alfred Jauffret,* Aix-en-Provence, Faculté de droit et des sciences politiques d'Aix-Marseille, 1974, p. 593; Brigitte LEFEBVRE, *La bonne foi dans la formation du contrat,* Cowansville, Éditions Yvon Blais, 1998, p. 128 et suiv.

[250] *Cf.* Bruno OPPETIT, « L'engagement d'honneur », D.1979.chr.107; Brigitte LEFEBVRE, *La bonne foi dans la formation du contrat,* Cowansville, Éditions Yvon Blais, 1998, p. 127. Sur la notion de « lettre de

62.1. *Les pactes de préférence.* Parmi les contrats préparatoires, on peut également citer le pacte de préférence, qui est un contrat par lequel une personne s'engage envers une autre, qui accepte, à ne pas conclure tel contrat avec un tiers, avant d'avoir préalablement fait au créancier de cette promesse l'offre de conclure ce contrat aux conditions qu'elle aurait faites au tiers. En d'autres termes, dans l'hypothèse où le promettant déciderait de vendre tel bien, il est tenu de le proposer d'abord au bénéficiaire du pacte, qui doit être préféré à tout autre éventuel cocontractant : ce bénéficiaire serait donc « prioritaire ».

Le promettant, on le constate, ne s'engage pas à conclure telle vente à telles conditions : ce n'est donc pas une promesse de contracter au sens de la promesse de vente; mais s'il décide de vendre, il a l'obligation de s'adresser en premier lieu au bénéficiaire du pacte et lui faire en priorité l'offre de vente. Si le bénéficiaire refuse cette offre, le promettant pourra alors s'adresser à un tiers. Si, ayant décidé de vendre, il fait une offre à un tiers qui accepte d'acheter, sans avoir préalablement fait l'offre au bénéficiaire du pacte, il engage alors sa responsabilité contractuelle et peut être tenu à payer des dommages et intérêts.

Certains préconisent l'annulation (ou l'inopposabilité) du contrat conclu avec le tiers, lorsque celui-ci avait connaissance du pacte et de l'intention qu'avait le bénéficiaire de s'en prévaloir[251]. Cette solution, qui pouvait se justifier dans le droit d'hier[252], doit désormais être mise de côté devant le texte

---

confort », engagement qui se rapproche du cautionnement, voir Ibrahim NAJJAR, « L'autonomie de la lettre de confort », D. 1989.chr.217.

[251] Boris STARCK, « Le contrat conclu en violation des droits d'autrui », J.C.P.1954.I.1180; TERRÉ, SIMLER et LEQUETTE, 6ᵉ éd., n° 187, p. 154; Alain SÉRIAUX, *Droit des obligations,* Paris, P.U.F., 1992, n° 37, p. 147.

[252] Serge GAUDET, « Le droit à la réparation en nature en cas de violation d'un droit personnel *ad rem* », (1989) 19 *R.D.U.S.* 473, critiquant la décision en sens contraire de la Cour d'appel, dans l'affaire *Jacol Realty Holdings Ltd.* c. *Conseil d'expansion économique du comté d'Argenteuil,* [1986] R.J.Q. 2295 (C.A.). Voir les observations à ce sujet dans une note : *supra*, n° 61.

péremptoire du second alinéa de l'article 1397 C.c.Q., lequel rend le contrat conclu au mépris d'un pacte de préférence, opposable au bénéficiaire du pacte et ce, même dans l'hypothèse où le tiers serait de mauvaise foi[253]. En revanche, le bénéficiaire ainsi frustré peut exercer un recours en dommages-intérêts tant contre le promettant, tenu contractuellement, qu'à l'encontre du tiers de mauvaise foi, tenu pour sa part sur le plan extracontractuel.

63. *Règles particulières en matière de vente d'immeubles à usage d'habitation.* Au-delà même des accords partiels, mais toujours dans le cadre de contrats préparatoires, on notera une règle nouvelle et importante en matière de vente d'immeubles à usage d'habitation.

En effet, en vertu de l'article 1785 C.c.Q., la vente d'un immeuble à usage d'habitation, bâti ou à bâtir, qui est faite par le constructeur de l'immeuble ou par un promoteur, à une personne physique – un particulier du type « client-consommateur », – qui l'acquiert pour l'occuper *elle-même,* doit être précédée d'une promesse d'achat consentie par le candidat-acheteur, que la vente soit faite en pleine propriété, ou que le sol fasse l'objet d'un bail emphytéotique. Et ce contrat préliminaire doit contenir certaines précisions déterminées à l'article 1786 (et aux articles 1787 et 1788 C.c.Q. lorsqu'il s'agit de la vente d'une fraction de copropriété divise ou d'une part indivise d'un immeuble à usage d'habitation, c'est-à-dire un immeuble comportant ou faisant partie d'un ensemble comportant au moins 10 unités : on vise les bâtisseurs de « gros ensembles » plutôt que les mini-constructeurs ou promoteurs).

Ce contrat préliminaire est destiné à protéger le candidat-acheteur qui aurait tendance à « s'emballer » ou se laisser « emballer », en lui donnant un délai de réflexion lui permettant, le cas échéant, de se dédire : la loi lui accorde un droit de repentir dans les dix jours de la conclusion de ce contrat préliminaire (art. 1785, al. 2 C.c.Q.), qui doit contenir une clause à cet effet, droit de repentir qui peut cependant être assorti d'une pénalité, laquelle ne peut excéder 0.5% du prix de vente convenu (art. 1786, al. 2 C.c.Q.)[254]. Cette fa-

---

[253] Il s'agit ici d'un cas où la politique législative favorise la sécurité des transactions, même en présence d'un tiers de mauvaise foi : la fraude ne corrompt pas toujours tout...! *Cf. C.M.J.,* t. I, sous l'article 1397.

[254] La clause qui assujettit la faculté de dédit à une « visite » de l'acheteur au bureau du vendeur, a été jugée contraire à l'ordre public car elle ris-

culté de dédit fait penser à la promesse d'achat accompagnée d'arrhes et au contrat de consommation conclu par un commerçant itinérant (art. 59 L.P.C.). Si un tel constructeur ou promoteur passait outre, n'exigeait pas du candidat-acheteur qu'il lui consentît une telle promesse d'achat, préalablement à la vente, celle-ci pourrait être annulée, à la demande de l'acheteur, si toutefois il en subissait un préjudice sérieux (art. 1793 C.c.Q.)[255].

b) Les contrats conclus par l'entremise d'un représentant

64. *Notion de représentation.* Un contrat peut être conclu par une personne qui n'est pas elle-même partie contractante, mais qui agit pour le compte d'une autre qui, elle, est partie contractante; on dit qu'elle représente cette dernière ou qu'il y a représentation : les droits et obligations résultant de ce contrat passé par le représentant se retrouvent directement dans le patrimoine du représenté, comme si celui-ci avait été personnellement partie au contrat.

La représentation est, donc, le mécanisme par lequel le représentant accomplit un acte juridique au nom et à la place du représenté qui en assumera les effets : ainsi, le tuteur représente le mineur, de même que le mandataire représente le mandant.

1. Les conditions de la représentation

On peut relever trois conditions :

65. *Le représentant doit avoir le pouvoir de représenter.* Ce pouvoir de représenter a sa source soit dans la volonté du représenté, soit en dehors de cette volonté : en ce dernier cas, il résulte de la loi ou du tribunal.

La loi prévoit, par exemple, qu'un mineur doit être représenté, dans l'accomplissement de certains actes juridiques, par

---

querait de mettre en péril l'objectif de protection poursuivi par le législateur : *St-Martin c. Résidences Pro-Fab inc.*, [1999] R.D.I. 191 (C.A.).

[255] *Cf. Tremblay c. Constructions Gérard Doyon de Beauce inc.*, [1997] R.D.I. 440 (C.S.).

un tuteur et qu'un majeur protégé doit être représenté par un curateur ou par un tuteur : il s'agit là d'une représentation légale.

Le tribunal peut être amené à charger une personne d'administrer et de gérer, pendant une durée déterminée, telles affaires : il s'agit, alors, d'une représentation judiciaire (le représentant est un « administrateur judiciaire »; *cf.* art. 444 et 445 C.c.Q.).

Le plus souvent, cependant, le pouvoir de représenter découle de la volonté du représenté : il s'agit d'une représentation conventionnelle, car elle résulte d'un contrat conclu entre le représenté et le représentant. Ce contrat, appelé « mandat », est celui par lequel une personne – le mandant – donne à une autre personne – le mandataire – le pouvoir d'agir pour son compte[256]. Ce pouvoir de représentation, qui peut être général ou spécifique, est réglementé par les articles 2130 et suiv. C.c.Q.

Enfin, il se peut qu'une personne agisse pour le compte d'autrui, alors même qu'elle n'a pas reçu ce pouvoir : elle gère l'affaire d'autrui. Toutefois, si la personne au nom duquel l'acte a été conclu prend à son compte ledit acte, elle ratifie ce dernier et tout se passe comme si elle avait donné mandat d'agir pour elle.

66. *Le représentant doit avoir la volonté de conclure l'acte.* C'est, en effet, le représentant qui fait l'acte juridique et c'est, par conséquent, sa volonté qui intervient dans le processus; c'est lui qui prend une initiative plus ou moins importante selon l'étendue des pouvoirs qui lui ont été confiés[257]. Puisqu'il donne son consentement à l'acte qu'il conclut pour le compte

---

[256] Le mandat est un contrat; la procuration désigne les pouvoirs conférés au mandataire, ainsi que le document prouvant l'existence du mandat (art. 2130, al. 2 C.c.Q.). En l'absence d'un pouvoir de représenter, il n'y a pas de mandat : *Demers, Giraud et Associés* c. *Dominion Textile inc.*, J.E. 00-2212 (C.S.).

[257] C'est en cela que le représentant ou le mandataire se distingue du messager ou du préposé qui se borne à obéir aux ordres qui lui ont été donnés.

d'un autre, il doit avoir une volonté claire et consciente et ce consentement doit être exempt de vices.

Cependant, agissant pour le compte d'un autre, il ne s'engage pas personnellement; c'est pourquoi l'on n'exige pas de lui qu'il ait la capacité juridique d'accomplir un tel acte : un mineur qui est incapable au sens juridique du terme peut être un représentant, pourvu qu'il ait une volonté claire et consciente et qu'il ait connaissance des conséquences de l'acte qu'il pose. C'est ainsi que la jurisprudence a pu développer la théorie du mandat tacite de la femme mariée (le mandat domestique) avant que celle-ci n'obtienne la capacité juridique en 1964. Au contraire, le représenté – qui est celui dans le patrimoine duquel les effets de l'acte posé par le représentant vont se faire sentir – doit avoir, lui, la capacité juridique de conclure l'acte en question (sous réserve des règles sur la tutelle et la curatelle).

67. *Le représentant doit avoir l'intention de représenter.* Puisque la notion de représentation implique que le représentant agisse au nom et pour le compte d'une autre personne, et non pour lui-même, il est nécessaire que celui-ci ait l'intention de conclure un contrat pour le compte d'autrui et qu'il manifeste cette intention : si un tuteur conclut un contrat avec l'intention d'agir pour son propre compte, il est évident que cet acte juridique demeure étranger au mineur. S'il ne laisse pas savoir à son cocontractant qu'il agit au nom d'autrui, il s'engagera personnellement (art. 2157, al. 2 C.c.Q.), car on ne peut pas dire, alors, qu'il y a représentation : on parle de « mandat sans représentation » ou encore de « représentation imparfaite », par opposition à la véritable représentation dite « parfaite ». C'est le cas du mandataire qui laisse croire qu'il agit, non point à titre de représentant, mais en son nom personnel : il « prête son nom » à son mandant, d'où l'appellation « prête-nom ».

Dans la mesure où l'intention de représenter est l'une des conditions de la représentation, on comprend difficilement que, dans le droit d'hier, la Cour suprême du Canada ait pu prétendre, dans le cadre des contrats par correspondance, que le service postal canadien fût constitué mandataire de l'offrant[258] : celui-ci, qu'il soit ministère des Postes ou corporation de la Couronne, n'a certainement pas l'intention d'agir à titre de représentant de... sa fidèle clientèle et serait certainement surpris qu'on lui applique les règles du mandat[259] ! Il se borne à acheminer des messages ou des colis, sans pour autant accomplir quelque acte juridique au nom et pour le compte de l'expéditeur : la relation juridique existant entre ces deux personnes pourrait sans doute être analysée comme un contrat de transport, mais certainement pas comme un contrat de mandat. On a invoqué l'article 41 de la *Loi sur les postes*[260] pour justifier la qualité de mandataire conférée au service postal[261]; en vérité, cette disposition aux termes de laquelle « les objets transmissibles deviennent la propriété de la personne à qui ils sont adressés dès qu'ils sont déposés au bureau de poste », se borne à déterminer le moment précis où la propriété du message ou du colis est transférée au destinataire, ce qui n'implique aucunement l'idée de mandat : lorsque, dans le cadre des ventes *C.A.F.* ou *F.O.B.*, qui impliquent un transport, on dit que le transfert de propriété de la marchandise vendue et transportée s'effectue lors de l'expédition au moment de l'embarquement, personne ne songe à en déduire que le transporteur est un mandataire de l'expéditeur !

2. *Les effets de la représentation*

68. *Les effets de la représentation parfaite.* Lorsque le représentant remplit toutes les conditions énoncées, la représentation est parfaite et produit ses pleins effets : le contrat passé par lui crée des droits et des obligations qui se trouvent

---

[258] *Cf. supra*, n° 58 : *Charlebois c. Baril*, [1928] R.C.S. 88.

[259] On peut, d'ailleurs, dire la même chose d'une entreprise de messageries.

[260] S.R.C. 1970, c. P-14.

[261] *Cf.* BAUDOUIN, 3ᵉ éd., n° 115, p. 105 et 106; *Roy c. Commission scolaire régionale de Tilly*, [1971] C.S. 666. L'article 41 de la *Loi sur les postes* a également servi de base juridique pour déterminer si le destinataire du message était ou non réputé avoir connaissance du contenu de celui-ci, dès lors qu'il en était devenu le propriétaire : deux jugements, deux réponses contradictoires. *Cf. Aménagements Hardwood Inc. c. Gadbois*, J.E. 79-1002 (C.S.); *Caisse populaire de St-Alphonse c. J.A. Cormier et Fils Inc.*, J.E. 84-995 (C.S.).

immédiatement et directement dans le patrimoine du représenté. En d'autres termes, le représentant n'acquiert aucun droit et ne s'engage à rien à l'égard du cocontractant; au contraire, le représenté devient créancier ou débiteur de ce cocontractant. La responsabilité du représentant ne pourrait être engagée que dans la mesure où il aurait commis une faute ou excédé les limites de ses pouvoirs (*cf.* art. 1319, 2158 et 2152, al. 2 C.c.Q.).

69. *Les effets de la représentation imparfaite.* Dans l'hypothèse d'une représentation imparfaite, par exemple celle du prête-nom[262], celui-ci devient à l'égard du cocontractant son créancier ou son débiteur (*cf.* art. 2157, al. 2 et 1320 C.c.Q.), alors même que, dans les relations entre lui et le « représenté », c'est ce dernier qui s'obligera ou en tirera le bénéfice[263].

Sous-par. 2. *Le consentement doit être intègre*

70. *Position du problème.* On sait qu'un contrat se forme par le seul échange de consentement (art. 1385 C.c.Q.) et on vient de voir comment se réalise cet échange de consentement. Cependant pour qu'il y ait un véritable échange de consentements, la volonté exprimée par chacune des parties doit être claire et consciente : en d'autres termes, « le consentement doit être donné par une personne qui, au temps où elle le manifeste, de façon expresse ou tacite, est apte à s'obliger » (art. 1398 C.c.Q.). C'est dire que le consentement doit exister; c'est la

---

[262] *Cf.* Fabrice LEDUC, « Réflexions sur la convention de prête-nom, contribution à l'étude de la réprésentation imparfaite », *Rev. trim. dr. civ.* 1999.283.

[263] Sur la notion de représentation, *cf.* BAUDOUIN et JOBIN, 5ᵉ éd., n° 459 et suiv., p. 263 et suiv.; FLOUR, AUBERT et SAVAUX, vol. 1, 9ᵉ éd., n°ˢ 426-430, p. 308-311; MARTY et RAYNAUD, t. 1, vol. 1, 2ᵉ éd., n° 156, p. 283-285; MAZEAUD, 9ᵉ éd., t. 2, vol. 1, n°ˢ 147-156, p. 143-147; STARCK, 6ᵉ éd., vol. 2, n° 255 et suiv., p. 94 et suiv.; TANCELIN, 4ᵉ éd., n° 75, p. 43 et 44. Plus spécifiquement sur le mandat, *cf.* Claude FABIEN, « Le nouveau droit du mandat », dans Barreau du Québec et Chambre des Notaires du Québec, *La réforme du Code Civil – Obligations, contrats nommés*, t. 2, Sainte-Foy, P.U.L., 1993, p. 881 et POPOVICI, 1995.

première qualité requise. Mais encore faut-il qu'il en revête certaines autres, encore faut-il qu'il soit intègre : « il doit être libre et éclairé » (art. 1399, al. 1 C.c.Q.), c'est-à-dire exempt de certains vices qui le rendraient imparfait.

Lorsqu'une personne fait ou accepte une offre alors qu'elle fait l'objet d'un chantage ou se trouve sous l'empire d'une crainte, il est évident que son offre ou acceptation est une manifestation de volonté qui ne coïncide nullement avec sa volonté intime : il y a vice de consentement. C'est pourquoi le contrat conclu dans ces circonstances sera sanctionné s'il est prouvé que l'acceptation n'aurait pas été donnée (ou l'offre n'aurait pas été faite) en l'absence du chantage ou de la crainte, s'il est donc prouvé que le consentement n'a pas été donné librement. De même, le consentement exprimé ne peut être juridiquement efficace, s'il résulte d'une erreur spontanée de la part d'un contractant ou provoquée par le cocontractant, de sorte que, ne correspondant pas exactement à ce qui a été voulu, il n'a pas été donné de façon éclairée. Depuis quelques années, on entend beaucoup parler de « consentement éclairé » – notamment dans le cadre des relations médecin-patient – et certains ont tendance à croire qu'il s'agirait là de quelque chose de neuf récemment découvert par la jurisprudence; en réalité, la théorie des vices du consentement, que Pothier connaissait bien, a toujours enseigné qu'un consentement ne pouvait être valable s'il n'était pas donné en toute connaissance de cause, en d'autres mots « de façon éclairée ». Il n'y a donc là rien de nouveau.

Cependant, doit-on ou peut-on sanctionner un contrat dès que l'on découvre que le consentement a été vicié ?

On retrouve ici la question qui oppose la théorie de la « volonté interne » à celle de la « volonté déclarée », la première reposant sur l'autonomie de la volonté et la seconde reposant sur les doctrines qui font du contrat un fait social et qui protègent d'abord et avant tout la sécurité des transactions :

– Si l'on reconnaît la volonté interne comme étant la source fondamentale de l'acte de volonté et si l'on pousse à l'extrême le rôle de la volonté, on doit admettre très

largement la théorie des vices du consentement et sanctionner un contrat de nullité toutes les fois qu'il est établi que l'obligation contractée n'a pas été véritablement
et intimement voulue : il serait alors normal de dire que
toute crainte ou toute erreur déterminante doit permettre à celui qui en est victime de demander et obtenir,
sur cette base, l'annulation;

— Cette tendance peut cependant présenter un incontestable danger pour la sécurité des transactions. La bonne
foi étant présumée, il sera facile de prétendre que la
volonté intime ne correspond pas à la volonté exprimée,
alors qu'en vérité cette prétention n'est soutenue qu'afin
de se dégager d'un engagement qu'on regrette, réflexion
faite, d'avoir pris. C'est pourquoi on peut préférer s'en
tenir à la volonté déclarée plutôt qu'à la volonté interne;
on n'a pas à s'interroger sur la volonté réelle et profonde
de l'auteur de l'erreur, il suffit de se fier à sa déclaration, ce qui assure incontestablement la sécurité des
contrats : celui qui s'exprime mal ou erronément doit en
assumer les conséquences et non point les faire subir à
son cocontractant. Le champ et l'importance de la théorie des vices du consentement se rétrécissent, alors,
considérablement.

Certes, on l'a dit, on ne peut s'en tenir pleinement à aucune
de ces deux positions, mais on sait qu'il est nécessaire, tout en
recherchant la volonté interne, de tenir compte de la volonté
déclarée : le nouveau Code parle, d'ailleurs, de consentement
qui « se *manifeste* de façon expresse ou tacite » et d'« échange
de consentement » (art. 1386 et 1398 C.c.Q.), ce qui réfère à la
« volonté déclarée »; néanmoins, les règles sur l'interprétation
du contrat réfèrent clairement à la recherche de la commune
intention des parties, plutôt que de s'arrêter au sens littéral
des termes utilisés (art. 1425 C.c.Q.). Aussi faut-il se garder
d'opter pour une position trop tranchée.

En effet, si l'on doit tenir compte du rôle primordial de la
volonté, il faut aussi ne pas oublier que la sécurité des transactions est un souci louable, même s'il porte une certaine atteinte

au rôle de la volonté; en outre, ne doit-on pas protéger les parties contractantes qui peuvent être victimes de leur faiblesse ou de leur ignorance, sans pour autant être négligentes, ou qui peuvent être victimes de la mauvaise foi de leur cocontractant, lequel mérite alors d'être sanctionné ? Voilà une dernière considération qui ne doit pas être mise de côté, que l'on soit favorable à la nullité à outrance que peut entraîner l'examen psychologique ou au maintien du contrat à tout prix que peut entraîner le respect absolu des déclarations. On doit tenter, dans l'application de la règle, d'atteindre un juste équilibre entre le respect de la volonté et la sécurité du commerce juridique.

On devra se demander, enfin, si la lésion fausse le contrat dans sa formation, comme peuvent le faire l'erreur et la crainte.

71. *Absence de consentement et vice du consentement.* Il nous paraît opportun de mentionner ici que, dans le droit d'hier, on distinguait l'absence de consentement du vice du consentement et qu'on les sanctionnait différemment.

On considérait, en effet, que celui qui n'avait pas une volonté claire et consciente ne donnait pas un « consentement » qui était seulement « vicié »; on considérait plutôt qu'il ne donnait aucun consentement et qu'il n'y avait donc, de sa part, qu'un pseudo-consentement; ainsi n'y avait-il qu'une apparence de consentement qui, ne permettant pas de mener le contrat à la vie juridique du fait de l'absence d'un élément essentiel, faisait de celui-ci un contrat entaché de « nullité absolue », voire un « contrat inexistant ».

Au contraire, celui dont le consentement était vicié donnait un consentement, lequel cependant était imparfait; certes, le consentement était donné, mais il ne l'était pas de façon libre ou éclairée, étant affecté par l'erreur, la crainte ou la lésion, ce qui avait pour conséquence d'accorder, à la personne qui en était victime, une action en nullité qu'elle était seule à pouvoir exercer, une nullité relative.

Or, on aura l'occasion de voir plus loin que, désormais, absence de consentement et vice de consentement, même si l'on peut encore les distinguer conceptuellement, sont en principe traités de la même façon quant à leur sanction, la nullité « relative ».

72. *Vices du consentement.* Contrairement au *Code civil du Bas Canada* qui envisageait les vices du consentement non point en tant que tels, mais en tant que causes de nullité des contrats, le nouveau Code en traite directement à l'article 1399, al. 2 C.c.Q., « Il [le consentement] peut être vicié par l'erreur, la crainte ou la lésion ».

On remarquera, tout d'abord, que cette disposition ne mentionne pas la fraude ou le dol et vise la crainte et non point la violence; les raisons en sont simples. D'une part, le dol ou la fraude ne sont pas, en tant que tels, des vices de consentement, comme le laissait entendre l'article 993 C.c.B.C. : ce sont des actes « délictueux », des manoeuvres accomplies par une partie et qui sont à l'origine de l'erreur commise par l'autre partie et viciant le consentement de cette dernière. L'erreur peut donc être une erreur spontanée de la part de l'un des contractants ou une erreur provoquée par l'autre contractant. C'est ce qui était reconnu par la doctrine qui dénonçait la phraséologie ancienne. Quant à la violence ou les menaces, ce ne sont pas elles qui sont des vices de consentement : c'est plus précisément la crainte que les menaces ou la violence morale font naître, qui font que le consentement n'est pas libre et qu'il est donc vicié. Ce sont donc là des rectifications apportées aux ambiguïtés que l'on trouvait dans le *Code civil du Bas Canada*.

On envisagera successivement l'erreur spontanée, l'erreur provoquée par le dol, la crainte et la lésion.

A. L'erreur

L'erreur est un désaccord entre la déclaration de volonté et la volonté réelle, une représentation fausse ou inexacte de la réalité. Faire erreur sur quelque chose, c'est se tromper : croire vrai ce qui est faux ou croire faux ce qui est vrai. On voit, dès lors, que cette notion peut présenter certains inconvénients, dans la mesure où il n'est pas toujours aisé de savoir si celui qui invoque l'erreur s'est véritablement trompé ou s'il en fait état faussement et malhonnêtement pour se libérer de son engagement.

Aussi n'est-il pas surprenant que toute erreur ne soit pas une cause de nullité et que l'on soit amené à distinguer plusieurs sortes d'erreur : l'erreur-obstacle ou erreur exclusive du consentement, l'erreur qui vicie le consentement sans l'exclure et l'erreur indifférente à la validité du contrat.

73. *L'erreur-obstacle.* Dans le droit d'hier, on distinguait l'erreur-obstacle de l'erreur-vice de consentement. Cette erreur-obstacle était considérée comme étant la plus grave, car on estimait que les deux volontés n'avaient pas pu se rencontrer, que leur concours n'avait pu se réaliser. Lorsque l'un des contractants commettait une telle erreur, il était impossible de parler d'un échange de consentements : il n'y avait pas eu de consentement; il s'agissait, donc, véritablement d'une absence totale de consentement plutôt que d'un vice du consentement. Les parties ne s'étant pas entendues, mais ayant entretenu un « dialogue de sourds », le contrat n'avait pas pu se former; d'où le nom d'« erreur-obstacle », car on considérait que cette erreur faisait obstacle à la formation du contrat; on l'appelait également erreur exclusive de consentement dans la mesure où l'on considérait que le « dialogue de sourds » équivalait à une absence de consentement. Comme l'a fort bien formulé Mignault, on a « d'un côté une offre qui n'a pas été acceptée; de l'autre, une acceptation à une offre qui n'a pas été faite »[264]. On en connaissait deux sortes :

- Erreur sur la nature de la convention :

Une personne livre un bien à une autre : la première entend vendre ce bien et la seconde entend le recevoir à titre de prêt ou à titre de location : il n'y a pas eu concours de volontés. Une personne signe un contrat par lequel elle se porte caution pour

---

[264] MIGNAULT, t. 5, p. 212.

une autre personne, alors qu'elle ne croyait signer qu'une simple lettre de référence[265].

Une telle erreur risque de se rencontrer de plus en plus fréquemment, compte tenu de la prolifération des instruments d'épargne et d'investissement, qui font appel à des contrats fort complexes où l'erreur sur la nature de la convention est parfaitement compréhensible : tel est le cas de la personne qui signe un contrat d'assurance-vie, croyant conclure une convention relative à un régime enregistré d'épargne-retraite[266].

- Erreur sur l'identité de l'objet :

Une personne croit acheter un lot immobilier, alors qu'on lui vend tel autre lot. Une personne croit acheter tel produit chimique destiné à engraisser sa terre, alors qu'on lui vend tel autre produit destructeur[267]. Dans ces deux situations données en exemples, on a, en reprenant la terminologie utilisée par Mignault, « une proposition sans adhésion et une adhésion sans proposition ».

Quand un contrat était, ainsi, entaché d'une erreur-obstacle, on disait qu'il était frappé d'une nullité absolue, voire qu'il était inexistant[268].

- Erreur sur la cause :

Certains auteurs citent également l'erreur sur la cause dans le cadre de l'étude portant sur l'erreur exclusive de consentement. On aura ultérieurement l'occasion d'analyser la notion de cause[269] qui se présente sous deux aspects, selon qu'il

---

[265] *Cf. Rawleigh Co.* c. *Dumoulin*, [1926] R.C.S. 551. En réalité, en un tel cas, l'erreur porte moins sur la « nature du contrat » que sur l'intention même de contracter. *Cf.* également : *Vidéos L.P.S. inc.* c. *9013-0451 Québec inc.*, J.E. 97-343 (C.S.).

[266] *Cf. Bolduc* c. *Decelles*, [1996] R.J.Q. 805 (C.Q.); *Banque de Nouvelle-Écosse* c. *Robert*, J.E. 00-1639 (C.S.).

[267] *Cf. Agricultural Chemicals Ltd.* c. *Boisjoli*, [1972] R.C.S. 278.

[268] *Cf. infra*, n° 175 et suiv., particulièrement, n° 186.

[269] *Cf. infra*, n° 137 et suiv.

s'agit de la cause du contrat ou de la cause de l'obligation. On dira schématiquement que la cause du contrat est le motif déterminant pour lequel une personne contracte, alors que la cause de l'obligation est le plus souvent la prise en considération par l'un des contractants de la contre-prestation qu'il attend de l'autre. Dire de l'erreur sur la cause de l'obligation qu'elle est une erreur-obstacle est inexact ou, de toute façon, inutile, car se tromper sur l'existence d'une contre-prestation ou croire erronément à l'existence d'une contre-prestation n'exclut pas le consentement, mais peut le vicier[270]. De même, dire de l'erreur sur la cause du contrat qu'elle est une erreur-obstacle est également inexact, car se tromper sur le motif déterminant n'équivaut pas à un dialogue de sourds et ne pourrait constituer un vice du consentement que dans les conditions de l'erreur, vice du consentement[271].

Le Code civil français ne fait pas état de l'erreur sur la nature du contrat ni de l'erreur sur l'objet (art. 1109, 1110 C.c.fr.), alors que le *Code civil du Bas Canada* ne mentionnait que l'erreur sur la nature du contrat (art. 992 C.c.B.C.). Le *Code civil du Québec*, conformément aux enseignements de Pothier, reconnaît expressément ces deux types d'erreur (art. 1400 C.c.Q.).

Cependant, on constate que, même dans ces cas d'erreurs quelque peu particulières, l'article 1400 C.c.Q. parle d'erreurs qui « [vicient] le consentement » et les traite comme l'erreur portant sur « tout élément essentiel qui a déterminé le consentement », laquelle est sanctionnée de nullité relative. L'erreur-obstacle, on le verra, doit donc être, elle aussi, sanctionnée désormais de nullité relative, ce qui est tout à fait cohérent avec le changement apporté à la sanction de l'absence de consentement. On aura néanmoins à se demander si, en certains cas, on n'est pas en présence d'une inexistence ou d'une nullité relative double, dans la mesure où on se trouve devant un vrai « dialogue de sourds ».

---

[270] *Cf. infra*, n°s 151 et 189.
[271] *Cf. infra*, n° 75.

74. *L'erreur indifférente.* C'est l'erreur la moins grave, l'erreur vénielle qui sera sans influence sur la formation du contrat. Afin qu'il y ait une certaine sécurité dans les transactions, la moindre erreur ne doit pas pouvoir donner nécessairement ouverture à l'annulation du contrat; s'il n'en était pas ainsi, tout contrat serait susceptible d'être annulé sur cette base, puisqu'il est rare que, dans un cadre contractuel, chacune des deux parties contractantes fasse une aussi bonne affaire l'une que l'autre. L'erreur indifférente est, par exemple, l'erreur économique, c'est-à-dire l'erreur sur la valeur de la chose vendue[272] ou l'erreur sur la solvabilité du cocontractant ou l'erreur sur le motif pour lequel une partie a contracté (sous réserve de ce qui sera précisé ultérieurement). On peut dire que l'erreur indifférente est celle qui porte sur des qualités non essentielles de la chose sur laquelle porte le contrat ou de la personne avec qui l'on contracte. Et c'est là que réside précisément la difficulté, lorsqu'il s'agit de tracer la frontière entre les qualités

---

[272] *Cf. Racicot* c. *Bertrand,* [1979] 1 R.C.S. 441 : l'erreur sur la rentabilité de l'immeuble acheté équivaut à lésion et constitue donc, en l'absence de dol, une erreur indifférente. *Cf.* également *Beaurivage et Méthot Inc.* c. *Corporation de l'Hôpital de Saint-Sacrement,* [1986] R.J.Q. 1729 (C.A.); *Cayer* c. *Martel,* J.E. 95-2071 (C.A.); *Astral Communications inc.* c. *Complexe du Fort enr.,* J.E. 99-2328 (C.S.); *Réalisations Solidel Inc.* c. *Havre du village international Inc.,* J.E. 95-1229 (C.S.); *Robitaille* c. *Fleurent,* J.E. 95-89 (C.S.); *Landry* c. *Pelletier,* J.E. 00-515 (C.Q.). Certes, la valeur de la chose pourrait être envisagée comme une considération principale du contrat; cependant, les règles de la lésion interdisent qu'une telle erreur entraîne l'annulation du contrat, puisque la lésion – qui est un déséquilibre entre les prestations dues par chacun des contractants – n'est pas sanctionnée par notre droit, sous réserve de la lésion subie par le mineur ou par le majeur dans certains cas qui ont été précisés par le législateur. Celui qui croit acheter un objet ancien qui se révèle être une copie se trompe indirectement sur la valeur; mais il commet, d'abord et avant tout, une erreur sur les qualités substantielles de la chose, et c'est sur cette base qu'il obtiendra l'annulation du contrat et non point sur la base de l'erreur sur la valeur. *Contra :* *Yoskovitch* c. *Tabor,* [1995] R.J.Q. 1397 (C.S.) (jugement qui certes se justifie sur le plan de l'équité, mais très contestable sur le plan du droit). *Cf. infra,* n° 75 et suiv. Pour une opinion nuancée, *cf.* Didier LLUELLES avec la collaboration de Benoît MOORE, *Droit québécois des obligations,* vol. 1, Montréal, Éditions Thémis, 1998, n° 570, p. 301.

considérées non essentielles et celles qui, au contraire, sont considérées essentielles; en d'autres termes, le problème consiste à délimiter le domaine de l'erreur indifférente et celui de l'erreur qui vicie le consentement.

a) Les conditions de l'erreur, vice du consentement

75. *Erreur sur un élément essentiel et déterminant.* En vertu de l'article 1110 C.c.fr., « L'erreur n'est une cause de nullité de la convention que lorsqu'elle tombe sur la substance même de la chose qui en est l'objet ». On a beaucoup disserté, alors, sur ce qu'il fallait entendre par « erreur sur la substance ». Il ne fait aucun doute que le terme « substance » désigne la substance matérielle : celui qui achète des chandeliers en bronze argenté, croyant acheter des chandeliers d'argent, commet une erreur sur la substance (à ne pas confondre avec l'erreur sur l'identité de la chose : celui qui croit acheter tel chandelier en or, alors que lui est vendu tel autre chandelier en or). Cependant, on en est venu à la conclusion qu'il fallait aller au-delà de la substance purement matérielle et que l'expression « erreur sur la substance » signifiait erreur sur les *qualités substantielles* de la chose, par opposition à ses qualités accidentelles ou secondaires. La difficulté consistait précisément à déterminer quelles étaient ces qualités essentielles ou substantielles et quel critère on pouvait en proposer[273].

Tenant compte de ces discussions, le législateur québécois avait, dans l'article 992 C.c.B.C., ajouté un élément qui permettait d'écourter singulièrement les explications : l'erreur est un vice du consentement lorsqu'elle porte « sur la substance de la chose qui en fait l'objet, *ou sur quelque chose qui soit une considération principale qui ait engagé à le faire* »[274].

---

[273] *Cf.* FLOUR, AUBERT et SAVAUX, vol. 1, 9ᵉ éd., n° 196 et suiv., p. 133 et suiv.; MARTY et RAYNAUD, 2ᵉ éd., t. 1, n° 138, p. 136; MAZEAUD, 9ᵉ éd., t. 2, vol. 1, n° 162 et suiv., p. 161 et suiv.; STARCK, 6ᵉ éd., vol. 2, n° 495 et suiv., p. 181 et suiv.

[274] *Cf. Boisclair* c. *Handfield*, [1981] C.A. 282 (nous avons ajouté les italiques); *Montpetit* c. *St-Jean*, [1996] R.D.I. 1 (C.A.); *Theoligitis* c. *Leblanc*, J.E. 96-779 (C.A.); *Beauchamp* c. *Relais Toyota Inc.*, [1995]

Le nouveau Code, dans son article 1400, parle de l'erreur qui porte « sur tout élément essentiel qui a déterminé le consentement ». Cette disposition est tout à fait conforme au droit antérieur et ne change en rien celui-ci, même si le terme « substance » n'est plus employé : il faut donc comprendre que « qualités substantielles », « considération principale » et « élément essentiel qui a déterminé le consentement » sont des expressions équivalentes, cette dernière apparaissant cependant plus précise. Une personne achète une toile signée Renoir et il se révèle qu'il s'agit d'un faux : il y a erreur sur la substance, dans le sens de « qualités substantielles », erreur déterminante : l'acheteur a acquis cette toile parce qu'il croyait que Renoir en était l'auteur; s'il avait connu la vérité, il n'aurait pas acheté. On pourrait aussi bien dire qu'il y a erreur sur la considération principale ou erreur sur un élément essentiel qui a déterminé le consentement[275].

On constate que les procès portant sur l'erreur visent principalement l'authenticité de la chose qui fait l'objet de la prestation (erreur sur le caractère neuf ou d'occasion d'un meuble, erreur sur l'année d'édition d'un ouvrage, sur l'origine naturelle ou « de culture » de perles fines, sur la puissance du moteur d'un véhicule ou de son année de fabrication), mais il n'en est pas toujours ainsi. Une personne vend à une autre, moyennant telle somme, tel objet qui a appartenu à telle personnalité du monde artistique; or, il se révèle que cet objet n'a jamais appartenu à cette personnalité : il y a là erreur sur la substance, dans le sens de qualités substantielles, ou sur la considération principale ou sur un élément essentiel et déterminant.

R.J.Q. 741 (C.A.); *Chanfertil* c. *Gariépy*, J.E. 95-1728 (C.S.); *Longpré* c. *Raymond*, J.E. 99-2002 (C.S.).

[275] Il est parfois difficile, dans le cadre d'un contrat de vente, de savoir si les parties au litige débattent, au niveau de la formation du contrat, de la survenance d'une erreur qui vicie le consentement, ou bien d'un vice caché de la chose vendue, au niveau de l'inexécution de l'obligation de garantie d'un contrat qui, par hypothèse, s'est valablement formé : cf. *Larin* c. *Curadeau*, J.E. 97-475 (C.A.); *Société de fiducie de la Banque Hong Kong* c. *Dubord Construction inc.*, [1998] R.J.Q. 863 (C.S.); *Villeneuve* c. *L'Heureux*, J.E. 98-1428 (C.S.)

L'acheteur a acquis cet objet parce qu'il croyait que cette chose avait appartenu à telle personnalité. Comme le dit Mignault, « la chose vendue a été principalement envisagée sous le rapport de la renommée de la personne à laquelle elle avait appartenu, et cette qualité, sur laquelle les parties ont contracté, sans laquelle l'acheteur n'eût pas acheté, n'existe point »[276]. On peut ajouter que le fait pour cet objet d'avoir appartenu à telle personnalité a été l'élément essentiel qui a déterminé le consentement de l'acheteur : il y a bien, là, une erreur qui pourrait vicier le consentement dans la mesure, cependant, où les autres conditions qui vont être envisagées seraient également réunies.

76. *Erreur sur un fait intérieur au contrat.* Pour que l'erreur vicie le consentement, il faut, certes, qu'elle ait été déterminante, qu'elle ait eu une influence prépondérante sur le consentement. Encore faut-il cependant qu'elle ait porté sur un fait intérieur au contrat : celui qui achèterait, pour l'habiter, un immeuble qui serait sur le point d'être démoli pour insalubrité, commettrait une erreur sur un élément essentiel et déterminant puisque la salubrité est une qualité propre à l'objet acheté, en l'absence de laquelle l'acheteur n'aurait pas contracté[277]. En revanche, le Montréalais qui achèterait un immeuble à Québec, croyant que son travail l'amènerait à vivre dans cette ville, ne pourrait pas prétendre faire annuler ce contrat sur la base de l'erreur, dans l'hypothèse où son projet d'occuper un emploi à Québec ne se réaliserait pas : la vie professionnelle à Québec est un fait extérieur ou étranger au contrat, un fait personnel qui sort du champ contractuel, qui n'a rien à voir avec les qualités de l'immeuble et qui ne pourrait être pris en considération que s'il avait été expressément entendu que cet achat dépendît de lui. On rejoint, alors, l'erreur sur le motif qui n'a pas pu être connue de l'autre partie contractante, erreur indifférente. L'erreur sur le motif ne peut, bien sûr, vicier le consentement que si ce motif est un élément essentiel déterminant; mais il faut aussi que cet élément ait été

---

276 MIGNAULT, t. 5, p. 213.
277 *Cf.* FLOUR, AUBERT et SAVAUX, vol. 1, 9e éd., n° 204, p. 139.

précisé au cocontractant (sinon, celui-ci n'est pas tenu de connaître les raisons personnelles et intimes qui ont amené l'autre à contracter), voire intégré au contrat par une clause à cet effet. Cela nous amène à apporter certaines précisions.

77. *Connaissance de l'erreur de l'un des contractants par l'autre.* Certains auteurs, analysant les conditions de l'erreur, vice du consentement, traitent de cette question en envisageant, d'abord, ce qu'ils appellent une erreur commune aux deux contractants : chacun s'est trompé sur les qualités substantielles de la chose ou sur la considération principale ou sur l'élément essentiel et déterminant qui ont engagé à conclure le contrat. Ils se demandent, ensuite, si l'erreur est une cause de nullité du contrat lorsqu'elle est commise par un seul des contractants[278]. Il s'agit là d'une mauvaise question. La véritable question consiste à se demander si l'on doit exiger, pour qu'il y ait vice du consentement, que le caractère essentiel de la qualité sur laquelle l'un s'est trompé, soit connu de l'autre. Comme l'écrivent justement MM. Flour, Aubert et Savaux, « la prétendue erreur commune n'est que *la connaissance,* par l'une des parties, du *caractère substantiel* que présentait, pour l'autre, la qualité sur laquelle celle-ci s'est méprise »[279].

On aurait tendance à répondre que l'erreur vicie le consentement chaque fois que le contractant pourrait prétendre qu'il n'aurait pas contracté s'il avait connu la vérité sur les éléments déterminants qui l'ont amené à contracter; en d'autres termes, pour qu'il y ait cause d'annulation, il suffirait que l'un des contractants se soit trompé sur un élément essentiel et déterminant.

Cette réponse est inexacte, car il est nécessaire d'y apporter quelques nuances. Pour que cette erreur vicie le consentement, celui qui a contracté avec la « victime » de l'erreur doit avoir su

---

[278] *Cf.* MIGNAULT, t. 5, p. 213 et 214.
[279] FLOUR, AUBERT et SAVAUX, vol. 1, 9ᵉ éd., n° 208, p. 142 (les italiques sont dans le texte original).

ou avoir pu savoir que le fait à l'existence duquel son cocontractant a cru, était essentiel pour celui-ci[280].

Ainsi, celui qui acquiert chez un antiquaire une commode « Louis XVI » qu'il croit ancienne, et qui découvre ultérieurement que cet objet est une copie, est en droit de prétendre que son consentement a été vicié et que le contrat est susceptible d'annulation : l'antiquaire est présumé savoir qu'un des éléments essentiels et déterminants de l'achat était l'authenticité de la commode, car un antiquaire est censé vendre des objets anciens; il ne pourra donc pas prétendre qu'il ignorait que l'authenticité fût un élément essentiel et déterminant pour l'acheteur (on pourrait même dire que cet antiquaire a, à l'égard de son client, une obligation de renseignement et que son silence frôle tout au moins le dol, s'il n'en constitue pas un !).

Au contraire, celui qui acquiert dans une galerie une toile signée par Picasso, ne peut pas demander l'annulation de ce contrat sous le prétexte que la considération principale de son achat était le fait que cette toile fût accrochée pendant dix ans dans le grand salon de *Buckingham Palace* : son erreur n'a pas porté sur un fait que le marchand aurait dû savoir essentiel à la conclusion du contrat. On rejoint alors l'erreur sur le motif, erreur indifférente puisqu'elle porte sur un fait qui n'entre pas dans le champ contractuel, un fait, donc, qui reste extérieur au contrat. Cependant, ce motif, qui ne concerne pas une qualité inhérente à l'objet, peut, en certaines circonstances, devenir un élément intérieur au contrat, susceptible donc de vicier le consentement : ce serait le cas si, par exemple, le vendeur est un marchand spécialisé dans les objets provenant de la famille royale ! En revanche, si le vendeur est un simple particulier, ou un marchand qui n'est pas ainsi spécialisé, la simple

---

[280] *Cf.* BAUDOUIN et JOBIN, 5ᵉ éd., n° 214, p. 210, 211; MARTY et RAYNAUD, 2ᵉ éd., t. 1, n° 148, p. 151 et 152; MAZEAUD, 9ᵉ éd., t. 2, vol. 1, n° 173, p. 172; STARCK, 6ᵉ éd., vol. 2, n° 465 et suiv., p. 171 et suiv. La jurisprudence québécoise est au même effet : *Cayer c. Martel*, J.E. 95-2071 (C.A.); *Droit de la famille–562*, [2000] R.J.Q. 1560 (C.S.); *Amyot c. Denis Malo & Fils inc.*, J.E. 98-730 (C.S.); *Connely c. Rivard*, J.E. 00-282 (C.Q.).

connaissance, par lui, du motif personnel qui pousse l'acheteur à conclure le contrat nous paraît insuffisante à en faire un élément intérieur au contrat, de sorte qu'une erreur sur ce motif ne pourrait donner lieu à annulation; en conséquence, pour se protéger, l'acheteur doit faire de ce motif une véritable condition du contrat.

Il est évident que si le vendeur représente faussement que cet objet est bel et bien ce que recherche l'acheteur, il commet un dol; s'il représente de bonne foi que c'est le bon objet, on est en présence d'une erreur commune; mais s'il émet un doute sur ladite « qualité » recherchée, on ne peut plus dire, semble-t-il, qu'il s'agit d'une qualité encore située dans le champ contractuel : elle devient un motif personnel à l'acheteur, erreur indifférente. On pourrait aussi bien dire, en ce cas, que l'acheteur achète à ses risques et périls : il y a aléa et, dès qu'il y a aléa, il n'y a plus d'erreur.

78. *Erreur sur la prestation fournie.* Afin d'illustrer la notion d'erreur, on a toujours donné, jusqu'à présent, l'exemple de l'acheteur qui commet une erreur sur les qualités substantielles ou éléments essentiels qui l'ont déterminé à contracter. Or, l'erreur pourrait être tout aussi bien celle du vendeur et non point celle de l'acheteur : par exemple, je vends un meuble que je crois être une copie de style Louis XV, alors qu'en réalité il est authentique; comme le soulignent MM. Flour, Aubert et Savaux[281], mon erreur consiste à ignorer une qualité qui existait, alors que, dans les exemples précédents, l'erreur de l'acheteur consistait à croire à une qualité qui n'existait pas. Les tribunaux français ont eu l'occasion de se pencher sur un tel problème, notamment à propos d'un procès qui fit couler beaucoup d'encre : la fameuse affaire de la toile de Poussin.

Le vendeur qui croit vendre un tableau de l'École de Carrache – alors que les Musées nationaux, dans l'exercice de leur droit de préemption, l'ont identifié comme un authentique Poussin – et qui donc commet une erreur sur sa propre prestation, peut-il obtenir la nullité ? Est-ce une erreur sur la valeur,

---

[281] FLOUR, AUBERT et SAVAUX, vol. 1, 9ᵉ éd., n° 199, p. 136.

erreur indifférente, ou une erreur sur la qualité essentielle déterminante, susceptible d'être sanctionnée ? Carbonnier avait soutenu que le caractère aléatoire de l'auteur de l'oeuvre, en matière de tableaux de maître, rendait difficile sinon impossible l'annulation pour erreur, car « l'aléa exclut l'erreur ». Ce point de vue a été infirmé dans l'affaire du Poussin, car « la détermination de l'objet et son prix ont été contractuellement fixés sans tenir compte de la possibilité que le tableau pouvait être de Poussin, possibilité qui lui aurait donné une valeur beaucoup plus grande : "il y a discordance entre la définition contractuelle de l'objet et la réalité, même si celle-ci n'était qu'une chance, une possibilité" »[282]. Sur le plan des principes, donc, rien n'empêche de prendre en considération la prestation fournie[283].

79. *Erreur sur la personne.* L'erreur, vice de consentement, peut aussi porter sur la personne.

Puisque l'erreur sur l'élément essentiel vicie le consentement, le contrat peut être annulé au cas d'erreur sur la personne, lorsque la personne avec laquelle on contracte est un élément essentiel qui a engagé à contracter : on vise, ici, les contrats conclus *intuitu personae*. La plupart des contrats à titre gratuit sont conclus *intuitu personae*, mais cet *intuitu personae* peut aussi se retrouver dans les contrats à titre onéreux; celui qui demande à tel peintre de faire son portrait ou à tel architecte de préparer les plans de sa demeure entend traiter avec ce peintre ou cet architecte et non point avec un autre : l'identité de la personne ou bien ses qualités sont des éléments déterminants du contrat. Si, donc, le contractant se trompe sur l'identité de son cocontractant ou sur ses qualités essentielles, celles en l'absence desquelles il n'aurait pas contracté, l'annulation du contrat est possible[284].

---

[282] *Cf.* GHESTIN, 3ᵉ éd., nᵒˢ 515, 528 et 529, p. 478-480, 491-493.

[283] Voir cependant les observations de MALAURIE et AYNÈS, t. 6, 10ᵉ éd., n° 409, p. 229.

[284] Ainsi, lorsque le chef d'un corps de pompiers engage telle personne comme pompier, le bon état de la colonne vertébrale de cette personne est-il un élément essentiel de la personne en l'absence duquel celle-ci ne serait pas engagée? *Cf. Ville d'Anjou* c. *Patry*, [1988] R.J.Q. 502 (C.S.).

Si, au contraire, la considération de la personne n'était pas un élément déterminant du consentement, celui-ci ne serait pas vicié et l'erreur sur la personne n'entraînerait pas l'annulation de ce contrat qui, par conséquent, demeurerait valide; bien souvent, en effet, la personne du cocontractant importe peu : l'acheteur d'un bien entend acheter celui-ci quelle que soit la personne du vendeur et, inversement, le vendeur entend vendre, quelle que soit la personne de l'acheteur.

Cependant, que dire de l'erreur sur la solvabilité de la personne avec qui on contracte ?

A priori, on pourrait penser que cette erreur ne vicie pas le consentement, car la question se pose lors de l'exécution du contrat, ou plus précisément lors de l'inexécution : le créancier ayant affaire à un débiteur insolvable, il lui est difficile d'obtenir satisfaction; il n'est donc pas question, ici, de vice du consentement. Cela est vrai si l'insolvabilité survient postérieurement à la formation du contrat; cela est moins vrai si l'insolvabilité existait déjà au moment de la conclusion du contrat : cette erreur sur la solvabilité du cocontractant pourrait être la conséquence d'une erreur sur l'identité ou sur une qualité de la personne. Toutefois, dans l'hypothèse où il n'y aurait pas eu dissimulation, par le contractant insolvable, de son insolvabilité (au cas de dissimulation, il y aurait dol), ne pourrait-on pas prétendre éventuellement que l'erreur est inexcusable ? N'appartenait-il pas, en effet, à celui qui se plaint de l'erreur de se mieux renseigner sur l'état des finances de la personne avec qui il contracte ?

On le voit, il importe d'aboutir, dans l'examen de ces questions, à un certain équilibre entre la reconnaissance du rôle de la volonté et la sécurité des contrats, en faisant intervenir notamment les notions de bonne foi et de responsabilité.

b) Les sources de l'erreur, vice du consentement

80. *Présentation du problème.* Les raisons qui sont à l'origine de l'erreur commise par le contractant peuvent être multiples. Il y a lieu de se demander si on doit les prendre en considération. Certes, à partir du moment où l'on est en mesure d'établir le caractère déterminant de l'erreur, il n'est aucunement nécessaire, en règle générale, de s'interroger sur sa cause. Cependant, il importe d'apporter quelques précisions sur certains points.

L'erreur commise par un contractant peut provenir des fausses représentations faites par le cocontractant : on est alors en présence d'un dol, notion qui sera étudiée ultérieurement. Elle peut être aussi son propre fait et provenir de son ignorance du droit ou encore de sa négligence.

81. *1. L'ignorance du droit.* Tous les exemples donnés précédemment pour illustrer la notion d'erreur sur un élément essentiel et déterminant portaient sur une erreur de fait, une erreur qui tombe sur les faits matériels : le caractère authentique de la toile ou du meuble acheté, la qualité du métal (argent ou bronze argenté) avec lequel est fabriqué l'objet. Or, l'erreur peut aussi porter sur une règle de droit et on parlera, alors, d'une erreur de droit. Commet, donc, une erreur de droit, celui qui se trompe sur l'existence, la nature ou l'étendue de ses droits; ainsi en est-il de celui qui accepte, en guise de prix, un « acte d'obligation » croyant qu'il s'agit d'une obligation hypothécaire, alors qu'en réalité il s'agit d'un simple acte d'obligation personnelle[285].

On s'est demandé si l'erreur de droit pouvait être considérée, au même titre qu'une erreur de fait, comme un vice de consentement susceptible d'annuler le contrat; une réponse négative serait fondée sur la maxime « nul n'est censé ignorer la loi ». Cette maxime est, sans aucun doute, indispensable au droit pénal; elle signifie simplement que nul ne peut invoquer son ignorance de la loi pour se soustraire à la sanction de celle-ci : la loi sera appliquée même à celui qui l'ignorait. En droit civil, la question est tout autre. En l'espèce, il importe seulement de savoir si le consentement a été ou non vicié par l'erreur : que cette erreur soit de fait ou de droit, il n'y a pas lieu de distinguer. En effet, si celui qui commet l'erreur se

---

[285] *Faubert* c. *Poirier*, [1959] R.C.S. 459.

trompe sur l'étendue de ses droits, erreur sans laquelle il n'aurait pas contracté, son consentement est, sans aucun doute, vicié. Pour qu'il en soit ainsi, il est bien entendu que l'erreur de droit doit être déterminante.

On admet, donc, que l'erreur de droit, comme l'erreur de fait, puisse altérer le contrat[286] : même si l'article 1400 C.c.Q. n'en fait pas mention, aucune modification n'est apportée au droit antérieur. Il n'y a que dans le cas de l'aveu (art. 2852, al. 1 C.c.Q.) et de la transaction (art. 2634 C.c.Q.) que l'erreur de droit n'est pas prise en considération.

L'erreur de droit « consécutive à une diversité de jurisprudence et à une controverse établie » pourrait-elle être cause de nullité ? La Cour de cassation française a répondu négativement sous le prétexte que c'est généralement un arrêt postérieur au contrat qui permet au contractant d'invoquer l'erreur de droit et qu'un arrêt n'a autorité de chose jugée qu'à l'égard des parties au litige[287] : pourtant c'est bien la Cour de cassation qui fixe le droit ! Mais il n'est sans doute pas souhaitable qu'un revirement jurisprudentiel remette en question le passé ou des contrats conclus en l'état du droit antérieur, du moins lorsque les parties savaient qu'il y avait controverse : il y a alors aléa et l'aléa, on le sait, chasse l'erreur.

82. *2. La négligence et l'erreur inexcusable.* Parfois, l'erreur résulte de la négligence de celui qui la commet et s'en prétend la victime : il n'a pas pris les renseignements nécessaires ou les précautions élémentaires qui s'imposaient, afin de l'éviter. En droit français, on distingue selon qu'il s'agit d'une simple négligence ou d'une négligence fautive; dans le premier cas, parce qu'il s'agit d'une erreur excusable, le contrat est

---

[286] *Cf.* en ce sens, *Faubert* c. *Poirier, id.*; *cf.* également *Banque canadienne nationale* c. *Bernard*, J.E. 80-713 (C.S.); *Montréal (Ville de)* c. *Catco inc.*, J.E. 94-1029 (C.Q.); *Droit de la famille–3545*, J.E. 00-562 (C.A.) (ignorance totale du contenu et de la portée de la loi créant le patrimoine familial).

[287] *Cf.* GHESTIN, 3ᵉ éd., n° 506, p. 470.

susceptible d'être annulé; dans le second cas, parce qu'il s'agit d'une erreur inexcusable, le contrat est maintenu[288].

La jurisprudence québécoise a refusé de faire cette distinction et a suivi les commentaires de Mignault : « Partout où la loi traite de l'erreur, elle s'exprime en termes généraux, sans distinguer jamais entre l'erreur excusable et celle qui ne l'est pas. Vouloir que l'erreur demeure irréparée, sous prétexte qu'un autre, plus intelligent, plus instruit ou plus attentif que celui qui l'a commise, aurait su l'éviter, c'est prétendre que la loi a dû abandonner ceux-là mêmes qui ont le plus besoin de son secours. Je ne lui ferai pas l'injure de penser qu'elle s'est à ce point montrée inconséquente »[289].

Il est vrai que, psychologiquement, le consentement est vicié, et ce, que l'erreur résulte d'une simple négligence ou d'une négligence grossière. Il est également vrai que la loi doit protéger le plus faible, le plus vulnérable; toutefois, la négligence grossière n'est pas toujours le fait du moins intelligent ou du moins instruit et, en outre, la naïveté qui dépasse certaines limites peut paraître suspecte. C'est pourquoi la morale peut aussi inciter à ne pas accorder de protection légale à celui qui est l'auteur de son propre malheur : « *Vigilantibus non dormientibus jura inveniunt* »[290].

D'ailleurs, si la négligence n'entraînait pas, dans la jurisprudence québécoise, le maintien du contrat[291], on admettait qu'elle pût entraîner la condamnation de son auteur à des dommages-intérêts, destinés à compenser le préjudice subi par le cocontractant de bonne foi, du fait de l'annulation du contrat : c'était bien dire que la faute de celui qui avait commis

---

[288] *Cf.* FLOUR, AUBERT et SAVAUX, vol. 1, 9ᵉ éd., nº 206, p. 141; MARTY et RAYNAUD, 2ᵉ éd., t. 1, nº 148, p. 151; STARCK, 6ᵉ éd., vol. 2, nº 498, p. 182.

[289] MIGNAULT, t. 5, p. 218.

[290] « Les droits échoient à ceux qui sont vigilants, non aux endormis » : Albert MAYRAND, *Dictionnaire de maximes et locutions latines utilisées en droit*, 3ᵉ éd., Cowansville, Éditions Yvon Blais, 1994, p. 540.

[291] *Cf. Rawleigh Co. c. Dumoulin*, [1926] R.C.S. 551; *Agricultural Chemicals Ltd. c. Boisjoli*, [1972] R.C.S. 278.

l'erreur était sanctionnée[292]. Mignault prévoyait même une hypothèse dans laquelle le contrat aurait dû être maintenu : celle où l'avantage que l'auteur de la négligence aurait poursuivi (l'annulation) et l'indemnité qu'il aurait dû payer auraient été « identiques et quant à leur objet et quant à leur étendue. En ce cas, disait-il, la rescision qu'il réclamerait n'aurait plus été qu'un non-sens, puisque, après l'avoir obtenue, il serait obligé de rendre d'une main ce qu'il aurait reçu de l'autre »[293]. Cette solution qui est celle retenue par la doctrine et la jurisprudence françaises toutes les fois que la négligence de l'auteur de l'erreur est blâmable, avait commencé à faire son chemin dans l'esprit de certains juges. Dans une opinion dissidente, un juge de la Cour suprême du Canada signalait que, si l'auteur de la négligence grossière « n'avait pas été illettré, on ne lui aurait pas pardonné » de n'avoir pas pris certaines précautions élémentaires[294] : n'était-ce pas dire que, en d'autres circonstances, son action en nullité aurait pu être rejetée et en conséquence, le contrat maintenu ?

C'est précisément ce que vient dire désormais l'article 1400, al. 2 C.c.Q. : « l'erreur inexcusable ne constitue pas un vice de consentement ». Le nouveau Code sanctionne donc le comportement de celui dont l'erreur est attribuable à sa propre négligence en le privant de l'action en nullité. Il s'agit d'une véritable fin de non-recevoir[295].

Il faut se garder de confondre ici « erreur inexcusable » et faute lourde : l'erreur inexcusable est simplement l'erreur fautive, celle qui résulte de l'imprudence à n'avoir pas pris les précautions qui s'imposaient dans les circonstances pour se renseigner. Certains prétendent que l'erreur inexcusable est à rapprocher de la faute lourde, et que la simple faute ne suffit

---

292 *Id.*

293 MIGNAULT, t. 5, p. 218.

294 *Agricultural Chemicals Ltd.* c. *Boisjoli*, [1972] R.C.S. 278, 284 (j. Pigeon); *cf.* également *Courtemanche* c. *Charland*, J.E. 81-607 (C.A.), décision dans laquelle il est jugé que l'erreur sur le motif n'entraîne pas nécessairement la nullité, surtout lorsqu'elle est le résultat de la négligence de celui qui l'a commise.

295 *Cf. infra* n° 88.1.

pas à priver de la nullité l'auteur de l'erreur[296]. Certes le qualificatif « inexcusable » accolé à l'erreur semble laisser croire que celle-ci doit revêtir un caractère particulièrement grave pour être prise en considération. En vérité, l'erreur inexcusable n'est que celle qui, dans les circonstances, ne peut être... excusée, celle qui est reprochable ou blâmable[297].

Le caractère inexcusable de l'erreur sera, en conséquence, appréciée *in concreto*. Les juges devront donc se pencher sur le comportement de l'auteur de l'erreur, selon son âge, son expérience, sa profession, sa connaissance de la situation[298] : l'erreur commise par des personnes d'expérience dans un champ d'activité qui leur est habituel sera considérée plus aisément inexcusable que celle qui aura été commise par une personne inexpérimentée[299].

---

[296] Didier LLUELLES avec la collaboration de Benoît MOORE, *Droit québécois des obligations,* vol. 1, Montréal, Éditions Thémis, 1998, n° 544, p. 287; MAZEAUD, 9ᵉ éd., n° 175, p. 173.

[297] *Cf.* GHESTIN, 3ᵉ éd., n° 523; Paul-André CRÉPEAU et Élise M. CHARPENTIER, *Les principes d'UNIDROIT et le* Code civil du Québec *: valeurs partagées?,* Scarborough, Carswell, 1998, p. 26; Vincent KARIM, *Commentaires sur les obligations,* vol. 1, Cowansville, Éditions Yvon Blais, 1997, p. 88. S'il n'en était pas ainsi, on retournerait à la solution préconisée par Mignault avec le circuit d'actions qu'elle suppose : nullité pour l'auteur de l'erreur et octroi de dommages et intérêts pour le cocontractant, toutes les fois que l'erreur serait fautive sans cependant être grossière (*cf.* en ce sens LANGEVIN et VÉZINA, vol. 5, p. 42). C'est précisément ce que le législateur a voulu éviter en édictant cette fin de non-recevoir. *Cf.* également, BAUDOUIN et JOBIN, 5ᵉ éd., n° 210, p. 205, qui, sans se prononcer expressément à ce sujet, soutiennent « qu'il faut à tout le moins que la preuve de la faute soit très claire ».

[298] *Cf. Gestion Solvic Ltée c. Amusements Daniel inc.,* J.E. 96-298 (C.S.); *Landry c. Pelletier,* J.E. 00-515 (C.Q.); *Amyot c. Denis Malo & Fils,* J.E. 98-730 (C.S.); *Morin-Légaré c. Légaré,* J.E. 00-1607 (C.S.).

[299] *Cf. Faubert c. Poirier,* [1959] R.C.S. 459 : Poirier, dit la Cour, était un homme habile en affaires, alors que Faubert ne l'était pas ! *Cf.* également *Canadian American Financial Corp. c. Lam,* J.E. 95-670 (C.S.); *Paradis c. Merrett,* J.E 95-1039 (C.Q.); *Maisons funéraires Blais Inc. c. Ouellet,* J.E. 95-1086 (C.Q.); *S.S.Q. Société d'assurance-vie Inc. c. 2970-3691 Québec Inc.,* J.E. 95-1806 (C.S.); *Investissements Lambert-Closse Ltée c. Gentra Canada Investments Inc.,* [1995] R.J.Q. 2607 (C.S.); *Duchesnais c.*

Ainsi, un comptable expérimenté peut difficilement prétendre ignorer la nature d'un contrat de cautionnement[300]. De
même, lorsqu'on conclut avec une compagnie d'assurance une
convention d'indemnisation par laquelle on s'engage personnellement à titre de caution, il est recommandé de lire le
contrat avant de le signer, à défaut de quoi, lorsqu'on invo-
quera une prétendue erreur, on se verra reprocher une telle
négligence[301]; lorsqu'on signe une demande d'ouverture de
compte par laquelle le signataire s'engage personnellement, on
est mal venu de plaider l'erreur et le caractère incompréhensible d'une clause claire, tout en reconnaissant qu'on n'a pas lu le
document et alors même qu'il n'y a eu aucune dissimulation[302].
Dans le même ordre d'idée, le fait de ne pas parler le français
ne permet pas de plaider erreur et de prétendre que l'on ignorait ce qu'était une clause de dation en paiement, alors qu'on a
reçu des explications dans la langue que l'on connaît, et que
l'on a déjà emprunté à quatre reprises dans le passé en
consentant les mêmes garanties, rédigées dans les termes
usuels : s'il y a erreur, il ne peut s'agir que d'une erreur
inexcusable[303]. De même, lorsqu'on répond à un appel d'offres
pour l'enlèvement et le transport des matières recyclables
domestiques sur son territoire et que cette soumission est
acceptée par la municipalité, il faut s'attendre à ce que celle-ci
veuille faire respecter les engagements consentis et, en
l'occurrence, à ce qu'elle réclame un montant égal à ce qu'il lui
en a coûté de plus en devant s'adresser au deuxième plus bas
soumissionnaire, à qui le contrat a dû être octroyé par défaut

---

2820498 Canada Inc., J.E. 00-1453 (C.S.); *Tufenkdjan* c. *Leung*, J.E. 01-384 (C.S.).

[300] *Armoires D.L.M. inc.* c. *Construction Plani-Sphère inc.*, J.E. 96-639 (C.S.). *Cf.* également, *Lavertu* c. *Roy*, J.E. 99-1789 (C.S.) : l'auteur de l'erreur était assisté de son avocat.

[301] *La Garantie, compagnie d'assurance de l'Amérique du Nord* c. *Létourneau*, 97BE-152 (C.S.).

[302] *Démix Béton Estrie, division de Ciment St-Laurent inc.* c. *Habitat Renil inc.*, J.E. 98-606 (C.Q.); *cf.* également *Banque Toronto-Dominion* c. *Ascot*, [1997] R.J.Q. 586 (C.S.); *B. Frégeau & Fils inc.* c. *Société québecoise d'assainissement des eaux*, J.E. 97-2214 (C.S.).

[303] *Caisse Populaire de Longueuil* c. *Mirza*, J.E. 97-1098 (C.S.)

du premier; la preuve démontre que l'entrepreneur qui se vantait d'avoir, dans le domaine, une expérience de 40 ans n'a pu donner qu'un consentement éclairé ou qu'il avait l'obligation de se renseigner auprès de la municipalité dans la mesure où certaines clauses techniques pouvaient présenter quelqu'ambiguité : si donc il y a erreur, elle est inexcusable[304].

La solution qui consiste à priver l'auteur de l'erreur de l'annulation du contrat relève en définitive de l'idée de bonne foi et celle de responsabilité qui doivent présider aux relations contractuelles; au droit que l'on a d'être informé répond l'obligation de se renseigner : on retrouve ici cette recherche d'un juste équilibre entre les intérêts de chacune des parties, entre le principe de l'autonomie de la volonté et le principe de justice contractuelle. C'est cette même recherche qui nous a fait dire – lorsque s'est posée la question de savoir si l'erreur devait être commune ou pouvait être unilatérale – que le cocontractant doit avoir su ou avoir pu savoir que le fait à l'existence duquel l'auteur de l'erreur a cru était essentiel pour celui-ci : si l'auteur de l'erreur n'a pas fait savoir, à son cocontractant, ce qui était décisif pour lui et que ce cocontractant ne pouvait pas deviner, son erreur est indifférente, avons-nous dit, mais on pourrait aussi bien dire, désormais, que son erreur est inexcusable, fautive[305].

On notera enfin qu'une erreur qui serait normalement inexcusable peut devenir excusable lorsqu'elle résulte du dol du

---

[304] *Ville de Thetford Mines* c. *Récupération Gaudreau inc.*, J.E. 98-858 (C.Q.); *cf.* également *Amyot* c. *Denis Malo & Fils inc.*, J.E. 98-730 (C.S.).

[305] Ainsi, dans l'affaire *Ville d'Anjou* c. *Patry*, [1988] R.J.Q. 502 (C.S.), relative à l'engagement, comme pompier, d'une personne au dos fragile, le juge aurait pu aboutir au résultat qu'il souhaitait, c'est-à-dire le maintien du contrat, en ayant recours à l'idée d'erreur inexcusable de la part de l'employeur qui n'a pas vérifié avec suffisamment de sérieux l'état de santé de la personne embauchée. Sur le plan du droit transitoire, on notera l'article 75 L.A.R.C.C. selon lequel un contrat – même s'il été conclu antérieurement à la loi nouvelle – ne peut plus être annulé sur la base de l'erreur si celle-ci revêt un caractère inexcusable.

cocontractant ou encore de l'inexécution, par ce dernier, de son obligation de renseignement[306].

c) La preuve et la sanction de l'erreur

83. *Preuve de l'erreur.* Pour que l'erreur entraîne l'annulation du contrat, il ne suffit évidemment pas de l'invoquer : il faut aussi la prouver[307]. Il appartiendra à celui qui l'invoque de prouver la survenance de l'erreur, ainsi que son caractère essentiel et déterminant. L'erreur étant un fait juridique, elle pourra se prouver par tous les moyens, notamment par témoin ou par présomptions. Il faut préciser que les tribunaux peuvent, en certaines circonstances, se montrer exigeants quant à cette preuve : l'auteur de l'erreur, qui demande l'annulation du contrat, devra prouver que, s'il avait connu la vérité, il n'aurait pas contracté et, dans la mesure où son cocontractant ne s'est pas lui-même trompé, il devra prouver, en outre, que son erreur est un fait intérieur au contrat (avec toutes les nuances qui ont été apportées sur ce point)[308].

---

[306] *Cf. North American Trust Co.* c. *Desjardins*, J.E. 94-1010 (C.Q.); *Crédit-bail Findeq Inc.* c. *Knit-Craft Fashion Mills Ltd.*, J.E. 95-1767 (C.S.); *9032-4005 Quebec inc.* c. *Société de Cautionnement du St-Laurent inc.*, J.E. 98-422 (C.S.); *Gestions Lyster Ltée* c. *Duluque*, J.E. 95-331 (C.S.); *Placements Robert Bernard Ltée* c. *Les entreprises Claude Potvin inc.*, J.E. 98-563 (C.S.); *Bolduc* c. *Decelles*, [1996] R.J.Q. 805 (C.Q.); *Banque Royale du Canada* c. *Audet*, J.E. 97-882 (C.Q.); *cf.* cependant, *9062-0378 Québec Inc.* c. *904501253 Québec Inc.*, J.E. 01-533 (C.S.).

[307] *Banque Nationale du Canada* c. *Goulet*, J.E. 97-626 (C.A.); *Beauchamp* c. *Relais Toyota inc.*, [1995] R.J.Q. 741 (C.A.); *Marché Bernard Lemay inc.* c. *Marché Cinq Étoiles inc.*, J.E. 98-1219 (C.S.); *Caisse Populaire de Longueuil* c. *Mirza*, J.E. 97-1098 (C.S.); *Brassard* c. *Parent*, J.E. 96-87 (C.S.); *Droit de la famille-2665*, J.E. 97-1009 (C.A.).

[308] Sur les difficultés de preuve, *cf.* FLOUR, AUBERT et SAVAUX, vol. 1, 9e éd., n°s 209-210, p. 143-144. À ce sujet, on consultera avec intérêt *Québec (Sous-ministre du Revenu)* c. *Taillefer*, J.E. 98-81 (C.A.). Dans cet arrêt, deux juges refusent de voir une erreur déterminante, contrairement au juge dissident qui reconnaît l'existence d'une erreur de droit et se range au côté du juge de première instance. On observera que les juges d'appel reprennent certains extraits des témoignages – parfois les mêmes – pour en tirer des conclusions opposées, donner à tel ou tel élément du dossier

On devine la difficulté qu'il peut y avoir, dans les faits, à prouver l'existence de cet élément psychologique que constitue l'erreur, surtout lorsque celle-ci est le fait d'une seule partie contractante. Certes, celui qui achète d'un antiquaire un meuble qu'il croit ancien prouvera assez aisément qu'il s'est trompé, qu'il a cru vrai ce qui était faux, que l'authenticité de l'objet était une qualité déterminante et que son vendeur devait le savoir : cette situation est probablement la plus simple. En revanche, l'acheteur pourrait avoir des difficultés s'il lui fallait convaincre le tribunal qu'il croyait acheter un meuble du XVIIe siècle, alors qu'en réalité l'antiquaire lui a vendu un meuble authentiquement XIXe siècle, dans la mesure où cet acheteur n'aurait pas informé le vendeur de son intention d'acquérir un objet du XVIIe siècle.

Dans l'un et l'autre cas, le prix de l'objet vendu peut constituer, pour le juge, un élément d'appréciation quant à l'existence même de l'erreur, sans pour autant qu'on puisse parler d'une erreur sur la valeur : si l'acheteur a payé, pour ce meuble, le prix normal d'une copie ou d'un meuble du XIXe siècle, le juge se laissera moins facilement convaincre que si l'acheteur a payé le prix d'un meuble authentique ou le prix d'un meuble du XVIIe siècle. Celui qui paie un prix ridiculement bas pour ce qu'il croit être un meuble authentique devrait avoir de la difficulté à convaincre le juge qu'il s'est trompé, même s'il l'a acheté chez un antiquaire. Cependant, même cette preuve étant faite, un tel contrat pourrait désormais être maintenu sur la base de l'erreur inexcusable (art. 1400, al. 2 C.c.Q.), lorsque l'acheteur aura été assez sot pour croire à la « belle affaire ». Malheureusement, la réalité quotidienne est loin d'être toujours aussi simple et la preuve sera plus délicate à apprécier lorsque le prix payé sera proche de celui de l'objet qu'on croit acheter : en ce cas, en effet, le prix ne constitue plus en soi un élément d'appréciation quant à l'existence même de l'erreur; le juge devra, alors, rechercher d'autres éléments lui permettant de se laisser convaincre de la réunion de toutes les conditions de l'erreur.

On constate donc qu'il n'est pas nécessairement facile de prouver que l'on a cru à une qualité ou un élément déterminant qui n'existait pas; à plus forte raison, la difficulté est-elle grande lorsqu'il s'agit,

---

une importance décisive pour méconnaître l'erreur du côté de la majorité et pour la reconnaître du côté de la dissidence : il est difficile, on le voit, de partir à la recherche de cet élément psychologique que constitue l'erreur...

pour celui qui commet une erreur sur la prestation fournie, tel le vendeur, de démontrer que celui-ci a ignoré une qualité qui existait; en effet, parce que le vendeur est mieux placé que l'acheteur pour déceler les qualités de la chose dont il décide de se dessaisir, le juge aura plus de peine à se laisser convaincre du caractère déterminant de l'erreur sur ces qualités : il sera peut-être plus enclin à croire à une erreur directe sur la valeur de l'objet vendu, erreur indifférente.

84. *Sanction de l'erreur.* Lorsqu'il est prouvé que l'erreur a vicié le consentement, le contrat est susceptible d'être annulé. En vertu de l'article 1407 C.c.Q., « celui dont le consentement est vicié a le droit de demander la nullité du contrat », nullité relative donc susceptible d'être couverte par la confirmation de l'auteur de l'erreur.

Il faut rappeler, cependant, que l'erreur-obstacle est désormais sanctionnée en principe par la nullité relative, ce qui est cohérent, on l'a déjà dit, avec la sanction édictée au cas d'absence de consentement, laquelle ne peut être invoquée que par la personne qui n'a pas une volonté claire et consciente[309].

Hormis cette action en nullité dont bénéficie celui dont le consentement est vicié par son erreur spontanée, une condamnation à des dommages-intérêts est-elle exclue ? On pourrait être, *a priori,* tenté de le croire, puisque, par hypothèse, l'auteur de l'erreur ainsi que son cocontractant sont de bonne foi. Néanmoins, on peut imaginer que l'erreur de l'un soit le résultat d'un comportement fautif de l'autre, sans que pour autant il soit dolosif; de même pourrait-elle être le résultat d'une faute de l'auteur de l'erreur, combinée avec une faute de son cocontractant. Il pourrait donc y avoir lieu, en ces cas, à une condamnation à des dommages-intérêts, à une responsabilité exclusive du cocontractant ou à une responsabilité partagée[310].

---

[309] *Cf.* GHESTIN, 3ᵉ éd., n° 495 *in fine,* p. 461; *cf. infra,* les développements sur les nullités, n° 186.

[310] À titre d'exemple, *cf. Proulx* c. *100242 Canada inc.,* J.E. 97-1678 (C.A.); *Grandmont & Fils ltée* c. *Procureur général du Québec,* [1996] R.J.Q. 1290 (C.S.); *cf.* également l'opinion dissidente du juge Pigeon dans l'affaire *Agricultural Chemicals Ltd.* c. *Boisjoli,* [1972] R.C.S. 278 et *Boless Inc.* c. *Résidence Denis-Marcotte,* J.E. 95-1890 (C.S.). Si l'erreur

En s'interrogeant sur l'origine de l'erreur, on a signalé qu'elle pouvait aussi résulter de certains agissements de la part du cocontractant; on est ainsi amené à analyser le dol.

B. Le dol

85. *Notion de dol.* Pothier définissait le dol comme étant « toute espèce d'artifice dont quelqu'un se sert pour tromper autrui »; cette idée d'artifice ou de tromperie avait été reprise par le législateur du Bas Canada, qui faisait état de « manoeuvres » : « La fraude ou le dol est une cause de nullité, lorsque les manoeuvres pratiquées par l'une des parties ou à sa connaissance sont telles que, sans cela, l'autre partie n'aurait pas contracté » (art. 993 C.c.B.C.). Ainsi le dol est-il un ensemble de manoeuvres frauduleuses et déloyales qui ont pour but d'induire une personne en erreur et de l'amener, de ce fait, à contracter.

On observe que, selon cet article 993 C.c.B.C., dol et fraude sont confondus; or, il y a là ambiguïté, dans la mesure où le dol constitue, certes, une fraude qui cependant se situe au niveau de la formation du contrat, alors que la fraude est un comportement fautif qui peut également se situer au niveau de l'exécution ou inexécution du contrat. En outre, le dol est une faute intentionnelle, comportement qui implique l'intention de tromper, alors que le terme « fraude » peut aussi viser un agissement illicite par l'emploi de moyens illégaux ou même apparemment réguliers, la mauvaise foi, la fraude à la loi, ou encore – dans le contexte de l'« action paulienne », désormais « action en inopposabilité » – désigne un état d'esprit qui consiste à avoir conscience du préjudice qui, par l'acte posé, va être causé aux créanciers : on en déduit, par un jeu de présomption, que, de ce fait, il y a intention de nuire.

---

résulte de la faute d'un tiers, la responsabilité de ce dernier pourra être engagée : *cf. Verrier* c. *Malka*, J.E. 98-1209 (C.A.). Contrairement à TANCELIN, 6ᵉ éd., n° 187, nous ne croyons pas que l'article 1407 C.c.Q., par une interprétation *a contrario*, exclut le recours en dommages-intérêts contre le cocontractant de la victime de l'erreur.

Le nouveau Code civil traite, certes, du dol, sans toutefois le définir et sans le confondre avec la fraude (art. 1401 C.c.Q.).

L'erreur, telle qu'envisagée précédemment, entraîne, on l'a vu, l'annulation du contrat; mais encore faut-il que la victime prouve le caractère déterminant de son erreur afin que celle-ci soit prise en considération. L'erreur dont il a été question était celle qu'avait commise la victime elle-même, sans qu'on pût reprocher la moindre faute au cocontractant. Or, la question dont il est traité maintenant porte sur l'erreur commise par un contractant, qui résulte de certains agissements de la part du cocontractant : les manœuvres de l'une des parties ont provoqué l'erreur de l'autre.

Un arrêt d'une Cour d'appel française (Colmar) a adopté, en 1970, une définition originale du dol : une vieille personne, littéralement assiégée par ses fille et gendre qui souhaitaient se faire consentir par elle une donation conclue ainsi au détriment de son fils, finit par consentir, non point par erreur à la suite de manœuvres frauduleuses, mais par lassitude : un premier notaire avait refusé de dresser l'acte, mais un second l'avait rédigé, tard dans la nuit, après d'âpres discussions. Les conditions de la violence n'étaient pas réunies, mais la Cour releva l'existence de manœuvres malhonnêtes sans lesquelles la vieille dame n'aurait pas contracté, observant que l'article 1116 C.c.fr. (correspondant à l'art. 993 C.c.B.C.) ne parle pas d'erreur, mais plutôt de manœuvres telles que, « sans cela, l'autre partie n'aurait pas contracté ». Cette décision paraissait intéressante, dans la mesure où elle faisait du dol une cause de nullité, sans pour autant que ce dol fût source d'erreur, dissociant ainsi le dol de l'erreur, celui-ci ayant empêché la vieille dame de donner un consentement parfaitement libre et éclairé[311]. Dans une telle situation, au Québec, on ne pourrait plus aujourd'hui tenir le même raisonnement, compte tenu de la formulation de l'article 1401 C.c.Q.[312].

---

[311] Colmar, 30 janvier 1970, D. 1970.1.297; *Cf.* STARCK, 6ᵉ éd., vol. 2, n° 516, p. 189 et suiv.

[312] Ne pourrait-on cependant pas rendre un tel contrat inefficace en invoquant la mauvaise foi lors de la formation du contrat (art. 1375 C.c.Q.)? Sur cette possibilité, *cf.* Didier LLUELLES avec la collaboration de Benoît MOORE, *Droit québécois des obligations,* vol. 1, Montréal, Éditions Thémis, 1998, n° 920 et suiv., p. 523 et suiv., qui envisage l'existence de « vices innommés » qui ne pourraient cependant pas

On perçoit, dès lors, que le dol n'est pas, à proprement parler, un vice du consentement : celui-ci est vicié par l'erreur d'un contractant, erreur provoquée par le dol de l'autre. C'est ce que confirme la formulation de l'article 1401 C.c.Q. qui vise « l'erreur d'une partie provoquée par le dol de l'autre ». Si l'erreur provoquée par l'ignorance ou la simple négligence de la victime entraîne l'annulation du contrat, *a fortiori* l'erreur provoquée par le dol du cocontractant doit-elle être sanctionnée. Il est, alors, permis de s'interroger sur l'utilité de cette notion de dol : la sanction prévue pour l'erreur ne suffisait-elle pas et la notion de dol ne fait-elle pas double emploi avec la notion d'erreur, vice du consentement ? Que l'erreur soit provoquée par le dol ou qu'elle soit spontanée, le résultat est, certes, le même. Néanmoins, la notion de dol a son utilité.

Tout d'abord, sur le plan de la preuve, l'existence d'un dol peut servir les intérêts de la victime. Dans le cas de l'erreur simple, le tribunal doit être, en effet, en mesure de retrouver, dans les circonstances de l'espèce, les présomptions et indices qui lui permettront de conclure à l'existence du fait psychologique de l'erreur; la preuve de ce fait purement psychologique ne sera pas nécessairement aisée à fournir, les juges ne se laissant pas toujours convaincre par des affirmations gratuites ! Dans l'hypothèse où l'erreur d'un contractant a été provoquée par le dol du cocontractant, la preuve pourra être plus facile à apporter, puisqu'elle aura pour objet les manoeuvres déloyales qui ont provoqué l'erreur et non point le fait purement psychologique de l'erreur; les faits constitutifs du dol pourront être éventuellement plus faciles à établir.

Ensuite, il est une erreur commise fréquemment qui n'entraîne pas l'annulation du contrat, étant considérée comme une erreur indifférente : l'erreur sur la valeur. On a déjà dit

---

contourner les exigences du droit positif. Il nous paraît préférable, en raison précisément du risque de dérive, d'interpréter avec souplesse les notions de dol et de violence... *cf. Archambault* c. *Lévêque*, J.E. 98-1438 (C.S.); *9029-4596 Québec Inc.* c. *Duplantie*, [1999] R.J.Q. 3059 (C.Q.). Voir cependant l'*obiter* de la Cour supérieure dans *Verrelli* c. *Brave*, [1994] R.D.I. 85 (C.S., en appel, C.A. Montréal, n° 500-09-000265-942).

que l'erreur sur la valeur ne pouvait pas être prise en considération, puisque – en principe – la lésion n'est pas sanctionnée entre majeurs (art. 1405 C.c.Q.). Il en va différemment lorsque l'erreur sur la valeur résulte du dol du cocontractant : en ce cas, l'erreur sur la valeur provoquée par de fausses représentations peut entraîner l'annulation du contrat[313]. On sanctionne, en effet, la faute du cocontractant. Il en sera de même pour l'erreur sur le motif, lorsque le dol a déterminé la victime à conclure le contrat.

D'ailleurs, à l'origine, le dol fut considéré essentiellement comme un délit, source de responsabilité : c'était, tout au moins, la conception romaine. Si, aujourd'hui, le dol est considéré comme un vice du consentement à raison de ses effets, sa réglementation est encore influencée par cet aspect fautif.

a) Éléments constitutifs du dol

On distingue traditionnellement un élément psychologique et un élément matériel qui peut prendre diverses formes.

86. *L'élément psychologique.* Il ne peut y avoir dol que lorsque son auteur a l'intention de tromper autrui et de l'induire en erreur; le dol suppose, donc, une malveillance consciente et voulue, destinée à faire croire vrai ce qui est faux ou faux ce qui est vrai[314]. Ainsi, ne commet pas un dol celui qui transmet à son cocontractant de faux renseignements, alors qu'il les croit vrais : en ce cas, l'auteur des faux renseignements est de bonne foi et aucun reproche ne peut lui être adressé sur

---

[313] *Cf. Guillemette* c. *135371 Canada inc.*, J.E. 98-1830 (C.S.); *Brown* c. *Petit Musée ltée*, C.Q. Montréal, n° 500-22-018873-987, 23 février 2000.

[314] *Cf. Treats inc.* c. *Sachian inc.*, J.E. 98-1163 (C.A.), appel de J.E. 97-728 (C.S.); *Industries de véhicules récréatifs Comète inc.* c. *Lafontaine*, J.E. 98-649 (C.A.); *Verrelli* c. *Brave*, [1994] R.D.I. 85 (C.S., en appel, C.A. Montréal, n° 500-09-000265-942); J.E. 94-297 (C.S.); *Banque Nationale du Canada* c. *Viens*, J.E. 94-1119 (C.S.); *Foresterie Noranda inc.* c. *Therrien*, [1996] R.D.I. 354 (C.S.); *Véronneau* c. *Construction Citral ltée*, J.E. 97-1248 (C.S.); *Fortier* c. *Gagné*, J.E. 98-838 (C.S.).

ce plan. Ne commet pas non plus un dol, la personne qui ne mentionne pas un fait qu'elle ignore[315].

87. *L'élément matériel : les manoeuvres.* Le *Code civil du Bas Canada* indiquait que le dol se manifestait par des « manœuvres » (article 993 C.c.B.C.), c'est-à-dire des ruses ou machinations qui matérialisent l'intention de tromper[316]. L'idée de « manœuvres » suppose *a priori* des agissements, des comportements déloyaux pouvant se traduire éventuellement par toute une « mise en scène ». Cependant, les « artifices », dont fait état Pothier dans la définition qu'il donne du dol, doivent s'entendre dans un sens plus large qui peut les réduire à peu de choses : un comportement actif ou neutre qui n'en revêt pas moins la marque de la malhonnêteté. C'est dans ce sens que l'on doit continuer à comprendre la notion de dol. On en vient, alors, à se demander si le simple mensonge ou la simple réticence constitue un dol.

88. *Mensonge.* Moralement, mentir est mal agir. Est-ce à dire que tout mensonge est constitutif de dol ? La réponse doit être négative. En effet, n'est « répréhensible » que le mensonge qui présente une certaine gravité[317] et non point le « menu mensonge », pain quotidien des contractants ! On ne peut exiger d'une partie contractante qu'elle fasse une critique impitoyable de l'objet dont elle désire se dessaisir et qu'elle montre

---

[315] *Gestion Charphidec inc.* c. *Morency*, J.E. 97-1555 (C.A.); *Vallée* c. *Tétreault*, J.E. 96-997 (C.A.).

[316] *Cf. Giguère* c. *Mutuelle-vie des fonctionnaires du Québec*, [1995] R.J.Q. 1990 (C.A.); *Résidence Gisèle et Gérard inc.* c. *De Rose*, J.E. 99-808 (C.A.); *Aviation Roger Leblanc ltée* c. *Pièces et camions R. Raymond inc.*, J.E. 96-178 (C.A.); *Bouchard* c. *Fortin*, [2000] R.D.I. 286 (C.S.); *Gagné* c. *Desrosiers*, J.E. 98-732 (C.S.); *Gauthier-Bardier* c. *Gestion Hervieux-Seddiqi Cie*, J.E. 98-555 (C.S., en appel, C.A. Montréal, n°s 500-09-006048-987, 500-09-006049-985, 500-09-006050-983); *Droit de la famille–3074*, [1998] R.D.F. 620 (C.S.).; *Cam-spec international inc.* c. *Dominion Textile inc.*, J.E. 00-2003 (C.S.).

[317] *Cf. Produits forestiers M. Fortin inc.* c. *Lemay*, J.E. 95-1393 (C.S.); *Rongionne* c. *Mutuelle des fonctionnaires du Québec*, J.E. 95-1026 (C.A.); *cf.* également *Giguère* c. *Mutuelle-vie des fonctionnaires du Québec*, [1995] R.J.Q. 1990 (C.A.) : la Cour distingue déclarations inexactes et fraude, en matière d'assurance.

à celle qui souhaite l'acquérir tous les inconvénients qu'elle en subira. Le « pieux mensonge », les exagérations généralement admises dans les affaires lorsqu'il s'agit de vanter sa marchandise, ne constituent pas un dol[318].

De la même façon, ne constituent pas un dol, les déclarations relatives à des faits futurs, telles des prévisions financières ou relatives à un marché potentiel. Si de telles prévisions ne se réalisaient pas, on ne pourrait dire qu'il y a dol, en raison du caractère aléatoire d'informations de ce type[319], à moins que leur auteur ait eu conscience de l'impossibilité d'atteindre les objectifs déclarés ou, tout au moins, de leur caractère déraisonnable; en ce dernier cas, il y aurait en effet mensonge[320].

Le droit romain distinguait le *dolus malus* du *dolus bonus*. Seul le *dolus malus* qui contrevient à la morale et aux bonnes mœurs vicie le contrat, mais non point le *dolus bonus*, celui que la morale tolère, tel le menu mensonge du commerçant qui vante avec éloquence les qualités de la marchandise qu'il offre, ou son silence lorsque celui-ci porte sur les défauts nettement visibles ou des renseignements qui sont seulement l'énoncé d'évidences[321].

88.1. *Réticence.* Que dire de la réticence qui consiste à taire ce que normalement on devrait dire et que l'autre partie contractante aurait avantage à savoir ? La timidité et la discrétion, comme la naïveté, ont leurs limites. Certes, en règle

---

[318] *Cf.* par exemple *Dominion Provisioners Ltd.* c. *Goudreault*, [1963] B.R. 98; *Groupe Promexpo inc.* c. *Par le trou de la serrure (1993) inc.*, J.E. 98-2137 (C.Q.).

[319] *Cf. Guertin* c. *Les Entreprises J.J.P. inc.*, J.E. 98-887 (C.A.); *A.V.I. Financial Corp. (1985) inc.* c. *Pyravision Teleconnection Canada inc.*, J.E. 99-319 (C.S.); *Giguère* c. *Léonard*, J.E. 99-1504 (C.S.); *Voncorp inc.* c. *147013 Canada inc.*, J.E. 97-1474 (C.S.). Le contractant qui souhaiterait se protéger devrait faire de ces prévisions une condition expresse du contrat.

[320] *Cf. Bissonnette* c. *Banque Nationale du Canada*, J.E. 92-993 (C.A.); *Gadoury* c. *135371 Canada inc.*, J.E. 97-535 (C.S., en appel, C.A. Montréal, n° 500-09-0004530-978).

[321] *Cf. Restaurant E.S.R. inc.* c. *Restaurants Prime du Québec inc.*, J.E. 00-2066 (C.S., en appel, C.A. Montréal, n° 500-09-010318-004).

générale, on ne ment pas en demeurant silencieux; mais il n'est, parfois, de pire mensonge que le silence. Dans une relation contractuelle, il y a un minimum de renseignements qui doivent être donnés, on l'a déjà noté dans le cadre de l'erreur; il convient donc d'informer, dans une certaine mesure, celui qui n'a pas la possibilité de s'informer. La réticence est, alors, constitutive de dol lorsqu'elle dissimule la vérité, lorsqu'elle laisse croire vrai ce qui est faux ou faux ce qui est vrai. C'est ce que consacre de façon explicite l'art. 1401, al. 2, C.c.Q.[322]. La question qui se pose, et qui est difficile à résoudre, est de savoir jusqu'où va cette obligation de renseignements[323].

On doit donc s'attacher à tracer, malgré les difficultés, la frontière entre l'acceptable et l'inacceptable : qu'en est-il de celui à qui s'adresse le mensonge, s'il ne fait rien pour vérifier si l'affirmation est véridique ou mensongère ? On pourrait avoir tendance à ne rien reprocher alors au menteur; pourtant, l'obligation de renseignement étant de plus en plus présente dans notre droit, on pourrait avoir la tendance contraire, c'est-à-dire faire grief au menteur de mentir, « la mauvaise foi de l'une des parties rend[ant] toujours l'erreur de l'autre excusable », comme l'affirme Ghestin[324]. Néanmoins, s'il y a obligation de renseignement de l'un, il ne faut pas oublier qu'il y a aussi obligation, de l'autre, de se renseigner : l'obligation de se renseigner doit-elle disparaître totalement dès lors qu'il y a mensonge de l'autre ? Tout dépend du degré de mensonge et aussi peut-être de la « qualité » du menteur : le mensonge du « professionnel » n'est-il pas plus grave que le mensonge du particulier ? Quant au silence ou la réticence, c'est-à-dire l'omission volontaire d'une chose que l'on devrait normalement dire, il peut être constitutif de dol – on sait l'importance des

---

[322] Cf. Poissant c. Demers, J.E. 95-132 (C.S.); Waltzing c. Marchildon, J.E. 95-736 (C.S., en appel, C.A. Québec, n° 200-09-000212-958).

[323] Cf. Lortie c. Bouchard, [1952] R.C.S. 508. En matière de mariage, on a jadis appliqué l'adage énoncé dans les Institutes coutumières de Loysel : « En mariage, il trompe qui peut! ». Quant au contrat de consommation, cf. Loi sur la protection du consommateur, L.R.Q., c. P-40.1, art. 215 et suiv.

[324] GHESTIN, 3e éd., n° 523, p. 486.

conséquences en matière d'assurance (*cf.* art. 2410 C.c.Q.) –, ce qui signifie que tout silence n'est pas nécessairement dolosif; il ne le sera que lorsqu'il est intentionnel et à la base de l'erreur : on retombe alors sur l'idée voulant que le consentement soit éclairé et que, pour aboutir à ce résultat, le contractant doive être renseigné, tout en ayant aussi l'obligation de *se* renseigner.

88.2. *Obligation de renseigner et obligation de se renseigner.* Dans quelles circonstances une partie a-t-elle l'obligation de renseigner l'autre, de manière à ce que son silence intentionnel soit constitutif de réticence ? Même si, en la matière, tout est cas d'espèce avec la conséquence que la jurisprudence sur le sujet peut sembler rébarbative à toute tentative de rationalisation, il semble qu'il soit néanmoins possible d'émettre certaines lignes directrices.

La Cour suprême du Canada, dans l'affaire *Bail Ltée*[325], a repris en la matière, dans ses grandes lignes, l'analyse de M. Ghestin[326]. Pour la Cour, cet auteur a fait ressortir les principaux éléments de l'obligation de renseignement, soit 1) la « connaissance, réelle ou présumée, de l'information par la partie débitrice de l'obligation de renseignement »; 2) la « nature déterminante de l'obligation en question »[327] et 3) « l'impossibilité du créancier de l'obligation de se renseigner soi-même, ou la confiance légitime du créancier envers le débiteur ».

C'est le dernier critère, celui de l'*impossibilité de s'informer*, qui trace la frontière entre l'*obligation de renseignement* et l'*obligation de se renseigner*. Si, en effet, toute personne est responsable de veiller à ses propres intérêts et doit donc s'informer avant de contracter, on ne peut rien reprocher à celui qui n'est pas en mesure de s'informer. Comme le disent MM. Flour, Aubert et Savaux, on doit informer celui qui ne peut,

---

[325] *Banque de Montréal* c. *Bail Ltée*, [1992] 2 R.C.S. 554; *Cf.* également *Trust La Laurentienne du Canada inc.* c. *Losier*, J.E. 01-254 (C.A.).

[326] GHESTIN, 3e éd., n° 593 et suiv.

[327] L'obligation du vendeur ne va pas jusqu'à le contraindre à révéler des faits isolés et uniques, telle une inondation relevant davantage de la force majeure que du vice de la chose : *Pelletier* c. *St-Laurent*, [1996] R.D.I. 153 (C.A.).

sans difficultés sérieuses, s'informer[328]. Le critère de la confiance légitime du créancier de l'obligation de renseignement se rattache étroitement à cette idée maîtresse : en effet, celui qui est en droit de faire confiance à son cocontractant en raison des circonstances de leur relation (par exemple, le client du professionnel), est, d'une certaine manière, dans l'« impossibilité » de s'informer en raison même de cette confiance : il ne pensera pas qu'il lui est nécessaire de se renseigner, avec la conséquence qu'il n'obtiendra pas l'information qui aurait pu lui être utile. De même, il apparaît difficile de se renseigner sur ce dont on ne peut soupçonner l'existence, ce qui explique que l'on ne fasse pas grief à une personne de ne s'être point informée sur ce qui est improbable, lors même que l'information eût été facile d'accès; l'obstacle, pour être psychologique, est tout aussi insurmontable : on ne s'informe pas sur ce qu'on ne soupçonne pas. En revanche, lorsqu'aucun obstacle important empêche une partie de s'informer, les tribunaux vont souvent lui reprocher de ne s'être point renseigné avant de contracter et vont considérer que son cocontractant, même s'il détenait une information pertinente et inconnue de la première, n'avait pas à la renseigner : le silence ne sera pas alors dolosif[329].

Cette idée d'une « inégalité du point de vue de la possibilité de s'informer » traduit le mieux, à notre avis, l'attitude des tribunaux[330]. Elle explique que la jurisprudence ne retienne pas le dol par réticence lorsque l'information pertinente eût été facile à obtenir ou à vérifier[331], et qu'elle se montre plus sévère

---

[328] FLOUR, AUBERT et SAVAUX, vol. 1, 9ᵉ éd., n° 213, p. 146 et 147.

[329] Cf. Bouffard c. Ducharme, J.E. 00-1863 (C.S., appel déserté, C.A. Montréal, n° 500-09-010098-002).

[330] Cf. Fiducie du Groupe Investors Ltée c. 2632-0580 Canada inc., [1997] R.J.Q. 1107 (C.S.); Cf. Place Bonaventure inc. c. Syscorp Innovations inc., J.E. 00-2064 (C.S., en appel, C.A. Montréal, n° 500-09-010305-001); Villemure c. Trépanier, J.E. 89-1403 (C.A.); Poissant c. Demers, J.E. 95-132 (C.S.).

[331] Cf. Lajoie c. Germain Villeneuve inc., J.E. 95-1196 (C.Q.); Grenier c. Bellotti-Scott, J.E. 99-63 (C.Q.); Vallerand c. Lévesque, J.E. 99-138 (C.S.); Chrétien c. Longue Pointe Chrysler Plymouth (1987) ltée, J.E. 00-1478 (C.Q.); Île Perrot Nissan c. Holcomb, J.E. 01-381 (C.Q.); 2328-4938

lorsqu' il eut été difficile de se renseigner adéquatement[332], lorsqu'un profane contracte avec un professionnel ou une personne expérimentée[333], ou encore lorsque l'une des parties détient des « informations privilégiées »[334].

Il y aura également dol par réticence lorsque l'une des parties, ayant induit l'autre en erreur par ses représentations (même sans intention frauduleuse au départ), ne la détrompera pas, cherchant plutôt à capitaliser sur cette erreur : en un tel cas, même s'il n'y avait pas, à l'origine, une intention frauduleuse, il deviendrait malhonnête de ne pas rectifier les faits[335]. De la même façon, on commet un dol, qui tient à la fois des manoeuvres et de la réticence, lorsque l'on présente sciemment des informations tronquées, partielles et incomplètes[336].

Québec inc. c. *Naturiste J.M.B. inc.*, J.E. 00-2013 (C.S., en appel, C.A. Montréal, n° 500-09-010150-001); *Covex inc.* c. *La Reine*, J.E. 00-2110 (C.A.); *Cf. supra,* n° 82.

[332] *3047423 Canada inc.* c. *Vanin*, J.E. 99-1216 (C.S.); *Droit de la famille–2836*, [1999] R.D.F. 218 (C.A.); *Thériault* c. *Dubeau*, J.E. 01-203 (C.S., en appel).

[333] *Bolduc* c. *Decelles*, [1996] R.J.Q. 805 (C.Q.); *Chabot* c. *Ruel*, [1997] R.J.Q. 1735 (C.S.); *Banque Royale du Canada* c. *Audet*, J.E. 97-882 (C.Q.); *De Rose* c. *Résidence Gisèle et Gérard inc.*, J.E. 97-1823 (C.S., conf. en appel, J.E. 99-808); *Lemyre* c. *Techni-Gestass ltée*, J.E. 00-2002 (C.S.).

[334] *Giroux* c. *Malik*, J.E. 00-2287 (C.S.); *Biotech Electronics Ltd.* c. *Baxter*, [1998] R.J.Q. 430 (C.A.). La *Loi sur les valeurs mobilières* (L.R.Q., c. V-1.1) réglemente sévèrement les « transactions d'initiés ».

[335] *Cf. Creighton* c. *Grynspan*, [1987] R.J.Q. 527 (C.A.); *F. & I. Holdings inc.* c. *87313 Canada ltée*, [1996] R.J.Q. 851 (C.A.); *Malucar Investments Inc.* c. *Hoy*, J.E. 00-1072 (C.S.); *Confédération des Caisses populaires et d'économie Desjardins du Québec* c. *Services Informatiques Decision One*, J.E. 01-538 (C.S., en appel); *Boless inc.* c. *Résidence Denis-Marcotte*, J.E. 95-1890 (C.S.).

[336] BAUDOUIN et JOBIN, 5e éd., n° 315, note 383. Dans *Gagnon-Desjardins* c. *Beauchamp*, [1998] R.D.I. 336 (C.Q.), la fiche descriptive de la maison vendue mentionnait des taxes de 2 076 $, mais le vendeur a soigneusement omis de mentionner l'existence d'une taxe « spéciale » de plus de 8 500 $. *Cf.* également *F. & I. Holdings inc.* c. *87313 Canada ltée*, [1996] R.J.Q. 851 (C.A.); *Chabot* c. *Ruel*, [1997] R.J.Q. 1735 (C.S.) (règlement hors cour, C.A. Québec, n° 200-09-001471-975); *Fortier* c. *Gagné*, J.E. 98-838 (C.S.); *2954-7593 Québec inc.* c. *Demers*, J.E. 00-87

On observera, en terminant, que la *Loi sur la protection du consommateur* interdit au commerçant de passer sous silence un « fait important » (art. 228) : ce dernier a donc une obligation générale de renseignement vis-à-vis du consommateur, tout silence sur un fait important équivalant à une réticence[337].

b) Conditions de l'annulation pour dol

Pour qu'il y ait annulation du contrat, il faut que le dol ait été déterminant et qu'il ait émané du cocontractant ou ait été fait à sa connaissance.

89. *Il faut que le dol ait été déterminant.* Le contrat sera annulé lorsque le dol aura eu une influence déterminante sur le contractant. Le consentement sera vicié par l'erreur d'une partie, provoquée par le dol de l'autre dans tous les cas où, sans cela, la partie n'aurait pas contracté (art. 1401, al. 1 C.c.Q.). Si l'un des contractants n'avait pas fait de fausses représentations ou ne s'était pas conduit de façon déloyale, l'autre n'aurait pas été induit en erreur et n'aurait pas contracté : ainsi faut-il comprendre que les manœuvres, les mensonges ou les réticences de l'un doivent avoir provoqué chez l'autre l'erreur qui l'a amené à conclure le contrat. Ce dol sera alors dit déterminant[338].

Il appartiendra au tribunal d'apprécier le caractère déterminant de ce dol; toutefois, cette appréciation pourrait varier selon qu'elle est faite *in abstracto* ou *in concreto* : en effet, si l'on se réfère au type abstrait du contractant normalement prudent et diligent, on ne protège guère les personnes les plus vulnérables; si, au contraire, on se réfère à la personne même de la victime du dol, à son état d'âme, il

---

(C.Q.); *Robert Verrier & Fils ltée* c. *Chenail*, J.E. 96-1076 (C.A.); *Gestion Solvic Ltée* c. *Amusements Daniel inc.*, J.E. 96-298 (C.S.).

[337] Cf. *Therrien* c. *Jobin*, J.E. 94-1794 (C.S.); *Turgeon* c. *Germain Pelletier Ltée*, [2001] R.J.Q. 291 (C.A.).

[338] Cf. *Aviation Roger Leblanc ltée* c. *Pièces et camions R. Raymond inc.*, J.E. 96-178 (C.A.); *Corp. de développement Toulon* c. *Valro inc.*, [1994] R.D.I. 554 (C.A.); *Bouchard* c. *Fortin*, [2000] R.D.I. 286 (C.S.); *Gagné* c. *Desrosiers*, J.E. 98-732 (C.S.); *Gagné* c. *Location Haggerty inc.*, J.E. 98-1524 (C.S.) (désistement d'appel, C.A. Montréal, n° 500-09-006802-987).

est, alors, possible de protéger des contractants qui se laissent impressionner plus facilement que d'autres.

Il ne fait aucun doute que le caractère déterminant du dol doit être apprécié *in concreto* : le genre de manœuvres utilisées, la « qualité » des mensonges ou des réticences d'un contractant sont souvent fonction de la personnalité de sa victime; plus cette dernière paraîtra impressionnable, plus l'artifice sera grossier. Le tribunal tiendra donc compte des motifs qui ont déterminé la victime du dol à consentir et de son degré d'inexpérience ou de fragilité qui l'a rendue perméable à des manœuvres qui n'auraient pas dupé un individu normalement prudent et diligent[339].

Ce dol déterminant était généralement qualifié de « dol principal », par opposition au « dol incident ». On considérait que le dol principal était celui qui amenait la victime à conclure le contrat, alors que le dol incident était celui qui amenait la victime à contracter à des conditions moins avantageuses que celles qu'elle aurait obtenues s'il n'y avait pas eu dol. On ajoutait que le dol principal pouvait entraîner l'annulation du contrat, alors que le dol incident donnait seulement lieu à l'octroi de dommages-intérêts[340].

Cette distinction entre dol principal et dol incident ne nous paraissait pas aussi claire qu'on voulait le faire croire et nous semblait même rendre confuse une question simple : l'excès de catégorisation nuit. Il importait peu de qualifier le dol dont l'un des contractants avait été la victime; il s'agissait simplement de se demander si ce dol avait déterminé ou non la volonté de la victime. C'est ce que le droit nouveau nous paraît consacrer : dès que l'on arrive à la conclusion que le dol commis a été déterminant, que, sans cela, la partie n'aurait pas contracté ou aurait contracté à des conditions différentes (art. 1401, al. 1 C.c.Q.), la victime a le choix de demander l'annulation du contrat ou le maintien du contrat en même temps que l'octroi de dommages-intérêts, qui souvent correspond à une réduction de son obligation. Envisager le problème différemment condui-

---

[339] *Cf. Pétroles Inc.* c. *Tremblay*, [1963] R.C.S. 120; MAZEAUD, 9ᵉ éd., t. 2, vol. 1, n° 195, p. 188.
[340] *Cf. Pagnuelo* c. *Choquette*, (1903) 34 R.C.S. 102.

sait, on le verra, à un résultat absurde, entériné par la Cour suprême[341], mais corrigé ultérieurement par la Cour d'appel[342].

90. *Il faut que le dol ait été le fait du cocontractant ou ait été fait à sa connaissance.* Lorsque le dol déterminant est le fait de l'un des contractants, il est clair qu'il doit être sanctionné. Il en est de même si le dol est celui du représentant de ce contractant : le dol du représentant est le dol du représenté (*Qui agit per alium agit per se*)[343]. On s'est demandé, en droit français, ce qui en était lorsque le dol avait été commis par un tiers. En droit québécois, la réponse est clairement donnée par le législateur, qui vise « l'erreur d'une partie, provoquée par le dol de l'autre partie ou à la connaissance de celle-ci... » (art. 1401, al. 1 C.c.Q.).

Si, donc, le dol est commis par un tiers, à la connaissance de la partie contractante, celle-ci est assimilée à un complice et la victime pourra ester en justice, comme si le dol avait été commis par le contractant lui-même[344]. Si, au contraire, le dol est pratiqué par un tiers, à l'insu de la partie contractante qui en profite, le contrat demeure valable et produit ses effets entre

---

[341] *Id.*

[342] *Bellerose* c. *Bouvier*, [1955] B.R. 175; *cf.* FLOUR, AUBERT et SAVAUX, vol. 1, 9ᵉ éd., n° 214, p. 148 et 149; MARTY et RAYNAUD, 2ᵉ éd., t. 1, nᵒˢ 157 et 160, p. 159-161 et 163; STARCK, 6ᵉ éd., vol. 2, nᵒˢ 537-539, p. 197-199.

[343] Ce principe est admis en France : MARTY et RAYNAUD, 2ᵉ éd., t. 1, n° 158, p. 161; FLOUR, AUBERT et SAVAUX, vol. 1, 9ᵉ éd., n° 215, p. 149 et 150; Pierre-Yves GAUTIER, « Contrats spéciaux », *Rev. trim. dr. civ.* 1998.925, 930; Jacques MESTRE, « Obligations en général », *Rev. trim. dr. civ.* 1999.78, 89. Pour le droit québécois, *cf. Paquette* c. *Boisvert*, [1958] B.R. 150; *Leroux* c. *Langlois*, J.E. 98-34 (C.S.) (appels accueillis en partie, relativement aux dommages); *Rosenberg* c. *Industries Ultratainer inc.*, J.E. 01-287 (C.A.); *Chabot* c. *Ruel*, [1997] R.J.Q. 1735 (C.S.) (règlement hors cour, C.A. Québec, n° 200-09-001471-975); *9002-5057 Québec inc.* c. *Binette*, J.E. 01-528 (C.S.); *Khalid* c. *Lépine*, J.E. 00-1822 (C.S., en appel, C.A. Montréal, n° 500-09-010115-004 et n° 500-09-010119-006). *Cf.* également Didier LLUELLES avec la collaboration de Benoît MOORE, *Droit québécois des obligations*, vol. 1, Montréal, Éditions thémis, 1998, n° 630, p. 338 et 339 et l'opinion nuancée de POPOVICI, 1995, p. 231 et suiv.

[344] *Cf. Nissan Canada Finance inc.* c. *Delisle*, J.E. 94-677 (C.S.).

les contractants[345] : la victime n'aura qu'un recours, sur le plan extracontractuel, contre le tiers, auteur du dol. Certes, une telle disposition peut paraître incohérente, dans la mesure où le dol, commis par un tiers sans la connaissance de celui des contractants qui en profite, vicie le consentement de celui qui le subit, tout autant que le dol commis par le cocontractant lui-même; toutefois, il convient de protéger le cocontractant de bonne foi ou tout au moins ne pas le sanctionner pour un dol qu'il n'a pas commis et dont il n'est pas le complice : c'est dire, comme on l'a vu, que tout vice de consentement n'est pas nécessairement sanctionné.

Tout se passe alors, dans la relation contractuelle, comme si le consentement de la victime n'avait pas été obtenu par des manœuvres illégales[346].

c) Preuve et sanctions du dol

91. *Le dol doit être prouvé.* Il ne suffit évidemment pas d'invoquer le dol pour qu'il soit sanctionné; encore faut-il le prouver. Pas plus que la mauvaise foi, le dol ne se présume et doit donc être prouvé (art. 2805 C.c.Q.).

Comme dans le cadre de l'erreur, celui qui invoque le dol doit apporter la preuve des manœuvres dolosives et de leur caractère déterminant[347]. S'agissant de faits, la preuve peut

---

[345] *Cf. Rawleigh Co.* c. *Dumoulin*, [1926] R.C.S. 551.

[346] Néanmoins, le tribunal pourrait annuler ce contrat sur la base de l'erreur de la victime, abstraction faite du dol du tiers, si toutefois la preuve est suffisamment convaincante : c'est ce qui a été jugé dans l'affaire *Rawleigh Co.* c. *Dumoulin*, [1926] R.C.S. 551.

[347] *Cf. Bel Automobile Inc.* c. *Gallant*, [1974] C.A. 593; *Guertin* c. *Entreprises J.J.P. inc.*, [1998] R.R.A. 399 (C.A.); *Banque Hong-Kong du Canada* c. *Bert Friedman Enterprises Ltd.*, [1996] R.J.Q. 2427 (C.A.); *Harpin* c. *Lessard*, J.E. 00-1729 (C.S.). Si le dol a été commis par un tiers, à la connaissance du contractant, la victime doit aussi apporter la preuve de cette connaissance. Selon la Cour d'appel, lorsqu'un commerçant se livre à une pratique interdite par la *Loi sur la protection du consommateur,* il y a présomption de dol : *Turgeon* c. *Germain Pelletier Ltée,* [2001] R.J.Q. 291 (C.A.).

être apportée par tous les moyens : preuve par témoins et preuve par présomption de faits.

Puisque le dol est rangé parmi les vices du consentement, avec l'erreur et la crainte, il est normal qu'il soit sanctionné de la même manière, c'est-à-dire par la nullité relative du contrat (art. 1407 et 1419 C.c.Q.). Cependant, puisqu'il est également envisagé sous son aspect fautif, il conduit à l'obtention d'une indemnité, dans la mesure où il a causé un préjudice à la victime (art. 1407 C.c.Q.).

On doit ajouter à cela un élément dont on a déjà fait état lorsqu'on a mentionné la distinction traditionnelle entre le dol principal et le dol incident. La victime d'un dol, qui réussit à prouver le caractère déterminant des « manœuvres », a, en définitive, le choix de demander l'annulation du contrat ainsi que l'octroi, éventuellement, de dommages-intérêts (dans la mesure où ce dol sanctionné par l'annulation lui a fait subir un préjudice), ou encore le maintien du contrat et l'octroi de dommages-intérêts pour compenser le préjudice subi. En effet, la victime du dol, plutôt que de demander l'annulation du contrat, peut préférer que le contrat demeure valable et que le tribunal lui attribue des dommages-intérêts destinés à réparer le préjudice qu'elle a subi en contractant à des conditions moins avantageuses que celles qu'elle aurait pu obtenir en l'absence du dol de l'autre partie contractante; et cet octroi de dommages-intérêts peut se concrétiser par la réduction de l'obligation de la victime du dol.

92. *Le dol et les actions le sanctionnant.* Dans le droit d'hier, on s'est demandé si le dol pouvait être sanctionné simplement par des dommages-intérêts, tout en maintenant le contrat. On en était alors venu à dire que le dol principal était celui qui avait déterminé la partie à contracter et qui devait être sanctionné par la nullité *et*, le cas échéant, par des dommages-intérêts si l'annulation du contrat avait fait subir un préjudice à la victime de ce dol, alors que le dol incident était celui qui avait amené la victime à contracter à des conditions moins avantageuses, sans exercer une influence « déterminante » : ce dol incident ne pouvait pas être sanctionné par la nullité et ne pouvait donner lieu qu'à des dommages-intérêts (selon la doctrine française, il se serait alors agi d'une action fondée non point sur l'article 1116 C.c.fr. – semblable à l'article 993 C.c.B.C. –, mais sur l'article 1382 C.c.fr. – correspondant à l'article 1053 C.c.B.C. ou à l'article 1457 C.c.Q.–, donc action en responsabilité extracontractuelle, le dol étant intervenu dans la période précontractuelle). Le problème ainsi posé pouvait conduire à des résultats fâcheux sinon absurdes. Ainsi la Cour suprême du Canada[348] tomba-t-elle dans le piège lorsqu'elle prétendit, dans un *obiter*, qu'un dol principal ne pouvait être sanctionné que par la nullité et que, la nullité n'étant pas demandée, elle ne pouvait pas maintenir le contrat et accorder des dommages-intérêts. Aussi, la Cour d'appel fut-elle amenée à redresser la barre[349] et à invoquer, pour cela, l'article 1526 C.c.B.C. qui donne droit à l'acheteur, dans le cadre de l'inexécution, par le vendeur, de son obligation de garantir les vices cachés, l'action *quanti minoris*, cette action étant, selon la Cour, une action en dommages-intérêts. Ce parallélisme allait lui permettre de combattre la position de la Cour suprême et de poser le principe de la possibilité du maintien du contrat et de l'octroi de dommages-intérêts (poser le principe, sans pouvoir l'appliquer en l'espèce, car le demandeur victime du dol ayant revendu avec profit la taverne achetée, la Cour ne fut pas convaincue de l'existence d'un préjudice), sans toutefois confondre l'action en dommages-intérêts fondée sur le dol et l'action *quanti minoris*.

Or, ce rapprochement allait précisément conduire à la confusion des deux actions, dans la mesure où certains ont considéré que l'acheteur victime d'un dol du vendeur pouvait exercer une action *quanti minoris* et obtenir une diminution de prix; s'agissant alors d'un locataire victime du dol du locateur, n'était-il pas logique de prétendre que ce locataire avait droit à une diminution de loyer ? Le danger d'une telle confusion devait d'ailleurs apparaître, par exemple, dans l'affaire *Lortie* c.

---

[348] *Pagnuelo* c. *Choquette*, (1903) 34 R.C.S. 102.
[349] *Bellerose* c. *Bouvier*, [1955] B.R. 175.

Bouchard[350], où l'auteur du dol – vendeur d'un autobus d'occasion –, en réponse à l'action de l'acheteur qui demandait l'anéantissement du contrat, invoquait l'art. 1530 C.c.B.C., action rédhibitoire qui devait être exercée « dans un délai raisonnable ». On joue ici sur deux terrains : celui de la nullité pour vice de consentement et celui de la résolution pour inexécution de l'obligation de garantie des vices cachés. Or, sur le terrain du dol, on ne trouvait pas l'exigence de l'exercice de l'action dans un délai raisonnable qui se situait exclusivement dans le cadre de la sanction à l'inexécution d'un contrat valablement formé[351].

Cette perception du problème nous a toujours apparu erronée; en effet, une action en diminution de prix et, plus encore, une action en diminution de loyer, sont autre chose que des actions en dommages-intérêts (même si, d'un point de vue pratique, elles en sont proches), car elles permettent au tribunal de *réviser* le contrat; or, le juge ne peut réviser un contrat que si la loi lui en donne le pouvoir : c'était le cas de l'art. 1526 C.c.B.C. ou de l'art. 1040c C.c.B.C., par exemple, mais ce n'était

---

[350] *Cf. Lortie* c. *Bouchard*, [1952] R.C.S. 508, 517 et 518. Dans certains jugements ou arrêts, on semble confondre le délai raisonnable de l'article 1530 C.c.B.C. avec le délai que laisse s'écouler la victime du dol avant d'agir et qui indique la confirmation, par elle, de l'acte annulable : *cf.*, par exemple, *Lambert* c. *Lévis Automobiles Inc.*, [1957] R.C.S. 621; *Delisle* c. *Clavet*, [1972] C.A. 897. On verra, en effet, qu'un contrat nul de nullité relative est susceptible de confirmation : *cf. infra*, n° 196 et suiv.

[351] Peut-être est-il difficile de dire *a priori* si, par exemple, le toit défectueux de la maison qu'on vient d'acheter relève d'un vice caché ou d'une erreur provoquée par des manoeuvres plus ou moins frauduleuses : c'est l'avocat qui, en examinant les circonstances de l'espèce, va choisir celui des recours qui a le plus de chance de réussite, compte tenu des caractéristiques du régime de chacun d'eux, préservant ainsi les intérêts de son client. Par exemple, il peut être plus aisé de démontrer la malveillance du vendeur, active ou passive, que de démontrer l'existence même du vice caché; si l'on a quelque peu tardé à agir, mieux vaut peut-être se placer sur le terrain du dol que sur celui du vice caché, afin d'éviter le délai raisonnable, c'est-à-dire très bref, de l'article 1530 C.c.B.C. hier, et désormais le délai raisonnable de l'avis de l'article 1739 C.c.Q. C'est pourquoi il faut connaître les exigences de chacune de ces actions.

pas le cas de l'article 993 C.c.B.C. Toutefois, dire que le juge n'a pas le pouvoir de réviser le contrat ne lui interdit pas d'accorder des dommages-intérêts à la victime du dol, tout en maintenant le contrat.

Ainsi fallait-il se garder de qualifier *a priori* le dol de principal ou d'incident et fallait-il donner à la victime le choix de la sanction : selon ce que souhaitait la victime du dol – nullité ou maintien du contrat et dommages-intérêts –, la preuve qu'elle avait à faire était différente. Si elle voulait obtenir la nullité, elle devait démontrer que, en l'absence de ces manoeuvres déloyales, elle n'aurait pas contracté; si elle voulait obtenir des dommages-intérêts, tout en maintenant le contrat, elle devait démontrer que, en l'absence de ces manoeuvres, elle aurait contracté à des conditions plus avantageuses qui lui auraient évité de subir un préjudice et il s'agissait alors d'évaluer ce préjudice qui *pouvait* éventuellement équivaloir – mais pas nécessairement – à une diminution de prix; il pouvait être moindre ou supérieur.

Que dit, alors, le nouveau Code ?

« L'erreur [...] provoquée par le dol [...] vicie le consentement dans tous les cas où, sans cela, la partie n'aurait pas contracté ou aurait contracté à des conditions différentes » (art. 1401 C.c.Q.).

Cette phraséologie couvre donc, sans toutefois utiliser les qualificatifs, le dol principal – celui qui a entraîné la conclusion du contrat – et le dol incident – celui qui a mené à des conditions désavantageuses –, tant l'un que l'autre viciant le consentement. Mais il faut aller chercher les sanctions à l'article 1407 C.c.Q. qui prévoit, en cas de dol, la possibilité pour la victime de *choisir*, parmi les sanctions, certes la nullité, mais aussi des dommages-intérêts qui s'ajoutent à la nullité si celle-ci lui cause un préjudice, ou encore le maintien du contrat avec des dommages-intérêts[352], ou encore « une réduction de son obliga-

---

[352] *Cf. Biotech Electronics Ltd.* c. *Baxter*, [1998] R.J.Q. 430 (C.A.); *Gestion 690 inc.* c. *Montréal Trust*, [1995] R.D.I. 322 (C.A.); *Papineau c. Sigouin*, [1994] R.D.I. 154 (C.Q.).

tion »[353]. On voit bien que cette dernière possibilité s'ajoute aux autres, tout en étant cependant une variante de l'action en dommages-intérêts, puisque cette réduction ne peut être arbitraire : elle ne peut être qu'« équivalente aux dommages-intérêts que (la victime) eût été justifiée de réclamer ». Le nouveau texte accorde donc maintenant au juge le pouvoir de « revoir » le contrat, mais il limite ce pouvoir à la mesure de l'évaluation du préjudice subi par la victime : il s'agit donc d'une réparation en nature qui traduit une réparation par équivalent. Il n'est pas impossible que le montant des dommages-intérêts alloué puisse en définitive équivaloir à la différence entre le prix effectivement payé et celui qu'on aurait accepté si l'on avait connu la vérité, ce qui se traduirait ainsi par une diminution de prix; mais l'évaluation du préjudice subi ne coïncide pas nécessairement avec une telle réduction : soit un acheteur qui, à la suite du dol de son vendeur, paie tel bien 10 000 $, alors qu'en l'absence de ce dol, il aurait accepté de payer 6 000 $; il ne subirait qu'un préjudice de 2 000 $ s'il réussissait à le revendre pour la somme de 8 000 $ (on tient pour acquis que cette revente ne constitue pas une confirmation du contrat vicié : par exemple, la victime du dol ne s'est rendue compte du dol qu'après la revente). On constate que le recours consiste en une action en dommages-intérêts et non en diminution de prix, puisque la diminution de prix aurait été égale à 4 000 $ (différence entre le prix payé réellement et le prix qui aurait été payé en l'absence de vice caché) et non point seulement à 2 000 $. C'est en ce sens qu'est allée la Cour d'appel dans *Bellerose* c. *Bouvier*[354], quoi qu'on en ait dit.

Il est permis de tenir le même raisonnement dans l'hypothèse du locataire qui, à la suite du dol du locateur, croit erronément que l'appartement loué est chauffé, alors qu'il s'avère qu'il ne l'est pas; ce locataire, s'il désire le maintien du

---

[353] *Service de Traiteur Vini (1989) inc.* c. *154255 Canada inc.*, J.E. 96-781 (C.A.); *Robert Verrier & Fils ltée* c. *Chenail*, J.E. 96-1076 (C.A.); *Gagnon-Desjardins* c. *Beauchamp*, [1998] R.D.I. 336 (C.Q.); *Gagné* c. *Gilbert*, J.E. 94-792 (C.Q.).; *Dupont* c. *Roy*, J.E. 96-492 (C.Q.).

[354] *Bellerose* c. *Bouvier*, [1955] B.R. 175; *cf.* également *Bélanger* c. *Demers*, [1992] R.J.Q. 1753 (C.A.).

contrat, n'a pas droit – en tant que tel – à une diminution du loyer, déterminée de façon arbitraire par le juge qui « réviserait » le contrat[355]. En revanche, il pourrait avoir droit à des dommages-intérêts compensant le préjudice qu'il subit du fait qu'il doit faire des dépenses supplémentaires pour se chauffer; le préjudice une fois évalué, le juge pourrait traduire le montant obtenu en une réduction du loyer : cette réduction serait « équivalente aux dommages-intérêts qu'il eût été justifié de réclamer ». En ce sens, il s'agit moins d'une véritable révision du contrat que de la réparation du préjudice subi[356].

L'intervention judiciaire autorisée par l'article 1407 C.c.Q. ne permet donc pas d'accorder au défendeur un bénéfice supérieur à celui dont il est privé. Ainsi nous paraîtrait-il injuste que la mesure du préjudice put dépasser la perte éprouvée et comprendre ce que le demandeur estimait pouvoir obtenir en croyant effectuer une bonne affaire; il ne faut pas que le pouvoir qu'a le juge de réduire l'obligation de la victime du dol et qui correspond à une réparation en nature, devienne pour cette victime une source d'enrichissement.

Cette intervention judiciaire s'insère dans la ligne fixée par le législateur au niveau de la mise en oeuvre du droit à l'exécution de l'obligation : entre autres mesures, le créancier d'une obligation inexécutée a le droit d'obtenir « la réduction de sa propre obligation corrélative » (art. 1590(2) C.c.Q.), réduction proportionnelle, précise l'article 1604, al. 3 C.c.Q., qui « s'apprécie en tenant compte de toutes les circonstances appropriées » si toutefois elle peut avoir lieu. C'est dire que le législateur se montre d'une extrême prudence, afin de ne pas substituer à un déséquilibre contractuel un autre déséquilibre. En matière de dol, l'équilibre contractuel est assuré par une

---

[355] On verra, en effet, que le contrat s'impose au juge comme il s'impose aux parties et qu'il ne peut être modifié par lui que lorsque la loi le lui permet : cf. infra, n° 285.

[356] Id. Sur le plan du droit transitoire, on notera l'article 76 L.A.R.C.C. en vertu duquel les articles 1401 et 1407 C.c.Q. s'appliquent même à l'égard des contrats qui étaient en cours au moment de l'entrée en vigueur du nouveau Code.

mesure quantitative des dommages-intérêts auxquels a droit la victime du dol.

Compte tenu de ce qui vient d'être dit, on ne saurait trop insister sur le fait que désormais le choix de la sanction appartient clairement à la victime du dol[357] et qu'on ne peut pas permettre à l'auteur du dol d'empêcher la nullité du contrat, en lui laissant la possibilité, par exemple à l'occasion d'un habile contre-interrogatoire de la victime devant le tribunal, de faire dire à celle-ci à quelles conditions elle aurait conclu le contrat et, par voie de conséquence, la forcer à conclure un contrat révisé. Ainsi, celui qui a acheté tel fonds de commerce à la suite de fausses représentations qui ont déterminé son consentement, et qui, sur cette base, demande la nullité de cette vente, ne peut se voir imposer le maintien du contrat avec une réduction du prix de vente, sous le prétexte qu'avec ces nouvelles conditions le contrat paraît maintenant équilibré : l'acheteur a le *droit* de demander la nullité, même si le contrat « révisé » peut apparaître en définitive comme une bonne affaire, dès lors que ce contrat « révisé » ne fait pas *son* affaire, dès lors que le fonds de commerce acheté s'avère ne pas être – du fait de son cocontractant – celui qu'il avait envisagé, dès lors qu'il n'est pas intéressé à conserver le fonds tel qu'il se présente réellement; l'article 1407 C.c.Q. nous paraît être formel à cet égard : « si (la victime du dol) préfère que le contrat soit maintenu... »; ce n'est donc pas à l'auteur du dol, ni même au juge, qu'il appartient de choisir entre la nullité du contrat ou son maintien[358].

93. *Prescription des recours.* La victime du dol a, certes, une action en nullité, mais elle a aussi un recours en dommages-intérêts.

Dans le droit d'hier, la question de la prescription posait certains problèmes. L'action en nullité exercée par la victime du dol se prescrivait par dix ans, à compter du jour où celle-ci en avait connais-

---

[357] *Cf. Camions Wilfrid Lussier ltée* c. *Matériaux Miron inc.*, J.E. 97-638 (C.A.). *Cf.* également Didier LLUELLES avec la collaboration de Benoît MOORE, *Droit québécois des obligations,* vol. 1, Montréal, Éditions Thémis, 1998, n° 674 et suiv., p. 364 et suiv.

[358] *Cf.* cependant *Poissant* c. *Demers*, J.E. 95-132 (C.S.).

sance, conformément à l'article 2258 C.c.B.C. (sans oublier cependant la possibilité de soulever la question de la confirmation de ce contrat nul de nullité relative). Il n'y avait, là, aucune difficulté particulière. Qu'en était-il d'une action en nullité à laquelle s'ajoutait une demande de dommages-intérêts ou d'une seule action en dommages-intérêts, sans demande d'annulation ? La situation se compliquait ici : la victime qui obtient la nullité peut subir, de ce fait même, un préjudice qui est susceptible de réparation parce qu'il a été lui-même provoqué par ce « délit » qu'est le dol du cocontractant : se trouvait-on, alors, quant à la demande de dommages-intérêts, sur le terrain de l'article 2258 C.c.B.C. qui mentionnait uniquement l'action « en rescision de contrat » ?

Si l'on s'en tient à l'analyse classique de la notion de dol, la réponse qui s'impose est que l'octroi de dommages-intérêts constitue la réparation du préjudice résultant d'un comportement fautif (la faute de l'art. 1053 C.c.B.C.) : en effet, le dol n'est pas un vice du consentement; il est seulement la source de l'erreur qui vicie le consentement, la possibilité d'obtenir des dommages-intérêts relevant, a-t-on soutenu, de l'aspect délictuel du dol en droit romain. Cette solution, qui *a priori* paraît logique[359], ne manque pas de déranger après réflexion, surtout si l'on considère les conséquences qu'une telle analyse pouvait avoir, entre autres, en matière de prescription, dans la mesure où le délai de prescription de l'action en nullité n'était pas identique à celui de l'action en responsabilité extracontractuelle (10 ans pour la première, 2 ans pour la seconde) : on était, en effet, amené à dire que le tribunal aurait dû rejeter une demande de dommages-intérêts qui avait été exercée en même temps qu'une action en nullité du contrat vicié, dans la mesure où celle-ci aurait été intentée au-delà du délai de prescription de l'action en responsabilité, c'est-à-dire plus de deux ans après que la victime ait eu connaissance du dol[360]. Pourtant, le préjudice naît, en vérité, des ef-

---

[359] *Cf.* POPOVICI, 1995, p. 363 et suiv.

[360] Le droit français connaît un problème du même type, mais en sens inverse, dans la mesure où le délai de prescription relatif à l'action en nullité est plus bref (art. 1304 C.c.fr. : 5 ans) que le délai relatif à l'action en responsabilité délictuelle (délai de droit commun – 30 ans – jusqu'en 1985, remplacé alors par un délai spécifique de 10 ans : art. 2770-1 C.c.fr.). La Cour de cassation s'est prononcée à deux reprises, de façon contradictoire : le 14 mars 1972, la Chambre commerciale (Com., 14 mars 1972, D. 1972.653) a jugé que la victime du dol pouvait ne demander que des dommages-intérêts sur la base de l'article 1116 C.c.fr. –

fets de l'annulation même du contrat – c'est-à-dire l'anéantissement rétroactif – qui sanctionne le vice du consentement. Plus encore, au cas où la victime du dol aurait décidé de conserver le contrat et de réclamer des dommages-intérêts, elle aurait dû alors exercer son action dans le délai de deux ans, et non point de dix ans, à compter de la connaissance qu'elle a eu des fausses représentations. Une telle solution paraissait inacceptable et la justice pouvait n'y pas trouver son compte.

Il était alors permis de présenter la situation différemment : le consentement de la victime a été vicié parce que son cocontractant a commis un dol et ce vice est sanctionné par la nullité; cependant, à cette sanction qu'est la nullité, peuvent s'ajouter des dommages-intérêts, ou bien peut tout simplement lui être substituée – en maintenant donc le contrat – une indemnité qui compensera le préjudice qu'a pu causer le vice du consentement dont le dol est à l'origine. En d'autres termes, nullité, nullité plus dommages-intérêts et dommages-intérêts seuls sont les diverses mesures susceptibles de sanctionner le vice du consentement résultant d'un dol. Dans tous ces cas, le délai de prescription pouvait être celui de 10 ans, prévu par l'article 2258 C.c.B.C., qui aurait ainsi visé la prescription de toutes les actions sanctionnant le vice de consentement : on ne dissocie plus alors le dol du vice du consentement qu'il provoque. La justice et la logique imposent parfois que l'on force les textes.

En revanche, cette association dol-vice du consentement n'était plus possible lorsque le dol émanait d'une tierce personne et qu'il était commis à l'insu du cocontractant qui en profitait : en ce cas, la victime ne pouvait nullement invoquer l'article 993 C.c.B.C. et n'avait, en conséquence, à l'égard de l'auteur du dol, que la possibilité d'exercer l'action en responsabilité prévue par l'article 1053 C.c.B.C. qui se prescrivait par deux ans (art. 2261, al. 2 C.c.B.C.).

On se doit maintenant d'ajouter que, même s'il importe de savoir éventuellement sur quel terrain se situent ces divers recours, la

---

correspondant à l'article 993 C.c.B.C. –, ce qui laisserait entendre que la prescription serait celle de l'article 1304 C.c.fr. correspondant à l'article 2258 C.c.B.C.; le 4 février 1975, la Chambre civile (Civ., 4 février 1975, J.C.P. 1975.II.18100) jugeait que le droit de demander la nullité par application de l'article 1116 C.c.fr. n'excluait pas l'exercice par la victime d'une action en responsabilité délictuelle, qui serait donc soumise au délai propre à cette action. *Cf.* GHESTIN, 3ᵉ éd., n° 575, p. 551-554; TERRÉ, SIMLER et LEQUETTE, 5ᵉ éd., 1993, n° 232, p. 184.

détermination de la nature contractuelle ou extracontractuelle du recours exercé par la victime du dol n'a plus désormais l'intérêt qu'elle avait hier, tout au moins quant au problème de la prescription. En effet, qu'il s'agisse d'une action en nullité, avec ou sans demande de dommages-intérêts, d'une simple action en dommages-intérêts ou d'une action en réduction d'obligation, le délai de prescription est le même : trois ans (art. 2925 et 2927 C.c.Q.), à compter du moment où la victime aurait pu agir pour faire valoir son droit, c'est-à-dire à compter de sa connaissance du dol[361].

C. La crainte résultant de la violence ou de la menace

94. *Notion générale.* On a vu que, dans les cas d'erreur et de dol, le contrat était susceptible d'être sanctionné sur la base d'un vice du consentement, car celui-ci n'était pas donné en toute connaissance de cause. Dans l'hypothèse de la crainte, le consentement est vicié parce qu'il n'est pas libre.

Comme le dol, la violence n'est pas en soi un vice de consentement, comme le laissait entendre l'article 994 C.c.B.C., mais elle provoque un consentement donné sous l'empire de la crainte : ce consentement est donné par une personne, à la suite d'une contrainte exercée sur sa volonté, contrainte qui prend la forme d'une menace d'un mal considérable si, par malheur, elle ne concluait pas le contrat. Le vice n'est donc point la violence; c'est la crainte qui en résulte. D'où la formulation nouvelle de l'article 1402 C.c.Q. : « La crainte [...] vicie le consentement [...] lorsqu'[elle] est provoquée par la violence ou la menace [...] ». Cela signifie qu'un contrat peut être sanctionné en raison de la menace qui a pesé sur la victime et qui l'a déterminée à conclure celui-ci.

Aussi, pour désigner la cause de nullité, le terme « crainte » est-il mieux approprié que le terme « violence ». D'ailleurs, lorsqu'une personne use de la violence physique, lorsqu'elle saisit et conduit la main d'une autre pour lui faire apposer sa signature au bas d'une reconnaissance de dette, ou lorsqu'elle lui en suggère la signature dans un sommeil hypnotique, la

---

[361] *Cf.* MARTINEAU, 1977, n° 289 et suiv., p. 305 et suiv.

victime n'est qu'un sujet passif, « un instrument sans volonté » qui ne peut, en conséquence, donner aucun consentement : en ce cas, il y a absence de consentement plutôt que vice du consentement.

Ainsi, la violence à l'origine d'un vice du consentement est-elle non point ce type de violence qui annihile l'existence même du consentement, mais plutôt la violence ou la contrainte qui se manifeste par des menaces qui peuvent être de toutes sortes : menaces de mort, menaces de coups, menaces d'atteinte à l'honneur ou à la réputation telles que le chantage. En semblables hypothèses, la victime avait le choix entre consentir ou subir et elle a « choisi » de consentir; mais ce consentement est vicié parce qu'il a été donné en raison de la menace et non point librement[362].

a) Conditions de l'annulation sur la base de la violence et de la crainte

Pour vicier le consentement, la crainte doit être détermi-nante, la violence doit être contraire au droit et elle doit éma-ner du cocontractant.

95. *La crainte doit être déterminante.* Les articles 995 et 996 C.c.B.C. étaient formulés d'une façon telle qu'ils nécessi-taient de longues explications[363]. Selon l'article 995 C.c.B.C., « la crainte produite par violence ou autrement doit être une crainte raisonnable et présente d'un mal sérieux ».

Le moins qu'on puisse dire est que la formule n'était pas très heureuse. Tout d'abord, il faut préciser que la crainte peut être le résultat d'un mal présent ou de la menace d'un mal fu-tur; le plus souvent, d'ailleurs, le consentement « forcé » est donné sous la menace d'un « malheur à venir ». De toutes façons, dans les deux cas, cette violence morale produit un effet

---

[362] Le droit romain avait fait du *metus* (crainte) un délit, source de responsabilité. Paul OURLIAC et Jehan de MALAFOSSE, *Droit romain et ancien droit*, vol. 1, Paris, P.U.F., 1957, n° 106, p. 114.

[363] *Cf.* PINEAU et BURMAN, 2ᵉ éd., n° 82, p. 112 et suiv.

sur l'état d'âme du contractant au moment même où le consentement est donné, de sorte que celui-ci est vicié.

En second lieu, le législateur faisait état d'une « crainte raisonnable » : l'expression est étonnante ! Les codificateurs n'avaient pas repris la formulation napoléonienne, mais leur disposition était au même effet, une « crainte raisonnable » étant de nature à faire impression sur une personne de courage normal et moyen. Cependant l'article 995 C.c.B.C. poursuivait en ces termes : « On a égard, en cette matière, à l'âge, au sexe, au caractère et à la condition des personnes ».

Cette disposition était d'une interprétation difficile, car les deux phrases qu'elle contenait paraissaient contradictoires. Se référant, dans la première phrase, à une crainte de nature à faire impression sur une personne raisonnable, le législateur suggérait une appréciation *in abstracto* : en semblables circonstances, comment se serait conduite une personne raisonnable ? Se référant, dans la seconde phrase, « à l'âge, au sexe, au caractère et à la condition des personnes », il suggérait plutôt une appréciation *in concreto*.

La doctrine majoritaire enseignait qu'en cette matière, comme dans l'hypothèse du dol, l'appréciation devait se faire *in concreto*, la seconde phrase de l'article 995 C.c.B.C. anéantissant la première. L'article 1402 C.c.Q. consacre désormais sur le plan législatif les solutions retenues hier par la doctrine et la jurisprudence.

En conséquence, aujourd'hui comme hier, la crainte d'un préjudice sérieux peut être le résultat d'un mal présent ou de la menace d'un mal futur; mais il faut que la violence ou la menace qui provoque cette crainte soit de nature à impressionner la partie contractante qui en est la victime : celle-ci doit être véritablement atteinte psychologiquement et doit pouvoir établir que, en l'absence de cette contrainte, elle n'aurait pas contracté[364] ou aurait contracté à des conditions différentes (ce dernier point nous paraît toutefois nouveau, comme on le verra plus loin).

---

[364] *Cf. Étienne c. Bertrand*, [1976] C.S. 670.

On notera que le préjudice appréhendé peut se rapporter tout autant à une autre personne ou à ses biens qu'à la personne et aux biens du contractant lui-même. Dans le droit d'hier (art. 996 C.c.B.C.), on s'était demandé s'il y avait des présomptions à l'égard du conjoint, des enfants ou des proches du contractant; Mignault, s'en rapportant à Pothier, pensait qu'il était impossible de poser une règle absolue : « Tout en admettant qu'on présumera plus facilement que le contractant a été intimidé lorsque la violence s'est exercée contre ses enfants que quand il s'agit d'un parent plus éloigné, je ne suis pas d'avis qu'il existe une présomption absolue d'intimidation et la preuve devra en être faite dans tous les cas »[365]. L'article 1402, al. 2 C.c.Q. consacre cette opinion : le préjudice appréhendé s'apprécie « suivant les circonstances ».

Il faut ajouter que la simple crainte de déplaire à son père, sa mère ou un autre ascendant (« crainte révérencielle »), qui n'était pas constitutive de violence et ne viciait pas le consentement, résultat de l'influence et de l'autorité que les parents ont (ou avaient) sur leurs enfants (art. 997 C.c.B.C.), n'est plus expressément mentionnée dans le nouveau Code civil : elle pourra désormais être visée, le cas échéant, par la notion d'abus d'autorité (art. 1403 C.c.Q.).

96. *La crainte doit résulter d'une violence contraire au droit.* La crainte doit résulter d'une violence injuste. C'est ce qu'exprimait l'article 998 C.c.B.C. et que reprend, dans une formulation nouvelle, l'article 1403 C.c.Q. Cela signifie que l'intimidation n'est pas constitutive d'un vice lorsqu'elle consiste à brandir la menace de l'exercice d'un droit ou d'une autorité, même si l'exercice de ce droit ou de cette autorité devait entraîner un « préjudice sérieux ». *A fortiori,* le fait de se sentir menacé ne suffit pas : encore faut-il qu'il y ait réellement menace[366] et que cette menace soit illégitime.

---

[365] MIGNAULT, t. 5, p. 231 et 232.
[366] *Cf. Soulière* c. *Aylmer (Ville d'),* J.E. 00-479 (C.S.); *Bolduc* c. *Bolduc (Succession de),* J.E. 01-59 (C.S.).

Ainsi, menacer son débiteur de faire saisir ses biens s'il ne paie pas ce qui est dû ne constitue pas une violence et l'engagement souscrit par ce débiteur sous une telle « menace » n'est pas susceptible de sanction[367]; l'engagement d'une personne de payer les dettes de son fils sous la menace du créancier de poursuivre celui-ci devant les tribunaux n'est pas susceptible de sanction, puisqu'un créancier a le droit de s'adresser à la justice pour forcer son débiteur à lui payer ce qui lui est dû. En mettant à exécution de telles « menaces », le créancier ne ferait qu'exercer son droit[368]. Si, au contraire, il profitait de l'occasion pour exiger autre chose ou pour obtenir plus que ce qui est dû, ce comportement pourrait être sanctionné[369].

Aussi est-il nécessaire, pour que la violence ne soit pas contraire au droit, que le but de la menace et les moyens invoqués soient légitimes[370] : lorsqu'un créancier brandit la menace d'une action en justice pour se faire consentir plus que ce qui lui est dû, le moyen est légitime, mais le but ne l'est pas; lorsqu'un créancier menace son débiteur de violences physiques pour obtenir son dû, le but est légitime, mais non point les moyens; lorsqu'un créancier menace son débiteur de voies de droit ou de voies de fait pour obtenir autre chose que ce qui lui est dû, le but et les moyens sont illégitimes. Dans tous ces cas, la violence est contraire au droit, donc illégitime.

Le droit français, malgré l'absence d'une disposition similaire à l'article 998 C.c.B.C., est au même effet : la doctrine s'entend pour y voir une application particulière de la théorie de l'abus des droits[371]. C'est précisément ce que consacre

---

[367] Cf. *Gaudreau* c. *Roy*, [1999] R.D.I. 459 (C.S., en appel, C.A. Québec, n° 200-09-002747-993).

[368] Cf. *Gagnon* c. *Legault*, [1967] B.R. 598.

[369] Cf. *Grover's Chain Stores Ltd.* c. *Sauvageau*, [1967] C.S. 166; *Gravel* c. *Traders General Insurance Co.*, [1964] C.S. 48; *Prév-Automobiles inc.* c. *Groulx*, J.E. 01-654 (C.S.).

[370] Cf. *J.J. Joubert Ltée* c. *Lapierre*, [1972] C.S. 476.

[371] Cf. FLOUR, AUBERT et SAVAUX, vol. 1, 9ᵉ éd., n° 222, p. 153; MARTY et RAYNAUD, 2ᵉ éd., t. 1, n° 168, p. 168-170; MAZEAUD, 9ᵉ éd., t. 2, vol. 1, n° 202, p. 191-193; STARCK, 6ᵉ éd., vol. 2, n° 567, p. 208 et 209.

désormais l'article 1403 C.c.Q. : « La crainte inspirée par l'exercice abusif d'un droit ou d'une autorité ou par la menace d'un tel exercice vicie le consentement ». Il ne s'agit là, en effet, que d'un cas d'application du principe posé à l'article 7 C.c.Q.[372].

97. *La violence doit être le fait du cocontractant ou être intervenue à sa connaissance.* Que la violence émane de la partie contractante elle-même ou d'une tierce personne, le consentement de celui qui la subit est vicié de la même façon; la logique voudrait donc que l'on sanctionne le vice du consentement de la même façon : c'était la solution adoptée dans le droit d'hier (art. 994 C.c.B.C.).

Cependant, on a vu précédemment en matière de dol – situation comparable – que l'erreur d'un contractant provoquée par le dol n'était sanctionnée que lorsque ce dol avait été commis par le cocontractant ou par un tiers à la connaissance de celui-ci (art. 993 C.c.B.C. et art. 1401 C.c.Q.), le cocontractant de bonne foi étant protégé.

C'est cette même solution que retient en cas de crainte le nouveau Code civil : « la crainte [...] vicie le consentement donné par (l'une des parties), lorsque cette crainte est provoquée par la violence ou la menace de l'autre partie *ou à sa connaissance* » (art. 1402, al. 1 C.c.Q.). On exige donc désormais la complicité du cocontractant comme on le faisait déjà en matière de dol; il n'y avait aucune raison, en effet, de traiter la « violence » d'un tiers différemment du dol d'un tiers et, ce faisant, on ne sanctionne pas le cocontractant de bonne foi pour des menaces dont il n'est ni l'auteur ni le complice[373].

Si donc une personne contraint une autre à contracter avec une troisième, la personne violentée ne pourra demander au tribunal de sanctionner ce contrat conclu avec la troisième personne que si elle apporte la preuve que son cocontractant était

---

[372] *Cf. Québec (Sous-ministre du Revenu) c. Caron*, [1992] R.J.Q. 1084 (C.S.); *Vêtements Paul Allaire inc.* c. *Citadelle (La), compagnie d'assurances*, J.E. 00-2101 (C.S.).
[373] *Byrne* c. *Trust Prêt et Revenu*, J.E. 99-1751 (C.S.).

complice de l'auteur de la violence ou de la menace ou avait connaissance de cette menace; si tel n'est pas le cas, le contrat sera maintenu tel quel, comme s'il avait été conclu librement : la victime n'aura qu'un recours sur le plan extracontractuel contre le tiers, auteur de la violence ou des menaces. Ainsi on ne pousse plus jusqu'au bout la logique de l'autonomie ou de la qualité de la volonté, lui préférant désormais la sécurité du cocontractant de bonne foi et la stabilité du contrat[374].

b) Le cas particulier de l'état de nécessité

98. *Crainte inspirée par des circonstances extérieures.* La crainte doit résulter d'une violence ou de menaces faites dans le but d'imposer la conclusion du contrat. Il peut, toutefois, arriver qu'une personne consente à des engagements excessifs sous l'empire de la crainte, sans que cette crainte ait été inspirée par des agissements dont le but fût de la contraindre à contracter. C'est *l'état de nécessité* : un individu est en danger, appelle au secours et promet une forte somme à celui qui le délivrera; une fois délivré, peut-il annuler cet engagement[375] ?

Dans cette hypothèse, il n'y a pas eu de violence, aussi la victime n'est-elle pas autorisée à se prévaloir de la crainte pour faire annuler sa promesse : la contrainte résulte de circonstances extérieures. C'est pourquoi l'article 1404 C.c.Q. considère qu'en un tel cas le consentement n'est pas vicié, pourvu que le cocontractant soit de bonne foi[376]. Il est évident que ne sera pas de bonne foi le cocontractant qui a provoqué ou s'est rendu complice d'une tierce personne ayant provoqué l'état de néces-

---

[374] Sur le plan du droit transitoire, on notera l'article 77 L.A.R.C.C. qui rend la nouvelle règle applicable aux situations en cours, même si le contrat a été conclu avant l'entrée en vigueur du nouveau Code.

[375] De tels engagements conclus dans un état de nécessité après d'âpres discussions avec le « sauveur » constituent un problème bien connu dans les milieux marins dans le cadre du contrat d'assistance et de sauvetage (« *No cure, no pay* »). Cf. Jean PINEAU, « Quelques réflexions sur la formule LLoyd du contrat d'assistance maritime », (1964) 24 *R. du B.* 528.

[376] *Dubois* c. *Héli-Express inc.*, [2000] R.J.Q. 939 (C.Q.).

sité; en dehors de cette hypothèse, on peut se demander si celui qui utilise cet état de nécessité pour obtenir des avantages exorbitants ne se trouve pas, en définitive, dans la même situation que celui qui a provoqué l'état de nécessité : une réponse affirmative nous paraît devoir être donnée dans le contexte du nouveau Code civil. En effet, en vertu de l'article 1375 C.c.Q., la bonne foi doit gouverner la conduite des parties lors de la formation du contrat et, par ailleurs, l'exercice excessif et déraisonnable d'un droit va à l'encontre des exigences de la bonne foi (art. 7 C.c.Q.)[377]. En définitive, en cette hypothèse, on se trouve dans une situation voisine de celle que l'on rencontre exceptionnellement lorsque la lésion, résultant de l'exploitation, est sanctionnée.

Ainsi, dans l'hypothèse où une personne emprunterait, d'une institution financière, 50 000 $ portant intérêt au taux de 15%, afin de payer la rançon exigée par les ravisseurs de son enfant, l'article 1404 C.c.Q. ne permettrait pas d'obtenir la nullité d'un tel prêt, puisqu'il a été conclu dans un état de nécessité et non point sous l'effet de la menace : c'est la remise de la rançon aux ravisseurs – contrat de donation consenti non librement – qui est annulable sur la base de l'article 1402 C.c.Q. et non point l'emprunt. Cependant, si le prêteur a profité de l'état de nécessité dans lequel se trouvait l'emprunteur, pour obtenir un taux d'intérêt prohibitif (par exemple, 30%), ce dernier peut, en l'espèce, obtenir la réduction de ses obligations ou même la nullité du contrat, par application des articles 1404 et 1407 C.c.Q.[378].

---

[377] *Cf. C.M.J.*, t. I, art. 1404 C.c.Q.; même si l'article 999 C.c.B.C. sanctionnait également la mauvaise foi, on se doit d'observer que l'on n'a pas fait grand usage de cette possibilité, d'où un certain malaise que l'on a pu noter à l'égard du contrat conclu en état de nécessité : *cf.* Jean-Louis BAUDOUIN, « L'état de nécessité dans les contrats », (1963) 13 *R.J.T.* 170.

[378] Dans ce cas précis, l'article 2332 C.c.Q. permettrait d'aboutir au même résultat, ce qui n'enlève rien au principe énoncé : on peut penser au cas où, plutôt que d'emprunter, la personne à qui la rançon est demandée aurait, pour payer celle-ci, vendu un immeuble à un acheteur peu scrupuleux qui, au courant de la situation, en aurait profité pour l'obtenir à un prix nettement moindre que sa valeur.

De façon générale, il nous apparaît que le droit nouveau pourrait aussi permettre à la personne qui, en état de nécessité, conclut un contrat contenant des clauses abusives, d'obtenir une révision judiciaire de ce contrat. Ne pourrait-on pas prétendre, en effet, que, compte tenu de la situation – l'état de nécessité, la pression qui pousse irrésistiblement la personne à contracter –, celle-ci ne peut qu'adhérer à ce qui lui est proposé, et conclut donc un contrat d'adhésion; en ce cas, elle aurait la possibilité d'invoquer l'article 1437 C.c.Q. qui sanctionne les clauses abusives dans un contrat d'adhésion. Cette avenue ne présente un intérêt que dans l'hypothèse où l'abus ne porte pas sur des stipulations essentielles du contrat, mais seulement sur des stipulations accessoires : il ne faut pas confondre, en effet, contrat lésionnaire et clause abusive.

En outre, dans les circonstances qui le permettent, cette même personne pourrait invoquer la théorie de l'abus de droit, consacrée par l'article 7 C.c.Q. qui s'applique aussi bien en matière contractuelle qu'extracontractuelle et qui repose sur la bonne foi : le cocontractant qui, compte tenu des circonstances particulières, obtiendrait des faveurs injustifiées, ne se bornerait pas à profiter de la situation, il en abuserait.

c)   Preuve et sanctions de la violence

99.   *La violence doit être prouvée.* Comme l'erreur et le dol, la violence doit être prouvée, en même temps que le caractère déterminant de la crainte qui en résulte, par celui qui l'invoque. S'agissant d'un fait, tous les moyens de preuve sont admissibles.

100. *La violence peut être diversement sanctionnée.* Le contrat conclu sous l'empire de la crainte est sanctionné par la nullité relative à laquelle peuvent s'ajouter des dommages-intérêts si la victime a subi un préjudice. Cette victime peut, ici aussi, demander, si elle le préfère, le maintien du contrat et des dommages-intérêts ou une réduction de son obligation équivalente aux dommages-intérêts qu'elle eût été justifiée de réclamer (art. 1407 C.c.Q.) : la crainte est donc traitée, quant aux sanctions, de la même façon que le dol.

Il nous apparaît cependant qu'il y a ici un changement significatif par rapport au droit d'hier. Nous avons déjà soutenu que la victime de « violence » ou de menaces se trouvait face à un choix entre deux solutions désagréables : refuser de contracter et subir la « violence » ou contracter contre sa volonté afin d'échapper aux menaces, mais que, dans l'hypothèse où elle acceptait de contracter contre sa volonté, elle ne pouvait que confirmer le contrat lorsque la menace était levée, parce qu'elle s'en trouvait néanmoins satisfaite, ou refuser le maintien du contrat et en demander la nullité, parce que la violence qui lui avait été faite lui avait retiré sa liberté de décision[379]. En d'autres termes, ou bien la « violence » ou les menaces avaient fait peur, ou bien elles n'avaient pas fait peur; ainsi, ne reconnaissions-nous pas, en matière de crainte, ce que nous admettions en matière de dol – ce que certains ont appelé le « dol incident » – c'est-à-dire la possibilité pour la victime de demander le maintien du contrat moyennant compensation par équivalent ou en nature.

Or, désormais, l'article 1407 C.c.Q. est clair à cet égard, la victime de la « violence », comme la victime du dol, a le choix des sanctions : la nullité avec ou sans dommages-intérêts, ou bien – si elle le préfère – le maintien du contrat assorti de dommages-intérêts ou de la réduction de son obligation : la crainte peut donc aboutir, comme le dol, à l'annulation du contrat ou à son maintien, en « monnayant » le préjudice subi.

Quant à la prescription de ces divers recours, le problème se présente exactement de la même manière qu'en matière de dol : le délai est de trois ans dans tous les cas, à compter de la cessation de la violence ou de la crainte (art. 2925 et 2927 C.c.Q.)[380].

Dans l'hypothèse où la violence émane d'un tiers sans la complicité du cocontractant, le contrat, on le sait, ne peut pas en principe être annulé; mais une action en dommages-intérêts peut, alors, être exercée contre ce tiers, sur la base de l'article 1457 C.c.Q. (et non point sur la base de l'article 1402 C.c.Q.

---

[379] *Cf.* PINEAU et BURMAN, 2ᵉ éd., n° 86, p. 118 et 119.
[380] *Cf. supra*, n° 93; *cf.* MARTINEAU, 1977, n° 289 et suiv., p. 305 et suiv.

puisqu'il ne s'agit plus ici de sanctionner le vice du consentement). Le délai de prescription est alors de trois ans, à compter
du moment où la victime aurait pu prendre action pour faire
valoir son droit, c'est-à-dire à compter de la cessation de la
crainte, puisqu'il y a, jusqu'alors, impossibilité en fait d'agir (*cf.*
art. 2904 C.c.Q.)[381].

D. La lésion

101. *Notion.* On définit généralement la lésion comme
étant un déséquilibre, existant au moment de la conclusion
d'un contrat, entre les prestations réciproquement stipulées.
C'est dire que le contrat est injuste pour une partie qui donne
beaucoup plus qu'elle ne reçoit : une personne vend 20 000 $ un
immeuble qui en vaut 60 000 $. Ce contrat est dit lésionnaire,
car l'une des parties contractantes a fait une très mauvaise
affaire.

Ainsi définie, la lésion ne peut se rencontrer que dans un
contrat synallagmatique, celui qui suppose des obligations
réciproques. Or, dans un contrat unilatéral tel que le prêt à
intérêt, l'un des contractants, l'emprunteur en l'occurrence,
peut être amené à payer très cher l'avantage recherché. On
parle, alors, d'usure, mais le problème est de même nature que
précédemment : le vendeur est lésé lorsqu'il vend au-dessous
du prix normal; l'acheteur est lésé lorsqu'il paie plus qu'il ne
devrait; l'emprunteur est lésé lorsqu'il verse un intérêt très
supérieur au taux habituel.

La lésion est donc le préjudice que subit une partie contractante à raison « d'un défaut d'équivalence entre l'avantage
qu'elle obtient et le sacrifice qu'elle consent »[382]. Doit-on sanc-

---

[381] *Cf. Gauthier* c. *Beaumont*, [1998] 2 R.C.S. 3.

[382] FLOUR, AUBERT et SAVAUX, vol. 1, 9ᵉ éd., n° 241, p. 168 et 169. On
consultera en droit québécois, George MASSOL, *La lésion entre majeurs
en droit québécois*, Cowansville, Éditions Yvon Blais, 1989. *Cf.* également
BAUDOUIN et JOBIN, 5ᵉ éd., n° 251 et suiv., p. 231 et suiv. et Didier
LLUELLES avec la collaboration de Benoît MOORE, *Droit québécois des*

tionner une telle situation, doit-on prendre en considération un tel état de chose ?

102. *Évolution de l'idée de lésion.* Le droit romain classique ne reconnaissait la lésion que dans le cas des mineurs de moins de 25 ans. Au Bas-Empire, sous l'influence notamment des Pères de l'Église qui préconisaient dans tout contrat l'équivalence des prestations, les compilateurs de Justinien, remaniant une constitution de Dioclétien, ont admis l'action en rescision en faveur du vendeur d'un immeuble au cas de « *laesio enormis* » qui devint la lésion d'outre-moitié[383].

Au Moyen Âge, les canonistes, s'inspirant d'Aristote et de la prohibition du prêt à intérêt, allaient développer l'idée de justice commutative, voulant qu'il soit contraire aux principes du christianisme d'obtenir, dans un contrat à titre onéreux, plus que ce que l'on donne[384]. On aboutissait ainsi à la théorie du juste prix, de St-Thomas d'Aquin, selon laquelle, dans le cadre d'une vente, le prix ne doit pas, pour être juste, s'éloigner de façon significative d'une valeur objective déterminée par la « *communis aestimatio* »[385]; cependant, au nom de la sécurité des transactions, la pratique devait rester hostile à la lésion et s'attacher à développer divers mécanismes destinés à restreindre la possibilité d'exercer les actions en rescision fondées sur les règles romaines[386].

À partir du XVe siècle, on assistait à une réaction à l'encontre de toute moralisation du contrat, les besoins grandissants du commerce se conciliant mal avec l'instabilité contractuelle et la prohibition du prêt à intérêt. Loysel, Domat et Dumoulin n'allaient guère laisser de place à la lésion, ne faisant que reprendre, parfois en les restreignant, les règles romaines[387], alors que Pothier, qui semblait adopter la théorie du juste prix, précisait cependant que le principe n'a lieu que dans le for de la conscience, il n'est pas suivi dans le for extérieur[388].

---

obligations, vol. 1, Montréal, Éditions Thémis, 1998, n° 778 et suiv., p. 425 et suiv.

[383] Paul OURLIAC et Jehan de MALAFOSSE, *Droit romain et ancien droit,* vol. 1, Paris, P.U.F., 1957, n°s 113 et 114, p. 121 et 122.

[384] CARBONNIER, t. 4, 21e éd., n° 80, p. 155 et 156.

[385] Marc LALONDE, « Le juste prix dans notre droit de la vente », (1954-55) 1 *C. de D.* 54, 56-58.

[386] Paul OURLIAC et Jehan de MALAFOSSE, *Droit romain et ancien droit,* vol. 1, Paris, P.U.F. 1957, n° 117, p. 124.

[387] *Id.*

[388] POTHIER, 2e éd., t. 2, n° 34, p. 21.

Les révolutionnaires, eux, furent hostiles à la rescision pour lésion, certes sous l'influence de la doctrine libérale du XVIIIe siècle, mais aussi pour une autre raison : les assignats subissant une dépréciation catastrophique, les vendeurs à crédit utilisaient la rescision pour se dégager d'opérations qui s'avéraient désavantageuses pour eux; pour écarter le danger que ces actions représentaient à l'égard du nominalisme monétaire, la Convention supprima l'action en rescision (décret du 14 Fructidor, an III – 1794) qui cependant fut rétablie trois ans après (Loi du 19 Floréal an VI – 1797). D'où les restrictions apportées au Code civil de 1804, où l'on conserva néanmoins la sanction de la lésion dans le cadre de la vente (lésion du vendeur de plus de 7/12e de la valeur) et dans le cadre d'un partage (lésion de plus d'un quart), peut-être grâce aux efforts de Portalis qui, dans son Discours préliminaire, rappelle que la liberté de contracter peut être limitée, non seulement par les bonnes moeurs et l'utilité publique, mais aussi par la justice[389].

À cela, le droit français a ajouté des lois particulières, protégeant les agriculteurs-acheteurs d'engrais, de semences et de plants, les auteurs dans le cadre de cession du droit d'exploitation de leur oeuvre; de même en matière d'assistance et de sauvetage maritime et dans le cadre de la navigation aérienne. À ces interventions législatives, se sont ajoutées, toujours en droit français, des interventions judiciaires : la jurisprudence a sanctionné la lésion en procédant à la réduction des rémunérations des mandataires et des professions libérales assimilées, de même que le prix des cessions d'office ministériel : appréciation judiciaire de la valeur objective de la prestation fournie en regard de son prix, fondée sur les dispositions particulières au mandat qui, à l'origine, était conclu à titre gratuit; puis, la valeur d'une prestation de services ne pouvant être appréciée qu'après l'exécution de celle-ci, le juge la détermine par voie d'interprétation et, si elle a été préalablement déterminée, on joue alors sur l'idée d'inexécution partielle[390].

---

[389] PORTALIS, « Discours préliminaire », dans François EWALD (dir.), *Naissance du Code Civil, An VIII – an XII – 1800-1804*, Paris, Flammarion, 1989, p. 35, à la page 78.

[390] CARBONNIER, t. 4, 21e éd., n° 80, p. 159; Henri MAZEAUD, « La lésion dans les contrats », dans *Travaux de l'association Henri Capitant pour la culture juridique française*, t. 1, Paris, Dalloz, 1946, p. 179, à la page 183 et suiv.

Cela pour dire que la sanction de la lésion entre majeurs existe, même dans un contexte de libéralisme !

Le *Code civil du Bas Canada*, quant à lui, rejetait le principe de la lésion entre majeurs; en effet, en 1866, sans l'inscrire de façon formelle dans les textes, on est sensible à la formule de Fouillé, « qui dit contractuel dit juste », et à la sécurité des transactions; on craint l'arbitraire du juge dans l'appréciation de l'équivalence des prestations. Néanmoins, le Code admettait que la lésion fût sanctionnée à l'égard de certaines personnes qui, en fait, se limitaient aux incapables juridiques : en vertu de l'article 1002 C.c.B.C., par exemple, l'acte accompli par le mineur seul, alors qu'il nécessitait l'intervention de son tuteur ou de son curateur, pouvait être annulé en prouvant lésion (il en était de même pour l'interdit pour cause de prodigalité, ou ivrognerie ou narcomanie d'habitude, ou encore pour le faible d'esprit assisté d'un conseil)[391].

On trouvait aussi deux autres séries d'exceptions au refus de sanctionner la lésion entre majeurs : l'article 1056b dernier alinéa C.c.B.C., introduit en 1939[392], sur les transactions lésionnaires en cas de blessures corporelles, ainsi que l'article 1040c, introduit en 1964[393], sur les prêts d'argent dont le coût était « excessif », rendant l'opération « abusive et exorbitante ».

On mentionnera, enfin, l'article 8 de la *Loi sur la protection du consommateur*, qui sanctionne la lésion dans le cadre d'un contrat passé entre un commerçant et un consommateur.

103. *Diverses conceptions de la lésion.* Il importe maintenant de préciser ce que l'on entend par « lésion » et, à cet égard, on envisage généralement la question de deux façons, en présentant une conception objective de la lésion et une conception subjective.

D'une part, on peut prétendre qu'il est contraire à la morale de permettre qu'une personne ait la possibilité, dans une relation contractuelle, de retirer des avantages excessifs, au détriment d'une autre, qui, n'ayant pas su ou pas pu se défendre, a consenti beaucoup pour obtenir peu. On est, alors, amené à

---

[391] Art. 334, al. 2 C.c.B.C.
[392] *Loi modifiant le Code civil*, S.Q. 1939, c. 95, art. 1.
[393] *Loi pour protéger les emprunteurs contre certains abus et les prêteurs contre certains privilèges*, S.Q. 1964, c. 67.

adopter une conception objective de la lésion, en ce sens que le défaut d'équivalence entre l'avantage attendu et le sacrifice consenti par l'un des contractants pourrait être la marque de l'exploitation dont elle a fait l'objet de la part de l'autre. La lésion, considérée dans cette optique, repose sur une considération de justice commutative qui doit avoir préséance sur le principe de l'autonomie de la volonté : ce qui a été voulu n'est pas nécessairement juste. Ainsi, toutes les fois qu'il y a déséquilibre important entre l'avantage reçu par un contractant et le sacrifice qu'il a consenti, il y a lésion et le contrat est susceptible d'être annulé. C'est cette solution qui fut adoptée dans l'Ancien droit sous l'influence des doctrines thomistes sur le juste prix, dans la mesure où la lésion était considérable (la lésion « d'oulte moitié »).

D'autre part, on peut prétendre que l'une des parties contractantes a été lésée simplement parce qu'elle a commis une erreur sur la valeur véritable de la prestation et que, de ce fait, son consentement a été vicié. La lésion est, alors, ramenée subjectivement à un vice de l'acte de volonté; pour savoir si tel contractant a été lésé, il faudra s'interroger sur sa volonté interne, sur son état d'âme et se demander s'il s'est véritablement trompé sur la valeur de sa prestation. On est très près de l'erreur, du dol ou de la crainte, et la recherche à laquelle le tribunal devra se livrer pourra être délicate. Une telle conception restreint considérablement sur le plan pratique la portée de cette notion, car la preuve devant être apportée par la partie lésée peut s'avérer difficile à administrer.

Il n'est pas toujours facile cependant de savoir si la loi consacre une conception objective ou subjective de la lésion, lorsqu'elle admet celle-ci comme cause de nullité. Il suffit, pour s'en convaincre, de lire les auteurs français[394] qui s'interrogent sur le caractère objectif ou subjectif de la lésion, lors même que le Code civil prévoit en certains cas qu'un déséquilibre des prestations, qu'il chiffre de façon précise, est constitutif de

---

[394] *Cf.* MAZEAUD, 9ᵉ éd., t. 2, vol. 1, n° 209 et suiv., p. 204 et suiv.; MARTY et RAYNAUD, 2ᵉ éd., t. 1, n° 177 et suiv., p. 178 et suiv.; TERRÉ, SIMLER et LEQUETTE, 5ᵉ éd., 1993, n° 288 et suiv., p. 226 et suiv.

lésion : ainsi, selon l'article 1674 C.c.fr., « si le vendeur a été lésé de plus de 7/12 dans le prix d'un immeuble, il a le droit de demander la rescision de la vente... ». Certains prétendent qu'il suffit, pour obtenir la nullité, de prouver que le vendeur a obtenu un prix inférieur aux 5/12 du prix correspondant à la valeur réelle; d'autres soutiennent que le vendeur doit, en outre, prouver le vice du consentement, telle la contrainte morale qui l'a poussé à consentir un prix si bas, et cela compte tenu de l'article 1118 C.c.fr. aux termes duquel « la lésion ne vicie les conventions que dans certains contrats ou à l'égard de certaines personnes »[395], faisant ainsi, semble-t-il, de la lésion un vice du consentement !

On fait face à la même difficulté, lorsqu'on essaie de comprendre, au Québec, l'article 8 de la *Loi sur la protection du consommateur*, aux termes duquel « le consommateur peut demander la nullité du contrat ou la réduction des obligations qui en découlent lorsque la disproportion entre les prestations respectives des parties est tellement considérable qu'elle équivaut à de l'exploitation, ou que l'obligation du consommateur est excessive, abusive ou exorbitante » : un déséquilibre considérable équivaut-il de façon irréversible à l'exploitation du consommateur, ce qui semblerait faire appel à la conception objective de la lésion, ou bien a-t-il simple valeur de présomption susceptible de preuve contraire, ce qui semblerait alors faire appel à la conception subjective puisque la preuve de l'absence d'exploitation signifierait que le consentement du consommateur a été donné de façon libre et éclairée[396] ?

Ces deux conceptions – objective et subjective – ont, d'ailleurs, été largement critiquées. Quant à la première, on a pu dire qu'elle était injuste, car annuler un contrat sur la seule base du déséquilibre des prestations ne tient aucun compte des

---

[395] Ces personnes sont le mineur, le majeur en tutelle, le majeur en curatelle et le majeur sans sauvegarde de justice.

[396] *Cf.* Nicole L'HEUREUX, *Droit de la consommation*, 5e éd., Cowansville, Éditions Yvon Blais, 2000, nos 36 et 37, p. 47-51 et n° 285, p. 291-294; Claude MASSE, « L'équité contractuelle », (1979) *Meredith Mem. Lect.* 48; Pierre-Gabriel JOBIN, « Les prochaines dispositions sur l'exploitation », (1979) 10 *R.G.D.* 132.

circonstances de l'affaire et des comportements non condamnables de la partie dite favorisée; or, on peut vouloir acheter telle chose à tout prix ou la vendre à rabais : que peut-on reprocher au vendeur dans le premier cas (achat à tout prix), que peut-on reprocher à l'acheteur dans le deuxième cas (vente à rabais) ? En quoi les contractants « perdants » sont-ils lésés ? Ne l'ont-ils pas voulu ? Pourquoi sanctionner un tel contrat, alors que chacune des parties a obtenu ce qu'elle voulait réellement, soit acquérir tel objet par ambition, par caprice, ou par acharnement – car l'objet a grand prix à ses yeux tout en connaissant sa valeur réelle – soit vendre peu cher pour se débarrasser, pour toutes sortes de raisons personnelles, d'un objet dont on ne veut plus.

Quant à la deuxième conception, on a pu dire qu'elle était creuse, car on ne fait rien d'autre que se rabattre à nouveau sur l'erreur, le dol, la crainte. Cette affirmation pourrait être cependant nuancée, car cette conception de la lésion permettrait de prendre en considération des altérations du consentement qui rentrent difficilement dans la définition technique des vices du consentement. Néanmoins on peut dire que la conception subjective paraît restrictive dans la mesure où il est toujours difficile de prouver un élément psychologique, telle l'erreur et, qui plus est, l'erreur sur la valeur[397].

Après ces observations sur l'évolution de l'idée de lésion et sur les diverses conceptions qu'on en a proposées, on examinera ce qu'il en est à la lumière du nouveau *Code civil du Québec*.

104. *Les vicissitudes de la réforme en matière de lésion.* La question de la lésion est l'une de celles qui a fait l'objet des plus vives controverses dans le cadre de la réforme du droit civil québécois; aussi n'est-il pas étonnant qu'il y ait eu certains tâtonnements avant l'adoption des dispositions en la matière.

Tout d'abord, on rappellera que le projet de l'Office de Révision du Code civil (1977) prévoyait la possibilité pour une personne lésée, mineure ou majeure, de demander la nullité du contrat lésionnaire ou une réduction de ses obligations (article 37, Livre V). Cette proposi-

---

[397] *Cf.* FLOUR, AUBERT et SAVAUX, vol. 1, 9ᵉ éd., n° 250, p. 175 et 176.

tion était justifiée de la façon suivante : « Il est devenu courant, dans la société moderne, de voir certains contrats servir d'instrument d'une véritable exploitation d'un contractant par l'autre, en raison de certaines situations d'infériorité dans lesquelles l'une des parties peut se trouver (infériorité économique, inexpérience, sénilité, etc.). Il en est souvent ainsi, pour ne mentionner que deux exemples, dans les contrats à contenu prédéterminé et dans les contrats d'adhésion. Devant ces abus criants et à l'heure où l'État se préoccupe de plus en plus de la protection du consommateur, il est apparu indispensable de revenir sur la décision prise par les Codificateurs de 1866, d'exclure la lésion entre majeurs, les conditions sociales et économiques ayant changé. Sur le plan de la politique législative, il importait cependant de trouver une ligne juste, un compromis entre la protection des droits contractuels du citoyen d'une part, et la stabilité juridique du contrat d'autre part. C'est pourquoi on a jugé préférable de n'admettre la lésion entre majeurs que dans certaines circonstances, afin de ne pas porter indûment atteinte à la stabilité des contrats. »[398]

L'O.R.C.C. proposait donc une disposition générale sanctionnant la lésion et visant tous les contrats, que les contractants soient majeurs ou non, capables ou non, dans la mesure cependant où une disproportion sérieuse entre les prestations témoignait de l'exploitation de l'une des parties par l'autre. C'était une possibilité susceptible d'être proposée dans le nouveau Code civil.

Dans le mémoire adressé au Conseil des ministres, le ministre de la Justice reprenait à son compte l'analyse et les principes de la réforme proposée[399].

Compte tenu de la vive opposition dont avait fait l'objet le projet de l'O.R.C.C., le gouvernement préféra présenter un avant-projet de loi sur le droit des obligations[400] qui, dans son article 1449, mainte-

---

[398] O.R.C.C., *Rapport sur le Code civil du Québec*, vol. II, « Commentaires », t. 2, Québec, Éditeur officiel, 1978, livre V, sous l'article 37, p. 614 et 615.

[399] Cité dans BARREAU DU QUÉBEC, *Mémoire du Barreau du Québec sur l'avant-projet de loi portant réforme au Code civil du Québec du droit des obligations (de la consommation)*, Montréal, Barreau du Québec, 1988, p. iv et suiv.; *cf.* également Richard NADEAU, « La réforme du droit des obligations. Le point de vue du Barreau du Québec », (1989) 30 *C. de D.* 647.

[400] Avant-projet de loi portant réforme au *Code civil du Québec* du droit des obligations, Québec, 1987.

nait le principe de la sanction de la lésion, mais en atténuait substantiellement la portée : il fallait, en effet, que le majeur qui l'invoquait ne fût pas une personne morale ou ne fût pas non plus une personne physique qui contractait pour les fins de son entreprise, c'est-à-dire non seulement le commerçant, mais aussi tout entrepreneur. C'est dire que la lésion entre majeurs n'aurait été sanctionnée qu'entre contractants simples particuliers, et entre particuliers et entrepreneurs, mais non point entre entrepreneurs.

Malgré la prudence de cette approche, la controverse perdura : d'un côté, les organismes professionnels – tels le Barreau du Québec, la Chambre des Notaires – et le milieu des affaires en général s'insurgèrent contre l'introduction au Code civil du principe de la sanction, même limité dans sa portée : d'un autre côté, certains reprochèrent au gouvernement sa timidité, allant jusqu'à proposer d'inscrire, dans les premières dispositions du Code, la règle suivante : « Le contrat doit être juste » !

Les citations pourraient être multipliées, dans un sens ou dans l'autre[401].

Que faire ? Avis fut demandé à un « comité de sages », présidé par le juge Jean-Louis Baudouin, qui se prononça contre l'introduction du principe de la sanction de la lésion entre majeurs[402].

Le gouvernement décida donc de retirer tout simplement cet article 1449 de l'Avant-projet, de sorte que, dans le Projet de loi 125, l'article 1402 se contentait de dire : « La lésion ne vicie le consentement que dans certains cas expressément prévus par la loi ou à l'égard de certaines personnes, tels les mineurs et les majeurs en tutelle ou en curatelle. » Ainsi se retrouvait-on dans la situation qui avait prévalu sous le *Code civil du Bas Canada*.

---

[401] *Cf.*, par exemple, BARREAU DU QUÉBEC, *Mémoire du Barreau du Québec sur l'avant-projet de loi portant réforme au Code civil du Québec du droit des obligations (de la consommation)*, Montréal, Barreau du Québec, 1988, p. vi; de même ASSOCIATION DES BANQUIERS CANADIENS, *Commentaires concernant l'avant-projet de loi portant réforme au Code civil du Québec du droit des obligations*, mémoire présenté à la *Commission des Institutions de l'Assemblée nationale*, Montréal, L'Association, 1988, p. 16 et 17.

[402] Les membres de ce Comité ont demandé que leur rapport, hormis les conclusions, demeure confidentiel.

Paradoxalement, le Barreau du Québec qui, pourtant, avait obtenu satisfaction sur le rejet du principe de la sanction de la lésion, déplora qu'on ne donnât pas de la lésion une définition ! Aussi trouve-t-on, dans le nouveau Code, d'une part, l'article 1405 C.c.Q. rejetant le principe de la sanction de la lésion et, d'autre part, l'article 1406 C.c.Q. donnant une définition de la lésion, à laquelle on n'aura à se référer qu'exceptionnellement ! '

On peut se demander pourquoi certains combattent avec un tel acharnement le principe de la sanction de la lésion entre majeurs. On invoque toujours le principe de la liberté contractuelle et celui de la sécurité des transactions, comme s'ils ne comportaient aucune limite, alors que l'un des traits caractéristiques du XXe siècle est précisément la prise de conscience de ces limites.

D'abord, on notera que la lésion entre majeurs est sanctionnée au Code civil allemand et au Code suisse des obligations et qu'il n'y a pas eu pour autant instabilité chronique des contrats dans ces pays. Ensuite, ne peut-on pas, tout en défendant la liberté, accepter que l'on sanctionne l'exercice abusif de cette liberté lorsqu'il cause un préjudice, de la même façon qu'on sanctionne l'exercice abusif d'un droit, c'est-à-dire un comportement fautif ? L'exploitation ne mérite-t-elle pas d'être traitée comme le dol ou la menace lorsqu'elle compromet la justice contractuelle ? Doit-on condamner l'application de la théorie de l'abus de droit ? Admettre le principe de la sanction de la lésion, ce n'est pas dire autre chose que « la bonne foi doit gouverner la conduite des parties, tant au moment de la naissance de l'obligation qu'à celui de son exécution ou de son extinction » (art. 1375 C.c.Q); ce n'est pas dire autre chose, mais c'est le dire de façon plus précise, en y mettant des balises que le juge n'a pas le droit d'ignorer.

Plutôt que de multiplier les textes ponctuels prévoyant une réglementation ou un contrôle judiciaire, au gré des circonstances ou des lobbyistes, à une époque où l'on se complaît à dénoncer l'inflation législative et la « judiciarisation », ne serait-il pas plus simple, plus efficace et plus juste d'adopter le principe général de la sanction de la lésion ? Une telle mesure aurait un aspect tant préventif que curatif, participant ainsi, d'une certaine façon, à la « déjudiciarisation ».

Mais tel ne fut pas, en définitive, la volonté du législateur, qui procéda comme en 1866 : la lésion ne vicie le consentement qu'à l'égard des mineurs et des majeurs protégés et, à l'égard des majeurs, uniquement dans les cas expressément prévus par la loi (art. 1405 C.c.Q.)[403].

105. *Contenu de la notion de lésion.* Quel est, alors, le contenu de la notion de lésion ? « La lésion résulte de l'exploitation de l'une des parties par l'autre, qu'entraîne une disproportion importante entre les prestations des parties; le fait même qu'il y ait disproportion importante fait présumer l'exploitation. » (art. 1406, al. 1 C.c.Q.). C'est un vice de consentement qui s'ajoute à ceux qui existent déjà et qui en est distinct (art. 1399, al. 2 C.c.Q.); on retrouve l'idée de disproportion importante entre les prestations, résultant de l'exploitation de l'une des parties par l'autre, le seul fait de la disproportion faisant présumer l'exploitation, mais cette présomption est susceptible de preuve contraire.

Cette définition de la lésion évite de référer tant à la « conception objective » qu'à la « conception subjective », évoquées précédemment, en ce sens que le déséquilibre ne suffit pas et qu'on ne se place pas essentiellement, pour juger de la situation, du côté du lésé. Bien au contraire, on se tourne vers celui qui contracte à des conditions très avantageuses, pour se demander si celui-ci a, oui ou non, exploité le lésé. On doit, en effet, distinguer le contractant qui ne fait que profiter d'une situation, de celui qui abuse de cette situation. Celui qui profite d'une situation sans qu'on puisse lui reprocher un comportement malhonnête ne peut se voir sanctionner, sauf si l'on condamne toute idée de profit. Au contraire, le contractant qui adopte un comportement fautif, afin d'obtenir de l'autre un engagement très avantageux – indépendamment de toute idée de fausses représentations –, et exploite ainsi la situation de faiblesse, d'inexpérience ou de gêne de l'autre, celui-ci a une attitude condamnable qui mérite d'être sanctionnée.

Ainsi, la preuve d'un vice de consentement n'est pas nécessaire, mais l'existence d'un déséquilibre important, c'est-à-dire

---

[403] Pour une critique, au nom de la cohérence, de la solution retenue : *cf.* Paul-André CRÉPEAU et Élise M. CHARPENTIER, *Les Principes d'UNIDROIT et le* Code civil du Québec : *valeurs partagées?*, Scarborough, Carswell, 1998, p. 78 à 116.

considérable, fait présumer l'exploitation qui a vicié le consentement, c'est-à-dire la faiblesse du consentement, présomption cependant susceptible d'être renversée (art. 2847, al. 2 C.c.Q.). En d'autres termes, le défaut d'équivalence des prestations résulterait d'un abus de la puissance économique ou autre d'une partie contractante à l'égard de l'autre, ce qui conférerait à la première un avantage excessif, dépassant outrageusement la mesure de ce qui est juste. Cette conception ne fait pas double emploi avec la théorie des vices, car elle ajoute quelque chose, un élément que l'on pourrait atteindre difficilement – compte tenu notamment de l'attitude tout au moins passée des tribunaux – en invoquant erreur, dol, crainte, tels que définis habituellement, cet élément étant l'exploitation, l'abus de la puissance économique ou autre. En outre, l'existence de la présomption d'exploitation due au défaut d'équivalence enlève à la personne qui s'estime lésée – le demandeur – le fardeau de la preuve, ce qui singularise la lésion par rapport aux autres vices de consentement, évitant ainsi d'en faire une conception creuse. Il appartiendra, en effet, au défendeur, la partie avantagée, de démontrer que le défaut d'équivalence n'est pas le résultat d'une exploitation et donc qu'il n'a pas abusé de la situation du demandeur[404].

Rappelons cependant que la lésion ainsi définie à l'article 1406, al. 1 C.c.Q., vise essentiellement la lésion entre majeurs... qui n'est qu'exceptionnellement sanctionnée.

Cependant, l'alinéa 2 de ce même article complète cette définition en en donnant une « seconde », lorsque la lésion touche les mineurs et les « majeurs protégés », c'est-à-dire les personnes frappées d'incapacité juridique. En ces hypothèses, la lésion « peut résulter... d'une obligation estimée excessive eu égard à la situation patrimoniale de la personne, aux avantages qu'elle retire du contrat et à l'ensemble des circonstances » (art. 1406, al. 2 C.c.Q.). On pourrait rapprocher cette disposition de certains éléments du second alinéa de l'article 322 C.c.B.C. qui donnait au juge le pouvoir de réduire les obliga-

---

[404] Voir à ce sujet Serge GAUDET, « L'illusion de la lésion », (1988) 19 *R.D.U.S.* 15.

tions qu'aurait contractées un mineur émancipé, « par voie d'achat ou autrement, [...] au cas d'excès », en prenant « en considération la fortune du mineur, la bonne ou mauvaise foi des personnes qui ont contracté avec lui, l'utilité ou l'inutilité des dépenses ».

On pourrait être alors tenté de penser que cette seconde définition de la lésion est totalement différente de la première et repose sur de toutes autres bases[405].

Ce n'est pas notre sentiment. Cette définition vise une catégorie très particulière de personnes, puisqu'il s'agit des mineurs et des majeurs en curatelle, en tutelle ou en régime de conseil, c'est-à-dire des incapables qui, en raison de leur âge ou de leur état mental, méritent une attention et une protection accrues : ces personnes sont présumées faibles de par leur condition. C'est pourquoi le juge a ici un plus large pouvoir d'appréciation, les critères étant plus souples et allant au-delà du défaut d'équivalence : situation patrimoniale du mineur (est-il ou non argenté ?), avantages qu'il retire du contrat, ensemble des circonstances : comportement du cocontractant, âge, degré d'aptitude, montants engagés, objet du contrat, etc. Peut-on vendre sans arrière-pensée, une automobile ou la plus sélecte des chaînes « hi-fi » à un mineur ?

On rejoint ici l'idée d'exploitation : on ne vend pas, on ne loue pas n'importe quoi, à n'importe quel prix, à une personne qui n'a pas la pleine capacité juridique; on ne lui prête pas n'importe quelle somme à n'importe quel taux d'intérêt, etc.; dans le cas contraire, n'a-t-on pas un comportement tout à fait déraisonnable, n'abuse-t-on pas de la situation, de l'inexpérience ou faiblesse de l'incapable ? N'exerce-t-on pas, alors, consciemment ou inconsciemment, une pression sur le consentement de cette personne et n'est-on pas ainsi amené à vicier son consentement ? On voit donc que le type particulier de lésion, prévu au second alinéa de l'article 1406 C.c.Q., repose en définitive sur la même idée que la lésion prévue au premier alinéa : l'exploitation de l'une des parties par l'autre. Si les

---

[405] *Cf.* TANCELIN, 6e éd., n° 212, p. 102 et n° 573, p. 282.

critères d'appréciation sont plus souples, le fondement est néanmoins le même.

Alors, qu'a voulu dire le législateur, lorsque – traitant des mineurs et des majeurs protégés comme on le verra dans le cadre des incapacités – il a utilisé une phraséologie telle que « s'il en subit un préjudice » ou « sans avoir à prouver qu'il a subi un préjudice », plutôt que « s'il en subit lésion » ou « sans avoir à prouver lésion » ? Il faut tout simplement traduire ici le mot « préjudice » par « lésion » au sens du second alinéa de l'article 1406 C.c.Q. Certes, le législateur aurait pu utiliser le terme « lésion », mais peut-être a-t-il craint qu'on ne référât aux critères du premier plutôt que du second alinéa de l'article 1406 C.c.Q. Cela dit, l'usage du terme « préjudice » n'est pas inconvenant, puisque la lésion se concrétise nécessairement par un préjudice.

106. *Les cas de lésion entre majeurs.* La lésion est donc sanctionnée lorsqu'elle touche les incapables, mais, entre majeurs, elle ne l'est que dans les cas expressément prévus par la loi[406].

En vertu de l'article 1609 C.c.Q., « les quittances, transactions ou déclarations obtenues du créancier par le débiteur, un assureur ou leurs représentants, lorsqu'elles sont liées au préjudice corporel ou moral subi par le créancier, sont sans effet si elles ont été obtenues dans les 30 jours du fait dommageable et sont préjudiciables au créancier ». Cette disposition reprend la substance de l'article 1056b C.c.B.C., adopté en 1939, afin d'éviter qu'une personne, dans les jours qui suivent un événement qui lui a causé un préjudice corporel, accepte de conclure des transactions ou fasse des déclarations désavantageuses, alors qu'elle n'a pas eu, compte tenu des circonstances, la possibilité d'y réfléchir suffisamment.

---

[406] *Droit de la famille–1411*, [1993] R.J.Q. 465 (C.A.).; *Droit de la famille–3545*, J.E. 00-562 (C.A.). La lésion touchant les mineurs et les majeurs protégés sera examinée dans le cadre des règles sur l'incapacité : *cf. infra*, n° 117 et suiv.

On observera, tout d'abord, que la disposition du nouveau Code civil est moins restrictive que celle de l'ancien : désormais, l'article touche le préjudice moral tout autant que le préjudice corporel, le contexte contractuel tout autant que le contexte extracontractuel, les déclarations verbales tout autant que les déclarations écrites; en outre le délai « de réflexion » est désormais de 30 jours plutôt que de 15 jours et, au nombre des personnes à l'égard desquelles la victime est en droit de se plaindre, se trouvent désormais non seulement le débiteur, mais encore l'assureur ou ses représentants.

On observera, ensuite, que l'article 1609 C.c.Q. sanctionne ces « quittances, transactions ou déclarations » si elles « sont préjudiciables au créancier », alors que l'article 1056b C.c.B.C. les sanctionnait « si [la victime] en souffrait lésion ». Il est alors permis de se demander si l'on doit se référer à la notion de lésion telle que définie à l'article 1406, al. 1 C.c.Q, ou à la notion plus large de préjudice, non enfermée dans les critères retenus de la lésion. On pourrait être tenté de répondre que l'existence d'un régime général de la lésion et l'exigence d'une certaine cohérence sur le plan théorique devraient conduire à appliquer la notion de lésion telle que définie à l'article 1406, al. 1 C.c.Q. Toutefois, le législateur n'a pas utilisé ici le terme « lésion », contrairement à ce qu'il a fait dans les autres cas de lésion entre majeurs, susceptibles de sanctions; il s'agit ici d'une situation particulière, d'une « victime » d'un type particulier, particulièrement vulnérable compte tenu de la situation dans laquelle elle se trouve, qui mérite donc un sort particulier[407]. Le simple préjudice semble donc suffire.

En vertu de l'article 2332 C.c.Q., lorsqu'un prêt porte sur une somme d'argent, il y a éventuellement lieu à sanction lorsque le tribunal « juge, eu égard au risque et à toutes les circonstances, qu'il y a eu lésion à l'égard de l'une des parties ».

---

[407] En ce sens, *C.M.J.*, t. I, art. 1609 C.c.Q.; Claude MASSE, « La responsabilité civile », dans Barreau du Québec et Chambre des notaires du Québec (dir.), *La réforme du Code civil*, t. 2, Sainte-Foy, P.U.L., 1993, p. 241, à la page 314; BAUDOUIN et JOBIN, 5e éd., n° 270, p. 245 et 246; *contra* : TANCELIN, 6e éd., n° 223, p. 105 et 106.

On retrouve ici la substance de l'article 1040c C.c.B.C., mais, encore là, la disposition du *Code civil du Québec* est moins restrictive : ainsi, ce ne sont pas seulement les « obligations monétaires » qui peuvent être réduites, mais toutes les obligations[408]. En outre, alors qu'auparavant, pour qu'il y ait sanction, le coût du prêt devait être « excessif » et l'opération, dans son ensemble, « abusive *et* exorbitante », il suffit désormais qu'il y ait « lésion » au sens de 1406, al. 1 C.c.Q.[409]; donc une disproportion importante suffit à faire présumer l'exploitation.

On notera enfin que l'art. 2332 C.c.Q. sanctionne « la lésion à l'égard de l'une des parties » et non point seulement à l'égard de l'emprunteur : on pourrait en déduire que le prêteur pourrait, lui aussi, s'estimer lésé lorsque les conditions du contrat lui seraient désavantageuses de façon importante; les rôles seraient alors renversés : on peut, en effet, songer à des prêts consentis à d'habiles emprunteurs par des personnes bien pourvues sur le plan des finances, mais dépourvues sur le plan du sens des affaires...

À ces dispositions qui n'étaient donc pas totalement inconnues du *Code civil du Bas Canada*, s'ajoutent désormais d'autres cas où la lésion est sanctionnée : ce sont les cas de renonciation au partage du patrimoine familial (art. 424 C.c.Q.) et de l'acceptation ou renonciation au partage des acquêts (art. 472 C.c.Q.)[410].

---

[408] La jurisprudence avait restreint considérablement la portée de l'article 1040c C.c.B.C. en interprétant restrictivement les termes « obligations monétaires ». Voir, par exemple, *Roynat Ltée* c. *Restaurants La Nouvelle-Orléans,* [1976] C.A. 557; [1978] 1 R.C.S. 969.

[409] *Cf. 167419 Canada inc.* c. *Taverdian*, J.E. 98-257 (C.S., en appel, C.A. Montréal, n° 500-09-006068-985); *Pulice* c. *Coretti*, J.E. 00-733 (C.S.); *Kingston* c. *Godwin*, J.E. 95-1753 (C.Q.); *Mayer* c. *Leyva*, J.E. 00-1640 (C.S.).

[410] Il nous paraît inapproprié de citer ici le cas de la clause pénale qui s'avérerait abusive (art. 1623, al. 2 c.c.Q.), tout comme celui de la clause abusive incluse dans un contrat d'adhésion ou de consommation (art. 1437 C.c.Q.); il importe, en effet, de ne pas confondre contrat lésionnaire et clause abusive, même si ces deux situations procèdent d'une idée commune. *Cf. infra*, n° 239. Dans le même esprit, on notera que diverses

106.1. *Lésion et Loi sur la protection du consommateur.* Aux cas de lésion sanctionnés par le *Code civil du Québec*, s'ajoute encore celui que prévoit l'article 8 L.P.C. et qui postule que les commerçants sont dans une situation de force par rapport au consommateur : « [l]e consommateur peut demander [...] la nullité du contrat ou la réduction des obligations qui en découlent lorsque la disproportion entre les prestations respectives des parties est tellement considérable qu'elle équivaut à de l'exploitation, ou que l'obligation du consommateur est excessive, abusive ou exorbitante ». L'article 9 L.P.C., quant à lui, indique que « [l]orsqu'un tribunal doit apprécier le consentement donné par un consommateur à un contrat, il tient compte de la condition des parties, des circonstances dans lesquelles le contrat a été conclu et des avantages qui résultent du contrat pour le consommateur ».

On relève donc dans l'article 8 l'idée de déséquilibre qui, lorsqu'il est considérable, équivaudrait à l'exploitation du consommateur par le commerçant, et certains disent qu'il s'agirait là, d'une présomption irréfragable, ce qui référerait à la conception objective de la lésion. Cependant, on relève aussi la possibilité de sanctionner l'obligation « excessive, abusive ou exorbitante » qui, elle, relèverait selon certains de la notion de lésion telle qu'elle fut appliquée dans le cas du mineur, à qui il suffirait de prouver, pour se débarrasser du contrat, que celui-ci était, pour lui, une source d'ennuis ou d'embarras ou qu'il lui était inutile[411]. Cet article 8 L.P.C. conjugué avec l'article 9 L.P.C., ferait donc de la lésion une conception que certains disent subjective,

---

mesures de protection favorables à l'acheteur se retrouvent dans le chapitre consacré à la vente : tel est le cas lorsque le vendeur d'un bien immeuble désire se prévaloir d'une clause résolutoire (art. 1743 C.c.Q.); lorsque le vendeur à tempérament choisit de reprendre le bien vendu (art. 1749 C.c.Q.); lorsque le vendeur à réméré désire exercer sa faculté de rachat (art. 1751 C.c.Q.) ou que la faculté de rachat a pour objet de garantir un prêt (art. 1756 C.c.Q. : c'est alors le vendeur, réputé emprunteur qui est ici protégé); lorsque la vente d'un immeuble à usage d'habitation est faite par le constructeur de l'immeuble ou par un promoteur (art. 1785 et suiv. C.c.Q.); lorsqu'une dation en paiement est prévue pour garantir l'exécution de l'obligation d'un débiteur (art. 1801 C.c.Q. : nullité de la clause). Autant de règles destinées à favoriser l'un des contractants par rapport à l'autre, dans des situations où ce dernier est considéré comme ne pouvant pas être aussi bien éclairé que le premier, donc plus vulnérable et méritant les faveurs du législateur.

[411] *Cf. infra*, n° 117.

dans laquelle il ne serait même pas nécessaire de prouver un déséquilibre. En vérité, cette conception ne serait pas subjective au sens défini par la doctrine, c'est-à-dire relevant du vice de consentement; mais elle serait subjective – et tout à fait – dans le sens où, comme pour le mineur, le juge tiendrait compte de l'ensemble des circonstances et comportements personnels au consommateur et sanctionnerait le contrat sur la simple base que le consommateur n'a pas les moyens pécuniaires de s'offrir ce dont il a envie[412] !

Il ne nous apparaît pas que cette interprétation donnée par la Cour d'appel soit la plus appropriée. On doit partir, nous semble-t-il, de l'idée que le consommateur n'est pas un mineur, même si le législateur lui accorde protection, et il nous apparaît contestable, en l'absence d'un texte clair à cet égard, que des majeurs groupés en catégories – consommateurs, locataires et autres – soient assimilés à des incapables.

L'article 8 L.P.C. nous paraît sanctionner l'exploitation que le commerçant – qui peut être en situation de force – pourrait faire de la situation fragile du consommateur : un déséquilibre important des prestations ou encore le caractère excessif, abusif ou exorbitant de l'obligation du consommateur par rapport à ce qui est normal dans le cadre du type de contrat envisagé peuvent traduire l'exploitation (le caractère excessif, abusif ou exorbitant de l'obligation du consommateur ne nous paraissant pas devoir s'apprécier eu égard à la situation financière personnelle à ce consommateur). Et, là encore, ne devrait-il s'agir que d'une présomption simple : pourquoi ne pas laisser au commerçant le droit de prouver que ce déséquilibre ou ce qui est excessif *a priori* n'est pas le résultat d'un comportement malhonnête ? Certes, la preuve peut être difficile, dans la mesure où le juge peut se montrer exigeant, mais rien ne justifie l'adoption d'un principe de base, selon lequel tout déséquilibre est la marque indélébile de l'exploitation.

Quant à l'article 9 L.P.C., il s'agit, nous semble-t-il, d'une disposition générale sur la façon dont le tribunal doit apprécier le consentement donné par un consommateur, toutes les fois que se pose un problème de vices de consentement, erreur, dol, crainte, lésion. Ainsi, dans la mesure où les articles 8 et 9 L.P.C. ne sont pas aussi clairs et

---

[412] En ce sens, *Gareau Auto Inc.* c. *Banque canadienne impériale de commerce*, [1989] R.J.Q. 1091 (C.A.); *cf.* également *Banque de Montréal* c. *Spooner*, [1994] R.J.Q. 1388 (C.S.).

précis que certains voudraient le croire, il nous apparaît préférable de penser que le législateur, tout en voulant protéger le consommateur, n'a pas voulu le « déresponsabiliser » au point de l'assimiler à une personne frappée d'incapacité.

107. *Preuve et sanctions de la lésion.* Quant à la preuve de la lésion entre majeurs, lorsque celle-ci est prise en considération, le demandeur qui s'estime lésé doit, en règle générale, prouver qu'il existe « un déséquilibre important » entre les prestations des parties, c'est-à-dire un défaut d'équivalence entre l'avantage que lui procure le contrat et le sacrifice consenti par lui pour obtenir cet avantage. Ainsi, dans le cadre d'un contrat de prêt portant sur une somme d'argent, l'emprunteur devra démontrer que le taux d'intérêt ou autres obligations résultant du contrat conclu dépassent largement les conditions normales ou habituelles d'un prêt du même montant et du même type. Cette preuve étant faite, il appartiendra au prêteur de prouver qu'il n'a pas exploité son cocontractant, compte tenu des circonstances de l'espèce, compte tenu des montants engagés, des conditions économiques du moment, des risques courus, etc.

Dans le cadre d'une renonciation au partage du patrimoine familial ou d'une (acceptation ou) renonciation au partage de la société d'acquêts, on est en présence d'un acte unilatéral qui implique un abandon de droit, donc un appauvrissement voulu, de sorte qu'on pourrait se demander si une telle renonciation ne pourrait jamais être annulée, quelles que soient les circonstances, une telle décision unilatérale signifiant absence de recherche d'une contrepartie. Néanmoins, il pourrait y avoir lésion lorsque la renonciation serait faite par un époux qui se trompe sur la valeur de ce qu'il est en droit de recevoir ou lorsqu'il renonce par lassitude à la suite de pressions ou de harcèlements de toutes sortes ou de toutes parts, qui ne seraient pas constitutifs de dol ou de violence, mais qui constitueraient une exploitation qui vicierait la volonté du conjoint[413].

---

[413] *Cf. Droit de la famille–3181*, [1999] R.D.F. 20 (C.S.). Il ne faut cependant pas confondre la notion de lésion et celle de partage inégal : *cf. Droit de la*

Les circonstances peuvent créer, en effet, un contexte difficile ou intolérable, un climat d'émotivité plus ou moins pénible qui ne favorise pas nécessairement la manifestation de la volonté. Ainsi, le sacrifice consenti du fait de la renonciation pourrait être disproportionné par rapport à l'avantage reçu, lequel consisterait à obtenir une paix chèrement payée.

Dans l'hypothèse, toutefois, où un époux renoncerait totalement ou partiellement à son droit de créance moyennant l'obtention de quelques autres avantages consentis par le conjoint, on serait en présence d'un acte juridique bilatéral, accord de volonté, et non plus d'un acte unilatéral; il faudrait alors se demander s'il y a ou non défaut d'équivalence entre l'avantage reçu et le sacrifice consenti : si ce défaut suffisamment important est prouvé, il appartiendra au conjoint de prouver qu'il n'y a pas eu exploitation, c'est-à-dire comportement abusif de sa part. Il en serait de même dans le cas de la renonciation au « partage des acquêts de son conjoint », mais il ne nous apparaît pas que la question se pose tout à fait dans les mêmes termes au cas de l'acceptation du partage des acquêts du conjoint, dans la mesure où l'acceptation de chacun des époux est indépendante et où « le conjoint de l'époux débiteur ne peut, en aucun cas, être appelé à payer une somme supérieure à la part des acquêts qu'il a reçue de son conjoint » (art. 484, al. 3 C.c.Q.), à moins que l'acceptation ait été faite moyennant certains engagements; en ce dernier cas, si la « part acceptée » se révèle, après la dissolution, grignotée de façon importante ou avalée par les créanciers de l'autre conjoint, il pourrait éventuellement y avoir lésion.

Dans l'hypothèse où la lésion toucherait des incapables, ceux-ci ou leurs représentants auraient à prouver soit l'existence d'un défaut d'équivalence important, auquel cas l'exploitation serait présumée et le défendeur aurait alors à démontrer qu'il n'y a pas eu exploitation de sa part, ce qui pourrait être difficile compte tenu de l'état d'incapable de la personne lésée, soit le caractère excessif de ses engagements,

---

famille-3494, [2000] R.D.F. 68 (C.S.) (appel rejeté, C.A. Montréal, n° 500-09-009092-008).

eu égard aux critères énoncés à l'article 1406, al. 2 C.c.Q., c'est-à-dire sa situation patrimoniale, les avantages ou l'absence d'avantages qu'il retire de ce contrat et l'ensemble des circonstances[414].

Quant aux sanctions, elles sont prévues aux articles 1407 et 1408 C.c.Q. : comme en matière de dol et de crainte, la personne lésée peut demander la nullité, avec ou sans dommages-intérêts, ou le maintien du contrat avec des dommages-intérêts ou avec la réduction de ses obligations dans la mesure du préjudice subi.

Cependant, disposition particulière à la lésion, le défendeur peut proposer une réduction de sa créance ou une somme d'argent jugée équitable qui permettrait de maintenir le contrat : si le juge s'estime satisfait de la proposition, il pourra prononcer un jugement dans ce sens (art. 1408 C.c.Q.). Ainsi favorise-t-on le maintien du contrat, façon d'assurer la sécurité des transactions, tout en rendant justice puisqu'on aboutit ainsi à rééquilibrer le contrat. Cette mesure complète, en quelque sorte, la règle énoncée à l'article 1407 C.c.Q., selon laquelle la personne lésée pourrait obtenir une réduction de son obligation.

Sous-par. 3. *Le consentement doit être donné par une personne capable*

108. *Capacité et incapacité.* La capacité est l'aptitude qu'a une personne, étant donné son état, à jouir des droits civils et à les exercer. Toutes les personnes, tant physiques que morales, ont une personnalité juridique; cela signifie que toutes sont en principe capables de posséder les divers droits civils et de les exercer[415].

---

[414] *Cf. Lapierre c. Foran*, J.E. 95-823 (C.Q.).

[415] Pour les personnes physiques, voir art. 1 et 4 C.c.Q.; pour les personnes morales, voir art. 301 et 303 C.c.Q. Sur la capacité et les incapacités des personnes morales, *cf. André radio Ltée (Syndic de)*, J.E. 88-1156 (C.A.).

Cependant, certaines personnes sont exceptionnellement privées de certains droits; on dit qu'elles sont incapables ou frappées d'incapacité. Néanmoins, il faut comprendre que la capacité est la règle, alors que l'incapacité est l'exception : un individu qui ne pourrait avoir aucun droit serait un esclave; c'est pourquoi l'incapacité aboutit à une limitation de l'étendue de la personnalité.

La capacité revêt deux aspects différents : c'est, d'une part, l'aptitude à acquérir un droit ou à être titulaire d'un droit et c'est, d'autre part, l'aptitude à exercer les droits dont on est titulaire; dans le premier cas, il s'agit de la capacité de jouissance et, dans le second cas, il s'agit de la capacité d'exercice.

Inversement, l'incapacité de jouissance consiste à priver l'incapable de certains droits, à lui interdire certaines activités juridiques, alors que l'incapacité d'exercice consiste à priver l'incapable de la possibilité d'exercer lui-même ou seul certains droits dont il est titulaire, sans toutefois les lui supprimer. Ainsi, l'acte qui est interdit à celui qui est frappé d'une incapacité d'exercice pourra être accompli en son nom et pour son compte par son représentant, alors que l'acte qui est interdit à celui qui est frappé d'une incapacité de jouissance ne pourra être accompli par quiconque. C'est dire que, dans le droit moderne, les incapacités de jouissance sont rares, et que l'incapacité de jouissance générale est exclue puisque frapper un individu d'une telle incapacité serait lui refuser la personnalité juridique. Ce serait, en outre, aller à l'encontre du principe de l'égalité civile (on a connu, jadis, la « mort civile », qui frappait celui qui était condamné à la peine capitale ou à l'emprisonnement perpétuel). Aussi ne rencontre-t-on, dans notre droit, que des incapacités d'exercice et des incapacités de jouissance spéciales qui ne sont, le plus souvent, que des interdictions de contracter qui ne s'adressent qu'à certaines personnes se trouvant dans des situations déterminées.

Il importe aussi de préciser à cette place qu'il ne faut pas confondre la capacité et les pouvoirs. Une personne peut avoir la capacité d'exercice et être, néanmoins, privée de certains pouvoirs.

La capacité et l'incapacité se réfèrent à la personne même de celui qui est affecté; la capacité étant l'aptitude à agir valablement pour soi-même, l'incapacité repose sur une donnée naturelle, telle l'inaptitude intellectuelle due à l'âge de l'individu ou à son état mental. Les pouvoirs réfèrent non point à l'état de la personne, mais aux biens sur lesquels celle-ci peut être amenée à agir : il peut s'agir de ses propres biens, mais aussi des biens d'autrui. Dans la mesure où un individu a le pouvoir d'agir sur les biens d'une autre personne, cette dernière est privée de certains pouvoirs, sans pour autant être frappée d'incapacité : lorsque des époux se soumettaient au régime de communauté de meubles et acquêts selon les règles de 1970, le mari avait, sur les biens mobiliers communs, certains pouvoirs que n'avait pas la femme et, inversement, la femme avait, sur les biens mobiliers réservés, certains pouvoirs que n'avait pas le mari; cette absence de pouvoirs de l'un ou de l'autre résultait du régime de gestion du patrimoine familial et non point de l'état de la personne. C'est dire que l'étendue de la capacité se limite à l'activité d'une personne quant à ses propres intérêts, alors que l'étendue des pouvoirs peut aller au-delà de ce cadre et permettre à une personne de gérer le patrimoine d'autrui. Par l'octroi de pouvoirs, une personne a la possibilité d'accroître son champ d'activités, alors que, par l'absence de pouvoirs, une personne voit, au contraire, son champ d'activités se restreindre. Il pourrait, alors, arriver qu'une personne, privée de pouvoirs sur ses propres biens, n'ait plus à leur égard qu'une capacité virtuelle : il en fut ainsi après l'adoption du « Bill 16 », loi qui levait l'incapacité juridique de la femme mariée, mais qui ne donnait cependant pas à celle-ci le pouvoir d'aliéner seule ses immeubles propres[416].

Le Code civil du Québec énonce le principe de la capacité dans ses premiers articles : « [t]out être humain [...] a la pleine jouissance des droits civils » (art. 1 C.c.Q.) et « [t]oute personne est apte à exercer pleinement ses droits civils » (art. 4 C.c.Q.). On aurait pu tout aussi bien dire que « toute personne a la ca-

---

[416] *Loi sur la capacité juridique de la femme mariée*, S.Q. 1964, c. 66, art. 14 (modifiant l'art. 1297 C.c.B.C.).

pacité de jouissance et d'exercice, à moins qu'elle ne soit limitée par... »

Le *Code civil du Bas Canada* avait posé ce principe de capacité (art. 985 C.c.B.C.) et avait énuméré les personnes incapables de contracter (art. 986 C.c.B.C.). Cependant, le législateur avait jeté pêle-mêle, dans cette dernière disposition, des notions qui comportaient des régimes juridiques différents, puisqu'il traitait, en même temps et indistinctement, des « incapacités naturelles », des véritables incapacités juridiques et des interdictions de contracter que certains ont baptisées « incapacités de jouissance spéciales ».

Comme cela a donné lieu à certaines confusions qui risquent de perdurer, on envisagera les diverses « incapacités » de contracter, puis le régime de chacune d'elles.

A. Les diverses « incapacités » de contracter

109. *L'« incapacité naturelle ».* C'est l'inaptitude qu'a une personne, en raison de la détérioration de ses facultés mentales, de donner un consentement clair et conscient : c'est le cas de celui qui se trouve dans un état physique qui ne lui permet pas de se rendre compte de ce qu'il fait, de ce à quoi il s'engage, et qui, de ce fait, n'est pas apte à exprimer sa volonté; il en sera ainsi du malade mental, de la personne ivre ou droguée (l'art. 986, al. 5 C.c.B.C. visait « les personnes aliénées ou souffrant d'une aberration temporaire causée par maladie, accident, ivresse ou autre cause »).

Dans une telle hypothèse, le contrat passé par cette personne sera annulable pour absence totale de consentement. L'expression « incapacité naturelle » nous paraît cependant inappropriée, car il y a inaptitude de fait et non point « incapacité » au sens juridique du terme[417].

110. *L'incapacité juridique.* C'est l'inaptitude qu'a une personne, en raison de son âge ou de son état mental, de conclure

---

[417] *Cf. Krugelskis c. Lirette*, [1998] R.D.I. 288 (C.S.).

seule un contrat : un représentant devra agir à sa place ou un assistant devra agir à ses côtés, de la manière précisée par la loi. La loi organise, donc, un système dit de tutelle ou de curatelle, destiné à protéger certaines personnes énumérées limitativement par elle. Sont ainsi frappés d'incapacité juridique les mineurs et les « majeurs protégés » : les mineurs étant ceux qui n'ont pas atteint l'âge de 18 ans et les « majeurs protégés » étant ceux qui ont fait l'objet de l'ouverture d'un régime de protection.

111. *Inaptitude et incapacité.* On constate que le nouveau Code civil, s'il utilise volontiers les mots « capable » et « capacité » (art. 153, 154, 176, 288, 1385 C.c.Q.), utilise rarement les mots « incapable » et « incapacité » (art. 256, al. 2 C.c.Q.); voilà deux termes que l'on n'ose plus prononcer, tellement on craint qu'ils ne soient jugés négatifs ou discriminatoires ! Et pourtant, notre société compte bel et bien des personnes qui ont la capacité juridique et d'autres qui sont protégées par cette mesure qui s'appelle l'incapacité juridique. Néanmoins, cette délicatesse peut se comprendre d'une certaine manière.

Tout d'abord, comme on vient de le dire, les termes capacité, capable, incapacité, incapable ont été souvent utilisés confusément, alors qu'il y a lieu de distinguer la véritable incapacité au sens juridique du terme, de la simple inaptitude de fait[418]. Aussi le nouveau Code est-il plus exact, en disant, à l'article 1398 C.c.Q., que « le consentement doit être donné par une personne qui est apte à s'obliger », c'est-à-dire qui a une volonté claire et consciente et, à son article 1385 C.c.Q. que « le contrat se forme [...] entre des personnes capables de contracter ». Ainsi distingue-t-on clairement l'aptitude à consentir qui est une qualité du consentement, de la capacité de contracter qui est plutôt une qualité de la personne.

Cette réticence à parler d'incapacité s'explique, en outre, par le fait que, malgré l'état d'incapacité juridique, une personne peut accomplir certains actes juridiques sans que pour

---

[418] *Cf.* LANGEVIN et VÉZINA, vol. 5, p. 49.

autant ceux-ci soient annulables : c'est une question de degré. Ainsi, le mineur est « incapable » et pourtant la règle générale veut qu'il puisse néanmoins accomplir seul certains actes qui ne seront annulables qu'au cas où ces actes seront lésionnaires; et cela est tellement vrai que l'Office de révision du Code civil avait proposé un article affirmant que « le mineur est capable de contracter sous réserve des dispositions expresses de la loi »[419]. C'était sans doute aller bien loin et risquer d'amoindrir la protection qu'on souhaitait lui accorder. La formule utilisée par l'article 155 C.c.Q. paraît plus exacte : « Le mineur exerce ses droits civils dans la seule mesure prévue par la loi ». Ce n'est qu'à sa majorité qu'il devient *pleinement* capable d'exercer ses droits (art. 153 C.c.Q.).

La situation de la personne qui fait l'objet de l'ouverture d'un régime de protection est de même type : en vertu de l'article 154 C.c.Q., « la capacité du majeur ne peut être limitée que par une disposition expresse de la loi ou par un jugement prononçant l'ouverture d'un régime de protection ». L'ancien jugement d'interdiction est désormais le jugement prononçant l'ouverture d'un régime de curatelle, de tutelle ou de conseil. Il s'agit donc d'une « capacité limitée », puisque les différents régimes de protection varient selon le degré d'insanité de la personne que l'on désire protéger et que c'est en fonction de ce degré qu'on soumettra cette personne à tel régime plutôt qu'à tel autre : les articles 258 et 259 C.c.Q. sont explicites à cet égard, ainsi que l'article 276, al. 1 (*in fine*) C.c.Q.; on pourrait également citer les articles 277 et 278 C.c.Q. qui précisent la possibilité de réviser le jugement qui a conféré un régime de protection, de réévaluer le régime. On mentionnera enfin l'article 288 C.c.Q. qui permet au tribunal de « moduler » son jugement relatif au régime, de « déterminer le degré de capacité du majeur en tutelle », avec du plus ou du moins. C'est bien dire que l'incapacité ne constitue pas un « bloc », ce n'est pas du tout ou rien : d'où l'idée de « capacité » plus ou moins

---

[419] O.R.C.C., *Rapport sur le Code civil du Québec*, vol. I, « Projet de Code civil », Québec, Éditeur officiel, 1977, livre I, art. 113, p. 24.

« complète » et, en conséquence, la réticence à dire d'une personne qu'elle est « incapable ».

112. *Mandat en prévision d'inaptitude et incapacité.* Compte tenu de la possible diversité des régimes, il est important d'observer dès maintenant que n'est pas un incapable au sens juridique du terme – n'est pas un majeur protégé – celui qui, en prévision de son inaptitude à prendre soin de lui-même ou à administrer ses biens, a donné mandat à telle personne de le représenter, lorsque survient l'inaptitude envisagée et l'homologation du mandat, tel que prévu aux articles 2131, 2166 et suiv. C.c.Q. Ce mandant qui conclurait seul un contrat alors que le mandat préalablement donné a été homologué, serait, dans les faits, une personne « inapte » (l'inaptitude peut être présumée, puisque constatée lors de l'homologation du mandat), qui serait traitée comme celle qui n'a pas une volonté claire et consciente et ne donne donc pas un consentement valable. Il s'agit, là, d'un régime très particulier qui ne peut être assimilé aux régimes dits de protection et ne fait pas de cet inapte un « majeur protégé », un incapable au sens juridique du terme. Le mandat peut être spécial ou général, peut conférer la simple administration (art. 1301 à 1305 C.c.Q.) ou la pleine administration (art. 1306, 1307 C.c.Q.); si sa portée est douteuse, le mandataire doit l'interpréter selon les règles relatives à la tutelle du majeur, ce qui ne veut pas dire pour autant que le mandant soit en tutelle : le mandataire agira conformément à l'article 287 C.c.Q. qui renvoie aux pouvoirs du tuteur au mineur (art. 208 et suiv. C.c.Q.), *mutatis mutandis* et conformément à l'article 289 C.c.Q., le cas échéant, qui permet à ce majeur de conserver la gestion du produit de son travail. Plus explicites encore sont les articles 2169 et 2177 C.c.Q. qui prévoient respectivement la possibilité, si le besoin s'en fait sentir, d'établir un *régime de protection* pour compléter ou remplacer le mandat qui ne permettrait pas d'assurer pleinement les soins de la personne ou l'administration de ses biens[420]; on peut également citer l'article 269 C.c.Q. qui énumère les personnes pouvant demander l'ouverture d'un régime de protection et qui y inclut le

---

[420] L'existence d'un mandat d'inaptitude ne fait donc pas nécessairement obstacle à l'ouverture d'un véritable régime de protection, le tribunal devant apprécier l'intérêt de la personne concernée à la lumière de toutes les circonstances de l'espèce. Ainsi, dans *S. c. T.*, [1997] R.L. 254 (C.S.), le tribunal a rejeté la demande en homologation du mandat et a plutôt accueilli la demande d'ouverture d'un régime de protection, alors qu'il a fait l'inverse dans *Nault* c. *N. (M.H.)*, J.E. 99-1446 (C.S.). *Cf.* également *J.P.* c. *L.B.*, J.E. 01-292 (C.S., en appel).

mandataire désigné par le majeur[421] : c'est bien dire que le « régime »
du mandat est distinct des « régimes de protection » et constitue un
« régime d'inaptitude », plutôt qu'un « régime d'incapacité », comme le
laisse d'ailleurs entendre la formulation de l'article 2131 C.c.Q.[422].

112.1. *Opinions divergentes.* Dès la première édition de leur ouvrage sur le droit des personnes, les professeurs Deleury et Goubau
ont soutenu que le mandat en prévision d'inaptitude
(lorsqu'homologué) était un véritable régime de protection du majeur[423], entraînant avec eux d'autres auteurs[424]. Certains ont même
prétendu que le législateur se serait trompé en situant ce mandat
dans le cadre des contrats nommés plutôt qu'au livre « Des personnes » où se trouvent les régimes de protection. En dépit de cette doctrine « unanime »[425], nous persistons à penser (avec la Cour d'appel,

---

[421] *Cf.* également, l'article 22 de la *Loi sur les services de santé et les services
sociaux,* L.R.Q. c. S-4.2, qui distingue nettement l'ouverture d'un régime
de protection, de l'homologation d'un mandat donné en prévision de
l'inaptitude.

[422] On notera que, selon le professeur Alain Roy, « le Code civil prévoit trois
types de régimes de protection, soit la tutelle, la curatelle et le
conseiller », ce qui exclut donc le cas du mandat donné en prévision de
l'inaptitude : *cf.* Alain ROY, « Les régimes de protection du majeur
inapte », dans Chambre des notaires du Québec (dir.), *Procédures non
contentieuses – Doctrine – Document 5*, Montréal, Chambre des notaires
du Québec, septembre 2000, n° 14 et n° 25. Sur la gestion du patrimoine
du mandant au cas d'inaptitude, *cf. infra*, n° 127.

[423] Édith DELEURY et Dominique GOUBAU, *Le droit des personnes
physiques,* Cowansville, Éditions Yvon blais, 1997, n° 412, p. 342. Voir
également, Claude FABIEN, « Le nouveau droit du mandat », dans
Barreau du Québec et Chambre des Notaires du Québec, *La réforme du
Code civil – Obligations, contrats nommés,* t. 2, Sainte-Foy, P.U.L., 1993,
p. 881, à la page 935.

[424] *Cf.* Madeleine CANTIN CUMYN, *L'administration du bien d'autrui,*
Cowansville, Éditions Yvon Blais, 2000, n° 118, note 288, p. 96 et 97;
Didier LLUELLES avec la collaboration de Benoît MOORE, *Droit des
obligations,* vol. 1, Montréal, Éditions Thémis, 1998, n° 1032 et suiv.,
p. 594 et suiv.; François DUPIN, « Protection des personnes inaptes :
l'intérêt et l'autonomie du majeur protégé », (1997) 57 *R. du B.* 159; Jean
LAMBERT, « La genèse du mandat de protection et quelques autres
considérations », dans Service de la formation permanente, Barreau du
Québec, vol. 146, *Les mandats en cas d'inaptitude : une panacée ?,*
Cowansville, Éditions Yvon Blais, 2001, p. 83.

[425] Claude FABIEN, « Passage du mandat ordinaire au mandat de
protection », dans Service de la formation permanente, Barreau du

comme nous le verrons) que le législateur n'a aucunement erré et qu'il a effectivement voulu souligner la nature essentiellement contractuelle de ce procédé, ce qui nous paraît être confirmé par l'historique de cette législation.

On remarquera, tout d'abord, que l'Office de Révision du Code civil ne fait aucunement état d'une telle possibilité : on note seulement, aux côtés « De la tutelle et de la curatelle au majeur » (art. 180 et suiv. O.R.C.C.), une « tutelle au malade » qui, après avis médical et intervention d'un directeur de services hospitaliers, implique l'entrée en scène du Curateur public qui sera éventuellement nommé « tuteur au malade » par le tribunal (art. 197 et suiv. O.R.C.C.).

On observera, ensuite, que ni le Projet de loi 20 (Personnes, biens, successions), ni l'Avant-projet de loi sur les obligations n'envisageaient la possibilité d'un tel mandat. Ce n'est qu'en 1989, au cours de la préparation du Projet de loi 125 présenté en 1990[426] qu'apparaît le mandat donné en prévision de l'inaptitude du mandant. Pourquoi?

Il s'avérait urgent d'intervenir dans le cercle médico-hospitalier et celui de la curatelle publique, afin de mettre un terme à un désordre certain et à certains abus flagrants : il fallait mettre un peu moins d'intervention étatique et bureaucratique dans le « gouvernement » des régimes d'incapacités, un peu plus d'entourage familial ou amical, ainsi qu'un contrôle judiciaire sur lequel le Projet de loi 20 insistait énergiquement, destiné à préserver des droits fondamentaux qui n'avaient pas toujours été respectés. Comme on l'a déjà écrit, « les deux côtés de l'Assemblée Nationale étaient en symbiose; cependant, la résistance vint de la Curatelle publique elle-même qui voyait ainsi se rétrécir les pouvoirs qui lui avaient jadis été attribués et ceux dont elle s'était elle-même emparés, de même que de groupes qui crièrent à la "judiciarisation" du système, donc à sa complexification et blamèrent son coût financier et social »[427].

Québec, vol. 146, *Les mandats en cas d'inaptitude : une panacée ?*, Cowansville, Éditions Yvon Blais, 2001, p. 105, à la page 114.

[426] Art. 2118, 2154 à 2162 P.L. 125; ces dispositions ont été préalablement insérées, en 1989, dans le *Code civil du Bas Canada*, sous les articles 1701.1 et 1731.1 à 1731.11, à la demande pressante de certains groupes intéressés.

[427] Jean PINEAU, *Le nouveau Code civil et les intentions du législateur (1999)*, 3ᵉ conférence Albert-Mayrand, Montréal, Éditions Thémis, 2000, p. 23.

Cette résistance s'exprima si vigoureusement que le gouvernement consentit à fléchir sa politique en redonnant un peu de latitude
à la curatelle publique, notamment dans la refonte de sa propre loi,
entreprise parallèlement, et à mettre au point ce mandat donné en
prévision d'inaptitude, procédé de nature contractuelle qui échappe
donc (en principe) au contrôle judiciaire. Le mandat étant un contrat
auquel de nombreuses personnes âgées ont recours afin d'éviter les
tracas suscités notamment par l'administration de leurs affaires, il
fallait faire en sorte qu'un mandat fût possible en dépit de
l'inaptitude du mandant et permettre en quelque sorte la « survie »
d'un mandat donné précisément en prévision d'une telle inaptitude,
en respectant le choix par le mandant de son mandataire, un proche
en qui il a confiance, et cela sans pour autant recourir à la technique
des régimes légaux de protection, avec leur cortège de formalités et de
contrôles judiciaires.

Nous ne souscrivons donc pas à l'opinion selon laquelle ce mandat
en prévision d'inaptitude serait seulement une « désignation privée et
anticipée d'un tuteur ou d'un curateur »[428] et non point un mandat,
au motif notamment que ce mandat prend effet seulement au moment
où le mandant est inapte et que la révocation du mandat est alors
impossible du fait de cette inaptitude, ce qui irait à l'encontre des
caractéristiques essentielles de ce contrat. Certes, ce mandat est d'un
type particulier, mais il n'en demeure pas moins essentiellement un
mandat.

Le législateur a pris soin, en effet, de le situer, non point dans le
chapitre troisième (« Des régimes de protection du majeur ») du Livre
premier (« Des Personnes »), mais dans le chapitre neuvième (« Du
mandat ») du Titre Deuxième (« Des contrats nommés ») du Livre
cinquième (« Des Obligations ») : il est permis de penser que ce n'est
ni par ignorance, ni par distraction. Il s'agit d'une mesure à laquelle,
dans le passé, il était impossible de faire appel : elle respecte la volonté de la personne qui envisage le cas où elle ne serait plus, dans les
faits, apte à prendre seule les décisions relatives à sa santé ou à ses
biens et décide de choisir un mandataire; désormais, le mandat peut
porter non seulement sur l'accomplissement d'un acte juridique (art.
2130 C.c.Q.), mais aussi sur les actes destinés à assurer la protection
de la personne et de ses biens postérieurement à son inaptitude et

---

428 Madeleine CANTIN CUMYN, *L'administration du bien d'autrui*,
   Cowansville, Éditions Yvon Blais, 2000, n° 118, p. 96, n°ˢ 32, 171, 234,
   295 et 322.

c'est pourquoi des règles particulières gouvernent cette situation (art. 2166 à 2174 C.c.Q.). Même si ce mandat a, en principe, pour but d'« assurer la protection » du mandant, la technique utilisée n'est pas celle des régimes de protection, puisque, une fois homologué, il échappe à tout contrôle judiciaire, ce qui est précisément ce que souhaitait le législateur.

Le législateur a, en effet, voulu que ce mandant puisse attribuer des pouvoirs déterminés par lui au mandataire de son choix, sans cependant être incapable au sens juridique du terme. Les « régimes de protection du majeur » concernent la « capacité des personnes » (titre quatrième du Livre premier « Des personnes ») et, selon l'article 154 C.c.Q., « la capacité du majeur ne peut être limitée que par une disposition expresse de la loi ou par un jugement prononçant l'ouverture d'un régime de protection »; or, l'homologation du mandat est différente de l'ouverture d'un régime de protection, ce n'est que la constatation de l'inaptitude de fait du mandant, qui donne au mandat son efficacité[429], qui prive le mandant de certains de ses pouvoirs – et non point de sa capacité –, qui ne permet aucunement au tribunal de contrôler ni le contenu du mandat, ni le choix du mandataire, ni les décisions de ce dernier. Il s'agit donc d'un procédé où le lien de confiance entre le mandant et son mandataire l'emporte sur la nécessité d'un contrôle et donc d'une protection judiciaire.

C'est d'ailleurs en ce sens que va majoritairement la Cour d'appel[430] : « la loi ne donne pas au juge le droit de s'immiscer dans la

---

[429] Il peut arriver que le mandant prétende s'opposer à l'homologation : *cf. M. (L.) c. M. (J.)*, J.E. 96-971 (C.S.); il se peut aussi que le mandant ait désigné successivement deux mandataires, il faudra alors choisir : *Gariépy c. Pitre*, J.E. 96-340 (C.S.).

[430] *Alloi-Lussier c. Centre d'hébergement Champlain*, [1997] R.J.Q. 807 (C.A.). Dans cette affaire, la personne en perte d'autonomie avait consenti à quitter sa maison et à aller dans un centre d'hébergement. En attendant qu'une place se libère dans le centre choisi, on la met dans un autre centre dans lequel elle ne se plaît pas; aussi désire-t-elle rentrer chez elle. À la suite du refus de sa fille-mandataire, elle requiert l'émission d'un bref d'*habeas corpus*. Selon les juges majoritaires, ce n'était pas la procédure appropriée, puisqu'elle n'était pas détenue illégalement : elle désirait seulement changer de centre. Au cas d'insatisfaction de la part du mandant quant aux décisions prises par le mandataire, la procédure appropriée consiste plutôt à demander la révocation du mandat et l'ouverture d'un régime de protection (art. 2177 C.c.Q.).

conduite d'un mandat conventionnel d'inaptitude »; lorsque les agissements ou les décisions du mandataire paraissent suspects, les juges majoritaires relèvent que « tout intéressé, y compris le curateur public, peut demander la révocation du mandat et l'ouverture d'un régime de protection, ce que le tribunal peut ordonner s'il est d'avis que le mandat n'est pas fidèlement exécuté ou pour tout autre motif sérieux (art. 2177 C.c.Q.) [...] la personne intéressée insatisfaite n'a qu'à s'adresser à la Cour supérieure [...] [mais] le Code ne permet pas au juge, lorsqu'un mandat d'inaptitude est homologué et non contesté, d'évaluer les décisions du mandataire pour ensuite les réviser et y substituer celles qui, à son avis, sont les meilleures. Le tribunal n'a tout simplement pas cette compétence, *comme il n'a pas celle de s'immiscer dans la conduite des affaires du mandataire de tout autre mandat civil* ». Comme on le constate, il s'agit bien d'un mandat, qui obéit essentiellement à une logique contractuelle[431], et non point d'un régime de protection, contrairement à ce qu'affirme sans motivation le juge dissident[432].

C'est pourquoi, il nous apparaît que ce mandat au cas d'inaptitude, s'il peut convenir en de nombreuses circonstances, peut n'être pas la panacée et que, parfois, le véritable « régime de protection » – tutelle ou curatelle – est plus adéquat, parce que véritablement protecteur, étant en effet soumis au contrôle judiciaire[433]. Les dispositions relatives à ce mandat ne font qu'apporter une exception au principe voulant que le mandat prenne fin dès lors que le mandant n'a plus une volonté claire et consciente, et ne fait qu'organiser la situation en conséquence. Ainsi, l'acte passé par le mandant postérieurement à l'homologation du mandat ne pourrait pas être annulé si celui-ci prouvait qu'il avait une volonté claire et consciente lors de cet acte, qu'il y ait lésion ou non, les articles 1406 et suiv. C.c.Q. ne s'appliquant pas à lui; de même, l'article 1706 C.c.Q, qui atténue les règles de la restitution des prestations à l'égard des « personnes protégées » au cas de l'annulation d'un acte passé par l'incapable, ne s'applique pas à ce mandant qui conclurait un acte juridique alors qu'il serait inapte. Au cas d'annulation de cet acte, le mandant devrait en principe restituer.

---

[431] *Cf.* TANCELIN, 6ᵉ éd., n° 118, p. 61.

[432] *Alloi-Lussier* c. *Centre d'hébergement Champlain*, [1997] R.J.Q. 807, 811 (C.A.).

[433] Pour cette raison, il ne convient pas toujours, nous semble-t-il, de confier au mandataire la pleine administration du patrimoine du mandant. Le plus souvent, la simple administration devrait suffire.

En conclusion, faire du mandat en prévision d'inaptitude un véritable régime de protection, c'est, nous semble-t-il, confondre « inaptitude juridique », c'est-à-dire véritable incapacité qui touche l'état de la personne, et « inaptitude de fait » qui empêche seulement la personne qui en est affectée de donner un consentement valable. Comme son nom l'indique, ce mandat donné en prévision de l'inaptitude, est bel et bien un mandat qui a la particularité d'organiser un cas d'*inaptitude*, et non point un cas d'incapacité. Il serait surprenant que le législateur se soit trompé à la fois sur le nom du procédé, sur sa place dans le Code et sur ses effets, comme certains voudraient cependant nous le faire croire.

113. *Représentation et assistance.* Pour remédier aux conséquences de l'incapacité, on a deux procédés : la représentation et l'assistance.

Par le système de la représentation, l'incapable ne figure pas sur la scène juridique : ce n'est pas sa volonté qui formera le contrat; sa personnalité s'effacera. C'est son représentant qui agira à sa place pour son compte (cas du mineur non émancipé et du majeur sous curatelle ou sous tutelle).

Par le système de l'assistance, l'incapable reste à la tête de ses affaires, mais on exige qu'il ait à ses côtés un conseiller qui interviendra pour compléter la demi-capacité de l'incapable. Alors que le représentant sera seul à signer l'acte juridique pour le compte de l'incapable, l'assistant signera en même temps que l'incapable. C'est le cas du mineur émancipé ou du majeur qui a certaines faiblesses : le premier sera assisté par un tuteur, le second par un « conseiller au majeur ».

On peut ajouter un troisième procédé moins énergique : l'autorisation; dans ce système l'incapable agit seul, mais doit obtenir préalablement l'autorisation de celui qui le protège. Ce procédé se combine d'ailleurs souvent avec la représentation, lorsque, par exemple, le tuteur doit, pour agir, obtenir l'autorisation du tribunal, ce qui rend ici le système plus rigoureux.

114. *Organisation de la tutelle et de la curatelle.* Contrairement au droit français, le *Code civil du Bas Canada* ne s'était pas tourné vers la famille pour organiser la tutelle; il n'avait accordé à celle-ci qu'une confiance relative, en lui conférant un rôle seulement consultatif et non décisionnel et en ne faisant pas automatiquement des père et mère du mineur, les représentants de celui-ci dans l'administration de ses affaires. La tutelle ou curatelle était, en définitive, déférée par le tribunal[434].

Le *Code civil du Québec* opère une transformation radicale du système, en se tournant vers la famille[435]. Ainsi, les père et mère, outre les devoirs et les droits que leur confère l'autorité parentale, sont désormais de plein droit tuteur de leur enfant mineur, afin d'assurer sa représentation dans l'exercice de ses droits civils et d'administrer son patrimoine (article 192 C.c.Q.). En outre, le dernier mourant des père et mère peut nommer un tuteur à son enfant mineur, par testament ou par une déclaration en ce sens transmise au curateur public (art. 200 et 201 C.c.Q.), ce qui était impossible selon le *Code civil du Bas Canada*.

Quant au mineur émancipé, le nouveau Code distingue la simple émancipation de la pleine émancipation. La première vise le mineur de 16 ans qui peut être émancipé par son tuteur, avec l'accord d'un conseil de tutelle ou par le tribunal après avis du tuteur et du conseil de tutelle; ce mineur ainsi émancipé cesserait d'être sous l'autorité de ses père et mère, pourrait faire seul tous les actes de simple administration (tels que décrits dans les articles 1301 à 1305 C.c.Q.), mais devrait être assisté de son tuteur pour tout acte excédant la simple administration (art. 167 à 174 C.c.Q.). Quant à la pleine émancipation, elle a lieu par le mariage ou peut être déclarée par le tribunal pour un motif sérieux, et rend le mineur capable, comme s'il était majeur, d'exercer tous ses droits civils (art. 175 et 176 C.c.Q.)[436].

---

[434] *Cf.* Jean PINEAU, *Traité élémentaire de droit civil – La famille,* Montréal, P.U.M., 1972, n° 230, p. 205.

[435] *Cf.* Alain ROY, « Les régimes de protection du majeur inapte », dans Chambre des notaires du Québec (dir.), *Procédures non contentieuses – Doctrine – Document 5*, Montréal, Chambre des notaires du Québec, septembre 2000.

[436] On notera que la pleine émancipation est parfois demandée en justice sur la base de l'article 175 al. 2 C.c.Q. afin de pouvoir obtenir des prestations d'aide sociale : il a été jugé, avec raison, qu'il ne s'agissait pas là d'un motif sérieux. *Cf. Droit de la famille–2399*, [1996] R.D.F. 268 (C.S.); *Droit de la famille–2197*, [1995] R.D.F. 420 (C.S.). En revanche, le mineur qui a été abandonné peut obtenir, sinon la pleine émancipation, tout au moins la simple émancipation : *cf. M. (S.) (Re)*, [1995] R.D.F. 675 (C.S.).

Par ailleurs, le nouveau Code distingue, dans le cadre des régimes de protection du majeur, la curatelle au majeur, qui vise la personne inapte de façon totale et permanente à prendre soin d'elle-même et à administrer ses biens, et la tutelle au majeur, qui vise la personne inapte de façon partielle et temporaire : dans le premier cas, le tribunal nomme un curateur qui a la pleine administration des biens du majeur protégé (art. 281 et 282 C.c.Q.)[437], alors que, dans le second cas, le tribunal nomme un tuteur qui a la simple administration de ces biens (art. 285 et 286 C.c.Q.). Le tribunal peut aussi nommer un conseiller au majeur qui, bien que généralement ou habituellement apte à prendre soin de lui-même et à administrer ses biens, a besoin, pour certains actes ou temporairement, d'être assisté ou conseillé dans l'administration de ses biens (art. 291 C.c.Q.) : ce conseiller n'aurait à intervenir que pour les actes qui nécessitent assistance (art. 292 et suiv. C.c.Q.)[438].

115. *Les interdictions de contracter.* Ce sont des règles interdisant à certaines personnes de conclure certains contrats, soit en raison des relations que ces personnes ont entre elles, soit en raison de l'objet du contrat. On se contentera de donner certains exemples :

–   Tout accord relatif à l'administration ou au compte de la tutelle entre le tuteur et le mineur devenu majeur est nul, s'il n'est précédé de la reddition d'un compte détaillé et de la remise des pièces justificatives : on veut empêcher que le tuteur ne fraude son pupille (art. 248 C.c.Q.).

---

[437] Quant à la nécessité de convoquer un conseil de famille afin de désigner, comme curateur, le Curateur public, *cf. L.H.* c. *Québec (Curateur public)*, J.E. 01-302 (C.A.), notamment l'opinion du juge dissident.

[438] On notera qu'en 1999, le législateur a réintroduit le notaire dans le système d'ouverture des régimes de protection que l'on avait voulu, lors de la recodification, essentiellement judiciaire : *Loi modifiant le Code de procédure civile en matière notariale et d'autres dispositions législatives*, L.Q. 1998, c. 51 (« Loi 443 » mise en vigueur le 13 mai 1999). Cette loi, voulue et saluée par la Chambre des notaires, fut énergiquement combattue par le Barreau. Pour une analyse détaillée du rôle du notaire dans l'ouverture des régimes de protection, *cf.* Alain ROY, « Les régimes de protection du majeur inapte », dans Chambre des notaires du Québec (dir.), *Procédures non contentieuses – Doctrine – Document 5*, Montréal, Chambre des notaires du Québec, septembre 2000.

– Les tuteurs[439] et curateurs, les mandataires, les administrateurs et les officiers publics ne peuvent se porter acquéreurs des biens dont ils ont la gestion : on veut éviter que ces personnes ne donnent priorité à leurs intérêts personnels plutôt qu'à ceux des personnes dont on leur a confié la gestion des biens (art. 1709 C.c.Q.). Lorsqu'une personne se charge de vendre mon immeuble au plus haut prix et qu'elle l'achète elle-même, il y a de fortes chances pour que ses intérêts ne soient pas les miens.

– Les juges, les avocats, les notaires et officiers de justice ne peuvent se porter acquéreurs de droits litigieux, même si ces droits ne sont pas de la compétence du tribunal dans le ressort duquel ils exercent leurs fonctions (art. 1783 C.c.Q.). Cette interdiction a pour but d'empêcher que ces personnes n'achètent de bons procès que les plaideurs ne croient pas bons et d'éviter des conflits d'intérêts dans l'administration de la justice.

B. Les différents régimes des incapacités

a) L'« incapacité naturelle »

116. *Preuve de l'inaptitude à donner un consentement valable.* Pour que l'inaptitude à donner un consentement clair et conscient soit une cause de nullité du contrat, il faut que cette inaptitude soit réelle au moment même où le consentement est donné. C'est à la personne qui invoque la démence, l'aberration temporaire ou autre cause qu'il appartiendra de prouver qu'au moment où le consentement a été donné, son auteur n'était pas en mesure de poser un acte de volonté en toute connaissance de cause.

Il peut être difficile d'apporter la preuve qu'au moment même de la conclusion du contrat, il y avait absence de volonté claire et consciente ou, au contraire, intervalle de lucidité. Cependant la Cour suprême a jugé qu'à défaut de prouver de

---

[439] *Cf. Denis-Cossette c. Germain*, [1982] 1 R.C.S. 751.

façon directe que la personne était inapte au moment même où elle a donné un consentement, on pouvait apporter une preuve de façon indirecte : si l'on établit que la personne en question était déficiente mentalement peu avant et peu après la conclusion du contrat, on peut présumer que cette déficience existait au moment même de la conclusion du contrat; pour que cette présomption ne triomphe pas, on devrait alors prouver qu'au moment même où le consentement a été donné, cette personne se trouvait dans un intervalle de lucidité[440].

Il convient, toutefois, de se montrer prudent, car le principe demeure, selon lequel, en dehors de tout jugement prononçant l'ouverture d'un régime de protection, toute personne est présumée saine d'esprit, tant que la preuve contraire n'a pas été faite. Dans l'espèce soumise à la Cour suprême, il s'agissait d'une personne qui avait fait l'objet, après la conclusion du contrat, d'un jugement d'« interdiction » dont la mainlevée avait été, ensuite, obtenue; mais, avant la passation de l'acte, elle « avait manifesté déjà des indices sérieux de dérangement et d'instabilité intellectuelle ». Il ne faut pas confondre la situation d'une personne qui contracte alors qu'elle n'a pas fait l'objet d'une mesure de protection, avec celle du « majeur protégé » qui, lui, est censé n'avoir pas pu donner un consentement valable : par un jugement prononçant l'ouverture d'un régime de protection, le tribunal constate, en effet, la déficience mentale de la personne qui en fait l'objet.

Dans cette même affaire, la Cour suprême s'exprime sur le degré d'insanité d'esprit requis pour obtenir la nullité du contrat. Les propos du juge Taschereau suffisent à eux-mêmes : « La règle veut qu'il n'est pas nécessaire, pour que la nullité soit prononcée, que le signataire d'un document soit frappé d'insanité totale. La loi n'exige pas qu'il soit détenu dans un asile d'aliénés, ni même qu'il soit interdit ou ait besoin de

---

440 *Thibodeau* c. *Thibodeau*, [1961] R.C.S. 285. *Cf.* également *Dumont* c. *Rioux*, J.E. 99-1191 (C.S.); *Roch-Lussier* c. *Poissant, Thibault-Peat, Marwick Thorne inc.*, J.E. 99-1700 (C.S.); *Snee* c. *Hébert*, [1997] R.D.I. 65 (C.S.); *Lamonde* c. *Brasserie Labatt ltée*, [1995] R.J.Q. 429 (C.S., inf. en appel pour un autre motif, J.E. 99-131).

l'assistance d'un conseil judiciaire. Si le contractant n'a pas la capacité de comprendre la portée de son acte, s'il n'a pas la volonté de l'apprécier, d'y résister ou d'y consentir, si, à raison de la faiblesse de son esprit, il ne peut peser la valeur des actes qu'il pose ou les conséquences qu'ils peuvent entraîner, si en un mot il ne possède pas le pouvoir de contrôler son esprit, son acte sera nul faute de consentement valide »[441].

Cet arrêt de la Cour suprême, qui a fait jurisprudence, est tout aussi valable depuis l'adoption du nouveau *Code civil du Québec*.

Il faut cependant ajouter que, dans le cadre d'un mandat donné en prévision de l'inaptitude du mandant, il est permis de prétendre que l'homologation du mandat par le tribunal fait présumer l'inaptitude du mandant, mais qu'il s'agit d'une présomption simple qui pourrait être renversée en apportant la preuve que l'acte conclu personnellement par le mandant l'a été dans un intervalle de lucidité. Rien dans le Code ne nous permet, en effet, de dire que cette présomption d'inaptitude est irréfragable.

b) L'incapacité juridique

Sont frappés d'une incapacité juridique, les mineurs et les majeurs ayant fait l'objet de l'ouverture d'un régime de protection.

1. *Les mineurs*

117. *La situation de principe.* En vertu de l'article 153 C.c.Q., « [l]'âge de la majorité est fixé à dix-huit ans. La personne, jusqu'alors mineure, devient capable d'exercer pleinement tous ses droits civils. »

L'état de minorité peut être modifié par l'émancipation simple qui, toutefois, ne met pas fin à cet état et ne confère pas tous les droits résultant de la majorité (art. 170 C.c.Q.) ou par

---

[441] *Id.*, 288; *cf.* également *Leblond* c. *Leblond*, [1978] C.A. 506.

la pleine émancipation qui, elle, rend le mineur capable, comme s'il était majeur, d'exercer ses droits civils (art. 175 et 176 C.c.Q.).

Le mineur non émancipé doit être représenté par un tuteur dans l'accomplissement des actes juridiques. On verra ultérieurement quels actes le mineur peut accomplir seul ou avec le conseil de tutelle, quels actes son tuteur peut accomplir seul et quels actes impliquent l'intervention du tuteur autorisé par le tribunal[442]. On doit seulement se demander ici si les contrats conclus par le mineur seul peuvent ou non être annulés.

Le mineur étant frappé d'une incapacité juridique (art. 155 C.c.Q.), on devrait *a priori* en déduire que tous les actes juridiques qu'il accomplit seul sont susceptibles d'être annulés; ce serait oublier que la mesure qui le frappe est destinée uniquement à le protéger : annuler systématiquement tous les contrats qu'il conclut seul n'assurerait certainement pas une protection efficace. C'est pourquoi il est permis d'affirmer qu'en règle générale, les contrats conclus par le mineur sont valables, sauf exceptions.

Ainsi, le mineur non émancipé peut demander et obtenir l'annulation du contrat qu'il a conclu seul ou la réduction de son obligation s'il établit que ce contrat est lésionnaire (art. 163 C.c.Q.)[443]. On sait que la lésion est normalement le préjudice qui résulte d'un défaut d'équilibre entre l'avantage obtenu et le sacrifice consenti par un contractant, et que cette notion recouvre donc le caractère injuste du contrat. Cependant, une certaine jurisprudence s'était éloignée de cette notion, en admettant qu'il n'était pas nécessaire que le contrat conclu par le mineur fût injuste pour permettre à celui-ci d'invoquer la lésion : il aurait suffi que ce contrat fût, pour le mineur, lors de sa conclusion, une source d'ennuis, d'embarras ou de dépen-

---

[442] *Cf. infra*, n° 119.

[443] *Cf. Rosemont Realty Co.* c. *Boivin*, (1921) 31 B.R. 40. Il en est de même pour le mineur émancipé, à l'égard des contrats qu'il conclut seul, alors que l'assistance de son tuteur était requise (art. 173 C.c.Q.).

ses inutiles[444]. Désormais, on se référera à la notion de lésion, telle que définie dans l'article 1406, al. 2 C.c.Q.[445].

Cependant, quatre conditions sont nécessaires pour que le mineur puisse invoquer la lésion :

— la lésion ne doit pas résulter d'un événement casuel ou imprévu (art. 164, al. 1 C.c.Q.) : l'événement casuel étant la circonstance accidentelle ou fortuite, on ne peut guère mettre la lésion, en ce cas, sur le compte de la faiblesse, de l'inexpérience ou de l'exploitation[446];

— la lésion ne doit pas résulter de l'obligation extra-contractuelle de réparer le préjudice causé à autrui par sa faute (art. 164, al. 2 C.c.Q.) : si la négligence ou l'imprudence du mineur est la cause du préjudice qu'il subit, le contrat ne peut être annulé ni son obligation réduite; il en est ainsi dans l'hypothèse d'une automobile louée par un mineur lorsque celui-ci est l'auteur fautif d'un accident : le prix de location et la réparation du véhicule sont dus au locateur[447];

— le mineur ne doit pas être l'auteur d'un dol, puisqu'il ne peut se soustraire à son obligation de réparer le préjudice qu'il cause par sa faute (art. 164, al. 2 C.c.Q.). Certes, la simple déclaration par le mineur qu'il a atteint l'âge de majorité ne l'empêche pas de prouver la lésion et d'obtenir la sanction recherchée (art. 165 C.c.Q.); il peut donc cacher son âge sans perdre le bénéfice que lui reconnaît la loi, en se bornant à déclarer qu'il est majeur; mais si, pour amener le cocontractant à consentir, il falsifie son acte de naissance ou accomplit quel-

---

444 Cf. Aubin c. Daniel McAnulty Realty Co., (1920) 57 C.S. 120; Aubin c. Marceau, (1932) 70 C.S. 408; Marcel Grenier Automobiles Enrg. c. Thauvette, [1969] C.S. 159.

445 Cf. supra, n° 105.

446 Cf. Aubin c. Marceau, (1932) 70 C.S. 408 : dans cette affaire, le juge n'a pas tenu compte de l'événement casuel, soit l'absence de renardeaux, due à la stérilité du couple de renards acheté par le mineur.

447 Cf. Ouellet c. Tremblay, [1957] C.S. 351. Pour que le mineur soit responsable de sa faute, encore faut-il qu'il soit « doué de raison » (art. 1457, al. 2 C.c.Q.).

ques manoeuvres frauduleuses, il ne pourra pas, alors, invoquer la lésion : même s'il est lésé, le contrat sera maintenu[448].

– le mineur ne doit pas avoir confirmé le contrat, une fois la majorité atteinte (art. 166 C.c.Q.). On verra que la sanction éventuelle d'un acte juridique accompli par un mineur est la nullité relative et qu'un contrat entaché d'une telle nullité est susceptible de confirmation, ce qui constitue une renonciation à invoquer la nullité (art. 1420, al. 2 et 1423 C.c.Q.)[449].

On observera qu'il est certains actes que le tuteur ne peut accomplir sans avoir l'autorisation du conseil de tutelle : ainsi en est-il de l'acceptation d'une donation avec charge (art. 211 C.c.Q.), d'une transaction ou de la poursuite d'un appel (art. 212 C.c.Q.); de même, sans l'autorisation de ce conseil de tutelle, le tuteur ne peut contracter un emprunt important, grever un bien d'une sûreté, aliéner un bien important à caractère familial, un immeuble ou une entreprise, ni provoquer le partage définitif des immeubles d'un mineur indivisaire, lorsque la valeur du bien ou de la sûreté ne dépasse pas 25 000 $[450]; au-delà de cette valeur, s'agissant des mêmes actes, l'autorisation du tribunal sera nécessaire, avec l'avis du conseil de tutelle (art. 213, al. 1 C.c.Q.).

Or, en vertu de l'article 163 C.c.Q., les actes faits par le tuteur, sans l'autorisation requise du conseil de tutelle, peuvent être sanctionnés par la nullité ou la réduction des obligations, à la demande du mineur, « s'il en subit un préjudice », c'est-à-dire s'il est lésé conformément aux critères établis à l'article 1406,

---

[448] Art. 164, al. 2 C.c.Q.; FLOUR, AUBERT et SAVAUX, vol. 1, 9ᵉ éd., n° 232 *in fine*, p. 160.

[449] *Cf. Châteauneuf* c. *Couture*, [1970] C.S. 412; *cf. infra*, n° 196 et suiv.

[450] Par la « valeur du bien », il faut comprendre la valeur de l'intérêt du mineur dans ce bien. Ainsi, dans l'hypothèse où le mineur serait propriétaire indivis à 50% d'un bien valant 30 000 $, la valeur du bien du mineur ne serait que de 15 000 $, comme le fait remarquer avec raison Alain ROY, « Les régimes de protection du majeur inapte », dans Chambre des notaires du Québec (dir.), *Procédures non contentieuses – Doctrine – Document 5,* Montréal, Chambre des notaires du Québec, septembre 2000, n° 174 et suiv.

al. 2 C.c.Q.; on protège ici le mineur contre les actes de son tuteur qui excède ses pouvoirs.

118. *Les situations d'exception.* Il est des cas où l'incapacité du mineur est aggravée et d'autres où, au contraire, elle est diminuée.

  – *Cas où l'incapacité du mineur est aggravée*

Dans ces cas, le mineur pourra obtenir l'annulation du contrat sans avoir à prouver la lésion, sur la seule base de l'incapacité. Il est des actes juridiques qui sont absolument interdits au mineur : le contrat de donation entre vifs (art. 1813 C.c.Q.), le testament (art. 708 C.c.Q.), le contrat par lequel le mineur contracte un emprunt important eu égard à son patrimoine ou grève un bien d'une sûreté, aliène un bien important à caractère familial, un immeuble ou une entreprise, la valeur du bien excédant 25 000 $, cela sans observer les formalités requises par la loi : en ces cas, il ne serait pas nécessaire de prouver la lésion (art. 162 et 213 C.c.Q.).

  – *Cas où l'incapacité du mineur est diminuée*

Il est des cas où le mineur a le droit d'accomplir seul certains actes juridiques.

Ainsi, le mineur autorisé à se marier peut consentir à toutes les conventions matrimoniales permises dans un contrat de mariage, à condition de s'entourer de certaines précautions (art. 434 et 435 C.c.Q.)[451].

En vertu de l'article 156 C.c.Q., « le mineur de quatorze ans ou plus est réputé majeur pour tous les actes relatifs à son emploi, ou à l'exercice de son art ou de sa profession ». Étant réputé majeur pour ces actes, pourvu qu'il ait au moins quatorze ans révolus, ce mineur ne peut invoquer lésion. En revanche, les règles relatives à la lésion s'appliquent à ce mineur

---

[451] *Cf.* Jean PINEAU et Danielle BURMAN, *Effets du mariage et régimes matrimoniaux*, Montréal, Éditions Thémis, 1984, p. 136 et suiv.

pour les actes qui ne sont pas relatifs à cet emploi ou à l'exercice de son art ou de sa profession[452].

Le mineur qui a fait l'objet d'une simple émancipation peut accomplir seul certains actes énumérés par le législateur : passer des baux d'au plus trois ans ou donner des biens, suivant ses facultés, s'il n'entame pas notablement son capital. Pour ces actes, le mineur émancipé sera considéré comme majeur et, en conséquence, ne pourra pas invoquer lésion (art. 172 C.c.Q.). Cependant, à l'égard des prêts ou emprunts considérables, actes d'aliénation d'un immeuble ou d'une entreprise qu'il aurait conclus seul sans l'autorisation du tribunal, ce mineur émancipé pourrait demander l'annulation ou la réduction de ses obligations, en prouvant qu'il a été lésé (art. 174 C.c.Q.)

119. *Gestion des biens du mineur non émancipé.* On a déjà eu l'occasion de dire que, contrairement à ce que prévoyait le *Code civil du Bas Canada*, les père et mère sont de plein droit tuteurs de leur enfant mineur, afin d'assurer sa représentation dans l'exercice de ses droits civils et d'administrer son patrimoine (art. 192 C.c.Q.), cette tutelle devant être exercée par les mère et père ensemble (art. 193 C.c.Q.), de la même façon qu'ils exercent ensemble l'autorité parentale (art. 600 C.c.Q.)[453].

Le tuteur (le singulier comprend le pluriel)[454] doit gérer les biens du mineur, comme tout administrateur du bien d'autrui, avec pru-

---

[452] On constate que le mineur de moins de quatorze ans ne peut plus désormais être considéré comme majeur, même s'il a un emploi ou exerce un art ou une profession (art. 156 C.c.Q.).

[453] Afin de faciliter les choses, il est possible à l'un des parents de donner à l'autre le mandat de le représenter dans des actes relatifs à l'exercice de la tutelle, ce mandat étant présumé à l'égard des tiers de bonne foi (art. 194 C.c.Q. qui reprend l'idée contenue à l'art. 603 C.c.Q. relatif à l'exercice de l'autorité parentale). *Cf.* également l'art. 195 C.c.Q. qui règle le cas où la garde de l'enfant a fait l'objet d'un jugement et l'art. 196 C.c.Q. qui règle le désaccord entre père et mère, relativement à l'exercice de la tutelle.

[454] On notera que, si l'on ne peut nommer qu'un seul tuteur à la personne, plusieurs tuteurs peuvent être nommés aux biens : en ce cas, chacun d'eux est responsable des biens qui lui ont été confiés (art. 187 et 188, al. 2 C.c.Q.). En outre, une personne morale peut agir comme tuteur aux biens si elle y est autorisée par la loi (art. 189 C.c.Q.).

dence et diligence, avec honnêteté et loyauté, dans le meilleur intérêt du mineur (art. 1309 C.c.Q.). Il doit donc tout faire pour le mineur et rien contre lui. Ainsi, le tuteur a l'obligation d'agir comme un administrateur chargé de la simple administration (art. 208 C.c.Q.); néanmoins, en certains cas, le mineur peut agir seul[455].

On peut donc distinguer cinq catégories d'actes relatifs à cette gestion : ceux que le tuteur peut faire seul, ceux qui nécessitent l'autorisation du conseil de tutelle, ceux qui exigent l'autorisation judiciaire et ceux qui lui sont interdits; il y a enfin des actes que le mineur peut accomplir seul.

119.1. *Actes que le tuteur peut faire seul.* Le premier devoir d'un bon gestionnaire étant de conserver les biens qui lui sont confiés, le tuteur peut faire tous les actes conservatoires destinés précisément à conserver, à tenir en bon état les biens du mineur et aussi à maintenir l'usage auquel les biens sont normalement destinés (art. 1301 C.c.Q.) : c'est dire qu'il peut faire seul les dépenses utiles et justifiées et, au-delà, les actes d'administration courante[456].

On enseignait, dans le droit d'hier, que le tuteur pouvait seul louer les immeubles du mineur, pourvu que les baux ne fussent pas d'une durée supérieure à neuf ans : il nous apparaît, désormais, qu'il

---

[455] Lorsque le mineur a des intérêts à discuter en justice avec son tuteur, on lui nomme un tuteur *ad hoc* (art. 190 C.c.Q.) : *cf. Droit de la famille–2000*, [1994] R.J.Q. 1598 (C.S.).

[456] Dans le droit d'hier, on distinguait traditionnellement – outre les actes de conservation – les actes d'administration et les actes de disposition; il était cependant difficile, parfois, de tracer la frontière entre ces deux catégories d'actes : *cf. Poirier* c. *Lapointe*, [1957] R.L. 374 (C.S.); *Morin* c. *Dion*, [1957] C.S. 53 et commentaire de Jean-Guy CARDINAL, « Billet souscrit par un mineur – Nullité sans preuve de lésion – article 1009 C.c. », (1956-57) 59 *R. du N.* 561; *cf.* également *Fortier-Dolbec* c. *Hermann Fortier Inc.*, [1963] B.R. 283 : dans cette affaire est mise en lumière la dérogation apportée par l'article 40 de la *Loi sur les compagnies* (L.R.Q., c. C-38) à l'article 297 C.c.B.C. et la transformation, de ce fait, d'un acte de disposition en acte d'administration. Désormais, le titre septième « De l'administration du bien d'autrui » propose de distinguer la « simple administration » du bien d'autrui (art. 1301 à 1305 C.c.Q.) de la « pleine administration » (art. 1306 et 1307 C.c.Q.) : *cf.* Madeleine CANTIN CUMYN, *L'administration de bien d'autrui*, Cowansville, Éditions Yvon Blais, 2000, n° 193 et suiv., p. 164 et suiv. Néanmoins, il y a parfois lieu de se demander si tel ou tel acte dépasse ou non la « simple administration ».

peut – à titre de locataire – passer des baux d'une durée d'au plus 3 ans[457] et qu'il peut – à titre de locateur – renouveler un bail d'au plus trois ans déjà consenti avant la tutelle (cela nous paraît ressortir des articles 1302 et 1303 C.c.Q.). Mais il n'est pas certain qu'il puisse seul – compte tenu de l'articulation des dispositions nouvelles – décider de louer un immeuble du mineur : cette interdiction pourrait en effet être justifiée dans le cadre d'un bail d'habitation, dans la mesure précisément où le locataire a droit au maintien dans les lieux; on pourrait alors considérer qu'il s'agit d'un acte de disposition. Pourrait-on soutenir ce même point de vue, dans l'hypothèse d'un bail qui ne serait pas d'habitation et qui ne dépasserait pas trois ans ? Ne s'agirait-il pas là d'un acte de « simple administration », qui pourrait être aussi, le cas échéant, un acte de bonne administration ? C'est ce que nous croyons, alors que consentir un bail de plus de trois ans nous apparaît être désormais un acte dépassant la simple administration, compte tenu des aléas économiques que l'on connaît maintenant.

Quoi qu'il en soit, le tuteur peut percevoir seul les fruits et revenus des biens qu'il gère et exercer les droits qui leur sont attachés. Il perçoit seul les créances du mineur, et donne quittance, de même qu'il exerce seul les droits attachés aux valeurs mobilières du mineur (art. 1302 C.c.Q.).

Il peut, seul encore, continuer l'utilisation ou l'exploitation des biens du mineur, qui produisent des fruits ou revenus, sans en changer la destination (art. 1303 C.c.Q.) et placer les sommes d'argent appartenant au mineur, de la façon dont en disposent les articles 1339 à 1344 C.c.Q. relatifs aux « placements présumés sûrs » (art. 1304 C.c.Q.).

Le tuteur peut ester en justice pour le mineur soit comme demandeur soit comme défendeur pour toute action mobilière ou immobilière (art. 159, al. 1 C.c.Q.). Il peut également représenter le mineur dans une action en réclamation d'état, ou une action en désaveu (même si, dans ces cas, l'article 159, al. 2 C.c.Q. autorise, à certaines

---

[457] En règle générale, il était admis que les baux dépassant 9 ans devaient être considérés comme des actes de disposition. Aujourd'hui cette durée de neuf ans paraît bien longue : sans doute pourrait-on dire, compte tenu des aléas économiques, qu'un bail d'une durée supérieure à trois ans constitue un acte dépassant un acte de « simple administration » (*cf.* art. 172 C.c.Q.).

conditions, le mineur à agir seul), ou en réclamation d'aliments (art. 586 C.c.Q.), sous réserve de la *Loi sur le divorce*[458].

Il peut aussi demander seul le partage définitif des meubles du mineur et le partage provisionnel de ses immeubles (art. 213 C.c.Q. *a contrario*), accepter seul une donation en faveur de son pupille (art. 211 et 1814, al. 1 C.c.Q.) et conclure seul une convention tendant au maintien de l'indivision (art. 215 C.c.Q.).

119.2. *Actes que le tuteur ne peut faire qu'avec l'autorisation du conseil de tutelle.* Le conseil de tutelle, formé en principe de trois personnes, a pour rôle de surveiller la tutelle (art. 222 et suiv. C.c.Q.), comme le faisait hier le subrogé-tuteur, mais il donne aussi des avis, prend certaines décisions et autorise certains actes (art. 233 et suiv. C.c.Q.)[459].

Le tuteur doit obtenir l'autorisation du conseil de tutelle pour accepter une donation avec charge (art. 211 C.c.Q.), pour transiger[460], poursuivre un appel (art. 212 C.c.Q.), ou pour accepter une succession (art. 638, al. 1 (1) C.c.Q.).

L'autorisation du conseil de tutelle est également nécessaire, comme on l'a vu, lorsque le tuteur désire contracter un emprunt important eu égard au patrimoine du mineur ou désire grever un bien d'une sûreté, aliéner un bien important ou encore à caractère familial, aliéner un immeuble ou une entreprise, provoquer le partage définitif des immeubles du mineur indivisaire, dans l'hypothèse où la valeur du bien ou de la sûreté envisagée ne dépasse pas 25 000 $. Encore faudra-t-il, pour que soit autorisé l'emprunt ou l'aliénation à titre onéreux ou l'octroi d'une sûreté, que cet acte soit nécessaire pour l'éducation et l'entretien du mineur, pour payer ses dettes, pour maintenir le bien en bon état ou pour conserver sa valeur (art. 213 C.c.Q.).

---

[458] L.R.C. (1985), c. 3 (2e supp.), art. 15(2) et (3).

[459] La révision des décisions du conseil de tutelle peut être demandée par toute personne intéressée (art. 237 C.c.Q.), mais encore faut-il que cette demande repose sur un motif grave, *cf. B. (A.) c. D. (D.),* [1996] R.J.Q. 753 (C.S.).

[460] *Cf. Hawn* c. *Dufresne,* [1964] B.R. 437 et le commentaire de Roger COMTOIS, « Mineur – Convention aux fins d'appliquer les dispositions d'un testament nul – Transaction non autorisée », (1964-65) 67 *R. du N.* 303.

119.3. *Actes que le tuteur ne peut faire qu'avec l'autorisation judiciaire.* Certains actes, parmi les plus graves et les plus importants ne pourront être faits ni par le tuteur seul ni par le tuteur autorisé par le conseil de tutelle, seul le tribunal pouvant les autoriser. La loi exige cependant que le conseil de tutelle soit consulté, mais le rôle du conseil consiste alors à donner simplement un avis au tribunal, qui, en définitive, autorise ou non l'accomplissement de l'acte : ainsi s'entoure-t-on de toutes les précautions nécessaires à la protection du mineur. Cette autorisation émanera du tribunal du siège de la tutelle, lequel se trouve au domicile du mineur (art. 191, al. 1 C.c.Q.), c'est-à-dire au domicile commun de ses père et mère qui sont l'un et l'autre tuteurs; si toutefois les père et mère n'ont pas un domicile commun, le mineur est présumé domicilié chez celui de ses parents avec lequel il réside habituellement, à moins que le tribunal n'en ait décidé autrement (art. 80 C.c.Q.)[461].

D'abord, le tuteur a l'obligation de continuer l'utilisation ou l'exploitation du bien du mineur qui produit des fruits ou des revenus, à moins d'être autorisé au contraire par le tribunal (art. 1303 C.c.Q.). De la même façon, l'autorisation du tribunal sur avis du conseil de tutelle sera nécessaire au tuteur, afin d'emprunter pour son pupille, de grever un bien d'une sûreté, d'aliéner un bien important à caractère familial, un immeuble ou une entreprise, si la valeur du bien ou de la sûreté excède 25 000 $; il en sera de même s'il s'agit de provoquer le partage définitif des immeubles du mineur indivisaire, d'une valeur excédant 25 000 $ (art. 213, al. 1 C.c.Q.). Encore là, le tribunal ne devra autoriser ces actes que dans les cas où ils s'avéreront nécessaires pour l'éducation et l'entretien du mineur, pour payer ses dettes, pour maintenir le bien en bon état ou pour en conserver la valeur (art. 213, al. 2 C.c.Q.). On notera que, dans l'hypothèse de l'aliénation d'un bien dont la valeur excède 25 000 $, le tuteur doit obtenir l'évaluation d'un expert, sauf s'il s'agit de valeurs cotées et négociées à une bourse reconnue suivant les dispositions relatives aux placements présumés sûrs (art. 214 C.c.Q.).

Par ailleurs, le tuteur ne peut se porter partie à un contrat qui touche les biens du mineur ni acquérir autrement que par succession des droits sur ces biens, sans y être expressément autorisé par le tribunal (art. 1312 C.c.Q.). Enfin, même si le mineur peut gérer le pro-

---

[461] Il n'y a plus lieu de s'interroger sur le caractère immuable ou non de la tutelle : *cf.* Louis-Philippe SIROIS, *Tutelles et curatelles*, Québec, Action Sociale, 1911, n° 14, p. 12 et 13.

duit de son travail et les allocations qui lui sont versées pour combler ses besoins ordinaires et usuels, lorsque les revenus du mineur sont considérables ou que les circonstances le justifient, c'est le tribunal qui, sur avis du tuteur et, le cas échéant, du conseil de tutelle, fixera les sommes dont le mineur conservera la gestion (art. 220 C.c.Q.).

119.4. *Actes interdits au tuteur.* Tout d'abord, le tuteur doit éviter de se placer dans une situation de conflits entre son intérêt personnel et ses obligations d'administrateur : à cet égard, il doit se conformer aux règles qui gouvernent la conduite de l'administrateur du bien d'autrui (art. 1310 et suiv. C.c.Q.) et, de toute façon, un tuteur *ad hoc* sera nommé au mineur dès lors qu'il a des intérêts à discuter en justice avec son tuteur.

Le tuteur ne peut pas davantage donner les biens de son pupille, sauf les biens de peu de valeur ou cadeaux d'usage (art. 1315 C.c.Q.), et il ne peut évidemment pas tester à la place de son pupille, ni seul, ni avec lui (art. 711 C.c.Q.), le testament étant un acte essentiellement personnel.

119.5. *Actes que le mineur peut accomplir seul.* Il n'est pas interdit au mineur de faire, avec le consentement du tuteur ou seul, certains actes de la vie civile. Tout d'abord, il ne faut pas oublier qu'en principe, il peut rendre sa condition meilleure : c'est pourquoi son incapacité ne sera sanctionnée que par une nullité relative qui ne pourra donc être invoquée que par le mineur lui-même ou son représentant, puisque cette incapacité est établie en sa faveur dans un but de protection. Il ne faut pas oublier que, si parfois le mineur peut agir seul, il ne peut pas en principe se léser (art. 163 C.c.Q.)[462].

Ensuite « le mineur peut, compte tenu de son âge et de son discernement, contracter seul pour satisfaire ses besoins ordinaires et usuels » (art. 157 C.c.Q.); de la même façon, il « gère le produit de son travail et les allocations qui lui sont versées pour combler ses besoins ordinaires et usuels » (art. 220 C.c.Q.). Cela ne signifie pas que tous les actes qu'il passera seul dans ce cadre seront nécessairement valides : ils seront susceptibles d'être annulés, ou les obligations qui en découlent réduites, à la demande du mineur ou de son tuteur, s'il est prouvé que ces actes sont lésionnaires au sens de l'article 1406, al. 2 C.c.Q.; s'il n'en était pas ainsi, le mineur serait traité comme un majeur et ne serait plus protégé; or, le mineur n'est réputé majeur que pour les actes relatifs à son emploi, ou à l'exercice de son art ou de sa

---

[462] *Cf. supra,* n° 105 et suiv., et n° 117.

profession, pourvu qu'il ait au moins quatorze ans (art. 156 C.c.Q.), auquel cas il ne peut invoquer lésion[463].

Il est enfin d'autres hypothèses mentionnées par le législateur où le mineur peut agir seul : en certains cas de tutelle dative, le mineur peut s'adresser au tribunal et proposer, le cas échéant, une personne qui soit apte à exercer la tutelle et prête à accepter la charge (art. 206 C.c.Q.). Le mineur peut agir seul en défense, dans le cadre d'une action relative à son état, à l'exercice de l'autorité parentale ou à un acte à l'égard duquel il peut agir seul, alors qu'en demande, il pourra agir seul, sans son tuteur, mais avec l'autorisation du tribunal (art. 159, al. 2 C.c.Q.)[464]. Le mineur peut également invoquer seul, en défense, l'irrégularité provenant du défaut de représentation, ou l'incapacité lui résultant de sa minorité (art. 160 C.c.Q.)[465]. Il peut demander seul son émancipation (art. 168, al. 2 et 175, al. 2 C.c.Q.), accepter seul la donation de biens de peu de valeur ou de cadeaux d'usage (art. 1814, al. 2 C.c.Q.) et requérir seul la publication d'un droit (art. 2935 C.c.Q.). Autant de dispositions qui démontrent que le mineur est « en devenir » vers la pleine capacité, comme l'énonce l'article 153 C.c.Q.

120. *Gestion des biens du mineur ayant fait l'objet d'une simple émancipation.* N'étant plus sous l'autorité de ses père et mère, le mineur qui a été émancipé, conformément aux articles 167 et 168 C.c.Q., peut établir son propre domicile (art. 171 C.c.Q.) et, en outre des actes qui peuvent être accomplis, seul, par le mineur non émancipé, il « peut faire tous les actes de

---

[463] Voir art. 1005 C.c.B.C.; *cf. Bernier* c. *Baizana*, [1958] R.P. 237 (C.S.); *Kruse Motors Ltd.* c. *Beauchamp*, [1960] C.S. 186.

[464] Le mineur peut agir seul, par action ou par requête, relativement à la garde de son enfant : *cf. M. (M.)* c. *D. (T.)*, [1994] R.D.F. 478 (C.S.). En revanche, il ne peut agir seul pour faire retirer l'administration de ses biens à ses parents-tuteurs, *cf. Droit de la famille–2118*, [1995] R.D.F. 39 (C.S.).

[465] *Cf. Ouellet* c. *Boudreault*, [1957] R.P. 283 (C.S.); *Billing* c. *McCartney*, [1958] R.P. 142 (C.S.); *cf.* les commentaires de Solomon W. WEBER, « Defence and Cross-Demand », (1952) 12 *R. du B.* 335. Si le mineur peut invoquer seul sa minorité, encore faut-il qu'il utilise les procédures appropriées : *cf. St-Cyr* c. *Crotteau*, [1957] R.P. 3 (C.S.). Il est vrai que les problèmes de procédure ont été considérablement réduits lors de la réforme du *Code de procédure civile*, l'article 56 permettant de remédier aux irrégularités résultant du défaut de représentation, même en appel.

simple administration » (art. 172 C.c.Q.), ce qui renvoie à nouveau aux articles 1301 à 1305 C.c.Q. : c'est dire qu'il peut agir sur son patrimoine comme le peut le tuteur seul sur le patrimoine du mineur non émancipé.

Ainsi, précise l'article 172 C.c.Q., le mineur émancipé « peut, à titre de locataire, passer des baux d'une durée d'au plus trois ans » : la question que l'on s'est posée, à l'égard du tuteur au mineur non émancipé, relativement aux baux portant sur les immeubles du mineur, se pose de la même façon à l'égard du mineur émancipé.

Pouvant « contracter seul pour satisfaire ses besoins ordinaires et usuels », comme le peut le mineur non émancipé (art. 157 C.c.Q.), il peut faire seul ce que l'on appelait hier des « actes de pure administration »[466], notamment les achats courants de denrées, meubles, etc., sans toutefois bénéficier – comme le permettait l'article 322 C.c.B.C. – de la possibilité d'obtenir une réduction de ses obligations lorsque celles-ci s'avéraient excessives : en effet, cette disposition du droit d'hier n'a été reprise ni dans l'article 173 ni dans l'article 174 C.c.Q. La « capacité » du mineur émancipé des années 1994 et suivantes est donc moins réduite que celle du mineur émancipé des années antérieures.

Peut-il effectuer seul un emprunt qui n'est pas estimé « considérable » ? S'agit-il d'un acte relevant de la simple administration telle que prévue par les articles 1301 et suiv. C.c.Q.,

---

[466] Dans le cadre des actes dits d'administration, on a traditionnellement fait une sous-distinction entre l'acte « de pure administration » et l'acte « de large administration », sans trop savoir, là encore, où tracer la frontière entre les deux : selon BAUDRY-LACANTINERIE, 3e éd., vol. 5, n° 728, p. 737, les actes de pure administration sont ceux qui, « ayant pour but de conserver, de faire fructifier et d'augmenter le patrimoine, ne peuvent produire de conséquences dommageables pour le capital lui-même. Les autres actes constituent ou des actes de disposition ou des actes de large administration [...] » Il nous apparaît que la « simple administration », au sens des articles 1301 et suiv. C.c.Q., recouvre ces actes que l'on disait de « pure administration », mais aussi les dépasse sans englober néanmoins tous les actes de large administration... *Cf. supra*, n° 119.

ou d'un acte excédant celle-ci ? Par référence à l'article 1305
C.c.Q., il nous apparaît qu'un tel emprunt, non considérable eu
égard au patrimoine de ce mineur, pourrait être contracté seul
par lui, s'il est nécessaire à la conservation de quelque bien du
mineur ou s'il est utile au maintien de l'usage auquel le bien
est normalement destiné; au contraire, il ne pourrait consentir
un prêt d'argent qu'en se conformant aux règles relatives aux
placements présumés sûrs (art. 1304, 1339 et suiv. C.c.Q.).

En revanche, le mineur émancipé peut aliéner seul un bien
susceptible de se déprécier rapidement ou de dépérir (art. 1305,
al. 2 C.c.Q.) et peut donner seul des biens suivant ses facultés,
s'il n'entame pas notablement son capital (art. 172 *in fine*
C.c.Q.).

On ajoutera que le mineur émancipé reçoit de son tuteur,
lors de l'émancipation, la reddition du compte de la tutelle (art.
169 C.c.Q.)[467] et qu'il peut ester seul en justice pour tout ce qui
touche la gestion qu'il peut accomplir seul et intervenir dans
toute action concernant les biens qu'il gère seul (art. 1316
C.c.Q; *cf.* également les articles 159, al. 2 et 160 C.c.Q.). Pour
exercer les actions autres que celles-là, il sera assisté de son
tuteur[468], mais ces actions seront toujours au nom du mineur

---

[467] L'article 169 C.c.q. ne reprend pas exactement l'article 318 C.c.B.C. selon
lequel « le compte de tutelle [était] rendu au mineur émancipé, assisté de
son curateur » : désormais, le tuteur ayant agi à titre de représentant
devient l'assistant de ce même mineur qui a été émancipé et c'est lui-
même qui rend ses comptes au mineur nouvellement émancipé et sans
autre assistance.

[468] Cela nous paraît procéder du même esprit qui animait le droit d'hier qui
voulait que les actions mobilières ayant pour objet des actes de large
administration fussent exercées par le mineur assisté de son curateur,
mais non point celles qui étaient relatives aux actes de pure
administration, lesquelles pouvaient être exercées par le mineur seul : en
ce sens, *Crevier* c. *Lavigne*, [1952] B.R. 742; *Rudycz* c. *Werbicki*, [1957]
R.P. 410 (C.S.); *Denis* c. *Barabé*, [1958] B.R. 556. Toutefois, la Cour
supérieure semblait vouloir « résister » à la décision de la Cour d'appel
dans l'affaire Crevier et admettre que le mineur émancipé pouvait
exercer seul toute action mobilière : *Montclair Automobiles Inc.* c.
McLellan, [1959] C.S. 481 et le commentaire de Jean-Guy CARDINAL,
« Mineur émancipé – Art. 320 C.c. – Capacité d'être défendeur, sans

émancipé et non point à celui du tuteur qui ne le représente pas[469].

Rappelons enfin que, pour les actes qu'il peut accomplir seul, ce mineur émancipé est considéré comme un majeur et qu'en conséquence il ne pourrait pas invoquer lésion, comme le pourrait, au contraire, le mineur non émancipé : c'est la rançon de l'émancipation.

120.1. *Actes nécessitant l'assistance du tuteur.* Pour tous les actes excédant ce qui est prévu pour la simple administration, le mineur émancipé doit être, non plus représenté, mais assisté de son tuteur : ainsi en est-il notamment pour renoncer à une succession ou pour accepter une donation avec charge (art. 173 C.c.Q.); ce qui nous fait dire que le mineur émancipé pourrait accepter seul une donation qui ne comporte pas de charge, malgré la formulation de l'article 1814 C.c.Q. qui laisserait entendre qu'il ne pourrait accepter seul qu'une donation de biens de peu de valeur ou de cadeaux d'usage; s'il peut donner seul, conformément à l'article 172 C.c.Q., *a fortiori* peut-il accepter seul une donation qui n'est pas grevée d'une charge.

Il doit être également assisté de son tuteur pour aliéner un meuble, pourvu que cet acte soit nécessaire au paiement de ses dettes ou au maintien de l'usage auquel le bien est normalement destiné ou à la conservation de sa valeur (art. 1305 et 174 C.c.Q. *a contrario*) ou pour accepter une succession (art. 638 (2) C.c.Q.)[470]. Il nous paraît également devoir être assisté de son

---

assistance, dans une action en dommages-intérêts », (1959-60) 62 *R. du N.* 284; *Michaud* c. *Laplante*, [1962] R.P. 110 (C.S.); *Richer* c. *Hart*, [1966] C.S. 517.

[469] Il est évident que l'article 160 C.c.Q. s'appliquant au mineur non émancipé s'applique aussi au mineur émancipé qui peut invoquer seul, en défense, l'irrégularité du défaut d'assistance ou la lésion résultant de son incapacité; quant aux actions relatives à son état, il est clair qu'il peut agir seul en défense et il est permis de penser qu' il peut aussi agir seul en demande, avec l'autorisation du tribunal, toutefois (art. 159, al. 2 C.c.Q.).

[470] On notera ici une modification par rapport au droit d'hier qui exigeait, pour l'acceptation comme pour la renonciation à une succession,

tuteur pour provoquer le partage définitif de son immeuble indivis, étant donné qu'il s'agit d'un acte dépassant la simple
administration, sans que toutefois l'autorisation du tribunal
soit exigée, l'article 174 C.c.Q. n'en faisant pas état, contrairement à l'article 213 C.c.Q. qui vise le mineur non émancipé[471].

On notera que, dans l'hypothèse où le mineur émancipé ac-
complirait l'un de ces actes sans l'assistance requise de son tuteur, l'acte ne serait pas sanctionné sur la seule base de
l'absence d'assistance : il serait alors nécessaire, pour obtenir
l'annulation de l'acte ou la réduction des obligations qui en
découlent, de prouver que ce mineur « en subit un préjudice »,
c'est-à-dire est lésé au sens de l'article 1406, al. 2 C.c.Q. (art.
173 C.c.Q.).

120.2. *Actes nécessitant l'autorisation judiciaire.* L'autorisation du tribunal, sur avis du tuteur, sera nécessaire au
mineur émancipé qui voudrait faire des prêts ou des emprunts
considérables, ou encore des actes d'aliénation d'un immeuble
ou d'une entreprise (art. 174 C.c.Q.). C'est donc le tribunal qui
appréciera l'importance de l'acte, eu égard au patrimoine du
mineur émancipé.

On notera que l'article 174 C.c.Q. ne mentionne pas l'acte
qui grèverait d'une hypothèque le bien de ce mineur émancipé;
il nous apparaît cependant qu'il s'agit, là, d'un acte dépassant
généralement la simple administration et que l'on doit se
référer, à cet égard, à l'article 1305, al. 1 C.c.Q. qui permet un
tel acte lorsqu'il est « nécessaire pour payer les dettes, maintenir l'usage auquel le bien est normalement destiné ou en
conserver la valeur »; mais cet acte requiert, alors,
« l'autorisation du bénéficiaire ou, si celui-ci est empêché, [...]
celle du tribunal ». Le conseil de tutelle agissant « au nom du
mineur bénéficiaire », en vertu de l'article 233, al. 2 C.c.Q., il
est permis d'en déduire que cet acte d'hypothèque nécessite

---

l'autorisation judiciaire : *cf.* Louis-Philippe SIROIS, *Tutelles et curatelles,*
Québec, Action Sociale, 1911, n° 476 et suiv., p. 372 et suiv.

[471] Cette question était discutée dans le droit d'hier : *cf.* MIGNAULT, t. 2,
p. 264; Louis-Philippe SIROIS, *Tutelles et curatelles,* Québec, Action
Sociale, 1911, n° 482, p. 374-376.

l'autorisation du conseil de tutelle s'il en est un ou, à défaut, l'autorisation du tribunal. D'ailleurs, on pourrait soutenir – comme dans le droit d'hier – que l'emprunt fait par acte comportant hypothèque constitue l'« emprunt considérable » qui requiert l'autorisation du tribunal[472].

Là encore, il importe de remarquer que les actes nécessitant l'autorisation du tribunal, qui auraient été accomplis sans que ces formalités ne soient respectées, ne pourraient être sanctionnés sur la seule base de l'incapacité. Pour obtenir leur annulation ou la réduction des obligations qui en découleraient, le mineur devrait prouver qu'il en a subi un préjudice, donc qu'il a été lésé au sens de l'article 1406, al. 2 C.c.Q. (art. 174 C.c.Q.). On voit bien, là, la différence entre le mineur qui a été émancipé et celui qui ne l'est pas.

120.3. *Actes interdits.* On retrouve ici les interdictions déjà énoncées à l'égard du tuteur au mineur non émancipé; on se bornera donc à rappeler que ce tuteur ne peut pas tester pour le mineur émancipé qu'il assiste et que ce dernier, comme le mineur non émancipé, ne peut tester d'aucune partie de ses biens si ce n'est de biens de peu de valeur (art. 711 et 708 C.c.Q.).

121. *Gestion des biens du mineur ayant fait l'objet d'une pleine émancipation.* On sait que la pleine émancipation a lieu par le mariage ou qu'elle peut, à la demande du mineur, être déclarée par le tribunal pour un motif sérieux (art. 175 C.c.Q.). Ce mineur « pleinement émancipé » se trouve alors dans une situation simple et claire : il est devenu capable, comme s'il était majeur, d'exercer ses droits civils[473].

---

472 *Cf. Farah-Lajoie* c. *Laflamme*, [1962] C.S. 323.

473 Sur les mineurs, on consultera Édith DELEURY et Dominique GOUBAU, *Le droit des personnes physiques*, 2ᵉ éd., Cowansville, Éditions Yvon Blais, 1997, nᵒˢ 444-490, p. 363-400.

2. Les majeurs protégés

122. Contexte de la réforme sur les incapacités en raison de l'état mental. En 1985, le gouvernement de l'époque présentait un projet de loi portant sur le droit des personnes, des successions et des biens[474]. Le livre premier, « Des personnes », devait donner lieu à de nombreuses discussions sur deux sujets en particulier : d'une part l'intégrité de la personne (chapitre Ier, art. 10 et suiv.), qui recouvrait les problèmes de consentement aux soins et les problèmes d'hospitalisation dans les établissements psychiatriques et, d'autre part, les régimes de protection du majeur (art. 280 et suiv.).

Aborder de tels sujets mettait nécessairement en cause la curatelle publique et donc les fonctions et pouvoirs du curateur public; or, l'objectif du gouvernement d'alors était de mettre l'accent sur le rôle que devrait jouer la famille et donc restreindre le rôle et les pouvoirs du curateur public qui avait pris une place telle que le système était devenu inacceptable pour tout le monde.

Aussi, le projet de loi 20 allait-il dans cette voie qui imposait une refonte de la *Loi sur la curatelle publique*. Est-il besoin de dire que la curatelle publique ne resta pas sans réagir et qu'elle essaya de limiter ce qu'elle considérait comme dommageable, en tentant de récupérer certains de ses pouvoirs. Il importe de noter qu'il suffisait alors à un psychiatre de signer un document indiquant que telle personne avait des facultés mentales affaiblies, pour qu'elle (ou tout au moins son patrimoine) tombât sous la gouverne du curateur public, dont la gestion était, alors, plus que douteuse : c'est ce que le gouvernement de l'époque voulait changer, en exigeant l'intervention du juge pour contrôler toute ouverture d'un régime de protection et en permettant à la famille ou aux proches du patient de prendre part aux décisions relatives à ses soins et à son patrimoine. La curatelle publique ne manqua pas d'évoquer, alors, la « judiciarisation » du système et son coût, ce qui risquait, bien sûr, de

---

[474] *Loi portant réforme au* Code civil du Québec *du droit des personnes, des successions et des biens*, L.Q. 1987, c. 18 (Projet de loi 20).

fragiliser la réforme en inquiétant les milieux médicaux ou hospitaliers, ainsi que le Conseil du Trésor. Néanmoins, le Projet de loi 20 allait être adopté et sanctionné le 15 avril 1987. Il était toutefois entendu que ce projet de loi désormais adopté ferait malgré tout l'objet d'une nouvelle étude en Commission parlementaire, lorsque serait soumis le projet du nouveau Code civil, le Projet de loi 125.

Cependant, les milieux hospitaliers, entre autres, désireux de voir certaines transformations s'opérer rapidement, poussèrent à la réforme de la *Loi sur la curatelle publique*. Étant donné l'interaction entre la *Loi sur la curatelle publique* et la « Loi 20 », la question de la mise en vigueur de cette dernière s'est alors posée. Ne voulant pas déroger au principe de la mise en vigueur du *Code civil du Québec* en bloc, mais subissant de très fortes pressions pour que la réforme de la curatelle publique se fasse immédiatement, le gouvernement n'eût d'autre alternative que de reprendre les textes de la « Loi 20 », transiger avec la curatelle publique et insérer dans le *Code civil du Bas Canada* les dispositions relatives au consentement, aux soins et aux majeurs protégés. Aussi, a-t-on trouvé les modifications apportées à ce code dans le Projet de loi 145, *Loi sur le curateur public et modifiant le Code civil et d'autres dispositions législatives*[475], adopté le 21 juin 1989, sanctionné le 22 juin et qui a été mis en vigueur en 1990. Ces dispositions ont été reprises dans le nouveau *Code civil du Québec*, avec certains aménagements.

123. *Situation ancienne des « interdits » et situation actuelle des « majeurs protégés ».* Mignault avait jadis proposé de distinguer les « interdits de 1ʳᵉ classe », pour cause de « démence, imbécillité ou fureur », ceux de « 2ᵉ classe », pour cause de prodigalité, ou « ivrognerie ou narcomanie d'habitude », qui, dans l'un et l'autre cas, étaient représentés par un curateur, et les interdits de « 3ᵉ classe », faiblesse d'esprit, qui étaient assistés d'un conseil judiciaire (art. 325, 326, 336a, 336r, 349 C.c.B.C. *ante* 1989). L'interdit pour cause de démence (1ʳᵉ classe) était présumé dément de façon irréfra-

---

[475] L.Q. 1989, c. 54.

gable (art. 334, al. 2 C.c.B.C.), l'acte accompli par lui seul pendant l'interdiction étant « nul » d'une nullité dont on se demandait si elle était absolue ou relative, alors que les autres interdits représentés (2ᵉ classe) étaient traités comme le mineur non émancipé, le faible d'esprit (3ᵉ classe) ayant un statut particulier proche de celui du mineur émancipé[476].

Le *Code civil du Québec* reprend, avec quelques retouches, le texte du Projet de loi 20 dont certains éléments, comme on l'a dit, avaient été introduits, en 1990, au *Code civil du Bas Canada* (P.L. 145).

Le vocabulaire est nouveau (il n'y a plus désormais d'« interdits », il n'y a que des « majeurs protégés »), mais on retrouve, cependant, trois catégories : les majeurs en curatelle, les majeurs en tutelle (curateur et tuteur étant des représentants) et les majeurs à qui on a nommé un « conseiller » qui, lui, est un assistant.

L'article 258 C.c.Q. indique de façon générale les situations donnant ouverture à un régime de protection et l'article 259 C.c.Q. annonce que, selon le degré d'inaptitude de la personne, tel ou tel autre régime pourra être choisi par le tribunal, selon la preuve qui lui sera faite[477].

L'article 269 C.c.Q. énumère les personnes pouvant demander l'ouverture d'un régime de protection; on constate alors, une nouvelle fois, que c'est l'entourage familial ou amical du majeur qui est visé[478] : le majeur lui-même certes, mais aussi « son conjoint, ses proches parents et alliés, toute personne qui

---

[476] Sur le droit antérieur *cf.* PINEAU et BURMAN, 2ᵉ éd., n° 104 et suiv., p. 147 et suiv.; sur le nouveau Code, *cf.* Monique OUELLETTE, « Les personnes et la famille », dans Gil RÉMILLARD (dir.), *Le nouveau Code civil du Québec : un bilan*, Montréal, Wilson et Lafleur, 1995, p. 5 et suiv.

[477] *Cf. Trottier* c. *Deslauriers-Trottier*, [1992] R.D.F. 692 (C.S.); *L. (G.)* c. *R.-L. (R.)*, [1996] R.D.F. 374 (C.S.).

[478] L'établissement de santé qui héberge le patient n'est pas une personne intéressée au sens de l'article 269 C.c.Q. pouvant demander l'ouverture d'un régime de protection : *cf. Maison R.* c. *F.(R.)*, [1996] R.D.F. 26 (C.S.); il est permis de penser que seules les personnes physiques peuvent être en mesure de démontrer pour le majeur un intérêt particulier.

démontre pour le majeur un intérêt particulier ou tout autre intéressé, y compris le mandataire désigné par le majeur[479] ou le curateur public ». D'ailleurs, le majeur que l'on souhaite protéger sera entendu, le cas échéant, sur le bien-fondé de la demande et notamment sur la personne qui sera chargée de le représenter ou de l'assister (art. 276, al. 2 C.c.Q.)[480].

La véritable nouveauté consiste à ne plus permettre au curateur public de s'attribuer d'office des pouvoirs de gestion, dès lors qu'un psychiatre atteste l'inaptitude mentale d'un patient. Désormais, le majeur qui reçoit soins ou services d'un établissement de santé ou de services sociaux et qui a *besoin* d'être assisté ou représenté fera l'objet d'un rapport, rédigé par le directeur de l'établissement, au curateur public, avec copie au patient, lequel rapport portant sur le degré d'inaptitude du majeur, mentionnera également, s'il en est, le nom des personnes susceptibles de demander l'ouverture du régime de protection (art. 270 C.c.Q.); en outre, dès la transmission de ce rapport, le directeur de l'établissement informe de la situation un proche du patient (art. 270, al. 1 *in fine* C.c.Q.). Si donc la famille veut véritablement prendre la situation en main, elle le peut, sans être soumise nécessairement à la gestion du curateur public.

124. *Le majeur en curatelle.* On a déjà eu l'occasion de dire qu'une personne qui n'avait pas une volonté claire et consciente ou qui souffrait de quelque aberration, sans avoir fait toutefois l'objet de quelque mesure particulière, pouvait faire annuler le contrat qu'elle avait conclu, en établissant qu'elle était dans cet état au moment où elle avait donné son consentement, l'absence de consentement étant sanctionnée, comme le vice, de nullité relative (art. 1398, 1419, 1421 C.c.Q.).

Toutefois, il existe cette procédure particulière d'« ouverture d'un régime de protection » (art. 268 C.c.Q.) qui permet de

---

[479] Ce qui confirme que le mandat pour inaptitude n'est pas un régime d'incapacité : *cf. supra*, n° 112.

[480] *Cf. G.M.* c. *M.M.*, J.E. 00-1690 (C.S.) : le tribunal refuse de nommer curateur aux biens d'un majeur, la personne qui... poursuit en justice ledit majeur!

nommer un curateur, « s'il est établi que l'inaptitude du majeur à prendre soin de lui-même et à administrer ses biens est totale et permanente » (art. 281 C.c.Q.). Il s'agit là d'une véritable incapacité juridique qui implique que ce majeur soit représenté[481].

Comme il s'agit d'une inaptitude totale et permanente ou tout au moins évaluée comme telle, on peut présumer de façon irréfragable que ce majeur n'a, à aucun moment, une volonté claire et consciente; et aurait-il même un intervalle de lucidité pendant lequel il contracterait seul, on peut dire qu'il est réputé inapte. Aussi, ce majeur en curatelle pourrait-il demander (représenté par son curateur) l'annulation de tous les contrats qu'il passerait seul pendant que dure le régime, ou la réduction des obligations qui en découleraient. Ces contrats seraient donc sanctionnés sur la base de la seule incapacité, sans avoir besoin de prouver lésion (art. 283 C.c.Q.).

C'est aussi parce que l'inaptitude a été constatée « totale et permanente » que le curateur a la « pleine administration » des biens de ce majeur, ce qui renvoie aux articles 1306 et suiv. C.c.Q., lesquels lui donnent presque tous pouvoirs sur le patrimoine du majeur, si ce n'est qu'il ne peut faire, dans le cadre des placements, que ceux qui sont présumés sûrs selon les articles 1339 et suiv. C.c.Q.

La situation de ce majeur en curatelle est donc différente de celle du mineur non émancipé qui, lui, pour obtenir l'annulation du contrat (ou la réduction des obligations qui en découlent) qu'il a conclu seul alors qu'il était en état de minorité, devra prouver, en règle générale, qu'il a été lésé.

Quant aux actes qu'il a passés seul avant l'ouverture de son régime de curatelle, ils pourront être annulés – ou les obligations réduites – en établissant que « l'inaptitude était notoire ou connue du cocontractant à l'époque où les actes ont été passés » (art. 284 C.c.Q.). Cette disposition reprend partiellement la règle établie à l'article 335 C.c.B.C. (*ante* 1989) qui visait la « démence notoire »; à cet égard, les tribunaux se sont

---

[481] *Cf. M.-W. (J.) c. C.-W. (S.),* [1996] R.J.Q. 229 (C.A.).

exprimés sur ce qu'il fallait entendre par le caractère notoire de la démence : « c'est la commune renommée qui fait la notoriété et qui pointe du doigt à tous et pour tout, le malheureux qu'on dit et qu'on juge être privé d'un usage suffisant de ses facultés »[482]. Cette disposition était destinée simplement à faciliter la preuve de l'absence de volonté claire et consciente; on estimait que celui qui avait fait l'objet d'une mesure d'interdiction après la conclusion du contrat et qui n'était pas en mesure de démontrer qu'au moment même de la conclusion il n'était pas apte à consentir, trouverait peut-être plus facile à faire la preuve qu'à l'époque du contrat il était notoirement connu pour sa déficience mentale; cela pouvait se concevoir aisément dans le cadre d'un village où tout le monde se connaît, mais non point dans celui de l'anonymat des centres urbains actuels[483]. Bien qu'elle se soit révélée de peu d'utilité, cette possibilité est maintenue dans le nouveau Code, mais y est ajoutée une autre disposition qui, elle, pourrait s'avérer plus utile : les actes antérieurs à l'ouverture du régime pourront être sanctionnés sur la seule preuve de la connaissance, par le cocontractant, de l'inaptitude du majeur.

125. *Le majeur en tutelle.* Un majeur est mis en tutelle lorsque son inaptitude est partielle ou temporaire; il se trouve alors dans la situation d'un mineur non émancipé[484], représenté par un tuteur qui a la simple administration de son patrimoine (art. 285, 286, 287 C.c.Q.); c'est dire qu'en règle

---

[482] Propos du juge Bissonnette de la Cour d'appel, répétés par le juge Taschereau dans *Rosconi c. Dubois*, [1951] R.C.S. 554, 573; *cf.* également *Normandin c. Nadon*, [1945] R.L. 361 (C.S.); *cf.* Jean PINEAU, *Traité élémentaire de droit civil – La famille*, Montréal, P.U.M., 1972, n° 303 et suiv., p. 241 et suiv.

[483] Sur la difficulté de prouver le caractère notoire de la démence, *cf. Rosconi c. Dubois*, [1951] R.C.S. 554. De même : *Roch-Lussier c. Poissant, Thibault-Peat, Marwick Thorne inc.*, J.E. 99-1700 (C.S.); *Snee c. Hébert*, [1997] R.D.I. 65 (C.S.); *Québec (Curateur public) c. N.W.*, J.E. 01-291 (C.S.). On constate qu'il est parfois plus facile de prouver l'inaptitude au moment même de la conclusion du contrat. En revanche, on ne peut pas invoquer l'article 284 C.c.Q. pour faire annuler un testament avant que le testateur ne décède : *cf. L. (S.) c. L. (L.)*, [1994] R.D.F. 235 (C.S.).

[484] *Cf. supra*, n° 119.

générale, l'acte passé seul par le majeur en tutelle ne sera sanctionné que s'il est lésionnaire. On notera qu'il y a, bien sûr, possibilité de moduler la protection en plus ou en moins (art. 288 C.c.Q.)[485]– ce qui laisse au système une souplesse certaine –, que le jugement qui concerne ce régime, comme d'ailleurs tous les autres régimes de protection (y compris le régime de curatelle), est toujours susceptible de révision, et que tout régime de protection est nécessairement réévalué de façon périodique (art. 277 et 278 C.c.Q.).

On signalera enfin que l'article 290 C.c.Q. reprend l'article 284 C.c.Q., quant à l'acte antérieur à l'ouverture d'un régime de tutelle; sur ce point, la situation est nouvelle, puisque majeurs en curatelle et majeurs en tutelle sont traités de la même manière (en effet, l'article 335 C.c.B.C. *ante* 1989 n'était applicable qu'à l'interdit pour cause de démence).

126. *Le majeur assisté d'un conseiller.* Le tribunal nomme un conseiller au majeur lorsque celui-ci, « bien que généralement ou habituellement apte à prendre soin de lui-même et à administrer ses biens, a besoin, pour certains actes ou temporairement, d'être assisté ou conseillé dans l'administration de ses biens » (art. 291 C.c.Q.). Cette catégorie correspond à la « 3e classe » d'interdits de Mignault qu'il considérait comme une demi-interdiction. L'incapacité de ces personnes est alors limitée aux actes pour lesquels le tribunal indique qu'ils nécessitent l'assistance du conseiller. C'est, en effet, le tribunal qui détermine les actes pour lesquels l'assistance est requise ou, au contraire, ceux pour lesquels l'assistance n'est pas requise; s'il ne le fait pas, le majeur devra être assisté dans tous les actes qui excèdent la capacité du mineur simplement émancipé, c'est-à-dire les actes dépassant la simple administration, au sens des articles 1301 et suiv. C.c.Q. (art. 293 C.c.Q.).

L'assistance se distingue de la représentation : on rappellera que le conseiller – comme tout assistant – ne gère pas le

---

[485] *Cf. G. (M.) c. B. (L.),* [1995] R.D.F. 714 (C.S.); *D.B. c. F. Be.,* J.E. 00-1759 (C.S.). Le tribunal ne peut cependant pas créer « de toute pièce » un régime non prévu par la loi : *Curateur public du Québec c. D.P.,* J.E. 01-182 (C.A.).

patrimoine du majeur, mais intervient aux actes pour lesquels son assistance est requise.

Quant à la sanction de l'acte passé par ce majeur seul alors que l'assistance de son conseiller était requise (annulation de l'acte ou réduction des obligations qui en découlent), elle ne peut être prononcée que si le majeur prouve qu'il a été lésé (art. 294 C.c.Q.), là encore au sens de l'alinéa 2 de l'article 1406 C.c.Q.[486].

127. *Gestion du patrimoine du mandant au cas d'inaptitude.* On a déjà mentionné la possibilité qu'a une personne saine d'esprit[487] de donner à une autre personne qu'elle choisit un mandat pour le cas où elle deviendrait inapte. Cette mesure est destinée à pallier les difficultés entretenues par le droit d'hier, voulant qu'un mandat prenne fin dès lors que le mandant n'a plus une volonté claire et consciente, et aussi à permettre à une personne d'organiser elle-même ses affaires, sans que son cas doive nécessairement être soumis à un système doté d'une structure et d'un mode de fonctionnement déterminés par l'État (art. 2131 C.c.Q.).

On a également indiqué que ce mandant devenu inapte, et dont l'inaptitude a été constatée lors de l'homologation du mandat, ne nous paraissait pas devoir être assimilé à un incapable au sens juridique du terme, c'est-à-dire qu'il ne nous paraissait pas, de ce fait, être devenu un « majeur protégé »[488]; il s'agit d'un simple mandat conventionnel qui durera éventuellement tant que durera l'inaptitude, sans le moindre contrôle de qui que ce soit, d'où sa place dans le Code.

Les pouvoirs du mandataire seront ceux qui lui auront été attribués par le mandant, indépendamment du degré d'inaptitude de celui-ci. C'est dire qu'ils pourraient être d'une variété infinie, limités à certains actes précis ou à l'administration courante, ou au contraire étendus jusqu'à la pleine administration (art. 2135, al. 2 C.c.Q.); en ce

---

[486] Sur les majeurs protégés, *cf.* Édith DELEURY et Dominique GOUBAU, *Le droit des personnes physiques,* 2ᵉ éd., Cowansville, Éditions Yvon Blais, 1997, nᵒˢ 620-687, p. 487-537; Alain ROY, « Les régimes de protection du majeur inapte », dans Chambre des notaires du Québec (dir.), *Procédures non contentieuses – Doctrine – Document 5,* Montréal, Chambre des notaires du Québec, septembre 2000.

[487] *Cf. R.P.* et *L.P.,* J.E. 00-1381 (C.S.) : il est évident qu'un tel mandat ne peut être donné que par une personne apte à consentir.

[488] *Cf. supra,* nᵒ 112.

dernier cas, il nous apparaît opportun de soulever les risques encourus par le patrimoine du mandant, risques dont pourraient souffrir éventuellement non seulement le mandant lui-même, mais aussi ses héritiers, si l'on considère que la seule soupape de sécurité est celle de l'article 2177 C.c.Q. permettant à « toute personne intéressée, y compris le curateur public », de tirer le signal d'alarme « si le mandat n'est pas fidèlement exécuté ou pour un autre motif sérieux » : encore faut-il que la personne intéressée puisse avoir connaissance de ce qui se passe « du côté de chez... » le mandataire ! Aucune assemblée de parents, aucun conseil de tutelle chargé de surveiller le mandataire : c'est bien dire qu'il y a entre mandant et mandataire une relation personnelle de grande confiance – tout au moins avant l'inaptitude – qui situe le premier en dehors de tout système, en dehors de tout entourage familial ou autrement amical. C'est un acte de foi à l'égard d'une personne qui est en état de gérer, mais qui n'est ni curateur, ni tuteur, ni conseiller.

C'est pourquoi l'acte que passera le mandataire sera soumis aux règles du mandat, sous réserve du mandat dont la portée serait douteuse et qui devrait être alors interprété selon les règles relatives à la tutelle au majeur (art. 2168 C.c.Q.); c'est pourquoi un régime de protection pourra être ouvert, pour le compléter, lorsque le mandat s'avère insuffisant (art. 2169 C.c.Q.); c'est pourquoi le mandat pourra prendre fin par l'ouverture d'un régime de protection (art. 2175 C.c.Q.).

C'est aussi pourquoi on ne trouve aucune règle particulière quant à la sanction des actes passés par le mandant postérieurement à l'homologation du mandat. Ce n'est point sur la base de l'incapacité au sens juridique du terme qu'il peut faire sanctionner de tels actes, ni sur la base de la lésion : c'est sur la seule base de son inaptitude, de son absence de consentement; il est alors permis de soutenir que cette absence de consentement est présumée, puisque le mandat a été homologué, mais qu'une preuve contraire pourrait être apportée par le cocontractant qui serait en mesure de démontrer que l'acte a été passé pendant un intervalle de lucidité. Certes, l'article 2170 C.c.Q. reprend – quant aux actes faits antérieurement à l'homologation du mandat – les articles 284 et 290 C.c.Q. qui prévoient la possibilité de les sanctionner si l'inaptitude était alors notoire ou connue du cocontractant : en soi il n'y a là rien d'étonnant dans la mesure où l'on souhaite, en ce cas, faciliter la preuve de l'inaptitude. Il est donc normal que cet acte puisse être annulé, puisque son auteur n'avait pas une volonté claire et consciente; on pourrait, en revanche, s'étonner de la possibilité d'obtenir le maintien du contrat avec une réduction des obligations, ce qui est censé sanctionner un préjudice, comme on l'a rencontré en matière de dol, de crainte ou de lésion : néanmoins, là encore, on pourrait répondre qu'est ainsi sanctionnée la faute qui consiste à contracter avec une personne notoirement inapte ou avec une personne dont on sait qu'elle est inapte, et qui entraîne un préjudice pour celle-ci. En revanche, au cas d'annulation de l'acte, ne s'appliquerait pas à la personne inapte l'article 1706 C.c.Q., lequel ne s'applique qu'aux personnes frappées d'incapacité.

Par. 2. *L'objet*

128. *Notion.* En vertu de l'article 1385 C.c.Q, il est de l'essence du contrat qu'il ait un objet. Il importe alors de s'interroger sur ce qu'est l'objet d'un contrat.

Selon l'analyse traditionnelle, un contrat n'a pas d'objet, à proprement parler; en revanche, il crée des obligations et c'est chacune de ces diverses obligations qui a un objet; la formule « objet du contrat » ne serait alors qu'une ellipse commode de l'expression plus exacte « objet de l'obligation née du contrat »[489]. Ainsi, les conditions relatives à l'« objet du contrat » ne seraient-elles rien d'autre que l'application, aux obligations contractuelles, des règles générales concernant la validité des prestations.

Certains rejettent toutefois l'assimilation de l'objet du contrat à l'objet de l'obligation, sans toutefois s'accorder sur ce que serait un « objet du contrat » indépendant de l'objet de l'obligation. Pour les uns, l'« objet du contrat » est de créer, modifier, transférer ou éteindre des obligations ou des droits ré-

---

[489] Voir CARBONNIER, t. 4, 21ᵉ éd., n° 54, p. 113; FLOUR, AUBERT et SAVAUX, vol. 1, 9ᵉ éd., n° 234, p. 163; MALAURIE et AYNÈS, t. 6, 4ᵉ éd., n° 485, p. 267; MARTY et RAYNAUD, 2ᵉ éd., t. 1, n° 171, p. 171; GHESTIN, 3ᵉ éd., nᵒˢ 675-680, p. 654-657; LARROUMET, t. 3, 3ᵉ éd., nᵒˢ 380-383, p. 339-343; STARCK, 6ᵉ éd., vol. 2, n° 571, p. 210; Eugène GAUDEMET, *Théorie générale des obligations,* Paris, Sirey, 1965, p. 89; PLANIOL et RIPERT, 2ᵉ éd., t. 6, n° 218, p. 266.

els[490], étant donné qu'un contrat qui ne produirait aucun effet serait, nécessairement, « sans objet »; on a cependant fait observer, avec raison, que cette analyse confondait objet du contrat et effets du contrat. C'est pourquoi d'autres, plus nombreux, préfèrent dire que l'objet du contrat est l'opération juridique qu'ont voulu réaliser les parties[491].

Contrairement au *Code civil du Bas Canada* qui s'en tenait à l'analyse traditionnelle[492], le *Code civil du Québec* distingue l'objet du contrat et l'objet de l'obligation. L'objet du contrat est « l'opération juridique envisagée par les parties au moment de sa conclusion, telle qu'elle ressort de l'ensemble des droits et obligations que le contrat fait naître » (art. 1412 C.c.Q.) : c'est vendre, louer, prêter ou emprunter, etc; l'accord des volontés s'étant fait sur l'objet du contrat, il en découle un transfert de droits ou des obligations qui ont pour objet les prestations résultant du contrat. Aussi, l'objet de l'obligation est-il « la prestation à laquelle le débiteur est tenu envers le créancier et qui consiste à faire ou à ne pas faire quelque chose » (art. 1373 C.c.Q.); c'est la réponse à la question : *quid debetur* ? C'est ce que doit le débiteur, ce à quoi ce dernier est engagé.

La façon dont le nouveau Code civil aborde la question nous paraît préférable à celle qui fut adoptée en 1866. En effet, par la notion d'objet du contrat, c'est le contenu du contrat que l'on cherche à contrôler : ce contenu doit être conforme aux conditions posées par la loi. Or, s'il arrive fréquemment que ce soient

---

490 O.R.C.C., *Rapport sur le Code civil du Québec,* vol. I, « Projet de Code civil », Québec, Éditeur officiel, 1977, p. 340 (Livre cinquième, art. 41); Pothier – ayant pourtant adopté la conception classique – définit le contrat comme étant « la convention qui a pour objet de former quelque engagement » (POTHIER, 2ᵉ éd., t. 2, nᵒ 3, p. 4). Voir aussi l'article 1126 C.c.fr. ainsi que PLANIOL et RIPERT, 2ᵉ éd., t. 6, nᵒ 218, p. 266, note 1 (« l'objet du contrat c'est la création d'obligations »).

491 MAZEAUD, 9ᵉ éd., t. 2, vol. 1, nᵒ 231, p. 231 et 232; TERRÉ, SIMLER et LEQUETTE, 5ᵉ éd., 1993, nᵒ 287, p. 226; BAUDOUIN et JOBIN, 5ᵉ éd., nᵒˢ 353-356, p. 298-301.

492 En effet, le paragraphe 4 (« De l'objet des contrats »), qui suit l'article 990 C.c.B.C, renvoyait au chapitre cinquième « De l'objet des obligations » (art. 1058 et suiv. C.c.B.C.).

les obligations elles-mêmes résultant du contrat qui soient contraires à la loi (c'est ce qui justifie l'attitude traditionnelle consistant à assimiler l'objet du contrat à l'objet des obligations créées par le contrat), il peut aussi arriver, quoique plus rarement, que chacune des obligations du contrat soient en elles-mêmes valides alors que l'ensemble de l'opération ou son résultat s'avère illicite ou immoral. On peut penser à certaines choses qui ne peuvent être aliénées qu'à titre gratuit, le sang, par exemple (art. 25 C.c.Q.) : la vente d'une telle chose est une opération prohibée même si, prise isolément, chacune des prestations de ce contrat est valide. Seule la notion d'« opération juridique » permet de rendre compte à la fois de la première situation et de la seconde, car, pour déterminer si une opération juridique quelconque est valide, il faut à la fois vérifier la validité de chacune des prestations convenues et celle de l'opération dans son ensemble. Le législateur a donc eu raison d'adopter la notion d'« opération juridique », laquelle inclut la conception classique, tout en y ajoutant quelque chose.

On examinera les conditions de validité des prestations prises isolément (A), puis la validité de l'opération dans son ensemble (B).

A. La validité des prestations

129. *Conditions de validité.* Le second alinéa de l'article 1373 C.c.Q. établit les conditions de validité des prestations[493] : « La prestation doit être possible et déterminée ou déterminable; elle ne doit être ni prohibée par la loi ni contraire à l'ordre public. »

Même si ces conditions demeurent valables pour toutes les prestations, leur application concrète variera selon que la prestation portera ou non sur une chose.

---

[493] Même si, en principe, ces conditions de validité ont vocation à régir l'objet de toutes les obligations, tant légales que conventionnelles, il faut réaliser que ces conditions ne sont applicables, à toutes fins pratiques, qu'aux obligations découlant d'un contrat.

a) La prestation doit être déterminée ou déterminable

130. *Principe.* Cette exigence s'impose, car il est essentiel pour les parties de connaître avec précision la teneur des prestations nées du contrat : le créancier doit connaître l'étendue de son droit et le débiteur les limites de sa dette. Les tiers aussi, à qui en principe le contrat est opposable, ont un intérêt à ce que la prestation soit suffisamment précisée.

La loi n'exige cependant pas que la prestation soit déterminée au moment de la conclusion du contrat, il suffit qu'elle soit déterminable. Pour qu'il en soit ainsi, il faut qu'au moment de la formation du contrat, les parties s'entendent sur des critères *prédéterminés* et *objectifs.*

Les critères doivent être prédéterminés parce qu'en principe, le juge ne peut se substituer aux parties afin d'élaborer lui-même le contenu de la prestation. Il faut donc que les parties aient prévu des dispositions suffisamment précises pour qu'un juge, en cas de litige, puisse connaître le contenu de la prestation[494]. Ainsi, une vente « pour un prix qui sera ultérieurement déterminé par les parties » ou « pour un juste prix » ne saurait être valide, car la détermination de la prestation de l'acheteur (le prix) n'est pas déterminable : si le juge acceptait de fixer un prix sur une base aussi imprécise, ce serait lui, et non les parties, qui se trouverait à « conclure » le contrat[495].

---

[494] *Caisse populaire Ste-Ursule (Ste-Foy)* c. *Centre d'achats Neilson Inc.,* [1986] R.D.I. 78 (C.A.); *Posluns* c. *Lunya Mode Inc.,* J.E. 90-1456 (C.S.); *Encadrements Ste-Anne Inc.* c. *Société immobilière Marathon Ltée,* J.E. 90-1471 (C.S.); *Roger Bisson Inc.* c. *Bannester,* [1989] R.J.Q. 2359 (C.S.); *Béliveau* c. *Carrefour Arvict Inc.,* J.E. 91-1634 (C.S.). Dans l'affaire *Nettoyeurs Michel Forget Ltée* c. *Nettoyeur Josée Goupil Inc.,* J.E. 90-338 (C.S.) le tribunal, donnant suite à une clause lui donnant le pouvoir de « réécrire » une clause restrictive jugée illégale, a consenti à réduire l'obligation. Par contre, le juge Dugas, dans l'affaire *169914 Canada Inc.* c. *2638-9833 Québec Inc.,* [1992] R.J.Q. 2181 (C.S.), a refusé (selon nous, à bon droit) de « réécrire » une telle clause. Voir, sur cette controverse, les commentaires de Clément GASCON, « Clauses restrictives : le tribunal peut-il en devenir le rédacteur? », (1993) 53 *R. du B.* 399.

[495] *Three Rivers Pulp & Paper Co.* c. *William I. Bishop Ltd.,* (1928) 44 B.R. 127, confirmé par la Cour suprême, le 19 novembre 1928; *Bristol*

Par contre, rien n'empêche un vendeur et un acheteur de nommer un tiers aux fins de déterminer le prix de vente : cette évaluation devant lier les parties[496], le prix de vente est considéré comme déterminable, ce qui permet à la vente d'être valide même si, lors de sa conclusion, le prix demeurait inconnu des parties.

Les critères devant servir à la détermination du contenu de la prestation doivent aussi être « objectifs », en ce sens qu'ils ne doivent pas dépendre directement de la volonté de l'une des parties au contrat. Il faut en effet éviter de conférer au débiteur ou au créancier un pouvoir arbitraire quant à la détermination du contenu de la prestation. Il pourrait en être ainsi, par exemple, de la clause accordant au créancier le droit de réclamer du débiteur, au cas d'inexécution, tous les frais juridiques encourus, incluant les honoraires extrajudiciaires de son avocat, sans aucune limite. En effet, le cas échéant, le créancier, sachant que son débiteur aurait à en assumer les frais, pourrait être tenté de verser à son avocat une rétribution plus que généreuse de ses services[497]. Le même genre de difficultés

---

Aeroplane Co. c. *McGill,* [1963] B.R. 829; *Clément Moisan Ltée* c. *La Portneuvienne,* J.E. 90-574 (C.A.).

[496] Cette évaluation liera les parties, sauf si l'évaluateur a manifestement erré ou en cas de fraude : *C.R.H. Consultation Automobile (1985) Inc.* c. *Cumming-Perrault (1978) Ltée,* J.E. 92-280 (C.S.). Sur cette question, voir GHESTIN, 3ᵉ éd., nᵒˢ 694-703, p. 671-685. Sur la distinction entre l'expertise et l'arbitrage, *cf. Sport Maska Inc.* c. *Zittrer,* [1989] 1 R.C.S. 560.

[497] Sur ce point, en ce sens, *cf. Posluns* c. *Berke,* [1968] C.S. 255; *Cities Service Oil Co.* c. *Huot,* [1965] C.S. 113; *Caisse populaire de l'Université Laval* c. *Morais,* [1970] R.P. 408; *Turcot* c. *Cibula,* [1974] C.A. 452; *Piscines Trévi Inc.* c. *Lanthier,* J.E. 94-276 (C.S.). Pour une opinion différente, voir Bernard GRENIER, « Dommages-intérêts conventionnels ayant pour objet les frais extrajudiciaires », (1972) 13 *C. de D.* 477, 481-483; du même auteur, « Les précédents valent ce que valent leurs motifs », (1974-75) 77 *R. du N.* 317, 319-324. Cette question, controversée sous le *Code civil du Bas Canada,* le demeure. On comparera à cet égard : *Les Finesses de Charlot inc.* c. *Noël,* J.E. 97-58 (C.A.) et *164618 Canada inc.* c. *Cie Montréal Trust,* [1998] R.J.Q. 2696 (C.A.). Ce même problème se pose dans le cadre de la clause pénale : pour une analyse plus approfondie, *cf. infra,* nᵒ 468 et suiv.

pourraient se présenter à l'égard d'un contrat d'approvisionnement où un commerçant s'engagerait, pendant une certaine
période, à acheter d'un fabricant un nombre minimum d'effets
à un prix fixé unilatéralement par le fabricant au fur et à mesure des commandes[498]. En somme, toute entente qui permettrait à l'une des parties de déterminer unilatéralement et de
façon arbitraire le contenu de la prestation ne rencontrerait
pas les exigences de l'article 1373 C.c.Q.[499]

131. *Application particulière du principe aux corps certains
et aux choses de genre.* L'application du principe au cas particulier des prestations portant sur une chose met en lumière la
distinction entre les choses individualisées et les choses de
genre.

---

[498] La question de la validité, eu égard au caractère déterminable des
prestations, des contrats de distribution, d'approvisionnement et de
franchise comportant un engagement de vendre ou d'acheter à un prix
devant être déterminé au fur et à mesure par l'une des parties, a suscité
une importante réflexion et fait couler beaucoup d'encre en France. Pour
une vue d'ensemble des règles nuancées élaborées par la jurisprudence
ou suggérées par la doctrine, voir MAZEAUD, 9ᵉ éd., t. 2, vol. 1, n° 237 et
suiv., p. 241 et suiv.; Camille JAUFFRET SPINOSI, « La réforme du
droit des obligations : une perspective de droit comparé », (1989) 30 *C. de
D.* 657, 666-669; Didier FERRIER, « La détermination du prix dans les
contrats stipulant une obligation d'approvisionnement exclusif »,
D. 1991.1.chr.237 et Marie-Anne FRISON-ROCHE, « L'indétermination
du prix », *Rev. trim. dr. civ.* 1992.269. *Cf.* également Brigitte
LEFEBVRE, *Les clauses d'exclusivité dans les contrats de distribution de
biens et services,* mémoire de maîtrise, Montréal, Faculté des études
supérieures, Université de Montréal, 1988. Il est permis d'hésiter entre
la nullité du contrat, en raison de la non-détermination du prix, et sa
validité quant à sanctionner, le cas échéant, la fixation d'un prix abusif.
C'est cette dernière solution qui semble l'emporter en France : *Cf.* Michel
JÉOL, « Le contenu juridique des décision du 1ᵉʳ décembre 1995 », *Rev.
trim. dr. com.* 1997.1 (sur le problème de détermination du prix dans les
contrats).

[499] Sur ce sujet, voir les développements de GHESTIN, 3ᵉ éd., nᵒˢ 704-759,
p. 686-759; voir aussi : *Éditions Tormont Inc.* c. *165507 Canada Inc.*, J.E.
94-463 (C.S.); *Syndicat de copropriétaires de Verrières* c. *Mannany*, [1999]
R.D.I. 346 (C.A.).

Lorsqu'une prestation porte sur un corps certain, il suffit d'être en mesure d'identifier le bien qui fait l'objet de la prestation : c'est telle chose qui est vendue ou louée et non point une autre. Soulignons cependant qu'un bien qui, *a priori,* semble être une chose de genre, peut être individualisé, même si toutes ses caractéristiques ne sont pas connues avec précision : ainsi, un fermier peut vendre, pour la somme de 1 000 $, tout le blé qui se trouve dans tel silo; même si les parties ignorent, au moment de la vente, la quantité totale de blé qui s'y trouve, c'est « ce » blé qui a été vendu. Il s'agit donc de la vente d'un bien individualisé.

Lorsque la prestation porte véritablement sur une chose de genre, la situation est plus complexe. On rappellera qu'une chose de genre est une « chose qui n'est déterminée que par son espèce, de sorte que les objets appartenant à cette catégorie sont interchangeables »[500] : deux litres de vin rouge, dix exemplaires de tel objet fabriqué en série ou 1000 $ sont ainsi autant de choses de genre. Certains genres sont pratiquement inépuisables (la monnaie, l'eau), d'autres sont limités (par exemple une bouteille de Château d'Yquem, 1975)[501]. Selon l'article 1374 C.c.Q., une prestation peut validement porter sur une chose de genre pourvu que l'espèce soit « déterminée » et que la quotité soit déterminable.

Ainsi, on ne peut s'engager à livrer une tonne de grain (le débiteur livrera-t-il du blé, de l'orge, de l'avoine, etc. ?), mais on peut valablement s'engager à livrer une tonne de l'une ou l'autre de ces céréales. De même, on a fait valoir que l'engagement de livrer « un animal » est invalide, car le débiteur pourrait se libérer en livrant un moucheron[502]. On peut généraliser en disant que l'espèce ne sera pas déterminée lorsque la classe des choses visées est tellement large qu'elle per-

---

[500] CENTRE DE RECHERCHE EN DROIT PRIVÉ ET COMPARÉ DU QUÉBEC, *Dictionnaire de droit privé,* 2ᵉ éd., Montréal, C.R.D.P.C.Q. et Cowansville, Éditions Yvon Blais, 1991, p. 87, *verbo* : chose de genre.

[501] Eugène GAUDEMET, *Théorie générale des obligations,* Paris, Sirey, 1937, p. 91 et 92 distingue ainsi le *genus* du *genus limitatum.*

[502] MIGNAULT, t. 5, p. 396 et 397.

met que l'une des parties soit soumise à l'arbitraire de l'autre[503]; mais dès lors que l'espèce est suffisamment déterminée, l'obligation est valide même si les parties n'ont pas pris le soin de préciser la qualité du bien. Ainsi, pour ce qui est de l'espèce « vin rouge », tous les crus ne se valent pas ! À défaut d'entente entre les parties quant à la qualité du vin qui doit être livré, le créancier a droit à du vin qui soit d'une qualité « moyenne » : le débiteur n'est pas tenu à la meilleure qualité, mais il ne peut se libérer en offrant la plus mauvaise (art. 1563 C.c.Q.). On notera cependant que les usages ou les circonstances, telles les relations antérieures qu'ont eues les parties, pourront parfois permettre de déterminer encore plus précisément la qualité requise pour satisfaire les attentes légitimes du créancier[504].

La quotité d'une prestation portant sur une chose de genre n'a pas à être déterminée, il suffit qu'elle soit déterminable. L'achat de blé, pour la somme de 1 000 $, au taux du marché de Chicago à une date donnée, est valide. La quantité vendue n'est pas déterminée, mais elle est déterminable. Il arrive fréquemment que les parties se réfèrent à certains facteurs économiques (par exemple, l'indice des prix à la consommation de Statistiques Canada) pour réajuster les versements monétaires qui doivent être effectués en vertu de contrats dont les effets couvrent de longues périodes[505].

---

503 Voir à ce sujet les commentaires de MIGNAULT, t. 5, p. 396 et 397.
504 On notera la suppression du dernier alinéa de l'article 1151 C.c.B.C., qui aurait pu faire craindre que le débiteur puisse se libérer en livrant une chose qui soit franchement mauvaise et cependant de « qualité marchande », le marché offrant souvent des produits de bien piètre qualité!
505 Voir à ce sujet Michel HUBERT, « Observations sur la nature et la validité de la clause d'échelle mobile », *Rev. trim. dr. civ.* 1947.1; voir aussi Alain PRUJINER, « L'adaptation forcée du contrat par arbitrage », (1992) 37 *R.D. McGill* 428.

b) La prestation doit être possible

132. «*À l'impossible, nul n'est tenu*». Puisqu'« à l'impossible, nul n'est tenu », il serait absurde d'admettre qu'une personne puisse s'engager à réaliser l'impossible[506]. L'obligation ne sera toutefois invalide que si la prestation est *objectivement* impossible[507]. Sera donc valable l'obligation dont la prestation est objectivement réalisable, même si celle-ci va au-delà des capacités personnelles du débiteur. Par ailleurs, l'impossibilité doit exister au moment de la conclusion du contrat : si une prestation, possible au moment de l'entente, devient par la suite impossible, l'obligation est néanmoins valablement formée[508]. À l'inverse, dans le cas où la prestation, impossible au moment de la formation du contrat, devient ultérieurement possible, la prestation devrait demeurer invalide puisqu'elle n'a pu se former valablement au moment de la conclusion du contrat.

Là encore, on doit envisager l'application de ce principe au cas particulier des prestations portant sur une chose. En ce cas, c'est l'existence même de la chose qui détermine la possibilité ou non de la prestation : celle qui porte sur une chose qui n'existe plus au moment de la formation du contrat est en effet impossible[509]; ainsi, la vente d'une automobile déjà détruite, la cession d'une créance déjà payée ou d'un droit périmé ne saurait créer une obligation valide. Toutefois, au cas de perte par-

---

[506] MARTY et RAYNAUD, 2ᵉ éd., t. 1, n° 174, p. 174.

[507] Voir GHESTIN, 3ᵉ éd., n° 686, p. 662; MARTY et RAYNAUD, 2ᵉ éd., t. 1, n° 174, p. 174; MAZEAUD, 9ᵉ éd., t. 2, vol. 1, n° 240, p. 248 et 249; BAUDOUIN et JOBIN, 5ᵉ éd., n° 21, p. 21. Ce principe fut appliqué par la Cour suprême du Canada dans l'affaire *Therrien* c. *Dionne*, [1978] 1 R.C.S. 884.

[508] GHESTIN, 3ᵉ éd., n° 686, p. 662; Eugène GAUDEMET, *Théorie générale des obligations*, Paris, Sirey, 1937, p. 94; BAUDOUIN et JOBIN, 5ᵉ éd., n° 21, p. 21 et 22. Ce sont les règles régissant l'effet des obligations contractuelles qui détermineront si le débiteur sera tenu responsable de l'inexécution qui découlera de cette impossibilité (*cf.* art. 1470, 1590 C.c.Q.).

[509] MAZEAUD, 9ᵉ éd, t. 2, vol. 1, n° 235, p. 233 et 234; TERRÉ, SIMLER et LEQUETTE, 5ᵉ éd., 1993, n° 263, p. 209 et 210; BAUDOUIN et JOBIN, 5ᵉ éd., n° 21, p. 21 et 22.

tielle, la prestation est, en principe, valablement formée, puisqu'il n'y a pas alors d'impossibilité absolue[510].

133. *Choses futures.* Une obligation portant sur une chose future n'est cependant pas nécessairement invalide puisqu'il n'est pas impossible que cette chose vienne à exister. C'est pourquoi l'article 1374 C.c.Q. reconnaît expressément que la prestation peut porter sur un bien à venir : un cultivateur peut, par exemple, vendre une récolte ou des animaux à venir[511]; de même, un artiste peut céder ses droits d'auteur sur une oeuvre qui n'est pas encore réalisée et un entrepreneur peut vendre un immeuble à bâtir (« vente sur plan »)[512].

Dans le cas où un contrat porte sur une chose future, il faut se demander s'il était de l'intention des parties de conclure un contrat conditionnel à l'existence de la chose ou plutôt un contrat aléatoire; un agriculteur peut vendre sa récolte future, dans l'hypothèse où il y en aurait une, ou il peut préférer vendre *la chance* d'une récolte. Cette distinction est importante car, au cas où il n'y aurait pas de récolte, le contrat conditionnel serait anéanti rétroactivement, ce qui obligerait éventuellement l'agriculteur à restituer le prix reçu (art. 1507 C.c.Q.), alors que la solution contraire prévaudrait si les parties avaient plutôt conclu un contrat aléatoire[513].

On observera que le transfert d'un droit dont on n'est pas titulaire peut être assimilé à une prestation portant sur un bien à venir; en effet, il n'est pas absolument impossible de transférer un droit qui ne nous appartient pas, puisqu'on peut éventuellement l'acquérir et ainsi être en mesure de le trans-

---

[510] TERRÉ, SIMLER et LEQUETTE, 5ᵉ éd., 1993, n° 263, p. 209 et 210, note 499; Eugène GAUDEMET, *Théorie générale des obligations,* Paris, Sirey, 1937, p. 93. On peut toutefois imaginer des situations où une simple perte partielle rend néanmoins la prestation absolument impossible à exécuter : tel serait le cas de l'obligation de réparer un objet déjà détérioré à tel point que cette réparation s'avérerait désormais impossible.

[511] *Cf.,* par exemple, *Ralston Purina Canada Inc.* c. *Bibeau,* [1986] R.J.Q. 2552 (C.S.).

[512] *Cf.,* pour ce dernier cas, les articles 1785 et suiv. C.c.Q.

[513] MIGNAULT, t. 5, p. 394.

férer. Ceci explique que la vente de la chose d'autrui ne soit pas nécessairement nulle entre le vendeur et l'acheteur, car on peut considérer que le vendeur de la chose d'autrui vend une « chose à venir » [514].

c) La prestation doit être licite

134. *Licéité de la prestation.* Pour être valide, enfin, une prestation doit être licite, c'est-à-dire qu'elle ne doit pas être prohibée par la loi, ni contraire à l'ordre public (art. 1373 C.c.Q). Cette exigence relève de la notion d'ordre public, qui sera envisagée ultérieurement.

On se bornera ici à rappeler que certaines choses sont dites « hors commerce » : la personne humaine, bien sûr[515] , mais aussi les eaux navigables[516], les objets destinés au culte[517], les dossiers médicaux[518], certains permis ou autorisations[519], etc.

---

[514] *Cf.* art. 1713 C.c.Q. Sur le sujet, *cf.* TERRÉ, SIMLER et LEQUETTE, 5ᵉ éd., 1993, n° 264, p. 210 et 211; MAZEAUD, 9ᵉ éd., t. 2, vol. 1, n° 238, p. 247 et 248.

[515] *Cf.* Robert P. KOURI et Suzanne PHILIPS-NOOTENS, *Le corps humain, l'inviolabilité de la personne et le consentement aux soins : le regard du législateur et des tribunaux civils,* Sherbrooke, Éditions R.D.U.S., 1999.

[516] *Dupuis c. St-Jean,* (1910) 38 C.S. 204.

[517] *Fabrique de la Paroisse de l'Ange-Gardien c. Procureur général du Québec,* [1980] C.S. 175, confirmé par la Cour d'appel, *sub. nom.* : *Prévost c. Fabrique de la paroisse de l'Ange-Gardien,* J.E. 87-657 (C.A.); *cf.* à ce sujet les commentaires de Benoît PELLETIER, « L'affaire des trésors de l'Ange-Gardien », dans Ernest CAPARROS (dir.), *Mélanges Germain Brière,* « coll. Bleue », Montréal, Wilson et Lafleur, 1993, p. 344, ainsi que de Jean GOULET, « Un requiem pour les choses sacrées », dans Ernest CAPARROS (dir.), *id.,* p. 383.

[518] *Jeanty c. Labrecque,* [1978] C.S. 463. Dans *Brunet c. Schiettekatte,* [1969] C.S. 193, on a toutefois décidé le contraire. Il nous paraît pourtant difficile de soutenir qu'il pourrait être permis à un médecin d'aliéner les dossiers médicaux de ses patients, dans la mesure où ceux-ci contiennent des informations confidentielles.

[519] Même si l'on peut admettre que des permis ou des autorisations soient cessibles, il reste que nombreux sont les permis émis par des autorités publiques qui ne peuvent faire l'objet d'une cession, étant accordés *intuitu personae.* Voir, par exemple, *Courey c. Dufresne,* [1956] C.S. 369.

En principe, toute prestation visant à transférer un droit relatif à ces choses sera invalide[520]. C'est ce qu'exprimait l'article 1059 C.c.B.C : « Il n'y a que les choses qui sont dans le commerce qui puissent être l'objet d'une obligation »; cette règle n'a pas été expressément reprise dans le nouveau Code, mais, sans aucun doute, elle fait encore partie de notre droit, puisqu'elle n'est que l'application particulière, quant aux prestations portant sur des choses, de la règle générale posée par le second alinéa de l'article 1373 C.c.Q.

Une certaine jurisprudence française, dont on retrouve des échos au Québec[521], considère que la clientèle de celui qui exerce une profession libérale est « hors commerce » [522], contrairement à celle d'un commerce, cette clientèle étant un élément du fonds. Cela peut se comprendre dans la mesure où l'on distingue clairement profession et commerce, ce qui ne semble plus être le cas au Québec. C'est pourquoi les jugements qui invalidaient les clauses de non-concurrence entre « professionnels » sur cette base nous semblent maintenant sujets à caution, ce que certaines décisions tendent à confirmer[523].

---

[520] Il est prudent de dire « en principe », car, en ce domaine comme en beaucoup d'autres, il faut se méfier des affirmations trop absolues : voir Jean-Christophe GALLOUX, « Réflexions sur la catégorie des choses hors commerce : l'exemple des éléments et des produits du corps humain en droit français », (1989) 30 *C. de D.* 1011; MAZEAUD, 9ᵉ éd., t. 2, vol. 1, nᵒ 236-2 et suiv., p. 234 et suiv. S'il est vrai de dire que la personne humaine est « hors commerce », certaines opérations concernant les éléments ou les produits du corps humain sont néanmoins licites (*cf.* art. 19, 25 C.c.Q.; Édith DELEURY, « Une perspective nouvelle : le sujet reconnu comme objet du droit », (1972) 13 *C. de D.* 529). Voir aussi, pour un point de vue qui s'écarte de la tradition, Jean-Pierre BAUD, *L'affaire de la main volée : une histoire juridique du corps*, Paris, Seuil, 1993.

[521] *Jeanty c. Labrecque,* [1978] C.S. 463; *Brunet c. Schiettekatte,* [1969] C.S. 193.

[522] Voir GHESTIN, 3ᵉ éd., nᵒ 807, p. 808 et suiv. Certains ont d'ailleurs soutenu qu'une cession de clientèles apparaissait davantage impossible qu'illicite, le client demeurant toujours libre de s'adresser au commerçant ou professionnel de son choix : *cf.* Frédéric ZÉNATI, « Propriété et droits réels », *Rev. trim. dr. civ.* 1991.560.

[523] Comparer *Brunet c. Schiettekatte,* [1969] C.S. 193 et *Jeanty c. Labrecque,* [1978] C.S. 463, à *Gamache c. Maheu Noiseux (Québec),* J.E. 90-2 (C.S.) et *Fortin c. Clarkson,* [1992] R.J.Q. 1301 (C.S.). Pour la France, voir GHESTIN, 3ᵉ éd., nᵒ 807, p. 808 et suiv.

135. *Licéité ou illicéité de certaines clauses de type « entonnoir »
ou « escalier ».* Un problème d'une autre nature s'est présenté relativement aux clauses de non-concurrence. On sait que ces clauses sont
valides dans la mesure où elles sont raisonnablement limitées dans le
temps et dans l'espace, ce qui permet de sauvegarder tant les intérêts
économiques et commerciaux du créancier (employeur ou acheteur
d'une entreprise), que la liberté de travail ou de commerce du débiteur (ex-employé ou vendeur d'une entreprise). On sait également
qu'une clause de non-concurrence jugée déraisonnable est annulée,
sans qu'il soit possible pour le tribunal d'en réduire la portée.

Pour éviter ce « tout ou rien », certains praticiens ont songé à
conférer au tribunal le pouvoir (voire lui imposer le devoir) de réécrire
la clause illégale afin de la rendre valide; d'autres ont préféré insérer
au contrat une série d'engagements de non-concurrence dont la portée
respective s'amenuise graduellement : par exemple, on prévoit en
premier lieu une prohibition d'agir à l'intérieur d'un rayon de 50 kilomètres pendant cinq ans; si cet engagement est jugé invalide, on
réduit la distance à 40 kilomètres et la durée à quatre ans, puis si
cela est encore déraisonnable, à 30 kilomètres pendant trois ans, etc.
Ce dernier type de clause a reçu des noms évocateurs, tels « clause-
entonnoir », « clause-escalier », « clause rédigée par paliers » . On peut
alors se demander si de telles clauses sont valides, notamment eu
égard aux règles relatives au caractère déterminable de l'obligation.
Seules quelques décisions ont été rendues sur le sujet et sont
d'ailleurs divergentes[524].

À la réflexion, tant la « clause-entonnoir » que celle imposant au
tribunal de réécrire une clause de non-concurrence illégale nous semblent être d'une validité plus que douteuse. En effet, comme on vient
de le voir, pour qu'une obligation ait un contenu déterminable, il est
nécessaire que le tribunal n'ait pas à se substituer aux parties pour la
détermination de ce contenu : or, la clause de « réécriture » comme la
clause-entonnoir ont pour effet de faire du tribunal le véritable rédacteur de l'entente. Dans le cas de la clause de réécriture, cela est évident; mais c'est aussi ce qui se produit avec la clause-entonnoir
puisque les parties ne sauront pas quelles sont leurs véritables obligations tant et aussi longtemps que le tribunal ne se sera pas prononcé.

---

[524] Voir Clément GASCON, « Clauses restrictives : le tribunal peut-il en
devenir le rédacteur? », (1993) 53 *R. du B.* 399.

En outre, la politique du « tout ou rien » incite le créancier à être raisonnable au moment de la négociation de la clause, tout excès risquant d'invalider celle-ci; au contraire, à partir du moment où l'on admet la possibilité de réduction d'une clause déraisonnable, cet incitatif disparaît et la tendance inverse se manifeste : le créancier a alors tout intérêt à stipuler une clause d'une large portée, laquelle ne pourra être contestée qu'à grands frais par le débiteur. C'est probablement pourquoi le législateur a refusé d'entériner l'article 2148 de l'Avant-projet de loi sur le droit des obligations[525], qui autorisait expressément le tribunal à réduire la portée d'une clause de non-concurrence : le nouveau Code n'envisage que la nullité de la clause de non-concurrence illégale, sans possibilité de révision par le tribunal. Dans ce contexte, on voit mal comment les parties pourraient imposer au tribunal de faire ce que la loi lui interdit (art. 9 C.c.Q.). Bref, il nous apparaît que les conditions relatives à l'objet, autant que des considérations reliées à l'ordre public, devraient inciter les tribunaux québécois à invalider les clauses-entonnoirs et à refuser de donner suite à un « pouvoir » de réécrire une clause de non-concurrence illégale[526].

B. La validité de l'opération juridique dans son ensemble

136. *Licéité de l'objet du contrat.* Comme on l'a déjà vu, il peut arriver que des prestations considérées indépendamment l'une de l'autre soient valides, alors que leur juxtaposition dans un même contrat rende l'opération invalide. Ainsi en est-il de la vente de sang : il n'est pas en soi illicite d'aliéner son sang[527], de la même façon qu'il n'est pas illicite de s'engager à verser une somme d'argent. Cependant, le contrat par lequel on *vend* son sang est clairement illégal[528]. Il en serait de même du contrat en vertu duquel une personne s'engagerait à verser

---

[525] BARREAU DU QUÉBEC, *Mémoire du Barreau du Québec sur l'avant-projet de loi portant réforme au Code civil du Québec du droit des obligations – Du contrat de travail et du contrat d'oeuvre*, Montréal, Le Barreau, Service de recherche et de législation, 1988, p. 4.

[526] *Cf. 169914 Canada Inc.. c. 2638-9833 Québec Inc.*, [1992] R.J.Q. 2181 (C.S.).

[527] Art. 19 C.c.Q.

[528] Art. 25 C.c.Q.

telle somme d'argent à une autre, celle-ci s'engageant de son côté à ne pas commettre un crime : chacune des prestations est en soi licite, mais l'ensemble de l'opération aboutit à un résultat illicite : on ne devrait pas pouvoir s'enrichir par la promesse de ne pas commettre d'actes illégaux[529].

Là encore, le caractère licite de l'opération juridique prise comme un tout relève de l'étude de l'ordre public qui sera examiné plus loin[530].

Par. 3. *La cause*

137. *Le « pourquoi » de l'engagement.* Définie de la façon la plus générale, la cause est le pourquoi de l'engagement contractuel. *Quid debetur ?* (que doit le débiteur ?) se demande celui qui examine l'objet; *cur debetur ?* (pourquoi doit-il ?) se demande celui qui étudie la cause. Si poser la question est simple, répondre l'est beaucoup moins. On commencera par rappeler les grandes lignes de l'évolution de la notion de cause (A), ce qui nous permettra de distinguer la cause de l'obligation (B) de la cause du contrat (C).

A. Évolution de la notion de cause

138. *Présentation du problème.* La notion de cause fait ressortir deux distinctions fondamentales. Il faut tout d'abord distinguer la *causa* du droit romain, de la notion de cause telle que développée ultérieurement par les canonistes, cette dernière référant elle-même à deux idées distinctes : d'une part la « cause objective », c'est-à-dire la raison abstraite et impersonnelle de l'engagement, d'autre part la « cause subjective », c'est-à-dire le motif personnel et intime de ce même engagement.

---

[529] On pourrait également dire qu'il y a défaut de cause : celui qui s'engage à ne pas commettre de crime ne s'engage en fait à rien, puisqu'il a déjà le devoir légal de ne pas agir ainsi. Cette obligation étant sans objet, l'obligation corrélative serait alors sans cause, et l'ensemble de l'opération invalide (art. 1371 C.c.Q.).

[530] *Cf. infra,* n° 168 et suiv.

139. « *Causa civilis obligationis* » *et notion post-romaine de cause.* Essentiellement formaliste, le droit romain ne prenait pas en considération les raisons qui amenaient une personne à se lier contractuellement; dès lors que les formalités étaient accomplies, le débiteur était lié. La *causa civilis obligationis* des jurisconsultes romains n'avait donc rien à voir avec les raisons justifiant l'engagement du débiteur, mais renvoyait plutôt au fait générateur du rapport de droit (le plus souvent la formalité nécessaire pour faire naître le contrat). Ainsi, la *causa civilis obligationis* d'un engagement découlant d'un contrat *litteris* était l'inscription au registre approprié, tandis que celle d'une *stipulatio* consistait en l'énoncé de paroles sacramentelles[531]. La *causa civilis obligationis* était donc la « cause efficiente » de l'obligation, c'est-à-dire le fait qui en est la source.

En revanche, la notion de cause telle qu'elle a été ensuite élaborée vise à obtenir une réponse à la question : pourquoi le débiteur s'est-il engagé ? Ce passage de la « cause efficiente » à cette nouvelle conception est une conséquence du consensualisme. En effet, si le consensualisme s'oppose au formalisme, c'est parce qu'il donne priorité au consentement véritable plutôt qu'à la formalité qui l'exprime. Puisque celui qui consent à être lié a toujours une raison de le faire, un droit fondé sur le consentement véritable doit tenir compte de cette raison, car elle est la justification, l'explication de ce consentement[532]. C'est cette conception qu'adoptent les juristes depuis le Moyen Âge[533]. On distingue cependant la « cause objective » et la « cause subjective » .

---

[531] Paul OURLIAC et Jehan de MALAFOSSE, *Droit romain et ancien droit*, Paris, P.U.F., 1957, n° 131, p. 143; Prosper VERNET, *Textes choisis sur la théorie des obligations en droit romain*, Paris, Durand, 1865, p. 6-8. Voir aussi GHESTIN, 3ᵉ éd., n° 820, p. 821 et 822. Sur la distinction entre la cause du droit civil et la *consideration* de la common law, *cf. infra*, n° 152.

[532] Paul OURLIAC et Jehan de MALAFOSSE, *Droit romain et ancien droit*, nᵒˢ 134 et 135, p. 146-149; GHESTIN, 3ᵉ éd., n° 821, p. 822 et 823; MAZEAUD, 9ᵉ éd., t. 2, vol. 1, n° 259, p. 264.

[533] Cependant, il est intéressant de noter que la « cause de l'obligation » de l'article 982 C.c.B.C. ne semblait être rien d'autre que la *causa civilis obligationis* : par « cause de l'obligation », les codificateurs de 1866

140. *Cause objective et cause subjective. Cur debetur* ? Pourquoi le débiteur s'est-il engagé ? La réponse à cette question peut être de deux sortes :

— Prise dans un sens large, la cause est le but particulier recherché dans chaque situation concrète, celui qui a déterminé le contractant à réaliser l'opération juridique et à s'engager. Telle personne achète tel immeuble à tel prix : pourquoi s'engage-t-elle à payer ce prix ? Les réponses peuvent être diverses : parce qu'elle veut faire un placement ou parce qu'elle désire y installer sa famille ou parce qu'elle souhaite acquérir un bien destiné ultérieurement à son enfant ou parce qu'elle aime les vieilles pierres, etc. Autant d'acheteurs, autant de raisons, autant de mobiles. La réponse ainsi largement comprise est la *causa remota* — cause lointaine — qui nécessite, pour être reconnue, une introspection psychologique sur les mobiles qui ont pu pousser et décider cette personne à contracter.

— Prise dans un sens étroit, la cause n'est plus le but particulier de l'opération envisagée, mais elle désigne de façon plus impersonnelle le pourquoi de l'obligation consentie par le débiteur. Telle personne achète tel immeuble à tel prix : pourquoi s'engage-t-elle à payer ce prix ? La réponse est simple : elle s'engage à payer ce prix parce que, en contrepartie, le vendeur s'engage à lui livrer son immeuble et à lui en garantir la jouissance paisible. Il est, alors, inutile de s'interroger plus avant sur les mobiles particuliers de l'acheteur, sur son état d'âme, pour obtenir la réponse désirée. Inversement, pourquoi le vendeur s'engage-t-il à livrer son immeuble ? Simplement parce que, en contrepartie, il obtiendra le prix dudit immeuble. La réponse ainsi donnée n'est plus la *causa remota*, mais plutôt la *causa proxima*

---

visaient en réalité le fait générateur (la source) de l'obligation. Cela est évident à la lecture de l'article 983 C.c.B.C. (voir notamment la version anglaise de ces textes). On interprétait néanmoins cette disposition à la lumière de la conception post-romaine.

– cause immédiate – qui ne nécessite aucune recherche psychologique. On remarque, alors, que pour un même type de contrat, la réponse est toujours la même : la cause de l'obligation qu'a un vendeur de livrer la chose vendue est toujours l'engagement pris par l'acheteur d'en payer le prix et inversement, la cause de l'obligation qu'a un locateur de procurer la jouissance paisible des lieux loués est toujours l'engagement pris par le locataire de payer le loyer et inversement. Quels qu'aient été les mobiles particuliers ou les raisons profondes du contrat, la *causa proxima* sera toujours la même pour un même type de contrat : il s'agit ici d'une cause abstraite.

Telles sont les deux réponses qui peuvent être apportées à la question « *cur debetur* » et, par conséquent, les deux conceptions que l'on peut avoir de la notion de cause. Doit-on se contenter de la raison première ou immédiate du débiteur (cause objective), ou doit-on aussi scruter ses raisons personnelles et intimes (cause subjective) ? La réponse apportée à cette question a varié avec les époques.

141. *La réponse choisie par les canonistes.* À partir de l'idée selon laquelle les parties sont liées par leur volonté, les canonistes vont faire ressortir le principe de connexité entre les obligations des parties : une personne consent à s'engager envers une autre parce que cette dernière consent à son tour à s'engager envers elle. Ce principe nécessite, donc, la reconnaissance de la *causa proxima,* la cause abstraite, qui va permettre à une partie de ne pas avoir à exécuter son obligation lorsque l'autre n'a pas à exécuter la sienne. À cette considération de justice, les canonistes ajoutent une dimension morale. Pour qu'un contrat se forme valablement, il ne suffit pas que les parties aient voulu s'engager, il faut aussi que leur engagement ait été consenti dans un but conforme à la morale : « si la cause est fausse, les parties n'ont pas *voulu* contracter; si la cause est inavouable, les parties n'auraient pas *dû* contracter » [534]. Cette

---

[534] MAZEAUD, 9ᵉ éd., t. 2, vol. 1, n° 259, p. 264 (les italiques sont dans le texte original).

dernière exigence permet au juge de sonder les reins et les coeurs des contractants afin de déceler si un mauvais dessein ne serait pas à l'origine du contrat.

142. *La théorie classique.* À partir du XVIIe siècle et jusqu'au début du XXe, la théorie classique ampute la notion de cause de tout aspect subjectif : la cause devient ainsi uniquement la raison objective et abstraite de l'engagement. C'est la conception de Domat[535], qui refusait au juge la possibilité de s'aventurer sur la « mer des motifs ». On se fondait alors tant sur le principe de l'autonomie de la volonté (« si l'homme est vraiment libre de se lier, il n'a pas à rendre compte des raisons personnelles pour lesquelles il le fait ») que sur le principe de la sécurité des conventions[536].

143. *Conceptions contemporaines.* À l'instar des canonistes, la doctrine contemporaine considère que, parallèlement à la cause purement objective de Domat et de la théorie classique, il faille aussi tenir compte de la cause subjective de chacune des parties au contrat, c'est-à-dire de leurs motifs personnels, afin de contrôler la moralité des contrats[537]. Le droit civil moderne en est ainsi revenu au caractère dualiste de la notion de cause : d'une part, la cause dans son élément objectif sert à déterminer si le consentement du débiteur est réel, d'autre part, dans son élément subjectif, elle sert à contrôler la moralité des conventions.

Cette dualité conceptuelle a été codifiée par le législateur québécois qui distingue maintenant clairement la cause de

---

[535] Voir DOMAT, t. 1, n° 5 et suiv., p. 122 et suiv.

[536] FLOUR, AUBERT et SAVAUX, vol. 1, 9e éd., n° 265, p. 186.

[537] Les constructions doctrinales modernes relatives à la cause sont aussi nombreuses que complexes. Il n'entre pas dans le cadre de cet ouvrage d'en faire une étude détaillée. Pour un recensement des thèses en présence, voir GHESTIN, 3e éd., n°s 827-838, p. 826-839 et MARTY et RAYNAUD, 2e éd., t. 1, n°s 197-204, p. 198-204. Il suffit ici de constater que les auteurs modernes, par des techniques variées et à des degrés divers, réagissent à la théorie classique et s'efforcent de tenir compte des motifs des contractants. Voir, à ce propos, les commentaires de FLOUR, AUBERT et SAVAUX, vol. 1, 9e éd., n°s 264 et 265, p. 185-187.

l'obligation (art. 1371 C.c.Q.) de la cause du contrat (art. 1410 C.c.Q.)[538].

B. La cause de l'obligation (cause objective)

a) Généralités

144. *Notion et domaine.* Comme on l'a déjà indiqué, la cause de l'obligation *est la raison objective et immédiate qui a amené le débiteur à s'engager*[539]. En conséquence, elle ne concerne que les obligations qui naissent d'un acte juridique. En effet, si on définit la cause de l'obligation comme étant la raison qui amène un débiteur à s'engager, il ne saurait être question d'une « cause » pour une obligation qui naît directement de la loi : dans le cas des obligations légales, il n'y a pas de « raison » qui a amené le débiteur à s'engager, celui-ci est engagé, qu'il le veuille ou non, dès lors que les conditions faisant naître le lien de droit sont réunies (*cf.* art. 1372 C.c.Q.). C'est pourquoi l'article 1371 C.c.Q. n'exige une cause que pour les seules obligations qui découlent d'un acte juridique.

On envisagera successivement ce que la théorie classique enseigne à cet égard, la critique qui en a été faite, et on présentera enfin l'opinion dominante qui, en définitive, a été retenue.

---

538 Au contraire, le Code civil français (art. 1108, 1131-1133) ne traite que de la cause de l'obligation, alors que le *Code civil du Bas Canada* ne semblait viser que la seule cause du contrat (art. 989 et 990).

539 MAZEAUD, 9ᵉ éd., t. 2, vol. 1, n° 255, p. 262; TERRÉ, SIMLER et LEQUETTE, 5ᵉ éd., 1993, n° 312, p. 245; FLOUR, AUBERT et SAVAUX, vol. 1, 9ᵉ éd., n° 255, p. 179; BAUDOUIN et JOBIN, 5ᵉ éd., n° 367, p. 308.

1. *La théorie classique de la cause objective*[540]

145. *Exposé de la théorie selon le type de contrat envisagé.* La cause de l'obligation, cause « objective », varie non pas en fonction de motifs individuels, mais bien selon le type de contrat envisagé. La doctrine classique du XIXe siècle distinguait trois types de contrats :

— Dans les contrats synallagmatiques, l'obligation de chacune des parties a pour cause l'engagement de l'autre. L'obligation pour le vendeur de livrer la chose vendue a pour cause l'obligation pour l'acheteur de payer le prix, et réciproquement, de sorte que « l'engagement de l'un, selon Domat, est le fondement de celui de l'autre » ou, selon l'expression de MM. Mazeaud, « les obligations réciproques se servent mutuellement de cause ».

— Dans les contrats réels unilatéraux, tels les contrats de prêt, de dépôt ou de gage, la cause de l'obligation du débiteur est le fait qu'il a déjà reçu quelque chose du créancier : « L'obligation de celui qui emprunte, dit Domat, a été précédée de la part de l'autre de ce qu'il devait donner pour former la convention ».

— Dans les contrats à titre gratuit, la cause de l'obligation est *l'animus donandi*, l'intention libérale, considérée indépendamment des motifs intimes qui ont amené l'individu à s'obliger. Le donateur s'oblige parce qu'il veut donner : « ce motif, disait Domat, tient lieu de cause ».

2. *Critiques de la théorie classique*

146. *Les anticausalistes.* Il semblerait que les premières critiques adressées à la théorie classique furent formulées par le juriste belge Ernst, en 1826, critiques qui furent ensuite re-

---

[540] On a vu que la théorie classique de la cause se limite à la seule cause objective et impersonnelle, rejetant la *causa remota* des canonistes. La théorie classique de la cause est donc plus précisément la théorie classique de la cause de l'obligation.

prises par son compatriote Laurent. C'est Planiol qui, en France, anima la thèse anticausaliste, soutenant que la cause était une notion fausse et inutile.

— Notion fausse :

• Dans les contrats synallagmatiques, l'obligation de chacune des parties ne saurait avoir pour cause l'obligation de l'autre, car la cause et l'effet ne peuvent pas être contemporains : la cause précède nécessairement l'effet; or, les obligations de chacune des parties contractantes naissent simultanément, au même instant.

• Dans les contrats réels unilatéraux, la remise de la chose est, non point la cause de l'obligation de restituer, mais la condition même de la formation du contrat, comme en droit romain : s'il n'y a pas remise de la chose, le contrat ne se forme pas.

• Dans les contrats à titre gratuit, dire que la cause est l'intention libérale, c'est ne rien dire : il est impossible de ne pas prendre en considération les motifs qui ont déterminé celui qui fait la libéralité.

— Notion inutile :

• Dans les contrats synallagmatiques, si l'obligation de chacune des parties a pour cause l'engagement de l'autre, c'est-à-dire l'objet de l'obligation de cet autre, l'absence de cause de l'obligation de l'une des parties signifie nécessairement que l'obligation de l'autre n'a pas d'objet. Pour s'assurer de la validité d'un contrat synallagmatique, il est donc inutile d'exiger que l'obligation de l'une des parties ait une cause; il suffit de vérifier que l'obligation de l'autre ait un objet.

• Dans les contrats réels unilatéraux, la remise de la chose est la condition même de la formation du contrat; s'il n'y a pas remise de la chose, il n'y a pas de contrat : il est, dès lors, inutile de dire qu'il n'y a pas de cause.

- Dans les contrats à titre gratuit, s'il n'y a pas une intention libérale, dit-on, il n'y a pas de cause; mais on peut tout aussi bien dire que, s'il n'y a pas une intention libérale, il n'y a pas de contrat parce qu'il n'y a pas de consentement : dès lors, absence de cause et absence de consentement se confondent.

147. *« Valeur » de la critique anticausaliste.* Elle est très inégale. Les anticausalistes ont raison quant à certains points, mais ils ont tort quant à certains autres, non négligeables.

— *Contrats synallagmatiques :*

Les anticausalistes ont raison de dire que la cause précède l'effet et que, les obligations mutuelles naissant en même temps, l'obligation de l'une des parties ne peut avoir pour cause l'obligation de l'autre. Cependant, les causalistes ont raison de dire que, dans tout contrat à titre onéreux, chacun s'oblige parce qu'il envisage de recevoir un avantage. C'est donc dire que l'obligation de l'une des parties a pour cause la prise en considération d'une contreprestation, la pensée de l'engagement qui sera pris par l'autre. Une partie s'oblige parce qu'elle a en vue la contreprestation dont l'autre deviendra débiteur. Dès lors, la cause précède l'effet et l'objection de Planiol tombe.

En outre et surtout, la notion de cause objective n'est pas inutile, car elle seule explique l'interdépendance qui existe entre les obligations réciproques dès le moment de leur formation. S'il est exact de dire que, lorsqu'une obligation n'a pas de cause, l'autre obligation correspondante n'a pas d'objet, les anticausalistes n'expliquent pas pourquoi, lorsque l'obligation de l'une des parties n'a pas d'objet, celle de l'autre est nulle. Si la prise en considération de l'obligation d'une partie ne servait pas de cause à l'obligation de l'autre, l'absence d'objet de l'une d'elles devrait rendre nulle cette seule obligation, l'obligation de l'autre partie devant demeurer valable[541]. C'est précisément

---

541 Prenons un exemple : A vend à B, pour la somme de 10 000 $, une voiture usagée. Toutefois, au moment de la vente, fait qu'ignorent les parties, l'automobile est déjà complètement détruite. L'obligation de A

l'interdépendance de ces obligations qui permet de faire disparaître le tout : or, il n'y a interdépendance des obligations des
deux parties que parce que la cause de l'obligation de l'une est
la prise en considération de l'autre.

— *Contrats réels unilatéraux :*

Il est exact de dire que la remise de la chose est nécessaire
à la formation du contrat; mais il est aussi exact de dire que la
remise de la chose constitue la cause de l'obligation qu'a le
débiteur de restituer celle-ci. C'est parce que l'emprunteur a
reçu la chose prêtée qu'il s'engage à la restituer. Si, comme le
remarquent MM. Mazeaud et d'autres auteurs, on faisait du
contrat réel un contrat consensuel synallagmatique, la cause de
l'obligation qu'a l'emprunteur de restituer serait la prise en
considération de l'obligation qu'a le prêteur de remettre à
l'emprunteur la chose prêtée. La théorie classique n'est donc
pas fausse, mais elle est inutile : la remise de la chose étant
une condition de formation du contrat, le défaut de remettre la
chose signifie que le contrat ne s'est pas formé. La notion de
cause ne sert, alors, à rien.

— *Contrats à titre gratuit :*

La personne qui s'oblige n'a pas en vue la considération
d'une contreprestation; elle s'engage dans le but de faire une
libéralité : il n'est pas inexact de dire que l'intention libérale
est la cause abstraite de son obligation. Là encore, la théorie
classique n'est pas fausse, mais elle est inutile : en effet, s'il n'y
a pas *animus donandi* de la part du donateur, ou bien le
contrat est à titre onéreux, ou bien le donateur n'a pas une vo-

---

envers B est donc nulle, puisqu'elle n'a pas d'objet. Mais qu'advient-il de
l'obligation de B envers A ? Cette prestation (payer 10 000 $) est
évidemment encore possible. Pour annuler le *contrat* parce que *l'une des
obligations* n'a pas d'objet, les anticausalistes doivent expliquer pourquoi,
du seul fait que l'une des obligations est nulle, l'autre obligation est
également nulle. Or, la notion d'objet de l'obligation est impuissante, à
elle seule, à expliquer ce fait. Seule la cause objective permet d'en rendre
compte : si l'obligation de A envers B est nulle, l'obligation de B envers A
est alors également nulle, parce qu'elle n'a pas de cause objective.

lonté claire et consciente et, en ce dernier cas, il y a absence de consentement. Il ne sert donc à rien de faire appel à la notion de cause.

En conclusion, la notion de cause objective n'est pas fausse et, s'il est vrai qu'elle n'est pas véritablement utile dans les contrats à titre gratuit et dans les contrats réels unilatéraux, elle n'en joue pas moins un rôle primordial dans les contrats synallagmatiques où elle fonde l'interdépendance des obligations. La cause ne fait aucunement double emploi avec la notion d'objet de l'obligation : les anticausalistes ont pu penser le contraire uniquement parce qu'ils postulaient cette interdépendance sans en expliquer la provenance. Or, c'est justement là le rôle essentiel de la cause objective[542]. Si on abandonnait la notion de cause, il faudrait alors consacrer dans un texte législatif la notion d'interdépendance des obligations dans les contrats synallagmatiques[543], ce qui démontre bien que la cause a au moins cette utilité.

148. *Caractère incomplet de la théorie classique ?* On a par ailleurs fait remarquer que la théorie classique était incomplète parce qu'elle omettait de traiter du cas des contrats consensuels unilatéraux à titre onéreux (par exemple, la promesse unilatérale de vente, la promesse de prêt ou la promesse d'exécuter une obligation préexistante). Il faut donc la compléter en disant que, dans ces cas, la cause de l'obligation est la considération soit d'une obligation à naître[544] (cas de la promesse de vente qui pourrait éventuellement déboucher sur une vente) soit d'une obligation passée, civile ou naturelle[545] (cas de la promesse d'exécuter une obligation préexistante)[546].

---

542 FLOUR, AUBERT et SAVAUX, vol. 1, 9ᵉ éd., n° 261, p. 182; MAZEAUD, 9ᵉ éd., t. 2, vol. 1, n° 266, p. 269.

543 Voir à ce propos les commentaires de BAUDOUIN et JOBIN, 5ᵉ éd., n° 368, p. 308-310.

544 Par exemple, dans *Banque canadienne impériale de commerce* c. *Mallette, Benoît & Co.*, [1987] R.J.Q. 96 (C.A.), on a reconnu que des avances « à venir » pouvaient être la cause d'une cession de créances.

545 On notera qu'une obligation naturelle peut servir de cause à une obligation civile (voir *In re Ross : Hutchison* c. *Royal Institution for the*

En vérité, le caractère incomplet de la théorie classique vient du fait qu'elle n'est pas construite sur une base logique : les contrats synallagmatiques ne s'opposent pas, on le sait, aux contrats à titre gratuit, mais aux contrats unilatéraux. Il aurait plutôt fallu établir la théorie de la cause objective, comme l'avait d'ailleurs fait Domat, sur la base de l'opposition des contrats à titre onéreux aux contrats à titre gratuit. « Dans tous les contrats à titre onéreux, disent MM. Mazeaud, le débiteur ne s'engage qu'en considération d'une contrepartie »; cette contrepartie peut prendre la forme d'une créance qui naît du contrat lui-même (cas du contrat synallagmatique) ou plutôt d'un « avantage que postule ce contrat », lequel peut être antérieur à la formation du contrat (remise de la chose, dette préexistante[547]) ou postérieur (les obligations qui naîtront éventuellement de la promesse de contrat). En revanche, dans tous les contrats à titre gratuit, le débiteur ne recherche aucune contrepartie, « l'intention libérale, dégagée des mobiles qui diffèrent avec chaque disposant, est bien la cause de son obligation »[548].

Ainsi reformulée, la théorie de la cause de l'obligation n'est ni incomplète, ni fausse et elle a l'utilité d'expliquer l'interdépendance des avantages dans les contrats à titre onéreux.

b) La cause de l'obligation et le *Code civil du Québec*

149. *Nécessité de la cause.* En exigeant qu'une cause objective justifie l'existence de l'obligation découlant d'un acte juridique (art. 1371 C.c.Q.), le droit québécois, contrairement au droit romain ou au droit allemand, n'admet pas, en principe, la validité de l'engagement abstrait, c'est-à-dire l'engagement

---

Advancement of Learning, (1931) 50 B.R. 107; [1932] R.C.S. 57; *Stephen c. Perrault*, (1919) 56 C.S. 54; *Rouleau c. Poulin*, [1965] B.R. 292.

[546] MAZEAUD, 9e éd., t. 2, vol. 1, n° 265, p. 267; FLOUR, AUBERT et SAVAUX, vol. 1, 9e éd., n° 260, p. 182.

[547] *Cf. Bolduc c. Caisse populaire Desjardins de Bonsecours*, J.E. 00-1985 (C.S.).

[548] MAZEAUD, 9e éd., t. 2, vol. 1, n° 265, p. 268.

« pur et simple » détaché et indépendant de toute raison objective[549]. Ce principe a une importance pratique considérable. Bien sûr, comme on l'a vu, il a pour effet, relativement aux contrats synallagmatiques, d'annuler l'obligation corrélative à une obligation elle-même nulle; toutefois, la cause se manifeste en d'autres occasions : ainsi, à moins qu'il y ait *animus donandi*, seront annulés pour défaut de cause : l'engagement de payer une dette déjà remboursée ou qui n'existe pas[550], la novation[551] d'une obligation qui n'existe pas ou qui n'existe plus[552], l'engagement de payer une dette dont on se croit, à tort, débiteur[553] ou encore l'engagement de rembourser un prêt lorsqu'aucune somme n'a été, dans les faits, avancée[554].

150. *Preuve de la cause.* La cause de l'obligation doit donc exister, mais elle peut n'être pas exprimée ou être exprimée incorrectement dans l'écrit qui constate l'obligation, et celle-ci n'en demeurera pas moins valable. C'est ce qu'exprimait l'article 989 C.c.B.C. et bien que cela ne soit pas précisé dans le nouveau code civil, il ne fait pas de doute que la règle d'hier fait toujours partie de notre droit. L'existence de la cause est, en effet, toujours présumée et il appartient à la personne qui invoque l'absence de cause d'en apporter la preuve.

Dans un contrat synallagmatique constaté par un écrit, les obligations y sont nécessairement mentionnées; c'est dire que la cause des obligations de chacun des contractants y apparaît. Comme l'a dit Mignault, « tout acte qui contient la preuve d'un contrat synallagmatique énonce en même temps et nécessairement la cause de chacune des obligations auxquelles ce

---

[549] Certains prétendent que les règles particulières applicables au cautionnement, à la délégation et aux titres négociables ont néanmoins pour effet de créer des obligations abstraites ou quasi abstraites. Voir à ce propos les commentaires de GHESTIN, 3ᵉ éd., nᵒˢ 898-912, p. 912-934; *cf.* également MALAURIE et AYNÈS, t. 6, 4ᵉ éd., nᵒ 497, p. 273.

[550] Voir pour ce dernier cas, la règle posée par l'article 1669, al. 2 C.c.Q.

[551] L'extinction d'une obligation et son remplacement par une autre obligation (*cf.* art. 1660 et suiv. C.c.Q).

[552] *Cf. infra,* nᵒ 506 et suiv.

[553] FLOUR, AUBERT et SAVAUX, vol. 1, 9ᵉ éd., nᵒ 260, p. 182.

[554] *Cf.,* par exemple, *Parfeniuk c. Suszko,* [1991] R.D.I. 327.

contrat donne naissance » [555]. Il en va différemment dans un contrat unilatéral constaté par un écrit. L'obligation peut y être inscrite, ainsi que sa cause : telle personne reconnaît devoir, à telle autre, telle somme qu'elle lui a avancée (billet causé); au contraire, l'obligation peut y être inscrite, sans en indiquer la cause : telle personne reconnaît devoir telle somme à telle autre personne (billet non causé). Si la question de la validité du billet non causé s'est posée en droit français, le *Code civil du Bas Canada* l'avait réglée expressément à son article 989 qui, en dépit de sa formulation, visait tant la cause de l'obligation que celle du contrat. On retrouve implicitement ce principe à l'article 1371 C.c.Q., lequel n'exige pas que la cause de l'obligation soit exprimée et donc ne modifie pas le droit d'hier.

151. *Absence de cause, fausse cause, erreur sur la cause.* Certains auteurs distinguent l'absence de cause, la fausse cause et l'erreur sur la cause. La cause de l'obligation qu'a le vendeur de livrer le bien vendu serait absente, si, par exemple, un prix réel n'avait pas été fixé; la cause de l'obligation de l'acheteur serait fausse, si, par exemple, ce dernier avait cru erronément à l'existence du bien qu'il entendait acquérir; il y aurait, enfin, erreur sur la cause, si une partie avait « cru faussement pouvoir satisfaire les motifs qui l'ont déterminée à contracter » [556].

La distinction entre l'absence de cause et la fausse cause est, selon nous, inutile : la fausse cause se ramène à l'absence de cause, car se tromper sur la cause consiste à croire à une cause qui n'existait pas [557]. Ainsi, une personne s'engage à réparer un dommage dont elle se croyait erronément responsa-

---

[555] MIGNAULT, t. 5, p. 204 et 205.

[556] MARTY et RAYNAUD, 2ᵉ éd., t. 1, nᵒˢ 208 et 209, p. 210-212.

[557] MAZEAUD, 9ᵉ éd., t. 2, vol. 1, nᵒ 277, p. 283. MALAURIE et AYNÈS, t. 6, 10ᵉ éd., nᵒ 512, p. 301. On a également confondu, parfois, absence de cause (du contrat) et erreur sur les qualités substantielles de la chose sur laquelle porte le contrat : *cf.*, par exemple, *Hébert c. Borduas*, [1975] C.S. 439. Sur cette confusion, *cf. supra*, nᵒ 75, et particulièrement 76.

ble : son engagement est annulable[558], parce qu'il repose sur une fausse cause. Quant à l'erreur sur la cause, telle que définie, on constate qu'elle ne réfère pas véritablement à la cause de l'obligation puisqu'il s'agit, non pas d'une erreur quant à une raison objective et abstraite, mais plutôt d'une erreur sur les motifs *subjectifs* qui ont poussé une partie à contracter. L'« erreur sur la cause » ne se distingue donc aucunement de l'erreur sur les motifs, dont on a déjà dit qu'elle était en principe indifférente [559].

En fait, même si celui qui s'engage sans cause commet nécessairement une erreur, il ne faut pas confondre erreur et cause objective. Bien qu'elles aient toutes deux pour objectif d'assurer que l'engagement repose sur un consentement véritable, erreur et cause le font de manière différente : la cause de l'obligation réfère à l'*existence* d'une raison objective et impersonnelle justifiant l'engagement, alors que l'erreur réfère à certaines qualités qui ont déterminé le consentement. Aussi, celui qui s'engage sans cause commet une erreur d'un type bien particulier, soit une erreur quant à l'existence de cette raison abstraite et impersonnelle qui motive son engagement, plutôt qu'une erreur quant à certaines qualités des prestations ou des personnes visées par le contrat. Il faut établir clairement cette distinction, car l'erreur quant à l'existence d'une cause n'obéit pas aux mêmes règles que les autres types d'erreur. Ainsi, on sait qu'en cas d'erreur inexcusable, le contrat ne peut être annulé (art. 1400, al. 2 C.c.Q.). Cette règle ne saurait s'appliquer lorsqu'il y a erreur quant à l'existence même de la cause de l'obligation : celui qui s'engage à rembourser une dette *qui n'existe pas* ne peut être tenu à exécuter sa promesse, même si celle-ci procède d'une erreur quant à l'existence de la dette préalable, erreur qui aurait un caractère inexcusable.

---

[558] Quant au caractère de la nullité, absolue ou relative, de l'obligation fondée sur une fausse cause, il en sera traité au chapitre portant sur la sanction des conditions de validité du contrat (*Cf. infra*, chapitre II).

[559] Quant à l'erreur sur la cause, *cf. supra,* n° 73; quant à l'erreur sur le motif, *cf. supra,* n° 76.

152. Cause et « consideration ». Les codificateurs de 1866 avaient utilisé le mot « cause » dans l'article 984 C.c.B.C. et le mot « considération », terme d'origine anglaise, dans les articles 989 et 990 C.c.B.C., de sorte que certains ont soutenu que la notion de cause dans le cadre des contrats du droit civil québécois correspondait non point à la notion de cause du droit civil, mais à la notion de « consideration » en common law.

Il ne s'agit pas ici d'analyser cette dernière notion[560]. On dira simplement qu'à l'origine, le principe du droit anglais était de ne reconnaître aux engagements la force obligatoire que lorsque ceux-ci étaient des contrats solennels. Les besoins du commerce ont amené le droit anglais à sanctionner juridiquement les engagements lorsque ceux-ci étaient « pris à titre onéreux, en échange d'une considération fournie par celui envers qui on s'est engagé ». Cette « consideration » est uniquement la contre-prestation attendue du promettant et n'a, donc, qu'un caractère technique et objectif : pour que l'engagement puisse être sanctionné juridiquement, il suffit de savoir s'il existe une contreprestation à la promesse; c'est pourquoi l'on a pu dire que la « consideration » peut consister en un grain de poivre. Cette « technicité » repose simplement sur une idée économique et empêche le juge anglais de se pencher sur l'intention des parties et sur les mobiles qui les ont amenées à contracter.

Malgré l'emploi du vocable « consideration » aux articles 989 et 990 du *Code civil du Bas Canada*, il ne fait aucun doute que la notion anglaise de « consideration » est étrangère au droit québécois, qui s'en est toujours tenu à la notion civiliste de cause. Ce qui est désormais clair à la lecture de l'article 1371 C.c.Q. avait déjà été confirmé par la Cour d'appel[561] : une personne avait souscrit un engagement à titre gratuit envers l'Université McGill, puis avait été mise en faillite; l'Université demandait à produire à la faillite, mais le syndic s'opposait à cette prétention en faisant valoir qu'une loi fédérale applicable n'admettait pas qu'on pût faire valoir, dans la faillite, un engagement dépourvu d'une « *valuable consideration* ». La Cour

---

[560] *Cf.* R. DAVID, « Cause et considération », dans Université de Toulouse, Faculté de droit des sciences économiques, *Mélanges offerts à Jacques Maury*, t. 2, Paris, Dalloz–Sirey, 1960, p. 111; *cf.* également Harold NEWMAN, « The Doctrine of Cause or Consideration in the Civil Law », (1952) 30 *R. du B.* 662.

[561] *Cf. In re Ross : Hutchison c. Royal Institution for the Advancement of Learning*, (1931) 50 B.R. 107; [1932] R.C.S. 57.

déclara qu'en l'espèce, le droit applicable était celui de la province de Québec et que, ce droit ignorant la doctrine anglaise de la *considera-tion*, il y avait seulement lieu de se demander si l'engagement sous-crit avait ou non une cause[562].

C. La cause du contrat (cause subjective)

153. *Les motifs de l'engagement.* Contrairement à la cause objective qui sert à contrôler le caractère volontaire de l'engagement, la cause subjective sert à contrôler les motifs de l'engagement, procédant ainsi à une certaine « moralisation » du contrat[563]. On a vu que les tenants de la théorie classique de la cause avaient voulu éliminer la cause subjective : ils crai-gnaient qu'en donnant aux tribunaux le pouvoir de sonder les reins et les coeurs des parties, cela fût néfaste à la stabilité des conventions et considéraient que la théorie de l'autonomie de la volonté exigeait que l'on fît abstraction des motifs personnels des contractants[564]. Cependant, cette vision restrictive de la cause ne s'imposa pas aux tribunaux, ceux-ci ayant toujours considéré que « la volonté ne doit être libre que dans la mesure où elle poursuit une fin légitime »[565]. Au XXᵉ siècle, comme on l'a vu, la doctrine française s'est finalement ralliée à cette ten-dance jurisprudentielle, en redécouvrant les vertus de la cause subjective.

Au Québec, dès 1866, les codificateurs rompaient avec la conception restrictive de la théorie classique de la cause et adoptaient expressément la cause subjective comme condition de validité des conventions. Cependant, les dispositions du *Code civil du Bas Canada* à ce sujet n'étaient pas des plus clai-

---

562 La décision de la Cour d'appel est plus intéressante sur le plan de l'argumentation que l'arrêt de la Cour suprême qui le confirme. En effet, la Cour suprême décide que l'engagement avait une cause dans le sens français de la notion, mais qu'il avait aussi une considération dans le sens anglais de la notion : l'université s'était engagée à donner à l'un de ses bâtiments le nom du donateur (le grain de poivre!).

563 FLOUR, AUBERT et SAVAUX, vol. 1, 9ᵉ éd., n° 270, p. 189.

564 *Id.*, n° 265, p. 186.

565 *Id.*

res, les articles 989 et 990 traitant à la fois de la cause de l'obligation et de la cause du contrat, ce qui était une source de confusion[566]. La notion de cause du contrat a été reprise en termes plus clairs dans le *Code civil du Québec* : lus ensemble, les articles 1385, 1410 et 1411 C.c.Q. établissent qu'un contrat ne saurait être en principe valide si la raison qui détermine l'une ou l'autre des parties à le conclure est contraire à la loi ou à l'ordre public.

On notera que la cause du contrat, comme la cause de l'obligation, n'a pas à être exprimée (art. 1410, al. 2 C.c.Q.) : les parties n'ont évidemment pas à dévoiler les motifs personnels qui les ont poussés à conclure le contrat.

La cause du contrat sera donc étudiée dans le cadre de la discussion sur l'ordre public[567].

Section 2. La conformité du contrat à l'ordre public

Après avoir envisagé les éléments constitutifs du contrat, il faut en examiner la validité, tant du point de vue de son contenu que de celui des fins pour lesquelles il a été conclu. On envisagera successivement le principe de la liberté contractuelle, puis les limitations qui y sont apportées.

Par. 1. *Le principe de liberté dans le contenu du contrat*

154. *Présentation du problème.* On a déjà eu l'occasion de dire brièvement ce qu'était le principe de l'autonomie de la volonté. C'est la philosophie juridique selon laquelle la volonté de l'homme est source de droits et d'obligations; un homme ne

---

[566] Ainsi, malgré le texte exprès de l'article 989 C.c.B.C. (« le contrat fondé sur une considération illégale »), certaines décisions québécoises furent très nettement influencées par la conception restrictive de la théorie classique; *cf. Roy c. Beaudoin*, (1922) 33 B.R. 220, où l'on a refusé d'annuler un contrat visant à la construction d'un édifice que le maître d'ouvrage destinait à abriter une maison de débauche, en raison du fait que la « cause » de l'article 989 C.c.B.C. ne viserait pas les motifs!

[567] *Cf. infra,* n° 171 et suiv.

peut être obligé par un acte juridique, et spécialement par un contrat, que parce qu'il l'a voulu. Par autonomie de la volonté, on veut dire que la volonté tire d'elle-même, et non point d'une autorité extérieure, son pouvoir créateur d'obligation, de sorte que d'une certaine manière l'individu est plus « important » que la société.

De ce principe de l'autonomie de la volonté, découle le consensualisme — qu'on oppose au formalisme — qui est l'expression juridique de l'autonomie de la volonté quant à la forme. Il en découle également le principe de la liberté contractuelle, qui en est l'expression juridique quant au fond.

L'homme étant libre, lui seul peut s'obliger et, s'obligeant contractuellement, ce contrat ne peut être que conforme à la justice : cette théorie est illustrée par la formule célèbre « qui dit contractuel, dit juste » (Fouillée).

Si la théorie de l'autonomie de la volonté et son corrollaire juridique, le principe de la liberté contractuelle, demeurent à la base d'une société d'économie de marché, ils ne doivent cependant pas être érigés en dogmes : l'autonomie de la volonté n'est pas une valeur en soi, elle ne peut être qu'un moyen au service de valeurs supérieures telles que la justice et l'utilité sociale. En outre, il est permis de vérifier chaque jour que le contrat n'est pas toujours juste : peut-être le serait-il si les parties contractantes étaient d'égale force; or, dans les faits, les pourparlers entre les contractants sont souvent faussés à la base, l'un d'eux étant trop faible par rapport à l'autre qui est trop fort, de sorte que le fort peut exploiter le faible. C'est ainsi qu'ont fleuri les contrats d'adhésion et que l'intervention de l'État est devenue de plus en plus nécessaire, afin de veiller à ce que les clauses contractuelles ne soient point trop exorbitantes[568].

---

568 FLOUR, AUBERT et SAVAUX, vol. 1, 9e éd., n° 94 et suiv., p. 64 et suiv.; MARTY et RAYNAUD, 2e éd., t. 1, n° 26 et suiv., p. 27 et suiv.; MAZEAUD, 9e éd., t. 2, vol. 1, n° 116 et suiv., p. 103 et suiv.; STARCK, 6e éd., vol. 2, n° 153 et suiv., p. 52 et suiv.; cf. également BAUDOUIN et JOBIN, 5e éd., n° 65 et suiv., p. 93 et suiv.; cf. supra, nos 22-27.

155. *Les politiques législatives.* À l'aube d'un nouveau Code civil, il était impératif pour le gouvernement de s'interroger sur la politique législative qu'il allait choisir, relativement au rôle de la volonté dans la théorie des contrats. Devait-il s'en tenir à la philosophie du XIXe siècle, à l'esprit de cette époque, à l'individualisme et au libéralisme pur et dur, ou bien devait-il tendre vers une politique néolibérale destinée à freiner les débordements du libéralisme dur, ou bien encore devait-il adopter une politique nettement dirigiste ?

Il faut rappeler le contexte des codifications du XIXe siècle, le *Code civil du Bas Canada* étant issu directement, sur ce plan, de l'esprit du Code français. Les Français sortent de la Révolution et sont « imprégnés » des idées de liberté et d'égalité. On vient de casser les privilèges fondés sur le rang social résultant de la naissance : qui dit abolition des privilèges prône l'égalité. On croit donc à l'égalité et, de ce fait, à la liberté, car pas d'égalité sans liberté. On fait confiance à l'individu, ce qui va se traduire sur le plan des rapports d'obligation par le dogme de l'autonomie de la volonté. Tout citoyen étant, devant la loi, égal à son semblable, tout individu est apte à défendre ses intérêts, la liberté lui garantissant la faculté de conclure des contrats *justes*. Les hommes étant par essence libres et égaux, la volonté individuelle est la seule source de toute obligation civile et de justice.

Sur le plan économique, la doctrine libérale considère « le contrat individuel d'échange » comme « le phénomène élémentaire de tout l'ordre social », de sorte que le principe de l'autonomie de la volonté s'impose par son utilité sociale, la loi de l'offre et de la demande étant censée répondre à l'intérêt général[569].

D'où le principe du laisser-faire, laisser-passer et donc du laisser-contracter. On a beaucoup parlé du dogme de l'autonomie de la volonté et si certains ont considéré que ce principe traduisait « très exactement la réalité concrète du

---

[569] GHESTIN, 3e éd., n° 40, p. 29 et 30.

droit positif »[570], d'autres ont soutenu que ce sont les commentateurs de la deuxième moitié du XIXᵉ siècle qui ont fait une interprétation volontariste du Code, les principes qu'ils en ont déduits étant ceux de la liberté contractuelle, du consensualisme, de la force obligatoire et de l'effet relatif, le consentement étant l'élément essentiel du contrat[571].

Certes, les rédacteurs du Code civil français allaient très nettement s'inspirer des travaux de Domat (1625-1696) et de Pothier (1699-1772) pour orienter ce code vers une conception volontariste du contrat, mais ces auteurs n'ont jamais affirmé le dogme de l'autonomie de la volonté; pour eux, la force obligatoire du contrat ne repose pas sur la volonté de l'homme, sur la liberté individuelle, mais plutôt sur une donnée morale : le respect de la parole donnée. Et le contrat doit non seulement respecter les lois et les bonnes moeurs, mais encore doit s'inspirer de la bonne foi et de l'équité, et plus généralement de la loi divine, comme le rappelait déjà Portalis[572]. C'est pourquoi la liberté contractuelle est affirmée comme principe dans le Code, mais reste subordonnée à l'ordre public (art. 6 C.c.fr.). La « justice contractuelle » est un concept qui n'a pas été inventé à la fin du XXᵉ siècle, mais qui a été mis quelque peu « aux oubliettes » avant d'effectuer un certain retour.

Il faut bien reconnaître que la liberté contractuelle ne pourrait être admise inconditionnellement que si l'égalité était parfaite; or, si l'égalité est un principe reconnu en droit, force est d'admettre que, dans les faits, les inégalités sont nombreuses. D'où le nécessaire recul ou déclin de l'autonomie de la volonté, d'où la nécessaire atteinte à la liberté contractuelle, cette atteinte se traduisant par la protection de certaines personnes... moins égales que d'autres, et créant donc une inégalité de droit destinée à rétablir une certaine égalité dans les relations contractuelles.

---

[570] FLOUR, AUBERT et SAVAUX, vol. 1, 9ᵉ éd., n° 95, p. 64 et 65.

[571] Voir à ce sujet Véronique RANOUIL, *L'autonomie de la volonté : naissance et évolution d'un concept*, Paris, P.U.F., 1980.

[572] *Cf. supra*, n° 102.

Dans quels contextes rencontre-t-on ces inégalités ? Certes, la pénurie, la spéculation ont toujours forcé le jeu de la concurrence et la détermination d'un juste prix, et, comme on l'a observé[573], la partie contractante qui veut satisfaire un besoin urgent et nécessaire est toujours plus mal placée que son co-contractant, tandis que le vendeur, en règle générale, connaît mieux que l'acheteur la chose qu'il a à vendre. À cela s'ajoutent aujourd'hui des éléments nouveaux, dans la mesure où l'on rencontre des inégalités de fait entre les professionnels et les profanes, et même parfois entre les professionnels eux-mêmes. La chose est souvent flagrante entre employeurs et employés, entre producteurs et distributeurs (contrats de sous-traitance, de concession commerciale, d'assistance et de fourniture, de franchisage), entre entrepreneurs et « clients » ou consommateurs.

Compte tenu de ces facteurs, l'État intervient de plus en plus, portant atteinte à la liberté afin de rétablir une certaine égalité bénéfique à la justice contractuelle, avec le risque toutefois d'entraîner la mort de la liberté si l'on veut aboutir à l'égalité à tout prix.

Lorsqu'intervient donc la réforme d'un Code civil, le codificateur, puis le législateur, doivent s'interroger sur la philosophie ou plus simplement sur la politique la plus susceptible de concilier certains impératifs. Or, quels sont ces impératifs ? Faut-il sacrifier l'autonomie pour aboutir à l'égalité ou faut-il sacrifier l'égalité pour sauvegarder la liberté[574] ?

Sans aucun doute doit-on partir d'une certaine exigence d'égalité, consacrée d'ailleurs à l'article 1 C.c.Q., édictant que tout être humain a la pleine jouissance des droits civils : c'est l'expression du principe d'égalité civile; encore faut-il compren-

---

[573] *Cf.* GHESTIN, 3ᵉ éd., n° 64, p. 45.

[574] *Cf.* Michel COIPEL, « La liberté contractuelle et la conciliation optimale du juste et de l'utile », dans *Enjeux et valeurs d'un Code civil moderne – Les journées Maximilien-Caron 1990*, Montréal, Éditions Thémis, 1991, p. 79, aux pages 81 et 82; Danielle BURMAN, « Le déclin de la liberté au nom de l'égalité », dans *id.*, p. 55; Michel MOREAU, « L'égalité sous le Code civil; Enjeux et valeurs d'un Code civil moderne », dans *id.*, p. 37.

dre que l'égalité purement juridique est insuffisante dans une société qui, dans les faits, est inégalitaire; aussi faut-il corriger ces inégalités de fait par la protection de ces catégories de personnes qui ne négocient pas sur un pied d'égalité avec leurs interlocuteurs; et pour ce faire, les tribunaux possèdent certaines armes : la théorie des vices du consentement – erreur, dol, violence –, ainsi que les notions de bonne foi, d'équité, d'usages, créant des obligations de sécurité, de renseignement, de garantie, de loyauté, de collaboration. Le législateur en a formulé d'autres en matière de bail, de consommation, etc. Néanmoins, l'autonomie de la volonté ne peut être rejetée du revers de la main : on y est attaché et on aime bien croire parfois qu'on est libre de contracter ou non, qu'on est libre de convenir d'un contenu, qu'on est libéré d'un formalisme outrancier pour contracter.

Il s'agit donc de concilier tout cela : « L'égalitarisme ne doit pas chasser la liberté, mais cette dernière n'est pas réelle sans une égalité minimale des parties »[575]; le couple liberté-égalité doit donc faire bon ménage : « la liberté est l'objectif, l'égalité sa condition »[576]. Ghestin dirait – et à sa suite Coipel – : « le principe de la liberté contractuelle permettant une organisation efficace et utile de la vie sociale, il faut concilier l'utile et le juste » [577]. Et pour aboutir à la conclusion d'un contrat juste, il faut tenir compte du rapport de force entre les parties contractantes et se montrer plus exigeant à l'égard du fort, plus protecteur à l'égard du faible; l'égalité est alors au service de la justice contractuelle.

---

[575] Michel MOREAU, « L'égalité sous le Code civil : enjeux et valeurs d'un Code civil moderne », dans *Enjeux et valeurs d'un Code civil moderne – Les journées Maximilien-Caron 1990,* Montréal, Éditions Thémis, 1991, p. 37.

[576] *Id.*

[577] GHESTIN, 3e éd., n° 223 et suiv., p. 200 et suiv.; Michel COIPEL, « La liberté contractuelle et la conciliation optimale du juste et de l'utile », dans *Enjeux et valeurs d'un Code civil moderne – Les journées Maximilien-Caron 1990,* Montréal, Éditions Thémis, 1991, p. 79, aux pages 87 et suiv.

Le contrat conclu de façon idéale suppose donc que le rapport de force entre les contractants soit équilibré, que ceux-ci soient informés de tous les éléments nécessaires pour s'engager en toute connaissance de cause, qu'ils aient la faculté de négocier les termes du contrat et qu'ils soient en mesure d'évaluer ce qui leur en coûtera pour obtenir ce qu'ils désirent, afin qu'il y ait un juste équilibre des prestations. Dans les faits, les choses se passeront rarement ainsi; mais qu'importe si on y arrive plus ou moins, approximativement, sans trop grande distorsion ? Il n'y a pas lieu de se scandaliser : c'est le coût de la liberté contractuelle. En revanche, si la distorsion est trop grande, il y a lieu de la corriger. Comment ?

On a relevé l'existence de deux sortes d'armes : les « armes conventionnelles » et les « armes lourdes »[578]. Les premières sont les règles relatives aux vices de consentement, plus particulièrement violence et dol, obligation de renseignement qui signifie : « vous avez l'obligation de parler, vous n'avez plus la liberté de ne rien dire si votre mutisme risque de nuire à votre interlocuteur »; c'est par le respect de ces règles que l'on met les contractants sur un pied d'égalité, ce qui leur permettra de donner un consentement libre et éclairé. C'est éventuellement la sanction de la lésion entre majeurs si le déséquilibre des prestations résulte de l'exploitation d'un contractant par l'autre. On s'en remet alors au juge, qui pourra remédier aux abus selon les circonstances de l'espèce. Les armes lourdes, quant à elles, consistent à créer législativement des catégories particulières de contractants qui s'affrontent : locateur-locataire, vendeur-acheteur, prêteur-emprunteur, commerçant-consommateur, et à protéger la catégorie des « faibles » qui sont nécessairement les locataires, les acheteurs, etc. Et dans ces cas-là, on trouvera de plus en plus des règles impératives qui s'imposent à tous. Ces « armes lourdes » constituent des atteintes plus directes à la liberté contractuelle. Chacune des méthodes a ses avantages et ses inconvénients.

---

[578] Danielle BURMAN, « Le déclin de la liberté au nom de l'égalité », dans *Enjeux et valeurs d'un Code civil moderne – Les journées Maximilien-Caron 1990,* Montréal, Éditions Thémis, 1991, p. 55, aux pages 58 et suiv.

S'en remettre au juge peut faire craindre l'arbitraire, l'insécurité, sans parler de la difficulté qu'ont certains d'accéder à la justice (la classe moyenne); en revanche, cela permet d'appliquer la règle avec souplesse, avec nuance, de l'adapter aux circonstances de l'espèce et cela permet aussi de faire évoluer le droit par la création jurisprudentielle, issue des expériences passées, des situations nouvelles et de l'imagination des juristes[579].

Légiférer peut faire croire à une rassurante sécurité juridique, à une protection efficace de l'une des parties *contre* l'autre, toujours la même, celle qui a été choisie par le législateur comme étant nécessairement faible; en revanche, on ne peut nier que ce choix peut avoir des incidences économiques : ne paie-t-on pas chèrement les garanties que sont obligés de nous « offrir » les fabricants et marchands (d'automobiles par exemple) ? Le blocage des prix des loyers en France, à une certaine époque, a eu des effets pervers : le délabrement des immeubles et la crise du logement.

Alors, que faire ? Le législateur québécois, dans son nouveau Code civil, a d'abord consacré et revitalisé les « armes conventionnelles » : certes, réactualisation de la théorie des vices, avec insistance sur le silence et la réticence constitutifs de dol, mais aussi mise en lumière de la notion de bonne foi, de la théorie de l'abus de droit (tant sur le terrain contractuel que sur le terrain extracontractuel), consécration implicite de l'obligation de renseignement, mais aussi obligation de *se* renseigner (art. 1400, al. 2 C.c.Q.), échec de sa tentative de sanctionner, en règle générale, la lésion entre majeurs, mais prise en considération de certaines situations contractuelles, contrats d'adhésion, protection de certaines catégories de contractants : bien sûr, les consommateurs, mais aussi les locataires, les acheteurs, les employés, par la mise en place de

---

[579] *Cf.* Serge GAUDET, « Le rôle de l'État et les modifications apportées aux principes généraux du droit », (1993) 34 *C. de D.* 817; *cf.* également Jean PINEAU, « Les pouvoirs du juge et le nouveau Code civil du Québec », dans *Nouveaux juges, nouveaux pouvoirs? Mélanges en l'honneur de Roger Perrot,* Paris, Dalloz, 1996.

règles impératives, ce qui implique la consécration d'un ordre public de protection, à côté de l'ordre public traditionnel de direction[580].

156. *Règles impératives et supplétives.* Le principe de la liberté contractuelle n'est pas exprimé en tant que tel dans le Code civil, mais on peut le déduire de l'article 9 C.c.Q. Cet article établit que l'on peut déroger aux règles du Code qui ne sont pas impératives, mais qu'« il ne peut, cependant, être dérogé à celles qui intéressent l'ordre public ». Bien que rédigé en fonction des seules règles prévues au Code civil, la distinction énoncée à cet article entre des normes impératives et d'autres qui ne le sont pas, doit cependant être complétée par l'article 41.4 de la *Loi d'interprétation*[581], qui, lui, a une portée générale. Ainsi, les parties contractantes peuvent-elles aménager leurs rapports comme elles l'entendent, à la condition, toutefois, qu'elles n'aillent pas à l'encontre des règles (lois ou règlements) qui intéressent l'ordre public.

L'article 9 C.c.Q. oppose les règles qui intéressent l'ordre public – dites règles impératives – aux règles « supplétives de volonté » : ces dernières sont des règles qui sont seulement destinées à régler les rapports entre des personnes qui n'y ont pas pourvu elles-mêmes. En effet, le législateur a prévu, pour les contrats les plus courants (les contrats nommés), une réglementation particulière qui évite aux contractants de devoir manifester tous les éléments de l'opération qu'ils entendent effectuer : le vendeur et l'acheteur n'ont qu'à s'entendre sur la chose vendue et son prix pour qu'automatiquement les dispositions du Code en matière de vente s'appliquent à leur contrat. Ainsi, les dispositions du Code en matière de garantie vont s'appliquer en l'absence de tout accord contraire. Ces règles sont dites supplétives parce qu'elles comblent le silence des parties.

---

[580] *Cf.* Jean PINEAU, « La philosophie générale du Code civil », dans *Le nouveau Code civil, interprétation et application – Les journées Maximilien-Caron 1992*, Montréal, Éditions Thémis, 1993, p. 269.

[581] L.R.Q., c. I-16. Comparer l'article 9 C.c.Q. avec l'ancien article 13 C.c.B.C., lequel avait une portée générale à cet égard.

Il est donc très important, face à une règle donnée, de déterminer si elle est impérative ou simplement supplétive de volonté. Cette détermination ne pose pas de difficultés lorsque le législateur s'est exprimé à cet égard. Une règle qui s'achève en précisant « malgré toute convention contraire » est évidemment impérative (par exemple, *cf.* art. 1604, al. 2 C.c.Q.); inversement, on comprend qu'elle est supplétive, lorsqu'elle contient l'expression « à moins que les parties n'en conviennent autrement » (*cf.* par exemple art. 1616 C.c.Q.). La difficulté consiste à déterminer si une règle donnée est impérative ou simplement supplétive de volonté lorsque le législateur a omis de le préciser ou a fait preuve d'une trop grande discrétion. Ce qui nous amène à traiter de la notion d'ordre public.

Par. 2. *Les limites à la liberté contractuelle*

Quel est donc cet ordre public qui s'impose à tous ? On donnera d'abord quelques explications d'ordre général et on examinera ensuite quels sont les contrats qui contrarient cet ordre.

A. La notion d'ordre public

157. *Définition.* On ne trouve nulle part, dans le Code civil, une définition de l'ordre public. Cela se comprend fort bien si l'on considère qu'il n'est pas aisé d'en donner une définition précise et qu'en outre, cette notion évolue dans le temps, comme dans l'espace : ce qui est interdit, expressément ou implicitement, en un lieu n'est pas nécessairement interdit ailleurs, et ce qui était interdit hier peut ne plus l'être aujourd'hui et le redevenir après-demain. L'ordre public serait cet ordre, flou et changeant, qui prime les intérêts privés et qui est nécessaire au maintien de l'organisation sociale ou au mieux-être de la société en général. L'homme – animal politique, disait Aristote – vit en société, ce qui lui impose certains devoirs, certaines obligations, certaines restrictions, auxquels il ne peut se dérober : l'ensemble de ces devoirs, obligations et restrictions constitue l'ordre public.

158. *Ordre public textuel et ordre public virtuel.* Certains textes nous disent expressément que tel contrat est contraire à l'ordre public (*cf.* par exemple art. 541 C.c.Q.); il s'agit-là d'un ordre public législatif ou textuel. Cependant, une convention peut n'avoir pas été interdite expressément et pourtant se révéler contraire à un principe fondamental de notre organisation sociale. C'est en ce cas le juge, et non le législateur, qui déterminera la validité du contrat eu égard aux valeurs et principes fondamentaux de notre société[582]. Puisque l'interdiction n'est pas alors exprimée, on parle d'ordre public *virtuel*.

On peut trouver que c'est donner un trop grand pouvoir au juge que celui de sanctionner une convention que rien n'interdit expressément. Cependant on ne saurait l'en priver dans la mesure où il est impossible, même pour le législateur le plus éclairé, de prévoir toutes les conventions qui mériteraient d'être interdites tant les moeurs et la technologie évoluent à un rythme accéléré : qui aurait songé, il y a 30 ans à peine, à l'avènement du contrat de mère-porteuse ? En outre, il faut comprendre que le juge n'est pas libre de décider selon ses propres valeurs : il doit, au contraire, s'efforcer de déterminer si, au regard des valeurs et principes fondant notre organisation sociale, la convention qui lui est soumise est contraire à l'ordre public, bien qu'elle ne soit expressément interdite par aucun texte[583].

159. *Les manifestations de l'ordre public.* L'ordre public se manifeste dans tous les domaines de l'activité humaine. On enseigne traditionnellement que l'ordre public classique est un ordre public politique (au sens large), alors que le nouvel ordre

---

[582] Aux fins d'illustration, *cf. Canadian Factors Corp. Ltd.* c. *Cameron*, [1966] B.R. 921; [1971] R.C.S. 148; *Klein* c. *Klein*, [1967] C.S. 300; *Christie* c. *York Corp.*, [1940] R.C.S. 139; *Whitfield* c. *Canadian Marconi Co.*, (1973) 19 *R.D. McGill* 294 (C.S.); *Brasserie Labatt Ltée* c. *Villa*, [1995] R.J.Q. 73 (C.A.); *Godbout* c. *Ville de Longueuil*, [1995] R.J.Q. 2561 (C.A.); [1997] 3 R.C.S. 844; François HÉLEINE, « Le devenir d'une clause normalement soumise à l'ordre public jurisprudentiel ancien et légalisée par le droit nouveau », (1995) 3 *Repères* 6.

[583] *Cf. Cataford* c. *Moreau*, [1978] C.S. 933.

public est économique. En réalité, il serait plus exact d'affirmer qu'il existe un ordre public politique, familial, professionnel, fiscal, économique, un ordre public du travail, relatif à la personne, etc.[584]. Il est impossible de dire avec précision ce qui constitue l'ordre public dans un domaine donné, moins encore de dresser une liste exhaustive des règles impératives. On se contentera de donner quelques exemples qui permettent de cerner davantage ce qu'on entend par ordre public et de constater un rétrécissement progressif de la liberté contractuelle.

160. *Ordre public politique.* Ce qui touche à l'organisation constitutionnelle, administrative et judiciaire est généralement d'ordre public et ne peut donc pas être modifié par une convention particulière. Ainsi, le contrat par lequel des parties s'entendraient sur des questions qui signifieraient fraude électorale, corruption de fonctionnaire ou entrave au processus judiciaire serait nul. Pour des raisons évidentes, on ne peut non plus échapper à la réglementation fiscale : les règles qui obligent à payer taxes, impôts et autres droits sont, bien sûr, impératives.

161. *Ordre public relatif à la personne.* Les règles relatives à l'état de la personne sont en principe d'ordre public : une clause par laquelle un mineur renoncerait à invoquer son incapacité serait nulle. L'ordre public se met aussi au service de la personne, en préservant sa liberté, sa dignité et sa sécurité : on mentionnera à cet égard les chartes des droits, qui visent à préserver certaines libertés et droits fondamentaux de la personne, de même que les dispositions du Code civil relatives aux droits de la personnalité, tels le droit à l'intégrité de la personne, le droit à la réputation, le droit au respect de la vie privée. C'est ainsi que sont interdites certaines conventions qui portent atteinte, de façon injustifiée, à la dignité de la personne humaine, à son intégrité ou à sa liberté : le contrat par lequel une personne se constituerait l'« esclave » d'une autre est évidemment interdit, mais aussi celui où elle s'exposerait, à des fins d'expérimentation, à des risques hors de proportion avec le bienfait qu'on peut raisonnablement en espérer (art. 20 C.c.Q.; *cf.* également

---

[584] MARTY et RAYNAUD, 2ᵉ éd., t. 1, n° 75 et suiv., p. 71 et suiv.; *cf.* également Brigitte LEFEBVRE, « Quelques considérations sur la notion d'ordre public à la lumière du Code civil du Québec », dans Service de la formation permanente, Barreau du Québec, *Développements récents en droit civil (1994)*, Cowansville, Éditions Yvon Blais, p. 149.

art. 19 C.c.Q. : le législateur veut ainsi éviter que se constitue un « marché du corps humain[585] ».)

162. *Ordre public familial.* L'organisation de la famille, telle qu'édictée par le législateur, est d'ordre public et, en conséquence, on ne peut y déroger par des conventions particulières. Même si la volonté de l'individu tient une place importante dans ce domaine, ne serait-ce que le consentement des époux nécessaire à la conclusion du mariage, cette volonté n'exprime qu'une adhésion à un cadre légal qui en détermine les effets juridiques. C'est pourquoi sont interdits les pactes de séparation amiable (sous réserve des arrangements effectués dans le cadre d'une séparation de corps ou d'un divorce), les conventions relatives aux devoirs et droits résultant du mariage ou relatives à l'autorité parentale, la convention par laquelle un parent renoncerait à son droit aux aliments, la renonciation à la constitution d'un « patrimoine familial ».

Ordre public familial et ordre public de la personne se rejoignent pour interdire le contrat de « mère-porteuse », formellement prohibé par l'article 541 C.c.Q. Il s'agit d'un contrat par lequel une femme s'engage, le cas échéant moyennant finance, à mener une grossesse à terme et à délivrer l'enfant à son cocontractant qui peut être une personne seule ou le plus souvent un couple. Certains analysent ce contrat comme une location de chose, en l'occurrence l'utérus et peut-être l'œuf de la mère porteuse, doublé d'un louage de services, en l'occurrence la gestation; c'est oublier qu'après avoir porté, il faut livrer, et l'objet qui doit être livré n'est rien d'autre qu'un enfant qui, jusqu'alors, était *pars viscerum matris.* Il serait alors plus exact de dire qu'il s'agit d'une vente portant sur la fabrication et la livraison de ce produit fini qu'est l'enfant; dans l'un ou l'autre cas, il s'agit d'une opération qui, gratuite ou onéreuse, porte atteinte à la dignité de l'être humain : la dignité de la femme qui loue son utérus (certains pourraient dire, cependant, qu'elle est libre de son corps), mais surtout la dignité de l'enfant qui, faisant ainsi l'objet d'un trafic, est assimilé à une chose qui est dans le commerce.

On constate, cependant, que l'ordre public de direction, s'il se maintient dans les pays marqués par un droit religieux, manifeste un recul certain dans les pays où prévaut un droit laïque. Certes, il ne

---

[585] *Cf.* Robert P. KOURI et Suzanne PHILIPS-NOOTENS, *Le corps humain, l'inviolabilité de la personne et le consentement aux soins : le regard du législateur et des tribunaux civils,* Sherbrooke, Éditions R.D.U.S., 1999.

disparaît pas, mais il fait place de plus en plus à un nouvel ordre juridique familial, le plus souvent de protection[586], mais à contenu variable, qu'il s'agisse de la protection de la personne, des époux, de l'enfant, des consentements ou qu'il s'agisse des idées d'égalité, de collégialité, de solidarité et de partage. Ainsi apparaît une multiplicité d'ordres qui parfois, se recoupent, mais aussi qui parfois entrent en conflit et peuvent donner l'impression d'un certain... désordre[587] !

163. *Ordre public économique.* L'ordre public économique n'est pas nouveau, mais son importance s'est nettement accrue au cours du XXe siècle. Même dans un contexte de libéralisme économique, il faut empêcher que, par le biais de certaines ententes, on porte atteinte à la liberté de commerce. En matière de concurrence, comme on l'a dit, « c'est la liberté même qui est d'ordre public »[588]. Au cours du XXe siècle, l'ordre public économique s'est manifesté de plus en plus par l'intervention de l'État qui réglemente et aménage les droits et obligations résultant de certains contrats : dans les domaines du transport, du téléphone, de l'électricité, etc., les tarifs et, parfois même, les conditions du contrat sont contrôlés, voire imposés (par exemple, le contrat de transport maritime sous connaissement et le contrat de transport aérien international de passagers)[589]. Parfois, certains contrats sont interdits lorsqu'ils sont destinés à des opérations considérées comme non souhaitables économiquement; ainsi, la dation en paiement est contraire à l'ordre public lorsqu'elle est prévue dans un contrat afin de garantir l'exécution de l'obligation du débiteur (art. 1801 C.c.Q.)[590], tout comme le sont en principe les stipulations d'inaliénabilité, lesquelles auraient pour effet de restreindre la

---

[586] *Cf. infra*, n° 167.

[587] *Cf.* Jean PINEAU, « L'ordre public dans les relations de famille », (1999) 40 *C. de D.* 323; Christianne DUBREUIL et Brigitte LEFEBVRE, « L'ordre public et les rapports patrimoniaux dans les relations de couple », (1999) 40 *C. de D.* 345.

[588] FLOUR, AUBERT et SAVAUX, vol. 1, 9e éd., n° 282, p. 197. Sur le droit de la concurrence, voir Yves BÉRIAULT, Madeleine RENAUD et Yves COMTOIS, *Droit de la concurrence*, Scarborough, Carswell, 1999.

[589] *Cf. Eurosum inc. c. Ligues aériennes Globe Azur inc. (Air Club international)*, J.E. 97-587 (C.S.).

[590] *Cf. Société d'hypothèques C.I.B.C. c. Prévost*, J.E. 96-580 (C.S.); *Petrela Surety Services Inc. c. Zamitt*, [1996] R.J.Q. 790 (C.S.).

libre circulation des biens[591]. Parfois, sans interdire telle convention, la loi la soumet à certaines formalités destinées à freiner les possibles abus : ainsi en est-il de la vente avec faculté de rachat, lorsqu'elle a pour objet de garantir un prêt (art. 1756 C.c.Q.). Les nombreuses lois visant à rétablir le déséquilibre pouvant exister entre les parties à certains contrats – notamment lorsqu'un « économiquement fort » négocie avec un « économiquement faible » ou encore lorsqu'un professionnel contracte avec un profane – participent à l'ordre public économique, de même que la réglementation du Code civil en matière de contrats d'adhésion et de consommation (*cf.* art. 1435-1437 C.c.Q.)[592]. On peut encore ajouter les mesures macroéconomiques dirigistes qui se manifestent par le contrôle des prix ou des salaires en période d'inflation[593].

164. *Ordre public du travail.* D'une importance économique et sociale vitale, le travail fait l'objet d'un encadrement législatif et réglementaire élaboré; très tôt, la liberté de travail a été protégée et on reconnaît depuis longtemps qu'est nulle une convention par laquelle une personne voit sa liberté de travailler pratiquement anéantie, telle une clause de non-concurrence qui n'est pas raisonnablement limitée dans le temps et dans l'espace[594] ou encore un engagement à perpétuité. Plus récemment, de nombreuses lois sont venues encadrer les relations de travail : la loi fixe les conditions minimales du travail (salaire, vacances, congés, etc.), organise, le cas échéant, la structure syndicale, veille à ce que les mesures propres à assurer la santé et la sécurité des travailleurs soient mises en place, etc.[595].

---

[591] Art. 1212 et suiv. C.c.Q.; *cf.* Michelle CUMYN, « Les restrictions à la liberté d'aliéner dans le *Code civil du Québec* », (1994) 39 *R.D. McGill* 877.

[592] *Cf. Loi sur la protection du consommateur*, L.R.Q., c. P-40.1; *Loi sur les valeurs mobilières*, L.R.Q., c. V-1.1.

[593] *Loi anti-inflation*, S.C. 1975, c. C-75. Sur l'ordre public économique en général, voir Vincent KARIM, « L'ordre public en droit économique : contrats, concurrence, consommation », (1999) 40 *C. de D.* 403.

[594] *Cf. Canadian Factors Corp.* c. *Cameron*, [1971] R.C.S. 148. Voir BAUDOUIN et JOBIN, 5ᵉ éd., nᵒ 132, p. 154. Aux clauses de non-concurrence, il convient d'assimiler certaines clauses ayant indirectement pour effet de limiter indûment la concurrence : *cf. Marius Lessard inc.* c. *Assurances J. G. Cauchon & Associés*, J.E. 98-1584 (C.A.); *Fortin* c. *Clarkson*, [1992] R.J.Q. 1301 (C.S.).

[595] *Cf.* Louise OTIS, « L'ordre public dans les relations de travail », (1999) 40 *C. de D.* 381; Jean-Louis DUBÉ et Nicola DI IORIO, *Les normes du travail*, 2ᵉ éd., Sherbrooke, Éditions R.D.U.S., 1992; Clément GASCON,

165. *Ordre public social.* L'État moderne intervient aussi en imposant des mesures sociales, dans des domaines où il ne souhaite pas, en raison de l'importance qu'il leur attribue, laisser à l'individu la libre initiative. L'ordre public intervient alors par le biais de lois impératives en matière de logement, de régimes étatiques et obligatoires d'assurance-maladie, d'assurance-emploi, d'indemnisation en cas de maladies industrielles, d'accidents du travail ou de la route, etc. De même, en raison des services importants et parfois vitaux qu'ils rendent à la population, les professionnels font l'objet d'un encadrement législatif assez strict : ainsi en est-il des professions dites libérales, comme celles d'avocat, notaire, médecin et architecte[596].

166. *Ordre public moral.* Le *Code civil du Bas Canada* prévoyait qu'était nul non seulement le contrat contraire à l'ordre public, mais aussi celui qui contrariait les « bonnes moeurs » (art. 13 C.c.B.C.). La notion de bonnes moeurs, comme l'a dit un auteur, « exprime l'aspect moral de l'ordre public »[597]; par cet aspect, l'ordre public interdit des conventions qui, au regard de certaines valeurs généralement admises, sont jugées immorales : on peut penser, par exemple, au contrat de prostitution ou au « pot-de-vin ». Le *Code civil du Québec* ne reprend pas la notion de « bonnes moeurs », mais il ne fait aucun doute que celle-ci est incluse dans la notion d'ordre public.

Mais quelle est cette morale ? Jadis, il s'agissait de la « morale chrétienne traditionnelle »; aujourd'hui cependant, « une certaine unanimité, un consensus très large en ce domaine, sont en voie de disparition et ne semblent guère se reconstituer sur d'autres fondements... Au pluralisme des opinions religieuses et philosophiques, vient s'ajouter dorénavant le pluralisme des moeurs »[598]. Ce qui aboutit au droit à la différence ! En l'absence d'une morale objectivement définie, on identifie les bonnes moeurs « aux conceptions morales de la magistrature »[599], ce qui vaut peut-être mieux, nous dit Carbonnier, que les sondages ou quelque rapport Kinsey[600] !

Georges AUDET, Robert BONHOMME, Chantal LAMARCHE et Laurent LESAGE, *Le congédiement en droit québécois en matière de contrat individuel*, 3ᵉ éd., Cowansville, Éditions Yvon Blais, 1991.

[596] *Cf. Pauzé* c. *Gauvin*, [1953] B.R. 57; [1954] R.C.S. 15.
[597] GHESTIN, 3ᵉ éd., n° 104, p. 85 et suiv.
[598] ROLLAND, cité dans GHESTIN, 3ᵉ éd., n° 425, p. 107.
[599] Voir, par exemple, *Cataford* c. *Moreau*, [1978] C.S. 933.
[600] GHESTIN, 3ᵉ éd., n° 125, p. 106.

Plus encore que les autres branches de l'ordre public, l'ordre public moral est une notion changeante. Jadis, le contrat d'assurance-vie, le contrat de courtage matrimonial, le contrat de claque (par lequel un artiste ou l'organisateur d'un spectacle paie les applaudissements nourris de certains spectateurs) étaient considérés comme immoraux; leur validité est aujourd'hui admise. La convention de *strip-tease* aurait été, il y a quelques années, jugées immorale; sans doute serait-elle jugée valable aujourd'hui[601] !

Bien que constituant une branche de l'ordre public, on distinguait, dans le droit d'hier, la notion de bonnes moeurs, notamment parce que, dans le cadre d'un contrat immoral, par opposition au contrat simplement illicite, il pouvait ne pas y avoir de restitution des prestations en cas d'annulation. Cette règle, qui était à la fois controversée et mal comprise, a été mise de côté, du moins en principe, par le législateur (art. 1699 C.c.Q.)[602]. Il n'est donc plus aussi important de distinguer, parmi l'ordre public, celui qui a spécifiquement trait à l'aspect moral.

167. *Ordre public de protection et ordre public de direction.* Qualifier l'ordre public de politique, familial, fiscal, économique, etc. peut certes être utile pour cerner cette notion dans ses manifestations les plus variées, mais ces catégories n'ont pas véritablement de pertinence juridique. Peu importe le domaine qu'il touche, l'ordre public est une limitation à la liberté contractuelle : est nulle la convention qui déroge à une règle qui intéresse l'ordre public. Il est cependant utile de distinguer deux catégories de règles impératives, selon la finalité de la règle. En effet, la liberté contractuelle peut être limitée en vue de protéger l'intérêt général, telle la limitation des prix et des salaires afin de juguler l'inflation; ou elle peut être limitée en vue de protéger certains intérêts particuliers, telle la condamnation des clauses abusives dans les contrats d'adhésion ou de consommation. Dans le premier cas, la sanction sera la nullité absolue, alors que dans le second cas, la nullité sera relative, c'est-à-dire qu'elle ne pourra en principe être invoquée que par

---

[601] Encore que le Tribunal de grande instance de Paris ait annulé une telle convention, (il y a, cependant, près de 30 ans...); Trib. gr. inst. Paris, 8 nov. 1973, D.1974.1.som.30.

[602] *Cf. infra*, n° 219.

la personne ou par la catégorie de personnes que la loi entendait protéger de façon particulière[603]. Dans ce cas, on parle d'*ordre public de protection*, alors que l'on parlera d'*ordre public de direction* lorsque l'intérêt général sera en cause.

On a parfois présenté la distinction de l'ordre public de protection et de direction, non pas tant du point de vue de la sanction que du point de vue du caractère négatif ou positif de la norme obligatoire : l'ordre public de protection prohibe, il est une interdiction, alors que l'ordre public de direction commande, dirige, aménage les conditions d'un contrat : il a donc un contenu positif. Cette façon de présenter les choses peut être source de confusion; on peut très bien concevoir une règle impérative qui impose les conditions d'un contrat dans le but de protéger certains intérêts particuliers : ainsi en serait-il d'une loi qui rendrait obligatoire l'inclusion, dans un contrat de consommation, de clauses favorisant le consommateur. L'important n'est pas de savoir si la loi prohibe ou commande, mais plutôt de déterminer si la règle a pour but de protéger l'intérêt général ou certains intérêts particuliers (*cf.* art. 1417 et 1419 C.c.Q.).

Cela dit, il demeure qu'il n'est pas toujours aisé de savoir si les mesures adoptées vont dans le sens d'un ordre public de protection ou de direction; ainsi, advenant le cas où une loi viendrait réduire impérativement la durée du travail, ce pourrait être, certes, en vue de ménager les efforts du travailleur, et donc une mesure de protection, mais ce pourrait être tout aussi bien une mesure de direction, si elle avait pour but, dans l'intérêt général, d'économiser l'énergie. Que dire, alors, d'une loi qui imposerait une hausse des salaires ? S'agirait-il d'améliorer la situation du travailleur et de le protéger, ou

---

[603] *Cf. Belgo-Fisher (Canada) Inc.* c. *Lindsay*, [1988] R.J.Q. 1223 (C.A.); *cf.* également *Garcia Transport Ltée* c. *Cie Trust Royal*, [1992] 2 R.C.S. 499. S'agissant d'un ordre public de protection, sanctionné par la nullité relative, la personne peut renoncer à son droit de requérir l'annulation du contrat (par la confirmation), mais elle ne peut renoncer à l'avance à la protection de la loi : *cf.* Jacques MESTRE, « De la renonciation au bénéfice d'une règle d'ordre public de protection », *Rev. trim. dr. civ.* 1998.670; *infra,* n° 198.

s'agirait-il, dans l'intérêt général, de le pousser à la consommation afin de stimuler l'économie ? Si la détermination de l'objectif poursuivi par la norme n'est ainsi pas toujours aisé, elle est cependant nécessaire afin de savoir si la contravention à la loi est sanctionnée par la nullité relative ou la nullité absolue. Il faut donc examiner, dans chaque cas, l'ensemble des circonstances pour déterminer si la règle violée participe de l'ordre public de protection ou de l'ordre public de direction.

B. Les conventions contrariant l'ordre public

168. *Présentation du problème.* Il n'est évidemment pas question de tenter ici une énumération des contrats contraires à l'ordre public, ce qui serait impossible. On doit se contenter, après avoir expliqué ce qu'est l'ordre public, de voir comment les contrats peuvent le contrarier.

Le *Code civil du Bas Canada*, on l'a vu, assimilait objet du contrat et objet des obligations issues du contrat, et ne contenait pas de référence à la notion d'opération juridique. Il n'était alors pas inutile de distinguer les contrats expressément interdits, les contrats interdits sur la base de l'illicéité de l'objet de l'obligation, les contrats interdits sur la base de l'illicéité de l'objet du contrat et les contrats interdits sur la base de l'illicéité du résultat. Dans ce dernier cas, aucun des éléments du contrat n'est en soi illicite, mais le résultat l'est (par exemple, l'engagement de ne pas tuer quelqu'un en échange d'une somme d'argent). La notion d'opération juridique retenue au *Code civil du Québec* recouvre désormais toutes ses situations. On peut donc désormais se contenter de distinguer les contrats interdits sur la base de l'illicéité de son objet (c'est-à-dire de l'opération juridique) de ceux qui sont interdits sur la base de l'illicéité de la cause.

169. *L'illicéité de l'objet.* L'objet d'un contrat, c'est-à-dire l'opération juridique qu'il réalise, peut être contraire à l'ordre public de plusieurs façons[604].

---

[604] On observera que l'illicéité s'apprécie au moment de la formation du contrat : *cf.* Jacques MESTRE, « L'illicité de la cause s'apprécie lors de la

Il arrive tout d'abord que le législateur interdise de façon formelle, par une disposition de la loi, la conclusion d'un contrat; par exemple, en vertu de l'article 631 C.c.Q, le pacte sur succession future est interdit. Il s'agit alors d'une interdiction expresse. Cependant, il n'est pas nécessaire qu'une convention soit ainsi expressément prohibée pour que le contrat soit interdit. En effet, dès lors que l'opération juridique envisagée par les parties est contraire à l'ordre public, le contrat est nul (art. 1413 C.c.Q.), cette opération juridique pouvant être illicite en raison de prestations illicites, mais pouvant l'être, aussi, malgré la validité des prestations prises isolément.

Comme on l'a vu, l'opération juridique peut être contraire à l'ordre public en raison du fait que l'une ou plusieurs des prestations prévues par les parties vont à l'encontre des règles impératives (art. 1411 et 1373 C.c.Q.) : par exemple, est nul le contrat par lequel une personne s'engage à tuer ou à voler, ou encore la vente de certaines drogues, armes, ou autres produits dangereux ou illicites, sauf dans le cadre prévu par la loi[605]; de même est nul le contrat par lequel une personne qui n'est pas membre d'une corporation professionnelle s'engage à poser des gestes réservés par la loi aux membres de cette corporation[606], ou encore la clause de dation en paiement destinée à garantir l'exécution d'une obligation (art. 1801 C.c.Q.).

Il peut enfin arriver que, prises isolément, chacune des prestations prévues au contrat soient valides, mais que leur juxtaposition dans le même contrat ou le résultat final du contrat rende l'opération contraire à l'ordre public : on a déjà mentionné à cet égard le contrat d'aliénation à titre onéreux d'un produit du corps humain (art. 25 C.c.Q.) et l'engagement,

---

formation du contrat », *Rev. trim. dr. civ.* 1998.669. Lorsque l'illicéité survient postérieurement à la formation du contrat : *cf. infra*, n° 470 et suiv.

[605] *Cf. Amusements St-Gervais* c. *Legault*, J.E. 00-550 (C.A.) : vente de machines distributrices de friandises et contrats d'approvisionnement, qui se révèlent être des appareils de jeu, au sens du *Code criminel*. Dans *Gestion Solvic Ltée* c. *Amusements Daniel inc.*, J.E. 96-298 (C.S.), le locataire, aux termes du bail, devait utiliser l'espace loué pour un commerce qui était interdit par la réglementation municipale.

[606] *Pauzé* c. *Gauvin*, [1953] B.R. 57; [1954] R.C.S. 15.

contre rémunération, de ne pas commettre un acte illégal. Dans ces cas, il y a illicéité de l'opération juridique en raison du résultat : chacune des prestations est en soi valide, mais le résultat de l'opération est illicite.

170. Les lois prohibitives. Le principe de l'invalidité du contrat qui réalise, d'une manière ou d'une autre, une opération juridique interdite est affirmé non seulement à l'article 1413 C.c.Q., mais aussi à l'article 41.3 de la *Loi d'interprétation*[607], selon lequel « les lois prohibitives emportent nullité, quoiqu'elle n'y soit pas prononcée ». En d'autres termes, lorsque la loi interdit quelque chose, le contrat qui y contrevient est nul, lors même que cette sanction ne serait pas mentionnée. Cette disposition, qui se trouvait à l'article 14 du *Code civil du Bas Canada*, est une règle d'interprétation qui vise à contrer l'argument *a contrario* que l'on pourrait vouloir tirer du fait qu'une loi assortisse une prohibition d'une sanction quelconque (amende, retrait de permis, etc.), sans mentionner expressément l'invalidité du contrat. En raison de cette disposition, on ne peut, du seul fait qu'une amende, par exemple, soit la seule sanction prévue par la loi, conclure que le législateur n'a pas voulu rendre nul le contrat qui déroge à cette loi. En fait, c'est le contraire : si un comportement est prohibé, on doit présumer que la volonté du législateur est de rendre nul le contrat qui déroge à la norme.

Cependant, comme toute règle d'interprétation, elle doit céder le pas lorsqu'il apparaît clairement que les objectifs poursuivis par le législateur, en édictant une prohibition quelconque, n'exigent pas ou même seraient desservis par la nullité du contrat qui contrevient à la règle. Il peut fort bien arriver qu'une norme impérative ne soit sanctionnée que par une amende ou autrement, sans que la validité du contrat soit remise en cause : la présomption d'invalidité posée par l'article 41.3 de la *Loi d'interprétation* n'étant pas absolue, elle peut être renversée lorsque les circonstances le justifient. À cet égard, un auteur propose de distinguer les cas où un contrat est directement prohibé de ceux où la loi pose certaines exigences,

---

[607] L.R.Q., c. I-16.

sans cependant interdire directement le contrat : « c'est une chose de prescrire, sous peine d'amende contre le propriétaire, que tout logement doit avoir au moins deux sorties, et c'en est une autre que de défendre le louage d'un logement qui n'est pas pourvu de deux sorties »[608]. En d'autres termes, il faut voir ce qui est réellement prohibé : une loi peut, sous peine d'amende, exiger qu'un bien réponde à certaines normes de sécurité ou d'hygiène, sans cependant vouloir interdire tout contrat relatif à un bien qui ne répond pas aux normes édictées. Ainsi, une loi peut fort bien édicter que toute automobile arbore un numéro de série lisible, sans que l'on puisse pour autant conclure à la nullité de la vente d'un véhicule qui n'a pas de numéro de série ou dont le numéro est illisible. En l'absence d'indications expresses de la part du législateur sur le sort du contrat, il faut donc, dans l'hypothèse où il y a dérogation à la loi, se demander si les objectifs de la norme exigent ou non que le contrat soit nul. La présomption de nullité que pose l'article 41.3 de la *Loi d'interprétation* n'est donc rien d'autre qu'un guide.

171. *L'illicéité de la cause.* On a distingué la cause de l'obligation de la cause du contrat, la cause de l'obligation d'un contractant étant, on le rappellera, la « raison abstraite et impersonnelle » de l'engagement, la cause du contrat étant les mobiles qui ont poussé les parties à contracter. On a également vu que, relativement à la cause de l'obligation, la question qui se pose est de savoir si la raison abstraite et impersonnelle qui justifie l'engagement existe vraiment. Au contraire, la question de l'existence de la cause du contrat ne se pose pas : à moins de n'avoir pas une volonté claire et consciente, on conclut toujours un contrat en ayant des motifs pour ce faire, mais ces motifs doivent être légitimes. C'est donc dans le cadre de la cause du contrat, et non point dans le cadre de la cause de l'obligation, que se soulève le problème du contrat qui va à l'encontre de l'ordre public.

---

[608] Pierre-Gabriel JOBIN, « Les effets du droit pénal ou administratif sur le contrat : où s'arrêtera l'ordre public? », (1985) 45 *R. du B.* 655, 672.

On pourrait être tenté de dire que la cause de l'obligation d'un contractant est illicite toutes les fois que la prestation du cocontractant est elle-même illicite ou immorale : par exemple, une personne A s'oblige à verser telle somme à une autre personne B qui, elle-même, s'engage à commettre tel crime ou tel délit; l'objet de l'obligation de B étant illicite, la cause de l'obligation de A serait elle-même illicite. Il faut cependant constater que si l'obligation de B est illicite par son objet et donc nulle, l'obligation de A est, elle aussi, nulle parce qu'elle n'a pas de cause; il ne sert à rien de dire, alors, qu'elle est en outre invalide parce que fondée sur une cause illicite ou immorale. Pour éviter toute confusion conceptuelle (risque toujours présent en matière de cause !), il paraît préférable de limiter la question de la licéité de la cause à la seule cause du contrat, et celle de l'existence de la cause à la seule cause de l'obligation[609].

En prescrivant la nullité du contrat qui a été conclu à des fins contraires à l'ordre public (art. 1410 et 1411 C.c.Q.), le législateur invite les tribunaux à analyser les mobiles subjectifs, psychologiques, qui ont déterminé les parties à contracter, afin de s'assurer de leur caractère légitime. Cette condition de validité soulève deux questions : doit-on tenir compte de tous les motifs et faut-il, pour que le contrat soit annulable, que les deux parties entretiennent des motifs illicites, ou du moins que le motif illicite de l'un soit connu de l'autre ?

172. *Mobile illicite déterminant et mobile illicite secondaire.* Le texte de l'article 1410 C.c.Q. permet de répondre assez faci-

---

[609] Ainsi, dans l'affaire *Amusements St-Gervais inc.* c. *Legault*, J.E. 00-550 (C.A.), la Cour d'appel a annulé un contrat, dont l'objet était illicite, sur la base de l'illicéité de la cause. Sur le plan conceptuel, il eût été préférable d'annuler ce contrat sur la base de l'illicéité de l'objet. *Cf.* à ce sujet, Jacques MESTRE, « Obligations et contrats spéciaux », *Rev. trim. dr. civ.* 1997.115. Dans *Gestion Solvic Ltée* c. *Amusements Daniel inc.*, J.E. 96-298 (C.S., appel rejeté), le tribunal a d'abord annulé le contrat sur la base de l'objet illicite, puis sur la base de la cause illicite; il nous apparaît que la première cause de nullité invoquée rend inutile l'examen de la seconde : ce n'est que si l'objet est licite que la question de l'illicéité de la cause se soulève.

lement à la première question. Puisque la cause du contrat est, pour chacune des parties, la raison déterminante qui la pousse à conclure l'acte, il ne doit être tenu compte que des seuls mobiles qui sont déterminants. N'entraîneront donc la nullité du contrat que les mobiles illicites déterminants, ceux sans lesquels le contrat n'aurait pas été conclu : c'est ce que la doctrine et la jurisprudence françaises ont appelé « la cause impulsive et déterminante »; au contraire, les mobiles illicites secondaires ne seront pas retenus. Ainsi, une personne qui s'adonne à la prostitution et qui loue un appartement afin d'y rencontrer ses clients, conclut un contrat dont la cause impulsive et déterminante contrarie l'ordre public moral. En revanche, le mobile immoral serait secondaire, si l'appartement était loué par cette personne pour s'y loger, même si elle y recevait parfois un client... accidentellement ! La question de savoir si le mobile illégal est ou non un mobile déterminant est évidemment une question de fait qui est laissée à l'appréciation du tribunal.

173. *Connaissance du caractère immoral du mobile déterminant.* Tout d'abord, il est évident que le contrat est nul si chacune des parties au contrat l'a conclu pour des mobiles déterminants illicites : dans ce cas, chacune des causes du contrat est illicite et le contrat est clairement annulable. Mais que doit-on décider lorsque seule l'une des deux parties a conclu le contrat à des fins illicites ? La réponse à cette question n'est pas aisée : les autorités, tant françaises que québécoises, sont divisées sur cette question[610].

Certains auteurs pensent que la nullité du contrat peut être demandée par l'un ou l'autre des contractants, sur la base de la

---

[610] *Cf.* Robert P. KOURI, « Le contractant de bonne foi et la cause illégale : réflexions sur le mutisme du législateur », (2000) 102 *R. du N.* 170. MARTY et RAYNAUD, 2ᵉ éd., t. 1, n° 211 et suiv., p. 213 et suiv.; MAZEAUD, 9ᵉ éd., t. 2, vol. 1, n° 269, p. 271; CARBONNIER, t. 4, 21ᵉ éd., n° 61, p. 127 et 128; FLOUR et AUBERT, vol. 1, 6ᵉ éd., n° 276, p. 196 et 197; TERRÉ, SIMLER et LEQUETTE, 5ᵉ éd., 1993, n°ˢ 343 et 344, p. 267 et 268; GHESTIN, 3ᵉ éd., n° 894 et suiv., p. 905 et suiv.; *cf.* également Alex WEILL, « Connaissance du motif illicite ou immoral déterminant et exercice de l'action en nullité », dans *Mélanges dédiés à Gabriel Marty*, Toulouse, Université des sciences sociales de Toulouse, 1978, p. 1165.

cause immorale, uniquement dans l'hypothèse où le mobile immoral qui a déterminé l'un d'eux à contracter est connu de l'autre, qu'il s'agisse d'un contrat à titre gratuit ou à titre onéreux; d'autres limitent cette exigence aux seuls contrats à titre onéreux, la nullité du contrat à titre gratuit pouvant être, au contraire, obtenue même si la personne gratifiée ignorait le mobile immoral déterminant qui animait son « bienfaiteur » : c'est ce qui semble être l'opinion de la doctrine majoritaire et de la jurisprudence françaises. D'autres, enfin, ne distinguent pas selon que le contrat est à titre onéreux ou à titre gratuit, mais adoptent une position différente selon la personne qui demande la nullité : le contractant de bonne foi, qui ignorait le caractère immoral du contrat, ne doit pas être privé du bénéfice de celui-ci; en conséquence, s'il désire le maintien de ce contrat, la nullité sera refusée à celui dont le mobile déterminant était immoral; en revanche, s'il désire se libérer de ce contrat immoral, il pourra en obtenir la nullité, malgré son ignorance, lors de la conclusion du contrat, du motif immoral de son cocontractant.

Que penser de cela ? Tout d'abord, exiger ou non la connaissance, par l'un et l'autre contractants, du caractère immoral du contrat selon qu'il est à titre gratuit ou à titre onéreux, comme le soutiennent certains, nous paraît superficiel : on nous dit que, la sécurité des transactions étant nécessaire dans le cadre des actes à titre onéreux, on ne peut pas permettre la destruction du contrat lorsque l'un des contractants ignore le caractère immoral du mobile de son cocontractant; on veut ainsi protéger le contractant de bonne foi. En revanche, s'agissant d'un acte à titre gratuit, on nous dit que cette idée de sécurité des relations juridiques est moins importante, parce que la personne gratifiée, à qui on impose la nullité, ne perd rien : étant seulement privée d'un manque à gagner, elle ne mérite pas d'être protégée.

La sécurité des transactions ne nous paraît pas être, dans un tel contexte, l'argument sur lequel doit reposer la solution. Il est, certes, louable de se préoccuper du maintien du contrat conclu à titre onéreux, lorsque la nullité en est demandée par celui dont le mobile déterminant est immoral et qui a eu l'habileté de le cacher à son cocontractant, si ce dernier entend n'être pas privé du bénéfice de ce contrat. Mais il est injuste que cette idée de sécurité puisse jouer contre ce cocontractant, lorsque le maintien du contrat est inacceptable sur le plan de la morale contractuelle; tel serait le cas du propriétaire d'un duplex qui, de bonne foi, louerait le rez-de-chaussée à un locataire dont le mobile déterminant serait d'y faire métier de prostitution : il ne nous paraît pas légitime de refuser au locateur l'action en nullité, sous le prétexte qu'il n'a pas eu connaissance de l'intention de son locataire.

Quant à l'acte gratuit, on constate que tous les auteurs raisonnent à partir de l'hypothèse de l'immoralité du mobile qui détermine le donateur : c'est probablement le cas qui vient le plus facilement à l'esprit, tel celui de la personne qui consent une donation afin d'amener le donataire à consommer l'adultère; peut-être est-il rare que ce dernier soit ignorant des intentions profondes du donateur, mais il est permis de croire, même dans un tel exemple, à la bonne foi de ce donataire et à son manque d'imagination : doit-on, alors, lui imposer la nullité du contrat, sous le prétexte que cette sanction ne lui ferait rien perdre ? L'argument ne nous paraît guère convaincant : d'une part, la sécurité des transactions ne nous paraît pas moins importante ici que dans le cas d'un acte à titre onéreux et, d'autre part, une telle solution permet au donateur poursuivant un but immoral de se libérer d'un engagement qu'il a pris à l'égard d'une personne de bonne foi qui est en droit de s'attendre à l'exécution du contrat sans contrepartie[611].

---

[611] Dans l'hypothèse où le donataire est en possession de la chose donnée, la règle *nemo auditur propriam turpitudinem allegans* pourrait exceptionnellement empêcher que le donataire soit forcé à restituer; mais le problème demeure tant dans l'hypothèse où la règle *nemo auditur propriam turpitudinem allegans* ne s'applique pas que dans celle où la

On peut songer aussi à l'hypothèse où c'est le donateur qui est de bonne foi, alors que l'acceptation du donataire a été déterminée par un mobile immoral. Il est vrai qu'en général c'est la volonté du donateur qui domine, mais il ne faut pas négliger l'importance de la volonté du donataire qui peut ne pas être exempte d'arrière-pensées peu morales : tel serait le cas de celui qui, de bonne foi, consentirait à donner l'un de ses immeubles à un donataire qui l'accepterait en voyant tout le parti qu'il pourrait en tirer, compte tenu de la situation et de l'état des lieux, en vue d'y installer une maison de jeu. Ce donateur de bonne foi, comme un vendeur de bonne foi en pareil contexte, devrait pouvoir obtenir la nullité, car il n'aurait peut-être pas ainsi contracté s'il avait connu les visées immorales de son cocontractant.

174. *Morale et justice.* En conclusion, la morale et la justice, ou simplement le bon sens, nous poussent à dire que la nullité ou le maintien du contrat se trouve entre les mains du contractant irréprochable; pas plus qu'on ne peut le priver d'un contrat qui le satisfait, on ne peut, non plus, lui imposer un contrat qui lui est inacceptable : le contractant reprochable doit subir la décision de l'autre.

En droit québécois, la question ne semble pas avoir été posée directement sous l'empire du *Code civil du Bas Canada :* certaines décisions semblent exiger, pour que le contrat soit invalide, la connaissance du mobile déterminant illicite par le cocontractant[612], mais les motifs énoncés ne sont pas probants à cet égard. Quant au *Code civil du Québec*, il ne s'exprime pas sur cette question, se contentant d'édicter la nullité du contrat dont la cause est illicite. La question demeure donc ouverte; cependant, nous avons déjà exprimé notre préférence pour que

---

chose donnée est encore entre les mains du donateur. Sur la règle *nemo auditur propriam turpitudinem allegans, cf. infra,* n° 219.

[612] *Cf. Langelier Ltée* c. *Demers,* (1928) 66 C.S. 120; *Rodier* c. *Genest,* [1961] C.S. 538.

la décision du maintien ou de l'annulation du contrat demeure entre les mains du contractant irréprochable[613].

---

[613] On notera que même si, dans les faits, cette solution paraît aboutir à une nullité relative en faveur du cocontractant irréprochable (position déjà défendue par l'un des auteurs : Serge GAUDET, « Inexistence, nullité et annulabilité du contrat : essai de synthèse », (1995) 40 *R.D. McGill* 991, 359-360), il s'agit en fait d'une véritable nullité absolue (critère de l'intérêt général) qui, cependant, ne peut pas être invoquée par tout intéressé. Japiot avait effectivement perçu l'hypothèse d'une nullité d'intérêt général qui ne pouvait cependant être invoquée que par certaines personnes (René JAPIOT, *Des nullités en matière d'actes juridiques : essai d'une théorie nouvelle*, Paris, L.N.D.J., 1909, p. 534 et suiv.). Comparer avec Robert P. KOURI, « Le contractant de bonne foi et la cause illégale : réflexions sur le mutisme du législateur », (2000) 102 *R. du N.* 170.

CHAPITRE II
LA SANCTION DES RÈGLES RELATIVES À LA FORMATION DU CONTRAT

175. *Présentation du problème.* Lorsque l'une des règles relatives à la formation du contrat n'a pas été respectée, se pose alors la question de la sanction de ce défaut. Parmi les sanctions possibles, celle qui retient immédiatement l'attention est l'inefficacité, celle-ci paraissant être la sanction la plus naturelle du défaut : puisque l'acte ne respecte pas les conditions requises pour sa formation ou sa validité, la loi le prive d'effet.

La « *théorie des nullités* » étudie l'ensemble des principes et règles relatifs à l'inefficacité d'un contrat découlant d'un défaut dans sa formation; son histoire fut mouvementée, ce qui n'est pas étranger aux difficultés que comporte la matière. Après avoir exposé cette théorie (section 1), on étudiera les sanctions autres que la nullité (section 2).

Section 1. La théorie des nullités

Afin de bien comprendre cette théorie que Planiol considérait comme l'une des plus obscures du droit civil[614], il apparaît utile de retracer les grandes lignes de son évolution (par. 1), ce qui nous permettra de déterminer ensuite le domaine respectif de chaque type de nullité (par. 2). On examinera enfin les questions soulevées par l'annulation d'un acte (par. 3).

---

[614] Marcel PLANIOL, *Traité élémentaire de droit civil*, 9ᵉ éd., t. 1, Paris, L.G.D.J., 1922, n° 328 et suiv., p. 122 et suiv.

Par. 1. *L'évolution des idées*

Au risque de simplifier, on distinguera quatre étapes.

A. Du droit romain à la codification

176. *Droit romain.* Selon le *jus civile*, ou bien tous les éléments nécessaires à la validité de l'acte étaient présents et, en ce cas, l'acte existait et trouvait sa pleine efficacité, ou bien ces éléments n'étaient pas tous réunis et alors l'acte ne s'était tout simplement pas *formé*. L'acte était donc, ou bien valide, ou bien radicalement inefficace, c'est-à-dire, selon la terminologie des romains, « nul ». Le *jus civile* opposait ainsi les cas où il y avait absence de consentement à ceux où le consentement existait tout en étant vicié : au premier cas, l'acte ne s'était tout simplement pas formé (il était « nul »), alors qu'il était pleinement efficace dans la seconde hypothèse.

Cependant, en cas de dol ou de violence, le préteur pouvait, en vertu de son « *imperium* », autoriser la victime à ne pas exécuter son obligation (*exceptio doli, exceptio metus*) ou, si celle-ci avait déjà été exécutée, en ordonner la restitution (*restitutio in integrum*). L'acte dont la formation était entachée de dol ou de violence n'était donc pas véritablement « nul », mais il n'était pas non plus pleinement efficace puisque ses effets étaient susceptibles d'être anéantis par le préteur. On retrouve là, à l'état embryonnaire, la notion d'« annulabilité », telle qu'elle apparaît dans le droit contemporain[615].

177. *Glossateurs et post-glossateurs.* À partir des éléments qui viennent d'être évoqués, glossateurs et post-glossateurs posaient clairement la distinction entre l'« annulabilité » et la

---

[615] Sur les nullités en droit romain, voir Édouard CUQ, *Manuel des institutions juridiques des Romains,* 2ᵉ éd., Paris, Plon, 1928, p. 388 et suiv.; René JAPIOT, *Des nullités en matière d'actes juridiques : essai d'une théorie nouvelle,* Paris, L.N.D.J., 1909, p. 51-81; Georges LUTZESCO, *Théorie & pratique des nullités,* t. 1, « Essai sur les nullités des actes juridiques à caractère patrimonial », Paris, Sirey, 1938, p. 43-89; Serge GAUDET, « Inexistence, nullité et annulabilité du contrat : essai de synthèse », (1995) 40 *R.D. McGill* 291, 296-300.

« nullité », seule celle-ci consistant en une inefficacité de plein droit. Ils ne s'entendaient cependant pas sur le critère servant à distinguer les cas de « nullité » des cas d'« annulabilité ».

Certains cherchaient à distinguer les conditions essentielles de l'acte (*substantia*) des simples conditions nécessaires à sa pleine efficacité (*effectus*). Ainsi, l'existence du consentement aurait été essentiel à l'acte, mais son caractère libre et éclairé n'aurait été qu'une simple condition d'efficacité. En conséquence, l'absence de consentement aurait entraîné la nullité de l'acte alors que le vice de consentement ne l'aurait rendu qu'annulable. D'autres s'en remettaient plutôt aux apparences : lorsque le défaut qui entachait l'acte était manifeste, l'acte aurait été nul, au cas contraire, il n'aurait été qu'« annulable ». D'autres enfin, dont Bartole, se fondaient sur la *ratio legis* de la norme violée : lorsque celle-ci avait été édictée dans le but de protéger l'ordre juridique, l'acte aurait été « nul », alors que dans l'hypothèse où cette norme n'aurait cherché qu'à protéger des intérêts particuliers, l'acte n'aurait été qu'annulable[616].

178. *Ancien Droit.* Les juristes de l'Ancien Droit ont consolidé l'opposition entre les actes nuls (« nullité absolue ») et les actes annulables (« nullité relative » ou « nullité respective »), mais, eux non plus, ne se sont pas entendus sur le critère de distinction. La plupart ont adopté le critère de Bartole, soit celui de l'intérêt protégé, mais d'autres, tel Pothier, s'en sont remis plutôt au critère des conditions essentielles.

Vers le XVe siècle, à la distinction traditionnelle entre les actes nuls et annulables s'en est ajoutée une autre qui, tout en lui ressemblant, reposait sur une idée différente. On ne pouvait, en effet, invoquer devant les cours royales les causes de nullité du droit romain qu'à la suite de la délivrance, par les représentants de l'autorité royale, de « lettres de rescision », qui donnaient au juge le pouvoir d'annuler l'acte, même si ce dernier n'était pas invalide au regard de la coutume et des ordonnances. On distinguait donc les « actes nuls de plein droit », en cas de violation de la coutume ou des ordonnances, et les « actes rescindables », c'est-à-dire ceux qui, contrevenant au droit romain, n'étaient susceptibles d'être rendus inefficaces que par

---

616 Serge GAUDET, « Inexistence, nullité et annulabilité du contrat : essai de synthèse », (1995) 40 *R.D. McGill* 291, 300 et 301.

l'entérinement des lettres de rescision. On comprend aisément que la formalité des « lettres de rescision » n'ait pas contribué à simplifier les choses, ne serait-ce que du point de vue du vocabulaire. Un acte entaché d'une cause de nullité relative au regard de la coutume pouvait donc à la fois être qualifié « d'acte annulable » et « d'acte nul de plein droit »[617].

B. La théorie de l'inexistence

179. *Conception de Zachariae.* Peu après l'adoption du Code civil français – qui ne contenait rien de précis en la matière –, un auteur allemand, Zachariae, proposa de distinguer « nullité » et « inexistence ». Selon lui, il ne faut pas confondre l'acte qui existe sans produire d'effets, de l'acte qui n'existe tout simplement pas. Le premier est un « acte nul », le second un « acte inexistant »[618]. En scindant ainsi la notion antérieure de « nullité », Zachariae aboutit à trois formes différentes d'inefficacité : l'inexistence (l'absence d'acte), la nullité (l'acte existe, mais il est dépourvu d'effet) et l'annulabilité (l'acte produit des effets qui sont susceptibles d'être anéantis). Pour distinguer les actes annulables des actes nuls, Zachariae utilise le critère de l'intérêt protégé, mais pour distinguer les cas où l'acte existe de ceux où il n'existe pas, il utilise le critère des conditions essentielles. Selon lui, il y a des conditions minimales sans lesquelles un acte juridique ne peut absolument pas se concevoir; si ces conditions ne sont pas réunies, il n'y a tout simplement pas d'acte. Si, au contraire, elles le sont, l'acte existe même s'il se peut qu'il soit nul ou annulable[619].

180. *Doctrine classique.* Non seulement la doctrine française du XIXe siècle adopte-t-elle rapidement et en bloc la notion d'inexistence, mais elle étend son domaine bien au-delà de ce que proposait Zachariae, au point que l'*inexistence* finit par remplacer totalement la *nullité*. Ainsi, alors que, pour Zacha-

---

[617] Serge GAUDET, « Inexistence, nullité et annulabilité du contrat : essai de synthèse », (1995) 40 *R.D. McGill* 291, 303-308.

[618] K.-S. ZACHARIAE, *Le droit civil français*, t. 1, traduit par G. MASSÉ et C. VERGÉ, Paris, Durand, 1854, n° 35, p. 45.

[619] *Id.*

riae, en cas d'objet ou de cause illicite, l'acte est nul et non point inexistant, la doctrine française considère que de tels défauts empêchent l'acte de se former. On en arrive ainsi à déclarer « inexistant » tous les actes qui, dans l'Ancien Droit, étaient entachés de « nullité absolue ».

Le remplacement de la « nullité absolue » par l'inexistence n'est pas sans conséquence. En effet, puisqu'il s'agit désormais de savoir si le contrat existe ou non, on fait appel au critère des conditions essentielles, plutôt qu'à celui de l'intérêt protégé : ou bien il manque au contrat un organe « vital » et, en ce cas, l'acte est « mort-né », ou bien le défaut de l'acte n'empêche pas celui-ci de « naître », mais il le rend « malade ». À partir de cette différence de « statut », la doctrine du XIXe siècle élabore la « théorie classique des nullités »[620] :

— *si l'acte est « mort-né »* (ou encore « nul de nullité absolue »), il n'existe pas, ce qui implique : 1) que le juge constate plutôt qu'il ne prononce la nullité de l'acte; 2) que tout intéressé peut invoquer cette nullité; 3) que le droit d'invoquer cette nullité n'est pas sujet à la prescription extinctive (comment le simple passage du temps pourrait-il faire naître un contrat qui n'a pas d'existence ?) et 4) que l'acte ne peut être confirmé (là encore, comment confirmer un contrat qui n'a pas d'existence ?).

— *si l'acte n'est que « malade »* (ou encore « nul de nullité relative »), il existe et produit ses effets tant qu'il n'a pas été annulé, avec les conséquences suivantes : 1) c'est le jugement en annulation qui rend l'acte « nul »; 2) il n'est pas logiquement nécessaire que tout intéressé puisse obtenir l'annulation de l'acte; d'ailleurs, en règle générale, le droit de requérir l'annulation de l'acte n'est attribué qu'aux seules personnes que la loi entend protéger de façon particulière (notamment les mineurs et les personnes dont le consentement est vicié); 3) la

---

[620] Voir : DEMOLOMBE, vol. 29, n°s 21-25, p. 16-18; AUBRY et RAU, 6e éd., t. 1, n° 37 p. 229 et suiv. et t. 4, n°s 344 et 345 p. 456 et suiv.; François LAURENT, *Principes de droit civil*, t. 15, 3e éd., Bruxelles, Bruylant-Christophe, 1878, n°s 450-457, p. 507-517; BAUDRY-LACANTINERIE, 2e éd., vol. 13, n°s 1929 et 1930, p. 255-257.

prescription est normalement possible, l'inaction consolidant l'acte, et 4) la confirmation de l'acte est elle aussi normalement possible : la « maladie » disparaissant, le malade guérit...

Au début du XXe siècle, cette construction fut sévèrement critiquée. On fit valoir qu'en tirant toutes les solutions de l'« état de l'acte », la théorie classique était trop rigide. Les modalités de l'inefficacité devaient être établies, disait-on, non point seulement en fonction de l'« état de l'acte », mais aussi en tenant compte du fait que l'inefficacité est en vérité une *sanction*, ce qui suppose une certaine souplesse, les conditions de formation ou de validité prévues par la loi n'ayant pas toutes le même objectif. En outre, on a fait remarquer que la théorie classique faisait totalement abstraction des apparences, ce qui n'était pas sans danger du point de vue de la sécurité des transactions[621]. Une nouvelle conception fut donc proposée.

C. La théorie du droit de critique

181. *Acte annulable.* Selon les partisans de cette nouvelle conception, un défaut dans la formation de l'acte ne se traduit généralement pas par l'inexistence de cet acte, mais plutôt par la possibilité de le *critiquer*; dès lors qu'il y a apparence d'acte, il n'y a pas « inexistence », car on doit considérer qu'un acte apparemment valide existe, en raison même de cette apparence, et produit des effets tant et aussi longtemps qu'il n'est pas « annulé ». En d'autres termes, dès lors que le tribunal est saisi d'un litige quant à l'existence ou non d'un contrat, il est le plus souvent en présence d'un contrat apparent dont l'une des parties prétend qu'il n'existe pas et dont l'autre soutient le contraire; si le juge arrive à la conclusion qu'un élément essentiel à la formation du contrat fait défaut, il devra au moins « détruire » cette apparence de contrat, et donc le juge « prononcera » la nullité de ce contrat de la même manière qu'il prononcerait la nullité d'un contrat nul de nullité relative.

---

[621] F. DROGOUL, *Essai d'une théorie générale des nullités,* Paris, Rousseau, 1902; René JAPIOT, *Des nullités en matière d'actes juridiques : essai d'une théorie nouvelle,* Paris, L.N.D.J., 1909, p. 124 et suiv.

Aussi, contrairement à ce que croyaient les classiques, dans la très grande majorité des cas, l'acte n'est pas « inexistant », mais plutôt « annulable », c'est-à-dire que ses effets sont susceptibles d'être anéantis par l'exercice d'un *droit de critique*. La question essentielle n'est donc pas de savoir si l'acte existe ou non, mais plutôt de déterminer quelles sont les modalités d'exercice du « droit de critique » : à qui est-il attribué, peut-on renoncer à l'exercer en confirmant l'acte, est-il susceptible de s'éteindre par prescription[622] ?

Les réponses à ces questions ne découlent plus de l'état de l'acte, mais sont modulées en fonction des objectifs variables des différentes conditions de formation et de validité du contrat. Les pionniers de la théorie du droit de critique distinguaient ainsi plusieurs catégories de nullités qu'ils regroupaient cependant en deux grands ensembles : les « nullités sanctionnant les règles inspirées par un motif d'ordre général » et celles « sanctionnant les règles inspirées par un motif d'ordre particulier »[623]. Dans le premier cas, l'intérêt général étant en jeu, tout intéressé (parfois même le tribunal) peut critiquer le contrat et la confirmation de l'acte (qui n'est rien d'autre que la renonciation au droit de critique) est exclue. Dans le second cas, on laisse à la partie dont les intérêts particuliers sont protégés le soin de décider du sort de l'acte : elle peut en requérir l'annulation ou, au contraire, renoncer à exercer son droit de critique en confirmant l'acte. On en revient ainsi au critère de l'intérêt protégé.

Cependant, ce critère ne sert plus, comme dans l'Ancien Droit, à distinguer les cas de *nullité* des cas d'*annulabilité*; il est désormais utilisé pour opposer *deux formes d'annulabilité*.

---

[622] René JAPIOT, *Des nullités en matière d'actes juridiques : essai d'une théorie nouvelle*, Paris, L.N.D.J., 1909, *passim*; Eugène GAUDEMET, *Théorie générale des obligations*, Paris, Sirey, 1965, p. 147 et suiv. Pour un résumé des idées de Japiot et de Gaudemet, voir Serge GAUDET, « Inexistence, nullité et annulabilité du contrat : essai de synthèse », (1995) 40 *R.D. McGill* 291, 316-321.

[623] René JAPIOT, *Des nullités en matière d'actes juridiques : essai d'une théorie nouvelle*, Paris, L.N.D.J., 1909, p. 530-634; Eugène GAUDEMET, *Théorie générale des obligations*, Paris, Sirey, 1965, p. 147 et suiv.

En effet, comme on vient de le voir, dès lors qu'il y a apparence d'acte, celui-ci ne peut être qu'annulable.

La théorie du droit de critique opère donc une rupture fondamentale par rapport à une tradition juridique qui remonte au droit romain. En effet, de sanction exceptionnelle qu'elle était, l'«annulabilité» devient la sanction de principe de l'invalidité[624].

D. Conception contemporaine

On peut désormais soutenir que le droit contemporain a rejeté la théorie classique et lui a substitué la théorie du droit de critique de Japiot, non sans y apporter quelques simplifications.

182. *Rejet de la conception organique.* On s'accorde aujourd'hui pour rejeter la « conception organique » de la nullité (contrat « mort-né » et contrat « malade ») : ce n'est pas la gravité du défaut, mais plutôt l'objectif de la condition violée qui détermine les modalités de la nullité. À cet égard, s'ils n'ont pas repris les nombreuses catégories de nullités que proposaient les pionniers de la théorie du droit de critique, les juristes contemporains opposent les conditions de formation ou de validité qui protègent l'intérêt général à celles qui protègent certains intérêts particuliers. Dans la première hypothèse, l'acte est « nul de nullité absolue » : puisque l'intérêt général est en cause, le droit de critique est généralisé (tout intéressé peut s'en prévaloir) et indisponible (on ne peut confirmer l'acte, car nul n'est autorisé à renoncer à exercer le droit de critique). Au contraire, lorsque seuls des intérêts particuliers sont en jeu, on parle de « nullité relative » : celle-ci ne peut être invoquée que par les personnes que la loi entendait protéger, lesquelles sont libres de renoncer à leur droit de critiquer l'acte, en le confirmant[625].

---

[624] Serge GAUDET, « Inexistence, nullité et annulabilité du contrat : essai de synthèse », (1995) 40 *R.D. McGill* 291, 322.

[625] GHESTIN, 2ᵉ éd., nº 739, p. 876; MARTY et RAYNAUD, t. 1, vol. 1, 2ᵉ éd., nº 158, p. 288; MAZEAUD, 9ᵉ éd., t. 2, vol. 1, nº 297, p. 300 et 301;

183. *Rejet de l'inexistence.* Que l'acte soit « nul de nullité absolue » ou « nul de nullité relative », on s'entend désormais pour dire qu'il existe et produit ses effets tant et aussi longtemps qu'il n'est pas annulé. La « nullité absolue » n'est donc, en dépit de son nom, qu'une annulabilité. Certes, c'est, par rapport à la nullité relative, une annulabilité renforcée dans la mesure où plus nombreuses sont les personnes susceptibles de l'invoquer, mais il s'agit là d'une différence de degré et non point de nature. Opposant ainsi, comme *summa divisio* de la théorie des nullités, deux formes d'annulabilité, la doctrine contemporaine n'admet que difficilement la notion même d'inexistence, c'est-à-dire une inefficacité opérant *de plano* et *ab initio*[626].

Bien que le rejet de la notion d'inexistence soit en principe justifié, ne serait-ce que pour des raisons pratiques, il est permis de se demander si la conception contemporaine rend véritablement compte de toutes les situations. Ainsi, est-il acceptable de considérer comme produisant des effets, jusqu'à son annulation par le tribunal, le contrat par lequel une personne s'engagerait à en tuer une autre moyennant rémunération : serait-ce à dire que le tueur à gages serait « obligé » par « son contrat » tant et aussi longtemps que le tribunal ne serait pas intervenu ? Ne serait-il pas alors préférable de prétendre que, ce « contrat » étant manifestement contraire à l'ordre public, il n'y aucune apparence d'acte juridique et qu'on se trouve alors devant une inefficacité radicale, une inexistence sinon matérielle tout au moins juridique ? De la même manière, serait-il acceptable de considérer que le « mariage » entre deux personnes du même sexe ou celui qui n'a fait l'objet d'aucune

---

FLOUR, AUBERT et SAVAUX, vol. 1, 9ᵉ éd., nᵒˢ 339 et 340, p. 244-247; LARROUMET, t. 3, 3ᵉ éd., nᵒ 532, p. 514-517; STARCK, 6ᵉ éd., vol. 2, nᵒ 1018, p. 359; TERRÉ, SIMLER et LEQUETTE, 5ᵉ éd., 1993, nᵒ 374, p. 288 et 289; BAUDOUIN et JOBIN, 5ᵉ éd., nᵒ 397, p. 328 et 329; TANCELIN, 6ᵉ éd., nᵒ 196, p. 93.
626 *Id.*

célébration n'est qu'annulable et non point radicalement nul[627] ?

Cela démontre que la doctrine classique, quoiqu'on en dise, n'était pas totalement dépourvue de mérites.

184. *Le Code civil du Québec.* Les articles 1416 à 1424 C.c.Q. constituent, pour l'essentiel, une codification de la conception contemporaine. Tout d'abord, ces dispositions ne font aucunement état de l'inexistence ou de la nullité radicale comme sanction de l'invalidité, les seules sanctions mentionnées étant la « nullité absolue » et la « nullité relative » qui sont, en dépit de leur nom, des « annulabilités » : selon l'article 1422 C.c.Q., le contrat qui ne respecte pas les conditions nécessaires à sa formation « *peut être frappé de nullité* », ce qui implique qu'il n'est pas inefficace *ab initio*. Ensuite, c'est le critère de l'intérêt protégé qui est utilisé pour déterminer le caractère de la nullité : si la condition violée a été édictée dans le but de protéger l'intérêt général, la nullité sera absolue; si elle a été établie en vue de protéger des intérêts particuliers, la nullité sera relative (art. 1417 à 1420 C.c.Q.).

Il est utile d'apporter ici certaines précisions. D'abord, les « règles de formation qui s'imposent en vue de la protection de l'intérêt général » (art. 1417 C.c.Q.) ne se confondent pas avec les « règles qui intéressent l'ordre public » (art. 9 C.c.Q.); ces dernières sont les règles impératives et, comme on l'a vu, il y a des règles impératives qui sont sanctionnées par la nullité absolue et d'autres par la nullité relative. La catégorie des règles qui intéressent l'ordre public est donc nécessairement plus large que celle des règles dont la sanction s'impose pour la protection de l'intérêt général. Ensuite, il ne faut pas croire que l'article 1421 C.c.Q. – lequel établit une présomption en faveur de la nullité relative – aboutit à remplacer le critère de l'intérêt protégé par un critère purement formel (la loi prévoit-elle ou

---

[627] Voir l'argumentation de Serge GAUDET, « Inexistence, nullité et annulabilité du contrat : essai de synthèse », (1995) *R.D. McGill* 291, 335-350; *cf.* également Xavier BARRÉ, « Nullité et inexistence ou les bégaiements de la technique juridique en France », (1992) 26 *R.J.T.* 21; MALAURIE et AYNÈS, t. 6, 10e éd., n°s 544 et 545, p. 315 et suiv.

non la nullité absolue ?)[628]. Cette disposition vise simplement à préciser que, dans les cas où l'hésitation est permise (c'est-à-dire ceux où il n'est pas aisé de dire si la condition violée protège l'intérêt général ou seulement les intérêts particuliers), c'est à celui qui prétend que la nullité est absolue à montrer en quoi l'intérêt général est en cause.

Ces dispositions du nouveau Code civil ont le mérite de simplifier le droit québécois en la matière. En effet, si, à partir du milieu du XXe siècle, la théorie du droit de critique avait commencé à faire sentir son influence au Québec, elle n'était cependant jamais parvenue à évincer totalement la théorie classique. Cette dernière avait ainsi conservé, dans le droit d'hier, une emprise non négligeable, source de confusion. Ainsi, on considérait généralement que l'inaptitude à consentir devait être sanctionnée par la « nullité absolue », un élément essentiel manquant alors à l'acte (théorie classique)[629]; en même temps, certains considéraient que la « nullité absolue » n'était pas une inefficacité radicale et qu'elle devait être prononcée par le tribunal pour produire ses effets (théorie du droit de critique)[630]. Il y avait là incohérence : si la « nullité absolue » sanctionnait le fait qu'il manquât un élément *essentiel* à la formation de l'acte, on aurait dû, en toute logique, considérer qu'il s'agissait d'une inefficacité radicale (inexistence ou nullité de plein droit) et non d'une simple annulabilité[631].

---

[628] D'ailleurs, l'article ne dit pas « à moins que la loi n'indique *expressément* le caractère de la nullité », mais bien « à moins que la loi n'indique *clairement* » ce caractère. Sur le plan du droit transitoire, on notera l'article 78 L.A.R.C.C., en vertu duquel la « présomption » de nullité relative est applicable aux situations en cours.

[629] BAUDOUIN, 4e éd., n° 452, p. 259; Pierre-Gabriel JOBIN, « Le défaut de consentement », (1966-67) 8 *C. de D.* 225.

[630] BAUDOUIN, 4e éd., n° 368, p. 216 et 217; TANCELIN, 4e éd., n° 191, p. 111.

[631] Dans le projet de loi 125 (art. 1413), on utilisait à la fois le critère des conditions essentielles et celui de l'intérêt protégé pour déterminer les cas de « nullité absolue », ce qui aurait été source d'ambiguïté : la nullité absolue aurait-elle due être comprise comme une nullité de plein droit (ainsi que le laisserait supposer l'utilisation du critère des conditions essentielles) ou plutôt une simple annulabilité, comme le laisserait

Par. 2. *Le domaine respectif de chaque type de nullité*

A. La sanction des règles relatives au consentement

On rappelera que chacune des parties doit être apte à donner son consentement et que la volonté de chacune doit être libre et éclairée.

185. *L'aptitude à donner un consentement.* On a déjà fait observer que l'aptitude à donner un consentement ne doit pas être confondue avec la capacité juridique : la capacité est une question de droit, l'aptitude à donner un consentement, une question de fait. Une personne juridiquement capable peut être momentanément inapte à donner un consentement.

L'absence de consentement (que certains ont appelée « incapacité naturelle »), qui, antérieurement, était sanctionnée de « nullité absolue » (au sens de la doctrine classique)[632], est désormais sanctionnée de nullité relative. Dans la conception classique, il était en effet logique que l'absence de consentement entrainât la « nullité absolue », puisque le critère sur lequel était fondé cette sanction était l'absence d'une condition essentielle à la formation du contrat. Dès lors que le critère de distinction repose sur la protection d'un intérêt ou d'intérêts particuliers, il devient légitime de préconiser la nullité relative[633], dans la mesure où il s'agit de protéger cette personne qui a conclu le contrat alors qu'elle n'avait pas une volonté claire et consciente, et de ne pas permettre au cocontractant sain d'esprit d'invoquer la nullité pour se défaire d'un contrat qui lui serait désavantageux.

186. *Les vices du consentement.* Que l'on soit en présence d'un contrat vicié par une erreur spontanée ou provoquée par un dol, d'un contrat conclu sous l'empire de la crainte ou d'un

---

supposer l'usage du critère de l'intérêt protégé ? Les dispositions finalement adoptées corrigent cette anomalie en rejetant le critère des conditions essentielles.

[632] Voir *Patenaude* c. *Bohémier*, (1931) 69 C.S. 442; *Petit* c. *Jubinville*, (1924) 31 R.L.n.s. 375 (C.S.).

[633] Voir *Martel* c. *Martel*, [1967] B.R. 805, préfigurant le droit d'aujourd'hui.

contrat lésionnaire, l'analyse demeure la même : la nullité est relative puisqu'il s'agit de protéger un intérêt particulier, celui de la victime de l'erreur, du dol, de la violence ou de la lésion (1419 C.c.Q.).

Il suffirait de s'en tenir là, si ce n'était du problème particulier que pose le cas de ce que l'on appelle l'erreur-obstacle. Rappelons que ce type d'erreur survient lorsque les parties ne s'entendent pas soit sur la nature du contrat, soit sur l'objet de la prestation. Dans le droit d'hier, on traitait l'erreur-obstacle de la même manière que l'absence de consentement et, en conséquence, on la sanctionnait par la « nullité absolue » (au sens de la doctrine classique)[634]. Là encore, cette analyse doit désormais être rejetée, dans la mesure où le critère n'est plus celui des conditions essentielles, mais plutôt celui de l'intérêt protégé. Au regard de ce dernier critère, l'erreur-obstacle, comme toute autre erreur, doit en principe être sanctionnée par une nullité relative établie en faveur de la partie qui s'est trompée. Encore faut-il toutefois préciser qui s'est trompé.

Si l'erreur est le fait d'une seule partie – par exemple, une personne fait parvenir une offre de vente à une autre qui l'accepte, croyant qu'il s'agit d'une offre de louage –, seule cette dernière peut demander l'annulation de l'acte, étant seule à s'être trompée sur la nature du contrat proposé; elle est en effet la seule qui « risque d'être victime du malentendu caractérisant l'erreur-obstacle »[635] : c'est la situation qui se présente le plus souvent. En revanche, lorsque le malentendu est tel que l'on ne peut pas dire avec certitude si l'erreur est le fait de l'une des parties ou des deux (véritable dialogue de sourds : l'un croit vendre un camion, l'autre croit acheter une automobile, sans qu'il soit possible de dire si le contrat porte véritablement sur le camion ou sur l'automobile), chacune des parties peut demander au tribunal de détruire toute apparence résultant de ce

---

[634] BAUDOUIN et JOBIN, 5ᵉ éd., n° 198, p. 200; *Agricultural Chemicals Ltd. c. Boisjoli,* [1972] R.C.S. 278.

[635] GHESTIN, 3ᵉ éd., n° 495, p. 460; Serge GAUDET, « Inexistence, nullité et annulabilité du contrat : essai de synthèse », (1995) 40 *R.D. McGill* 291, 352 et 353.

pseudo-accord de volontés (n'est-on pas alors très proche de la notion d'inexistence ?)[636].

B. La sanction des règles relatives à la capacité

On a déjà vu que l'incapacité générale de jouissance n'existait plus dans notre droit et qu'il ne pouvait y avoir que des « incapacités de jouissance spéciales » qui sont en réalité des « interdictions de contracter ». Ces dernières se distinguent de la véritable incapacité juridique, qui est une incapacité d'exercice.

187. *Les interdictions de contracter.* Selon les motifs qui sont à la base de la prohibition, la nullité sera absolue ou relative. Par exemple, l'interdiction faite aux juges, avocats, notaires et autres officiers de justice de se porter acquéreurs de droits litigieux est sanctionnée par la nullité absolue (art. 1783 C.c.Q.)[637]; cette mesure vise en effet à éviter tout soupçon injurieux dans le cadre de l'administration de la justice. De même, on considère que les interdictions de contracter faites aux personnes morales sont généralement sanctionnées par la nullité absolue[638]. En revanche, certaines interdictions de contracter sont édictées dans le but de protéger des intérêts particuliers : ainsi, l'interdiction faite à l'administrateur du bien d'autrui de se porter acquéreur du bien qu'il administre étant destinée à protéger les intérêts patrimoniaux de l'administré, la nullité est relative[639].

188. *Les incapacités d'exercice.* Puisque l'incapacité d'exercice a normalement pour but de protéger certaines per-

---

[636] Voir Serge GAUDET, « Inexistence, nullité et annulabilité du contrat : essai de synthèse », (1995) *R.D. McGill* 291, 352 et 353.

[637] Le droit français est au même effet : *cf.* Pierre-Yves GAUTHIER, « Contrats spéciaux », *Rev. trim. dr. civ.* 1992.403, 406.

[638] *Tardif et Pouliot Ltée c. Pouliot*, [1971] R.L. 155. Sur cette question, voir Maurice et Paul MARTEL, *La compagnie au Québec*, vol. 1, Montréal, Wilson et Lafleur, 1992, p. 183 et suiv.

[639] Art. 1312 et 1709 C.c.Q.

sonnes en raison de leur âge et de leur état mental, la sanction est la nullité relative[640].

C. La sanction des règles relatives à l'objet et à la cause

On envisagera successivement la sanction du défaut d'objet ou de cause puis la sanction de l'illicéité.

189. *Défaut d'objet ou de cause.* Traditionnellement, on a enseigné que le défaut d'objet comme le défaut de cause entraînait une « nullité absolue » (au sens de la doctrine classique), puisqu'on considérait qu'il manquait alors un élément essentiel à la formation du contrat[641]. Dès lors que le critère de distinction entre la nullité absolue et la nullité relative repose sur la protection de l'intérêt général ou d'intérêts particuliers, il faut se demander s'il y va de l'intérêt général pour appliquer la nullité absolue, ou s'il s'agit plutôt de protéger des intérêts particuliers, auquel cas la nullité serait relative.

Certains préconisent la nullité relative dans tous ces cas[642] : s'il y a absence d'objet, il paraît logique de refuser à celui qui a reçu sans rien donner en contrepartie le droit de demander et d'obtenir la nullité; de même, la prise en considération d'une contrepartie (la cause de l'obligation) étant la condition de la validité de l'engagement d'un contractant,

---

[640] Pour le mineur, voir les articles 162 et 163 C.c.Q. Pour le majeur protégé, voir l'article 256 C.c.Q. L'article 987 C.c.B.C. avait donné lieu à certaines difficultés d'interprétation puisqu'il indiquait expressément que l'incapacité des mineurs et des interdits pour prodigalité était établie en leur faveur, ce qui laissait croire à une règle différente pour les autres types d'incapacité. Voir la discussion dans PINEAU et BURMAN, 2ᵉ éd., n° 131, p. 191. Le législateur, dans sa réforme de 1989, s'était déjà clairement prononcé en faveur de la nullité relative (art. 325 C.c.B.C. tel que modifié par la *Loi sur le curateur public et modifiant le Code civil et d'autres dispositions législatives*, L.Q. 1989, c. 54).

[641] MIGNAULT, t. 5, p. 235 et 236; BAUDOUIN, 3ᵉ éd., n°ˢ 331 et 332, p. 227 et 228.

[642] LARROUMET, t. 3, 3ᵉ éd., n°ˢ 539 et 540, p. 525 et 526; STARCK, 6ᵉ éd., vol. 2, n°ˢ 1009 et 1010, p. 356 et 357; LANGEVIN et VÉZINA, vol. 5, p. 52.

l'absence de cause entraîne une injustice qui touche une seule des parties, celle-là seule méritant d'être protégée.

Cependant, on peut soutenir que l'absence d'objet ne permet pas à l'acte de remplir sa fonction sociale d'échange et que l'intérêt général est en jeu[643]. En outre, comment concevoir la confirmation d'une prestation impossible ou dont on ne connaît pas le contenu exact ? Pour ces raisons, et malgré la présomption de nullité relative énoncée à l'article 1421 C.c.Q., nous croyons en définitive préférable d'aller dans le sens de la nullité absolue.

Là encore, en certaines hypothèses, on pourrait même faire appel à la notion d'inexistence ou de nullité de plein droit : ce serait le cas du fameux engagement à toucher le ciel du doigt ou de livrer la lune ou encore de « faire quelque chose ». De telles promesses ne créant pas même une apparence d'engagement, elles ne devraient avoir aucun effet juridique[644].

Quant au défaut de cause, la nullité relative semble plus appropriée : celui qui s'engage sans cause commet en effet une erreur qui, quoique d'un type très particulier que l'on a déjà relevé, doit être sanctionnée comme toute autre erreur. Il importe cependant de préciser que, dans le cadre d'un contrat synallagmatique, le défaut de cause de l'obligation de l'une des parties découle du défaut d'objet de l'obligation corrélative; ainsi, ce qui vicie le contrat, ce n'est pas le défaut de cause, mais bel et bien le défaut d'objet : c'est donc la sanction du défaut d'objet qui s'applique. La nullité relative sanctionnant le défaut de cause ne s'applique donc que dans le cadre des contrats unilatéraux : tel serait le cas de la personne qui s'engagerait à indemniser une tierce personne pour le préjudice subi, s'en croyant erronément responsable.

190. *Illicéité de l'objet ou de la cause.* Quant à l'illicéité (ou l'immoralité, qui n'est plus désormais différenciée de l'illicéité),

---

[643] GHESTIN, 2ᵉ éd., n° 776.1, p. 922-925.

[644] Serge GAUDET, « Inexistence, nullité et annulabilité du contrat : essai de synthèse », (1995) 40 *R.D. McGill* 291, 357; STARCK, 6ᵉ éd., vol. 2, nᵒˢ 1008 et 1014, p. 356, 358 et 359.

qu'il s'agisse de celle de l'objet (incluant l'illicéité du résultat) ou de la cause, elle sera sanctionnée soit par la nullité absolue si l'ordre public touché est l'ordre public de direction, soit par la nullité relative si l'ordre public touché est l'ordre public de protection, ce qui est souvent le cas lorsqu'il s'agit de l'ordre public économique. En d'autres termes, il faudra se demander si l'intérêt général est en jeu ou si seuls les intérêts d'une personne ou d'une catégorie de personnes ont voulu être protégés : en effet, les lois impératives ne sont pas toutes nécessairement sanctionnées par la nullité absolue[645].

Parfois, le nouveau Code tient à préciser le caractère de la nullité de certains contrats : ainsi en est-il des conventions de procréation ou de gestation pour le compte d'autrui qui sont expressément sanctionnées de nullité absolue (art. 541 C.c.Q.). Par ailleurs, comme on en a déjà fait état, lorsqu'il n'y a pas même apparence d'engagement (la prestation est manifestement illicite), on devrait considérer l'obligation comme inexistante ou nulle de plein droit : tel serait le cas de l'engagement pris par un tueur à gages.

S'agissant toutefois de contrats dont on pourrait dire qu'ils ont une cause immorale, au sens du droit antérieur, la nullité devrait en principe être absolue, puisqu'il y va de l'intérêt général que les contrats soient conclus à des fins qui ne soient pas immorales[646], sous réserve des droits du contractant irréprochable[647].

D. La sanction des règles relatives aux conditions de forme

On a déjà mentionné l'existence de formalités *ad probationem* et de formalités *ad solemnitatem*. Les premières relevant simplement des règles relatives à la preuve, seules les secondes, qui sont de véritables conditions de formation ou de

---

[645] Voir *Garcia Transport Ltée* c. *Cie Trust Royal*, [1992] 2 R.C.S. 499, 520 et suiv.

[646] LARROUMET, t. 3, 3ᵉ éd., n° 540, p. 526.

[647] *Cf. supra*, n° 173.

validité du contrat, nous intéressent ici. Toutefois, il existe des formalités dites « habilitantes » sur lesquelles il est opportun d'apporter quelques précisions.

191. *Formalités habilitantes.* Elles consistent généralement en l'autorisation requise pour qu'un incapable – ou celui qui le représente – puisse accomplir valablement certains actes juridiques graves : une telle formalité, qui a pour but d'assurer la protection de l'incapable, n'enlève en rien, au contrat conclu, son caractère consensuel. Étant donné leur finalité, ces « formalités » sont en principe sanctionnées par la nullité relative[648] : par exemple, l'acte accompli par le tuteur sans l'autorisation du tribunal, lorsque celle-ci est requise, est annulable à la demande du mineur (art. 162 C.c.Q.).

On pourrait également classer dans la catégorie des formalités habilitantes certaines autorisations nécessaires à la validité de certains actes : on peut penser, par exemple, à la procédure de soumissions publiques et aux autorisations administratives requises pour la conclusion de certains contrats municipaux ou gouvernementaux. Le non-respect d'une telle mesure, qui vise en principe à protéger l'intérêt général, entraîne alors la nullité absolue[649].

192. *Formalités solennelles.* Il est permis de se demander, tout d'abord, si, en certains cas, le non-respect de la formalité solennelle qui est requise n'entraînerait pas l'inexistence de l'acte; en effet, en matière de mariage, par exemple, on conçoit que les formalités sont si intrinsèquement liées à l'acte qu'en

---

[648] TERRÉ, SIMLER et LEQUETTE, 5ᵉ éd., 1993, n° 134, p. 110. Dans l'affaire *Aubé* c. *Forget*, [1967] C.S. 412, le tribunal considère que le non-respect d'une formalité habilitante visant à permettre à un curateur de vendre le bien d'un majeur protégé entraîne la nullité relative de l'acte. Cependant, curieusement, il accorde l'annulation demandée par le cocontractant de la personne protégée!

[649] *Corporation municipale de Havre St-Pierre* c. *Brochu*, [1973] C.A. 832; *Vennes* c. *Cité de Grand-Mère*, [1968] C.S. 118; *Cie Immobilière Viger Ltée* c. *Lauréat Giguère Inc.*, [1977] 2 R.C.S. 67; *Isolation Sept-Îles Inc.* c. *Bande des Montagnais de Sept-Îles et Maliotenam*, [1987] R.J.Q. 2063 (C.S.); *Coopérative de commerce des Mille-Îles* c. *Société des Alcools du Québec*, J.E. 94-960 (C.S., appel rejeté, [1996] R.J.Q. 2112 (C.A.)).

leur absence il n'y a pas même *apparence d'acte*[650] : tel serait le cas du « mariage » qui consisterait en un simple échange de consentement sans la moindre « célébration ». Cependant, en matière contractuelle, en raison même du principe du consensualisme, on ne peut pas dire que les formalités prévues soient intrinsèquement liées à l'existence de l'acte : une convention d'hypothèque immobilière sous seing privé est certes invalide, mais elle n'est pas inexistante. La sanction du non-respect d'une formalité est donc, en matière contractuelle, la nullité[651], mais il reste à déterminer si elle est absolue ou relative.

On considère généralement que le non-respect des formalités solennelles est sanctionné par la nullité absolue[652]. En effet, la plupart du temps, les solennités visent à protéger des intérêts divers et il n'est pas vraiment possible d'identifier les intérêts privés que la formalité protégerait spécialement : ainsi, l'exigence de la forme notariée permet aux parties de bien mesurer la portée de leurs engagements, mais elle assure en outre une conservation de l'*instrumentum* et une plus grande exactitude du contenu contractuel, ce qui est utile non seulement pour les parties, mais aussi pour les tiers. C'est pourquoi le législateur sanctionne de nullité absolue tant l'hypothèque que la donation immobilière qui ne sont pas notariées (art. 1824 et 2693 C.c.Q.). Cependant, il y a des cas, de plus en plus nombreux, où les formalités visent très clairement à protéger des intérêts privés[653] : la nullité sera alors relative. Par exemple, seul le consommateur peut invoquer la nullité qui découle de la violation des formalités prévues à la *Loi sur la*

---

[650] Voir à ce sujet Marie-Antoinette GUERRIERO, *L'acte juridique solennel*, Paris, L.G.D.J., 1975, p. 357 et suiv. Sur la question de la nullité du mariage, voir Jean PINEAU, *La famille : droit applicable au lendemain de la « loi 89 »*, Montréal, P.U.M., 1982, n° 84 et suiv., p. 57 et suiv.

[651] Marie-Antoinette GUERRIERO, *L'acte juridique solennel*, Paris, L.G.D.J., 1975, p. 360 et suiv.

[652] WEILL et TERRÉ, 4ᵉ éd., 1986, n° 298, p. 308; FLOUR, AUBERT et SAVAUX, vol. 1, 9ᵉ éd., n° 336, p. 238-239; STARCK, 6ᵉ éd., vol. 2, n° 1011, p. 357.

[653] Voir les commentaires de GHESTIN, 2ᵉ éd., nᵒˢ 783-789, p. 937-943 et ceux de FLOUR, AUBERT et SAVAUX, vol. 1, 9ᵉ éd., n° 336, p. 238 et suiv.

protection du consommateur[654]; en outre, la vente d'un immeuble à usage d'habitation doit être, en certains cas, précédée d'un contrat préliminaire et, si cette formalité n'est pas respectée, seul l'acheteur pourra requérir l'annulation de la vente (art. 1785 et suiv. et art. 1793 C.c.Q.).

Il arrive parfois que les parties elles-mêmes assujettissent la formation du contrat à une forme solennelle (art. 1385 C.c.Q.) : le défaut de forme devrait être alors sanctionné d'une nullité relative, parfois double, puisque ce sont les parties qui ont convenu de se protéger particulièrement; en ce cas, en effet, l'intérêt général n'est aucunement en cause.

Par. 3. *L'annulation*

L'acte entaché de nullité absolue ou de nullité relative n'est pas sanctionné par une inefficacité qui survient de plein droit, mais uniquement par la possibilité qu'il devienne inefficace. En conséquence, pour le rendre inefficace, il est nécessaire de l'annuler. On envisagera successivement l'action en nullité, l'étendue de l'annulation et ses conséquences.

A. L'action en nullité

193. *Mise en oeuvre de la sanction.* La demande en nullité peut se faire par voie d'action ou par voie d'exception. Dans le premier cas, c'est le demandeur qui a recours au tribunal afin d'établir que le contrat litigieux ne s'est pas formé valablement; dans le second, c'est le défendeur qui riposte à une action en exécution d'un acte, en en invoquant la nullité. Ce n'est que dans la mesure où le tribunal accueille cette demande en nullité que l'acte sera censé n'avoir jamais existé.

La doctrine classique, qui assimilait la nullité absolue et l'inexistence, en concluait logiquement qu'en cas de nullité absolue, le jugement accueillant la demande de nullité était déclaratif de droit (le juge *constate* la nullité) alors qu'il était

---

[654] L.R.Q., c. P-40.1, art. 271.

constitutif de droit en cas de nullité relative (le juge *prononce* l'annulation)[655]. Cette distinction ne peut plus être soutenue en droit contemporain, car la nullité absolue, à l'instar de la nullité relative, ne rend le contrat qu'annulable : dans un cas comme dans l'autre, le juge *prononce* l'annulation et c'est ce jugement qui rend l'acte inefficace. L'article 1422 C.c.Q. le confirme, puisque ce n'est que lorsqu'il est « frappé de nullité » que le contrat est « réputé n'avoir jamais existé »; cette phraséologie implique qu'avant l'annulation, l'acte existait bel et bien.

L'annulation est donc nécessaire, mais est-elle nécessairement judiciaire ? Ne pourrait-on pas envisager qu'elle se fasse à l'amiable ? Si rien n'interdit aux parties de s'entendre pour mettre de côté leur convention (en raison d'un vice qui l'entache), on peut cependant se demander s'il s'agit là d'une véritable *annulation*; certains semblent l'admettre[656], mais cette opinion nous paraît contestable. En effet, contrairement à la « révocation » ou à la « résiliation à l'amiable », qui n'ont aucun effet rétroactif, l'annulation, elle, a nécessairement un effet rétroactif; or il est difficile d'admettre, en raison du principe de la relativité des conventions, qu'une annulation purement conventionnelle puisse porter préjudice aux droits acquis par des tiers. Aux fins d'illustration, on prendra le cas des droits de mutation en cas de vente immobilière : si une telle vente intervient, des droits sont payables; si cette vente est révoquée, de nouveaux droits sont payables puisque la révocation d'une vente n'est rien d'autre qu'une nouvelle vente, l'acheteur d'hier devenant aujourd'hui le vendeur et vice-versa. Si on admettait que l'annulation puisse être conventionnelle, les parties souhaitant révoquer leur convention pourraient déclarer effectuer plutôt une « annulation », évitant ainsi le paiement d'une nouvelle taxe[657]. Il semble donc que l'annulation véritable, celle

---

[655] Voir Léon MAZEAUD, « De la distinction des jugements déclaratifs et des jugements constitutifs de droits », *Rev. trim. dr. civ.* 1929.17, 21 et 22.

[656] PLANIOL et RIPERT, 2ᵉ éd., t. 6, n° 296, p. 380. Voir aussi un *obiter* de la Cour d'appel dans *Lionel Labrie Inc. c. Ferronniers de Hauterive Inc.*, [1977] C.A. 495.

[657] Voir sur ce point MALAURIE et AYNÈS, t. 6, 10ᵉ éd., n° 556, p. 320.

qui anéantit rétroactivement l'acte, ne puisse survenir que par l'effet d'une décision judiciaire.

C'est au niveau de la demande en nullité que la distinction entre les nullités absolue et relative prend toute son importance, tant au niveau des personnes pouvant invoquer la nullité qu'à celui des modalités d'extinction de l'action en nullité.

a) Les personnes pouvant invoquer la nullité

194. *Personnes pouvant invoquer la nullité absolue.* Lorsque le défaut dans la formation est sanctionné par la nullité absolue, toute personne y ayant intérêt peut demander l'annulation de l'acte (art. 1418 C.c.Q.). Précisons que la loi ne confère pas à *toute personne* le droit de requérir l'annulation, mais seulement aux personnes qui y ont un « intérêt né et actuel ». Or, si on « s'accorde à admettre que [...] tout le monde a intérêt au respect des lois, cet intérêt n'est pas suffisant pour autoriser n'importe qui à demander l'annulation d'un contrat »[658]. Quelles sont donc les personnes qui ont un « intérêt né et actuel » à l'annulation d'un contrat ?

Il est clair tout d'abord que les parties et leurs ayants cause universels possèdent en principe cet intérêt, étant directement affectés par le contrat. Les ayants cause à titre particulier peuvent aussi posséder l'intérêt requis, mais seulement dans la mesure où leur propre situation sera améliorée par l'annulation de l'acte. Ainsi, l'acheteur d'un immeuble pourra demander l'annulation d'un bail qui a été conclu par le propriétaire précédent, mais entaché de nullité absolue[659]. Le cas des véritables tiers (les *penitus extranei*) est plus délicat. Certains notent avec justesse que « l'occupant d'une maison ne pourrait, pour se débarrasser d'un [nouveau] voisin qui le gêne, deman-

---

[658] GHESTIN, 2ᵉ éd., nº 768, p. 914. Voir aussi STARCK, 6ᵉ éd., vol. 2, nº 1023, p. 361 et 362.

[659] FLOUR, AUBERT et SAVAUX, vol. 1, 9ᵉ éd., nº 337, p. 242. Pour ce qui est des créanciers, voir Jean-Luc AUBERT, « Le droit pour le créancier d'agir en nullité des actes passés par son débiteur », *Rev. trim. dr. civ.* 1969.692.

der la nullité de l'achat de la maison voisine pour défaut de prix », tout comme un « commerçant ne pourrait demander la nullité d'une société constituée en violation de l'ordre public, dès lors que son seul intérêt serait de voir disparaître un concurrent »[660]. Bref, le fait qu'une personne ait un avantage quelconque à l'annulation d'un contrat ne voudra pas nécessairement dire que cette personne a l'intérêt juridique requis pour demander cette annulation. Cet intérêt n'existera que si « le demandeur en nullité [fait] la preuve d'un droit personnel antagoniste de ceux qui résultent de l'acte critiqué »[661].

Mentionnons cependant que le procureur général peut intervenir d'office dans toute instance « touchant l'application d'une disposition d'ordre public » (art. 99 C.p.c.) et qu'il pourra, à titre de gardien de l'ordre public, demander l'annulation de tout acte qui serait sanctionné par la nullité absolue. Par ailleurs, le tribunal, pour les mêmes raisons, non seulement peut, mais doit prononcer d'office l'annulation de tout acte entaché de nullité absolue (art. 1418 C.c.Q.)[662].

195. *Personnes pouvant invoquer la nullité relative.* Lorsque le contrat est entaché de nullité relative, seules les personnes en faveur de qui est établie la cause de nullité peuvent en demander l'annulation : « il est [alors] plus important d'éviter que la nullité puisse se retourner contre ceux qu'elle tendait à protéger, que d'assurer l'inefficacité de l'acte »[663]. En principe, donc, ni le cocontractant, ni un tiers y ayant intérêt, ne pour-

---

660 TERRÉ, SIMLER et LEQUETTE, 5ᵉ éd., 1993, n° 371, p. 284 et 285. Voir aussi STARCK, 6ᵉ éd., vol. 2, n° 1023, p. 361.

661 GHESTIN, 2ᵉ éd., n° 770, p. 914. Un simple « espoir » n'est pas suffisant : *Martel c. Martel,* [1967] B.R. 805. Certains exigent en outre un « rapport étroit » entre l'intérêt invoqué et la cause de nullité (STARCK, 6ᵉ éd., vol. 2, n° 1023, p. 361).

662 Voir *Antoine Guertin Ltée c. Chamberland Co.,* [1971] R.C.S. 385, 403. Sur cette question, voir les commentaires de GHESTIN, 2ᵉ éd., n° 750-1 et suiv., p. 889 et suiv. Il faut toutefois souligner qu'il y a des différences entre les textes français et québécois sur le sujet.

663 GHESTIN, 2ᵉ éd., n° 752, p. 899. *Cf. Rosenthal c. 143954 Canada inc.* [1996] R.D.I. 31 (C.A.).

ront obtenir l'annulation de l'acte, et le tribunal ne sera pas admis à la prononcer d'office (art. 1420 C.c.Q.).

Il faut toutefois éviter de conférer à ce principe une portée trop absolue. Tout d'abord, rien n'empêche le représentant légal (tuteur, curateur, héritier) de la personne protégée d'agir[664]. On devrait aussi admettre que le droit d'invoquer la nullité relative puisse être transféré à l'ayant cause à titre particulier, lorsque ce droit se rattache de façon étroite à un bien aliéné, en application du principe posé à l'article 1442 C.c.Q. Ainsi, l'acheteur d'un immeuble pourrait requérir l'annulation d'un bail entaché d'une cause de nullité relative en faveur du propriétaire précédent[665].

Ensuite, le sort d'un contrat entaché de nullité relative étant entre les mains de la partie protégée, le cocontractant se retrouve dans une situation d'incertitude : le contrat sera-t-il maintenu ou annulé ? En principe, le cocontractant ne peut rien faire pour lever cette incertitude puisque la décision de maintenir ou d'annuler le contrat appartient à la partie protégée. On peut dès lors imaginer des cas où le *veto* de la partie protégée quant au sort du contrat cause un préjudice sérieux à son cocontractant. Par exemple, sur le point de s'acheter une nouvelle résidence, le vendeur d'une maison apprend que son acheteur pourrait demander l'annulation de la vente : que doit-il faire ? Acheter et courir le risque de se retrouver avec deux résidences ou ne pas acheter et courir le risque que ce sacrifice soit inutile, l'acheteur pouvant choisir de confirmer la vente ? Pour éviter que le cocontractant se retrouve dans cette position inconfortable, le législateur québécois a innové en permettant au cocontractant de la partie protégée de demander *lui-même* l'annulation du contrat, pourvu qu'il soit de bonne foi et que l'incertitude quant au sort du contrat lui cause un préjudice sérieux (art. 1420 C.c.Q.)[666]. La loi cherche ainsi à établir un

---

[664] STARCK, 6ᵉ éd., vol. 2, nᵒ 1021, p. 360.

[665] FLOUR, AUBERT et SAVAUX, vol. 1, 9ᵉ éd., nᵒ 339, p. 244-246. Voir aussi STARCK, 6ᵉ éd., vol. 2, nᵒ 1019, p. 360.

[666] « Cette ouverture nouvelle veut apporter une solution au problème qui peut se poser lorsque celui qui bénéficie de la protection de la nullité ne

équilibre entre les intérêts de la partie protégée et ceux de son cocontractant.

Pour éviter que cette « ouverture » envers le cocontractant ne se traduise en négation des droits de la partie protégée, les conditions prévues à l'article 1420 C.c.Q. doivent être réunies. Il faut tout d'abord que ce cocontractant soit de bonne foi : il n'aura donc pas le droit de demander lui-même l'annulation de l'acte si, par exemple, il a commis un dol ou encore si, au moment de la conclusion du contrat, il connaissait ou aurait dû connaître l'incapacité de son cocontractant. Ensuite, il faut que l'incertitude qui découle de l'option conférée à la personne protégée cause au cocontractant un préjudice *sérieux*; il ne doit donc pas s'agir d'un simple inconvénient. Ainsi, un commerçant ne subit pas en principe de préjudice *sérieux* du fait que l'une de ses ventes puisse être annulée. Enfin, et bien que la loi ne le précise pas, il semble logique que le cocontractant de la partie protégée ne puisse demander lui-même l'annulation de l'acte qu'après avoir formellement offert à cette dernière d'opter entre l'annulation et la confirmation de l'acte; ce n'est que dans la mesure où celle-ci refuse ou néglige de faire ce choix qu'il y a incertitude pour le cocontractant de la partie protégée. À défaut de mettre en demeure la partie protégée d'opter entre l'annulation ou la confirmation de l'acte, le cocontractant pourrait voir sa demande en annulation rejetée, avec dépens, si la partie protégée décidait, comme c'est son droit de le faire, de confirmer le contrat.

Précisons en terminant qu'on ne peut pas dire que le cocontractant de la partie protégée qui se prévaut de la faculté que lui donne l'article 1420 C.c.Q. de demander l'annulation de l'acte exerce l'action en nullité qui appartient à cette dernière.

---

confirme pas le contrat qui en est frappé sans en demander la nullité, ou n'est pas en mesure de la faire. Il a paru opportun, dans ces cas, de permettre alors au cocontractant de bonne foi, complètement étranger à la cause de nullité, de mettre ainsi fin à l'état d'incertitude qui pèse sur la validité de son engagement. »; *C.M.J.*, t. I, art. 1416 C.c.Q. Sur le plan du droit transitoire, on notera l'article 79 L.A.R.C.C. en vertu duquel l'article 1420 C.c.Q. est applicable aux contrats en cours formés sous l'empire de la loi ancienne.

En effet, il exerce alors un droit qui lui est propre : si la partie protégée peut demander l'annulation de l'acte, en raison du vice du contrat qui porte atteinte à ses intérêts privés, le co-contractant de bonne foi peut faire de même en raison de l'incertitude qui *lui* cause un préjudice sérieux. Il n'y a donc pas un droit de demander l'annulation qui peut être exercé par les deux parties, mais plutôt deux droits distincts de demander l'annulation.

b) L'extinction du droit de demander l'annulation

Le droit pour une personne donnée de requérir l'annulation du contrat peut s'éteindre par la confirmation de l'acte (a) ou par la prescription (b).

1. *La confirmation*

196. *Notion de confirmation.* La confirmation est la renon-ciation au droit de demander l'annulation du contrat (art. 1423 C.c.Q.)[667]. Elle est un acte juridique unilatéral et abdicatif qui a pour effet, à l'égard de la personne qui confirme, de rendre inattaquable le contrat vicié (art. 1423 et 1424 C.c.Q.)[668].

Dans la conception classique de la théorie des nullités, la confirmation était analysée comme une véritable réparation de l'acte (par elle, l'acte « malade » était « guéri »). Cette concep-tion de la confirmation doit aujourd'hui être rejetée, dans la mesure où la doctrine contemporaine a mis de côté la concep-tion « organique » de la nullité. L'analyse contemporaine de la confirmation en fait un acte essentiellement « négatif » : plutôt que d'être une réhabilitation de l'acte, elle n'est que la renon-

---

[667] Gérard COUTURIER, *La confirmation des actes nuls*, Paris, L.G.D.J., 1972, n° 16, p. 13; GHESTIN, 2ᵉ éd. n° 817, p. 963; FLOUR, AUBERT et SAVAUX, vol. 1, 9ᵉ éd., n° 341, p. 247 et 248.

[668] *Id.* Voir aussi TERRÉ, SIMLER et LEQUETTE, 5ᵉ éd., 1993, n° 373, p. 286 et suiv.; MAZEAUD, 9ᵉ éd, t. 2, vol. 1, n° 309, p. 307.

ciation au droit de demander l'annulation de l'acte[669]. Cette nouvelle analyse de la confirmation a permis de la distinguer assez nettement de la *régularisation*, laquelle fait justement disparaître, non pas le droit de demander la nullité, mais la cause de nullité elle-même. Ainsi, alors que la confirmation ne produit d'effet qu'à l'égard de celui qui confirme (lui seul renonçant à son droit), la régularisation a un effet *erga omnes* et l'acte, validé à l'égard de tous, ne peut plus être attaqué par quiconque. Il en est ainsi, par exemple, lorsque le vendeur de la chose d'autrui acquiert la chose vendue (art. 1713 C.c.Q.)[670].

197. *Domaine de la confirmation.* Le domaine de la confirmation ne pose pas de difficultés particulières : possible lorsque l'acte est entaché de nullité relative, la confirmation est exclue lorsqu'il est entaché de nullité absolue (art. 1418 et 1420 C.c.Q.).

Les classiques expliquaient cette distinction en se basant sur la conception « organique » : l'acte entaché de nullité absolue est « mort-né » et la confirmation est alors impossible (comment concevoir la guérison d'un acte mort-né ?); en revanche, l'acte entaché de nullité relative n'est que « malade », et la confirmation est alors possible. Ce raisonnement doit être mis de côté dans la mesure où l'on considère aujourd'hui que l'acte entaché de nullité absolue, tout comme l'acte entaché de nullité relative, existe et produit ses effets tant qu'il n'est pas annulé. Il n'est donc pas *inconcevable,* en droit contemporain, qu'un acte entaché de nullité absolue puisse être confirmé[671]. Cependant, si c'est une chose de dire que la confirmation est *concevable,* c'en est une autre de dire qu'elle est *souhaitable.* En effet, l'acte qui est entaché de nullité absolue viole une règle qui s'impose pour la protection de l'intérêt général et la loi, en ce cas, non seulement attribue à tous les intéressés le droit de

[669] C'est l'ouvrage de Gérard COUTURIER, *La confirmation des actes nuls,* Paris, L.G.D.J., 1972 qui a fait ressortir la nature essentiellement négative de la confirmation.
[670] Voir Christian DUPEYRON, *La régularisation des actes nuls,* Paris, L.G.D.J., 1973; GHESTIN, 2ᵉ éd., n° 798 et suiv., p. 950 et suiv.
[671] GHESTIN, 2ᵉ éd., n° 840 et suiv., p. 981 et suiv.

demander l'annulation de l'acte, mais leur interdit de s'en dépouiller : au cas de nullité absolue, le droit de critique est, selon l'expression de Couturier, *indisponible*[672]. Au contraire, lorsque l'acte ne contrevient qu'à des intérêts purement privés, rien ne s'oppose à ce que l'acte soit confirmé. La doctrine contemporaine en arrive ainsi à la même solution que les classiques, mais par une analyse différente.

198. *Conditions de la confirmation.* Celui qui confirme doit avoir *connaissance du vice* affectant le contrat et il doit aussi avoir *l'intention de couvrir ce vice*[673]. Ces deux conditions visent à assurer que la renonciation au droit de demander l'annulation soit faite en toute connaissance de cause et sur la base d'un consentement véritable. Ces conditions ont pour conséquence logique que la confirmation doit survenir *après* que la partie protégée ait acquis le droit de demander l'annulation du contrat : la renonciation à l'avance au droit de demander la nullité du contrat est invalide, car elle ne saurait être faite en connaissance de cause[674]. Ajoutons enfin qu'étant un acte juridique, la confirmation n'est valide que dans la mesure où elle est elle-même exempte de vice : ainsi, le contractant qui s'est engagé sous la menace ne peut confirmer son engagement que dans la mesure où cette menace a cessé.

La confirmation peut être expresse ou tacite (ce peut être, par exemple, l'exécution volontaire du contrat vicié[675]), mais elle ne doit pas être équivoque : étant un acte abdicatif, la confirmation ne se présume pas. L'article 1423 C.c.Q. précise

---

[672] Gérard COUTURIER, *La confirmation des actes nuls*, Paris, L.G.D.J., 1972, n° 298 et suiv., p. 252 et suiv.; GHESTIN, 2e éd., n° 842, p. 984-986; FLOUR, AUBERT et SAVAUX, vol. 1, 9e éd., n° 347, p. 252.

[673] *Racicot* c. *Bertrand*, [1979] 1 R.C.S. 441; *Cf.* également *Bergeron* c. *Archambault*, J.E. 00-2054 (C.S., en appel, C.A. Montréal, n° 500-09-010254-001); *Beaulieu* c. *Moreau*, J.E. 00-2260 (C.S.). Voir aussi TERRÉ, SIMLER et LEQUETTE, 5e éd., 1993, n° 379, p. 291; MAZEAUD, 9e éd., t. 2, vol. 1, n° 310, p. 308; GHESTIN, 2e éd., n°s 819-827, p. 964-970.

[674] *Garcia Transport Ltée* c. *Cie Trust Royal*, [1992] 2 R.C.S. 499.

[675] *Cie Gosselin Ltée* c. *Péloquin*, [1957] R.C.S. 15; *Tremblay* c. *Pétroles Inc.*, [1961] B.R. 856; *Tourangeau* c. *Leclerc*, [1963] B.R. 760; *Bernatchez* c. *Vaillancourt*, [1964] B.R. 860; *Châteauneuf* c. *Couture*, [1970] C.S. 412.

qu'il doit y avoir une intention « certaine et évidente » de confirmer le vice. Le législateur a ici voulu contrarier certaines décisions où l'on concluait trop facilement à la « confirmation tacite », parfois du simple fait que le demandeur avait tardé à intenter son action en annulation[676].

Dans le droit d'hier, lorsque la confirmation était faite par écrit, l'article 1214 C.c.B.C. posait certaines conditions; on considérait généralement que ces conditions n'étaient pas des formalités *ad solemnitatem*, mais seulement *ad probationem* : au cas de non-respect de ces formalités, la confirmation était donc valable, sauf à en faire la preuve légalement[677]. Le nouveau Code ne reprend pas ces exigences, réhabilitant même rétroactivement les actes confirmatifs, faits sous l'empire du droit d'hier, qui ne respectaient pas les conditions requises par l'ancien article 1214 C.c.B.C. (art. 80 L.A.R.C.C.).

199. *Effets de la confirmation.* Celui qui confirme perd, quant au vice qu'il a entendu couvrir, le droit d'invoquer l'annulation du contrat, que ce soit par action directe ou par exception[678] : du point de vue de celui qui confirme, tout se passe comme si le contrat avait, dès le départ, été validement conclu. C'est ce qui distingue la confirmation de la simple réfection de l'acte : cette dernière, n'étant que la conclusion d'un

---

[676] Voir *Lambert* c. *Lévis Automobiles Inc.*, [1957] R.C.S. 621; *Pouliot* c. *Gauthier*, [1970] C.A. 409; *Meilleur* c. *Blondin*, [1981] C.A. 287. En utilisant les mots « intention certaine et évidente », le législateur a voulu « contrer la sévérité d'une certaine jurisprudence qui considère, bien souvent, que le seul fait, pour un contractant, de ne pas intenter l'action en nullité dans un délai raisonnable de la découverte de la cause de nullité entachant le contrat, équivaut pratiquement à une confirmation tacite de celui-ci ». *C.M.J.*, t. I, art. 1419 C.c.Q. Sur l'absence d'une volonté certaine et évidente de confirmer le contrat, *cf. Fiducie canadienne italienne* c. *Folini*, [1997] R.J.Q. 2254 (C.S., en appel, C.A. Montréal, n° 500-09-005425-970). Sur l'inaction qui témoigne d'une confirmation du contrat, *cf. Bordeleau* c. *Bordeleau*, J.E. 00-155 (C.S.); *Paquin* c. *Ouellette*, [2000] R.D.I. 160 (C.S.); *Beauchamp* c. *Relais Toyota inc.*, [1995] R.J.Q. 741 (C.A.); *Lajoie* c. *Germain Villeneuve inc.*, J.E. 95-1196 (C.Q.).

[677] BAUDOUIN, 3ᵉ éd., n° 317, p. 218 et 219; TERRÉ, SIMLER et LEQUETTE, 5ᵉ éd., 1993, n° 380, p. 291.

[678] TERRÉ, SIMLER et LEQUETTE, 5ᵉ éd., 1993, n° 382, p. 292; MAZEAUD, 9ᵉ éd., t. 2, vol. 1, n° 313, p. 310.

nouveau contrat, ne produit d'effets qu'à compter du moment où elle survient[679]. La confirmation n'a cependant qu'un effet relatif : seul celui qui confirme perd le droit d'invoquer l'annulation du contrat; aussi, lorsque plusieurs personnes peuvent demander l'annulation d'un contrat, la confirmation de l'acte par l'une ne fait pas perdre aux autres leur droit d'en demander l'annulation (art. 1424 C.c.Q.)[680].

Le Code français indique que la confirmation produit ses effets « sans préjudice [au] droit des tiers » (art. 1338, al. 3, *in fine* C.c.fr.). Un exemple permet de comprendre le but recherché par cette disposition : soit un mineur qui hypothèque irrégulièrement un de ses immeubles; devenu majeur, il vend cet immeuble à un tiers et confirme ultérieurement l'hypothèque consentie sur ce même immeuble pendant sa minorité[681]; cette « confirmation » de l'hypothèque ne sera pas opposable à l'acheteur. Bien que le *Code civil du Québec* ne reprenne pas expressément cette règle, cette solution ne fait pas de doute : en renonçant à invoquer « son » droit de demander l'annulation de l'hypothèque, le mineur devenu majeur ne peut pas, par une « confirmation », affecter la situation juridique de ce tiers qu'est l'acheteur. En effet, en vendant l'immeuble hypothéqué, le mineur devenu majeur a transféré à l'acheteur le droit de demander l'annulation de l'hypothèque (art. 1442 C.c.Q.); c'est bien dire que ce mineur s'est dépossédé de son droit de critiquer l'hypothèque et donc de la possibilité d'y renoncer. Sa « confirmation » ne peut donc avoir aucun effet.

---

[679] TERRÉ, SIMLER et LEQUETTE, 5ᵉ éd., 1993, n° 373, p. 286; GHESTIN, 2ᵉ éd., n° 831, p. 972.

[680] Il faut toutefois se garder d'appliquer cette dernière règle au cocontractant de bonne foi de la personne protégée qui, comme on l'a vu, peut, lorsque l'incertitude lui cause un préjudice sérieux, demander lui-même l'annulation de l'acte (art. 1420 C.c.Q.). Si la loi lui accorde ce droit, c'est uniquement pour faire cesser une situation d'incertitude qui lui cause préjudice. Or, s'il y a eu confirmation, cette incertitude n'existe plus et le cocontractant n'est alors pas admis à demander l'annulation de l'acte.

[681] Voir FLOUR, AUBERT et SAVAUX, vol. 1, 9ᵉ éd., n° 350, p. 253.

2. La prescription

200. *Domaine de la prescription.* La raison d'être de la prescription, tant acquisitive qu'extinctive, est de stabiliser, après un certain temps, les situations de fait qui existent en marge du droit[682]. On admet généralement, en droit moderne, la prescription extinctive du droit de demander l'annulation de l'acte, et ce, qu'il y ait nullité relative ou absolue[683].

La doctrine classique considérait que l'acte entaché de nullité absolue était « mort-né » et énonçait en conséquence l'imprescriptibilité du droit d'en invoquer la nullité (comment concevoir que le simple passage du temps fasse « naître » un contrat « mort-né » ?). Cette analyse ne peut plus être retenue puisque l'on considère désormais que l'acte entaché de nullité absolue, à l'instar de l'acte entaché de nullité relative, n'est qu'annulable. Toutefois, comme précédemment, le fait que soit concevable la prescription du droit d'invoquer la nullité absolue ne veut pas nécessairement dire que cette prescription soit *souhaitable.* Il serait ainsi possible de prétendre que l'intérêt général s'oppose à ce que le droit d'invoquer une cause de nullité absolue s'éteigne par prescription, tout comme il s'oppose à la confirmation de l'acte entaché de nullité absolue. Cependant, on admet généralement la prescription du droit d'invoquer la nullité absolue et le législateur québécois semble avoir adopté ce point de vue[684].

201. *Prescription de l'action en nullité.* Sous le *Code civil du Bas Canada*, on soumettait la nullité absolue à la prescription trentenaire, alors que l'article 2258 fixait un délai de dix années pour la plupart des hypothèses de nullité relative[685]. Le *Code civil du Québec* pose en principe une prescription triennale en matière de droits personnels, ce délai courant, en matière de nullité, à compter de la connaissance de la cause de nullité par celui qui l'invoque ou à compter de la cessation de la

---

[682] *Id.,* n° 360, p. 266.
[683] *Id.*; GHESTIN, 2ᵉ éd., n° 857, p. 995; TERRÉ, SIMLER et LEQUETTE, 5ᵉ éd., 1993, n° 385, p. 293.
[684] *Cf.* cependant, *Thornton c. Aylmer (Ville d'),* J.E. 00-1430 (C.S.).
[685] Art. 2242 et 2258 C.c.B.C.

violence ou de la crainte (art. 2925 et 2927 C.c.Q.). En conséquence, si l'on admet la prescription de l'action en annulation
de l'acte entaché de nullité absolue, il n'y a plus de distinction à
faire entre la nullité absolue et la nullité relative du point de
vue du délai de prescription.

Il importe d'apporter quelques précisions sur deux points.
Tout d'abord, il ne fait pas de doute que l'action en nullité d'un
contrat, comme l'action en résolution ou en résiliation, sont des
actions personnelles et non point des actions réelles, même
lorsqu'elles visent un acte translatif ou créateur de droit réel
mobilier ou immobilier. En effet, dans la conception moderne
des nullités, lorsque le vendeur agit en nullité (ou en résolution), il agit à titre de simple créancier qui n'est plus propriétaire et qui ne l'est pas encore redevenu; l'action qu'il
exerce alors ne peut donc être que personnelle[686]. En conséquence, c'est effectivement la prescription triennale de l'article
2925 C.c.Q. qui s'applique à l'action en nullité. On constate,
ensuite, que la formulation de l'article 2927 C.c.Q. quant au
point de départ du délai de prescription peut présenter des difficultés en certaines hypothèses. En effet, si faire courir la
prescription à compter de la connaissance de la cause de nullité
ne pose aucun problème particulier lorsque cette cause consiste
en une erreur spontanée ou provoquée, il n'en est pas de même
dans l'hypothèse, par exemple, de l'illicéité de l'objet; en ce
dernier cas, le délai nous paraît devoir commencer à courir à
compter de la formation du contrat, dans la mesure où, contrairement à l'ignorance d'un fait, l'ignorance du droit ne constitue
pas une impossibilité d'agir[687].

202. *Imprescriptibilité de l'exception.* On a déjà vu que l'on
peut demander l'annulation d'un acte par voie d'action ou en-

---

[686] *Cf.* Henry SOLUS et Roger PERROT, *Droit judiciaire privé*, t. 1, Paris,
Sirey, 1961, n°s 130 à 134, p. 124 à 129.

[687] *Cf.*, par analogie, *Abel Skiver Farm Corp.* c. *Ville de Ste-Foy*, [1983] 1
R.C.S. 403. Il est intéressant d'observer, qu'en vertu de l'article 273
L.P.C., la nullité d'un contrat en raison de l'inobservation de cette loi ne
peut être demandée que dans les trois ans à compter de la formation du
contrat, sans que l'on ait à tenir compte du moment où le consommateur
a eu connaissance de la cause de nullité.

core par voie d'exception, c'est-à-dire en défense à une action en exécution du contrat. Cette distinction est importante, car même si le droit de demander l'annulation du contrat est prescrit par voie d'action, il demeure toujours possible d'obtenir cette même annulation par voie d'exception (art. 2882 C.c.Q.)[688]. Cette règle – qui était déjà établie en droit romain : *quae temporalia sunt ad agendum, perpetua sunt ad excipiendum*[689] – sert à éviter des procès inutiles : si les parties n'étaient pas assurées de *toujours* pouvoir invoquer l'annulation du contrat en défense, elles pourraient être tentées d'exercer une action en annulation « préventive », alors même qu'aucune demande en exécution du contrat n'aurait été faite. On aboutirait ainsi à la situation absurde d'une partie qui, de peur de voir son droit de demander l'annulation se prescrire, prendrait la peine de faire annuler le contrat avant même de savoir si son cocontractant tient toujours à ce qu'il soit exécuté[690]. Le caractère perpétuel de l'exception permet donc à celui qui désire invoquer la nullité de l'acte de ne rien faire tant et aussi longtemps qu'aucune demande en exécution du contrat n'est faite. Paradoxalement, l'imprescriptibilité de l'exception favorise donc le *statu quo*, ce qui est le but même de la prescription[691].

On observera que l'article 2882 C.c.Q. précise que l'exception peut être invoquée après l'expiration du délai de prescription uniquement dans la mesure où le moyen de défense eût pu être invoqué par action directe avant l'expiration de ce délai. Cette condition est nécessairement remplie dans un contexte de nullité, aussi ne nous concerne-t-elle pas ici, car elle vise des moyens de défense qui, telle la compensation, ne naissent pas nécessairement en même temps que le contrat. Le domaine d'application de cette condition apparaissait avec

---

[688] *Cf.* également, l'article 276 L.P.C.

[689] « L'action est temporaire, l'exception est perpétuelle » (Henri ROLAND et Laurent BOYER, *Adages du droit français*, 2ᵉ éd., t. 2, Lyon, L'Hermès, 1986, n° 222, p. 805).

[690] GHESTIN, 2ᵉ éd., n° 868, p. 1005; FLOUR, AUBERT et SAVAUX, vol. 1, 9ᵉ éd., n° 356, p. 257-259.

[691] GHESTIN, 2ᵉ éd., n° 868, p. 1005. Voir cependant l'analyse originale de Monique BANDRAC, *La nature juridique de la prescription extinctive en matière civile*, Paris, Économica, 1986, n° 163 et suiv., p. 165 et suiv.

plus de précision dans la structure même de l'article 2246 C.c.B.C, à l'origine de l'article 2882 C.c.Q.

En terminant, il ne paraît pas inutile d'énoncer brièvement la situation juridique de l'acte inexistant ou radicalement nul. Contrairement à l'acte entaché de nullité absolue ou relative, dont l'inefficacité ne survient que dans l'hypothèse où le tribunal la prononce, l'inefficacité de l'acte inexistant ou radicalement nul survient *ab initio* et de plein droit, sans qu'il soit besoin d'aucune intervention judiciaire[692]. En cas de litige, le juge constate cette inefficacité, il ne la prononce pas : le jugement est alors déclaratif et non point constitutif de droit. Il est alors logique que l'inexistence ou la nullité radicale puisse être invoquée par quiconque y a intérêt, sans qu'il soit question de lui opposer une fin de non-recevoir fondée sur la confirmation de l'« acte » ou sur la prescription du droit d'en invoquer l'inexistence ou la nullité. En effet, l'acte ne produisant *ab initio* aucun effet, il est impossible de lui donner effet par la confirmation ou par le passage du temps, de la même manière qu'il n'est guère concevable de restreindre le cercle de ceux qui peuvent invoquer son inefficacité.

B. L'étendue de l'annulation

203. *Nullité totale et nullité partielle*[693]. Il arrive parfois que le défaut dans la formation ou la validité du contrat n'entache qu'une partie de celui-ci : tel est le cas d'une convention qui, valide par ailleurs, contient une clause illicite; se pose alors la question de l'étendue de l'annulation : la nullité de la partie défectueuse entraîne-t-elle la nullité de la totalité de l'acte ? Si le *Code civil du Bas Canada* ne contenait pas de directives précises en la matière, il en est autrement du *Code civil du Québec* qui établit désormais une distinction à son article 1438 : si la partie défectueuse peut se dissocier du reste de l'acte, son annulation n'aura pas de répercussions sur le reste du contrat (c'est ce qu'on appelle la « nullité partielle »); en revanche, si cette partie viciée est indissociable du reste du

---

692 STARCK, 6ᵉ éd., vol. 2, nᵒˢ 1008 et 1014, p. 356, 358 et 359; Serge GAUDET, « Inexistence, nullité et annulabilité du contrat : essai de synthèse », (1995) 40 *R.D. McGill* 291, 338.

693 Voir Philippe SIMLER, *La nullité partielle des actes juridiques*, Paris, L.G.D.J., 1969.

contrat, son annulation entraînera l'annulation du tout. Il reste cependant à préciser dans quels cas une clause est « indivisible » du reste de l'acte : on distingue généralement l'indivisibilité « objective », qui tient à la nature des choses, de l'indivisibilité « subjective », qui renvoie à la volonté des parties contractantes.

204. *Indivisibilité objective.* Pour que la nullité puisse n'être que partielle, il faut nécessairement que la partie défectueuse soit susceptible d'être « matériellement » séparée du reste du contrat. Ainsi, lorsque le défaut de formation vise un élément essentiel (en un sens objectif) du contrat, la nullité de cet élément entraîne nécessairement celle de l'acte entier, puisque le contrat ne se conçoit pas sans lui : ainsi, la nullité de la prestation d'un vendeur (sur la base, par exemple, de la perte totale de la chose avant même la conclusion du contrat) entraînera la nullité du contrat puisqu'il n'y pas de vente sans chose vendue[694]. Il peut également arriver que plusieurs opérations juridiques, en principe distinctes, soient, en certaines circonstances, « matériellement » indissociables. On peut penser, par exemple, à la vente d'un ensemble de choses pour un seul et même prix : si l'aliénation de l'une de ces choses est prohibée, mais qu'il soit impossible de déterminer la portion du prix qui lui est attribuable, la nullité partielle devra être écartée et l'ensemble de l'opération annulé [695].

205. *Indivisibilité subjective.* En principe, la nullité ne saurait être seulement partielle lorsqu'est annulée une clause qui, dans l'esprit des parties, était déterminante de leur consentement : les parties ayant alors conclu le contrat en considération de cette clause ne devraient pas être tenues par un contrat qui ne la contiendrait pas[696].

---

694 GHESTIN, 2ᵉ éd., n° 883, p. 1016.

695 Philippe SIMLER, *La nullité partielle des actes juridiques*, Paris, L.G.D.J., 1969, n° 296. Sur l'indivisibilité d'un groupe de contrats, *cf.* Jacques MOURY, « De l'indivisibilté entre les obligations et entre les contrats », *Rev. trim. dr. civ.* 1994.255; Jacques MESTRE, « Obligations et contrats spéciaux », *Rev. trim. dr. civ.* 1995.351, 363.

696 FLOUR, AUBERT et SAVAUX, vol. 1, 9ᵉ éd., n° 359, p. 261 et 262; GHESTIN, 2ᵉ éd., n° 885, p. 1017-1020; MAZEAUD, 9ᵉ éd., t. 2, vol. 1,

Ce principe ne pose pas de difficultés particulières lorsque la clause annulée était déterminante pour chacune des parties; mais qu'en est-il de la clause qui a déterminé le consentement de l'une seule des parties contractantes ? On peut penser, à titre d'exemple, à une vente contenant une clause prévoyant une garantie additionnelle : cette garantie peut fort bien avoir déterminé le consentement de l'acheteur, alors que le vendeur aurait été certes d'accord pour vendre sans l'ajouter ! Dans les cas où une clause n'est déterminante que pour une seule des parties contractantes, seule cette partie pourra exiger que l'acte entier tombe comme conséquence de l'annulation de la clause invalide; l'autre partie, pour qui la présence de la clause annulée n'était pas déterminante, ne pourra pas obtenir l'annulation de l'ensemble du contrat sur cette base[697]. Advenant l'annulation de la clause, la décision quant au sort du reste du contrat est donc entre les mains de la partie pour qui cette clause était déterminante.

Il arrive fréquemment que les parties à un contrat conviennent expressément du caractère indivisible ou divisible de certaines clauses de leur contrat. Dans la mesure où une telle clause est l'expression d'une volonté réelle des parties à ce sujet[698] et qu'elle respecte les impératifs de l'ordre public[699], on devrait lui donner effet.

Il faut cependant se garder de donner à la notion d'indivisibilité une portée trop absolue : les objectifs poursuivis par le législateur exigent parfois que la nullité ne soit que partielle, lors même que la clause serait « subjectivement indivisi-

---

n° 329, p. 321 et 322; *cf.* également Jacques MESTRE, « Jurisprudence française en matière de droit civil », *Rev. trim. dr. civ.* 1991.109, 112. Voir aussi : *Comeau* c. *Tourigny*, [1937] R.C.S. 283; *Pauzé* c. *Gauvin*, [1954] R.C.S. 15; *Léonard* c. *Mona Realties Ltd.*, [1973] C.A. 1034; *Robert Laforce Inc.* c. *Bellemare*, J.E. 89-1058 (C.A.).

[697] GHESTIN, 2ᵉ éd., n° 886, p. 1020.

[698] *Ouellet* c. *Immeubles Lobrec Inc.*, J.E. 80-108 (C.S.); *Droit de la famille – 2298*, [1995] R.J.Q. 2842 (C.A.).

[699] MAZEAUD, 9ᵉ éd., t. 2, vol. 1, n° 329, p. 321 et 322; GHESTIN, 2ᵉ éd., n° 885, p. 1017-1020; FLOUR, AUBERT et SAVAUX, vol. 1, 9ᵉ éd., n° 359, p. 261 et 262.

ble » du reste du contrat[700]. Par exemple, si la loi prohibe la clause de réajustement de loyer dans le cas du bail d'un logement d'une durée de 12 mois ou moins (art. 1906 C.c.Q.), c'est afin de prémunir le locataire contre toute hausse de loyer; dans le cas où un tel bail contiendrait néanmoins une telle clause, il est clair que la sanction la plus propice à assurer l'atteinte des objectifs de la loi consiste à annuler cette seule clause et non point le bail lui-même, lors même que cette clause illégale eût été déterminante pour le locateur : si on appliquait en ce dernier cas le critère de l'indivisibilité subjective, le locataire qui attaquerait avec succès la clause de réajustement de loyer ne réussirait qu'à se déloger ! De même, si la clause de non-concurrence ou de célibat qui se greffe à un contrat de travail est jugée invalide, elle est annulée sans qu'il soit question de remettre en cause la validité du contrat de travail lui-même. Il faut donc admettre qu'en certains cas, la nullité sera *nécessairement* partielle, indépendamment du caractère déterminant ou non, pour les parties, de la clause annulée.

En principe, il devrait en être ainsi toutes les fois que la loi parle de clauses « réputées non écrites » ou de clauses « sans effet »; prises à la lettre, ces expressions évoquent les cas où une clause est inefficace, sans toutefois remettre en cause le reste du contrat. Cependant, conscient du fait que la rédaction des lois n'est pas toujours aussi méticuleuse, le législateur nous interdit de s'en remettre à un critère purement formel : selon le second alinéa de l'article 1438 C.c.Q., il n'y a pas de différence à faire, en principe, entre une clause « nulle », « réputée non écrite » ou « sans effet »[701] : il faut donc, indépendamment de l'expression utilisée, déterminer si l'atteinte des objectifs visés par la règle impose la nullité partielle ou si l'on doit plutôt s'en remettre au critère de l'indivisibilité.

---

[700] FLOUR, AUBERT et SAVAUX, vol. 1, 9ᵉ éd., n° 360, p. 262 et 263; GHESTIN, 2ᵉ éd., n°ˢ 895-900, p. 1033-1044.

[701] Le droit français, lui non plus, ne se fonde pas uniquement sur le vocabulaire employé. Voir GHESTIN, 2ᵉ éd., n° 896, p. 1034-1036.

C. Les conséquences de l'annulation

206. *Anéantissement rétroactif de l'acte*[702]. Que l'acte soit entaché de nullité absolue ou de nullité relative, les effets du jugement d'annulation sont les mêmes : la nullité prononcée entraîne l'anéantissement de l'acte. Cet acte annulé ne peut plus produire d'effets dans l'avenir et ceux qu'il a pu produire avant le jugement disparaissent rétroactivement : « le contrat frappé de nullité, précise l'alinéa premier de l'article 1420 C.c.Q., est réputé n'avoir jamais existé ». Si la disparition pour l'avenir ne pose pas de difficultés particulières, il en est autrement de la disparition rétroactive des effets déjà produits par le contrat. Pour des raisons de commodité, on envisagera tout d'abord la situation des tiers et, ensuite, celle, plus complexe, des parties.

Le *Code civil du Bas Canada*, à l'instar du *Code civil* français, ne prévoyait pas de règles spécifiques en matière de restitution des prestations consécutives à l'annulation d'un contrat; les solutions ont donc dû être puisées à des textes épars : selon les situations, on raisonnait tantôt à partir des règles de la réception de l'indu, tantôt à partir de celles régissant l'avènement d'une condition résolutoire et, d'autres fois, en ayant recours aux règles du droit des biens en matière d'accession. Un tel « système », ou plutôt une telle absence de système, assurait certes une certaine souplesse, mais était par le fait même une source de confusion et d'incertitude. On peut comprendre que le législateur québécois ait cherché à rationaliser et uniformiser les solutions en insérant au *Code civil du Québec* une série de règles ayant pour objet spécifique la resti-

---

[702] Pour un aperçu général, voir Marie MALAURIE, *Les restitutions en droit civil*, Paris, Cujas, 1991; Daniel VEAUX, *J.-Cl. civ., Contrats et obligations – Effets de la nullité*, art. 1304-1314, fasc. 50; Élisabeth POISSON-DROCOURT, « Les restitutions entre les parties consécutives à l'annulation d'un contrat », D. 1983.1.chr.85; Joanna SCHMIDT-SZALEWSKI, « Les conséquences de l'annulation d'un contrat », J.C.P. 1989.I.3397; GHESTIN, 2ᵉ éd., n° 918 et suiv., p. 1061 et suiv.; Catherine GUELFUCCI-THIBIERGE, *Nullité, restitutions et responsabilité,* Paris, L.G.D.J., 1992, p. 452 et suiv. On notera cependant que le droit québécois s'éloigne, sur certains points, du droit français.

tution des prestations (art. 1699 à 1707 C.c.Q.), lesquelles ont vocation à s'appliquer, de façon générale, dans toutes les situations où il doit y avoir restitution : réception de l'indu, résolution ou annulation d'un contrat (art. 1699(1) C.c.Q.)[703]. On les envisagera ici sous l'angle particulier des restitutions consécutives à l'annulation d'un contrat.

a) La disparition rétroactive du contrat et les tiers

207. *L'impact de la rétroactivité à l'égard des tiers.* L'annulation d'un contrat peut avoir des répercussions à l'égard de tierces personnes qui, antérieurement à l'anéantissement de ce contrat, avaient acquis des droits de l'une des parties contractantes. Dans une telle hypothèse, puisque l'acte annulé est réputé ne jamais avoir existé, ces tierces personnes devraient en principe subir les conséquences de l'annulation : elles n'ont pas pu acquérir, de l'une des parties au contrat annulé, des droits que celle-ci est réputée n'avoir jamais possédés. Ainsi, on doit considérer que l'acquéreur d'un immeuble qui revend celui-ci à un tiers n'a pas pu transférer à ce dernier un droit de propriété qu'il est réputé n'avoir jamais eu, si le contrat par lequel il a acquis cet immeuble est annulé. La nullité se réfléchit sur les tiers selon l'adage « *nemo dat quod non habet* » (on ne donne pas ce qu'on n'a pas)[704].

Toute logique qu'elle soit, cette analyse fait peu de cas de la sécurité des transactions, car nul ne peut alors être assuré, en acquérant une chose, de pouvoir la conserver : comment savoir si le titre de son auteur, ou même de l'auteur de son auteur, n'est pas susceptible d'annulation ? C'est pourquoi il faut éviter de conférer au principe « *nemo dat quod non habet* » une portée trop absolue. Tout d'abord, l'application des règles relatives à la prescription acquisitive peut le mettre en échec : le sous-acquéreur d'un bien peut parfois opposer au demandeur-

---

[703] Selon l'article 97 L.A.R.C.C., ces règles sont applicables aux restitutions postérieures à l'entrée en vigueur du nouveau Code, mais fondées sur des causes de restitution antérieures.

[704] Voir *Denis-Cossette c. Germain*, [1982] 1 R.C.S. 751.

vendeur originaire un droit de propriété inattaquable qui découle de sa possession utile pendant le délai requis pour en acquérir la propriété[705]. Ensuite, et en dehors de toute idée de prescription acquisitive, le principe « *nemo dat quod non habet* » doit parfois être écarté en raison des apparences.

Dans le droit d'hier, jurisprudence et doctrine, en dépit de l'absence de tout texte à cet effet, apportaient une double restriction au principe « *nemo dat quod non habet* » afin de protéger ceux qui s'étaient, de bonne foi, légitimement fiés aux apparences. Tout d'abord, en se fondant sur l'adage « *error communis facit jus* », on semblait admettre que l'« erreur commune et invincible » du sous-acquéreur le protégeait des conséquences normales de l'annulation du titre de son auteur; en d'autres termes, si le titre de propriété de son auteur, en apparence valide, était néanmoins entaché d'un vice que même un examen des plus attentifs n'aurait pas permis de déceler, on refusait au véritable propriétaire le droit de revendiquer la chose entre les mains du sous-acquéreur[706]. Ensuite, certains prétendaient que les actes d'administration effectués au profit d'un tiers de bonne foi devaient être opposables au véritable propriétaire : ainsi, le bail conféré à un tiers par l'acheteur d'un immeuble devait être opposable au vendeur en dépit de l'annulation de la vente[707]. On justifiait cette dernière exception tant par la théorie de l'apparence (le locataire s'est fié au titre apparent de son cocontractant) que par le fait que les actes d'administration n'affectent que temporairement le droit du véritable propriétaire.

S'inspirant de ces solutions, le législateur québécois, dans le nouveau chapitre portant sur la restitution des prestations (art. 1699 à 1707 C.c.Q), a cherché à établir un équilibre entre les intérêts du véritable propriétaire et ceux, tout aussi dignes

---

[705] Ce délai est de dix ans, à l'exception du possesseur de bonne foi d'un meuble qui en prescrit la propriété par trois années à compter de la dépossession, art. 2910 et suiv. C.c.Q.

[706] Voir, par exemple, *Viau c. Banque d'épargne de la cité et du district de Montréal*, [1976] C.S. 901.

[707] FLOUR, AUBERT et SAVAUX, vol. 1, 9ᵉ éd., n° 364, p. 267; TERRÉ, SIMLER et LEQUETTE, 5ᵉ éd., 1993, n° 406, p. 311 et 312.

de protection, des tiers de bonne foi. Tout en conservant le principe « *nemo dat quod non habet* », qui découle logiquement de la rétroactivité de l'annulation, la loi lui apporte désormais d'importants tempéraments.

En premier lieu, selon le premier alinéa de l'article 1707 C.c.Q., l'acte d'aliénation à titre onéreux, accompli au profit d'un tiers de bonne foi, est opposable à celui à qui est due la restitution, c'est-à-dire, en cas d'annulation, au véritable propriétaire. Cela signifie que celui qui a acquis un bien à titre onéreux dans l'ignorance qu'un vice affectait le titre de son vendeur ne sera pas tenu de restituer le bien, lors même que le contrat conclu par son vendeur serait annulé[708]. En revanche, dès lors que l'acquéreur a eu connaissance du vice affectant le titre de son auteur (ou s'il était censé le connaître), le principe « *nemo dat quod non habet* » reprend toute sa force et la nullité du contrat de son auteur se réfléchit sur son propre titre[709]. La solution est la même si le tiers a acquis le bien à titre gratuit; en ce cas, puisque le tiers-acquéreur n'a rien donné en échange de ce qu'il a reçu, la loi préfère protéger les intérêts du véritable propriétaire.

En second lieu, selon l'article 1707, al. 2 C.c.Q., tous les « autres actes » (c'est-à-dire ceux qui ne sont pas des actes d'aliénation) sont opposables à celui à qui est due la restitution, pourvu qu'ils aient été accomplis au profit d'un tiers de bonne foi. On mentionnera que la loi ne fait ici aucune distinction entre les actes à titre gratuit et ceux qui sont à titre onéreux. C'est dire que, par exemple, le bail, même à titre gratuit, survivra à la disparition rétroactive du titre du locateur, pourvu cependant que le locataire ait été de bonne foi, c'est-à-dire qu'il n'ait pas connu ou n'ait pas été censé connaître le vice affectant le titre du locateur.

207.1. *«Actes d'aliénation» et «autres actes».* Cette différence de régime entre les « actes d'aliénation » et les « autres actes » nous pousse à apporter certaines précisions d'ordre terminologique : les

---

[708] *Cf. St-Évariste-de-Forsyth (Municipalité de)* c. *Club des 1000 inc.*, J.E. 97-1588 (C.S.).

[709] *Cf. Timm* c. *Timm*, J.E. 00-1790 (C.S.).

« actes d'aliénation » sont ceux qui emportent aliénation de la chose,
donc son transfert de propriété (vente, donation, échange); par conséquent, les « autres actes » sont tous ceux qui n'ont pas pour effet de
transférer la propriété de la chose. L'important est de ne pas confondre cette distinction avec celle des « actes d'administration » et des
« actes de disposition », les premiers étant ceux qui « tend[ent] à faire
fructifier un bien sans en compromettre la valeur en capital »[710],
alors que les seconds sont justement ceux qui ont pour « effet
d'entamer ou de compromettre la substance du patrimoine »[711]. En
effet, il y a des actes d'administration qui emportent aliénation (par
exemple, la vente des fruits, ce qui n'affecte aucunement le capital),
tout comme il y a des actes de disposition qui n'emportent pas aliénation (par exemple, la constitution d'une hypothèque ou encore la
conclusion d'un bail de longue durée[712], ce qui affecte le capital sans
en transférer la propriété). Puisque l'article 1707 C.c.Q. oppose les
actes d'aliénation aux « autres actes », il est inutile de se demander si
l'acte accompli au profit du tiers en est un d'administration ou de
disposition; la seule chose qui importe, pour déterminer si c'est le
premier ou le second alinéa qui s'applique, c'est de savoir si la chose
qui doit normalement être restituée a été ou non aliénée, c'est-à-dire
transférée à un tiers. Ainsi, le bail de longue durée qui affecte la chose
qui doit être restituée est opposable au propriétaire quand bien même
il aurait été consenti à titre gratuit, car un bail n'est pas un acte
d'aliénation, même s'il peut parfois s'agir d'un acte de disposition. Il
en est de même de la convention d'hypothèque : étant un acte de disposition et non point un acte d'aliénation[713], elle sera opposable au
propriétaire à la seule condition que la personne en faveur de qui elle
a été consentie ait été de bonne foi.

---

[710] WEILL et TERRÉ, 4ᵉ éd., 1979, n° 316, p. 315.

[711] CENTRE DE RECHERCHE EN DROIT PRIVÉ ET COMPARÉ DU
       QUÉBEC, *Dictionnaire de droit privé*, 2ᵉ éd., Montréal, C.R.D.P.C.Q. et
       Cowansville, Éditions Yvon Blais, 1991, p. 14, *verbo* : « acte de
       disposition ».

[712] En droit français, on considère généralement que le bail consenti pour
       une durée supérieure à neuf ans est un acte de disposition (FLOUR,
       AUBERT et SAVAUX, vol. 1, 9ᵉ éd., n° 364, p. 267). On peut penser que
       désormais, en droit québécois, en se fondant sur l'article 172 C.c.Q, le
       bail d'une durée supérieure à trois années est un acte de disposition.

[713] Le nouveau Code civil distingue d'ailleurs clairement « aliénation » et
       « constitution d'un droit réel grevant le bien » : voir, par exemple, les
       articles 401, 1305 et 1307 C.c.Q.

b) La disparition rétroactive du contrat et les parties

208. *La remise en état.* Lorsqu'un contrat qui a été exécuté en totalité ou en partie est annulé, l'on doit s'efforcer de remettre les parties contractantes dans la situation qui aurait été la leur si le contrat n'avait jamais existé. C'est dire que chacune d'elles doit restituer à l'autre ce qu'elle a reçu de cette dernière : le vendeur, doit, par exemple, restituer le prix qu'il a perçu et l'acheteur doit restituer le bien qui lui a été livré.

Simple dans son principe, la « remise en état » des parties est complexe dans son application. Tout d'abord, il est bien souvent impossible de restituer ce que l'on a reçu : si le locateur peut remettre le loyer au locataire, ce dernier ne peut absolument pas restituer au locateur la jouissance qu'il a retirée de la chose louée; la restitution en nature doit alors faire place à une restitution par équivalent. En outre, même lorsque la restitution en nature est possible, il arrive que les choses se modifient : tel bien a pu, entre la conclusion du contrat et son annulation, se détériorer ou, au contraire, être amélioré, il a pu produire des fruits, sa valeur économique a pu croître ou décroître, etc. On ne peut, sans injustice, effectuer une « remise en état » qui ne tienne aucun compte de ces événements.

On envisagera tout d'abord la question de la restitution du principal, puis celle des indemnités accessoires qui ont pour objet de prendre en considération les modifications survenues dans l'état ou dans la situation juridique du bien restitué; enfin, on examinera les limites à l'obligation de restituer.

1. *La restitution du principal*

209. *Restitution en nature ou par équivalent.* Par « restitution du principal », on entend la restitution de la prestation reçue en exécution du contrat annulé ultérieurement. Cette restitution se fait normalement en nature, mais l'article 1700 C.c.Q. précise qu'elle se fera par équivalent si la restitution en nature est impossible ou si elle est susceptible de causer des inconvénients sérieux (par exemple, si les frais d'une restitution en nature – coûts de transport, etc. – sont prohibitifs, eu égard à la valeur de la chose à restituer).

La restitution en nature sera impossible, dès lors que la prestation reçue consistait en un service : il est impossible pour le locataire de « remettre » la jouissance de la chose louée, tout comme il est impossible pour l'employeur de « remettre » à son employé le travail effectué par ce dernier. Elle sera également impossible lorsque, la prestation portant sur une chose, celle-ci a péri ou est passée entre les mains d'un tiers qui peut opposer son titre au créancier de la restitution, comme on vient de le voir.

On a parfois prétendu que la restitution en nature était exclue dès lors que le contrat était à exécution successive, le bail étant alors donné en exemple[714]. Il y a là confusion[715] : si, dans ce cas, la restitution en nature est exclue, ce n'est pas parce que le bail est un contrat à exécution successive, mais bien parce que le locateur rend un *service* au locataire en lui laissant la jouissance de sa chose : comme dans tous les cas de service, il ne saurait être question de restitution en nature. En revanche, lorsqu'un contrat à exécution successive porte sur des choses et non point sur des services, la restitution en nature sera en principe possible : si une personne passe avec un éditeur un contrat en vertu duquel elle s'engage à acheter pendant une année le « best-seller du mois », le contrat est à exécution successive, mais rien ne s'oppose à une restitution en nature en cas d'annulation : l'éditeur remettra l'argent et son client remettra les livres.

En vertu du principe selon lequel les choses de genre ne périssent pas (« *genera non pereunt* »), la restitution en nature d'une chose de genre semble n'être jamais impossible : en cas d'annulation, le débiteur de la restitution devra remettre au créancier des choses égales, en quantité et en qualité, aux cho-

---

[714] FLOUR, AUBERT et SAVAUX, vol. 1, 9ᵉ éd., n° 366, p. 268; BAUDOUIN, 4ᵉ éd., n° 386, p. 225.

[715] Voir Daniel VEAUX, *J.-Cl. civ., Contrats et obligations – Effets de la nullité*, art. 1304-1314, fasc. 50. *Cf. Institut des messagères de Notre-Dame-de-L'Assomption de Québec c. Pouliot*, J.E. 00-1977 (C.Q.).

ses reçues. On doit cependant admettre que la restitution des choses de genre ne se fera pas toujours en nature : d'une part, certains genres sont limités (une bouteille de vin de tel cru millésimé) et sont donc susceptibles de s'épuiser; d'autre part, la restitution en nature de certaines choses de genre peut être susceptible de causer des inconvénients sérieux aux parties (on pensera, par exemple, aux difficultés ou au coût que peut représenter la restitution en nature d'une tonne de blé).

210. *Évaluation de la prestation reçue.* Lorsque la restitution se fait par équivalent se soulève la question de l'évaluation de la prestation qui doit être restituée.

Comme c'est presque toujours le cas lorsqu'une évaluation s'avère nécessaire, la loi laisse au juge, en cas de litige, le soin de déterminer cette valeur : tout comme dans les procès en responsabilité civile, les parties devront apporter au tribunal les éléments nécessaires à cette évaluation, notamment par le biais d'expertises, à cette différence près, cependant, que l'objectif n'est pas de déterminer le préjudice subi par le créancier, mais plutôt la valeur de la prestation reçue par le débiteur. On observera en outre que, dans le cas particulier où la restitution résulte de l'annulation d'un contrat, les termes du contrat annulé ne détermineront pas nécessairement la valeur des biens livrés ou des services rendus[716]; bien sûr, il arrivera assez fréquemment que la valeur attribuée au bien ou au service par les parties corresponde à sa valeur « objective », mais cela n'est pas toujours le cas : il appartiendra au tribunal de déterminer, en tenant compte de toutes les circonstances, la « valeur objective » reçue par le débiteur de la restitution. Si, par exemple, un bail immobilier est annulé, le locateur devra remettre au locataire les loyers payés et le locataire, ne pouvant restituer en nature la jouissance des lieux, devra verser à son cocontractant une « indemnité d'occupation » (*cf.* art. 1704, al. 1 C.c.Q.), laquelle ne sera pas nécessairement équivalente au loyer convenu; le juge devra plutôt apprécier ce qui, compte tenu de toutes les circonstances, lui paraîtra être une « juste indemnité », c'est-à-dire une indemnité qui, dans la mesure du possible, éliminera tout enrichissement ou appauvrissement de l'une ou l'autre des parties.

On ne saurait, nous semble-t-il, établir des règles trop rigides en la matière. Reprenant l'exemple du bail immobilier, on pourrait être

---

[716] Daniel VEAUX, *J.-Cl. civ., Contrats et obligations – Effets de la nullité*, art. 1304-1314, fasc. 50, n° 20 et suiv.

tenté de dire que l'indemnité d'occupation doit exclure le profit du locateur, car ce profit résulte du contrat qui est annulé; cette solution peut cependant être injuste, car elle aboutit à procurer au locataire un local pour un montant qui sera nécessairement en deçà du prix du marché, ce dernier incluant en principe un certain profit pour les propriétaires. En outre, l'argument pourrait être retourné contre le locataire dans la mesure où, en l'absence de ce contrat, il n'aurait pu occuper le local ! Il ne faut donc pas exclure *a priori* toute idée de profit pour le propriétaire, mais plutôt chercher à établir une indemnité d'occupation qui inclut un *profit raisonnable,* compte tenu de toutes les circonstances.

Cela dit, à quel moment le juge doit-il se placer pour effectuer son évaluation ? Cette question a fait couler beaucoup d'encre en France, où on hésite encore, selon les cas et les auteurs, entre le jour de la réception, le jour de la demande en restitution et le jour de la restitution[717]. En droit québécois, la question est désormais réglée par le second alinéa de l'article 1700 C.c.Q., qui établit le principe de l'évaluation au jour de la réception, ce principe étant cependant sujet à d'importants tempéraments lorsque la restitution par équivalent est rendue nécessaire par la perte ou l'aliénation de la chose qui devait être restituée.

L'évaluation de la prestation au jour de la réception ne pose pas de difficultés particulières lorsque la prestation sujette à restitution consistait à l'origine en un service : en effet, la « valeur » d'un service est nécessairement cristallisée au jour où il a été rendu, puisqu'un service rendu ne peut changer de valeur. Il est donc logique que soit restituée cette valeur qui est définitivement fixée dans le temps. En revanche, la valeur d'une chose reçue par une partie contractante n'est pas ainsi cristallisée au jour de sa réception : telle chose qui avait telle valeur au moment de sa livraison peut aujourd'hui valoir plus ou moins et le principe de l'évaluation au jour de la réception ne s'impose pas en ce cas avec la même force. Cela explique que le « principe » de l'évaluation de la prestation au jour de la réception ne s'applique, en définitive, qu'au seul cas des prestations de services, l'article 1701 C.c.Q. établissant un régime particulier au cas d'impossibilité de restituer une chose, régime qu'il nous faut maintenant étudier.

---

[717] Voir Catherine GUELFUCCI-THIBIERGE, *Nullité, restitutions et responsabilité*, Paris, L.G.D.J., 1992, p. 455-457.

211. *L'impossibilité de restituer une chose.* Comme on l'a vu, il sera impossible de restituer en nature une chose lorsqu'elle aura péri totalement ou encore aura été aliénée à titre onéreux à un tiers de bonne foi; il faut alors se demander si le débiteur doit effectuer une restitution par équivalent et, dans l'affirmative, en déterminer les modalités[718]. C'est ce que fait l'article 1701 C.c.Q., qui distingue selon que l'impossibilité de restitution est imputable ou non au débiteur et selon la bonne ou la mauvaise foi de ce dernier.

On précisera qu'en matière de restitution, la loi assimile au débiteur de mauvaise foi celui dont la *faute* est la cause de la restitution (art. 1701, 1703 et 1705 C.c.Q.) : sera ainsi considéré comme un débiteur de mauvaise foi celui qui a commis un dol, exercé une menace ou conclu un contrat pour des motifs illégitimes. En revanche, si le contrat est annulé en raison d'une erreur spontanée, il n'y a en principe pas de faute et chacune des parties sera assimilée à un débiteur de bonne foi. Si le contrat est contraire à l'ordre public, on devrait considérer que la partie qui a conclu le contrat, tout en étant consciente du défaut, est de mauvaise foi, alors que celle qui ignorait la violation de la loi est de bonne foi.

211.1. *L'impossibilité de restitution est imputable au débiteur.* L'impossibilité de restitution en nature est imputable au débiteur lorsque la chose a totalement péri par son fait, fautif ou non, ou encore lorsqu'il a aliéné cette chose à un tiers qui a désormais un titre de propriété opposable au créancier de la restitution selon l'article 1707 C.c.Q.; en ces cas, la loi oblige le débiteur à effectuer une restitution par équivalent (art. 1701(1) C.c.Q.).

Dans le droit d'hier, les tribunaux considéraient généralement que celui qui s'était mis dans l'impossibilité de restituer en nature la chose reçue était déchu du droit de demander la

---

[718] Lorsqu'une vente est annulée, c'est l'acheteur qui est le débiteur de la restitution du bien vendu. En conséquence, si ce bien est passé entre les mains d'un tiers qui peut valablement opposer son titre au vendeur originaire, c'est le premier acquéreur qui sera tenu de restituer par équivalent et non point le tiers acquéreur, contrairement à ce qui a été jugé dans *St-Évariste-de-Forsyth (Municipalité de)* c. *Club des 1000 inc.*, J.E. 97-1588 (C.S.).

nullité[719]. Cette règle prétorienne, également adoptée par quelques décisions françaises, a été critiquée par certains qui y voient la possibilité d'une paralysie de l'action en nullité, sans qu'il y ait eu prescription de l'action en nullité ou confirmation de l'acte[720]; aussi prétendent-ils que, lors même que l'impossibilité de restitution en nature serait imputable au débiteur, la nullité devrait néanmoins être prononcée, la restitution devant alors se faire par équivalent. C'est cette dernière attitude qui a été retenue par le législateur : l'alinéa premier de l'article 1701 C.c.Q. prévoit précisément les modalités de la restitution par équivalent qui doit être faite en cas d'impossibilité de restitution en nature imputable au débiteur[721].

Toutefois, même si celui qui s'est mis dans l'impossibilité de restituer en nature est désormais admis à restituer par équivalent et, ainsi, obtenir l'annulation, il est encore des cas où cette demande en annulation devrait être rejetée : supposons que A vende un bien à B, lequel le *donne* à C; B ne peut demander l'annulation de la vente, car, indépendamment de la question de la restitution entre B et A, B doit garantir C de son fait personnel (« donner et retenir ne vaut »)[722]. Or, sa demande en annulation contreviendrait à son obligation de garantie, puisqu'une annulation se réfléchirait sur C qui n'est pas protégé par l'article 1707 C.c.Q. En revanche, si C avait acquis

---

[719] *Rosconi* c. *Dubois*, [1951] R.C.S. 554; *Tourangeau* c. *Leclerc*, [1963] B.R. 760.

[720] GHESTIN, 2ᵉ éd., nº 927, p. 1074. Rappelons que la confirmation doit être faite en connaissance de cause; en conséquence, l'aliénation, par l'acquéreur, de la chose vendue, ne vaut pas confirmation de la vente si, au moment de cette aliénation, il ignorait le défaut qui entachait cette dernière.

[721] *Cf. Namerow Investments Ltd.* c. *Commission scolaire des Laurentides*, [1997] R.J.Q. 2960 (C.A.).; *Paquin* c. *Landry*, J.E. 97-676 (C.A.).

[722] MIGNAULT, t. 4, p. 134. De même, *cf. Nichols* c. *Toyota Drummondville (1982) inc.*, [1995] R.J.Q. 746 (C.A.) : le débiteur de la restitution, qui demandait la nullité de l'achat d'une automobile d'occasion, avait lui-même contribué à tant déprécier celle-ci pendant l'instance, qu'elle ne pouvait plus être restituée en échange du remboursement du prix d'achat; l'action en annulation fut rejetée.

de bonne foi ce bien à titre onéreux, B serait admis à demander l'annulation de la première vente puisque cette demande ne pourrait avoir pour effet de déposséder C qui serait protégé par l'article 1707 C.c.Q.

Les modalités de la restitution par équivalent vont varier selon que le débiteur de la restitution est de bonne ou de mauvaise foi. Le débiteur de bonne foi n'est tenu de restituer que la moindre des sommes suivantes : 1) la valeur de la chose au jour de la réception; 2) la valeur de la chose au jour de la perte ou de l'aliénation (selon le cas) ou 3) la valeur de la chose au jour de la restitution[723]. Le débiteur de mauvaise foi est cependant tenu de restituer la plus élevée de ces sommes (art. 1701(1) C.c.Q.). On voit ainsi qu'il n'y a pas, comme pour les services, de « cristallisation » de la valeur de la chose au jour de la réception.

Pour comprendre le fondement des règles posées par le premier alinéa de l'article 1701 C.c.Q., il faut partir de l'idée que, n'eût été d'un fait imputable au débiteur, le créancier de la restitution aurait eu droit à la restitution en nature et, en conséquence, à la valeur qui aurait été celle du bien au jour de la restitution; puisque c'est par le fait du débiteur que cette restitution est impossible, il semble équitable d'obliger le débiteur à restituer cette valeur. Cependant, si le débiteur est de bonne foi, on ne peut lui reprocher d'avoir aliéné la chose ou provoqué sa perte, puisqu'il s'en croyait légitimement propriétaire; il serait donc injuste que la restitution l'appauvrisse, ce qui se produirait si on l'obligeait à remettre la valeur de la chose au jour de la restitution, alors que celle-ci serait supérieure à la valeur de la chose au jour de sa réception. Pour éviter ce résultat, on ne l'oblige à restituer que la moindre de ces deux valeurs. En outre, dans l'hypothèse où la valeur du bien aurait été moindre au jour de son aliénation ou de sa perte qu'au jour de la réception ou de la restitution (par exemple, valeur à la réception : 1 000 $; valeur au moment de l'aliénation ou perte : 750 $ et valeur au jour de la restitution : 800 $), il serait injuste de forcer le débiteur de bonne foi à restituer plus que cette valeur (750 $ dans notre exemple), puisqu'il a provoqué la perte ou aliéné une chose qui n'avait alors que cette valeur. Pour le débiteur de mauvaise foi, le raisonnement est inversé : il doit au moins rendre

---

[723] Cf. *Candex Furniture Manufacturing Inc.* c. *Goldsmith & Peterson Auctionners Inc.*, J.E. 97-1000 (C.S.).

la valeur reçue (car il n'est pas justifié de l'avoir reçue) et, puisque par son comportement il a rendu impossible la restitution en nature, il est responsable, vis-à-vis du créancier, de la valeur de la chose au jour de la restitution lorsque cette valeur est supérieure à celle du moment de la réception; il doit donc restituer la plus élevée de ces valeurs. Enfin, s'il a aliéné ou provoqué la perte de la chose alors que celle-ci valait davantage qu'au jour de la réception ou de la restitution, il doit, en toute justice, restituer cette valeur maximale dont le créancier n'a jamais pu profiter.

211.2. *L'impossibilité de restitution en raison d'une force majeure.* Lorsque l'impossibilité de restituer la chose n'est aucunement imputable au débiteur de la restitution, il faut encore distinguer selon qu'il est de bonne ou de mauvaise foi. Le débiteur de mauvaise foi demeure tenu de restituer par équivalent (selon les modalités qui viennent d'être énoncées), sauf dans l'hypothèse (très exceptionnelle) où la chose eût également péri si elle était restée entre les mains du créancier. Le débiteur de bonne foi est en revanche libéré de toute restitution, n'étant tenu, le cas échéant, que de céder au créancier toute indemnité reçue ou à recevoir (par exemple, une indemnité d'assurance) en conséquence de cette perte (art. 1701(2) C.c.Q.).

La libération du débiteur de bonne foi au cas de perte fortuite de la chose qui doit être restituée soulève la question des *risques*. Ainsi, lorsqu'une vente est annulée alors que la chose qui en faisait l'objet a péri par force majeure entre les mains de l'acheteur, ce dernier sera certes libéré de toute restitution; mais le vendeur sera-t-il néanmoins tenu de lui rendre le prix ? Si on répond par l'affirmative, les risques sont à la charge du vendeur, puisqu'il devra remettre le prix sans rien recevoir en retour; en revanche, si on répond par la négative, les risques sont à la charge de l'acheteur qui, en perdant la chose, en perd aussi le prix. Cette question sera étudiée ultérieurement avec la théorie générale des risques; on se bornera à dire ici, d'une part, que les textes sur la question sont loin d'être clairs et, d'autre part, que la solution paraissant la plus équitable (en présumant les deux parties de bonne foi) est celle qui fait assumer les risques à l'acheteur : n'ayant rien à rendre, il ne devrait rien recevoir.

2. Les indemnités accessoires

212. *Présentation du problème.* Comme on l'a déjà mentionné, les indemnités accessoires visent à ajuster la valeur de la restitution du principal afin de tenir compte d'éléments qui ont pu modifier la valeur de la chose sujette à restitution. En effet, entre le moment de la réception de cette chose et celui de sa restitution, celle-ci peut s'être usée, détériorée ou encore avoir été grevée de droits réels opposables au créancier de la restitution; en revanche, elle peut avoir produit des fruits et des revenus ou avoir pris de la valeur. En outre, on doit s'interroger sur le fait que le débiteur de la restitution a joui de la chose pendant qu'elle était en sa possession.

On envisagera tout d'abord la question des plus-values et des moins-values de la chose, ensuite celle des fruits et des revenus qu'elle a pu produire et enfin celle de l'indemnité de jouissance.

On aura compris que les indemnités accessoires ne visent que les restitutions portant sur des choses, puisque la prestation qui consiste en un service est nécessairement cristallisée, en valeur et en état, au jour où ce service a été rendu, comme on l'a souligné précédemment.

213. *Plus-values et moins-values.* La valeur d'un bien peut fluctuer en raison d'une modification de son état (amélioration ou, au contraire, détérioration) ou encore simplement par l'effet des lois du marché, sans qu'il y ait modification de son état : une résidence peut ainsi voir sa valeur augmenter ou diminuer selon que ses caractéristiques sont très recherchées ou, au contraire, moins en vogue ou selon que l'on se trouve dans un « marché de vendeurs » ou dans un « marché d'acheteurs »; on parlera alors de plus-value ou de moins-value « purement économique ».

214. *Plus-values et moins-values purement économiques.* Il ne faut pas tenir compte, nous semble-t-il, des plus-values et des moins-values purement économiques : lorsque A vend un bien à B pour tel prix et que cette vente est ensuite annulée sans que le bien n'ait subi la moindre modification, B doit remettre le bien à A qui, de son côté, doit remettre le prix reçu, sans que l'on ait à se préoccuper de savoir si le bien vaut, au jour de la restitution, plus ou moins qu'au jour de la réception.

Bien que cette règle ne soit pas énoncée expressément au Code civil, elle peut se déduire du fait que les dispositions de la loi en la matière ne visent que les cas où le changement de valeur résulte d'une modification de l'état du bien (art. 1703 et 1702 C.c.Q.) : *a contrario* donc, les fluctuations de valeur qui sont purement économiques ne devraient pas être prises en considération. Ce principe se justifie tout d'abord par le fait qu'il établit un certain équilibre entre les parties : chacune d'elles pouvant profiter d'une éventuelle plus-value du bien qui lui est restitué en raison même du principe de la restitution en nature, il serait juste qu'elle assume également les risques d'une moins-value[724]. En outre, cette règle a l'avantage non négligeable de simplifier les choses et d'éviter une possible injustice : s'il fallait tenir compte non seulement des modifications de l'état physique du bien, mais encore des simples fluctuations de sa valeur, la moindre restitution deviendrait une opération extrêmement complexe; il faudrait en effet tenir compte, pour reprendre notre exemple, certes de la variation de valeur de la chose restituée par l'acheteur, mais aussi, pour être juste, de la variation de valeur du prix restitué par le vendeur, laquelle variera au gré des indices d'inflation ou de déflation de la monnaie. Or, le principe du nominalisme monétaire (*cf.* art. 1564 C.c.Q.) s'opposant précisément à toute réévaluation de la valeur du prix que le vendeur doit restituer, on ne peut pas, sans risque d'injustice, procéder à une réévaluation de la chose que l'acheteur doit restituer.

On pourrait être tenté d'objecter que l'article 1702 C.c.Q. rend le débiteur comptable non seulement des détériorations du bien, mais aussi de « toute autre dépréciation de valeur », ce qui semblerait indiquer que la loi tient compte de toutes les moins-values, y compris celles qui sont purement économiques. Cette objection ne résiste pas à l'analyse. Tout d'abord, on peut se demander au nom de quelle logique le législateur ferait reposer sur les épaules du débiteur de la restitution les risques d'une moins-value purement économique, alors que toute plus-value de même nature profiterait au créancier de par le fait même de la restitution en nature du bien : ce serait là une injustice flagrante. En outre, le concept-clé de l'article 1702 C.c.Q. est

---

[724] Élisabeth POISSON-DROCOURT, « Les restitutions entre les parties consécutives à l'annulation d'un contrat », D. 1983.1.chr.85, nᵒˢ 20, 27 et suiv., p. 87-89.

celui de la « perte partielle »; or cette notion implique, croyons-nous, une modification de l'état du bien et non pas une simple fluctuation négative de sa valeur : on ne dit pas d'une résidence dont la valeur a diminué en raison d'un marché défavorable qu'elle a subi une « perte partielle » ! L'expression « autre dépréciation de valeur » utilisée à cet article ne vise donc pas les moins-values purement économiques, mais plutôt les cas où le bien aurait subi une modification de son état qui en a diminué la valeur sans que cette modification puisse être qualifiée de « détérioration ». On peut songer au bien qui aurait été grevé d'une hypothèque en faveur d'un tiers de bonne foi : cette hypothèque, qui est opposable au créancier de la restitution (art. 1707 C.c.Q.), diminue la valeur de l'immeuble, sans que pour autant il s'agisse, à proprement parler, d'une *détérioration*[725].

215. *Plus-values et moins-values découlant de la modification de l'état du bien.* Si la loi ne tient pas compte des plus-values et des moins-values purement économiques, elle tient cependant compte des plus-values et des moins-values qui résultent de la modification de l'état du bien.

215.1. *Les moins-values.* L'article 1702 C.c.Q. indique que le débiteur est comptable envers le créancier de toute perte partielle, à moins que cette perte ne résulte d'un usage normal. Quand on le compare à l'article précédent, qui traite de la perte totale, on est frappé par le caractère apparemment inflexible de la règle : alors que, en cas de perte totale, la loi distingue selon que celle-ci est imputable ou non au débiteur et selon la bonne ou la mauvaise foi de ce dernier, il semble que la perte partielle soit, hormis le cas de l'usure normale, *toujours* assumée par le débiteur de la restitution. Ce manque de nuances est critiquable : comme on l'a fait remarquer, il est injuste en effet de faire supporter au débiteur de bonne foi une perte partielle qui ne lui est aucunement imputable[726]; il est encore plus injuste, le cas échéant, qu'un débiteur de bonne foi ait à indemniser d'une perte partielle un créancier de mauvaise foi[727] !

---

725 *Cf. Chénier* c. *Robichaud*, J.E. 97-675 (C.S.).
726 BAUDOUIN et JOBIN, 5ᵉ éd., nº 791, p. 619.
727 Jean PINEAU, « Théorie des obligations », dans Barreau du Québec et Chambre des Notaires du Québec, *La réforme du Code civil*, t. 2, Sainte-Foy, P.U.L., 1993, p. 9.

On pourrait cependant en arriver à une solution satisfaisante en interprétant l'article 1702 C.c.Q. à la lumière de l'article 1562 C.c.Q. Cet article pose en effet le principe général que le débiteur d'une chose individualisée est libéré par la remise de cette chose dans l'état où elle se trouve au jour du paiement, pourvu que les détériorations ne résultent pas de son fait ou de sa faute et ne soient pas survenues alors qu'il était en demeure. Si on interprétait l'article 1702 C.c.Q. comme obligeant le débiteur à indemniser le créancier de toute perte partielle (autre que l'usure normale) lors même qu'il serait de bonne foi et que cette perte ne lui serait pas imputable, il y aurait alors une contradiction avec le principe général de l'article 1562 C.c.Q. On peut, bien sûr, prétendre que l'article 1702 est une exception au principe général, mais on cherche alors en vain le fondement d'une telle exception. Il nous semble préférable de dire qu'en dépit de la généralité des termes utilisés, l'article 1702 C.c.Q. ne s'applique que dans les cas où la perte est imputable au débiteur; il n'y a plus alors de contradiction entre les deux dispositions du Code puisqu'elles disent la même chose : lorsque la perte partielle résulte du fait ou de la faute du débiteur ou qu'elle survient alors que le débiteur était en demeure de payer, ce dernier est responsable de cette perte; en revanche, lorsque la perte résulte d'un cas de force majeure, le débiteur est libéré en remettant la chose dans l'état où elle se trouve au jour de la restitution. Il suffit ensuite de dire que celui qui reçoit de mauvaise foi un bien ou celui dont la faute est la cause de la restitution doit, en toute justice, assumer les risques de la chose pour en arriver à un résultat qui tienne compte à la fois de l'origine de la perte et de la bonne ou mauvaise foi du débiteur de la restitution : de bonne foi, le débiteur doit indemniser le créancier pour toute perte qui lui est imputable, mais non pour les pertes fortuites; de mauvaise foi, il est tenu en toute hypothèse. On aboutit ainsi à un régime équivalent à celui qui est établi en matière de perte totale (art. 1701 C.c.Q.). Cette interprétation des textes nous paraît préférable à celle qui est proposée dans les commentaires du ministre de la Justice[728] : à ceux qui seraient tentés d'objecter que l'on doit, pour en arriver là, « forcer » les textes, on répondra qu'il faut parfois aller au-delà de la lettre de la loi pour en faire triompher l'esprit... et rendre justice.

---

[728] Voir *C.M.J.*, t. I, art. 1702 C.c.Q. *Cf.* également LANGEVIN et VÉZINA, vol. 5, p. 148, qui proposent cependant, en cas de besoin, de recourir à l'article 1699 C.c.Q.

Si cette interprétation des articles 1702 et 1562 C.c.Q. est retenue, le débiteur de la restitution peut, en certains cas, être libéré par la remise de la chose dans l'état où elle se trouve; se pose alors la question de savoir si l'obligation corrélative du créancier doit être réduite en conséquence. En effet, le fait que le débiteur soit libéré par la remise de la chose dans l'état où elle se trouve ne nous indique nullement ce qu'il advient de l'obligation de son cocontractant; c'est, encore là, la théorie des risques qui nous donnera la réponse (*infra*, n° 416 et suiv.).

Cependant, comme on l'a mentionné, l'article 1702 C.c.Q. exempte le débiteur de toute indemnité visant à compenser l'usure normale de la chose; cela peut sembler étonnant, l'usure étant une détérioration attribuable au débiteur qui, en principe, devrait en être responsable vis-à-vis du créancier[729]. Cette règle s'explique, nous semble-t-il, par le fait que la chose s'use parce qu'on en jouit; or, selon l'article 1704 C.c.Q., le débiteur de bonne foi ne doit aucune indemnité pour la jouissance qu'il a pu retirer de la chose, alors que le débiteur de mauvaise foi est redevable d'une telle indemnité. Cela étant, si on forçait le débiteur de bonne foi à indemniser le créancier pour l'usure normale de la chose, on se trouverait indirectement à lui faire payer une indemnité de jouissance qu'il ne doit pas et, inversement, si on obligeait le débiteur de mauvaise foi à compenser pour l'usure de la chose en plus de verser une indemnité de jouissance, il y aurait double indemnisation. Le débiteur n'a donc pas à indemniser le créancier pour l'usure normale de la chose, qu'il soit de bonne ou de mauvaise foi[730]. Cependant, la jouissance que le débiteur, même de bonne foi, a retirée de la chose ne doit pas dépasser la mesure : si elle excède le niveau normal, provoquant une usure anormale du bien, le débiteur

---

[729] En France, le débiteur doit en principe indemniser le créancier pour la détérioration résultant de l'usure voir : Daniel VEAUX, *J.-Cl. civ., Contrats et obligations – Effets de la nullité*, art. 1304-1314, fasc. 50, n° 17.

[730] *Cf. Beauchamp* c. *Relais Toyota Inc.*, [1995] R.J.Q. 741 (C.A.) : dans cette affaire, la Cour d'appel, fort heureusement en *obiter*, fait dire à l'article 1702 C.c.Q. très exactement le contraire de ce qu'il dit expressément et clairement.

devra indemniser le créancier pour la perte de valeur résultant de cet excès d'usure.

215.2. *Les plus-values.* Lorsque le débiteur a apporté des améliorations à la chose qu'il doit restituer, il est équitable qu'il reçoive une juste indemnité pour ses dépenses ou son travail. L'article 1703 C.c.Q. renvoie à cet égard aux dispositions du droit des biens en matière d'accession, assimilant le débiteur de bonne foi au possesseur de bonne foi et le débiteur de mauvaise foi (incluant celui dont la faute est la cause de la restitution) au possesseur de mauvaise foi; par voie de conséquence, on doit assimiler le créancier de la restitution au propriétaire de la chose.

Lorsque le bien amélioré est un immeuble, on applique les règles prévues aux articles 955 à 964 C.c.Q. Après avoir posé le principe que le propriétaire de l'immeuble acquiert par accession la propriété des constructions, ouvrages ou plantations faits sur son immeuble par un possesseur (art. 957 C.c.Q.), la loi organise les modalités de l'indemnité due par le propriétaire à ce possesseur, en distinguant selon la nature des améliorations apportées et selon la bonne ou la mauvaise foi du possesseur.

Les *impenses nécessaires,* c'est-à-dire le coût des améliorations[731] qui étaient indispensables à la conservation de l'immeuble[732], sont

---

[731] En droit français, on considère que les réparations à un édifice existant ou les travaux d'aménagement qui n'emportent pas l'érection de nouveaux ouvrages ou constructions (par exemple, le défrichage ou le nivellement du sol) sont exclus du domaine d'application de l'article 555 du Code civil français, traitant de l'accession immobilière, puisqu'il n'y a pas alors de nouvel ouvrage, de nouvelle construction ou d'aménagement d'une nouvelle plantation. La loi ne prévoyant rien en ce cas, on applique la « théorie générale des impenses » du droit romain, distinguant les impenses nécessaires, utiles et d'agrément (Alex WEILL, François TERRÉ et Philippe SIMLER, *Droit civil - Les biens,* 3ᵉ éd., Paris, Dalloz, 1985, n° 248, p. 218). En droit québécois, le Code applique aux nouveaux ouvrages, constructions et plantations les règles de la théorie générale des impenses; aussi est-il inutile de distinguer entre les nouvelles constructions et les réparations aux constructions déjà existantes : toutes les améliorations sont soumises aux mêmes règles et la seule question qui se pose est de savoir s'il s'agit d'améliorations nécessaires, utiles ou d'agrément.

remboursées, indépendamment de la plus-value qu'elles confèrent à l'immeuble au jour de la restitution[733]; c'est ce qu'exprime l'article 958 C.c.Q. lorsqu'il établit que ces impenses sont remboursées lors même que les constructions ou ouvrages n'« existeraient plus » : ainsi, le possesseur qui aurait fait à un édifice des travaux nécessaires à sa conservation sera remboursé du coût de ces travaux, même si l'édifice est ensuite détruit par cas de force majeure. Les *impenses utiles*, soit le coût des améliorations qui, sans être indispensables à la conservation de l'immeuble, en augmentent objectivement la valeur[734], ne sont remboursées que si elles confèrent à l'immeuble, au jour de la restitution, une plus-value (c'est ce qu'exprime l'article 959 C.c.Q. lorsqu'il précise que les constructions ouvrages et plantations doivent encore exister); d'ailleurs le propriétaire peut, à son choix, verser une indemnité égale à la plus-value, ce qui revient en pratique à ne l'obliger qu'à rembourser le moindre du coût des travaux ou de la plus-value[735]. Pour ce qui est enfin des *impenses d'agrément*, c'est-à-dire les « améliorations » qui satisfont les goûts personnels de leur auteur sans cependant augmenter la valeur objective de l'immeuble[736], elles sont en principe remboursables au moindre de leur coût ou de la plus-value que l'immeuble en conserve, mais, si elles peuvent avantageusement être enlevées par le possesseur, le propriétaire peut exiger que ce dernier les reprenne et ainsi éviter le paiement de l'indemnité (art. 961 C.c.Q.). Le possesseur de mauvaise foi a droit lui aussi au remboursement des impenses nécessaires ou utiles, mais le propriétaire peut, le cas échéant, compenser avec les fruits et les revenus qu'il doit lui rembourser; en outre, dans le cas des impenses utiles ou d'agrément, le propriétaire peut s'éviter le

---

[732] CENTRE DE RECHERCHE EN DROIT PRIVÉ ET COMPARÉ DU QUÉBEC, *Dictionnaire de droit privé*, 2ᵉ éd., Montréal, C.R.D.P.C.Q. et Cowansville, Éditions Yvon Blais, 1991, p. 294, *verbo* : « impenses nécessaires ».

[733] *Cf. Chénier* c. *Robichaud*, J.E. 97-675 (C.S.).

[734] CENTRE DE RECHERCHE EN DROIT PRIVÉ ET COMPARÉ DU QUÉBEC, *Dictionnaire de droit privé*, 2ᵉ éd., Montréal, C.R.D.P.C.Q. et Cowansville, Éditions Yvon Blais, 1991, *verbo* : « impenses utiles ». *Cf. Chabot* c. *Ruel*, [1997] R.J.Q. 1735 (C.S.); *Fortier* c. *Gagné*, J.E. 98-838 (C.S.).

[735] *Cf. Chénier* c. *Robichaud*, J.E. 97-675 (C.S.).

[736] CENTRE DE RECHERCHE EN DROIT PRIVÉ ET COMPARÉ DU QUÉBEC, *Dictionnaire de droit privé*, 2ᵉ éd., Montréal, C.R.D.P.C.Q. et Cowansville, Éditions Yvon Blais, 1991, *verbo* : « impenses voluptuaires », synonyme de « impenses d'agrément ».

paiement d'une indemnité en exigeant du possesseur de mauvaise foi qu'il remette les lieux en l'état et, si cela s'avère impossible, il pourra conserver les améliorations sans aucune indemnité ou contraindre le possesseur à les enlever (art. 958, 959 et 960 C.c.Q.). Enfin, selon l'article 963 C.c.Q., le possesseur de bonne foi peut retenir l'immeuble jusqu'au paiement des impenses nécessaires ou utiles, alors que ce droit de rétention se limite aux impenses nécessaires dans le cas du possesseur de mauvaise foi.

On notera l'article 960 C.c.Q. qui permet au propriétaire de contraindre le possesseur de bonne foi à acquérir l'immeuble lorsque les impenses utiles sont coûteuses et représentent une proportion considérable de sa valeur[737]. Appliqué au contexte d'une restitution résultant de l'annulation d'un acte, cet article pourrait exceptionnellement permettre au créancier de la restitution de refuser la restitution en nature de l'immeuble, lorsque cette restitution l'obligerait à verser une indemnité importante au débiteur; en ce cas, l'immeuble resterait, malgré la nullité de l'acte, la propriété du débiteur de la restitution, alors que le créancier obtiendrait une restitution par équivalent.

Lorsque le bien amélioré est un meuble, il faut appliquer les dispositions relatives à l'accession mobilière. La loi se contente ici de prévoir les règles applicables dans trois situations bien précises (adjonction, mélange et spécification : art. 971 à 974 C.c.Q.) et, pour le reste, renvoie aux principes généraux de l'équité (art. 975 C.c.Q.).

Il y a *adjonction* lorsque des biens meubles appartenant à des personnes différentes sont réunis, de telle sorte que chacun reste distinct et reconnaissable (par exemple, le tableau et son cadre ou la pierre précieuse et sa monture); il y a *mélange* lorsque la réunion des deux biens leur fait perdre leur individualité (par exemple, deux lingots de métal fondus en un seul); enfin, il y a *spécification* lorsqu'une matière brute est transformée de façon à créer un nouveau bien (par exemple, le bloc de marbre que l'on sculpte)[738]. En cas d'adjonction ou

---

[737] La loi ne précise pas qu'il doit s'agir d'un possesseur de bonne foi, mais, en pratique, cette règle ne peut s'appliquer au possesseur de mauvaise foi puisque le propriétaire peut, en ce cas, soit exiger la remise en état, soit conserver les améliorations sans aucune indemnité (art. 959, al. 3 C.c.Q.).

[738] CENTRE DE RECHERCHE EN DROIT PRIVÉ ET COMPARÉ DU QUÉBEC, *Dictionnaire de droit privé*, 2ᵉ éd., Montréal, C.R.D.P.C.Q. et

de mélange, s'il est impossible de séparer les biens réunis ou que cela ne saurait se faire sans travail ou frais excessifs, la propriété du nouveau bien est attribuée à la personne qui, par son apport, a le plus contribué à sa valeur actuelle, à charge pour elle d'indemniser l'autre personne de la valeur de son bien ou de son travail, cette indemnité étant garantie par un droit de rétention (art. 971, 973 et 974 C.c.Q.); il en est de même en cas de spécification (art. 972, 973 et 974 C.c.Q.). On notera, d'une part, que la loi ne fait en ces cas aucune distinction selon la bonne ou la mauvaise foi des parties et, d'autre part, que, dans le contexte de la restitution d'un bien meuble à la suite de l'annulation d'un acte, ces règles peuvent avoir pour effet de transformer la restitution en nature d'une chose en restitution par équivalent. Dans le cas, par exemple, où serait annulée la vente d'une matière brute qui a été transformée par l'acheteur, ce dernier demeurerait propriétaire du bien en dépit de l'annulation de la vente si la valeur de son travail devait dépasser la valeur originaire de la matière brute, l'acheteur devant alors restituer au vendeur la valeur de la matière au jour de sa réception (art. 972, 973 et 1700(2) C.c.Q.).

Parmi les cas non prévus, et qui sont donc laissés à l'arbitrage en équité du tribunal, on mentionnera le cas des réparations ou améliorations apportées à un bien corporel[739] et celui des « améliorations » apportées à un bien meuble incorporel (tel serait le cas de l'acquéreur d'un fonds de commerce ou l'acquéreur des actions d'une personne morale, qui, par son apport personnel ou son travail, en améliorerait la situation, augmentant ainsi la valeur du commerce ou des actions). Dans l'hypothèse où l'acte d'acquisition serait annulé, le tribunal déterminerait s'il est plus équitable que l'acheteur demeure propriétaire du bien corporel ou incorporel amélioré, quitte à indemniser le vendeur (restitution par équivalent), ou que le vendeur reprenne son bien en indemnisant l'acheteur de la valeur de son apport (restitution en nature avec indemnité accessoire). Le tribunal pourrait bien sûr s'inspirer des solutions prévues aux articles 971 et 972 C.c.Q. et décider de la question en fonction des valeurs relatives des apports; toutefois il reste libre, à la lumière de toutes les circonstances, notamment la bonne ou la mauvaise foi des parties, de décider autrement.

Cowansville, Éditions Yvon Blais, 1991, p. 32, 366 et 537, *verbo* : « adjonction », « mélange », « spécification ».

[739] *Cf. Gagné c. Location Haggerty inc.*, J.E. 98-1524 (C.S.).

216. *Fruits et revenus.* En un sens large, est un fruit ce qui est produit par un bien « sans que sa substance (c'est-à-dire le capital) soit entamée » (art. 909 C.c.Q.) : le croît des animaux, les récoltes, le loyer d'un immeuble loué sont des « fruits ».

On distinguait traditionnellement les fruits naturels (produits spontanément par la chose, par exemple les pommes d'un pommier), les fruits industriels (résultant du travail de l'homme, par exemple les récoltes) et les fruits civils (les sommes d'argent que peut produire un bien)[740]. Dans le langage du nouveau Code, les « fruits civils » sont des « revenus », et les « fruits naturels » ou « industriels » sont désormais indistinctement appelés des « fruits » (*stricto sensu*).

L'article 1704 C.c.Q. règle, le cas échéant, le sort des fruits et des revenus produits par la chose entre le jour de sa réception et celui de sa restitution, en distinguant selon la bonne ou la mauvaise foi du débiteur. Le débiteur de bonne foi fait sien les fruits et les revenus produits par la chose et assume les frais engagés pour les produire[741], alors que le débiteur de mauvaise foi (ce qui inclut celui dont la faute est la cause de la restitution[742]) devra rendre les fruits et les revenus produits par la chose, après avoir compensé les frais engagés pour les produire[743].

On notera que, dans le droit d'hier, l'article 1049 C.c.B.C., applicable à la réception de l'indu, rendait le débiteur de mauvaise foi comptable des fruits et des revenus que la chose *aurait dû produire*, à compter du moment où avait commencé la mauvaise foi; la règle prévue à l'article 1704 du nouveau Code est donc moins sévère puis-

---

[740] CENTRE DE RECHERCHE EN DROIT PRIVÉ ET COMPARÉ DU QUÉBEC, *Dictionnaire de droit privé*, 2ᵉ éd., Montréal, C.R.D.P.C.Q. et Cowansville, Éditions Yvon Blais, 1991, p. 268 et 269, *verbo* : « fruit civil », « fruit industriel » et « fruit naturel ».

[741] *Cf. 176841 Canada inc.* c. *Cie Trust Royal*, [1999] R.J.Q. 818 (C.S., en appel); *Zellers inc.* c. *Larry Williams & Associates Design & Photography Inc.*, J.E. 00-1630 (C.S.).

[742] *Cf. Paré Chevrolet Oldsmobile inc.* c. *Constructions paysannes inc.*, J.E. 96-133 (C.S.).

[743] *Cf. Chénier* c. *Robichaud*, J.E. 97-675 (C.S.).

que, même au cas de mauvaise foi, elle n'oblige à rembourser que les fruits et les revenus *effectivement* produits par la chose.

217. *Indemnité de jouissance.* Le débiteur de la restitution doit-il indemniser le créancier pour la jouissance qu'il a retirée de la chose pendant que celle-ci était en sa possession ? Il faut encore distinguer selon que le débiteur de la restitution était ou non de bonne foi. Si le débiteur était de mauvaise foi (ou si la restitution a été causée par sa faute), il doit indemniser le créancier pour la jouissance qu'il a retirée de la chose; en revanche, s'il était de bonne foi, la loi, en principe, l'exempte du remboursement d'une telle indemnité (art. 1704 C.c.Q.). Il est cependant fait exception à ce principe lorsque le bien était susceptible de se déprécier rapidement[744] (par exemple, un micro-ordinateur, voire bien souvent une automobile) : en un tel cas, en effet, la jouissance par le débiteur suffit à entamer le capital du créancier et il apparaît juste, alors, d'obliger le débiteur à indemniser le créancier pour cette perte de capital.

L'article 1704 C.c.Q. prévoit également que le débiteur de la restitution a l'obligation d'indemniser le créancier pour la jouissance qu'il a retirée de la chose lorsque cette jouissance était « l'objet principal de la prestation », tel le cas du bail. Il ne s'agit pas ici d'une véritable exception au principe voulant que le débiteur de bonne foi ne doive pas une indemnité de jouissance : lorsque la jouissance de la chose est l'objet principal de la prestation exécutée, il est évident qu'une « indemnité de jouissance » est due, car il s'agit alors de la restitution du principal et non point d'une indemnité accessoire à la restitution du principal. L'article 1704 C.c.Q. exprime donc à ce sujet une règle qui allait sans dire... mais le législateur a jugé que cela allait mieux en le disant !

c) Cas où la restitution est limitée

Lorsque le débiteur de la restitution est une personne protégée, son obligation de restituer peut être limitée ou même

---

[744] *Cf. Place Bonaventure inc.* c. *Syscorp Innovations inc.*, J.E. 00-2064 (C.S., en appel, C.A. Montréal, n° 500-09-010305-001).

complètement exclue; il en est de même lorsque le contrat annulé est immoral ou lorsque l'application stricte des règles aboutirait à accorder à l'une des parties un avantage indu.

218. *Limites tenant à l'incapacité du débiteur de la restitution.* En principe, les personnes protégées (mineurs ou majeurs protégés) ne sont tenues à la restitution que dans la mesure de l'enrichissement qu'elles conservent au jour de la restitution, la preuve en incombant au créancier de la restitution (art. 1706 C.c.Q.). Cette règle vise à éviter que la restitution des prestations puisse être une source d'appauvrissement de la personne protégée : pas plus qu'elle ne peut se léser en concluant un contrat, celle-ci ne peut s'appauvrir en en demandant l'annulation. C'est ainsi que le mineur qui réussit à faire annuler le contrat qu'il a passé seul peut exiger la restitution intégrale de sa propre prestation (selon les modalités ci-dessus décrites), sans être tenu de restituer celle qu'il a reçue de son cocontractant, s'il n'en a conservé aucun enrichissement. Le mineur qui, par exemple, vendrait seul, sans les autorisations requises, l'un de ses biens, qui ne conserverait rien du prix reçu et n'en garderait aucun enrichissement, pourrait obtenir l'annulation de l'acte, exiger la restitution du bien et ne serait tenu à aucune restitution.

Ce qui était dans le droit d'hier une règle inflexible n'est plus désormais qu'un principe; le *Code civil du Québec* apporte un tempérament important au statut particulier de la personne protégée, puisque celle-ci n'est plus admise au bénéfice de la restitution limitée lorsque c'est en raison de sa faute intentionnelle ou lourde qu'elle ne conserve qu'une partie ou rien de ce qu'elle a reçu (art. 1706(2) C.c.Q.) : on évite ainsi que les personnes protégées puisse abuser du bénéfice exceptionnel que la loi leur accorde.

On observera que cette règle ne vise que les mineurs et les majeurs protégés, c'est-à-dire ceux qui sont frappés d'une véritable incapacité juridique, et non point, selon nous, ceux qui, sans être incapables, sont néanmoins inaptes à consentir : ce serait notamment le cas de ceux dont le mandat fait en prévision d'inaptitude a été homologué par le tribunal (*cf. supra,* n°s 112 et 112.1).

219. *Limites tenant à l'immoralité du contrat.* S'appuyant sur l'adage *nemo auditur propriam turpitudinem allegans*, les tribunaux québécois, à l'instar des tribunaux français, ont toujours considéré qu'ils pouvaient refuser la restitution des prestations lorsque celle-ci était réclamée par une partie coupable d'immoralité. Ainsi, la Cour d'appel a refusé à un entrepreneur la restitution du pot-de-vin versé à un fonctionnaire qui s'était engagé à lui faire obtenir illégalement un contrat, mais qui n'avait donné aucune suite à cette promesse : ce contrat a certes été annulé, mais l'entrepreneur n'a pu récupérer la somme payée (pour rien !) au fonctionnaire[745].

Comme cette affaire le démontre, l'adage ne doit pas être pris à la lettre : le tribunal ne refusera pas d'*entendre* celui qui invoque sa propre immoralité (turpitude), mais refusera plutôt de lui accorder la restitution qu'il réclame. Si, en effet, le tribunal ne pouvait entendre celui qui invoque sa propre turpitude, il ne lui serait pas possible d'annuler, à la demande de ce dernier, l'acte immoral, ce qui serait contraire à l'article 1418 C.c.Q., lequel oblige le tribunal à annuler, même d'office, le contrat nul de nullité absolue. Comme on l'a souvent dit, en dépit de l'utilisation persistante de l'adage *nemo auditur propriam turpitudinem allegans*, c'est plutôt l'adage *in pari causa turpitudinis, cessat repetitio* (qu'on pourrait traduire assez librement par : « en cas d'immoralité partagée, il n'y a pas de restitution ») qui est, dans les faits, appliqué par les juges[746].

L'adage *nemo auditur propriam turpitudinem allegans* (ou, si l'on préfère, *in pari causa turpitudinis, cessat repetitio*) a ses détracteurs; ceux-ci font valoir que son application peut entraîner l'enrichissement injustifié de l'une des parties. Ainsi, dans l'affaire du pot-de-vin, l'application de l'adage a enrichi le fonctionnaire aux dépens de l'entrepreneur et cet enrichissement ne peut être justifié par le contrat, lequel est nul de nullité absolue : n'y a-t-il pas alors une seconde immoralité qui vient s'ajouter à la première ? On peut cependant objecter que

---

[745] *Bouchard* c. *Bluteau*, J.E. 85-337 (C.A.).
[746] Voir Philippe LE TOURNEAU, *La règle « nemo auditur »*, Paris, L.G.D.J., 1970.

c'est précisément la possibilité de cette « injustice » qui rend l'adage efficace : chacune des parties sachant que, si elle exécute la première, l'autre pourra ne rien faire et conserver la prestation reçue, aucune n'a avantage à exécuter avant l'autre. Bref, comme l'a dit Ripert, en laissant « les coquins se débrouiller entre eux », l'adage a une fonction préventive, car il incite les parties contractantes à ne pas exécuter leurs engagements immoraux et la moralité finit ainsi par y trouver son compte. Malgré les apparences, l'application de l'adage n'a donc rien d'injuste, ni d'immoral[747].

Il faut cependant se garder d'appliquer l'adage lorsque le contrat annulé est illicite, sans cependant être immoral ou, selon l'expression de Flour, Aubert et Savaux, « naturellement condamnable »[748]. En effet, un contrat peut fort bien contrevenir à la loi, sans pouvoir pour autant être qualifié d'immoral. On peut penser, à titre d'exemple, à la personne qui s'engage, moyennant rémunération, à poser des actes réservés par la loi à certains professionnels, sans être membre en règle de cette profession. Certes, le contrat est alors illicite, mais il n'est pas immoral; aussi, en cas d'annulation, chacune des parties devra restituer à l'autre, en nature ou par équivalent, ce qu'elle aura reçue en exécution du contrat.

Certaines décisions de la Cour suprême et de la Cour d'appel, rendues sous le *Code civil du Bas Canada*, pouvaient cependant être interprétées comme appliquant l'adage dans des situations où le contrat était illicite, sans cependant être immoral. Il s'agissait dans ces cas d'actes qui avaient été posés en contravention de lois qui réservaient le monopole de ces actes à certaines catégories de personnes : dans la première affaire, un ingénieur avait agi en contravention de la loi réservant aux architectes le droit de faire des plans[749]; dans la

---

[747] Voir la discussion dans Philippe LE TOURNEAU, *La règle « nemo auditur »*, Paris, L.G.D.J., 1970, p. 245 et suiv. et dans FLOUR, AUBERT et SAVAUX, vol. 1, 9ᵉ éd., nᵒˢ 369-371, p. 270-273.

[748] FLOUR, AUBERT et SAVAUX, vol. 1, 9ᵉ éd., nᵒ 370, p. 270-272; TERRÉ, SIMLER et LEQUETTE, 5ᵉ éd., 1993, nᵒ 403, p. 308 et 309.

[749] *Pauzé c. Gauvin*, [1954] R.C.S. 15.

seconde, une personne avait agi à titre d'agent immobilier sans détenir les permis requis à cet effet[750]. Dans ces affaires, la Cour suprême et la Cour d'appel, bien que n'ayant pas formellement invoqué l'adage *nemo auditur propriam turpitudinem allegans,* ont néanmoins considéré que la personne qui avait agi en contravention de la loi n'avait droit à aucune indemnité pour son travail, *au motif qu'il y avait eu violation de la loi.* Ces décisions nous semblent mal fondées dans la mesure où elles font fi de la distinction entre le contrat immoral et le contrat simplement illicite : le refus de toute restitution peut se comprendre lorsque le contrat est immoral, il ne se justifie pas lorsque l'acte est simplement contraire à la loi, sans être cependant immoral. Il aurait donc fallu permettre à celui qui avait contrevenu à la loi d'obtenir une juste indemnité pour son travail, car il avait droit à une restitution par équivalent : bien qu'illicites, les gestes posés n'avaient rien d'immoral.

Que prévoit le *Code civil du Québec* à ce sujet ? Selon le second alinéa de l'article 1699 C.c.Q., le tribunal peut exceptionnellement refuser la restitution des prestations ou en modifier les modalités lorsque cette restitution aurait pour effet d'accorder à l'une des parties un avantage indu. Dans le contexte du contrat immoral, cette règle nous semble à la fois préciser et modifier le droit d'hier. Elle le précise en insistant sur le fait que le refus de restitution est une mesure *exceptionnelle*; la jurisprudence qui refusait la restitution lorsque le contrat était simplement illicite est donc clairement mise de côté. En revanche, le droit d'hier est modifié, car lors même que le contrat serait immoral, le tribunal n'est plus tenu, comme c'était le cas hier, de refuser la restitution : il en a le pouvoir, mais pas le devoir[751]. Extrêmement prudent, le législateur québécois a rejeté tout dogmatisme et tout automatisme en la

---

[750] *Landry* c. *Cunial,* [1977] C.A. 501. Voir aussi l'opinion dissidente du juge Paré dans *Girard* c. *Véronneau,* [1980] C.A. 534.

[751] *Cf. Amusements St-Gervais inc.* c. *Legault,* J.E. 00-550 (C.A.) : contrat annulé sur la base de la cause illicite, mais remise des parties en l'état; dans le même sens, *Peter* c. *Fiasche,* J.E. 01-101 (C.S.). *Cf.* également, *Allard* c. *Socomar International (1995) Inc.,* J.E. 01-588 (C.S., en appel) : application de l'adage et donc refus de la remise en état.

matière : le tribunal jugera, à la lumière de toutes les circonstances, s'il est sage et équitable de refuser la restitution ou d'en modifier les modalités. Le refus de la restitution est donc une mesure exceptionnelle[752], mais il demeure possible : comme on l'a vu, ce refus est parfois parfaitement justifié, notamment afin de laisser les « coquins se débrouiller entre eux ».

219.1. *Limites dues à des situations autres.* Cette mesure exceptionnelle ne concerne pas uniquement le contrat immoral, puisque le texte de l'article 1699 C.c.Q. a une portée générale. En effet, compte tenu de la difficulté d'établir des règles nouvelles relatives à la restitution des prestations qui se veulent à la fois précises et justes dans le plus grand nombre d'hypothèses, le législateur a estimé prudent de laisser au juge une certaine discrétion en toute hypothèse, afin d'éviter que l'application stricte de ces règles n'aboutisse en définitive à accorder à l'une des parties un « avantage indu ». On constate que les tribunaux n'hésitent pas, au besoin, à recourir à cette disposition dont l'application devrait cependant demeurer exceptionnelle[753].

Section 2. Autres sanctions

220. *Dommages-intérêts, réduction de l'obligation, révision du contrat.* Si la nullité est la sanction principale de l'invalidité, elle n'est cependant pas la seule.

Comme on l'a déjà vu, il est possible pour un contractant dont le consentement a été vicié par la lésion ou à la suite d'un dol ou d'une menace de la part du cocontractant, d'obtenir des dommages-intérêts ou une réduction de son obligation équiva-

---

[752] *Cf.* cependant Vincent KARIM, *Commentaires sur les obligations*, vol. 1, Cowansville, Éditions Yvon Blais, 1997, p. 160 et suiv.

[753] *Cf. Silent Signal inc.* c. *Pervin*, [1996] R.J.Q. 2862 (C.A.); *Équipement industriel Robert inc.* c. *Demex inc.*, J.E. 99-816 (C.S.); *Bordeleau c. 9015-1671 Québec inc.*, J.E. 96-1974 (C.Q.); *Roussel c. Roy*, J.E. 96-348 (C.Q.). *Cf.* cependant *Aviation Roger Leblanc ltée c. Pièces et camions R. Raymond inc.*, J.E. 98-1668 (C.A.) : l'article 1699 C.c.Q. ne peut pas servir à modifier un jugement ayant acquis l'autorité de la chose jugée.

lente à ces dommages-intérêts (art. 1407 C.c.Q.). Il n'y a là qu'une application particulière du principe selon lequel celui qui est en faute doit réparer le préjudice qui en résulte (art. 1457 C.c.Q.), à cette différence près que cette réparation peut en ce cas prendre la forme d'une réduction des obligations plutôt que d'une condamnation monétaire; il s'agit en ce dernier cas d'une forme particulière de réparation en nature[754]. Puisqu'il s'agit de responsabilité civile, on insistera sur la nécessité d'une faute : celui qui commet un dol, use de violence, exploite son cocontractant, peut se voir condamner à des dommages-intérêts, son comportement étant alors fautif; au contraire, celui qui, de bonne foi, induit en erreur ou se trompe, ne sera pas tenu aux dommages-intérêts à moins que son erreur ne résulte d'une négligence de sa part.

On mentionnera, ensuite, la possibilité, exceptionnelle, d'une véritable révision du contrat. Cette révision peut être judiciaire lorsque la loi confère expressément au tribunal la faculté de réviser l'entente[755] : tel est le cas en matière de prêt d'argent, le tribunal pouvant alors, en cas de lésion, ordonner la réduction des obligations ou *réviser les modalités de leur exécution* (art. 2332 C.c.Q.). La révision peut aussi survenir de plein droit, lorsque la loi, d'autorité, modifie certaines modalités de l'entente : ainsi, la loi ramène automatiquement à 100 ans la durée d'un bail conclu pour une plus longue période (art. 1880 C.c.Q.). Enfin, la révision peut être le fait de l'une des parties qui désire par là éviter l'annulation de l'acte : c'est la possibilité que prévoit l'article 1408 C.c.Q. qui permet au tribunal, en cas de lésion, de maintenir le contrat lorsque le

---

[754] D'ailleurs, la loi précise que la réduction des obligations est *équivalente* au montant de dommages-intérêts que la victime eût été en droit d'exiger. Il s'agit donc moins d'une véritable possibilité de réviser le contrat que d'une forme d'attribution de dommages-intérêts qui se traduit par une révision : la révision n'est pas en soi la sanction, mais la conséquence de la sanction qui demeure la responsabilité civile.

[755] Pierre-Gabriel JOBIN, « La révision du contrat par le juge dans le Code civil », dans Ernest CAPARROS (dir.), *Mélanges Germain Brière*, « coll. Bleue », Montréal, Wilson et Lafleur, 1993, p. 399.

défendeur offre une réduction de sa créance ou un supplément pécuniaire équitable[756].

---

[756] Sur le plan du droit transitoire, on notera l'article 78 L.A.R.C.C. en vertu duquel les dispositions des articles 1407 et 1408 C.c.Q. sont applicables même si le contrat en question s'est formé avant l'entrée en vigueur du nouveau Code.

CHAPITRE III
LE CONTENU DU CONTRAT

221. *Présentation du sujet.* Le contrat valablement formé a pour effet de créer, transférer, modifier ou éteindre des obligations ou des droits réels (art. 1433 C.c.Q.) : ces effets constituent le *contenu du contrat*. On envisagera la question de la détermination du contenu contractuel, puis celle du contrôle du contenu des contrats d'adhésion et de consommation.

L'effet particulier des contrats translatifs de propriété sera examiné au prochain chapitre.

Section 1. La détermination du contenu contractuel

L'article 1434 C.c.Q. précise que le contrat oblige les parties non seulement pour ce qu'elles y ont exprimé, mais aussi pour tout ce qui découle, eu égard à la nature du contrat, des usages, de l'équité ou de la loi. Tout contrat a donc non seulement un contenu explicite, mais aussi un contenu implicite qui vient compléter ce que les parties ont pris la peine d'exprimer.

Par. 1. *Le contenu explicite (interprétation du contrat)*

222. *Nécessité d'interpréter le contrat.* On peut être porté à penser que le contenu explicite ne pose pas de difficultés particulières : sous réserve des exigences de l'ordre public, le contrat s'impose aux parties pour tout ce qu'elles y ont expressément prévu. Cependant, il arrive fréquemment que les parties ne se soient pas exprimées clairement : elles ont pu utiliser des termes ambigus ou laisser se glisser des contradictions ou des incohérences dans la lettre ou dans l'esprit de leur entente. On doit alors procéder à *l'interprétation du contrat*, selon les préceptes établis au Code civil en la matière (art. 1425-1432 C.c.Q.).

A. La recherche de l'intention commune

223. *Principe.* Le principe fondamental de l'interprétation des contrats est énoncé à l'article 1425 C.c.Q. : l'interprète doit « rechercher quelle a été la commune intention des parties plutôt que de s'arrêter au sens littéral des termes utilisés ». Autrement dit, c'est la volonté réelle et non la volonté déclarée qui, en définitive, compte vraiment : l'important, ce n'est pas ce que les parties ont pu exprimer, mais bien ce qu'elles ont cherché à exprimer. Ce principe est en accord avec le consensualisme : ce qui lie les parties, ce ne sont pas les termes utilisés, mais bel et bien l'intention que ces termes sont censés refléter; on l'a souvent dit, il ne faut pas confondre le contrat avec le document (ou les paroles) qui le constate[757], et c'est ce que rappelle l'article 1425 C.c.Q.

224. *Le contrat « clair en soi ».* Le principe posé par l'article 1425 C.c.Q. ne soulève pas de difficultés lorsque les termes utilisés par les parties sont ambigus ou ne peuvent manifestement pas être le reflet de leur commune intention : il est alors logique de chercher, à partir d'indices divers, ce que les parties ont voulu dire plutôt que de s'en tenir à la lettre de leur entente. On précisera cependant que, dans la mesure où les termes du contrat ne sont pas ambigus[758], on doit évi-

---

[757] *Guardian Insurance Co. of Canada* c. *Victoria Tire Sales Ltd.*, [1979] 2 R.C.S. 849; *Richer* c. *Mutuelle du Canada*, [1987] R.J.Q. 1703 (C.A.); *Continental Salvage Co. (1969) Quebec Inc.* c. *Harris*, J.E. 94-74 (C.A.); *Caisse populaire St-Louis-de-France* c. *Productions Mark Blandford inc.*, [2000] R.J.Q. 1696 (C.A.); *Château* c. *Placements Germarich inc.*, J.E. 94-1205 (C.S., appel rejeté, J.E. 97-1254); *Grégoire* c. *Trépanier*, J.E. 95-1386 (C.S.); *Équipement Industriel Robert inc.* c. *Demex inc.*, J.E. 99-816 (C.S.).

[758] Bien entendu, il n'est pas toujours facile de savoir quand un texte est « clair ». Selon un auteur « dire que le texte est clair, c'est souligner le fait qu'en l'occurrence il n'est pas discuté » (Chaïm PERELMAN, *Logique*

demment présumer qu'ils sont le fidèle reflet de l'intention véritable des parties. Aussi, dans la mesure où les termes utilisés par les parties ne soulèvent pas de difficultés d'interprétation, le juge devra les appliquer sans chercher à les transgresser sous prétexte d'interprétation, à moins qu'on ne réussisse à mettre légalement en preuve des éléments donnant lieu de croire que, malgré l'absence d'ambiguïté des termes utilisés, ceux-ci trahissent – plutôt qu'ils ne traduisent – l'intention véritable des parties. Une telle preuve n'est toutefois pas des plus aisées puisqu'on ne peut, par témoignage, contredire ou changer les termes d'un écrit « clair » [759], sauf s'il y a commencement de preuve résultant de l'aveu ou du témoignage de la partie adverse ou encore de la présentation d'un élément matériel rendant vraisemblable le fait allégué (art. 2863 et 2865 C.c.Q.). Une partie ne peut donc, par son propre témoignage, chercher à rendre « ambigu » ce qui, dans le document constatant le contrat, serait « clair » aux yeux du juge[760]. En rapprochant l'article 1425 C.c.Q. des règles du droit de la preuve, on constate que la loi cherche un point d'équilibre entre la volonté déclarée et la volonté réelle, plus qu'elle n'établit la prédominance de l'une sur l'autre.

225. *L'absence d'intention commune.* Par ailleurs, le principe énoncé par l'article 1425 C.c.Q. présuppose qu'il y a toujours une intention commune à « découvrir ». Or, il n'en est pas toujours ainsi.

---

juridique : nouvelle rhétorique, 2ᵉ éd., Paris, Dalloz, 1979, n° 25, p. 36); certes, d'un point de vue théorique, il n'y a aucun critère absolu pour distinguer ce qui est « clair » de ce qui est « ambigu », mais, d'un point de vue pratique, il semble néanmoins possible d'arriver raisonnablement à la conclusion qu'un texte est clair même s'il est discuté. Comme on l'a souvent rappelé, un texte ne devient pas ambigu du seul fait qu'on le conteste : *cf. St-Amour* c. *Prudentielle d'Amérique, Compagnie d'assurances*, [1992] R.R.A. 1020 (C.S.). Voir à ce sujet les remarques de Pierre-André CÔTÉ, *Interprétation des lois*, 3ᵉ éd., Montréal, Éditions Thémis, 1999, p. 360-363.

[759] Il est admis que la règle de l'article 2863 C.c.Q. ne s'applique pas lorsque le contrat recèle une ambiguïté. Léo DUCHARME, « Le nouveau droit de la preuve en matières civiles selon le *Code civil du Québec* », dans Barreau du Québec et Chambre des Notaires du Québec, *La réforme du Code civil*, t. 3, Sainte-Foy, P.U.L., 1993, p. 443, à la page 535.

[760] C'est pourtant ce qu'a admis la Cour d'appel dans l'affaire *Richer* c. *Mutuelle du Canada*, [1987] R.J.Q. 1703 (C.A.), renversant ainsi la décision, selon nous bien fondée, du juge Gonthier (alors à la Cour supérieure) d'accueillir une objection à la preuve testimoniale destinée à rendre « ambigu » ce qui était sans cela « clair ».

Certes, pour qu'il y ait contrat, il doit y avoir un minimum d'intention commune, mais il peut fort bien arriver que les parties, tout en ayant véritablement une intention commune quant aux éléments essentiels du contrat, se soient également entendues sur certaines clauses accessoires tout en leur donnant cependant, chacune en son for intérieur, des interprétations divergentes[761]. En un tel cas, on ne peut évidemment pas s'en remettre à l'intention commune des parties puisqu'il n'y en a pas. On n'a alors pas d'autre choix que de s'en remettre à l'interprétation qui se concilie le mieux au reste du contrat et aux circonstances ayant entouré sa conclusion. Comme on l'a fait remarquer, le juge, en ce cas – bien qu'il s'en cache le plus souvent –, ne se contente pas de « découvrir une intention commune »; il attribue plutôt aux parties une « intention commune » qui n'a en fait jamais existé, mais qui lui semble la plus compatible avec le reste du contrat et des circonstances. L'interprétation du contrat devient alors plus « objective », car l'interprète (quoiqu'il en dise) est à la recherche, non pas de l'intention commune des parties, mais bien de ce qui se concilie le mieux avec le reste de l'entente. Il y a là un aspect du « rôle créateur du juge » que la théorie traditionnelle de l'interprétation du contrat, centrée autour de la « recherche de l'intention commune », a tendance à occulter, mais qui n'en est pas moins réel[762]. Cela dit, l'interprétation n'est pas non plus entièrement « objective » et détachée des parties, car il s'agit de déterminer l'interprétation qui convient le mieux au contrat conclu *par les parties* : le juge doit donc s'efforcer de se mettre à leur place et non point interpréter l'acte en faisant totalement abstraction de leur point de vue.

---

[761] Pour un exemple, soit un fermier qui a vendu sa ferme, « avec tous les bâtiments et tous les animaux y vivant » : le fermier peut-il conserver son chien berger? Le fermier peut avoir pensé que l'expression « animaux de la ferme » excluait son chien, car il ne s'agit pas, à proprement parler, d'un animal de ferme; de son côté, l'acheteur a pu penser qu'il achetait le chien, lequel est un animal qui vit sur la ferme et qui pourrait lui être utile. Il n'y a pas, alors, d'intention commune quant à la question de savoir si le chien est ou non vendu. Il n'y a pas non plus d'intention commune si, au moment de la conclusion du contrat, ni l'un ni l'autre n'a songé à la question du chien, alors que, la question se soulevant désormais, chacun interprète à sa façon l'expression « tous les animaux vivant sur la ferme ».

[762] TERRÉ, SIMLER et LEQUETTE, 5ᵉ éd., 1993, n° 423 et 428, p. 326-331; TANCELIN, 6ᵉ éd., n° 312 et suiv.

B. Les directives d'interprétation

On retrouve, à la suite du principe directeur de l'article 1425 C.c.Q., une série de règles relatives à l'interprétation des contrats. Le juge n'est pas formellement tenu par ces « règles » qui ne sont en fait que des directives partant du bon sens[763].

226. *Le contexte immédiat.* La première, en importance, de ces règles est celle selon laquelle « les clauses d'un contrat s'interprètent les unes par les autres, en donnant à chacune le sens qui résulte de l'ensemble du contrat » (art. 1427 C.c.Q.). Cette directive est la plus fondamentale de toute et on peut même se demander s'il ne s'agit pas véritablement d'une règle qui s'imposerait au juge : un contrat est un tout qui s'interprète comme tel; aussi ne doit-on pas isoler une clause ou un terme du reste de l'entente quand vient le temps de l'interpréter[764] : un mot ne se comprend que dans son contexte[765], et le contexte immédiat d'un terme utilisé dans le contrat n'est rien d'autre que le reste du contrat.

Ce n'est que lorsque l'interprète aura pris la peine d'examiner le contrat dans son ensemble qu'il sera en mesure de déterminer quelle est la « nature » ou la « matière » du contrat; aussi les dispositions des articles 1426 et 1429 C.c.Q., qui favorisent l'interprétation du contrat convenant le mieux à sa « nature » ou à sa « matière », ne sont que des applications

---

[763] Voir COMMISSAIRES POUR LA CODIFICATION DES LOIS DU BAS CANADA, « Premier Rapport des Commissaires pour la Codification des lois du Bas Canada qui se rapportent aux matières civiles, nommés en vertu du Statut 20, Vic. chap. 43 », dans *Code civil du Bas Canada, Premier, Second et Troisième Rapports,* Québec, imprimé par George E. Desbarats, 1865.

[764] *Bellavance* c. *Orange Crush Ltd.*, [1955] R.C.S. 706; *Traders General Insurance Co.* c. *Segal*, [1963] B.R. 740; *Parent* c. *Structures Lamerain Inc.*, J.E. 93-699 (C.A.).

[765] « Sans aller jusqu'à prétendre que les mots n'ont pas de sens en eux-mêmes, on doit admettre cependant que leur sens véritable dépend partiellement du contexte dans lequel ils sont employés. » : Pierre-André CÔTÉ, *Interprétation des lois*, 3ᵉ éd., Montréal, Éditions Thémis, 1999, p. 355.

particulières de la directive de l'article 1427 C.c.Q. : le contrat s'interprète comme un tout.

227. *Le contexte médiat.* L'interprète doit parfois aller chercher en dehors du contrat les indices qui lui permettront de fixer son interprétation. L'article 1426 C.c.Q. codifie la jurisprudence établie sous le *Code civil du Bas Canada* qui permettait à l'interprète, si besoin était, d'examiner les circonstances dans lesquelles le contrat avait été conclu, ainsi que l'interprétation que les parties avaient pu elles-mêmes donner, expressément ou implicitement, à la clause ambiguë[766].

Le contexte médiat d'un contrat ne se limite cependant pas aux faits et gestes des parties. Ainsi, il est raisonnable de penser que le milieu (géographique, social, commercial, professionnel, etc.) dans lequel évoluent les parties les a influencées, et c'est pourquoi on peut tenir compte des usages dans l'interprétation d'un contrat (art. 1426 *in fine* C.c.Q.). On rappelera qu'un usage est une pratique suffisamment générale, ancienne et uniforme pour qu'il soit raisonnable de penser que les parties le connaissaient et ont accepté de s'y soumettre[767].

On voit donc que, pour interpréter une clause contractuelle, tant son contexte immédiat (le reste du contrat) que son contexte plus éloigné (histoire des relations contractuelles des parties, existence de contrats connexes, et même les usages) peuvent être utiles. Cela dit, il est normal d'accorder plus de poids au contexte immédiat qu'au contexte médiat.

228. *Autres directives.* Outre l'examen du contexte immédiat et médiat des termes utilisés, la loi énonce d'autres directives qui n'ont d'autre point commun que d'aider l'interprète à cerner la véritable intention des parties.

---

[766] *Cf. Richer c. Mutuelle du Canada*, [1987] R.J.Q. 1703 (C.A.).
[767] CENTRE DE RECHERCHE EN DROIT PRIVÉ ET COMPARÉ DU QUÉBEC, *Dictionnaire de droit privé et lexiques bilingues*, 2ᵉ éd., Montréal, C.R.D.P.C.Q. et Cowansville, Éditions Yvon Blais, 1991, p. 576, *verbo* : « usage ». *Cf. Pisapia Inc. c. Paul Dubé et fils Ltée*, J.E. 93-1883 (C.A.).

Tout d'abord, on doit interpréter une clause dans le sens qui lui donne un effet quelconque, plutôt que dans celui qui la prive totalement d'effet (art. 1428 C.c.Q.) : on peut présumer que les parties, à l'instar du législateur, ne « parlent pas pour ne rien dire » et qu'elles entendent créer des obligations efficaces plutôt qu'inefficaces. C'est pourquoi, si on peut raisonnablement hésiter entre deux interprétations et que l'une annule la clause alors que l'autre la laisse intacte, on devrait normalement favoriser la seconde de ces interprétations[768]. Cependant, il arrive fréquemment que les parties prévoient, *ex abundanti cautela*, des clauses qui sont en fait « inutiles », mais qui les sécurisent en rendant encore plus explicite ce qui était déjà clair : ce serait alors une erreur de vouloir donner à tout prix un effet à ces clauses et d'aboutir ainsi à transgresser l'intention commune des parties[769].

La loi édicte ensuite deux directives applicables aux clauses et aux termes généraux utilisés par les parties. Il importe d'être prudent dans l'interprétation de ces termes et clauses, car il faut toujours songer à la possibilité que les parties, malgré la généralité des termes employés, entendaient en fait se limiter à certains effets particuliers. En ce cas, la volonté réelle ayant préséance sur la volonté déclarée, il faut veiller à s'en tenir à « ce sur quoi les parties se sont proposé de contracter » en dépit de la généralité des termes utilisés (art. 1431 C.c.Q.)[770]. À l'inverse cependant, il peut arriver que les parties prévoient des termes ou clauses d'une portée générale, tout en ressentant le besoin de préciser, *ex abundanti cautela*, que ces termes ou ces clauses visent bel et bien un cas particulier donné; cette précision ne devrait pas diminuer la portée générale des termes ou des clauses utilisés (art. 1430 C.c.Q.). Ces deux directives ne sont que l'application particulière du

---

[768] Par exemple, voir *Bernard* c. *Paquin*, [1954] B.R. 273; *Caisse populaire St-Louis-de-France* c. *Productions Mark Blandford inc.*, [2000] R.J.Q. 1696 (C.A.).

[769] DEMOLOMBE, vol. 25, n° 12 et suiv., p. 12 et suiv.

[770] Pour un exemple, voir *Banque canadienne impériale de commerce* c. *Zwaig*, [1976] C.A. 682. *Cf.* également *Skyline Holdings Inc.* c. *Scarves and Allied Arts Inc.*, J.E. 00-1623 (C.A.).

principe directeur de l'article 1425 C.c.Q. : ce ne sont pas les termes utilisés qui comptent, mais la véritable intention des parties; le législateur a cependant cru bon de rappeler à l'interprète que les termes et clauses à portée générale doivent être maniés avec prudence.

La directive de l'article 1431 C.c.Q. peut être fort utile quant aux clauses de style. Ces clauses, dont les effets peuvent être fort étendus, sont celles qui, ayant la faveur des praticiens, se retrouvent très fréquemment dans les contrats d'un type donné; elles lient les parties qui sont censées les avoir lues et y avoir consenti. Cependant, les effets d'une clause de style devraient se limiter à « seulement ce sur quoi il paraît que les parties se sont proposé de contracter »[771].

On mentionnera enfin qu'en présence d'une clause manuscrite qui contredit la clause imprimée d'un contrat-type, on préférera en principe la clause manuscrite, laquelle traduit probablement la véritable intention des parties[772].

229. *Doute irréductible.* Si, malgré ses efforts, le juge ne peut trancher en faveur de telle ou telle interprétation, il doit alors s'en remettre au principe énoncé à l'article 1432 C.c.Q., selon lequel « dans le doute, le contrat s'interprète en faveur de celui qui a contracté l'obligation et contre celui qui l'a stipulée ». Par « celui qui a contracté l'obligation », il faut entendre le débiteur et donc, par « celui qui l'a stipulée », le créancier. L'article 1432 C.c.Q. pose ainsi le principe que le doute irréductible doit favoriser le débiteur de l'obligation litigieuse[773]. Pourquoi favoriser ici le débiteur ? Tout simplement parce que c'est au créancier qu'incombe le fardeau de prouver, non seulement l'existence, mais encore la teneur de son droit (art. 2803 C.c.Q.) : s'il échoue, le débiteur en profitera.

Le langage peu familier de l'article 1432 C.c.Q., qui oppose celui qui a « contracté l'obligation » (le débiteur) à celui qui a « stipulé l'obligation » (le créancier), s'explique par son origine historique. La règle nous vient de Pothier qui s'était inspiré des principes

---

[771] Art. 1431 C.c.Q.; TERRÉ, SIMLER et LEQUETTE, 5ᵉ éd., 1993, n° 425, p. 327 et 328; *Lemcovitch c. Daigneault*, [1957] C.S. 178.

[772] *Cf. Bélanger c. Crépeau*, [1949] C.S. 450.

[773] *Cf. Grégoire c. Trépanier*, J.E. 95-1386 (C.S.).

d'interprétation des contrats du droit romain en matière de *stipulatio*[774]. Or, la *stipulatio* était un contrat unilatéral qui se formait lorsque le débiteur acceptait l'engagement que lui proposait le créancier. Le créancier était donc celui qui « stipulait l'obligation » (c'est-à-dire qui en définissait le contenu) et le débiteur celui qui « contractait l'obligation » en acceptant la proposition du créancier[775]. C'est ce qui explique que l'article 1432 C.c.Q., à l'instar de l'article 1019 C.c.B.C., parle du débiteur comme étant « celui qui a contracté l'obligation » et du créancier comme étant « celui qui l'a stipulée ».

Par exception, les contrats d'adhésion et de consommation s'interprètent, en cas de doute irréductible, en faveur de l'adhérent ou du consommateur, peu importe qu'il soit débiteur ou créancier de l'obligation litigieuse (art. 1432 *in fine* C.c.Q.). Il apparaît juste en effet qu'en cas de doute, le contrat s'interprète contre le professionnel et en faveur du profane, contre celui qui a défini un contenu contractuel non négociable et en faveur de celui qui n'a fait qu'adhérer à cette proposition. En outre, parce qu'elles incitent le professionnel et le rédacteur d'un contrat d'adhésion à utiliser un langage simple plutôt qu'abscons (tout doute irréductible s'interprétant contre lui), ces exceptions à la règle générale s'inscrivent dans la politique de protection du caractère éclairé du consentement de l'adhérent ou du consommateur[776].

Même si l'article 1019 C.c.B.C. n'en faisait pas mention, ces exceptions ne sont cependant pas nouvelles, si ce n'est dans leur portée. En effet, l'article 17 de la *Loi sur la protection du consommateur* édicte déjà que le doute irréductible favorise le consommateur, et les tribunaux appliquent fréquemment

---

[774] POTHIER, 2e éd., t. 2, n° 97, p. 50.

[775] André E. GIFFARD, *Droit romain et ancien droit français – Les obligations*, Paris, Dalloz, 1958, n° 41, p. 34.

[776] *Cf. Autobus Johanaire inc.* c. *STRSM*, J.E. 99-145 (C.S.). Encore faut-il qu'il y ait un doute sur le sens à donner à la clause; si celle-ci est claire, l'article 1432 C.c.Q. ne sera d'aucun secours à l'adhérent : *Hyundai Motor America* c. *Automobiles des Îles (1989) inc.*, J.E. 97-783 (C.S.); *Conrad* c. *Hydro-Québec*, REJB 01-22221 (C.S.). Sur le plan du droit transitoire, on notera l'article 81 L.A.R.C.C. en vertu duquel l'article 1432 C.c.Q. s'applique immédiatement aux contrats en cours, lors de son entrée en vigueur.

l'interprétation *contra proferentem* (à l'encontre du
« rédacteur ») dans le cadre de certains contrats d'adhésion,
notamment les contrats d'assurance[777]. S'il y a nouveauté, ce
ne peut donc être que dans la généralisation de ces exceptions
à tous les contrats d'adhésion et de consommation, au sens des
articles 1379 et 1384 C.c.Q.

Par. 2. *Le contenu implicite*

Il ne faut pas croire que le contenu du contrat se limite aux
seuls effets expressément prévus par les parties; aux clauses
expresses s'ajoutent les clauses implicites qui découlent,
d'après la nature du contrat, de la loi, des usages et de l'équité
(art. 1434 C.c.Q.).

230. *La « nature du contrat » : source autonome de clauses implicites ?* Analysant les divergences entre les versions française et anglaise, ainsi que les origines historiques de l'article 1024 C.c.B.C. – au
même effet que l'article 1434 C.c.Q. –, un auteur a pu considérer que
la « nature du contrat » est une source autonome de clauses implicites, au même titre que la loi, les usages et l'équité, ce qui, selon lui,
« est susceptible d'étendre les horizons de recherche et, partant,
d'élargir le cercle contractuel »[778]. Cette analyse a parfois été suivie[779], mais on peut cependant préférer l'analyse traditionnelle[780],
selon laquelle il n'y a que trois sources de clauses implicites (la loi, les
usages et l'équité), la « nature du contrat » ne renvoyant qu'à sa qualification (est-ce une vente ? un louage ? un contrat d'entreprise ?),

---

[777] *Industrielle, Compagnie d'Assurance sur la Vie* c. *Bolduc*, [1979] 1 R.C.S.
481. En 1976, dans le cadre de la réforme des dispositions du *Code civil
du Bas Canada* en matière d'assurances, la règle d'interprétation à
l'encontre de l'assureur, jusqu'alors prétorienne, a été codifiée (art. 2499
C.c.B.C.). Cette règle n'a pas été reprise au *Code civil du Québec*, étant
couverte par les dispositions de l'article 1432 C.c.Q. relatif à
l'interprétation des contrats d'adhésion en faveur de l'adhérent, la
plupart des contrats d'assurance étant d'adhésion.

[778] Paul-André CRÉPEAU, « Le contenu obligationnel d'un contrat », (1965)
43 *R. du B. can.* 1, 4.

[779] BAUDOUIN et JOBIN, 5ᵉ éd., nᵒ 450, p. 367.

[780] FLOUR, AUBERT et SAVAUX, vol. 1, 9ᵉ éd., nᵒ 378, p. 277-279;
MAZEAUD, 9ᵉ éd., t. 2, vol. 1, nᵒ 347 et suiv., p. 336 et suiv.;
CARBONNIER, t. 4, 21ᵉ éd., nᵒ 34, p. 84-86.

aux fins de savoir quelles lois, quels usages et quelles clauses équitables s'ajoutent à celles expressément prévues par les parties. C'est ce qui ressort très nettement de l'article 1135 du Code civil français[781], qui est à l'origine des articles 1024 C.c.B.C. et 1434 C.c.Q. On mentionnera que la question est de toute façon purement théorique, puisque toutes les obligations que l'on serait susceptible de faire découler de la « nature du contrat » peuvent tout aussi bien résulter des usages ou de l'équité. Faire de la « nature du contrat » une source autonome entraîne donc une certaine confusion conceptuelle, en masquant le processus préalable et fondamental de la qualification, et, contrairement à ce qu'on en a dit, ne permet aucunement d'« élargir le cercle contractuel » : celui-ci reste évidemment le même qu'il y ait trois ou quatre sources de clauses implicites !

A. Les clauses implicites découlant de la loi

La loi est la source la plus importante de clauses implicites. Pour un contrat donné, toute une série de dispositions légales s'appliquent et viennent ainsi le compléter.

On rappellera que les dispositions impératives pertinentes font nécessairement partie d'un contrat puisque les parties ne peuvent y déroger. Quant aux dispositions supplétives de volonté, comme leur nom l'indique, elles s'intégreront de plein droit au contrat, à moins que les parties n'aient choisi de les écarter (art. 9 C.c.Q.).

231. *La réglementation des contrats nommés.* La loi établit, d'une part, des règles générales qui s'appliquent à tous les contrats quels qu'ils soient et, d'autre part, elle règlemente de façon particulière les contrats les plus usuels qui sont, pour cette raison, appelés les *contrats nommés* : vente, donation, louage, mandat, cautionnement, travail, entreprise, assurance, société, association, prêt, dépôt, rente, etc. Cette réglementa-

---

[781] « Les conventions obligent non seulement à ce qui y est exprimé, mais encore à toutes les suites que l'équité, l'usage ou la loi donnent à l'obligation d'après sa nature ». Comparer ce texte avec le texte anglais de l'article 1024 C.c.B.C. qui en est, si on se fie aux annotations des codificateurs de 1866, la version originale, le texte français n'en étant que la traduction.

tion particulière des contrats nommés se retrouve au titre deuxième du livre consacré aux obligations (*cf.* art. 1377, al. 2, renvoyant aux art. 1708-2643 C.c.Q.).

Ces nombreuses dispositions législatives ont une très grande importance pratique puisqu'elles facilitent les échanges économiques en allégeant la tâche des contractants (ou, comme diraient les économistes, « en diminuant les coûts de transaction ») : il suffit de s'entendre sur les éléments essentiels du contrat projeté pour que celui-ci se forme et que toutes les dispositions législatives pertinentes s'y greffent, complétant ainsi ce qui risquerait autrement d'être un accord bien trop sommaire. À titre d'exemple, dès lors que le vendeur et l'acheteur s'entendent sur la chose et le prix, il y a une vente qui est alors soumise à toutes les dispositions que la loi prévoit en la matière; c'est ainsi que, sauf convention contraire, l'acheteur aura droit aux garanties (éviction, défauts cachés) prévues au Code civil (art. 1723 et suiv. C.c.Q.), même si le contenu explicite du contrat ne mentionne rien à cet égard.

232. *La réglementation des contrats innommés.* De nombreux contrats ne font cependant pas l'objet d'une réglementation légale spécifique, ce qui n'est guère surprenant étant donné le principe de la liberté contractuelle. On pensera, par exemple, au contrat médical ou hospitalier, au contrat par lequel on retient les services d'un avocat ou encore au contrat de franchise, qui sont des contrats innommés. Bien que ces contrats ne correspondent à aucun des contrats réglementés par la loi, ils sont évidemment soumis aux principes généraux applicables et, en outre, ce serait une erreur de penser qu'il faille complètement mettre de côté les dispositions particulières aux contrats nommés. En effet, un contrat innommé peut fort bien comporter un ou plusieurs aspects de certains contrats nommés. Par exemple, on a déjà fait remarquer que le contrat d'hôtellerie est à la fois une location (de la chambre) et un dépôt (des bagages) et qu'il peut aussi, selon les cas, comporter vente de nourriture[782]. De même, le contrat passé avec un avocat peut comporter à la fois un mandat (la représenta-

---

[782] MAZEAUD, 9ᵉ éd., t. 2, vol. 1, n° 112, p. 98.

tion du client devant le tribunal) et un contrat de service (la rédaction d'une opinion juridique). Lorsque certains des aspects d'un contrat innommé correspondent à un contrat nommé, on peut alors appliquer, quant à cet aspect, la réglementation particulière au contrat nommé dont il s'agit, en l'adaptant au besoin. Par exemple, si l'hôtelier ne fournit pas une chambre adéquate, on appliquera les règles du Code civil relatives au contrat de louage; si c'est la nourriture qui a rendu le client malade, on appliquera les règles de la vente relatives à la garantie de qualité. La portée de la réglementation des contrats nommés dépasse donc le cadre strict de ces contrats.

233. *Caractère contractuel des clauses implicites d'origine légale.* Il importe de préciser que les dispositions légales, qui s'insèrent au contrat en vertu de l'article 1434 C.c.Q., deviennent ainsi autant de normes contractuelles, soumises au même régime de responsabilité que les stipulations expresses des parties. On ne sort donc pas du cadre contractuel du seul fait qu'une obligation a une origine légale : dès lors qu'une telle obligation est insérée au contrat en vertu de l'article 1434 C.c.Q., elle fait partie intégrante du contrat et son inexécution entraîne une responsabilité contractuelle et non point extra-contractuelle[783]. Cette précision est d'autant plus importante que l'article 1458 C.c.Q. interdit désormais aux parties contractantes de se soustraire au régime contractuel de responsabilité en optant pour l'application du régime extracontractuel.

B. Les clauses implicites découlant des usages

234. *Rôle des usages.* Les usages, on l'a vu, peuvent aider à interpréter les termes ambigus d'un contrat. Ils peuvent également, à l'instar de la loi, compléter le contrat, comme le mentionne l'article 1434 C.c.Q.

Un usage, on l'a dit, est une pratique qui est, dans un milieu donné (lequel n'est pas nécessairement géographique), suffisamment ancienne, fréquente et uniforme pour qu'on puisse

---

[783] Paul-André CRÉPEAU, « Le contenu obligationnel d'un contrat », (1965) 43 *R. du B. can.* 1, 28.

raisonnablement penser que les personnes évoluant dans ce milieu en ont connaissance et qu'elle résulte d'un assentiment général[784]. Il ne peut donc y avoir d'usage en présence de pratiques nouvelles, contradictoires ou restreintes à quelques personnes[785]. Comme le veut le dicton : une fois n'est pas coutume ! La preuve d'un usage se fait par tous les moyens, notamment par le témoignage des personnes évoluant dans le milieu pertinent.

Lorsqu'une pratique est suffisamment ancienne, fréquente et uniforme dans un milieu donné pour être qualifiée d'usage, elle devient partie intégrante du contrat conclu par les parties, à moins que celles-ci n'aient prévu le contraire. Ainsi, un tribunal a rejeté l'action d'un commerçant qui, ayant acheté des fruits, se plaignait de leur qualité médiocre, au motif que sa plainte n'avait pas été acheminée au vendeur dans 24 heures de la livraison, contrairement à un usage à cet effet dans le commerce en gros des fruits et des légumes[786].

Les usages peuvent se rencontrer dans tous les milieux, mais il faut bien admettre que la société contemporaine, éclatée et diversifiée, ne favorise pas l'éclosion de nouveaux usages, voire le maintien de ceux qui ont pu exister ou existent encore. De nos jours, on retrouve des usages surtout chez les commerçants[787], les professionnels et en matière de droit du travail.

Usage *contra legem*. Un usage peut-il prévaloir sur une loi ? Sûrement pas lorsque la loi est impérative, mais on peut soutenir que rien n'empêche que s'établisse l'usage de déroger à une loi supplétive : les parties étant en effet libres de déroger à une telle loi, il se peut que, dans un milieu donné, elles le fassent de façon fréquente et uniforme, établissant ainsi à la longue un usage contraire à la loi[788].

---

[784] *Comité paritaire de l'industrie de la fourrure* c. *Samuel Grossman Furs Inc.*, [1963] C.S. 643; *Greenberg* c. *Plotnick*, (1928) 34 R.J. 404.

[785] *Marsh* c. *Leggat*, (1889) 8 B.R. 221.

[786] *Berlet Fruit Inc.* c. *Larivée*, [1965] R.L. 453 (C.S.).

[787] *Cf. Réal Grondin inc.* c. *2969-6366 Québec inc.*, J.E. 01-46 (C.Q., en appel, C.A. Québec, n° 200-09-003408-009).

[788] MAZEAUD, 9ᵉ éd., t. 2, vol. 1, n° 349, p. 337.

C. Les clauses implicites découlant de l'équité

235. *Rôle de l'équité.* Outre la loi et les usages, l'équité peut également, selon l'article 1434 C.c.Q., servir à compléter le contenu d'un contrat. Il est difficile, pour ne pas dire impossible, de dire à l'avance ce qu'exige l'équité, car l'équité est précisément ce qui, à la lumière des circonstances propres à l'espèce, apparaît comme juste, avec tout ce que cela comporte de subjectivité. Les clauses implicites qui découlent de l'équité sont donc celles que notre sens de la justice nous oblige à insérer au contrat, compte tenu des circonstances particulières prévalant au moment de sa conclusion ou de son exécution.

On pourrait penser que c'est donner un trop grand pouvoir au juge que de lui permettre de déterminer « en équité » le contenu du contrat. Mais il faut se rappeler que l'équité ne joue, à l'instar des usages, qu'un rôle complémentaire : il n'est pas ici question de modifier, parce qu'injuste, le contenu explicite du contrat, ce pouvoir n'étant accordé qu'exceptionnellement au tribunal. L'article 1434 C.c.Q. ne confère pas au tribunal le pouvoir de modifier les stipulations expresses convenues par les parties; il ne sert qu'à compléter leur entente en permettant au tribunal d'y insérer des obligations qui, selon les circonstances de l'espèce, lui semblent justes[789].

Bien qu'on ait parfois fait appel à l'équité pour introduire certaines obligations spécifiques à l'intérieur du cercle contractuel (notamment l'obligation générale de sécurité dans le cadre de certains contrats[790]), l'équité a principalement servi à fon-

---

[789] *Id.*, n° 350, p. 337.

[790] *Provost* c. *Petit*, [1969] C.S. 473; *Grégoire* c. *Coutu*, [1971] C.S. 603. L'obligation de sécurité a été mise à jour sur le terrain contractuel, à l'occasion du transport de personnes, ce qui a permis de mettre à la charge du transporteur une obligation de résultat dont il ne pouvait se décharger, en conséquence, qu'en prouvant la force majeure. À partir de là, on l'a étendue à de nombreux autres contrats, par exemple, relatifs aux manèges forains, aux entreprises de spectacles (sportives ou autres), aux professionnels vis-à-vis de leurs clients (surtout dans le domaine médico-hospitalier), l'inexécution de cette obligation entraînant la responsabilité contractuelle. Cette extension du champ contractuel a fait

der l'obligation générale qu'a chacune des parties au contrat d'agir de bonne foi. Déjà au XVIIᵉ siècle, Domat associait étroitement équité et bonne foi dans les relations contractuelles : « Il n'y a aucune espèce de convention où il ne soit sous-entendu que l'un doit à l'autre la bonne foi, avec tous les effets que l'équité peut y demander, tant en la manière de s'exprimer dans la convention, que pour l'exécution de ce qui est convenu et de toutes les suites »[791].

La jurisprudence a utilisé à plusieurs reprises (surtout ces dernières années), cette obligation générale de bonne foi pour sanctionner des comportements malicieux, abusifs ou déloyaux survenant dans un cadre contractuel[792]. On a ainsi jugé : que la bonne foi exige que le créancier, qui bénéficie d'une alternative, prenne l'option la moins désavantageuse pour le débiteur

---

dire à certains qu'il y avait là, un « forçage » du contenu du contrat, sous le prétexte que cette obligation découlait du principe même de la responsabilité civile et que l'on devrait donc se trouver sur le terrain extracontractuel de l'article 1457 C.c.Q. Cette analyse, qui vise à « rétrécir » l'étendue du champ contractuel, nous paraît précisément donner au contrat un contenu trop étroit, faisant ainsi abstraction du principe posé par l'article 1434 C.c.Q., selon lequel le contrat « oblige ceux qui l'ont conclu, non seulement pour ce qu'ils y ont exprimé, mais pour tout ce qui en découle, d'après sa nature et suivant les usages, l'équité ou la loi. » Cf. MARTY et RAYNAUD, 2ᵉ éd., t. 1, n° 536, p. 661 et suiv.; TERRÉ, SIMLER et LEQUETTE, 6ᵉ éd., n° 429, p. 360; Philippe LE TOURNEAU, J.-Cl. Civ., v° Contrats et Obligations, fasc. 30. Cf. infra, n° 444.1.

[791]   DOMAT, t. 1, n° 12, p. 138.

[792]   Cf. Louise POUDRIER-LEBEL, « L'interprétation des contrats et la morale judiciaire », (1993) 27 R.J.T. 581; Ginette LECLERC, « La bonne foi dans l'exécution des contrats », (1992) 37 R.D. McGill 1070; François HÉLEINE, « Le droit des obligations. Une double préoccupation des tribunaux : contrôler les comportements, s'adapter au droit nouveau », dans Gil RÉMILLARD (dir.), Le nouveau Code civil du Québec : un bilan, Montréal, Wilson et Lafleur, 1995, p. 27; Gérard DUGRÉ et Stefan MARTIN, « Les contrats nommés », dans Gil RÉMILLARD (dir.), Le nouveau Code civil du Québec : un bilan, Montréal, Wilson et Lafleur, 1995, p. 54, à la page 59 et suiv.; J.-Michel DOYON, « Droit, Loi et Équité », (1995) 26 R.G.D. 325; Pierre GAGNON, « L'équité contractuelle en droit du logement depuis 1994 et l'interdiction conventionnelle relative aux animaux favoris », (1999) 59 R. du B. 333.

lorsque le résultat lui est par ailleurs indifférent[793]; qu'un banquier n'est pas de bonne foi et heurte l'équité, lorsqu'il fait défaut d'informer les héritiers de son client décédé de l'existence d'un cautionnement indéfini conclu par ce dernier, cautionnement dont les héritiers sont responsables et qu'ils auraient pu révoquer avant que la dette garantie ne soit augmentée[794]; qu'un prêteur ne peut rappeler son prêt, même à demande, sans donner un avis raisonnable au débiteur[795]; qu'un employé a l'obligation de remettre à son employeur les profits qu'il a tiré des activités qu'il a exercées pour son propre compte alors qu'il aurait dû agir au nom de son employeur[796].

Il est une question qui est fréquemment invoquée aujourd'hui et qui fait parfois l'objet de longues dissertations : il s'agit de l'obligation de renseignement, qui est parfois présentée comme une mesure nouvelle de protection du contractant-consommateur. En vérité, la préoccupation n'est pas nouvelle : dans un article publié en 1945, M. de Juglart écrivait déjà que « l'obligation pour l'homme de renseigner ses semblables dans certaines circonstances, dite obligation de renseignement, est au premier plan de l'actualité »[797]. On a déjà eu l'occasion d'aborder le sujet dans le cadre de l'analyse du consentement et plus particulièrement dans l'étude des qualités que doit revêtir le consentement pour être éclairé : certains auteurs parlent, alors, d'« obligation pré-contractuelle de renseignement ». On se souvient, en effet, que, pour donner un consentement valable, il est

---

[793] *Little* c. *Dundee Mortgage & Loan Co.*, (1892) 2 C.S. 240.

[794] *Banque canadienne nationale* c. *Soucisse*, [1981] 2 R.C.S. 339.

[795] *Houle* c. *Banque canadienne nationale,* [1990] 3 R.C.S. 122; *cf.* le commentaire de Daniel GARDNER, (1991) 70 *R. du B. can.* 760.

[796] *Banque de Montréal* c. *Kuet Leong Ng*, [1989] 2 R.C.S. 429; *cf.* toutefois *Procureur général du Québec* c. *Brunet*, [1994] R.J.Q. 337 (C.A.) : la bonne foi ne va tout de même pas obliger le fonctionnaire qui voyage dans le cadre de son travail à remettre au Conseil du Trésor les « points-boni » qu'il accumule! On consultera également *Drouin* c. *Électrolux Canada Ltée*, [1988] R.J.Q. 950 (C.A.); *E.B.S. Salsbourg Inc.* c. *Dylex Ltd.,* [1992] R.J.Q. 2445 (C.A.); *Standard Broadcasting Corp.* c. *Stewart,* [1994] R.J.Q. 1751 (C.A.); *Supermarché A.R.G. Inc.* c. *Provigo Distributions Inc.,* [1995] R.J.Q. 464 (C.S.) (appel accueilli sur l'évaluation des dommages seulement : [1998] R.J.Q. 47); *Immeubles Francana ltée* c. *Farbec inc.*, J.E. 96-1267 (C.A.).

[797] Michel de JUGLART, « L'obligation de renseignements dans les contrats », *Rev. trim. dr. civ.* 1945.1.

nécessaire de ne commettre aucune erreur sur les éléments déterminants qui poussent à contracter et en l'absence desquels on ne contracterait pas; cela revient à dire qu'on ne peut contracter sans être suffisamment informé, mais la difficulté consiste à savoir d'où doit provenir l'information et quelle doit en être l'étendue. Il est évident qu'un contractant, un vendeur par exemple, court le risque de voir la vente annulée si son silence, tout honnête qu'il soit, conduit l'acheteur à commettre une erreur spontanée sur les qualités essentielles de la chose, qui, peut-être, aurait pu être évitée par un jeu de questions et de réponses entre les parties contractantes[798]; il est donc de l'intérêt de ce vendeur de communiquer à l'acheteur un minimum d'informations susceptibles de l'éclairer dans sa décision. L'acheteur, lui aussi, a incontestablement avantage à ne pas garder le silence et à interroger le vendeur, afin d'éviter qu'une éventuelle erreur de sa part puisse être qualifiée d'« inexcusable »[799]. Enfin, le silence coupable du vendeur est plus encore dangereux pour lui, puisque – assimilé au dol – il pourra éventuellement entraîner l'annulation et, en outre, l'octroi de dommages-intérêts[800]. On le voit, il suffit de s'en remettre à une saine analyse des consentements et d'interpréter avec discernement la notion d'erreur, spontanée ou provoquée, afin de déterminer si ce consentement a été donné ou non de façon suffisamment éclairée : les circonstances de l'espèce devront toujours être prises en considération, l'ampleur de l'information nécessaire pouvant varier selon qu'on a affaire à un professionnel ou à un profane[801].

Il convient ici de s'interroger sur l'existence d'une obligation de renseignement non exprimée, non pas au stade des pourparlers, mais plutôt lorsque le juge cherche à déterminer le contenu du contrat.

La question se pose surtout lorsque le contrat porte sur une chose qui peut être dangereuse. Incontestablement, une telle obligation existe, car le contractant qui a l'intention d'utiliser ou de manipuler une telle chose doit être averti des risques qu'il court en ne prenant pas certaines précautions ou en ne suivant pas le mode d'emploi approprié. On doit alors considérer que cette obligation de renseigne-

---

[798] *Cf. supra*, n° 77.

[799] *Cf. supra*, n° 82.

[800] *Cf. supra*, n° 88.

[801] *Cf.* Claude LUCAS DE LEYSSAC, « L'obligation de renseignements dans les contrats », dans *L'information en droit privé*, Paris, L.G.D.J., 1978, n° 25, p. 319 et n° 58, p. 340.

ment recouvre l'obligation de sécurité; le juge doit en tenir compte comme si elle faisait partie du contrat et comme si elle était exprimée, conformément à l'article 1434 C.c.Q. : le défaut de renseignement équivaut alors à une mauvaise exécution du contrat, susceptible d'entraîner la responsabilité contractuelle.

Le contrat porterait-il sur une chose non dangereuse, la même question se poserait : existe-t-il une obligation de renseignement, par exemple, sur le mode d'utilisation de cette chose, afin d'aboutir au résultat recherché ? Tel serait le cas de la vente d'un appareil ou d'un engin ayant une fonction déterminée, dont l'usage nécessiterait une notice technique ou des instructions particulières.

Certains ont prétendu que cette obligation de renseignement, qu'aurait le vendeur, n'était rien d'autre qu'un élément de l'obligation de garantie, consistant à procurer non seulement une possession paisible de la chose, mais aussi une possession permettant au créancier de faire de cette chose l'usage qu'il en attendait : on leur a répondu, avec raison, que le législateur entendait viser seulement la garantie des vices existant lors de la vente et non point ceux qui, résultant d'une mauvaise utilisation de la chose, faute d'une information suffisante, sont nécessairement postérieurs à la formation du contrat. D'autres ont expliqué l'existence d'une telle obligation de renseignement par l'obligation de délivrance : celle-ci ne serait pas pleinement remplie, dès lors que ferait défaut l'information nécessaire à une bonne utilisation de la chose, cette information étant l'accessoire d'une délivrance utile. En d'autres termes, la délivrance consisterait à livrer, en même temps que la chose, le livret dévoilant le mode d'emploi. On a qualifié ce point de vue d'ingénieux, mais on l'a trouvé quelque peu artificiel. D'autres, enfin, ont rattaché cette obligation de renseignement à un devoir de collaboration des parties en vue d'atteindre la finalité poursuivie : ce n'est que mettre en lumière l'indispensable présence de la bonne foi dans l'exécution des contrats, comme l'indique expressément l'article 1375 C.c.Q.[802]

En réalité, il ne nous paraît pas important de tenter de faire entrer cette obligation de renseignement dans une catégorie déjà exis-

---

[802] Sur l'obligation d'information dans la distribution des biens, cf. Pierre-Gabriel JOBIN, *Les contrats de distribution de biens techniques*, Sainte-Foy, P.U.L., 1975. On lira également avec intérêt Philippe LE TOURNEAU, « De l'allégement de l'obligation de renseignements ou de conseil », D. 1987.1.chr.101.

tante d'obligation inscrite dans le Code civil, pour en justifier l'existence. Elle est l'exemple type de ces obligations non écrites, comme l'obligation de sécurité, découlant des usages et de l'équité, dont l'existence et l'étendue sont laissées à la discrétion du juge qui, selon les circonstances, estimera juste, dans son interprétation, de la reconnaître ou non et d'en tracer éventuellement les contours. C'est ce que permet la règle énoncée dans l'article 1434 C.c.Q. qui n'autorise certes pas le juge à modifier ou réviser le contrat, mais qui lui donne le pouvoir d'y intégrer ce qui apparaît être équitable. On constate, alors, qu'il n'est aucunement nécessaire de figer dans une règle expresse une obligation de renseignement qui, par nature, se doit d'être adaptable à chaque type de situations, selon que les parties en présence sont des professionnels ou des profanes, selon que la chose est dangereuse ou non, banale ou sophistiquée, sensible ou non à l'évolution technologique. Ainsi a-t-on pu dire avec raison que l'obligation de renseignement n'était rien d'autre « qu'une simple fleur mitoyenne qui pousse depuis longtemps sur les terrains contigus de la bonne foi et de l'équité »[803].

La Cour suprême du Canada a récemment fait application de cette obligation contractuelle de renseignement en jugeant qu'une personne qui a engagé un entrepreneur pour effectuer certains travaux a l'obligation de renseigner cet entrepreneur sur les difficultés prévisibles dans la réalisation de ces travaux et dont elle a connaissance, cette obligation découlant à la fois de l'équité et de la bonne foi[804].

On sait que le *Code civil du Québec* insiste sur la bonne foi, codifiant ainsi, d'une certaine manière, les enseignements récents de la jurisprudence à cet égard. On l'a déjà dit, l'article 6 C.c.Q. pose le principe que tout droit civil doit être exercé de bonne foi et l'article 7 C.c.Q. précise qu'on va à l'encontre de la bonne foi lorsqu'on exerce un droit en vue de nuire à autrui ou d'une manière qui est excessive et déraisonnable; enfin, l'article 1375 C.c.Q. réitère que la « bonne foi doit gouverner la conduite des parties, tant au moment de la naissance de l'obligation qu'à celui de son exécution ou de son extinction ».

---

[803] Commentaire de Jean-Louis SOURIOUX, « *Vassili-Christianos* – L'obligation d'informer dans la vente des produits mobiliers », (1989) 41 *R.I.D.C.* 1067, 1069.

[804] *Banque de Montréal* c. *Bail Ltée*, [1992] 2 R.C.S. 554.

Ces dispositions, qui visent les droits contractuels comme tous les autres, ont pour effet de diminuer singulièrement le rôle que jouait, dans le droit d'hier, la notion d'équité dans le contrat. En effet, on peut penser que désormais les tribunaux vont davantage utiliser les articles 6, 7 et 1375 C.c.Q. que le concept d'équité de l'article 1434 C.c.Q., lequel est, en quelque sorte, victime de son propre succès.

Section 2. Le contrôle du contenu du contrat d'adhésion ou de consommation

236. *Protection des personnes les plus vulnérables.* On a déjà fait état de la volonté qu'a eue le législateur de mettre un peu plus de justice dans les rapports contractuels, sans toutefois imposer une sanction de principe aux contrats lésionnaires[805]. Aussi a-t-il condamné certaines pratiques douteuses, mais uniquement dans un contexte de contrat d'adhésion ou de consommation, c'est-à-dire les contrats dans lesquels les rapports de force entre les contractants sont inégaux : c'est, en effet, dans ces contrats que le risque d'injustice et d'abus est le plus fréquent ou le plus probable et ce sont les personnes particulièrement vulnérables qui méritent d'être protégées dans un contexte de libéralisme ou de néolibéralisme. Les particuliers entre eux ou les personnes peu ou pas expérimentées, qui ont néanmoins la faculté de négocier le contrat conclu ou de se faire conseiller, n'ont pas à être protégés dans un tel contexte : il s'agit donc, dans le cadre du contrat d'adhésion ou de consommation[806], de sanctionner la clause imposée par le fort qui prive le faible d'informations permettant à ce dernier de donner un consentement vraiment éclairé ou qui le désavantage de façon abusive[807].

---

[805] *Cf. supra*, n° 101 et suiv.

[806] *Cf. supra*, n° 24 et suiv.

[807] *Cf.* Benoît MOORE, « À la recherche d'une règle générale régissant les clauses abusives en droit québécois », (1994) 28 *R.J.T.* 177; Pierre-Gabriel JOBIN, « Les clauses abusives », (1996) 75 *R. du B. can.* 503; Brigitte LEFEBVRE, « La justice contractuelle : mythe ou réalité? », (1996) 37 *C. de D.* 17; Nathalie CROTEAU, « Le contrôle des clauses

237. *Clause externe.* On rencontre de plus en plus souvent des contrats dont le contenu est déterminé à l'avance dans un écrit déjà rédigé, qui n'expose globalement et schématiquement que l'essentiel des droits et obligations des contractants, et renvoie pour le reste à un document qui se trouve ailleurs : ce document est réputé faire partie intégrante du contrat, comme s'il avait été incorporé à l'écrit présenté au cocontractant et généralement signé par lui. On en trouve une illustration dans les connaissements ferroviaires « abrégés ». Cette clause externe « lie les parties » (art. 1435, al. 1 C.c.Q.) et est donc valable, puisque le renvoi est annoncé : la formule est, en effet, commode, puisqu'elle évite d'avoir à reproduire systématiquement le contenu complet du contrat, qui peut être long.

Toutefois, dans un contexte de contrat d'adhésion ou de contrat de consommation, tels que définis aux articles 1379 et 1384 C.c.Q., ce type de clause peut entraîner l'adhérent ou le consommateur à conclure un contrat qui ne répond pas véritablement à toutes les attentes et à lui imposer des clauses qu'il n'avait pas envisagées. Afin d'éviter de possibles abus, le second alinéa de l'article 1435 C.c.Q. impose au contractant de porter expressément cette clause à la connaissance du consommateur ou de l'adhérent, et cela lors de la formation du contrat et non point plus tard, à défaut de quoi ladite clause pourra être annulée[808]. La nullité de la clause sera cependant

---

abusives dans le contrat d'adhésion et la notion de bonne foi », (1995-96) 26 *R.D.U.S.* 401; Marc LEMIEUX, « Les clauses abusives dans les contrats d'adhésion », (2000) 41 *C. de D.* 61. *Cf.* également Jean PINEAU, « Existence et limites de la discrétion judiciaire dans la formation et l'exécution du contrat », dans Service de la formation permanente, Barreau du Québec, *Développements récents en droit commercial (1996)*, Cowansville, Éditions Yvon Blais, p. 1. *Cf.* également, du même auteur, « La discrétion judiciaire a-t-elle fait des ravages en matière contractuelle? », dans Service de la formation permanente, Barreau du Québec, *La réforme du Code civil, cinq ans plus tard (1998)*, Cowansville, Éditions Yvon Blais, 1998, p. 141.

[808] *Cf. General Accident, compagnie d'assurances du Canada* c. *Genest*, J.E. 01-206 (C.A.); *Lemieux* c. *Croix-Bleue du Québec Canassurance*, J.E. 01-584 (C.S.); *Banque Toronto-Dominion* c. *St-Pierre*, B.E. 97BE-974 (C.Q.) : l'« utilisateur autorisé » d'une carte de crédit émise à son conjoint n'est

évitée, si le contractant – auteur ou initiateur du contrat prérédigé – prouve que, même s'il n'a pas respecté son obligation d'informer, le consommateur ou l'adhérent en avait néanmoins connaissance. On imagine mal, en effet, que l'entrepreneur qui a l'habitude de faire transporter ses matériaux par chemin de fer, puisse prétendre ne pas avoir eu connaissance de l'existence de cette clause externe.

La nullité d'une telle clause est évidemment relative, puisqu'il s'agit d'un ordre public de protection, et ne peut donc être demandée que par le consommateur ou l'adhérent.

On n'a pas retenu cependant la possibilité de maintenir la validité de cette clause, malgré le non-respect de l'obligation de la porter à la connaissance de l'adhérent ou du consommateur, en prouvant seulement que cette clause externe était d'usage courant : c'eût été rendre la disposition inefficace, tant il est aisé, pour des personnes habituées aux affaires, de créer des usages que ne connaissent pas forcément ceux qui ne sont pas rompus aux mêmes affaires.

238. *Clause illisible ou incompréhensible.* « Dans un contrat de consommation ou d'adhésion, la clause illisible ou incompréhensible pour une personne raisonnable est nulle si le consommateur ou la personne qui y adhère en souffre préjudice, à moins que l'autre partie ne prouve que des explications

---

pas lié par la convention du titulaire, si ledit utilisateur n'a pas reçu ladite convention qui constitue ainsi, par rapport à lui, une clause externe. *Cf.* également *Eclipse Optical Inc.* c. *Bada U.S.A. Inc.*, [1998] R.J.Q. 289 (C.Q.) : la clause compromissoire qui ne figurerait pas au contrat de service, mais qui se trouverait à l'endos des factures, serait effectivement une clause externe; en revanche, les clauses se trouvant à l'endos du document constatant l'entente ne devraient pas être considérées comme des clauses externes, puisqu'elles font partie intégrante du document... pour en avoir connaissance, il suffit en effet de tourner la page... : *cf. 2622-1374 Québec inc.* c. *Sardo*, J.E. 98-1767 (C.Q.); *Location d'équipement Jalon-Simplex Ltée* c. *Animation Proludik Inc.*, [1997] A.Q. (Quicklaw) n° 1165.

adéquates sur la nature et l'étendue de la clause ont été données au consommateur ou à l'adhérent » (art. 1436 C.c.Q.)[809].

Comme la précédente, cette disposition est de droit nouveau et s'adresse aux contrats d'adhésion et de consommation, tels que définis aux articles 1379 et 1384 C.c.Q.

La clause illisible vise cette catégorie de contrats dont le contenu est exprimé en caractères si lilliputiens ou si peu contrastés qu'il est permis de se demander si les auteurs ont souhaité véritablement qu'il fût lu et connu[810]. La Cour suprême du Canada a déjà eu l'occasion, dans le domaine du transport aérien international, de condamner cette pratique[811], condamnation qui se montra d'ailleurs efficace, puisque les clauses en question furent imprimées, par la suite, en caractères gras.

La clause « incompréhensible » vise cette catégorie de contrats dont le contenu est formulé dans un langage si abscons qu'il est permis de penser que les auteurs n'ont pas vraiment voulu qu'une personne normalement constituée sur le plan intellectuel fût capable de le comprendre. Ces clauses sont fréquentes et abondantes, elles se veulent techniques et savantes, mais elles sont aussi et surtout objectivement indéchiffrables[812].

---

[809] Cette disposition s'applique aux contrats en cours, même s'ils ont été conclus sous l'empire du droit ancien (art. 82 L.A.R.C.C.).

[810] Cf. *Location de voitures compactes (Québec) ltée* c. *Moïse*, J.E. 97-1467 (C.Q.); *Sun Life Trust Co.* c. *Bionaire inc.*, J.E. 99-2063 (C.Q., appel rejeté sur requête, C.A. Montréal, n° 500-09-008804-999).

[811] Cf. *Montréal Trust Co.* c. *Canadian Pacific Airlines Ltd.*, [1977] 2 R.C.S. 793.

[812] Cf. *Compagnie Commonwealth Plywood ltée* c. *9018-2304 Québec inc.*, J.E. 96-1338 (C.Q.). En revanche, la moindre difficulté de lecture ou de compréhension ne suffit pas à rendre une clause « illisible ou incompréhensible », cf. *Caisse populaire St-Louis-de-France* c. *Productions Mark Blandford inc.*, [2000] R.J.Q. 1696 (C.A.); *Bytewide Marketing inc.* c. *Compagnie d'assurances Union commerciale*, [1996] R.R.A. 757 (C.S.); *Bacon-Gauthier* c. *Banque Royale du Canada*, [1997] R.J.Q. 1092 (C.S.); *Gariépy* c. *Immeuble populaire Desjardins de Montréal et de l'Ouest-du-Québec*, [1996] R.D.I. 408 (C.S.).

L'article 1436 C.c.Q. permet au consommateur ou à l'adhérent de demander la nullité de l'une ou l'autre de ces clauses, en prouvant qu'une personne raisonnable n'aurait pas été capable de la lire ou de la comprendre et que ladite clause lui cause préjudice. Pour éviter la nullité, il appartiendra au contractant qui a proposé ladite clause de prouver ou bien que son cocontractant était bel et bien en état de la lire et de la comprendre, ou bien qu'il a donné à ce cocontractant (consommateur ou adhérent) des explications adéquates sur sa nature et sa portée : si tel est le cas, en effet, on ne peut plus prétendre n'avoir pas su lire ou comprendre[813].

Comme précédemment, le souci du législateur est de s'assurer que l'adhérent ou le consommateur, face à un contractant plus expérimenté que lui, a été en mesure de donner un consentement éclairé, compte tenu des informations qu'il a pu obtenir et de la connaissance qu'il a pu avoir de ses engagements et de ses droits. Ces dispositions devraient inciter les juristes à s'efforcer de rédiger plus simplement, plus correctement, plus clairement et d'éviter le plus souvent possible le recours au fâcheux jargon professionnel, refuge des initiés[814]. Proposer des clauses illisibles ou incompréhensibles pour une personne raisonnable, et susceptibles de faire subir un préju-

---

[813] Cf. *Société financière internationale Mercantile ltée* c. *Galler*, J.E. 95-669 (C.S.); *Corp. financière Télétec* c. *Tremblay*, J.E. 96-238 (C.Q.) : le défendeur, qui a pratiqué la profession d'avocat durant 30 ans, peut difficilement prétendre ne pas avoir compris le texte de clauses usuelles; il en est de même à l'égard d'une directrice d'école bilingue qui prétendait ne pas avoir compris la portée et les conséquences d'une clause de résiliation de contrat : *2622-1374 Québec inc.* c. *Sardo*, J.E. 98-1767 (C.Q.); *Banque de Nouvelle-Écosse* c. *Promotions Atlantiques inc.*, J.E. 01-576 (C.S., en appel, C.A. Montréal, n° 500-09-010650-018). Bien évidemment, une clause compréhensible ne devient pas incompréhensible du simple fait qu'on ne l'a pas lue : *Démix Béton Estrie, division de Ciment St-Laurent inc.* c. *Habitat Renil inc.*, J.E. 98-606 (C.Q.).

[814] Cf. *C.M.J.*, t. I, art. 1436 C.c.Q.

dice, c'est, dans un tel contexte, abuser d'une situation de force[815].

239. *Clause abusive.* « La clause abusive d'un contrat de consommation ou d'adhésion est nulle ou l'obligation qui en découle, réductible. Est abusive toute clause qui désavantage le consommateur ou l'adhérent d'une manière excessive et déraisonnable, allant ainsi à l'encontre de ce qu'exige la bonne foi; est abusive, notamment, la clause si éloignée des obligations essentielles qui découlent des règles gouvernant habituellement le contrat qu'elle dénature celui-ci » (art. 1437 C.c.Q.)[816].

Si le principe de la sanction de la lésion entre majeurs n'a pas été retenu, le législateur n'en a pas moins condamné la clause abusive dans un contexte de contrat de consommation ou d'adhésion. Cette clause peut être annulée à la demande de l'adhérent ou du consommateur, ou l'obligation qui en découle peut être réduite.

Cette disposition généralise le contrôle des clauses abusives, que l'on pouvait déjà rencontrer antérieurement de façon éparse et particulière, sous une formulation telle que clause « réputée nulle » ou « sans effet » ou « inopérante ». Toutes ces

---

[815] On s'est demandé si l'utilisation du vocabulaire législatif par une partie contractante pouvait être éventuellement considérée par le cocontractant, comme « incompréhensible » : par exemple, la caution qui renoncerait au « bénéfice de discussion » (expression utilisée à l'article 2347 C.c.Q.) pourrait-elle prétendre que cette expression lui est incompréhensible, comme elle le serait à toute « personne raisonnable »? Une réponse négative nous paraît devoir être donnée, car il existe un vocabulaire juridique et des concepts dont l'utilisation – commode – n'est pas reprochable, sous peine de devoir changer les habitudes linguistiques des législatures; toutefois, même s'il est permis de souhaiter que les textes législatifs soient « lisibles » par le plus grand nombre de personnes, ce serait rêver que de croire qu'ils devraient être compris par tous! En revanche, on a déjà eu l'occasion de voir que l'erreur de droit est susceptible d'être sanctionnée; en conséquence, si l'incompréhension du vocabulaire conduisait à commettre une telle erreur et que la preuve en était faite, ce n'est point l'article 1436 C.c.Q. qui s'appliquerait, mais l'article 1400 C.c.Q.

[816] Cette règle s'applique aux contrats en cours, même s'ils ont été formés sous l'empire du droit d'hier (art. 82 L.A.R.C.C.).

clauses, déjà visées, ont un point commun : « elles sont déraisonnables envers la partie la plus vulnérable, soit parce qu'elles vont à l'encontre du régime contractuel prévu par la loi ou escompté par cette partie au contrat »[817].

La définition de cette clause abusive, donnée par le législateur, réfère à la notion de désavantage excessif *et* déraisonnable – ces deux qualités devant s'ajouter l'une à l'autre – et à la notion de bonne foi : il s'agit de la clause imposée par le fort et qui désavantage le faible de façon tellement excessive et déraisonnable qu'il est permis de conclure qu'elle va à l'encontre de ce qui est généralement exigé pour que l'on considère qu'il y ait bonne foi. On rejoint ici l'idée d'exploitation qui est à la base de la notion de lésion : inclure une clause abusive, n'est-ce pas profiter abusivement de la faiblesse, de l'inexpérience et de l'ignorance de l'autre, pour en tirer des avantages exorbitants ? Le législateur donne l'exemple de la clause qui est si éloignée des obligations essentielles qui découlent des règles gouvernant habituellement le contrat, qu'elle dénature celui-ci : le recours à une telle clause ne dénote-t-elle pas, de la part de celui qui la propose ou qui souvent l'impose, un total oubli de l'obligation d'agir de bonne foi et l'exploitation abusive d'un rapport de force qui lui est profitable ? Sanctionner la clause abusive, c'est condamner un comportement fautif et corriger le déséquilibre dans les rapports de force existant entre les contractants[818].

Si l'on rejoint l'idée d'exploitation qui se trouve à la base de la lésion, on notera toutefois une différence importante puisqu'ici, dans le cadre de la clause abusive, l'injustice ne porte pas sur le contrat dans sa globalité, mais sur certains éléments accessoires du contrat : aussi ne peut-on pas appliquer cet article 1437 C.c.Q. au prix de la chose vendue, au loyer de la chose louée, etc., autant d'éléments principaux et essentiels aux contrats de vente et de louage.

---

[817] *Cf. C.M.J.*, t. I, art. 1437 C.c.Q.

[818] En dehors des seuls contrats de consommation et d'adhésion, l'article 1623 C.c.Q. sanctionne la clause pénale abusive : *cf. infra*, n° 466 et suiv.

Aussi n'est-il pas vraiment exact de prétendre que sanctionner ces clauses porte atteinte au grand principe de la liberté contractuelle. En vérité, comme l'écrit Ghestin, « *ce qui est remis en cause* [...] *c'est une conception libérale du contrat fondée sur l'égalité abstraite qui permettrait à chacune des parties* [l'adhérent comme son cocontractant] *de défendre elle-même ses propres intérêts* »; ainsi va-t-on à l'encontre d'une interprétation trop volontariste du Code civil : « c'est une *réforme des pratiques contractuelles* [admises par les juges] *et non du Code civil* »[819]. On tient compte de l'inégalité des parties dans les faits et on rétablit une certaine égalité. Cela dit, le juge doit se garder d'apprécier la clause selon ses propres critères, mais doit se demander si, dans telle espèce, compte tenu de l'inégalité des forces en présence, le fort a imposé au faible une clause qui, objectivement, dépasse largement la mesure[820].

---

[819] GHESTIN, 2ᵉ éd., nᵒ 588, p. 672 (les italiques sont dans le texte original).

[820] Exemples de clauses qui n'ont pas été jugées abusives : *Bel-Gaufre inc. c. 159174 Canada inc.*, J.E. 95-1448 (C.S.); *Bonanza Holidays Tours Ltd. c. British Airways*, J.E. 95-1531 (C.S.) (clause de préavis de 7 jours pour la résiliation d'un contrat d'agence); *Pacific National Leasing Corp. c. Domaine de l'Eden (1990) inc.*, J.E. 95-1447 (C.Q.) (la clause d'un crédit-bail permettant au créancier de réclamer le solde dû est sévère, sans cependant être abusive); *Société québécoise d'assainissement des eaux c. B. Frégeau & Fils inc.*, J.E. 00-809 (C.A.) : la clause exigeant la dénonciation des travaux additionnels de la part de l'entrepreneur-soumissionnaire n'est pas abusive; *Le Groupe Commerce, Compagnie d'assurances c. Bokobza*, J.E. 98-297 (C.S., en appel, C.A. Montréal, nᵒ 500-09-005948-971) : prime de cautionnement jugée raisonnable dans les circonstances; *Jos Dubreuil & Fils ltée c. Ford New Holland Canada ltée*, J.E. 98-115 (C.S.) : une clause de résiliation prévoyant un avis de 60 jours n'est pas abusive; *Services Investors ltée c. Hudson*, J.E. 98-1329 (C.S., en appel, C.A. Montréal, nᵒ 500-09-006615-983) : une clause de non-sollicitation pour une durée de 2 ans est jugée valide; *Caisse populaire de St-Louis-de-France c. Productions Mark Blandford inc.*, [2000] R.J.Q. 1696 (C.A.) : en matière bancaire, une convention par laquelle le client s'engage à vérifier les entrées faites à son compte à l'intérieur d'un délai donné est valide; *Pagé Construction, division de Simard-Beaudry c. Trois-Rivières-Ouest (Corp. municipale de la ville de)*, J.E. 99-462 (C.S.) : est jugée valide la clause d'un contrat d'entreprise, stipulant le maintien des prix des travaux, en dépit des négociations d'une nouvelle convention collective laissant présager une augmentation

239.1. *Illustrations.* Il est certes difficile de présenter un tableau des clauses qui ont été jugées abusives, compte tenu de la diversité des situations soumises à l'appréciation des tribunaux. Sans aucunement prétendre à l'exhaustivité, l'analyse de la jurisprudence – abondante –, permet cependant de dégager certaines tendances, d'établir certaines catégories de clauses qui, revenant fréquemment, suscitent la méfiance des tribunaux et peuvent se révéler exorbitantes.

Ainsi en est-il, tout d'abord, des clauses qui, sans être véritablement des clauses pénales (lesquelles sont soumises à l'article 1623, al. 2 C.c.Q.), ont cependant pour effet, au cas de l'inexécution de l'obligation principale, d'imposer à la partie défaillante un fardeau qui dépasse les limites du raisonnable. Tel est le cas de la clause qui permettrait au crédit-bailleur de reprendre possession du bien et d'exiger, en outre, le paiement complet des versements échus, ou encore celle qui lui permettrait de ne pas vendre l'équipement dont il aurait repris possession à la suite du défaut du crédit-preneur, ou qui aurait été abandonné par ce dernier[821]. Tel serait aussi le cas de la clause imposant au locataire le paiement des arrérages des loyers et des intérêts à des taux exorbitants (en l'occurrence, 24%) à titre de frais de retard[822].

---

des coûts pour l'entreprise; *Location d'équipement Jalon-Simplex Ltée* c. *Animation Proludik Inc.*, [1997] A.Q. (Quicklaw) n° 1165 et *2617-3138 Québec inc.* c. *Rogers Cantel inc.*, J.E. 98-1014 (C.S.) : clause compromissoire et clause d'élection de for jugées valides; *Pérusse* c. *Eastern Marketing Ltd.*, J.E 96-1449 (C.S., appel rejeté, J.E. 97-59) : la clause de résiliation sans cause, moyennant préavis, pour l'une et l'autre partie d'un contrat de distribution, est jugée valide; *Électronique Norje inc.* c. *McNicoll*, J.E. 97-1778 (C.Q.) : clause d'un contrat de travail imposant des contrôles normaux sur les inventaires.

[821] *Cf. Société générale Beaver inc.* c. *Destefano*, J.E. 96-1193 (C.Q.); *Location Tiffany Leasing inc.* c. *3088-6022 Québec inc.*, J.E. 98-1485 (C.Q.); *Crédit-bail Findeq* c. *9030-8669 Québec inc.*, J.E. 00-395 (C.Q., en appel, C.A. Montréal, n° 500-09-009258-005). *Cf.* également *Lemire* c. *Caisse populaire Desjardins de La Plaine*, J.E. 96-237 (C.S.).

[822] *Cf. Sun Life Trust Co.* c. *Bionaire inc.*, J.E. 99-2063 (C.Q., appel rejeté sur requête, C.A. Montréal, n° 500-09-008804-999, 31 mars 2000). *Cf.* également, *Société générale Beaver inc.* c. *Métaux ouvrés St-Philippe inc.*, J.E. 94-1295 (C.S., en appel, C.A. Montréal, n° 500-09-001322-940).

On peut, ensuite, citer le cas des clauses qui ont pour but de diminuer l'étendue ou la portée des obligations découlant normalement du contrat, en d'autres mots, celles qui ont pour objet de dispenser l'une des parties d'assumer telle obligation que la règle générale met normalement à sa charge. Tel serait le cas du marchand qui, prétendant offrir une « garantie de 5 ans » sur son produit, s'éloigne grandement d'une garantie véritable; de même, est considérée abusive la clause limitant le remboursement d'une prime relative à un contrat de garantie « prolongée » au seul détenteur originaire de la garantie[823].

---

[823] *Cf. St-Pierre* c. *Canadian Tire Magasins associés*, B.E. 97BE-560 (C.Q.); *Turbide* c. *Toyota Canada inc.*, J.E. 00-285 (C.Q.). *Cf.* également *Lachapelle* c. *Promotions C.G.S. inc.*, J.E. 95-1356 (C.Q.) : exclusion par le mandant de sa responsabilité pour le dol de son mandataire; *Trudeau* c. *Entreprises Dorette Va/Go inc.*, J.E. 95-1381 (C.Q.) : non-responsabilité de l'agent en cas de voyage insatisfaisant; *Bouchard* c. *Sécurespace inc.*, J.E. 98-2326 (C.Q., règlement hors cour, C.A. Québec, n° 200-09-002331-988, 28 mai 1999) : clause de non-responsabilité au cas de biens volés; *Régie d'assainissement des eaux du Bassin de La Prairie* c. *Janin Constructions (1983) ltée*, [1999] R.J.Q. 929 (C.A.) et *Ikea Properties Ltd.* c. *Banque Nationale de Paris*, J.E. 01-484 (C.S.) : exclusion de responsabilité au cas de renseignements inexacts. Comme l'analyse de ces affaires permet de le constater, les tribunaux ne semblent pas distinguer clairement les clauses qui diminuent l'étendue ou le nombre des obligations découlant normalement du contrat (clauses élusives d'obligations) de celles qui consistent à s'exonérer de responsabilité au cas d'inexécution fautive de l'obligation (clauses élusives de responsabilité). Cette distinction nous paraît pourtant nécessaire, compte tenu du fait que ces dernières font l'objet d'une disposition particulière (art. 1474 C.c.Q.) qui autorise le débiteur à se libérer conventionnellement de son inexécution fautive, dans la mesure où l'inexécution de son obligation ne résulte pas de sa faute intentionnelle ou de sa faute lourde. Se pose alors la question de savoir si, dans un contrat d'adhésion, s'exonérer de sa faute légère est « abusif » : il ne nous semble pas que l'existence d'un contrat d'adhésion doive faire nécessairement obstacle à la possibilité offerte par la règle de l'article 1474 C.c.Q; mais on peut comprendre qu'en certaines circonstances, la clause limitant la responsabilité de la partie en position de force soit considérée comme abusive. (*cf.* BAUDOUIN et JOBIN, 5ᵉ éd., n° 872, p. 708 ; Jean-Louis BAUDOUIN et Patrice DESLAURIERS, *La responsabilité civile*, 5ᵉ éd., Cowansville, Éditions Yvon Blais, 1998, n° 1321, note 4, p. 778). Toutefois, si l'on tient compte du fait que les

Dans le même esprit, a été jugée abusive la clause d'un contrat d'assurance relative aux risques de pollution, qui exigeait, sous peine de déchéance de la protection, que le sinistre soit découvert dans les 120 heures de sa survenance : le tribunal a jugé qu'eu égard à la nature du contrat, un tel délai était irréaliste et équivalait à refuser l'assurance[824].

D'autres clauses ont pour effet d'accorder à l'une des parties des garanties qui paraissent aller au-delà de ce qui est raisonnablement requis pour la protection de ses intérêts. Ainsi, en est-il de la clause par laquelle le locateur d'une automobile rend la personne qui loue pour le compte d'une entreprise, responsable personnellement des frais engagés[825]; ou encore la clause prévoyant, dans un contrat de franchise, que l'inexécution de l'une des obligations du franchisé entraînera la cession, en faveur du franchiseur, de ses droits dans un bail immobilier[826]. A fortiori, est abusive la clause, imposée par un organisme gouvernemental, obligeant le remboursement, par l'emprunteur, d'une dette éteinte par la faillite[827].

Certaines clauses ont pour effet de priver le débiteur de moyens de défense dont il est déraisonnable de le priver. Ainsi, en est-il de la clause assujettissant l'existence d'une obligation monétaire au résultat d'un test dont le créancier ne dévoile pas

---

tribunaux ont tendance à qualifier d'adhésion des contrats dont il est permis de douter qu'ils méritent une telle étiquette, on en arrive à invalider des clauses d'exonération ou de limitation de responsabilité qui normalement devraient être considérées comme valides en vertu de l'article 1474 C.c.Q. Moins il est évident que le contrat est d'adhésion, plus le juge devrait être réticent à annuler une clause de non-responsabilité valide, selon les critères de l'article 1474 C.c.Q. Pour ce qui est des contrats de consommation, l'article 10 de la L.P.C. interdit la clause selon laquelle le commerçant se « dégage des conséquences de son fait personnel ou de celui de son représentant ».

824   Cf. Groupe pétrolier Nirom inc. c. Compagnie d'assurances du Québec, [1996] R.R.A. 176 (C.S., appel rejeté : [1999] R.R.A. 253).

825   Cf. Location du cuivre ltée c. Construction Cardel inc., J.E. 95-492 (C.Q.); Micor Auto inc. c. Aubert, J.E. 95-1087 (C.Q.).

826   Cf. Sachian inc. c. Treats inc., J.E. 97-728, (C.S., appel rejeté : J.E. 98-1163).

827   Cf. St-Germain c. Québec (Ministère de l'Éducation), J.E. 99-426 (C.Q.).

la nature[828], celle interdisant à l'adhérent d'invoquer, pour se libérer, la force majeure[829], ou celle qui empêche le crédit-preneur de soulever en défense l'exception d'inexécution[830]. D'autres, à l'inverse, visent à conférer au créancier un pouvoir discrétionnaire exorbitant[831].

On peut aussi citer le cas des clauses ayant pour effet de restreindre indûment la jouissance d'un locataire ou d'un copropriétaire[832].

On observera, enfin, que certaines clauses qui, en elles-mêmes, n'ont rien d'exorbitant, peuvent cependant donner lieu à des abus dans leur application. En un tel cas, bien que, rigoureusement parlant, l'article 1437 C.c.Q. pourrait paraître ne pas devoir s'appliquer, les tribunaux se montrent compréhensifs en sanctionnant parfois ces « effets abusifs »[833].

---

[828] Cf. Slush Puppie Montréal inc. c. 153226 Canada inc., [1994] R.J.Q. 1703 (C.Q.).

[829] Cf. Société de transport de la Rive-Sud de Montréal c. 158880 Canada inc., [2000] R.J.Q. 1332; cf. également Abadie c. Mutuelle-vie des fonctionnaires du Québec, [2000] R.J.D.T. 569.

[830] Cf. Société générale Beaver inc. c. Gagné, B.E. 97BE-645 (C.Q.); Sinto Laurentides inc. c. Brennan, J.E. 00-1488 (C.S.).

[831] Cf. Blais c. I.T.T. Canada Finance inc., J.E. 95-772 (C.S.) : discrétion de l'employeur quant au moment du paiement des commissions dues à l'employé; Industries Ultratainer inc. c. Rosenberg, J.E. 97-2125 (C.S., appel rejeté, J.E. 01-287) : discrétion du locateur quant à la solvabilité du locataire.

[832] Cf. Fram c. Office municipal d'habitation de Pointe-Claire, J.E. 98-1402 (C.Q.) : possession par le locataire d'un chat, en contravention avec les règlements de l'immeuble; Syndicat des copropriétaires de l'Aristocrate c. Morgan, [2000] R.J.Q. 1516 (C.S., en appel, C.A. Montréal, n° 500-09-009617-002) : déclaration de copropriété contenant une clause prohibant les antennes paraboliques. Il nous semble cependant qu'en cette matière, les tribunaux devront prendre garde de ne pas protéger la jouissance de l'un au détriment des droits des autres. Cf. Pierre GAGNON, « L'équité contractuelle en droit du logement depuis 1994 et l'interdiction conventionnelle relative aux animaux favoris », (1999) 59 R. du B. 333.

[833] Cf. Millette c. S.S.Q., société d'assurance-vie inc., [1997] R.R.A. 243 (C.Q.) : délai en soi raisonnable, mais qui, compte tenu des circonstances particulières, devenait irréaliste; Audet c. Jetté, J.E. 98-2097 (C.S.). Sur cette question, voir BAUDOUIN et JOBIN, 5ᵉ éd., n° 105, p. 122 et 123.

Il est un contrat, d'un type très particulier, connu sous l'appellation « contrat de parrainage », dont on s'est demandé s'il pouvait contenir des clauses abusives. En vertu de ce contrat, découlant du *Règlement sur la sélection des ressortissants étrangers*[834], des personnes s'engagent – afin de permettre à un étranger d'entrer au Canada – à subvenir aux besoins essentiels du ressortissant et à rembourser le gouvernement de toute somme que celui-ci lui accorderait. L'entrée de ce ressortissant n'est, en quelque sorte, autorisée par l'État que conditionellement à l'engagement de certaines personnes à garantir la survie de ce ressortissant afin qu'il ne demeure pas à la charge de cet État, c'est-à-dire à la charge des contribuables. Un tel engagement pouvant en certaines circonstances entraîner un lourd fardeau financier, certains se sont demandés si les conditions ainsi imposées par l'État ne devaient pas être considérées comme abusives, notamment lorsque les « garants » se trouvent dans une situation précaire. Une décision de la Cour supérieure est allée dans ce sens[835], mais on peut légitimement se demander comment des obligations, certes contractuelles, mais imposées par la loi dans l'intérêt public pourraient être jugées abusives (à moins de considérer la loi elle-même comme étant inique). Il n'est donc pas surprenant que d'autres décisions de la Cour supérieure soient allées en sens contraire[836] et que la Cour d'appel, dans un arrêt récent, ait tranché dans le sens de la validité[837].

---

[834] R.R.Q., 1981, c. M-23.1, r. 2.

[835] *Cf. Brutus* c. *Joseph*, [1996] R.J.Q. 2619 (C.S.).

[836] *Cf. Le* c. *L e* [1994] R.J.Q. 1058 (C.S.); *Québec (Procureur général)* c. *Nicolas*, [1996] R.J.Q. 1679 (C.S.).

[837] *Cf. Québec (Procureur général)* c. *Kabakian-Kechichian*, [2000] R.J.Q. 1730 (C.A.).

CHAPITRE IV
L'EFFET PARTICULIER DES CONTRATS
TRANSLATIFS DE PROPRIÉTÉ

240. *Présentation du problème.* On doit, à cette place, mentionner un problème particulier aux contrats translatifs de propriété.

Comme on l'a déjà mentionné, un contrat a pour effet de faire naître des obligations; c'est ce qui ressort de la définition du contrat, donnée à l'article 1378, al. 1 C.c.Q., et de l'article 1433, al. 1 C.c.Q. Il importe alors de se demander, d'une part, quelles sont précisément les obligations qui naissent du contrat et, d'autre part, quels sont les effets de ces obligations. La première question vient d'être examinée (le « contenu du contrat »), la seconde le sera dans le cadre des « effets des obligations » (Livre II). Il en est cependant une autre qui doit être examinée à part : les contrats ont aussi, en certains cas, « pour effet de constituer, transférer, modifier ou éteindre des droits réels » (art. 1433, al. 2 C.c.Q.), ce qui vise notamment le transfert du droit de propriété, qui mérite quelques explications particulières.

On posera, d'abord, le principe du transfert de propriété *solo consensu* et l'on précisera, ensuite, les tempéraments apportés à ce principe.

Section 1. Le principe du transfert de propriété *solo consensu*

241. *Du formalisme au consensualisme.* En droit romain, le contrat de vente ne transférait pas, de lui-même, automatiquement, la propriété à l'acheteur; celle-ci n'était transférée que par la tradition, c'est-à-dire la remise de la chose.

Dans l'Ancien droit, cette conception s'était maintenue, tout au moins en théorie; en pratique, la tradition réelle de la chose avait fait place à la tradition symbolique. Ainsi, à la veille de la codification, le principe du transfert *solo consensu* était pratiquement admis.

Le codificateur, tant en France qu'au Québec, devait consacrer cette situation dans un texte; désormais, le transfert de propriété ne résulte plus de l'accomplissement d'une formalité, mais de la seule volonté des parties contractantes (*cf.* art. 1025 C.c.B.C.)[838].

Toutefois, il faut distinguer selon que le contrat d'aliénation porte sur une chose certaine et déterminée ou sur une chose de genre.

242. *L'aliénation d'une chose certaine et déterminée.* Lorsque l'aliénation porte sur une chose certaine et déterminée, le principe s'applique parfaitement : l'acquéreur de cette chose devient titulaire du droit de propriété dès la formation du contrat, quoique la délivrance n'ait pas lieu immédiatement (art. 1453, al. 1 C.c.Q.).

On constate que le principe du transfert de propriété *solo consensu* qui était établi à l'article 1025, al. 1 et 1472, al. 2 C.c.B.C., se retrouve désormais à l'article 1453 C.c.Q., qui vise non seulement « le transfert d'un droit réel portant sur un bien

---

[838] On notera que le contrat de donation qui transfère à titre gratuit la propriété d'un bien exige, pour sa formation, l'accomplissement d'une formalité qui consiste en la rédaction d'un acte authentique en minute (art. 1824 C.c.Q. qui reprend l'art. 776, al. 1 C.c.B.C.); toutefois, lorsque la donation porte sur une chose mobilière, la tradition de cette chose par le donateur au donataire suffit à former le contrat et donc à transférer la propriété (art. 1824, al. 2 C.c.Q.; *cf. supra*, n° 23).

individualisé, mais aussi celui qui porte sur plusieurs biens considérés comme une universalité ». S'il y a ici nouveauté sur le plan du texte législatif, il n'y a aucune nouveauté en droit, puisque cette généralisation est conforme aux enseignements du passé.

Il y a cependant un ajout dans la mesure où ce même article 1453 C.c.Q. énonce le principe que ce transfert de droit réel a lieu « quoiqu'une opération puisse rester nécessaire à la détermination du prix » : le prix peut, en effet, n'avoir pas été définitivement déterminé, mais peut être susceptible de détermination par une opération ultérieure. Il nous apparaît néanmoins que ce prix doit être déterminable sans nouvel accord des parties ni substitution du juge à leur volonté, pour que cette règle soit applicable[839].

Il y a, cependant, des cas dans lesquels ce principe du transfert *solo consensu* ne joue pas :

— lorsque les parties ont convenu que la propriété serait transférée à telle autre date ou que le transfert est retardé jusqu'au paiement intégral du prix (vente à tempérament : *cf.* art. 1745 et suiv. C.c.Q.)[840].

— lorsque la nature des choses s'y oppose : vente d'une chose qui n'est pas encore fabriquée.

243. *L'aliénation d'une chose de genre.* Il s'agit de l'aliénation d'une chose où seules l'espèce et la quantité sont spécifiées. Dans cette hypothèse, la propriété sera transférée à l'acheteur lorsque la chose sera devenue certaine et déterminée et que cet acquéreur aura été prévenu de l'individualisation du bien (art. 1453, al. 2 C.c.Q., qui reprend l'art. 1026 C.c.B.C.)[841].

---

[839] *Cf.* en droit français, GHESTIN, 3ᵉ éd., n° 694 et suiv., p. 671 et suiv.

[840] *Cf.* Aline GRENON, « Le crédit-bail et la vente à tempérament dans le *Code civil du Québec* », (1994) 25 *R.G.D.* 217. *Cf.* également *Loi sur la protection du consommateur*, L.R.Q., c. P-40.1, art. 132 et suiv.

[841] *Cf. supra*, nᵒˢ 108-111. On peut également citer les ventes de biens mobiliers (corps certains ou choses de genre) qui font l'objet d'un transport : les ventes à l'embarquement, telles que les ventes C.A.F. ou

Section 2. Les tempéraments apportés au principe

244. *Aliénations successives.* Le transfert de la propriété s'effectuant par le seul échange des consentements, l'acquéreur devient propriétaire de la chose, même si celle-ci ne lui est pas livrée et reste en la possession du vendeur. Il n'est pas, alors, impossible qu'une personne, de bonne ou de mauvaise foi, vende successivement la même chose à deux acheteurs différents. Qui donc, en définitive, aura droit à la chose ?

Afin de régler ce problème, le législateur a prévu des dispositions qui diffèrent selon que l'aliénation porte sur un bien immobilier ou sur un bien mobilier.

245. *Aliénations successives d'un immeuble.* Lorsque le propriétaire d'un immeuble cède successivement celui-ci à deux personnes différentes, c'est l'acquéreur qui aura, le premier, fait publier son titre de propriété qui deviendra le propriétaire définitif (art. 1455 C.c.Q. qui renvoie à l'art. 2946 C.c.Q.; lesquels reprennent les art. 1027, al. 1 et 2098 C.c.B.C.).

Le contrat de vente est en principe valable à l'égard du second acquéreur comme à l'égard du premier. Toutefois, le titre de propriété qui aura été publié le premier sera opposable à tous et notamment à l'autre acquéreur. Inversement, le titre de propriété qu'a le nouvel acquéreur et qui n'a pas été publié est inopposable à l'autre acquéreur qui, lui, a fait publier son titre. C'est ce que dit l'article 2946 C.c.Q. selon lequel « [d]e deux acquéreurs d'un immeuble qui tiennent leur titre du même auteur, le droit est acquis à celui qui, le premier, publie son droit ».

Il faut bien comprendre que la publicité n'est pas une formalité nécessaire à la formation du contrat; c'est une formalité qui permet au titulaire du droit de propriété d'opposer son droit à tous ceux qui prétendraient le contester.

246. *Aliénations successives d'un meuble.* Lorsque le propriétaire d'un bien meuble cède successivement celui-ci à deux

---

encore les ventes F.O.B., dans lesquelles la propriété de la marchandise est transférée à l'acheteur-destinataire lorsque celle-ci est embarquée.

personnes différentes, c'est celle qui a été mise en possession du bien la première qui en devient propriétaire, même si son titre est de date postérieure à celui de l'autre acquéreur, à condition, cependant, que cette possession soit de bonne foi (art. 1454 C.c.Q. qui reprend l'art. 1027, al. 2 C.c.B.C.)[842].

247. *Essai de justification*. Une telle règle peut paraître étrange dans la mesure où elle permet que la propriété soit acquise au second acquéreur. Si l'on considère, en effet, qu'en vertu du principe du transfert *solo consensu*, le premier acquéreur est devenu instantanément propriétaire du bien, le vendeur ne pouvait, en conséquence, transférer au second acquéreur un droit de propriété qu'il n'avait plus. Comment, alors, justifier l'article 1454 C.c.Q., qui est la réplique de l'article 1141 C.c.fr. ? En droit français, la réponse est claire et simple : ce sont les règles de la prescription acquisitive qui expliquent la solution proposée par le législateur. En vertu de l'article 2279 C.c.fr., « en fait de meubles, la possession vaut titre »; c'est dire que le second acquéreur devient propriétaire « non pas en vertu de la vente qui lui a été consentie, car le vendeur avait cessé de l'être, mais par l'effet d'une prescription qui s'est accomplie *instantanément* à son profit, c'est-à-dire dès l'instant qu'il a été mis en possession »[843], pourvu qu'il ait été de bonne foi. En conséquence, le premier acquéreur ne pourra aucunement revendiquer le meuble qui se trouve en la possession d'un second acquéreur de bonne foi.

Peut-on, au Québec, justifier de la même façon l'article 1454 C.c.Q. qui reprend l'article 1027, al. 2 C.c.B.C. ? Si l'on se réfère à l'article 2919 C.c.Q. qui reprend le principe de l'article 2268, al. 1 C.c.B.C., on constate que, en règle générale, la possession est présumée valoir titre et non point qu'elle vaut titre et que le possesseur de bonne foi aura un titre inattaquable seulement après trois ans, à compter de la dépossession du véritable propriétaire. Ainsi, la

---

[842] Comme les droits réels, les droits de créance peuvent faire l'objet d'une cession. La cession de créance est réglée par les articles 1637 et suiv. C.c.Q. selon lesquels, si la cession est parfaite entre les parties lorsque celles-ci se sont mises d'accord, elle est, cependant, inopposable aux tiers tant que le débiteur cédé n'y a pas acquiescé ou qu'il n'a pas reçu « une copie ou un extrait pertinent de l'acte de cession ou, encore, une autre preuve de la cession qui soit opposable au cédant » (art. 1641 C.c.Q.).

[843] MIGNAULT, t. 5, p. 269. *Cf.* CARBONNIER, t. 3, 19ᵉ éd., nᵒ 227, p. 357 et suiv.

prescription ne s'accomplit pas instantanément[844]. En conséquence, le premier acquéreur devrait pouvoir revendiquer le meuble en question entre les mains du second acquéreur dans le délai de trois ans à compter de sa dépossession, c'est-à-dire à compter de la seconde vente : à l'intérieur de ce délai, le réclamant devrait pouvoir renverser la présomption de juste titre que crée la possession par le second acquéreur, en apportant la preuve de sa qualité de propriétaire. Or, cet article 2919 C.c.Q. est contredit par l'article 1454 C.c.Q. selon lequel celui qui est mis en possession le premier est titulaire du droit réel sur ce bien : on ne peut donc pas justifier cette disposition par la règle générale de la prescription acquisitive.

On est alors obligé de dire que l'article 2919 C.c.Q. ne joue aucun rôle dans le cas d'une aliénation successive portant sur un bien meuble et que l'article 1454 C.c.Q. se détache des règles de la prescription, à moins de soutenir que ce dernier constitue une exception à la règle générale « la possession fait présumer le juste titre «.

Certains préféreront prétendre que l'article 1454 C.c.Q. fait jouer à la possession un rôle identique à celui que joue la publicité dans le cadre de l'aliénation portant sur un immeuble : la possession du meuble par le second acquéreur indique aux tiers qui en est vraisemblablement le propriétaire et constitue une formalité qui sera assimilée à un mode de publicité. Ainsi condamne-t-on le premier acquéreur à perdre la propriété de sa chose, parce que, n'ayant jamais été mis en possession, il n'a pu être dépossédé... Cela montre l'importance, en matière mobilière, du rôle de la possession, compte tenu de la mobilité du bien et de la difficulté à retracer la chaîne des propriétaires : la sécurité des transactions exige un tel sacrifice au profit de celui qui a la possession et paraît donc être le véritable propriétaire, concession faite aux apparences. On ne peut pas ne pas songer à l'Ancien droit qui exigeait la remise de la chose à l'acheteur pour que la propriété soit transférée, ainsi qu'au sempiternel débat sur les limites du consensualisme et la fonction du formalisme : conditions de validité ou mesure d'opposabilité[845] ?

---

[844] Advenant le cas où le second acquéreur, mis en possession, serait de mauvaise foi, le premier acquéreur pourrait revendiquer en tout temps le meuble en question, sous réserve de la prescription acquisitive de 10 ans (art. 2917 C.c.Q.).

[845] L'article 1454 C.c.Q., comme l'article 1027, al. 2 C.c.B.C., serait tout à fait conforme à la théorie de Pothier pour qui le vendeur demeurait propriétaire du bien tant qu'il n'en avait pas effectué la tradition; aussi

En matière immobilière, c'est précisément cette forme de publicité qu'est l'inscription faite sur le registre foncier qui va permettre de départager les deux acquéreurs : « [d]e deux acquéreurs d'un immeuble qui tiennent leur titre du même auteur, le droit est acquis à celui qui, le premier, publie son droit » (art. 2946 C.c.Q.). C'est ainsi qu'est assurée la sécurité des transactions immobilières, en permettant à tout acquéreur de faire l'histoire du bien et de vérifier la chaîne des titres. Il est dès lors normal que celui qui, le premier, a publié la vente puisse l'opposer à celui qui n'a pas été aussi diligent, même s'il n'a pas été le premier en date à acquérir l'immeuble : bien que le vendeur n'ait pu théoriquement transférer au second acquéreur un droit de propriété qu'il n'avait plus – l'ayant déjà transféré au premier acheteur –, la sécurité des transactions exige que l'on sacrifie celui qui n'a pas su, par la publicité, rendre son droit de propriété opposable à tous.

La seule question qui se pose, alors, est de savoir si le second acquéreur qui, le premier, publie son titre, tout en ayant connaissance de l'existence de la première vente, mérite encore de voir son titre l'emporter. L'article 2946 C.c.Q. (contrairement aux articles 1454 et 2919 C.c.Q. en matière mobilière) ne mentionne pas l'exigence de la bonne foi et l'article 2963 C.c.Q. précise que « l'avis donné ou la connaissance acquise d'un droit non publié ne supplée jamais le défaut de publicité ». Il faut en conclure que la mauvaise foi n'est pas sanctionnée[846]; cela peut se justifier à l'égard d'un tiers sous-acquéreur de bonne foi, qui aurait acquis du second acquéreur de mauvaise foi : la sécurité des transactions est à ce prix. Toutefois, dans l'hypothèse où le second acquéreur de mauvaise foi n'a pas revendu l'immeuble, on comprend difficilement qu'il soit préféré au premier acquéreur qui, lui, est de bonne foi; sanctionner, en ce cas, la mauvaise foi du second acquéreur en reconnaissant au premier acquéreur son droit de propriété, ne compromettrait aucunement la sécurité des

---

pouvait-il en transférer la propriété à un second acquéreur en le mettant en possession, ce qui avait pour effet d'interdire au premier acquéreur de revendiquer la chose dont il n'avait jamais été propriétaire... *Cf.* POTHIER, 2ᵉ éd., t. 2, nᵒˢ 151 et 152, p. 70-72. On peut aussi penser que les codificateurs du Bas Canada ont reproduit, dans l'article 1027, al. 2, le texte correspondant français, en oubliant de l'adapter à la règle qu'ils adoptaient en matière de prescription.

[846] On notera que, contrairement à l'article 2085 C.c.B.C. qui ne s'appliquait qu'aux actes à titre onéreux et non point aux donations, l'article 2963 C.c.Q. ne fait plus cette distinction.

transactions : ce serait, en revanche, priver de ses effets une publicité qui a été faite en sachant que l'on allait ainsi nuire au premier acquéreur. Néanmoins, l'article 2963 C.c.Q. dit clairement que, même en ce cas, la connaissance de l'existence d'un premier acquéreur n'affecte pas l'efficacité de la publicité, ce qui donne à une règle de publicité une valeur qui nous éloigne du consensualisme et nous rapproche incontestablement du formalisme et du principe énoncé à l'article 2934 C.c.Q., voulant notamment que « l'inscription profite aux personnes dont les droits sont ainsi rendus publics ». On ose croire, cependant, que, dans l'hypothèse d'un concert frauduleux entre le vendeur et le second acquéreur au détriment du premier acheteur, les tribunaux sauraient mettre de côté l'article 2963 C.c.Q., en appliquant l'adage *fraus omnia corrumpit*. Ce n'est qu'à l'égard d'un tiers sous-acquéreur de bonne foi que la publicité devrait avoir tout son effet, malgré le caractère frauduleux de l'opération : la règle « l'erreur commune fait le droit » refait alors surface et redonne à la publicité toute son efficacité à l'égard des tiers[847].

---

[847] Il va de soi que le premier acquéreur qui perd la propriété, ou le second acquéreur qui ne l'obtient pas, recevra en principe du vendeur, outre la restitution du prix qui a déjà pu lui être versé, des dommages-intérêts en compensation du préjudice additionnel éventuellement subi, résultant de l'inexécution, par le vendeur, de son obligation de garantie.

SOUS-TITRE II
L'ENGAGEMENT UNILATÉRAL DE VOLONTÉ

248. *Un concept inutile.* L'engagement unilatéral serait l'acte juridique par lequel une personne manifesterait de façon unilatérale sa volonté de créer des obligations à sa propre charge, par sa seule volonté. Cette notion a été développée par l'Autrichien Siegel qui, à la fin du XIXe siècle, prétendit découvrir cette seconde source volontaire d'obligations : la volonté unilatérale du débiteur[848].

Il faut se garder de confondre l'engagement unilatéral avec le contrat unilatéral qui est, on le sait, un accord de volonté, c'est-à-dire une convention qui produit des obligations à la charge d'une seule partie contractante : le contrat unilatéral est, donc, unilatéral dans ses effets, mais bilatéral dans sa formation; l'engagement unilatéral, pour sa part, n'exigeant aucun accord de volontés, serait unilatéral dans sa formation comme dans ses effets : il serait une variété d'acte juridique unilatéral, une manifestation unilatérale de volonté qui créerait une ou des obligations.

On comprend, dès lors, qu'un testament est un acte unilatéral et non point un engagement unilatéral : c'est la manifestation, de la part du testateur, de sa volonté de transmettre son patrimoine à telle personne et non point de s'obliger. Il en est de même de l'acceptation d'une succession qui est la manifestation unilatérale de la volonté de l'acceptant de refuser de se

---

848 Sur la théorie de cet auteur, voir MARTY et RAYNAUD, 2e éd., t. 1, n° 355, p. 367.

prévaloir de la faculté qu'il avait de renoncer à la succession : il ne s'agit aucunement d'un engagement unilatéral, car son acceptation n'a nullement pour but de créer, à sa charge, l'obligation de payer les dettes du défunt. C'est sa qualité d'héritier, résultant de la volonté du testateur, qui produit des effets de droit, soit la transmission d'un patrimoine composé d'un actif et d'un passif.

Les situations que Siegel prétend expliquer par la théorie de l'engagement unilatéral peuvent s'expliquer sans recourir à celle-ci.

Selon cet auteur, l'offre de contracter, qui supposerait l'obligation de maintenir cette offre pendant un délai raisonnable, serait un engagement unilatéral. On a vu qu'en droit québécois, rien ne nous permettait de prétendre que l'offre simple était nécessairement assortie d'un délai implicite; bien plus, désormais l'article 1390, al. 2 C.c.Q. précise qu'elle demeure révocable tant que l'offrant n'a pas reçu l'acceptation. En revanche, selon ce même article, l'offre assortie d'un délai exprès est irrévocable avant l'expiration du délai : que l'offrant le veuille ou non, il est tenu de respecter ce délai; c'est bien dire que l'obligation de maintenir l'offre pendant le délai énoncé est imposée par la loi et ne résulte point de la seule volonté de l'offrant. En outre, qu'il s'agisse d'une offre simple ou assortie d'un délai, elle meurt avec l'offrant ou le destinataire et devient caduque lorsque l'offrant ou le destinataire devient inapte ou est mis en faillite avant que l'acceptation ne soit reçue par l'offrant (art. 1392, al. 2 C.c.Q.) : l'offre est donc un fait juridique et non point un engagement unilatéral.

La promesse de récompense serait également, selon Siegel, un engagement unilatéral; ce problème qui était controversé dans le droit d'hier, est réglé de façon définitive dans le nouveau Code : soit une promesse de verser X dollars en récompense à qui retrouvera tel bien, s'agit-il véritablement d'une promesse unilatérale de payer, d'un engagement unilatéral, ou simplement d'un fait qui n'engage à rien ? On répondait tantôt qu'on était en présence d'une promesse qui donc engageait (lorsque celui qui retrouvait le bien avait eu connaissance de l'offre), tantôt qu'on était en présence d'un fait juridique donnant éventuellement ouverture à une action *de in rem verso* (lorsque celui qui retrouvait le bien n'avait pas eu connaissance de l'offre). L'article 1395 C.c.Q. tranche désormais la question : l'offre de récompense à quiconque accomplira un acte donné « est réputée acceptée et lie l'offrant dès qu'une personne, même sans connaître l'offre, accomplit cet acte ». Le législateur présume donc, de façon irréfragable, que cette offre est acceptée, de sorte que l'offre de récompense est en réalité une promesse unilatérale par laquelle celui qui annonce la récompense s'engage à la remettre à celui qui accomplira la chose envisagée : on a ici véritablement recours à une fiction, puisque l'« offrant » sera engagé contractuellement, même si l'« offre » ne parvient à la connaissance de celui qui accomplit « l'acte donné » que postérieurement à l'accomplissement du fait. L'échange de consentement peut donc s'avérer fictif, mais cette solution permet d'aboutir à un résultat équitable qui se concrétise par l'exécution de la promesse. Il n'en serait pas ainsi, et donc l'offrant ne serait pas lié, seulement dans l'hypothèse où l'offrant réussirait à révoquer de façon expresse et suffisante son offre, avant que le fait envisagé n'ait été accompli : la loi accorde donc au promettant un « droit de repentir », la faculté de revenir sur son engagement, pourvu que la révocation soit manifeste et antérieure au résultat recherché. En ayant recours à un contrat fictif, le législateur met clairement de côté la théorie de l'engagement unilatéral.

De la même manière, la stipulation pour autrui peut s'expliquer, on le verra, autrement que par l'engagement unilatéral.

En résumé, il est permis d'affirmer que, compte tenu des textes du *Code civil du Québec,* cette théorie est complètement inutile, de même, d'ailleurs, qu'elle présente certains inconvénients : le débiteur risque de s'engager de façon inconsidérée, envers un créancier qui n'est pas nécessairement déterminé, de sorte qu'on a pu dire qu'il s'agissait, en certains cas, d'une obligation sans créancier. En outre, ce créancier pourrait avoir, parfois, quelques difficultés à apporter la preuve de cet engagement.

La théorie de l'engagement unilatéral, bien que prônée par certains auteurs français afin d'en arriver à un résultat souhaité dans les hypothèses ci-dessus décrites, n'a jamais été retenue par la jurisprudence française ni par la jurisprudence québécoise[849]; elle a été, selon nous, mise de côté par le législateur québécois, qui a adopté des textes précis afin d'en arriver au résultat souhaitable, sans s'en remettre à cette théorie.

---

[849] *Cf.* FLOUR, AUBERT et SAVAUX, vol. 1, 9ᵉ éd., n° 549 et suiv., p. 365 et suiv.; MARTY et RAYNAUD, 2ᵉ éd., t. 1, n° 358 et suiv., p. 372 et suiv.; MAZEAUD, 9ᵉ éd., t. 2, vol. 1, n° 358 et suiv., p. 349 et suiv.; MALAURIE et AYNÈS, t. 6, 10ᵉ éd., n° 343 et suiv., p. 205 et suiv. Sur l'offre, *cf. supra*, nᵒˢ 39-51; sur la stipulation pour autrui, *cf. infra*, n° 307. *Cf.* cependant l'argumentation de POPOVICI, 1995, chapitre IV. *Cf.* également TANCELIN, 6ᵉ éd., n° 492 et suiv., p. 247 et suiv. qui tente « l'ébauche d'une théorie de l'acte unilatéral » qui ne pèche pas par conformisme...

TITRE II
LE FAIT JURIDIQUE

249. *Les sources d'obligations, hors du contrat.* Après avoir examiné les engagements résultant de la volonté, c'est-à-dire l'acte juridique et plus précisément le contrat (puisque l'engagement unilatéral n'est pas reconnu en tant que tel), on envisagera les engagements qui se forment en dehors de tout contrat, qui résultent d'un fait juridique, c'est-à-dire d'un événement auquel la loi attache d'autorité des effets de droit (art. 1372, al. 1 C.c.Q.).

Le fait juridique peut être un événement dommageable résultant d'une faute, de sorte que la loi obligera son auteur à réparer : le dommage causé à autrui peut être, en effet, la source d'une obligation de réparer. Cette situation recouvre la notion de délit et de quasi-délit ou, plus précisément, la notion de responsabilité civile extracontractuelle qui est étudiée ailleurs[850].

Le fait juridique peut être aussi un événement profitable, de sorte que la loi obligera son auteur à restituer. Cette situation recouvre la notion très confuse de quasi-contrat. Contrairement au « délit » ou « quasi-délit » qui est un fait illicite, le quasi-contrat se caractérise par son caractère licite.

On sait que le *Digeste* de Justinien rapportait notamment une classification quadripartite des sources des obligations : les

---

[850] Jean-Louis BAUDOUIN et Patrice DESLAURIERS, *La responsabilité civile*, 5ᵉ éd., Cowansville, Éditions Yvon Blais, 1998; TANCELIN, 4ᵉ éd., n° 362 et suiv., p. 213 et suiv.

obligations qui naissaient *ex contractu*, celles qui naissaient *ex delicto*, celles qui naissaient *quasi ex delicto*, enfin celles qui naissaient *quasi ex contractu*, les deux dernières catégories recouvrant des opérations qui s'apparentaient soit au délit soit au contrat. Lorsqu'on admit, avec Domat, le principe de la responsabilité fondée sur la faute (qui allait se traduire dans le *Code civil du Bas Canada* par l'énoncé de l'article 1053, repris à l'article 1457 C.c.Q.), la catégorie des « délits » et celle des « quasi-délits » furent fondues, mais on conserva la rubrique « quasi-contrat » en tentant alors vainement d'en donner une définition satisfaisante; un auteur a pu dire que cette notion était « une sorte de monstre légendaire » (Josserand)[851].

En effet, le droit romain connaissait à l'origine deux sources d'obligation : actes licites ou légitimes et actes illicites ou délits. Plus tard, ces actes licites devaient être appelés « contrats »; toutefois, il y avait des actes licites qui n'étaient pas des contrats (l'accord de volonté n'existant pas), mais qui avaient des effets identiques aux contrats; aussi, disait-on (Gaïus, IIe siècle), que le débiteur était tenu *quasi ex contractu*, comme s'il y avait contrat : ainsi, celui qui payait l'indu avait droit à la restitution comme s'il y avait eu, avec l'*accipiens*, un contrat de prêt. Cependant, on ne disait pas que l'*accipiens* était tenu en vertu d'un quasi-contrat : c'est Justinien, au VIe siècle, qui désigna le quasi-contrat comme source nouvelle d'obligation, à côté du contrat et des actes illicites – comprenant les délits et les quasi-délits – et vint dire que certaines obligations « naissaient comme d'un contrat », au lieu de dire, comme précédemment, qu'elles produisaient des effets comme ceux d'un contrat. C'est à partir de la position de Justinien, et non point de celle de Gaïus, que les anciens auteurs et les codificateurs adoptèrent le terme de quasi-contrat et invoquèrent l'idée de contrat fictif ou présumé : « le quasi-contrat, mais c'est quasi un contrat ! », disait Demolombe ! On comprend parfaitement

---

[851] Louis JOSSERAND, *Cours de droit civil positif français*, 3e éd., vol. 2, Paris, Sirey, 1939, n° 10, p. 6 et 7.

la réception de cette idée, au XIXe siècle, dans le contexte philosophique de l'autonomie de la volonté[852].

Baudry-Lacantinerie et Barde[853] critiquèrent cette idée de quasi-contrat : « Aucun fait n'a un caractère *presque contractuel* », écrivent-ils[854]. Selon eux, la notion de quasi-contrat est irrationnelle et inutile. Irrationnelle parce que, à la source de ces obligations, il manque l'élément fondamental à l'existence du contrat, l'accord de volonté, ce qui l'oppose tout à fait au contrat; inutile parce que les différentes situations regroupées sous cette notion ne sont pas soumises à des règles uniformes.

Même si cette critique est fondée en théorie, on peut dire d'un point de vue pratique que le « quasi-contrat » est un fait volontaire et licite qui engendre des effets de droit, en dehors de toute convention et de tout « délit » ou « quasi-délit »[855], c'est-à-dire de tout comportement fautif.

C'est un fait volontaire. Certes, le quasi-contrat suppose l'existence d'un acte de volonté, mais il n'y a pas là un véritable acte juridique : il n'y a pas contrat, puisqu'il n'y a aucun accord

---

[852] CARBONNIER, t. 4, 21ᵉ éd., n° 297, p. 495 et suiv.; MARTY et RAYNAUD, 2ᵉ éd., t. 1, n° 17 et suiv., p. 15-20.

[853] BAUDRY-LACANTINERIE, 2ᵉ éd., vol. 13, n° 2787, p. 1040 (les italiques sont dans le texte original).

[854] *Cf.* cependant POPOVICI, 1995, p. 151 et suiv. qui prône une reconnaissance de la notion de « quasi-contrat » dans les situations non contractuelles du point de vue de leur origine, mais « presque » contractuelles du point de vue du régime. *Cf.* également TANCELIN, 6ᵉ éd., n° 492 et suiv.

[855] *Cf.* BAUDOUIN et JOBIN, 5ᵉ éd., n° 510 et suiv., p. 409 et suiv.; MARTY et RAYNAUD, 2ᵉ éd., t. 1, n° 15 et suiv., p. 14 et suiv. et n° 378, p. 388; MAZEAUD, 9ᵉ éd., t. 2, vol. 1, n° 49, p. 47 et n° 644 et suiv., p. 788 et suiv. D'après Pothier : « [le quasi-contrat est] le fait d'une personne permis par la loi, qui l'oblige envers une autre, ou oblige une autre personne envers elle, sans qu'il intervienne aucune convention entre elles » (POTHIER, 2ᵉ éd., t. 2, n° 113, p. 56). Cette définition avait été reprise par le législateur à l'article 1041 C.c.B.C. : « Une personne capable de contracter peut, par son acte volontaire et licite, s'obliger envers une autre, et quelquefois obliger une autre envers elle, sans qu'il intervienne entre elles aucun contrat. » Cependant, cette disposition ne fut pas reproduite dans le nouveau *Code civil du Québec*.

entre le créancier et le débiteur; il n'y a pas acte juridique unilatéral, puisque l'acte voulu n'a pas été fait en vue d'engendrer
des effets de droit et en particulier des obligations : c'est la loi
qui est la source de ces obligations, parce qu'elle les considère
comme justes.

C'est un fait licite. Certes, le comportement de certaines
personnes a pu donner lieu à une situation injuste, mais ce
comportement n'était pas illicite en soi : ne constituant ni une
faute intentionnelle ni une simple imprudence ou négligence, il
n'est ni un « délit » ni un « quasi-délit ».

Le *Code civil du Bas Canada* citait deux exemples de
« quasi-contrat » : la gestion d'affaires et la réception de l'indu,
mais on s'accordait à reconnaître que la notion plus large
d'enrichissement sans cause était une source non volontaire
d'obligations[856].

Le *Code civil du Québec*, tout en évitant d'utiliser le terme
« quasi-contrat », reprend, dans un chapitre intitulé « De certaines autres sources d'obligations », ces faits juridiques que
sont la gestion d'affaires et la réception de l'indu, en y ajoutant
l'enrichissement injustifié, consacrant ainsi – sur le plan législatif – la théorie dite de l'enrichissement sans cause.

---

[856] On rappellera la classification traditionnelle des sources des obligations
et la critique qui en a été faite (*cf. supra*, n° 20), la loi étant une
prétendue cinquième source, alors qu'en réalité elle est la source
suprême. L'article 1057 C.c.B.C. énonçait qu'en certains cas les
obligations naissaient « de l'opération seule et directe de la loi, sans qu'il
intervienne aucun acte, et indépendamment de la volonté de la personne
obligée ou de celle en faveur de qui l'obligation est imposée »; suivaient
certains exemples, telles l'obligation du tuteur et l'obligation des enfants
à l'égard de leurs parents. Y sont également mentionnées « les
obligations qui, en certaines circonstances, naissent des cas fortuits »;
certains ont cru voir là une source supplémentaire d'obligation : *cf.*
Michel KRAUSS, « L'affaire *Lapierre* : Vers une théorie économique de
l'obligation quasi contractuelle », (1985-86) 31 *R.D. McGill* 683; Peter
P.C. HAANAPPEL, « L'étendue des obligations découlant de la loi seule :
commentaires sur l'affaire *Lapierre* », (1986) 20 *R.J.T.* 321. Ce n'est point
ce qu'a arrêté la Cour suprême du Canada : *Lapierre* c. *Procureur général
de la province de Québec*, [1985] 1 R.C.S. 241.

CHAPITRE I
LA GESTION D'AFFAIRES

250. *Gestion d'affaires et mandat.* La gestion d'affaires est le fait, pour une personne, d'accomplir un acte dans l'intérêt d'autrui, alors qu'elle n'en a pas été chargée. L'exemple classique donné par les auteurs est celui d'une personne qui, voulant rendre service à un ami ou un voisin qui est absent et dont la maison vient de souffrir d'une tempête, effectue lui-même ou fait effectuer les réparations qui s'imposent[857].

Celui qui accomplit ou fait accomplir l'acte est appelé le gérant; celui au profit duquel l'acte est accompli est appelé le géré ou le maître de l'affaire.

La gestion d'affaires qui faisait l'objet des articles 1043 à 1046 C.c.B.C. est désormais soumise aux règles des articles 1482 à 1490 C.c.Q.

Il faut immédiatement distinguer la gestion d'affaires du mandat, qui est un contrat par lequel une personne donne le pouvoir à une autre d'accomplir, en son nom et pour son compte, un acte juridique (art. 2130 C.c.Q.) : le mandat suppose un accord de volontés entre mandant et mandataire, qu'on ne

---

[857] *Cf.* Roger BOUT, *La gestion d'affaires en droit français contemporain*, Paris, L.G.D.J., 1972; *cf.* également Pierre RAINVILLE, « De la connaissance à la reconnaissance en matière de gestion d'affaires », dans J.-L. BAUDOUIN, J.-M. BRISSON, F. CHEVRETTE, P.-A. CÔTÉ, N. KASIRER et G. LEFEBVRE (dir.), *Mélanges Jean Beetz*, Montréal, Éditions Thémis, 1995, p. 287. Sur la distinction entre la gestion d'affaires et le mandat, *cf.* POPOVICI, 1995, p. 60 et suiv.

retrouve pas dans la gestion d'affaires. Il était certes possible de relever, dans le *Code civil du Bas Canada*, certaines similitudes entre le mandat et la gestion d'affaires (*cf.* art. 1043, al. 2 C.c.B.C.); le *Code civil du Québec*, quant à lui, a évité de tels rapprochements et réfère, le cas échéant, aux règles relatives à l'administration du bien d'autrui.

On envisagera successivement les conditions, puis les effets de la gestion d'affaires.

Section 1. Les conditions de la gestion d'affaires

Pour qu'il y ait gestion d'affaires, trois séries de conditions doivent concourir : l'une à l'égard du géré, l'autre à l'égard du gérant, la troisième à l'égard de l'acte de gestion[858].

Par. 1. *Les conditions à l'égard du géré*

251. *Gestion en principe à l'insu du géré.* Le principe veut que l'affaire soit gérée sans que le géré en ait connaissance. En effet, lorsque celui dont l'affaire est gérée par un autre a connaissance de cette gestion et ne s'y oppose pas, il est permis de penser que l'on est en présence d'un contrat de mandat et non point d'une gestion d'affaires. Celui qui sait que telle personne accomplit pour lui un acte juridique quelconque et n'intervient pas, consent tacitement à ce que cet acte soit accompli : il donne mandat. Reprenant la formule de Pothier, on a dit que la gestion d'affaires « ne se formait qu'autant que la gestion avait eu lieu sans mandat exprès ou tacite, c'est-à-dire à l'insu des parties ». C'était la solution du droit romain, qui n'a pas été suivie en droit français, selon lequel il y a gestion d'affaires « soit que le propriétaire connaisse la gestion soit qu'il l'ignore » (art. 1372 C.c.fr.)[859].

---

[858] *Cf.* BAUDOUIN et JOBIN, 5ᵉ éd., n° 518 et suiv.; Didier LLUELLES avec la collaboration de Benoît MOORE, *Droit québécois des obligations*, vol. 1, Montréal, Éditions Thémis, 1998, n° 4027, p. 781 et suiv.

[859] *Cf.* MARTY et RAYNAUD, 2ᵉ éd., t. 1, n° 381, p. 394; MAZEAUD, 9ᵉ éd., t. 2, vol. 1, n° 672, p. 807 : cet auteur signale la difficulté qu'il y a à

Le *Code civil du Québec* reprend le principe selon lequel l'affaire doit avoir été gérée sans que le géré en ait eu connaissance, mais un tempérament y est apporté afin de couvrir le cas où le géré, malgré la connaissance qu'il avait de cette gestion, n'était pas en mesure de désigner un mandataire ou de s'en occuper de quelque autre manière, en raison par exemple de son état ou de l'urgence de la situation (art. 1482 C.c.Q.). Le commentaire du ministre est explicite à cet égard[860]. Le *Code civil du Québec* n'exclut donc plus la gestion d'affaires dès lors qu'il y a connaissance de la gestion par le géré, comme le faisait l'article 1043 C.c.B.C. qui associait trop automatiquement cette connaissance à l'existence d'un mandat tacite. Alors que le *Code civil du Bas Canada* s'en était tenu à la solution romaine, le *Code civil du Québec* se rapproche de la solution française, tout en étant plus précis.

Lorsque le géré s'oppose à l'affaire, il ne peut évidemment pas y avoir gestion[861] : celui qui s'immisce dans les affaires d'un autre malgré l'opposition de ce dernier commet une faute qui peut engager sa responsabilité extracontractuelle.

252. *Capacité ou incapacité du géré* ? Selon l'article 1042 C.c.B.C., le géré pouvait ne pas avoir la capacité juridique; l'incapacité juridique du géré n'empêchait pas celui-ci d'être

---

distinguer entre la gestion d'affaires et le contrat de mandat, compte tenu de la rédaction de l'article 1372 C.c.fr.; en pratique, la connaissance de la gestion par le géré, en l'absence de protestation, pourra être analysée comme une acceptation tacite du mandat.

[860] *C.M.J.*, t. I, art. 1482 C.c.Q. : « Dans le droit antérieur, le principe de l'ignorance de la gestion par le géré permettait de distinguer la gestion d'affaires du mandat, car on considérait généralement que le gérant qui agissait avec la connaissance du géré, agissait avec son approbation, et donc à titre de mandataire en vertu d'un mandat tacite. Il est cependant des situations où le gérant peut agir avec la connaissance du géré sans pourtant que l'on puisse conclure à l'existence d'un mandat tacite, à moins d'interpréter abusivement la volonté du géré. C'est le cas, d'une manière générale, du géré qui, bien que connaissant la gestion, ne peut néanmoins la désapprouver ou la diriger au moyen d'un mandat exprès ou autrement, parce que son état de santé ou son éloignement, par exemple, ne lui permet tout simplement pas d'y pourvoir. »

[861] *Cf. Papin c. Éthier*, [1995] R.J.Q. 1795 (C.S.).

obligé envers le gérant et cela se comprenait aisément : dans la mesure où la volonté du géré n'intervient pas, il n'y a pas lieu d'exiger qu'il ait la capacité juridique; en outre, cet incapable est protégé puisque la gestion ne lui sera opposable que dans la mesure où elle aura été opportune : en effet, le caractère opportun de la gestion étant l'une des conditions de la gestion d'affaires, la gestion ne peut pas lui nuire (art. 1046 C.c.B.C.).

Bien que l'article 1042 C.c.B.C. n'ait pas été repris en tant que tel dans le nouveau Code, il est permis de dire que le droit antérieur a été maintenu, la situation du géré n'étant aucunement modifiée : en effet, l'opportunité de la gestion demeure une condition d'existence de la gestion d'affaires (art. 1482 C.c.Q.).

Par. 2. *Les conditions à l'égard du gérant*

253. *Intention de gérer l'affaire d'autrui.* Il faut que le gérant n'agisse pas *animo donandi,* il faut qu'il ait l'intention de gérer l'affaire d'autrui : cette condition était clairement exprimée à l'article 1043 C.c.B.C. qui visait « celui qui volontairement assume la gestion de l'affaire d'un autre »; l'article 1482 C.c.Q. est tout aussi explicite en visant la personne qui « de façon spontanée et sans y être obligée, entreprend volontairement [...] de gérer l'affaire d'une autre personne ».

Mignault illustre cette condition de la façon suivante : « J'ai l'intention de vous donner une somme d'argent. Mais craignant que vous n'en fassiez un mauvais usage, je tiens à en faire moi-même l'emploi dans votre intérêt : en conséquence, je paie un de vos créanciers. Il y a, là, non pas un quasi-contrat de gestion d'affaires, mais une donation indirecte. Vous n'êtes pas tenu de me rendre la somme que j'ai employée à votre profit, vous ne me la devez point [...] »[862].

L'intention de gérer l'affaire d'autrui se caractérise généralement par le désir de rendre service à autrui, par l'aspect al-

---

[862] MIGNAULT, t. 5, p. 313 et 314.

truiste de l'acte[863]. Ce n'est pas à dire que l'acte suppose nécessairement le désintéressement total : il y a gestion d'affaires
même si l'acte posé par le gérant présente un intérêt à la fois
pour lui et pour le géré. C'est le cas de celui qui ferait faire des
travaux de consolidation d'un mur mitoyen sans la connaissance de son voisin, le géré. On doit dire, pour qu'il y ait gestion d'affaires, que le gérant doit avoir conscience, en agissant
comme il le fait, de rendre service à autrui, même si, ce faisant,
il a également pensé à lui[864]...

Au contraire, il n'y a pas gestion d'affaires lorsqu'une personne fait des réparations à un bien dont elle croit être le propriétaire, alors que ledit bien appartient à quelqu'un d'autre :
elle croit gérer sa propre affaire et non celle d'autrui. Cette
personne aura peut-être un recours sur une autre base, mais
non point le recours *negotiorum gestio*. De la même façon, il n'y
a pas intention de gérer l'affaire d'autrui, lorsque le geste posé
consiste à accomplir une obligation; il en est ainsi lorsqu'une
municipalité appelle les pompiers d'une municipalité voisine,
afin d'aider les siens à maîtriser un incendie : il s'agit là d'une
obligation de la municipalité à l'égard de l'ensemble de ses
contribuables[865]. Il en serait de même dans l'hypothèse où un
policier « prendrait l'initiative » de conduire à l'hôpital la personne blessée qu'il trouve inconsciente : il ne fait alors
qu'exécuter les devoirs qui lui sont imposés par la loi.

254. *Capacité ou incapacité du gérant ?* Selon l'article 1041
C.c.B.C., le gérant devait avoir la capacité juridique : « une personne capable de contracter peut [...] obliger une autre envers
elle ». Cette solution était contraire au droit français pour lequel la capacité du gérant est indifférente. Le gérant n'a pas
besoin d'avoir la capacité juridique, disent les auteurs français,

---

[863] *Cf.* POPOVICI, 1995, p. 85 et suiv.

[864] *Cf.* MARTY et RAYNAUD, 2ᵉ éd., t. 1, nº 383, p. 396 et 397; MAZEAUD,
9ᵉ éd., t. 2, vol. 1, nº 675, p. 808; STARCK, 6ᵉ éd., vol. 2, nº 2153 et suiv.,
p. 756 et suiv.; Jacques MESTRE, « Obligations en général », *Rev. trim.
dr. civ.* 1999.831. *Cf.* également *Rancourt* c. *Grace*, [1942] C.S. 186;
Fontaine c. *Gascon*, [1956] C.S. 138.

[865] *Cf. Corporation municipale d'Henryville* c. *Coopérative fédérée de Québec*,
[1974] C.S. 192.

puisque, de toute façon, il n'agit pas pour lui-même, il s'engage pour autrui et pourra récupérer les prestations qu'il a lui-même accomplies. Cependant, ces mêmes auteurs reconnaissent que l'incapacité du gérant peut avoir des incidences sur les obligations du géré[866]. Les contrats conclus par le gérant-mineur, par exemple, peuvent être annulables s'ils ont été passés en son nom personnel; et si les dépenses n'ont pas un caractère utile, la situation du gérant, celle du géré et celle des tiers contractants peuvent être délicates. Le *Code civil du Québec* ne reprend pas l'exigence de l'article 1041 C.c.B.C. : dès lors que l'affaire est bien gérée, le géré ne doit pas pouvoir invoquer l'incapacité du gérant (ce qui n'empêcherait pas le gérant d'invoquer éventuellement son incapacité avec les inconvénients de la situation française). La situation du gérant incapable est donc meilleure que ce qu'elle était dans le droit d'hier, puisqu'il ne pouvait, alors, recourir qu'à l'action *de in rem verso*, encore que l'on ait pu prétendre que cette action ne lui était pas même ouverte, voyant là une façon de contourner les règles du droit positif.

Par. 3. *Les conditions à l'égard de l'acte de gestion*

255. *Actes juridiques ou faits matériels.* La gestion d'affaires peut consister aussi bien dans l'accomplissement d'actes juridiques que de faits matériels.

Une personne A conclut avec un entrepreneur un contrat par lequel ce dernier s'engage à faire les réparations urgentes qui s'imposent à la demeure de B, voisin de A : le gérant a accompli un acte juridique au profit du géré.

Il y aurait également gestion d'affaires si le gérant A avait effectué lui-même les réparations : il aurait accompli un fait matériel à caractère pécuniaire. C'est ainsi que constituent des actes de gestion, le fait d'arrêter le cheval emballé d'autrui, au risque de se faire piétiner, le fait d'accomplir un acte de sauve-

---

[866] *Cf.* MARTY et RAYNAUD, 2ᵉ éd., t. 1, n° 384, p. 398; MAZEAUD, 9ᵉ éd., t. 2, vol. 1, n° 676, p. 809.

tage ou de dévouement[867], au risque – là encore – de subir des blessures qui pourront, le cas échéant, faire l'objet d'une indemnisation par le géré.

On constate, alors, que la gestion d'affaires se sépare nettement du contrat de mandat qui, selon l'article 2130 C.c.Q., donne pouvoir au mandataire d'accomplir uniquement des actes juridiques[868].

256. *Caractère opportun de la gestion.* Pour qu'il y ait gestion d'affaires, il est nécessaire que la gestion ait été entreprise de façon opportune en faveur du géré; cette condition résulte expressément de l'article 1482 C.c.Q.[869] On ne peut pas, en effet, laisser tout un chacun à la merci d'un éventuel gérant : on ne s'immisce pas impunément dans les affaires d'autrui. Le caractère opportun de la gestion doit s'apprécier au moment où l'acte de gestion est posé : peu importe, donc, que l'acte s'avère inopportun ou inutile quelque temps après qu'il ait été accompli, pourvu qu'il ait été opportun au moment même où il a été posé. Il y aura, donc, gestion d'affaires lorsqu'une personne procède à des réparations qui s'avèrent opportunes au moment où elles sont effectuées sur l'immeuble de son voisin, lors même que cet immeuble serait ultérieurement détruit par incendie. On remarque, alors, l'existence d'une autre différence fondamentale avec le mandat : il y a mandat même si l'acte juridique

---

[867] Sous réserve du fait de porter secours à celui dont la vie est en péril : il s'agit là non point d'un acte de gestion d'affaires, mais de l'exécution d'une obligation légale, puisque l'article 2 de la *Charte des droits et libertés de la personne*, L.R.Q., c. C-12, impose, à certaines conditions, l'obligation de secours à l'égard de tout être humain dont la vie est en péril : *cf.* Alain KLOTZ, « Le droit au secours dans la province de Québec », (1991) 21 *R.D.U.S.* 479. Sur la gestion d'affaires, *cf. Pépin* c. *Low,* [1973] C.S. 972; *cf.* également *Tremblay* c. *Ville de Baie St-Paul,* (1921) 59 C.S. 498 : il s'agit, là, d'un acte de solidarité sociale, qui donne ouverture à l'action en gestion d'affaires. *Cf.* STARCK, 6ᵉ éd., vol. 2, nᵒ 2152, p. 755.

[868] Sur cette question, voir POPOVICI, 1995, p. 60 et suiv. et p. 84 et suiv.

[869] Cette condition d'existence de la gestion était auparavant déduite de l'article 1046 C.c.B.C. qui visait « celui dont l'affaire a été bien administrée ».

que le mandant a demandé au mandataire d'accomplir s'avère inopportun ou aucunement profitable au mandant.

En conséquence, le gérant ne pourra obtenir le remboursement des dépenses qu'il a effectuées au profit du géré que si le géré avait intérêt à ce que ces frais fussent déboursés au moment même où ils l'ont été.

257. *Nature de l'acte juridique posé.* L'article 1046 C.c.B.C. référant à l'affaire qui « a été bien administrée », certains ont prétendu que la gestion d'affaires devait se limiter à des actes d'administration. En effet, lorsque le gérant accomplit des actes de disposition, l'immixtion peut devenir dangereuse pour le géré.

Toutefois, la frontière entre l'acte d'administration et l'acte de disposition n'est pas, on le sait, nettement établie. En outre, accomplir un acte de disposition peut constituer, précisément, un acte de bonne administration : il suffit de songer à la vente par le gérant de denrées périssables appartenant au géré.

C'est pourquoi il suffit de s'interroger sur le caractère opportun ou non de l'acte de gestion posé par le gérant, pour savoir si les règles de la gestion d'affaires s'appliquent ou non[870]. Le point de vue contraire soutenu dans le passé ne peut plus l'être désormais, compte tenu de la formulation des articles 1482 et 1484, al. 2 C.c.Q., ce dernier renvoyant aux règles de l'administration du bien d'autrui, qui prévoient la possibilité d'accomplir, en certains cas, des actes de disposition (*cf.* art. 1305 C.c.Q.). Il faut néanmoins comprendre que l'esprit altruiste n'autorise personne à prendre des initiatives intempestives dans la gestion des affaires d'autrui; on ne peut admettre qu'une personne puisse, au profit d'une autre qui ne lui a pas donné mandat, faire des achats inconsidérés ou solliciter témérairement certains services, sous le prétexte qu'il s'agit d'une « bonne affaire » : un tel comportement pourrait être jugé

---

[870] La gestion d'affaires étant un fait juridique, elle se prouve par tous les moyens. Toutefois, lorsque le gérant a conclu des actes juridiques, ceux-ci devront être prouvés conformément aux règles de preuve applicables aux actes juridiques.

non seulement inopportun, mais encore fautif et, par conséquent, entraîner la responsabilité civile de ce « gestionnaire abusif » !

Section 2. Les effets de la gestion d'affaires

La gestion fait naître des obligations à la charge du gérant et du géré.

Par. 1. *Les obligations du gérant*

258. *Le gérant vis-à-vis du géré.* La première obligation qu'a le gérant est d'informer le géré de la gestion qu'il a entreprise, dès qu'il lui est possible de le faire (art. 1483 C.c.Q.). Cet article n'a pas de correspondant dans le *Code civil du Bas Canada*, mais il est destiné à bien marquer le caractère exceptionnel du droit d'immixtion dans les affaires d'autrui et à rappeler au gérant qu'il doit se comporter avec prudence et diligence.

En effet, le gérant est soumis, dans sa gestion, « aux obligations générales de l'administrateur du bien d'autrui, chargé de la simple administration, dans la mesure où ces obligations ne sont pas incompatibles, compte tenu des circonstances » (art. 1484, al. 2 C.c.Q.), ce qui renvoie aux articles 1301 et suiv. C.c.Q., l'administrateur devant agir avec prudence et diligence, avec honnêteté et loyauté (art. 1309 C.c.Q.). On notera à cet égard que, même si le gérant ne s'est pas conduit comme il aurait dû le faire, le tribunal pourra réduire les dommages-intérêts, en tenant compte des circonstances (art. 1318 C.c.Q.) : ainsi, retrouve-t-on ici l'interprétation que nous avions donnée de l'article 1045, al. 2 C.c.B.C.[871].

Outre cette obligation générale, le gérant doit continuer la gestion entreprise jusqu'à ce qu'il puisse l'abandonner sans risque de perte, ou jusqu'à ce que le géré (ou son tuteur, curateur, ou liquidateur de sa succession) soit en mesure d'y pour-

---

[871] *Cf.* PINEAU et BURMAN, 2ᵉ éd., n° 169, p. 236.

voir (art. 1484, al. 1 C.c.Q.) : sous une formulation différente, on retrouve ici la substance des articles 1043 et 1044 C.c.B.C. Toutefois, l'article 1485 C.c.Q. vient préciser, au cas de décès du gérant, ce que doit faire le liquidateur de la succession de ce gérant : s'il a connaissance de la gestion, il n'est tenu de faire, dans les affaires commencées, que ce qui est nécessaire pour prévenir une perte et doit aussitôt rendre compte au géré. Cette solution, qui tient compte des nouvelles règles successorales faisant du liquidateur le représentant des héritiers, « s'impose en raison du caractère souvent très personnel des liens entre le gérant et le géré et, aussi, pour éviter que les héritiers [...] ne soient tenus des mêmes obligations que leur auteur, du seul fait qu'ils sont les continuateurs de sa personne, alors même qu'ils n'agissent pas directement »[872].

Quant aux impenses faites par le gérant sur un immeuble appartenant au géré, l'article 1488 C.c.Q. renvoie à cet égard aux règles établies pour les impenses faites par un possesseur de bonne foi (art. 958 et suiv. C.c.Q., *supra*, n° 215).

259. *Le gérant vis-à-vis des tiers.* Lorsque le gérant conclut, en vue de la gestion, un contrat en son propre nom, sans informer le cocontractant qu'il agit en qualité de gérant, il s'engage personnellement, que la gestion soit opportune ou non : il doit donc exécuter lui-même les obligations qu'en réalité il a contractées pour le géré, à défaut de quoi le « tiers » – qui est son cocontractant – a un recours direct contre lui, sans préjudice toutefois du recours du gérant ou du tiers contre le géré (art. 1489, al. 1 C.c.Q.).

Lorsque ce même gérant conclut un contrat en indiquant au « tiers » qu'il agit en qualité de gérant, il s'engage alors pour le compte du géré et tout devrait alors se passer comme s'il était un représentant. Advenant le cas où toutes les conditions d'existence de la gestion d'affaires sont réunies, le tiers a un recours contractuel direct contre le géré : on applique alors les règles de la représentation. Advenant le cas où il n'y aurait pas gestion d'affaires – par exemple, la gestion s'avère inoppor-

---

[872] *C.M.J.*, t. I, art. 1485 C.c.Q.

tune –, le « tiers » n'ayant pas, contre le « faux géré », l'action en gestion d'affaires, a-t-il cependant un recours contre le « faux gérant » ? La doctrine française soutient que le « tiers » n'a un recours contre le « faux gérant » que dans la mesure où celui-ci a commis une faute, notamment en laissant croire qu'il agissait en tant que mandataire; elle ajoute que si le « tiers » est exactement informé de la situation, il ne devra s'en prendre qu'à lui-même[873]. Cette solution nous a toujours paru sévère pour le tiers que l'on pousse ainsi à la méfiance à l'égard du gérant, et indulgente pour le gérant qui a pris l'initiative de s'occuper des affaires d'autrui. C'est alors inciter le « tiers » à exiger du « gérant » un engagement personnel, à défaut duquel il refusera de contracter. Aussi, la solution apportée par l'article 1489, al. 2 C.c.Q. nous paraît-elle préférable puisque désormais « le gérant qui agit au nom du géré n'est tenu envers les tiers avec qui il contracte, que si le géré n'est pas tenu envers eux ». Ainsi, non seulement sont découragées les immixtions intempestives dans les affaires des autres, mais on ne pousse par ailleurs pas le tiers à une méfiance excessive.

Par. 2. *Les obligations du géré*

260. *Le géré vis-à-vis du gérant.* Lorsque les conditions de la gestion d'affaires sont réunies, même si le résultat souhaité n'est pas atteint, le géré doit « rembourser au gérant les dépenses nécessaires ou utiles faites par celui-ci et l'indemniser pour le préjudice qu'il a subi en raison de sa gestion et qui n'est pas dû à sa faute. Il doit aussi remplir les engagements nécessaires ou utiles qui ont été contractés, en son nom ou à son bénéfice, par le gérant envers des tiers » (art. 1486 C.c.Q.), l'utilité ou la nécessité de ces dépenses ou engagements s'appréciant au moment où ils se font (art. 1487 C.c.Q.) : cette disposition complète l'énoncé de l'article 1046 C.c.B.C., conformément à la doctrine et à la jurisprudence. Aussi peut-on résumer la situation de la façon suivante, comme dans le droit d'hier :

---

[873] *Cf.* MAZEAUD, 9ᵉ éd., t. 2, vol. 1, n° 686, p. 813; STARCK, 6ᵉ éd., vol. 2, n° 2172, p. 762; FLOUR et AUBERT, vol. 2, 8ᵉ éd., n° 16, p. 19.

— Le géré doit remplir les obligations que le gérant a contractées au nom du géré : cela suppose que le gérant a agi au nom et pour le compte du maître de l'affaire. C'est donc ce dernier, et non le gérant, qui est engagé à l'égard du tiers contractant : ce tiers a pour débiteur le géré et non point le gérant.

— Le géré doit indemniser le gérant de tous les engagements que ce dernier a pris personnellement : cela suppose que le gérant s'est comporté avec ses cocontractants comme s'il avait agi pour lui-même, sans dévoiler sa qualité de gérant; c'est, alors, le gérant qui est tenu envers ses cocontractants qui sont des tiers vis-à-vis du géré. Mais, dans ce cas, le gérant a le droit de se faire indemniser par le géré pour ce qu'il a été amené à payer au profit du maître de l'affaire, de même, d'ailleurs, que pour les dommages qu'il aurait pu subir du fait de la gestion (hypothèse de l'acte de sauvetage qui entraîne des blessures)[874].

— Le géré doit aussi rembourser au gérant toutes les dépenses nécessaires ou utiles faites par lui; c'est dire qu'il n'aura pas à rembourser les dépenses voluptuaires.

On notera à nouveau ici qu'il ne faut pas confondre l'opportunité de la gestion (le critère d'« utilité » de la gestion, selon le *Code civil du Bas Canada*), qui est une condition d'existence de la gestion, et l'« utilité » de la dépense, qui se situe dans le cadre des effets de la gestion. On a vu que, pour qu'il y ait gestion, il faut que l'initiative du gérant soit opportune au moment où est prise la décision d'intervenir; dès lors que les conditions de la gestion sont remplies, les actes du gérant sont considérés comme étant ceux du géré qui, toutefois, ne sera tenu que des dépenses « nécessaires ou utiles » : cela signifie que le gérant doit se conduire comme une personne raisonnable, prudente et avisée, ou « bien

---

[874] *Cf. Fontaine* c. *Gascon*, [1956] C.S. 138; *St-Michel* c. *Gadbois*, [1973] C.S. 885. Quant à l'acte de sauvetage, *cf. supra*, note 867.

gérer » et ne faire que des dépenses qui ne vont pas au-delà d'une bonne administration. Ainsi peut-il y avoir une gestion opportune, même si celle-ci est malhabile-ment menée : elle n'engagera alors le géré que dans les limites de ce qu'aurait dû être une bonne gestion. On rappellera qu'une dépense nécessaire est une dépense indispensable et souvent urgente et qu'une dépense utile est celle qui, sans être indispensable, présente un intérêt, qui se justifie au regard d'une bonne gestion « même s'il n'en ressort, en fin de compte, aucun enri-chissement »[875].

– Le géré ne pourra pas, enfin, se prévaloir du caractère inopportun de la gestion pour refuser l'indemnisation, lorsqu'il aura ratifié la gestion. On enseigne tradition-nellement que la ratification – qui peut notamment se traduire par le fait pour le géré de ne pas s'opposer à la gestion dont il a connaissance – a pour effet de trans-former rétroactivement la gestion en un contrat de mandat accepté tacitement. Il ne faut, cependant, pas oublier que le mandat porte sur la conclusion d'actes ju-ridiques uniquement et non point sur l'accomplissement de faits matériels : en ce dernier cas, on est bien obligé d'admettre que la ratification ne transforme pas la ges-tion en mandat.

En revanche, lorsque les conditions de la gestion d'affaires ne sont pas réunies, particulièrement, lorsque la gestion s'avère avoir été entreprise de façon inopportune, il y a lieu de se demander quel est, alors, le rapport de droit entre ce « faux gérant » et ce « faux géré ». On pourrait être tenté de répondre *a priori* que le « faux géré » ne doit rien au « faux gérant », puisque, l'initiative de ce dernier ayant été inopportune, le premier n'a guère pu en profiter ! Or, une telle affirmation n'est pas nécessairement vraie en toute hypothèse : il se peut, en effet, que l'immixtion dans l'affaire d'autrui s'avère inopportune lorsqu'elle se produit, mais qu'elle présente néanmoins

---

[875] Gérard CORNU, *Vocabulaire juridique*, 8ᵉ éd., Paris, P.U.F., 2000, *verbo* : « utile ».

quelque avantage pour le « faux géré »; en ce cas, serait-il normal que le « faux gérant » ne soit aucunement dédommagé de ce qu'il a été amené à dépenser pour obtenir cet avantage au profit du « faux géré » ? Celui-ci ne s'enrichirait-il pas alors injustement ? C'est pourquoi certains suggéraient que le « faux gérant » puisse exercer éventuellement l'action *de in rem verso*, dans la mesure où les conditions de cette action étaient remplies.

Le *Code civil du Québec* répond désormais à cette question en disposant que « la gestion inopportunément entreprise par le gérant n'oblige le géré que dans la seule mesure de son enrichissement » (art. 1490 C.c.Q.); ainsi, le « faux gérant » n'a pas à remplir les conditions de l'action *de in rem verso* : il lui suffira de prouver que, malgré le caractère inopportun de l'immixtion dans l'affaire d'autrui, cette immixtion a procuré un enrichissement au « faux géré », ce qui donnera alors au « faux gérant » le droit d'être indemnisé dans la mesure de l'enrichissement de l'autre (encore faudra-t-il que cet enrichissement subsiste lors de la demande, car, dans le cas contraire, comment pourrait-on parler d'« enrichissement » ?).

Cette disposition de l'article 1490 C.c.Q. nous paraît être du même type que celle de l'article 1706 C.c.Q., en vertu duquel les personnes frappées d'incapacité juridique ne sont tenues à la restitution des prestations qu'elles ont déjà reçues « que jusqu'à concurrence de l'enrichissement qu'elles en conservent ». Ainsi, le « faux géré » sera tenu, comme si la gestion avait été opportune, mais seulement dans la mesure où il tire profit de l'avantage qu'a pu lui procurer le « faux gérant ». Cette solution devrait inciter à décourager les immixtions faites trop témérairement dans les affaires d'autrui, sans toutefois permettre au « faux géré » de s'enrichir injustement. Il faut, en effet, éviter de croire que toute immixtion inopportune est nécessairement fautive.

Toutefois, l'article 1490 C.c.Q. nous paraît ne pas devoir s'appliquer lorsque l'immixtion est non seulement inopportune, mais encore fautive; on l'a déjà mentionné, serait impardonnable le « faux gérant » qui va très au-delà d'une « saine administration » dont on ne l'a pas chargé, celui qui, sous le prétexte d'une « bonne affaire », prendrait des initiatives tout à fait inconsidérées : il serait dans une situation identique à celle dans laquelle se trouverait l'individu qui s'immisce malgré l'opposition du maître de l'affaire et, en ce cas, devrait engager sa responsabilité civile. Il importera donc de faire la part des choses et de traiter différemment les cas d'initiative inopportune, selon qu'ils seront le fait d'une simple erreur de jugement ou le fait d'une erreur telle qu'elle est constitutive de faute : dans le premier cas l'article 1490 C.c.Q. s'appliquera, dans le second cas il ne s'appliquera pas, le « faux géré » pouvant alors disposer d'un recours fondé sur l'article 1457 C.c.Q.[876].

261. *Le géré vis-à-vis des tiers.* Outre ce qui a déjà été dit relativement aux obligations du géré vis-à-vis du « tiers » cocontractant, il convient de s'interroger sur certaines autres situations.

Lorsque le gérant s'est engagé personnellement, sans représentation, on a vu que le « tiers » avait un recours direct contre lui : a-t-il également un recours contre le géré ? On pourrait être tenté de penser qu'il n'a aucun recours contractuel contre le géré, puisqu'il a contracté personnellement avec le gérant dont il ignorait la qualité; néanmoins, ne devrait-on pas lui en accorder un, dès lors que lui est dévoilée la qualité de gérant de celui qui s'est engagé personnellement à son égard ? C'est ce que nous paraît reconnaître l'article 1489, al. 1 *in fine* C.c.Q., puisqu'il réserve un recours éventuel des « tiers » contre le géré. Si l'on ne lui reconnaissait pas un tel droit, au moins devrait-on admettre, au cas où le gérant serait insolvable, une action *de in rem verso* contre le géré.

Lorsque le gérant a contracté avec le tiers au nom du géré, on sait que ce tiers a un recours direct contre le géré; cependant, le géré pourra-t-il refuser de payer à ce « tiers » – qui est en réalité son cocontractant – tout ce qui dépasse une bonne et

---

[876] *Cf.* Robert P. KOURI et Charlotte LEMIEUX, « La gestion d'affaires inopportune, l'indemnisation du faux gérant, et la portée de l'article 1490 C.c.Q. », (1993) 23 *R.D.U.S.* 501; POPOVICI, 1995, p. 82-83.

saine administration ? On pourrait ici avoir tendance à faire un parallèle avec les règles du mandat, puisqu'en l'hypothèse il y a gestion avec représentation; or, en vertu de l'article 2160, al. 2 C.c.Q., le mandant « est aussi tenu des actes qui excédaient les limites du mandat et qu'il a ratifiés » : ainsi, à défaut de ratification, le géré, comme le mandant, ne serait pas tenu de payer ce qui irait au-delà d'une bonne administration. Cette solution pourrait être admise dans l'hypothèse où la dépense engagée par le gérant serait manifestement somptuaire, ce qui laisserait entendre un manque de prudence de la part du « tiers », si ce n'est un certain appât du gain. Cependant, si la dépense n'a fait que dépasser ce qui était nécessaire ou utile alors que le « tiers » n'était pas en mesure d'en apprécier l'utilité (contrairement à ce qui se passe dans le cadre d'un mandat où le tiers peut s'informer des limites de celui-ci), cette même solution paraît excessive : il serait alors préférable d'exiger du géré qu'il paie au « tiers » ce qui lui est dû, ce géré ayant toujours la possibilité de se retourner contre le gérant qui, dans un tel contexte, n'a pas administré comme une personne raisonnable, prudente et avisée. Cette solution nous paraît également conforme à la règle de l'article 1320 C.c.Q., sans contrarier pour autant l'alinéa 2 de l'article 1486 C.c.Q. Une fois encore, on constate que les règles bien comprises incitent le tiers à la prudence lorsque les dépenses apparaissent extravagantes et le protègent dans les autres cas.

Lorsqu'enfin le gérant a contracté au nom du géré et qu'il s'avère que les conditions d'existence de la gestion ne sont pas remplies, le tiers a-t-il un recours contre le géré ? On a vu qu'en vertu de l'article 1489, al. 2 C.c.Q., en pareil cas le tiers avec qui le « faux gérant » a contracté a un recours contre ce dernier, du fait que le « faux géré » n'est pas tenu envers lui; mais advenant l'hypothèse où le « faux gérant » ne paierait pas le tiers, ce dernier pourrait-il s'adresser au « faux géré » ? La réponse devrait être *a priori* négative, mais l'on peut songer éventuellement à une action de *in rem verso* lorsque les conditions en sont réunies.

Il reste à déterminer si le géré peut être tenu responsable à l'égard des tiers qui subissent un préjudice résultant d'une faute du gérant dans le cadre extracontractuel, commise au cours de l'exécution de la gestion. Dans le cadre du mandat, l'article 2164 C.c.Q. énonce le principe de la responsabilité du mandant pour le préjudice causé par la faute du mandataire dans l'exécution de son mandat. On ne peut pas appliquer une telle règle à la gestion : en effet, le géré n'a aucunement choisi le gérant, contrairement au mandant qui, lui, a choisi le mandataire, le mandat reposant essentiellement sur une relation de confiance. En conséquence, le géré n'est pas responsable, à l'égard des tiers, des fautes du gérant[877].

262. *Conclusion.* On constate donc que la gestion d'affaires n'est pas un contrat, puisqu'elle diffère du mandat. Ce n'est pas un engagement unilatéral du gérant, puisque celui-ci n'agit pas en vue de devenir débiteur. Ce n'est pas une application des principes de la responsabilité extracontractuelle, puisque l'immixtion dans les affaires d'autrui ne constitue pas, en soi, un comportement fautif (sauf lorsque le géré s'oppose à la gestion et dans le cas d'initiatives inconsidérées). Ce n'est pas une obligation légale au sens strict du terme, puisque la gestion suppose un fait volontaire du gérant. Ce n'est pas exactement, enfin, un cas d'enrichissement sans cause, puisque l'appauvrissement du gérant est délibérément consenti par lui et que le géré peut fort bien ne pas s'être enrichi, même si la gestion a été opportune.

On doit, alors, admettre que la gestion d'affaires est une source autonome d'obligations.

---

[877] *Cf. Pépin* c. *Low,* [1973] C.S. 972. Même si le gérant d'affaires est soumis dans sa gestion à certaines obligations de l'administrateur du bien d'autrui (art. 1484, al. 2 C.c.Q.), ce n'est pas à dire que le géré doive être assimilé au « bénéficiaire » des articles 1299 et suiv. C.c.Q.; en conséquence, l'article 1322 C.c.Q. ne saurait être appliqué au géré. *Contra* : Madeleine CANTIN CUMYN, *L'administration du bien d'autrui,* coll. « Traité de droit civil », Cowansville, Éditions Yvon Blais, 2000, n° 401, p. 339.

CHAPITRE II
LA RÉCEPTION DE L'INDU

263. *Définition.* Les articles 1047 à 1052 C.c.B.C. traitaient « Du quasi-contrat résultant de la réception d'une chose non due », que la doctrine et la jurisprudence envisageaient sous l'appellation « paiement de l'indu » ou « répétition de l'indu ». Le nouveau *Code civil du Québec* utilise l'expression « réception de l'indu », puisqu'on est en présence d'une personne qui est obligée, de par la loi, de restituer quelque chose qu'elle a reçu d'une autre personne qui ne la lui devait pas. Les articles 1491 et 1492 C.c.Q. reprennent globalement les règles du droit antérieur.

Recevoir l'indu consiste à percevoir ou obtenir quelque chose qui n'était pas dû. Payer l'indu consiste donc à exécuter une prestation qu'on n'avait pas à exécuter, alors même qu'on n'avait pas l'intention de payer la dette d'un autre. En effet, tout paiement suppose l'existence d'une dette : ce qui a été payé sans être dû a été payé sans cause. C'est pourquoi « ce qui a été payé sans qu'il existe une obligation est sujet à répétition », c'est-à-dire qu'on peut en demander la restitution (art. 1554 C.c.Q.). L'action par laquelle celui qui a payé[878] peut en de-

---

[878] Lorsque le paiement de l'indu a été effectué par un mandataire, l'action appartient tant au mandant (au nom duquel le paiement a été fait) qu'au manadataire et ce, afin d'éviter un inutile circuit d'actions : *cf. Bankers Trust Co.* c. *Clark*, (1967) R.P. 346 (C.S.). Si le paiement a été fait par un tiers au nom du débiteur, mais avec ses propres deniers, ce tiers aura l'action si le paiement se trouve sans cause tant vis-à-vis l'*accipiens* que vis-à-vis le débiteur : Marcel PLANIOL et Georges RIPERT, *Traité*

mander la restitution est l'action en répétition de l'indu, qui a été désignée parfois sous son nom romain de *condictio indebiti*.

Section 1. Les conditions de la réception de l'indu

264. *Terminologie.* Pour des raisons de commodité, on conservera la terminologie romaine : celui qui effectue le paiement est le *solvens*; celui qui le reçoit est l'*accipiens*. Pour que l'*accipiens* soit tenu de restituer ce qu'il a indûment reçu, trois conditions doivent être réunies : il faut que le *solvens* ait payé une dette qui n'existait pas; il faut que ce paiement ait été effectué par erreur ou pour s'éviter un préjudice et il faut, enfin, que l'*accipiens* ait conservé ses droits.

Par. 1. *Le solvens a exécuté une obligation qui n'existait pas*

265. *Absence d'obligation.* Cette obligation ou dette, en l'occurrence, n'existait pas, tout au moins dans les rapports entre le *solvens* et l'*accipiens*; en d'autres termes, il n'y avait entre ces deux personnes aucun lien légal ou contractuel. Trois situations peuvent se présenter.

1re situation : l'obligation n'a jamais existé, l'une de ses conditions d'existence faisant défaut; c'est le cas de l'obligation qui reposait sur un titre qui a été annulé avant que le *solvens* effectue le paiement; par exemple, un héritier paie un legs conformément à un testament qui a été révoqué à son insu par un testament postérieur. C'est aussi le cas du paiement d'une dette éteinte par un paiement antérieur ou le cas du paiement d'un surplus : le débiteur paie plus qu'il ne doit[879]. Il s'agit bien

---

pratique de droit civil français, t. 7, « Obligations », Paris, L.G.D.J., 1931, n° 744, p. 30.

[879] *Cf. New York Central System* c. *Sparrow*, [1957] B.R. 808; *Leblanc* c. *Galipeau*, [1958] B.R. 303; *Great-West (La), compagnie d'assurance-vie* c. *Ménard*, [1996] R.R.A. 53 (C.A.); *Meunerie Philippe Dalphond et Fils inc.* c. *Joliette (Ville de)*, J.E. 97-450 (C.S.).

là d'obligations inexistantes qu'il ne faut pas assimiler à l'obligation naturelle.

En effet, le paiement volontaire d'une obligation naturelle ne peut pas être répété : ce n'est pas un paiement de l'indu (art. 1554, al. 2 C.c.Q.). Payer volontairement, en toute connaissance de cause, une dette naturelle, c'est payer ce qui est dû (bien que cette dette ne puisse faire l'objet d'une exécution forcée). Cependant, le débiteur d'une obligation naturelle qui, croyant être tenu d'une obligation civile, en effectue le paiement, peut exercer l'action en répétition de l'indu (le *solvens* ayant commis une erreur, on traite alors cette dette comme si elle avait été indue).

2e situation : l'obligation existe, mais dans un rapport avec un créancier autre que l'*accipiens*; A paie 1 000 $ à B, alors qu'il les doit à C. Le paiement de la dette est effectué par le véritable débiteur à quelqu'un qui n'était pas le véritable créancier.

3e situation : l'obligation existe, mais dans un rapport avec une personne autre que le *solvens*; l'*accipiens* est le véritable créancier, mais le *solvens* n'est pas le véritable débiteur; A paie 1 000 $ à B, qu'il croyait lui devoir, alors que cette somme était due à B par C. Il y a bien une dette, mais le paiement est fait par quelqu'un d'autre que le débiteur.

Par. 2. *Le solvens a commis une erreur en exécutant la prestation ou a exécuté pour éviter un préjudice*

266. *Paiement fait par erreur ou pour s'éviter un préjudice.* Lorsque le *solvens* effectue un paiement alors qu'il sait pertinemment qu'il ne doit rien, il ne paie pas l'indu, car cette prestation sera considérée comme ayant été faite dans une intention libérale[880]. C'est dire que l'action en répétition de l'indu

---

[880] *Cf.* MARTY et RAYNAUD, 2e éd., t. 2, n° 235-236, p. 207-210; MAZEAUD, 9e éd., t. 2, vol. 1, n° 658, p. 793 et suiv.; STARCK, 6e éd., vol. 3, n° 288, p. 127; BAUDOUIN et JOBIN, 5e éd., n° 539, p. 424-425 ; Didier LLUELLES avec la collaboration de Benoît MOORE, *Droit*

implique une erreur de la part du *solvens*, que cette erreur soit de fait ou de droit. L'article 1048 C.c.B.C. était explicite : « celui qui paie une dette, s'en croyant erronément le débiteur, a droit de répétition contre le créancier ». Cet article 1048 C.c.B.C. couvrait la troisième situation précédemment décrite et semblait ne viser que l'hypothèse du paiement de la dette d'autrui. Cela ne signifiait pas, contrairement à ce que certains ont soutenu, que l'erreur fût exigée dans cette unique situation; on pouvait, en effet, lui assimiler la seconde situation qui n'avait pas été expressément prévue par le législateur. En effet, l'article 1047 C.c.B.C. n'en faisait pas état, puisque cette disposition envisageait la situation de l'*accipiens* qui recevait par erreur : se plaçant du côté de l'*accipiens*, la règle ne pouvait guère se référer à l'erreur du *solvens* qui payait un autre que le véritable créancier.

Le *Code civil du Québec* supprime cette difficulté, en formulant la règle d'une façon beaucoup plus générale : « Le paiement fait par erreur [...] oblige celui qui l'a reçu à le restituer » (art. 1491 C.c.Q.); ainsi rédigée, la disposition vise tout paiement effectué par erreur : le paiement d'une dette qui n'existait pas, le paiement effectué à un *accipiens* qui n'est pas le véritable créancier et le paiement effectué par un *solvens* qui n'était pas le véritable débiteur. On le constate donc, l'article 1491 C.c.Q. corrige l'ambiguïté de l'article 1048 C.c.B.C. et consacre l'interprétation dominante qui en était donnée, à savoir l'exigence de l'erreur.

À cette place, une observation s'impose : celui qui exécute une obligation résultant d'un contrat qui s'avère nul paie, en un certain sens, l'indu. L'anéantissement rétroactif de l'acte juridique a pour conséquence de remettre les parties en état, de sorte que celui qui a déjà exécuté aura droit à la restitution de sa prestation. Toutefois, il ne lui sera pas nécessaire de prouver qu'il a commis une erreur : cette restitution lui est due non pas sur la base de la répétition de l'indu, mais sur la base des effets de la nullité[881]. Il n'y aura pas lieu à restitution que dans des cas exceptionnels : celui de l'incapable qui n'est

---

québécois des obligations, vol. 1, Montréal, Éditions Thémis, 1998, nᵒ 4074 et suiv., p. 805 et suiv.

[881] *Cf. supra*, nᵒ 142.

tenu de restituer que jusqu'à concurrence de l'enrichissement qu'il conserve (art. 1706 C.c.Q.) et lorsqu'une restitution aura pour effet d'avantager indûment l'une des parties (art. 1699 C.c.Q.)[882].

Pour qu'il y ait lieu à répétition de l'indu, il faut donc que le *solvens* ait commis une erreur et qu'il apporte la preuve de cette erreur[883].

Comme dans le droit d'hier, à l'erreur est assimilée toute altération de la volonté du *solvens* et, notamment la contrainte : peut exercer l'action en répétition de l'indu, le *solvens* qui, sachant qu'il ne doit rien, paie sous la menace; il pourrait en être ainsi du contribuable qui, contestant l'impôt qu'on lui réclame et qui n'est pas dû, paierait, afin d'éviter les sanctions brandies par le « percepteur »[884]!

Quelques précisions doivent être apportées. L'exigence de l'erreur afin de pouvoir répéter l'indu s'explique par une raison fort simple : celui qui paierait sciemment, en toute connaissance de cause, une dette qu'il sait ne pas devoir, indique par ce fait même qu'il fait une donation ou qu'il entend gérer l'affaire d'autrui; celui qui paie en totalité ou en partie une dette litigieuse, qu'il croit ne pas devoir, mais qu'il préfère néanmoins payer, donne alors à penser qu'il achète la paix ou accepte de transiger. Si tel est le cas, il ne peut y avoir lieu à répétition, car le paiement n'est pas fait sans cause.

Cependant, l'existence de l'erreur n'est pas le seul fait qui permette d'aboutir à la conclusion que le paiement a été fait sans cause : celui qui paie, contraint et forcé, afin d'éviter de subir quelque préjudice, alors qu'il sait ou qu'il croit qu'il ne doit rien ou qu'il doit moins que ce qui lui est réclamé, devrait pouvoir prouver que sa dette n'existe pas et que le paiement effectué sous la contrainte est sujet à répétition.

Il est évident que si le *solvens* ne parvient pas à prouver l'absence de dette, il n'y aura pas lieu à répétition[885]. Cependant, l'absence de dette étant prouvée, il ne sera pas aisé de prouver la contrainte. Il

---

[882] *Cf. supra*, n° 148.

[883] *Cf. In re Hil-A-Don Ltd. : Banque de Montréal* c. *Kwiat*, [1975] C.A. 157.

[884] *Cf.* MAZEAUD, 9ᵉ éd., t. 2, vol. 1, n° 659, p. 796; MARTY et RAYNAUD, 2ᵉ éd., t. 2, n° 235-236, p. 207-210; TERRÉ, SIMLER et LEQUETTE, 6ᵉ éd., 1996, n° 964, p. 784; CARBONNIER, t. 4, 21ᵉ éd., n° 306, p. 507.

[885] *Cf. Moidel* c. *Ville de Montréal*, [1974] C.A. 44.

existe cependant une situation courante où cette preuve s'avère facile : c'est le cas du paiement de taxes exigées par l'État ou quelque organisme public; les « percepteurs » ont des moyens de « persuasion » tels que le *solvens* ne peut y résister s'il ne veut pas risquer de tout perdre. En ce sens, on ne peut pas dire qu'il paie volontairement et c'est pourquoi il doit pouvoir répéter[886].

En revanche, peut-on prétendre que l'on paie sous la menace toutes les fois que l'on exécute une dette litigieuse, sous le prétexte que l'on redoute un procès, des frais supplémentaires ou toutes sortes d'autres inconvénients? Cette question nous oblige à nous demander, comme précédemment, ce qui a poussé le *solvens* à payer, mais la réponse n'apparaît pas aussi clairement, la menace n'est pas aussi évidente : on sait combien il est difficile de « sonder les cœurs et les... » âmes ! C'est pourquoi il importe que le *solvens* manifeste sans équivoque sa volonté de ne pas reconnaître l'existence de la dette et de ne pas renoncer à la répétition : il le fait précisément en payant « sous protêt », c'est-à-dire sous la réserve d'une demande éventuelle en répétition de ce qui n'est pas dû. Un paiement « sous protêt » n'est pas un paiement fait volontairement : c'est un paiement contesté qui ne vaut pas mieux qu'un paiement fait par erreur[887]. D'où la règle

---

[886] *Cf. Wilmor Discount Corp.* c. *Ville de Vaudreuil*, [1994] 2 R.C.S. 210; *Pearl* c. *Investissements Contempra Ltée*, [1995] R.J.Q. 2697 (C.S.).

[887] *Contra* : TANCELIN, 6ᵉ éd., nᵒˢ 522-523, p. 261-262. On consultera *R.* c. *Premier Mouton Products Inc.*, [1961] R.C.S. 361 : dans cette affaire, où le *solvens* a payé sous protêt les taxes qui lui étaient réclamées, la Cour suprême du Canada a considéré le paiement nul sur la base de l'article 998 C.c.B.C. (menace pour une cause injuste et illégale) et a refusé l'action en répétition de l'indu, fondée sur l'article 1047 C.c.B.C., celle-ci étant « réservée » au paiement fait par erreur; c'est une interprétation qui nous paraît exagérément restrictive de la notion de paiement de l'indu. Dans le droit d'hier, la différence dans le fondement de l'action n'était pas dénuée d'intérêt, même si, sur le plan de la restitution, on aboutissait à un même résultat : en effet, si l'on référait à l'article 998 C.c.B.C., on annulait l'acte juridique que constituait le paiement, l'action en nullité étant alors prescrite par 10 ans (art. 2258 C.c.B.C.); si, au contraire, on référait à l'article 1047 C.c.B.C., on procédait par une action en répétition de l'indu, prescrite par 30 ans (art. 2242 C.c.B.C.). Dans le droit nouveau, chacune de ces actions faisant l'objet d'un même délai de prescription (3 ans), la différence dans le fondement de l'action n'a plus d'importance quant à ce point. Néanmoins *cf.* également, dans le sens de la Cour suprême, *Deslauriers* c. *Ordre des ingénieurs du Québec*, [1982] C.S. 550. Toutefois, *cf. Cie d'immeubles de Val d'Or Ltée* c. *Placements*

désormais énoncée par le législateur : « Le paiement fait [...] simplement pour éviter un préjudice à celui qui le fait en protestant qu'il ne doit rien, oblige celui qui l'a reçu à le restituer » (art. 1491, al. 1 C.c.Q.).

Par. 3. *L'accipiens a conservé ses droits*

267. *Conservation par l'accipiens de ses droits.* Dans la troisième situation précédemment décrite, celle où l'*accipiens* est le véritable créancier, mais où le *solvens* n'est pas le véritable débiteur, le Code civil exige une troisième condition pour que le recours en répétition de l'indu soit admissible. Il faut que l'*accipiens* n'ait pas détruit son titre de créance, qu'il n'ait pas une créance prescrite ou qu'il ne se soit pas privé d'une sûreté.

Si l'*accipiens* – véritable créancier – détruit son titre de créance lorsqu'il reçoit paiement du *solvens*, croyant que la dette est ainsi éteinte, le *solvens* ne pourra pas exercer l'action en répétition de l'indu; s'il en était autrement, l'*accipiens* aurait de la difficulté à prouver l'existence de son droit de créance à l'encontre de son véritable débiteur. C'est pourquoi le *solvens* ne pourra, en ce cas, s'adresser qu'au véritable débiteur de l'*accipiens* : ce recours est peut-être illusoire, mais cette solution n'est pas injuste, puisque, après tout, c'est le *solvens* qui a commis une erreur; encore faut-il, cependant, que l'*accipiens* ait été de bonne foi (art. 1491, al. 2 C.c.Q.).

À cette hypothèse, qui était prévue à l'article 1048, al. 2 C.c.B.C., le *Code civil du Québec* en ajoute deux autres (art. 1491, al. 2 C.c.Q.) : le *solvens* ne peut exiger la restitution de la part de l'*accipiens* dans le cas où ce dernier a une créance désormais prescrite ou encore s'il s'est privé d'une sûreté; dans ces situations, le *solvens* ne peut s'adresser, comme au cas de destruction du titre de créance, qu'au véritable débiteur de l'*accipiens*. La loi protège ainsi celui qui a reçu de bonne foi et se trouverait en difficultés pour récupérer ce qui lui est dû,

---

Ultima Inc., [1969] C.S. 561; *Betty Brite of Canada Ltd.* c. *Patrice Loranger Ltée*, [1971] C.S. 252.

puisqu'il risquerait de n'être pas replacé, à l'égard de son débiteur, dans sa situation d'origine.

268. *Prescription*. Lorsque ces conditions sont réunies, il y a effectivement paiement de l'indu et le *solvens* peut exercer contre l'*accipiens* l'action en répétition de l'indu qui se prescrira par trois ans à compter du jour du paiement (art. 2925 C.c.Q.)[888].

On notera qu'à cet égard le droit nouveau modifie radicalement le droit d'hier qui appliquait le délai de droit commun, soit 30 ans[889], puisque aucun délai particulier n'était prévu pour ce recours. Le paiement (ou la réception) de l'indu étant un fait juridique, l'action repose sur une obligation de restitution qui trouve sa source dans la loi[890] : faisant valoir un droit personnel, l'action se prescrit alors par trois ans, à moins qu'il ne soit autrement fixé par la loi[891].

Section 2. Les effets de la réception de l'indu

Le paiement de l'indu a pour effet d'entraîner des obligations à la charge de l'*accipiens* et du *solvens*.

269. *Renvoi*. L'obligation principale de l'*accipiens* est de restituer ce qu'il a reçu et qui ne lui était pas dû; si la chose reçue est un objet matériel qu'il n'est plus en mesure de restituer en nature, il en paiera la valeur (art. 1700 C.c.Q.). Cependant, l'étendue de cette restitution sera différente selon que l'*accipiens* était de bonne ou de mauvaise foi lorsqu'il a reçu le paiement.

---

[888] *Cf. Abel Skiver Farm Corp.* c. *Ville de Ste-Foy*, [1983] 1 R.C.S. 403.

[889] *Cf. New York Central System* c. *Sparrow*, [1957] B.R. 808.

[890] *Cf. id.*, 812, 813, 817 et 818.

[891] Il se peut que des dispositions particulières prévoient un délai spécial : il en était ainsi en matière de répétition de taxes ou cotisations payées par erreur : art. 2260(8) C.c.B.C.; *cf. Procureur général du Québec* c. *Québec Téléphone*, [1981] R.D.F.Q. 175 (C.A.); *Hôpital Notre-Dame de Lourdes* c. *Ville de Montréal*, J.E. 85-415 (C.S.).

Les articles 1047 et 1049 à 1052 C.c.B.C. énonçaient quelques règles sur ce point, mais incomplètes. Le chapitre neuvième, « De la restitution des prestations », propose un ensemble de règles qui s'appliquent, entre autres, chaque fois qu'une personne est tenue de restituer des biens qu'elle a reçus sans droit ou par erreur (art. 1699 et suiv. C.c.Q.). On renvoie donc le lecteur à l'analyse qui en a été précédemment faite dans le cadre de la théorie des nullités[892].

On notera simplement que l'application de ces règles générales à la réception de l'indu ne présente pas toutes les difficultés qui ont été mentionnées dans le contexte d'une restitution consécutive à l'annulation d'un contrat. En effet, le caractère unilatéral de la restitution résultant de la réception de l'indu simplifie considérablement la question des risques de la chose, lesquels devraient être en principe assumés par le créancier de la restitution[893].

Quant au *solvens*, il peut être tenu de rembourser à l'*accipiens*, qu'il soit de bonne ou mauvaise foi, les dépenses que ce dernier a encourues pour la conservation de la chose[894].

Conclusion. Les effets de la réception de l'indu permettraient d'observer que le paiement de l'indu est très proche de l'enrichissement sans cause lorsqu'on considère la situation de l'*accipiens* de bonne foi, qui a l'obligation de restituer dans la mesure de son enrichissement, et qu'au contraire il s'en éloigne lorsqu'on considère la situation de l'*accipiens* de mauvaise foi, puisque ce dernier a l'obligation de restituer au-delà de son enrichissement. Le paiement de l'indu, comme la gestion d'affaires, est donc une source autonome d'obligations.

---

[892] *Cf. supra,* n° 208 et suiv.
[893] *Cf. infra,* n° 416 et suiv.
[894] *Cf. supra,* n° 215.

CHAPITRE III
L'ENRICHISSEMENT INJUSTIFIÉ

270. *Généralités.* Il est un principe qui n'était nulle part inscrit dans le *Code civil du Bas Canada*, mais qui est admis traditionnellement : nul ne peut s'enrichir injustement aux dépens d'autrui. Cette règle d'équité vient du droit romain et de l'Ancien Droit et l'action par laquelle il est possible de la faire respecter est appelée l'action *de in rem verso*.

La notion d'enrichissement sans cause se rencontre dans des situations particulières envisagées par le Code civil (par exemple, la théorie des récompenses en matière de régimes matrimoniaux, la prestation compensatoire en matière familiale, la restitution de l'indu par un *accipiens* de bonne foi), mais la doctrine et la jurisprudence sont allées plus loin et en ont fait une autre source d'obligations[895].

Ainsi, lorsqu'une personne se trouve enrichie sans justification aux dépens d'une autre, cette dernière peut lui demander, par l'action *de in rem verso*, une indemnité. C'est une notion

---

[895] George S. CHALLIES, *The Doctrine of Unjustified Enrichment in the Law of the Province of Quebec*, 2ᵉ éd., Montréal, Wilson et Lafleur, 1952; Albert MAYRAND, *Des quasi-contrats et de l'action de in rem verso*, thèse de doctorat, Montréal, Université de Montréal, 1959; André MOREL, *L'évolution de la doctrine de l'enrichissement sans cause*, coll. « Thémis », Montréal, Université de Montréal, 1955; *cf.* également BAUDOUIN et JOBIN, 5ᵉ éd., nᵒˢ 543-557, p. 428 et suiv.; MARTY et RAYNAUD, 2ᵉ éd., t. 1, nᵒˢ 389 et 390, p. 403 et suiv.; MAZEAUD, 9ᵉ éd., t. 2, vol. 1, nᵒˢ 693-697, p. 822 et suiv.; Louis BAUDOUIN, *Le droit civil de la province de Québec : modèle vivant de droit comparé*, Montréal, Wilson et Lafleur, 1953, p. 744.

que les tribunaux ont, d'abord, maniée avec précaution, préférant jouer, en premier lieu, avec la gestion d'affaires. Toutefois, cette dernière notion ne pouvait s'appliquer à toutes les situations. Aujourd'hui, la théorie de l'enrichissement sans cause est acceptée comme source autonome d'obligations : « celui qui prouve qu'on s'est enrichi injustement à ses dépens trouvera toujours un juge pour l'écouter et lui rendre justice »[896].

Encore faut-il se montrer prudent, car cette seule affirmation est quelque peu vague et constitue en soi tout un programme. Comme le font remarquer MM. Mazeaud, on pourrait adopter le principe selon lequel on ne peut s'enrichir injustement aux dépens d'autrui, ainsi que le principe selon lequel on est responsable du dommage que l'on cause, et supprimer le Code civil[897] !

Il convient donc d'apporter quelques précisions quant à l'application de la théorie de l'enrichissement sans cause, car on a le droit de s'enrichir par ses activités, par les contrats que l'on conclut valablement, et c'est la jurisprudence, à la suite de la doctrine, qui en a fixé les contours. Le *Code civil du Québec* consacre sur le plan législatif cette théorie, telle qu'elle a été appliquée par les tribunaux (art. 1493-1496 C.c.Q.).

Section 1. Les conditions de l'enrichissement injustifié

En regroupant certaines d'entre elles, on peut dire que les conditions de l'enrichissement sans cause sont au nombre de quatre : il faut que le demandeur ait subi un appauvrissement qui ne lui soit pas imputable; il faut que le défendeur ait bénéficié d'un enrichissement qui soit la suite directe de l'appauvrissement du demandeur; il faut que ni l'enrichissement ni l'appauvrissement ne soient justifiés; il faut, enfin, que le demandeur n'ait eu aucune autre voie de droit pour obtenir satisfaction : « Celui qui s'enrichit aux

---

[896] Pierre-Basile MIGNAULT, « L'enrichissement sans cause », (1934-35) 13 *R. du D.* 157, 173.

[897] MAZEAUD, 9e éd., t. 2, vol. 1, n° 697, p. 824.

dépens d'autrui doit [...] indemniser ce dernier de son appauvrissement corrélatif s'il n'existe aucune justification à l'enrichissement ou à l'appauvrissement » (art. 1493 C.c.Q.).

Par. 1. *Un appauvrissement injustifié du demandeur*

271. *Notion d'appauvrissement*. Il faut, tout d'abord, que le demandeur se soit appauvri, qu'il ait subi une perte évaluable en argent. Le terme « appauvrissement » doit s'entendre dans un sens large : ce peut être une perte matérielle diminuant le patrimoine du demandeur, mais ce peuvent être aussi des services rendus en l'absence de tout contrat et qui ne reçoivent pas rémunération, tels les cours particuliers donnés par l'instituteur à un enfant, sans que les parents le lui aient demandé. Bref, c'est toute dépense, tout sacrifice pécuniaire, tout service rendu qui a appauvri injustement le demandeur.

Cependant, cet appauvrissement ne doit pas être le résultat d'une intention libérale : l'appauvri n'avait aucun intérêt à faire ce qu'il a fait, n'entendait aucunement s'appauvrir en ce faisant et le préjudice qu'il subit ainsi n'est pas le résultat de sa faute. Par exemple, l'action *de in rem verso* serait refusée à une grand-mère qui réclamerait les dépenses alimentaires par elle engagées au profit de ses petits-enfants qu'elle a refusé de remettre à leur père, malgré l'ordonnance du tribunal[898] : son « appauvrissement » résulte de la faute qu'elle a commise en ne respectant pas la décision judiciaire[899].

Il ne faut pas croire, cependant, que l'action sera accueillie dès lors que l'appauvrissement ne résulte pas d'une intention libérale ou de la faute de l'appauvri. Elle sera rejetée lorsque l'appauvri aura agi en vue d'obtenir un avantage personnel, à ses risques et périls (art. 1494 C.c.Q.) : tel serait le cas de celui qui bâtit une digue, dans son seul intérêt, laquelle profiterait également à ses voisins. On devine cependant la difficulté que rencontrera le tribunal lorsque l'intention

---

[898] *Cf.* MAZEAUD, 9ᵉ éd., t. 2, vol. 1, n° 700, p. 826; STARCK, 6ᵉ éd., vol. 2, nᵒˢ 2205 et 2206, p. 775.

[899] *Cf.* Marianne LECENE-MARÉNAUD, « Le rôle de la faute dans les quasi-contrats », *Rev. Trim. Dr. Civ.* 1994.515; *cf.* cependant : Civ. 1ʳᵉ, 3 juin 1997, J.C.P.1998.II.10102, note Viney.

de l'appauvri et l'existence de son intérêt personnel apparaîtront moins clairement : ainsi, la concubine, qui travaille sans rémunération sur la ferme de son concubin, agit-elle en courant le risque de tout perdre ? C'est ce qu'ont prétendu majoritairement certains juges : « sa dépense d'activité et de temps ne reflète que son intérêt personnel. Elle a agi à ses risques et périls [...] [L]e concubinage [...] avait comme cause juridique l'espoir d'une récompense ou d'un avantage d'une vie meilleure que celle qu'elle avait connue, espoir qui devenait une cause juridique à son appauvrissement, à ses prestations et constitue un obstacle à son action *de in rem verso* »[900]. Au contraire, l'opinion dissidente soutient que, « lorsque la conduite de l'enrichi devient une incitation aux actes posés par l'appauvri et que l'espoir justifié d'un avantage se déduit des circonstances, l'appauvri n'est pas privé de son recours malgré l'avantage escompté [...] Si on épure l'acte de l'appauvri au point de le dénuder de tout intérêt, il faut le considérer comme gratuit et alors, l'intention de libéralité de l'appauvri en devient la cause juridique, ce qui exclut l'enrichissement sans cause, puisqu'il y a cause. La possibilité d'un avantage futur et l'espoir qui en résulte est donc ce qui distingue en l'espèce le geste de [l'appauvri] de la simple libéralité »[901].

L'opinion majoritaire nous paraît avoir une interprétation très restrictive de la notion d'appauvrissement donnant ouverture à l'action et une interprétation très large de la notion d'intérêt personnel de la part de l'appauvri[902]. Comme le souligne le juge dissident, l'attitude adoptée par la majorité vide de son sens la notion même d'enrichissement injustifié, car l'absence totale d'intérêt personnel quel qu'il soit, moral ou matériel, ne manque pas de déboucher inévitablement sur l'intention libérale et met alors de côté toute possibilité d'accueillir l'action *de in rem verso*. Il en serait de même si l'on rejetait l'action exercée par un époux séparé de biens qui aurait travaillé sans rémunération sur la ferme de son conjoint : il serait fallacieux de prétendre que la justification de l'appauvrissement de cet époux réside dans le choix du régime de séparation; on ne choisit pas ce régime pour s'appauvrir au profit de l'autre et l'on ne travaille pas pour l'autre, sans rémunération, dans le seul espoir d'en tirer un profit personnel, présent ou futur, ou dans la seule intention de donner.

---

[900] *Cf. Richard* c. *Beaudoin-Daigneault*, [1982] C.A. 66, 77, 79.
[901] *Id.*, 72.
[902] Pour une conception moins restrictive, *cf. Trottier* c. *Trottier*, [1992] R.J.Q. 2378 (C.A.).

On s'appauvrit véritablement sans raison juridique. Afin d'éviter que les tribunaux réussissent à trouver une justification à un tel appauvrissement et se refusent ainsi à corriger des situations injustes, le législateur a éprouvé le besoin d'adopter des règles particulières en matière familiale – sur la prestation compensatoire (art. 388, 427-430 et 809 C.c.Q.) –, fondées sur l'idée d'enrichissement sans cause.

On voit donc que, pour savoir si l'appauvri a agi « en vue de se procurer un avantage personnel » ou « à ses risques et périls », il faut rechercher sa motivation principale et c'est ce qui peut rendre la question complexe. Le législateur donne des exemples d'agissements purement personnels : le locataire qui a apporté à la chose louée des améliorations ne recevra rien du locateur qui les gardera, si la remise en l'état primitif est impossible (art. 1891, al. 3 C.c.Q.); de la même façon, l'usufruitier ne pourra, à la cessation de l'usufruit, réclamer aucune indemnité pour les améliorations qu'il a faites à la chose (art. 1138 C.c.Q.). Dans l'un et l'autre cas, le locataire et l'usufruitier qui se sont appauvris ont agi dans leur intérêt personnel et à leurs risques et périls, car ils connaissaient le caractère temporaire de leurs droits.

Par. 2. *Un enrichissement du défendeur, conséquence de l'appauvrissement injustifié du demandeur*

272. *Enrichissement et lien de cause à effet.* Le défendeur doit s'être enrichi et cet enrichissement, comme l'appauvrissement du demandeur, doit être appréciable en argent; il peut être matériel, et il sera aisé de l'évaluer, ou bien moral ou intellectuel, et il sera, alors, plus délicat – mais non impossible – de l'évaluer : c'est le cas de l'enfant qui a reçu des leçons particulières de la part de l'instituteur non rémunéré. L'enrichissement consiste donc en tout gain, mais aussi en toute dépense ou perte évitée : il suffit de pouvoir l'apprécier en argent.

Cependant, il faut nécessairement un lien entre l'enrichissement du défendeur et l'appauvrissement du demandeur : l'un doit résulter de l'autre (art. 1493 C.c.Q. : celui qui s'enrichit au *dépens* d'autrui...). La relation entre l'enrichissement et l'appauvrissement est absolument nécessaire[903], même s'il est difficile de préciser la nature exacte de ce lien. On dira que, pour que l'action soit accueillie, il suffit de démontrer qu'il n'y aurait pas eu enrichissement du défendeur s'il n'y avait pas eu appauvrissement du demandeur. Par conséquent, si l'appauvrissement du demandeur n'a pas provoqué l'enrichissement du défendeur, l'action sera rejetée.

Le lien entre l'appauvrissement et l'enrichissement peut être direct ou indirect. Il est direct lorsque l'appauvrissement du patrimoine du demandeur passe directement dans le patrimoine du défendeur enrichi : tel est le cas de l'appauvrissement du généalogiste qui recherche et révèle une succession à l'héritier qui, de ce fait, s'enrichit. Il est indirect lorsque la valeur qui sort du patrimoine de l'appauvri passe dans le patrimoine de l'enrichi en traversant un patrimoine tiers : tel serait le cas d'une sœur qui, achetant à crédit les choses nécessaires à la vie, ne paierait pas son fournisseur et en ferait profiter son frère avec lequel elle fait vie commune; ainsi le frère se serait-il enrichi au détriment du fournisseur, par l'intermédiaire du patrimoine tiers de sa sœur.

Par. 3. *Un enrichissement injustifié*

273. *Absence de justification juridique.* Il faut que l'enrichissement du défendeur ne puise pas sa source dans un acte juridique ou une disposition de la loi qui en légitime l'acquisition. Pour que l'appauvri ait droit au recours *de in rem verso*, il faut que l'enrichissement ait été réalisé sans « cause légitime », sans « justification » : or, l'enrichissement a une « justification » lorsqu'il résulte d'un acte juridique valable ou

---

[903] *Cf.* l'opinion du juge Mignault dans *Regent Taxi* c.*Congrégation des Petits Frères de Marie*, [1929] R.C.S. 650 : dans cette affaire, le juge Mignault a exposé à nouveau la doctrine de l'enrichissement sans cause, mais en a fait une mauvaise application : L'« enrichissement » de Regent Taxi, qui consiste en une dépense évitée (le fait de n'avoir pas eu une indemnité à payer au Frère, victime de l'accident, lequel n'avait pas exercé son recours), n'est pas la conséquence de l'appauvrissement de la Congrégation : celle-ci s'est « appauvrie » parce qu'elle avait l'obligation de nourrir, vêtir, soigner les Frères de la Congrégation. *Cf.* également : *Bédard* c. *Roméo*, J.E. 94-57 (C.S.).

de l'exécution d'une obligation légale ou naturelle[904]. Ainsi on ne s'enrichit pas injustement lorsque le bénéfice réalisé résulte du contrat passé avec celui qui s'est appauvri ou même avec un tiers si ce contrat est valable[905]. De la même façon, on ne s'enrichit pas injustement en conservant le bénéfice d'une dette qui a été prescrite : si, en ce cas, on accueillait l'action *de in rem verso*, on contournerait les règles relatives à la prescription[906].

On doit partir de l'idée que chacun de nous a le droit de s'enrichir, mais cet enrichissement ne doit pas être injuste, sans motif juridique : il doit être justifié. Ainsi, celui qui bénéficie d'une police d'assurance prévoyant le remplacement « à neuf » du bien détruit, s'enrichit de la différence de valeur entre le bien neuf et le bien tel qu'il était lors de sa destruction : l'enrichissement de l'assuré est justifié par le contrat qui lie assuré et assureur. On pourrait tout aussi bien dire qu'il n'y a pas lieu à l'action *de in rem verso*, dès lors que l'appauvrissement a une justification juridique[907] : dans l'exemple précédent, l'appauvrissement de l'assureur est justifié par le contrat.

---

[904] *Cf.* Pierre-Basile MIGNAULT, « L'enrichissement sans cause », (1934-35) 13 *R. du D.* 157, 179; Louis BAUDOUIN, *Le droit civil de la province de Québec : modèle vivant de droit comparé*, Montréal, Wilson et Lafleur, 1953, p. 748 et 749. Dans l'affaire *Regent Taxi*, l'« enrichissement » de Regent Taxi résulte de l'inaction de la victime immédiate qui n'a pas exercé son recours contre lui.

[905] *Cf.* MAZEAUD, 9ᵉ éd., t. 2, vol. 1, nᵒ 704, p. 828; STARCK, 6ᵉ éd., vol. 2, nᵒˢ 2185 et 2106, p. 766 et 767; BAUDOUIN et JOBIN, 5ᵉ éd., nᵒ 562, p. 438; Didier LLUELLES avec la collaboration de Benoît MOORE, *Droit québécois des obligations*, vol. 1, Montréal, Éditions Thémis, 1998, nᵒˢ 4099 et suiv. p. 819 et suiv. *Cf. Miller* c. *Total Restoration inc.*, J.E. 96-156 (C.A.).

[906] *Willmor Discount Corp.* c. *Ville de Vaudreuil*, [1994] 2 R.C.S. 210, 227.

[907] *Cf. Bowen* c. *Ville de Montréal*, [1979] 1 R.C.S. 511 : l'enrichissement de la ville résultait de l'expropriation, par elle, de l'immeuble appartenant au demandeur et, en conséquence, n'était pas sans cause, ce qui entraîne le rejet de l'action *de in rem verso*; cependant, le demandeur pouvait contester la régularité de l'expropriation et en demander la nullité. *Cf.* également *Pavage Rolland Fortier inc.* c. *Caisse populaire Desjardins de La Plaine*, [1998] R.J.Q. 1221 (C.S.).

Toutefois, lorsque l'enrichissement passe à travers un patrimoine tiers, comme on en a mentionné précédemment la possibilité[908], l'appauvrissement peut avoir *a priori* une juste raison, sans que pour autant l'enrichissement soit justifié : tel est le cas de ces frère et sœur qui font vie commune et que l'on a déjà pris pour exemple. La doctrine admet qu'advenant l'insolvabilité de la sœur qui a conclu le contrat avec le fournisseur, celui-ci a une action *de in rem verso* contre le frère indirectement enrichi. Il est permis de favoriser une telle solution, dans la mesure où l'enrichissement du frère est injustifié : l'appauvrissement du fournisseur pourrait, certes, trouver sa juste raison dans le contrat qui le lie à sa cliente, mais son action contre celle-ci est rendue inopérante, sans la moindre faute de sa part, par cet obstacle de fait qu'est l'insolvabilité de son cocontractant : on fait alors abstraction de l'existence du contrat, comme si l'appauvrissement n'était pas justifié et on admet l'action *de in rem verso* contre le frère qui s'est enrichi, alors qu'il n'a aucun droit à cet enrichissement; en effet, parce qu'elle est insolvable, la sœur n'a, à l'égard du frère, aucune obligation de l'entretenir. Au contraire, il n'y aurait pas lieu à l'action *de in rem verso*, si un locateur insolvable ne payait pas le mazout nécessaire au chauffage de l'immeuble loué alors que le bail prévoyait la location d'un immeuble chauffé : certes, ici aussi, le fournisseur se heurte à l'insolvabilité de son cocontractant, mais, même si le locataire bénéficie du chauffage, on ne peut pas dire qu'il s'est enrichi injustement au détriment du fournisseur par l'intermédiaire du patrimoine tiers du locateur, car son « enrichissement » a une justification juridique qui est le contrat entre lui-même et le locateur[909].

Par. 4. *Absence de toute autre voie de droit*

274. *Caractère subsidiaire de l'action.* Le demandeur ne peut exercer l'action *de in rem verso* pour obtenir le rembour-

---

[908] *Cf. supra*, n° 272.

[909] Dans le même sens, *cf. Entreprises d'électricité Gauthier & Ross Inc.* c. *Immobilière Montagnaise Ltée*, [1979] C.S. 1123; *cf.* MALAURIE et AYNÈS, t. 6, 10ᵉ éd., n° 953 et suiv., p. 558 et suiv.

sement de ce dont il s'est appauvri que s'il n'a aucun recours à faire valoir contre l'enrichi. On a parlé du caractère subsidiaire de cette action. Certains auteurs, en effet, ont signalé le danger d'une telle action : si un vendeur lésé pouvait exercer cette action, on écarterait ainsi la règle selon laquelle la lésion ne peut pas être invoquée entre majeurs.

Mais que faut-il entendre par action à caractère subsidiaire ?

Est-ce à dire que le demandeur ne peut l'exercer qu'à défaut de toute autre action ? Est-ce à dire qu'il peut l'exercer dans l'hypothèse où il a laissé courir le délai de prescription de l'action originaire qu'il avait ? Est-ce à dire qu'il peut l'exercer, sachant que l'action originaire n'aurait aucune chance de succès ?

Même si la réponse à ces questions n'est pas évidente, on peut affirmer que l'action *de in rem verso* doit être rejetée lorsque le demandeur possède une action naissant soit d'un contrat, soit d'une faute dans un contexte extracontractuel, soit d'une gestion d'affaires ou d'un paiement de l'indu. On ne peut pas admettre, par exemple, qu'un mineur exerce l'action *de in rem verso*, alors qu'il a la possibilité d'exercer une action en rescision pour cause de lésion.

L'action doit être également rejetée lorsqu'elle « aurait pour effet d'éluder une disposition légale d'ordre public »[910]. On ne peut pas admettre, par exemple, qu'un gérant d'affaires puisse l'exercer, lorsque la gestion n'a pas été opportune (d'ailleurs, en ce cas, le géré peut ne pas s'être enrichi ou, s'il s'est enrichi, l'article 1490 C.c.Q. peut éventuellement être appliqué); ou encore, on ne peut pas permettre à l'appauvri d'exercer cette action, alors qu'il a laissé s'écouler le délai de prescription de l'action originaire qu'il avait contre l'enrichi; on ne peut l'accorder au mineur lésé qui, devenu majeur, aurait ratifié ce contrat lésionnaire.

---

[910] *Cf. Ville de Louiseville* c. *Ferron*, [1947] B.R. 438.

La Cour suprême du Canada a eu l'occasion d'expliciter et de faire application de la théorie de l'enrichissement sans cause[911] : le demandeur, un entrepreneur, s'était engagé, à l'égard d'une municipalité, à effectuer des travaux de nivellement sur certains terrains, moyennant rémunération; la municipalité s'était engagée, à l'égard du défendeur, un industriel, à payer les travaux de nivellement des terrains dont il devait devenir le propriétaire. Les travaux sont effectués par l'entrepreneur, comme convenu, sur les terrains achetés par l'industriel. La municipalité ne paie pas les travaux de nivellement. L'entrepreneur exerce l'action *de in rem verso* contre l'industriel. L'appauvrissement du demandeur résulte du contrat qu'il avait passé avec la municipalité; mais ce contrat était nul, car la municipalité n'avait pas le droit d'engager cette dépense. L'enrichissement du défendeur résulte de la convention qu'il avait, de son côté, conclue avec la même municipalité, mais cette convention était également nulle, car la municipalité n'avait pas le droit de subventionner de cette manière l'industriel. Le demandeur s'est appauvri de ce qui aurait dû lui être payé par la municipalité; le défendeur s'est enrichi de ce que la municipalité lui avait promis : le montant correspondant à l'appauvrissement du demandeur[912]. Toutes les conditions de l'action *de in rem verso* se retrouvent là, sauf, peut-être, la dernière : l'absence de toute autre voie de recours. Le juge Beetz, qui rend l'arrêt au nom de la Cour, ne se prononce pas sur ce dernier point, ne le croyant pas nécessaire : le demandeur avait, au début des procédures, poursuivi notamment la municipalité en dommages-intérêts, puis avait aban-

---

[911] *Cie Immobilière Viger Ltée* c. *Lauréat Giguère Inc.*, [1977] 2 R.C.S. 67.

[912] L'enrichissement de l'industriel-défendeur aurait eu une justification si la convention conclue par celui-ci avec la municipalité avait été valable; de même, l'appauvrissement éventuel de l'entrepreneur-demandeur aurait pu trouver sa justification dans le contrat conclu par lui avec la municipalité. L'une et l'autre de ces conventions étant nulles, la valeur sortie du patrimoine de l'entrepreneur, sans faute de sa part, est passée, en traversant le patrimoine tiers de la municipalité, dans le patrimoine de l'industriel dont l'enrichissement n'avait plus de justification : on est ici en présence d'une autre situation dans laquelle la relation entre l'appauvri et l'enrichi est indirecte. *Cf. supra*, n°s 271 et 272.

donné ce recours sans que personne n'ait songé à le lui reprocher. Et le juge se demande si l'entrepreneur n'aurait pas eu avantage à continuer ce qui avait été commencé; il se demande également si la Cour doit « supputer les chances de succès d'un recours en dommages que l'appauvri aurait peut-être pu intenter à un autre que l'enrichi ». Toutefois, pour rejeter l'action *de in rem verso* sur cette base, il aurait fallu que « la disponibilité d'un tel autre moyen soit plus manifeste qu'elle ne l'est dans la présente cause »[913].

On voit bien là tout le problème du caractère subsidiaire de l'action *de in rem verso*. Il est permis de penser que l'entrepreneur aurait pu exercer un recours en dommages contre la municipalité, en mettant en cause l'industriel et, à titre subsidiaire, une action *de in rem verso* contre l'industriel. La question de la responsabilité de la municipalité ayant été vidée, la Cour aurait été, alors, en mesure d'apprécier si toutes les conditions de l'action *de in rem verso* étaient remplies, y compris celle relative à l'absence de toute autre voie de droit.

On peut donc dire, de façon certaine, que l'action *de in rem verso* doit être rejetée lorsque l'appauvri dispose d'une autre action qui serait recevable; on peut également affirmer qu'elle doit être aussi rejetée lorsque l'action normale dont dispose l'appauvri est paralysée par un obstacle de droit : il en est ainsi, par exemple, lorsque l'action normale se heurte à un délai de prescription ou aux règles sur la lésion. Cependant, elle est admise lorsque l'action normale est paralysée par un simple obstacle de fait, telle l'insolvabilité du débiteur, comme on l'a vu dans l'exemple des frère et sœur menant vie commune[914].

C'est la solution que nous semble avoir consacrée le législateur à l'article 1494 C.c.Q. : il y a justification à l'enrichissement ou à l'appauvrissement lorsque l'enrichissement de l'un ou l'appauvrissement de l'autre résulte de l'exécution d'une obligation légale, naturelle ou conventionnelle, ou du défaut,

---

[913] *Cie Immobilière Viger Ltée* c. *Lauréat Giguère Inc.*, [1977] 2 R.C.S. 67, 84.
[914] *Cf. supra*, n°s 271 et 272.

par l'appauvri, « d'exercer un droit qu'il peut ou aurait pu faire valoir contre l'enrichi » (défaut d'exercer une action, par exemple), ou, comme on l'a vu, d'un acte qui a été accompli par l'appauvri dans son intérêt personnel et exclusif (construction et entretien d'une digue dont profitent également d'autres propriétaires riverains) ou à ses risques et périls[915] (impenses d'agrément apportées par un locataire à l'immeuble qu'il a loué) ou dans une intention libérale constante (services rendus sans attente de rétribution). L'absence de tout autre recours nous paraît implicitement comprise dans l'exigence de l'absence de justification légalement reconnue à l'enrichissement ou à l'appauvrissement.

Plus délicate est la question de savoir si cette action doit être ou non accueillie lorsque l'appauvri ne remplit pas les conditions d'exercice d'une autre action. Comme le souligne Mazeaud, « ou bien le législateur a entendu interdire toute autre action, lorsque ne sont pas réunies les conditions qu'il pose à l'exercice d'une action déterminée. Il faut alors refuser l'action *de in rem verso* [...] [O]u bien le législateur a voulu seulement faire une situation plus avantageuse à la personne qui réunit les conditions qu'il trace, en mettant à sa disposition une action particulière. Il n'est alors aucune raison d'exclure l'action *de in rem verso* lorsque les conditions de l'action réglementée ne sont pas remplies »[916]. Le critère se trouve donc dans l'intention du législateur, qu'il ne sera toutefois pas nécessairement aisé de déchiffrer dans des contextes divers. Dans le droit d'hier, on trouvait une bonne illustration de cela : pourquoi celui qui n'accomplissait pas une gestion utile n'avait-il pas l'action *de in rem verso*, tandis que l'avait celui qui gérait l'affaire d'autrui alors qu'il n'avait pas la capacité juridique ? Dans le premier cas, le législateur voulait protéger celui dans les affaires duquel l'appauvri s'était immiscé. Au contraire, dans le second cas, il voulait protéger l'incapable et ne voulait donc pas lui enlever quelque autre action.

---

[915] *Cf. Immeubles Ivanco Inc.* c. *144702 Canada Inc.*, J.E. 01-155 (C.S.).
[916] MAZEAUD, 9ᵉ éd., t. 2, vol. 1, n° 709, p. 832 et suiv.

On notera, enfin, que cette action *de in rem verso* se prescrit non plus par 30 ans – délai de droit commun selon le *Code civil du Bas Canada* –, mais par trois ans (art. 2925 C.c.Q.) à compter du jour où l'appauvri a connaissance des circonstances qui lui permettent d'exercer ce recours, puisqu'il s'agit d'une action qui vise à faire valoir un droit personnel et dont le délai de prescription n'est pas autrement fixé.

Section 2. Les effets de l'enrichissement injustifié

275. *Double limite de l'indemnisation.* Aucune disposition du *Code civil du Bas Canada* ne guidait à cet égard le juge ou l'interprète d'hier, de sorte que seuls les grands principes et le raisonnement pouvaient fournir la réponse. La première constatation est que l'appauvri est le créancier de l'enrichi qui est son débiteur !

Le *Code civil du Québec*, quant à lui, reprend substantiellement les solutions du droit antérieur. Comme auparavant, l'enrichi, d'une part, ne peut être tenu de rembourser à l'appauvri un montant supérieur à celui dont il s'est enrichi : « celui qui s'enrichit aux dépens d'autrui doit, *jusqu'à concurrence de son enrichissement*, indemniser ce dernier [...] » (art. 1493 C.c.Q., nous avons ajouté les italiques). L'étendue de la restitution est donc limitée au montant de l'enrichissement, pourvu que celui-ci subsiste au jour de la demande, puisque l'enrichissement s'apprécie à ce jour[917]. Il y a toutefois un cas où cet enrichissement peut s'apprécier à un autre moment : si les circonstances indiquent la mauvaise foi de l'enrichi, l'appréciation peut remonter au temps où il en a bénéficié, c'est-à-dire le moment où l'enrichi en a profité (art. 1495 C.c.Q.).

L'appauvri, d'autre part, ne pouvait pas exiger, selon le droit d'hier, plus que ce dont son patrimoine s'était appauvri. S'il n'en avait pas été ainsi, le demandeur se serait enrichi sans cause, à son tour, disait-on.

---

[917] *Cf. Dupuis c. Morin,* J.E. 00-1631 (C.S.).

490 THÉORIE DES OBLIGATIONS

On pouvait donc dire que l'obligation pesant sur l'enrichi était doublement limitée : par son propre enrichissement et par l'appauvrissement de son créancier.

La question qui se posait alors était de savoir à quel moment et de quelle manière devait s'évaluer l'appauvrissement. Il était permis de soutenir que cet appauvrissement était égal à la valeur des prestations ou de ce qui avait été déboursé par l'appauvri : ce montant était donc gelé au moment même de l'appauvrissement, alors que l'enrichissement qui en résultait était sujet à variation jusqu'au jour de l'action en justice[918]. Certains prétendaient, cependant, que le montant de l'appauvrissement devait pouvoir, comme l'enrichissement, faire aussi l'objet d'une réévaluation au moment de l'action. On a fait également valoir qu'en période d'instabilité monétaire, il pouvait y avoir une distorsion sérieuse entre l'évaluation faite au moment de la demande et celle qui pouvait être faite au moment du jugement, de sorte qu'il aurait fallu réévaluer tant l'appauvrissement que l'enrichissement d'après leur valeur réelle au jour du jugement[919]. Peut-être aurait-on pu plus simplement songer à reconnaître à l'appauvri le droit de profiter de la plus-value qu'il a procurée par son appauvrissement : c'est la solution qu'a adoptée le législateur en matière de récompense dans le cadre du régime légal de société d'acquêts (art. 475, al. 2 et 3 C.c.Q.). Parmi toutes ces possibilités, le législateur a choisi d'évaluer tant l'appauvrissement que l'enrichissement au jour de la demande (art. 1495, al. 2 C.c.Q.), reconnaissant ainsi que l'appauvrissement n'est plus, comme dans le passé, « gelé » au jour de sa réalisation. Ainsi, en période de dépréciation monétaire, l'appauvri pourrait obtenir un montant supérieur à celui qu'il a effectivement déboursé. On retrouve donc ici la notion de dette de valeur.

On notera enfin l'article 1496 C.c.Q. en vertu duquel, « lorsque l'enrichi a disposé gratuitement de ce dont il s'est enrichi sans intention de frauder autrui, l'action de ce dernier

---

[918] *Cf.* FLOUR et AUBERT, vol. 2, 8ᵉ éd., n° 58, p. 56.
[919] *Cf.* STARCK, 6ᵉ éd., vol. 2, n° 2214, p. 779 et 780; *cf.* également MALAURIE et AYNÈS, t. 6, 10ᵉ éd., n° 952, p. 557.

peut s'exercer contre le tiers bénéficiaire, si celui-ci était en mesure de connaître l'appauvrissement ». Il s'agit, en ce cas très particulier, de protéger l'appauvri contre ce tiers qui a profité d'une libéralité alors même qu'il connaissait ou pouvait connaître l'appauvrissement, solution qui paraît juste.

276. *Conclusion.* L'enrichissement sans cause diffère du contrat, puisqu'il n'y a aucune volonté de s'obliger, de même que de la responsabilité, puisque la notion de faute n'intervient pas (l'appauvri n'a commis aucune faute et l'enrichi non plus). C'est également distinct de la gestion d'affaires qui implique une intervention volontaire du gérant (alors que l'appauvri n'a, ici, aucune intention de gérer) et dont les effets sont différents (le géré peut être tenu au-delà de son enrichissement, si la gestion a été opportune). L'enrichissement sans cause se distingue enfin de la réception de l'indu dans l'hypothèse de mauvaise foi, le *solvens* étant alors tenu à restituer au-delà de son enrichissement.

C'est donc une autre source autonome d'obligations, même si la gestion d'affaires et la réception de l'indu sont imprégnées du principe qui veut que nul ne doit s'enrichir de façon injustifiée aux dépens d'autrui.

LIVRE II
LES EFFETS DES OBLIGATIONS

L'effet logique de l'obligation est de contraindre le débiteur à exécuter sa prestation. La situation normale voudrait que l'exécution soit volontaire; mais il se peut que l'exécution soit forcée, lorsque le débiteur n'exécute pas volontairement sa prestation. C'est pourquoi on envisagera successivement l'exécution, puis l'inexécution des obligations; enfin, on examinera les remaniements qui peuvent être apportés au lien obligatoire.

TITRE I
L'EXÉCUTION DES OBLIGATIONS

On doit analyser, d'abord, les règles générales d'exécution des obligations, puis les règles d'exécution particulières à certaines obligations.

CHAPITRE I
RÈGLES GÉNÉRALES D'EXÉCUTION DES OBLIGATIONS

277. *Exécution et paiement.* Exécuter une obligation, c'est effectuer un paiement. Payer, c'est exécuter sa prestation. Le mot « paiement », dans le langage courant, signifie faire un versement d'argent. Dans le langage juridique, le sens est plus large; payer, c'est exécuter sa prestation quelle qu'elle soit. Le fait de livrer une chose, de transférer la propriété d'une chose vendue, d'exécuter un travail constitue un paiement (du latin *pacare* qui signifie apaiser, donner satisfaction au créancier).

Cependant, avant d'étudier le paiement proprement dit, on doit se demander dans quelle mesure le débiteur est tenu d'exécuter (c'est poser le problème de la force du lien obligatoire) et quelles sont les personnes qui sont liées par l'obligation (c'est poser le problème de l'effet relatif du lien obligatoire).

Section 1. La force du lien obligatoire

278. *Effets des contrats et effets des obligations.* Bien souvent, les auteurs distinguent les effets du contrat et les effets des obligations, qu'ils étudient séparément. Mignault enseigne que les contrats ont pour effet de créer, de modifier ou d'éteindre des obligations et, parfois, d'opérer un transfert de propriété, alors que les obligations ont pour seul effet d'entraîner l'exécution[920]. Le *Code civil du Bas Canada* a traité de l'effet des contrats dans ses articles 1022 à 1031, et de l'effet des obligations dans ses articles 1063 et suiv., alors que le Code civil français envisage dans un seul chapitre l'effet des obligations, que celles-ci résultent d'un contrat ou qu'elles puisent leur source en dehors d'un contrat, c'est-à-dire dans un fait juridique (art. 1134 et suiv. C.c.fr.).

Le *Code civil du Québec*, quant à lui, reprend, dans le cadre des sources des obligations, les effets du contrat (la force du lien obligatoire et son effet relatif, art. 1433-1456), pour poser ensuite les règles sur l'exécution de l'obligation, quelle qu'en soit la source (art. 1553 et suiv.).

La dichotomie qui est traditionnellement pratiquée dans l'étude des effets des contrats et des effets des obligations ou de leur exécution nous paraît beaucoup plus théorique que pratique, sinon artificielle. Lorsqu'on s'interroge sur les effets d'un contrat, on est amené à répondre que ce sont les obligations qu'il crée, modifie ou éteint, mais on n'est guère plus avancé ! Il est nécessaire de déterminer les personnes qui sont liées par ce contrat et de se pencher sur les effets de ces obligations résultant du contrat. Or, les effets des obligations, que celles-ci puisent leur source dans un acte juridique ou dans un fait juridique, consistent en l'exécution. En conséquence, que les obligations soient contractuelles ou extracontractuelles, il faut identifier les créancier et débiteur, connaître la nature de leurs droits ou obligations et savoir comment le créancier obtiendra le paiement : or, il l'obtiendra soit par l'exécution volontaire, soit par l'exécution forcée en cas d'inexécution. On observera, en outre, que l'exécution d'une obligation peut se trouver influencée selon le contenu de l'acte juridique qui en est la source. Il est évident que le caractère de réciprocité des obligations résultant d'un contrat synallagmatique n'est pas sans répercussion sur l'exécution de celui-ci. Il y a donc une relation entre l'effet du contrat et l'effet des obligations, d'autant plus

---

920 MIGNAULT, t. 5, p. 260. Certains ont prétendu que les contrats avaient *pour objet* de créer, de modifier ou d'éteindre des obligations... *Cf. supra*, n° 128.

que la source la plus importante des obligations est précisément le contrat.

Traiter de la force du lien obligatoire consiste à dire que le débiteur est tenu d'exécuter sa prestation. Cette règle, simple et évidente, est valable pour tous les débiteurs dont les obligations résultent d'un fait juridique. Lorsqu'un débiteur est tenu d'une obligation qui lui est imposée par la loi (tel l'auteur d'un « délit ou quasi-délit », ou encore celui qui est obligé en vertu d'un « quasi-contrat »), personne, si ce n'est le créancier lui-même, ne peut le relever de son obligation et l'autoriser à ne pas exécuter. C'est pourquoi il n'y a rien à ajouter sur ce point : on a tout dit sur la force du lien obligatoire lorsque cette obligation est légale au sens large du terme, c'est-à-dire extracontractuelle.

La situation n'est pas aussi claire lorsque l'obligation est contractuelle. On est, alors, amené à envisager cette étude de la force obligatoire sous l'angle de l'obligation contractuelle.

Par définition, l'obligation contractuelle n'a pas été imposée au débiteur par la loi : elle résulte de la volonté des parties contractantes. Il y a donc lieu de se demander si la loi ou le juge peuvent intervenir, au niveau de l'exécution, pour modifier ce qu'ont voulu les parties contractantes, pour les « obliger » à autre chose qu'à ce sur quoi elles se sont entendues.

On a déjà eu l'occasion de présenter la notion d'ordre public dans le cadre de la formation du contrat et l'on a vu que cet ordre public pouvait empêcher que le contrat se forme valablement. Cette même notion peut-elle intervenir au moment de l'exécution de l'obligation contractuelle ? D'une part, il est permis d'affirmer que, lorsque l'ordre public ne s'oppose pas à la formation d'un acte juridique, il y a fort peu de chances qu'il puisse être heurté au niveau de l'exécution; d'autre part, il apparaîtrait dangereux qu'un juge puisse autoriser un débiteur à ne pas exécuter ce à quoi il s'est engagé, lorsque l'obligation à laquelle il est tenu s'est valablement formée : la sécurité des transactions en souffrirait sérieusement.

Aussi est-il normal de poser le principe de la force obligatoire du contrat.

Ce principe est exprimé dans le Code civil français par une disposition qui n'a pas été reprise par les codificateurs québécois : « [l]es conventions légalement formées tiennent lieu de loi à ceux qui les ont faites » (art. 1134 C.c.fr.). C'est, en quelque sorte, la traduction de la règle *Pacta sunt servanda*. Cela signifie simplement que les obligations résultant d'un contrat valablement formé s'imposent aux parties contractantes de la même manière que si elles avaient puisé leur source dans la loi.

Le principe énoncé au Code civil français avait été reproduit dans l'Avant-projet de loi sur les obligations, mais ne fut maintenu ni dans le Projet de loi 125, ni dans la version définitive du Code civil nouveau : ce n'était plus le temps de le proclamer à une époque où les règles impératives ont tendance à se multiplier, dans le souci de protéger la partie contractante que le législateur estime la plus vulnérable. Il n'en demeure pas moins que le principe demeure.

On doit en tirer une double conséquence :

– le contrat s'impose aux parties, de sorte qu'en principe, un contractant ne peut pas, par sa seule volonté, décider qu'il n'est plus tenu de ses obligations;

– le contrat s'impose au juge qui, en principe, n'a pas le droit d'en modifier le contenu.

Par. 1. *Le contrat s'impose aux parties*

279. *Terminologie.* Puisque le contrat est l'œuvre commune des parties, il est normal que l'accord de ces parties, qui a donné naissance au contrat, puisse également le modifier ou le supprimer. Dès lors, on comprend que la volonté d'un seul des contractants ne puisse réaliser ce même but : les contrats « ne peuvent être *résolus* que du consentement des parties », affirmait l'article 1022, al. 3 C.c.B.C.[921]. C'est ce qu'on appelle la révocation ou la résiliation amiable ou encore résiliation

---

[921] Nous avons ajouté les italiques.

conventionnelle : le terme « résolu » utilisé alors par le ~~teur~~, était inexact et inapproprié. L'article 1439 C.c.Q. v~~ remédier à ce problème d'ordre terminologique en précisan~~ « [l]e contrat ne peut être résolu, résilié, modifié ou révoqué que pour les causes reconnues par la loi ou de l'accord des parties ».

Néanmoins, il convient, à cette place, de s'entendre sur cette question de vocabulaire et de ne pas confondre les termes nullité, résolution, résiliation et révocation, comme on le fait souvent.

Nullité : un contrat est nul (ou plus précisément annulé) lorsque le tribunal rend un jugement qui, compte tenu d'un défaut dans la formation de ce contrat, l'anéantit rétroactivement. Les causes de nullité ou d'annulation sont antérieures ou concomitantes à la formation du contrat. Parfois, lorsqu'un contrat est annulé pour cause de lésion (cas du mineur lésé), on utilise le terme « rescision » au lieu du terme « annulation ». Qu'il soit nul de nullité absolue ou de nullité relative, le contrat annulé est censé n'avoir jamais existé. L'annulation ou la rescision a, donc, un effet rétroactif : c'est l'anéantissement d'un acte qui ne s'est pas valablement formé.

Résolution : c'est l'anéantissement rétroactif d'un contrat synallagmatique valablement formé, qui résulte du fait que l'une des parties n'a pas exécuté ses obligations. La cause de la résolution étant l'inexécution sans justification d'une obligation, elle est nécessairement postérieure à la formation du contrat.

Pour que la destruction du contrat soit rétroactive, il faut que le contrat soit à exécution instantanée; ainsi, par exemple, en sera-t-il du contrat de vente, lorsque le vendeur n'aura pas livré à l'acheteur le bien vendu : la résolution effacera le contrat et tout se passera comme s'il n'y avait pas eu de vente. Cette rétroactivité ne peut cependant pas jouer lorsque le contrat est à exécution successive; en effet, lorsqu'une partie contractante, qui a commencé à exécuter ses obligations, cesse de les exécuter, le juge peut sanctionner cette inexécution en anéantissant le contrat pour l'avenir, mais il ne peut pas effacer les effets déjà produits : ainsi en est-il, par exemple, du bail. On parle, alors, non plus de résolution, mais de résiliation.

Résiliation : c'est la sanction de l'inexécution d'un contrat à exécution successive, l'anéantissement non rétroactif de ce contrat. Mais ce terme est également utilisé en dehors de toute idée de sanction et se trouve très proche du terme « révocation ».

Révocation : lorsque deux personnes concluent un contrat, puis s'entendent, avant que son exécution ne soit commencée, pour l'effacer complètement et en supprimer les effets, on dit qu'il s'agit d'une « révocation » : on révoque une vente par consentement mutuel. Si deux personnes s'entendent pour supprimer les effets du contrat qu'elles ont déjà conclu, alors que son exécution a déjà été commencée, on dit qu'il s'agit d'une résiliation amiable[922].

Ce qui caractérise donc la révocation et la résiliation amiable, c'est l'absence de rétroactivité. Les parties contractantes ne peuvent pas faire en sorte qu'un contrat, qui s'est valablement formé, n'ait jamais existé; même si elles veulent effacer complètement le contrat de vente qu'elles ont conclu et se restituer mutuellement leur prestation, on doit analyser la situation comme étant la conclusion d'un second contrat en sens inverse : le vendeur devient acheteur et l'acheteur devient vendeur[923].

280. *Le contrat, loi des parties.* Le principe veut que le contrat s'impose aux parties, qu'il ne puisse être révoqué que du consentement des deux parties et qu'en conséquence, la vo-

---

[922] *Cf.* Raymonde VATINET, « Le mutuus dissensus », *Rev. trim. dr. civ.* 1987.252. *Cf.* également *Inter-Hauf Developments Inc.* c. *Smart*, J.E. 94-14 (C.Q.).

[923] *Cf. supra*, n° 193; MARTY et RAYNAUD, 2ᵉ éd., t. 1, n° 247, p. 259; MAZEAUD, 9ᵉ éd., t. 2, vol. 1, nᵒˢ 723 et 724, p. 846-848; *cf.* également Germain BRIÈRE, « Le juriste à la recherche de la sanction appropriée », (1969) 4 *R.J.T.* 1; Adrian POPOVICI, « Notes de terminologie juridique autour de la résolution du contrat », (1970-71) 73 *R. du N.* 343.

lonté d'un seul contractant ne puisse le supprimer[924]. Ce principe comporte, cependant, des exceptions (art. 1439 C.c.Q.)[925].

Si, en règle générale, les parties peuvent, de consentement mutuel, révoquer le contrat qu'elles ont conclu, il n'en est pas toujours ainsi. Tel est le cas des personnes liées par une convention collective : celle-ci s'impose à l'employeur et à l'employé qui seraient d'accord pour ne pas en respecter les termes; une « résiliation à l'amiable » de la convention collective entre ces deux personnes irait à l'encontre de la loi qui leur impose la convention collective : on est dans le domaine du contrat-règlement. De même, jusqu'au 1er juillet 1970, il n'était pas possible aux époux de changer de régime matrimonial ou de modifier, de consentement mutuel, leur convention matrimoniale, notamment afin de protéger les tiers : mais ce principe de l'immutabilité a été, depuis lors, remplacé par le principe de la mutabilité, sans même que la volonté des époux soit soumise au contrôle du tribunal[926].

En revanche, certains contrats peuvent être résiliés par la volonté d'une seule des parties. Il en est ainsi, tout d'abord, lorsque les parties ont expressément convenu, dans leur contrat, que l'une d'elles (ou les deux) aurait ce droit : il s'agit d'une faculté de résiliation unilatérale. Dans la mesure où une telle faculté n'équivaut pas à rendre l'engagement purement potestatif – ce qui est le cas le plus fréquent – elle est indubitablement valable[927] : il en est ainsi, par exemple, lorsque la faculté de résiliation est assujettie au paiement d'une indemnité

---

924 Cf. *Magazines Publicor Canada Inc.* c. *Slide Sportswear Inc.*, J.E. 94-212 (C.S., appel rejeté, C.A. Montréal, n° 500-09-000105-940, 23 février 1998): ainsi, le client d'une revue qui a acheté des espaces publicitaires ne peut résilier ce contrat au motif que cette revue a publié une entrevue qui lui a déplu.

925 Cf. Richard ROSENSWEIG, « Unilateral Resolution, the State of the Law and the *Civil Code of Quebec* », (1994-95) *R. du N.* 3.

926 Cf. Jean PINEAU et Danielle BURMAN, *Effets du mariage et régimes matrimoniaux*, Montréal, Éditions Thémis, 1984, p. 143 et suiv.

927 Cf. *Seven-up Inc.* c. *Breuvages Gaudreault Inc.*, J.E. 96-140 (C.A.). Cf. également FLOUR, AUBERT et SAVAUX, vol. 1, 9e éd., n° 380, p. 281; sur la notion d'obligation sous condition potestative, cf. *infra*, n° 375.

ou à l'existence d'un motif déterminé. Dans les rares cas où cette faculté serait purement potestative, certains pourraient en contester la validité, bien qu'il ne nous paraisse y avoir aucune raison de ne pas respecter la volonté des parties sur ce point[928].

Il en est de même lorsque la loi le permet expressément. On peut d'abord citer le cas des contrats à durée indéterminée[929]; il est en effet reconnu que, dans le cadre de ces contrats, l'une ou l'autre des parties peut y mettre fin de façon unilatérale, en donnant à l'autre partie un avis raisonnable (*cf.*, en matière de bail, art. 1877 et 1882 C.c.Q.; en matière de contrat de travail, art. 2091 C.c.Q.)[930]. Cette faculté découle, on le verra, de la prohibition des engagements perpétuels. On peut, ensuite, mentionner le cas de certains contrats qui, en raison de leur nature particulière, peuvent être résiliés unilatéralement: ainsi en est-il du contrat de mandat (art. 2176 et 2178 C.c.Q.), du contrat d'entreprise ou de service (art. 2125 et 2126 C.c.Q.)[931] ou de l'assurance de dommages (art. 2477 C.c.Q.).

On constate donc qu'en principe le contrat est irrévocable, mais que les parties peuvent de concert décider de l'anéantir; toutefois, comme on l'a vu, cet anéantissement ne sera pas rétroactif. On a également noté que la résiliation unilatérale est exceptionnellement permise et qu'elle trouve alors sa source, soit dans la convention, soit dans la loi.

---

[928] Cependant, dans le cadre d'un contrat d'adhésion ou de consommation, une telle clause pourrait être jugée abusive, surtout dans l'hypothèse où seule la partie en position de force en bénéficie.

[929] Il faut, sur ce point, assimiler aux contrats à durée indéterminée les contrats à durée déterminée, automatiquement renouvelables: *cf. Seven-up Inc.* c. *Breuvages Gaudreault Inc.*, J.E. 96-140 (C.A.).

[930] *Standard Broadcasting Corp.* c. *Stewart*, [1994] R.J.Q. 1751 (C.A.). On notera que cette faculté de résiliation unilatérale est de l'essence du contrat à durée indéterminée et qu'en conséquence, les cas de résiliation prévus au contrat ne sont pas limitatifs : *cf.* Jacques MESTRE, « Obligations en général », *Rev. trim. dr. civ.* 1995.93, 108; cependant, l'exercice de cette faculté est soumis aux règles de l'abus de droit: Jacques MESTRE, « Obligations en général », *Rev. trim. dr. civ.* 1994.584, 603.

[931] *Cf. Sodem Inc.* c. *Brossard (Ville de)*, J.E. 95-585 (C.S.).

Lorsque la faculté de résiliation unilatérale est d'origine conventionnelle, il est parfois prévu que celui qui utilise ce droit devra en payer le prix : c'est le cas de la promesse de vente, accompagnée d'arrhes. Même si le *Code civil du Québec* n'a pas repris, en tant que tel, l'article 1477 C.c.B.C. selon lequel « chacun des contractants est maître de [se] départir [de son engagement], celui qui [...] les a données [les arrhes], en les perdant, et celui qui les a reçues, en payant le double », l'article 1711 C.c.Q. permet une telle convention qui peut s'avérer extrêmement efficace. C'est une faculté de dédit qui résulte de la volonté commune des contractants, plus précisément un droit qui leur est expressément reconnu par le contrat, et qui peut être exercé par l'un ou l'autre des contractants : il s'agit donc de l'exercice unilatéral d'un droit conventionnel[932].

Lorsque la faculté de résiliation unilatérale est d'origine légale, le but recherché est de préserver la liberté individuelle pour éviter que les parties contractantes ne soient indéfiniment liées (contrat à durée indéterminée), ou de sauvegarder le rapport de confiance qui est à la base du contrat (mandat), ou encore de protéger l'un des contractants contre une décision hâtive et fâcheuse (contrat d'entreprise ou de service). Ainsi, comme on l'a dit, est-il possible de mettre fin unilatéralement à un contrat de louage ou à un contrat de travail, à durée indéterminée, en observant certaines formalités : le législateur n'a pas voulu que les contractants aliènent leur liberté de façon absolue; de la même façon, le législateur n'a pas voulu qu'un mandat demeure, dès lors que l'une des parties a perdu cette confiance nécessaire à l'exécution du contrat[933]. Dans le cas d'un contrat d'entreprise ou de service, la loi prévoit la possibi-

---

932 Parfois, la faculté de dédit ne peut être exercée que par l'une des parties, *cf. Dubord Construction Inc.* c. *Elkman Development Corp.*, [1992] R.J.Q. 7 (C.A.).

933 Même si, en vertu de l'article 2179 C.c.Q., le mandant ou le mandataire peut renoncer à son droit de révocation unilatérale (mandat dit « irrévocable »), il n'en demeure pas moins que la révocation ou renonciation unilatérale est toujours possible (art. 2179, al. 3 C.c.Q.), sous réserve toutefois d'un recours en dommages-intérêts. *Cf. supra*, n° 49.

lité, pour le client, de résilier unilatéralement moyennant le versement d'une indemnité destinée à compenser l'entrepreneur des pertes qu'il a pu encourir[934].

Enfin, le législateur a prévu, dans des textes particuliers, la possibilité, pour l'une des parties, de revenir sur son engagement, voulant assurer à celle-ci la faculté de « repenser » la décision prise, qui peut s'avérer trop onéreuse. C'est ce que certains appellent un « droit de repentir » : tel est le cas de la personne qui achète d'un promoteur ou d'un constructeur un immeuble à usage d'habitation et qui, dans un délai de dix jours, moyennant le paiement de l'indemnité stipulée, a le droit de se dédire du contrat préliminaire imposé par l'article 1785 C.c.Q. (*cf.* également art. 1786, al. 2 C.c.Q.); c'est également le cas du consommateur qui conclut un contrat avec un commerçant itinérant et qui peut l'effacer à sa discrétion, dans les dix jours qui suivent celui où chacune des parties entre en possession du double du contrat (art. 59 L.P.C.)[935]. Il s'agit d'un procédé qui s'apparente au moyen de dédit, ici exempt de pénalité, et qui, par son caractère rétroactif, emprunte le mécanisme de la résolution et obéit à des règles précises (art. 60 à 65 L.P.C.); le but est de permettre à ce consommateur de se défaire d'un contrat conclu éventuellement sous la pression d'un professionnel peut-être trop habile. Ce « droit de repentir » ne date pas de notre ère dite « de consommation » : il existait déjà au Bas-Empire, ces contractants étant de toutes les époques, « qui, à peine le marché conclu, en ont du regret »; comme le dit Carbonnier peut-être faut-il y voir « le souci indulgent de concéder

---

934   Art. 2129 C.c.Q. La question de savoir si l'entrepreneur évincé a droit, en outre, d'être indemnisé pour le gain manqué fait l'objet d'une controverse. Il nous apparaît que ce gain manqué ne doit pas faire l'objet d'une indemnisation, étant donné que le client a le *droit* de mettre fin au contrat; sur cette question, *cf.* Serge GAUDET, « Le droit de l'entrepreneur ou du prestataire de service au gain manqué », Conférence Meredith 1998-1999, Cowansville, Éditions Yvon Blais, 2000, p. 95, qui propose de ne pas confondre « indemnité de rupture » et « indemnité de responsabilité ».

935   *Cf. Systèmes techno-pompes Inc.* c. *La Manna*, [1994] R.J.Q. 47 (C.A.).

un peu de droit à la valse-hésitation des contractants timi-des »[936].

281. *L'obligation perpétuelle.* Le contrat étant la loi des parties, celles-ci peuvent-elles s'engager à perpétuité ? La question s'est posée essentiellement dans le cadre des contrats à exécution successive, tels les contrats de travail, de rente et de louage.

282. *La perpétuité et le contrat de travail.* En vertu des articles 2085 et 2090 C.c.Q., le salarié ne peut s'obliger que « pour un temps limité « , ce qui n'empêche pas que le contrat de travail puisse être « reconduit tacitement »; par ailleurs, en vertu de l'article 2093 C.c.Q., le contrat de travail se termine par le décès de l'employé et aussi, en certains cas, suivant les circonstances, par le décès de l'employeur. La formulation même de ces dispositions laisse entendre que l'on ne peut pas s'engager à perpétuité. Dans le cas où l'employé s'engagerait, vis-à-vis de son employeur, à travailler durant toute sa vie, pourrait-on dire qu'il s'est engagé pour un temps limité, celui de sa vie ? La réponse est évidente : il s'est engagé « à perpétuité », ce qui est inacceptable; la dignité humaine interdit qu'on laisse un individu aliéner ainsi sa liberté, en se condamnant aux travaux forcés à perpétuité[937]. Ainsi, l'employé pourra-t-il résilier unilatéralement ce contrat comme s'il était à durée indéfinie, en observant les formalités prévues par la loi[938]. Il en serait de même dans l'hypothèse où le contrat prévoirait une durée de cinq ans, renouvelable obligatoirement tous les cinq ans, à perpétuité; la situation serait identique à la précédente, car on ne peut prétendre qu'il y a une différence entre un contrat perpétuel et un contrat pour une durée de cinq ans, renouvelable de façon obligatoire, perpétuellement : dans l'un et l'autre cas, l'employé serait condamné aux travaux forcés à perpétuité. Inversement, l'employeur ne pourrait pas décider unilatéralement de renvoyer son employé (sans juste cause), sous le prétexte qu'il s'agit d'un contrat perpétuel; lorsqu'il a accepté l'engagement de l'employé, lui-même a accepté d'utiliser les services dudit employé jusqu'à la mort de celui-ci; il se borne, ainsi, à se priver du droit de le mettre à la porte sans juste cause (*cf.* art. 2094 C.c.Q.) : il n'y a, là, rien qui heurte la dignité humaine et la liberté de travail. On doit alors comprendre que serait perpétuel et, donc, inacceptable le contrat prévu pour une durée de cinq ans, renouvelable tous les cinq ans, à perpétuité, à la seule re-

---

[936] CARBONNIER, t. 4, 21ᵉ éd., nº 114, p. 221.
[937] *Cf.* FARIBAULT, t. 12, p. 302 et 303.
[938] *Cf.* art. 2091 C.c.Q.

quête de l'employeur, puisque l'employé serait ici aussi « condamné à vie ». En revanche, ne serait pas interdit le contrat de cinq ans, renouvelable tous les cinq ans, à perpétuité, à la seule requête de l'employé, puisque celui-ci pourrait se libérer.

283. *La perpétuité et les rentes.* La constitution de rentes est un contrat dont on disait qu'il pouvait être perpétuel, en s'appuyant sur la formulation de l'article 1787 C.c.B.C., lequel visait une somme d'argent qui allait « demeurer permanemment entre les mains [d'une partie] comme un capital »; en vérité, l'article 1789 C.c.B.C. édictant que la rente constituée « en perpétuel [...] est essentiellement rachetable par le débiteur » qui pouvait ainsi s'en libérer, il n'était guère permis de parler d'obligation perpétuelle. Le *Code civil du Québec* règle le problème de façon plus précise en disposant que « [l]a durée du service de toute rente, qu'elle soit viagère ou non, est dans tous les cas limitée ou réduite à 100 ans depuis la constitution de la rente, même si le contrat prévoit une durée plus longue ou constitue une rente successive » (art. 2376 C.c.Q.) : la perpétuité ne peut donc pas être plus que centenaire !

284. *La perpétuité et le contrat de louage de chose.* En vertu de l'article 1851 C.c.Q., le louage est un contrat par lequel le locateur s'engage envers le locataire à lui procurer, moyennant un loyer, la jouissance d'un bien « pendant un certain temps ». La formulation même de cette disposition nous indique que le bail ne peut être perpétuel, le locateur ne s'engageant à procurer la jouissance que « pendant un certain temps », c'est-à-dire un temps limité. On notera que le législateur québécois, tant en 1866 qu'en 1991, n'a pas repris la phraséologie de Pothier selon laquelle le bailleur s'engage à faire jouir le preneur « pendant le temps convenu », permettant ainsi aux parties de convenir que cette obligation durera ce que dure l'éternité, puisque, à l'époque de Pothier, le bail pouvait être perpétuel; contrairement à ce qui a été dit, on ne peut pas prétendre que la « presque identité dans les termes » n'indique aucune modification dans le fond[939] : un « certain temps » laisse entendre une durée qui est déterminée ou déterminable, qui ne manquera pas de se terminer, en d'autres mots un terme extinctif.

---

[939] Gabriel BAUDRY-LACANTINERIE, *Traité théorique et pratique de droit civil*, 3e éd., vol. 1, Paris, Sirey, 1908, cité dans *Neale* c. *Katz*, [1979] C.A. 192, 193.

Et pourtant, une jurisprudence constante affirmait fermement que rien, dans notre droit, ne s'opposait au bail perpétuel, c'est-à-dire au bail qui ne finirait jamais[940], de sorte qu'un droit personnel aurait pesé à jamais sur les héritiers des héritiers des héritiers... comme, au temps des seigneurs féodaux, la tenure perpétuelle. Certes, ces différents arrêts concernaient des baux prévoyant une durée déterminée (de 21 ans ou de 1 an), renouvelables perpétuellement pour la même durée, ce qui a fait dire à un juge qu'on pouvait « distinguer entre un bail perpétuel et un bail fait pour un certain temps, mais renouvelable perpétuellement », lequel serait alors conforme à l'article 1600 C.c.B.C.[941]. Cette opinion ne pouvait être admise, car les deux situations engageaient l'avenir à perpétuité dès lors que les deux parties ou l'une d'elles ne pouvaient s'opposer au renouvellement : le bail, en effet, conserve son caractère perpétuel toutes les fois qu'il est renouvelable indéfiniment au gré d'une seule des parties, puisque l'autre peut alors demeurer perpétuellement à la merci de son cocontractant[942].

Sur quelle base reposait donc l'affirmation selon laquelle le droit québécois reconnaissait la validité des conventions faites à perpétuité, tels les baux[943] ?

La Cour suprême du Canada, ayant à examiner cette question dans l'affaire *Cyclorama de Jérusalem*[944], a déclaré sans plus ample motivation que « la question du bail à perpétuité a été définitivement déterminée par cette Cour dans la cause de *Consumers Cordage*

---

[940] Le mot « perpétuel » a deux sens : d'une part, il signifie « qui dure, qui doit durer toute la vie »; c'est le sens qui a été retenu précédemment dans le contexte du contrat de travail perpétuel; d'autre part, il signifie « qui dure toujours, infiniment ou indéfiniment » (Paul ROBERT, *Le nouveau Petit Robert : dictionnaire alphabétique et analogique de la langue française*, Paris, Dictionnaires Le Robert, 1993) : c'est le sens que lui donna la jurisprudence en matière de bail : *Consumers Cordage Co. c. St-Gabriel Land and Hydraulic Co.*, [1945] R.C.S. 158; *Cyclorama de Jérusalem Inc. c. Congrégation du Très Saint Rédempteur*, [1964] R.C.S. 595; *Neale c. Katz*, [1979] C.A. 192.

[941] *Neale c. Katz*, [1979] C.A. 192, 194 (j. Mayrand) (l'article 1600 C.c.B.C. a été repris presque textuellement à l'article 1851 C.c.Q.).

[942] Jean CARBONNIER, « Contrats spéciaux », *Rev. trim. dr. civ.* 1955.128, 129.

[943] *Birks c. Birks*, [1983] C.A. 485, 493.

[944] *Cyclorama de Jérusalem Inc. c. Congrégation du Très Saint Rédempteur*, [1964] R.C.S. 595, 599.

Co. »[945]. C'est également à cette dernière affaire qu'a renvoyé la Cour d'appel, dans les affaires *Neale* c. *Katz*[946] et *Birks* c. *Birks*[947]. Il est donc nécessaire de s'y référer. On remarque, tout d'abord, qu'il est loin d'être certain que le contrat litigieux (d'une durée de 21 ans, renouvelable tous les 21 ans, « *for ever* ») fût un bail; la Cour d'appel, qui est confirmée également sur ce point par la Cour suprême, ne manque pas d'insister sur le fait qu'il s'agissait d'une concession et donc d'un contrat innommé ou *sui generis* plutôt que d'un bail et que le droit conféré relevait du droit réel, plutôt que du droit personnel. Si tel était le cas, ce contrat concédait un droit réel qui pouvait être perpétuel, telle la servitude. Cependant, la Cour suprême, à l'instar de la Cour d'appel, a observé que le contrat perpétuel était reconnu dans le *Code civil du Bas Canada*, citant, au soutien de cette affirmation, les articles 381, 388, 389, 390, 391, 392, 1472, 1593, 1594, 1596, 1787 et 1789 C.c.B.C.[948].

Que faut-il penser de cette avalanche de contrats que la Cour suprême dit être « perpétuels » ? L'article 1472 C.c.B.C. définissait le contrat de vente : dans un tel contrat, qui par sa nature est instantané, on ne peut imaginer comment l'obligation qu'a le vendeur de délivrer le bien et l'obligation qu'a l'acheteur de payer le prix fixé peuvent être qualifiées de perpétuelles; dès lors qu'elles sont exécutées, elles sont éteintes. Certes, le droit réel de propriété est transféré de façon définitive à l'acquéreur, mais on ne voit pas la relation qui peut être faite avec le sujet qui nous préoccupe, l'obligation perpétuelle. Les articles 1593 à 1596 C.c.B.C. traitaient du bail à rente, à peu près inconnu à l'époque, même de Mignault ! Or, « l'aliénation d'immeuble à perpétuité par bail à rente équivaut à vente » et la « rente » n'est rien d'autre que le prix du bien, laquelle est éventuellement soumise aux règles sur les rentes des articles 389 et suiv. C.c.B.C. : d'une part, on a déjà dit que le transfert de propriété n'avait rien à voir avec l'obligation perpétuelle; d'autre part, comme le dit Mignault, « quand le bailleur cède un immeuble par bail à rente, il peut bien stipuler que cette rente continuera à être payée pendant 99 ans, ou pendant la vie de trois personnes consécutivement, mais, à la fin de cette période, le capital de la rente pourra être exigé du débi-

---

[945] *Consumers Cordage Co.* C. *St-Gabriel Land and Hydraulic Co.*, [1945] R.C.S. 158.

[946] *Neale* c. *Katz*, [1979] C.A. 192.

[947] *Birks* c. *Birks*, [1983] C.A. 485.

[948] *Consumers Cordage Co.* c. *St-Gabriel Land and Hydraulic Co.*, [1945] R.C.S. 158, 165 et 166.

teur »[949]. C'est bien dire que la perpétuité est... limitée. C'est d'ailleurs ce qu'affirmaient les articles 388 à 394 C.c.B.C., qui devaient être interprétés les uns par rapport aux autres et non isolément, ainsi que les articles 1787 et 1789 C.c.B.C., relatifs à la constitution de rentes : toutes ces rentes étaient, ou bien limitées à 99 ans ou à la durée de la vie de trois personnes, ou bien « perpétuelles » mais alors toujours rachetables, ce qui leur enlevait le caractère véritablement perpétuel. Quant à l'article 381 C.c.B.C., il énumérait les biens qui étaient immeubles par l'objet auquel ils s'attachaient : disposition fourre-tout qui visait des droits réels ou des droits sur la nature desquels on s'interrogeait et dont on ne pouvait tirer aucune leçon quant au sujet qui nous occupe.

Plus troublant était un autre argument invoqué par la Cour d'appel dans l'affaire *Neale* : le droit québécois se serait distingué du droit français qui, lui, refuse qu'un bail soit perpétuel. La doctrine et la jurisprudence françaises sont, en effet, unanimes sur ce point[950] : la perpétuité leur est inacceptable. Selon le juge Monet, cette opinion ne trouve pas son fondement dans l'article 1709 C.c.fr., identique à l'article 1600 C.c.B.C., aux termes duquel le louage de chose est un contrat par lequel le locateur s'engage... « pendant un certain temps ». L'interdiction des baux perpétuels reposerait donc surtout, selon lui, sur la Loi des 18 et 29 décembre 1790, « bail à cens, emphytéose, bail à rente etc. [ayant] alors été confondus dans une haine commune sous la Révolution, phénomène socio-légal qui n'a pas eu lieu ici. De plus, n'y a-t-il pas lieu, poursuit le juge Monet, de distinguer le bail à loyer, étranger à cette organisation de la propriété des contrats générateurs de droits réels, comme l'emphytéose visée par la Loi de 1790 »[951]; il notait également que l'article 530 C.c.fr. n'était pas complètement identique aux articles 389 et suiv. C.c.B.C. (sur ce dernier point, on répondra simplement que cet article 530 C.c.fr. traite du bail à rente dont il était question dans les articles 1593 et suiv. C.c.B.C., qui renvoyaient aux articles 389 et suiv. C.c.B.C., lesquels précisaient exactement comme en droit français que, bien que dite « rente perpétuelle », cette rente était rachetable[952]).

949 MIGNAULT, t. 7, p. 212.
950 AUBRY et RAU, 6ᵉ éd., t. 2, n° 224, p. 617; PLANIOL et RIPERT, 2ᵉ éd., t. 10, n° 446 et suiv., p. 574 et suiv.; CARBONNIER, t. 4, 21ᵉ éd., n° 141, p. 264.
951 *Neale* c. *Katz*, [1979] C.A. 192, 197; *cf.* PLANIOL et RIPERT, 2ᵉ éd., t. 10, n° 713, p. 1010.
952 *Neale* c. *Katz*, [1979] C.A. 192, 196 *in fine* et 197.

Certes, le Canada n'a pas fait sa Révolution de 1789 et n'a pas connu toutes ces séries de lois dites révolutionnaires qui avaient pour but de mettre fin au régime de féodalité[953]; mais le Québec de 1979 ne vivait quand même plus à l'heure des institutions féodales[954]. Quoi qu'il en fût, on retrouvait dans le *Code civil du Bas Canada* de 1866 les dispositions inscrites dans le Code français de 1804, découlant directement des lois révolutionnaires, c'est-à-dire la consécration du principe que toute rente « perpétuelle » est essentiellement rachetable, que le bail à rente transfère la propriété, qu'une rente foncière ou autre, affectant un bien-fonds, ne peut excéder 99 ans ou trois vies, et que l'emphytéose ne peut durer plus que 99 ans ! C'est sur la base de ces principes relatifs aux contrats générateurs de droits réels et inscrits dans le Code que les Français se sont prononcés contre le rétablissement des baux perpétuels : l'ère révolutionnaire est désormais dépassée. La Cour de cassation a eu plusieurs fois l'occasion de réaffirmer ce principe en se fondant sur l'article 1709 C.c.fr. (correspondant à l'article 1600 C.c.B.C.) et non plus sur la Loi de 1790[955]. Il était alors permis de se demander si les tribunaux québécois n'auraient pas pu donner à des textes semblables une portée identique. On peut cependant penser qu'il y eut, en cette matière, une certaine influence de la common law; il suffit de signaler, à cet égard, l'argument (!) invoqué dans une décision judiciaire, consistant à dire : « Comment pourrait-on soutenir que cette convention [un contrat perpétuel] puisse être contraire à l'ordre public, alors que la common law en reconnaît la validité et en sanctionne les effets »[956] ?

Si donc l'on considérait qu'un bail perpétuel n'était pas acceptable[957], il fallait se demander ce qu'était un bail atteint du vice de perpétuité et quelle en était la sanction. En droit français, lorsque la reconduction était laissée à la discrétion du locataire et de ses héritiers, le bail était atteint du vice de perpétuité et sanctionné de nullité absolue, comme contraire à l'ordre public. Cependant, la Cour de

---

953   *Cf.* AUBRY et RAU, 6ᵉ éd., t. 2, n° 224, p. 614 et suiv.

954   En effet, *cf. Acte concernant l'abolition générale des droits et devoirs féodaux*, S.R.B.C. 1861, c. 41 et *Acte concernant les rentes foncières, les rentes constituées et les rentes viagères*, S.R.B.C. 1861, c. 50.

955   *Cf.* Jean CARBONNIER, « Contrats spéciaux », *Rev. trim. dr. civ.* 1955.128, 129.

956   *St-Gabriel Land and Hydraulic Co.* c. *Consumers Cordage Co.*, [1944] B.R. 305, 326 (j. St-Jacques).

957   *Cf.* en ce sens, FARIBAULT, t. 12, p. 21 et suiv.; de même Henri TURGEON, « Jurisprudence. Bail perpétuel », (1942-43) 45 *R. du N.* 89.

cassation[958], en 1983, a considéré qu'un bail renouvelable à la discrétion du locataire et de ses enfants était valable pour la vie de ces deux générations, si tel était leur bon plaisir, car ce contrat avait un terme qui n'était pas jugé déraisonnable. On était alors amené à se demander pourquoi on n'aurait pas pu, comme au XIXe siècle, admettre la validité d'un contrat qui aurait duré la vie de trois générations ou 99 ans – comme l'emphytéose –, alors qu'une durée supérieure aurait entaché ce contrat du vice de perpétuité[959] : comme le dit Carbonnier, « ce n'est pas que 100 ans fassent une éternité, mais 99 ans, c'est le forfait légal pour trois générations [...] le vrai est que tout est nuit au-delà de nos petits-enfants »[960]. Sans doute une telle solution aurait-elle été en accord avec l'esprit qui déjà inspirait le législateur en matière de bail d'habitation, la loi tendant à perpétuer ce bail au gré du locataire, puisqu'elle lui accorde le maintien dans les lieux qui ne peut être mis en échec que par des causes très précises (art. 1936 et suiv. C.c.Q.). Toutefois, plutôt que de sanctionner le vice de perpétuité par la nullité absolue, qui pouvait nuire à la sécurité du locataire, il aurait été préférable de réduire la durée du bail à 99 ans, comme l'article 579 C.c.B.C. le faisait en matière d'emphytéose.

C'est la solution que consacre désormais, à une année près, l'article 1880 C.c.Q., selon lequel « [l]a durée du bail ne peut excéder 100 ans. Si elle excède 100 ans, elle est réduite à cette durée »[961].

On peut en conclure que le droit québécois, à l'instar du droit français, considère l'obligation perpétuelle comme contraire à l'ordre public.

Par. 2. *Le contrat s'impose au juge*

285. *Sécurité et imprévision.* De la même façon qu'il s'impose aux parties, le contrat s'impose au juge. De la même manière qu'il ne peut modifier la loi, le juge ne peut pas modifier les termes d'un contrat qui s'est valablement formé, à

---

[958] Civ. 3e, 30 nov. 1983, *Bull. civ.* III, n° 249.
[959] *Cf.* Philippe RÉMY, « Contrats spéciaux », *Rev. trim. dr. civ.* 1984.522.
[960] CARBONNIER, t. 4, 21e éd., n° 141, p. 264.
[961] On notera que la durée maximale de 99 ans qui était prévue au *Code civil du Bas Canada* pour l'emphythéose a été portée à 100 ans (art. 1197 C.c.Q.), de même que pour la rente (art. 2376 C.c.Q.).

moins que la loi ne lui en donne expressément le pouvoir[962]. Il en serait ainsi des obligations qu'un mineur aurait contractées seul et qui s'avéreraient lésionnaires : le juge pourrait les réduire (art. 163, 173 et 174 C.c.Q.), de même qu'il pourrait réduire les obligations découlant d'une clause abusive (art. 1437 et 1623 C.c.Q.) ou d'un prêt lésionnaire portant sur une somme d'argent (art. 2332 C.c.Q.).

En dehors des cas prévus par la loi elle-même, il serait dangereux de permettre l'intervention du juge : la sécurité des contrats ne serait plus assurée.

La doctrine moderne a tenté d'atténuer ce principe en reconnaissant au juge le droit de modifier ou supprimer le contrat lorsque l'exécution des obligations –qui se situe dans la durée– se trouve modifiée par des circonstances postérieures à la formation du contrat, circonstances qui étaient imprévisibles au moment même de la conclusion du contrat et qui rendent l'exécution beaucoup plus onéreuse que prévu pour l'une des parties. Ce serait le cas de la vente, en 1939, d'un objet non encore fabriqué, pour la somme de 10 000 $, payable par moitié à la signature du contrat, l'autre moitié devant être versée à la livraison de l'objet; la livraison étant faite en 1944 et la fabrication de l'objet ayant coûté le triple de ce qui avait été prévu, le prix pourrait être changé.

C'est la théorie de l'imprévision[963], que l'on fonde sur l'idée d'équité. Selon certains, la clause *sic rebus stantibus* serait sous-entendue dans tous les contrats, chacune des parties se réservant un droit de résiliation dans l'hypothèse d'un changement dans les circonstances. Selon d'autres, ce ne serait que

---

[962] Il n'est toutefois pas impossible que, sous le couvert de l'interprétation du contrat, le juge en vienne à modifier quelque peu celui-ci... : *cf. supra*, n° 222 et suiv.

[963] *Cf.* MAZEAUD, 9ᵉ éd., t. 2, vol. 1, n° 734 et suiv., p. 859 et suiv.; MARTY et RAYNAUD, 2ᵉ éd., t. 1, n° 249 et suiv., p. 261 et suiv.; STARCK, 6ᵉ éd., vol. 2, n° 1401 et suiv., p. 487 et suiv. *Cf.* également, Paul-André CRÉPEAU et Élise M. CHARPENTIER, *Les principes d'UNIDROIT et le Code civil du Québec : valeurs partagées?*, Scarborough, Carswell, 1998, p. 32 et p. 116 et suiv.

l'application de la notion de lésion ou d'enrichissement sans cause; d'autres encore fonderaient cette théorie sur l'obligation générale de bonne foi dans l'exécution du contrat.

Cette théorie a été répudiée en France par les tribunaux civils[964], car elle ne repose sur aucun fondement : la clause *sic rebus stantibus* doit être exprimée et ne peut pas être sous-entendue, car on sait à quoi on s'expose lorsque l'exécution du contrat n'est pas immédiate ou qu'elle se prolonge dans le temps; la lésion n'est pas admise et, lorsqu'elle l'est, on prend en considération le caractère lésionnaire du contrat au moment de sa formation et non point au moment de son exécution; il ne peut non plus y avoir enrichissement sans cause de l'une des parties puisque son enrichissement résulte du contrat. Enfin, nous ne pouvons pas admettre l'opinion[965] selon laquelle, advenant des circonstances imprévisibles lors de la formation du contrat, la partie contractante qui en bénéficierait au moment de l'exécution pourrait être considérée comme étant de mauvaise foi, si elle refusait de renégocier le contrat; ce serait galvauder la notion de bonne foi et permettre, sur cette base, la révision du contrat par le juge, à tout propos et souvent mal à propos. En outre, comme l'ont fait observer Flour, Aubert et Savaux[966], « la révision appelle la révision », dans la mesure où le rééquilibrage d'un contrat donné pourra entraîner, dans d'autres contrats, un autre déséquilibre qui nécessiterait lui aussi, une révision. Certes, le rejet de l'imprévision peut aboutir à la ruine de l'une des parties et à l'inexécution du contrat; mais, ajoutent ces auteurs, « pour remédier à un déséquilibre qui ne s'est parfois manifesté que dans un secteur déterminé de l'économie, on risquerait alors, par un jeu de réactions en chaînes impossibles à limiter et même à prévoir, de provoquer

---

[964] La jurisprudence administrative française a accepté la théorie de l'imprévision en la fondant sur l'idée que l'intérêt du service public doit l'emporter dans les contrats administratifs. *Cf.* FLOUR, AUBERT et SAVAUX, vol. 1, 9ᵉ éd., n° 406, p. 295.

[965] *Cf.* Stefan MARTIN, « Pour une réception de la théorie de l'imprévision en droit positif québécois », (1993) 34 *C. de D.* 599 ; *cf.* également TANCELIN, 6ᵉ éd., nᵒˢ 352 et 253.

[966] FLOUR, AUBERT et SAVAUX, vol. 1, 9ᵉ éd., n° 410, p. 297 et suiv.

un déséquilibre généralisé », de sorte que la révision pourrait avoir un « effet inflationniste… toute révision [agissant] sur l'économie ». On serait alors en présence du « risque d'accroître l'instabilité économique [ce qui], de ce seul fait, cesse de satisfaire l'équité. »

Il est également permis de douter du caractère vraiment équitable de cette théorie si l'on considère qu'en définitive, elle fait assumer par l'une des parties le malheur qui s'est abattu sur l'autre, alors que la première est irréprochable : « la justice, nous dit Sériaux, commande seulement de corriger les comportements volontairement injustes[, si] le hasard dépouille [le débiteur] de ses espérances, c'est à ce seul hasard qu'il doit s'en prendre! […] Aucune injustice n'est à réparer, car personne n'a été injuste »[967]; ce qui revient à dire que celui qui bénéficie des circonstances imprévisibles n'agit pas à l'encontre de la bonne foi s'il refuse de renégocier les termes de l'entente: il importe de ne pas assimiler bonne foi et charité.

Ainsi peut-on rapprocher cette question de la théorie des risques: les parties qui, dans un contrat dont l'exécution s'étale dans le temps, ne prévoient rien quant aux aléas de la conjoncture économique, entendent courir les risques des fluctuations économiques ou monétaires, que ces risques jouent en leur faveur ou contre eux; or, en vertu de la théorie des risques qui sera envisagée ultérieurement[968], les risques sont en principe assumés par le débiteur de l'obligation inexécutée et non par le créancier, sans qu'il y ait lieu de répartir entre eux les risques anormaux.

Au Québec, la théorie de l'imprévision n'a jamais eu cours[969]. Lorsque les parties contractent pour une longue période et qu'elles veulent se protéger contre les aléas du futur, elles doivent prévoir expressément une clause de révision.

---

[967] Alain SÉRIAUX, *Droit des obligations*, Paris, P.U.F., 1992, n° 46, p. 172.
[968] *Cf. infra*, n° 416 et suiv.
[969] *Cf. H. Cardinal Construction Inc. c. Ville de Dollard-des-Ormeaux*, J.E. 87-970 (C.A.).

La théorie de l'imprévision ne présente guère d'intérêt en période de stabilité économique et politique; aussi pourrait-on penser qu'elle serait aujourd'hui d'une certaine utilité. Cependant, permettre au juge d'intervenir ainsi, afin de modifier les engagements des parties qui n'ont pas su prévoir des variations sérieuses dans les prix et dans les coûts, compromettrait dangereusement la sécurité des transactions; de plus, vivant depuis des décennies dans un contexte d'instabilité, est bien imprudent celui qui ne songe pas à s'en protéger conventionnellement. En effet, il est toujours possible d'insérer dans un contrat des clauses d'indexation ou des clauses de révision, de sauvegarde ou de « *hardship* », qui permettent de modifier les prix ou de réaménager le contrat dans l'hypothèse où des changements dans la conjoncture viendraient à le déséquilibrer gravement[970]. Ainsi, le rejet de l'imprévision nous paraît être une « puissante incitation à l'adoption de clauses qui apportent une réponse sur mesure aux difficultés nées de l'instabilité économique et monétaire »[971]. N'importe quel travailleur sait aujourd'hui ce qu'est une clause d'échelle mobile : son pouvoir d'achat en est l'enjeu; tout locateur, comme tout locataire, sait qu'il n'est guère prudent de passer un bail de longue durée! La théorie de l'imprévision n'étant rien d'autre que la recherche incessante de l'équité dans les contrats, on ne peut courir le risque de laisser à la discrétion des tribunaux le choix de solutions qui risquent d'être purement arbitraires et entraîner des effets... « imprévisibles ». Si donc des circonstances très particulières révèlent un déséquilibre des prestations foncièrement injuste pour l'une des parties et la collectivité, il appartient alors au législateur d'intervenir et d'apporter les correctifs nécessaires : il y va de l'intérêt général[972].

---

[970] *Cf.* Pierre MOISAN, « Technique contractuelle et gestion des risques dans les contrats internationaux: les cas de force majeure et d'imprévision », (1994) 35 *C. de D.* 281.

[971] TERRÉ, SIMLER et LEQUETTE, 6ᵉ éd., 1996, n° 446, p. 375.

[972] *Cf. Renvoi relatif à la Upper Churchill Water Rights Reversion Act,* [1984] 1 R.C.S. 297 : la province de Terre-Neuve adopta une loi qui « s'attaquait » à un contrat d'énergie qui devait se révéler « trop » favorable à Hydro-Québec; toutefois, cette loi fut jugée *ultra vires. Cf.* en matière de louage, les articles 1906, 1949, 1953 C.c.Q.

C'est la solution adoptée par le nouveau Code[973]. La théorie de l'imprévision n'a pas été retenue sur le plan des principes : pas plus qu'on a voulu bousculer la sécurité des contrats au niveau de leur formation en ne sanctionnant pas, en principe, la lésion entre majeurs, on n'a pas voulu davantage la bousculer au niveau de l'exécution en sanctionnant l'imprévision. D'ailleurs, si l'on ne sanctionne pas d'une façon générale le déséquilibre existant lors de la conclusion du contrat et résultant de l'exploitation de l'une des parties par l'autre, il serait incohérent de sanctionner un déséquilibre survenant lors de l'exécution et ne résultant aucunement du comportement du cocontractant, mais plutôt de circonstances qui étaient imprévisibles. Il appartient à ceux qui concluent un contrat dont l'exécution s'échelonne dans le temps de prévoir de possibles changements dans les conditions fluctuantes de la vie économique actuelle[974].

En revanche, deux cas précis ont été envisagés par le législateur : dans le cadre d'une donation à charge ou d'un legs à charge, lorsque celle-ci devient impossible ou trop onéreuse pour le donataire ou le légataire, en raison de circonstances imprévisibles lors de l'acceptation de la donation ou du legs, cette charge peut être révoquée ou modifiée par le tribunal, compte tenu de la valeur de la libéralité, de l'intention du donateur ou du testateur et des circonstances (art. 771 et 1834 C.c.Q.). Il s'agit là d'une solution nouvelle, mais ponctuelle, qui suppose l'absence d'entente préalable, destinée à corriger des situations particulières, rencontrées au fil des ans, mettant en sérieuse difficulté les bénéficiaires – ou leurs héritiers – qui n'étaient plus en mesure d'assumer leurs engagements et qui n'avaient jusqu'alors pour seul recours que celui de s'adresser à l'Assemblée nationale afin que, par une loi privée, on les libère de leurs charges. Il est clair que si le législateur a éprouvé le besoin de prévoir ces deux situations, c'est que, n'admettant

---

[973] *Cf. Québec (Procureur général)* c. *Kabakian-Kechichian*, [2000] R.J.Q. 1730, 1738 (C.A.).

[974] *Cf.* BAUDOUIN et JOBIN, 5ᵉ éd., nº 441 et suiv., p. 360 et suiv.

pas le principe de l'application de la théorie de l'imprévision, il devait expressément en prévoir l'application exceptionnelle[975].

Section 2. L'effet relatif du lien obligatoire

En vertu de l'article 1440 C.c.Q., « [l]e contrat n'a d'effet qu'entre les parties contractantes; il n'en a point quant aux tiers, excepté dans les cas prévus par la loi ». Ce principe de la relativité du lien obligatoire qui vise, selon cet article, le contrat, s'applique cependant de la même manière à toute obligation, quelle qu'en soit la source : toute obligation lie le créancier et le débiteur, sans atteindre directement les tiers[976]. Néanmoins, un rapport d'obligation peut affecter des tiers de façon indirecte, dans la mesure où ce rapport peut être opposable aux tiers, même s'il ne les lie pas. À l'instar du Code, on examinera les principes de la relativité et de l'opposabilité en se plaçant dans un contexte contractuel, tout en insistant sur le fait que ces principes visent toute obligation, qu'elle soit d'origine contractuelle ou légale.

Par. 1. *Les principes de relativité et d'opposabilité du lien obligatoire*

286. *Les parties au contrat.* L'idée selon laquelle un contrat produit des effets entre les parties est aisée à comprendre et présente apparemment peu de difficultés : les parties ont consenti à ce contrat dont elles ont voulu les effets; il est, dès lors, normal qu'elles soient liées par leur volonté et qu'elles en subissent les conséquences. Il suffit de s'entendre sur

---

[975] Sur la théorie de l'imprévision, *cf.* les propos très nuancés de Jacques GHESTIN, Christophe JAMIN et Marc BILLIAU, *Traité de droit civil : les effets du contrat*, 2ᵉ éd., Paris, L.G.D.J., 1994, no 263 et suiv., p. 310 et suiv. Pour une appréciation critique de la position québécoise, voir Julie BÉDARD, « Réflexions sur la théorie de l'imprévision en droit québécois », (1997) 42 *R.D. McGill* 761 et Stefan MARTIN, « Pour une réception de la théorie de l'imprévision en droit positif québécois », (1993) 34 *C. de D.* 599.

[976] *Cf.* BAUDOUIN et JOBIN, 5ᵉ éd., n° 441 et suiv., p. 360 et suiv.

l'« identification » des parties contractantes, ce qui n'est pas nécessairement aisé, comme nous allons le voir[977].

Ces parties sont généralement les personnes physiques ou morales qui concluent elles-mêmes le contrat pour leur propre compte, ou qui ont été représentées pour la conclusion de ce contrat; il ne faut pas oublier, en effet, qu'en cas de représentation, c'est le représenté qui s'engage et non point le représentant qui, lui, ne fait qu'agir au nom et pour le compte du représenté[978].

287. *Le contrat avec soi-même.* Il est étrange que l'on puisse parler du contrat avec soi-même, dans la mesure où, pour contracter, il faut être au moins deux... Certes, on conçoit qu'une même personne puisse agir en des qualités différentes : tel est le cas de celui qui agit en son propre nom et, en même temps, au nom de quelqu'un d'autre, en tant que mandataire. Ce n'est cependant pas, alors, un véritable contrat avec soi-même, car le représentant exprimant non point sa volonté, mais celle du représenté, c'est ce dernier qui contracte avec celui qui agit aussi pour lui-même : on est bien en présence de deux parties contractantes.

On peut aussi concevoir qu'une personne contracte avec elle-même, alors qu'elle se trouve à la tête de deux patrimoines : c'est le cas de l'héritier qui, ayant accepté une succession sous bénéfice d'inventaire, entend conclure un contrat en son nom avec la succession, tel l'héritier qui devient locataire d'un bien de la succession. On a pu dire qu'il s'agissait là plutôt d'un rapport entre deux patrimoines qu'entre deux personnes, puisque la même personne est titulaire de

---

[977] *Cf.* Jacques GHESTIN, Christophe JAMIN et Marc BILLIAU, *Traité de droit civil : les effets du contrat*, 2ᵉ éd., Paris, L.G.D.J., 1994, n° 329 et suiv., p. 382 et suiv.; MALAURIE et AYNÈS, t. 6, 10ᵉ éd., n° 656 et suiv., p. 383 et suiv.

[978] Certains ont prétendu que la personne représentée légalement – par exemple le mineur – ne pouvait être qualifiée partie contractante, car elle était inapte à donner elle-même un consentement et qu'ainsi le contrat passé par son représentant – tel le tuteur – n'était pas « voulu » par elle, la personne représentée étant alors un tiers et n'étant qualifiée de « partie » qu'en vertu d'une « fiction légale » qui est justifiée par son utilité sociale: Jacques GHESTIN, « La distinction entre les parties et les tiers au contrat », J.C.P. 1992.I.3628, art. n° 10. Cette position nous paraît inconciliable avec l'idée même de la représentation...

deux patrimoines; toutefois, on n'est pas très loin de la situation précédente, car la même personne agit à double titre, à titre personnel en tant que locataire et à titre de locateur-liquidateur de la succession; il y a donc expression de deux volontés distinctes.

On voit immédiatement le danger inhérent à un tel contexte, si l'on songe à d'éventuels conflits d'intérêts : c'est pourquoi ne peuvent se rendre acquéreurs les tuteurs et curateurs des biens dont ils ont la tutelle ou la curatelle, ou encore, dans le cas des mandataires, des biens qu'ils sont chargés de vendre, etc. (art. 1709 C.c.Q.). En dehors de ces considérations, rien ne s'oppose à la validité de tels contrats en vertu du principe de la liberté des conventions.

A. L'obligation ne lie pas les tiers

288. *Le contrat et les tiers.* L'idée selon laquelle un contrat ne produit pas d'effets à l'égard des tiers est plus délicate à saisir. Cela signifie qu'en principe, le contrat ne crée d'obligation qu'à la charge des contractants et ne crée des droits qu'en leur faveur. C'est la traduction de l'adage : *Res inter alios acta aliis neque nocere neque prodesse potest.* Les tiers au contrat ne peuvent donc pas profiter de ce contrat, pas plus qu'ils ne peuvent être obligés par lui. Le problème consiste à déterminer quels sont ces tiers à l'égard desquels un contrat conclu entre deux personnes ne produit pas d'effet.

Les tiers sont les personnes qui ne sont pas parties au contrat ou qui ne « succèdent » pas à une partie au contrat; ce sont des personnes complètement étrangères à ce contrat et aux parties contractantes, qu'on appelle les *penitus extranei.* Leur situation est claire et ne pose aucun problème.

Cependant, certaines personnes, qui n'ont pas participé au contrat, peuvent avoir eu, de façon plus ou moins directe, quelques relations avec les contractants ou le contrat; c'est sur celles-ci qu'il y a lieu de s'interroger.

« Le contrat n'a d'effet qu'entre les parties contractantes; il n'en a point quant aux tiers, excepté dans les cas prévus par la loi »: ainsi parle l'article 1440 C.c.Q., comme le faisait l'article 1023 C.c.B.C. reproduisant lui-même l'article 1165 C.c.f.

Cette « vérité », d'apparence simple, pose néanmoins la question de savoir qui sont les « parties contractantes » et qui sont les « tiers ». Or, il s'avère que les « parties contractantes » ne sont pas exclusivement les personnes qui donnent elles-mêmes leur consentement et que les tiers qui, normalement, sont des personnes étrangères à la conclusion du contrat et qui, en conséquence, ne devraient en connaître aucun des effets, sont parfois liés par ce contrat qui ne leur est pas tout à fait étranger et qui en connaissent donc quelques effets. Ainsi, existe-t-il des « parties contractantes » véritables ou assimilées et des « tiers » véritables, auxquels doivent s'ajouter des tiers qui se trouvent dans des situations intermédiaires, personnes dont on ne sait trop si l'on doit les qualifier véritablement de tiers ou de parties.

C'est à l'existence de ces situations intermédiaires que s'est attaqué Ghestin, cherchant à les éliminer par une « redistribution des qualités »[979]. Cette entreprise fut ardemment critiquée par Aubert[980], critique qui donna lieu à une tentative de conciliation par Mme Guelfucci-Thibierge[981] et à une « réponse » de Ghestin.[982]

Nous n'entrerons pas dans ce débat qui, sans résoudre le problème, nous paraît plutôt répondre à des « préoccupations dogmatiques et théoriques » auxquelles s'ajoute, certes, « un souci pratique: celui de surmonter les subdivisions diverses que la doctrine contemporaine introduit dans la catégorie des tiers, ou en position intermédiaire

---

[979] Jacques GHESTIN, « La distinction entre les parties et les tiers au contrat », J.C.P. 1992.I.3628; Jacques GHESTIN et Marc BILLIAU, *Traité de droit civil : les obligations : les effets du contrat*, Paris, L.G.D.J., 1992, n°s 565 et suiv.

[980] Jean-Luc AUBERT, « À propos d'une distinction renouvelée des parties et des tiers », *Rev. trim. dr. civ.* 1993.263.

[981] Catherine GUELFUCCI-THIBIERGE, « De l'élargissement de la notion de parties au contrat... à l'élargissement de la portée du principe de l'effet relatif », *Rev. trim. dr. civ.* 1994.275.

[982] Jacques GHESTIN, « Nouvelles propositions pour un renouvellement de la distinction des parties et des tiers », *Rev. trim. dr. civ.* 1994.777, ainsi que Jacques GHESTIN, Christophe JAMIN et Marc BILLIAU, *Traité de droit civil : les effets du contrat*, 2e éd., Paris, L.G.D.J., 1994, n° 335 et suiv.

entre ceux-ci et les parties »[983]. Ghestin tente de ne maintenir que deux qualifications, « parties contractantes » et « tiers », sans pour autant... simplifier les choses, dans la mesure où la première catégorie comporte des sous-catégories (parties contractantes et parties liées), ainsi d'ailleurs que la seconde (tiers exposés seulement à l'opposabilité et tiers liés au contrat) : « le flou des catégories intermédiaires se trouvent de la sorte généralisé ». On peut, en outre, avec Aubert, relever « l'intention militante » de Ghestin qui cherche à « démontrer que des tiers peuvent être obligés par le contrat, de sorte que l'effet relatif du contrat ne peut plus... se déduire du principe de l'autonomie de la volonté et que c'est finalement en fonction de l'utilité sociale du contrat qu'il convient... de déterminer le domaine des effets obligatoires de celui-ci »[984].

Les analyses présentées par ces auteurs sont certes pénétrantes, mais elles nous démontrent que deux qualifications alternatives (parties ou tiers) ne résolvent pas tous les problèmes posés par l'hétérogénéité des situations que l'on rencontre dans la vie juridique et que demeurera, quelles que soient les classifications, la multiplicité des situations intermédiaires.

Aussi avons-nous décidé de conserver la présentation classique du problème telle que nous l'avions faite dans les précédentes éditions inspirées des ouvrages de Flour et Aubert ou de Marty et Raynaud.

On distinguera donc deux catégories de personnes qui n'ont pas participé à la conclusion du contrat, mais qui peuvent en ressentir quelques effets: les ayants cause des parties contractantes et les créanciers de celles-ci.

289. *a) Les ayants cause.* Parmi les ayants cause, on ne doit pas confondre, d'une part, les ayants cause universels ou à titre universel et, d'autre part, les ayants cause à titre particulier[985].

290. *1. L'ayant cause universel ou à titre universel.* L'ayant cause universel est la personne qui acquiert l'universalité d'un patrimoine; l'ayant cause à titre universel est celle qui acquiert une quote-part de ce patrimoine (un tiers, un quart, une moitié,

---

983   Jean-Luc AUBERT, « À propos d'une distinction renouvelée des parties et des tiers », *Rev. trim. dr. civ.* 1993.263, n° 31 et suiv., p. 270 et suiv.

984   *Id.*

985   *Cf.* Jacques MESTRE, « Obligations en général », *Rev. trim. dr. civ.* 1999.831, 834.

ou encore l'universalité des immeubles ou celle des meubles; *cf.* art. 733 C.c.Q.). L'un et l'autre sont appelés « héritiers du défunt ».

Or, on sait qu'en règle générale un patrimoine est intransmissible entre vifs parce qu'il est attaché à la personne : celui qui a la personnalité juridique (c'est-à-dire toute personne) ne peut pas être sans patrimoine[986]. C'est pourquoi le patrimoine d'une personne n'est cessible qu'au décès de celle-ci et c'est à ce moment-là qu'il va pouvoir se confondre avec celui des héritiers[987]. Ainsi, l'ayant cause universel à qui est transmis un patrimoine recueille tous les droits et toutes les obligations qui constituent le patrimoine du défunt dont il continue la personne. C'est dire que les contrats conclus par le défunt... avant qu'il ne décède se trouvent dans son patrimoine lors de son décès et, par voie de conséquence, dans le patrimoine de l'ayant cause universel, son successeur. Aussi, le successeur se trouve-t-il, par rapport à ces contrats, dans la situation de son auteur, avec les mêmes droits et les mêmes obligations : il n'est pas un tiers au contrat conclu par son auteur. C'est ce que confirme l'article 1441 C.c.Q. : « [l]es droits et obligations résultant du contrat sont, lors du décès de l'une des parties, transmis à ses héritiers [...] »; ainsi deviennent-ils parties à ce contrat, pos-

---

[986]　L'article 780 C.c.B.C. prévoyait la possibilité de faire une donation universelle ou à titre universel; mais le donateur ne transmettait alors au donataire que l'actif et le passif qui existait au moment même de la donation et non point ses droits et obligations à venir. Cette possibilité a disparu dans le nouveau Code qui sanctionne de nullité absolue la donation autre qu'à titre particulier (art. 1823 C.c.Q.); *cf. supra*, n° 2, note 5.

[987]　Même si l'héritier continue la personne du défunt, on rappellera, d'une part, que désormais cet héritier n'a plus besoin d'accepter la succession sans bénéfice d'inventaire pour éviter la confusion immédiate du patrimoine du défunt avec le sien : la séparation des patrimoines est maintenant automatique, tant que la succession n'a pas été liquidée (art. 780 C.c.Q.) et, d'autre part, que l'héritier n'est en principe pas tenu au-delà de la valeur des biens qu'il recueille (art. 625 C.c.Q.); *cf. supra*, n° 2, note 6.

térieurement à sa formation, sans y avoir directement consenti, mais par le seul effet de la loi[988].

Il est cependant fait exception au principe de transmissibilité des droits et obligations contractuels à l'héritier du *de cujus* en certains cas :

— Lorsque les contractants ont eux-mêmes convenu que le contrat cessera de produire ses effets lors du décès de l'un d'eux, il est clair que les héritiers de celui-ci ne pourront ni profiter du contrat ni être obligés par lui (ce que prévoyait expressément l'article 1030 C.c.B.C., mais qui allait sans dire) : il en serait ainsi du bail qui serait consenti pour une durée de dix ans, par exemple, mais dans lequel il serait aussi stipulé qu'il prendrait fin au décès du locataire[989].

— Lorsque la nature même du contrat s'oppose à ce qu'il soit exécuté par une personne autre que la partie contractante elle-même (art. 1441 C.c.Q.) : il en est ainsi du contrat de travail; on conçoit mal que les héritiers du travailleur soient tenus, à l'égard de l'employeur, de poursuivre l'activité du salarié. De la même manière, le contrat conclu *intuitu personae* prend fin au décès du contractant dont les qualités personnelles ont été un élément déterminant du contrat : le mandat, par exemple, se termine par la mort du mandant ou du mandataire (art. 2175 C.c.Q.); l'engagement du peintre à qui a été commandé un tableau ne se transmet pas à ses héritiers.

291. *2. L'ayant cause à titre particulier.* L'ayant cause à titre particulier est la personne qui acquiert un bien particulier, c'est-à-dire une chose ou un droit déterminé, et non point l'universalité d'un patrimoine ou une quote-part. Ce bien peut

---

[988] *Cf. Desjardins* c. *Pelletier*, [1998] R.D.I. 105 (C.S., en appel, C.A. Montréal, n° 500-09-006100-986).

[989] Il est à noter qu'un bail n'est pas résilié par le décès de l'une des parties, art. 1884 C.c.Q.; cependant pour ce qui est du bail d'habitation, *cf.* art. 1938 et 1939 C.c.Q. qui sont impératifs en vertu de l'art. 1893 C.c.Q.

être transmis à l'ayant cause à titre particulier, par testament lors du décès de son auteur, mais aussi du vivant de son auteur : l'acquéreur d'un immeuble ou d'un droit de créance, par exemple, est l'ayant cause à titre particulier du vendeur ou du cédant.

Il ne fait aucun doute que l'ayant cause à titre particulier est un tiers à l'égard des contrats passés par son auteur, lorsque ces contrats sont complètement étrangers au bien qui lui a été transmis par son auteur; il ne peut pas être lié par des contrats qui n'ont aucun rapport avec le bien qu'il a reçu, de même qu'il ne peut aucunement en profiter : l'acheteur de l'immeuble A n'est pas lié à l'égard des locataires de l'immeuble B de son vendeur; de la même façon, il n'est pas tenu des dettes qu'aurait son vendeur à la suite d'une faute commise par ce dernier, dans un contexte extracontractuel.

Cependant, il est des conventions qui peuvent avoir des conséquences sur le bien transmis à l'ayant cause à titre particulier. Comme le souligne Mignault, l'ayant cause à titre particulier doit subir les conventions par lesquelles son auteur, « c'est-à-dire celui dont [il tient] la place, a consolidé, étendu ou amoindri le droit qu'il [lui] a transmis »[990].

Le vendeur, par exemple, transmet son droit tel qu'il est[991]. On reprendra ici les illustrations très claires présentées par Mignault. Lorsque le propriétaire d'un immeuble acquiert conventionnellement une servitude de passage sur la terre de son voisin, il étend son droit de propriété; s'il vend cet immeuble à X, ce dernier pourra invoquer ladite convention et prétendre bénéficier du droit de passage sur la terre voisine. Inversement, lorsque le propriétaire d'un terrain consent un droit de passage sur ce terrain à son voisin, ce dernier pourra invoquer cette convention à l'encontre de l'acquéreur du terrain, qui re-

---

[990] MIGNAULT, t. 5, p. 281.

[991] On peut, d'ailleurs, affirmer de façon générale qu'on ne peut transmettre plus de droits qu'on en a : *Nemo plus juris transferre potest quam ipse habet.*

fuserait le passage audit voisin[992]. Lorsque, par transaction, une personne admet que les limites de son domaine s'arrêtent à telle ou telle borne, l'acquéreur de ce domaine pourra invoquer cette convention pour s'opposer à la contestation de l'autre signataire de la transaction.

Dans ces trois hypothèses, il s'agit de conventions par lesquelles l'auteur a étendu, diminué ou consolidé le droit qu'il a transmis; elles peuvent être invoquées par ou contre l'ayant cause à titre particulier.

On constate toutefois que, dans ces hypothèses, le droit acquis, consenti ou reconnu par l'auteur, est un droit qui touche directement le bien qu'il transmet : c'est un droit réel portant sur le fonds cédé à l'ayant cause à titre particulier. Adopterait-on la même solution si ce droit était personnel et non point réel ?

Le propriétaire d'une terre consent à son voisin, propriétaire d'une maison, un droit de chasse sur cette terre pendant dix ans; si le voisin vend sa maison, son ayant cause à titre particulier ne pourra pas se prévaloir du droit de chasse de son auteur, car c'est un droit personnel qui a été consenti par le propriétaire de la terre à son voisin, un droit étranger au fonds qui a été vendu[993] (si le bénéficiaire du droit de chasse était décédé avant le délai stipulé de dix ans, ses ayants cause universels ou à titre universel auraient pu se prévaloir de ce droit qui se serait ainsi trouvé dans le patrimoine du défunt, à moins qu'il ne fut prouvé que ce droit de chasse avait été consenti *intuitu personae*).

Le problème devient plus délicat lorsque le contrat passé par l'auteur a été conclu avant la transmission du bien et lorsque, sans véritablement modifier le bien transmis, il ne lui est pas complètement étranger.

---

[992] Encore faut-il que cette servitude ait fait l'objet de la publicité requise par l'article 2938 C.c.Q.

[993] *Cf.* en ce sens, *O'Brien c. Ross*, [1984] C.A. 78.

Deux situations doivent être envisagées : ce contrat crée des obligations à la charge de l'auteur ou, au contraire, lui attribue des droits.

– Lorsque le contrat – conclu avant la transmission du bien ou du droit – crée des obligations à l'égard de l'auteur, l'ayant cause à titre particulier ne peut pas en être tenu; une personne, en effet, ne peut pas être obligée par la volonté d'une autre, si elle ne l'a pas elle-même voulu. Ainsi, l'acquéreur d'un fonds n'est pas tenu par le contrat passé par son auteur avec un fournisseur, ou par le contrat passé par son auteur avec ses concurrents, aux termes duquel il s'engagerait à « fermer boutique » deux jours par semaine. L'ayant cause à titre particulier ne pourrait être lié par ces conventions que si, lors de la transmission du bien, il s'était engagé à les exécuter. On doit ajouter qu'il serait également tenu si la loi exigeait qu'il en fût ainsi; c'est le cas de l'acquéreur d'un immeuble dans lequel se trouvent des locataires au moment de la vente : « [l]'aliénation volontaire [de l'immeuble] ne met pas fin de plein droit au bail [à durée fixe ou à durée indéterminée » (*cf.* art. 1886 et 1887 C.c.Q.).

– Lorsque le contrat – conclu avant la transmission du bien – attribue des droits à l'auteur, il serait logique de ne pas en faire bénéficier l'ayant cause à titre particulier : puisque ce contrat ne peut pas lui nuire, pourquoi devrait-il lui être profitable ? On dira donc que les droits de l'auteur ne seront transmis à l'ayant cause à titre particulier que lorsque ces droits lui auront été cédés par l'auteur. Il faut ajouter, toutefois, qu'il doit également pouvoir en profiter lorsque ce droit a un rapport assez étroit avec le bien cédé pour qu'on puisse estimer qu'il en est l'accessoire. Ainsi reconnaît-on à l'acquéreur d'un immeuble le droit d'exercer, contre l'architecte, en cas de vice dans la construction, le recours qu'avait son auteur : ce droit est un accessoire de l'immeuble vendu, qui suit le principal.

292. *L'ayant cause particulier et la transmission de droits.* On constate donc que la solution peut être différente selon que la convention – conclue avant la transmission du bien – crée, à l'égard de l'auteur, exclusivement un droit ou exclusivement une obligation. Cela s'explique du fait que rien ne s'oppose à une transmission de droit par des mécanismes tels que la cession de créance, la stipulation pour autrui ou la théorie de l'accessoire, alors que, au contraire, la cession de dette n'est pas admise. La Cour suprême du Canada s'est prononcée en ce sens dès 1925[994] et a récidivé en 1979, dans une affaire dont on a fait grand cas et qui a été diversement appréciée[995] : il a été jugé que celui qui acquiert d'un concessionnaire une chose, en l'occurrence une automobile, atteinte d'un vice caché, possède un recours contractuel qu'il peut exercer directement contre le fabricant, en l'occurrence General Motors, qui a vendu ladite automobile au concessionnaire. La Cour considère que le sous-acquéreur peut se prévaloir, contre le fabricant-vendeur originaire, du droit de garantie légale que pouvait invoquer son auteur contre son propre vendeur; en effet, dit-elle, « c'est une créance [...] qui est directement reliée à la chose à laquelle elle se rapporte; elle est donc transmise aux ayants cause à titre particulier en même temps que la chose elle-même »[996]. On applique ici la théorie de l'accessoire[997]. Certes, l'article 53 L.P.C., en vertu duquel le consommateur qui a contracté avec un commerçant a le droit d'exercer directement contre le

---

994 *Cf. Cie d'aqueduc du Lac St-Jean* c. *Fortin*, [1925] R.C.S. 192.

995 *General Motors Products of Canada* c. *Kravitz*, [1979] 1 R.C.S. 790; *cf.* Didier LLUELLES, « Le transfert au sous-acquéreur de la garantie légale des vices cachés due par le fabricant, vendeur initial – Les lumières et les ombres de la décision *Kravitz* de la Cour suprême », (1979-80) 14 *R.J.T.* 7; *cf.* également Pierre-Gabriel JOBIN, « L'arrêt *Kravitz* : une réponse qui soulève plus d'une question », (1979-80) 25 *R.D. McGill* 295; *cf.* également *Dorion* c. *Lehouillier*, [1989] R.J.Q. 1798 (C.A.); *cf. infra*, note 1005.

996 *General Motors Products of Canada* c. *Kravitz*, [1979] 1 R.C.S. 790, 813 (j. Pratte).

997 Le droit français utilise depuis plus de 100 ans ces divers mécanismes de transmission de droits pour permettre à l'ayant cause à titre particulier d'exercer directement un recours contre l'auteur de son auteur : *cf.* FLOUR, AUBERT et SAVAUX, vol. 1, 9ᵉ éd., nᵒ 438 et suiv., p. 318 et suiv.; MAZEAUD, 9ᵉ éd., t. 2, vol. 1, nᵒ 752 et suiv., p. 872 et suiv.; MARTY et RAYNAUD, 2ᵉ éd., t. 1, nᵒ 262 et suiv., p. 272 et suiv.; STARCK, 6ᵉ éd., vol. 2, nᵒ 1445 et suiv., p. 501 et suiv.; TERRÉ, SIMLER et LEQUETTE, 5ᵉ éd., 1993, nᵒ 475, p. 364 et suiv.

manufacturier un recours fondé sur un vice caché du bien acquis, qu'il n'a pu déceler par un examen ordinaire, a enlevé à l'arrêt de la Cour suprême du Canada quelque peu de sa portée; néanmoins, la décision demeurait effective quant à tout autre contrat qui ne relevait pas de cette disposition, et mettait en lumière le caractère... relatif de l'effet relatif du lien obligatoire.

Cette solution a été retenue sur le plan législatif dans une disposition qui revêt un caractère général : « [l]es droits des parties à un contrat sont transmis à leurs ayants cause à titre particulier s'ils constituent l'accessoire d'un bien qui leur est transmis ou s'ils lui sont intimement liés » (art. 1442 C.c.Q.). Plus encore, en matière de vente, sont tenus à la garantie de qualité, comme l'est le vendeur, « le fabricant, toute personne qui fait la distribution du bien sous son nom ou comme étant son bien et tout fournisseur du bien, notamment le grossiste et l'importateur » (art. 1730 C.c.Q.) : il s'agit là, en matière de vente, d'une application de la règle générale de l'article 1442 C.c.Q. aux personnes désignées à l'article 1730 C.c.Q.

C'est dire que l'article 1442 C.c.Q., qui réfère à un « bien [...] transmis », vise non seulement les contrats de vente, mais aussi tous les contrats translatifs de propriété [998].

Le problème consiste, en vérité, à savoir où s'arrêter dans l'application de la théorie de l'accessoire, qui est diversement appréciée; mais on doit reconnaître que « [l]e résultat, en tout cas, est pratiquement bon, en épargnant une cascade de recours et en faisant porter d'emblée la responsabilité des vices de fabrication sur celui qui connaît le mieux comment la chose se fabrique »[999]. Encore faut-il, cependant, savoir faire nettement la distinction entre le droit qui est *accessoire au bien* et qui donc suit le bien, et le droit qui est seulement *relatif au bien* et qui, lui, n'est pas transmis à l'ayant cause à titre

---

[998] *Cf. Hay* c. *Jacques*, [1999] R.J.Q. 2318 (C.A.). La Cour d'appel était déjà allée en ce sens, avant l'adoption du *Code civil du Québec*, en appliquant la solution de l'arrêt *Kravitz* à un contrat de crédit-bail : *Nashua Canada Ltée* c. *Genest*, [1990] R.J.Q. 737 (C.A.).

[999] CARBONNIER, t. 4, 13ᵉ éd., n° 60, p. 246.

particulier, mais au contraire demeure propre à son titulaire : tel est le cas du droit de chasse précédemment présenté à titre d'exemple.

La consécration de la théorie de l'accessoire n'élimine cependant pas le recours au mécanisme de la cession de créance[1000] ou encore à celui de la stipulation pour autrui qui sera envisagé plus loin et qu'il importe de savoir manipuler – même s'il peut parfois paraître factice – dès lors qu'il a conduit à un résultat sage[1001]...

La transmission, aux ayants cause à titre particulier, des créances accessoires au bien qui leur est cédé ne manque pas de soulever certaines difficultés sur le plan conceptuel: ainsi,

---

[1000] *Cf. 3092-4484 Québec Inc.* c. *Turmel*, [1996] R.J.Q. 128 (C.S., conf. J.E. 97-339 (C.A.)).

[1001] Dans l'hypothèse où l'ayant cause à titre particulier – ou son adversaire – ne réussirait pas à établir ce que l'on pourrait appeler un « pont contractuel » par l'un des trois mécanismes invoqués, relativement à la transmission d'un droit, ledit ayant cause serait un véritable tiers par rapport aux auteurs de son auteur, et le principe de l'effet relatif du contrat jouerait à nouveau son rôle. Aussi, au cas où ce tiers – utilisateur ou simple passant – subirait un préjudice du fait d'un « défaut de sécurité » (tel que défini à l'article 1469 C.c.Q.) du bien qu'il détient ou près duquel il passe, il pourrait exercer un recours extracontractuel sur la base de l'article 1468 C.c.Q., contre le fabricant de ce bien, le distributeur ou le fournisseur. Il faut insister, cependant, sur le fait que ce recours extracontractuel est admis seulement lorsqu'il est impossible d'établir que l'ayant cause à titre particulier bénéficie, de la part de son auteur, de la transmission d'un droit – en l'occurrence un droit de garantie sur le bien défectueux – que celui-ci détenait de son propre auteur; en effet, l'article 1458, al. 2 C.c.Q. qui rejette le principe de l'option des régimes de responsabilité, s'y oppose : tel serait le cas d'un ayant cause à titre particulier qui subirait un préjudice du fait d'un bien qu'il aurait acquis de son auteur, lequel l'aurait acheté à ses risques et périls d'un vendeur non professionnel (art. 1733, al. 2 C.c.Q.). Ce dernier n'ayant pas accordé à son cocontractant un droit de garantie susceptible d'être transmis, le « pont contractuel » établi en l'espèce lui interdit de sortir du cadre contractuel, ce qui le prive d'un recours extracontractuel. *Contra* : BAUDOUIN et JOBIN, 5ᵉ éd., n° 747, p. 578, lesquels interprètent l'article 1458, al. 2, de façon littérale, en limitant son application aux seuls « cocontractants », ceux qui ont participé directement à la conclusion du contrat. *Cf. infra*, n° 444.

dans l'hypothèse où un bien garanti est transféré successivement à plusieurs personnes, la question se pose de savoir si le
dernier acquéreur peut exercer un recours à la fois contre son
auteur, contre le débiteur originaire, ou contre des parties
intermédiaires, et si ces dernières, lorsqu'elles sont poursui-
vies, disposent elles-mêmes d'un droit à la garantie contre leur
propre auteur. En stricte logique, celui qui transmet son droit
s'en dépouille et, en conséquence, ne peut l'exercer. Néanmoins,
afin d'éviter des résultats fâcheux et injustes, la Cour d'appel
considère que le « transfert des droits accessoires » crée des
recours supplémentaires qui ne privent pas les acquéreurs
intermédiaires de leurs droits antérieurs[1002]. On pourrait, nous
semble-t-il, justifier rationnellement cette solution, en prétendant que le dernier acquéreur, en obtenant satisfaction d'un
acquéreur intermédiaire, lui rétrocède la garantie, lui permettant ainsi d'exercer son propre recours en garantie contre son
auteur: ce serait, en quelque sorte, une application à rebours
du principe énoncé à l'article 1442 C.c.Q.

293. *L'ayant cause particulier et la transmission de dettes.*
C'est d'ailleurs à partir de l'idée qui veut que l'acquéreur d'un
bien puisse bénéficier des droits relatifs au bien transmis, « qui
se sont identifiés avec cette chose, comme qualités actives, ou
qui en sont devenus des accessoires »[1003], que certains auteurs
ont également soutenu que se transmettent aussi « les obligations qui sont *indissociables* d'un bien déterminé, en ce double
sens qu'elles ne sont plus susceptibles d'être exécutées par la
personne qui a aliéné [le] bien, alors que la personne qui l'a
acquis devient en état d'y satisfaire. Ce sont [les obligations]
qui [sont] assumées *intuitu rei* »[1004]. Raisonnons à partir de
deux situations parallèles.

1re situation : soit un commerçant A qui vend son fonds à B
et s'engage envers lui à ne pas lui faire concurrence dans la

---

1002 *Cf. Audet* c. *Larochelle*, [1994] R.D.I. 177 (C.A.); *Hay* c. *Jacques*, [1999]
R.J.Q. 2318 (C.A.); *cf.* cependant les réserves du juge Nuss, p. 2322 et
suiv.

1003 AUBRY et RAU, 6e éd., t. 2, n° 176, p. 99.

1004 FLOUR, AUBERT et SAVAUX, vol. 1, 9e éd., n° 450, p. 327.

vente de tels produits; B, créancier de cette obligation de non-concurrence, vend ce même fonds à C : on acceptera ici facilement que C, ayant cause à titre particulier de B, puisse bénéficier du droit de non-concurrence que son auteur B pouvait exiger de son vendeur A; en effet, on peut prétendre que B a cédé à C la créance qu'il a à l'encontre de A, ou que B a stipulé de A à son profit et à celui des sous-acquéreurs subséquents, ou, plus sûrement encore, que ce droit de n'être pas concurrencé est indissociable du fonds de commerce ou étroitement identifié à lui (art. 1442 C.c.Q.)[1005].

2ᵉ situation : le commerçant A vend son fonds à B, lequel s'engage envers A à ne pas lui faire concurrence dans la vente de tels produits; B, débiteur de cette obligation de non-concurrence, vend ce même fonds à C : certes, il ne peut être question ici de cession de créance ou de stipulation pour autrui, mais peut-on dire que l'obligation de non-concurrence que B a envers A est indissociable du fonds de commerce et que, ne pouvant plus être exécutée par B, elle doit l'être par C, celui-ci étant désormais en état d'y satisfaire ? Il n'est pas aussi facile de répondre ici par l'affirmative, comme précédemment, car, d'une part, on n'accepte pas la cession de dette et, d'autre part, on ne peut pas accepter que C soit engagé contre sa volonté. Tout au plus pourrait-on admettre une réponse positive, dans l'hypothèse où C aurait eu connaissance de cette obligation à laquelle il ne se serait pas opposé : il accepterait alors tacitement d'exécuter cet engagement dont A souhaite le maintien.

Certes, l'ayant cause à titre particulier est bien tenu d'accepter les droits réels qui grèvent le fonds qu'il acquiert : pourquoi ne pas étendre la règle, en découvrant des « pseudo-servitudes » (tel le droit de chasse) ou des « pseudo-droits réels *sui generis* », droits réels librement créés par les particuliers (telle la clause de non-concurrence) et non reconnus par le législateur, ou en faisant jouer ici, comme dans le cas de la transmission active, l'*intuitus rei* ? On en revient, en vérité, à

[1005] *Cf. 3092-4484 Québec Inc.* c. *Turmel*, [1996] R.J.Q. 128 (C.S.), conf. J.E. 97-339 (C.A.).

l'idée de base qui veut qu'on ne puisse être débiteur si l'on ne l'a pas voulu et si l'on n'était pas en mesure de connaître l'existence de cette obligation; on rejoint, alors, l'idée de publicité. Le droit réel fait l'objet d'une publicité et c'est probablement la raison pour laquelle l'ayant cause à titre particulier sera tenu : la servitude lui serait inopposable à défaut de publicité (art. 2938 C.c.Q.); d'ailleurs, le vendeur n'est-il pas tenu de la garantie contre l'éviction et ne doit-il pas dénoncer les charges pesant sur le bien (art. 1723 C.c.Q)? On notera, en outre, que l'article 1442 C.c.Q. vise les *droits* transmis et non point les *charges*.

294. *L'ayant cause particulier et la transmission d'un contrat synallagmatique.* On s'est aussi interrogé sur l'hypothèse où le contrat conclu avant la transmission du bien est un contrat synallagmatique, qui engendre donc, pour l'auteur, des droits et des obligations[1006]. Tel serait le cas du contrat de louage conclu par le propriétaire du bien, avant qu'il ne vende ce bien à un tiers, ou le cas du contrat de travail conclu par un commerçant et ses employés avant la vente du commerce : l'ayant cause à titre particulier nouvellement propriétaire est-il tenu de respecter le contrat de louage ou de travail conclu par son auteur ?

Faisant abstraction de l'existence de règles spécifiques, on dira, d'abord, qu'il est inacceptable que l'ayant cause à titre particulier puisse prétendre profiter des droits résultant du contrat conclu par son auteur, sans avoir à en exécuter les obligations. On pourrait ensuite être amené à soutenir que la prohibition de la cession de dette interdirait à l'ayant cause à titre particulier de se prévaloir des droits nés du même contrat conclu par son auteur, alors même qu'il serait prêt à en assumer les dettes : ce serait alors empêcher toute cession de contrat, ce qui irait bien au-delà de la prohibition. Il importe

---

[1006] On ne confondra pas cette situation avec celles qui ont été envisagées précédemment et qui concernent une clause de garantie ou de non-concurrence, accessoire au contrat de vente. Sur la cession de contrat, *cf. infra,* n° 505.1. *Cf.* également, Laurent AYNÈS, *La cession de contrat et les opérations juridiques à trois personnes*, Paris, Économica, 1984.

donc de trouver une solution autre. On pourrait alors dire que la transmission à l'ayant cause à titre particulier des droits de son auteur le rend *de facto* débiteur des obligations résultant du même contrat dans la mesure où, en cas d'inexécution, l'autre contractant pourrait toujours soulever l'exception d'inexécution; le sort de ce contrat synallagmatique serait alors soumis à la volonté de l'ayant cause, dans la mesure où celui-ci peut décider de respecter ou non le contrat. Il y a là une situation choquante, le locataire ou l'employé se trouvant à la merci du nouveau locateur ou du nouvel employeur. Cette solution est cependant la seule défendable dans la mesure où l'on n'accepte pas le principe de la transmission des dettes; au contraire, si l'on acceptait ce principe de la transmission passive, rien ne s'opposerait alors à ce que le nouveau locateur ou employeur soit obligé de respecter le contrat conclu par son auteur. Or, sachant que la transmission active est déjà critiquée par un certain nombre d'auteurs[1007] et que la transmission passive consiste à imposer une dette qui n'a pas été voulue, il paraît préférable de ne pas imposer à l'ayant cause à titre particulier un contrat qu'il ne veut pas, tout en laissant au législateur le soin d'intervenir pour forcer l'ayant cause à respecter le contrat conclu par son auteur dans des

---

[1007] *Cf.* Pierre-Gabriel JOBIN, « L'arrêt *Kravitz* : une réponse qui soulève plus d'une question », (1979-80) 25 *R.D. McGill* 296, ainsi que Jacques GHESTIN, « L'arrêt *Kravitz* et le droit positif français sur la garantie des vices cachés », (1979-80) 25 *R.D. McGill* 315. On peut d'ailleurs s'étonner de telles critiques, car la solution préconisée présente un intérêt pratique incontestable, en évitant que l'ayant cause à titre particulier soit obligé de poursuivre son auteur qui, à son tour, devra poursuivre son propre auteur qui, en définitive, est le véritable débiteur. Le même résultat peut donc être atteint de façon plus simple, tout en demeurant sur le terrain contractuel, ce qui permet de respecter les engagements de chacun et de ne pas se heurter aux aléas de la responsabilité extracontractuelle. Certes, étendre à l'ayant cause à titre particulier l'effet du contrat conclu par son auteur contrarie quelque peu le principe du caractère relatif du lien obligatoire et peut heurter un raisonnement qui se veut rigoureux; toutefois, considérant que, selon les circonstances, les avantages l'emportent sur les inconvénients, il ne nous apparaît pas inopportun de bousculer le principe. *Cf. supra*, n° 292.

situations où cette solution s'avère souhaitable[1008] : c'est ce qu'il a fait en matière de louage[1009], de travail[1010] et de contrat d'entreprise ou de service[1011].

295. *b) Les créanciers.* Les créanciers dont il s'agit ici sont les créanciers ordinaires ou chirographaires, ceux dont la créance n'est assortie d'aucune sûreté particulière et qui ont seulement un droit de gage général sur le patrimoine de leur débiteur.

Il est évident que les contrats conclus par leur débiteur ne peuvent les rendre ni débiteurs ni créanciers à la place de leur débiteur. On peut seulement dire que les contrats passés par leur débiteur augmentent ou diminuent le patrimoine de celui-ci, selon que les contrats lui sont ou non favorables. Ils leur sont opposables.

C'est précisément parce que ces contrats leur sont opposables et peuvent ainsi leur nuire, que les créanciers ont le droit, lorsque certaines conditions sont réunies, d'exercer des recours particuliers, tels l'action oblique (art. 1627 et suiv. C.c.Q.) ou l'action paulienne, dite désormais « action en inopposabilité » (art. 1631 et suiv. C.c.Q.), qui – s'ils réussissent – leur permettront de protéger leur droit de gage général. Dans l'hypothèse de l'action oblique, les créanciers exerceront les droits que leur

---

[1008] *Cf. Banque nationale de Paris (Canada)* c. *Cour du Québec*, [1995] R.J.Q. 2144 (C.S.).

[1009] *Cf.* art. 1886, 1887 et 1937 C.c.Q.; *cf.* également *Stroll* c. *Jacobson-Szlamkovicz*, [1976] C.A. 826; *Belcourt Construction Co.* c. *Automobile et Touring Club de Montréal*, [1987] R.J.Q. 1151 (C.S.).

[1010] *Cf.* art. 2097 C.c.Q.; *cf. Loi sur les normes du travail*, L.R.Q., c. N-1.1, art. 97 et 124; sur l'application de ces articles, *cf. Produits Pétro-Canada Inc.* c. *Moalli*, [1987] R.J.Q. 261 (C.A.), particulièrement p. 270 et 271 : comme dans l'affaire *Kravitz*, la Cour d'appel du Québec a su mettre une limite à l'effet relatif du contrat; toutefois, ici, c'est l'ayant cause à titre particulier (le nouvel employeur) qui est tenu de respecter le contrat de travail conclu antérieurement par le vendeur de l'entreprise, qui est son auteur. *Cf.* Marie-France BICH, « Du contrat individuel de travail en droit québécois : essai en forme de point d'interrogation », (1986) 17 R.G.D. 85, 94 et suiv.

[1011] *Cf.* art. 2128 C.c.Q.

débiteur néglige de faire valoir, tandis que, dans l'hypothèse de l'action en inopposabilité, ils feront déclarer inopposables, à leur endroit, les contrats conclus en fraude de leurs droits[1012]. Parfois, même le législateur leur accorde une action directe contre le débiteur de leur débiteur : c'est le cas, par exemple, de la victime d'un accident, qui peut certes poursuivre l'auteur du dommage, mais qui peut aussi agir directement contre l'assureur de ce dernier (art. 2501 C.c.Q.).

B. L'obligation est opposable aux tiers

296. *L'opposabilité.* Le contrat passé par une personne est un fait social dont personne ne peut ignorer l'existence.

On a déjà vu que l'acquéreur d'un bien subit le contrecoup des conventions conclues par son auteur et qui sont venues modifier le bien qui lui a été transmis; ces conventions produisent des effets à l'égard de l'ayant cause à titre particulier : aussi, l'acheteur d'un immeuble, sur lequel avait été antérieurement consentie une hypothèque, acquiert un bien grevé d'une charge. En effet, le nouveau propriétaire du bien grevé pourra faire l'objet d'un recours hypothécaire de la part du cocontractant de son auteur, ce qui l'amènerait, le cas échéant, à délaisser ledit immeuble pour qu'il soit vendu sous contrôle de justice, si mieux il n'aime payer la créance (art. 2748 C.c.Q.).

Les créanciers chirographaires vont, eux aussi, subir les conséquences des contrats conclus par leur débiteur, sans que pour autant ces derniers produisent des effets directs à leur égard, c'est-à-dire les rendent créanciers ou débiteurs. En effet, pour être payés, ils ne pourront faire saisir que les biens qui ne sont pas sortis du patrimoine de leur débiteur, dans la situation juridique dans laquelle ils se trouvent à ce moment-là : si le débiteur, en effet, consent, après avoir contracté cette dette, une hypothèque à une autre personne, il est évident que le gage commun à tous les créanciers chirographaires s'amenuise d'autant.

[1012] *Cf. infra*, n° 485 et suiv. et 492 et suiv.

Dans le même ordre d'esprit, on peut dire qu'un contrat est un titre opposable à un tiers qui prétendrait s'être injustement appauvri et voudrait exercer contre l'un des contractants une action *de in rem verso* : tel contrat pourrait être la raison juridique de l'enrichissement de ce contractant; à supposer que, dans l'affaire *Viger*[1013], le contrat conclu par la municipalité de Plessisville et Viger ait été valide, il aurait été opposable par Viger à Giguère.

De la même façon, dans le cas d'une vente successive portant sur un immeuble, l'acheteur qui, le premier, a fait publier l'acte de vente, a un titre opposable à l'autre acquéreur.

Enfin, les contrats conclus par une personne sont opposables à toute personne, même à celle qui est complètement étrangère à ce contractant et au contrat passé : le propriétaire d'un bien peut faire valoir son droit de propriété à l'égard de n'importe qui.

On ajoutera qu'un tiers ne peut, par un comportement fautif, faire obstacle à l'exécution, par l'un des contractants, d'un contrat auquel lui-même n'est pas partie : tel serait le cas du tiers qui débaucherait à son profit l'expert qui est à l'emploi exclusif de son concurrent; tel serait encore le cas du tiers qui aurait acheté en toute connaissance de cause le bien sur lequel son vendeur aurait déjà consenti à un autre une promesse de vente. Dans chacun de ces cas, le tiers est étranger au contrat inexécuté, mais par sa faute, il en a rendu l'exécution impossible et même, il s'est rendu complice de la violation, par l'une des parties, de ses obligations contractuelles : sa responsabilité extra-contractuelle peut être engagée, car – étranger au contrat inexécuté – ce contrat lui était néanmoins opposable et c'est cette opposabilité qui permet au créancier de l'obligation contractuelle inexécutée d'agir en responsabilité contre le tiers[1014].

[1013] *Cie Immobilière Viger Ltée* c. *Lauréat Giguère Inc.*, [1977] 2 R.C.S. 67; *cf. supra*, n° 288.

[1014] *Trudel* c. *Clairol Inc. of Canada*, [1975] 2 R.C.S. 236; *Union des artistes* c. *Théâtre des Variétés*, [1990] R.J.Q. 1950 (C.S.); *Dostie* c. *Sabourin*, [2000] R.J.Q. 1026 (C.A.). Ce n'est cependant pas à dire que le contrat passé par le tiers fautif avec le promettant-vendeur, par exemple, soit inopposable au créancier de la promesse de vente : *cf.* art. 1397 C.c.Q., relatif à la promesse de contracter.

S'il est vrai qu'un contrat entre deux personnes ne peut rendre une tierce personne créancière ou débitrice, cela ne signifie pas pour autant que ce contrat laissera nécessairement les tiers indifférents : l'homme vit en société et ce que fait l'un peut affecter l'autre indirectement et c'est là toute la différence qu'il y a entre l'effet relatif du contrat et l'opposabilité du contrat. On est dans le domaine de la relativité du contrat lorsque celui-ci produit des effets directs à l'égard d'une personne, en la rendant créancière ou débitrice; on est dans le domaine de l'opposabilité lorsque le contrat auquel on n'est pas partie produit néanmoins des effets *indirects* : le contrat est, en effet, un fait que les tiers ne peuvent pas ignorer. Comme l'a dit un auteur, il arrive au contrat de « rayonner hors du cercle des contractants »[1015]. C'est en ce sens que celui qui acquiert la propriété de tel bien peut opposer, *erga omnes*, le contrat par lequel il est devenu propriétaire (sous réserve des règles de la publicité en matière immobilière ou de la possession en matière mobilière). C'est aussi en ce sens que celui qui vient d'acquérir tel bien peut opposer son contrat au créancier chirographaire de son vendeur, qui prétendrait faire saisir le bien vendu. On le voit, le contrat par lequel s'est effectué le transfert de propriété du bien a sur celui qui prétendrait avoir un droit de saisie sur le bien transmis, non point un effet direct qui le rendrait créancier au débiteur, mais un effet indirect qui s'oppose à ses prétentions. C'est pourquoi le créancier chirographaire de l'un des contractants devra subir les fluctuations du patrimoine de son débiteur, en plus ou en moins, les contrats passés par son débiteur lui étant « opposables ». En revanche, si ces contrats étaient passés par le débiteur en fraude des droits de son créancier, ils pourraient être rendus inopposables envers lui, ne produisant alors, à son égard, aucun effet, ni direct ni indirect.

On constate donc que « le contrat est déclaré relatif aux parties dans la limite où il est *directement* générateur de droits et d'obligations : c'est le principe de relativité de l'effet obligatoire [...] [mais qu'il] est aussi reconnu opposable, en tant qu'il constitue un élément de l'ordonnancement juridique, dont l'existence peut nuire ou profiter *indirectement* aux tiers : c'est le principe d'opposabilité »[1016].

296.1. *L'inexécution d'une obligation contractuelle et les tiers.* Les principes de relativité et d'opposabilité posent le

---

[1015] José DUCLOS, *L'opposabilité : essai d'une théorie générale*, Paris, L.G.D.J., 1984, n° 20, p. 45.

[1016] *Id.*, n° 24, p. 49 (nous avons ajouté les italiques).

problème de savoir si l'inexécution fautive d'un contrat, qui causerait un préjudice à un tiers, pourrait engager, à l'égard de ce tiers, la responsabilité de ce contractant fautif. Compte tenu du principe de la relativité, il est clair que ce tiers n'a, contre ce débiteur, aucun recours fondé sur le contrat dont il ne peut profiter directement. En revanche, peut-on soutenir qu'il a, contre ce débiteur, un recours extracontractuel? La Cour suprême du Canada rejette la thèse assimilatrice selon laquelle tout manquement contractuel qui cause un préjudice à un tiers entraîne la responsabilité extracontractuelle du contractant défaillant, au nom du respect du principe de la relativité[1017]. Cependant, cette même Cour admet que « la relation contractuelle, le contenu obligationnel du contrat, le manquement aux obligations contractuelles sont autant de circonstances pertinentes à l'évaluation de la faute délictuelle ». En conséquence, il s'agit de déterminer si le contractant fautif « s'est comporté en personne raisonnable à l'égard des tiers »[1018]. Ainsi, dans l'hypothèse où le contrat inexécuté comportait manifestement des avantages en faveur de certains tiers, il est possible que ces derniers puissent prétendre que cette inexécution contractuelle constitue, à leur égard, une faute extracontractuelle entraînant la responsabilité civile selon l'article 1457 C.c.Q.[1019]. En revanche, dans l'hypothèse où les contractants ne visaient que leur propre avantage, « il devient alors plus difficile de concevoir comment la conduite des parties contractantes pourrait entraîner leur responsabilité face aux tiers, quoique cela ne soit pas exclu »[1020]. On constate donc que le contrat, s'il ne peut être invoqué directement par le tiers (principe de relativité), peut cependant s'avérer pertinent, en tant que fait social quant à la question de savoir si une faute extracontractuelle a été commise (principe de l'opposabilité).

[1017] *Banque de Montréal* c. *Bail Ltée*, [1992] 2 R.C.S. 554, 581.
[1018] *Id.*, 582.
[1019] *Id. Cf.* également *Boucher* c. *Drouin*, [1959] B.R. 814; *Dempsey II* c. *Canadian Pacific Hotels Ltd.*, J.E. 95-1813 (C.A.) : en l'espèce, ce tiers n'a réussi à prouver ni l'inexécution fautive de l'exécution contractuelle, ni le lien de causalité avec le préjudice subi par lui.
[1020] *Banque de Montréal* c. *Bail Ltée*, [1992] 2 R.C.S. 554, 584.

Cette question n'est pas simple[1021] et, comme le laisse entendre la Cour suprême, chaque affaire est un cas d'espèce.

Par. 2. *Les dérogations aux principes de la relativité et de l'opposabilité du lien obligatoire*

Quant au principe de relativité, il faut envisager une exception réelle (la stipulation pour autrui) et une exception qui n'est qu'apparente (la promesse pour autrui); quant au principe d'opposabilité, on examinera le problème posé par un contrat apparent qui cache un contrat véritable (la simulation).

A. La stipulation pour autrui

297. *Généralités.* Le principe, affirmé dans l'article 1440 C.c.Q., est que les contrats n'ont d'effet qu'entre les parties contractantes et n'en ont point quant aux tiers, « excepté dans les cas prévus par la loi » : c'est un renvoi aux articles 1443 et 1444 et suiv. C.c.Q.

On ne peut pas, par un contrat passé à son compte, engager quelqu'un d'autre que soi-même et ses héritiers, mais on peut, dans certaines conditions, stipuler au profit de quelqu'un d'autre. C'est dire qu'un tiers, s'il ne peut pas devenir débiteur par la volonté des parties contractantes, peut, au contraire, de par leur volonté concordante, devenir créancier : on est alors en présence d'une stipulation pour autrui. Pour qu'il y ait stipulation pour autrui, il faut donc un accord de volonté entre des parties contractantes qui ont eu l'intention de faire précisément une stipulation en faveur d'un tiers[1022].

Aussi trouve-t-on, dans la stipulation pour autrui, trois personnages : les deux contractants et le tiers bénéficiaire. Parmi les contractants, celui qui obtient l'engagement en faveur du tiers (celui qui stipule) est le stipulant et celui qui s'engage en-

---

1021 *Cf.* Daniel JUTRAS, « Le tiers trompé (à propos de l'affaire *Bail Ltée*) », (1993) 72 *R. du B. can.* 28.
1022 *Cf. Boucher* c. *Drouin*, [1959] B.R. 814.

vers le tiers est le promettant. La stipulation pour autrui peut donc se définir comme étant « l'opération par laquelle une personne, le stipulant, convient avec une autre personne, le promettant, que celle-ci exécutera une prestation au profit d'un tiers, le bénéficiaire »[1023].

Encore faut-il que ce tiers soit véritablement une personne étrangère au contrat : ainsi, il n'y a pas stipulation pour autrui lorsqu'une personne stipule en faveur de sa propre succession; tel est le cas, par exemple, de la personne qui contracte une assurance sur la vie au profit de ses ayants cause : « l'assurance payable à la succession ou aux ayants cause [...] d'une personne, [...] fait partie de la succession de cette personne » (art. 2456 C.c.Q.).

Ce mécanisme autorisant deux personnes à contracter au profit d'une troisième permet d'expliquer certaines opérations juridiques fréquemment rencontrées :

- l'assurance sur la vie au profit d'une tierce personne;

- la donation avec charge;

- la vente d'un bien avec la stipulation que le prix sera payé à un tiers;

- certaines clauses souvent rencontrées dans le cas d'assurance-responsabilité[1024];

- le transport de marchandises sous connaissement : l'expéditeur stipule du transporteur qu'il livre telle marchandise à tel destinataire.

- le « contrat de parrainage »: par ce contrat, imposé par la loi, l'entrée d'un étranger n'est autorisée par l'État que conditionnellement à l'engagement de certaines personnes à garantir la survie du ressortissant; les tribunaux ont analysé l'opération comme une stipulation pour autrui, le gouvernement stipulant du garant à son

---

[1023] MAZEAUD, 9ᵉ éd., t. 2, vol. 1, nº 769, p. 895.
[1024] *Cf. Hallé c. Canadian Indemnity Co.*, [1937] R.C.S. 368.

profit et au profit du ressortissant (tiers-bénéficiaire)[1025].

Puisque la stipulation pour autrui est une exception au principe de l'effet relatif du lien obligatoire, elle n'est valable que dans certaines conditions; cependant, avant d'en envisager les conditions de validité, les effets et la nature juridique, il est nécessaire de dire quelques mots sur son évolution.

a) L'évolution de la stipulation pour autrui[1026]

298. *Du droit romain au Code civil.* En droit romain, on refusait d'admettre, en principe, la stipulation pour autrui. En effet, le caractère formaliste de ce droit impliquait, pour la formation d'un contrat, la présence physique des parties : celles-ci ne pouvaient être liées que si elles participaient au rite. En conséquence, le contrat conclu entre deux personnes présentes ne pouvait profiter à une troisième, étrangère à la formation de celui-ci : *nemo alteri stipulare potest.* Le tiers n'avait pas d'action contre le promettant parce qu'il n'était pas partie au contrat et le stipulant n'en possédait pas non plus, parce que, n'étant pas le créancier du promettant, il n'avait pas d'intérêt personnel pécuniaire lui permettant d'exiger l'exécution.

[1025] *Cf. Québec (Procureur général)* c. *Kabakian-Kechichian*, [2000] R.J.Q. 1730 (C.A.) et *cf.* Jean PINEAU, « La discrétion judiciaire a-t-elle fait des ravages », dans Service de la formation permanente, Barreau du Québec, *La réforme du Code civil, cinq ans plus tard*, Cowansville, Éditions Yvon Blais, 1998, p. 167 et *cf. supra* n°s 26 et 139.1 *in fine.* Il est permis de se demander s'il ne s'agit pas d'une stipulation pour soi, plutôt que d'une stipulation pour autrui: le gouvernement nous semble stipuler du garant à son profit à lui, dans la mesure où le promettant s'engage, certes, à subvenir aux besoins du ressortissant, mais surtout à rembourser à l'État les sommes que ce dernier serait amené à débourser pour assurer la subsistance du ressortissant. L'État, protégeant l'intérêt public, n'entend pas faire supporter par les contribuables les besoins nécessaires à la survie de certains étrangers qui veulent entrer au pays.

[1026] *Cf.* MARTY et RAYNAUD, 2e éd., t. 1, n°s 280 et 281, p. 297-299; MAZEAUD, 9e éd., t. 2, vol. 1, n°s 770-774, p. 895 et suiv.

Cependant, le droit romain en est venu à accorder une action au stipulant, dans les cas exceptionnels où celui-ci avait un intérêt personnel pécuniaire à l'exécution. Pour les cas où il n'avait pas cet intérêt personnel, on parvint à trouver un moyen détourné, celui de la clause pénale. À la stipulation qui devait bénéficier au tiers, on ajoutait une *stipulatio poenae,* par laquelle le promettant s'engageait à verser telle somme au stipulant s'il ne respectait pas son engagement à l'égard du tiers. Si, donc, je stipule de Petrus qu'il donne mille sesterces à Paulus, cette stipulation pour autrui est nulle; mais elle sera valable si on lui adjoint cette clause : promets-tu, Petrus, de me verser mille sesterces si tu ne donnes pas à Paulus ? Par un autre procédé, on réussit également à permettre au tiers d'obtenir paiement de la part du promettant, au même titre que le stipulant : on liait ce tiers au contrat en tant qu'*adjectus solutionis gratia*, ce qui engageait le promettant à payer au stipulant ou au tiers, mais qui ne donnait au tiers aucun droit direct contre le promettant.

Sous le Bas-Empire, le droit romain a reconnu la validité de la stipulation pour autrui dans quelques cas particuliers : la donation avec charge, ainsi que la constitution de dot, de dépôt et de commodat, les biens donnés, déposés ou prêtés devant être restitués à une tierce personne.

Pothier a recueilli les solutions du droit romain et celles de l'Ancien Droit qui semblent avoir étendu quelque peu le domaine de la stipulation pour autrui, tout en lui conservant son caractère exceptionnel. Il admet la stipulation pour autrui lorsque le stipulant a un intérêt pécuniaire à ce que le promettant exécute et, lorsqu'il n'a pas cet intérêt, il l'admet dans le cas de la donation avec charge et dans le cas où son exécution est garantie par une clause pénale.

L'article 1029 C.c.B.C., qui mentionnait les cas dans lesquels la stipulation pour autrui était reconnue valide, semblait plutôt restrictif et très proche de ceux indiqués par Pothier. Toutefois, la doctrine et la jurisprudence avaient étendu son domaine, car cette opération était le seul mécanisme susceptible d'expliquer certaines pratiques devenues de plus en plus courantes : ainsi en était-il du contrat d'assurance sur la vie (art. 2468 C.c.B.C.), des rentes viagères constituées au profit d'un tiers (art. 1904 C.c.B.C.). D'ailleurs, rien ne s'opposait à ce qu'un tiers pût tirer profit d'un contrat passé par deux autres personnes; il en serait allé différemment si ce contrat avait eu pour but d'obliger ce tiers : en ce cas, sa liberté aurait été bafouée. Au contraire, la liberté du tiers ne souffrait aucun danger lorsqu'il s'agissait d'accorder à celui-ci un droit résultant d'un contrat conclu par d'autres[1027].

Le nouveau Code consacre sur le plan législatif cette extension du domaine de la stipulation pour autrui.

b) Les conditions de validité de la stipulation pour autrui

D'abord, la stipulation pour autrui est soumise aux conditions générales de formation et de validité des contrats, relativement au consentement, à la capacité, à l'objet et à la cause. Mais elle est également soumise à certains principes qui lui sont propres.

299. *La stipulation pour autrui n'a plus à avoir un caractère accessoire.* L'article 1029 C.c.B.C. précisait, en effet, qu'on pouvait stipuler pour un tiers « lorsque telle [était] la condition d'un contrat que l'on [faisait] pour soi-même, ou d'une donation que l'on [faisait] à un autre ». Il en était ainsi, par exemple, dans le cas d'un contrat de vente conclu entre A (le vendeur) et B (l'acheteur), ce dernier devant verser le prix, ou une rente, à un tiers C. Il en était de même, dans le cas d'un contrat de donation conclu entre A (le donateur) et B (le donataire), à charge pour ce dernier de verser telle somme ou telle rente à un tiers C.

Dans les exemples qu'on vient de citer, la stipulation pour autrui est respectivement l'accessoire d'un contrat de vente et d'un contrat de donation, lesquels contrats constituent incontestablement le principal.

[1027] *Cf.* STARCK, 6ᵉ éd., vol. 2, n° 1509, p. 521 et 522.

On a dit des termes utilisés dans l'article 1029 C.c.B.C. qu'ils étaient involontairement restrictifs : il y avait là, a-t-on observé, une survivance anachronique des conceptions romaines. En effet, dans le contrat d'assurance sur la vie, qui est l'illustration même de la stipulation pour autrui[1028], la stipulation principale est celle dont bénéficie le tiers; c'est tout à fait accessoirement que l'assuré stipule pour lui-même. Dans un contrat de transport de marchandises, qui met en présence l'expéditeur-stipulant, le transporteur-promettant et le destinataire-tiers bénéficiaire, quelle est la stipulation principale et quelle est la stipulation accessoire[1029] ?

En dépit du texte de l'article 1029 C.c.B.C., la doctrine et la jurisprudence considéraient qu'il suffisait que le stipulant eût un intérêt à la stipulation pour autrui; cet intérêt pouvait être pécuniaire, mais un simple intérêt moral était tout aussi valable[1030]; or, on conçoit difficilement qu'une personne obtienne l'engagement d'une seconde au profit d'une troisième, sans qu'elle ait le moindre intérêt, pas même un intérêt moral. Seule serait nulle la « pseudo-stipulation » qui consisterait, pour le « stipulant », à prendre acte de l'engagement du « promettant » à l'égard du « tiers ». En règle générale, le seul fait de stipuler pour autrui suppose au moins un intérêt moral de la part du stipulant.

En résumé, pour que la stipulation pour autrui soit valable, il suffit qu'elle se greffe sur un contrat entre un promettant et un stipulant qui a, au moins, un intérêt moral dans l'opération; c'est ce qu'énonce désormais l'article 1444, al. 1 C.c.Q. : « On peut, dans un contrat, stipuler en faveur d'un tiers ». Le caractère accessoire de la stipulation pour autrui, que la doctrine

---

[1028] L'assuré est le stipulant, l'assureur est le promettant et le tiers est le bénéficiaire.

[1029] Le contrat de « parrainage », en matière d'immigration, a été jugé comme contenant une stipulation pour autrui : *Le* c. *Le*, [1994] R.J.Q. 1058 (C.S.); *Procureur général du Québec* c. *Kabakian Kechichian,* [2000] R.J.Q. 1730 (C.A.). Or, celle-ci n'est aucunement l'accessoire d'un autre contrat principal.

[1030] Pothier disait : « si X fait prendre à Y l'engagement de fournir telle chose à Z, l'intérêt de X est certain : être agréable à Z. Et cela suffit ».

et la jurisprudence avaient déjà mis de côté, disparaît donc du texte législatif.

300. _La stipulation pour autrui doit être faite au profit d'une personne déterminée ou déterminable._ S'il est vrai qu'on peut stipuler pour un tiers, qui peut être ce tiers ? Ce tiers est toute personne qui n'est pas l'ayant cause universel ou à titre universel de l'une des parties contractantes, puisque les « droits et obligations résultant du contrat sont, lors du décès de l'une des parties, transmis à ses héritiers [...] » (art. 1441 C.c.Q.). En stipulant pour soi, on stipule donc pour ses héritiers; on peut tout aussi bien dire qu'en stipulant pour ses héritiers, on stipule pour soi. Aussi, s'est-on demandé si le contrat d'assurance sur la vie était une stipulation pour autrui, lorsque l'assuré désignait ses ayants cause (universel ou à titre universel) comme bénéficiaires. On a répondu qu'il y avait stipulation pour autrui, lorsque le _de cujus_ a stipulé pour ses héritiers avec l'intention de les considérer en dehors de cette qualité; aussi, pouvaient-ils profiter de la stipulation même en renonçant à la succession; au contraire, en stipulant pour ses héritiers en leur qualité d'héritiers, l'assuré stipulerait pour lui-même[1031]. La législation adoptée au Québec en matière d'assurance nous interdit de soutenir ce point de vue. En effet, en vertu de l'article 2456 C.c.Q., qui reprend la substance de l'article 2540, al. 2 C.c.B.C., « [l]'assurance payable à la succession ou aux ayants cause, héritiers [...] d'une personne, en vertu d'une stipulation employant ces expressions ou des expressions analogues, fait partie de la succession de cette personne ». Il est donc certain, aujourd'hui, que l'assuré qui désigne ses ayants cause comme bénéficiaires, stipule pour lui-même et non point pour autrui, puisque l'indemnité tombe dans son propre patrimoine. Au contraire, la somme assurée payable à un bénéficiaire déterminé ne fait pas partie de la succession de l'assuré (art. 2455 C.c.Q., qui reprend l'art. 2550 C.c.B.C) : on est, alors, en présence d'une stipulation pour autrui[1032].

[1031] _Cf._ MAZEAUD, 9ᵉ éd., t. 2, vol. 1, n° 778, p. 898.

[1032] Certains pourraient prétendre que, depuis la législation sur les assurances, adoptée en 1974, on ne peut plus analyser l'assurance-vie comme une stipulation pour autrui, notamment en raison des nouvelles

Ce tiers est, donc, toute personne déterminée, autre que l'une des parties contractantes, ou son représentant, ou son ayant cause universel. C'est ainsi que la Cour supérieure avait reconnu à une concubine le droit (contesté par l'épouse légitime de l'assuré) de percevoir l'indemnité d'une assurance-vie, alors qu'elle était désignée comme bénéficiaire sous son prénom, Alice, auquel l'assuré avait ajouté son propre nom patronymique et la mention « *wife* « [1033]. Mais la jurisprudence était allée plus loin en admettant la validité de stipulations faites au profit de personnes indéterminées, à condition qu'il fût possible de les déterminer au moment où le promettant devait exécuter ses obligations, par exemple au moment du décès de l'assuré, dans le cadre d'une assurance-vie. De la même façon, est valide le contrat d'assurance « pour le compte de qui il appartiendra » (art. 2483 C.c.Q.), alors même que les propriétaires des marchandises transportées et assurées ne sont pas encore connus au moment où le contrat est conclu : en effet, pendant que la marchandise est acheminée du point de départ au point de destination, celle-ci peut être vendue plusieurs fois par le jeu du connaissement, titre négociable; le détenteur du connaissement lors de l'arrivée de la marchandise pourra réclamer celle-ci et bénéficier de l'assurance dans l'hypothèse de pertes ou de dommages. La jurisprudence a également analysé comme une stipulation pour autrui valable le contrat d'assurance-responsabilité automobile, même si le bénéficiaire n'est pas déterminé, mais seulement déterminable lors de l'accident : l'assureur s'engage à indemniser l'assuré et, de la même manière que l'assuré, toute personne conduisant légitimement l'automobile ainsi que toute personne légalement responsable de la conduite, à condition que la permission en soit donnée par

---

règles gouvernant la révocabilité ou l'irrévocabilité de la désignation du bénéficiaire. En réalité, on doit dire qu'il y a là une stipulation pour autrui, qui est toutefois soumise à certaines règles particulières (*cf.*, par exemple, art. 2449 C.c.Q.). Sur la révocabilité des bénéficiaires d'assurance-vie, *cf. Lalonde* c. *Sun Life du Canada, Cie d'assurance-vie*, [1992] 3 R.C.S. 261.

[1033] *Williams* c. *Penny*, [1968] C.S. 6 : s'agissant d'une stipulation pour autrui et non point d'une donation, ce contrat n'allait pas à l'encontre de l'article 768 C.c.B.C. qui prohibait la donation entre concubins.

l'assuré[1034]. Ces solutions sont désormais consacrées à l'article 1445 C.c.Q. : « [i]l n'est pas nécessaire que le tiers bénéficiaire soit déterminé [...] au moment de la stipulation; il suffit qu'il soit déterminable à cette époque [...] ».

301. *La stipulation pour autrui peut-elle être faite au profit d'une personne future ?* La question peut *a priori* paraître étrange; en effet, le contrat entre le stipulant et le promettant produisant ses effets dès sa formation, on comprend mal que le tiers bénéficiaire puisse ne pas exister à ce moment, puisqu'on aurait, alors, une obligation sans créancier. Considérant que, pour être titulaire d'un droit, il faut exister, on serait donc tenté de dire que le tiers bénéficiaire doit exister ou tout au moins être conçu dès que se forme le contrat entre le stipulant et le promettant. Il y aurait une impossibilité conceptuelle à soutenir que la stipulation peut être faite au profit d'une personne future.

Pour répondre négativement à la question posée, on aurait également pu songer à invoquer les articles 771 et 772 C.c.B.C., aux termes desquels une donation ne pouvait être faite à une personne future, si ce n'était dans un contrat de mariage, compte tenu de la faveur accordée à celui-ci par le législateur[1035]. On ne peut cependant pas étendre à la stipulation pour autrui ces dispositions propres à la donation, même si la stipulation pour autrui constitue parfois une libéralité : l'acceptation du donataire étant l'une des conditions de formation du contrat de donation, il était indispensable que le donataire fût au moins conçu pour qu'un consentement fût exprimé en son nom.

[1034] *Cf. Hallé* c. *Canadian Indemnity Co.*, [1937] R.C.S. 368, 372 : en l'espèce, l'assuré avait loué son automobile à son frère qui eut un accident alors qu'il conduisait celle-ci; le frère, poursuivi par la victime, a appelé en garantie la compagnie d'assurances.

[1035] On notera que si les articles 771 et 772 C.c.B.C. n'ont pas été repris, en tant que tels, dans le *Code civil du Québec*, l'article 1840 C.c.Q. précise qu'une donation entre vifs ou à cause de mort ne peut être faite à des « enfants [...] à naître, s'ils naissent vivants et viables », que dans un contrat de mariage.

Certains ont alors prétendu que le tiers bénéficiaire n'ayant pas à accepter la stipulation pour que celle-ci soit valable, il ne lui était pas nécessaire d'exister lors de sa formation; mais s'il est vrai que l'acceptation donnée par le tiers ne fait que consolider l'efficacité de la stipulation, qui s'est formée indépendamment de la volonté du bénéficiaire, on ne répond pas pour autant à l'impossibilité conceptuelle dont il a été fait état.

Pourtant, la doctrine dominante s'est montrée favorable à la validité de la stipulation au profit d'une personne future, pour des raisons de commodité : il serait gênant, en effet, de prohiber l'assurance-vie contractée au profit d'enfants à naître; aussi, a-t-on dit, « les effets du contrat seront retardés jusqu'à l'existence du bénéficiaire »[1036]. Il serait plus exact de dire qu'il y aura véritablement stipulation pour autrui si, au moment où celle-ci doit produire ses effets, le bénéficiaire est alors conçu (pourvu qu'il naisse ensuite vivant et viable) : dans le contexte d'une assurance-vie au profit d'un enfant à naître, il suffirait donc que ce bénéficiaire soit conçu lorsque l'exécution devient exigible, c'est-à-dire lors du décès du stipulant.

En tout état de cause, dans le domaine de l'assurance-vie, c'est vraisemblablement ce que le législateur avait voulu dire dans l'article 2543 C.c.B.C. La formulation en était cependant malheureuse, dans la mesure où il était dit, d'une part, qu'il n'était pas nécessaire que la personne bénéficiaire existât lors de sa désignation et, d'autre part, qu'il suffisait qu'elle existât à l'époque où le droit avait pris naissance en sa faveur : c'était oublier que le droit du bénéficiaire naissait immédiatement lors de sa désignation.

L'article 1445 C.c.Q. vient confirmer l'opinion dominante et corriger l'anomalie de l'article 2543 C.c.B.C. : « [i]l n'est pas nécessaire que le tiers bénéficiaire [...] existe au moment de la stipulation; il suffit [...] qu'il existe au moment où le promettant doit exécuter l'obligation en sa faveur. »

[1036] TERRÉ, SIMLER et LEQUETTE, 5e éd., 1993, n° 510, p. 389; MARTY et RAYNAUD, 2e éd., t. 1, n° 286, p. 301 et 302; MAZEAUD, 9e éd., t. 2, vol. 1, n° 785, p. 901; *contra* : FLOUR, AUBERT et SAVAUX, vol. 1, 9e éd., n° 474, p. 346.

La situation nous paraît, en définitive, devoir être analysée de la façon suivante : il n'y a pas d'impossibilité à stipuler aujourd'hui au profit d'une personne future, dès lors qu'on stipule pour soi ainsi qu'éventuellement au profit d'une personne qui n'existe pas encore et qui peut-être n'existera jamais; toutefois, on ne peut pas parler de « stipulation pour autrui », tant que ce bénéficiaire n'existe pas : il ne peut s'agir, alors, que d'une stipulation pour soi, qui deviendra éventuellement une véritable stipulation pour autrui dès lors que le tiers bénéficiaire existera. Si donc le bénéficiaire existe au moment où le promettant a l'obligation d'exécuter, rien ne s'oppose à ce qu'il exerce son droit de créance. On peut comparer cette situation à celle – déjà rencontrée – du contrat d'assurance-automobile, conclu au profit de l'assuré et de toute autre personne qui serait amenée à conduire l'automobile : il s'agit bien là d'une stipulation pour soi qui éventuellement profitera aussi à quelqu'un d'autre si, toutefois, il arrive que l'automobile soit conduite par un tiers.

c) Les effets de la stipulation pour autrui

Josserand a dit de la stipulation pour autrui qu'elle était une « opération triangulaire dans ses effets », bien que « bilatérale dans sa formation »; en effet, elle s'analyse en une série de rapports entre trois personnes : des rapports entre le stipulant et le promettant; entre le stipulant et le bénéficiaire et entre le promettant et le bénéficiaire.

302. *Les rapports entre le stipulant et le promettant.* Le stipulant et le promettant sont les deux parties contractantes. Le contrat devrait, alors, normalement produire des effets entre eux et le stipulant devrait, semble-t-il, pouvoir forcer le promettant à exécuter à l'égard du tiers. Cependant, on a fait valoir que le créancier du promettant était le tiers et non point le stipulant : c'est, alors, au tiers bénéficiaire seul qu'appartiendrait l'action en exécution; d'ailleurs, ajoute-t-on, le stipulant n'a aucun intérêt pécuniaire à ce que le promettant exécute sa prestation.

En vérité, on a déjà noté qu'il ne pouvait y avoir stipulation pour autrui sans que le stipulant ait un intérêt à obtenir l'engagement du promettant à l'égard du tiers, que cet intérêt soit matériel ou simplement moral. Certes, l'intérêt du stipulant n'est pas identique à celui du tiers : il suffit de songer à l'intérêt de l'assuré (dans le cadre d'une assurance-vie) et à celui du bénéficiaire de l'indemnité ! Il est certain que le stipulant pourra obtenir, au cas d'inexécution par le promettant de ses obligations, la réparation du préjudice personnel qu'il subit et, même, éventuellement, la résolution du contrat qui le lie au promettant. Mais pourra-t-il réclamer directement au promettant l'exécution vis-à-vis du bénéficiaire ? La doctrine française répond affirmativement[1037]. La Cour suprême du Canada semble admettre que le stipulant puisse contraindre le promettant à exécuter la prestation promise au tiers. Toutefois, le bénéficiaire n'étant pas partie à la cause, la Cour reconnaît l'existence de difficultés d'exécution dans la mesure où elle ordonnerait au promettant de payer directement à ce tiers; elle réussit, en l'espèce, à résoudre ce problème, en invoquant la « qualité » particulière du demandeur : en effet, celui-ci était un syndic de faillite qui agissait à la place du stipulant failli; sa fonction d'officier de justice allait permettre à la Cour de maintenir l'action, en déclarant que le syndic recevrait l'indemnité pour le bénéfice du tiers[1038]. Cette décision ne nous paraît pas déterminante. D'une part, il n'est pas certain que l'action aurait été accueillie si elle avait été exercée par le stipulant et non point le syndic de faillite. D'autre part, le litige portait sur l'exécution d'un contrat d'assurance-responsabilité dans le cadre d'accidents de travail : la Cour suprême y voit une stipulation pour autrui, l'industriel assuré étant le stipulant, la compagnie d'assurance étant le promettant et le tiers bénéficiaire étant... l'éventuelle victime. Or, il y a lieu de se demander si l'on est véritablement en présence d'une stipulation pour autrui : lorsqu'une personne contracte une police d'assurance-res-

---

[1037] *Cf.* FLOUR, AUBERT et SAVAUX, vol. 1, 9ᵉ éd., n° 480, p. 350; MARTY et RAYNAUD, 2ᵉ éd., t. 1, n° 289, p. 303; MAZEAUD, 9ᵉ éd., t. 2, vol. 1, n° 789, p. 907.

[1038] *Employers' Liability Assurance Co.* c. *Lefaivre*, [1930] R.C.S. 1.

ponsabilité, entend-elle stipuler au profit de ses victimes futures ou éventuelles ? L'assuré ne désire-t-il pas, plutôt, échapper aux conséquences pécuniaires de sa responsabilité[1039] ? L'assuré, nous semble-t-il, stipule pour lui-même et non point pour autrui.

D'ailleurs, les dispositions relatives aux assurances enlèvent tout doute à ce sujet : d'abord, l'assurance de dommage « garantit l'assuré contre les conséquences d'un événement pouvant porter atteinte à son patrimoine » (art. 2395 C.c.Q., qui reprend l'art. 2475, al. 1 C.c.B.C.); ensuite, « [l]'assurance de dommages comprend l'assurance de biens, qui a pour objet d'indemniser l'assuré des pertes matérielles qu'il subit, et l'assurance de responsabilité, qui a pour objet de garantir l'assuré contre les conséquences pécuniaires de l'obligation qui peut lui incomber, en raison d'un fait dommageable, de réparer le préjudice causé à autrui » (art. 2396 C.c.Q., qui reprend l'art. 2475, al. 2 C.c.B.C.).

C'est précisément parce que l'opération n'est pas une stipulation pour autrui que le législateur a pris la précaution d'affecter le montant de l'assurance exclusivement au paiement des tiers lésés (art. 2500 C.c.Q., qui reprend l'art. 2602 C.c.B.C.) et de donner au tiers lésé une action directe contre l'assureur (art. 2501 C.c.Q., qui reprend l'art. 2603 C.c.B.C.; *cf.* également art. 2504 C.c.Q., qui reprend l'art. 2604 C.c.B.C.).

On pourrait penser que la Cour d'appel du Québec, suivant en cela la doctrine française, a accepté l'action en exécution exercée contre le promettant par le stipulant au profit du tiers : on cite, à cet effet, l'affaire *Pisapia*[1040]. Il s'agit d'une entreprise – Pisapia Construction – qui s'engage à construire une école pour une commission scolaire et qui, à cette fin, confie certains travaux à un sous-entrepreneur, St-Fabien; aux termes de ce sous-contrat, St-Fabien s'engage à renoncer aux privilèges auxquels il pourrait avoir droit contre Pisapia ou contre la commission scolaire, propriétaire de l'immeuble. On est

---

[1039] *Cf.* MAZEAUD, 9ᵉ éd., t. 2, vol. 1, n° 805, p. 915 et 916.

[1040] *Pisapia Construction Inc.* c. *St-Fabien Industriel Inc.*, [1977] C.A. 528. Pour une situation analogue, *cf. Plâtriers Larrivée inc.* c. *Raymond, Chabot inc.*, [1996] R.J.Q. 981 (C.S.).

bien, là, en présence d'une stipulation pour autrui : Pisapia a stipulé de St-Fabien qu'il renonce aux privilèges (ou, en d'autres termes, qu'il s'engage à ne pas enregistrer les privilèges) au profit du stipulant, son cocontractant, et de la commission scolaire. On constate donc que l'intérêt du stipulant et celui du tiers bénéficiaire sont tout à fait les mêmes : faire radier les privilèges enregistrés par St-Fabien en contravention de son obligation de ne pas faire. En effet, à défaut de radiation, la commission scolaire pourrait refuser de payer à Pisapia la créance privilégiée de St-Fabien, ou encore, St-Fabien pourrait faire vendre l'immeuble et se payer par privilège sur le prix. C'est pourquoi il n'est pas douteux que Pisapia ait ici un recours qui lui est tout à fait personnel, car elle est créancière de cette obligation de ne pas faire, au même titre que la commission scolaire. On ne peut donc pas conclure de cet arrêt que la Cour d'appel reconnaît au stipulant une action en exécution contre le promettant au profit du bénéficiaire, dans les cas où une telle identité d'intérêts n'existerait pas.

Quoi qu'il en soit, même si l'on admet, comme la doctrine française, le recours du stipulant, comme s'il était le créancier du promettant, mais au profit du bénéficiaire, on peut se heurter à des difficultés relatives au principe selon lequel nul ne plaide par procureur (art. 59 C.p.c.), ainsi qu'à l'impossibilité d'exécuter un jugement au profit d'un tiers (le bénéficiaire), si ce dernier n'est pas partie à l'action ou n'a pas, tout au moins, été mis en cause. D'ailleurs, ce problème se pose rarement en pratique, car il est rare que le tiers bénéficiaire, qui désire profiter de la stipulation, n'exerce pas lui-même l'action qu'il a contre le promettant.

Il est une autre question qui nous paraît mériter une certaine attention. On a dit précédemment que le stipulant pourrait demander la résolution du contrat qu'il a conclu avec le promettant, dans l'hypothèse où celui-ci n'exécuterait pas ses obligations. C'est ce qu'affirment les auteurs[1041]. Il faut cependant préciser, d'une part, que la résolution du contrat ne pourrait être obtenue que si l'inexécution de son obligation par le promettant était totale ou substantielle[1042] et que, d'autre part, cette résolution, si elle survenait postérieurement à l'acceptation de la stipulation par le tiers bénéfi-

---

[1041] FLOUR, AUBERT et SAVAUX, vol. 1, 9ᵉ éd., n° 480, p. 350; MAZEAUD, 9ᵉ éd., t. 2, vol. 1, n° 789, p. 907; MARTY et RAYNAUD, 2ᵉ éd., t. 1, n° 289, p. 303; TERRÉ, SIMLER et LEQUETTE, 5ᵉ éd., 1993, n° 500, p. 384.

[1042] *Cf. infra*, n° 407.

ciaire, constituerait en fait une révocation de cette stipulation [1043], alors même que l'acceptation la rend irrévocable. On verra, en effet, que le stipulant a le droit de révoquer la stipulation faite au profit d'un tiers tant que celui-ci ne l'a pas acceptée[1044]. Il faut donc sacrifier, soit les intérêts du stipulant, soit ceux du tiers bénéficiaire. La doctrine majoritaire favorise le stipulant (puisqu'elle admet la résolution postérieure à l'acceptation), mais il est permis de se demander si celui-ci ne devrait pas, avant d'exercer son recours, notifier le tiers bénéficiaire de son intention, afin de permettre à ce dernier de prendre les mesures qu'il juge appropriées pour éviter la perte de son droit (en payant à l'aquit du promettant, par exemple).

303. *Les rapports entre le stipulant et le tiers bénéficiaire.* On a un contrat entre le stipulant et le promettant, mais – par exception au principe de la relativité du lien obligatoire – ce contrat produira des effets directs à l'égard du tiers bénéficiaire. Il n'y a cependant aucun lien obligatoire entre le stipulant et le tiers, en ce sens que le stipulant ne s'est pas engagé envers le tiers et n'est donc pas devenu son débiteur par le contrat qui le lie au promettant.

Néanmoins, la stipulation peut avoir certaines conséquences dans les rapports entre le stipulant et le bénéficiaire.

– Le stipulant peut avoir un intérêt pécuniaire à obtenir l'engagement du promettant au profit du tiers : par ce mécanisme, il peut payer une dette qu'il avait à l'égard du tiers et ainsi se libérer; le transporteur d'une marchandise, en déplaçant celle-ci, exécute, le cas échéant, l'obligation de délivrance qu'avait l'expéditeur, en tant que vendeur de ladite marchandise, à l'égard du destinataire qui l'a achetée; le stipulant peut aussi, par cet instrument, faire une libéralité au tiers : c'est le cas de l'assurance-vie; son intérêt est alors « moral » (autant que pécuniaire dans la mesure où il paie des primes).

– Le stipulant a également le droit de révoquer la stipulation, mais il ne le pourra plus lorsque le tiers aura accepté celle-ci, ou plus précisément lorsque le tiers aura

---

[1043] *Cf.* en ce sens, AUBRY et RAU, 6ᵉ éd., t. 4, n° 343, p. 427.
[1044] *Cf. infra*, n° 303.

« porté à la connaissance du stipulant ou du promettant sa volonté de l'accepter » (art. 1446 C.c.Q.). Ainsi, tant que le tiers n'aura pas manifesté son intention de profiter de la stipulation, il est permis au stipulant de désigner un autre bénéficiaire ou, tout simplement, de s'en réserver personnellement le bénéfice : il stipulera, alors, pour lui-même[1045] (art. 1448, al. 2 C.c.Q.).

Le droit de révocation appartient au stipulant; on s'est demandé s'il appartenait de la même manière à ses ayants cause : leur reconnaître ce droit pourrait être dangereux pour le bénéficiaire qui n'a pas eu connaissance de la stipulation et qui, en conséquence, n'a pas été en mesure de l'accepter. Si la stipulation pour autrui a pour objet de faire une libéralité au tiers bénéficiaire, on ne peut guère permettre aux héritiers du stipulant de révoquer cette stipulation qui a été consentie *intuitu personae*. On ne peut le permettre davantage dans le cadre d'une assurance-vie, car le décès du stipulant-assuré est l'événement qui rend l'engagement du promettant-assureur exigible : l'échéance est arrivée et, en conséquence, les héritiers ne peuvent intervenir. C'est ce que consacre l'article 1447, al. 1 C.c.Q. : « [s]eul le stipulant peut révoquer la stipulation; ni ses héritiers ni ses créanciers ne le peuvent ».

S'il est seul à pouvoir révoquer la stipulation, le stipulant ne peut toutefois le faire « sans le consentement du promettant, lorsque celui-ci a un intérêt à ce que la stipulation soit maintenue » (art. 1447, al. 2 C.c.Q.). Ce dernier point est de droit nouveau, cette limitation au droit de révocation permettant de résoudre certaines difficultés dans des situations particulières; tel serait le cas de la vente d'un immeuble avec la stipulation que l'acheteur en versera le prix à un tiers, lorsque ce tiers détient lui-même une hypothèque sur le bien vendu : le promettant (qui serait, dans le contexte de cette stipulation pour au-

---

[1045] Selon l'article 1448, al. 2 C.c.Q., « la révocation profite au stipulant ou à ses héritiers, à défaut d'une nouvelle désignation de bénéficiaire ». En matière d'assurance-vie, le droit de révocation qu'a l'assuré est réglé par l'article 2449 C.c.Q. : le législateur a, en effet, éprouvé le besoin d'intervenir sur ce point.

trui, l'acheteur de l'immeuble) a intérêt à ce que la stipulation ne soit pas révoquée par le stipulant (en l'occurrence le vendeur de l'immeuble), dans la mesure où cette stipulation pour autrui permet au promettant de s'assurer que le tiers bénéficiaire, qui détient une hypothèque sur l'immeuble, soit payé de sa créance contre le stipulant. En effet, en ce cas, la stipulation pour autrui est un mécanisme permettant au stipulant de payer une dette qu'il avait à l'égard du tiers bénéficiaire[1046].

Il est une autre précision apportée par le nouveau Code, quant au moment auquel la révocation devient effective : celle-ci prend effet « dès qu'elle est portée à la connaissance du promettant » (art. 1448, al. 1 C.c.Q.), solution de bon sens puisqu'il importe que le promettant sache entre les mains de qui il a l'obligation d'exécuter son obligation. En revanche, si la révocation est faite par testament, elle prend effet lors de l'ouverture de la succession, autre solution de bon sens puisque le décès du stipulant met en oeuvre ses dernières volontés (art. 1448, al. 1 C.c.Q.).

L'acceptation de la stipulation par le tiers, qui pourra être expresse ou tacite, interdit donc au stipulant de désigner un nouveau bénéficiaire; mais il faut comprendre que ce n'est pas cette acceptation qui fait naître l'obligation du promettant envers le tiers bénéficiaire : son seul effet est de supprimer le droit de révocation. C'est pourquoi le décès du stipulant ou du promettant n'empêchera pas le tiers d'accepter et c'est aussi pourquoi les héritiers du bénéficiaire pourront accepter, même après le décès du stipulant ou du promettant (art. 1449 C.c.Q.), à moins que la stipulation puisse s'analyser comme une libéralité *intuitu personae*.

304. *Les rapports entre le promettant et le tiers bénéficiaire.* Le contrat passé entre le stipulant et le promettant produit des effets directs au profit du tiers; c'est dire que ce dernier possède un droit de créance contre le promettant dès que s'est formé le contrat qui lie le stipulant et le promettant : aussi, ce droit

---

[1046] *Cf. C.M.J.,* t. I, art. 1447 C.c.Q.

existe-t-il avant que le tiers ait accepté la stipulation[1047]. C'est pourquoi les créanciers du stipulant n'ont aucun droit sur la prestation du promettant, qui n'entre à aucun moment dans le patrimoine du stipulant.

Parce que le tiers est titulaire d'un droit de créance direct et immédiat contre le promettant, ce droit est transmis à ses héritiers s'il vient à décéder après la formation de la stipulation, mais avant d'en avoir accepté le bénéfice; il en serait autrement, comme on l'a dit, s'il était prouvé que la stipulation pour autrui a été consentie *intuitu personae* : en cette hypothèse, le stipulant entend stipuler au profit du tiers désigné, mais non point au profit des héritiers de celui-ci.

Si le promettant refuse d'exécuter, le tiers bénéficiaire a contre lui un recours direct en exécution; il lui est évidemment impossible d'exercer une action en résolution qui lui serait, d'ailleurs, parfaitement inutile puisqu'il n'en tirerait aucun bénéfice, cette action n'appartenant qu'au stipulant, qui est le seul à pouvoir en profiter[1048].

S'il est vrai que le tiers bénéficiaire a une action en exécution directe contre le promettant, il importe d'ajouter que ce dernier a néanmoins la possibilité d'opposer au bénéficiaire tous les moyens de défense qu'il aurait pu faire valoir contre le

---

[1047] *Industries Canstal inc.* c. *Immeubles Paul Daigle inc.,* [1996] R.D.I. 508 (C.A.): un entrepreneur ayant stipulé d'un sous-traitant qu'il s'engage à ne pas enregistrer de privilège sur l'immeuble du tiers-bénéficiaire, ce dernier peut exiger du promettant la radiation du privilège qu'il avait enregistré. *Cf.* également *Pérusse* c. *Eastern Marketing Ltd.,* J.E. 96-1449 (C.S., appel rejeté, J.E. 97-59).

[1048] Sous réserve de ce qui a été dit, *cf. supra,* n° 302 *in fine.* Le recours direct qu'a le tiers bénéficiaire à l'égard du promettant résulte de la stipulation pour autrui, c'est-à-dire de la volonté commune du promettant et du stipulant. Parfois, un tiers a une action directe contre l'un des contractants en dehors de toute volonté des parties au contrat; c'est la loi qui la lui accorde. Il en est ainsi dans le cadre du contrat d'assurance-responsabilité qui, on l'a dit, ne nous paraît pas être une stipulation pour autrui; la loi prévoit la possibilité pour le tiers lésé d'exercer une action directe contre l'assureur (art. 2501 C.c.Q.).

stipulant (art. 1450 C.c.Q.)[1049]. Ainsi, dans l'hypothèse où le vendeur d'un bien aurait stipulé de l'acheteur qu'il paie le prix total ou partiel à un tiers, celui-ci pourrait se voir opposer par le promettant le défaut par le stipulant de livrer au promettant le bien vendu. Il y a là un illogisme par rapport au caractère direct du droit du tiers bénéficiaire, mais il y a une raison d'équité qui justifie une telle solution : il serait choquant que le promettant soit plus mal traité que lorsqu'il est simple débiteur de son cocontractant.

En revanche, il n'est aucunement illogique que le tiers bénéficiaire se voie opposer par le promettant une cause de nullité du contrat conclu entre ce dernier et le stipulant, car, si ce contrat est annulé, il ne peut produire d'effets à l'égard de quiconque.

d) La nature juridique de la stipulation pour autrui

On a essayé d'expliquer et de justifier le mécanisme de la stipulation pour autrui. Plusieurs théories ont été proposées.

305. *La théorie de l'offre*. Cette théorie fut soutenue par Demolombe et par Laurent. Ces auteurs présentent la stipulation pour autrui comme une opération s'effectuant en deux temps : dans un premier temps, il y aurait un contrat entre le stipulant et le promettant et, dans un second temps, le stipulant offrirait le bénéfice de ce contrat au tiers, qui l'accepterait éventuellement, un second contrat étant conclu de ce fait et le droit du tiers découlant de ce second contrat. De cette manière, ces auteurs prétendent démontrer que la stipulation pour autrui n'est pas une exception au principe de l'effet relatif des conventions, mais qu'elle n'en serait, au contraire, que l'application.

Cette analyse ne peut pas être retenue. Selon cette théorie, le droit du tiers ne résulte que du second contrat : il

---

[1049] Il arrive souvent, en effet, que le promettant s'engage, envers le tiers, en contrepartie de la prestation que lui a promise le stipulant: *cf.* Jacques MESTRE, « Obligations en général », *Rev. trim. dr. civ.* 1995.618, p. 622.

n'existerait, donc, que par l'acceptation du tiers; avant cette acceptation, il figurerait dans le patrimoine du stipulant dont les créanciers en feraient leur gage commun, ce qui est contraire à la réalité.

En outre, l'offre devenant caduque par le décès de l'offrant, le bénéficiaire ne pourrait accepter la stipulation après la mort du stipulant : ainsi l'assurance-vie serait-elle le plus souvent paralysée, puisque, fréquemment, le bénéficiaire n'a connaissance de son droit qu'au moment du décès de son « bienfaiteur » !

306. *La théorie de la gestion d'affaires.* Cette théorie fut soutenue par Labbé qui visait un objectif identique à celui de Demolombe et Laurent. Pour cet auteur, le stipulant gère l'affaire du tiers en contractant avec le promettant; par son acceptation, le tiers ratifie la gestion qui se transforme rétroactivement en contrat de mandat. Ainsi s'expliquerait la naissance immédiate du droit de créance dans le patrimoine du tiers et son action directe contre le promettant : le stipulant est un représentant, le tiers est un représenté.

L'explication est déjà meilleure que précédemment, mais ne peut pas davantage être retenue. Dans la gestion d'affaires, lorsque celle-ci a été ratifiée par le géré, le gérant est mis hors de cause : il n'a ni droit ni obligation à l'égard de quiconque et, s'il a fait des dépenses, il en sera remboursé. Dans la stipulation pour autrui, le stipulant est lié au promettant par le contrat existant entre eux et devra exécuter ce à quoi il s'est obligé à l'égard du promettant : en d'autres termes, le patrimoine du stipulant ne se trouvera pas nécessairement dans le même état, avant et après l'exécution de la stipulation pour autrui (par exemple, l'assuré aura payé des primes qui ne lui seront pas remboursées, le donateur se sera dessaisi d'un bien au profit du promettant à charge pour lui de payer).

Le critère d'opportunité qui caractérise la gestion d'affaires est indépendant de la volonté du géré, alors que c'est la volonté du tiers bénéficiaire qui, par son acceptation, va rendre efficace la stipulation pour autrui.

Le stipulant a un droit de révocation et peut anéantir la stipulation pour autrui avant qu'elle ne soit acceptée, alors que le gérant ne peut guère s'opposer à la ratification par le géré. Autant d'éléments qui éloignent la stipulation pour autrui de la gestion d'affaires ou du mandat.

307. *La théorie de l'engagement unilatéral.* Cette théorie fut soutenue par Capitant. À la suite du contrat liant le stipulant et le promettant, ce dernier s'engagerait unilatéralement envers le tiers bénéficiaire. Ce point de vue serait inexact, même si l'engagement unilatéral était accepté comme source d'obligations. C'est, en effet, faire abstraction de l'existence du contrat entre promettant et stipulant ou tout au moins négliger ses effets à l'égard du tiers. On n'explique pas non plus le droit de révocation qui appartient au stipulant, ni le rôle de l'acceptation donnée par le bénéficiaire.

Ainsi remarque-t-on qu'aucune de ces théories ne parvient à déceler la nature juridique de la stipulation pour autrui. On se borne aujourd'hui à constater l'existence de ce mécanisme et à le considérer comme une institution originale qu'on ne peut faire entrer dans le cadre d'aucune autre institution déjà connue[1050].

B. La promesse pour autrui

308. *Notions de promesse pour autrui et de promesse de porte-fort.* En vertu de l'article 1443 C.c.Q., « [o]n ne peut, par un contrat fait en son propre nom, engager d'autres que soi-même et ses héritiers ». Si le principe énoncé veut qu'on ne puisse engager que soi-même, on doit en déduire que la promesse pour autrui est prohibée. Cependant, ce même article poursuit : « mais on peut, en son propre nom, promettre qu'un tiers s'engagera à exécuter une obligation ».

[1050] Sur la nature juridique de la stipulation pour autrui, *cf.* FLOUR, AUBERT et SAVAUX, vol. 1, 9ᵉ éd., n° 467 et suiv., p. 341 et suiv.; MARTY et RAYNAUD, 2ᵉ éd., t. 1, n° 279 et suiv., p. 296 et suiv.; MAZEAUD, 9ᵉ éd., t. 2, vol. 1, n° 797 et suiv., p. 912 et suiv.; STARCK, 6ᵉ éd., vol. 2, n° 1504 et suiv., p. 520 et suiv.

Une personne peut, en effet, promettre à une seconde d'obtenir l'engagement ou la ratification d'une tierce personne : le propriétaire indivis d'un immeuble vend ledit immeuble et promet que son coindivisaire, qui est actuellement mineur, ratifiera l'opération lorsqu'il aura atteint la majorité.

C'est, en définitive, se porter fort pour autrui, c'est-à-dire promettre que le tiers consentira à s'obliger. Cela suppose que le promettant prenne l'initiative d'une opération juridique alors qu'il n'en a pas été préalablement chargé. La ratification de la part du tiers sera nécessaire et c'est précisément celle-ci que le porte-fort s'engage à obtenir[1051]. La promesse de porte-fort n'est donc pas une promesse pour autrui : le porte-fort s'engage lui-même à l'égard du cocontractant. La promesse de porte-fort est largement utilisée dans les opérations juridiques impliquant un mineur dans le cadre d'une vente d'immeuble, d'un partage, etc.

On a présenté cette « promesse pour autrui » comme une exception à la règle selon laquelle un contrat ne produit d'obligations qu'à la charge des parties contractantes. Ce point de vue est inexact. C'est, au contraire, l'application du principe, puisque le tiers n'est aucunement engagé par cette promesse à laquelle il demeure étranger. Si, par exemple, un impresario s'engage auprès du directeur d'une salle de spectacles à faire chanter telle vedette, sans en avoir reçu mandat, celle-ci n'est absolument pas tenue de chanter. Seul l'impresario sera lié à l'égard de son cocontractant et responsable de l'inexécution de sa promesse : n'avoir pu obtenir l'engagement de ladite vedette !

309. *Effets.* La promesse de porte-fort n'engage donc nullement le tiers, alors qu'au contraire, elle oblige le promettant : ce dernier devra indemniser son cocontractant dans l'hypothèse où le tiers ne s'engagerait pas à exécuter la prestation promise ou à ratifier l'acte conclu (art. 1443 C.c.Q.).

[1051] *Cf. Allaire c. Boivin*, (1929) 47 B.R. 462. Encore faut-il que la volonté d'obtenir l'engagement d'autrui soit claire : *cf. Placements Hector Poulin Inc. c. Labbé*, [1990] R.J.Q. 2409 (C.A.).

Si le tiers s'engage à exécuter l'obligation pour laquelle le promettant s'est porté fort ou si le tiers ratifie l'engagement du promettant, ce dernier est, alors, libéré; par la ratification, le tiers fait sien l'engagement du porte-fort et tout se passe comme si le promettant avait été habilité à conclure un acte juridique pour le compte et au profit du tiers : il y a rétroactivité. La vente de l'immeuble, dont le mineur était copropriétaire indivis, par l'autre copropriétaire qui s'était porté fort pour lui, est validée rétroactivement par la ratification consentie par ce mineur devenu majeur[1052].

C. La contre-lettre

La contre-lettre est un contrat réellement voulu par les parties, mais qui est caché par l'existence d'un contrat apparent. Ce contrat ostensible va contre la lettre du contrat véritable. Il y a, donc, une simulation qui peut éventuellement faire surgir quelques problèmes.

310. *Notion de simulation.* La simulation consiste à créer une apparence qui ne reflète pas la vérité; on cherche à cacher derrière un acte ostensible une situation juridique véritable. Deux personnes concluent ostensiblement un contrat qui sera le contrat apparent, mais qui dissimulera un autre contrat, passé par elles avant ou en même temps, et qu'elles tiendront secret[1053].

[1052] Il ne faut pas confondre le porte-fort et la caution : le porte-fort promet de procurer l'engagement d'un tiers, mais ne garantit pas l'exécution de la prestation par ce tiers; au contraire, la caution s'engage à payer la dette si le débiteur principal n'exécute pas sa prestation : il en garantit, donc, l'exécution. De la même façon, il ne faut pas confondre promesse de porte-fort et responsabilité contractuelle du fait d'autrui; *cf. Lambert c. Minerve Canada, compagnie de transport aérien inc.*, [1998] R.J.Q. 1740 (C.A.) : c'est pourquoi l'analyse du juge Deschamps sur ce point, nous paraît plus adéquate que celle proposée par les juges Baudouin et Rothman.

[1053] *Cf.* Louise ROLLAND, « La simulation dans le droit civil des obligations: le mensonge révélateur », dans Nicholas KASIRER (dir.), *Le faux en droit privé*, Montréal, Éditions Thémis, 2000, p. 93.

La simulation peut présenter des degrés différents : l'acte apparent peut être un acte fictif, un acte déguisé ou un acte comportant une interposition de personnes.

– *Acte fictif* : l'acte secret détruit complètement l'acte apparent : les parties ont voulu faire croire à l'existence d'un contrat qui, en réalité, n'a pas été conclu. Par exemple, une personne conclut apparemment un contrat aux termes duquel elle vend un de ses biens à une autre personne, alors que ce « vendeur » et cet « acheteur » conviennent qu'en vérité, ils ne sont aucunement liés par ce contrat, et que le « vendeur » est et demeurera le propriétaire dudit bien. Cette seconde convention, gardée secrète, anéantit le contrat apparent, qui est un acte juridique purement fictif[1054].

– *Acte déguisé* : les parties concluent un contrat, mais désirent que la nature ou les modalités de ce contrat demeurent cachées aux tiers. L'acte secret ne détruit pas, ici, l'acte apparent, mais indique la véritable nature du contrat, différente de celle que montre l'acte apparent. Ainsi, par exemple, le contrat apparent indique que telle personne vend tel bien à telle autre personne alors que le contrat tenu secret révèle que la première donne ce bien à la seconde; on dit que l'acte secret est déguisé et, dans ce cas, le déguisement est total puisqu'il porte sur la nature du contrat.

Cependant, le contrat tenu secret peut aussi révéler que seules certaines modalités du contrat sont différentes de celles qu'indique le contrat apparent : par exemple, le prix de vente inscrit dans l'acte apparent est de 10 000 $, alors que le prix figurant dans l'acte secret est de 20 000 $; il y a, là aussi, déguisement, mais ce déguisement est partiel puisqu'il ne porte que sur l'un des éléments du contrat.

– *Interposition de personnes* : le contrat apparent indique que A a vendu tel bien à B, alors que le contrat tenu secret indique que A a vendu ce bien à C. Le contrat véritable a été conclu avec une personne autre que celle qui figure dans le contrat apparent.

[1054] *Cf. Ouellette c. Tardif*, J.E. 00-1910 (C.S.).

Qu'il s'agisse de l'un ou l'autre de ces cas de simulation, le contrat apparent n'est que l'expression d'une apparence de volontés, alors que l'intention véritable des parties est exprimée dans le contrat tenu caché : le contrat apparent va contre la lettre du contrat caché, d'où le nom de « contre-lettre » donné au contrat caché. Ainsi les contractants dissimulent la vérité (art. 1451, al. 1 C.c.Q.). C'est dire que la simulation implique le caractère secret de la contre-lettre; si, donc, le contrat apparent dévoile l'existence d'une contre-lettre, il n'y a pas simulation. De la même manière, pour qu'il y ait simulation, la contre-lettre doit avoir été conclue avant ou en même temps que le contrat apparent; s'il n'en est pas ainsi, le contrat secret est un second contrat modifiant le premier, mais non point une contre-lettre.

La simulation se rencontre assez fréquemment. Le but de ces opérations n'est pas toujours louable : c'est, parfois, un moyen de contourner la loi civile ou fiscale, de commettre une fraude à l'égard de ses créanciers; mais le but peut aussi être légitime, lorsqu'il consiste à vouloir simplement garder une convention secrète, à l'abri de commentaires malveillants, ou à ne pas révéler immédiatement le nom d'un cocontractant.

Il ne faut pas confondre l'interposition de personne avec l'intervention d'un prête-nom, même si les deux situations comportent un élément de simulation. Lorsqu'il s'agit d'une interposition de personne, les parties au contrat apparent savent que l'une d'elles agit comme mandataire occulte et que la contre-lettre indique qui est le véritable cocontractant : il y a donc accord total, conclu en toute connaissance de cause. Au contraire, celui qui contracte avec un prête-nom ignore la qualité de celui-ci : la simulation n'est connue que du mandataire occulte et de son mandant, permettant ainsi la conclusion d'un contrat auquel n'aurait peut-être pas consenti celui qui ignorait la « simulation » s'il avait connu la véritable identité de son cocontractant.

311. *Les conséquences de la simulation.* On peut poser comme principe que la simulation n'est pas, en soi, une cause de nullité des contrats; pourquoi, en effet, ne serait-on pas libre de vouloir garder secrète la convention passée avec telle personne ? Pourquoi sanctionner une telle... discrétion ?

Si, toutefois, le but des contractants est, ce faisant, de frauder, la simulation ne peut pas rendre valide un contrat qui, s'il était conclu au vu et au su de tous, serait nul. L'article 1813 C.c.Q. interdisant au mineur de donner, on ne peut pas admettre la validité de l'opération qui consisterait, pour les contractants, à passer apparemment un contrat de prêt et secrètement un contrat de donation[1055] ! En outre, il est clair que les contractants créent une apparence trompeuse à l'égard des tiers qui pourraient avoir avantage à connaître la vérité : celui qui acquiert un immeuble occupé par un locataire dont le bail apparent est de un an, alors que le bail secret indique cinq ans, a sans aucun doute intérêt à connaître la situation juridique véritable.

Si donc la simulation n'est pas sanctionnée en tant que telle, elle le sera sous l'angle des effets. Puisqu'on est en présence de deux contrats, l'un apparent, l'autre caché, il faut se demander quel est celui des deux qui produira des effets, quel est celui qui liera les parties ou sera opposable aux tiers.

312. *Les conséquences de la simulation à l'égard de leurs auteurs.* La véritable intention des parties contractantes se trouve dans la convention tenue secrète; il est, dès lors, normal que celles-ci soient liées par cette convention secrète et non point par la convention apparente, qui est seulement destinée à camoufler, à l'égard des tiers, leur volonté réelle : « [e]ntre les parties, la contre-lettre l'emporte sur le contrat apparent » (art. 1451, al. 2 C.c.Q.)[1056].

Si l'un des contractants voulait s'en tenir au contrat apparent et exiger l'exécution de celui-ci, le cocontractant aurait, alors, le droit de démontrer l'existence de la contre-lettre, c'est-à-dire de dévoiler la simulation, dans la mesure, toutefois, où les règles de la preuve le permettraient. En effet, en vertu de

---

[1055] Sur les donations déguisées, *cf.* Germain BRIÈRE, *Les libéralités*, 7e éd., Montréal, Éditions Thémis, 1977, p. 100.

[1056] Les ayants-cause universels et à titre universel continuant la personne du défunt sont tenus par la contre-lettre conclue par leur auteur: *cf. Ducharme c. Duchesneau (Succession de)*, J.E. 97- 834 (C.Q.); *Manarelli c. Luca*, J.E. 98-2053 (C.S.).

l'article 2863 C.c.Q., si le contrat apparent a été fait par écrit, la preuve de l'existence d'une contre-lettre exige la production d'un acte écrit; cette exigence sera levée lorsque la simulation a été faite dans un but de fraude[1057]. L'action par laquelle le contractant demande à faire valoir la contre-lettre, est dite « action en déclaration de simulation ».

Advenant le cas où la simulation serait faite dans un but de fraude, tel le mineur qui, dans l'acte ostensible, prête, alors que, dans l'acte caché, il donne, contrairement à l'article 1813 C.c.Q., toute l'opération serait sanctionnée par la nullité : la contre-lettre indiquant une donation serait nulle, parce qu'on ne peut faire indirectement ce qu'il est interdit de faire directement, et l'acte apparent indiquant un prêt serait également nul, parce qu'il ne reflète pas la véritable intention des parties.

Il est cependant des cas où l'on pourrait se demander si la fraude ne devrait pas, entre les parties, rendre inefficace la contre-lettre et donner effet à l'acte apparent : tel pourrait être le cas de la contre-lettre qui ne déguiserait que l'un des éléments du contrat, par exemple le prix. En effet, si l'acte ostensible indique que la vente de tel immeuble est conclue au prix de 60 000 $, alors que l'acte caché indique un prix de 100 000 $, le tribunal qui voudrait sanctionner la fraude fiscale (relative aux droits de mutation, à l'évaluation municipale, au gain de capital) pourrait refuser de reconnaître au vendeur le droit d'exiger le paiement du solde de 40 000 $ que n'aurait pas encore versé l'acheteur; il pourrait tout aussi bien donner gain de cause à l'acheteur qui, ayant versé la somme de 100 000 $, demanderait le remboursement de la somme de 40 000 $. Dans l'un et l'autre cas, la fraude serait sanctionnée par le maintien de l'acte apparent : c'est ce que prévoit aujourd'hui, en droit français, le *Code général des impôts*, qui a consacré une jurisprudence constante[1058]. Cette solution nous paraît être cependant plus sévère pour le vendeur que pour l'acheteur, alors que la fraude profite aux deux contractants : au vendeur quant au gain de capital éventuel, à l'acheteur quant aux droits de mutation; néanmoins, le vendeur ne percevra pas le prix réel

---

[1057] *Cf. Lafontaine* c. *Lafontaine*, [1952] B.R. 685; *Matte* c. *Matte*, [1962] B.R. 521; *Rodrigue* c. *Dostie*, [1927] R.C.S. 563.

[1058] *Cf.* FLOUR, AUBERT et SAVAUX, vol. 1, 9ᵉ éd., n° 387, p. 284; MARTY et RAYNAUD, 2ᵉ éd., t. 1, n° 311, p. 321 et 322; TERRÉ, SIMLER et LEQUETTE, 5ᵉ éd., 1993, n° 531, p. 401 et 402.

convenu par les parties, alors que l'acheteur fera une bonne affaire. Aussi, le vendeur « avisé » prendra-t-il la précaution de se faire payer le complément caché, de la main à la main, sans qu'il en reste la moindre trace : c'est ce qu'on appelle le « dessous de table », dont la preuve sera bien difficile à apporter[1059].

313. Les conséquences de la simulation à l'égard des tiers. On doit, tout d'abord, préciser qui sont ces tiers[1060]. Ce ne sont pas ceux qui sont complètement étrangers aux contractants qui sont les plus intéressés à l'opération ! Ce sont les acquéreurs de droits réels, qui ont traité avec les parties postérieurement aux actes apparent et secret, ainsi que les créanciers chirographaires : ce sont eux qui, en effet, risquent de souffrir de la simulation[1061].

La règle édictée par l'article 1452 C.c.Q. veut que la contre-lettre ne produise pas d'effets défavorables aux tiers. Aussi, les tiers ont-ils le droit d'ignorer le contrat secret, lequel leur est inopposable[1062]. Dans l'hypothèse d'une vente fictive, par exemple, les créanciers de l'acquéreur fictif ne pourront pas se voir opposer la convention secrète lorsqu'ils désireront faire saisir le bien acquis apparemment, qui, en conséquence, est censé être entré dans le patrimoine de leur débiteur.

Si la convention cachée ne peut nuire aux tiers, ces derniers peuvent, au contraire, se prévaloir de l'acte secret lorsque celui-ci leur est favorable, dans la mesure, toutefois, où ils réussissent à en prouver l'existence, par l'action en déclaration de simulation. Ainsi, dans cette hypothèse de vente fictive envisagée précédemment, les créanciers du vendeur fictif peuvent

---

[1059] On notera cependant que le droit fiscal permet au ministère du Revenu de réévaluer les prix déclarés qui ne lui paraissent pas correspondre à la valeur réelle.

[1060] Cf. *Fortier* c. *Lafontaine*, [1961] C.S. 616.

[1061] C'est pourquoi le syndic de faillite est considéré comme étant un tiers à l'égard des actes simulés du failli : *In re Gestion Cogemar Ltée*, [1989] R.J.Q. 2266 (C.A.); *Habitations Chez-moi inc. (Syndic de)*, J.E. 94-1820 (C.S.); *Trudeau (Syndic de)*, J.E. 98-1392 (C.S.); *Pogany (Syndic de)*, [1997] R.J.Q. 1693 (C.S.).

[1062] Cf. *Construction Acibec (1980) ltée* c. *Résidence Marro inc.*, [1995] R.D.I. 16 (C.A.).

avoir avantage à se prévaloir de l'acte secret, puisque, en vérité, le vendeur n'a jamais cessé d'être propriétaire du bien.

Comme on le constate, les tiers intéressés peuvent avoir avantage à invoquer tantôt le contrat apparent, tantôt le contrat secret[1063]; aussi est-il possible de concevoir un conflit d'intérêts entre plusieurs tiers, et en particulier entre plusieurs créanciers, les créanciers de chacune des parties contractantes; en ce cas, l'article 1452 C.c.Q. donne priorité au contrat apparent. Afin d'assurer la sécurité des transactions, il est, en effet, nécessaire de faire triompher l'apparence[1064].

Si les parties contractantes ont eu recours à la simulation afin de frauder la loi ou leurs créanciers, les tiers intéressés pourront utiliser tous les moyens de preuve; il en sera également ainsi même en l'absence de fraude, puisque l'article 2860, al. 2 C.c.Q. prévoit la possibilité de la preuve testimoniale lorsque la partie réclamante n'a pu, malgré sa bonne foi et sa diligence, produire une preuve écrite.

Section 3. Le paiement

314. *Paiement et exécution volontaire.* Le *Code civil du Québec* traite du paiement aux articles 1553 et suiv. C.c.Q., au chapitre sixième consacré à l'exécution des obligations. S'il est vrai qu'en vertu de l'article 1671 C.c.Q. l'obligation s'éteint par le paiement, c'est parce que, le paiement une fois fait, l'obligation a été exécutée. En effet, comme on l'a déjà dit, « payer », au sens juridique du terme, signifie exécuter une

---

[1063] Lorsque l'acte apparent prévoit un prix de vente inférieur à celui qu'indique la contre-lettre, laquelle a été exécutée, les créanciers du vendeur ne peuvent invoquer le contrat apparent pour forcer l'acheteur à payer une seconde fois: on ne peut obtenir *à la fois* l'exécution de l'acte apparent et celle de l'acte simulé: *cf. Pogany (Syndic de)*, [1997] R.J.Q. 1693 (C.S.).

[1064] En matière familiale, on rencontre le problème du « mariage simulé ». Il ne s'agit pas de la simulation telle qu'elle est envisagée ici, mais plutôt d'une question relevant du consentement : le consentement au mariage doit être réel et sérieux; lorsqu'il ne l'est pas (lorsqu'il est « simulé »), il fait défaut et l'absence de consentement est sanctionnée par la nullité relative qui pourrait être ici une nullité relative double.

obligation quelle qu'elle soit et ce terme ne se limite pas à l'exécution d'une obligation portant sur une somme d'argent (*cf.* art. 1553 C.c.Q.) : livrer une chose, exécuter un travail ou s'abstenir de faire constitue un paiement[1065].

Il ne sera question, dans cette section, que du paiement volontaire, puisqu'on envisage l'exécution des obligations. L'exécution forcée sera traitée dans le cadre de l'inexécution des obligations.

315. *Paiement et exécution de bonne foi.* De la même manière que la bonne foi des parties doit exister lors de la conclusion du contrat et doit être prise en considération lorsqu'on cherche à déterminer, par interprétation, le contenu du contrat[1066], la bonne foi doit se retrouver au moment de l'exécution. L'article 1375 C.c.Q. codifie à cet égard ce qu'enseignaient déjà la doctrine et la jurisprudence en dépit de l'absence d'un texte explicite dans le *Code civil du Bas Canada*. On peut notamment parler d'une obligation de loyauté et d'une obligation de coopération.

L'obligation de loyauté[1067] consiste, pour le débiteur, à accomplir comme il le faut, c'est-à-dire comme le ferait une personne normalement respectueuse des règles du jeu, ce à quoi il s'est engagé. Le débiteur qui se comporte avec l'intention de nuire, de façon malveillante, ou d'une manière excessive et déraisonnable, en d'autres mots « de mauvaise foi » (*cf.* art. 6 et 7 C.c.Q), mérite d'être sanctionné. C'est notamment ce que prévoit l'article 1613 C.c.Q. (lequel reprend l'article 1074

[1065] Sur le plan du droit transitoire, on notera que selon l'article 87 L.A.R.C.C. « [l]e paiement est régi par la loi en vigueur au moment où il est effectué ».

[1066] *Cf. supra*, n° 222 et suiv.; *cf.* TERRÉ, SIMLER et LEQUETTE, 5ᵉ éd., 1993, nᵒˢ 14 et suiv., p. 319 et suiv.; CARBONNIER, t. 4, 21ᵉ éd., n° 113, p. 218 et suiv.

[1067] *Cf.* Yves PICOD, *Le devoir de loyauté dans l'exécution du contrat*, Paris, L.G.D.J., 1989; Madeleine CANTIN CUMYN, *L'administration du bien d'autrui*, coll. « Traité de droit civil », Cowansville, Éditions Yvon Blais, 2000, nᵒˢ 287 et suiv., p. 244 et suiv. Dans le contexte particulier du contrat de travail, *cf.* France HÉBERT, *L'obligation de loyauté du salarié*, Montréal, Wilson et Lafleur, 1995. *Cf. supra*, n° 17.6.

C.c.B.C.), qui étend les dommages-intérêts au préjudice imprévisible lorsque l'inexécution de l'obligation résulte du dol du débiteur; c'est aussi ce qu'ont décidé les tribunaux, qui ont frappé d'inefficacité les clauses d'exonération ou de limitation de responsabilité lorsque l'inexécution de l'obligation résultait du dol ou de la faute lourde du débiteur, ce qui est désormais codifié à l'article 1474 C.c.Q.

Le débiteur n'a cependant pas l'exclusivité de l'obligation de loyauté : le créancier, lui aussi, doit se comporter de bonne foi. En effet, il ne doit pas tenter, par des moyens douteux, d'empêcher le débiteur d'exécuter normalement son obligation ou d'en rendre l'exécution plus onéreuse; c'est notamment pour cela, d'ailleurs, que l'on connaît la procédure des « offres réelles et consignation »[1068].

L'obligation de coopération, quant à elle, consiste à faciliter l'exécution de l'obligation, en faisant appel à une saine collaboration entre créancier et débiteur, laquelle s'avère tout à fait nécessaire dans le cadre de certains contrats. Ainsi, le climat de confiance, qui doit gouverner le mandat, nécessite un concours de bonne volonté entre mandant et mandataire, afin de permettre un meilleur accomplissement du mandat. On rejoint ici l'obligation d'information ou de renseignement déjà rencontrée au niveau de la formation et de l'interprétation du contrat[1069]. Il suffit de songer encore à l'« ambiance » dans laquelle se forme et s'exécute le contrat d'assurance qui exige incontestablement la bonne foi absolue de l'assureur et de l'assuré.

315.1. *Plan.* S'agissant de l'exécution de l'obligation, qui, par voie de conséquence, va éteindre l'obligation, on examinera le paiement en général, mais aussi le paiement avec subrogation, qui est une modalité du paiement; puis, le paiement par compensation qui, bien que mode d'extinction, peut être envisagé dans le prolongement du paiement, puisque la compensa-

---

[1068] *Cf. Malka (Syndic de)*, J.E. 97-439 (C.A.).

[1069] *Cf. supra*, n° 235. Sur la nécessité de la bonne foi dans l'exécution, *cf. Banque canadienne nationale* c. *Soucisse*, [1981] 2 R.C.S. 339; *Banque de Montréal* c. *Bail Ltée*, [1992] 2 R.C.S. 554. *Cf. supra*, n° 17.6.

tion tend à procurer au créancier la satisfaction à laquelle il avait droit; ensuite le paiement par confusion, la confusion étant l'obstacle matériel à l'exécution, résultant de ce que le créancier a succédé au débiteur ou inversement; enfin, le paiement qui résulte de l'acquisition du bien qui fait l'objet d'une sûreté.

Par. 1. *Le paiement en général*

On s'interrogera, d'abord, sur les parties au paiement, puis sur les conditions du paiement. On examinera ensuite la question des « offres réelles et consignation ».

Sous-par. 1. *Les parties au paiement*

On doit se demander quelles sont les personnes susceptibles d'effectuer un paiement et quelles sont celles qui peuvent recevoir un paiement.

A. Les personnes pouvant faire un paiement

316. *Détermination du solvens.* Puisque payer, c'est exécuter sa prestation, celui qui « paie » (le *solvens*) est, le plus souvent, le débiteur de l'obligation. Toutefois, celui qui exécute peut être, tout aussi bien, un représentant qui agit au nom et pour le compte du véritable débiteur; ce peut être, aussi, une personne qui est tenue avec ce débiteur (un cuobligé) – comme un codébiteur solidaire – ou pour lui – comme une caution –, c'est-à-dire une personne directement intéressée à ce que l'obligation soit exécutée.

En dehors de ces hypothèses, l'obligation peut également être exécutée « par toute personne, lors même qu'elle serait un tiers par rapport à l'obligation » (art. 1555, al. 1 C.c.Q.). Le créancier peut donc accepter ce paiement sans que le débiteur puisse s'y opposer. Si le débiteur ne peut s'opposer à ce qu'un tiers paie à sa place, le créancier, lui, peut-il refuser que l'obligation soit exécutée par un tiers ? La réponse à cette question est affirmative dans deux cas. Tout d'abord, le créancier peut refuser l'offre de paiement d'un tiers « lorsqu'il a intérêt à ce que le paiement soit fait personnellement par le débiteur » (art. 1555, al. 2 C.c.Q.); c'est le cas où le débiteur a été choisi en raison de ses qualités et compétences personnelles (*intuitu personae*); il tombe alors sous le sens que le créancier puisse refuser qu'un autre paie à sa place. Ensuite, le créancier peut refuser l'offre de paiement du tiers lorsque cette offre est faite dans le seul but de changer de créancier, sans que cela soit à l'avantage du débiteur (art. 1555, al. 1 *in fine* C.c.Q.); en effet, de deux choses l'une : ou bien le tiers offre de payer à la place du débiteur afin de lui rendre service (cas de la mère offrant de payer la dette de sa fille), ou bien il le fait dans le seul but de prendre la place du créancier. Dans le second cas, puisqu'il n'y a aucune raison de permettre à un tiers d'« exproprier » le créancier de sa créance, ce dernier a le droit de refuser de recevoir paiement; en revanche, lorsque l'offre du tiers a pour but d'avantager le débiteur, la loi, par faveur envers ce dernier, oblige le créancier à recevoir le paiment[1070].

Qu'il soit forcé ou non de recevoir le paiement offert par un tiers, le créancier ne peut pas être contraint à consentir à ce tiers une subrogation dans ses droits contre le débiteur[1071]. En effet, le tiers qui paie la dette d'autrui devient, en principe, le nouveau créancier du débiteur (on est, alors, dans le domaine de la subrogation); il en serait autrement si l'intention du tiers *solvens* était d'avantager à titre gratuit le débiteur : il s'agirait, en ce cas, d'une donation indirecte. Pour que le *solvens* puisse

---

[1070] Le remplacement du terme « étranger » de l'article 1141 C.c.B.C. par le terme « tiers » de l'article 1555 C.c.Q. n'apporte aucun changement quant au fond (voir *C.M.J.*, t. I, art. 1555 C.c.Q.); aussi ceux qui, hier, étaient considérés comme des personnes directement intéressées au paiement, ne sont pas des « tiers » au sens de l'article 1555 C.c.Q., mais doivent être assimilées, quant au droit de payer, au débiteur lui-même. C'est ainsi que la jurisprudence a décidé qu'un créancier hypothécaire de second rang était une personne intéressée au paiement de la créance hypothécaire de premier rang, et donc pouvait forcer le créancier de premier rang à recevoir son offre de paiement : *Côté* c. *Sterblied*, [1956] B.R. 111; [1958] R.C.S. 121; cet arrêt demeure pertinent. Pour une critique de cette analyse, *cf.* TANCELIN, 6e éd., n° 1130.

[1071] *Caisse populaire St-Joseph de Hull* c. *Bégin*, [1995] R.J.Q. 1080 (C.S.).

être subrogé dans les droits du créancier qu'il a payé, il serait nécessaire que le créancier donne son consentement (sous réserve d'une subrogation légale)[1072].

Si toute personne peut payer, dans les limites qu'on vient de mentionner, encore faut-il que ce *solvens* ait la capacité juridique : en vertu de l'article 1556 C.c.Q., « [p]our payer valablement, il faut avoir dans ce qui est dû un droit qui autorise à le donner en paiement ». Il est permis d'ajouter qu'il faut être « capable de l'aliéner », comme l'a précisé l'article 1238 C.c.fr. correspondant. Néanmoins, le paiement d'une somme d'argent ou, plus généralement, d'une chose qui se consomme, ne pourra être répété contre le créancier qui l'a consommée de bonne foi, même si le paiement a été fait par une personne qui n'en était pas propriétaire ou n'avait pas la capacité d'aliéner (art. 1556, al. 2 C.c.Q.) : on protège, ainsi, le créancier de bonne foi. On observera, toutefois, que, même si l'incapacité du *solvens* entraîne la nullité du paiement que celui-ci effectue, une demande d'annulation ne l'avancerait guère, puisqu'il demeurerait tenu de l'obligation (à moins évidemment que ce *solvens* ne soit pas le débiteur).

B. Les personnes pouvant recevoir un paiement

317. *Détermination de l'accipiens.* La personne pouvant recevoir un paiement (l'*accipiens*) est normalement le créancier[1073]. Lorsqu'il vient à mourir, ses ayants cause universels deviennent eux-mêmes créanciers, puisqu'ils continuent la personne du défunt.

[1072] *Cf.* BAUDOUIN et JOBIN, 5ᵉ éd., nᵒˢ 635 et 636, p. 496 et 497; MIGNAULT, t. 5, p. 534 et 535; MARTY et RAYNAUD, 2ᵉ éd., t. 2, nᵒ 195 et suiv., p. 179 et suiv.

[1073] Il en est autrement lorsque la créance a fait l'objet d'une saisie; le paiement doit être fait, alors, entre les mains du saisissant, à défaut de quoi ce dernier pourrait contraindre le débiteur à payer de nouveau (art. 1560 C.c.Q.) : *cf. Huot* c. *Construction Dan-Mark ltée*, [1995] R.J.Q. 2616 (C.S.).

On pourrait également ajouter que le cessionnaire de la créance peut également recevoir valablement paiement, dans la mesure où la cession s'est faite conformément aux articles 1637 et suiv. C.c.Q. De la même façon, le paiement reçu par un représentant du créancier, légal ou conventionnel, est un paiement valable (art. 1557 C.c.Q.) : le tuteur reçoit valablement le paiement qui est fait à son pupille, l'administrateur du bien d'autrui « perçoit les créances qui sont soumises à son administration » (art. 1302, al. 2 C.c.Q). Toutefois, lorsqu'il s'agit d'un mandat conventionnel, le débiteur a avantage à se montrer prudent et à s'assurer que la personne qui reçoit le paiement représente réellement son créancier, car, en payant quelqu'un d'autre que son créancier véritable ou le représentant de celui-ci, il n'est pas libéré de sa dette; en conséquence, il pourra être amené à effectuer un second paiement et devra, ensuite, exercer contre l'*accipiens* l'action en paiement de l'indu, avec les risques que comporte ce recours : « Qui paie mal, paie deux fois ».

Cependant, il est des cas où le paiement reçu par une personne qui n'a pas le pouvoir de recevoir pour le compte du créancier sera néanmoins valable :

– ce paiement est valable si le créancier le ratifie : la ratification par le créancier donne, d'ailleurs, à l'*accipiens* la qualité de mandataire, et cela de façon rétroactive (art. 1557, al. 2 C.c.Q.);

– ce paiement est également valable, lors même que le créancier ne l'aurait pas ratifié, dans la mesure où il en profite : si, en effet, le débiteur, au lieu de payer directement son propre créancier, paie le créancier de son créancier, il est libéré de sa dette dans la mesure où son créancier est libéré de la sienne; s'il n'en était pas ainsi, son propre créancier pourrait encore exiger le paiement et, de ce fait, s'enrichir sans cause (art. 1557, al. 2 C.c.Q.);

– ce paiement est aussi valable s'il est fait de bonne foi au créancier apparent, c'est-à-dire à celui qui est en possession de la créance. Comme le dit Mazeaud, le possesseur d'une créance est celui « qui a la *possession d'état de créancier*; il est créancier apparent »[1074]. L'exemple classique est celui de l'héritier apparent : celui qui passe à tort, aux yeux du public, comme héritier, est possesseur des créances de la succession. Le paiement qui lui sera fait de bonne foi sera valable (art. 1559 C.c.Q.).

De la même façon qu'on exige la capacité juridique du *solvens* pour qu'un paiement effectué par lui soit valable, on exige également que *l'accipiens* ait la capacité juridique pour le recevoir valablement. L'*accipiens* doit être apte à déterminer si ce qu'il reçoit est conforme à ce qui lui est dû. En conséquence, le paiement reçu par un mineur ne libère pas le débiteur; cependant, ce dernier peut prouver que ce paiement a profité au mineur et ainsi se libérer dans la mesure de ce profit (art. 1558 C.c.Q.). S'il n'en était pas ainsi, l'incapable s'enrichirait injustement.

Sous-par. 2. *Les conditions du paiement*

On est amené à envisager l'objet du paiement, puis le moment, le lieu et les frais du paiement, enfin la preuve du paiement.

A. L'objet du paiement

Le paiement consiste à exécuter la prestation due; c'est par cette exécution que le débiteur sera libéré. Aussi, le débiteur doit-il, pour se libérer, payer ce qui est dû et payer tout ce qui est dû.

[1074] MAZEAUD, 9e éd., t. 2, vol. 1, n° 833, p. 940 (les italiques sont dans le texte original). *Cf.* en ce sens, *Daoust* c. *Daoust*, [1976] C.S. 1742; *Banque Canadienne Impériale de Commerce* c. *Construction G.C.P. inc.*, J.E. 99-32 (C.A.).

a) Le paiement de ce qui est dû

Le paiement peut consister en l'exécution d'une obligation portant sur une somme d'argent (obligation pécuniaire) ou d'une obligation autre que celle portant sur une somme d'argent (obligation en nature).

318. *Le paiement d'une obligation autre qu'une obligation portant sur une somme d'argent.* Lorsque la prestation due consiste en une obligation de faire ou de ne pas faire, le débiteur doit accomplir le fait promis ou, au contraire, s'abstenir d'accomplir ce qu'il a promis de ne pas faire. Il n'y a, là, aucun problème particulier; il y en aura un, cependant, s'il refuse d'accomplir le fait promis ou s'il accomplit ce qu'il s'était engagé à ne pas faire : on est, alors, dans l'hypothèse de l'inexécution des obligations, qui sera envisagée ultérieurement.

Lorsque la prestation due porte sur une chose, le créancier ne peut être contraint de recevoir une chose autre que celle qui lui est due, quoiqu'elle soit d'une plus grande valeur (art. 1561, al. 1 C.c.Q.)[1075]. S'il s'agit d'une chose de genre dont la qualité n'est pas déterminée (par exemple, 100 tonnes de blé), le débiteur n'est pas tenu de la donner de la meilleure espèce, mais il ne pourra l'offrir de la plus mauvaise (art. 1563 C.c.Q.)[1076].

319. *Le paiement d'une obligation portant sur une somme d'argent.* En principe, le paiement s'effectue par le versement au créancier de la somme due, en « monnaie ayant cours légal lors du paiement », c'est-à-dire en billets et pièces émis par la Banque du Canada (sous réserve de l'interdiction qui est faite de payer en pièces au-delà d'un certain montant)[1077].

[1075] *Cf. Steinberg c. Bourgault,* (1923) 35 B.R. 83. Au cas de perte ou de détérioration de l'objet avant sa livraison : *cf. infra,* n° 416 et suiv.

[1076] On rappellera que selon l'article 1151 C.c.B.C., la chose devait être de « qualité marchande ». Le maintien de ce texte n'a pas paru souhaitable, la pertinence du critère objectif – qualité marchande d'après les usages commerciaux – ne répondant pas nécessairement aux attentes légitimes du créancier.

[1077] *Loi sur la monnaie,* L.R.C. (1985), c. C-52. Rien n'interdit toutefois à un créancier et à un débiteur de convenir que le paiement s'effectuera en

En principe, le débiteur est libéré par le versement de la somme nominale prévue, même si une dévaluation est intervenue avant échéance. En supposant que, dans un contrat conclu en 1960, l'obligation porte sur la somme de 1 000 $, due en 1990, et qu'en 1990 les 1 000 $ de 1960 correspondent à 8 000 $, c'est la somme nominale de 1 000 $ qui demeure due : c'est toujours le créancier qui supporte le risque de la dévaluation monétaire (art. 1564, al. 1 C.c.Q.), à moins qu'il ne prenne la précaution de prévoir une clause d'indexation ou qu'il ne s'agisse d'une dette de valeur[1078].

Il faut ici souligner que le nouveau Code consacre sur le plan législatif certaines pratiques en donnant valeur libératoire à certains modes de paiement courant : le mandat postal, le chèque certifié par un établissement financier exerçant son activité au Québec ou autre effet de paiement offrant les mêmes garanties au créancier, tels la traite bancaire ou le mandat personnel bancaire; ce peut être aussi les opérations effectuées par carte de crédit ou virement de fonds (par exemple la carte de débit), si les installations du créancier lui permettent d'accepter ce mode de paiement[1079]. Dans toutes ces hypothèses, le créancier a l'assurance d'être payé par l'établissement financier (sous réserve d'une toujours possible faillite de celui-ci...), pourvu qu'il observe certaines procédures prévues par cet établissement (par exemple, vérification de la limite de crédit ou du solde du compte du débiteur).

---

monnaie étrangère (sous réserve du fait qu'un tribunal canadien ne peut condamner au paiement d'une somme d'argent exprimée en monnaie étrangère; il y aura donc lieu, en cas de litige, de procéder à une conversion).

[1078] Cf. supra, n° 10; cf. également MALAURIE et AYNÈS, t. 6, 10ᵉ éd., n° 984, p. 579 et suiv.

[1079] Sur le sujet, cf. Nicole L'HEUREUX et Louise LANGEVIN, Les cartes de paiement : aspects juridiques, Sainte-Foy, P.U.L., 1991. Cf. Héli-Forex inc. c. Nation cri de Wemindji, [2000] R.J.Q. 417 (C.A.): dans cette affaire, dont les faits sont quelque peu complexes, la Cour d'appel a jugé non valable un paiement effectué par virement de fonds en l'absence d'autorisation expresse ou implicite, par le créancier, d'un tel mode de paiement (voire son opposition), ce qui, dans les circonstances de l'espèce, l'avait privé de la disponibilité de ces fonds.

En revanche, un créancier n'est pas tenu d'accepter un chèque « ordinaire »; en effet, il ne suffit pas, pour être payé, de recevoir un chèque : encore faut-il que celui-ci ne soit pas sans provision. Le débiteur n'est libéré que lorsque son banquier a payé la somme au créancier.

b) Le paiement de tout ce qui est dû

Le *solvens* doit payer, certes, ce qui est dû, mais aussi tout ce qui est dû. C'est poser le problème de l'indivisibilité du paiement et celui de l'imputation des paiements.

320. *L'indivisibilité du paiement.* On aura l'occasion de voir qu'en principe une obligation est divisible dans la mesure où, dans l'hypothèse où il y a plusieurs débiteurs (des codébiteurs), chacun n'est tenu de payer que sa part. Seule l'obligation dite solidaire ou indivisible permettra à un créancier d'exiger de l'un des codébiteurs qu'il paie la totalité : il s'agit là d'exceptions.

Au contraire, le paiement est dit indivisible, en ce sens qu'un débiteur ne peut pas fractionner son paiement; il doit exécuter en une seule fois la totalité de sa prestation : il ne peut pas forcer le créancier à recevoir en partie le paiement d'une dette, même si elle est par nature divisible (art. 1522 et 1561, al. 2 C.c.Q.). En effet, s'il n'en était pas ainsi, le créancier pourrait en subir préjudice, étant obligé de multiplier les interventions pour obtenir pleine satisfaction.

De son côté, le tribunal ne peut pas ordonner le fractionnement d'un paiement devenu exigible, contrairement au droit français qui reconnaît au tribunal le droit d'accorder un délai de grâce d'un an, la jurisprudence admettant, en outre, la possibilité d'un échelonnement du paiement à l'intérieur de ce délai[1080]. Bien que le texte de l'article 1149, al. 2 C.c.B.C., qui énonçait cette interdiction, n'ait pas été reproduit au *Code civil du Québec*, le principe demeure néanmoins puisque le juge ne

---

[1080] *Cf.* MARTY et RAYNAUD, 2ᵉ éd., t. 2, n° 203, p. 183; MAZEAUD, 9ᵉ éd., t. 2, vol. 1, n° 887, p. 987.

peut réviser les modalités de paiement que lorsque la loi l'y
autorise expressément.

On fait exception au principe de l'indivisibilité du paiement
lorsque le créancier et le débiteur ont convenu du fractionnement du paiement et lorsque la loi l'autorise : c'est le cas du
prêt portant sur une somme d'argent dans l'hypothèse où il
serait lésionnaire, le juge ayant alors entre autres le pouvoir de
réviser les modalités du paiement (art. 2332 C.c.Q.). La règle
de l'indivisibilité du paiement est également tempérée, dans la
mesure où le créancier est désormais contraint de recevoir un
paiement partiel lorsqu'il y a litige sur une partie de la dette;
en ce cas, si le débiteur offre de payer la partie non litigieuse, le
créancier a l'obligation de la recevoir tout en conservant son
droit de réclamer ce qui fait l'objet du litige (art. 1561, al. 2
C.c.Q.)[1081].

321. *L'imputation des paiements.* Lorsqu'un débiteur est tenu, à
l'égard d'un même créancier, de plusieurs dettes[1082] qui ont pour objet des choses de même nature, comme de l'argent par exemple, et
qu'il verse à son créancier une somme qui ne couvre pas la totalité de
ses dettes, on doit se demander sur quelle dette le versement sera
imputé; en d'autres termes, il faut déterminer laquelle de ces dettes
devra être considérée comme ayant été payée.

L'imputation peut être faite soit par le débiteur, soit par le créancier, soit par la loi. Elle présente un intérêt incontestable : une dette
peut être, en effet, assortie d'une sûreté, alors qu'une autre ne l'est
pas; une dette peut être prescrite, alors qu'une autre ne l'est pas, etc.

– *Imputation par le débiteur*

En vertu de l'article 1569 C.c.Q., le débiteur de plusieurs dettes a
le droit de déclarer, lorsqu'il paie, quelle dette il entend acquitter.
Toutefois, l'article 1570 C.c.Q. apporte une restriction : lorsqu'une

---

[1081] L'article 1561, al. 2 C.c.Q. est de droit nouveau dans la mesure où on ne
trouvait pas de texte correspondant dans le *Code civil du Bas Canada*;
toutefois, l'article 190 C.p.c. prévoyait une règle analogue dans le cas
particulier de l'offre faite en cours d'instance.

[1082] Les règles relatives à l'imputation ne s'appliquent pas dans un contexte
de compte courant: *cf. Banque Laurentienne du Canada* c. *Boisclair*, J.E.
00-1721 (C.S.).

dette porte à la fois sur un capital et sur des intérêts ou des arrérages, le paiement s'impute, d'abord, sur les intérêts ou les arrérages, à moins que le créancier n'ait donné son accord pour qu'il en soit autrement.

C'est dire que le débiteur a une certaine liberté de choix, cette liberté comportant cependant des limites. Ainsi, le débiteur ne pourra pas prétendre imputer son paiement sur une dette non échue, alors qu'une autre dette impayée est échue; il ne le pourrait qu'avec le consentement du créancier ou dans l'hypothèse où le terme est stipulé exclusivement en sa faveur (1569, al. 2 C.c.Q.). En outre, il faut ajouter que la règle de l'indivisibilité du paiement demeure et qu'on ne peut, par le biais de l'imputation, forcer le créancier à recevoir un paiement partiel[1083].

– *Imputation par le créancier*

Lorsque le débiteur ne déclare rien, le créancier peut faire l'imputation du paiement dans la quittance. Le débiteur ne pourrait, alors, s'en plaindre que dans la mesure où se présenterait « une des causes de nullité des contrats » (art. 1571 C.c.Q.), par exemple un dol, une erreur ou une menace.

– *Imputation par la loi*

Lorsque l'imputation n'est faite ni par le débiteur ni par le créancier, la loi y supplée (art. 1572 C.c.Q.). Lorsqu'il y a des dettes échues et des dettes non échues, on impute, d'abord, le paiement sur les dettes échues. Parmi ces dernières, on préfère celles que le débiteur avait le plus intérêt à acquitter[1084] : ce sera, par exemple, la dette productrice des intérêts les plus élevés ou celle qui était garantie par une hypothèque. Lorsque l'acquittement de plusieurs dettes échues présente des avantages identiques pour le débiteur, on choisit la plus ancienne, c'est-à-dire celle qui est échue la première dans le temps. Lorsque ces dettes sont échues en même temps, l'imputation est, alors, proportionnelle.

[1083] L'imputation qui n'est que suggérée par le débiteur ne s'impose pas au créancier: *cf. Bélanger* c. *Banque Royale du Canada*, [1995] R.J.Q. 2836 (C.A.).
[1084] *Cf. Poulin* c. *Southern Canada Power Co.*, (1936) 61 B.R. 291.

B. Le moment, le lieu et les frais du paiement

322. *Moment du paiement.* Généralement, le moment du paiement est fixé par les parties, lors de la formation de la convention qui les lie. Le plus souvent, l'obligation est à exécution immédiate : c'est le cas de la vente au comptant qui implique l'exigibilité immédiate du prix. Néanmoins, il peut être convenu que le paiement sera seulement exigible à telle époque dans le futur, à l'arrivée d'un terme : le contrat de vente se forme le 1er février et l'obligation de payer le prix devient exigible le 1er juin. Le seul problème qui peut éventuellement se poser est celui du paiement effectué par anticipation : un débiteur peut-il exécuter son obligation avant l'échéance du terme ? Cette question sera envisagée lors de l'étude de l'obligation à terme.

323. *Lieu et frais du paiement.* Le lieu du paiement est celui qui est désigné expressément ou implicitement par l'obligation (art. 1566, al. 1 C.c.Q.). Lorsque le lieu n'est pas indiqué, le principe veut que le paiement se fasse au domicile du débiteur : on dit qu'il est quérable et non point portable. Cependant, lorsque l'obligation vise un corps certain, le paiement s'effectue au lieu où se trouvait l'objet au moment où l'obligation est née (art. 1566, al. 2 C.c.Q.). Tel est le principe, mais on rencontre des exceptions : ainsi, l'acheteur doit, sauf stipulation contraire, payer le prix au lieu de la délivrance de la chose (art. 1734 C.c.Q.).

Quant aux frais du paiment, ils sont, tout comme hier, à la charge du débiteur (art. 1567 C.c.Q.).

C. Preuve du paiement

324. *La preuve, en fonction de la nature juridique du paiement.* Selon le principe établi par l'article 2803 C.c.Q., le créancier doit prouver l'existence de l'obligation et le débiteur doit en prouver l'exécution. Comment le paiement doit-il être prouvé ? La réponse à cette question peut varier selon que le paiement est considéré comme un acte juridique ou un fait juridique. Selon la doctrine dominante, le paiement volontaire serait un acte juridique parce que l'exécution d'une obligation est l'œuvre de la volonté du *solvens*. Certains prétendent qu'il s'agit d'un acte juridique unilatéral, mais d'autres estiment qu'il s'agit d'un acte juridique bilatéral, c'est-à-dire une convention entre le *solvens* qui exécute et l'*accipiens* qui accepte de recevoir : d'ailleurs, ajoutent-ils, le *solvens*, comme l'*accipiens*, doivent avoir la capacité juridique pour que le paiement soit valable. Néanmoins, la théorie de l'acte juridique est mise en doute par quelques auteurs qui analysent le paiement comme un fait juridique; c'est, en effet, un événement auquel la loi attache d'autorité des effets de droit, notamment l'extinction de l'obligation, résultat de la satisfaction donnée au créancier[1085].

Si, donc, le paiement est considéré comme un acte juridique, on doit se référer à l'article 2862 C.c.Q. Lorsque la somme dépasse 1 500 $, la preuve testimoniale n'est pas admise; elle le sera cependant s'il y a commencement de preuve ou s'il s'agit de prouver, contre une personne, un acte juridique passé par elle dans le cours des activités d'une entreprise. La preuve testimoniale d'un acte juridique est également admise lorsqu'il n'a pas été possible, pour une raison valable, de se ménager une preuve écrite (art. 2861 C.c.Q.). Si le paiement est considéré comme un fait juridique, il peut alors être prouvé par tous les moyens.

En France, la jurisprudence établit une distinction selon que le paiement concerne ou non une somme d'argent : dans le premier cas, on exige, en principe, une quittance (preuve écrite), alors que, dans les autres cas, la preuve peut se faire par tous moyens; cette dernière solution peut se justifier par le fait qu'il n'est pas dans les usages de réclamer une quittance pour constater, par exemple, l'exécution de travaux ou de services, ce qui entraîne une « impossibilité morale » de se ménager une preuve écrite[1086].

[1085] *Cf.* MARTY et RAYNAUD, 2ᵉ éd., t. 2, n° 194, p. 600 et 601; MAZEAUD, 9ᵉ éd., t. 2, vol. 1, n° 927, p. 1012; *cf.* également Nicole CATALA, *La nature juridique du payement*, Paris, L.G.D.J., 1961; POPOVICI, 1995, p. 256 et suiv.

[1086] MAZEAUD, 9ᵉ éd, t. 2, vol. 1, n° 928, p. 1012 et 1013.

Quoiqu'il en soit, l'article 1568 C.c.Q. prévoit désormais que le débiteur qui paie a droit à une quittance et, le cas échéant, « à la remise du titre original de l'obligation ».

Sous-par. 3. *Les offres réelles et la consignation*

325. *Obstacles au paiement.* Il arrive parfois que le créancier refuse de recevoir le paiement de ce qui lui est dû, pour diverses raisons, ou que le débiteur ne parvienne pas à trouver son créancier. Or, le débiteur a, le plus souvent, avantage à se sortir de sa situation de débiteur et, s'il a le devoir de payer à l'échéance, il est également permis de dire qu'il a le droit de se libérer : d'où l'existence du procédé d'« offres réelles et consignation » que l'on trouvait aux articles 1162 à 1168 C.c.B.C[1087].

Le nouveau Code reprend ces règles, non sans en modifier certains aspects, et intègre certaines de celles qui se trouvaient au *Code de procédure civile*[1088] et à la *Loi sur les dépôts et consignations*[1089] : le droit antérieur est ainsi précisé, en s'accordant davantage à la pratique courante et à certaines réalités économiques, afin d'actualiser le mécanisme de ces moyens qui sont mis à la disposition du débiteur pour lever les obstacles au paiement.

A. Moyens mis à la disposition du débiteur

326. *Offres réelles et consignation.* Des offres réelles peuvent être faites, par le débiteur, au créancier qui refuse ou qui

---

[1087] Ainsi, dans le cadre d'une promesse de vente inexécutée, le promettant-acheteur qui exerce l'action en passation de titre doit offrir et consigner le paiement du prix : *cf. Lavoie c. 2948-7055 Québec inc.*, J.E. 95-2114 (C.S.); *Roussel c. Rodrigue*, J.E. 98-1740 (C.S.); *Aéroterm de Montréal inc. c. Banque Royale du Canada*, [1998] R.J.Q. 990 (C.A.); *Van Duyse c. Cowan*, J.E. 00-2254 (C.S.); de même, celui qui demande l'annulation d'un contrat doit offrir de restituer la prestation reçue en contrepartie de la sienne : *Rosconi c. Dubois*, [1951] R.C.S. 554; *Investissements Pliska inc. c. Banque d'Amérique du Canada*, J.E. 96-2272 (C.A.).
[1088] Art. 187 et suiv. C.p.c.
[1089] L.R.Q., c. D-5.

néglige de recevoir le paiement (art. 1573, al. 1 C.c.Q.). Ces offres réelles consistent à mettre à la disposition du créancier le bien qui est dû, aux temps et lieu où le paiement doit être fait. Elles doivent comprendre, outre le bien dû et les intérêts ou arrérages qu'il a produits, une somme raisonnable destinée à couvrir les frais non liquidés dus par le débiteur, sauf à les parfaire (art. 1573, al. 2 C.c.Q.).

La consignation, qui ne vise que les obligations portant sur une somme d'argent ou sur une valeur mobilière, est le dépôt, par le débiteur, de la somme d'argent ou des valeurs mobilières qu'il doit, « au Bureau général des dépôts pour le Québec ou auprès d'une société de fiducie » (art. 1583, al.1 C.c.Q.).

Le *Code civil du Bas Canada* n'envisageait que la consignation d'une somme d'argent au Bureau général des dépôts (art. 1162 C.c.B.C.) ou auprès du tribunal dans le cas des offres faites en cours d'instance (art. 189 C.p.c., *ante* 1987). Les sommes ainsi consignées ne produisant pas d'intérêts, le *Code de procédure civile* a été amendé en 1987, afin de permettre la consignation d'une somme d'argent auprès d'une société de fiducie lorsque l'offre a été faite en vue d'obtenir l'exécution d'une obligation corrélative (art. 189.1 C.p.c.)[1090]. Le nouveau Code prévoit la possibilité de consigner une somme d'argent auprès d'une société de fiducie en toutes hypothèses (sous réserve du cas particulier des offres faites dans le cadre d'une instance)[1091] et permet désormais la consignation d'une valeur mobilière.

Le second alinéa de l'article 1583 C.c.Q. énonce les principales hypothèses dans lesquelles il peut y avoir lieu à la consignation : cas

---

[1090] *Loi modifiant le Code de procédure civile*, L.Q. 1987, c. 48, art. 1.

[1091] L'article 189.1 C.p.c. n'ayant pas été abrogé, et l'article 1583 C.c.Q. précisant que le dépôt fait en cours d'instance se fait suivant les règles du *Code de procédure civile,* il en résulte que dans le cas où la consignation est faite dans le cadre d'une instance, le débiteur ne peut consigner la somme ou la valeur auprès d'une société de fiducie que dans la mesure où une telle consignation est faite afin d'obtenir l'exécution d'une obligation corrélative à la sienne (art. 1583 C.c.Q. et 189.1 C.p.c.). Il y a là, semble-t-il, un manque d'harmonisation des textes, le droit commun étant désormais moins restrictif que l'article 189.1 C.p.c. dont l'adoption, en 1987, visait justement à assouplir les exigences du droit commun... d'hier !

de refus par le créancier de recevoir ce qui lui est dû, cas où la créance est l'objet d'un litige entre plusieurs personnes, ou encore cas où il est impossible de trouver le créancier au lieu où le paiement doit être fait. Ce sont là les hypothèses qui étaient prévues par l'article 1162 C.c.B.C. et les articles 17 et 19 de la *Loi sur les dépôts et consignations*[1092].

327. *Forme et contenu des offres.* En vertu de l'article 1575 C.c.Q., les offres réelles peuvent être constatées, en dehors d'une instance, par acte notarié en minute ou par acte sous seing privé ou encore verbalement (en devant, cependant, en ces deux derniers cas, en rapporter la preuve); en cours d'instance, elles peuvent aussi l'être dans des pièces de procédure ou directement au tribunal. Dans le cas d'offres constatées par acte notarié, le notaire doit y mentionner la réponse du créancier et, en cas de refus, ses motifs.

L'article 1579 C.c.Q. énonce ce que doivent contenir les offres réelles (ainsi que les avis qui, on le verra, en tiennent lieu), soit la nature de la dette, le titre qui la crée, le nom du créancier ou des personnes qui doivent recevoir le paiement, la description du bien offert et, s'il s'agit d'espèces, l'énumération et la qualité de celles-ci[1093].

328. *Procédure des offres réelles ayant pour objet une somme d'argent ou une valeur mobilière.* Lorsque l'obligation porte sur une somme d'argent, les offres réelles peuvent être faites, certes, en monnaie ayant cours légal au moment du paiement, mais aussi « au moyen d'un chèque établi à l'ordre du créancier et certifié par un établissement exerçant son activité au Québec » (art. 1574, al. 1 C.c.Q.); c'est dire que sont désormais acceptables, non seulement les chèques certifiés par une banque, mais encore ceux qui le sont par tout établisse-

---

[1092] Cependant, la procédure de la consignation ne peut servir à effectuer une sorte de paiement sous protêt: *cf. Bouchard* c. *Howe*, J.E. 97-1374 (C.S.); *Bailey* c. *Chagnon*, J.E. 96-2231 (C.S.).

[1093] Le montant offert et consigné doit couvrir le montant intégral de la dette, indépendamment des modalités de paiement convenues : *3105-4786 Québec inc.* c. *Agelopoulos*, J.E. 98-332 (C.S.).

ment financier, par exemple les caisses populaires (ce qui paraissait douteux dans le droit d'hier)[1094].

Cela dit, il peut être difficile, parfois, de réunir les sommes en question dans le seul but de les consigner[1095]. Aussi, le nouveau Code apporte-t-il un assouplissement au droit d'hier en permettant que les offres soient faites « par la présentation d'un engagement irrévocable, inconditionnel et à durée indéterminée, pris par un établissement financier exerçant son activité au Québec, de verser au créancier la somme qui fait l'objet des offres si ce dernier les accepte ou si le tribunal les déclare valables » (art. 1574, al. 2 C.c.Q.)[1096]. Cette nouvelle possibilité[1097] permet donc d'éviter de bloquer des liquidités ou même de faire des offres sans détenir les liquidités requises, mais il n'est pas impossible, compte tenu des caractères que doit revêtir un tel engagement (irrévocable, inconditionnel et à durée indéterminée), que les établissements financiers « se fassent tirer l'oreille » pour y consentir, à moins évidemment qu'ils n'obtiennent du débiteur de sérieuses garanties.

On observera que l'engagement financier irrévocable tient lieu à la fois d'offres réelles et de « consignation » puisque le créancier peut toucher la somme due de la même manière que si celle-ci était consignée auprès du Bureau des dépôts ou du tribunal; aussi n'y-a-t-il aucune incompatibilité entre ce mécanisme particulier et les exigences de la loi quant à la consignation des sommes d'argent.

Enfin, le nouveau Code prévoit la possibilité, pour le débiteur d'une somme d'argent ou d'une valeur mobilière, de remplacer les offres réelles (lesquelles nécessitent la présentation matérielle de la somme ou de la valeur mobilière due) par un avis écrit, donné par le

---

[1094] *C.M.J.*, t. I, art. 1574 C.c.Q.

[1095] On peut donner l'exemple de l'action en passation de titre, laquelle ne peut être reçue à moins que le prix d'achat n'ait été offert et consigné par le demandeur; ce dernier peut dès lors se retrouver dans une situation inextricable dans la mesure où, sans titre, il ne peut obtenir de financement et où, sans financement (pour faire des offres), il ne peut obtenir de titre : aussi risque-t-il de ne pas recevoir satisfaction. *Cf.* également *Malka (Syndic de)*, J.E. 97-439 (C.A.).

[1096] *Cf. Ferme A. Larouche & Fils inc.* c. *Tremblay*, J.E. 00-898 (C.S., en appel, C.A. Québec, n° 200-09-003074-009).

[1097] On notera qu'un jugement « avant-gardiste » allait déjà en ce sens : *cf. Centre de liquidation Richard Ltée* c. *Ciné-Parc St-Eustache Inc.*, [1986] R.J.Q. 1862 (C.S.).

débiteur au créancier, qu'il a procédé à la consignation de la somme ou de la valeur (art. 1578 C.c.Q.). Cette disposition risque d'avoir une portée pratique considérable dans la mesure où, désormais, il sera possible au débiteur d'une somme d'argent ou d'une valeur mobilière d'éviter l'étape préalable des offres réelles.

329. *Procédure des offres réelles selon le lieu du paiement.* Lorsque le bien doit être payé ou livré au domicile du débiteur ou au lieu où il se trouve déjà, il est malaisé de le présenter matériellement au créancier pour le mettre à sa disposition; aussi l'article 1577, al. 1 C.c.Q. prévoit-il que « l'avis écrit donné par le débiteur au créancier qu'il est prêt à y exécuter l'obligation tient lieu d'offres réelles » : le bien, argent ou autres choses, est ainsi mis à la disposition du créancier afin qu'il vienne le quérir sans obstacle.

Lorsque, en revanche, le bien n'est pas déjà au lieu où il doit être payé ou livré, qu'il doit l'être ailleurs qu'au domicile du débiteur et qu'il est, en outre, difficile à déplacer ou à transporter, le débiteur peut, dans la mesure toutefois où il a de justes raisons de croire que le créancier en refusera le paiement, requérir ce dernier, par écrit, de lui faire connaître sa volonté de recevoir le bien. On veut, en effet, éviter des manipulations ou déplacements inutiles; si le créancier ne fait pas savoir en temps utile ce qu'il entend faire, « le débiteur est dispensé de transporter le bien au lieu où il dit être payé ou livré et son avis tient lieu d'offres réelles » (art. 1577, al. 2 C.c.Q.).

B. Effets de ces moyens

330. *Demeure de plein droit et ses conséquences.* Le refus injustifié, de la part du créancier, de recevoir les offres réelles faites valablement par le débiteur, le refus par lui de donner suite à l'avis qui tient lieu d'offres réelles ou son intention clairement exprimée de refuser les offres que le débiteur pourrait vouloir lui faire, constituent ce créancier en demeure de plein droit de recevoir le paiement (art. 1580, al. 1 C.c.Q.). Il l'est également dès lors qu'il reste introuvable malgré la diligence déployée par le débiteur afin de le trouver (art. 1580, al. 2 C.c.Q.). Dans toutes ces hypothèses, le créancier doit être considéré comme se trouvant dans une situation semblable à celle du débiteur qui est en demeure d'exécuter son obligation, avec les conséquences précisées aux articles qui suivent. On cherche alors à protéger le droit du débiteur de bonne foi de se libérer de son obligation; ces articles sont nouveaux, du moins en ce sens que la législation d'hier ne prévoyait rien à cet égard.

Lorsque le créancier est ainsi en demeure de plein droit de recevoir le paiement, le débiteur peut prendre toutes les mesures nécessaires ou utiles à la conservation du bien qui est dû et, notamment, le faire entreposer auprès d'un tiers ou lui en confier la garde; il peut même, lorsque le bien est susceptible de dépérir ou de se déprécier rapidement ou encore s'il est dispendieux à conserver, le faire vendre et en consigner le prix (art. 1581 C.c.Q.). On notera le parallélisme avec les règles qui attribuent des pouvoirs similaires aux personnes qui administrent le bien d'autrui, tels les articles 604, 804 et 1305 C.c.Q.

Par voie de conséquence, le créancier en demeure de plein droit de recevoir paiement assume les frais raisonnables de conservation du bien, de même que, le cas échéant, les frais de la vente du bien et de la consignation du prix qui s'ensuit. Enfin, ce créancier récalcitrant ou introuvable assume les risques de perte du bien par force majeure (art. 1582 C.c.Q.).

331. *Retrait des sommes ou valeurs consignées.* Lorsque l'obligation porte sur une somme d'argent ou sur une valeur mobilière et qu'il y a eu consignation, cette somme ou cette valeur peut être retirée par le débiteur, si, toutefois, elle n'a pas encore été acceptée par le créancier (art. 1584, al. 1 C.c.Q.). Dans le droit d'hier, ce retrait devait être autorisé par le tribunal (art. 1166 C.c.B.C.)[1098], exigence qui est désormais restreinte au seul cas du retrait effectué en cours d'instance (art. 1584, al. 2 C.c.Q.). Si le débiteur se prévaut de cette faculté de retrait, il ne sera pas libéré, non plus que sa caution ou ses codébiteurs solidaires (art. 1584 C.c.Q.).

[1098] *Cf. 2423-5087 Québec inc. (Syndic de)*, J.E. 94-5 (C.S.).

En revanche, le retrait devient impossible sans le consentement du créancier lorsque le tribunal a déclaré la consignation valable (art. 1585, al. 1 C.c.Q.) : c'est dire que le retrait est possible avec le consentement du créancier lors même que le tribunal a déclaré valable la consignation, ce qui diffère de l'article 1167 C.c.B.C. Toutefois, un tel retrait ne peut porter atteinte aux droits acquis par des tiers, il ne peut notamment empêcher la libération des codébiteurs ou des cautions du débiteur (art. 1585, al. 2 C.c.Q.); le retrait d'une somme consignée, après que celle-ci ait été déclarée valable par le tribunal, relevant d'une entente entre le débiteur et le créancier, en dehors de tout contrôle judiciaire, il importe de s'assurer que les droits des tiers, codébiteurs ou cautions, ne puissent être affectés.

332. *Paiement, intérêts et frais.* « Les offres réelles acceptées par le créancier ou déclarées valables par le tribunal équivalent, quant au débiteur, à un paiement fait au jour des offres ou de l'avis qui en tient lieu, à la condition qu'il ait toujours été disposé à payer depuis ce jour » (art. 1588 C.c.Q.[1099]. C'est l'affirmation du principe de la rétroactivité des offres, dès lors qu'elles ont été acceptées ou déclarées valables, principe qui est applicable aux offres quelles qu'elles soient, ayant pour objet somme d'argent, une valeur mobilière ou un corps certain; tout se passe (sous réserve de ce qui sera dit quant aux intérêts ou revenus produits par une somme d'argent ou une valeur mobilière) comme si l'exécution de l'obligation avait eu lieu au jour des offres réelles ou de l'avis qui en tient lieu, pourvu que le débiteur ait eu, depuis, la volonté de payer.

Quel est, alors, l'effet de la consignation qui, on le sait, complète les offres réelles lorsque celles-ci ont pour objet une somme d'argent ou une valeur mobilière ? Si la consignation n'est pas une condition

---

[1099] *Cf. Barakaris* c. *Caisse populaire St-Norbert de Chomedey*, [1997] R.J.Q. 1031 (C.S.). En revanche, les offres conditionnelles n'équivalent pas à paiement : *Caisse populaire St-Joseph de Hull* c. *Bégin*, [1995] R.J.Q. 1080 (C.S.); *152633 Canada inc.* c. *Monde des véhicules récréatifs inc.*, J.E. 97-376 (C.S.). Sur la notion d'offre conditionnelle, *cf. Canada Gum Ltd.* c. *Double E. Electric inc.*, [1983] R.D.J. 303 (C.A.); *9022-8818 Québec inc. (Syndic de)*, J.E. 00-1575 (C.S.).

nécessaire à la démonstration du caractère sérieux des intentions qu'a le débiteur d'exécuter, elle produit cependant un effet fort avantageux pour le débiteur en le libérant « du paiement des intérêts ou des revenus produits pour l'avenir » (art. 1586 C.c.Q.). La libération du paiement des intérêts ou des revenus produits pour l'avenir est donc un effet de la consignation, et non point un effet des offres réelles[1100]. Il en résulte une conséquence importante : au cas où les sommes (ou les valeurs) consignées s'avèrent insuffisantes pour couvrir la totalité de la dette, le débiteur est néanmoins libéré des intérêts (ou revenus) quant à ce qu'il a consigné. En effet, comme on l'a vu, le créancier a le droit de retirer les sommes ou les valeurs consignées, sans compromettre ses droits pour ce qui lui resterait éventuellement à percevoir (art. 1561, al. 2 C.c.Q.) : le débiteur sera donc libéré des intérêts ou revenus produits sur ce qu'il aura consigné, et restera tenu quant au reste[1101].

On rappellera que, dans la mesure où un engagement financier irrévocable tient lieu d'offres réelles (art. 1574, al. 2 C.c.Q.), cet engagement tient également lieu de « consignation »; en conséquence, le débiteur est libéré des intérêts sur ce qui fait l'objet de cet engagement.

Il reste à régler le sort des intérêts (ou des revenus des valeurs mobilières) produits pendant la consignation. Le principe veut qu'ils appartiennent au créancier (art. 1587 C.c.Q.)[1102] : le débiteur étant libéré, par la consignation, du paiement des intérêts ou revenus pour l'avenir – comme on vient de le voir – il est logique que les intérêts ou revenus produits pendant la consignation reviennent au créancier. Ce principe connaît cependant une exception : « lorsque la consignation est faite afin d'obtenir l'exécution d'une obligation [du créancier], elle-même corrélative à celle qu'entend exécuter le débiteur par la consignation », les intérêts ou revenus produits pendant la consignation appartiennent au débiteur jusqu'à ce que la consignation soit acceptée

---

[1100] Cf. *Laberge* c. *L'Industrielle-Alliance, compagnie d'assurance sur la vie*, [1994] R.J.Q. 2211 (C.S., appel rejeté, C.A. Québec, n° 200-09-000221-942).

[1101] *C.M.J.*, t. I, art. 1586 C.c.Q.; la même solution prévalait dans le droit d'hier, cf. *Schwartz* c. *Kravitz*, [1973] C.S. 53. *Cf.* également *Station de service Salim Sayegh inc.* c. *Petro-Canada*, J.E. 00-1678 (C.S.): consignation tardive et donc non libératoire.

[1102] Cf. *167190 Canada inc.* c. *Giannakis*, [1999] R.J.Q. 285 (C.Q.).

par le créancier (art. 1587 C.c.Q.)[1103]. Cette exception, de droit nouveau, vise donc le cas de l'exécution d'obligations résultant d'un contrat synallagmatique; pendant que dure la consignation effectuée par l'un des contractants, l'autre a la possibilité de jouir de la prestation qu'il n'a pas encore exécutée : attribuer au débiteur qui a consigné sa prestation les intérêts ou revenus qu'elle produit, permet de compenser le bénéfice que retire le créancier de l'inexécution de sa propre prestation et crée une pression économique sur le créancier pour qu'il s'exécute, l'équité y trouvant alors son compte.

On notera, enfin, l'article 1589 C.c.Q., tiré de l'article 191 C.p.c., qui met à la charge du créancier, non seulement les frais de la consignation, mais aussi les frais des offres réelles, lorsqu'elles sont acceptées ou déclarées valables : le débiteur n'aurait pas eu à engager ces frais si le refus du créancier ou sa négligence ne l'y avait forcé.

Par. 2. *Le paiement avec subrogation*

333. *Notion de subrogation.* On a défini la subrogation comme étant, dans une relation juridique, le remplacement d'une chose par une autre – il s'agit, alors, d'une subrogation réelle – ou d'une personne par une autre personne – et il s'agit, en ce cas, d'une subrogation personnelle[1104].

Dans un rapport de droit, une chose peut, en effet, être substituée à une autre. L'exemple classique est puisé dans le domaine des régimes matrimoniaux, qui utilise la notion d'emploi et de remploi; ainsi, un bien propre à l'un des époux peut sortir du patrimoine de cet époux, en faisant l'objet d'une vente, et être remplacé par un nouveau bien, acheté par lui, qui conservera la qualité de bien propre. On dit que ce bien nouvellement acquis se substitue juridiquement au bien vendu : c'est la subrogation réelle.

Dans un rapport de droit, une personne peut, aussi, être substituée à une autre personne : la « remplaçante » aura les

---

[1103] *Cf. 9022-8818 Québec inc. (Syndic de)*, J.E. 00-1575 (C.S.).

[1104] *Cf.* Jacques MESTRE, *La subrogation personnelle,* Paris, L.G.D.J., 1979, p. 370 et suiv.; MARTY et RAYNAUD, t. 2, vol. 1, n° 607 et suiv., p. 642 et suiv.; MAZEAUD, 9e éd., t. 2, vol. 1, n° 841 et suiv., p. 943 et suiv.; STARCK, 6e éd., vol. 3, n° 59 et suiv., p. 29 et suiv.

droits que possédait la personne remplacée. C'est la subrogation personnelle : le paiement avec subrogation en est un cas et c'est précisément cette question qu'on doit envisager à cette place (art. 1651 C.c.Q.).

On a vu qu'en vertu de l'article 1555 C.c.Q., le paiement d'une obligation pouvait être effectué par le débiteur lui-même ou par toute personne. Si, donc, le paiement est fait par un tiers ou par le débiteur avec de l'argent emprunté à un tiers, le créancier est ainsi satisfait et, en conséquence, le débiteur est libéré à son égard. Cependant, en payant la dette, le tiers *solvens* acquiert des droits à l'égard du débiteur à la place duquel il a payé et il a la possibilité d'un recours contre lui : ce peut être une action fondée sur un contrat de prêt s'il a prêté l'argent au débiteur afin que celui-ci paie sa dette; ce peut être une action fondée sur un contrat de mandat si le débiteur lui a donné pouvoir de payer pour lui; ce peut être une action fondée sur la *negotiorum gestio* ou une action *de in rem verso*, si les conditions de la gestion d'affaires ou de l'enrichissement sans cause sont réunies.

On peut, toutefois, envisager une autre possibilité : celle pour le tiers *solvens* de se substituer au créancier originaire et d'être, ainsi, subrogé dans les droits du créancier. Le tiers *solvens* prend la place du créancier originaire et acquiert le droit de créance lui-même, ainsi que tous les droits attachés à cette créance, c'est-à-dire éventuellement les garanties telles qu'une hypothèque ou une caution.

Le débiteur peut avoir évidemment intérêt à cette subrogation dans la mesure où il évite, ainsi, de nouveaux engagements, plus onéreux encore, pour payer cette dette. Le créancier originaire peut, lui aussi, y avoir son intérêt : il est payé immédiatement; mais il peut ne pas y trouver son avantage, dans la mesure où, par exemple, cette créance lui procure des intérêts élevés. Les tiers peuvent ne pas y avoir avantage dans la mesure où il y aurait là un moyen de les frauder. C'est pourquoi la loi est intervenue pour réglementer le paiement avec subrogation.

On envisagera les différents cas de subrogation et les effets de la subrogation.

A. Les cas de subrogation

« La subrogation est conventionnelle ou légale » (art. 1652 C.c.Q.). Elle est conventionnelle lorsqu'elle résulte d'un accord entre le créancier et le tiers *solvens* ou entre le débiteur et le tiers *solvens*; elle est légale lorsqu'elle résulte simplement de la loi qui l'impose dans des hypothèses exceptionnelles énoncées par elle.

a) La subrogation conventionnelle

Comme on l'a dit, la subrogation peut résulter de la convention entre le créancier et le tiers *solvens* (*ex parte creditoris*) ou de la convention entre le débiteur et le tiers *solvens* (*ex parte debitoris*).

334. *La subrogation consentie par le créancier.* Le créancier et le tiers *solvens* conviennent que ce dernier sera subrogé aux droits du premier. Le créancier est appelé « le subrogeant » et le tiers *solvens* est appelé « le subrogé ». S'agissant d'une convention, cette subrogation implique nécessairement le consentement du créancier : sans ce consentement, il ne peut pas y avoir subrogation. C'est dire que le tiers *solvens* ne peut pas contraindre le créancier à lui consentir cette subrogation.

En outre, l'article 1653 C.c.Q. exige que la subrogation soit expresse et constatée par écrit; certes, cela ne signifie pas que des formes préétablies doivent être respectées. Il faut, cependant, que le consentement du créancier ne fasse aucun doute et puisse être prouvé; la volonté de ce dernier devant être respectée, il importe de veiller à ce qu'il n'y ait aucune incertitude dans l'opération envisagée. On ne peut, donc, pas envisager une subrogation consentie tacitement ou implicitement. On évite, ainsi, d'avoir à s'interroger sur la nature de la convention intervenue : subrogation ou cession de créance.

Enfin, aux termes de l'article 1654 C.c.Q., la subrogation doit être faite en même temps que le paiement. Il n'y aurait donc pas subrogation si le créancier et le tiers *solvens* en convenaient après que le paiement ait été effectué : en effet, ils feraient revivre une obligation qui a déjà été exécutée, ce qui est impossible[1105]. Si le créancier et le tiers *solvens* convenaient de la « subrogation » avant que le paiement ne soit acquitté, il y aurait tout lieu de croire qu'il s'agirait là, seulement, d'une promesse de subrogation, ou plutôt d'une cession de créance. Dans les faits, le plus souvent, la volonté de subroger est exprimée dans la quittance que le tiers *solvens* obtient du créancier au moment où il paie.

On notera que l'article 1654 C.c.Q. ajoute que serait sans effet la stipulation qui exigerait le consentement du débiteur; ainsi est tranché le débat qui s'était instauré sur ce point : le débiteur ne peut s'opposer à ce que le créancier consente à subroger le *solvens* dans ses droits[1106].

Enfin, on signalera que la subrogation doit être publiée lorsqu'elle porte sur des créances prioritaires ou hypothécaires (art. 3003 C.c.Q.) : cette mesure est évidemment destinée à protéger les tiers et à avertir le débiteur de cette substitution[1107].

335. *La subrogation consentie par le débiteur.* Dans une hypothèse tout à fait exceptionnelle, l'article 1655 C.c.Q. per-

---

[1105] *Cf. Caisse populaire St-Joseph de Hull* c. *Bégin*, [1995] R.J.Q. 1080 (C.S.). *Cf.*, cependant, *Gestion Bo-Ra ltée* c. *Rhéaume*, J.E. 96-1173 (C.A.): les juges majoritaires n'exigent pas la concomitance, contrairement au juge dissident Jean-Louis Baudouin dont l'approche est classique... et conforme au Code (art. 1654 C.c.Q.).

[1106] Cette règle est applicable même si la clause subordonnant la subrogation au consentement du débiteur est antérieure au nouveau Code (art. 95 L.A.R.C.C.).

[1107] En droit français, on enseigne que, la subrogation devant avoir date certaine, la quittance subrogative doit pratiquement être enregistrée. Toutefois, la jurisprudence n'admet pas que le débiteur puisse se prévaloir du défaut de date certaine de cette quittance. *Cf.* MARTY et RAYNAUD, t. 2, vol. 1, n° 614, p. 645; MAZEAUD, 9e éd., t. 2, vol. 1, n° 849, p. 946.

met à un débiteur de convenir avec un tiers que ce dernier sera subrogé aux droits qu'avait son créancier contre lui, alors même que ledit créancier n'y consent point. C'est une étrange situation, puisque le débiteur dispose à son gré de droits qui appartiennent à son créancier ! L'explication est historique : le législateur a prévu cette possibilité pour des raisons d'utilité pratique, mais il n'y a rien là de rationnel[1108].

L'opération se présente ainsi : un débiteur D emprunte à un tiers T une somme déterminée afin de payer la dette qu'il a envers son créancier C et subroge son prêteur T dans les droits de son créancier C. Toutefois, pour que cette subrogation soit valable, l'acte d'emprunt et la quittance doivent être notariés ou faits en présence de deux témoins qui signent; il doit être, en outre, déclaré, dans l'acte d'emprunt, que la somme est empruntée pour payer la dette et, dans la quittance signée par le créancier, que le paiement est fait des deniers fournis à cet effet par le nouveau créancier. La loi entoure, donc, d'un formalisme certain une telle opération, de sorte qu'aucune fraude ne puisse être commise.

Cette idée de subrogation consentie par un débiteur remonte à une époque où, le prêt à intérêt étant prohibé, les « capitalistes » plaçaient leur argent en rentes constituées dont le taux était, alors, considéré comme étant élevé (8 1/3% en 1576). En 1601, ce taux ayant été ramené à 6 1/4%, les débirentiers avaient avantage à racheter les rentes qui avaient été constituées antérieurement et à en contracter éventuellement de nouvelles, afin de rembourser les premières. Cependant, les crédirentiers qui, eux, souhaitaient le maintien de leurs profits, refusaient la subrogation aux nouveaux bailleurs de fonds qui leur proposaient de payer ce que leur devaient les débirentiers, tout en voulant bénéficier des sûretés qui garantissaient le versement de la rente. C'est alors qu'un édit de Henri IV, en mai 1609, vint permettre aux débirentiers de consentir eux-mêmes la subrogation, sans que le créancier puisse s'y opposer.

[1108] *Cf.* MAZEAUD, 9ᵉ éd., t. 2, vol. 1, n° 851, p. 948; MARTY et RAYNAUD, t. 2, vol. 1, n° 615, p. 645. Sur le caractère exceptionnel de l'opération, justifiant l'imposition de formalités rigoureuses, *cf. Société immobilière Jean-Yves Dupont inc.* c. *Compagnie d'assurances Standard Life*, J.E. 98-1816 (C.A.).

Cependant, il s'avéra nécessaire d'imposer des formalités rigoureuses, afin d'éviter certaines fraudes de la part du débiteur risquant de nuire aux créanciers antérieurs au nouveau bailleur de fonds : le débirentier, qui aurait payé son créancier hypothécaire A, aurait pu se faire consentir, bien plus tard, de nouveaux fonds, en accordant à son nouveau créancier C la subrogation dans les droits de A, au moyen d'un acte antidaté, déclarant frauduleusement que ce nouvel emprunt allait servir à rembourser A, et cela au détriment d'un créancier B, postérieur à A mais antérieur à C. L'arrêt de règlement du Parlement de Paris devait compléter, en juillet 1690, les formalités destinées à empêcher de telles pratiques et ce sont ces mêmes formalités que l'on retrouve à l'article 1655 C.c.Q.

Paradoxalement, la subrogation consentie par le débiteur, qui peut sembler une opération archaïque, ne paraît pas manquer d'intérêt au début du XXIe siècle. Il suffit de songer à l'avantage que présente un tel mécanisme pour le débiteur hypothécaire qui, ayant dû emprunter à une époque où le taux d'intérêt était élevé, souhaite se débarrasser de ce coût exorbitant pour profiter d'un taux moins onéreux, dans un marché financier compétitif[1109].

Il semble nécessaire de rappeler que la subrogation consentie par le débiteur n'autorise pas ce dernier à forcer le créancier à recevoir un paiement par anticipation lorsque le terme bénéficie au créancier[1110]. En outre, la question fut posée de savoir si un prêteur avait le droit de stipuler que cette subrogation éventuellement consentie par le débiteur ne pouvait être faite au profit d'un autre prêteur qu'avec le consentement du premier prêteur. Dans le droit d'hier, la jurisprudence avait

---

[1109] *Cf.* Michel POULIN et Chantale LEBLANC, « La subrogation par le débiteur : une technique de l'ancien droit à la mode d'aujourd'hui », (1982-83) 85 *R. du N.* 49.

[1110] En ce sens, *Entreprises Gexpharm inc.* c. *Services de santé du Québec*, J.E. 94-1141 (C.S.); *Turmel* c. *Compagnie Trust nord-américain*, [1994] R.J.Q. 1677 (C.S.); *contra : 2752-0436 Québec inc.* c. *Trust Général du Canada*, [1993] R.J.Q. 1438 (C.S.). Sur cette question, *cf.* François HÉLEINE, « Le refinancement d'un prêt par subrogation : trois décisions clefs en moins d'un an », (1994-95) 97 *R. du N.* 180; Roger COMTOIS et Yvan DESJARDINS, « Le jugement *Durand* et la subrogation », (1995-96) 98 *R. du N.* 232; Yvan DESJARDINS, « Jurisprudence. La subrogation par le débiteur », (1992-93) 95 *R. du N.* 103.

donné une réponse négative, jugeant la possibilité de subrogation par le débiteur comme étant d'ordre public[1111] : désormais,
la réponse nous paraît devoir être positive, car, contrairement à
l'article 1654 C.c.Q. qui énonce le caractère impératif de la
règle voulant que la subrogation consentie par le créancier
s'opère sans le consentement du débiteur, l'article 1655 C.c.Q.
est muet à cet égard. Le législateur nous paraît donc avoir tenu
compte du caractère très anormal de l'opération et semble admettre la validité de la stipulation prévoyant la nécessité du
consentement du créancier[1112].

b) La subrogation légale

336. *Cas de subrogation de plein droit.* L'article 1656 C.c.Q.
énumère les cas où celui qui paie pour autrui est subrogé de
plein droit dans les droits du créancier, sans qu'il y ait lieu de
convenir d'une subrogation, c'est-à-dire indépendamment de la
volonté du créancier et du débiteur. La subrogation a ainsi lieu
par le seul effet de la loi :

- « au profit d'un créancier qui paie un autre créancier qui
  lui est préférable en raison d'une créance prioritaire ou
  d'une hypothèque » (art. 1656(1) C.c.Q.). Un exemple illustrera cette situation : A et B sont créanciers de C. A a
  une hypothèque de 1er rang (créance hypothécaire de
  30 000 $) et B, une hypothèque de 2e rang (créance hy-
  pothécaire de 20 000 $) sur un immeuble de C. La va-
  leur de cet immeuble est aujourd'hui de 40 000 $, c'est-
  à-dire inférieure à la totalité de la créance de A et de B
  (30 000 $ plus 20 000 $). Si A fait aujourd'hui saisir et
  vendre l'immeuble, il ne court aucun risque et a la certitude d'être satisfait, alors que B est à peu près sûr de ne
  pas recouvrer toute sa créance. B a donc avantage à
  payer la dette que C a envers A et à être subrogé dans

[1111] *Cf. Banque royale du Canada* c. *Caisse populaire de Rock Forest,* [1992]
R.J.Q. 987 (C.S.); *Malka (Syndic de),* J.E. 97-439 (C.A.).

[1112] *Contra* : TANCELIN, 6e éd., n° 1227; LANGEVIN et VÉZINA, vol. 5,
p. 130.

les droits de ce dernier : devenant créancier hypothécaire de 1er rang, il évite la saisie qu'aurait pu effectuer A et est en mesure d'attendre que les conditions du marché soient meilleures pour faire lui-même saisir et vendre plus tard l'immeuble et recouvrer la totalité de sa créance. Ce cas de subrogation légale suppose évidemment que B paie A et que le paiement soit fait à un créancier qui lui était préférable[1113].

L'exemple choisi met en scène deux créanciers hypothécaires, celui qui est au 2e rang ayant avantage à remplacer celui qui est au 1er rang. Ce n'est pas à dire que la subrogation légale n'a lieu que dans l'hypothèse où un créancier prioritaire ou hypothécaire de rang inférieur paie un autre créancier prioritaire ou hypothécaire qui lui est préférable; elle a lieu également lorsqu'un simple créancier chirographaire paie un créancier prioritaire ou hypothécaire qui, de ce fait, lui est préférable. Le texte même de l'article 1656(1) C.c.Q. est clair à cet égard[1114]. Ce même texte dit également de façon claire que la subro-

---

[1113] *Cf. Côté c. Sterblied,* [1956] B.R. 111; [1958] R.C.S. 121 : en l'espèce, un emprunteur avait consenti successivement à deux prêteurs une hypothèque assortie, chacune, d'une clause de dation en paiement, portant sur le même immeuble; le second prêteur offre de payer le premier qui lui était préférable, mais celui-ci refuse, prétextant que ce paiement n'est pas fait à l'avantage du débiteur et invoquant, donc, l'article 1141 C.c.B.C. La Cour d'appel, puis la Cour suprême écartent l'application de l'article 1141 et appliquent l'article 1156(1) C.c.B.C.; *cf. supra* n° 316.

[1114] *Cf.* en ce sens, MARTY et RAYNAUD, t. 2, vol. 1, n° 618, p. 647 et suiv.; BAUDRY-LACANTINERlE, 3e éd., vol. 13, n° 1542, p. 641; *cf.* également, en ce sens, *Carrières Rive-Sud inc. c. Lacaille,* J.E. 87-176 (C.A.). *Contra* : BAUDOUIN et JOBIN, 5e éd., n° 914, p. 735. On observera que, dans l'affaire *Gosselin c. Lapointe,* [1973] C.A. 156, 160, la Cour d'appel a majoritairement confondu subrogation et cession de créance : elle a considéré que l'avocat, *solvens,* qui était lui-même créancier du même débiteur, son client, dont il avait payé la dette et à qui l'*accipiens* avait alors transféré une créance hypothécaire, doublée d'une clause de dation en paiement, avait acquis un droit litigieux, en contravention à l'article 1485 C.c.B.C.; au contraire, le juge dissident fait une saine analyse de la situation, et accorde à l'avocat *solvens*-créancier le bénéfice de la subrogation légale, car le versement fait par lui au créancier qui lui était préférable était un paiement et non point un achat de droit litigieux.

gation n'a pas lieu lorsque le *solvens* paie un créancier dont la créance est assortie d'une garantie ou d'un avantage autre qu'une priorité ou une hypothèque : par exemple, dans le droit d'hier, le *solvens* ne pouvait prétendre au bénéfice de la subrogation légale en payant un créancier dont la créance était assortie d'une clause de dation en paiement[1115] (désormais prohibée, art. 1801 C.c.Q.). En effet, on considère que les cas de subrogation légale sont de droit étroit et ne peuvent être étendus à d'autres situations qui ne sont pas expressément prévues[1116]. Il est, en outre, évident – le texte de loi ne peut être plus clair – que cette subrogation légale ne bénéficie qu'à un *solvens* qui est lui-même créancier du débiteur dont il paie la dette; il est aussi évident que cette dette doit être échue[1117].

— « au profit de l'acquéreur d'un bien qui paie un créancier dont la créance est garantie par une hypothèque sur ce bien » (art. 1656(2) C.c.Q.). L'exemple est le suivant : A achète de B, pour 30 000 $, un immeuble sur lequel C a une hypothèque; ce dernier peut, donc, faire saisir et vendre cet immeuble, même si A en est devenu le propriétaire : l'hypothèque, en effet, comporte un droit de suite. Pour éviter une telle éventualité, A a avantage à payer la dette due par B à C; aussi va-t-il remettre à C le prix d'achat (soit 30 000 $ si la dette est de 30 000 $) ou partie du prix correspondant à la dette (soit 20 000 seulement si la dette est de 20 000 $), et sera subrogé dans les droits de C : si la dette était de 30 000 $, il ne devra plus rien à B; si la dette était de 20 000 $, il ne lui devra plus que 10 000 $. Ayant ainsi une hypothèque sur sa propre chose, A est à peu près sûr de recouvrer son prix dans l'hypothèse où un créancier hypothécaire de 2ᵉ rang prétendrait faire saisir et vendre l'immeuble; d'ailleurs, sa seule présence au 1ᵉʳ rang pourrait inciter l'autre créancier à ne pas procéder, afin de ne pas tout perdre[1118].

[1115] *Cf.* en ce sens, BAUDOUIN et JOBIN, 5ᵉ éd., n° 914, p. 735; *Marcel Matte Inc.* c. *Momic Ltée*, [1970] C.S. 450.

[1116] MARTY et RAYNAUD, t. 2, vol. 1, n° 618, p. 647 et suiv.

[1117] *90033 Canada Ltée* c. *Touchette*, [1979] C.S. 845.

[1118] *Cf.* MARTY et RAYNAUD, t. 2, vol. 1, n° 618, p. 650.

- « au profit de celui qui paie une dette à laquelle il est tenu avec d'autres ou pour d'autres et qu'il a intérêt à acquitter » (art. 1656(3) C.c.Q.). L'hypothèse du *solvens* qui paie une dette à laquelle il est tenu avec d'autres recouvre celle de plusieurs débiteurs tenus d'une dette solidaire, *in solidum* ou indivisible : celui qui paie la totalité d'une dette solidaire est subrogé dans les droits du créancier, ce qui lui permet d'exercer un recours contre ses codébiteurs afin de recouvrer ce qui lui est dû (sous réserve des limites apportées aux effets de la subrogation dans le cas de solidarité)[1119]. L'hypothèse du *solvens* qui paie une dette à laquelle il est tenu pour d'autres recouvre celle de la caution qui paie à la place du débiteur principal : payant pour un autre, la caution sera subrogée dans les droits du créancier envers lequel elle s'est acquitté[1120].

- « au profit de l'héritier qui paie de ses propres deniers une dette de la succession à laquelle il n'était pas tenu » (art. 1656(4) C.c.Q.); c'est le cas de celui qui paie une dette de la succession à laquelle, en définitive, il renonce : il est alors subrogé dans les droits du créancier contre la masse successorale.

- « dans les autres cas établis par la loi » (art. 1656(5) C.c.Q.). On peut alors songer au cas de l'assureur de dommages (art. 2474 C.c.Q.), ainsi qu'à un certain nombre de lois spéciales qui prévoient précisément la subrogation : on se contentera de citer la *Loi sur les accidents*

[1119] *Cf. Forget* c. *Lamoureux*, [1999] R.J.Q. 853 (C.Q.).

[1120] Cet article 1656, al. 3 C.c.Q. ne s'applique que dans l'hypothèse où celui qui paie est lui-même débiteur avec ou pour d'autres; il ne s'applique pas lorsque le *solvens* paie, alors qu'il n'est pas tenu de payer avec ou pour d'autres : *cf. Great Guns Servicing Ltd.* c. *Soquip*, [1985] C.A. 622; *Perrette inc. (Syndic de)*, J.E. 95-578 (C.S.). *Cf.*, cependant, *Dallaire* c. *Kirouac*, J.E. 99-1548 (C.S.): dans cette affaire, le tribunal fait jouer l'article 1656, al. 3, C.c.Q., même s'il est loin d'être évident que le *solvens* ait été tenu avec ou pour d'autres, la dette semblant n'être que conjointe.

du travail,[1121] la *Loi sur l'assurance-hospitalisation*,[1122] et la *Loi sur l'assurance-maladie*[1123].

B. Les effets de la subrogation

Comme on vient de le constater, il y a deux sources de subrogation et non point deux « espèces » de subrogation; en effet, que la subrogation soit conventionnelle ou légale, les effets sont strictement les mêmes. La subrogation a essentiellement un effet translatif, mais cet effet translatif connaît des limites.

a) L'effet translatif de la subrogation

337. *Substitution de créancier.* On a dit que la subrogation personnelle impliquait une substitution de personne. Ainsi, lorsqu'un tiers est subrogé dans les droits d'un créancier, le débiteur a un nouveau créancier : le tiers *solvens*, subrogé, remplace le créancier primitif[1124]. C'est dire que le subrogé acquiert le droit principal – la créance elle-même – qu'avait le créancier subrogeant, ainsi que les droits accessoires – telle la priorité ou l'hypothèque – qui étaient attachés à la créance. C'est d'ailleurs l'attrait important de la subrogation que de permettre au subrogé d'obtenir les garanties attachées à la créance. Le subrogé se trouve donc dans une situation identique à celle du subrogeant, avec les mêmes recours, et, en revanche, il peut se voir opposer par le débiteur les moyens de défense que celui-ci aurait pu opposer au subrogeant[1125]. Ainsi, on enseigne que, lorsque le vendeur d'un bien subroge le tiers *solvens* dans ses droits de recouvrer le prix, le subrogé acquiert l'action en résolution que le vendeur pouvait avoir contre l'acheteur, en vertu du contrat de vente : on peut cependant

---

[1121] *Loi sur les accidents du travail*, L.R.Q., c. A-3.

[1122] *Loi sur l'assurance-hospitalisation*, L.R.Q., c. A-28.

[1123] *Lois sur l'assurance-maladie*, L.R.Q., c. A-29.

[1124] *Cf. Forage Mercier inc.* c. *Société de construction maritime Voyageurs ltée*, J.E. 98-1636 (C.A.).

[1125] *Cf. Compagnie de cautionnement Alta* c. *Québec (Procureur général)*, J.E. 94-1954 (C.S.).

s'en étonner, dans la mesure où, par le jeu de la résolution, le créancier subrogé, plutôt que de récupérer l'argent qu'il a avancé, va se retrouver propriétaire d'un bien. Par ailleurs, dans l'exercice de ses droits et plus particulièrement de ses actions, le subrogé se heurtera au délai de prescription auquel se serait heurté le subrogeant s'il avait personnellement intenté l'action[1126] : le subrogé n'a pas plus de droits que le subrogeant (art. 1651, al. 2 C.c.Q.).

On constate, alors, que la subrogation est une opération très proche de la cession de créance, c'est-à-dire d'une vente de créance[1127]. Cependant, le subrogé s'est borné à effectuer un paiement au créancier primitif. C'est cet aspect « paiement » qui va entraîner certaines conséquences, lesquelles constituent une limitation à l'effet translatif : cette limitation permet de distinguer la subrogation de la cession de créance.

b)   La limitation à l'effet translatif de la subrogation

338. *Subrogation et cession de créance.* S'agissant d'un paiement, la subrogation peut avoir lieu contre la volonté du créancier, lorsqu'elle résulte de la loi; au contraire, la cession de créance nécessite le consentement du créancier qui décide de vendre sa créance au cessionnaire. Ce dernier ne peut opposer la cession aux tiers que s'il respecte les formalités d'opposabilité énoncées à l'article 1641 C.c.Q., alors que ces mesures ne sont aucunement nécessaires dans le cas de subrogation; ainsi, dans l'hypothèse où le subrogeant aurait reçu paiement de la même créance par deux tiers, successivement, qu'il aurait l'un et l'autre subrogés dans ses droits, le premier subrogé l'emporterait sur le second, alors que, dans le cadre d'une cession de créance consentie successivement à deux cessionnaires, celui de ces deux cessionnaires qui, le premier, aurait respecté les formalités de l'article 1641 C.c.Q. serait

---

[1126] *Cf. Assurance Royale* c. *Ville de Baie Comeau*, [1984] R.D.J. 369 (C.A.).

[1127] D'ailleurs, il est parfois difficile de distinguer subrogation consentie par le créancier et cession de créance : *cf. Enseignes A.L.M. inc.* c. *Deux Glaces de St-Louis-de-France inc.*, J.E. 95-707 (C.S.).

préféré. Cette différence de traitement est, certes, vraie dans le cas où le subrogeant est un créancier chirographaire, mais non plus dans le cas où il est un créancier prioritaire ou hypothécaire car, alors, la subrogation doit être publiée, en vertu de l'article 3003 C.c.Q.

L'exécution par le *solvens* de la prestation due au créancier primitif constituant seulement un paiement, l'existence de la dette n'est aucunement garantie par ce dernier, alors qu'au contraire, le cédant à titre onéreux est tenu à l'égard du cessionnaire à cette garantie (1639 C.c.Q.). Si la dette n'existe pas, le seul recours dont bénéficiera le subrogé sera une action en répétition de l'indu contre le subrogeant, qui suit des règles différentes de celles gouvernant la cession de créance. En revanche, lorsque la dette existe, le subrogé dispose, outre l'action subrogatoire, d'une action personnelle contre le débiteur, afin de se faire rembourser : il pourra s'agir d'une action fondée sur un contrat de prêt, sur un mandat, sur la gestion d'affaires ou sur l'enrichissement sans cause, selon le cas; le cessionnaire, quant à lui, n'a aucune action autre que celle du créancier cédant.

Si le subrogé n'obtient pas plus de droits à l'égard du débiteur que n'en avait le subrogeant, il peut, parfois, obtenir un droit moins étendu que celui que possédait le créancier primitif[1128]. À supposer que C soit titulaire d'une créance de 2 000 $ contre le débiteur D et que le tiers *solvens* T paie 1 000 $ au créancier C qui, consentant une remise partielle de dette, remet à T une quittance totale avec subrogation, T ne pourra pas exiger de D plus qu'il n'a lui-même versé à C, c'est-à-dire 1 000 $: il en est ainsi parce que la subrogation constitue l'accessoire d'un paiement, contrairement à ce qui se passerait si l'on avait affaire à une cession de créance; en ce dernier cas, le cessionnaire pourrait exiger 2 000 $ alors que, dans le cas de la subrogation, la remise de dette profitera au débiteur et non point au subrogé. On ne trouve donc aucunement, dans la su-

---

[1128] Par exemple, *cf. Complexe Future inc.* c. *Vaudreuil-Dorion (Ville de)*, J.E. 00-1492 (C.S.).

brogation, l'idée de spéculation qui caractérise la cession de créance.

339. *Subrogation et solidarité.* Il est un autre cas où le subrogé obtiendra moins de droits que n'en avait le subrogeant.

Ainsi, un codébiteur solidaire, qui, poursuivi par le créancier, doit payer la totalité de la dette, n'aura pas, contre les autres codébiteurs solidaires, un droit aussi étendu que celui qu'avait le subrogeant : si A, B et C doivent solidairement 3 000 $ à X et que A soit contraint de payer ces 3 000 $, ce dernier ne pourra pas se retourner contre un seul des autres codébiteurs et lui demander 2 000 $: même s'il est alors subrogé dans les droits de X en vertu de l'article 1656(3) C.c.Q., il devra diviser son recours (1 000 $ contre B et 1 000 $ contre C), comme si la dette était conjointe (*cf.* art. 1536 C.c.Q.).

340. *Subrogation et caution.* En vertu de l'article 1657 C.c.Q., « [l]a subrogation a effet contre le débiteur principal et ses garants [...] ». Cette disposition n'est que l'application du principe général selon lequel le subrogé remplace le créancier et acquiert non seulement le droit principal, mais encore tous les droits accessoires, qu'il s'agisse d'une sûreté réelle ou d'une sûreté personnelle, telle une caution.

On observera que selon l'article 1951 C.c.B.C., la caution qui avait cautionné plusieurs débiteurs principaux, solidaires d'une même dette, bénéficiait de l'effet translatif de la subrogation, dans toute sa plénitude : cette caution, lorsqu'elle avait payé le créancier, avait, en effet, contre chacun des codébiteurs solidaires, un recours pour la restitution du total de ce qu'elle avait payé. Bien que le *Code civil du Québec* ne reprenne pas ce texte, la solution demeure la même puisque l'article 1951 C.c.B.C. se bornait à appliquer, à la caution, le principe selon lequel celui qui paie pour un autre est subrogé par le seul effet de la loi (art. 1656(3) C.c.Q.)[1129]. Au contraire, « lorsque plusieurs personnes ont cautionné un même débiteur pour une même dette, la caution qui a acquitté la dette a, outre l'action subrogatoire, une action personnelle contre les autres cautions chacune pour sa

---

[1129] Voir les commentaires de Jacques MESTRE, *La subrogation personnelle*, Paris, L.G.D.J., 1979, p. 522 et suiv. L'exception au plein effet de la subrogation, que l'on retrouve à l'article 1536 C.c.Q., ne vise que le codébiteur solidaire, et non point la caution.

part et portion » (art. 2360, al. 1 C.c.Q.) : on retrouve, alors, une limitation à l'effet translatif de la subrogation comme en matière de solidarité. La caution, de même que le codébiteur solidaire, devant assurer, à l'égard des autres cautions, une partie de la dette, on évite ainsi une cascade de recours entre les cautions elles-mêmes, comme on l'évite entre les codébiteurs solidaires. Les cofidéjusseurs se trouvant dans une situation analogue à celle des codébiteurs solidaires, il est logique de leur appliquer la même règle que celle qui est énoncée à l'article 1536 C.c.Q.

340.1. *Subrogation et « coobligés accessoires ».* Il est un autre problème que l'on rencontre de plus en plus souvent, concernant ce qu'un auteur a pu appeler la « pluralité d'obligés accessoires »[1130] : il s'agit de la situation où une dette est « garantie » par plusieurs personnes, en vertu de sources juridiques distinctes; l'exemple classique que l'on donne est celui de la dette garantie à la fois par une caution et par une hypothèque grevant un immeuble ultérieurement acquis par un tiers (tiers détenteur). La question est de savoir si le garant *solvens* peut prétendre être alors subrogé dans les droits du créancier, à l'égard de l'autre garant. Si, *a priori*, l'article 1656(3) C.c.Q. semble le permettre, on se rend vite compte que l'application automatique de la subrogation pourrait aboutir à un résultat étrange, dans la mesure où le garant poursuivi en premier lieu (que ce soit la caution ou le tiers détenteur dans notre exemple) pourrait ainsi transférer la charge de la garantie sur celui qui n'a pas été poursuivi; à ce jeu de « qui perd gagne », on constate que la justice risque de ne pas toujours y trouver son compte.

Comme l'a fait remarquer Jacques Mestre, la subrogation est impuissante, à elle seule, à résoudre ce genre de conflit puisqu'elle n'est qu'une technique de transfert, alors que la question qui se pose ici est précisément de savoir si le garant

---

[1130] Jacques MESTRE, « La pluralité d'obligés accessoires », *Rev. trim. dr. civ.* 1981.1. Pour l'analyse d'un problème distinct quoique connexe (la possibilité de subrogation lorsque la charge définitive de la dette a été transférée à un tiers), *cf.* Adrian POPOVICI et Carl CORBEIL, « La subrogation consentie par le débiteur qui supporte la charge définitive de la dette », (1999) 33 *R.J.T.* 277.

solvens peut faire assumer par l'autre tout ou partie du fardeau. Si, en certains cas, il paraît juste de faire assumer par chacun des garants une charge égale ou proportionnelle (ce serait le cas des cofidéjusseurs), en d'autres hypothèses, il serait juste que l'un d'eux soit, par rapport à l'autre, tenu d'assumer la charge définitive de la garantie; on devrait alors procéder à une « répartition hiérarchique » du fardeau de la garantie : seul le garant qui n'est pas tenu au poids définitif de la garantie[1131] pourrait se prévaloir de la subrogation contre l'autre. Ainsi, enseigne-t-on qu'entre la caution et le tiers détenteur, la caution doit être préférée, le tiers détenteur ayant eu l'imprudence d'acquérir l'immeuble hypothéqué sans avoir procédé à la purge de l'hypothèque. Ce genre de situation, où une répartition hiérarchique entre plusieurs garants s'impose, risque de devenir de plus en plus fréquente, compte tenu notamment de la multiplicité des lois qui visent à « garantir » le paiement de certaines dettes : ainsi, le salaire des employés d'une entreprise cédée fait l'objet d'une garantie légale, à la fois par certaines dispositions du droit du travail (recours contre le nouvel employeur) et par d'autres dispositions du droit des compagnies (recours contre les anciens administrateurs).

341. *Subrogation et paiement partiel.* La subrogation constituant un paiement, elle ne peut pas nuire au créancier : le créancier primitif C a une créance de 20 000 $, garantie par une hypothèque sur un immeuble de D, son débiteur. Un tiers *solvens* T, effectuant un paiement partiel, remet 10 000 $ à C. L'immeuble est vendu 15 000 $. Sur ce produit, C recevra par préférence le solde de 10 000 $ qui lui est encore dû et T, qui ne pourra pas venir en concours avec C, ne touchera que le reliquat de 5 000 $. En effet, en vertu de l'article 1658, al. 1 C.c.Q., « [l]e créancier qui n'a été payé qu'en partie, peut exercer ses droits pour le solde de sa créance, par préférence au subrogé dont il n'a reçu qu'une partie de celle-ci »[1132]. On applique ainsi

---

[1131] Il s'agit bien de la « charge définitive de la garantie » et non point de la dette, puisque le garant ainsi tenu pourra se retourner contre le débiteur principal, recours qui peut cependant s'avérer illusoire...

[1132] *Cf. Banque Royale du Canada* c. *Taillefer,* J.E. 97-1860 (C.S.). Dans l'affaire *Libro Financial Corp.* c. *Guardian du Canada, compagnie*

la règle *nemo contra se subrogasse censetur* qui s'explique par l'idée de paiement : en recevant un paiement partiel, le créancier primitif ne renonce pas à la sûreté qui lui garantissait précisément le paiement intégral. En revanche, si le créancier s'est obligé, envers le subrogé, à « fournir et faire valoir le montant pour lequel sa subrogation est acquise », si donc le subrogeant s'est engagé envers le subrogé à garantir la solvabilité du débiteur, la solution est l'inverse de la précédente, ce qui signifie que le subrogé est préféré au subrogeant (art. 1658, al. 2 C.c.Q., s'inspirant des règles énoncées aux articles 1986 et 2052 C.c.B.C.) : une telle solution est logique, puisque le subrogeant a consenti une garantie que la loi n'exigeait pas de lui.

Lorsque le législateur dispose que le créancier qui n'a été payé que partiellement est préféré au subrogé, vise-t-il uniquement le subrogeant dont la créance est assortie d'une sûreté réelle – hypothèque ou priorité[1133] – ou vise-t-il tout créancier, et notamment celui dont la créance est garantie par un cautionnement, sûreté personnelle ? En principe, on doit donner ce bénéfice à tout créancier, la loi énonçant que le subrogeant exerce « ses droits » par préférence au subrogé, sans plus distinguer[1134]. Si, donc, le *solvens* exerce son action subrogatoire, le subrogeant lui sera préféré en toutes hypothèses. Cela dit, il importe de ne pas oublier que le subrogé a, contre le débiteur, outre l'action subrogatoire, une action qui lui est personnelle, de mandat, de gestion d'affaires ou autre. En conséquence, le subrogé peut très facilement dire au subrogeant qu'il exerce son action propre et non

---

d'assurance, [1996] R.R.A. 954 (C.A.), la Cour d'appel a jugé que l'assureur subrogé aux droits d'un premier créancier hypothécaire d'un immeuble incendié ne peut être préféré aux créanciers hypothécaires de rang inférieur, tant que ceux-ci n'ont pas été désintéressés, chacun d'eux devant être considéré comme l'assuré d'un seul et même contrat; selon la Cour, le paiement fait à l'un d'eux ne constitue donc qu'un « paiement partiel » du total des créances hypothécaires.

[1133] *Cf.* art. 1986, al. 2 C.c.B.C. qui rappelle l'article 1157 C.c.B.C. À l'hypothèque et à la priorité, il faut ajouter l'hypothèse du cautionnement réel qui n'est qu'une variété d'hypothèque ou de gage : il s'agit, en effet, d'une personne qui fournit une sûreté réelle pour garantir le paiement de la dette d'autrui.

[1134] « Exercer ses droits par préférence » ne signifie pas « avoir une cause légitime de préférence », au sens de l'article 2646 C.c.Q., c'est-à-dire détenir une priorité ou une hypothèque.

point l'action subrogatoire et lui dénier le droit de lui opposer l'article 1658, al. 1 C.c.Q. : en ce cas, c'est la loi du concours qui prévaudra au cas d'insolvabilité du débiteur. C'est pourquoi la « préférence » prévue à l'article 1658, al. 1 C.c.Q. ne peut pratiquement jouer que dans les cas où la dette est assortie d'une sûreté réelle[1135]. Ainsi, dans l'hypothèse où la créance du subrogeant est garantie par un cautionnement personnel, le subrogé qui a effectué un paiement partiel et qui voudrait se faire rembourser par la caution, pourrait éviter que le subrogeant – invoquant l'article 1658 C.c.Q. – exige de se faire payer par préférence, en exerçant l'action personnelle de mandat, de gestion d'affaires ou *de in rem verso* qu'il a non seulement contre le débiteur principal, mais encore contre la caution, à la suite du paiement pour autrui qu'il a fait au subrogeant et qui décharge ainsi la caution de partie de sa dette[1136] : en ce cas, la créance du subrogé et celle du subrogeant sont de même nature en ce qu'elles ne comportent aucune cause légitime de préférence, et viennent donc en concours. Si donc, il n'est pas inexact d'affirmer, à l'instar de certains, que le créancier subrogeant qui reçoit, de la caution de son débiteur, une partie de la dette seulement, est préféré à cette caution, pour le solde[1137] (citant certaines décisions à l'appui de cette opinion[1138]), il importe de préciser que cela n'est pratiquement vrai que dans la mesure où le *solvens* exerce son action subrogatoire et non point son action personnelle.

On mentionnera enfin que, dans l'hypothèse où plusieurs personnes sont subrogées dans les droits d'un même créancier, elles seront payées proportionnellement à leur part dans le paiement subrogatoire (art. 1659 C.c.Q.) : soit une créance hypothécaire de 100 000 $, un paiement partiel de 10 000 $ effectué par A et un autre paiement partiel de 40 000 $ effectué par B (A et B étant par hypothèse subrogés dans les droits du créancier X), advenant la vente en justice du bien hypothéqué pour 60 000 $, le subrogeant, étant préféré aux su-

---

[1135] MAZEAUD, 9e éd, t. 2, vol. 1, n° 859, p. 957.

[1136] *Cf.* en ce sens, MIGNAULT, t. 5, p. 571; BAUDRY-LACANTINERIE, 3e éd., vol. 13, n°s 1571 et 1572, p. 680 et 681; AUBRY et RAU, 6e éd., t. 4, n° 321, p. 292-294.

[1137] *Cf.* BAUDOUIN et JOBIN, 5e éd., n° 918, p. 736; Angers LAROUCHE, « Droit des obligations », (1978) 9 *R.G.D.* 73, 202 et suiv.

[1138] *In re Canadian Vinyl Industries Inc. : Deering Milliken Inc. c. Corber*, [1975] C.S. 971; *Browman c. Canadian Affiliated Financial Corp.*, [1976] C.A. 833; on peut également citer *In re Canadian Vinyl Industries Inc. : Corber c. Shell Canada Ltd.*, [1975] C.S. 778; *Bayer Canada Inc. c. Corber*, [1978] C.A. 190.

brogés A et B (art. 1658, al. 1 C.c.Q.), recevra les premiers 50 000 $, les subrogés se partageant le reliquat à proportion de leur paiement respectif, soit 2 000 $ pour A et 8 000 $ pour B.

On peut, donc, en conclure que la subrogation est une opération très voisine de la cession de créance, mais qu'elle en diffère en ce qu'elle constitue l'accessoire d'un paiement, ce qui implique certaines limites à l'effet translatif.

Par. 3. *Le paiement par compensation*

342. *Notion de compensation légale et judiciaire.* A doit 1 500 $ à B, qui doit 1 500 $ à A : par l'effet de la compensation, A et B ne se doivent plus rien. A doit 1 500 $ à B, qui doit 1 000 $ à A : par l'effet de la compensation, A ne doit plus que 500 $ à B.

Comme l'a observé Carbonnier, « chacun des deux intéressés se paie de sa créance en ne payant pas sa dette; à l'inverse, [il] paie sa dette en ne se faisant pas payer de sa créance »[1139]. La compensation éteint la dette; aussi, le Code en traite-t-il dans le chapitre huitième, consacré à l'extinction de l'obligation, section II (art. 1672 et suiv. C.c.Q.). Certains auteurs ont dit que la compensation était « un mode d'extinction de deux obligations ayant un objet semblable et existant en sens inverse, le créancier de l'une étant le débiteur de l'autre »[1140]. On pourrait tout aussi bien dire, avec Carbonnier, que compenser, c'est payer et que la compensation est un paiement abrégé, en ce sens qu'on évite un double transfert de fonds.

La compensation est, en outre, un paiement par préférence : celui qui est à la fois créancier et débiteur d'une personne insolvable se paie sur sa propre dette par préférence à tous les autres créanciers; en ce sens, c'est une forme de garantie.

[1139] CARBONNIER, t. 4, 21e éd., n° 337, p. 557. *Cf.*, par exemple, *Enseignes A.L.M. inc.* c. *Deux Glaces de St-Louis-de-France inc.*, J.E. 95-707 (C.S.).
[1140] RIPERT et BOULANGER, t. 2, n° 1967, p. 699.

En vertu de l'article 1673 C.c.Q. « [l]a compensation s'opère de plein droit », c'est-à-dire indépendamment de la volonté des débiteurs, par le seul effet de la loi[1141]. C'est ce qu'on appelle la compensation légale. Néanmoins, cette règle est simplement supplétive et non point impérative. En conséquence, les débiteurs-créanciers peuvent déroger aux règles de la compensation légale en en empêchant l'accomplissement ou, au contraire, en en organisant eux-mêmes le régime : il s'agira, alors, d'une compensation conventionnelle. Il est, pourtant, relativement rare que les parties mettent de côté les règles légales.

On entend également parler de compensation judiciaire; celle-ci est possible dans le cadre d'un litige qui implique une demande reconventionnelle[1142] : un locataire, poursuivi en paiement de loyer, oppose au demandeur (son locateur) par demande reconventionnelle, son droit à des dommages-intérêts pour défaut d'entretien de l'immeuble loué. Lorsque les conditions de la compensation légale se trouvent réunies, le tribunal constatera que la compensation a « opéré de plein droit »; sinon il pourra déclarer que, par l'effet de la compensation qu'il prononce, telle partie au litige ne doit plus que telle somme à l'autre : c'est la compensation judiciaire, prononcée par le juge (*cf.* art. 1673, al. 2 C.c.Q.). Toutefois, cette analyse n'est pas pleinement acceptée, dans la mesure où certains considèrent que le tribunal, par son intervention, se borne à rendre possible la compensation légale[1143], niant ainsi l'autonomie de la notion de compensation judiciaire.

On retiendra que le trait essentiel de la compensation (art. 1673 C.c.Q.) est que les deux dettes s'éteignent automatiquement, au moment même de leur coexistence, sans aucune in-

---

[1141] *Commission des normes du travail* c. *Emco Ltd.*, J.E. 99-2370 (C.Q.); *Omri* c. *J.G. Normand inc.*, J.E. 00-425 (C.Q.).

[1142] *Cf. Investissements Salias Inc.* c. *Brunelle*, [1988] R.J.Q. 1778 (C.A.); *Decelles Investments Ltd.* c. *176083 Canada inc.*, [1996] R.J.Q. 385 (C.S.).

[1143] MAZEAUD, 9ᵉ éd., t. 2, vol. 1, nᵒˢ 1151 et 1152, p. 1188 et 1189; MARTY et RAYNAUD, 2ᵉ éd., t. 2, nᵒ 261 et suiv., p. 233 et suiv. *Cf.* également Nicole-Claire NDOKO, « Les mystères de la compensation », *Rev. trim. dr. civ.* 1991.661.

tervention de la volonté des parties. Toutefois, ce principe connaît des tempéraments importants.

A. Les conditions de la compensation

343. *Nécessité de remplir certaines conditions.* Pour qu'il y ait compensation légale, certaines conditions doivent être nécessairement remplies, à défaut de quoi les effets automatiques prévus par la loi ne se produiront pas. Si aucune règle ne gouvernait cette opération, les obligations réciproques résultant d'un contrat synallagmatique seraient censées s'éteindre par compensation ! Il faut, donc, envisager les conditions requises ou, en d'autres termes, les caractères que doivent posséder les obligations susceptibles de compensation; puis, on verra, inversement, les obstacles qui empêchent que se produisent les effets de la compensation.

a) Les caractères des obligations susceptibles de compensation

344. *Les conditions requises.* Pourqu'il puisse y avoir compensation légale, quatre conditions doivent être réunies (art. 1672 et 1673 C.c.Q.) :

- les deux obligations doivent exister entre les deux mêmes personnes (réciprocité);

- elles doivent avoir pour objet de l'argent ou des choses fongibles de la même espèce (fongibilité);

- elles doivent être liquides (liquidité);

- elles doivent être exigibles (exigibilité).

La loi précise que la compensation a lieu « quelle que soit la cause de l'obligation d'où résulte la dette » (art. 1676, al. 1 C.c.Q.). C'est dire que la compensation a lieu quelle que soit la source de l'obligation : ainsi, peuvent se compenser une dette résultant d'un contrat et une dette résultant d'un autre contrat ou d'un fait juridique. En outre, l'article 1674 C.c.Q. précise que le fait, pour les deux dettes, de n'être pas payables au même lieu, ne fait pas obstacle à la compensation, pourvu qu'on tienne compte, le cas échéant, des frais de délivrance. Cette dernière règle est destinée à éviter qu'on voit un obstacle à la compensation lorsque seuls les frais relatifs à l'exécution de la dette ne sont pas liquides.

345. *Réciprocité.* C'est une condition essentielle et évidente. Chacune des deux parties doit être personnellement à la fois créancière et débitrice de l'autre, dans leur rapport de droit. Il est clair qu'un tuteur ne peut pas opposer en compensation, à son propre créancier, la dette dont ce dernier est tenu à l'égard du pupille représenté par le tuteur.

346. *Fongibilité.* Il ne peut pas y avoir compensation légale si les dettes ont pour objet des corps certains ou des choses fongibles d'espèces différentes. A, créancier d'une tonne de blé et débiteur de 1 000 litres de vin à l'égard de B, qui est, en conséquence, débiteur d'une tonne de blé et créancier de 1 000 litres de vin à l'égard de A, ne peut pas prétendre ne rien devoir à B par l'effet de la compensation : « on ne peut soustraire un nombre d'un autre, s'ils concernent des choses différentes »[1144]. Si l'on écartait systématiquement l'exigence de la fongibilité, l'une des parties risquerait d'y perdre, et les obligations réciproques résultant d'un contrat synallagmatique s'éteindraient, là encore, par compensation, rendant impossible l'exécution en nature de cette catégorie de contrat. C'est pourquoi la compensation joue principalement dans le cadre d'obligations portant sur des sommes d'argent.

Cependant, les parties peuvent convenir que la dette de A portant sur un corps certain à l'égard de B, sera compensée par la dette de somme d'argent due par B à A : comme on l'a dit, la compensation conventionnelle n'est pas interdite et les parties peuvent déroger aux règles de la compensation légale; encore pourrait-on se demander s'il ne s'agit pas, là, d'une dation en paiement réciproque plutôt que d'une véritable compensation.

347. *Liquidité.* Une dette est liquide lorsqu'elle est certaine et que le montant en est déterminé[1145]. Une dette assortie

---

[1144] CARBONNIER, t. 4, 21ᵉ éd., n° 337, p. 558.
[1145] Une dette qui est liquide est nécessairement certaine, alors qu'une dette certaine n'est pas nécessairement liquide (*cf.* Gérard CORNU,

d'une condition ou une dette contestée n'est donc pas liquide : par exemple, dans le cadre d'une indemnité due à la suite d'un accident, la dette n'est pas liquide tant que le tribunal n'a pas fixé le montant des dommages-intérêts. La compensation légale n'opérera pas si les dettes réciproques ou l'une d'elles ne sont pas liquides.

À défaut d'entente entre les parties sur ce point, on aura recours au tribunal qui déterminera le montant dû, et c'est alors que celui-ci pourra éventuellement décider de compenser les deux dettes et condamner uniquement le débiteur qui doit le montant le plus élevé à payer la différence : on parle alors de compensation judiciaire[1146]. Toutefois, dans un tel litige, une demande reconventionnelle répond à la demande principale; c'est pourquoi certains y voient l'application de la théorie des demandes reconventionnelles plutôt qu'une forme de compensation[1147]. Dans l'hypothèse où l'une des dettes ne serait pas liquide, le tribunal pourrait, néanmoins, prétendre compenser lorsqu'il s'agirait de dettes connexes, c'est-à-dire de dettes réciproques résultant d'un contrat synallagmatique : il en serait ainsi lorsque le locateur, qui n'aurait pas rempli son obligation d'entretien, exigerait du locataire le paiement de son loyer. Le tribunal, dit-on, pourrait déclarer qu'il y a compensation : il est permis, encore là, de se demander si une telle solution ne relève pas de l'application de *l'exceptio non adimpleti contractus*, plutôt que de la compensation[1148].

348. *Exigibilité.* Il n'y a pas compensation légale si l'une ou l'autre des dettes n'est pas exigible, c'est-à-dire si l'une est assortie d'un terme. L'exigence de l'exigibilité de la dette se comprend aisément si l'on considère que la compensation constitue un paiement; or, le paiement n'est exigible que lorsque la dette

---

Vocabulaire juridique, 3ᵉ éd., Paris, P.U.F., 1992, verbo : liquide) : le législateur aurait donc pu se contenter de parler de « dettes liquides », comme il l'avait fait à l'article 1188 C.c.B.C.

[1146] Cf. Peacock c. Mile End Milling Co., (1924) 37 B.R. 221; Soulanges Cartage and Equipment Co. c. Eastern Electric Co., [1974] C.S. 580.

[1147] Cf. MARTY et RAYNAUD, t. 2, vol. 1, n° 649, p. 674; Arcand c. Savard, [1973] C.A. 187.

[1148] Cf. MARTY et RAYNAUD, 2ᵉ éd., t. 2, n° 255, p. 228; MAZEAUD, 9ᵉ éd., t. 2, vol. 1, n° 1150, p. 1186.

est échue[1149]. La condition de l'exigibilité de la dette empêche qu'on puisse prétendre à la compensation lorsque l'obligation de l'une des parties est une obligation naturelle : celle-ci n'étant pas susceptible d'exécution forcée, elle ne possède pas la qualité requise pour être sujette à compensation.

On remarquera qu'en vertu de l'article 1675 C.c.Q., « [l]e délai de grâce accordé pour le paiement de l'une des dettes ne fait pas obstacle à la compensation ». En effet, un « délai de grâce » n'a pour objet que de retarder les poursuites sans avoir pour effet de retarder l'exigibilité. On ne doit pas confondre ce « délai de grâce » avec le pouvoir attribué exceptionnellement par la loi au tribunal de réviser les modalités d'exécution d'une dette (*cf.* art 2332 C.c.Q.), puisqu'en ce dernier cas, l'exigibilité de la dette est véritablement retardée.

b) Les obstacles à la compensation, résultant de la loi

La loi énumère certaines hypothèses où il ne peut pas y avoir compensation légale, bien que les quatre conditions envisagées soient remplies (art. 1676, al. 2 C.c.Q.)[1150].

349. *Le cas de l'acte fait dans l'intention de nuire.* Une personne injustement privée d'un bien ou d'une somme d'argent, dont elle était propriétaire, ne peut se voir opposer la compensation par celui qui détient précisément ledit bien ou ladite somme d'argent. Le spoliateur doit, d'abord, rendre la chose : il ne peut pas invoquer une créance contre le demandeur pour éviter cette restitution[1151]. Le *Code civil du Bas Canada* parlait en ce cas de « dépouillement injuste ». Cette hypothèse est rare, parce que la condition de fongibilité se trouvera rarement réalisée : il faudrait, alors, supposer que les obligations portent sur

---

[1149] *Cf. Drouin-Dalpé* c. *Langlois*, [1979] 1 R.C.S. 621 : il importe de ne pas confondre liquidité et exigibilité.

[1150] *Cf.* Grégoire LOISEAU, « Ombre et lumière sur les interdits à la compensation », J.C.P. 1997.I.22932.

[1151] *Thériault* c. *Thériault*, J.E. 94-795 (C.Q.).

des sommes d'argent et que l'une des parties soit allée dérober chez l'autre la somme en question[1152].

350. *Le cas de la demande en restitution d'un dépôt.* L'article 1190(2) C.c.B.C. précisait qu'un dépositaire ne pouvait pas refuser de restituer l'objet déposé en invoquant la compensation de ce que lui devait le déposant. Là encore, la condition de fongibilité faisait que la règle s'adressait aux dettes portant sur des sommes d'argent et non point sur des corps certains. Mignault expliquait que la dette née d'un dépôt était une dette de confiance et d'honneur et qu'en conséquence le dépositaire ne pouvait pas refuser de restituer l'argent qui lui avait été remis, sous prétexte que le déposant lui devait, de son côté, une somme d'argent[1153].

Tel était le cas d'une banque qui aurait consenti successivement à un même client un premier prêt d'une somme de 10 000 $, assorti d'une sûreté, puis un second prêt, sans garantie, d'une somme de 5 000 $, et qui aurait obtenu, par la réalisation des biens garantissant le premier prêt, le montant de 14 000 $; cette banque étant alors devenue débitrice de la somme de 4 000 $, correspondant au surplus de recette résultant de la vente des biens donnés en garantie. Cette banque ne pouvait alors invoquer compensation pour le montant de 4 000 $, car, même si elle demeurait encore créancière du second prêt, elle détenait la somme de 4 000 $ à titre de dépositaire : l'article 1190(2) C.c.B.C. s'opposait à la compensation[1154].

Pourrait-on désormais appliquer à une telle situation l'article 1676, al. 2 C.c.Q. ? En d'autres termes, pourrait-on prétendre que le dépositaire refusant de rendre le bien déposé en invoquant la compensation, agirait « dans l'intention de nuire » ? Même si les commentaires du ministre vont en ce sens[1155], il est permis de soutenir qu'un dépositaire qui agit ainsi n'a pas nécessairement pour but de nuire à autrui, mais qu'il ne cherche peut-être qu'à protéger ses intérêts. En revanche, peut-être pourrait-on prétendre, selon les circonstances, qu'un dépositaire qui adopterait un tel comportement agirait d'une

---

[1152] *Cf.* les commentaires de MIGNAULT, t. 5, p. 636 et suiv.
[1153] *Id.*
[1154] *Cf. Banque canadienne impériale de commerce* c. *Zwaig*, [1976] C.A. 682, particulièrement les propos du juge Bernier aux pages 685 et 686.
[1155] *C.M.J.*, t. I, art. 1676 C.c.Q.

« manière excessive et déraisonnable, allant ainsi à l'encontre des exigences de la bonne foi » (art. 7 C.c.Q.); ce comportement pourrait être alors sanctionné par le refus de la compensation. On aboutirait alors, du moins en certains cas, à la solution du droit d'hier, ce qui semblerait aller dans le sens de la volonté du législateur.

351. *Le cas de la dette insaisissable.* En vertu de l'article 1190(3) C.c.B.C., le débiteur alimentaire ne pouvait pas invoquer la compensation pour éviter de payer cette dette. S'il n'en avait pas été ainsi, on aurait enlevé au créancier alimentaire ce minimum dont il avait besoin pour vivre et qui, précisément, à cause de son caractère vital, est déclaré insaisissable. Bien que cette règle se référât seulement à « une dette qui [avait] pour objet des aliments insaisissables », doctrine et jurisprudence l'avaient étendue à toute dette insaisissable. C'est ce qu'énonce désormais l'article 1676, al. 2 C.c.Q[1156].

Cependant, la compensation a été admise dans un cas où l'on a considéré que le débiteur alimentaire était lui-même créancier d'une dette alimentaire[1157].

352. *Le cas de faillite* : *le principe.* « La compensation n'a pas lieu [...] au préjudice des droits acquis à un tiers » (art. 1681 C.c.Q.). Lorsqu'une personne est déclarée en faillite, tous ses créanciers doivent être traités également et suivre la loi du concours; aussi ne peuvent-ils pas recevoir un paiement séparé. La compensation étant un paiement, elle aura lieu si les conditions sont réunies antérieurement à la faillite, mais non point si elles sont réunies seulement après la déclaration en faillite[1158].

C'est tout au moins ce qui résulte de l'article 1681 C.c.Q. et c'est aussi ce qui devrait se produire dans un contexte de faillite où tous les créanciers, qui ne sont ni privilégiés ni hypothécaires, devraient

---

[1156] *Doré* c. *Master Card*, J.E. 97-1930 (C.Q.).

[1157] *Cf.* MIGNAULT, t. 5, p. 635; *Fonds d'indemnisation des victimes d'accidents d'automobile* c. *Lamoureux*, [1976] C.A. 96 (cette décision peut surprendre dans la mesure où est considéré comme « créancier alimentaire » un fonds d'indemnisation!). *Cf.* également *Droit de la famille-2907*, [1998] R.D.F. 276 (C.S.).

[1158] *Cf. Jean (Syndic de)*, J.E. 94-1055 (C.S.).

être traités sur un pied d'égalité : la compensation étant – de par sa nature – un paiement abrégé et un paiement garanti[1159], permettre une telle opération même si les conditions nécessaires à son « effectivité » ne sont réunies qu'après la mise en faillite, conduirait à favoriser un créancier qui recevrait ainsi un paiement préférentiel.

352.1. *Interférence de la loi fédérale sur la faillite.* Or, la Cour d'appel du Québec[1160], même si elle reconnaît qu'en vertu du droit civil la faillite fait obstacle à la compensation, considère néanmoins qu'en vertu de l'article 75(3) de la *Loi sur la faillite* (désormais art. 97(3) de la *Loi sur la faillite et l'insolvabilité*[1161]) il y a lieu à compensation dès lors que les dettes réciproques existent au moment de la faillite : ainsi y aurait-il compensation, même si l'une des dettes ne devenait exigible qu'après la mise en faillite. Certes, cette solution ne fait aucun doute lorsque la dette, assortie d'un terme dont l'échéance prévue est postérieure à la faillite, est celle du failli. En effet, en vertu de l'article 1092 C.c.B.C. (art. 1514 C.c.Q.), l'insolvabilité ou la faillite entraîne la déchéance du terme; en conséquence, rien ne s'oppose à ce qu'il y ait compensation, dans la mesure où la dette réciproque est elle-même exigible. Cette situation est parfaitement illustrée dans une affaire qui a fait l'objet d'un arrêt de la Cour d'appel[1162] et qui a servi de référence au problème de la compensation en matière de faillite; il s'agissait, en l'espèce, d'une compagnie qui avait, dans une même banque, deux comptes : un compte courant qui faisait d'elle une créancière de la banque et un compte d'emprunt qui faisait d'elle une débitrice de cette même banque. En tant que créancière d'un compte courant, la compagnie avait une créance liquide et exigible à tout moment contre la banque[1163] qui, en tant que prêteuse, avait, elle aussi, une créance liquide et exigible, que ce prêt ait été à demande ou à terme, puisqu'un débiteur est déchu du terme dès qu'il est mis en faillite. En conséquence, toutes les conditions requises pour qu'il y eût compensation légale étant réunies au moment même de la faillite, les dettes réciproques étaient éteintes; l'article 1196 C.c.B.C. ne pouvait donc s'appliquer et l'article 75(3) de la *Loi sur la faillite* était inopérant.

[1159] *Cf. supra*, n° 342.

[1160] *In re Le Syndicat d'épargne des épiciers du Québec : Laviolette c. Mercure*, [1975] C.A. 599.

[1161] *Loi sur la faillite et l'insolvabilité*, L.C. 1997, c. 12.

[1162] *In re Hil-A-Don Ltd. : Banque de Montréal c. Kwiat*, [1975] C.A. 157.

[1163] *Corporation Agencies Ltd. c. Home Bank of Canada*, [1925] R.C.S. 706, cité dans l'affaire *Kwiat*.

Ce qui, à notre avis, se comprend mal, c'est qu'après avoir reconnu l'existence de toutes les conditions de la compensation légale
au moment de la faillite, la Cour d'appel note que « le syndic ne peut
bénéficier de l'article 1196 C.c.B.C. sur lequel se fonde le premier juge
par suite de la disposition de l'article 75(3) de la *Loi sur la faillite* qui
fait que [...] la compensation légale et même judiciaire s'applique; le
syndic n'est pas considéré comme un tiers acquéreur, il s'identifie
avec le failli; pourvu que les créances réciproques existaient à la date
de la faillite, les dispositions du Code civil concernant la compensation s'appliqueront tout comme s'il n'y avait pas eu de faillite, comme
si le syndic et le failli n'étaient qu'une seule et même personne »[1164].

S'il est vrai qu'en l'espèce le syndic ne pouvait invoquer l'article
1196 C.c.B.C., ce n'est point à cause de l'article 75(3) de la *Loi sur la
faillite*, c'est tout simplement – comme on l'a dit précédemment –
parce que les quatre conditions nécessaires à l'effectivité de la compensation étaient réunies à la date de la faillite, la dette et la créance
du failli étant, de ce fait, éteintes.

Quant à ce fameux article 75(3) de la *Loi sur la faillite* (désormais, art. 97(3), il est ainsi libellé : « les règles de la compensation
s'appliquent à toutes les réclamations produites contre l'actif du failli,
et aussi à toutes les actions intentées par le syndic pour le recouvrement des créances dues au failli, de la même manière et dans la
même mesure que si le failli était demandeur ou défendeur, selon le
cas, sauf en tant que toute réclamation pour compensation est atteinte par les dispositions de la présente loi concernant les fraudes ou
préférences frauduleuses ». On comprend fort bien que les règles de la
compensation – celles de notre Code civil –s'appliquent même si la
dette du failli vient à échéance après la date de la faillite (puisque le
failli perd le bénéfice du terme dès la faillite), dans la mesure où la
créance du failli est elle-même exigible antérieurement à la faillite.
En revanche, il est permis de s'interroger sur ce qu'il faut entendre
par les « créances dues au failli » : vise-t-on seulement les créances de
ce failli exigibles lors de la faillite ou vise-t-on aussi les créances exigibles après la mise en faillite ? Certes, une dette due à terme est une
dette existante, mais non encore exigible, qui ne peut donc faire
l'objet d'une action en recouvrement. Toutefois, l'article 75(3), qui
parle de « créances dues au failli », donc de la créance du failli, sans
rien préciser sur le moment de l'exigibilité, pourrait vouloir dire qu'il

---

[1164] *In re Hil-A-Don Ltd. : Banque de Montréal* c. *Kwiat*, [1975] C.A. 157,
159.

suffit à cette créance d'exister à la date de la faillite, pour permettre la compensation dès qu'elle deviendra exigible, même postérieurement à la faillite. C'est cette dernière opinion qui a été retenu, par la Cour d'appel[1165], probablement inspirée par certaines autorités de common law. [1166].

Une telle solution va, pourtant, à l'encontre d'une règle de principe, tout au moins en droit civil, – qui se veut de raison et d'équité – aux termes de laquelle, en cas de faillite, aucun créancier ordinaire ne devrait bénéficier, de façon directe ou indirecte, d'un traitement de faveur; or, cette solution qui permet la compensation dans un tel contexte autorise incontestablement un paiement préférentiel qui serait accepté par la *Loi sur la faillite*, probablement, là encore, au nom de la raison et de l'équité... C'est bien dire que la notion d'équité va et vient au gré de l'humeur du législateur ou des interprètes !

La doctrine et la jurisprudence françaises ont admis, quant à elles, que la compensation pouvait jouer exceptionnellement, même lorsque les conditions de liquidité ou d'exigibilité n'étaient réunies que postérieurement à la mise en faillite, dans l'hypothèse où les dettes seraient « connexes »[1167]. Peut-être ont-elles considéré qu'il n'était pas vraiment tout à fait juste d'exiger l'exécution de son obligation par l'un des protagonistes, qui, de son côté, ne recevra que très partiellement satisfaction de la part du failli, lorsque les deux dettes réciproques sont difficilement dissociables[1168]. Encore faut-il pouvoir

---

[1165] *In re Le Syndicat d'épargne des épiciers du Québec : Laviolette c. Mercure*, [1975] C.A. 599.

[1166] Voir les explications données par la Cour suprême du Canada dans *Husky Oil Operations Ltd. c. Canada (Ministre du Revenu national)*, [1995] 3 R.C.S. 453. Sur la compensation des dettes nées pendant la période de proposition concordataire, *cf. Industries Portes Mackie inc. (Proposition de)*, J.E. 00-2015 (C.S., en appel, C.A. Montréal, n° 500-09-010075-000).

[1167] *Cf.* MARTY et RAYNAUD, 2ᵉ éd., t. 2, n° 253, p. 226; MAZEAUD, 9ᵉ éd., t. 2, vol. 1, n° 1150, p. 1186.

[1168] La Cour d'appel du Québec aboutit à un résultat similaire en se fondant sur la notion d'« *equitable set-off* » de la common law, notion qui serait applicable en matière de faillite au Québec, dans la mesure où la Cour supérieure siégeant en matière de faillite possède une juridiction en « *equity* » : *Structal (1982) inc. c. Fernand Gilbert ltée*, [1998] R.J.Q. 2686 (C.A.); *cf.* également *St-Léonard (Ville de) c. 2945-2802 Québec inc.*, J.E. 98-2341 (C.A.); *D'Auteuil (Syndic de)*, J.E. 99-864 (C.A.). Voir également *A. S. M. Canada Ltd c. Créalise Conditionnement inc.*, J.E.

clairement dégager cette idée de connexité ! Les dettes réciproques seraient connexes lorsqu'elles résulteraient d'un même rapport synallagmatique : tel serait le cas de l'assureur failli, créancier des primes en retard et débiteur de l'indemnité d'assurance due à l'assuré, ou celui du vendeur qui serait créancier du prix de la chose vendue et débiteur de l'obligation accessoire de payer telle somme en réparation de la détérioration de la chose avant sa livraison à l'acheteur failli. Il est bien évident qu'il ne pourrait s'agir de compensation entre l'obligation de payer le prix et celle de livrer la chose vendue ! D'une part, il n'y aurait pas fongibilité et, d'autre part, on se trouverait dans le domaine de l'*exceptio non adimpleti contractus*, qu'il ne faut pas confondre avec celui de la compensation.

353. *Le cas de saisie-arrêt.* Lorsque deux personnes sont mutuellement créancière et débitrice l'une de l'autre et que toutes les autres conditions de la compensation sont réunies, c'est-à-dire fongibilité, liquidité et exigibilité, une tierce personne qui serait créancière de l'une des deux premières, ne pourrait prétendre exercer ultérieurement une saisie-arrêt contre le débiteur de son débiteur : en effet, les dettes réciproques se sont éteintes avant l'intervention de la tierce personne qui voudrait pratiquer la saisie-arrêt[1169]. En revanche, si la saisie-arrêt avait été exercée avant que toutes les conditions de la compensation ne soient réunies (par exemple, l'une des dettes réciproques n'est pas encore exigible), la compensation n'aurait pu avoir lieu : en effet, si la compensation pouvait jouer en pareille hypothèse, elle s'effectuerait au préjudice du droit acquis par la tierce personne, créancier-saisissant. C'est l'une de ces situations que vise l'article 1681 C.c.Q. La saisie-arrêt gelant la situation au profit du saisissant, tout paiement devient alors impossible (*cf.* art. 1560 C.c.Q. et art. 625 C.p.c.) et, en conséquence, la compensation ne peut plus avoir lieu : la créance du saisi (ou, si l'on préfère, la dette du tiers saisi) est alors indisponible[1170].

97-1399 (C.S.). Pour une appréciation critique de cette jurisprudence, *cf.* André BÉLANGER, « L'application en droit civil québécois de l'inapplicable *equitable set-off* de common law », (1999) 78 *R. du B. can.* 486. *Cf.* également Marc LEMIEUX, « La compensation dans un contexte de proposition et de faillite », (1999) 59 *R. du B.* 321.

[1169] *Forges M. Dembiermont, s.a.* c. *Aciers Solac ltée*, [1995] R.J.Q. 1213 (C.S.).

[1170] *Cf.* MARTY et RAYNAUD, 2ᵉ éd., t. 2, nᵒ 253, p. 226; *cf. Lorion Couvre-planchers Inc.* c. *Didier Léonhart Ltée*, [1977] C.S. 515.

353.1. *La compensation et l'État.* On notera enfin un obstacle « relatif », qui n'était pas exprimé dans le *Code civil du Bas Canada*, mais qui était bien connu des citoyens : en vertu de l'article 1672, al. 2 C.c.Q., « la compensation ne peut être invoquée contre l'État, mais celui-ci peut s'en prévaloir », disposition qui fut l'objet de longues discussions en Commission parlementaire, mais qui a été maintenue, parce que « justifiée par des considérations d'ordre pratique et juridique, liées au rôle de l'État et à la diversité de ses fonctions auprès du public »[1171], et insérée au Code civil étant donné qu'il fallait faire échec au principe énoncé à l'article 1376 C.c.Q., voulant que les règles relatives aux obligations s'appliquent à l'État.

B. Les effets de la compensation

L'effet essentiel est l'automatisme de la compensation légale; mais cet automatisme connaît des limites.

a) L'automatisme de la compensation

354. *Compensation de plein droit.* « La compensation s'opère de plein droit », (art. 1673, al. 1 C.c.Q.), c'est-à-dire indépendamment de la volonté des parties. C'est, donc, un paiement forcé qui s'effectue sans l'intervention des débiteurs, ni même celle du juge, au moment même où les deux dettes ont coexisté avec toutes les conditions exigées par les articles 1672 et 1673 C.c.Q. On note, alors, la différence avec la « compensation judiciaire » – ou la compensation rendue possible par le tribunal – qui produit ses effets seulement à compter du jugement.

La compensation impliquant deux personnes qui sont, l'une et l'autre, à la fois créancières et débitrices, elle est aussi un paiement double; par ce paiement double, les dettes sont exécutées, donc éteintes dans leurs effets principaux et accessoires : les cautions sont libérées et les sûretés attachées à la dette disparaissent, à moins bien sûr que la compensation ne

---

[1171] *C.M.J.*, t. I, art. 1672 C.c.Q. Cf. *Industries Davie inc. (Groupe Mil inc.) (Proposition concordataire de)*, J.E. 99-664 (C.S.).

porte que sur une partie de la dette, auquel cas les sûretés subsistent pour le surplus.

Cependant, il importe de relever quelques dispositions particulières relativement à la caution, au débiteur solidaire et au débiteur cédé, qui, d'ailleurs, nous rapprochent des atténuations apportées au caractère automatique de la compensation.

La caution peut opposer la compensation de ce que le créancier doit au débiteur principal, alors que le débiteur principal ne peut opposer la compensation de ce que le créancier doit à la caution (art. 1679 C.c.Q.). C'est une règle de bon sens : la caution ne doit payer qu'à défaut par le débiteur principal de satisfaire son obligation; si donc, le créancier a, à l'égard de son débiteur principal, une dette de la même nature, liquide et exigible, la compensation joue et libère en même temps la caution, l'accessoire suivant le principal. Au contraire, il n'appartient pas au débiteur principal de considérer sa dette compensée par une dette due par son créancier à sa caution : le patrimoine de la caution ne se confond pas avec celui du débiteur principal.

« Le débiteur solidaire ne peut opposer la compensation de ce que le créancier doit à son codébiteur, excepté pour la part de ce dernier dans la dette solidaire » (art. 1678, al. 1 C.c.Q.). En effet, la créance qu'a ce codébiteur lui est personnelle et ne peut donc pas être invoquée par celui qui est poursuivi, compte tenu de l'idée de pluralité de liens, laquelle explique les relations existant entre un créancier et ses codébiteurs solidaires. Toutefois, s'il ne peut pas l'invoquer pour le tout, il le peut « jusqu'à concurrence de la part que doit supporter dans la dette le débiteur qui est devenu créancier du créancier »[1172] : on retrouve ici l'idée d'unité d'objet; c'est pourquoi on parle alors d'« exception mixte ».

Le débiteur qui accepte la cession faite par le créancier à un tiers, ne peut plus opposer au cessionnaire la compensation qu'il pouvait, avant son acceptation, opposer au cédant (art. 1680, al. 1 C.c.Q.); en acceptant purement et simplement cette cession, le débiteur cédé renonce à invoquer la compensation

---

[1172] MIGNAULT, t. 5, p. 650.

contre le cédant et devient pleinement débiteur du cessionnaire. Au contraire, lorsque la cession, sans être acceptée par le
débiteur cédé, lui est autrement devenue opposable, le cédé
peut invoquer en compensation contre le cessionnaire les
créances nées contre le cédant avant que la cession ne lui soit
devenue opposable, mais non point celles qui sont postérieures
à ce moment (art. 1680, al. 2 C.c.Q.)[1173]. Il s'agit, là encore,
d'une application du principe selon lequel la compensation ne
peut préjudicier aux droits acquis par un tiers (art. 1681
C.c.Q.).

b) Les atténuations au caractère automatique de la compensation

355. *Renonciation à la compensation.* On a déjà indiqué que
les règles relatives à la compensation légale n'étaient pas impératives et que les parties pouvaient y déroger. Il est, donc, permis de renoncer à la compensation, en laissant subsister chacune des obligations[1174].

Cette renonciation peut être expresse ou tacite[1175]. Elle est
tacite dans l'hypothèse prévue par l'article 1682 C.c.Q., où un
débiteur paie en connaissance de cause une dette qu'il aurait
pu considérer comme compensée; elle l'est aussi dans
l'hypothèse prévue par l'article 1680 C.c.Q., précédemment
évoquée, dans laquelle un débiteur accepte sans réserve que
son créancier cède à un tiers la créance que la compensation
avait déjà éteinte[1176]. Il importe de préciser que si on peut renoncer à la compensation, on ne peut cependant, ce faisant,

---

[1173] *Cf. Fortin* c. *Jean-Luc Surprenant Inc.*, J.E. 87-1148 (C.A.). L'article
1680 C.c.Q. étend à l'hypothèque de créance la règle de l'article 1192
C.c.B.C., qui ne visait que la cession pure et simple d'une créance.

[1174] On peut aussi renoncer à l'avance à ce que la compensation puisse jouer:
cf. Crédit Chrysler Canada ltée c. *Caisse populaire Laurier*, J.E. 94-1326
(C.S.), ce qui se distingue de la renonciation à la compensation acquise.

[1175] Encore faut-il que les circonstances indiquent clairement qu'il y a
volonté de renoncer: *cf. Forges M. Dembiermont, s.a.* c. *Aciers Solac ltée*,
[1995] R.J.Q. 1213 (C.S.).

[1176] *Cf. Seigneur* c. *Immeubles Beneficial ltée*, [1994] R.J.Q. 1535 (C.A.).

porter atteinte aux droits acquis à un tiers (art. 1681 C.c.Q.). L'article 1682 C.c.Q. est une application particulière de ce principe : celui qui a renoncé à invoquer la compensation ne peut plus se prévaloir, au préjudice des tiers, des priorités ou hypothèques qui étaient attachées à sa créance.

L'article 1682 C.c.Q., qui peut paraître quelque peu ésotérique, se comprend aisément dès qu'on l'illustre par un exemple. Soit A, à la fois débiteur ordinaire et créancier hypothécaire de B qui, lui, est donc à la fois créancier chirographaire et débiteur hypothécaire de A. Ces dettes réciproques ont été compensées le 1er novembre; le 5 novembre, B consent une hypothèque sur le même immeuble, en faveur de X. Le 10 novembre, A paie volontairement la somme qu'il devait à B, renonçant ainsi à la compensation; le 1er décembre, A exerce l'action hypothécaire contre son débiteur. En pareille hypothèse, si A a payé alors qu'il était libéré par compensation, il recouvrera son ancienne créance, mais ne pourra invoquer l'hypothèque au préjudice de X.

On notera qu'en vertu de l'article 1197 C.c.B.C., cette règle ne s'appliquait pas dans l'hypothèse où le *solvens* (A dans notre exemple) a payé alors qu'il avait une juste cause d'ignorer la compensation (il ne connaissait pas, par exemple, l'existence d'un testament qui faisait de lui un créancier, et son erreur était invincible) il recouvrait alors son ancienne créance assortie de l'hypothèque qu'il pouvait invoquer au préjudice des tiers (X dans notre exemple). On a pu s'étonner de la possibilité de faire ressusciter ainsi une sûreté que la compensation avait déjà éteinte de façon automatique, et cela même au préjudice des tiers : c'était l'opinion de Mignault, pour qui « c'[était] manquer tout à la fois de logique et de justice » et à qui « la sagesse de cette disposition échapp[ait] »[1177]. Le législateur a suivi les enseignements de cet auteur en omettant cette restriction dans le nouvel article 1682 C.c.Q., préférant ainsi protéger le tiers plutôt que celui qui a payé par erreur.

Par. 4. *Le paiement par confusion*

356. *Notion de confusion.* Dans le cadre de la compensation, on a deux personnes qui sont, l'une et l'autre, à la fois

---

[1177] MIGNAULT, t. 5, p. 648.

créancières et débitrices. Dans le cadre de la confusion, on a une seule personne qui a, à l'égard d'elle-même, une créance à faire valoir… ou une dette à payer ! Elle est sa propre débitrice : il lui sera, en conséquence, difficile d'exercer un recours contre elle-même ! Selon l'article 1683 C.c.Q., « [l]a réunion des qualités de créancier et de débiteur dans la même personne opère une confusion qui éteint l'obligation ». Aussi, a-t-on dit que la confusion était un mode d'extinction des obligations. En vérité, elle est davantage un obstacle à l'exécution, puisqu'une personne ne peut exiger un paiement d'elle-même[1178].

357. *Effets de la confusion.* Pratiquement, il y a confusion lorsqu'une personne, créancière ou débitrice d'une autre personne, devient l'héritière de celle-ci, que ce soit pour le tout ou pour partie. On sait, en effet, que l'héritier continue la personne du défunt et que le patrimoine de l'héritier et celui du *de cujus* se confondent : ainsi, le débiteur devient-il son propre créancier ou le créancier devient-il son propre débiteur. Il faut comprendre, cependant, qu'il en est ainsi uniquement lorsque la succession a été liquidée : avant cette liquidation, en effet, le patrimoine du défunt et celui de l'héritier sont séparés de plein droit (art. 780 C.c.Q.) et il ne peut alors y avoir confusion.

La confusion étant un obstacle à l'exécution, il est logique que la confusion cesse d'exister et que ses effets cessent aussi lorsque cet obstacle est levé (art. 1683 C.c.Q.). Il se peut, par exemple, que la personne désignée comme légataire universelle dans un testament soit révoquée dans un testament postérieur, découvert plus tard : en ce cas, la confusion cessant d'exister, l'obligation survit et cette personne redevient ou demeure créancière ou débitrice de la succession.

[1178] On observera cependant que la réunion des qualités de créancier et de débiteur concerne tout autant les personnes morales que les personnes physiques : on peut songer, par exemple, à la fusion de deux personnes morales qui n'en forment désormais plus qu'une. En revanche, il ne peut y avoir réunion des qualités de créancier et de débiteur (donc confusion) entre deux personnes morales distinctes, même si elles sont contrôlées par une même personne: cf. *Gestion Daniel Martin inc.* c. *Sofidev inc.*, [1997] R.J.Q. 3063 (C.S.).

On notera également que « [l]a confusion qui s'opère par le concours des qualités de créancier et de débiteur en la même personne, profite aux cautions » (art. 1684 C.c.Q.) : c'est une règle de bon sens, puisqu'en l'espèce l'obligation est « éteinte », du fait de l'impossibilité d'exécuter; il est, dès lors, normal que les cautions soient déchargées, n'ayant plus d'obligation à cautionner. Au contraire, il n'y a pas confusion lorsqu'une personne réunit les qualités de caution et de créancier, ou encore de caution et de débiteur principal (art. 1684 C.c.Q.).

Si le concours des qualités de caution et de créancier entraînait la confusion et éteignait la dette principale, le débiteur principal serait libéré et la caution devenue créancière (ou inversement) ne pourrait rien récupérer de lui : ce serait aussi confondre le patrimoine de la caution et celui du débiteur principal; or, la caution paie la dette d'un autre, et ne doit satisfaire le créancier qu'à défaut de paiement par le débiteur principal. Si la réunion des qualités de caution et de débiteur principal entraînait la confusion et éteignait la dette principale, le créancier ne serait pas payé : il est évident que ce concours ne peut éteindre l'obligation principale à l'égard du créancier, puisque, pour les fins de la cause, ce sont la caution et le débiteur principal qui « se confondent » en une seule personne. Le créancier est étranger à cette « confusion » ! En revanche, la réunion sur la même personne des qualités de débiteur principal et de caution, fait évidemment disparaître la garantie qu'offrait au créancier le contrat de cautionnement.

On doit, enfin, signaler l'hypothèse d'un codébiteur solidaire qui devient l'héritier du créancier, ou celle du créancier qui devient l'héritier de l'un des codébiteurs solidaires; en ces cas, la confusion n'éteint la dette que pour la part et portion de ce codébiteur (art. 1685 C.c.Q.).

Il importe de ne pas confondre la confusion telle qu'on vient de l'envisager, qui est la réunion, sur une même personne, de la qualité de créancier et de débiteur relativement à une même obligation, avec la « confusion » que vise l'article 1686 C.c.Q. relatif à la réunion, sur une même personne, de la qualité de créancier hypothécaire et de la qualité de propriétaire de la chose grevée : il s'agit ici d'une cause d'extinction de la sûreté – droit réel accessoire – et non point d'une cause d'extinction de l'obligation elle-même ou d'un obstacle à l'exécution de l'obligation : cette disposition permet seulement à celui qui est devenu propriétaire de l'immeuble de faire radier le droit réel qui grevait ledit immeuble en sa faveur, lui donnant ainsi la possibilité de le vendre libre de toute charge[1179]. Bien que ces deux notions de « confusion » soient distinctes, sur le plan conceptuel, elles sont cependant suffisamment proches pour que le législateur se soit cru justifié de les... confondre en une même section du nouveau Code[1180].

Par. 5. *Le paiement par l'acquisition du bien qui fait l'objet d'une hypothèque ou d'une priorité*

358. *Présentation du problème.* Un créancier hypothécaire ou prioritaire peut saisir le bien affecté à la garantie de sa créance et le faire vendre afin d'en obtenir le paiement; si le montant qu'il en obtient couvre la totalité de la dette, celle-ci s'éteint par ce paiement forcé, alors que si ce montant est insuffisant, le débiteur reste tenu envers le créancier pour le reliquat de sa dette. Or, lorsqu'il y a vente forcée d'un bien (que ce soit une vente en justice, sous contrôle de justice ou encore vente par le créancier), il est fréquent que le prix qu'on en obtienne soit largement inférieur à sa juste valeur marchande : le tiers-acquéreur fait alors une bonne affaire aux dépens du débiteur, lequel ne sera le plus souvent que libéré partiellement, même s'il perd un bien d'une valeur supérieure au montant total de sa dette.

Le créancier hypothécaire ou prioritaire qui fait vendre le bien sur lequel porte sa sûreté peut, comme tout autre citoyen, acquérir le bien qu'il fait vendre. Il serait alors injuste que le débiteur ne soit libéré que du seul montant de la vente du bien alors que le créancier obtient de ce débiteur un bien d'une valeur marchande beaucoup plus élevée. C'est pourquoi le débiteur, en un tel cas, sera libéré, non point du montant obtenu par le créancier en raison de la vente en justice du bien, mais plutôt de la valeur marchande du bien dont le créancier a fait

---

[1179] *Cf. Caisse populaire de Charlesbourg* c. *Jardin Du Moulin Inc.*, [1982] C.S. 271.

[1180] *C.M.J.*, t. I, art. 1686 C.c.Q.

l'acquisition, déduction faite de toute créance ayant priorité de rang (art. 1695, al. 1 C.c.Q.). On aboutit ainsi à une solution juste, le débiteur étant libéré de la valeur réellement obtenue par le créancier en raison de la vente du bien sur lequel porte sa garantie[1181].

En outre, le débiteur est libéré de sa dette si, dans les trois années suivant l'acquisition du bien, le créancier reçoit, en revendant le bien (ou en faisant d'autres opérations), une valeur au moins égale au montant de sa créance (en capital, intérêts et frais), à celui des impenses qu'il a effectuées sur le bien et à celui des autres créances hypothécaires ou prioritaires ayant rang avant la sienne (art. 1695, al. 2 C.c.Q.).

Ce second alinéa, calqué sur l'ancien article 1202b(b) et (c) C.c.B.C., semble exclure la libération partielle du débiteur dans l'hypothèse où la revente (ou autre opération) permet au créancier de recevoir un montant qui dépasse celui des impenses et des créances ayant priorité de rang, sans toutefois couvrir totalement le reliquat de la dette en capital, intérêts et frais. Une telle interprétation nous paraît indûment restrictive si l'on considère que le premier alinéa de l'article 1695 C.c.Q. autorise désormais une libération partielle (« jusqu'à concurrence de la valeur marchande du bien »), contrairement à ce que prévoyait l'article 1202b C.c.B.C. : en conséquence, rien ne devrait interdire, nous semble-t-il, une libération partielle dans la situation prévue au second alinéa de l'article 1695 C.c.Q.

Lorsque la libération du débiteur est totale, le créancier doit lui donner quittance et, à défaut, le débiteur pourra s'adresser au tribunal afin d'obtenir un jugement qui vaudra quittance (art. 1697 C.c.Q.). Cette libération entraîne celle des cautions et autres garants, lesquels peuvent eux aussi demander leur libération, lors même que le débiteur n'exercerait pas son droit d'être libéré (art. 1698 C.c.Q.).

[1181] On notera que l'article 1695 C.c.Q. ne s'applique qu'au créancier hypothécaire ou prioritaire qui acquiert le bien sur lequel porte sa garantie; aussi ne vise-t-il pas le cas du créancier chirographaire qui acquiert le bien de son débiteur qu'il fait vendre en justice, non plus que celui où le créancier hypothécaire ou prioritaire fait vendre un bien autre que celui qui est affecté par sa sûreté.

Enfin, on notera que le créancier hypothécaire ou prioritaire ne peut contourner ces règles en ayant recours à un prête-nom ou en faisant acheter le bien par une personne qu'il contrôle, la loi présumant que c'est le créancier lui-même qui a acquis le bien lorsque l'acquéreur est une personne qui est de connivence avec lui ou qui lui est liée (art. 1696 C.c.Q.).

Les articles 1695 à 1698 C.c.Q. reprennent, sous une forme plus concise et élégante, la substance des articles 1202a à 1202l C.c.B.C., ajoutés par le législateur en 1947 afin de réprimer certains abus[1182]. Ces dispositions ont récemment été jugées d'ordre public par la Cour suprême, avec la conséquence que le débiteur ne peut renoncer à l'avance à s'en prévaloir[1183].

[1182] *Loi modifiant le Code civil*, S.Q. 1947, c. 71. Sur l'interprétation de ces dispositions, *cf. Placements Racine Inc.* c. *Trust Général du Canada*, [1989] R.J.Q. 2287 (C.A.).

[1183] *Garcia Transport Ltée* c. *Cie Trust Royal*, [1992] 2 R.C.S. 499. On notera, sur le plan du droit transitoire, que la libération du débiteur « faite antérieurement à l'entrée en vigueur de la loi nouvelle [...] demeure régie par la loi ancienne » (art. 96 L.A.R.C.C.).

CHAPITRE II
RÈGLES D'EXÉCUTION PARTICULIÈRES
À CERTAINES OBLIGATIONS

359. *Les obligations complexes.* Après avoir examiné les règles générales de l'exécution des obligations, il faut envisager les règles d'exécution particulières à certaines obligations, appelées obligations complexes, dont le Code civil traite aux articles 1497 et suiv. C.c.Q., au chapitre cinquième « Des modalités de l'obligation ». Cette complexité résulte soit de l'existence d'une modalité en relation avec le temps (l'obligation, au lieu d'être pure et simple comme celle dont il a été question jusquelà, est assortie d'un terme ou d'une condition), soit de la pluralité d'objets ou de la pluralité de sujets. La première catégorie est dite « obligation à modalité simple », la seconde est dite « obligation à modalité complexe ».

Section 1. Les obligations à terme et les obligations conditionnelles

360. *Les obligations à modalité simple.* L'obligation pure et simple doit être, en principe, exécutée immédiatement; il en va différemment lorsque l'obligation est assortie d'une modalité telle que le terme ou la condition : l'exigibilité est alors retardée jusqu'à ce qu'un certain délai se soit écoulé dans le cas du terme ou jusqu'à ce que survienne l'événement prévu – si jamais il arrive – dans le cas de la condition.

Par. 1. *Le terme*

361. *Événement futur et certain.* Une obligation à terme est une obligation dont l'exécution est exigible seulement après qu'un certain temps se soit écoulé à partir de sa formation; ce terme sera un jour déterminé par une date précise du calendrier, par une date correspondant à l'écoulement d'un certain délai ou encore par la survenance d'un événement tenu pour certain.

Le terme est donc un événement futur et certain, puisqu'il se produira nécessairement un jour. Toutefois, ce jour peut être déterminé ou indéterminé : s'agissant d'une obligation contractée le 1er janvier et exigible le 1er juillet, le terme est déterminé; s'agissant d'une obligation contractée le 1er janvier et exigible lors du décès du cocontractant, l'événement arrivera certainement, mais on en ignore le moment : le terme est, dit-on, « incertain ». Cette terminologie couramment utilisée porte à confusion : on devrait dire que le terme est indéterminé ou inconnu. Que l'obligation soit exigible le 1er juillet ou au décès du cocontractant, il s'agit dans les deux cas, d'un événement futur et certain[1184].

Généralement, le terme est conventionnel, c'est-à-dire établi par consentement mutuel. Il arrive fréquemment que l'obligation de payer le prix d'un bien acheté, ou de livrer une chose soit assortie d'un terme librement fixé par les parties. Il n'est pas nécessaire que l'intention des parties soit exprimée de façon expresse; elle peut être tacite ou résulter de l'objet même de l'obligation : il en est ainsi, par exemple, lorsque l'obligation consiste à effectuer un travail qui ne se réalise pas instantanément, ou à transporter des marchandises en un lieu déterminé.

Il peut cependant arriver que le tribunal soit amené à fixer le terme. Il en sera ainsi lorsque les parties se sont entendues pour retarder la détermination du terme ou pour laisser à l'une d'elles le soin de le déterminer; dans l'hypothèse où elles n'y procèdent pas dans un délai raisonnable, le nouveau Code, comblant une lacune de l'ancien, permet à l'une des parties de

---

[1184] *Cf. Labadie c. Labrecque*, [1981] C.A. 401.

demander au tribunal de fixer ce terme en tenant compte des circonstances de l'espèce (art. 1512, al. 1 C.c.Q.). Il en est également ainsi lorsque le débiteur s'est engagé à payer telle somme « quand il le pourra » ou « à sa convenance » : dans l'esprit des parties, ce moment arrivera sûrement, il y a donc un terme, mais ce terme est indéterminé et pourra éventuellement être fixé par le tribunal; cette solution, qui avait été adoptée par la jurisprudence[1185], est désormais codifiée à l'article 1512, al. 2 C.c.Q.[1186].

Il se peut enfin que la loi fixe elle-même un délai pour l'accomplissement d'obligations particulières : on peut songer à l'obligation de produire sa déclaration de revenus au fisc (et, bien sûr, de payer l'impôt !) le 30 avril de chaque année.

362. *Terme suspensif et terme extinctif.* Les auteurs parlent du « terme extinctif », par opposition au « terme suspensif ». Le « terme suspensif » est celui que l'on vient de définir : il suspend l'exigibilité d'une obligation qui s'est valablement formée, qui, donc, existe avant qu'elle ne soit échue. Le débiteur à terme est bel et bien déjà lié, mais le créancier ne peut le contraindre à exécuter avant l'échéance. Le « terme extinctif » est aussi un événement futur et certain, mais, au lieu de retarder l'exécution de l'obligation, il éteint celle-ci au moment de l'échéance. Ainsi, dans le cadre d'un bail de trois ans, les obligations résultant de ce bail s'éteignent au bout de trois ans, elles cessent d'exister; le « terme extinctif » est donc un mode d'extinction des obligations, qui ne présente aucune difficulté particulière et qui n'a rien à voir avec les modalités des obligations. Il marque la fin de l'obligation, entraînant ainsi sa disparition pour l'avenir et sans rétroactivité. C'est ce que consacre désormais l'article 1517 C.c.Q.

[1185] Cf. *Mercier* c. *Mercier*, J.E. 86-1119 (C.S.); cf. également *Prévoyants du Canada* c. *Poulin*, [1970] C.S. 34; cf. *infra*, n° 372.

[1186] *Jean Addy Construction Ltée* c. *151245 Canada inc.*, J.E. 97-2150 (C.S); *Boisseau* c. *Ste-Françoise (Corp. municipale de)*, J.E. 96-513 (C.S.). De même, cf. *Paradis* c. *Côté*, J.E. 95-1163 (C.Q.) : différence entre terme et condition. On peut aussi mentionner l'existence d'un terme judiciaire dans des hypothèses exceptionnelles : on a déjà indiqué que le tribunal pouvait réviser les modalités d'exécution d'un prêt portant sur une somme d'argent aux conditions prévues à l'article 2332 C.c.Q. De même, cf. *Loi sur la protection du consommateur*, L.R.Q., c. P-40.1, art. 107.

On doit envisager deux questions : celle de l'exécution de l'obligation à terme et celle de la déchéance du terme.

A. L'exécution de l'obligation à terme

Ce problème peut être étudié à deux moments : au moment de l'échéance du terme et avant l'échéance du terme.

363. *L'exécution à l'échéance.* L'exécution d'une obligation n'est exigible que lorsque le terme est échu; c'est dire qu'une obligation n'est pas susceptible d'exécution forcée avant l'échéance du terme. Le créancier ne peut contraindre son débiteur à payer avant que ne se soit écoulé le délai prévu pour son exécution, puisque l'exigibilité de l'obligation est suspendue jusqu'à l'échéance (art. 1508 C.c.Q.)[1187]. Toutefois, comme l'obligation existe déjà, le créancier peut prendre des mesures conservatoires; ainsi pourra-t-il exercer, par l'action oblique, les droits et actions de son débiteur, pourvu qu'au jour du jugement sa créance soit échue (art. 1628 C.c.Q.) : en effet, l'aboutissement de cette action dépasse l'acte de conservation pour se rapprocher d'un acte d'exécution, puisqu'en faisant réintégrer, dans le patrimoine de son débiteur, un droit dont celui-ci était titulaire, le demandeur prépare ainsi les saisies[1188]. De la même façon, le créancier à terme pourra exercer l'action en inopposabilité, pourvu qu'au jour du jugement sa créance soit échue (art. 1634 C.c.Q.); l'aboutissement de cette action étant, là encore, plus qu'une mesure conservatoire, s'agissant du prélude à l'exécution[1189].

On notera que le jour même de l'arrivée du terme ne compte pas (*dies ad quem*) et que l'obligation devient exigible seulement le lendemain de ce jour. Comme le dit Mignault, « la

---

[1187] Toutefois, la loi peut, dans des cas particuliers, en décider autrement : le dépositaire est tenu de remettre la chose au propriétaire aussitôt que ce dernier la réclame, même si le contrat a prévu un délai déterminé pour la restitution (art. 2285 C.c.Q.).

[1188] *Cf. infra*, n° 485 et suiv.

[1189] *Cf. infra*, n° 492 et suiv.

somme payable *aujourd'hui* ne sera exigible que *demain* »[1190]. Même s'il s'agit, nous dit-on, d'une règle romaine, ce n'est qu'une règle de bon sens : une dette échue le 30 septembre peut être payée à n'importe quel moment de la journée du 30 septembre et le débiteur ne peut donc être contraint qu'à partir du 1ᵉʳ octobre.

On s'interrogeait, dans le droit d'hier, sur la computation du terme quant au point de départ, dans l'hypothèse où la dette contractée le 1ᵉʳ octobre aurait été échue « dans 8 jours » : le 1ᵉʳ octobre devait-il être compté dans le calcul des 8 jours ? *A priori*, la réponse pouvait être affirmative : en effet, le 1ᵉʳ octobre, la dette existait et la créance était acquise, comme s'il s'était agi d'une obligation pure et simple; mais le créancier ne pouvait pas en exiger le paiement ce jour même, ni dans les sept jours suivant le 1ᵉʳ octobre : la dette aurait donc été exigible le 9 octobre. Cependant, on aurait alors récusé la règle traditionnelle qui veut qu'un délai ne se calcule pas par heures (*de momento ad momentum*), mais plutôt par jours (*de die ad diem*), c'est-à-dire par durée de 24 heures, de minuit à minuit. En conséquence, on appliquait par analogie l'article 2240 C.c.B.C.[1191], et on disait alors que le jour même de la naissance de l'obligation (*dies a quo*) ne comptait pas et qu'en conséquence la dette n'était exigible que le 10 octobre[1192]. C'est ce que consacre désormais l'article 1509 C.c.Q.

Le *Code civil du Québec* envisage désormais le cas où l'événement qui était tenu pour certain par les parties n'arrive pas; il se peut, en effet, que les parties aient cru que l'événement prévu se réaliserait effectivement un jour, de façon certaine, mais que leurs prévisions aient été déjouées (tel serait

---

[1190] MIGNAULT, t. 5, p. 457 (les italiques sont dans le texte original); *cf.* MAZEAUD, 9ᵉ éd. t. 2, vol. 1, n° 1024, p. 1084; MARTY et RAYNAUD, 2ᵉ éd., t. 2, n° 52, p. 49.

[1191] Art. 2240 C.c.B.C. : « La prescription se compte par jours et non par heures. La prescription est acquise lorsque le dernier jour du terme est accompli, le jour où elle a commencé n'est pas compté ». *Cf.* également art. 8 C.p.c.

[1192] *Cf.* en ce sens BAUDRY-LACANTINERIE, 3ᵉ éd., vol. 13, n° 1003, p. 173.

le cas de l'arrivée de tel bateau à tel port, alors que le bateau sombre en pleine mer) : en ce cas, « l'obligation devient exigible au jour où l'événement aurait dû normalement arriver » (art. 1510 C.c.Q.). Cette solution se situe dans le « prolongement de l'intention d'origine des parties »[1193].

364. *L'exécution avant l'échéance.* Puisque l'existence d'un terme n'a pour effet que de suspendre ou retarder l'exécution d'une obligation, cela signifie que l'obligation existe bel et bien avant l'arrivée du terme; c'est pourquoi, d'ailleurs, le créancier peut faire des actes conservatoires avant l'échéance. Toutefois, l'exécution ne peut en être exigée immédiatement par le créancier. Il serait donc logique d'admettre la validité du paiement effectué par le débiteur avant l'échéance du terme et l'impossibilité pour le débiteur de répéter la somme payée avant l'échéance : en effet, l'obligation s'étant valablement formée et la dette étant due, le débiteur ne pourrait prétendre avoir payé l'indu : il n'a fait que payer ce qu'il devait.

S'il est vrai qu'un paiement fait d'avance, librement et sans erreur, ne peut être répété en vertu de l'article 1513 C.c.Q., *a contrario*, ce qui a été payé sous la menace ou par erreur avant l'échéance du terme peut être répété. Cette règle va à l'encontre de ce qu'a édicté le législateur français : « ce qui a été payé d'avance ne peut être répété » (art. 1186 C.c.fr.). Le Code civil québécois traite cette dette payée d'avance par erreur comme l'obligation naturelle payée par erreur (art. 1554, al. 2 C.c.Q.) et comme le paiement de l'obligation qui n'existe pas (art. 1491 C.c.Q.). Certes, en l'hypothèse, l'obligation existe, mais elle a été exécutée trop tôt ! Le débiteur ignorant du terme qui le dispensait de payer avec célérité est ainsi protégé.

La question qui se pose est de savoir si le créancier a le droit de refuser le paiement qui serait effectué avant l'échéance du terme; en d'autres mots, le débiteur peut-il renoncer au bénéfice du terme ?

365. *Renonciation au terme.* La règle générale est édictée à l'article 1511, al. 1 C.c.Q., selon lequel le terme profite en prin-

---

[1193] *C.M.J.*, t. I, art. 1510 C.c.Q.

cipe au débiteur. En effet, consentir à ce que l'obligation soit assortie d'un terme traduit la volonté qu'a le créancier de faire crédit à son débiteur; c'est pourquoi il est normal de permettre à ce dernier de renoncer au terme et, en conséquence, de se libérer avant le temps prévu pour ce faire.

Cependant, il est possible que le terme soit aussi établi en faveur du créancier; cela peut résulter « de la loi, de la volonté des parties ou des circonstances » (art. 1511, al. 1 C.c.Q.). C'est dire que cet avantage peut être exprimé de façon expresse ou peut s'inférer des circonstances de l'espèce; celui qui prête une somme d'argent moyennant un taux d'intérêt élevé n'a pas avantage à recevoir le remboursement avant l'échéance : le terme est aussi en sa faveur, l'emprunteur bénéficie du capital emprunté et le prêteur tire avantage des intérêts perçus[1194]. Le remboursement anticipé du prêt peut gêner le prêteur qui avait « placé » son capital pendant une période déterminée, en le privant des intérêts escomptés; aussi, doit-on lui permettre de refuser ce paiement. C'est ce que consacre l'alinéa second de l'article 1511 C.c.Q. : dès lors que le terme n'est pas au bénéfice exclusif du débiteur, ce dernier ne peut imposer au créancier un paiement anticipé.

C'est pourquoi l'emprunteur prudent va tenter d'insérer, dans le contrat, une clause autorisant un paiement par anticipation. Une telle clause n'est cependant pas nécessaire pour le consommateur qui peut rembourser son prêt lors même qu'il n'aurait pas le bénéfice exclusif du terme, l'article 93 de la *Loi sur la protection du consommateur* prévoyant qu'il « peut payer en tout ou en partie son obligation avant échéance ». De même, l'article 10(1) de la *Loi sur l'intérêt*[1195] prévoit qu'un prêt garanti par une hypothèque grevant un immeuble peut être remboursé par anticipation en ajoutant trois mois d'intérêts[1196].

On observera que la formulation de l'article 1091 C.c.B.C. laissait entendre que le terme était stipulé soit au bénéfice exclusif du débi-

---

[1194] *Cf. Bousquet c. Co. Trust National Ltée*, J.E. 83-1005 (C.S.).

[1195] L.R.C. (1985), c. I-15.

[1196] *Cf. Laberge c. L'Industrielle-Alliance, compagnie d'assurance sur la vie*, [1994] R.J.Q. 2211 (C.S., appel rejeté, C.A. Québec, n° 200-09-000221-942).

teur, soit au bénéfice des deux parties, ce qui excluait que le terme ait pu être au bénéfice exclusif du créancier. La jurisprudence avait cependant admis que le terme pouvait être au bénéfice exclusif du créancier dans le cas du prêt à intérêt remboursable en tout temps à la simple demande du prêteur[1197] : en ce cas, en effet, le débiteur ne peut rembourser par anticipation, mais le créancier peut en revanche exiger le remboursement en tout temps. C'est ce que le nouveau code admet désormais (art. 1511 C.c.Q.). En vérité, il est permis de se demander si la formulation de l'article 1091 C.c.B.C. n'était pas plus conforme à la réalité, dans la mesure où, même dans le cas du prêt remboursable sur demande, le débiteur profite du crédit tant que le créancier n'exige pas un remboursement : c'est bien dire que le terme profite alors aux deux parties.

En résumé, le débiteur peut renoncer par sa seule volonté au bénéfice du terme lorsque celui-ci a été stipulé exclusivement en sa faveur, mais non point lorsqu'il s'avère qu'il a été stipulé à la fois en faveur du créancier et du débiteur ou, exceptionnellement, en faveur du seul créancier : dans ces deux dernières hypothèses, le paiement anticipé nécessite le consentement du créancier.

B. La déchéance du terme

Puisque le terme est une marque de confiance faite au débiteur auquel le créancier fait crédit, il y aura déchéance du bénéfice du terme lorsque surviendront des événements qui autorisent le créancier à lui retirer cette confiance. L'article 1514 C.c.Q. prévoit les situations dans lesquelles le débiteur ne peut plus réclamer l'avantage que lui procure le terme : il est, alors, « déchu du terme », ce qui a pour conséquence de rendre l'obligation immédiatement exigible (art. 1515 C.c.Q.).

366. *Le cas de faillite ou d'insolvabilité.* Lorsque le débiteur d'une obligation à terme est mis en faillite, il est automatiquement déchu du terme qui avait été stipulé en sa faveur. Cet état de droit risque, en effet, de nuire au créancier dont la créance n'est pas encore exigible; aussi lui permet-on de pro-

---

[1197] *Banque royale du Canada* c. *Locations Lutex Ltée*, [1986] R.L. 42 (C.A.); *Banque nationale du Canada* c. *Veuilleux-Dubois*, J.E. 96-875 (C.Q.).

duire à la faillite avec tous les autres créanciers. Il en est de même du débiteur qui devient insolvable, c'est-à-dire dont le passif est supérieur à l'actif : cet état de fait entraîne la déchéance du terme lorsque le créancier demande au tribunal de la prononcer. L'article 1514 C.c.Q. n'apporte aucun changement au droit antérieur à cet égard[1198].

Il importe de souligner que la déchéance du terme ne touche que personnellement le débiteur failli ou insolvable; c'est dire qu'elle n'affecterait pas un codébiteur solidaire qui bénéficierait du même terme et qui, lui, ne serait ni failli ni insolvable[1199] : cette solution relève de l'idée de pluralité de liens qui caractérise la solidarité[1200]. Elle est aujourd'hui énoncée à l'article 1516 C.c.Q.

En revanche, la déchéance du terme encourue par le débiteur principal produit ses effets à l'égard de la caution (art. 2354 C.c.Q.). Le législateur tranche ici la controverse qui existait sur les effets de la déchéance du terme à l'égard de la caution, en adoptant l'opinion selon laquelle l'engagement de la caution étant accessoire à l'engagement du débiteur principal, cette obligation accessoire doit suivre le sort de l'obligation principale[1201]. On avait en effet prétendu qu'une telle solution, bien que logique, était injuste pour la caution qui, lorsqu'elle s'était engagée personnellement à payer en cas de défaillance du débiteur principal, entendait bénéficier d'un terme qui était, pour elle, un droit acquis, qu'elle ne pouvait pas perdre alors même que la faillite ou l'insolvabilité sanctionnée par la déchéance n'était pas la sienne : seul le débiteur principal failli ou insolvable ne méritant plus le crédit qui lui avait été accordé, la déchéance aurait dû lui être personnelle[1202]. C'est en ce sens que s'était prononcée la Cour d'appel[1203].

367. *Le cas de diminution des sûretés.* Il arrive qu'un terme soit consenti au débiteur parce que ce dernier octroie à son

---

[1198] *C.M.J.*, t. I, art. 1514 C.c.Q.
[1199] *Cf. Gravel* c. *Joncas*, [1971] C.S. 301.
[1200] *Cf. infra*, n° 389.
[1201] *C.M.J.*, t. II, art. 2354 C.c.Q.
[1202] BAUDRY-LACANTINERIE, 3ᵉ éd., vol. 13, n° 1040, p. 200 et suiv.; PINEAU et BURMAN, 2ᵉ éd., n° 272, p. 360 et 361. En sens contraire, *cf.* AUBRY et RAU, 6ᵉ éd., t. 4, n° 303, p. 130 et 131; LAROMBIÈRE, t. 2, n° 22, p. 497 (art. 1188).
[1203] *Cf. Deutsch* c. *Sikender*, [1981] C.A. 597.

créancier des sûretés particulières, telle une hypothèque. Si, donc, par son fait ou sa mauvaise foi, le débiteur fait en sorte que lesdites sûretés disparaissent ou diminuent, il sera déchu du terme : il ne mérite plus le crédit qu'on lui a accordé et le tribunal pourra constater la déchéance par un jugement[1204]. Il en sera ainsi dans l'hypothèse où le débiteur hypothécaire démolirait ou cesserait d'entretenir l'immeuble hypothéqué[1205], ou encore dans l'hypothèse où il consentirait un bail à longue durée qui diminuerait la valeur de l'immeuble. Si cependant la diminution des sûretés provenait d'un cas de force majeure, le terme subsisterait.

L'article 1514 C.c.Q. se réfère aux sûretés que le débiteur « a consenties » au créancier; il s'agit, par conséquent, des sûretés qui ont été données par contrat, ce qui exclut les « sûretés légales », telles les priorités ou le « droit de gage » général qu'ont les créanciers sur le patrimoine de leur débiteur. Cependant, certains ont soutenu que, dans les sûretés « consenties » par le débiteur, il fallait comprendre également celles qui sont attachées, par la loi, à certains contrats, tel, dans le droit d'hier, le privilège du vendeur ou du gagiste[1206]. La même opinion pourrait aujourd'hui être soutenue quant à la priorité du vendeur ou du rétenteur d'un meuble (art. 2651(2) et (3) C.c.Q.), mais la même réponse nous semble devoir encore être apportée : ces sûretés, certes, résultent de situations contractuelles, mais elles découlent de la loi bien plus que de la volonté du créancier[1207].

[1204] *Cf.* Jacques MESTRE, « La déchéance du terme pour diminution des sûretés », *Rev. trim. dr. civ.* 1995.110.

[1205] Il n'est pas nécessaire que la mauvaise foi du débiteur soit prouvée; il suffit d'une négligence, contrairement à la situation que prévoyait les articles 2054 et 2055 C.c.B.C. (*cf. Gravel* c. *Amorosa*, [1971] C.S. 255). On notera cependant que l'article 2734 C.c.Q., bien que reprenant en substance ces articles, ne retient plus l'exigence de l'intention de frauder.

[1206] *Cf.* en ce sens *Piché* c. *Guénette*, [1960] R.P. 155 (C.S.); *cf.* MARTY et RAYNAUD, 2ᵉ éd., t. 2, n° 55 et suiv., p. 50 et suiv.

[1207] *Cf.* l'opinion nuancée de BAUDRY-LACANTINERIE, 3ᵉ éd., vol. 13, n° 1016, p. 187 et 188. On pourrait, en effet, prétendre que le vendeur, par exemple, a consenti à vendre, moyennant un prix garanti par un pri-

La jurisprudence a assimilé le refus de fournir les sûretés additionnelles promises, à une diminution des sûretés[1208]. L'article 1514, al. 2 C.c.Q. reprend cette solution en la généralisant; dès lors que le débiteur fait défaut de respecter les conditions « en considération desquelles [le] terme lui [a] été accordé », le créancier pourra demander au tribunal de prononcer la déchéance du terme : ce sera le cas, par exemple, du débiteur qui, en contravention de ses engagements, néglige de contracter ou de maintenir une assurance destinée à garantir son paiement[1209].

368. *Le cas du consommateur.* Le commerçant et le consommateur peuvent convenir, dans un « contrat de crédit » prévoyant un paiement échelonné dans le temps, qu'advenant le défaut, par le consommateur, de payer ce qu'il doit à l'une quelconque des périodes indiquées, ce dernier pourra être tenu de payer, en tout ou en partie, le solde de son obligation; une telle entente constitue, en vertu de l'article 104 de *la Loi sur la protection du consommateur*, une clause de déchéance du terme. Cependant, l'exécution de cette clause fait l'objet de certaines mesures destinées à protéger le consommateur, à lui permettre de remédier à ce défaut après en avoir été avisé et à en retarder les effets (art. 105 à 110 L.P.C.).

Par. 2. *La condition*

369. *Notion.* Si le terme est un événement futur et certain, la condition, pour sa part, est un événement futur et incertain. Lorsque se forme le contrat, on ignore si l'événement conditionnel surviendra ou non. On comprend, dès lors, que la condition a une influence non seulement sur l'exécution de

---

vilège auquel il n'a pas renoncé, alors qu'il l'aurait pu; sa volonté aurait donc joué un rôle incontestable. Néanmoins, c'est la loi qui lui a accordé cette sûreté !

[1208] *Cf. Deragon* c. *Dupuis*, [1955] B.R. 193; *Robert* c. *Robert*, [1951] C.S. 41.

[1209] On mentionnera cependant que certaines dispositions de la *Loi sur la failite et l'insolvabilité*, L.C. 1997, c. 12 (art. 69(1)a) et b) et 69.1(1)a) et b)) rendent ineffectif l'article 1514 C.c.Q., lorsqu'une personne a déposé une « proposition » ou un « avis d'intention » de déposer une telle proposition.

l'obligation, mais encore sur sa formation (art. 1497 et suiv. C.c.Q.).

A. Les caractères de la condition

On distingue deux catégories de conditions : la condition suspensive et la condition résolutoire.

370. *Condition suspensive.* La condition suspensive suspend non seulement l'exécution de l'obligation, mais aussi sa formation. L'exemple, désormais classique, qu'on trouve dans Mazeaud est celui-ci : « Je vous achète votre cheval s'il gagne la course »[1210]. Ou encore : « Je vous achète tel objet à tel prix si ledit objet me donne satisfaction après essai », la vente à l'essai d'un bien étant « présumée faite sous condition suspensive » (art. 1744, al. 1 C.c.Q.)[1211].

371. *Condition résolutoire.* La condition résolutoire anéantit rétroactivement l'obligation déjà formée : « Je vous achète aujourd'hui votre cheval tel prix; mais s'il ne gagne pas la course qui aura lieu tel jour, le contrat sera résolu ». La vente faite avec faculté de rachat, aussi appelée vente à réméré, est également une vente sous condition résolutoire puisque le vendeur, ayant transféré la propriété d'un bien à l'acheteur, se réserve la faculté de le racheter (art. 1750 C.c.Q.). Une vente à l'essai pourrait être assortie d'une condition résolutoire si elle était ainsi formulée : « Je vous achète aujourd'hui tel objet à tel prix; mais si ledit objet ne me donne pas satisfaction après essai, le contrat sera résolu ».

372. *Événement futur et incertain.* Qu'il s'agisse d'une condition suspensive ou d'une condition résolutoire, l'événement conditionnel choisi doit être un événement futur et incertain[1212].

[1210] MAZEAUD, 9ᵉ éd., t. 2, vol. 1, n° 1027, p. 1086.

[1211] *Cf.* Jacques MESTRE, « Le silence observé en fin de période d'essai sur le sort du contrat rend celui-ci parfait », *Rev. trim. dr. civ.* 1999.376.

[1212] En l'absence d'un tel événement futur et incertain, le débiteur est engagé purement et simplement : *Meaney c. Université Concordia*, J.E. 97-406 (C.A.).

L'événement doit être futur : s'il ne l'était pas, l'obligation serait pure et simple ou nulle dès qu'elle a été contractée. Un événement passé ne peut pas être un événement conditionnel : « N'est pas conditionnelle l'obligation dont la naissance ou l'extinction dépend d'un événement qui, à l'insu des parties, est déjà arrivé au moment où le débiteur s'est obligé sous condition » (art. 1498 C.c.Q.). Selon le cas, une telle obligation est nulle *ab initio* ou est pure et simple.

L'événement doit être incertain : s'il ne l'était pas, s'il devait nécessairement se produire un jour, on serait en présence d'un terme et non point d'une condition. On peut se heurter, parfois, à une difficulté d'interprétation lorsque la formulation de l'engagement manque de précision : « Je m'engage à vous payer telle somme dès que je le pourrai ». On pourrait prétendre qu'il s'agit d'une obligation conditionnelle : il n'est pas certain que je puisse, un jour, vous payer, mais il est plus vraisemblable qu'il s'agisse d'une obligation à terme : dans l'esprit des parties, viendra nécessairement un jour où le débiteur pourra payer; certes, le moment est indéterminé, mais il est certain[1213]. C'est la solution retenue à l'article 1512, al. 2 C.c.Q.[1214].

373. *Condition impossible.* « La condition dont dépend l'obligation doit être possible [...]; autrement elle est nulle et rend nulle l'obligation qui en dépend » (art. 1499 C.c.Q.). Si, donc, l'événement ne peut pas se produire, si la réalisation est véritablement impossible, l'obligation est considérée comme nulle. Traditionnellement, on se réfère à l'impossibilité naturelle et à l'impossibilité juridique : l'obligation consentie à condition que « vous touchiez le ciel du doigt », impossibilité naturelle, rend l'obligation nulle; la vente d'un immeuble consentie sous la condition résolutoire qu'il ne soit jamais aliéné, impossibilité juridique (notre droit interdisant en principe la clause d'inaliénabilité), rend tout autant le contrat nul. On constate qu'il s'agit d'une impossibilité absolue qui réduit

---

[1213] *Cf. Cardiec* c. *Vaillant*, [1969] C.S. 284; *cf.* également *Hudon* c. *Landry*, [1982] R.P. 163 (C.S.).

[1214] *Cf. Paradis* c. *Côté*, J.E. 95-1163 (C.Q.), *cf. supra*, n° 361.

au néant le fondement même sur lequel repose l'obligation. La condition serait également impossible si sa réalisation nécessitait des efforts ou des moyens extraordinaires; au contraire, elle ne serait pas « impossible » si sa réalisation supposait certains efforts ou certains moyens qui la rendraient, certes, difficile, mais non point absolument impossible. L'impossibilité « relative » ne rend pas nulle l'obligation : l'impossibilité de la condition doit donc être appréciée de façon objective, et non point en fonction des facultés et moyens personnels au débiteur.

374. *Condition et élément fondamental du contrat.* La condition est une modalité qui accompagne une obligation dont tous les éléments constitutifs sont déjà réunis; en conséquence il ne faut pas la confondre avec un élément absolument essentiel à l'existence même de l'obligation. Aussi, l'événement conditionnel ne peut-il pas consister en un élément fondamental du contrat. « Je vous vends tel objet à tel prix à la condition que vous m'en payez le prix » : il s'agit, là, d'une vente pure et simple et non point d'une vente conditionnelle; il n'y a pas de vente sans prix, le versement d'un prix étant un élément essentiel du contrat de vente[1215].

Si l'on dit : « Je vous transfère la propriété de tel objet à condition que vous me payiez tel prix au complet », il ne s'agit pas, là non plus, d'une vente conditionnelle, car – de même qu'il n'y a pas de vente sans prix – il n'y a pas de vente sans transfert de propriété. On est en présence d'une vente à terme; le vendeur n'a pu que vouloir dire : « Je vous transférerai la propriété quand vous m'aurez payé l'intégralité du prix » : l'événement est futur et certain. L'acheteur s'est engagé à payer ultérieurement le prix et pourra donc être contraint d'exécuter, alors que le vendeur, lui, s'est engagé à transférer ultérieurement la propriété, le terme de son obligation correspondant au moment du paiement du prix. Prétendre qu'une telle vente est conditionnelle reviendrait à dire que le paiement du prix est un événement incertain, susceptible d'arriver ou non, ce qui, dans l'hypothèse où

[1215] *Cf.* MAZEAUD, 9ᵉ éd., t. 2, vol. 1, n° 1039, p. 1092; MARTY et RAYNAUD, 2ᵉ éd., t. 2, n° 69, p. 62 et 63. *Cf. Droit de la famille-3054*, [1998] R.D.F. 490 (C.S.); *Girouard-Tourillon c. Cataford-Mayer*, [1994] R.J.Q. 122 (C.S.).

l'acheteur ne paierait pas le prix, interdirait au vendeur d'en forcer l'exécution : cela reviendrait à dire que l'on fait du paiement du prix un événement conditionnel, alors qu'il est un élément essentiel du contrat, ou qu'il y aurait vente selon le bon plaisir du débiteur du prix, qui aurait alors en son pouvoir la faculté d'anéantir le contrat en décidant de ne pas payer !

Outre qu'une telle condition serait purement potestative, il faudrait aussi tirer toutes les conséquences de la condition suspensive : dans l'hypothèse où l'acheteur se déciderait à acheter en payant le prix, il deviendrait propriétaire rétroactivement à la date de la conclusion du contrat, ce que les parties n'ont certainement pas voulu, puisque le vendeur s'est réservé expressément la propriété aussi longtemps que le prix n'a pas été versé et que l'acheteur n'entendait pas devenir propriétaire tant et aussi longtemps qu'il ne se décidait pas à payer le prix. Et pourtant, un juge de la Cour d'appel[1216] a qualifié une telle stipulation de condition suspensive, se référant à un texte de Faribault, faisant de ce qu'il analyse comme une « promesse bilatérale » une vente sous condition suspensive. Il est pour le moins étonnant qu'une promesse de vente synallagmatique soit analysée comme une vente sous condition suspensive[1217]. Fort heureusement, un autre juge de la Cour d'appel[1218] a, dans la même affaire, exprimé son désaccord et a très justement observé que « dans tout contrat synallagmatique, l'exécution de ses obligations par l'une des parties dépend de l'exécution par l'autre des siennes, mais cela ne rend pas les obligations conditionnelles au sens du Code civil », de même que le transfert de propriété subordonné au paiement du prix constituait de part et d'autre des obligations à terme et non point des obligations conditionnelles. La Cour suprême a confirmé cette dernière analyse[1219], et on la retrouve désormais au Code civil, dans la

---

[1216] *Commission de protection du territoire agricole* c. *Venne*, [1985] C.A. 703, 705 et suiv. (j. Jacques); [1989] 1 R.C.S. 880. *Cf.* dans le même sens *Banque nationale du Canada* c. *Location Industrielle et Commerciale L.I.C. Inc.*, J.E. 84-887 (C.S.).

[1217] *Cf.* Jean PINEAU, « À la recherche d'une solution au problème de la promesse de vente », (1964-65) 67 *R. du N.* 387.

[1218] *Commission de protection du territoire agricole* c. *Venne*, [1985] C.A. 703, 707 (j. McCarthy); [1989] 1 R.C.S. 880.

[1219] *Venne* c. *Québec (Commission de protection du territoire agricole)*, [1989] 1 R.C.S. 880.

définition qui est donnée de la vente à tempérament (art. 1745 C.c.Q.)[1220].

Il ne faudrait pas confondre cette situation avec celle où la vente de tel immeuble pour telle somme est conditionnelle à ce que l'acheteur trouve le financement nécessaire, c'est-à-dire un prêteur; il s'agit là d'un événement incertain, donc conditionnel. C'est ce que l'on rencontre dans la pratique courante des promesses d'achat.

Enfin, il importe de ne pas confondre l'événement conditionnel avec ce qu'on appelle communément les « conditions du contrat » qui ne sont en vérité que les obligations des parties résultant du contrat. Ainsi, la vente d'un terrain prévoyant, à titre de « charges et conditions » (outre l'acquittement des taxes et le respect des servitudes), l'utilisation des immeubles vendus pour la construction d'une église ne constitue aucunement une « condition » au sens des articles 1497 et suiv. C.c.Q., mais uniquement un engagement pur et simple de l'acheteur quant à l'utilisation des terrains, soumis, en cas d'inexécution, aux règles normales (art. 1590 et suiv. C.c.Q.)[1221].

375. *Condition casuelle et condition potestative.* Pour que la condition soit valable, il faut aussi que l'événement ne dépende pas de la seule volonté du débiteur (art. 1500 C.c.Q.). On doit distinguer la condition casuelle de la condition potestative.

[1220] L'article 132 L.P.C. définit aussi la vente à tempérament comme un « contrat assorti d'un crédit par lequel le transfert de la propriété [...] est différé jusqu'à l'exécution » de l'obligation de payer le prix : il n'y a là rien de conditionnel.

[1221] *Cf. Cimon* c. *Archevêque catholique romain de Québec*, [1990] R.J.Q. 729 (C.A.) : seul le juge dissident nous semble avoir fait une analyse correcte de la situation, les juges majoritaires confondant les « conditions essentielles du contrat » avec le contrat sous condition. Il importe aussi de ne pas confondre la condition et le moyen de dédit : *cf. Dubord Construction inc.* c. *Elkman Development Corp.*, [1992] R.J.Q. 7 (C.A.); pas plus qu'il ne faut confondre le véritable contrat conditionnel et celui dont une clause prévoit qu'il sera possible de le conserver ou de l'anéantir advenant l'arrivée de tel événement : en un tel cas, la survenance dudit événement n'anéantira pas automatiquement le contrat, mais donnera un choix au bénéficiaire de cette clause : *Gen* c. *Entreprises Roger Pilon inc.*, J.E. 96-1425 (C.A.); *Houlachi* c. *Bray*, J.E. 97-2114 (C.A.). Il ne faut pas davantage confondre l'obligation conditionnelle et l'obligation alternative : *cf.* l'opinion dissidente dans *Droit de la famille – 2176*, [1995] R.J.Q. 1056 (C.A.).

– La condition casuelle est celle qui dépend uniquement du hasard et aucunement de la volonté du créancier ou de celle du débiteur : « Je m'engage à vous verser telle somme, s'il pleut demain ». Cette obligation conditionnelle est parfaitement valable[1222].

– La condition potestative est celle qui dépend de la volonté de l'une ou l'autre des parties. Le législateur français l'a définie comme étant « celle qui fait dépendre l'exécution de la convention d'un événement qu'il est au pouvoir de l'une ou de l'autre des parties contractantes de faire arriver ou d'empêcher » (art. 1170 C.c.fr.). Il importe, cependant, de faire une sous-distinction entre la condition simplement potestative, la condition mixte et la condition purement potestative[1223].

• La condition simplement potestative est celle qui dépend à la fois de la volonté du débiteur et de circonstances que celui-ci n'est pas en mesure de maîtriser : « Je vous vends à tel prix ma maison de Montréal, à condition que je m'installe à Québec »; l'événement dépend à la fois de ma volonté et des possibilités éventuelles d'installation à Québec, ce qui est indépendant de ma volonté : par exemple, trouver une maison, un emploi.

• La condition mixte est celle qui dépend à la fois de la volonté du débiteur et de la volonté d'un tiers : « Je vous vends à tel prix ma maison de Montréal, à condition que je sois nommé professeur à l'Université Laval »; l'événement dépend de ma volonté, mais aussi de la volonté des autorités de l'université. L'exemple classique de la condition mixte est celui-ci : « Je m'engage à telle chose, si je me marie ».

[1222] Pourvu évidemment qu'il ne s'agisse pas d'un contrat de jeu ou de pari (*cf.* art. 2629 et 2630 C.c.Q.).

[1223] *Cf.* Jacques MESTRE, « Conditions purement et simplement potestatives », *Rev. trim. dr. civ.* 1990.284; F. BENAC-SCHMIDT, note sous Civ. 3ᵉ, 15 déc. 1993, D.J. 1994.507.

La condition simplement potestative et la condition mixte sont valables : « si la condition consiste à faire ou ne pas faire quelque chose, quoique cela relève de [la] discrétion [du débiteur], l'obligation est valable » (art. 1500 *in fine* C.c.Q.).

- La condition purement potestative est celle qui dépend uniquement de la volonté de l'une des parties; elle équivaut à cette formulation : « Si je veux ». Si cette condition émane de celui qui s'oblige, elle est nulle : « Je m'engage à vous verser telle somme, si je veux ». Je ne m'engage pas en ajoutant « si je veux »; ce débiteur n'étant pas décidé à se lier, il n'y a pas d'obligation. C'est ce qu'indique la première phrase de l'article 1500 C.c.Q. : « [l]'obligation dont la naissance dépend d'une condition qui relève de la seule discrétion du débiteur est nulle »[1224]. *A contrario*, on doit dire qu'une obligation est valable lorsqu'elle dépend de la discrétion du créancier. On donne généralement l'exemple (discutable, on le verra) de la promesse unilatérale de vente : le bénéficiaire de la promesse, créancier du promettant, consentira ou

---

[1224] Dans le droit d'hier, la condition purement potestative était valable lorsqu'elle affectait une donation entre vifs, ou à cause de mort, faite dans un contrat de mariage : art. 783 et 824 C.c.B.C.; cette exception disparaît avec le nouveau Code (art. 1822 C.c.Q.). Il ne faut cependant pas confondre la véritable obligation sous condition purement potestative avec l'obligation dont le contenu (la prestation) est laissé à l'arbitraire de l'une des parties, *cf. supra* n° 130. Cette confusion n'est cependant pas rare : *cf.* par exemple, *Matériaux J.P. Marcotte inc. c. Société immobilière Du Pont inc.*, J.E. 98-626 (C.S.); *Guertin c. Laflèche et Morel inc.*, J.E. 99-950 (C.Q.), ce qui résulte probablement de la connexité de ces notions pourtant distinctes. De même. il nous paraît inexact, contrairement à l'opinion majoritaire dans l'affaire *Malouin c. Ferme Guy Bonin enr.*, [2000] R.D.I. 384 (C.A.), de voir une condition purement potestative dans la clause d'un bail (non résidentiel), aux termes de laquelle le locataire ne peut céder ledit bail sans le consentement du locateur : les parties ont simplement prévu une stipulation contraire à l'article 1871 C.c.Q. qui, en ce cas, n'est pas d'ordre public : *cf.*, à cet égard, l'opinion dissidente du juge Beauregard. Pour un exemple de refus injustifié : *cf. Immeubles Francana Ltée c. Farbec inc.*, J.E. 96-1267 (C.A.).

non à lever l'option selon son bon plaisir; il y aura vente si ce bénéficiaire manifeste sa volonté d'acheter. Ce serait une condition purement potestative de la part du créancier, qui est parfaitement valable.

Si donc la condition purement potestative est valable lorsqu'elle dépend de la volonté du créancier, alors qu'elle est nulle lorsqu'elle dépend de la volonté du débiteur, on peut se demander ce qu'il advient du contrat synallagmatique qui serait assorti d'une telle condition. La doctrine et la jurisprudence françaises ont d'abord admis le principe de la validité d'un tel contrat : puisque, dans un contrat synallagmatique, chacune des parties est à la fois débitrice et créancière, il est permis de considérer que la condition purement potestative stipulée au bénéfice d'une partie contractante affecte la créance de celle-ci plutôt que son engagement, ce qui aurait pour effet de valider l'ensemble de l'opération. Cette analyse est certes séduisante, mais elle n'en est pas moins contestable : on ne voit, *a priori*, aucune raison de rattacher la condition potestative à la créance plutôt qu'à l'engagement de la partie qui en bénéficie. Ce principe de validité a d'ailleurs été remis en question par la doctrine et la jurisprudence récentes[1225]. En réalité, il s'agit, nous semble-t-il, de déterminer si l'obligation de la partie au bénéfice de laquelle la condition a été stipulée peut ou non servir de cause à l'obligation corrélative du cocontractant : dans l'affirmative, les deux obligations seront valides; dans la négative, les deux obligations seront nulles, la première parce que purement potestative, la seconde par défaut de cause. Soit un contrat selon lequel A s'engage à transférer la propriété d'un bien à B qui, de son côté, s'« engage » à payer la somme de 1 000 $, « si cela lui plaît ». On voit immédiatement qu'en dépit des apparences, l'acheteur B n'a, en fait, pris aucun engagement envers le vendeur A, et n'entend pas s'engager ultérieurement envers lui, puisqu'il ne lui paiera 1 000 $ que si tel est son bon plaisir; en conséquence, l'engagement de A envers B n'a pas de cause (à moins que A n'ait eu une intention libérale) : l'opération est nulle dans sa totalité. Au contraire, dans le cas de la vente à l'essai, l'opération est valide en dépit du fait que l'acheteur a la discrétion de conclure ou non la vente selon que celui-ci estime ou non l'essai concluant; dans ce cas, en ef-

---

[1225] MARTY et RAYNAUD, 2ᵉ éd., t. 2, n° 76, p. 68 et suiv.; *cf.* également CARBONNIER, t. 4, 21ᵉ éd., n° 137, p. 259 et 260; MALAURIE et AYNÈS, t. 6, 10ᵉ éd., n° 1115, p. 676.

fet, l'obligation du vendeur est causée par la considération du prix que l'acheteur aura à lui verser s'il décide d'acheter, l'essai s'avérant concluant.

On mentionnera enfin qu'il ne faut pas confondre le contrat assorti d'une condition purement potestative en faveur de l'une des parties avec le contrat qui confère une option à l'une des parties. En effet, la levée d'une option n'entraîne aucun effet rétroactif : soit A qui promet à B de lui vendre tel bien, moyennant tel prix (promesse unilatérale de vente); B, qui n'a aucun engagement envers A, a cependant l'option de conclure la vente : s'il la conclut, le transfert de propriété du bien interviendra au moment de la levée de l'option ou même ultérieurement, sans qu'il y ait rétroactivité au jour de la promesse. Au contraire, dans le cas d'une vente à l'essai, c'est, par le jeu de la rétroactivité, au jour de cette entente, que la vente interviendra si l'acheteur se déclare satisfait, et non point au jour où l'acheteur a fait son choix.

Ce qui vient d'être dit sur la condition purement potestative ne concerne que l'obligation assortie d'une condition suspensive : la formulation de l'article 1500 C.c.Q. est claire à cet égard, puisque cette disposition ne vise que l'obligation « dont la *naissance* dépend d'une condition [purement potestative] ». L'obligation assortie d'une condition résolutoire, lors même que cette condition serait purement potestative, est donc parfaitement valide[1226] : tel est le cas d'ailleurs de la vente faite avec faculté de rachat, aussi appelée vente à réméré (art. 1750 et suiv. C.c.Q.).

376. *Condition illicite ou immorale.* Pour être valable, enfin, la condition ne doit être ni prohibée par la loi, ni contraire à l'ordre public. En d'autres termes, la réalisation de la condition ne doit pas consister en l'accomplissement d'un acte contraire à l'ordre public : « Je m'engage à vous verser telle somme, à la condition que vous commettiez un délit »; la condition est nulle, entraînant la nullité de l'obligation[1227]. La ques-

---

[1226] En France, on considère généralement que l'article 1174 C.c.fr. (l'équivalent de l'article 1500 C.c.Q.) ne vise que la condition suspensive, *cf.* CARBONNIER, t. 4, 21ᵉ éd., n° 135, p. 254.

[1227] Il faut éviter de confondre l'illicéité (ou l'immoralité) de la condition et l'illicéité ou l'immoralité de l'objet. « Je m'engage à vous verser telle

tion de l'illicéité ou de l'immoralité de la condition se pose particulièrement en matière de libéralités[1228].

On s'est demandé si la nullité de la condition n'entraînait que la disparition de la condition ou si elle avait également pour conséquence d'anéantir l'obligation elle-même. L'article 1499 C.c.Q. indique clairement que la condition nulle rend nulle l'obligation qui en dépend. Quant à savoir si la nullité de l'obligation conditionnelle a pour conséquence d'anéantir l'acte qui la contient, on doit se référer au principe de l'article 1438 C.c.Q. : selon que cette obligation doit être considérée ou non comme étant indivisible du reste du contrat, sa nullité entraînera ou non celle de l'acte entier[1229].

B. Les effets de la condition

On doit distinguer les effets de la condition suspensive et ceux de la condition résolutoire.

377. *Les effets de la condition suspensive.* Afin de fixer les idées sur la notion de condition suspensive, on illustrera à nouveau celle-ci par un exemple : « A achète de B, à tel prix, son immeuble situé à Québec, à condition que A soit nommé à tel poste ». Les effets de cette condition doivent être envisagés à deux époques différentes : tout d'abord, on doit se demander quels sont ces effets pendant que dure l'incertitude et qu'en

---

somme et vous vous engagez à assassiner Untel » : ce contrat est synallagmatique et s'est formé purement et simplement; toutefois, il n'est pas valide parce que l'objet de votre obligation (assassiner) est immoral. Si « je m'engage à vous verser telle somme à condition que [...] vous commettiez tel délit », mon obligation est conditionnelle car vous n'êtes pas « engagé » à commettre l'illégalité... L'illicéité ou l'immoralité de la condition rend mon obligation nulle, ainsi que le contrat.

[1228] *Cf.* Albert MAYRAND, « Conflit de deux libertés : Liberté de religion et liberté de tester », (1962-63) 65 *R. du N.* 383. À titre d'illustration, *cf. Klein c. Klein*, [1967] C.S. 300.

[1229] *Cf.* également MARTY et RAYNAUD, 2ᵉ éd., t. 2, nº 75, p. 66; MAZEAUD, 9ᵉ éd., t. 2, vol. 1, nᵒˢ 1042 et 1043, p. 1095 et 1096; STARCK, 6ᵉ éd., vol. 2, nº 1284 et suiv., p. 446; *cf.* les ouvrages sur les libéralités. *Cf. supra*, nº 203 et suiv.

conséquence, on ignore si la condition se réalisera ou non : qu'en sera-t-il pendant que le comité de nomination se penche sur la candidature de A ? Cette période est désignée *pendente conditione*. On doit se demander, ensuite, quels en sont les effets lorsque l'événement conditionnel se réalise ou qu'au contraire sa non-réalisation est devenue certaine; l'incertitude a cessé : qu'en sera-t-il lorsque la candidature de A aura été acceptée ou au contraire rejetée ?

a) Pendente conditione

Pendant que dure l'incertitude, l'obligation ne se forme pas. On constate alors la différence existant entre la condition et le terme : l'obligation assortie d'un terme s'est formée malgré l'existence du terme, mais elle n'est pas exigible. Le débiteur sous condition suspensive n'est pas encore un véritable débiteur (étant acheteur, A n'a pas à payer le prix de l'immeuble); la dette n'est pas née et si, donc, il l'exécute, il paie ce qu'il ne doit pas; la dette n'existant pas, il pourra exercer une action en répétition de l'indu s'il a payé par erreur. On remarquera que la situation de ce débiteur est, sur ce point, semblable à celle du débiteur à terme qui, s'il paie par erreur avant terme, pourra lui aussi exercer l'action en répétition; toutefois, on sait que le débiteur à terme possède ce recours non point parce qu'il paie ce qu'il ne doit pas, mais parce qu'il paie trop tôt ce qu'il doit.

Ce n'est pas parce que l'obligation ne s'est pas encore formée qu'il n'y a aucun lien de droit entre le débiteur et le créancier; ce dernier a un droit « en puissance » et c'est pourquoi il peut, « avant l'accomplissement de la condition, prendre toutes les mesures utiles à la conservation de ses droits » (art. 1504 C.c.Q.). Lui permettre d'agir ainsi *pendente conditione*, c'est bien lui reconnaître un droit et c'est admettre l'existence d'un rapport juridique entre le débiteur d'une obligation sous condition suspensive et son créancier. C'est, certes, un droit qui n'est pas aussi sûr qu'un droit de créance ordinaire, mais il est un signe avant-coureur de la venue éventuelle d'un droit normal. Procédant du même esprit, l'article 1503 C.c.Q. dispose que « l'obligation conditionnelle a tout son effet, lorsque le débiteur obligé sous telle condition en empêche l'accomplissement » : en effet, le débiteur ne peut, par son propre fait, priver le créancier de la possibilité de voir son droit se consolider en agissant sur les événements de façon à empêcher l'accomplissement de la condition. Si donc la réalisation de la condition est rendue impossible par le fait du débiteur, tout se passe comme si l'événement conditionnel était survenu[1230].

Bien qu'« incertain », le droit conditionnel du créancier est cessible et se transmet à ses héritiers, de la même manière, d'ailleurs, que la dette conditionnelle se transmet, au cas de décès du débiteur, aux héritiers de ce dernier (art. 1505 C.c.Q.).

Quant à la durée de l'incertitude, les articles 1501 et 1502 C.c.Q. répondent à la question en distinguant selon que la condition est assortie ou non d'un délai :

• Advenant le cas où je m'engagerais à telle obligation à condition que je sois nommé à tel poste dans l'année, ou à condition que je ne sois pas nommé à ce poste dans l'année, cette condition sera défaillie si, dans le premier cas, je ne suis pas nommé dans l'année ou si, dans le second cas, je suis nommé dans l'année. Il est clair que la condition sera également défaillie lorsqu'il sera certain, avant l'expiration du délai prévu, qu'elle ne s'accomplira pas.

• Advenant le cas où je m'engagerais à telle obligation à condition que je sois nommé à tel poste ou à condition que je ne sois pas nommé à ce poste, sans qu'un délai ne soit précisé, cette condition pourra toujours être accomplie, et elle ne sera défaillie que lorsqu'il sera devenu certain, dans le premier cas, que je ne serai pas nommé et lorsqu'il sera devenu certain, dans le second cas, que je serai nommé

[1230] *Cf. Cyrus S. Eaton Jr.* c. *North American Trust Co.*, [1974] C.A. 467; *Investissements Île des Soeurs inc.* c. *Garmaise*, J.E. 00-306 (C.A.); *Lavery de Billy* c. *Toupin*, J.E. 99-296 (C.Q., en appel, C.A. Québec, n° 200-09-002357-983). Lorsque le débiteur n'a pas influencé le cours des événements, il n'est pas obligé, advenant la non-réalisation de la condition : *Ginatech Ltée* c. *Fiducie Desjardins inc.*, J.E. 98-1077 (C.S., en appel, C.A. Montréal, n° 500-09-066401-988); *Vincent* c. *Gauthier*, J.E. 00-1178 (C.Q.); *cf.* la formulation de l'article 1178 C.c.fr. : « La condition est réputée accomplie lorsque c'est le débiteur, obligé sous cette condition, qui en a empêché l'accomplissement ».

(art. 1501 C.c.Q.). On constate donc qu'en l'absence d'une durée déterminée, l'incertitude pourrait ne jamais être levée : aussi peut-on admettre que le juge puisse éventuellement (notamment par interprétation) fixer le temps au-delà duquel, selon les circonstances du contrat, la condition serait réputée ne plus pouvoir s'accomplir[1231].

b) L'incertitude est levée

- Lorsqu'on est sûr que l'événement conditionnel ne se réalisera pas (la décision de ne pas me nommer au poste envisagé a été prise), tout se déroule comme s'il n'y avait eu aucun rapport de droit entre le débiteur et le créancier; il s'agit d'un effacement total : l'acheteur « en puissance » n'a jamais été acheteur et le « vendeur » potentiel n'a jamais été vendeur. Si, donc, l'acheteur a payé le prix *pendente conditione*, il a payé une dette qui n'existait pas et qui n'existera pas[1232].

- Lorsque l'événement conditionnel se réalise (je suis nommé au poste envisagé), l'obligation conditionnelle devient pure et simple; mais elle a « un effet rétroactif au jour où le débiteur s'est obligé sous condition » (art. 1506 C.c.Q.). Tout se déroule comme si l'obligation s'était formée purement et simplement le jour où l'obligation conditionnelle a été contractée; il y a rétroactivité : je suis censé être devenu propriétaire de l'immeuble le jour même où je me déclarais acheteur-conditionnel. C'est dire que si le débiteur conditionnel n'a pas exécuté son obligation *pendente conditione* (situation normale), il doit alors l'exécuter (art. 1507, al. 1

[1231] *Cf.*, par exemple, *Viau* c. *Procureur général du Québec*, [1978] C.A. 223.
[1232] *Cf. Favreau* c. *Gagné*, J.E. 96-1870 (C.A.); *Éditions Tormont Inc.* c. *165507 Canada Inc.*, J.E. 94-463 (C.S.); *Essen Media inc.* c. *Éditions Le Nordais Ltée*, J.E. 94-1760 (C.A.); *Béton Orléans inc.* c. *Quirion*, J.E. 97-291 (C.A.); *Legault* c. *Boucher*, J.E. 97-337 (C.A.); *Congrégation Amour pour Israël* c. *Investissements Diane de Chantal inc.*, [1998] R.D.I. 1 (C.A.); *Hamas Gestion inc.* c. *2973-3722 Québec inc.*, J.E. 00-1154 (C.A.); *Diffusion Y.F.B. inc.* c. *Disques Gamma (Québec) ltée*, [1999] R.J.Q. 1455 (C.S., en appel, C.A. Montréal, n° 500-09-008192-999).

C.c.Q.) et que si, au contraire, il l'avait exécutée *pendente conditione*, ce paiement qui était alors indu se trouve maintenant consolidé, puisque l'événement est survenu.

Des conséquences pratiques importantes découlent de ce schéma dans le cadre d'un contrat translatif de droit réel, quant au transfert de la propriété et quant au transfert des risques : il en sera question ultérieurement, lors de l'étude de la théorie des risques[1233].

378. *Les effets de la condition résolutoire.* L'exemple sera celui-ci : « J'achète, à tel prix, votre immeuble situé à Québec; mais si je ne suis pas nommé professeur à l'Université Laval dans l'année, le contrat sera résolu ». Là encore, on analysera les effets de la condition aux deux époques précédemment envisagées. Toutefois, il importe de ne pas oublier que, lors de l'engagement, tout se passe comme si l'obligation était pure et simple, comme si la condition n'existait pas : je suis bel et bien l'acquéreur de votre immeuble; mais si la condition s'accomplit, je ne le serai plus.

a) Pendente conditione

Au départ, l'obligation sous condition résolutoire naît immédiatement, comme si elle était pure et simple : elle est donc exigible. Aussi, le créancier de cette obligation conditionnelle peut-il se conduire comme le créancier d'une obligation ordinaire et exercer les mêmes droits : étant acheteur, j'ai le droit d'exiger la livraison de l'immeuble et le vendeur a le droit d'en exiger le prix.

b) L'incertitude est levée

– Lorsqu'on est sûr que l'événement conditionnel ne se réalisera pas (je suis nommé professeur à Laval), tout se déroule comme si l'obligation n'avait pas été assortie

---

[1233] *Cf. infra*, n° 416 et suiv.

d'une condition; on oublie l'existence de cette condition :
je n'ai jamais été acheteur conditionnel, je suis censé
avoir été propriétaire pur et simple à compter de mon
engagement à titre d'« acheteur conditionnel ». Si, donc,
l'obligation a déjà été exécutée, elle est éteinte : ses effets sont rétroactivement consolidés.

– Lorsque l'événement conditionnel se réalise (la décision
   de ne pas me nommer professeur à Laval a été prise),
   l'obligation est anéantie rétroactivement et tout se
   déroule comme s'il n'y avait jamais eu un rapport de
   droit entre le débiteur et le créancier : l'acheteur n'est
   jamais devenu propriétaire de l'immeuble, pas même
   propriétaire conditionnel, et le vendeur n'a jamais cessé
   d'avoir sur cet immeuble un droit de propriété plein et
   entier. Si, donc, les prestations ont été exécutées *pendente conditione*, les parties seront remises dans l'état
   dans lequel elles se seraient trouvées s'il ne s'était rien
   passé : l'« acheteur » restituera l'immeuble et le
   « vendeur » restituera le prix (art. 1507, al. 2 C.c.Q.)[1234].

On remarquera que dans le cadre d'une vente conditionnelle,
lorsque le droit de propriété du vendeur est assorti d'une condition
suspensive, celui de l'acheteur est assorti d'une condition résolutoire,
et inversement. Ainsi, celui qui achète, à tel prix, un immeuble sous
condition résolutoire, sera, *pendente conditione*, devenu propriétaire
sous condition résolutoire; si la condition se réalise, le vendeur recouvrera rétroactivement son droit de propriété, aussi peut-on dire que,
pendente conditione, il est propriétaire sous condition suspensive. On
peut raisonner de la même manière pour une vente sous condition
suspensive : « J'achète, à tel prix, votre immeuble situé à Québec, si je
suis nommé dans cette ville ». *Pendente conditione*, je suis propriétaire sous condition suspensive; si je suis nommé à Québec, le
droit de propriété du vendeur sera anéanti rétroactivement, ainsi,
pendente conditione, le vendeur est-il propriétaire sous condition résolutoire.

C'est dire que, dans le cas d'une vente sous condition suspensive,
l'acheteur est propriétaire sous condition suspensive et le vendeur est
propriétaire sous condition résolutoire tandis qu'inversement, dans le

---

[1234] *Cf. Gestion André Lévesque inc.* c. *Compt'Le inc.*, J.E. 97-631 (C.A.).

cas d'une vente sous condition résolutoire, c'est l'acheteur qui est propriétaire sous condition résolutoire et le vendeur propriétaire sous condition suspensive.

Section 2.   Les obligations plurales

L'obligation plurale est celle qui a plusieurs objets ou plusieurs sujets.

Par. 1.   *La pluralité d'objets*

On distingue en ce cas trois catégories d'obligations : les obligations conjonctives, les obligations alternatives et les obligations facultatives.

379. *Obligation conjonctive.* L'obligation conjonctive est celle qui implique, pour la libération du débiteur à l'égard de son créancier, l'exécution cumulative de deux ou plusieurs prestations. L'agent de voyage qui s'obligerait à transporter son client, à le loger et à le nourrir serait débiteur d'une obligation conjonctive. L'exécution de cette obligation implique le transport, le logement et la nourriture : il y aurait inexécution si l'agent ne procurait pas l'une ou l'autre de ces trois prestations. Bien que ces trois obligations soient distinctes, leur exécution est envisagée comme un tout : le créancier pourrait, donc, refuser de recevoir un paiement partiel qui consisterait en l'exécution d'une ou de deux prestations seulement. Toutefois, les règles de droit commun de la responsabilité contractuelle s'appliqueront dans l'hypothèse d'inexécution totale ou partielle; aussi est-il permis de se demander si l'obligation conjonctive est à proprement parler une modalité de l'obligation.

380. *Obligation alternative.* L'obligation alternative est celle qui porte sur deux ou plusieurs prestations principales (art. 1545 et 1551 C.c.Q.), mais qui donne au débiteur le droit de se libérer en choisissant d'exécuter une seule de ces prestations ou qui donne au créancier le droit d'exiger l'une ou l'autre de ces prestations, selon que le choix est déféré au premier ou au second (art. 1546 C.c.Q.). Lorsque le débiteur d'une obligation alternative a l'obligation de livrer telle chose ou de payer telle somme, il est tenu de deux obligations principales, mais il est libéré en en exécutant une seule (art. 1545 C.c.Q.); son créancier ne pourra exiger l'exécution de l'autre. En outre, le principe de l'indivisibilité du paiement interdit au débiteur d'exécuter, et au créancier d'exiger, partie d'une prestation et partie de l'autre (art. 1547 C.c.Q.).

381. *Obligation facultative.* L'obligation facultative est celle qui porte sur une seule prestation principale, mais qui donne au débiteur la faculté de se libérer en exécutant une prestation accessoire (ou subsidiaire) en lieu et place de la prestation principale (art. 1552 C.c.Q.). Lorsque le débiteur a l'obligation de livrer telle chose, mais a la faculté de se libérer en payant telle somme, sa prestation principale est de livrer cette chose; néanmoins, le paiement de la somme prévue, prestation accessoire, enlèvera au créancier son droit d'exiger la chose.

Comme on le constate, l'obligation conjonctive ne présente aucune difficulté particulière, alors que l'obligation alternative et l'obligation facultative ont des effets particuliers. On examinera ceux-ci en comparant ces deux catégories d'obligations.

382. *Comparaison des obligations alternative et facultative.* La différence fondamentale entre l'obligation alternative et l'obligation facultative réside dans le caractère principal des deux prestations dues, dans le cadre de l'obligation alternative, et dans le caractère accessoire de la seconde obligation dont l'exécution permet de libérer le débiteur, dans le cadre de l'obligation facultative.

De cette différence, certaines conséquences doivent être tirées :

• S'agissant d'une obligation alternative au choix du débiteur, le créancier impayé devra demander à son débiteur l'exécution des deux prestations, puisqu'elles sont l'une et l'autre principales; le débiteur aura le choix d'en exécuter une seule pour se libérer. En effet, le choix appartient au débiteur, à moins qu'il n'ait été expressément accordé au créancier (art. 1546, al. 1 C.c.Q.) et, dans le cas où celui qui a le choix ne l'exerce pas dans le délai prévu, le choix de la prestation revient alors à l'autre partie (art. 1546, al. 2 C.c.Q.) : c'est bien dire que l'on est en présence de deux prestations principales.

S'agissant d'une obligation facultative, le créancier impayé ne pourra demander à son débiteur que l'exécution de la prestation principale; le débiteur aura néanmoins la faculté d'exécuter la prestation accessoire pour se libérer.

• S'agissant d'une obligation que l'on voulait alternative, si, « au moment où elle est née, l'une des prestations ne pouvait être l'objet de l'obligation », l'obligation est alors pure et simple (art. 1545, al. 2 C.c.Q.).

S'agissant d'une obligation facultative, si la prestation promise ne pouvait faire l'objet d'une obligation principale, celle-ci disparaît et, en même temps qu'elle, l'obligation accessoire. En revanche, l'invalidité de la prestation accessoire n'a aucun effet sur la prestation principale.

• S'agissant d'une obligation alternative, l'impossibilité d'exécuter l'une ou l'autre des prestations, aura les conséquences suivantes :

–   lorsque le choix appartient au débiteur, l'obligation devient pure et simple si l'une *ou* l'autre des prestations devient impossible à exécuter, même par la faute de ce débiteur : il ne reste plus qu'une seule obligation principale qui est exigible (art. 1548, al. 1 C.c.Q.). Si l'une *et* l'autre des prestations deviennent impossibles sans la faute du débiteur, celui-ci est libéré (art. 1550 C.c.Q.); en revanche, si l'impossibilité quant à l'une *ou* l'autre des prestations résulte de la faute du débiteur, ce dernier est responsable envers le créancier du préjudice résultant de l'inexécution de celle qui est restée la dernière (art. 1548, al. 2 C.c.Q.).

–   lorsque le choix appartient au créancier, celui-ci ne peut être privé de son choix par la faute du débiteur; aussi, dans le cas où l'une ou l'autre des prestations devient impossible à exécuter par la faute du débiteur, le créancier aura le choix d'exiger l'exécution de celle qui reste ou la réparation du préjudice résultant de l'inexécution de la prestation devenue impossible. Si l'une *et* l'autre des prestations deviennent impossibles sans la faute du débiteur, ce dernier est libéré (art. 1550 C.c.Q.); en revanche, si le débiteur était en faute à l'égard de l'une *ou* l'autre, le créancier pourra exiger réparation du préjudice résultant de l'inexécution de l'une ou l'autre (art. 1549, al. 2 C.c.Q.)[1235].

S'agissant d'une obligation facultative, si la prestation principale devient impossible à exécuter par force majeure, cette obligation est éteinte et, l'accessoire suivant le principal, le débiteur est libéré (art. 1552, al. 2 C.c.Q.); si, au contraire, l'impossibilité d'exécuter la prestation principale est due à la faute du débiteur, ce dernier n'est pas libéré de cette obligation et devrait donc avoir le choix soit d'exécuter la prestation accessoire, soit de réparer par équivalent l'inexécution de la prestation principale. Par ailleurs, l'impossibilité d'exécuter la prestation accessoire n'a d'autre effet que de rendre l'obligation pure et simple[1236].

[1235] On observera que l'article 1548, al. 2 C.c.Q. réfère à la « valeur de la prestation », ce qui reprend les termes utilisés à l'article 1096 C.c.B.C., alors que l'article 1549 C.c.Q. réfère à la « réparation, par équivalent, du préjudice résultant de l'inexécution de la prestation », contrairement à la formulation de l'article 1097 C.c.B.C. qui renvoyait lui aussi à la « valeur de la prestation ». En dépit des différences que présentent ces textes, il n'y a aucune modification quant au fond (*cf. C.M.J.*, t. I, art. 1548 et 1549 C.c.Q.) et, s'agissant de l'application du principe de la responsabilité civile, le débiteur devrait être tenu, non point de la valeur de la prestation inexécutée, mais bien du préjudice qui résulte de cette inexécution (art. 1457 et 1458 C.c.Q.). C'est pourquoi, en dépit du texte de l'article 1548 C.c.Q., nous estimons que le débiteur doit réparer le préjudice résultant de l'inexécution de la prestation qui est restée la dernière, plutôt que d'en payer la valeur.

[1236] Sur la distinction entre l'obligation alternative, l'obligation facultative et la clause pénale (telle qu'envisagée par le *Code civil du Bas Canada*), *cf. Suissa c. Gestion Stag Canada Ltée*, J.E. 90-1547 (C.A.).

Par. 2. *La pluralité de sujets*

Il peut y avoir, dans un rapport de droit, plusieurs créanciers ou plusieurs débiteurs[1237]. On distingue les obligations conjointes, les obligations solidaires et les obligations indivisibles.

A. Les obligations conjointes

383. *Définition.* L'obligation conjointe est une obligation qui concerne, à titre principal, plusieurs créanciers ou plusieurs débiteurs, et qui n'est ni solidaire, ni indivisible (art. 1518 C.c.Q.).

Lorsqu'il y a plusieurs créanciers, chacun d'eux n'a droit qu'à sa part; si A et B prêtent ensemble 100 $ à C, A ne pourra, à l'échéance, réclamer à C que 50 $, et il en sera de même pour B : A ne pourra pas exiger de C le remboursement de 100 $.

Lorsqu'il y a plusieurs débiteurs, chacun d'eux ne doit que sa part; si A et B empruntent ensemble 100 $ à C, la moitié étant destinée à A et l'autre moitié à B, C ne pourra, à l'échéance, réclamer que 50 $ à A et 50 $ à B, chacun ne devant que sa part : C ne pourrait pas exiger, de l'un de ses débiteurs, le remboursement de 100 $.

Comme l'a écrit Mazeaud, « [l']*obligation conjointe se divise en fractions distinctes, dont chacune forme une obligation autonome* »[1238]. On a relevé le caractère inapproprié de l'expression « obligation conjointe » pour désigner une obligation qui se divise; Josserand disait qu'il s'agissait plutôt d'obligations « disjointes »[1239].

[1237] Il s'agit de plusieurs créanciers ou de plusieurs débiteurs qui jouent, les uns et les autres, un rôle principal. C'est pourquoi le cautionnement n'est pas étudié ici; dans le cadre d'un tel contrat, la caution joue un rôle secondaire, le débiteur jouant le rôle principal : l'obligation du débiteur principal est garantie par la caution.

[1238] MAZEAUD, 8ᵉ éd., t. 2, vol. 1, n° 1051, p. 1116 et 1117 (les italiques sont dans le texte original).

[1239] *Id.*, n° 1051, p. 1117.

Il est assez peu fréquent de rencontrer, dans le cadre d'obligations plurales naissant volontairement, des obligations conjointes[1240]. En effet, lorsqu'un créancier a plusieurs débiteurs, il n'a pas avantage à ce que sa créance soit fractionnée lors de son exécution : il tentera, le plus souvent, d'obtenir de ses débiteurs un engagement solidaire. Cependant, on rencontre l'obligation conjointe, notamment, lors du décès d'un créancier ou d'un débiteur : l'obligation du débiteur décédé se divise entre ses héritiers qui deviennent des débiteurs conjoints à l'égard du créancier originaire; de la même façon, une créance se divise, au décès du créancier, entre ses héritiers qui deviennent des créanciers conjoints.

En raison des inconvénients que présente, pour le créancier, le principe de la divisibilité de l'obligation conjointe, il est possible de faire échec à ce principe, soit par la solidarité, soit par l'indivisibilité.

B. Les obligations solidaires

384. *Notion de solidarité*. On a dit qu'un débiteur devait payer ce qu'il devait et, plus précisément, tout ce qu'il devait, mais pas plus qu'il ne devait. En corollaire, un créancier peut exiger ce qui lui est dû, tout ce qui lui est dû, mais pas plus que ce qui lui est dû. La solidarité va permettre à un créancier d'exiger d'un débiteur plus que lui doit celui-ci et va imposer à un débiteur de payer plus que ce qu'il doit.

Lorsqu'un débiteur a plusieurs créanciers pour une même dette, la solidarité – qui est dite active – fait obstacle à la division de cette dette entre les différents créanciers. Lorsqu'un créancier a plusieurs débiteurs pour une même créance, la solidarité – qui est dite passive – fait obstacle à la division de cette créance entre les différents débiteurs.

[1240] Ce peut être le cas des colocataires : *cf.* Pierre-Gabriel JOBIN, *Le louage*, 2ᵉ éd., Cowansville, Éditions Yvon Blais, 1996, p. 161 et 162; *Forget c. Lamoureux*, [1999] R.J.Q. 853 (C.Q.); *Mattard c. Mottilo*, J.E. 94-221 (C.Q.).

a) La solidarité active (art. 1541 et suiv. C.c.Q.)

385. *Créanciers solidaires.* A et B prêtent solidairement 100 $ à C. Lors de l'échéance, l'un ou l'autre des créanciers, A ou B, peut demander au débiteur C le remboursement de la totalité de la somme (100 $), et le débiteur qui a payé la totalité de la somme à l'un des créanciers solidaires est également libéré à l'égard de l'autre (art. 1541, al. 2 et 1542 C.c.Q.). Celui des créanciers qui n'a pas demandé la restitution de la somme prêtée devra s'adresser à son cocréancier afin de se faire rembourser sa part, soit 50 $; il court alors le risque de trouver le cocréancier insolvable. C'est dire que celui qui ne prend pas l'initiative d'exiger du débiteur la somme prêtée peut être à la merci de son cocréancier.

Les effets de la solidarité active – qui est seulement conventionnelle et qui doit être expressément stipulée (art. 1541, al. 1 C.c.Q.) – procèdent de l'idée de représentation; c'est une espèce de mandat mutuel que se donnent réciproquement les créanciers : l'un agit pour le compte des autres, et celui qui reçoit le paiement doit rembourser à chacun d'eux leur part respective.

De cette idée de représentation découle la possibilité pour le débiteur, tant qu'il n'a pas été poursuivi, de payer celui des cocréanciers qu'il choisit (art. 1543, al. 1 C.c.Q.).

Par cette même idée, on explique que l'interruption de la prescription, par l'un des créanciers, joue en faveur des autres (art. 2900 C.c.Q.). En revanche, la remise de dette, par l'un des créanciers, ne libère le débiteur que pour la part de ce créancier (art. 1543, al. 2 C.c.Q.) : en effet, si l'acte accompli par l'un des créanciers solidaires peut profiter à tous, il ne peut nuire qu'à lui-même et non point aux autres.

Cette solidarité active est, pratiquement, de peu d'intérêt, compte tenu des risques courus par les créanciers entre eux. On la rencontre assez rarement, même si le compte bancaire conjoint en est un exemple[1241].

[1241] Sur la solidarité active, *cf. 138354 Canada inc.* c. *Avgoutis*, [1996] R.J.Q. 429 (C.S.).

b) La solidarité passive (art. 1523 et suiv. C.c.Q.)

386. *Débiteurs solidaires.* A possède une créance de 900 $ à faire valoir contre B, C et D, codébiteurs solidaires. Cette solidarité passive autorise A à réclamer 900 $ à l'un des trois codébiteurs, soit B, soit C, soit D. Celui à qui le créancier s'adressera devra payer la totalité de la somme. La situation est, on le voit, très avantageuse pour le créancier qui n'aura pas besoin de diviser son recours contre chacun des codébiteurs : pour obtenir satisfaction, il se tournera vers celui des codébiteurs qui est le plus solvable.

Contrairement à la solidarité active qui se rencontre rarement, la solidarité passive est bien connue des créanciers qui en usent fréquemment. Après avoir indiqué quelles peuvent être les sources de la solidarité passive, on envisagera ses effets.

1. *Les sources de la solidarité passive*

Alors que la solidarité active ne peut résulter que d'une convention, la solidarité passive peut être conventionnelle ou légale.

387. *Source conventionnelle.* Puisque la solidarité oblige un débiteur à payer plus que ce qu'il doit, contrairement au principe selon lequel on n'est tenu qu'à ce qu'on doit, il est normal que ce débiteur dont la situation est aggravée ne soit pas ainsi engagé sans y avoir consenti. C'est pourquoi le premier alinéa de l'article 1525 C.c.Q. dispose que la solidarité ne se présume pas, il faut qu'elle soit expressément stipulée par les parties[1242]. La solidarité sera donc stipulée dans un contrat qui précisera que les codébiteurs s'engagent solidairement envers le créancier; lorsqu'un contrat fait naître, au profit d'une partie, une obligation à la charge de plusieurs débiteurs, le créancier exigera le plus souvent que soit stipulée la solidarité, ce qui lui confère une certaine garantie d'exécution. Toutefois, la

---

[1242] *Cf. Banque Toronto-Dominion* c. *Veilleux,* J.E. 97-117 (C.Q.); *Bastien* c. *Beaulac,* J.E. 00-1963 (C.S.).

solidarité peut aussi résulter d'un acte unilatéral : il en sera ainsi lorsqu'un testateur exige de ses légataires universels qu'ils soient tenus solidairement à l'égard des légataires particuliers.

Aucune forme particulière n'est requise; il est nécessaire que la volonté des parties apparaisse clairement et il peut en être ainsi même si les parties n'utilisent pas le terme « solidarité » ou « solidaire »[1243] : il est, par exemple, convenu que « le prêteur peut exiger, à l'échéance, le remboursement intégral du prêt à l'un quelconque des emprunteurs ».

388. *Source légale.* Parfois, la solidarité résulte de la loi (art. 1525, al. 1 *in fine* C.c.Q.); c'est le législateur qui, en certains cas, édicte la solidarité. Ainsi, l'entrepreneur, l'architecte et l'ingénieur qui ont, selon le cas, dirigé ou surveillé les travaux, et le sous-entrepreneur pour les travaux qu'il a exécutés, sont, en certains cas, tenus solidairement (art. 2118 et suiv. C.c.Q.); lorsqu'il y a plusieurs mandataires nommés pour la même affaire, ceux-ci sont responsables solidairement de l'exécution de leurs obligations (art. 2144 C.c.Q.); l'époux qui contracte pour les besoins courants de la famille engage solidairement son conjoint (art. 397 C.c.Q.)[1244].

Outre ces dispositions particulières qui imposent la solidarité, on retrouve des règles à caractère plus général qui méritent quelques commentaires.

Tout d'abord, le principe de l'absence de présomption de solidarité est inversé, et, donc, la solidarité passive est présumée lorsqu'une obligation est contractée « pour le service ou l'exploitation d'une entreprise » (art. 1525, al. 2 C.c.Q.)[1245]. Le nouveau Code étend ici la règle qui, dans le droit d'hier, ne visait que les « affaires de commerce » aux obligations « contractées pour le service ou l'exploitation d'une entreprise », qu'elle soit commerciale ou autre (la notion de commerce étant désormais remplacée par la notion plus large d'entreprise,

---

[1243] *Cf.* MARTY et RAYNAUD, 2ᵉ éd., t. 2, n° 109, p. 96 et 97.
[1244] *Cf. Forget* c. *Lamoureux*, [1999] R.J.Q. 853 (C.Q.).
[1245] *Cf. Ambayec* c. *Casullo*, J.E. 96-248 (C.Q.).

définie au troisième alinéa de l'article 1525 C.c.Q. comme étant toute activité économique organisée[1246]).

Ensuite, « [l]'obligation de réparer le préjudice causé à autrui par la faute de deux personnes ou plus est solidaire, lorsque cette obligation est extracontractuelle » (art. 1526 C.c.Q.)[1247].

Cette disposition reprend la substance de l'article 1106 C.c.B.C. Interprétant cette dernière disposition, la jurisprudence précisait qu'il y avait solidarité dans le cas où une faute unique (délictuelle ou quasi délictuelle) avait été commise par plusieurs personnes (deux individus qui vendent ensemble une arme à feu à l'enfant qui se blesse), de même que dans le cas où des fautes distinctes avaient causé l'entier préjudice[1248] (deux marchands distincts qui vendent l'un une arme, l'autre des munitions, à un enfant qui se blesse[1249]).

[1246] Cette définition, en dépit de la place qu'elle occupe dans le Code, ne vise pas que l'obligation solidaire : il s'agit de la notion même d'entreprise, telle qu'elle doit être désormais comprise en droit québécois (*C.M.J.*, t. I, art. 1525 C.c.Q.). La notion d'entreprise recouvre donc maintenant certaines activités économiques, parfois importantes, qui n'étaient pas considérées comme « affaires de commerce », telles les activités artisanales, agricoles ou professionnelles. *Cf.* Patrice VACHON, « La notion d'entreprise de l'article 1525 C.c.Q. et son impact sur les transactions immobilières », dans BARREAU DU QUÉBEC, *Développements récents en droit commercial (1995)*, Cowansville, Éditions Yvon Blais, 1995, p. 117.

[1247] *Cf. Blais c. Commission scolaire La Sapinière*, [1996] R.R.A. 341 (C.A.).

[1248] *Cf. Napierville Junction Railway Co. c. Dubois*, [1924] R.C.S. 375; *Banque canadienne nationale c. Gingras*, [1973] C.A. 868; *Berthiaume c. Richer*, [1975] C.A. 638; *Monastesse c. Fraternité des chauffeurs d'autobus, opérateurs de métro et employés des services connexes au transport de la C.T.C.U.M.*, J.E. 82-745 (C.S.); *Voticky-Rubin c. Schwartz*, J.E. 83-557 (C.S.); *Liberman c. Tabah*, [1986] R.J.Q. 1333 (C.S.). *Cf.* également *Talbot c. Gaudreau*, J.E. 00-1257 (C.A.).

[1249] Cette situation ne doit pas être confondue avec le cas où plusieurs fautes distinctes ont été commises sans que l'on puisse déterminer laquelle a effectivement causé le préjudice : tel serait le cas de plusieurs chasseurs imprudents qui auraient fait feu en une même direction, blessant une personne sans qu'il soit possible de déterminer lequel a atteint la victime. Dans le droit d'hier, la jurisprudence et la doctrine, pour éviter que la victime n'obtienne aucune réparation, ont eu recours à divers moyens, dont celui de la solidarité (*cf.* Albert MAYRAND, « L'énigme des

En revanche, selon cette même jurisprudence, il n'y avait pas solidarité lorsque l'une des fautes distinctes ne faisait qu'aggraver le préjudice résultant de l'autre : en effet, en ce cas, on est en présence de deux fautes distinctes qui causent chacune un préjudice distinct, et non point de deux fautes distinctes causant un seul et même préjudice; aussi ne pouvait-il être question de solidarité[1250]. Enfin, selon certaines décisions, il y avait aussi solidarité lorsque la responsabilité délictuelle ou quasi délictuelle du préposé entraînait celle du commettant (art. 1054 C.c.B.C.)[1251].

Il nous a toujours apparu que c'était donner à l'article 1106 C.c.B.C. une portée bien générale qu'il était permis de dénier. En effet, le texte même de la disposition législative semblait laisser entendre qu'elle ne visait que la première hypothèse mentionnée, à savoir une seule et même faute délictuelle ou quasi délictuelle perpétrée par plusieurs personnes, mais non point la seconde, c'est-à-dire celle de fautes distinctes, indépendantes l'une de l'autre et contribuant toutes deux à un même préjudice. Il est vrai cependant que la solidarité paraît justifiée toutes les fois que le préjudice subi n'aurait pas pu exister sans le concours de toutes ces fautes distinctes : l'une d'elles seule n'aurait pas pu produire le préjudice[1252], comme c'est le cas dans la seconde hypothèse. Aussi pouvait-on s'accommoder de cette interprétation de l'article 1106 C.c.B.C.

En revanche, il était beaucoup plus contestable que commettant et préposé fussent solidairement responsables du préjudice causé par la faute délictuelle ou quasi délictuelle du préposé; on ne peut plus faire reposer, aujourd'hui, la responsabilité du commettant sur la faute qu'il commettrait dans le choix de ses préposés : on parle plus volontiers d'une obligation de garantie provenant de l'idée d'entreprise. Il est alors douteux de prétendre qu'on est en présence de deux fautes délictuelles ayant contribué à un seul et même préju-

---

fautes simultanées », (1958) 18 *R. du B.* 1). C'est cette solution qu'a retenue le législateur à l'article 1480 C.c.Q. C'est pourquoi on ne saurait appliquer à la fois les articles 1526 et 1480 C.c.Q. à la même situation, comme l'a cependant fait la Cour d'appel dans *Talbot* c. *Gaudreau*, J.E. 00-1257 (C.A.).

[1250] *Syndicat des employés de métier d'Hydro-Québec, section locale 1500* c. *Eastern Coated Papers Ltd.*, [1986] R.J.Q. 1895 (C.A.); *Coutellier* c. *Hervieux*, [1974] C.S. 240.

[1251] *Martel* c. *Hôtel-Dieu St-Vallier*, [1969] R.C.S. 745.

[1252] *Banque canadienne Nationale* c. *Gingras,* [1973] C.A. 868.

dice, justifiant la solidarité[1253]. Au contraire, s'agissant de la responsabilité du « titulaire de l'autorité parentale » à l'égard du préjudice causé par l'enfant, il est juste que père et mère soient solidaires, puisqu'ils ont l'un et l'autre l'autorité et qu'ils doivent, de concert, assumer celle-ci : il s'agit alors d'une faute unique commise par les père et mère dans la garde, la surveillance ou l'éducation de l'enfant ou encore de deux fautes distinctes causant un seul et même préjudice[1254].

Le texte de l'article 1526 C.c.Q. ne faisant que reprendre, comme on l'a vu, la substance de l'article 1106 C.c.B.C., la question de son interprétation se pose donc de la même manière et les observations faites ci-dessus demeurent valables.

2. *Les effets de la solidarité passive*

On doit envisager deux séries de rapports : ceux qui existent entre le créancier et les codébiteurs, et ceux qui existent entre les codébiteurs eux-mêmes.

389. *Les effets principaux dans les rapports entre le créancier et les codébiteurs.* La doctrine classique enseigne que le mécanisme de la solidarité passive repose sur deux idées qui sont l'unité d'objet et la pluralité de liens obligatoires. L'idée d'unité d'objet permet d'expliquer l'engagement de tous les débiteurs à la même chose : l'objet de leur obligation est unique et commun. L'idée de pluralité de liens indique qu'il y a, à l'égard du créancier, autant de liens d'obligations qu'il y a de débiteurs. C'est pourquoi chacun des codébiteurs peut être obligé selon des modalités différentes, l'un pouvant être engagé purement et simplement, un autre à terme ou conditionnellement (art. 1524 C.c.Q.).

[1253] *Cf.* en ce sens, Jean-Louis BAUDOUIN et Patrice DESLAURIERS, *La responsabilité civile*, 5ᵉ éd., Cowansville, Éditions Yvon Blais, 1998, nᵒ 655, p. 420 et 421. En revanche, on pourrait prétendre qu'il y a obligation *in solidum* : *cf. infra*, nᵒ 391.

[1254] *Cf. Claveau* c. *Duhamel*, J.E. 81-667 (C.S.).

De cette double idée, on tire certaines conséquences quant aux droits dont le créancier est titulaire et quant aux moyens de défense susceptibles d'être invoqués par les débiteurs.

– Les droits du créancier :

- Compte tenu de l'idée de dette unique, le créancier peut exiger de l'un quelconque des codébiteurs la totalité de la dette : il peut s'adresser à celui qu'il veut bien choisir et celui-ci ne pourra pas lui opposer le bénéfice de division[1255] (art. 1523 et 1528 C.c.Q.).

- Compte tenu de l'idée de pluralité de liens, les poursuites faites contre l'un des codébiteurs n'empêchent pas le créancier d'en exercer de pareilles contre les autres, lorsqu'il n'aura pas obtenu du premier la totalité de ce qui lui est dû (art. 1529 C.c.Q.).

– Les moyens de défense du codébiteur poursuivi :

- Compte tenu de l'idée de dette unique, celui des codébiteurs qui est poursuivi peut invoquer, contre le créancier, les causes qui ont éteint la dette : le paiement (art. 1523 C.c.Q.), la prescription, l'impossibilité d'exécution résultant d'un cas de force majeure (art. 1527 C.c.Q., *a contrario*) ou la remise de la totalité de la dette (art. 1689, al. 2 C.c.Q.). Il peut lui opposer toutes les exceptions qui sont communes à tous les codébiteurs (art. 1530 C.c.Q.) : la nullité de l'engagement résultant de l'illicéité de l'objet ou de la cause, de l'absence de cause ou encore du défaut de solennité de l'acte[1256].

[1255] Si l'un des codébiteurs meurt et laisse plusieurs héritiers, chacun d'eux n'est tenu de la dette que pour sa part et portion et non pour le tout comme le défunt : la dette est alors divisible; pour éviter ce danger, le créancier aura avantage à stipuler non seulement la solidarité, mais encore l'indivisibilité. *Cf. infra*, n° 401.

[1256] Il ne pourrait pas, cependant, lui opposer les exceptions qui seraient personnelles à un autre codébiteur, par exemple l'incapacité, l'absence ou le vice du consentement de cet autre codébiteur, car ces défauts

- Compte tenu de l'idée de pluralité de liens, le débiteur poursuivi peut opposer au créancier toutes les exceptions qui lui sont personnelles (art. 1530 C.c.Q.) : le terme ou la condition dont son obligation est assortie, son absence de consentement ou le caractère vicié de son consentement (l'erreur, le dol, l'incapacité).

À ces exceptions personnelles peuvent s'ajouter des « exceptions mixtes » qui concernent la remise de dette, la compensation et la confusion. Lorsque le créancier a consenti une remise de dette à l'un des codébiteurs solidaires, il ne libère pas, de ce fait, les autres codébiteurs, mais il doit déduire de sa créance la part de celui qu'il a déchargé (art. 1690 C.c.Q.) : en conséquence, le débiteur poursuivi pourra ne payer que le solde de la dette. De la même façon, on l'a vu, lorsque le créancier a une dette personnelle à l'égard de l'un des codébiteurs, le débiteur poursuivi peut opposer la compensation pour la part du codébiteur solidaire dont la dette est compensée (art. 1678, al. 1 C.c.Q.). Enfin, lorsque le créancier devient l'héritier de l'un des codébiteurs, la confusion n'éteint la créance solidaire que pour la part et portion de ce codébiteur (art. 1685 C.c.Q.) : en conséquence, le débiteur poursuivi pourra ne payer que le solde de la dette. Dans ces trois hypothèses, on constate que le moyen de défense touche à la fois la dette et l'un des codébiteurs, puisqu'il y a, en quelque sorte, paiement partiel effectué par l'un des codébiteurs : d'où la solution qui leur est apportée.

Ce sont là les effets dits « principaux » de la solidarité passive.

390. *Les effets secondaires dans les rapports entre le créancier et les codébiteurs.* Il y a d'autres effets qui ne peuvent pas s'expliquer par les idées de dette unique et de pluralité de liens. C'est pourquoi on a mis de l'avant une troisième idée, celle de la représentation mutuelle des codébiteurs, qui a pour conséquence de produire des effets dits « secondaires ». Chacun

n'annulent que l'engagement du codébiteur frappé d'incapacité ou dont le consentement a fait défaut ou a été vicié (art. 1530 C.c.Q.).

des codébiteurs représente les autres codébiteurs solidaires : ceux-ci sont censés s'être donné un mandat réciproque dans leurs rapports avec le créancier. Cette idée de représentation entraîne les effets suivants :

– la mise en demeure adressée à l'un des codébiteurs met en demeure tous les autres (art. 1599, al. 1 C.c.Q.); on observera cependant que cette disposition ne s'applique ni à la demeure constituée par les termes mêmes du contrat, ni à la demeure constituée par une demande en justice, ni à la demeure par le seul fait de la loi; en ces derniers cas, la demeure de l'un des codébiteurs ne se répercute pas sur les autres;

– si l'exécution d'une obligation devient impossible par la faute ou pendant la demeure de l'un des codébiteurs, chacun d'eux reste tenu de la valeur de la prestation rendue impossible, mais seul celui qui a commis la faute ou qui était personnellement en demeure[1257] est tenu des dommages-intérêts additionnels, c'est-à-dire qui pourraient s'ajouter à la valeur de la chose (art. 1527, al. 1 C.c.Q.).

Il faut comprendre qu'en vertu de l'article 1527 C.c.Q., la faute ou la demeure de l'un des codébiteurs obligent tous les autres codébiteurs à payer la valeur de la prestation qui n'a pas été exécutée, mais non point les dommages-intérêts additionnels, tel le manque à gagner qui sera assumé seulement par le débiteur fautif ou personnellement en demeure. En effet, s'il n'en était pas ainsi, la faute de ce débiteur (ou l'inexécution par ce débiteur alors qu'il est en demeure), aggraverait la situation des autres; or, l'idée de représentation ne peut pas nuire aux débiteurs qui n'ont pas commis de faute ou n'ont pas été mis personnellement en demeure : en effet, un mandant n'est pas tenu des actes du mandataire qui vont au-delà des limites de son mandat (art. 2160 C.c.Q.)[1258].

[1257] L'article 1527 C.c.Q. vise de toute évidence le codébiteur qui est personnellement en demeure et non point celui qui ne le serait que par application de l'article 1599 C.c.Q.

[1258] L'article 1516 C.c.Q., selon lequel la déchéance du terme encourue par l'un des débiteurs solidaires est inopposable aux autres codébiteurs,

En revanche, dans le droit d'hier, en vertu de l'article 1111 C.c.B.C., « la demande d'intérêts formée contre l'un des débiteurs solidaires [faisait] courir l'intérêt à l'égard de tous » : cette solution était incompatible avec la précédente (art. 1109 C.c.B.C., correspondant à l'art. 1527 C.c.Q.), l'idée de représentation aggravant en ce cas la situation de tous; il s'agissait, disait-on, d'une mesure destinée à éviter au créancier d'avoir à multiplier les mises en demeure afin de pouvoir percevoir de l'un quelconque des codébiteurs les intérêts résultant du retard[1259]. Toutefois, cet article 1111 C.c.B.C. n'ayant pas été repris dans le nouveau Code, il est permis de prétendre que cette exception au principe voulant que l'idée de représentation ne puisse aggraver la situation des codébiteurs est aujourd'hui mise de côté; il en résulte, à notre avis, que la mise en demeure adressée à l'un des codébiteurs n'a pas pour effet de faire courir les intérêts à l'égard de tous. L'article 1599, al. 1 C.c.Q. signifie donc seulement qu'un codébiteur solidaire ne peut se prévaloir du défaut d'avoir été mis personnellement en demeure, par demande extrajudiciaire, pour refuser d'exécuter, lorsque le créancier s'adresse à lui pour exécution, après avoir mis en demeure l'un quelconque des autres codébiteurs.

– tout acte qui interrompt la prescription contre l'un des débiteurs solidaires, l'interrompt contre tous (art. 2900 C.c.Q.).

Cette idée de représentation mutuelle peut soulever, on vient de le voir, certaines difficultés, dans la mesure où l'on pousse la logique trop loin[1260], notamment dans l'hypothèse où le codébiteur poursuivi ne se défend pas ou se défend mal. C'est pourquoi il est normal de limiter ce pouvoir de représentation : s'agissant de protéger les droits du créancier, les actes accomplis à l'égard de l'un des codébiteurs et qui ont pour effet de conserver les droits de ce créancier, doivent valoir à l'encontre des autres codébiteurs qui, au contraire, ne doivent point souffrir des actes qui ont pour effet d'aggraver la dette; s'agissant de veiller aux droits des codébiteurs, le mandat mutuel ne peut avoir, en effet, pour conséquence de permettre à l'un des codébiteurs de nuire, par ses actes, aux autres codébiteurs. Ainsi s'expliquent les règles qui viennent d'être examinées. C'est également pourquoi une transaction conclue entre le créancier et l'un des codébi-

---

procède du même esprit : la faute de l'un des codébiteurs ne doit pas aggraver la situation des autres.

[1259] *Cf.* MARTY et RAYNAUD, 2ᵉ éd., t. 2, nᵒ 120, p. 107 et 108.

[1260] *Cf.* MALAURIE et AYNÈS, t. 6, 10ᵉ éd., nᵒ 1156, p. 702.

teurs solidaires ne sera pas opposable aux autres codébiteurs si elle leur est défavorable.

Si l'on va jusqu'au bout de cette idée de représentation, on est amené à dire qu'un jugement prononcé contre l'un des codébiteurs solidaires a autorité de chose jugée à l'égard des autres, même si ces derniers ne sont pas intervenus au litige ou n'ont pas été mis en cause : « [l]e principe de l'autorité relative de la chose jugée n'est pas méconnu, puisque, dans le procès, chaque débiteur représente ses coobligés. Il faut seulement réserver l'espèce d'une collusion frauduleuse entre le créancier et le codébiteur poursuivi, aux fins d'obtenir un jugement favorable au créancier »[1261]. Si l'on admet ce principe, les codébiteurs qui n'ont pas été mis en cause peuvent souffrir, en dehors de toute malhonnêteté, de la maladresse ou de la négligence du débiteur poursuivi. Il nous paraît déjà difficile d'accepter l'idée qu'un jugement prononcé contre une personne déterminée puisse avoir autorité à l'égard d'une ou plusieurs autres absentes du procès, malgré une idée de représentation qui, à l'origine, n'avait pour objet que d'expliquer les effets dits secondaires de la solidarité. C'est donner à la représentation une extension et un rôle qu'elle ne devrait pas avoir. Aussi, devrait-on, au moins, lui reconnaître des limites et l'exclure lorsque le jugement crée une obligation supplémentaire ou aggrave la situation des autres codébiteurs[1262]. Il serait surprenant que l'idée de représentation conduise à permettre aux codébiteurs qui n'ont pas été mis en cause, de faire appel du jugement rendu contre le débiteur poursuivi qui est censé les représenter ! Cela étant, un tel jugement ne devrait pas leur être opposable, tout au moins s'il aggrave leur situation.

391. *L'obligation* in solidum. Dans les hypothèses où l'idée de représentation mutuelle ne paraît pas concevable, on a parlé d'une « solidarité imparfaite », notion qu'on semble abandonner pour la remplacer par celle d'« obligation *in solidum* » : c'est une opération qui produit seulement les effets principaux de la solidarité et non point les effets secondaires, mais qui est distincte en tant que telle de la solidarité. Ainsi, la doctrine et la jurisprudence françaises font de l'obligation qui pèse sur les coauteurs d'un même délit ou quasi-délit à l'égard de la victime une obligation *in solidum* : la victime peut réclamer à l'un quelconque des coauteurs la totalité des dommages

---

[1261] MAZEAUD, 9e éd., t. 2, vol. 1, n° 1063, p. 1111.
[1262] *Cf.* MARTY et RAYNAUD, 2e éd., t. 2, n° 122, p. 109; BAUDOUIN et JOBIN, 5e éd., n° 621, p. 482 et 483.

subis sans que l'on puisse pour autant parler de solidarité. En effet, dans une telle hypothèse, l'idée de représentation est douteuse[1263]. En droit québécois, l'article 1526 C.c.Q. précise que, dans le cadre de la responsabilité extracontractuelle, les personnes qui, par leur faute, ont causé un préjudice à autrui, sont tenues solidairement à la réparation, disposition qui n'a pas son correspondant dans le Code civil français : on est alors justifié de croire qu'il s'agit, ici, d'une solidarité parfaite, le mandat mutuel résultant de la loi et non de la convention[1264]. Néanmoins, la Cour suprême du Canada avait, même dans le cadre de l'article 1106 C.c.B.C., fait la distinction entre l'obligation solidaire et l'obligation *in solidum*[1265].

Certains auteurs ont nié l'existence au Québec de cette obligation *in solidum*, « importation brutale, non justifiée par les textes, d'une théorie étrangère au droit québécois »[1266]. L'importation ne nous paraît pas aussi « brutale » qu'on le dit, car – si elle peut n'être pas nécessaire dans le cadre de l'hypothèse prévue à l'article 1526 C.c.Q. – le recours à la notion d'obligation *in solidum* est tout à fait opportun toutes les fois qu'est mise en cause une responsabilité collective qui découle de la nature des choses et permet de rendre justice à un créancier qui risquerait, autrement, de recevoir seulement une partie de ce qui lui est dû. Ainsi aurait-il été utile que les tribunaux québécois fassent de l'obligation alimentaire une obligation *in solidum*, lorsqu'une personne est en droit de demander à plusieurs autres les aliments nécessaires à sa survie : c'est d'ailleurs ce qu'a reconnu le législateur, en 1981, en disposant que « le créancier peut exercer son recours contre un de ses débiteurs alimentaires ou contre plusieurs simultanément », le tribunal pouvant fixer « le montant de la pension que doit payer chacun des débiteurs poursuivis ou mis en cause » (art. 641 C.c.Q. *ante* 1994, repris au nouveau Code à l'article 593 C.c.Q). Pourquoi n'y aurait-il pas également obligation *in solidum* entre l'auteur d'un dommage et la personne civilement responsable, tel le préposé et son commettant ? En cette hypothèse, en effet, on l'a

---

[1263] *Cf.* MARTY et RAYNAUD, 2ᵉ éd., t. 2, n° 126 et suiv., p. 112 et suiv.; MAZEAUD, 9ᵉ éd., t. 2, vol. 1, n° 1072, p. 1123; STARCK, 6ᵉ éd., vol. 2, n° 1357 et suiv., p. 469 et suiv.

[1264] *Cf.* BAUDOUIN et JOBIN, 5ᵉ éd. nᵒˢ 613 et 614, p. 476-478; TANCELIN, 6ᵉ éd., n° 1404 et suiv., p. 710 et suiv.

[1265] *Blumberg* c. *Wawanesa Mutual Insurance Co.*, [1960] B.R. 1165; [1962] R.C.S. 21.

[1266] BAUDOUIN, 3ᵉ éd., n° 791, p. 479.

déjà dit[1267], les débiteurs sont tenus responsables de l'entier dommage pour des causes différentes. Il devrait en être de même entre coauteurs d'un dommage, l'un tenu contractuellement, l'autre extracontractuellement : c'est d'ailleurs ce qu'a reconnu la Cour d'appel, condamnant *in solidum* un hôpital et un médecin, tenus à la réparation d'un même préjudice, l'un sur le plan contractuel et l'autre sur le plan extracontractuel[1268]; tel serait également le cas, vis-à-vis du destinataire d'une marchandise, du transporteur responsable de l'inexécution fautive de son obligation contractuelle et du tiers qui, lui aussi, par sa faute extracontractuelle, est également responsable du même dommage. Une solution identique pourrait être appliquée au cas d'un même dommage résultant de l'inexécution fautive de deux contrats distincts, tel celui du créancier qui serait lié par deux contrats différents, d'une part avec un menuisier et, d'autre part, avec un électricien, auteurs l'un et l'autre d'une faute distincte qui a contribué à la réalisation de l'entier préjudice[1269].

On constate donc que cette notion d'obligation *in solidum* répond de façon adéquate aux situations qui présentent à la fois pluralité d'objets et pluralité de liens, ou plusieurs dettes distinctes éventuellement de nature différente[1270].

Dans l'Avant-projet de loi portant réforme du droit des obligations, les articles 1584 et 1585 consacraient, sur le plan législatif, la « solidarité imparfaite » et codifiait l'idée de représentation mutuelle, la solidarité imparfaite – ou obligation *in solidum* – intervenant précisément lorsque les débiteurs n'étaient pas censés se représenter mutuellement. Toutefois, ces dispositions ne furent pas reproduites dans la version finale du nouveau Code. On a pu, en effet, considérer qu'il n'était pas opportun d'édicter que « la solidarité est parfaite lors-

---

[1267] *Cf. supra*, n° 388 *in fine*.

[1268] *Lapointe* c.*Hôpital Le Gardeur*, [1989] R.J.Q. 2619 (C.A.), infirmé pour d'autres motifs par [1992] 1 R.C.S. 351; *Houde* c. *Côté*, [1987] R.J.Q. 723 (C.A.).

[1269] *Cf. Compagnie générale maritime* c. *Camionnages Intra-Québec inc.*, J.E. 99-1464 (C.S.).

[1270] On a reconnu l'existence de cette notion, notamment dans *General Motors Products of Canada* c. *Kravitz*, [1979] 1 R.C.S. 790 (concessionnaire et fabricant pouvant être tenus à une même chose quoique l'obligation de l'un et de l'autre soient de source différente); *cf.* également *Sunne* c. *Shaw*, [1981] C.S. 609. Sur l'obligation *in solidum*, on peut consulter Jacques MESTRE, « Le rappel des conditions de l'obligation *in solidum* », *Rev. trim. dr. civ.* 1991.528.

que les débiteurs sont obligés envers le créancier par le même acte ou fait juridique et qu'ils sont, de ce fait, censés se représenter mutuellement ». On a précédemment relevé les objections que l'on pouvait faire à cette idée de représentation et ses limites : le législateur n'a pas à révéler la théorie juridique à laquelle il se raccroche. Aussi est-il permis de penser qu'on s'en tient au droit antérieur, qu'on peut encore se référer aux idées d'unité d'objet et de pluralité de liens ou encore à l'idée de représentation, avec les précautions qui s'imposent en certains cas. Par ailleurs, le fait d'avoir renoncé à consacrer, sur le plan législatif, la solidarité imparfaite ne nous contraint pas à en déduire que la notion d'obligation *in solidum* n'existe plus[1271] : tout le droit civil ne se retrouvant pas au Code civil et, au surplus, l'article 593 C.c.Q. relatif à l'obligation alimentaire consacrant, de façon indirecte, l'existence de l'obligation *in solidum*[1272].

392. *Les effets dans les rapports des codébiteurs entre eux.* Après que le créancier a obtenu la totalité de sa créance, le codébiteur *solvens* peut se retourner contre les autres codébiteurs afin de récupérer leur part respective de la dette, le partage entre les codébiteurs se faisant en principe en parts égales, à moins que leur intérêt dans la dette ne soit inégal (art. 1537, al. 1 C.c.Q.)[1273].

Cependant, dans les rapports des codébiteurs entre eux, l'obligation qui était solidaire devient conjointe[1274]. Le débiteur poursuivi, qui a payé la totalité, devra diviser son recours

---

[1271] *Contra* : Vincent KARIM, *Commentaires sur les obligations*, vol. 2, Cowansville, Éditions Yvon Blais, 1997, p. 73 et suiv., ainsi que BAUDOUIN, 4ᵉ éd., nº 872, p. 494 (voir toutefois les développements très nuancés de la 5ᵉ éd., no 614, p. 477). TANCELIN, 6ᵉ éd., nº 1404 et suiv., p. 710 et suiv. et LANGEVIN et VÉZINA, vol. 5, p. 118 sont favorables à la reconnaissance de l'obligation *in solidum*. D'ailleurs, la jurisprudence continue à reconnaître l'existence de l'obligation *in solidum* : *Dostie* c. *Sabourin*, [2000] R.J.Q. 1026 (C.A.); *2151-9186 Québec inc.* c. *Delwasse*, J.E. 97-1330 (C.S.); *Compagnie générale maritime* c. *Camionnage Intra-Québec inc.*, J.E. 99-1464 (C.S.).

[1272] *Cf. contra* : *Droit de la famille – 2379*, [1996] R.J.Q. 686 (C.S.).

[1273] Rien n'empêche les codébiteurs de modifier conventionnellement la répartition de leur contribution à la dette : *cf. Forget* c. *Lamoureux*, [1999] R.J.Q. 853 (C.Q.).

[1274] *Cf.* Jacques MESTRE, « Solidarité passive et paiement de l'intégralité du prix par l'un des codébiteurs », *Rev. trim. dr. civ.* 1998.906.

contre chacun des autres codébiteurs et ne pourra exiger de chacun que sa part personnelle : « le débiteur solidaire qui a exécuté l'obligation ne peut répéter de ses codébiteurs que leur part respective[...] »(art. 1536 C.c.Q.).

Il peut arriver que le *solvens* ait omis de soulever un moyen commun à tous les codébiteurs solidaires; cette omission ne peut préjudicier aux autres codébiteurs qui pourront l'opposer au *solvens* lorsque celui-ci demandera paiement de leur part (art. 1539 C.c.Q.). Le *solvens* devra en ce cas se retourner contre le créancier pour récupérer ce qu'il n'aurait pas dû payer.

Il peut aussi arriver que l'un des codébiteurs soit insolvable : afin que le débiteur *solvens* n'ait pas à supporter seul cette insolvabilité, l'article 1538, al. 1 C.c.Q. dispose que la part de l'insolvable se répartit par contribution entre tous les codébiteurs solidaires qui sont solvables; ainsi, chacun d'eux supporte une part de la perte.

Le recours que le codébiteur *solvens* a la possibilité d'exercer contre les autres codébiteurs peut être une action née du mandat ou de la gestion d'affaires, puisqu'en payant la totalité de la dette, il a payé sa dette personnelle et celle d'autrui. Mais ce peut être aussi l'action du créancier lui-même, puisque le *solvens* est subrogé de plein droit dans les droits du créancier; c'est un cas de subrogation légale (art. 1656(3) C.c.Q.) qui présente un intérêt incontestable lorsque la créance était assortie de sûretés : le subrogé bénéficie des sûretés qui appartenaient au créancier désintéressé. Toutefois, le débiteur *solvens* n'est pas subrogé dans la solidarité elle-même : il ne peut répéter contre les autres que les parts et portions de chacun d'eux (art. 1536 *in fine* C.c.Q.); c'est une des limites apportées à l'effet translatif de la subrogation.

Enfin, le créancier a pu renoncer à son recours solidaire ou, en d'autres termes, consentir une remise de solidarité, sans pour autant renoncer à la dette elle-même.

La remise de solidarité peut être expresse, mais la loi précise les cas où elle peut être tacite. C'est d'abord l'hypothèse prévue à l'article 1533 C.c.Q. où le créancier qui reçoit d'un

codébiteur un paiement partiel, lui donne quittance en indiquant : « Reçu de A la somme de 250 $ pour sa part dans la
dette »; en revanche, il n'y aura pas remise de solidarité si ce
même créancier donne quittance en indiquant : « Reçu de A,
sur la somme qui m'est due solidairement, la somme de 250 $ »,
ou encore « Reçu de A la somme de 250 $ pour sa part dans la
dette, mais sous réserve de mes droits » (dans la solidarité)[1275].
C'est ensuite l'hypothèse où le créancier poursuit l'un des codébiteurs pour sa part, soit 250 $: il est alors censé lui avoir
consenti une remise de solidarité, lorsqu'intervient un jugement de condamnation ou lorsque le codébiteur poursuivi paie
(art. 1535 C.c.Q.).

S'agissant d'une remise totale de solidarité, c'est-à-dire qui
vaut à l'égard de tous les codébiteurs, l'obligation devient
conjointe; s'agissant d'une remise « relative » qui vaut à l'égard
d'un seul codébiteur, seul celui-ci en profitera (art. 1532
C.c.Q.). Déchargé de la solidarité, ce codébiteur avantagé
n'aura pas à supporter, le cas échéant, sa part de l'insolvabilité
d'un autre codébiteur : dans une telle hypothèse, c'est le créancier lui-même qui assumera cette part contributoire (art. 1538,
al. 2 C.c.Q.). Soit A, B, C et D, débiteurs solidaires de 1 000 $ à
l'égard du créancier Z; A est déchargé de la solidarité par Z,
après avoir payé sa part, 250 $. Z exerce un recours contre B
qui lui verse 750 $. B se retourne contre C et D, mais il s'avère
que C est insolvable : la part de C (250 $) sera répartie égale-
ment entre B, D et le créancier Z, qui assume ainsi la part de
l'insolvabilité de C que A aurait eu à assumer s'il n'avait été
déchargé de la solidarité.

L'article 1538, al. 2 C.c.Q. s'applique uniquement lorsqu'est insolvable un ou des codébiteurs *autres* que celui à qui a été consentie la
remise de solidarité : il faut comprendre, en effet, que cette disposition vise à éviter que la remise de solidarité consentie par le créancier
à l'un des codébiteurs puisse aggraver la situation des autres. Or,
advenant le cas où l'insolvabilité serait celle du codébiteur à qui a été
consentie la remise de solidarité, cette remise n'affecte aucunement la

---

[1275] Sur le paiement partiel des arrérages ou intérêts de la dette, *cf.*
art. 1534 C.c.Q.

situation des autres codébiteurs. En conséquence, cette disposition, comme l'indiquait clairement l'article 1119 C.c.B.C., ne s'applique pas au cas où l'insolvabilité est celle du codébiteur à qui a été consentie la remise de solidarité. Soit A ayant été déchargé de la solidarité et Z ayant exercé son recours contre B qui lui a versé 1 000 $, la part de A insolvable sera répartie entre B, C et D; la situation de B, C et D est ici identique à celle qu'elle aurait été en l'absence de remise de solidarité consentie par Z à A et n'est aucunement aggravée par la faveur accordée au codébiteur insolvable.

Outre le cas prévu au second alinéa de l'article 1538 C.c.Q., le créancier peut avoir à assumer une partie de la dette lorsque, par son fait, il a privé le *solvens* d'une sûreté ou d'un droit que ce dernier aurait pu faire valoir par subrogation : ce *solvens* sera alors libéré jusqu'à concurrence de la valeur de la sûreté ou du droit dont il est privé (art. 1531 C.c.Q.). Soit A, B, C et D, codébiteurs solidaires de la somme de 1 000 $ à l'égard d'un créancier Z, à qui a été consentie, pour garantir la totalité de sa créance, une hypothèque sur un immeuble de B; advenant le cas où Z aurait renoncé à cette hypothèque et que B, C, et D s'avèrent ultérieurement insolvables, A serait libéré envers Z de la valeur que représentait l'hypothèque qu'il aurait pu, n'eût été du fait de Z, faire valoir par subrogation, soit 750 $ si la garantie avait eu au moins cette valeur. Dans l'hypothèse cependant où la main-levée de l'hypothèque n'aurait aucune conséquence sur le recours subrogatoire de A, ce dernier, ne subissant aucun préjudice, ne serait pas libéré : ainsi, au cas où un seul des codébiteurs solidaires (par exemple C) serait insolvable, alors que B et D seraient solvables, A ne subirait en principe aucun préjudice de la disparition de l'hypothèque et ne pourrait être libéré.

393. *Remise de dette et insolvabilité.* Comme on vient de le dire, l'article 1538, al. 2 C.c.Q. s'applique à la remise de solidarité, qu'il ne faut pas confondre avec la remise de dette[1276]. Soit A, B, C et D, débiteurs solidaires de 1 000 $ à l'égard du créancier Z qui consent une remise de dette à A : cela signifie que la créance est désormais de 750 $ et non plus de 1 000 $[1277]. A,

---

[1276] *Cf. infra*, n° 527.

[1277] Le même raisonnement s'applique lorsque le créancier accepte de libérer l'un des codébiteurs pour un montant inférieur à sa part contributoire : *cf. Banque nationale du Canada* c. *Denevers Marketing inc.*, J.E. 95-2258 (C.S.).

bénéficiaire de cette remise de dette, peut-il être néanmoins poursuivi pour 750 $? Dans le droit d'hier, alors que certains prétendaient que la remise de dette n'emportait pas nécessairement remise de solidarité, en d'autres termes qu'il pouvait y avoir remise de dette sans que pour autant il y ait remise de solidarité, d'autres prétendaient que, par cette « remise de dette », A « sortait du paysage », cessait donc d'être codébiteur solidaire. Outre la question de savoir si A pouvait être toujours poursuivi pour 750 $, se posait également celle de savoir comment se répartissait la part contributive de chacun des codébiteurs au cas d'insolvabilité de l'un d'eux. Si l'on admet que remise de dette n'implique pas remise de solidarité, A pourra être poursuivi pour 750 $ et, advenant l'insolvabilité de B, A devra assumer sa part contributive à l'insolvabilité de B, étant donné que par hypothèse, il n'est pas libéré de la solidarité. Au contraire, si on admet que remise de dette implique remise de solidarité, il faut en conclure que A est libéré, qu'il « sort du paysage » et qu'en conséquence il ne peut être tenu, ni du reliquat de la dette (750 $), ni de la part contributive à l'insolvabilité de B, étant alors remplacé par le créancier Z[1278].

Le nouveau Code, en son article 1690, fait supporter au créancier qui a consenti une remise de dette à l'un des débiteurs solidaires la part contributive que ce dernier aurait eu à assumer au cas d'insolvabilité d'un autre codébiteur; c'est dire que désormais la remise de dette implique remise de solidarité et que le codébiteur, à qui cette remise de dette a été consentie, « sort du paysage ».

394. *Les exceptions purement personnelles dans les rapports entre codébiteurs.* Lorsque le *solvens* exerce son recours subrogatoire contre les autres codébiteurs, le codébiteur ainsi poursuivi peut lui opposer les moyens personnels qu'il aurait pu faire valoir contre le créancier s'il avait été lui-même poursuivi en premier lieu, mais non point ceux qui sont personnels à quelqu'autre codébiteur (art. 1539 C.c.Q.).

[1278] Sur cette question, voir PINEAU et BURMAN, 2ᵉ éd., n° 299, p. 387 et 388.

On peut alors se demander ce qu'il advient, entre les codébiteurs, de cette exception purement personnelle que l'un des codébiteurs peut opposer au *solvens* (ou même au créancier, dans l'hypothèse, où ce dernier a déjà tenté de le poursuivre) : qui assumera la part de ce codébiteur ? Soit A, B, C, et D, débiteurs solidaires de la somme de 1 000 $ à l'égard du créancier Z; à supposer que le consentement de A ait été vicié, et que B soit poursuivi en paiement, ce dernier ne pourra opposer à Z cette cause de nullité qui est purement personnelle à A (art. 1530 C.c.Q.) : B devra donc payer 1 000 $ à Z. Lorsque B exercera son recours subrogatoire contre A, ce dernier pourra lui opposer le vice de son consentement (art. 1539 C.c.Q), comme il aurait pu l'opposer à Z s'il avait été poursuivi en premier lieu. B aura-t-il alors une action en paiement de l'indu contre Z pour la part de A ?

La réponse à cette dernière question doit être négative pour deux raisons. D'une part, l'idée d'unité d'objet nous oblige à dire qu'il y a une dette unique de 1 000 $ et non point quatre dettes de 250 $ chacune, contrairement à ce qui se passerait dans le cas d'une exception mixte qui intéresse une obligation dont une partie a été exécutée ou se heurte à un obstacle dans l'exécution. D'autre part, la subrogation légale, dont bénéficie celui qui a payé, fait que B est subrogé dans les droits du créancier Z qui ne garantit pas l'existence de l'engagement de chacun des codébiteurs, pas plus qu'il ne garantit leur solvabilité. Le créancier ayant une créance de 1 000 $, il doit recevoir 1 000 $. Il appartient donc aux codébiteurs B, C et D d'assumer la part de A, par contribution; on applique ici, par analogie, l'article 1538, al. 1 C.c.Q.

395. *Cas des codébiteurs-cautions.* Il peut arriver que le rapport obligationnel entre le créancier Z et les codébiteurs A, B, C et D ne concerne, en réalité, que l'affaire de l'un de ces codébiteurs, soit A, qui, par exemple, a emprunté de Z la somme de 1 000 $ pour son commerce. À l'égard de Z, les codébiteurs A, B, C et D sont incontestablement tenus solidairement, comme s'il y avait entre eux une communauté d'intérêts. Toutefois, dans leurs rapports entre eux, cette communauté d'intérêts n'existe pas : B, C et D ne sont, à l'égard de A, que des cautions (art. 1537, al. 2 C.c.Q.). Si donc A paie 1 000 $ à Z, il est évident que B, C et D sont libérés non seulement à l'égard de Z, mais aussi à l'égard de A qui doit seul supporter la dette, puisqu'elle a été contractée dans son seul intérêt. Si Z choisit de poursuivre B, C ou D, celui qui est poursuivi devra payer 1 000 $ et réclamer ce même montant à A qui est, vis-à-vis de lui, le débiteur principal. Advenant le cas où celui qui a été poursuivi et a payé ne réussirait pas à recouvrer de A la somme qu'il a versée à Z, il s'adresserait alors aux autres cautions, chacun pour leur part, en application de l'article 2360 C.c.Q.

La même situation, avec les mêmes effets, peut se présenter en matière de responsabilité lorsque plusieurs personnes sont tenues solidairement à la réparation du préjudice, alors que celui-ci résulte de la faute d'une seule d'entre elles. On peut songer, par exemple, à la responsabilité solidaire des mandataires (art. 2144 C.c.Q.), laquelle serait engagée par la faute de l'un d'eux seulement. C'est pourquoi l'article 1537 C.c.Q. s'applique également à ce cas, comme il le mentionne expressément[1279].

On signalera également le cas des associés d'une société en nom collectif, lesquels sont tenus solidairement des dettes de la société lorsqu'elles ont été contractées pour le service ou l'exploitation d'une entreprise de la société, mais qui ont le droit au bénéfice de discussion des biens de la société (art. 2221 C.c.Q.) : leur situation se rapproche donc plus de celle de la véritable caution que de celle du codébiteur solidaire.

396. *La prescription dans les rapports entre codébiteurs.* On a déjà indiqué que l'interruption de la prescription contre l'un des codébiteurs valait contre tous (art. 2900 C.c.Q.) et que le codébiteur qui payait le créancier avait un recours contre chacun des autres codébiteurs pour recouvrer leur part respective (art. 1536 C.c.Q.). Quel est, alors, le délai de prescription du recours qu'a le *solvens* contre les coobligés, que son action soit dite récursoire ou subrogatoire, et quel en est le point de départ ?

La règle est simple. Le délai de prescription auquel est soumis le *solvens* est en général le même que celui de l'action que possédait le créancier (en principe trois ans, art. 2925 C.c.Q.), cependant, il commence à courir à la date du paiement lorsque celui-ci a été effectué

[1279] Cf. Didier R. MARTIN, « L'engagement de codébiteur solidaire adjoint », *Rev. trim. dr. civ.* 1994.49; pour une situation proche de celle envisagée par le second alinéa de l'article 1537 C.c.Q., voir : *Choinière* c. *Coutu*, J.E. 95-2218 (C.S.).

volontairement, car il ne saurait débuter avant que ne soit né le droit
de poursuivre les autres codébiteurs[1280]; c'est dire que, dans
l'hypothèse où le paiement est forcé, la prescription commence à courir à compter de la date du jugement, puisque c'est à ce moment que
le codébiteur poursuivi acquiert son recours contre les autres codébiteurs[1281].

397. *Observation d'ordre terminologique.* On relève fréquemment
l'expression « condamner à payer conjointement et solidairement la
somme de... »; c'est *a priori* un non-sens, puisqu'on oppose précisément l'obligation conjointe à l'obligation solidaire[1282]. Il faut comprendre que les codébiteurs sont tenus solidairement à l'égard du
créancier et conjointement entre eux.

C. Les obligations indivisibles

398. *Notion.* Le *Code civil du Bas Canada* consacrait aux
obligations indivisibles un certain nombre de dispositions (art.
1121 à 1130 C.c.B.C.) dont on ne pouvait pas dire qu'elles
étaient lumineuses; dans le nouveau Code, le législateur a
cherché à simplifier ce qui était hier inutilement complexe.
L'obligation est dite indivisible lorsqu'elle doit être exécutée en
entier. Dans les rapports existant entre un seul créancier et un
seul débiteur, il importe peu de s'interroger sur le sujet, puisque – on l'a déjà indiqué – le paiement est indivisible : le principe veut que le créancier ne puisse être contraint de recevoir

---

[1280] *Cf. Morin* c. *Canadian Home Assurance Co.,* [1970] R.C.S. 561.

[1281] *Cf. Cité de Montréal* c. *Le Roi,* [1949] R.C.S. 670; *La Personnelle, Compagnie d'Assurance* c. *Procureur général du Québec,* [1971] C.A. 859. *Cf.*
MARTINEAU, 1977, n° 296, p. 310 et suiv. et n° 298, p. 313 et suiv.

[1282] Il est parfois permis de se demander si le législateur ne s'y trompe pas
lui-même lorsque, par exemple, il édicte que l'un et l'autre des parents
sont tenus « conjointement » du remboursement de certaines dépenses
relatives à leur enfant (*cf.* art. 513 de la *Loi sur les services de santé et
les services sociaux*) : s'agit-il vraiment d'une obligation conjointe, ou
plutôt d'une obligation solidaire mal nommée ? *Cf.* dans l'un et l'autre
sens, *Centre Jeunesse de la Mauricie et du Centre du Québec* c. *D.,* J.E.
00-1993 (C.Q.) et *Centre Jeunesse des Laurentides* c. *M.D.,* J.E. 00-1994
(C.Q.). Voir à ce sujet les commentaires de Patrick MOLINARI, *Loi
annotée des services de santé et des services sociaux,* 10ᵉ éd., Montréal,
Wilson et Lafleur, 1998, art. 513.

un paiement fractionné (art. 1561 C.c.Q.). Au contraire, le problème de savoir si une obligation est divisible ou indivisible se pose lorsque sont en présence plusieurs créanciers face à un débiteur ou plusieurs débiteurs face à un créancier[1283].

Lorsque l'obligation est divisible, elle se partage en autant de dettes qu'il y a de débiteurs ou en autant de créances qu'il y a de créanciers[1284]. Lorsque l'obligation est indivisible, au contraire, chacun des créanciers indivisibles peut réclamer la totalité de la dette du débiteur, ou chacun des débiteurs indivisibles peut être tenu de la totalité (art. 1520 C.c.Q.). De la même façon qu'on rencontre la solidarité active et la solidarité passive, on a affaire à une indivisibilité active lorsqu'il s'agit de cocréanciers indivisibles, et à une indivisibilité passive lorsqu'il s'agit de codébiteurs indivisibles.

Comme dans l'obligation solidaire, il y a dans l'obligation indivisible, pluralité de créanciers ou de débiteurs, mais c'est l'objet de l'obligation qui s'oppose à sa division et la rend impossible, de sorte que chacun des cocréanciers peut réclamer la totalité ou que chacun des codébiteurs peut être tenu du tout.

a) Les sources de l'indivisibilité

L'indivisibilité peut résulter de la nature même de l'objet ou de la volonté des parties (art. 1519 C.c.Q.)[1285].

399. *La nature de l'objet.* L'obligation est indivisible lorsque, en raison de la nature de son objet, elle n'est pas suscepti-

---

[1283] Selon certains, l'indivisibilité peut également jouer dans le cadre des groupes de contrats : *cf.* Jacques MOURY, « De l'indivisibilité entre les obligations et entre les contrats », *Rev. trim. dr. civ.* 1994.255; Jacques MESTRE, « Double facette de l'indivisibilité entre contrats », *Rev. trim. dr. civ.* 1995.363.

[1284] *Mattard c. Mottilo,* J.E. 94-221 (C.Q.).

[1285] On mentionnera que le *Code civil du Bas Canada* prévoyait en outre des cas particuliers d'indivisibilité, dite *solutione tantum*, qui visaient non point l'obligation elle-même mais son exécution (art. 1123 C.c.B.C.; *cf.* MIGNAULT, t. 5, p. 515 et suiv.). Probablement par souci de simplifier une matière qui a toujours été considérée complexe et obscure, cette forme d'indivisibilité n'a pas été reprise au nouveau Code.

ble d'exécution fractionnée. L'obligation de livrer un corps certain est, par nature, indivisible : l'obligation qu'ont deux codébiteurs de livrer un cheval est indivisible par la nature de l'objet de la prestation; comme le note Mazeaud, chacun d'eux ne peut pas en livrer une moitié[1286] ! Le créancier peut obtenir satisfaction en s'adressant à l'un ou l'autre de ses codébiteurs. On a dit de cette indivisibilité qu'elle était absolue et nécessaire : elle concerne toute obligation dont on ne peut pas concevoir une exécution partielle; il en est ainsi, notamment, de l'obligation de ne pas faire. L'article 1519 C.c.Q., interprété *a contrario*, résume fort bien la situation : une obligation est indivisible lorsqu'elle a pour objet une prestation qui, dans son exécution, n'est pas susceptible de division matérielle[1287].

Il est d'autres hypothèses où l'indivisibilité n'est pas aussi absolue : c'est le cas où l'exécution de l'obligation, qui matériellement pourrait se concevoir de façon fractionnée, a été intellectuellement envisagée comme formant un tout : celui qui s'adresse à plusieurs entrepreneurs afin de faire construire une maison, s'attend à ce que ces derniers lui livrent une maison formant un tout, même si théoriquement on peut en fractionner l'exécution, en envisageant indépendamment les travaux de maçonnerie, de charpente, de couverture, de plomberie, etc. Ici, l'objet, quoique divisible matériellement, n'est pas susceptible de division intellectuelle, à raison du caractère donnée à l'obligation par les parties. C'est pourquoi l'article 1519 C.c.Q. réfère tant à la prestation qui, de par sa nature, est indivisible matériellement qu'à celle qui est indivisible intellectuellement.

400. *La volonté des parties*. Même lorsque l'objet de l'obligation est susceptible de division, les parties peuvent convenir que son exécution s'effectuera comme si l'objet était

---

[1286] MAZEAUD, 9e éd., t. 2, vol. 1, n° 1075, p. 1125; MARTY et RAYNAUD, 2e éd., t. 2, n° 94 et suiv., p. 86 et suiv.; STARCK, 6e éd., vol. 2, n° 1369 et suiv., p. 473 et suiv.

[1287] L'obligation de *dare*, par exemple, peut être divisible : ainsi, un immeuble, objet de la prestation, est susceptible d'être divisé matériellement par appartement, ou intellectuellement dans le cadre d'une indivision!

indivisible[1288]. On cite, comme exemple, l'obligation portant sur une somme d'argent : certes, elle est par nature divisible puisque susceptible d'exécution par fraction[1289]; il est cependant permis aux parties de stipuler l'indivisibilité lorsque le créancier désire, par exemple, avoir la possibilité de réclamer à l'un quelconque des codébiteurs la totalité de la créance. On rejoint alors la notion de solidarité, qui aboutit au même résultat; toutefois, l'indivisibilité va entraîner, comme on le verra, certaines conséquences que la solidarité seule ne produirait pas. Cette stipulation présente, donc, un intérêt dans la mesure où elle renforce la solidarité.

b) Les effets de l'indivisibilité

401. *L'indivisibilité passive.* L'indivisibilité passive permet au créancier de demander à l'un quelconque des codébiteurs indivisibles la totalité de la dette. Elle produit les effets principaux de la solidarité, de même que des effets supplémentaires qu'on ne retrouve pas dans la solidarité.

On a dit, en effet, que la dette solidaire se divisait entre les héritiers de l'un des codébiteurs solidaires. Si, donc, Z possède une créance de 900 $, répartie également entre les débiteurs solidaires A, B et C, et que l'un d'eux – B, par exemple – vient à décéder, la dette solidaire se divise entre ses héritiers B1 et B2; cela signifie que le créancier ne pourra réclamer à chacun des héritiers que sa part respective : s'adressant à B1, il pourra lui réclamer seulement 450 $, c'est-à-dire la totalité de la dette solidaire divisée par deux, puisque B a deux héritiers (art. 1540 C.c.Q.). Au contraire, la dette indivisible ne se divise pas entre les héritiers de l'un des codébiteurs; c'est dire que le créancier pourra exiger de l'un des héritiers de l'un des codébiteurs la

---

[1288] Il s'agit de l'hypothèse où il y a pluralité de sujets; en effet, s'il n'y a qu'un créancier et un débiteur, la question ne se pose pas : le paiement est « indivisible ». C'est ce que rappelle l'article 1522 C.c.Q., précisant cependant que ce paiement « indivisible » est susceptible de division entre les héritiers soit du créancier, soit du débiteur.

[1289] *Cf. Arbour-Labelle* c. *Société canadienne de la Croix-Rouge*, [1992] R.J.Q. 2394 (C.A.).

totalité de la créance : reprenant l'exemple précédent, le créancier pourrait exiger 900 $ soit de B1, soit de B2, de la même manière qu'il le pourrait également de A ou de C (art. 1520, al. 1 *in fine*, C.c.Q.). C'est là la grande différence avec la solidarité. Aussi n'est-il pas surprenant que « la stipulation de solidarité, à elle seule, ne confère pas à l'obligation le caractère d'indivisibilité » (art. 1521 C.c.Q.), alors que, à l'inverse, comme en disposait l'article 1126 C.c.B.C. : « chacun de ceux qui ont contracté conjointement une dette indivisible en est tenu pour le total, encore que l'obligation n'ait pas été contractée solidairement »; la substance de ce texte se retrouve désormais au second alinéa de l'article 1520 C.c.Q.

Le droit d'hier prévoyait une hypothèse dans laquelle une obligation indivisible pouvait devenir divisible : « l'obligation de payer des dommages-intérêts résultant de l'inexécution d'une obligation indivisible est divisible » (art. 1128, al. 1 C.c.B.C.) : si, donc, l'obligation de livrer un corps certain était rendue impossible par le fait de l'un des codébiteurs indivisibles, le montant des dommages-intérêts était susceptible de division entre les différents codébiteurs, sauf à l'encontre de celui qui, par sa faute, avait rendu l'exécution impossible; la totalité de la réparation pouvait être réclamée à ce dernier par le créancier (art. 1128, al. 2 C.c.B.C.). L'article 1136 C.c.B.C. édictait une règle procédant du même esprit lorsque l'obligation indivisible était assortie d'une clause pénale. On retrouve ici l'idée, déjà rencontrée en matière de solidarité, selon laquelle le créancier a droit à un paiement non fractionné de sa créance, sans que pour autant l'inexécution fautive par l'un des codébiteurs puisse aggraver la situation des autres.

Qu'en est-il aujourd'hui ? La réponse est délicate, dans la mesure où l'article 1128 C.c.B.C. ne se retrouve pas dans le nouveau Code, lequel a cependant repris la substance des règles pertinentes tant dans le cas de l'obligation solidaire (art. 1527 C.c.Q.) que dans le cas d'une obligation indivisible assortie d'une clause pénale (art. 1624 C.c.Q.). En dépit de l'absence, au nouveau Code, d'une disposition correspondante à celle de l'article 1128 C.c.B.C., la solution nous semble aujourd'hui devoir être la même qu'hier. D'une part, rien n'indique que le législateur ait ici voulu modifier la substance du droit d'hier[1290] et, d'autre part, on ne voit pas pourquoi les principes ci-dessus énoncés ne devraient pas être également appliqués ici, alors

---

[1290] *Cf. C.M.J.*, t. I, p. 920.

qu'ils mènent à des solutions considérées justes dans des cas analogues, solutions d'ailleurs reprises expressément par le législateur : ne serait-il pas incohérent de traiter différemment l'obligation indivisible selon qu'elle est ou non assortie d'une clause pénale, la peine n'étant rien d'autre qu'une évaluation anticipée des dommages-intérêts (art. 1622 C.c.Q.)[1291] ?

On s'est demandé si l'indivisibilité produisait également les effets secondaires de la solidarité. La réponse semble être négative, car, d'une part, la solidarité n'équivaut point à l'indivisibilité et, d'autre part, la notion de représentation mutuelle ne se rencontre pas dans l'indivisibilité. Cela signifie que la mise en demeure de l'un des codébiteurs indivisibles ne devrait pas valoir à l'égard des autres, ce qui est confirmé par l'article 1599 C.c.Q. relatif à la demeure, lequel ne vise que les codébiteurs solidaires. Et pourtant, en vertu de l'article 2900 C.c.Q., « l'interruption à l'égard de l'un des [...] débiteurs d'une obligation [...] indivisible produit ses effets à l'égard des autres »[1292]. Cette disposition ne peut s'expliquer, dans le cas de l'indivisibilité, par l'idée de représentation, mais elle se comprend dans la mesure où elle évite au créancier d'avoir à intenter plusieurs actions afin de ne pas perdre ses droits, ce qui est l'objet même de l'indivisibilité.

Est-ce à dire que si le débiteur poursuivi ne met pas en cause ses codébiteurs, le jugement qui serait rendu à son égard ne lierait pas les coobligés ? C'est ce que prétend Mazeaud[1293], alors que Marty et Raynaud se montrent plus nuancés[1294]. Les observations faites sur ce point en matière de solidarité sem-

---

[1291] On pourrait prétendre que la suppression de l'article 1128 C.c.B.C. signifie nécessairement un changement dans la substance du droit; si tel est le cas, de deux choses l'une : ou bien on considère que les dommages-intérêts sont divisibles (s'agissant d'une somme d'argent), ce qui serait injuste envers le créancier qui devra diviser son recours, ou bien les dommages-intérêts sont indivisibles (en ce qu'ils remplacent l'exécution en nature), ce qui serait injuste envers les codébiteurs qui, bien que n'ayant commis aucune faute, seraient néanmoins tenus pour la totalité du préjudice.

[1292] *Cf. Borduas c. Borduas*, J.E. 01-168 (C.S.).

[1293] MAZEAUD, 9ᵉ éd., t. 2, vol. 1, nº 1076, p. 1126.

[1294] MARTY et RAYNAUD, 2ᵉ éd., t. 2, nº 101 *in fine*, p. 91 et 92.

blent pouvoir s'appliquer également en matière d'indivisibilité, d'autant plus qu'en cette matière l'idée de représentation ne joue aucun rôle.

402. *L'indivisibilité active.* L'indivisibilité entre créanciers est aussi peu fréquente que la solidarité active. On a signalé le danger couru par les cocréanciers solidaires autres que celui qui a poursuivi le débiteur, lorsqu'ils désireront récupérer leur part dans la créance : celui qui a reçu la totalité de la créance a pu la dilapider.

L'indivisibilité active permet à l'un quelconque des créanciers de demander au débiteur le paiement total de la créance et celui-ci sera libéré à l'égard de tous lorsqu'il aura payé l'un d'eux : l'effet est semblable à celui de la solidarité active. Toutefois, s'agissant d'une obligation indivisible, lorsque l'un des créanciers vient à décéder en laissant plusieurs héritiers, chacun d'eux devient créancier indivisible (art. 1520, al. 2 C.c.Q.).

TITRE II
L'INEXÉCUTION DES OBLIGATIONS

Après avoir envisagé les règles gouvernant l'exécution volontaire de l'obligation, on doit s'interroger sur la situation inverse, celle où le débiteur de l'obligation n'exécute pas ce à quoi il s'est engagé. Cela revient à étudier les différents moyens de pression ou de contrainte qu'a le créancier à l'encontre du débiteur récalcitrant. Cependant, la source principale d'obligations qu'est le contrat connaît certaines règles qui lui sont particulières; c'est pourquoi on divisera ce titre en deux chapitres, l'un consacré aux règles spéciales aux obligations contractuelles et l'autre aux droits qu'a généralement le créancier sur le patrimoine de son débiteur.

On notera, sur le plan du droit transitoire, qu'en vertu de l'article 88 L.A.R.C.C., « [l]es droits du créancier en cas d'inexécution de l'obligation du débiteur sont régis par la loi en vigueur au moment de l'inexécution... » (sous réserve de dispositions autres, par exemple, art. 90 L.A.R.C.C.).

CHAPITRE I
LES RÈGLES SPÉCIALES
AUX OBLIGATIONS CONTRACTUELLES

403. *Situations envisagées.* Il importe de partir de l'idée que, dans le cadre d'un contrat synallagmatique, chaque contractant est à la fois créancier et débiteur de l'autre. Il existe, on le sait, une corrélation ou une interdépendance entre les obligations de chacun des deux contractants[1295]; leurs obligations respectives sont tellement liées entre elles que, lorsque l'un des contractants n'exécute pas son obligation, l'autre n'a pas à exécuter la sienne. C'est ainsi que trois situations peuvent se présenter :

- lorsque le débiteur, sans justification, n'exécute pas son obligation, et qu'il est en demeure[1296], le créancier peut obtenir la résolution du contrat, c'est-à-dire son anéantissement rétroactif;

- lorsque le débiteur n'exécute pas son obligation parce que l'exécution en est devenue impossible à la suite d'un cas de force majeure, le créancier n'a pas, en principe, à

[1295] On se rappellera, en effet, qu'une personne s'engage parce qu'elle prend en considération la prestation qu'elle-même recevra.

[1296] *Cf. infra,* n° 432 et suiv. *Cf.* Pierre-Gabriel JOBIN, « Les sanctions de l'exécution du contrat », dans Service de la formation permanente, Barreau du Québec, *La réforme du Code civil, cinq ans plus tard*, Cowansville, Éditions Yvon Blais, 1998, p. 95; du même auteur, « Équité et sévérité dans la sanction d'une faute contractuelle », (1999) 78 R. du B. can. 220.

exécuter sa propre obligation : c'est l'application de la théorie des risques;

— lorsqu'un contractant requiert de son cocontractant l'exécution de son obligation, alors que lui-même ne propose pas d'exécuter la sienne, celui qui est poursuivi peut refuser d'exécuter tant que le poursuivant n'offrira pas d'exécuter lui-même sa propre obligation : c'est l'exception *non adimpleti contractus*, ou exception d'inexécution qui, en certains cas, peut prendre une autre forme, celle d'un droit de rétention.

Section 1. La résolution

404. *Le fondement de la résolution.* Au cas d'inexécution d'une obligation par un débiteur, le créancier a certains droits qui sont communs à tous les créanciers et qui seront examinés ultérieurement : l'exécution forcée en nature ou par équivalent. Dans l'hypothèse de l'inexécution d'une obligation contractuelle, le cocontractant créancier a une autre possibilité : il lui est permis de demander au tribunal de faire disparaître le contrat; celui-ci prononcera la résolution du contrat, c'est-à-dire son anéantissement rétroactif, à moins qu'il ne s'agisse d'un contrat à exécution successive, auquel cas l'anéantissement ne sera pas rétroactif et on parlera alors de résiliation (art. 1590 (2°) et 1604 C.c.Q.)[1297]. Toutefois, en certains cas, le créancier lui-même pourra considérer le contrat comme résolu ou, le cas échéant, résilié de plein droit[1298].

En droit français, l'article 1184 C.c.fr. dispose que « la condition résolutoire est toujours sous-entendue dans les contrats synallagmatiques, pour le cas où l'une des deux parties ne satisfera point à son engagement ». Le codificateur québécois, tant en 1866 qu'en 1991, n'a pas cru bon de repren-

---

[1297] *Cf. Slush Puppie Montréal inc.* c. *Divertissement Boomerang inc.*, J.E. 99-858 (C.Q.). On notera que la demande en résolution suppose l'abandon du droit à l'exécution en nature, mais que l'inverse n'est pas vrai, *cf. infra,* n° 436.

[1298] *Cf. supra,* n° 279.

dre les termes de cette disposition et, probablement a-t-il eu raison, car il est douteux que les parties contractantes aient songé implicitement, au moment de la conclusion du contrat, aux possibilités d'inexécution par l'un d'entre eux; de toute façon, le mécanisme de la résolution est différent de celui de la condition résolutoire déjà envisagée, dans la mesure où l'anéantissement opère de plein droit lorsque survient l'événement conditionnel, tandis que la résolution – sanction de l'inexécution de l'obligation – ne survient que si le créancier choisit ce recours. Quoi qu'il en soit, le législateur québécois a préféré insérer la possibilité d'obtenir la résolution du contrat dans la liste qu'il donne des recours susceptibles d'être exercés par un créancier insatisfait (art. 1590 C.c.Q.).

On a tenté d'expliquer de différentes manières cette possibilité qu'a le créancier d'obtenir la résolution. Certains auteurs ont invoqué l'idée de condition résolutoire tacite (les premiers commentateurs du Code civil français ont été fortement influencés par une analyse exégétique de l'article 1184 C.c.fr., déjà cité). D'autres se sont référés à l'idée de cause (Capitant), mais on voit mal comment l'absence de cause pourrait entraîner la résolution du contrat : elle devrait entraîner sa nullité. Le Doyen Ripert a justifié les règles spéciales à l'obligation contractuelle – et, par conséquent, la résolution – par l'idée de règle morale et d'équité, tandis que le Doyen Maury recourait à l'idée de l'équivalence des prestations. Il semble bien que ces dernières opinions doivent l'emporter, la préoccupation de ces auteurs rejoignant celle de Capitant[1299].

Par. 1. *Les conditions d'application de la résolution*

On doit se demander quels sont les contrats sujets à la résolution et dans quelles hypothèses celle-ci peut survenir.

[1299] Sur les origines et le fondement de la résolution, *cf.* MAZEAUD, 9e éd., t. 2, vol. 1, nos 1088 et 1089, p. 1139 et 1140; MARTY et RAYNAUD, 2e éd., t. 1, n° 326, p. 337 et 338 et n° 338 et suiv., p. 348 et suiv.

A. Le domaine d'application

405. *Résolution et contrats synallagmatiques.* Le domaine de prédilection de la résolution est le contrat synallagmatique, étant donné que l'explication la plus simple du mécanisme de cette sanction repose sur l'interdépendance des obligations résultant d'un contrat synallagmatique.

Pourtant, il est des contrats synallagmatiques où la résolution, sans être totalement exclue, est cependant soumise à des formalités. Ainsi, le vendeur d'un immeuble ne pourra demander la résolution de la vente en cas d'inexécution par l'acheteur de l'une des ses obligations que si une clause de résolution a été expressément prévue à cette fin dans le contrat (art. 1742 C.c.Q.) : en l'absence d'une telle clause, le vendeur ne pourra exercer qu'une action en exécution, en nature ou par équivalent; cette mesure permettrait, dit-on, de protéger les tiers, qui, par la publication de l'acte de vente, seraient ainsi prévenus de l'éventualité d'une résolution, et permettrait ainsi d'assurer la sécurité de ces transactions[1300]. Le législateur québécois a adopté, en fait, la solution du droit romain, rejetant ainsi la solution de l'Ancien Droit que le législateur français a, au contraire, fait sienne.

On notera que la *Loi sur la protection du consommateur* prévoit, conformément à la règle générale, la possibilité pour le consommateur de demander la résolution du contrat lorsque le commerçant n'exécute pas son obligation (art. 272 L.P.C.). En revanche, dans le cadre d'une vente à tempérament, le commerçant ne peut reprendre la possession du bien vendu, au cas de défaut du consommateur, qu'en suivant une procédure particulière (*cf.* art. 138 et suiv. L.P.C.).

Quant aux articles 59, 73, 193, 202 et 209 L.P.C., même si le législateur emploie les termes « résolution » et « résiliation », il ne s'agit pas, à proprement parler, d'une résolution ou résiliation pour inexécution d'une obligation; il s'agit plutôt d'une faculté de dédit accordée au consommateur, dans le cadre de certains contrats, qui permet à

[1300] On mentionnera que le droit du vendeur d'obtenir la résolution de la vente immobilière doit être exercé dans un délai de cinq ans à compter de la vente (art. 1742, al. 2 C.c.Q.) et qu'il est en outre soumis à diverses formalités destinées à protéger l'acheteur (ou à décourager le vendeur!), l'article 1743 C.c.Q. renvoyant aux règles et mesures préalables relatives à la prise en paiement d'un bien hypothéqué. *Cf. infra*, n°s 410 et 414.

celui-ci de revenir sur la parole donnée : c'est ce qui a été appelé le « droit de repentir »[1301].

406. *Résolution et contrats unilatéraux.* Même si le véritable domaine d'application de la résolution est le contrat synallagmatique, il est des contrats unilatéraux où la résolution est admise : en matière de prêt à usage, selon l'article 2319 C.c.Q., le prêteur peut exiger la restitution du bien avant l'échéance du terme, ou, au cas de terme indéterminé, avant que l'emprunteur n'en ait plus besoin, lorsque ce prêteur manque à ses obligations. De même, en matière de gage, c'est-à-dire aujourd'hui en matière d'hypothèque mobilière avec dépossession (art. 2665, al. 2 C.c.Q.), le détenteur du bien gagé peut se voir retirer le bien avant l'exécution de l'obligation garantie, si le détenteur du bien (créancier-gagiste) abuse de celui-ci : mesure conservatoire qui sanctionne la faute de ce créancier dans le cadre d'un contrat unilatéral.

Cette règle doit-elle être étendue à tous les autres contrats unilatéraux, tel le prêt d'argent portant intérêt ? Les opinions, à cet égard, sont très partagées : certains auteurs limitent la résolution aux cas expressément prévus par la loi pour la bonne raison que la résolution repose sur l'interdépendance des obligations; d'autres, au contraire, la font jouer dans tous les contrats réels ou synallagmatiques imparfaits ou unilatéraux qui sont à titre onéreux, sous le prétexte que les contrats réels seraient des contrats synallagmatiques dans l'hypothèse où l'on supprimerait la catégorie des contrats réels, et aussi parce que la cause des contrats unilatéraux à titre onéreux se distingue de celle des contrats synallagmatiques uniquement par le fait de l'exécution de la prestation de l'un des contractants au moment même de la formation du contrat (remise de la chose). Dès lors, dit-on, il serait logique de permettre la résolution d'un tel contrat lorsque le débiteur n'exécuterait pas l'une de ces prestations : ainsi, le prêteur pourrait obtenir la résolution du contrat dès lors que l'emprunteur ne paie pas les intérêts et pourrait donc récupérer le capital.

[1301] *Cf. supra,* n° 280 *in fine. Cf. Systèmes Techno-pompes Inc.* c. *La Manna,* [1994] R.J.Q. 47 (C.A.). Comparer la terminologie plus précise utilisée dans le cas de la vente d'un immeuble à usage d'habitation faite par un constructeur ou un promoteur : art. 1785, al. 2 C.c.Q.

On peut s'étonner que cette dernière opinion soit communément admise[1302], car la résolution d'un prêt d'argent aboutit en définitive à faire perdre à l'emprunteur le bénéfice du terme, ce qui ne peut se produire que dans les cas prévus à l'article 1514 C.c.Q.; or, le défaut de payer les intérêts n'est pas une cause de déchéance du terme, à moins d'avoir été conventionnellement prévue par les parties.

B. Les causes d'application

Pour que la résolution soit possible, il faut que l'obligation n'ait pas été exécutée et que cette inexécution ait été fautive[1303].

407. *Obligation inexécutée.* Le créancier a le droit d'exiger que l'obligation « soit exécutée entièrement, correctement et sans retard » (art. 1590, al. 1 C.c.Q.). Si le débiteur n'a aucunement exécuté son obligation, il est clair que le créancier a le droit d'obtenir la résolution du contrat ou sa résiliation s'il s'agit d'un contrat à exécution successive. Mais qu'en est-il lorsque le débiteur a exécuté partiellement, ou incorrectement ou avec retard ?

Dans le droit d'hier, on enseignait qu'il appartenait au tribunaux d'apprécier l'importance de l'inexécution : si elle était suffisamment grave pour justifier la résolution, celle-ci était prononcée; il ne pouvait pas y avoir de systématisation, mais

---

[1302] *Cf.* MARTY et RAYNAUD, 2ᵉ éd., t. 1, nº 327, p. 338 et 339; MAZEAUD, 9ᵉ éd., t. 2, vol. 1, nº 1091, p. 1141; TERRÉ, SIMLER et LEQUETTE, 5ᵉ éd., 1993, nº 627, p. 474; CARBONNIER, t. 4, 21ᵉ éd., nº 186, p. 326.

[1303] *Cf. Murphy* c. *Marczuk*, [1999] R.D.I. 20 (C.A.). Il en est de même, dans le cadre d'un contrat à exécution successive, pour que la résiliation soit possible : *cf. Standard Broadcasting Corp.* c. *Stewart*, [1994] R.J.Q. 1751 (C.A.); *Martineau* c. *St-Cyrille-de-Wendover (Municipalité de)*, J.E. 00-992 (C.S.); *Systèmes Grafnetix inc.* c. *Chambre des notaires du Québec*, [1999] R.J.Q. 1745 (C.S., en appel, C.A. Montréal, nº 500-09-008274-995); *Industries Okaply ltée* c. *Domtar inc.*, B.E. 98BE-206 (C.S., en appel, C.A. Montréal, nº 500-09-006051-981); *P. G. Productions inc.* c. *Intégral Vidéos inc.*, [1996] R.J.Q. 675 (C.S.); *Belfer* c.*Hunter*, J.E. 94-1877 (C.Q.). Il faut également que le débiteur ait été en demeure de s'exécuter : *cf. Landry* c.*Gauthier*, J.E. 96-429 (C.Q.), *cf. infra*, nº 432 et suiv.

on pouvait dire que toutes les fois que l'inexécution partielle, incorrecte ou tardive équivalait à une inexécution totale, le créancier avait droit à la résolution. Désormais, l'article 1604, al. 2 C.c.Q. dispose que le créancier, malgré toute stipulation contraire, n'a pas droit à la résolution, lorsque le défaut du débiteur « est de peu d'importance »; c'est bien dire que, comme dans le droit d'hier, la résolution n'est admise que dans la mesure où l'inexécution est suffisamment grave pour justifier la résolution du contrat[1304].

Toutefois, cette disposition va plus loin, car il y aura lieu à résolution (ou plus précisément à résiliation) lorsque, s'agissant d'un contrat à exécution successive, le défaut, bien que pouvant *a priori* paraître de peu d'importance, a un caractère répétitif (art. 1604, al. 2 C.c.Q.)[1305] : tel serait le cas du locateur qui perturberait fréquemment le locataire dans sa

---

[1304] *Cf. Lacharité Apparel (1989) inc.* c. *G.M.A.C. Commercial Credit Corp.-Canada*, J.E. 00-1912 (C.S., en appel, C.A. Montréal, n° 500-09-010312-007); *Dorval* c. *Pearson*, J.E. 01-208 (C.Q.). Il est permis de se demander si le créancier a droit à la résolution lorsque le défaut ne peut être dit « de peu d'importance », mais que le créancier peut profiter d'une exécution partielle. Le texte même de l'alinéa second de l'article 1604 C.c.Q. ne semble pas interdire en principe la résolution, mais cette possibilité pourrait conduire à des résultats inacceptables. On peut songer, par exemple, à l'entreprise qui, s'attendant à recevoir 100 tonnes de mazout, n'en reçoit que 40 : certes l'inexécution est « importante », mais ne semble-t-il pas préférable de procéder par la réduction de l'obligation corrélative plutôt que par la résolution du contrat? Le juge a ici un incontestable pouvoir d'appréciation. On notera que la common law ne semble pas considérer favorablement la résolution d'un contrat : on n'obtient la résolution que lorsqu'il y a inexécution d'une « condition », par opposition à une « warranty », ou encore lorsqu'il y a un « *fundamental breach* » du contrat (*cf.* J.A. WEIR, « Droit des contrats », dans John Anthony JOLOWICZ (dir.), *Droit anglais*, 2ᵉ éd., Paris, Dalloz, 1992, n° 171, p. 123, à la page 138). C'est cette réticence, qui est entretenue dans la Convention de Vienne sur la vente internationale de marchandises, que certains auraient voulu voir insérée dans le nouveau Code.

[1305] À défaut de cet aspect répétitif, l'inexécution de peu d'importance ne peut donner lieu à la résiliation : *cf. Desharnais* c. *Grenier*, J.E. 00-18 (C.Q.); *Placements Serge Brabant inc.* c. *2751-8778 Québec inc.*, J.E. 95-1621 (C.S.).

jouissance du bien ou du locataire qui paierait son loyer systématiquement en retard. Une telle possibilité devrait tempérer
les tendances de certains débiteurs d'une telle obligation à
n'exécuter qu'après interventions répétées de la part du créancier.

Dans l'hypothèse où, compte tenu des circonstances de
l'espèce, il ne pourrait y avoir lieu à résolution, le créancier ne
pourrait obtenir que des dommages-intérêts, ou, si elle est possible, la réduction proportionnelle de son obligation corrélative
(art. 1604, al. 2 et al. 3 C.c.Q.). En ce dernier cas, il s'agit d'une
mesure exceptionnelle qui permet au juge de « réviser » le
contrat[1306], mais il ne peut s'agir d'une révision arbitraire : en
effet, la réduction de l'obligation corrélative, qui s'apprécie en
tenant compte de toutes les circonstances appropriées (art.
1604, al. 3 C.c.Q.), ne peut, nous semble-t-il dépasser la mesure
du préjudice subi par le créancier du fait de l'inexécution. On
peut voir ici un parallélisme avec l'article 1407 C.c.Q. qui établit expressément une équivalence entre la réduction de
l'obligation et le préjudice subi[1307]. Par ailleurs, s'il ne peut
réduire l'obligation corrélative du créancier sans créer un
déséquilibre ou une perturbation sérieuse dans le rapport de
droit, le juge ne pourra qu'accorder des dommages-intérêts.

408. *Inexécution fautive.* L'article 1065 C.c.B.C. énonçait
qu'il y avait lieu à résolution « en cas de contravention » de la
part du débiteur. L'article 1590, al. 2 C.c.Q. mentionne la pos-

---

[1306] Contrairement à ce que pensent certains auteurs (*cf.* Pierre-Gabriel
JOBIN, « Les sanctions de l'exécution du contrat », dans Service de la
formation permanente, Barreau du Québec, *La réforme du Code civil,
cinq ans plus tard*, Cowansville, Éditions Yvon Blais, 1998, p. 95;
LANGEVIN et VÉZINA, vol. 5, p. 29, p. 84), la réduction proportionnelle
n'est permise que dans le cas exceptionnel du défaut de peu
d'importance : nous ne croyons pas que le législateur ait voulu donner
au juge le pouvoir général de réviser les contrats, le texte du second
alinéa de l'article 1604 C.c.Q. nous paraît clair à cet égard.

[1307] *Cf. C.M.J.,* t. I, art. 1604 C.c.Q. Sur le plan du droit transitoire, en vertu
de l'article 90 L.A.R.C.C., l'article 1604 C.c.Q. s'applique même si
l'inexécution reprochée au débiteur s'est produite avant l'entrée en vigueur du nouveau Code (exception au principe de l'article 88
L.A.R.C.C.).

sibilité de résolution « lorsque le débiteur, sans justification, n'exécute pas son obligation ». Il n'est point indispensable que le débiteur ait commis un dol ou que sa mauvaise foi soit prouvée : il suffit d'une simple négligence, d'une faute légère, celle que ne commettrait pas, en semblables circonstances, une personne normalement prudente et avisée. On rappellera que, dans l'hypothèse où l'obligation inexécutée est une obligation de résultat, il appartiendra au débiteur de prouver la force majeure pour se libérer, tandis que, dans l'hypothèse où l'obligation inexécutée en est une de moyens (de prudence et de diligence), il appartiendra au créancier de prouver que l'inexécution est due à la faute du débiteur. Si l'exécution a été rendue impossible par la survenance d'un cas de force majeure, on se trouvera, alors, dans une autre situation qui entraînera l'application de la théorie des risques, mécanisme distinct de celui de la résolution.

On notera qu'en principe devrait être valide une clause qui prévoirait la résolution du contrat même si l'inexécution n'est pas fautive, le débiteur assumant alors l'impossibilité d'exécuter quelle qu'en soit la cause (obligation de garantie). En revanche, n'est pas valide la clause qui prévoirait la résolution du contrat même si l'inexécution est de peu d'importance : sur ce point, l'article 1604, al. 2 C.c.Q. est formel.

Par. 2. *Le fonctionnement de la résolution*

Comme en droit français, la résolution nécessitait, dans le droit d'hier, l'intervention du juge, de sorte que l'on parlait essentiellement de résolution judiciaire; cela ne signifiait cependant pas qu'il n'y avait jamais résolution sans intervention judiciaire. Le nouveau Code reprend le principe voulant que la résolution soit prononcée par le tribunal, mais élargit le domaine de la résolution de plein droit. Après avoir examiné les moyens dont dispose le créancier pour obtenir la résolution, on envisagera les effets de celle-ci.

A. Les moyens d'obtenir la résolution

409. *Résolution judiciaire.* Même si le nouveau Code n'énonce pas expressément le principe de la résolution judiciaire, celui-ci se déduit des textes : d'une part, selon l'article 1590(2) C.c.Q., le créancier peut « obtenir » la résolution et selon l'article 1604, al. 1 C.c.Q., le créancier « a droit à la résolution »; d'autre part, l'article 1605 C.c.Q. énonce les cas où la résolution peut avoir lieu « sans poursuite judiciaire ». C'est dire que, hormis ces cas, la résolution demeure judiciaire. Ce principe se comprend aisément si l'on considère que, d'une part, l'action en résolution est une application particulière de la responsabilité contractuelle et que, d'autre part, on ne peut en principe se faire justice à soi-même.

Il y a, cependant des cas pour lesquels l'intervention du tribunal n'est pas nécessaire.

410. *Résolution de plein droit.* Le créancier n'a pas besoin de recourir au tribunal pour obtenir la résolution lorsqu'une clause du contrat prévoit expressément qu'au cas d'inexécution celui-ci sera résolu de plein droit (pacte commissoire). Cela ne signifie pas qu'on évite nécessairement le recours au tribunal, car celui-ci pourra être amené, au cas de contestation de la part du débiteur, à constater que les conditions de la résolution étaient réunies : ainsi, exercera-t-il un contrôle *a posteriori*[1308]. Aussi doit-on admettre la validité de principe d'une telle clause[1309].

[1308] Il faut noter que, parfois, les clauses de résolution sont réglementées impérativement par le législateur, afin d'éviter certains abus. La *Loi sur la protection du consommateur*, L.R.Q., c. P-40.1, contient certaines dispositions à cet effet (*cf.* art. 14 et 105 à 110 L.P.C.).

[1309] Ce principe peut être contrarié en certains cas particuliers pour lesquels le caractère judiciaire de la résolution est d'ordre public. C'est le cas, nous semble-t-il, de la vente immobilière où la résolution conventionnelle de plein droit aurait pour effet de réduire à néant certaines dispositions impératives destinées à protéger l'acheteur, ce qui a pourtant échappé à la Cour d'appel dans *Dell Realties Ltd.* c. *Trushire Investment Corporation,* [1967] B.R. 434 (*cf.* les commentaires de Maurice TANCELIN, « Légalité douteuse de la résolution conventionnelle de plein droit de la vente d'immeuble », (1967-68) 9 *C. de D.* 293). On

Dans le droit d'hier, l'intervention judiciaire était également inutile dans les hypothèses prévues par la loi elle-même; ainsi, en vertu de l'article 1544 C.c.B.C., dans la vente de choses mobilières, si le prix n'en avait pas été payé, la résolution avait lieu de plein droit en faveur du vendeur après l'expiration du terme convenu pour l'enlèvement de ces choses[1310]. De même, il avait été jugé que le contrat était exceptionnellement résolu de plein droit lorsque le débiteur se refusait catégoriquement à exécuter, ou lorsque son inaction causait au créancier un préjudice auquel il devait remédier d'urgence : ce dernier pouvait, alors, se comporter comme si le contrat avait été résolu et s'adresser à un tiers pour faire exécuter ce qu'il attendait de son débiteur, quitte à devoir se défendre, ensuite, devant le tribunal, d'avoir pris une mesure que son débiteur estimait injustifiée[1311].

Nous avions souligné qu'il était inexact de dire qu'en ce dernier cas « [i]l s'agit d'un emprunt qu'ont voulu faire nos tribunaux au common law d'une mesure d'équité qui découle de l'application et de l'adaptation à notre droit civil du concept de l'*anticipatory breach* »[1312] : il suffit, pour s'en convaincre, de consulter la jurisprudence et les auteurs français – qui sont peu enclins à introduire des concepts de common law dans leur système de droit – pour justifier ces solutions jurisprudentielles. Comme l'a dit Carbonnier, « dès lors qu'il n'exerce ni violence ni voie de fait, chacun doit être encouragé à réaliser son

---

notera par ailleurs que l'article 1605 C.c.Q. nous semble limiter l'intérêt du pacte commissoire dans la mesure où il permet désormais la résolution de plein droit dès lors qu'il y a eu mise en demeure ou qu'on se trouve dans un cas de demeure de plein droit.

[1310] *Cf. Interprovincial Lumber Co. c. Matapedia Co.,* [1973] C.A. 140.

[1311] *Cf. Verona Construction Ltd. c. Frank Ross Construction Ltd.,* [1961] R.C.S. 195; *Zaccardelli c. Hébert,* [1955] C.S. 478; *Commission des Écoles Catholiques de Pointe-Claire et Beaconsfield c. Tétrault Frères Ltée,* [1973] R.C.S. 735; *cf.* BAUDOUIN, 3ᵉ éd., nᵒ 452, p. 285 et 286; MARTY et RAYNAUD, 2ᵉ éd., t. 1, nᵒ 308, p. 318; RIPERT et BOULANGER, t. 2, nᵒ 535, p. 206; CARBONNIER, t. 4, 21ᵉ éd., nᵒ 187, p. 328.

[1312] *Landry c. Econ Oil Co.,* [1980] C.A. 166, 168 (j. Lamer).

droit, à ses *risques et périls* et sauf à en répondre »[1313]. Il conviendrait de ne pas oublier que la common law n'a pas le monopole du souci d'équité.

Ainsi, cette résolution de plein droit, qui était présentée, dans le droit d'hier, comme une mesure exceptionnelle, commençait à cesser de l'être, notamment à cause de la longueur des délais de poursuite, à cause de l'aggravation de la situation due à l'attente, et à cause de l'urgence qu'il pouvait parfois y avoir pour le créancier d'agir, face à la carence de son débiteur. C'est dans cet esprit que désormais, en vertu de l'article 1605 C.c.Q., il y aura lieu à résolution « sans poursuite judiciaire lorsque le débiteur est en demeure de plein droit d'exécuter son obligation ou qu'il ne l'a pas exécutée dans le délai fixé par la mise en demeure ». C'est bien dire que le législateur favorise la solution qui évite un recours judiciaire. Certains pourraient regretter que soit ainsi étendu le domaine de la résolution de plein droit, sous le prétexte qu'il s'agit d'une façon, pour le créancier, de se faire justice alors qu'il serait plus sain de faire intervenir le tribunal. C'est oublier, d'une part, que le créancier d'une obligation inexécutée est dans une situation inconfortable et que, d'autre part, il peut toujours être soumis à un contrôle judiciaire *a posteriori* : en effet, le créancier qui se prévaut de la résolution de plein droit prend toujours un risque, celui de se faire ultérieurement dire par le tribunal qu'il n'avait pas droit à cette résolution. En un tel cas, on se trouve toujours en présence d'un contrat inexécuté et le débiteur peut, s'il en est encore temps, offrir d'exécuter son obligation et forcer le créancier à exécuter la sienne, tout en réclamant, le cas échéant, réparation du préjudice qu'a pu lui faire subir l'attitude injustifiée du créancier[1314].

[1313] CARBONNIER, t. 4, 21ᵉ éd., n° 190, p. 332 (les italiques sont dans le texte original).

[1314] *Cf.* Richard ROSENSWEIG, « Unilateral Resolution, the State of Law and the *Civil Code of Quebec* », (1994-95) 97 *R. du N.* 3. On mentionnera que le nouveau Code prévoit expressément d'autres cas de résolution de plein droit, dans le cadre de certains contrats nommés (*cf.*, par exemple, art. 1736, 1740, 1914, 1916 et 1975 C.c.Q.). *Cf.* également l'article 1741 C.c.Q. qui prévoit un régime particulier relativement à la résolution de

La Cour d'appel a récemment jugé[1315], dans un contexte commercial, qu'en matière de louage, le principe était celui de la résiliation judiciaire et qu'il ne pouvait y avoir résiliation de plein droit que dans les cas expressément prévus en cette matière. C'est par interprétation, en comparant les termes utilisés dans diverses dispositions relatives au louage, et en invoquant en particulier l'article 1863 C.c.Q., que la Cour en arrive à cette conclusion. Il est certes exact qu'en vertu de cet article 1863, l'une des parties au bail peut, en cas d'inexécution, « demander la résiliation du bail », ce qui laisse croire qu'il ne peut s'agir que d'une résiliation judiciaire. Or, il est important de souligner que, si l'on se fie aux commentaires du ministre, ce n'est que « pour faciliter la compréhension du texte [que l'article 1863 énumère] les recours généraux ouverts aux parties plutôt que de renvoyer, sur ce point, au Titre *Des Obligations en général* ». Il nous apparaît donc que l'interprétation donnée par la Cour d'appel à l'article 1863 C.c.Q., fondée sur la lettre de la loi, s'éloigne cependant de son esprit, dans la mesure où l'article 1605 C.c.Q. – qui est partie intégrante du nouveau droit des obligations – est carrément mis de côté. Il est en outre permis de se demander pourquoi le contrat de louage échapperait sur ce point aux règles de la théorie générale, la Cour d'appel ne nous donnant aucune explication à cet égard.

411. *Résolution conventionnelle et condition résolutoire.* On a déjà dit que les parties au contrat avaient la possibilité d'inclure, dans celui-ci, une clause selon laquelle le contrat serait résolu de plein droit dans l'hypothèse où une obligation ne serait pas exécutée.

---

plein droit de la vente d'un bien meuble qui a été faite sans terme : *cf. Landry* c. *Gauthier*, J.E. 96-429 (C.Q.). À ce sujet, voir Denys-Claude LAMONTAGNE, *Droit de la vente*, Cowansville, Éditions Yvon Blais, 1995, p. 146-147; Pierre-Gabriel JOBIN, *La vente dans le* Code civil du Québec, Cowansville, Éditions Yvon Blais, 1993.

[1315] *Place Fleur de lys* c. *Tag's Kiosque Inc.*, [1995] R.J.Q. 1659 (C.A.). À la suite de cette décision, la jurisprudence considère qu'en matière de bail, il n'y a pas de place pour la résiliation de plein droit, ce contrat ne pouvant être résilié que judiciairement malgré la généralité des articles 1597 et 1605 C.c.Q. : *126232 Canada inc.* c. *M.T.Y. Tiki Tiki Enterprises Food Services Inc.*, J.E. 99-1445 (C.S., en appel, C.A. Montréal, n° 500-09-008314-999); *Place Le Tailleur Jonquière inc.* c. *2853-3123 Québec inc.*, J.E. 98-1071 (C.S.); *9005-3083 Québec inc.* c. *Boivin*, J.E. 98-1180 (C.S.); il en serait ainsi même en présence, dans le bail, d'une clause de résiliation : *2751-9818 Québec inc.* c. *2150-1069 Québec inc.*, J.E. 96-802 (C.S.).

Il faut, cependant, se garder de confondre cette clause expresse de résolution avec la condition résolutoire étudiée précédemment dans le cadre de l'obligation conditionnelle[1316]. La clause a pour but de sanctionner l'inexécution fautive d'une obligation et non point de soumettre l'existence du contrat à la réalisation d'un événement futur et incertain : même s'il est vrai que l'exécution volontaire peut être incertaine, il ne faut pas oublier que le paiement lui-même est juridiquement certain, car il est toujours susceptible d'exécution forcée et non point laissé au bon plaisir du débiteur[1317].

Confondre clause résolutoire expresse et condition résolutoire revient à la confusion de base observée chez certains auteurs français[1318], à la suite du législateur. On sait que le Code civil français traite de la résolution-sanction dans la section « Des obligations conditionnelles » et dispose que « la condition résolutoire est toujours sous-entendue dans les contrats synallagmatiques » (art. 1184 C.c.fr.) : il s'agit là d'une erreur qui n'a pas été répétée par les codificateurs québécois qui, eux, ont situé la résolution là où elle doit être, c'est-à-dire, en 1866, dans le chapitre relatif aux effets des obligations (art. 1065 C.c.B.C.) et, en 1991, dans le chapitre relatif à l'exécution des obligations (art. 1590 et 1604 à 1606 C.c.Q.)[1319]. C'est pourquoi il est très important de ne pas se fier à une certaine littérature française qui est seulement susceptible d'entraîner un embrouillamini certain dont notre droit civil est exempt, dans la mesure où ces auteurs analysent parfois la résolution pour défaut de paiement du prix comme régie par les principes de la condition résolutoire, excluant ainsi l'exigence de la faute dans l'inexécution[1320], de même que tout octroi de dommages-intérêts.

412. *Résolution et dommages-intérêts.* La résolution judiciaire ou la résolution de plein droit n'empêche d'ailleurs pas le créancier de demander, en outre, des dommages-intérêts si l'anéantissement du

---

[1316] *Cf. supra*, n° 371.

[1317] *Cf. supra*, n° 374.

[1318] *Cf.*, par exemple, BAUDRY-LACANTINERIE, 3ᵉ éd., vol. 13, n° 930 et suiv., p. 120 et suiv. On trouve cette même confusion dans *Banque nationale du Canada* c. *Location Industrielle et Commerciale L.I.C. inc.*, J.E. 84-887 (C.S.).

[1319] *Cf. supra*, n° 404.

[1320] Voir, par exemple, les opinions majoritaires de l'affaire *Cimon* c. *Archevêque catholique romain de Québec*, [1990] R.J.Q. 729 (C.A.), le juge dissident analysant, selon nous, correctement la situation.

contrat lui fait subir un préjudice (art. 1590, al. 2 C.c.Q. *in fine*) : par exemple, le vendeur d'une marchandise dont le prix a baissé depuis la conclusion du contrat, pourra obtenir des dommages-intérêts destinés à compenser la perte due à la différence des cours de la marchandise[1321].

B. Les effets de la résolution

413. *Effets entre les parties.* La résolution a pour effet d'anéantir rétroactivement le contrat : tout se passe comme si celui-ci n'avait jamais été conclu, ou comme si, dans le cadre d'un contrat sous condition résolutoire, l'événement conditionnel s'était réalisé[1322]. L'anéantissement rétroactif provoque la remise des parties dans l'état dans lequel elles se seraient trouvées si elles n'avaient pas contracté[1323]; si, donc, certaines prestations ont déjà été accomplies, il y a lieu à restitution, selon les règles des articles 1699 à 1706 C.c.Q.[1324] (art. 1606 C.c.Q.).

Cela permet de dire que la résolution constitue une situation privilégiée, dans l'hypothèse où le débiteur qui n'a pas exécuté serait insolvable : le créancier ne vient pas, alors, en concours avec les autres créanciers de son débiteur, contrairement à ce qui se passerait s'il demandait, non point la résolution, mais l'exécution forcée.

[1321] Sur l'évaluation du préjudice en un tel cas, *cf. Mile End Milling Co.* c. *Peterborough Cereal Co.*, [1924] R.C.S. 120.

[1322] Les effets de la résolution sont donc identiques à ceux de la nullité ou de l'annulation d'un contrat, ce qui n'autorise pas, cependant, à confondre nullité ou annulation et résolution : la nullité ou l'annulation sanctionne, on s'en souvient, l'absence d'une condition de formation du contrat ou un vice dans ces conditions. Ils sont également identiques à ceux de la condition résolutoire, ce qui n'autorise pas davantage à confondre l'obligation sous condition résolutoire avec la résolution qui sanctionne l'inexécution fautive d'une obligation.

[1323] *Cf. Larin* c. *Brière*, [1965] B.R. 800.

[1324] *Cf. supra,* n° 208 et suiv. Il importe de souligner ici que l'application de ces dispositions est plus facile ici que dans le cadre d'une annulation, puisque l'anéantissement du contrat résulte nécessairement de la faute de l'une des parties.

414. *Effets à l'égard des tiers.* Cet anéantissement rétroactif peut également avoir des conséquences à l'égard des tiers : on appliquera alors les règles, énoncées à l'article 1707 C.c.Q., déjà examinées dans le cadre de la théorie des nullités.

On notera cependant qu'en matière de vente immobilière, le Code prévoit un régime particulier. On rappellera qu'en ce cas, la résolution est nécessairement judiciaire et ne peut être obtenue que si une stipulation a été spécialement prévue à cet effet (art. 1742 C.c.Q.), cette clause étant opposable aux tiers seulement si elle a été publiée au registre foncier (art. 2939 C.c.Q.). Les tiers semblent donc être ainsi protégés; cependant, en raison du principe selon lequel tout droit inscrit sur le registre foncier à l'égard d'un immeuble immatriculé est réputé connu de l'acquéreur (art. 2943 C.c.Q.), ce dernier ne pourrait invoquer l'article 1707 C.c.Q. car il ne pourrait alors être considéré comme un acquéreur de bonne foi. C'est dire que l'article 1707 C.c.Q. n'est d'aucun secours pour le tiers-acquéreur d'un immeuble assujetti à une clause résolutoire publiée.

Quant à la vente mobilière, on mentionnera que l'article 1741 C.c.Q. protège les tiers-acquéreurs, dans la mesure où la résolution de plein droit ne peut avoir lieu si le meuble est « passé entre les mains d'un tiers qui en a payé le prix »; toutefois, dans les cas où l'article 1741 C.c.Q. ne s'appliquerait pas, le tiers-acquéreur serait éventuellement protégé par l'article 1707 C.c.Q.[1325].

415. *Contrats à exécution successive.* Il faut, enfin, noter que la rétroactivité ne peut pas jouer dans l'hypothèse d'un contrat à exécution successive, comme le bail : dans un tel cas, l'anéantissement ne vaut que pour l'avenir, les effets produits dans le passé ne pouvant, sans inconvénients, être effacés; la loi ne permet alors que la résiliation et non point la résolution (art. 1604, al. 1 *in fine* C.c.Q.).

On rappellera que la résiliation, comme la résolution, ne peut être obtenue lorsque le défaut est de peu d'importance; cependant, comme on l'a déjà vu, la répétition d'un tel défaut, dans le cadre d'un contrat

---

[1325] Sur les règles particulières à la résolution de la vente, *cf.* Pierre-Gabriel JOBIN, *La vente dans le Code civil du Québec*, Cowansville, Éditions Yvon Blais, 1993, n° 191 et suiv., p. 155 et suiv. Denys-Claude LAMONTAGNE, *Droit de la vente*, Cowansville, Éditions Yvon Blais, 1995, p. 145 et suiv.

à exécution successive, peut équivaloir à une inexécution substantielle, susceptible d'être sanctionnée par l'anéantissement du contrat pour l'avenir seulement (art. 1604, al. 2 et 1606, al. 2 C.c.Q.).

Section 2. La théorie des risques

416. *Position du problème.* On vient d'examiner l'hypothèse du contractant qui, par sa faute, n'exécute pas son obligation, inexécution qui entraîne sa responsabilité contractuelle. On doit maintenant envisager celle du contractant qui se trouve, à cause de la survenance d'un événement de force majeure et sans aucune faute de sa part[1326], dans l'impossibilité d'exécuter son obligation. Cet événement, comme on le verra, va libérer le contractant qui est ainsi empêché d'exécuter. La question qui se pose est alors de savoir si, de ce fait, l'autre contractant est également libéré ou si, au contraire, il doit néanmoins exécuter sa propre obligation. C'est ce qu'on appelle la question des risques.

D'une façon générale, lorsqu'une chose est détruite par un cas de force majeure, telle la foudre ou la tempête, les risques de la chose sont assumés par celui qui en est le propriétaire : *res perit domino* (d'où l'intérêt du propriétaire d'assurer ses biens). C'est ce que précise l'article 950 C.c.Q. qui consacre le droit antérieur. Lorsque la chose détruite par force majeure est l'objet d'une prestation découlant d'une obligation contractuelle dont l'exécution est ainsi rendue impossible ou que, de façon plus générale, un débiteur contractuel est dans l'impossibilité d'accomplir son obligation, ce débiteur ne peut être tenu responsable; il importe alors de savoir lequel des contractants

---

[1326] Pour que la force majeure libère le débiteur, encore faut-il que ce débiteur n'ait pas été en demeure d'exécuter au moment de la survenance de l'événement qui rend l'exécution de l'obligation impossible. En effet, le fait de ne pas obtempérer à la demeure est en principe constitutif de faute et empêche la libération du débiteur (art. 1600, al. 2 C.c.Q.), mais une telle faute n'empêchera pas le débiteur d'être libéré lorsque le créancier n'aurait pu, de toute façon, bénéficier de l'exécution de l'obligation en raison même de cette force majeure (art. 1693, al. 1 C.c.Q.).

assumera, en définitive, les conséquences de cette impossibilité d'exécuter, en d'autres termes qui supportera les risques du contrat.

S'agissant d'un contrat unilatéral, le problème n'existe pas : ce contrat n'ayant donné naissance qu'à une obligation à la charge de la partie qui est dans l'impossibilité d'exécuter, la question du maintien ou non de l'obligation corrélative ne peut se poser de sorte que la théorie des risques, à proprement parler, ne vise pas cette catégorie de contrat. C'est dire que le donateur, le dépositaire, l'emprunteur, le créancier gagiste, tous débiteur de l'obligation de livrer ou de restituer, sont libérés au cas de force majeure, et le donataire, le déposant, le prêteur ou le débiteur du créancier gagiste (créancier de la restitution du gage) ne reçoivent ou ne récupèrent pas ce qu'ils attendaient. On pourrait également prétendre que, pour cette catégorie de contrat, les risques sont à la charge du créancier de l'obligation inexécutée : *res perit creditori*.

S'agissant d'un contrat synallagmatique, la situation est moins simple : le débiteur de l'obligation inexécutée est certes libéré, mais qu'advient-il de l'obligation du cocontractant ? Ce dernier, qui ne recevra rien, devra-t-il néanmoins exécuter sa propre obligation ou en sera-t-il dispensé ?

Si on répond que ce cocontractant doit néanmoins exécuter sa propre obligation, c'est dire qu'il devra assumer les risques puisqu'il ne recevra rien et qu'il devra exécuter : *res perit creditori*. Si on répond que ce cocontractant est, de ce fait, libéré à son tour d'exécuter sa propre obligation, c'est dire que les risques du contrat seront assumés par le débiteur de l'obligation inexécutée : *res perit debitori*. Ainsi, advenant le cas où l'immeuble loué périrait par cas de force majeure, la règle *res perit creditori* obligerait le locataire à payer les loyers pour toute la durée prévue du bail, alors que la règle *res perit debitori* libérerait ce locataire du paiement des loyers; on remarque alors, qu'en ce dernier cas, les risques de la chose – c'est-à-dire la perte de l'immeuble – et les risques du contrat – c'est-à-dire la perte des loyers – sont à la charge de la même personne, mais cette dernière assume les premiers à titre de propriétaire, tandis qu'elle assume les seconds à titre de locateur[1327].

En vertu de la théorie des risques, lorsqu'un contractant est empêché, par un cas de force majeure, d'exécuter ses obligations, le cocontractant est en principe dispensé d'exécuter les siennes. *Res perit debitori* : les risques du contrat sont à la charge du débiteur de l'obligation inexécutée. Cependant, lorsqu'il s'agit d'un contrat synallagmatique translatif de propriété, la question est plus délicate.

Par. 1. *Le principe général (res perit debitori)*

417. *Contrats synallagmatiques non translatifs de propriété.* Le contrat synallagmatique se caractérisant par l'interdépendance des obligations, il est sans aucun doute plus équitable de dispenser le cocontractant – créancier de l'obligation inexécutée – de l'exécution de sa propre obligation et de mettre ainsi les risques du contrat à la charge du débiteur de l'obligation inexécutée (soit le locateur dans l'exemple précédent : *res perit debitori*). C'était la solution de l'article 1202 C.c.B.C. et c'est encore celle que prévoit l'article 1694, al. 1 C.c.Q.

On constate que cette théorie des risques aboutit à la « résolution » automatique du contrat, sans besoin d'intervention judiciaire, sans toutefois qu'elle se confonde avec une résolution de plein droit. Dans la résolution du contrat, le créancier de l'obligation inexécutée par la faute du débiteur a le choix de la sanction : ici, il n'est pas question de sanction ou de réparation, puisque l'impossibilité d'exécuter résulte d'une force majeure. Quant au tribunal, qui peut être néanmoins amené à intervenir lorsque l'existence d'une force majeure est contestée, il n'a pas les pouvoirs qui lui sont

---

[1327] On observera que, prises à la lettre, les règles *res perit debitori* et *res perit creditori* réfèrent uniquement au cas où il y a perte d'une chose, mais on les utilise lors même que la prestation ne porte pas sur une chose ou que l'impossibilité résulte d'une force majeure autre que la perte de la chose. Ainsi, l'obligation d'accomplir tel travail peut devenir impossible à exécuter en raison d'un accident.

reconnus dans la résolution et se bornera à constater, le cas échéant, l'anéantissement de l'obligation.

Le tribunal pourrait aussi être amené à intervenir dans l'hypothèse où l'inexécution, dû à un cas de force majeure, serait seulement partielle; une telle situation devrait entraîner normalement une réduction de l'obligation corrélative de l'obligation du contractant qui reçoit seulement une satisfaction partielle : le créancier de l'obligation inexécutée partiellement, en raison d'une force majeure, ne devrait être tenu que dans la mesure de ce qu'il reçoit; c'est d'ailleurs ce qu'édicte le second alinéa de l'article 1694 C.c.Q.[1328].

Pourtant, en certaines hypothèses, il paraît plus équitable d'aboutir à la résolution ou à la résiliation du contrat plutôt que de procéder à un réaménagement judiciaire du contrat. Tel est le cas du locataire qui se voit privé partiellement de la jouissance de la chose louée en raison de réparations urgentes : il a le choix entre une diminution de loyer ou la résiliation du contrat suivant les circonstances (art. 1865 C.c.Q.). L'article 1625 C.c.B.C. était au même effet, mais précisait que la résiliation du bail était possible lorsque le préjudice subi par le locataire était « sérieux », c'est probablement ce même critère que les tribunaux continueront à utiliser.

Cette disposition soulève un problème d'ordre plus général. Si l'impossibilité partielle ne donne lieu qu'à un réaménagement du contrat alors que l'impossibilité totale entraîne son anéantissement, encore faut-il tracer la frontière entre une inexécution totale et une inexécution partielle. Bien qu'on ne trouve, dans le nouveau Code, aucune indication à cet égard, on devrait, nous semble-t-il, pouvoir se référer au critère du « préjudice sérieux » qui était prévu à l'article 1625 C.c.B.C., car il est rare de se trouver en présence d'une inexécution véritablement totale : ainsi, dans le cas d'un immeuble « totalement » détruit à la suite d'une force majeure (édifice « rasé » par un incendie), on pourrait toujours prétendre que la perte n'est que partielle, le terrain ne brûlant pas... Et pourtant, en un tel cas, on assimile, sans même y penser, cette perte « partielle » à une perte

---

[1328] L'article 1562 C.c.Q., en vertu duquel le débiteur d'un bien individualisé est libéré par la remise de ce bien dans l'état où il se trouve lors du paiement, « pourvu que les détériorations qu'il a subies ne résultent pas de son fait ou de sa faute et ne soient pas survenues après qu'il fût en demeure de payer », ne règle cependant pas le cas de l'obligation corrélative du cocontractant; en conséquence, il doit être complété par la règle énoncée au second alinéa de l'article 1694 C.c.Q.

totale; pourquoi en irait-il différemment des autres « pertes partielles » qui pourraient être tout autant assimilables à une perte totale ? Si, dans le cadre de la théorie des risques, l'on voulait être juste envers le créancier de l'obligation inexécutée, il serait logique de se placer de son point de vue et de considérer l'impossibilité comme totale toutes les fois que le simple réaménagement du contrat serait susceptible de lui causer un préjudice sérieux.

Quoi qu'il en soit, le créancier de l'obligation inexécutée ne peut pas exiger des dommages-intérêts puisque l'impossibilité d'exécuter, qu'elle soit totale ou partielle, est indépendante de la volonté du débiteur et ne résulte pas de sa faute.

Par. 2. *Le cas des contrats translatifs de propriété*

418. *Le droit d'hier : res perit domino.* La règle *res perit debitori* connaissait, dans le droit d'hier, une dérogation importante lorsque le contrat était translatif de propriété. Soit un objet vendu par A à B pour la somme de 1 000 $; l'objet périt par cas de force majeure, avant qu'il ne soit livré à B. A étant libéré de l'obligation de livrer l'objet, B devait-il payer 1 000 $?

Le *Code civil du Bas Canada* ne contenait aucun texte de portée générale réglant ce problème. En droit français, l'article 1138 C.c.fr. dispose que l'obligation de livrer la chose « rend le créancier propriétaire et met la chose à ses risques dès l'instant où elle a dû être livrée, encore que la tradition n'en ait point été faite ». En d'autres termes, lorsque le créancier de la livraison est devenu propriétaire de la chose, on applique la règle *res perit creditori*. Cela signifie que, dans l'exemple choisi, l'acheteur B doit 1 000 $ au vendeur A. Il importe, cependant, d'apporter quelques explications historiques et certaines précisions.

En droit romain, la vente se réalisait par deux engagements distincts l'un de l'autre, d'une part l'obligation pour le vendeur de livrer la chose, d'autre part l'obligation pour l'acheteur de payer le prix : ces obligations n'avaient, toutefois, aucune corrélation entre elles et devaient être exécutées indépendamment l'une de l'autre, le transfert de propriété s'effectuant par la tradition de la chose. Dans l'hypothèse de la perte de la chose par cas de force majeure, le droit romain faisait peser la charge des risques sur l'acheteur, créancier de la livraison : *res perit creditori*[1329].

Cette règle romaine fut critiquée par les juristes de l'école du droit naturel qui trouvaient injuste et inéquitable de faire supporter la perte fortuite de la chose par l'acheteur, alors même qu'il n'en était pas encore devenu le propriétaire (il ne le devenait, en effet, que lors de la tradition de la chose). Ainsi, proposèrent-ils de renverser la règle et de mettre les risques à la charge du vendeur qui demeurait encore propriétaire de la chose vendue. D'où la règle *res perit domino*.

Lorsqu'au moment de la codification on admit le principe du transfert de *propriété solo consensu*, le problème fut résolu : l'application de l'ancienne règle romaine *res perit creditori* et celle de la règle ultérieure *res perit domino* aboutissaient au même résultat, en ce sens que les risques étaient mis à la charge de l'acheteur. Cependant, le contexte était bien différent. En effet, le créancier de l'obligation de livraison – l'acheteur – était devenu propriétaire de l'objet qui n'avait pas pu être livré et c'est à ce titre qu'il assumait les risques. La solution n'était pas considérée comme injuste, puisque l'acheteur avait bien voulu laisser l'objet dont il était devenu propriétaire entre les mains du vendeur, en n'exigeant pas de lui qu'il la livrât dès le moment de la formation du contrat : la situation du vendeur était assimilée à celle d'un dépositaire (art. 1805 C.c.B.C.). Au contraire, lorsque le vendeur avait été mis en demeure de livrer l'objet vendu, il en assumait alors les risques : en ce cas, en effet, l'acheteur avait raison de se plaindre du comportement du vendeur[1330].

En l'absence de texte en droit québécois[1331], la solution retenue par la doctrine et la jurisprudence était celle du droit français. Comme l'écrit Mignault, « la loi interprétant la vo-

---

[1329] La règle romaine était plus précisément : *res perit emptori*.

[1330] *Cf.* MARTY et RAYNAUD, 2ᵉ éd., t. 1, n° 317, p. 327-329; MAZEAUD, 9ᵉ éd., t. 2, vol. 1, nᵒˢ 1117 et 1118, p. 1165 et 1166.

[1331] L'article 1200 C.c.B.C., relatif à l'impossibilité de livrer un corps certain, prévoyait l'extinction de l'obligation du débiteur, mais ne se prononçait pas sur le sort de l'obligation corrélative, contrairement à l'article 1202 C.c.B.C., qui vise l'impossibilité d'exécuter une « obligation de faire une chose », ce qui dans le droit d'hier ne couvrait pas l'obligation de *dare*.

lonté des parties, présume que celle qui a, dès à présent, transféré la propriété de sa chose, a voulu faire un contrat définitif, non subordonné aux éventualités de l'avenir, qu'elle n'a pas entendu rester responsable d'une chose qui n'était plus dans son patrimoine, qui avait cessé de lui appartenir et il en est ainsi, non seulement lorsque le contrat est pur et simple, mais encore lorsqu'il est à terme : car le terme n'empêche point que la propriété soit transférée dès le jour même du contrat »[1332].

La charge des risques était donc très étroitement liée au transfert de propriété et ce principe s'appliquait à tous les contrats synallagmatiques impliquant un tel transfert, c'est-à-dire la vente, l'échange, etc. Le transfert des risques suivait le transfert de propriété. Ainsi, lorsque les parties avaient convenu que la propriété de la chose vendue ne serait transférée qu'à telle époque ou qu'au moment du parfait paiement du prix, la perte totale ou partielle de cette chose, survenue par cas de force majeure avant l'arrivée de ce terme, était assumée par le vendeur, puisqu'il en était demeuré le propriétaire.

419. *Le droit d'aujourd'hui : déclin de la règle res perit domino.* Dans le nouveau Code civil, l'article 1456, al. 1, relatif, entre autres, à la charge des risques du bien qui est l'objet d'un droit réel transféré par contrat, nous renvoie au Livre « Des Biens » et plus précisément à l'article 950 C.c.Q., en vertu duquel « le propriétaire du bien assume les risques de perte ». Sur le plan des principes, cette disposition semblerait n'apporter aucune modification au droit d'hier : le propriétaire assume les risques de la chose, que celle-ci fasse ou non l'objet d'un contrat translatif de droit réel. Cependant, le second alinéa de l'article 1456 C.c.Q. précise que « tant que la délivrance du bien [qui est l'objet d'un droit réel transféré par contrat] n'a pas été faite, le débiteur de l'obligation de délivrance continue d'assumer les risques y afférents ». C'est dire que les risques découlant de l'impossibilité d'exécuter l'obligation de délivrance ne sont désormais plus assumés par l'acheteur (devenu propriétaire *solo consensu*), mais plutôt par le vendeur, débiteur de l'obligation de délivrance. On applique ainsi la règle *res perit*

[1332] MIGNAULT, t. 5, p. 402; *cf. Lévesque c. Tremblay*, [1947] B.R. 684.

debitori, qui est, on l'a vu, la règle de principe dans le cadre des contrats non translatifs de droit réel[1333].

Le changement est donc notable : cette règle de droit nouveau « s'inspire en partie de l'article 69 de la Convention des Nations Unies sur les contrats de vente internationale de marchandises (Vienne, 1980), introduite en droit québécois par le chapitre 68 des lois de 1991. Cette règle tient compte du fait que celui qui est en possession du bien est plus à même de prendre les mesures appropriées pour en assurer la protection »[1334]; c'est donc la possession (ou la détention) qui devient déterminante, plutôt que la propriété. Aussi est-il logique que dans une vente à tempérament – où le vendeur se réserve la propriété jusqu'à plein paiement du prix – les risques de perte du bien soient assumés par l'acheteur, bien qu'il n'en soit pas encore propriétaire, pourvu que le vendeur – débiteur de l'obligation de délivrance – ait rempli cette obligation; l'article 1746 C.c.Q. est clair à cet égard[1335].

Qu'en est-il dans le cas où le bien transféré ne périt que partiellement ? On rappellera que l'article 1562 C.c.Q. permet au débiteur, au cas de détérioration résultant d'une force majeure, de se libérer en livrant la chose dans l'état où elle se trouve au jour du paiement, mais que le sort de l'obligation corrélative du cocontractant est réglée à l'article 1456, al. 2 C.c.Q., lequel fait assumer les « risques » au débiteur, sans distinguer la perte partielle de la perte totale. Si donc l'acheteur,

---

[1333] Sur le plan du droit transitoire, on notera l'article 84 L.A.R.C.C. en vertu duquel le droit ancien continue à s'appliquer « aux situations où l'obligation de délivrance du bien, même exigible après l'entrée en vigueur de la loi nouvelle, découle d'un transfert effectué antérieurement ».

[1334] *C.M.J.*, t. I, art. 1456 C.c.Q.

[1335] Cet article énonce cependant deux exceptions à cette règle : le vendeur assumera les risques si les parties l'ont ainsi stipulé ou s'il s'agit d'un contrat de consommation, auquel cas le commerçant assume ces risques tant que la propriété du bien n'a pas été transférée au consommateur (art. 133 L.P.C.), mesure particulière de protection. *Cf.*, par exemple, *Caisse populaire Jean-Talon* c. *Valois*, [1996] R.J.Q. 1410 (C.Q.); *Trexar inc.* c. *Forget*, J.E. 94-1593 (C.Q.).

créancier de l'obligation de délivrance, ne reçoit que partie de la chose, il n'aura à payer que partie du prix. À nouveau, on peut se demander où tracer la frontière entre perte totale et perte partielle, ce qui a déjà été envisagé[1336].

La formulation du second alinéa de l'article 1456 C.c.Q. nous amène à nous interroger sur le cas de la donation : qu'en est-il si la chose donnée périt (totalement ou partiellement) par cas de force majeure avant que le donateur ne l'ait délivrée ? Si on s'en tenait au droit d'hier, on dirait que les risques sont à la charge du donataire, devenu propriétaire. Désormais, s'agissant d'un bien qui est l'objet d'un droit réel transféré par contrat, qui périt par force majeure entre les mains du débiteur de l'obligation de délivrance (art. 1456, al. 2 C.c.Q.), doit-on en conclure que le donateur, débiteur de la délivrance, doit indemniser le donataire de la valeur du bien donné ? Poser la question c'est y répondre ! Il serait absurde en effet d'obliger le donateur à se dépouiller une seconde fois alors qu'il n'est aucunement fautif. En réalité, comme on l'a déjà mentionné, la question des risques ne se pose pas dans le cadre d'un contrat unilatéral; en conséquence, ce n'est pas l'article 1456 C.c.Q., lequel traite précisément de la question des risques qui s'applique, mais uniquement l'article 1693 C.c.Q. qui libère le donateur lorsque son obligation de délivrance ne peut plus être exécutée en raison d'une force majeure (ou, au cas de perte partielle, l'article 1562 C.c.Q.).

Il nous reste à envisager maintenant l'application des règles relatives à la charge des risques dans les situations particulières des obligations conditionnelles et de la restitution des prestations.

420. *La charge des risques et les obligations conditionnelles.* Pour clarifier, on partira d'un exemple : le 1er février, j'achète tel immeuble à tel prix, si je suis nommé à Québec (condition suspensive); le 1er juin, je suis effectivement nommé à Québec : la condition se réalise. Cependant, le 1er avril, c'est-à-dire *pendente conditione*, l'immeuble acheté est détruit fortuitement par incendie. Qui doit supporter les risques ?

Dans le droit d'hier, l'article 1087 C.c.B.C. répondait à la question en distinguant selon qu'il s'agissait d'une perte totale ou d'une perte

---

[1336] *Cf. supra*, n° 417.

partielle, pour faire jouer ou non la rétroactivité. En vertu de l'alinéa 2 de cette disposition, « si la chose est entièrement périe, ou ne peut plus être livrée, sans la faute du débiteur, il n'y a plus d'obligation »; au contraire, en vertu de l'alinéa 3, « si la chose s'est détériorée sans la faute du débiteur, le créancier doit la recevoir dans l'état où elle se trouve, sans diminution de prix ». En conséquence, dans l'hypothèse où l'immeuble avait été totalement détruit, les risques était à la charge du vendeur, tandis qu'ils pesaient sur l'acheteur dans l'hypothèse où l'immeuble avait été partiellement détruit : dans le premier cas, l'acheteur ne recevait rien, mais ne devait rien, alors que, dans le second cas, l'acheteur recevait ce qui restait de l'immeuble et devait payer le prix intégral.

Comment expliquait-on cette solution dualiste ? Mignault enseignait que, dans le cas de la perte totale *pendente conditione*, « l'obligation du vendeur n'ayant pas pu *naître* faute d'objet, [...] celle de l'acheteur n'a pas pu naître faute de cause »[1337]; on ne peut pas, disait-il, attribuer un effet rétroactif à la condition accomplie, puisque celle-ci ne produit aucun effet : « l'obligation du vendeur n'a pas pu naître : car, au moment où la condition s'est réalisée, la chose vendue n'existait plus, et il n'y a pas d'obligation sans objet. L'obligation de l'acheteur n'a pas pu naître, faute de cause, puisqu'il n'a pas acquis ce qui lui avait été promis en échange du prix qu'il s'était engagé à payer »[1338]. En d'autres mots, la chose faisant l'objet de la prestation ayant disparu, le vendeur n'avait pas d'obligation et, par voie de conséquence, l'acheteur non plus : lorsque l'article 1087 C.c.B.C. disait qu'« il n'y [avait] plus d'obligation », il fallait comprendre qu'il n'y avait plus de contrat, ou, plus précisément, que le contrat n'avait pas pu se former. Au contraire, lorsque la chose s'était seulement détériorée, l'obligation du vendeur, nous disait Mignault, avait encore un objet et la prestation due par celui-ci était la cause de l'engagement de l'acheteur : le contrat ayant pu se former, l'acheteur, devenu propriétaire par le jeu de la rétroactivité, devait assumer les risques, en recevant la chose telle qu'elle se présentait à lui et en payant la totalité du prix.

Ainsi, en vertu de l'article 1087 C.c.B.C., en faisant assumer les risques au vendeur (normalement débiteur de l'obligation inexécutée de livrer) dans le cas de perte totale, on ne faisait pas jouer, au niveau de la formation du contrat, la rétroactivité qui découle norma-

---

[1337] MIGNAULT, t. 5, p. 446 (les italiques sont dans le texte original).
[1338] *Id.*

lement de la réalisation de la condition; inversement, en faisant assumer les risques à l'acheteur dans le cas de détérioration, on faisait jouer la rétroactivité : en ce sens, il y avait dualité de solution. Si on pouvait expliquer cette dualité, comme le faisait Mignault, il n'en demeurait pas moins que la justice n'y trouvait pas nécessairement son compte : pourquoi, en effet, faire jouer la rétroactivité dans un cas et non point dans l'autre, et aboutir ainsi à un résultat différent, quant à la charge des risques selon que la perte était totale ou partielle ?

S'agissant d'un contrat sous condition résolutoire, la solution était inversée, suivant le même raisonnement : le 1er février, j'achète votre immeuble; mais il est convenu que si je suis nommé à Québec, le contrat sera résolu. Le 1er juin, je suis nommé à Québec et, en conséquence, le contrat est résolu; toutefois, le 1er avril, c'est-à-dire *pendente conditione*, l'immeuble a péri par cas fortuit. Au cas de perte totale, on ne tenait pas compte du jeu de la rétroactivité et les risques étaient à la charge de l'acheteur, en ce sens que le prix restait dû s'il n'avait pas encore été versé; tandis que, dans le cas de détérioration, la rétroactivité jouait et le vendeur assumait les risques, en ce sens qu'il devait recevoir l'immeuble tel qu'il était et rembourser à l'acheteur la totalité du prix si celui-ci avait déjà été versé (art. 1088 C.c.B.C.).

Le nouveau Code civil n'a pas repris les dispositions des articles 1087 et 1088 C.c.B.C. relatives à la charge des risques dans le cadre des contrats conditionnels. En conséquence, on appliquera désormais à la vente conditionnelle, que la condition soit suspensive ou résolutoire, les règles qui ont été précédemment énoncées à l'égard des contrats translatifs de propriété, sans qu'il y ait dualité de solution selon que la perte est totale ou partielle, la rétroactivité jouant son rôle dans les deux cas. Dans un tel contrat, les risques sont à la charge du débiteur de la délivrance qui avait le bien en sa possession lors de la perte par force majeure. Si, donc, la chose périt *pendente conditione*, on devrait dire, si la condition se réalise, que le débiteur de l'obligation de délivrance assume les risques, c'est-à-dire normalement le vendeur dans une vente sous condition suspensive et l'acheteur dans une vente sous condition résolutoire puisque normalement, *pendente conditione*, le possesseur de la chose vendue conditionnellement et débiteur de la délivrance est le vendeur, dans le premier cas, et l'acheteur dans le second cas.

421. *La charge des risques et la restitution des prestations.* Lorsqu'un contrat synallagmatique, exécuté en tout ou en partie, est subséquemment anéanti de façon rétroactive, il y a lieu de procéder à la restitution des prestations selon les règles prévues aux articles 1699 et suiv. C.c.Q., chacune des parties étant tenue de restituer à l'autre ce qu'elle a reçu en exécution du contrat. On rappellera qu'en principe, l'impossibilité de restituer en nature n'implique pas la libération du débiteur qui sera alors tenu à une restitution par équivalent (art. 1700 C.c.Q.) : le débiteur de la restitution n'étant pas libéré de son obligation, la question de la charge des risques ne se pose pas. Elle se pose, au contraire, dans les cas où l'une des parties est libérée, en totalité ou en partie, de son obligation de restitution.

Le second alinéa de l'article 1701 C.c.Q. prévoit, en effet, que le débiteur de bonne foi est « dispensé de toute restitution » lorsque le bien qu'il doit restituer a péri par force majeure. Si cet article nous indique clairement qu'en un tel cas le débiteur de la restitution est libéré, il ne nous dit rien quant à l'obligation de restituer que pourrait avoir l'autre partie. Il faut donc se tourner vers les règles générales de la théorie des risques pour déterminer si la libération de l'une des parties entraînera également celle de l'autre, comme le voudrait le principe *res perit debitori*.

Une réponse affirmative nous paraît devoir s'imposer. En effet, de deux choses l'une :

– ou bien on considère que la chose qui fait l'objet d'une obligation de restitution découlant de l'anéantissement d'un contrat synallagmatique est, en un sens large, un « bien qui est l'objet d'un droit réel transféré par contrat » au sens de l'article 1456 C.c.Q. (l'anéantissement rétroactif d'un contrat synallagmatique faisant naître, selon l'expression de Carbonnier, une sorte de « contrat synallagmatique renversé »); en ce cas, le débiteur de la restitution serait, par le jeu de la rétroactivité, débiteur, au moment de la perte, d'une obligation de délivrance, et devrait alors assumer les risques de perte par cas de force majeure, en vertu du second alinéa de l'article 1456 C.c.Q.;

— ou bien on refuse de considérer que le bien qui fait l'objet d'une obligation de restitution soit visé par l'article 1456 C.c.Q. (n'étant pas véritablement un bien « transféré par contrat » et la formule de Carbonnier n'étant qu'une image), et en ce cas, devrait s'appliquer la règle générale prévue à l'article 1694 C.c.Q. qui fait assumer les risques par le débiteur de l'obligation inexécutée, en l'occurrence par celui qui ne pourra rendre le bien qui a péri.

Que l'on choisisse donc l'une ou l'autre avenue, on constate que le débiteur libéré de toute restitution en raison de la perte fortuite du bien ne pourra exiger, le cas échéant, de l'autre partie qu'elle restitue sa propre prestation. Dans les deux cas, on aboutit à une solution juste.

Sur le plan théorique, il nous apparaît que ce n'est que dans le cadre de l'obligation assortie d'une condition résolutoire que l'on peut parler d'un « bien transféré par contrat » au sens de l'article 1456 C.c.Q., puisque la restitution du bien, advenant la réalisation de la condition, a été expressément prévue par les parties. Au contraire, lorsque la restitution résulte de l'annulation ou de la résolution d'un contrat, ou encore de l'impossibilité d'exécuter une obligation, il nous apparaît que la restitution n'a plus alors d'aspect contractuel, étant alors directement imposée par la loi[1339]. C'est pourquoi nous préférons appliquer l'article 1456 C.c.Q. à l'obligation conditionnelle et l'article 1694 C.c.Q. dans les autres cas d'anéantissement rétroactif d'un contrat.

Qu'en est-il au cas de perte partielle ? Si on accepte que le débiteur de la restitution d'une chose détériorée par force majeure puisse se libérer par la remise de cette chose dans l'état où elle se trouve[1340], on doit se demander ce qu'il advient de l'obligation corrélative de restitution : le créancier qui ne recevra qu'une chose détériorée sera-t-il néanmoins tenu à une pleine restitution ou pourra-t-il diminuer en conséquence la

---

[1339] Cf. MALAURIE et AYNÈS, t. 6, 10e éd., n° 586, p. 335-337.
[1340] Cf. supra, nos 417 et 419.

valeur de sa propre restitution ? Encore ici, et pour les raisons vues précédemment, on doit considérer que les risques pèsent sur le débiteur de l'obligation inexécutée, ce qui permettra au créancier de réduire sa propre prestation à la mesure de ce qu'il reçoit.

Ce qui vient d'être dit ne concerne, à notre avis, que le cas où chacune des parties à la restitution est « innocente » au sens des articles 1699 et suivants C.c.Q. Dans l'hypothèse, au contraire, où l'une des parties à la restitution aurait été de mauvaise foi ou lorsque sa faute a été à l'origine de la restitution, il semble juste de lui faire supporter les risques de perte du bien qui fait l'objet de la restitution. Tel serait le cas du vendeur, auteur du dol qui a déterminé le consentement de l'acheteur : advenant le cas où la chose vendue viendrait à périr par force majeure entre les mains de l'acheteur, ce dernier, s'il obtenait l'annulation du contrat, devrait en toute justice, pouvoir récupérer le prix, même s'il est libéré de son obligation de restituer la chose.

422. *Caractère supplétif de ces règles.* Puisque les règles prévues au Code en matière de risques reposent sur l'interprétation de la volonté des parties, elles sont purement supplétives, que l'on soit en présence d'une obligation pure et simple ou d'une obligation conditionnelle. C'est dire que les contractants peuvent exprimer des stipulations contraires qui, d'ailleurs, se rencontrent fréquemment.

423. *Le contrat de consommation.* Compte tenu du caractère supplétif des règles énoncées, il y avait lieu de craindre que le commerçant ne mette systématiquement les risques à la charge du consommateur. Aussi, la loi est-elle venue préciser que le commerçant devait assumer ces risques dans certaines hypothèses. Ainsi, dans le cas de la vente à tempérament, l'article 133 L.P.C. met les risques à la charge du commerçant tant et aussi longtemps que le transfert de propriété n'a pas eu lieu[1341]; l'article 64 L.P.C. met à la charge du

---

[1341] Dans le droit d'hier, l'article 133 L.P.C. ne faisait que rendre impérative ce qui était la règle de principe des contrats translatifs de propriété : *res perit domino*; désormais, elle constitue une exception, toujours impérative, à la nouvelle règle de principe, *res perit debitori*.

commerçant itinérant les risques de perte ou détériorations qui pourraient survenir pendant le délai de réflexion accordé au consommateur pour se dédire (*cf.* art. 59 L.P.C.); il en est de même dans le cadre des « contrats accessoires » (art. 211 L.P.C.).

Les observations qui viennent d'être faites nous amènent à conclure qu'en dépit de ce que semble laisser croire le premier alinéa de l'article 1456 C.c.Q., le principe en matière de contrats translatifs de propriété relativement à la charge des risques est désormais *res perit debitori* et non plus *res perit domino*. Il y a donc sur ce point un changement majeur par rapport au droit d'hier.

Section 3. L'exception d'inexécution et le droit de rétention

Le *Code civil du Québec*, aux articles 1591 à 1593, attribue au créancier insatisfait des moyens de défense particuliers, soit l'exception d'inexécution et le droit de rétention qui lui permettront de suspendre l'exécution de sa propre obligation.

Par. 1. *L'exception d'inexécution (« exceptio non adimpleti contractus »)*

424. *Nature de l'exception.* Pour qu'un contractant puisse exiger de son cocontractant qu'il exécute ses obligations, encore faut-il que le premier exécute lui-même ou propose d'exécuter les siennes. Aussi, celui qui voudrait contraindre son cocontractant pourrait-il se voir opposer un refus de la part de ce dernier qui serait en droit d'invoquer l'*exceptio non adimpleti contractus*. Ce mécanisme est, encore, une conséquence de l'interdépendance des obligations réciproques.

Cependant, il ne s'agit pas ici de demander l'anéantissement rétroactif du contrat : on sollicite simplement ce que MM. Mazeaud appellent « l'ajournement de ses obligations ». C'est l'application de la règle connue des juristes allemands sous l'appellation « exécution trait pour trait » ou celle que les auteurs français intitulent « donnant, donnant »[1342]. À un vendeur qui exigerait le paiement de la chose vendue, l'acheteur répliquerait : livrez d'abord l'objet !

Le *Code civil du Bas Canada* ne contenait, à cet égard, aucun texte de portée générale, mais seulement des dispositions particulières : en vertu de l'article 1496 C.c.B.C., le vendeur n'était pas tenu de délivrer la chose, si l'acheteur n'en payait pas le prix; en vertu de l'article 1597 C.c.B.C., le contractant, qui avait reçu en échange une chose qui n'appartenait pas à son cocontractant, ne pouvait être forcé à livrer celle qu'il avait promise en contre-échange. Néanmoins la jurisprudence avait généralisé ces solutions, admettant ainsi cette règle dans tous les contrats synallagmatiques[1343]. C'est ce que consacre désormais l'article 1591 C.c.Q.

Cette *exceptio*, malgré sa résonance latine, ne vient pas directement du droit romain. Ce sont les canonistes et les postglossateurs qui l'ont « baptisée », en la tirant de l'exception romaine de dol. Comme la théorie des risques, cette règle repose sur la volonté présumée des parties : l'acheteur s'engage à payer le prix de la chose achetée, parce que le vendeur s'engage à se dessaisir en même temps de la chose qu'il vend.

A. Le domaine d'application de l'exception

425. *Exécution donnant, donnant.* Puisque cette exception d'inexécution trouve son fondement, de la même façon que la résolution et la théorie des risques, dans l'interdépendance des obligations, il est, dès lors, normal qu'elle s'applique aux contrats synallagmatiques, lorsque les parties ont envisagé une

---

[1342] *Cf.* MARTY et RAYNAUD, 2ᵉ éd., t. 1, n° 321 et suiv., p. 330 et suiv.; MAZEAUD, 9ᵉ éd., t. 2, vol. 1, n° 1124 et suiv., p. 1169 et suiv.; STARCK, 6ᵉ éd., vol. 2, n° 1966 et suiv., p. 686 et suiv.; CARBONNIER, t. 4, 21ᵉ éd., n° 194, p. 338-340; MALAURIE et AYNÈS, t. 6, 10ᵉ éd., n° 721 et suiv., p. 421 et suiv. *Cf.* également Janick ROCHE-DAHAN, « L'exception d'inexécution, une forme de résolution unilatérale du contrat synallagmatique », D. 1994.chron.255.

[1343] *Cf. Eugène Falardeau Ltée* c. *Office municipal d'habitation de Québec,* [1976] C.A. 244, 246.

exécution simultanée, « trait pour trait » ou « donnant, donnant »[1344].

On doit en déduire que, lorsqu'un contractant bénéficie d'un terme qui lui a été accordé soit par la loi, soit par son cocontractant, ce dernier ne peut prétendre opposer au bénéficiaire, avant l'échéance du terme, l'exception d'inexécution : en effet, celui à qui a été accordé un délai d'exécution peut exiger de son cocontractant qu'il accomplisse immédiatement sa propre prestation, sans se voir opposer l'exception. On doit également en déduire que l'exception ne peut être invoquée par le contractant qui, en vertu de la convention, de la loi ou des usages, est tenu d'exécuter le premier. C'est ce que confirme l'article 1591 C.c.Q.

426. *Inexécution totale ou assimilable.* Normalement, on pourrait avoir tendance à prétendre que l'exception ne serait susceptible d'être invoquée que dans la mesure où l'inexécution, par le cocontractant, de son obligation aurait été totale. C'est dire que l'exception ne serait pas recevable dans le cas d'une inexécution partielle de la part du cocontractant. Ce point de vue doit être nuancé. On retrouve une question qui s'est déjà posée dans le cadre de l'action en résolution : toutes les fois que l'exécution partielle ne sera aucunement utile pour le créancier et sera, de ce fait, assimilable à une inexécution totale, l'exception sera accueillie[1345]; au contraire, lorsque l'inexécution portera sur une obligation accessoire ou sera de peu d'importance, le créancier ne sera pas en droit d'opposer l'exception d'inexécution pour refuser de remplir ses propres

---

[1344] On a observé que le domaine d'application de l'exception s'étendait à tous les rapports synallagmatiques, contractuels ou non, telle la restitution des prestations à la suite de l'annulation ou de la résolution d'un contrat, les restitutions devant se faire en même temps (*cf.* MARTY et RAYNAUD, 2ᵉ éd., t. 1, n° 323, p. 333 et 334, citant la thèse de René Cassin). Ce point de vue nous paraît justifier la jurisprudence, lorsqu'elle exige de celui qui demande l'annulation d'un contrat qu'il offre, en même temps, de restituer ce qu'il a reçu : *Rosconi c. Dubois,* [1951] R.C.S. 554.

[1345] *Cf. Investissements Gentra Canada inc. c. Manufacturiers de Bijoux Brossard inc.,* J.E. 97-1170 (C.Q.).

obligations[1346]. Lorsque l'inexécution sera substantielle sans pour autant être totale, le créancier de cette obligation pourra, dans une mesure correspondante, refuser d'exécuter sa propre obligation corrélative (art. 1591 C.c.Q.). L'appréciation sera laissée à la discrétion du tribunal qui décidera si l'exception peut être invoquée par le créancier et, le cas échéant, dans quelle mesure il est en droit de refuser d'exécuter sa propre obligation[1347].

B. Le mécanisme de l'exception

427. *Moyen de défense.* On a vu que, pour obtenir la résolution d'un contrat, l'intervention du tribunal était en principe nécessaire (sous réserve de l'article 1605 C.c.Q.), alors qu'elle était inutile pour l'application de la théorie des risques. L'*exceptio non adimpleti contractus* ne constitue pas une demande; bien au contraire, elle est un moyen de défense : celui qui oppose à son contractant l'exception d'inexécution est le défendeur au procès. Aussi, le tribunal doit-il se borner à veiller à ce que les conditions d'exercice de cette exception soient réunies, c'est-à-dire à vérifier si le demandeur a lui-même exécuté les obligations qu'il avait à l'égard du défendeur ou s'il a offert de les accomplir[1348]. S'il constate que le demandeur est en défaut, il rejettera en totalité ou en partie son action, le moyen de défense s'étant montré efficace[1349]. L'usage de cette exception est, donc, une manière de faire pression sur le

---

[1346] *Cf. Pétroles Tremblay ltée* c. *Guillemette*, J.E. 94-48 (C.Q.).

[1347] *Cf.* Jacques MESTRE, « Obligations en général », *Rev. trim. dr. civ.* 1996.383, 395. Il est des cas où la loi prévoit la nécessité, pour celui qui n'obtient pas satisfaction, d'obtenir l'autorisation du tribunal pour ne pas exécuter sa propre obligation; ainsi en est-il de l'article 1867 C.c.Q. reprenant en substance l'article 1612 C.c.B.C. : *cf. Buissière* c. *Caron*, [1977] R.P. 156 (C.S.).

[1348] *Cf. Interprovincial Lumber Co.* c. *Matapedia Co.*, [1973] C.A. 140; *Télé-Métropole international inc.* c. *Banque Mercantile du Canada*, J.E. 95-1135 (C.A.) : il s'agit de deux cas où l'exception d'inexécution a été rejetée.

[1349] *Cf. Lebel* c. *Commissaires d'écoles pour la municipalité de la Ville de Montmorency*, [1955] R.C.S. 298.

contractant qui n'exécute pas, l'inertie étant, parfois, une force redoutable. En ce sens, on a pu dire que l'exception était un procédé indirect d'exécution.

Un tel moyen de défense pourrait être considéré comme « archaïque et fruste »[1350], mais on doit constater qu'il est fort efficace puisqu'il permet au contractant attaqué d'adopter une « position d'attente »[1351] face à son créancier, qui est aussi son débiteur; le moyen est également commode, puisqu'il met son utilisateur dans une situation privilégiée, dans la mesure où le demandeur serait insolvable : en n'exécutant pas sa prestation, le défendeur ne perd rien.

Par. 2. *Le droit de rétention*

428. *Notion et domaine d'application du droit de rétention.* Le droit de rétention est voisin à bien des égards de l'exception d'inexécution, avec laquelle toutefois il ne doit pas être confondu. En vertu de l'article 1592 C.c.Q., il est une faveur accordée par la loi à celui qui détient, du consentement de son cocontractant, un bien appartenant à ce dernier[1352], faveur consistant à retenir ce bien jusqu'au paiement total de la créance que le détenteur a contre son cocontractant, pourvu que cette créance soit exigible et intimement liée au bien détenu. Ainsi, le transporteur impayé peut retenir les biens transportés jusqu'au paiement du fret (art. 2058 C.c.Q., qui n'est qu'une application particulière du droit prévu à l'article 1592 C.c.Q.).

[1350] TERRÉ, SIMLER et LEQUETTE, 5ᵉ éd., 1993, n° 611, p. 465.

[1351] MAZEAUD, 9ᵉ éd., t. 2, vol. 1, n° 1132, p. 1172.

[1352] Contrairement à ce qui a été soutenu par une certaine doctrine et une certaine jurisprudence, probablement influencées par le droit d'hier, le droit de rétention, tel que le prévoit l'article 1592 C.c.Q. exige que le bien détenu par le créancier appartienne à son cocontractant : cela exclut donc le cas du bien réparé à la demande d'un emprunteur ou d'un locataire (*cf.* l'analyse du juge Lagacé dans : *Air Charters inc.* c. *Ambulair inc.*, REJB 98-10233 (C.S.). En ce sens également, BAUDOUIN et JOBIN, 5ᵉ éd., p. 603 et 604. *Contra* : Pierre CIOTOLA, *Droit des sûretés*, 3ᵉ éd., Montréal, Éditions Thémis, 1999, p. 95-96.

Le droit de rétention, comme l'exception d'inexécution, constitue un moyen de pression contre un débiteur qui n'exécute pas sa prestation[1353], participant à l'idée de bonne foi dans l'exécution des obligations. Cependant, le droit de rétention est d'application plus large : non seulement on le trouve dans le cadre des contrats synallagmatiques, mais aussi dans celui des contrats unilatéraux[1354], ainsi que dans des situations autres que contractuelles[1355]. On en trouvait un certain nombre de cas dans le *Code civil du Bas Canada* (par exemple, art. 441 et 1679 C.c.B.C.) comme on en trouve désormais dans le *Code civil du Québec* (art. 875, 946, 963, 974, 1250, 1369, 2003, 2058, 2185, 2293, 2302 et 2324 C.c.Q.).

429. *Effets du droit de rétention*. L'article 1593 C.c.Q. vient préciser les effets du droit de rétention qui, désormais, est clairement opposable à tous[1356]. C'est dire que le transporteur peut refuser de livrer la marchandise au destinataire, lors même que l'obligation de payer le fret n'incomberait qu'à l'expéditeur.

Le rétenteur peut-il opposer son droit de retenir le bien à l'égard d'un autre créancier impayé qui prétendrait le saisir entre ses mains ? Dans le droit d'hier, on répondait négativement à cette question étant donné que le rétenteur détenait un privilège sur le bien, que celui-ci ait été meuble ou immeuble, ce privilège l'assurant du paiement de ce qui lui était dû. Le nouveau Code attribuant désormais une priorité au rétenteur

---

[1353] La personne qui, par des déclarations inexactes, amène le réparateur d'un bien à ne pas exercer le droit de rétention que ce dernier aurait pu faire valoir, pourra engager sa responsabilité envers lui : cf. *Maillé* c. *Brisebois*, J.E. 95-1467 (C.S.).

[1354] Par exemple, le dépositaire a le droit de retenir le bien déposé jusqu'au paiement des dépenses encourues pour la conservation du bien (art. 2293 C.c.Q.).

[1355] Par exemple, le possesseur de bonne foi a le droit de retenir l'immeuble jusqu'au remboursement des impenses nécessaires ou utiles (art. 963 C.c.Q.).

[1356] Consacrant le droit d'hier, l'alinéa second de l'article 1593 C.c.Q. précise que la dépossession involontaire du bien n'éteint pas le droit de rétention, et que le rétenteur peut en un tel cas revendiquer le bien, sous réserve des règles de la prescription acquisitive.

d'un bien meuble, il est permis de penser que la solution d'hier lui est encore applicable. Qu'en est-il cependant du rétenteur d'un bien immeuble qui, lui, n'est plus titulaire d'une priorité ? Il nous semble que ce rétenteur, qui n'est plus protégé que par son droit de rétention, devrait pouvoir s'opposer à la saisie de l'immeuble, conformément au texte de l'article 1593, al. 1 C.c.Q. qui rend son droit « opposable *à tous* »[1357].

On comprend dès lors que certains auraient préféré voir le droit de rétention situé dans le Livre « Des priorités et des hypothèques », mais le législateur a choisi de ne pas l'éloigner de l'exception d'inexécution, s'agissant d'un droit « qui se rapproche sous plusieurs aspects » de cette dernière[1358].

Les règles qui viennent d'être envisagées sont particulières aux obligations contractuelles. Il faut s'interroger, maintenant, sur les droits qu'un créancier a, en général, sur le patrimoine de son débiteur[1359].

[1357] Sur le droit de rétention, voir Pierre CIOTOLA, *Droit des sûretés*, 3ᵉ éd., Montréal, Éditions Thémis, nᵒ 2.29, p. 93-98; Louis PAYETTE, « Des priorités et des hypothèques », dans Barreau du Québec et Chambre des Notaires du Québec, *La réforme du Code civil*, t. 3, Sainte-Foy, 1993, P.U.L., p. 9, aux pages 74-77.

[1358] *C.M.J.*, t. I, art. 1593 C.c.Q. *Cf.* sur la nature du droit de rétention : MARTY et RAYNAUD, t. 3, vol. 1, nᵒ 16, p.12; Monique BANDRAC et Pierre CROCQ, « Sûretés, publicité foncière », *Rev. trim. dr. civ.* 1997.704, 707.

[1359] Pour une présentation générale des recours du créancier au cas d'inexécution du contrat, inspirée de la common law, *cf.* Denis TALLON, « L'inexécution du contrat : pour une autre présentation », *Rev. trim. dr. civ.* 1994.223.

CHAPITRE II
LES DROITS DU CRÉANCIER
SUR LE PATRIMOINE DU DÉBITEUR

430. *Objet de ces divers droits.* Le créancier, qui n'obtient pas de son débiteur l'exécution volontaire de l'obligation à laquelle il est tenu à son égard, possède certains droits sur le patrimoine de ce débiteur récalcitrant. Toute obligation, en effet, implique une contrainte : s'il n'en était pas ainsi, les créanciers seraient dans une fâcheuse situation.

Ainsi, le créancier aura-t-il certains moyens afin de « forcer » son débiteur à exécuter son obligation : c'est le droit à l'exécution forcée. Puisque le patrimoine d'un débiteur est, dit-on, le « gage commun » de ses créanciers, un créancier doit avoir également la possibilité de s'assurer de la conservation du patrimoine de son débiteur : c'est un droit de contrôle.

Section 1. Le droit à l'exécution forcée

431. *Recours à la voie judiciaire.* Le droit au paiement, qu'a le créancier à l'égard de son débiteur, permet de recourir à la contrainte lorsque ce dernier n'exécute pas volontairement son obligation. La « contrainte » susceptible d'être exercée consiste à en appeler à la justice : par la « voie judiciaire », le créancier va « forcer » l'exécution. Le tribunal ordonnera, alors, que satisfaction lui soit donnée, soit en nature, soit par équivalent.

Avant d'envisager ces deux possibilités, il convient, cependant, de préciser le rôle de la demeure, qui est le prélude à l'exécution forcée.

Par. 1. *Le prélude à l'exécution forcée : la demeure*

432. *Notion.* On rappellera, tout d'abord, que l'exécution — qu'elle soit volontaire ou forcée — suppose l'existence d'une créance et le caractère exigible de celle-ci. On ajoutera que, s'il s'agit d'une somme d'argent, cette créance doit être liquide, c'est-à-dire d'un montant chiffré de façon précise.

Lorsque le débiteur refuse d'exécuter ou néglige de le faire, le créancier qui est en droit de recevoir le paiement doit, avant même de s'adresser au tribunal afin d'obtenir l'exécution forcée, mettre son débiteur « en demeure » d'accomplir sa prestation. C'est ce que MM. Marty et Raynaud ont appelé « le prélude à l'exécution forcée »[1460].

La mise en demeure (du latin *mora* qui signifie retard) est le constat « officiel » du retard apporté par le débiteur à l'exécution. C'est le signal d'alarme adressé au débiteur afin de lui rappeler qu'il a une dette et que le temps est venu de payer. Il peut paraître étrange d'obliger un créancier à prendre une telle initiative et de permettre à un débiteur de perdre si facilement la mémoire de ses engagements ! Lorsque le moment de l'exécution est fixé dans le contrat expressément ou implicitement, le simple fait de l'inexécution devrait suffire à permettre le recours au tribunal; inversement, on pourrait songer à cette mesure préalable lorsque ce moment n'a pas été clairement fixé : il en est ainsi dans les codes civils allemand et italien. Néanmoins, les codificateurs québécois, tant en 1866 qu'en 1994, sont restés fidèles à l'idée romaine[1461] et à l'opinion française du XVIIIe siècle, selon lesquelles le créancier qui ne prend

---

[1460] MARTY et RAYNAUD, 2e éd., t. 2, n° 277 et suiv., p. 245 et suiv.

[1461] Sur l'évolution du droit romain, qui est passé du principe *dies interpellat pro homine* au principe contraire (*dies non interpellat pro homine*), *cf.* Robert P. KOURI, « The Putting in Default », (1971) 2 *R.D.U.S.* 1.

pas l'initiative de rappeler au débiteur sa dette est censé tolérer ce retard et ne pas en subir préjudice, même si le moment de l'exécution a été déterminé avec précision. Aussi, le Code civil pose-t-il, en règle générale, l'exigence d'une mise en demeure, sauf, cependant, dans certaines hypothèses d'exception où la demeure survient de plein droit.

A. La demeure résultant d'une initiative du créancier (mise en demeure)

433. *Forme et conditions de la mise en demeure.* La mise en demeure, qui n'est rien d'autre que la demande adressée par le créancier à son débiteur d'exécuter son obligation[1462], peut être faite par une « demande extrajudiciaire » ou par une « demande en justice ».

On notera d'une part, que l'« interpellation en justice » dont faisait état l'article 1067 C.c.B.C. est désormais une « demande en justice », ce qui convient mieux au vocabulaire du droit judiciaire privé et qui l'oppose à l'autre manière de mettre en demeure, la « demande extrajudiciaire », donc la mesure préalable au grand moyen qui consiste à recourir au tribunal.

On notera d'autre part que, contrairement à l'article 1067 C.c.B.C., la mise en demeure doit être faite par écrit (art. 1595, al. 1 C.c.Q.), et qu'en conséquence la mise en demeure verbale, qui hier était admise en certains cas[1463], ne l'est désormais

---

[1462] Une demande de nature générale suffit : *Gagnon* c. *Lapointe*, J.E. 01-385 (C.A.).

[1463] L'article 1067 C.c.B.C. fait état d'« une demande qui doit être par écrit, à moins que le contrat lui-même ne soit verbal ». On se demandait alors si l'écrit était une nécessité dans le cadre d'un contrat fait par écrit; compte tenu de la rédaction du texte, la réponse semblait devoir être affirmative et c'est en ce sens que se prononçaient majoritairement les auteurs et la jurisprudence. Certains auteurs, toutefois, soutenaient le contraire, la forme écrite se rapportant, disaient-ils, à la preuve de la mise en demeure; cela signifiait que si le créancier réussissait à prouver l'existence de la mise en demeure, celle-ci était considérée comme valable même si elle avait été faite verbalement (*cf.* Louis BAUDOUIN, *Droit civil de la province de Québec : modèle vivant de droit comparé,*

plus. Cette exigence en facilite la preuve et paraît justifiée, compte tenu de l'importance de la demeure et des conséquences qui s'y rattachent.

Le nouveau Code apporte également certaines précisions quant au mécanisme de la mise en demeure. Celle-ci ayant pour but de rafraîchir la mémoire du débiteur et de suggérer fortement l'exécution, à défaut de quoi une poursuite judiciaire (ou la résolution de plein droit du contrat) ne manquera de venir, il est alors normal d'accorder au débiteur un délai d'exécution suffisamment long, « eu égard à la nature de l'obligation et aux circonstances », pour lui permettre d'obtempérer[1464]; si donc le délai exprimé par le créancier dans la lettre de mise en demeure est trop bref et ne donne pas assez de temps au débiteur pour prendre les mesures d'exécution qui s'imposent, celui-ci pourra exécuter dans un « délai raisonnable à compter de la demande », le caractère raisonnable étant laissé à l'appréciation du tribunal s'il y a litige sur ce point (art. 1595, al. 2 C.c.Q.). Certes cette règle n'était pas énoncée au *Code civil du Bas Canada*, mais, découlant du bon sens, elle n'est pas nouvelle si l'on considère qu'une mise en demeure intempestive, qui ne laisserait pas au débiteur suffisamment de temps pour agir (et entraînerait des conséquences catastrophiques) pourrait être considérée, en certaines circonstances, comme abusive (art. 7 C.c.Q.)[1465].

Néanmoins, il est des cas où la question du délai raisonnable peut présenter certaines difficultés. On peut songer à l'entrepreneur qui s'est engagé, le 1er juillet 2000, à livrer une résidence prête à emmé-

---

Montréal, Wilson et Lafleur, 1953, p. 564; BAUDOUIN, 3e éd., n° 675, p. 401).

[1464] Sur le défaut de mise en demeure : *cf. Twardy* c. *Puisatiers J.C.M. inc.*, J.E. 95-943 (C.Q.); *9025-3683 Québec inc.* c. *Camping Transit inc.*, J.E. 98-2195 (C.Q.); *Association provinciale des constructeurs d'habitation du Québec inc.* c. *St-Amand*, J.E. 98-1815 (C.Q.); *Lamoureux* c. *McRae*, J.E. 00-2098 (C.Q.).

[1465] *Cf. Houle* c. *Banque canadienne nationale*, [1990] 3 R.C.S. 122. *Cf.* également, Nathalie VÉZINA, « La demeure, le devoir de bonne foi et la sanction extrajudiciaire des droits du créancier », (1995-96) 26 *R.D.U.S.* 455.

nager le 1ᵉʳ juillet 2001. Advenant le cas où à cette date les travaux ne sont pas terminés ou même peu avancés, quel serait le délai « raisonnable » que le créancier devrait consentir à cet entrepreneur ? La réponse est évidemment fonction des circonstances, mais il serait inacceptable d'exiger du créancier qu'il donne encore un délai de plusieurs mois à un entrepreneur qui, sans justification, n'a pas respecté un échéancier qui, lui, était raisonnable ! Ne devrait-on pas alors permettre au créancier, qui se rend compte que son débiteur ne sera pas en mesure de livrer à temps, d'adresser à ce dernier une « mise en demeure préventive », l'avertissant qu'il ne tolérera aucun retard et qu'il poursuivra en justice à défaut de livraison le 1ᵉʳ juillet ? Certes la loi ne le permet pas expressément puisqu'en principe on ne peut constater le retard qu'à l'échéance; mais, en certaines circonstances, une telle mesure nous paraît être la seule qui puisse protéger adéquatement le créancier sans qu'on puisse dire que cette demeure « prématurée » soit intempestive et constitutive d'abus de droit.

Quant à la demande en justice effectuée par le créancier contre son débiteur sans demeure préalable (demande extrajudiciaire, stipulation contractuelle, demeure de plein droit), elle vaut certes mise en demeure[1466], mais le débiteur conserve le droit d'exécuter son obligation dans un délai raisonnable à compter de cette demande en justice; et s'il est ainsi fait, les frais de la demande sont à la charge du créancier : c'est ce qu'énonce l'article 1596 C.c.Q., qui reprend la solution retenue antérieurement, en l'absence même d'un texte à cet effet. Toutefois, là encore, le droit nouveau énonce la faveur d'un délai raisonnable laissé au débiteur, dans la ligne de ce qui lui est également reconnu lorsque la demande est extrajudiciaire. Cette disposition signifie clairement que le créancier n'a pas véritablement le choix des recours tant que le débiteur n'est pas en demeure, principe que l'on retrouve à l'article 1590, al. 2 C.c.Q.

[1466] *Cf. Denis* c. *Moreau*, [1974] C.A. 249, 250 (j. Bernier) : « la mise en demeure n'est pas une obligation préalable essentielle; l'action [en justice] comport[e] mise en demeure ».

B. La demeure de plein droit

434. *Les divers cas.* En vertu de l'article 1594 C.c.Q., le débiteur peut être constitué en demeure par les termes mêmes du contrat, lorsque celui-ci contient une stipulation selon laquelle le seul écoulement du temps pour l'accomplir aura cet effet. Une telle clause de mise en demeure conventionnelle se rencontre fréquemment : la seule arrivée de l'échéance est assimilable à une mise en demeure d'exécuter[1467].

En dehors de cette stipulation conventionnelle, le nouveau Code énonce les divers cas de demeure de plein droit par le seul effet de la loi : ce sont ceux que reconnaissaient le droit antérieur, que ce soit en vertu de textes (art. 1068, 1070 *in fine* C.c.B.C.) ou conformément aux enseignements de la doctrine et de la jurisprudence. C'est le cas de l'obligation qui ne pouvait être exécutée utilement que dans un laps de temps que le débiteur a laissé s'écouler[1468] ou qui n'a pas été exécutée alors qu'il y avait urgence[1469]; c'est aussi le cas d'un manquement à une obligation de ne pas faire, de l'impossibilité d'exécuter en nature résultant de la faute du débiteur[1470], du débiteur qui manifeste clairement son intention de ne pas exécuter. Autant de cas, désormais prévus à l'article 1597 C.c.Q., où, de toute façon, une mise en demeure serait inutile ou superflue. À tous ces cas, s'ajoute celui du refus ou de la négligence à exécuter et ce, de manière répétée, une obligation à exécution successive (à laquelle on assimilera l'obligation à exécution échelonnée dans le temps) : le caractère répétitif de l'attitude du débiteur exigerait

---

[1467] *Cf. M. Longtin & Fils inc.* c. *Olton Investments Corp.*, J.E. 95-2040 (C.S.).

[1468] Serait bien inutile la mise en demeure qui serait adressée au soliste qui, s'étant engagé à donner un récital tel jour, ne s'est pas présenté ! *Cf.* pour illustrations : *Compagnie d'aqueduc de la Jeune Lorette* c. *Turner*, (1922) 33 B.R. 1; *Mindlin* c. *Cohen*, [1960] C.S. 114.

[1469] *Cf. Drapeau* c. *Thériault*, [2000] R.D.I. 327 (C.Q).

[1470] *Cf. Rosenberg* c. *Industries Ultratainer inc.*, J.E. 01-287 (C.A.).

du créancier de multiples mises en demeure s'il n'en allait pas ainsi[1471].

Les auteurs ajoutent généralement à cette place qu'une mise en demeure est inutile en matière de responsabilité civile extracontractuelle : en effet, dit-on, le droit à la réparation existe à compter du moment où le dommage survient; il serait d'ailleurs difficile pour la victime de mettre son débiteur en demeure de ne pas lui faire subir un préjudice déjà subi... Toutefois, le créancier n'est pas dispensé de mettre l'auteur du dommage en demeure de réparer.

Lorsqu'il y a ainsi demeure de plein droit, le créancier insatisfait doit prouver qu'il se trouve dans l'un des cas énoncés à l'article 1597 C.c.Q., malgré toute déclaration ou stipulation contraire (art. 1598 C.c.Q.) : on a voulu éviter que le créancier puisse par des clauses de style apparaissant au contrat échapper à la preuve des faits donnant lieu à la demeure de plein droit; le législateur s'est ici inspiré d'une règle analogue édictée à l'article 11 L.P.C.[1472].

Enfin, on notera que n'a pas été repris l'article 1069 C.c.B.C. qui édictait qu'en matière commerciale, lorsqu'un terme était fixé pour accomplir l'obligation, le débiteur était en demeure par le seul laps du temps[1473], disposition que l'on justifiait par le besoin de rapidité dans les transactions commerciales. Bien qu'il eût pu simplement étendre cette disposition aux obligations contractées pour le service ou l'exploitation d'une entreprise (comme il l'a fait en matière de solidarité, art. 1525 C.c.Q.), le législateur a ici choisi de mettre de côté cette disposition, désirant uniformiser le plus possible les règles gouvernant les actes civils et les actes commerciaux. Le contrat commercial (comme celui conclu pour le service ou

---

[1471] *Cf. Syndicat des copropriétaires du 666 rue Bord-de-l'eau Ouest à Longueuil c. A. April Construction ltée*, J.E. 00-1960 (C.S., en appel, C.A. Montréal, n° 500-09-010125-003).

[1472] *C.M.J.*, t. I, art. 1598 C.c.Q. Sur le plan du droit transitoire, en vertu de l'article 89 L.A.R.C.C., l'article 1598 C.c.Q. est applicable même si une disposition contraire a été convenue antérieurement à l'entrée en vigueur du nouveau Code.

[1473] *Cf. Midani c. Midanco inc.*, J.E. 96-39 (C.A.).

l'exploitation d'une entreprise), est donc, quant aux règles relatives à la demeure, soumis aux dispositions qui viennent d'être énoncées : pour qu'il y ait demeure par le seul laps de temps fixé, sera nécessaire la stipulation que le seul écoulement du temps pour exécuter l'obligation aura l'effet d'une demeure; il ne faudra donc pas confondre « demeure de plein droit par le seul effet de la loi » des articles 1597 et 1598 C.c.Q., et la demeure conventionnelle « par les termes mêmes du contrat » prévue à l'article 1594, al. 1 C.c.Q.

435. *L'importance de la demeure.* La demeure est certes « un prélude à l'exécution forcée » (art. 1590 C.c.Q.)[1474], mais les articles 1077, 1200 et 1202 C.c.B.C. lui faisaient jouer d'autres rôles : le point de départ des dommages-intérêts moratoires, la charge des risques au cas de force majeure lorsque la perte survient pendant la demeure. C'est ce que reprend l'article 1600 C.c.Q (cf. également l'article 1617, al. 2 et 1618 C.c.Q.), qu'il s'agisse d'une demeure de plein droit ou d'une demeure résultant de l'initiative du créancier. Il faut comprendre qu'en ce dernier cas, l'expression « à compter de la demeure » signifie « à compter de l'expiration du délai accordé ou d'un délai raisonnable », puisque les articles 1595 et 1596 C.c.Q. donnent au débiteur le droit d'exécuter son obligation sans encourir de responsabilité durant ce délai.

On observera que, s'agissant d'une obligation portant sur une somme d'argent, l'article 1600 C.c.Q. rend le débiteur responsable des dommages-intérêts moratoires à compter de la demeure, même si ce débiteur bénéficie d'un « délai de grâce »; on pourrait se demander à quoi réfère un tel délai et pourquoi, en ce cas, les intérêts courent. Comme l'expliquent les commentaires, il s'agit d'un délai qui n'a pas pour but de remettre à plus tard l'échéance, mais plutôt de « retarder les poursuites ou l'exercice [par le créancier] de son droit en justice »[1475]; il est dès lors normal que les intérêts courent « à compter de la de-

---

[1474] Cf. *Gareau c. Habitations Beaupré Inc.*, [1981] R.L. 410 (C.S.); *Caron c. Centre routier Inc.*, [1990] R.J.Q. 75 (C.A.).
[1475] *C.M.J.*, t. I, art. 1600 C.c.Q.

meure » et non point seulement à compter de l'expiration du délai de grâce[1476].

Par. 2. *L'exécution forcée en nature*

436. *Position du problème.* Le meilleur moyen de donner satisfaction au créancier serait, sans aucun doute, de lui procurer la prestation qu'il s'attend à recevoir de son débiteur, c'est-à-dire l'exécution en nature. Il est, dès lors, normal que l'article 1590 al. 1 C.c.Q. envisage la possibilité que le créancier puisse « forcer l'exécution en nature de l'obligation ». Cependant, dans certaines hypothèses, cette exécution en nature sera devenue impossible ou ne saurait être imposée : aussi, le créancier ne l'obtiendra-t-il que « dans les cas qui le permettent » (art. 1601 C.c.Q., formulation reprise de l'article 1065 C.c.B.C.)[1477]. La question qui se pose, est donc de savoir dans quels cas il est possible de forcer la volonté du débiteur récalcitrant.

Souvent, l'exécution de l'obligation peut être obtenue en nature sans que le débiteur ait à intervenir personnellement; en de telles circonstances, rien ne s'oppose à ce que le créancier puisse obtenir une exécution en nature. Au contraire, parfois, cette exécution ne peut être obtenue sans la participation personnelle du débiteur : forcer, alors, l'exécution en nature impliquerait l'exercice d'une certaine violence sur la personne du

---

[1476] Advenant le cas où l'obligation aurait pour objet autre chose qu'une somme d'argent, bien que l'article 1600 C.c.Q. n'en fasse pas état, le créancier pourrait tout aussi bien accorder à son débiteur un délai de grâce qui n'aurait pas pour conséquence, nous semble-t-il, d'éviter au débiteur de devoir assumer les risques puisque ce débiteur « répond [...], à compter de la demeure, de toute perte qui résulte d'une force majeure [...] » (art. 1600, al. 2 C.c.Q.) : l'« état de grâce » n'empêche pas en effet l'« état de demeure »...

[1477] Il est évident que l'on ne peut forcer l'exécution en nature d'un contrat lorsque celui-ci peut faire l'objet d'une résiliation unilatérale de la part du débiteur : il en est ainsi, par exemple, du contrat d'entreprise ou du contrat de mandat. *Cf. Énergie du Nord inc. c. Chapais Électrique ltée*, J.E. 96-1428 (C.S.); *Centre régional de récupération C.S. inc. c. Service d'enlèvement de rebuts Laidlaw (Canada) ltée*, J.E. 96-1048 (C.A.).

débiteur, d'une pression, qui peut devenir odieuse, sur la volonté de l'individu, à un point tel qu'il y aurait atteinte à la liberté de la personne; dans ce cas, l'exécution forcée en nature est en principe impossible, du moins pas directement.

On a déjà eu l'occasion de mentionner que le choix du recours appartenait, à compter de la demeure, au créancier (art. 1590 C.c.Q.), mais il importe de souligner qu'il ne peut exercer en même temps des recours incompatibles : ainsi, comme l'indique l'article 1604, al. 1 C.c.Q., il est évident que le créancier ne peut obtenir la résolution du contrat en même temps qu'il en demande l'exécution en nature. En outre, si l'on se fie aux commentaires du ministre, le créancier qui s'est prévalu de son droit d'obtenir la résolution du contrat renonce de ce fait à en exiger l'exécution en nature : la valse-hésitation ne lui est pas permise[1478]. Ce n'est pas à dire cependant que le créancier qui s'est tout d'abord prévalu de son droit de forcer l'exécution en nature ne puisse pas ultérieurement opter pour la résolution du contrat[1479].

On envisagera l'exécution forcée en nature, en fonction des différentes variétés d'obligations : l'obligation de *dare*, les autres obligations de faire, et l'obligation de ne pas faire; on s'interrogera, ensuite, sur les moyens indirects d'obtenir l'exécution en nature.

A. L'exécution forcée en nature et les obligations de « *dare* »

437. *L'exécution en nature est le plus souvent possible.* L'obligation de *dare* est celle, on s'en souvient, qui suppose le transfert d'un droit réel. Bien que le nouveau Code ait fait disparaître ce type d'obligation en tant que catégorie particulière et qu'elle soit désormais intégrée à la catégorie des obligations de faire, il n'en demeure pas moins qu'il est parfois nécessaire de la distinguer des autres obligations de faire, notamment en

---

[1478] *Cf. Jodoin* c. *2756-9946 Québec inc.,* J.E. 95-478 (C.S.) et *C.M.J.*, t. I, p. 990. *Contra* : LANGEVIN et VÉZINA, vol. 5, p. 87.

[1479] *Cf.* Jacques MESTRE, « Obligations en général », *Rev. trim. dr. civ.* 1994.343, 354. *Cf.* également *Thouin* c. *Rousseau*, [1991] R.J.Q. 1 (C.A.), rappelant qu'il ne faut pas confondre conclusions alternatives et conclusions subsidiaires.

matière d'exécution, et donc de la traiter comme une sous-catégorie de l'obligation de faire.

Lorsque cette obligation porte sur un corps certain et déterminé, le transfert du droit de propriété s'effectue automatiquement par le simple échange des consentements : de ce point de vue, il ne peut pas y avoir inexécution, puisque le transfert est instantané. Toutefois, au transfert de propriété est étroitement liée l'obligation de délivrance : en effet, à quoi servirait la propriété, si elle n'était pas accompagnée de la délivrance de la chose ? Cette obligation de délivrance est alors susceptible d'exécution forcée, car elle n'implique pas l'intervention personnelle du débiteur. Mais, à vrai dire, ce n'est pas tant le créancier de l'obligation de délivrance qui obtient l'exécution forcée en nature que le propriétaire de la chose – puisque ce créancier est devenu propriétaire par l'échange des consentements – qui se fait mettre en possession de ladite chose en la revendiquant : il n'y a, là, aucune atteinte à la liberté du débiteur.

Lorsque l'obligation de *dare* porte sur des choses de genre non individualisées, le créancier a, là encore, la possibilité d'obtenir une exécution en nature. Il lui suffira, après avoir mis en demeure son débiteur d'exécuter, de s'adresser à quelqu'un d'autre, qui lui fournira la chose du « genre » qu'il attend, et de faire payer la facture par son débiteur : la participation personnelle du débiteur n'est aucunement nécessaire[1480].

Enfin, l'exécution forcée en nature d'une obligation portant sur une somme d'argent est toujours possible, si toutefois il est permis d'associer ce recours à ce type bien particulier d'obligation qui résiste à toute classification[1481] : elle consistera

---

[1480] Il est cependant des cas où la chose du genre attendu ne peut être trouvée ailleurs; l'exécution en nature (par voie directe) n'étant alors pas possible, le créancier ne pourra obtenir que l'exécution par équivalent (*cf. Nault* c. *Canadian Consumer Co.*, [1981] 1 R.C.S. 553) on devra, afin d'obtenir l'exécution en nature, procéder par un moyen indirect, si un tel moyen est disponible.

[1481] MM. MAZEAUD considèrent l'obligation portant sur une somme d'argent comme une obligation de *dare*; il nous paraît difficile de parler

à faire saisir un bien appartenant au débiteur et à le faire vendre, afin de se servir sur le prix. Le créancier obtiendra pleine satisfaction, sans qu'il n'y ait eu violence sur la volonté du débiteur dont le concours personnel est inutile[1482].

B. L'exécution forcée en nature et les obligations de faire

438. *L'exécution en nature n'est pas toujours possible.* Le principe « *nemo praecise cogi potest ad factum* » étant déjà bien implanté lors de la codification napoléonienne, il n'est pas surprenant qu'en vertu de l'article 1142 C.c.fr., « toute obligation de faire [...] se [résolve] en dommages et intérêts, en cas d'inexécution de la part du débiteur ». On conçoit mal, en effet, que celui qui s'est engagé à jouer la comédie sur la scène de tel théâtre soit contraint à jouer s'il n'en a pas envie[1483]; il en est de même du peintre qui s'est engagé à faire le portrait d'une personne dont le visage ne l'inspire pas ! Dans ces hypothèses, le fait de frapper sur le comédien ou sur le peintre ne procurera pas au créancier un bon spectacle ou un bon portrait, pas plus que le fait de le pousser sur la scène ou de lui mettre de force un pinceau dans la main. Mais on constate que les exemples donnés concernent des obligations qui ont été contractées *intuitu personae*; aussi la règle *nemo praecise cogi potest ad factum* n'est pas aussi absolue qu'elle le paraît. En effet, toutes les fois que l'exécution de l'obligation ne requiert pas la participation personnelle du débiteur[1484] et qu'elle peut être utilement

---

d'un transfert de droit réel en l'espèce. Cette obligation nous semble malaisée à classer dans la nomenclature classique : elle constitue, en elle-même, une catégorie... *Cf.* MAZEAUD, 9ᵉ éd., t. 2, vol. 1, n° 934, p. 1019; MARTY et RAYNAUD, 2ᵉ éd., t. 2, n° 283 et suiv., p. 249 et suiv.; *cf. supra*, n° 10 (obligations en nature et obligations pécuniaires).

[1482] Une injonction ne peut être émise en vue de forcer le paiement d'une somme d'argent : *9068-3426 Québec inc.* c. *Club international vidéo film inc. C.I.V.F.*, J.E. 00-1869 (C.S.).

[1483] *Cf. Lombard* c. *Varennes*, (1922) 32 B.R. 164.

[1484] *Cf. Compagnie d'assurances Wellington* c. *M.E.C. Technologies inc.*, [1999] R.J.Q. 443 (C.A.) : forcer une compagnie d'assurance à défendre

accomplie par un tiers, le créancier pourra obtenir satisfaction, aux frais de son débiteur, en s'adressant à ce tiers[1485]. Il y a donc exécution en nature du point de vue du créancier, mais exécution par équivalent du point de vue du débiteur, dont la volonté n'est pas forcée.

C'est précisément ce que prévoyait l'article 1065 C.c.B.C. lorsqu'il énonçait que « dans les cas qui le permettent, le créancier peut aussi demander l'exécution de l'obligation même, et l'autorisation de la faire exécuter au dépens du débiteur ». L'expression « dans les cas qui le permettent » visait donc les situations où, à défaut par le débiteur d'exécuter, le créancier pouvait obtenir satisfaction en s'adressant à un tiers; inversement, les « cas qui ne le permettaient pas » étaient ceux où la participation personnelle du débiteur s'avérait nécessaire[1486]. C'est pourquoi la Cour suprême a jugé, dans le passé, que le contrat de travail n'était pas susceptible d'exécution en nature, réquérant la participation personnelle de l'employé, bien sûr, mais aussi celle de l'employeur[1487].

Ce sont ces mêmes principes que reprennent désormais les articles 1601 et 1602, al. 1 C.c.Q.; toutefois, contrairement au droit antérieur, le créancier qui entend exécuter lui-même ou faire exécuter par quelqu'un d'autre n'a plus besoin d'obtenir l'autorisation du tribunal. En revanche, ce créancier doit préalablement en aviser le débiteur dans sa demande, extrajudiciaire ou judiciaire, le constituant en demeure (art. 1602, al. 2 C.c.Q.) : ainsi, le débiteur aura connaissance des intentions du

---

son client n'implique pas une participation personnelle de l'assureur; il lui suffit de désigner un avocat et de le payer.

[1485] « Le créancier peut aussi, en cas d'inexécution, être autorisé à faire exécuter lui-même l'obligation aux dépens du débiteur » (art. 1144 C.c.fr.) : on voit donc que le principe énoncé à l'article 1142 du même Code ne vise que les obligations dont l'exécution requiert une participation personnelle du débiteur (MAZEAUD, 9e éd., t. 2, vol. 1, n° 935, p. 1020 et suiv.).

[1486] Cf. Quebec County Railway Co. c. Montcalm Land Co., (1929) 46 B.R. 262; Tremblay c. Université de Sherbrooke, [1973] C.S. 999.

[1487] Dupré Quarries Ltd. c. Dupré, [1934] R.C.S. 528. Cette position de principe doit désormais, on le verra, être nuancée.

créancier et pourra, le cas échéant, prendre les mesures qu'il croit alors devoir prendre[1488]. Ce n'est que dans les cas où le débiteur est constitué en demeure par le seul effet de la loi (art. 1597 C.c.Q.) ou par les termes du contrat (art. 1594, al. 1 C.c.Q.) qu'il n'y aura évidemment pas lieu de l'aviser de cette éventualité.

Qu'advient-il lorsque le créancier n'avise pas le débiteur d'une telle intention dans sa mise en demeure ? L'avis ayant pour objet de permettre au débiteur d'éviter des frais supplémentaires que pourrait engendrer son entêtement à ne pas exécuter, il serait logique de sanctionner son absence par le refus d'octroyer au créancier les frais additionnels que la carence du débiteur lui occasionne[1489]. Toutefois, le créancier d'une obligation contractuelle ne pourrait-il pas prétendre qu'en vérité il n'a pas fait exécuter par un tiers l'obligation de son débiteur, mais qu'il a plutôt considéré le contrat comme résolu de plein droit (art. 1605 C.c.Q.) et qu'il réclame les dommages-intérêts que lui fait encourir la résolution, qui, elle, ne nécessite aucun avis ? On constate, alors, que s'il en était ainsi, l'exigence de l'avis prévue au second alinéa de l'article 1602 C.c.Q. n'aurait aucun effet pratique ! Aussi, nous semble-t-il, on doit en conclure que, dans l'hypothèse où le créancier reçoit satisfaction par l'intermédiaire d'un tiers, l'absence d'avis devrait être sanctionné par le refus d'octroyer au créancier les frais additionnels et ce, que celui-ci prétende se fonder sur l'article 1602 ou sur l'article 1605 C.c.Q. Il apparaît donc qu'il est d'une grande importance pour le créancier de ne pas omettre d'aviser son débiteur de la possibilité qu'il obtienne satisfaction auprès d'un tiers. Néanmoins, le créancier qui s'adresse à un tiers afin d'obtenir satisfaction court le risque que le débiteur soit en mesure d'expliquer valablement l'inexécution, et donc de se voir reprocher son comportement, même s'il a avisé son débiteur de ses intentions conformément à l'article 1602, al. 2 C.c.Q.; sa situation est comparable à celle du créancier insatisfait qui considère le contrat résolu

---

[1488] Cf. : *Twardy* c. *Puisatiers J.C.M. inc.*, J.E. 95-943 (C.Q.); *9025-3683 Québec inc.* c. *Camping Transit inc.*, J.E. 98-2195 (C.Q.); *Association provinciale des constructeurs d'habitation du Québec inc.* c. *St-Amand*, J.E. 98-1815 (C.Q.).

[1489] Tel serait le cas du marchand qui, n'ayant pas reçu les fournitures qu'il attendait s'adresserait à un tiers et les obtiendrait à un prix et à des coûts de transport plus élevés : c'est cette différence de prix et de coût qui constituerait les « frais additionnels ».

de plein droit[1490] : il y a toujours un risque à agir sans autorisation judiciaire préalable et ce n'est donc qu'avec prudence que le créancier doit recourir à ces mesures.

439. *L'exécution forcée d'une promesse de contracter.* Le créancier d'une promesse de contracter peut-il forcer le promettant récalcitrant à conclure le contrat envisagé ? Le promettant-locataire peut-il être forcé à conclure le contrat de louage projeté ? Le promettant-prêteur peut-il être forcé à prêter l'argent promis ? Comme on l'a déjà vu, nous ne sommes pas enclins à répondre affirmativement, même si l'opinion contraire est soutenue. En revanche, s'agissant de la promesse de conclure un contrat de vente, le législateur a décidé de permettre l'exécution forcée en nature, en accordant, au créancier de la promesse, l'action en passation de titre (art. 1712 C.c.Q.), le jugement équivalant, alors, au titre de vente[1491].

C. L'exécution forcée en nature et les obligations de ne pas faire

440. *L'exécution en nature est parfois possible.* Ne pas exécuter l'obligation de ne pas faire telle chose, c'est précisément faire cette chose. Comment, dès lors, parler d'une exécution forcée en nature, puisque le débiteur a déjà fait ce qu'il s'était engagé à ne pas faire ?

Lorsqu'il n'est pas possible de faire disparaître ce qui a été accompli en contravention de l'obligation, l'exécution forcée ne peut se résoudre qu'en dommages-intérêts. Parfois, cependant, on peut supprimer ce qui a été fait en le détruisant ! C'est pourquoi, en vertu de l'article 1603 C.c.Q., le créancier « peut être autorisé à détruire ou enlever, aux frais du débiteur, ce que celui-ci a fait en violation d'une obligation de ne pas faire ». Il en est ainsi de l'obligation de ne pas construire[1492]; on se

---

1490 *Cf. supra,* n° 410.

1491 Sur la question de l'exécution forcée d'une promesse de contrat, *cf. supra,* n° 61.

1492 *Cf. Lachance* c. *Brissette,* (1930) 49 B.R. 321; *cf.* également *Couture* c. *Dubé,* [1989] R.J.Q. 1775 (C.A.).

trouve alors dans la situation déjà rencontrée où le créancier peut obtenir satisfaction sans qu'intervienne la participation personnelle du débiteur : à défaut par ce dernier de détruire ce qu'il a fait sans droit, le créancier s'adressera à un tiers qui procédera à cette destruction aux frais du débiteur.

En outre, on peut envisager d'ordonner au débiteur qu'il cesse pour l'avenir de contrevenir à son obligation. Cette abstention requérant évidemment la participation personnelle du débiteur, il ne s'agit pas d'un « cas qui le permet » au sens de l'article 1601 C.c.Q. Mais le créancier peut néanmoins demander au tribunal d'émettre une injonction (art. 751 C.p.c.) enjoignant au débiteur, sous peine d'amende ou d'emprisonnement, de cesser de faire ce qui lui est interdit.

On constate donc que, par le biais de l'injonction, il est possible de faire pression sur le débiteur afin qu'il exécute son obligation en nature, ce qui nous amène à traiter des moyens indirects d'obtenir l'exécution en nature des obligations de faire et de ne pas faire.

D. Les moyens indirects pour obtenir l'exécution en nature des obligations de faire et de ne pas faire

441. *Présentation du problème.* Lorsque l'exécution de l'obligation requiert la participation personnelle du débiteur, ce dernier ne peut évidemment pas s'adresser à un tiers afin d'obtenir satisfaction. Le créancier doit-il alors se contenter de dommages-intérêts ? Si l'on s'en tient aux règles du Code civil, la réponse à cette question doit être affirmative, le droit moderne ne reconnaissant plus la contrainte par corps[1493]; une telle solution, si elle protège la liberté individuelle du débiteur, confère cependant à ce dernier la possibilité d'« acheter » son inexécution : en effet, le créancier ne pouvant aucunement le

---

[1493] La contrainte par corps consistait à faire emprisonner le débiteur qui refusait d'exécuter son obligation. C'était certes un procédé qui pouvait s'avérer efficace, mais trop peu soucieux de la liberté individuelle du débiteur. L'article 1 C.p.c. interdit désormais l'emprisonnement en matière civile, sauf le cas d'outrage au tribunal.

contraindre à exécuter en nature, le débiteur peut « choisir » de ne pas exécuter en payant des dommages-intérêts. Il en résulte une atteinte sérieuse au principe de la force obligatoire du rapport de droit[1494].

442. *Astreintes.* Afin d'éviter un tel résultat, les tribunaux français ont imaginé un procédé destiné à faire pression sur le débiteur, connu sous le nom d'« astreinte »[1495]. Une astreinte est une « condamnation pécuniaire prononcée par le juge, ayant pour but de vaincre la résistance d'un débiteur récalcitrant, et de l'amener à exécuter une décision de justice »[1496] : ainsi le tribunal peut-il ordonner au débiteur d'exécuter son obligation sous la menace que, pour chaque jour ou chaque mois d'inexécution, il aura à verser au créancier le montant de l'astreinte. Celle-ci étant une menace visant à « casser » la résistance du débiteur récalcitrant, elle « se mesure aux facultés du débiteur, à ses possibilités de résistance, non au préjudice éprouvé par le créancier »[1497]. Cependant cette menace ne vise que les biens du débiteur, et jamais sa personne. En raison de ces caractéristiques, l'astreinte est une mesure fort efficace et les tribunaux l'appliquent dans les cas les plus divers, tant pour les obligations contractuelles que légales, pour les obligations de faire comme pour les obligations de ne pas faire, et même pour les obligations de *dare*[1498]. Si l'on

---

[1494] *Cf. Métromédia C.M.R. inc. c. Tétreault*, [1994] R.J.Q. 777 (C.S.).

[1495] D'origine prétorienne au départ, le procédé de l'astreinte a été consacré législativement (Loi du 5 juillet 1972).

[1496] MAZEAUD, 9e éd., t. 2, vol. 1, n° 940, p. 1027; R. PERROT et P. THÉRY, *Procédures civiles d'exécution*, Paris, Dalloz, 2000, n° 69 et suiv., p. 80 et suiv.

[1497] MAZEAUD, 9e éd., t. 2, vol. 1, n° 942, p. 1028.

[1498] L'astreinte est un procédé subsidiaire auquel on ne devrait recourir que s'il n'existe pas d'autre moyen d'obtenir l'exécution en nature : on devrait donc refuser de prononcer des astreintes dans les cas d'obligation de *dare* et lorsque l'obligation peut utilement être exécutée par un tiers aux dépens du débiteur; et pourtant les tribunaux français assortissent leurs condamnations d'astreinte, même dans ces cas (*id.*, n°ˢ 947 et 948, p. 1041 et 1042). Ils ont cependant tendance à refuser de prononcer des astreintes au cas de travaux prolongés ou artistiques (*cf.* Wilfrid JEANDIDIER, « L'exécution forcée des obligations contractuelles de faire », *Rev. trim. dr. civ.* 1976.700; *cf.* également les commentaires de Marc PUECH, sous Trib. gr. Inst. Paris, 8 novembre 1973, D. 1975.1.jur.401, quant à l'exécution forcée d'une convention de « strip-

considère que le tribunal a la possibilité d'ordonner au débiteur d'exécuter son obligation sous menace d'astreinte, on aboutit au renversement complet du « principe » énoncé à l'article 1142 du Code civil français : à moins que le débiteur ne soit particulièrement entêté (ou insolvable), le créancier qui le désire pourra obtenir l'exécution en nature de l'obligation, lors même que cette exécution exigerait la participation personnelle du débiteur.

443. *Injonctions.* Au Québec, en raison d'un accident historique[1499], c'est non point l'astreinte, mais plutôt l'injonction – procédure issue du droit anglais –, qui est utilisée comme moyen indirect d'obtenir l'exécution en nature des obligations de faire et de ne pas faire (art. 751 et suiv. C.p.c.). Cette situation ne manque pas d'entraîner certaines difficultés, l'injonction du droit anglais se conciliant mal avec les principes du droit civil en la matière.

Il faut comprendre, en effet, que, selon les principes de la common law, le créancier n'a droit, au cas d'inexécution, qu'à des dommages-intérêts. Cependant, cette solution pouvant conduire à des injustices, le tribunal peut exceptionnellement faire appel à sa juridiction en « equity »[1500] et ordonner au débiteur d'exécuter son obligation en

---

tease »). *Cf.* également Philippe FOUCHARD, « L'injonction judiciaire et l'exécution en nature : éléments de droit français », (1989) 20 *R.G.D.* 31.

[1499] On consultera avec profit l'excellente étude de Ghislain MASSÉ, « L'exécution des obligations via l'astreinte française et l'injonction québécoise », (1984) 44 *R. du B.* 659.

[1500] À l'origine, en droit anglais, les tribunaux royaux ne pouvaient appliquer que les règles de la common law, aussi (sauf de très rares exceptions) ne pouvaient-ils que condamner le débiteur à des dommages-intérêts. Le créancier insatisfait d'un tel recours pouvait cependant se présenter devant un autre tribunal, dirigé par le Chancelier du Roi, lequel n'était pas tenu par les principes de la common law, mais jugeait selon l'« *equity* », un système juridique parallèle à la common law et qui visait à en combler les lacunes, un peu à la manière du droit prétorien à Rome. Les recours en « *specific performance* » et en « *injunction* » sont des recours issus de cette juridiction exceptionnelle, d'où leur qualification d'« *equitable remedies* ». Au XIXᵉ siècle, les juridictions en « common law » et en « *equity* », jusqu'alors administrées par des tribunaux différents, furent fusionnées. Depuis lors, le juge anglais applique les règles et principes de la « common law », qu'il peut cependant compléter par les règles et principes de l'« *equity* ». *Cf.* John Anthony JOLOWICZ, « Vue

nature. Si le débiteur n'exécute pas alors son obligation, il commet un outrage au tribunal, infraction sérieuse passible d'une amende élevée, et même d'une peine d'emprisonnement. En raison de la gravité de la peine, les tribunaux anglais se montrent prudents avant d'émettre une injonction. Ainsi, lorsque le juge estime que le recours de common law (c'est-à-dire l'octroi de dommages-intérêts) est une réparation adéquate pour le créancier, il refusera d'émettre une injonction, le créancier devant alors se contenter de dommages-intérêts. En outre, le tribunal aura tendance à n'émettre des injonctions que pour des actes très précisément déterminés, cette restriction découlant du caractère pénal de l'outrage au tribunal; en effet, la personne qui en est accusée ne sera condamnée que s'il est démontré hors de tout doute raisonnable qu'elle a désobéi à l'ordonnance du tribunal[1501]. Si le tribunal ne veut pas que le défendeur puisse impunément désobéir à l'injonction, celle-ci doit donc être claire et précise; si le tribunal a un doute à cet égard, il s'abstiendra d'émettre l'injonction[1502]. On peut dès lors comprendre qu'en droit anglais, l'injonction est essentiellement utilisée pour forcer l'exécution en nature des obligations de ne pas faire, l'injonction mandatoire demeurant exceptionnelle. Cette distinction entre l'injonction négatoire et l'injonction mandatoire est aussi, sans aucun doute, justifiée par le fait qu'obliger une personne à ne pas faire quelque chose, sous menace d'amende ou d'emprisonnement, porte moins atteinte à sa liberté que de la forcer, sous la même menace, à faire un acte déterminé[1503].

À la lumière de ces caractéristiques, il est facile de comprendre que certaines difficultés peuvent survenir lorsqu'on introduit un « equitable remedy », telle l'injonction, dans un système de droit civil : d'une part, l'injonction est en principe un recours exceptionnel qui reste soumis à la discrétion du tribunal, alors qu'en droit civil le choix des recours appartient au créancier; d'autre part, la procédure d'injonction conduit inévitablement à établir une distinction importante entre les obligations de faire et de ne pas faire, distinction qui,

---

générale du droit anglais », dans John Anthony JOLOWICZ (dir.), *Droit anglais*, 2ᵉ éd., Paris, Dalloz, 1992, p. 1, nᵒˢ 5-10, p. 3-8.

[1501] Adrian POPOVICI, *L'outrage au tribunal*, Montréal, Éditions Thémis, 1977, p. 42 et suiv.

[1502] *Cf.* notamment *Varnet Software Corp.* c. *Varnet U.K. Ltd.*, [1994] R.J.Q. 2755 (C.A.).

[1503] Sur l'injonction en droit anglais et canadien, *cf.* Robert J. SHARPE, *Injunctions and Specific Performance*, Toronto, Canada Law Book, 1983.

en ce domaine, est étrangère au droit civil; enfin, le recours à l'injonction transforme un litige purement privé en « affaire publique », dans la mesure où, au cas de désobéissance, il y a délit de nature pénale.

À l'origine, le droit québécois n'a reconnu que l'injonction négatoire, celle où le tribunal ordonne à une personne, sous peine d'outrage, qu'elle cesse de faire quelque chose qui lui est interdit[1504]. Une telle ordonnance ne portant pas trop directement atteinte à la liberté du débiteur, les tribunaux québécois ont rapidement et sans hésitation utilisé ce moyen pour forcer le débiteur à exécuter des obligations de ne pas faire, même si une telle exécution implique d'une certaine manière la participation du débiteur (en d'autres termes, même si techniquement il ne s'agit pas d'un « cas qui le permet » au sens classique du Code civil)[1505]. Les tribunaux québécois ne se sont cependant pas contentés d'appliquer l'injonction négatoire telle qu'ils en avaient hérité du droit anglais; cherchant à l'adapter au contexte québécois, ils ont voulu la rendre plus accessible au créancier, mettant notamment de côté l'exigence selon laquelle une injonction n'est émise que dans la mesure où les dommages-intérêts s'avèrent inadéquats, une telle restriction étant jugée incompatible avec le principe civiliste selon lequel le choix des recours appartient au créancier[1506]. L'injonction

---

[1504] *Cf.* l'*Acte pourvoyant à ce que le bref d'injonction puisse être obtenu en certains cas, et réglant la procédure à cette fin*, (1878) 41 Vict., c. xiv; puis l'article 957 du *Code de procédure civile* de 1897 qui a généralisé le recours à l'injonction négatoire (S.Q. 1897, c. 48); *cf.* également Ghislain MASSÉ, « L'exécution des obligations via l'astreinte française et l'injonction québécoise », (1984) 44 *R. du B.* 659, 668 et suiv.

[1505] *Cf. Quebec County Railway Co.* c. *Montcalm Land Co.*, (1929) 46 B.R. 262; *Canada Paper Co.* c. *Brown*, (1921) 31 B.R. 507; (1922) 63 R.C.S. 243. *Cf.* également *Voyages Robillard inc.* c. *Consultour / Club Voyages inc.*, J.E. 94-203 (C.A.); *Métromédia C.M.R. inc.* c. *Tétreault*, [1994] R.J.Q. 777 (C.S.); *Télémédia Communications inc.* c. *Godin*, J.E. 97-2028 (C.S.); *Multi-marques inc.* c. *Giroux*, [1998] R.J.Q. 1868 (C.S.).

[1506] *Cf.* Ghislain MASSÉ, « L'exécution des obligations via l'astreinte française et l'injonction québécoise », (1984) 44 *R. du B.* 659, 676 et suiv. *Cf.* également *Cie de construction Belcourt Ltée* c. *Golden Griddle Pancake House Ltd.*, [1988] R.J.Q. 716 (C.S.).

négatoire québécoise, insérée dans un contexte civiliste, se détache ainsi de l'« *injunction* » anglaise.

Avec le succès de l'injonction négatoire comme moyen indirect d'exécution en nature, on en vint inévitablement à se demander s'il ne serait pas possible, ou du moins souhaitable, que les tribunaux québécois puissent émettre, à l'instar des tribunaux anglais, des injonctions mandatoires[1507]. Lors de la réforme du Code de procédure civile, en 1965, la définition de l'injonction fut modifiée afin de leur donner clairement ce pouvoir : « *L'injonction est une ordonnance de la Cour supérieure ou de l'un des ses juges, enjoignant à une personne, à ses officiers, représentants ou employés de ne pas faire ou de cesser de faire,* ou dans les cas qui le permettent, d'accomplir un acte ou une opération déterminés, sous les peines que de droit. » Il était donc désormais possible d'ordonner à un débiteur, sous la menace d'une amende, voire de l'emprisonnement, non seulement qu'il cesse de faire quelque chose, mais aussi qu'il accomplisse un acte déterminé et cela, en dépit du fait que ce même Code de procédure, à son article premier, abolissait « l'emprisonnement en matière civile », c'est-à-dire la contrainte par corps[1508].

Les tribunaux québécois ont mis un certain temps à réaliser que cet ajout au *Code de procédure civile* était susceptible de venir modifier considérablement les règles du droit civil en matière d'exécution en nature[1509]. Ce n'est en effet que vers la fin des années 70 qu'ils ont commencé à utiliser l'injonction mandatoire afin de forcer certains débiteurs à exécuter en nature leur obligation de faire, « dans les cas qui le permettent » – au sens de l'article 751 C.p.c. –, c'est-à-dire lorsqu'il apparaît « juste, sage et prudent » d'émettre une injonction manda-

---

[1507] *Cf.* Claude-Armand SHEPPARD, « Do Mandatory Injunctions Exist in Quebec Law? », (1963) 9 *R.D. McGill* 41.

[1508] Autre exemple de la difficile cohabitation de l'injonction et des principes de droit civil.

[1509] *Cf.*, par exemple, *Tremblay* c. *Université de Sherbrooke*, [1973] C.S. 999.

toire[1510]. Encore là, on a cherché à adapter ce recours au contexte québécois en le dépouillant des règles d'origine anglaise jugées incompatibles avec les principes du droit civil. D'une part, les tribunaux, reprenant le principe selon lequel en droit civil le créancier a le choix des recours, refusent de considérer que l'injonction mandatoire est un « recours exceptionnel » : le simple fait que l'octroi de dommages-intérêts puisse s'avérer être une réparation adéquate ne fait pas nécessairement obstacle à l'émission de l'injonction[1511]; d'autre part, les tribunaux québécois se sont montrés réticents à admettre l'application des règles anglaises relatives, par exemple, au caractère « clair et précis » de l'ordonnance, allant jusqu'à ordonner à une banque de « poursuivre ses opérations bancaires »[1512], ce qu'un tribunal anglais aurait vraisemblablement refusé de faire.

On aboutit ainsi à un curieux paradoxe : il est beaucoup plus facile d'obtenir une injonction mandatoire au Québec qu'en Angleterre ! Cette situation comporte des dangers, dans la mesure où le caractère très exceptionnel de l'injonction mandatoire en droit anglais est notamment justifié par le respect

---

[1510] *Cf. Banque royale du Canada* c. *Propriétés Cité Concordia Ltée*, J.E. 83-945 (C.A.); *Cie de construction Belcourt Ltée* c. *Golden Griddle Pancake House Ltd.*, [1988] R.J.Q. 716 (C.S.); *cf.* également Rosalie JUKIER, « The Emergence of Specific Performance as a Major Remedy in Quebec Law », (1987) 47 *R. du B.* 47; *Berthiaume* c. *163671 Canada inc.*, J.E. 96-386 (C.S.).

[1511] *Crawford* c. *Fitch*, [1980] C.A. 583; *Propriétés Cité Concordia Ltée* c. *Banque royale du Canada*, [1980] C.S. 118. *Cf.* cependant, *Vachon* c. *Lachance*, [1994] R.J.Q. 2576 (C.S.) : la Cour relève que la possibilité d'un autre recours efficace demeure toujours un élément déterminant lors d'une demande d'injonction.

[1512] *Propriétés Cité Concordia Ltée* c. *Banque royale du Canada*, [1981] C.S. 812, 820. *Cf.* l'opinion de François HÉLEINE, « Le droit des obligations. Une double préoccupation des tribunaux : contrôler les comportements, s'adapter au droit nouveau », dans Gil RÉMILLARD (dir.), *Le nouveau Code civil du Québec : un bilan*, Montréal, Wilson et Lafleur, 1995, p. 27, à la page 48; *cf.* également Gérard DUGRÉ et Stefan MARTIN, « Les contrats nommés », dans Gil RÉMILLARD (dir.), *id.*, p. 53, à la page 70.

dû à la personne humaine et à sa liberté. Si on dépouille l'injonction mandatoire anglaise de son caractère exceptionnel, on aboutit à ne plus avoir d'hésitation à ordonner à un débiteur, sous menace d'amende ou d'emprisonnement, d'accomplir un acte déterminé, ce qui, d'une part, n'est pas très respectueux de sa liberté et ce qui, d'autre part, nous ramène indirectement à la contrainte par corps. On comprend donc que les tribunaux anglais manient l'injonction mandatoire avec prudence; il s'agit, en effet, de savoir de quel côté doit pencher la balance : contenter le créancier coûte que coûte, ou respecter la liberté du débiteur en le sanctionnant autrement, sans pour autant lui faire violence. Certes, on conçoit difficilement qu'un tribunal ordonne à un employé récalcitrant qu'il accomplisse telle besogne : ce serait le condamner aux travaux forcés. Cependant, on a déjà vu des tribunaux ordonner à un employeur la réintégration d'un employé après qu'il eût été congédié sans juste motif, considérant qu'on ne forçait point ainsi la liberté de cet employeur[1513]. Si cet employeur est une personne morale de type anonyme, peut-être alors est-il permis de se montrer « accommodant » vis-à-vis de la référence aux « libertés » d'une telle personne; mais si cet employeur est une « personne-morale-petite-entreprise » ou une personne physique, est-il permis de lui faire violence en le forçant à réintégrer un employé auquel il n'accorde plus sa confiance ? Et qu'en serait-il de l'ordre de réintégrer un employé dont la présence est indésirable aux yeux de l'ensemble des autres employés ? Le problème, on le voit, n'est pas aussi simple que certains voudraient le croire : l'octroi de dommages-intérêts ne constitue-t-il pas, alors, la

---

[1513] D'ailleurs, les lois du travail prévoient précisément cette réintégration en certains cas; la question qui se pose, alors, est de savoir si une telle réintégration est possible en dehors de ces dispositions particulières. *Cf.* Marie-France BICH, « Du contrat individuel de travail en droit québécois : essai en forme de point d'interrogation », (1986) 17 *R.G.D.* 85, particulièrement 108 et suiv.; *cf.* également l'*obiter* de la Cour d'appel dans *Rock Forest (Ville de)* c. *Gosselin*, [1991] R.J.Q. 1000 (C.A.) ainsi que *Aubrais* c. *Ville de Laval*, [1996] R.J.Q. 2239 (C.S.) : cas d'une promesse d'embauche.

solution susceptible de rendre justice au créancier insatisfait, sans pour autant trop brimer la liberté du débiteur ?

Il est vrai que jusqu'ici les tribunaux québécois se sont limités à émettre ces injonctions à l'encontre de personnes morales d'une certaine stature[1514], mais il est toujours permis de craindre que l'on en vienne à ne pas trouver anormal d'aller plus loin et de viser le petit entrepreneur – qui, même sous le couvert de la personne morale, reste au fond une personne physique – et pourquoi pas le particulier ! D'ailleurs, même à l'égard des personnes morales d'une certaine stature, peut-on admettre (sous réserve d'une loi particulière) de les forcer à réintégrer un P.D.G. injustement congédié ? C'est pourtant – hélas – en ce sens qu'est allée la Cour supérieure, en obligeant un orchestre symphonique à donner son concert sous la baguette du directeur dont on ne voulait plus[1515] ! Si l'on souhaite éviter les fausses notes, il y aurait peut-être lieu de manier l'injonction mandatoire avec plus de retenue[1516].

[1514] *Cf.* Rosalie JUKIER, « The Emergence of Specific Performance as a Major Remedy in Quebec Law », (1987) 47 *R. du B.* 47. *Cf.* également *Aubrais* c. *Ville de Laval*, [1996] R.J.Q. 2239 (C.S.).

[1515] *Boivin* c. *Orchestre symphonique de Laval 1984 Inc.*, J.E. 92-1157 (C.S.).

[1516] Voir à cet effet les observations de la Cour d'appel quant à la formulation très large d'une ordonnance d'injonction et sur la prudence que les tribunaux se doivent d'observer en la matière : *Varnet Software Corp.* c. *Varnet U.K. Ltd.*, [1994] R.J.Q. 2755 (C.A.). Dans plusieurs arrêts (dont Varnet) ou jugements (*cf. A.V.I. Financial Corp. (1985) inc.* c. *Novergaz inc.*, J.E. 97-1882 (C.S.); *Papiers peints et Décor 2000* c. *Papiers peints Impérial (Canada) inc.*, J.E. 96-1442 (C.S.); *Vermette* c. *Blainville (Ville de)*, J.E. 94-1241 (C.S.); *Messageries de Presse Benjamin inc.* c. *Groupe Québécor inc.*, J.E. 94-433 (C.S.)), on peut lire que désormais l'exécution en nature est la règle (certains allant jusqu'à dire que le recours en dommages-intérêts est l'exception) et qu'il y a une différence, à cet égard, entre le *Code civil du Bas Canada* et le *Code civil du Québec*, ce dernier privilégiant l'exécution en nature : ainsi, oppose-t-on l'article 1065 C.c.B.C. à l'article 1590 (1) C.c.Q., en oubliant l'article 1601 C.c.Q. : pourtant, l'article 1590 C.c.Q. n'est qu'une « disposition générale », un tableau des mesures qui sont explicitées dans les articles qui suivent, la mise en oeuvre de l'exécution en nature étant quant à elle explicitée aux articles 1601 à 1603 C.c.Q. Or, l'article 1601 C.c.Q. reprenant le texte même de l'article 1065 C.c.B.C. (dans les « cas qui le permettent »), on

Plutôt que de suivre cette voie, sans doute y aurait-il plusieurs avantages à recourir, comme moyen indirect d'exécution en nature, à l'astreinte; ce procédé, qui a été développé par la jurisprudence française dès le XIXe siècle sans appui textuel, ne pourrait-il pas être aussi « créé » par nos tribunaux ? Contrairement à l'injonction, l'astreinte affecte non point la personne même du débiteur, mais son patrimoine, ce qui va dans le sens de l'évolution de la théorie des obligations, le débiteur n'étant plus enchaîné, et n'étant plus « tenu » qu'à travers son patrimoine.

Par. 3. *L'exécution par équivalent*

444. *Réparation d'un préjudice.* Lorsque l'exécution en nature est impossible à obtenir (ou lorsque le créancier le préférera), il y aura lieu à une exécution par équivalent : le débiteur sera, alors, condamné à payer une somme d'argent, des « dommages-intérêts », qui constitueront la réparation du préjudice subi par le créancier, du fait de l'inexécution par le débiteur de son obligation.

---

ne peut voir aucun changement par rapport au droit d'hier : *cf.* en ce sens TANCELIN, 6e éd., n° 1008, p. 524 et 525; *contra* : Vincent KARIM, *Commentaires sur les obligations*, vol. 2, Cowansville, Éditions Yvon Blais, 1997, p. 217. Néanmoins, l'exécution en nature par le moyen procédural de l'injonction devient de plus en plus la règle... Ce changement est attribuable à l'attitude des tribunaux et non point à l'entrée en vigueur du nouveau Code. D'ailleurs, les plaideurs auraient parfois avantage à utiliser les recours ordinaires prévus au Code, plutôt que de s'en remettre au « recours extraordinaire » (au sens des articles 94.2 et 100 C.p.c.) que constitue l'injonction (*cf. Société zoologique de Québec inc.* c. *Brassard*, J.E. 98-1245 (C.S.)) : en l'espèce, plutôt que d'exercer un recours en injonction mandatoire contre un ministre (lequel recours ne pouvait être accueilli), le demandeur eût été plus inspiré, nous semble-t-il, de s'en remettre à une action en passation de titre... ordinaire (voir Jean PINEAU, « La discrétion judiciaire a-t-elle fait des ravages en matière contractuelle ? », dans Service de la formation permanente, Barreau du Québec, vol. 113, *La réforme du Code civil, cinq ans plus tard*, Cowansville, Éditions Yvon Blais, 1998, p. 141, à la page 148).

On rejoint ici la théorie de la responsabilité civile. On distingue traditionnellement la responsabilité contractuelle et la responsabilité extracontractuelle : la première est celle qui résulte de l'inexécution fautive d'une obligation contractuelle, alors que la seconde naît de la commission d'une faute en dehors d'un contexte contractuel.

Bien qu'on enseigne distinctement ces deux sortes de responsabilité[1517], les auteurs ont tendance à les rapprocher et même à les fondre dans une certaine mesure, sans toutefois les confondre[1518]... En effet, lorsqu'on est en présence d'un contrat et que l'un des contractants n'honore pas ses engagements, une situation nouvelle est créée : une autre obligation naît à sa charge, celle de réparer le préjudice qu'il cause de ce fait au cocontractant qui n'obtient pas satisfaction. On se trouve, alors, dans une situation similaire à celle que l'on connaît dans le cadre extracontractuel : toute personne douée de raison doit réparer le dommage que, par sa faute, elle cause à autrui; dans les deux cas, il y a lieu d'indemniser la personne qui subit un préjudice, soit du fait de l'inexécution d'une obligation contractuelle (on dit alors que le créancier a droit à une exécution par équivalent), soit du fait de l'inobservation d'un devoir légal (on dit alors que la victime a droit à la réparation du préjudice subi). C'est pourquoi l'on a pu prétendre qu'il y avait une unité de la responsabilité civile et non point une dualité entre la responsabilité contractuelle et la responsabilité extracontrac-

---

[1517] *Cf.* Jean-Louis BAUDOUIN, *La responsabilité civile*, 4ᵉ éd., Cowansville, Éditions Yvon Blais, 1994. Bien que la cinquième édition de l'ouvrage de J.-L. Baudouin (Jean-Louis BAUDOUIN et Patrice DESLAURIERS, *La responsabilité civile*, 5ᵉ éd., Cowansville, Éditions Yvon Blais, 1998) traite désormais de la responsabilité contractuelle, celle-ci fait l'objet d'une partie distincte de la responsabilité extracontractuelle, contrairement à certains auteurs français.

[1518] *Cf.* MARTY et RAYNAUD, 2ᵉ éd., t. 1, n° 446 et suiv., p. 492 et suiv.; MAZEAUD, 9ᵉ éd., t. 2, vol. 1, n° 376 et suiv., p. 367 et suiv.; TANCELIN, 6ᵉ éd., n° 595 et suiv., p. 295 et suiv.; MALAURIE et AYNÈS, t. 6, 10ᵉ éd., n° 807 et suiv., p. 463 et suiv.; Geneviève VINEY, *Traité de droit civil – La responsabilité : conditions*, Paris, L.G.D.J., 1982, n° 164 et suiv., p. 195 et suiv.

tuelle. Sans nier l'idée selon laquelle la responsabilité découlant d'une obligation contractuelle « s'identifie profondément » avec la responsabilité découlant d'un faute en dehors de tout contrat, on ne peut pas faire abstraction du rapport d'obligation existant entre les deux parties contractantes avant que naisse le droit à la réparation dans un contexte contractuel. On est, alors, bien forcé d'admettre que, s'il y a unité dans la nature de ces « deux responsabilités », il y a dualité quant à leur régime juridique[1519].

C'est ce principe de l'unité de responsabilité que consacre le nouveau Code civil : toute personne douée de raison qui ne respecte pas les règles de conduite imposées par les usages ou la loi est responsable du préjudice qu'elle cause à autrui et a l'obligation de réparer (art. 1457 C.c.Q.); toute personne qui ne respecte pas son « devoir »[1520] d'honorer les engagements contractés est responsable du préjudice qu'elle cause à son co-contractant et a l'obligation de le réparer (art. 1458 C.c.Q.). Les articles qui suivent, dans le chapitre consacré à la responsabilité civile, visent des situations tantôt exclusivement extra-contractuelles, tantôt exclusivement contractuelles, tantôt les deux[1521].

En revanche, le nouveau Code consacre tout aussi clairement le principe de la dualité des régimes contractuel et extra-contractuel, puisqu'il condamne expressément le principe de l'option des régimes que la Cour suprême avait admis[1522], tout

---

[1519] *Cf.* en particulier MARTY et RAYNAUD, 2ᵉ éd., t. 1, nᵒˢ 447 et 448, p. 494-497.

[1520] Par souci de parallélisme, et pour bien marquer l'unité de la responsabilité, le Code utilise le terme « devoir » tant pour exprimer les règles de conduite qui s'imposent à tous en dehors de tout contrat (art. 1457 C.c.Q.) que les obligations découlant d'un contrat (art. 1458 C.c.Q.); en vérité, il aurait été plus précis de dire, en ce dernier cas, que « toute personne a l'*obligation* d'honorer les engagements qu'elle a contractés ».

[1521] *Cf.* Nathalie VÉZINA, « Les articles 1459 à 1469 C.c.Q. et la responsabilité civile contractuelle : plaidoyer en faveur d'une thèse dite "restrictive" », (1996) 75 *R. du B. can.* 604.

[1522] *Wabasso Ltd.* c. *National Drying Machinery Co.*, [1981] 1 R.C.S. 578, (commenté dans Paul-André CRÉPEAU, « L'affaire *Wabasso* sous les

en réduisant autant que faire se peut les différences entre les deux régimes. Quelles sont ces différences ?

Sur le terrain extracontractuel, il y a responsabilité lorsque l'auteur du préjudice a eu un comportement jugé fautif conformément au milieu général et abstrait de la personne normalement prudente et avisée, alors que, sur le terrain contractuel, la responsabilité est fonction, dans chaque contrat, du contenu du contrat et des obligations qui ont été contractées : c'est dire qu'en matière contractuelle, il y a « diversité dans l'appréciation du fait générateur de la responsabilité »[1523], puisque le contenu ou la portée des obligations peut varier d'un contrat à l'autre conformément à la volonté des parties ou à la volonté de la loi lorsque celle-ci est venue édicter une règle contractuelle supplétive ou impérative.

On peut aussi trouver certaines différences dans le domaine de la responsabilité pour autrui : on a des règles bien précises en ce qui concerne la responsabilité extracontractuelle des personnes en autorité (parents, tuteurs, commettants, art. 1459 et suiv. C.c.Q.), alors qu'en matière contractuelle, on peut trouver sur ce point d'autres règles, soit particulières à tel contrat (par exemple, en matière de louage, art. 1859 C.c.Q.; de contrat d'entreprise ou de service, art. 2101 C.c.Q.; de mandat, art. 2142 C.c.Q.; de dépôt hôtelier, art. 2301 C.c.Q., etc.), soit le principe général selon lequel un débiteur est responsable de l'inexécution de son obligation, que ce soit le résultat de sa propre faute ou celle d'un tiers par lequel il s'est fait aider ou qu'il s'est substitué : *qui agit per alium, agit per se*[1524].

---

feux du droit comparé », (1982) 27 *R.D. McGill* 789); *Air Canada* c. *McDonnell Douglas Corp.*, [1989] 1 R.C.S. 1554.

[1523] *Cf.* Geneviève VINEY, *Traité de droit civil – La responsabilité : conditions*, Paris, L.G.D.J., 1982, n° 483 et suiv., p. 577 et suiv., particulièrement n° 519, p. 626.

[1524] *Cinépix Inc.* c. *J. K. Walken Ltd.*, [1980] C.A. 283; à cet égard, comparer *Lapointe* c. *Hôpital Le Gardeur*, [1989] R.J.Q. 2619 (C.A.) (infirmé pour d'autres motifs par [1992] 1 R.C.S. 351) et *Hôpital de L'Enfant-Jésus* c. *Camden-Bourgault*, [2001] R.J.Q. 832 (C.A.).

Au niveau des effets, on répare le préjudice imprévisible dans un cadre extracontractuel, mais non dans un cadre contractuel, sauf faute intentionnelle ou lourde (art. 1613 C.c.Q.); on peut trouver, dans un contrat, des clauses pénales (art. 1622 et suiv. C.c.Q.), des clauses d'exonération ou de limitation de responsabilité (art. 1474 C.c.Q.), alors que, sur le terrain extracontractuel, on ne peut « par un avis, exclure ou limiter » son obligation de réparer (art. 1476 C.c.Q.). On notera cependant que, s'agissant d'un préjudice corporel ou moral, que l'on soit ou non sur le terrain contractuel, une personne ne peut aucunement exclure ou limiter sa responsabilité : les régimes sont, en ce cas, unifiés (art. 1474, al. 2 C.c.Q.).

Quant à la mise en oeuvre de la responsabilité, enfin, on mentionnera les différences relatives à la nécessité d'une mise en demeure et au régime de l'action en responsabilité : détermination de la juridiction compétente, détermination du droit applicable, règles sur la solidarité. Cependant, en matière de prescription, on ne relève plus de différence entre les deux régimes puisque désormais le délai est en principe de trois ans dans les deux cas (art. 2925 C.c.Q.).

Compte tenu de ces différences de régime, on comprend qu'ait pu se poser le problème de l'option des régimes de responsabilité (parfois improprement appelé « cumul »), lequel consisterait, pour le demandeur, créancier d'une obligation contractuelle qui n'a pas été exécutée, à invoquer les règles du régime extracontractuel, plutôt que celles du régime contractuel[1525] : la partie contractante qui subit un préjudice résultant de l'inexécution d'une obligation contractuelle peut-elle laisser

---

[1525] Le « cumul » des responsabilités consisterait, pour le demandeur, à invoquer telle règle du régime contractuel sur tel point, telle autre règle du régime extracontractuel sur tel autre point : ce serait un « cocktail » des deux régimes. Ce « cumul » est différent d'un « cumul d'actions », qui consisterait à réclamer une indemnisation sur la base d'une faute dans un contexte contractuel et, à titre subsidiaire, dans l'hypothèse où il s'avérerait qu'il n'y a pas de relation contractuelle entre demandeur et défendeur, sur la base d'une faute extracontractuelle, ou vice versa, ce qui est admis.

de côté le régime contractuel de responsabilité et « opter » pour
un recours contre son cocontractant en responsabilité extracontractuelle, dans l'hypothèse où l'inexécution fautive recouvre une situation qui aurait pu donner lieu à la responsabilité
en l'absence même du contrat ? Ainsi, lorsqu'un contrat
contient une obligation de sécurité et que l'inexécution de cette
obligation cause un préjudice au créancier, celui-ci peut-il se
prévaloir du régime de responsabilité extracontractuelle afin,
par exemple, d'obtenir réparation des dommages imprévisibles ?

Le droit français répond, depuis fort longtemps, par la
négative[1526]. Au Québec, la question était âprement discutée :
la doctrine majoritaire était hostile au principe de l'option et la
jurisprudence, bien que divisée, se dirigeait en ce sens lorsque
la Cour suprême vint admettre le principe de l'option[1527]. Le
nouveau Code, dans son article 1458, al. 2 *in fine*, rejette
l'option de régime, condamnant ainsi la solution de la Cour
suprême, ce rejet impliquant *a fortiori* celui du cumul des
régimes.

Le principe de l'option est rejeté parce qu'une telle possibilité « peut, à certains égards, choquer la logique juridique, mais
aussi parce qu'elle comporte le risque de créer des injustices à
l'égard de l'une ou l'autre des parties contractantes qui, ne
pouvant s'appuyer sur le respect des règles du contrat ni sur
l'application des règles de la responsabilité contractuelle, demeure dans un état d'incertitude constant quant à sa situation »[1528]. On peut ajouter qu'admettre l'option alors que les
différences entre les régimes de responsabilité ont été réduites
au minimum aurait pour effet de vider le contrat de son
contenu, en substituant aux règles du régime contractuel celles
du régime extracontractuel : étant complètement évincé au
profit du régime légal, le contrat ne pourrait plus jouer son rôle

---

[1526] Geneviève VINEY, *Traité de droit civil – La responsabilité : conditions*,
Paris, L.G.D.J., 1982, n° 218 et suiv., p. 262 et suiv.

[1527] *Wabasso Ltd.* c. *National Drying Machinery Co.*, [1981] 1 R.C.S. 578.

[1528] *C.M.J.*, t. I, art. 1458 C.c.Q.

social d'instrument d'échange et de prévision entre les parties[1529].

C'est pourquoi nous ne souscrivons pas à l'opinion de MM. Baudouin et Jobin[1530], selon lesquels le sous-acquéreur d'un bien comportant un vice qui s'avère dangereux, aurait la possibilité de choisir entre deux recours contre le fabricant, le recours contractuel fondé sur l' article 1442 et sur l'article 1730 C.c.Q. (qui n'est qu'une application de cet article 1442 C.c.Q.) et le recours extracontractuel sur la base de l'article 1457 C.c.Q., ce sous-acquéreur étant alors considéré comme un tiers : ce sous-acquéreur échapperait à la règle du rejet de l'option sous le prétexte que, selon la formulation de l'article 1458 C.c.Q., seuls les cocontractants se verraient interdire l'option. Il s'agit là, comme on l'a déjà dit, d'une interprétation littérale de l'article 1458 C.c.Q. qui nous paraît devoir être rejetée; cette disposition signifie simplement que, dans les relations entre deux personnes – parties contractantes véritables ou *assimilées* –, l'existence d'un lien contractuel exclut le régime de la responsabilité extracontractuelle. Or ce lien contractuel existe entre le fabricant du bien et le sous-acquéreur, même si ces personnes n'ont pas traité directement : c'est, là, précisément l'effet de l'article 1442 C.c.Q.[1531]

444.1. *Les avatars de la responsabilité contractuelle.* Certains ont reproché au nouveau Code d'avoir rejeté le principe de l'option des régimes et l'ont déploré notamment du fait qu'en France, ce principe, qui est la règle, serait actuellement discuté.

1529 *Cf.* GHESTIN, 3ᵉ éd., nº 223 et suiv., p. 200 et suiv. Certains, bien que d'accord avec le principe du rejet de l'option, en critiquent néanmoins la stricte application, notamment lorsque cette règle est « invoquée pour tenir en échec des demandes qui sont en réalité justifiées au fond et dont elle retarde ou empêche l'aboutissement sans aucune utilité ». (Geneviève VINEY, « Pour une interprétation modérée et raisonnée du refus d'option entre responsabilité contractuelle et responsabilité délictuelle », (1994) 39 *R.D. McGill* 813, 820).

1530 BAUDOUIN et JOBIN, 5ᵉ éd., nº 547, p. 578.

1531 *Cf.* par analogie, *Lombard du Canada ltée* c. *9022-3298 Québec inc.*, J.E. 00-2195 (C.S.).

En vérité, ce n'est pas tant le principe du rejet de l'option qui est controversé que l'élargissement considérable du domaine de la responsabilité contractuelle, en pratiquant ce qu'une certaine doctrine française a appelé le « forçage du contrat », empiétant ainsi sur le champ extracontractuel[1532]. Par exemple, à une certaine époque, le transporteur par chemin de fer était tenu responsable contractuellement lorsque le voyageur était victime d'un préjudice, aussi bien dans l'enceinte de la gare que durant le transport proprement dit; de même, on a pu considérer que le médecin était responsable contractuellement à l'égard du patient, aussi bien de l'acte médical lui-même que de la chute dudit patient lors de sa descente de la table d'examen médical, celle-ci s'avérant défectueuse. Cette même doctrine reproche également à la jurisprudence d'avoir créé, sur le plan contractuel, une obligation de sécurité comme d'ailleurs une obligation de renseignement, ces obligations dépassant, selon elle, le domaine contractuel et constituant un « forçage du contrat », alors que ces obligations représenteraient le devoir extracontractuel de prudence qui caractérise la responsabilité civile du droit commun. Cette doctrine réclame donc un resserrement de la responsabilité contractuelle, un retour à une conception plus étroite de la notion de contrat et à un nouvel examen du véritable contenu du contrat, afin de laisser sa place au champ extracontractuel.

D'autres auteurs vont beaucoup plus loin[1533], refusant même le concept de « responsabilité contractuelle », les dommages-intérêts accordés à la suite de l'inexécution d'une obligation contractuelle devant être considérés comme un paiement forcé de cette obligation et aucunement comme une réparation du préjudice subi par le créancier de l'obligation inexécutée : ces sommes d'argent seraient dues par le débiteur tout simplement parce qu'il n'exécute pas son obligation. En d'autres

---

[1532] *Cf.* Laurence LETURMY, « La responsabilité délictuelle du contractant », *Rev. trim. dr. civ.* 1998.838. *Cf.* également Eric SAVAUX, « La fin de la responsabilité contractuelle? », *Rev. trim. dr. civ.* 1999.1.

[1533] *Cf.* Philippe REMY, « La responsabilité contractuelle : histoire d'un faux concept », *Rev. trim. dr. civ.* 1997.323.

termes, la « responsabilité contractuelle » serait un faux concept : seule existerait la responsabilité extracontractuelle, ce qui supposerait que le contrat « soit ramené à sa figure originelle : la promesse d'un avantage déterminé plutôt que la promesse d'un certain comportement du débiteur »[1534]. Il s'agirait donc « d'un retour au Code (français) », afin de mettre un terme à l'évolution doctrinale et jurisprudentielle trop extensive de presque tout un siècle.

Néanmoins, le *Code civil du Québec* ne remet pas en cause l'idée selon laquelle l'inexécution du contrat constitue un fait générateur de responsabilité, source d'une obligation nouvelle dont elle serait le « prolongement » ou le « remplacement », selon les termes de MM. Mazeaud et Tunc[1535]. Plus encore, il consacre cette conception sur le plan législatif dans les articles 1457 et 1458 C.c.Q., dans un chapitre troisième « De la responsabilité civile », en posant tout d'abord le principe de la responsabilité extracontractuelle (art. 1457 C.c.Q.), puis le principe selon lequel toute personne qui a manqué à son devoir d'honorer les engagements qu'elle a contractés est « responsable du préjudice... qu'elle cause... et [est] tenue de réparer ce préjudice » (art. 1458 C.c.Q.). Ainsi, *le Code civil du Québec* rompt avec la doctrine classique du XIXe dont certains souhaiteraient le retour, pour s'en tenir à l'idée d'unité de la notion de la responsabilité, assortie d'une dualité de régime, selon que le préjudice résulte de l'inexécution d'une obligation contractuelle ou du devoir de respecter les règles générales de conduite hors du champ contractuel.

Demeure, cependant, la question de savoir jusqu'où s'étend cette responsabilité contractuelle dans la détermination du contenu véritable du contrat. On observera seulement que ce contenu a varié au fils des ans, tantôt dans le sens du strict minimum, en donnant alors à la responsabilité extracontractuelle un très large domaine d'application, tantôt dans le sens

---

[1534] *Id.*, p. 355.
[1535] Henri et Léon MAZEAUD et André TUNC, *Traité théorique et pratique de la responsabilité civile délictuelle et contractuelle*, 6e éd., t. 1, Paris, Éditions Montchrestien, 1965, n° 100, p. 104-107.

d'un élargissement plus ou moins important, étendant alors le champ de la responsabilité contractuelle, ces allées et venues s'effectuant au gré des intérêts du moment... ou des humeurs des auteurs et des juges! D'ailleurs, nous croyons pouvoir dire que les tribunaux québécois (contrairement, peut-être, aux tribunaux français) n'ont guère abusé de ce « forçage du contrat », étant plutôt attirés par le terrain extracontractuel : il leur fallut ainsi beaucoup de temps pour reconnaître l'existence d'une responsabilité contractuelle entre le transporteur et le passager (même à titre onéreux) au cas d'accident, ou entre le médecin et son patient, comme ils eurent la propension à retenir souvent la responsabilité extracontractuelle du propriétaire du cheval (art. 1055 C.c.B.C.), indépendamment de l'existence d'un contrat entre ce propriétaire et le cavalier désarçonné. En revanche, ces mêmes tribunaux ont étendu le champ contractuel dans le cadre de leur analyse de l'effet relatif du contrat, effet de moins en moins relatif puisqu'on peut atteindre, en certaines circonstances, les ayants cause à titre particulier : c'est l'« effet Kravitz » qui ne donne pas nécessairement de mauvais résultats pratiques et qui, d'ailleurs, a été codifié (art. 1442 C.c.Q.).

Quant à l'idée de situer l'obligation de sécurité exclusivement sur le terrain extracontractuel, on rappelera que l'Avant-projet de loi sur les obligations (art. 1516 al. 2) et le projet de loi 125 (art. 1454) avaient envisagé que seules les règles du régime extracontractuel s'appliquassent lorsque le préjudice était corporel, mais que cette proposition dût être abandonnée, laissant ainsi jouer à plein le principe de la dualité des régimes dont les différences – on l'a déjà indiqué – ont été sérieusement atténuées, la responsabilité pour le préjudice corporel ou moral ne pouvant être, en outre, ni exclue ni limitée (art. 1474 al. 2), à moins que la loi ne prévoit expressément un plafond de responsabilité (par exemple, dans le cadre de l'assurance-automobile). Le législateur québécois ayant ainsi choisi de laisser, le cas échéant, jouer les règles contractuelles, même en ce qui concerne la sécurité, la valse-hésitation des auteurs français à ce sujet, ne devrait pas troubler les tribunaux québécois.

Pour ce qui est de l'obligation de renseignement, compte tenu du choix effectué par le législateur en matière de sécurité, on doit *a fortiori* laisser jouer, le cas échéant, les règles de la responsabilité contractuelle. De toutes façons, on ne voit pas très bien ce que la victime du défaut d'information y gagnerait à ce qu'il en soit autrement...

Un retour aux solutions du XIXe siècle nous paraît exclu tant par la structure que par la lettre et l'esprit du nouveau Code et ne nous paraît pas non plus constituer nécessairement un progrès de la science juridique.

La responsabilité extracontractuelle ne faisant pas l'objet du présent ouvrage, on n'énoncera ici que les caractéristiques propres à la responsabilité contractuelle. S'agissant de la réparation du préjudice subi du fait de l'inexécution de l'obligation par le débiteur, on envisagera les éléments qui conditionnent sa responsabilité, ou, au contraire, sa libération.

A. La responsabilité du débiteur

445. *Conditions de la responsabilité.* Il convient, tout d'abord, de rappeler qu'en vertu de l'article 1590, al. 2 C.c.Q., les dommages-intérêts ne sont dus, pour l'inexécution d'une obligation, que si le débiteur est en demeure d'exécuter son obligation, soit qu'il ait été mis en demeure par le créancier, soit qu'il se trouve dans une situation de demeure de plein droit (à laquelle on assimilera la demeure par les termes mêmes du contrat)[1536].

Si l'on se réfère à cette même disposition, on constate que le débiteur peut être tenu des dommages-intérêts toutes les fois que l'inexécution de son obligation est « sans justification ». C'est admettre que la responsabilité contractuelle ne peut intervenir qu'au cas d'inexécution « fautive » de la part du débiteur et que le droit à des dommages-intérêts, appartenant au créancier, est, tout comme en matière extracontractuelle, su-

---

[1536] *Cf. supra,* n° 432 et suiv.

bordonné à l'existence d'un préjudice, d'une faute et d'une relation de cause à effet entre cette faute et ce préjudice.

a) Le préjudice

446. *Existence d'un préjudice.* La responsabilité civile contractuelle ayant pour but d'indemniser le créancier et non point de punir le débiteur, la responsabilité du débiteur ne sera retenue que dans la mesure où le créancier subit un préjudice; c'est ce qui ressort clairement du second alinéa de l'article 1458 C.c.Q.

Il ne faut pas croire que toute inexécution entraîne nécessairement un préjudice[1537]. Généralement, lorsque l'on contracte, on s'attend, en effet, à ce que le cocontractant accomplisse les obligations auxquelles il s'est engagé. Cependant, exceptionnellement il arrive que l'inexécution d'une obligation par le débiteur n'ait aucune conséquence à l'égard du créancier : lorsque, par exemple, s'agissant de l'obligation de livrer un corps certain et déterminé, cette chose aurait également péri chez le créancier si elle lui avait été livrée (c'est l'hypothèse prévue par les articles 1693, al. 1 et 1701, al. 2 *in fine*, C.c.Q.); il importe peu, alors, que l'obligation ait été exécutée ou non. C'est aussi le cas du mandataire qui ne procède pas à l'inscription d'hypothèque dont il avait été chargé par le mandant, s'il arrive que ladite hypothèque inscrite à temps aurait été sans effet, compte tenu de l'existence d'autres hypothèques inscrites antérieurement. En ces cas, bien qu'ayant commis une faute, le débiteur n'engage pas sa responsabilité; ce ne sont pas là, cependant, les hypothèses les plus fréquentes.

[1537] Sur le cas particulier de l'atteinte aux droits fondamentaux de la personne, *cf.* Adrian POPOVICI, « De l'impact de la Charte des droits et libertés de la personne sur le droit de la responsabilité civile : un mariage raté », *Conférence Meredith, 1998-1999*, Éditions Yvon Blais, 2000, p. 49 : l'auteur défend la thèse selon laquelle toute atteinte à un droit protégé par la Charte cause un préjudice, susceptible d'indemnisation, ne serait-elle que symbolique.

Il est utile de s'interroger plus précisément sur les composantes de ce préjudice, c'est-à-dire sur les rapports entre l'inexécution de l'obligation et le préjudice, et sur les rapports entre le préjudice et son indemnisation.

1. L'inexécution de l'obligation

Que faut-il entendre par « inexécution de l'obligation » ? Ce peut être le défaut d'exécution ou encore le retard dans l'exécution.

447. *Défaut d'exécution.* Ce défaut peut être total ou partiel. Il est total lorsque le débiteur refuse d'exécuter ce qu'il doit ou tout simplement n'exécute pas; la mise en demeure qui sera, alors, expédiée par le créancier et qui restera sans réponse, permettra de constater précisément le défaut d'exécution. Il est partiel lorsque le débiteur n'exécutera qu'une partie de son obligation et il y aura lieu de se demander alors, comme on l'a vu, si cette inexécution partielle peut être ou non sanctionnée par la résolution du contrat. Dans l'affirmative, le créancier aura non seulement droit à la résolution, mais en outre à des dommages-intérêts dans l'hypothèse où, en dépit de l'anéantissement rétroactif du contrat, subsisterait un préjudice; dans la négative, le créancier n'aura droit qu'à des dommages-intérêts pour la partie inexécutée de l'obligation ou à la réduction proportionnelle de son obligation corrélative[1538].

L'exécution défectueuse doit être confondue avec le défaut d'exécution; le débiteur a exécuté son obligation, mais il l'a mal exécutée : il a livré une citerne d'essence de la qualité B, alors qu'il aurait dû en livrer de la qualité A; il a effectué les travaux de plomberie qui avaient été envisagés, mais des fuites d'eau sont ultérieurement décelées. L'exécution défectueuse est, en soi, une inexécution partielle et le problème se pose, donc, dans des termes identiques à ceux de l'inexécution partielle et de l'inexécution totale, que l'on vient d'évoquer. C'est ce que vise l'article 1590, al. 1 C.c.Q. en reconnaissant au créancier le droit d'exiger que l'obligation soit exécutée entièrement et correctement.

[1538] *Cf. supra,* n° 407.

448. *Retard dans l'exécution.* Il ne suffit pas que le débiteur exécute son obligation; encore doit-il l'exécuter dans le délai qui lui est imparti. S'il y a retard, on peut prétendre qu'il s'agit d'une inexécution partielle : l'obligation accessoire d'accomplir la prestation dans le temps prévu n'a pas été remplie. Cependant, là encore, cette inexécution partielle peut équivaloir à une inexécution totale[1539] : il en serait ainsi de l'obligation de livrer à un commerçant des jouets pour les ventes de Noël, qui serait exécutée le 15 janvier de l'année suivante; ce serait encore le cas de l'obligation contractée par un comédien de se produire sur telle scène à telle date, alors que celui-ci se présente à une date ultérieure. En ces cas, la demeure surviendra de plein droit, le débiteur ayant laissé s'écouler le temps où l'obligation pouvait être exécutée utilement (art. 1597 C.c.Q.); au contraire, lorsque l'exécution, quoique tardive, est encore possible, il sera en principe nécessaire de constater ce retard : la mise en demeure sera alors le moyen utilisé[1540].

449. *Préjudice moral et préjudice corporel.* On a laissé entendre, jusqu'ici, que le préjudice subi par le créancier était exclusivement matériel. Cependant, l'article 1607 C.c.Q. précise que le créancier a droit à la réparation, non seulement du préjudice matériel, mais aussi, le cas échéant, du préjudice corporel ou moral. En effet, le préjudice résultant de l'inexécution fautive d'une obligation contractuelle peut être corporel ou moral, comme dans le cadre de la responsabilité extracontractuelle. Il suffit de songer à l'inexécution fautive, par le transporteur, de son obligation contractuelle : le passager, victime de l'accident, peut avoir subi un préjudice matériel (arrêt de travail), corporel (blessures) ou moral (souffrances : *pretium doloris*); le retard dans l'exécution de l'obligation de transporter peut aussi entraîner un dommage moral : ce serait le cas du préjudice subi par l'artiste dont l'œuvre arriverait au Salon d'exposition... après l'exposition ou encore celui subi par

---

[1539] *Commission des Écoles Catholiques de Pointe-Claire et Beaconsfield* c. *Tétrault Frères Ltée*, [1973] R.C.S. 735.
[1540] *Cf. Mile End Milling Co.* c. *Peterborough Cereal Co.*, [1924] R.C.S. 120.

le vacancier, privé par le transporteur de quelques jours de soleil !

Même si ces dommages corporels et ces dommages moraux sont difficiles à évaluer, le tribunal, en dépit du caractère approximatif de l'exercice, devra y procéder : on ne peut, en effet, refuser de réparer un préjudice, qu'il soit matériel, corporel ou moral, sous le prétexte qu'il est malaisé de le chiffrer avec exactitude.

Le législateur aurait sans doute pu se contenter de parler de préjudice matériel et de préjudice moral, le préjudice corporel se traduisant nécessairement par des conséquences matérielles et morales : ainsi, une blessure peut diminuer la capacité de travail du créancier (préjudice matériel) et en même temps provoquer d'incontestables souffrances (préjudice moral). Cependant, dans la mesure où le nouveau Code contient des règles nouvelles propres à ce type de préjudice (art. 1614, 1615 et 1616 C.c.Q.), il aurait été illogique de ne pas en faire mention à l'article 1607 C.c.Q[1541].

L'article 1614 C.c.Q. vise à faciliter le calcul de l'indemnité due à la suite d'un préjudice corporel lorsqu'il s'agit d'évaluer des frais futurs : sachant combien les aspects prospectifs sont délicats et coûteux à établir – la jurisprudence ayant tergiversé à cet égard – cette disposition laisse au gouvernement le soin de prescrire par règlement les taux d'actualisation. L'article 1615 C.c.Q. permet au tribunal, au cas de préjudice corporel, de statuer, certes, sur les dommages-intérêts que l'on peut évaluer lors du jugement, mais – ce qui est nouveau – permet aussi de réserver, pour une période d'au plus trois ans, la possibilité de demander des dommages-intérêts additionnels qu'il était impossible d'évaluer alors, ce qui devrait favoriser un jugement plus adéquat sur l'évolution de la condition physique de la victime. L'article 1616 C.c.Q., enfin, pose le principe de la réparation sous la

---

[1541] Sur ces catégories de préjudice, cf. Nathalie VÉZINA, « Préjudice matériel, corporel et moral : variations sur la classification tripartite du préjudice dans le nouveau droit de la responsabilité », (1993) 24 R.D.U.S. 161.

forme d'un capital payable au comptant[1542], sans toutefois interdire
aux parties qu'elles conviennent que la réparation prenne la forme
d'une rente ou de versements périodiques (al. 1), ce qui vise tout
préjudice, mais qui s'avère particulièrement commode dans le cas
d'un préjudice corporel important. Toutefois, le second alinéa de cette
même disposition autorise le tribunal, lorsque le préjudice est corporel et que la victime est un mineur, d'imposer en tout ou en partie un
paiement sous forme de rente ou de versements périodiques, d'en
fixer les modalités et de prévoir l'indexation à un taux fixe; dans les
trois mois de sa majorité, le créancier peut cependant exiger le paiement immédiat, actualisé, du solde. Ces dispositions démontrent le
souci du législateur d'accorder une attention particulière à la protection de la personne[1543].

2. L'indemnisation

On distingue traditionnellement les dommages-intérêts
compensatoires et les dommages-intérêts moratoires. Il faut
désormais ajouter à cela les dommages-intérêts punitifs.

450. *Les dommages-intérêts compensatoires.* La réparation
du préjudice subi par le créancier du fait de l'inexécution d'une
obligation ou d'une exécution défectueuse se fait par l'octroi
d'une somme d'argent appelée « dommages-intérêts compensatoires »; en effet, ce montant compense la prestation que n'a
pas accomplie le débiteur et qui était attendue du créancier.
Cette indemnisation doit couvrir de la façon la plus exacte possible le préjudice véritablement souffert par le créancier, qui ne
se limite pas nécessairement à la valeur de la prestation inexécutée[1544]. En effet, ce préjudice peut comprendre deux

---

[1542] En matière de violation injustifiée d'un secret commercial, la réparation
peut prendre la forme de redevances (art. 1612 *in fine* C.c.Q.).

[1543] Ces règles sont « applicables aux demandes introduites après l'entrée en
vigueur de la loi nouvelle, même si l'inexécution de l'obligation, ou encore la faute ou le fait qui a causé le préjudice, se sont produits avant
l'entrée en vigueur » (art. 91 L.A.R.C.C.).

[1544] On précisera en outre que rien n'empêche l'indemnisation d'un préjudice
futur, pourvu qu'il soit « certain » et « susceptible d'être évalué »
(art. 1611, al. 2 C.c.Q.); « certain » ne doit pas être pris ici dans le sens
d'une certitude absolue ou scientifique, mais plutôt dans le sens d'une

éléments dont il est fait état à l'article 1611 C.c.Q. : d'une part, la perte subie par le créancier, c'est-à-dire son appauvrissement – le *damnum emergens* – et, d'autre part, le gain manqué, c'est-à-dire le profit dont il a été privé – le *lucrum cessans*[1545]. Par exemple, dans un transport maritime de marchandises, où des manquants ont été constatés à l'arrivée, le destinataire pourra être indemnisé non seulement de la valeur d'achat de la marchandise perdue, mais aussi de la marge bénéficiaire dont il aurait profité si ladite marchandise avait pu être revendue. De la même façon, le chanteur qui ne respecte pas ses engagements devra indemniser le directeur du spectacle de ce que lui coûteront le remboursement des billets, la location de la salle, la publicité, ainsi que le profit qu'il ne réalise pas[1546].

---

certitude relative, c'est-à-dire selon la balance des probabilités (*cf.* Alain BÉNABENT, *La chance et le droit*, Paris, L.G.D.J., 1973). De même, rien n'interdit l'indemnisation d'une « perte de chance » pourvu qu'une telle indemnisation ne serve pas à contourner l'exigence du lien de causalité qui doit exister entre la faute et le préjudice; c'est pourquoi la Cour suprême a jugé qu'on ne pouvait appliquer la notion de « perte de chance » à la responsabilité médicale (*Laferrière* c. *Lawson*, [1991] 1 R.C.S. 541).

[1545] L'article 1612 C.c.Q. précise l'étendue de la perte susceptible d'indemnisation lorsque celle-ci résulte de la divulgation injustifiée d'un secret commercial (*cf.* 1472 C.c.Q.). Au cas de résiliation, par le client, d'un contrat d'entreprise ou de service, l'entrepreneur évincé ne devrait pas être indemnisé pour le gain manqué, puisqu'il n'a pas un droit acquis au maintien du contrat : *cf.* Serge GAUDET, « Réflexions sur le droit de l'entrepreneur au gain manqué en cas de résiliation unilatérale du contrat d'entreprise ou de service », *Conférence Meredith, 1998-1999*, Cowansville, Éditions Yvon Blais, 2000, p. 95. *Cf.*, en ce sens, *Pelouse Agostis Turf inc.* c. *Club de Golf Balmond*, C.S. Montréal, n° 700-17-000427-996, 23 mai 2001.

[1546] Il s'agit là du préjudice matériel, mais on a vu que le préjudice peut être également corporel ou moral, et susceptible d'indemnisation, malgré les difficultés d'évaluation (*cf. supra*, n° 449). Il n'y a sur ce point aucune particularité propre à la responsabilité contractuelle. On se bornera à souligner que la Cour d'appel, puis la Cour suprême, ont récemment mis de côté une jurisprudence constante bien que douteuse, qui refusait l'indemnisation du *solatium doloris* : *Augustus* c. *Gosset*, [1995] R.J.Q. 335 (C.A.); [1996] 3 R.C.S. 268.

Doit-on tenir compte, dans l'octroi des dommages-intérêts compensatoires, des indemnités qui ont pu être versées au créancier par un tiers ? L'article 1608 C.c.Q. généralise à cet égard la solution que prévoyait l'article 2494 C.c.B.C. en matière d'assurance, l'obligation de réparer n'étant « ni atténuée ni modifiée par le fait que le créancier reçoive une prestation d'un tiers, par suite du préjudice qu'il a subi, sauf dans la mesure où le tiers est subrogé aux droits du créancier ». La réponse à la question posée est donc négative, quitte à faire bénéficier, en certains cas, le créancier d'une double indemnité, dans l'hypothèse où, percevant de son débiteur les dommages-intérêts qui lui sont dus, il percevrait également un montant provenant d'un tiers : tel serait le cas de l'employeur qui continuerait à payer son employé malgré l'incapacité de celui-ci. Cette solution a été préférée à celle qui consiste à refuser la double indemnisation et à dispenser le débiteur de réparer le préjudice dont il est l'auteur, ce dernier bénéficiant alors des précautions prises par son créancier (par exemple, la conclusion d'un contrat d'assurance) ou des largesses d'un tiers à l'égard de son créancier. D'ailleurs, ce « risque » d'une double indemnisation est limité, du fait que la règle ne s'applique pas lorsque le tiers *solvens* est subrogé aux droits du créancier : or, c'est ce qui se produit le plus souvent (indemnités d'assurance, de sécurité sociale ou résultant d'une convention collective de travail)[1547].

450.1. *Le « bébé-préjudice ».* Les tribunaux québécois ont eu l'occasion de se prononcer sur un type bien particulier de préjudice, qui fait l'objet d'une controverse dans de nombreux pays : il s'agit de l'indemnisation des frais d'entretien et d'éducation d'un enfant dont la naissance n'était pas désirée. La Cour d'appel a jugé qu'il n'était pas contraire à l'ordre public d'indemniser les parents pour les frais d'entretien et d'éducation d'un enfant né en bonne santé à la suite de la faute d'un médecin qui avait effectué une ligature de trompes qui s'est avérée inefficace; elle a en outre jugé, contrairement à la position des tribunaux français, que ce préjudice n'était pas incertain, les joies et les bénéfices qu'apporte un enfant à ses parents ne compensant pas

---

[1547] *Cf. Hélicoptères Viking Ltd.* c. *Laîné,* [2000] R.J.Q. 2817 (C.A.) : cas où le tiers *solvens* a renoncé à la subrogation au droit du créancier.

nécessairement les coûts et inconvénients reliés à la charge parentale[1548]. Certes, nourrir et éduquer un enfant impose des sacrifices,
notamment financiers, mais il est permis de se demander ce qu'il
advient alors de la dignité de l'enfant, si son existence même est
considérée par la société comme pouvant constituer un préjudice
susceptible d'être réparé monétairement ! À quand les recours des
frères ou soeurs de cet enfant qui les aura privés d'une part
d'affection que leurs parents leur auraient portée ou de soins qu'ils
leur auraient prodigués... ? Ainsi pourrait-on faire ressusciter l'action
en aliénation d'affection... !

451. *Les dommages-intérêts moratoires.* La réparation du
préjudice subi par le créancier du fait d'une exécution tardive
se fait par l'octroi d'une somme d'argent appelée « dommages-
intérêts moratoires » (du latin *mora*, c'est-à-dire retard). Sauf
les cas où la demeure survient de plein droit, il n'y aura retard
qu'après que le débiteur aura été mis en demeure; en l'absence
de celle-ci, on le sait, le créancier est censé accorder un délai à
son débiteur et ne pas souffrir de l'inexécution[1549]. Toutefois,
indépendamment de la question de la demeure, le créancier
devra prouver que le retard dans l'exécution lui a fait subir un
préjudice : on ne part pas de l'idée selon laquelle « *Time is money* »[1550] ! L'indemnisation couvrira, ici aussi, la perte éprouvée
et le gain manqué.

On doit ici faire remarquer que la distinction entre les
dommages-intérêts compensatoires et dommages-intérêts moratoires, tels que traditionnellement définis, n'est d'aucune
utilité, puisque les uns et les autres sont soumis aux mêmes
règles. Il est dès lors permis de se demander s'il ne serait pas
préférable de ne parler de « dommages-intérêts moratoires »

[1548] *Cooke* c. *Suite*, [1995] R.J.Q. 2765 (C.A.); commentaires de Louise
LANGEVIN, « L'affaire *Cooke* c. *Suite* : la reconnaissance de la
"grossesse préjudice", mais à quel prix ? », (1996) 56 *R. du B.* 125.

[1549] *Cf. supra*, n° 432 et suiv. On rappellera que le débiteur n'est véritablement en retard qu'à l'expiration du délai raisonnable dans lequel il doit
exécuter (art. 1595, al. 2 C.c.Q.); aussi les dommages-intérêts moratoires
ne courent-ils pas pendant ce délai.

[1550] *Cf. Ansa construction Inc.* c. *Commission hydro-électrique du Québec*,
J.E. 87-971 (C.A.).

que dans l'hypothèse où le créancier a droit à une indemnité du seul fait du retard : c'est le cas de l'obligation portant sur une somme d'argent. En effet, en vertu de l'article 1617, al. 2 C.c.Q., dans les obligations pour le paiement d'une somme d'argent, les dommages-intérêts sont dus sans que le créancier soit tenu de prouver aucune perte : cela revient à dire qu'en ce cas « *Time is money* »[1551] ! La loi présume de façon irréfragable que le créancier subit un préjudice du seul fait du retard dans l'exécution. Mais encore faut-il que ce retard soit constaté : les dommages-intérêts seront dus à compter du jour de la demeure[1552], le taux étant celui qui a été convenu par les parties[1553] ou, à défaut, le taux fixé par la loi (art. 1617, al. 1 C.c.Q.)[1554].

L'article 1785 C.c.B.C., traitant du prêt à intérêt, disposait que « le taux de l'intérêt légal est fixé par la loi à six pour cent par année »; toutefois, l'article 91(19) de la *Loi constitutionnelle de 1867*[1555] donnant au Parlement fédéral le pouvoir de légiférer en matière d'intérêt sur l'argent, le taux légal fut fixé par ce dernier à 5%. C'est ce taux qui est encore applicable, l'Assemblée Nationale n'ayant

---

[1551] *Cf. Louis Donolo Inc.* c. *Grover*, [1974] R.C.S. 42.

[1552] Quelle que soit la forme de l'interpellation : mise en demeure par écrit ou de plein droit.

[1553] *Cf. M. Longtin & Fils inc.* c. *Olton Investments Corp.*, J.E. 95-2040 (C.S.). *Cf. infra*, n° 468. On signalera que, sauf convention ou loi particulière à cet effet, les intérêts ne produisent pas eux-mêmes d'intérêts : *cf. Sobeys Québec Inc.* c. *Placements G.M.R. Maltais inc.*, J.E. 00-1425 (C.S.), à moins qu'on ne réclame expressément, par une demande en justice, la capitalisation des intérêts alors dus (*cf.* art. 1620 C.c.Q.).

[1554] Il importe de souligner que l'article 1618 C.c.Q., malgré les apparences, n'est qu'une application du principe prévu à l'article 1617, al. 1 C.c.Q. En effet, lorsque l'obligation porte sur autre chose qu'une somme d'argent et que le débiteur, ayant fait défaut, est tenu de dommages-intérêts, il doit des intérêts sur ce montant, puisqu'il s'agit alors d'une obligation portant sur une somme d'argent, ces intérêts courant à compter de la demeure ou de toute autre date postérieure que le tribunal estime appropriée. L'article 91 L.A.R.C.C. rend l'article 1618 C.c.Q. applicable aux demandes introduites après l'entrée en vigueur du nouveau Code, même si l'inexécution de l'obligation s'est produite avant son entrée en vigueur.

[1555] 30 & 31 Vict., R.-U., c. 3.

pas le pouvoir de légiférer sur cette question. Si un tel taux paraît convenable en l'absence d'inflation, il en va autrement en période de poussée inflationniste lorsque les taux d'intérêt peuvent facilement atteindre les 10, 15 voire 20%, comme ce fût le cas au Canada au début des années 80. Une trop grande différence entre le taux légal et le taux du marché peut encourager un débiteur à ne pas exécuter son obligation et à placer ses capitaux de façon plus rentable, en attendant d'être contraint à payer. Aussi, le législateur québécois – n'ayant pas compétence pour changer le taux légal – a-t-il donné au juge le pouvoir d'accorder, au créancier impayé, une indemnité s'ajoutant au montant accordé par jugement pour l'inexécution d'une obligation; cette indemnité sera calculée en appliquant à ce montant accordé par jugement un pourcentage égal à l'excédent du taux d'intérêt fixé suivant l'article 28 de la *Loi sur le ministère du Revenu*[1556] sur le taux légal d'intérêt ou, le cas échéant, sur le taux convenu (art. 1619 C.c.Q.). On évite ainsi une disparité entre le taux légal et le taux applicable à une créance de la Couronne, mais on se garde bien de parler ici d'« intérêt », pour ne retenir que l'idée d'indemnité destinée à compenser le préjudice qui résulterait d'un retard dans l'inexécution d'un jugement[1557].

La formulation des articles 1056c et 1078.1 C.c.B.C. faisaient courir cette indemnité additionnelle à compter de la demande en justice, ce qui pouvait donner lieu, en période inflationniste, à une « surindemnisation » lorsque le juge évaluait le préjudice non point au jour de la demande mais plutôt au jour du jugement et qu'il accordait des intérêts sur cette somme à compter de l'assignation[1558]; le nouveau Code évite cette difficulté en précisant que le juge peut faire courir l'indemnité soit à compter de la demeure, soit à compter de toute autre date postérieure qu'il estime appropriée eu égard à la nature du préjudice et aux circonstances.

452. *Les dommages-intérêts punitifs.* S'il est vrai qu'en droit civil, les dommages-intérêts ont pour but de réparer un préjudice et non point de punir un débiteur récalcitrant, il est tout aussi vrai que les dommages-intérêts punitifs (ou

---

[1556] L.R.Q., c. M-31.
[1557] *Cf. Cie d'assurance Travelers du Canada* c. *Corriveau*, [1982] 2 R.C.S. 866.
[1558] *Cf. Parenteau* c. *Drolet*, [1994] R.J.Q. 689 (C.A.) (opinion du juge Baudouin).

« exemplaires », qualificatif qui paraît avoir un relent d'anglicisme) se rencontrent, notamment, dans la *Charte des droits et libertés de la personne*, la *Loi sur la protection du consommateur*, la *Loi sur l'accès aux documents des organismes publics et à la protection des renseignements personnels*.

Le législateur n'a cependant pas cru nécessaire d'introduire dans le nouveau Code civil un paragraphe particulier relatif à cette catégorie de dommages-intérêts – contrairement à ce qui avait été proposé dans l'Avant-projet de loi sur les obligations (art. 1677 à 1680) –, mais il a trouvé opportun d'y insérer une disposition destinée à rappeler l'aspect préventif de ce type de dommages, et à fournir certains critères en vue de guider les tribunaux dans la fixation du montant accordé; d'où l'article 1621 C.c.Q. qui précise que ces dommages-intérêts « ne peuvent, excéder, en valeur, ce qui est suffisant pour assurer leur fonction préventive »[1559]. Il s'agit donc de condamner ce débiteur comme il le mérite, compte tenu des actes répréhensibles posés par lui, mais il ne s'agit pas – ce faisant – d'accorder au créancier un enrichissement qui pourrait s'avérer tout à fait injuste, sinon immoral, comme on le voit fréquemment aux États-Unis.

b) La faute

453. *Existence d'une faute.* En vertu de l'article 1590, al. 2 C.c.Q., le débiteur est tenu des dommages-intérêts lorsque, sans justification, il n'exécute pas son obligation. En d'autres mots, le créancier de l'obligation inexécutée n'a droit à des dommages-intérêts pour le préjudice subi que dans la mesure où cette inexécution est fautive. Il faut, alors, s'interroger sur les raisons qui ont amené le débiteur à ne pas exécuter. Aussi

---

[1559] À titre d'exemple, *cf. West Island Teachers' Association* c. *Nantel,* [1988] R.J.Q. 1569 (C.A.); *Allard* c. *Radiomutuel inc.*, [1996] R.J.Q. 723 (C.S.). Sur ce sujet, *cf.* Pauline ROY, *Les dommages exemplaires en droit québécois : instrument de revalorisation de la responsabilité civile,* thèse de doctorat, Montréal, Faculté des études supérieures, Université de Montréal, 1995, à paraître aux Éditions Thémis.

doit-on analyser cette « faute contractuelle » et envisager le problème de la preuve de cette faute, de même qu'on doit examiner les différents degrés des fautes susceptibles d'être commises.

1. *Analyse et preuve de la faute dans un contexte contractuel*

454. *Inexécution fautive.* La faute prise en considération par l'article 1457 C.c.Q. a pu être définie par certains auteurs comme « un manquement à une obligation préexistante »[1560]. Il n'est, dès lors, pas surprenant que l'inexécution d'une obligation contractuelle ait pu être analysée comme étant un comportement fautif. Toutefois, une certaine confusion allait s'installer, qui devait persister bien trop longtemps. En n'exécutant pas l'obligation contractuelle à laquelle il s'est engagé, le débiteur – disait-on – commet une faute : le seul fait de l'inexécution constitue une faute en soi, puisque, ce faisant, le débiteur ne respecte pas les termes du contrat; cela revient à dire que l'inexécution fait présumer une « faute contractuelle » de la part du débiteur. Or, s'en tenir à cette affirmation est oublier que le créancier qui ne reçoit pas satisfaction doit démontrer que le débiteur n'a pas exécuté ou a mal exécuté son obligation; c'est dire que, tout d'abord, on doit s'interroger sur le contenu de l'obligation[1561].

On se rappelle que la doctrine a proposé de distinguer, suivant l'objet de l'obligation, les obligations de résultat et les obligations de moyens. Dans certains contrats, le débiteur s'engage à procurer au créancier un résultat déterminé : l'acheteur s'oblige à payer tel prix; le transporteur s'oblige à transporter telle marchandise de tel lieu à tel autre et à la livrer en bon état. Dans d'autres conventions, le débiteur s'oblige seulement à prendre certaines mesures, à faire diligence, tel le

---

[1560] *Cf.* Marcel PLANIOL, *Traité élémentaire de droit civil,* 9ᵉ éd., t. 2, Paris, L.G.D.J., 1923, n° 863, p. 281.

[1561] *Cf.* Paul-André CRÉPEAU, « Le contenu obligationnel d'un contrat », (1965) 43 *R. du B. can.* 1.

médecin qui s'engage, non point à guérir, mais seulement à soigner de son mieux[1562]. Ainsi, selon le contenu de l'obligation, selon son « intensité », la preuve de la faute ne se fera pas de la même façon : si l'obligation est une obligation de résultat, la non-obtention de ce résultat fait présumer une faute de la part du débiteur; si elle est une obligation de moyens, la faute du débiteur doit être prouvée.

455. *Fardeau de la preuve dans le cadre d'une obligation de résultat.* Lorsque l'obligation inexécutée est une obligation de résultat, il suffit au créancier de démontrer que le résultat attendu n'a pas été obtenu : il a été convenu que le transporteur livrerait 1 000 sacs de blé au destinataire, mais ce dernier n'en reçoit que 850. Le seul fait matériel de l'inexécution, le fait que 150 sacs sont manquants, constitue une présomption de faute qui pèse sur le transporteur. Certes, cette présomption pourra être renversée, on le verra, par le débiteur; mais le créancier n'aura pas à démontrer que le défaut dans la livraison résulte de la faute du débiteur. La position du créancier est ici très confortable : il lui suffit d'établir que, par le contrat, le débiteur s'était engagé à atteindre tel résultat et que ce résultat n'a pas été obtenu. C'est là une différence importante avec la responsabilité de l'article 1457 C.c.Q. qui impose à la victime d'un préjudice d'apporter la preuve que celui-ci résulte de la faute de l'auteur.

456. *Fardeau de la preuve dans le cadre d'une obligation de moyens.* Au contraire, lorsque l'obligation inexécutée est une obligation de moyens, le seul fait de l'inexécution ne fait pas présumer la faute du débiteur. Ainsi, le seul fait que le patient ne guérisse pas ne fait pas présumer la faute du médecin. Le créancier doit, alors, prouver que son débiteur n'a pas pris les mesures raisonnables pour aboutir à tel effet; ainsi doit-il porter un jugement sur la conduite du débiteur et démontrer que

---

[1562] *Cf.* Paul-André CRÉPEAU, *La responsabilité civile du médecin et de l'établissement hospitalier*, Montréal, Wilson et Lafleur, 1956; Paul-André CRÉPEAU, « Réflexions sur le fondement juridique de la responsabilité civile du transporteur de personnes », (1960-61) 7 *R.D. McGill* 225.

celui-ci n'a pas agi comme aurait agi, en semblables circonstances, le médecin moyen, œuvrant dans le même domaine, soigneux et diligent, ayant le sens de ses responsabilités[1563]. En apportant la preuve d'un tel comportement, il établit que le débiteur a commis une faute, dite « faute légère », celle que ne commet pas le *pater familias (culpa levis in abstracto)*. Cette faute, on le constate, ressemble étrangement à la faute dont traite l'article 1457 C.c.Q. S'agissant de la faute commise par un médecin à l'égard de son patient, que l'on se place sur le terrain contractuel ou sur le terrain extracontractuel, la victime aura une preuve tout à fait identique à apporter. C'est ce qui, nous semble-t-il, explique la confusion fréquente, dans la jurisprudence, entre la responsabilité médicale contractuelle et la responsabilité médicale extracontractuelle, mais ne la justifie pas. L'existence des obligations de diligence dans le domaine contractuel n'est pas une simple spéculation doctrinale, puisque le législateur en fournit des exemples dans les articles 1309, 2317 et 2283 C.c.Q.

457. *Portée limitée de la classification obligation de résultat / obligation de moyens.* Ce schéma obligation de résultat-obligation de moyens paraît simple et certains auteurs y voient le remède à tous les maux. À vrai dire, cette classification, comme toute classification, soulève des difficultés d'application, car la qualification d'obligation de résultat ou de moyens n'est pas nécessairement facile à déchiffrer dans un contrat. Par exemple, le médecin ne s'engage certes pas à guérir son patient, mais il peut fort bien s'engager à effectuer telle opération selon telle technique, ou rendre visite à son patient tel jour chaque semaine, etc. Le peintre qui s'oblige à faire le portrait de telle personne s'engage-t-il à une obligation de résultat ou de moyens ? C'est un portrait qu'on attend de lui et non point un paysage, mais c'est le portrait de cette personne telle que perçue par l'artiste; le « résultat » pourrait ne pas être celui qui était escompté ! Ainsi, dans un contrat, il peut y avoir à la fois des obligations de moyens et de résultat, et même des obligations hybrides, qui se situent quelque part entre le moyen et le résultat, de sorte qu'on a pu faire état d'« obligations de moyen renforcées et d'obligations de résultat allégées ». Cette constatation a pu faire dire que cette classification était

---

[1563] *Cf. Lapointe c. Hôpital Le Gardeur*, [1992] 1 R.C.S. 351.

« à ce point relative qu'elle ne signifi[ait] plus grand-chose »[1564]. C'est dire que le « contenu obligationnel » d'un contrat varie à l'infini d'une espèce à l'autre et qu'en définitive, il est laissé à l'appréciation du tribunal, selon la preuve qui lui est présentée; aussi n'est-il pas aisé de dégager, en la matière, des règles sûres[1565].

2. Les divers degrés de faute en matière contractuelle

458. *Intérêt à distinguer divers degrés de faute.* Bien qu'en principe la faute « légère » suffise à entraîner la responsabilité civile, il y a lieu parfois de préciser la gravité de la faute commise : ainsi en est-il, on le verra, de l'indemnisation des dommages imprévisibles. C'est pourquoi le créancier peut être amené à apporter la preuve de telle faute qualifiée, commise par le débiteur[1566]. Le degré de gravité de la faute présente également un intérêt incontestable dans le cadre de l'étude des clauses de non-responsabilité, qui sera abordée ultérieurement.

On distingue la faute intentionnelle (aussi appelée « dol »), la faute lourde et la faute légère.

459. *La faute intentionnelle.* Le dol, ou faute dolosive, est la faute intentionnelle du débiteur. Il est fondamental de ne pas confondre ce dol commis dans l'exécution d'une obligation contractuelle, avec le dol qui entraîne la commission d'une erreur dans le cadre de la formation du contrat[1567]. Il s'agit ici du débiteur qui intentionnellement n'exécute pas son obligation ou essaie de faire croire à son créancier qu'il est dans l'impossibilité d'exécuter. Cette faute intentionnelle est tout simplement l'acte malhonnête, accompli délibérément.

[1564] MALAURIE et AYNÈS, t. 6, 10ᵉ éd., n° 823, p. 478.

[1565] Voir l'ouvrage de Paul-André CRÉPEAU, *L'intensité de l'obligation juridique*, Montréal/Cowansville, C.R.D.P.C.Q./Éditions Yvon Blais, 1989; où l'auteur en arrive à distinguer 11 niveaux d'intensité des obligations (p. 19); c'est bien dire qu'en la matière il y a du plus et du moins... Pour un exemple d'obligation difficile à classer, *cf.* le régime de responsabilité des entrepreneurs, architectes et ingénieurs (art. 2118 et suiv. C.c.Q.).

[1566] *Cf.*, par exemple, les articles 1461 et 1471 C.c.Q.

[1567] *Cf. Bahler* c. *Pfeuti*, [1988] R.J.Q. 258 (C.A.).

L'étendue de la réparation pourra en ce cas être plus grande (*cf.* art. 1613 C.c.Q.).

460. *La faute lourde.* C'est un comportement qui n'est pas intentionnel, mais c'est une faute qui dénote une incurie ou une impéritie d'un tel degré qu'on peut se demander si celui qui la commet ne l'a pas fait exprès. C'est une sottise extrême, à tel point qu'un vieil adage l'a assimilée au dol : *Culpa lata dolo aequiparatur.* On a beaucoup discuté sur cette identification, du fait que la faute lourde est dépourvue d'intention méchante ou malhonnête; cependant, le problème résulte, comme l'ont dit MM. Mazeaud, de ce qu'« il ne faut pas que la malice prenne le masque facile de la bêtise ».

Quoiqu'il en soit, la faute lourde est désormais définie comme étant celle « qui dénote une insouciance, une imprudence ou une négligence grossières » (art. 1474, al. 1 C.c.Q.). Cette définition de la faute lourde nous semble nettement moins restrictive que celle qu'en avait donnée Pothier (« le fait de ne pas apporter aux affaires d'autrui le soin que les personnes les moins soigneuses et les plus stupides ne manquent pas d'apporter à leurs affaires »), laquelle était souvent citée par la jurisprudence québécoise[1568].

461. *La faute légère.* C'est la simple négligence ou imprudence, celle que ne devrait pas commettre une personne normalement prudente et avisée, placée dans de semblables circonstances. Elle est celle que, dans le domaine extracontractuel, on a appelé « quasi-délit ».

462. *La faute inexcusable.* Dans certains domaines, on a fait une place, entre la faute intentionnelle et la faute lourde, à une faute autrement qualifiée. La doctrine française l'a appelée « faute inexcusable ». On la rencontre notamment dans la Convention internationale de Varsovie 1929, amendée par le Protocole de La Haye 1955, régissant le transport aérien international : il s'agit d'un acte ou d'une

---

[1568] *Cf. R.* c. *Canada Steamship Lines Ltd.*, [1950] R.C.S. 532; *Ceres Stevedoring Co.* c. *Eisen und Metall A.G.*, [1977] C.A. 56; *cf.* également *Potvin* c. *Stipetic*, [1989] R.J.Q. 777 (C.A.); *Fenêtres St-Jean Inc.* c. *Banque nationale du Canada*, [1990] R.J.Q. 632 (C.A.).

omission faits témérairement et avec conscience qu'un dommage en résultera probablement. On n'y trouve pas l'intention méchante qui caractérise le dol, mais on y relève la volonté consciente de l'auteur d'agir comme il l'a fait : élément volontaire dont est dépourvue la faute lourde qui consiste en un comportement grossièrement négligent[1569].

c) La relation de cause à effet

463. *Existence d'un lien de causalité.* Pour que le débiteur soit responsable et qu'en conséquence le créancier ait droit à des dommages-intérêts, il doit y avoir une relation de cause à effet entre la faute commise par le débiteur et le préjudice subi par le créancier.

Il convient d'envisager, à cette place, deux hypothèses dans lesquelles cette relation semble précisément douteuse : le cas du dommage indirect et celui du dommage imprévisible.

1. Le dommage indirect

464. *La cascade des malheurs.* En vertu de l'article 1613 C.c.Q. *in fine*, « les dommages-intérêts ne comprennent que ce qui est une suite immédiate et directe de l'inexécution » par le débiteur, même si celui-ci a commis une faute intentionnelle. Le débiteur répond, donc, des dommages directs, mais non point des dommages indirects. Ainsi est posé tout le problème du lien de causalité dont l'étude est abordée dans le cadre de la théorie de la responsabilité civile[1570].

[1569] Jean PINEAU, *Le contrat de transport terrestre, maritime, aérien,* Montréal, Éditions Thémis, 1986, n° 253, p. 319-323. On ne confondra pas cette « faute inexcusable » avec l'« erreur inexcusable » dont fait état l'article 1400, al. 2 C.c.Q., dans le cadre de la formation du contrat, l'erreur inexcusable étant en effet une erreur simplement fautive.

[1570] Jean-Louis BAUDOUIN et Patrice DESLAURIERS, *La responsabilité civile,* 5ᵉ éd., Cowansville, Éditions Yvon Blais, 1998, n° 509 et suiv., p. 341 et suiv. Sur le problème du lien de causalité en matière médicale ou hospitalière, *cf. Laferrière c. Lawson,* [1991] 1 R.C.S. 541, 608.

On se bornera à rappeler l'exemple devenu classique inspiré des enseignements de Pothier : un marchand vend sciemment une vache atteinte d'une maladie contagieuse; la maladie est communiquée à tout le cheptel de l'acheteur qui, de ce fait, est empêché de cultiver ses terres, lesquelles – n'étant pas culti- vées – ne produisent plus de revenus, revenus sans lesquels le cultivateur ne peut pas payer ses créanciers, lesquels font sai- sir ses biens... On a là une « cascade de malheurs » ! Le préju- dice pour lequel le créancier recevra des dommages-intérêts sera uniquement celui qui est une suite immédiate et directe : le vendeur devra certainement indemniser l'acheteur de la perte du troupeau, mais certainement pas des malheurs qui ont suivi, car ils ne sont qu'une suite lointaine et indirecte de la faute dolosive du vendeur; le cultivateur aurait pu les éviter en se procurant d'autres bêtes pour les labours ou en louant ses terres. Le débiteur ne sera responsable que de ce qui est réel- lement la conséquence de l'inexécution fautive. Il y a un point dans la « cascade » où il n'y a plus de relation de cause à effet, un point de rupture dans la chaîne, compte tenu de l'intervention d'un nouvel élément causal (la décision du culti- vateur de ne point remplacer ses bêtes). Il n'est, cependant, pas toujours aisé de situer ce point de rupture : c'est une question de fait, selon les circonstances, que le juge appréciera[1571]. Une fois encore, c'est le bon sens qui doit guider celui-ci : trouvera-t- il juste d'indemniser le créancier ? Il verra un lien de causalité entre la faute et le dommage. Trouvera-t-il juste de protéger le débiteur ? Il refusera de voir un lien de causalité et qualifiera le dommage d'« indirect ». Il est alors vain de chercher dans la jurisprudence la règle qui prétendrait apporter la solution de principe. Dès lors que tout est cas d'espèce, multiplier l'analyse de ces cas ne ferait guère avancer le débat.

2. Le dommage imprévisible

465. *La prévision contractuelle.* Selon l'article 1613 C.c.Q., « en matière contractuelle, le débiteur n'est tenu que des dom-

---

[1571] MIGNAULT, t. 5, p. 420; *cf. Boutin c. Paré*, [1959] B.R. 459.

mages-intérêts qui ont été prévus ou qu'on a pu prévoir au moment où l'obligation a été contractée, lorsque ce n'est point par sa faute intentionnelle ou par sa faute lourde qu'elle n'est point exécutée ».

L'inexécution d'une obligation entraîne, en règle générale, un préjudice qui est normalement prévisible; cependant, il peut arriver que les conséquences soient beaucoup plus graves que celles auxquelles on aurait pu penser. Que le débiteur soit de bonne ou de mauvaise foi, il est normal qu'il soit tenu des dommages prévisibles, dans la mesure où sa responsabilité est engagée. Il est également normal que ce débiteur ne soit pas tenu des dommages imprévisibles lorsque sa bonne foi n'est pas mise en cause. Au contraire, lorsque l'inexécution est le fait d'un débiteur de mauvaise foi, il est juste de sanctionner un tel comportement par l'indemnisation des dommages directs, même si ceux-là étaient imprévisibles[1572]. Ainsi, par exemple, lorsqu'un transporteur aérien prend en charge le bagage enregistré d'un passager, il peut prévoir que ce bagage contient certains vêtements, des objets de toilette, etc., mais non point quelques lingots d'or, des diamants ou de l'argenterie (*cf.* art. 2053 C.c.Q.). Le passager qui aurait eu l'imprudence de mettre dans sa valise des objets de valeur « extraordinaire », recevrait – au cas de perte – une indemnisation qui compenserait les dommages prévisibles par le transporteur, mais non la perte de ces biens particuliers que ce dernier ne s'attendait pas à transporter. En ce sens, on peut dire que le créancier de l'obligation inexécutée n'obtiendra pas nécessairement réparation intégrale du dommage qu'il subit, lorsque son débiteur est de bonne foi[1573]. Au contraire, au cas de faute lourde ou intentionnelle de la part de ce transporteur, le passager aura droit à l'indemnisation de tout son préjudice, que celui-ci ait été ou non prévisible.

[1572] *Cf. Gendron c. Duquette*, J.E. 99-310 (C.S., en appel, C.A. Montréal, n° 500-09-007663-990). *Cf. infra*, n° 480.

[1573] *Cf. Girard c. National Parking Ltd.*, [1971] C.A. 328; *Ouellette Motor Sales Ltd. c. Standard Tobacco Co.*, [1960] B.R. 367.

En matière extracontractuelle, on ne distingue pas : la victime d'un dommage doit être indemnisée du préjudice, prévisible ou non, que celui-ci résulte d'une faute intentionnelle, lourde ou légère.

On a dit que cette distinction entre les dommages prévisibles et les dommages imprévisibles résultait de l'idée selon laquelle les contractants étaient en mesure, lors de la conclusion de la convention, d'évaluer approximativement les risques qu'ils couraient en n'exécutant pas leurs obligations[1574]. Peut-être est-il excessif de présumer cette connaissance ou l'exactitude de la prévision, car tout est question de fait, tout est cas d'espèce; néanmoins, il est clair que cette règle est particulière à la responsabilité contractuelle et que le « climat contractuel » n'est donc pas indifférent au problème plus général de la réparation des dommages[1575]. D'où l'intérêt à ne pas confondre les domaines contractuel et délictuel.

466. *La clause pénale.* Afin d'éviter toute discussion sur l'évaluation du préjudice et d'exercer un moyen de pression sur le débiteur, les contractants fixent parfois, à l'avance, le montant de l'indemnité à verser lorsque la responsabilité du débiteur est engagée. Cette convention est appelée clause pénale[1576]. C'est une évaluation conventionnelle des dommages-intérêts, qui est faite à forfait et dont le montant ne peut pas être modifié. Ainsi, le créancier, s'il ne se prévaut pas du droit de demander l'exécution en nature (qu'il peut toujours exiger lorsqu'elle n'est pas impossible, conformément à l'article 1622 C.c.Q.), n'a pas à établir le quantum du préjudice[1577] : celui-ci est convenu à l'avance et seule la somme prévue sera ac-

---

[1574] MIGNAULT, t. 5, p. 420.

[1575] MARTY et RAYNAUD, 2ᵉ éd., t. 1, n° 592, p. 747 et 748.

[1576] Voir Chantal PERREAULT, *Les clauses pénales*, Cowansville, Éditions Yvon Blais, 1988. Voir également Pierre-Gabriel JOBIN, « Équité et sévérité dans la sanction d'une faute contractuelle », (1999) 78 *R. du B. can.* 220; du même auteur, « Les sanctions de l'exécution du contrat », dans Service de la formation permanente, Barreau du Québec, *La réforme du Code civil, cinq ans plus tard*, Cowansville, Éditions Yvon Blais, 1998, p. 95, aux pages 96 à 100.

[1577] Il faut donc que le créancier ait subi un préjudice : *cf. Oberson* c. *Placements Jean Maynard inc.*, J.E. 00-1951 (C.S.).

cordée au créancier, sous réserve de la clause pénale qui se révèle abusive[1578]. Le tribunal sera ainsi dispensé de s'interroger sur ce point (art. 1623, al. 1 C.c.Q.)[1579]. Si le créancier a le choix soit de poursuivre l'exécution de l'obligation principale soit de demander la peine stipulée, il ne peut cependant demander en même temps les deux, sauf dans l'hypothèse où la peine sanctionne simplement le retard dans l'exécution (art. 1622, al. 2 C.c.Q.); en ce dernier cas, il peut exiger l'exécution en nature et, en outre, la peine prévue qui représente non point les dommages-intérêts compensatoires, mais plutôt les dommages-intérêts moratoires déterminés conventionnellement[1580]. Ce retard sera constaté par la mise en demeure du débiteur, comme le prévoit la règle générale (art. 1590, al. 2 C.c.Q.).

Toutefois, si l'inexécution est seulement partielle, la somme fixée peut être réduite par le juge[1581], lorsque l'exécution partielle aura profité au créancier (art. 1623, al. 2 C.c.Q.). Cette règle reprend le droit antérieur, mais n'a pas été retenue la possibilité d'une stipulation à l'effet contraire, comme le prévoyait l'article 1135 C.c.B.C. : le législateur protège de ce fait le débiteur en interdisant l'insertion – qui pourrait devenir fréquente – d'une clause selon laquelle une inexécution partielle entraînerait le versement total du montant prévu : la règle est donc désormais impérative[1582]. Réduire la peine en

---

[1578] *Cf. infra*, n° 469.

[1579] *Cf. Jodoin c. Lavigne*, [1960] B.R. 174; *Artistuc inc. c. Audet et Boulet inc.*, J.E. 94-1123 (C.S.); *Groupe S.N.C. Lavalin inc. c. Lebeuf*, [1995] R.J.Q. 170 (C.S.); *Slush Puppie Montréal inc. c. 3100-5465 Québec inc.*, J.E. 96-1876 (C.Q.).

[1580] *Hydro-Québec c. Hipotronics*, J.E. 00-1367 (C.S.). Lorsque l'obligation violée est à exécution successive, il est possible d'exiger la pénalité pour le passé et l'exécution en nature pour le futur : *Entreprise Première générale Québec inc. c. 3501663 Canada inc.*, J.E. 00-1536 (C.S.).

[1581] *Cf. Ansa construction Inc. c. Commission hydro-électrique du Québec*, J.E. 87-971 (C.A.); *Dion c. Bédard*, J.E. 00-494 (C.Q.); *Dionne et Fils (1988) inc. c. Gagnon*, J.E. 00-5 (C.S.); *176949 Canada inc. c. Cégep de Limoilou*, J.E. 00-1367 (C.S.).

[1582] *Cf. C.M.J.*, t. I, art. 1623 C.c.Q.

cas d'exécution partielle ne signifie cependant pas que l'on doive s'en tenir au préjudice réel, comme on le verra.

On rappellera que, la clause pénale n'étant rien d'autre qu'une liquidation anticipée du montant des dommages-intérêts, elle ne s'appliquera bien évidemment que dans l'hypothèse où l'inexécution de l'obligation engage la responsabilité du débiteur : il faut donc que, dans le cas où l'obligation inexécutée est une obligation de résultat, le débiteur n'ait pas réussi à prouver la force majeure ou que, dans le cas où l'obligation inexécutée est une obligation de moyens, le créancier ait réussi à prouver la faute du débiteur[1583]. Pour la même raison, la nullité de l'obligation assortie d'une clause pénale entraîne la nullité de la clause pénale elle-même, l'inverse n'étant cependant pas vrai[1584].

On notera enfin les articles 1624 et 1625 C.c.Q. qui reprennent respectivement la substance des articles 1136 et 1137 C.c.B.C., applicables aux héritiers, en étendant leur contenu à tous les cas d'obligations indivisibles ou divisibles et en réservant, dans l'un et l'autre cas, l'application des règles propres aux obligations solidaires : l'inexécution du fait d'un seul des codébiteurs indivisibles – mais non solidaires – donne au créancier le droit de demander la peine, soit en totalité à celui qui est en faute, soit seulement sa part à chacun des autres, sauf le recours qu'ont ces derniers contre celui qui leur a fait encourir la peine; s'agissant au contraire d'une obligation divisible, la peine n'est encourue que par celui qui est en faute et pour sa part seulement[1585].

[1583] Cf. *Portes Overhead Door de Montréal (1965) ltée* c. *Construction Broccolini inc.*, J.E. 95-684 (C.Q.).

[1584] *Jo loue tout inc.* c. *Jubinville*, J.E. 97-1908 (C.S.). Les articles 1131 et 1132 C.c.B.C. énonçaient expressément cette règle, en qualifiant la clause pénale d'« obligation secondaire » par opposition à l'obligation « principale »; cette terminologie, qui avait entraîné une certaine confusion, a été abandonnée, ce qui ne change rien à la nature de cette clause.

[1585] Lorsque l'obligation divisible assortie d'une clause pénale est solidaire, la peine est encourue pour la totalité par celui qui est en faute et pour leur part seulement quant aux autres codébiteurs solidaires (art. 1625, al. 2 C.c.Q. renvoyant, nous semble-t-il, à l'article 1527 C.c.Q.). Les mêmes principes s'appliquent lorsque l'obligation, quoique divisible, a été assortie d'une clause pénale afin que le paiement ne pût se faire partiellement; cette obligation divisible est alors traitée, quant à la peine, comme s'il s'était agi d'une obligation indivisible (art. 1625, al. 2 C.c.Q.

467. *Nature juridique de la clause pénale.* Il semble nécessaire de mentionner qu'une clause pénale, même si elle est une obligation accessoire, n'en est pas pour autant une obligation facultative[1586] : en effet, si elle était facultative, le débiteur aurait le choix soit d'exécuter en nature ce qu'il doit, soit de payer le montant prévu par la clause pénale, ce qui va catégoriquement à l'encontre de l'article 1622 C.c.Q., selon lequel c'est le créancier insatisfait qui a le choix d'exiger soit l'exécution en nature, soit l'exécution de la clause pénale. Ce n'est pas davantage une obligation alternative, puisque celle-ci suppose l'existence de deux obligations principales, l'exécution de l'une d'elles par le débiteur libérant totalement celui-ci; or, le débiteur d'une obligation principale assortie d'une clause pénale ne peut pas se libérer en décidant d'exécuter la clause pénale plutôt que d'exécuter en nature[1587], pas plus que le créancier peut contraindre le débiteur à la peine alors que celui-ci n'est pas encore en défaut[1588].

Pas plus qu'elle n'est une obligation alternative ou facultative, la clause pénale n'est pas une obligation conditionnelle : il est inexact de prétendre qu'une clause pénale dépend de la survenance de l'événement futur et incertain que constitue l'inexécution de son obligation par le débiteur, faisant ainsi de la clause pénale une obligation conditionnelle. C'est confondre la clause pénale du droit civil avec la *stipulatio poenae* du droit romain qui rendait un pacte efficace en l'accompagnant d'une peine, alors que, sans celle-ci, le pacte n'aurait eu aucun effet obligatoire : on parlait, alors, de « promesse principale de peine

---

in fine). Sur le plan du droit transitoire, on notera que les articles 1624 et 1625 C.c.Q. sont applicables aux clauses pénales non encore exécutées, même si l'inexécution de l'obligation s'est produite avant l'entrée en vigueur du nouveau Code.

[1586] *Contra* : TANCELIN, 4ᵉ éd., nᵒ 967, p. 558; mais cet auteur nuance ses propos dans sa dernière édition (TANCELIN, 6ᵉ éd., nᵒ 1331, p. 681).

[1587] *Cf.* cependant *Teinturerie Québec Inc.* c. *Lauzon*, [1967] B.R. 41 : on notera toutefois la dissidence de deux juges qui ont su reconnaître une clause pénale et qui a été suivie ultérieurement dans *Télémédia Communications Inc.* c. *Samson*, J.E. 85-81 (C.A.).

[1588] *Cf. Suissa* c. *Gestion Stag Canada Ltée*, J.E. 90-1547 (C.A.).

sous condition » la condition étant l'inexécution de l'obligation qu'on voulait ainsi imposer au promettant. En droit civil contemporain, le rapport juridique entre le créancier et le débiteur étant un lien obligatoire, l'exécution de l'obligation n'est jamais incertaine, car elle peut toujours être forcée, en nature ou par équivalent[1589]. C'est pourquoi il est impossible de voir dans la clause pénale une obligation conditionnelle : c'est une évaluation conventionnelle et forfaitaire des dommages-intérêts, au cas d'inexécution des obligations, effectuée lors de la conclusion du contrat, et c'est aussi, a-t-on dit, un moyen de pression exercé sur le débiteur afin qu'il remplisse plus sûrement ses obligations : il y aurait donc un double aspect, d'une part l'idée de réparation, d'autre part, l'idée de contrainte psychologique, le caractère dit comminatoire, d'où le nom de clause pénale[1590]. On s'est beaucoup interrogé sur la nature de cette clause, sans toutefois aboutir à une conclusion définitive[1591].

On observera cependant la différence de formulation entre l'article 1131 C.c.B.C. et l'article 1622 C.c.Q. : selon l'ancienne formulation, la clause pénale est une obligation « par laquelle une personne, pour assurer l'exécution de l'obligation principale, se soumet à une peine en cas d'inexécution », tandis que, selon la nouvelle, c'est la clause « par laquelle les parties évaluent par anticipation les dommages-intérêts en stipulant que le débiteur se soumettra à une peine au cas où il n'exécuterait pas son obligation ». Il nous apparaît assez clairement que le nouveau Code insiste davantage sur l'aspect d'une évaluation par anticipation que sur l'aspect comminatoire, même si le terme « peine » est utilisé. D'ailleurs, l'intitulé précédant l'article 1622 C.c.Q, n'est plus, comme dans le passé, « Des obligations avec clause pénale » mais plutôt « De l'évaluation anticipée », situé dans un sous-paragraphe II, intitulé « De l'évaluation des dommages-intérêts » : la nature réparatrice de

---

[1589] *Cf. supra*, n° 431 et suiv.

[1590] *Cf. Immeubles Christian Bélanger inc.* c. *Association de la Construction du Québec*, [1998] R.J.Q. 395 (C.A.).

[1591] *Cf.* Alain SÉRIAUX, *Droit des obligations*, Paris, P.U.F., 1992, n° 68, p. 255 et 256.

la clause paraît donc dominer même si le montant prévu peut dépasser le préjudice réellement subi[1592].

Ce flottement, dans la détermination de la nature de la clause pénale, n'est pas sans conséquence. On en a un exemple dans un arrêt récent de la Cour d'appel[1593] : à la suite de la vente d'une entreprise, le vendeur contrevient à la clause de non-concurrence qu'il s'était engagé à respecter, aidé en cela, en toute connaissance de cause, par deux tierces personnes qui donc se rendent complices de la violation du contrat par le débiteur. La cour retient la responsabilité contractuelle du vendeur, débiteur de l'obligation de non-concurrence inexécutée, ainsi que la responsabilité extracontractuelle des deux tierces personnes. La difficulté réside dans la détermination du montant dû au créancier bafoué; en effet, la clause de non-concurrence étant assortie d'une clause pénale prévoyant « à titre de dommages-intérêts liquidés une somme 500 $ pour chaque jour d'infraction », il s'agit de savoir si cette clause pénale s'applique au seul vendeur qui y a souscrit ou si elle s'applique également aux tiers complices.

Les juges majoritaires, s'appuyant sur le principe de l'effet relatif des obligations, décident que la clause pénale est inopposable aux tiers complices, que ceux-ci ne peuvent être tenus qu'au niveau des dommages-intérêts compensatoires du préjudice réellement subi par le créancier de l'obligation de non-concurrence, et qu'ils doivent échapper à l'aspect comminatoire de la clause pénale (en l'espèce, en effet, les dommages-intérêts dus en vertu de la clause dépassaient largement le préjudice réellement souffert, sans toutefois que la clause ait été jugée abusive).

[1592] Soulignons que le *Code civil du Bas Canada* semblait distinguer la clause d'évaluation anticipée (art. 1076) de la clause pénale proprement dite (art. 1131 et suiv.), cette dernière comportant l'aspect comminatoire, mais qu'en pratique ces deux dispositions étaient confondues. *Cf.* Chantal PERRAULT, *Les clauses pénales*, Cowansville, Éditions Yvon Blais, 1988, p. 16.

[1593] *Dostie c. Sabourin*, [2000] R.J.Q. 1026 (C.A.).

En revanche, le juge dissident, à l'issue d'une vigoureuse et solide argumentation, décide que la clause pénale produit ses effets à l'égard du débiteur défaillant, mais qu'elle est également opposable aux tiers, « coupables » d'avoir concouru à la violation du contrat. En effet, la clause pénale – que les tiers connaissaient –, fixait « la mesure de (leur) responsabilité advenant qu'il(s) se rend(ent) complice(s) de sa transgression ». Comme l'a soutenu à plusieurs reprises Mme Geneviève Viney, l'« application du principe de la relativité de l'effet obligatoire est contestable lorsqu'elle permet à un tiers qui s'appuie sur le contrat pour fonder la responsabilité du débiteur contractuel de répudier la clause pénale ou qu'elle empêche le créancier d'opposer cette clause au tiers qui s'est rendu complice de la violation du contrat par le débiteur »[1594]. Elle dit, ailleurs, et nous souscrivons à cette opinion : « il serait donc choquant que [le créancier] puisse réclamer davantage au tiers qu'à son propre cocontractant [cas où l'évaluation anticipée serait inférieure au préjudice réel] et on voit mal également qu'il doive se contenter d'une somme inférieure [cas où l'évaluation anticipée est supérieure au préjudice réel] sous prétexte que c'est par le fait d'un tiers qu'il a été privé du bénéfice de l'exécution du contrat »[1595]. On le voit, il n'y a pas lieu de distinguer l'aspect comminatoire de l'aspect compensatoire, la clause pénale ayant prévu par anticipation le montant des dommages-intérêts qui seraient dus au cas de non-respect de l'obligation par le débiteur et, le cas échéant, ses complices[1596].

[1594] Geneviève VINEY, *Les obligations, La responsabilité : effets*, Paris, L.G.D.J., 1988, n° 236, p. 330.

[1595] Geneviève VINEY, *Les obligations, La responsabilité : conditions*, Paris, L.G.D.J., 1982, n° 208, p. 248.

[1596] En l'espèce, le débiteur défaillant et les tiers sont déclarés tenus *in solidum*; cependant, selon les juges majoritaires, les tiers ne sont ainsi tenus avec le débiteur que pour la partie compensatoire des dommages-intérêts, la partie comminatoire étant exclusivement assumée par le débiteur défaillant. Selon le juge dissident, tous devraient être tenus *in solidum* vis-à-vis du créancier, tant pour l'aspect compensatoire que pour l'aspect comminatoire, tandis qu'entre eux, le débiteur défaillant devrait assumer la totalité du fardeau définitif de la dette.

Il est vrai qu'il s'agit là d'une dérogation, parmi d'autres, au principe de la relativité du contrat, mais nous croyons que cette dérogation se justifie, compte tenu du comportement blamâble du tiers complice, *lequel a participé en connaissance de cause à la violation d'un contrat assorti d'une clause pénale.* En revanche, nous semble-t-il, dans l'hypothèse où l'inexécution du contrat résulterait du fait fautif d'un tiers, assimilable pour le cocontractant à un cas de force majeure, le cocontractant serait libéré, mais la responsabilité extracontractuelle du tiers devrait être alors engagée, sans qu'on tienne compte de l'évaluation anticipée du préjudice, puisqu'on ne saurait alors parler de complicité et que la libération du débiteur rend inapplicable la clause pénale.

468. *Clause pénale et intérêts.* En vertu de l'article 1617 C.c.Q., les dommages-intérêts dus au cas de retard dans l'exécution d'une obligation portant sur une somme d'argent consistent, on l'a vu, dans l'intérêt au taux convenu ou, à défaut, au taux fixé par la loi. On pourrait donc convenir d'un prêt portant intérêt à 10% jusqu'à l'échéance, assorti d'une clause qui prévoirait qu'au cas de retard dans le remboursement du prêt (ou des intérêts ou de l'un et de l'autre), l'emprunteur devrait payer des dommages-intérêts conventionnels ou une peine qui serait fixée à 15% par an jusqu'au remboursement final (art. 1622 C.c.Q.). Rien dans le Code civil ne s'oppose à cela.

Dans le droit d'hier, certains se sont demandés[1597] si l'inexécution d'une obligation portant sur une somme d'argent pouvait être aussi sanctionnée par une clause prévoyant l'octroi d'une indemnité supplémentaire, telle que le remboursement des frais encourus pour le recouvrement de la créance (par exemple, les honoraires d'avocat, les frais judiciaires ou extrajudiciaires ou encore 15% sur la somme due); ils ont répondu que ces clauses étaient illégales parce que contraires à l'article 1077 C.c.B.C. qui aurait été d'ordre public, dans la mesure où cette disposition n'aurait autorisé que les dommages-intérêts moratoires prévus à cette disposition. Fort juste-

---

[1597] *Cf.* Yves CARON, « Dommages-intérêts et clauses pénales », (1971-72) 74 *R. du N.* 328. Thomas-Louis BERGERON, « Des ventes dites conditionnelles », (1962) 22 *R. du B.* 150.

ment, la Cour suprême du Canada[1598] a répondu, de façon unanime et catégorique, que l'article 1077 C.c.B.C. n'était aucunement d'ordre public, en ce sens qu'il n'excluait pas la fixation conventionnelle d'une indemnité à verser par le débiteur en défaut de payer une somme d'argent.

Qu'en est-il dans le nouveau Code civil ? L'alinéa troisième de l'article 1617 C.c.Q. tranche la question en permettant au créancier d'obtenir des dommages-intérêts additionnels (c'est-à-dire les dommages-intérêts autres que ceux résultant du seul retard à exécuter l'obligation monétaire) à condition que le contrat contienne une stipulation à cet effet et que le créancier soit en mesure de les justifier. Cela signifie que la clause prévoyant une indemnité pour les honoraires d'avocats, qui seraient encourus au cas d'inexécution par le débiteur, ne sera efficace que dans la seule mesure où le créancier prouvera ce qu'il lui en a véritablement coûté, pourvu que ces coûts soient raisonnables. Il en sera de même de la clause prévoyant une « indemnité de 15% pour frais d'administration » : au cas d'inexécution de la part du débiteur, elle sera efficace, mais dans la seule mesure du préjudice réellement subi par le créancier[1599].

[1598] *Immeubles Fournier Inc.* c. *Construction St-Hilaire Ltée*, [1975] 2 R.C.S. 2.

[1599] *Cf. P.G. Productions inc.* c. *Intégral Vidéos inc.*, [1996] R.J.Q. 675 (C.S.). La *Loi sur l'intérêt* (L.R.C. (1985), c. I-15) interdit de stipuler ou d'exiger sur des arrérages de principal ou d'intérêt garantis par hypothèque sur bien-fonds quelqu'« amende, peine ou taux d'intérêt ayant pour effet d'élever les charges sur ces arrérages au-dessus du taux d'intérêt payable sur le principal non-arriéré » (art. 8(1)). La Cour suprême (*Immeubles Fournier Inc.* c. *Construction St-Hilaire Ltée*, [1975] 2 R.C.S. 2) a eu l'occasion de se pencher sur l'interprétation qui devait être donnée à cette disposition dans une affaire où il s'agissait de savoir si une clause prévoyant une indemnité additionnelle était ou non visée par cette interdiction : cinq juges répondirent affirmativement et quatre négativement. Pour une critique de cette décision, on consultera Bernard GRENIER, « Obligations hypothécaires et dommages-intérêts conventionnels », (1974-75) 77 *R. du N.* 63. On notera que la Cour d'appel s'est notamment appuyée sur l'article 8, tel qu'interprété par l'opinion majoritaire, pour déclarer illégale une clause pénale qui prévoyait que le débiteur devrait rembourser au créancier « tous les frais, honoraires, commissions réclamés par l'avocat, de façon que le créancier reçoive toutes les sommes qui lui sont dues » : *Turcot* c. *Cibula*, [1974] C.A. 452. *Cf.* Bernard GRENIER, « Les précédents valent ce que valent leurs motifs »,

469. *Le danger des clauses pénales.* Il est certain que la clause pénale peut présenter un certain danger, tantôt pour le débiteur qui sera amené à verser un montant d'argent très supérieur au dommage que son inexécution fautive fait subir au créancier (et c'est en cette hypothèse que l'on peut y voir une mesure coercitive), tantôt pour le créancier qui sera amené à recevoir un montant d'argent très inférieur au dommage qu'il a subi (auquel cas la clause pourrait être assimilée à une clause de limitation de responsabilité).

Aussi n'est-il pas surprenant que, dans le droit d'hier, certaines mesures particulières de protection se soient également appliquées aux clauses pénales : c'était le cas, par exemple, des articles 1040a et 1040c C.c.B.C., traitant respectivement des clauses de réméré ou de dation en paiement (qui ne sont que des variantes de clause pénale)[1600] et des clauses qui rendaient le coût d'un prêt excessif et exorbitant. Toutefois, hors des cas expressément prévus par la loi, les tribunaux ne pouvaient intervenir pour modifier la peine (art. 1135, al. 1 C.c.B.C.).

Désormais, la loi prévoit la possibilité pour le tribunal de réduire la clause pénale qui s'avérerait abusive (art. 1623, al. 2 C.c.Q.)[1601]. On doit faire le lien avec l'article 1437 C.c.Q. lequel

---

(1974-75) 77 *R. du N.* 317. On notera aussi que la Cour d'appel dans *Développements Esprit Ltée* c. *Brisson*, [1980] C.A. 295 a jugé que l'article 8 de la *Loi sur l'intérêt*, L.R.C. (1985), c. I-15, ne s'applique que lorsqu'a été stipulé un taux d'intérêt sur le principal non arriéré, de sorte que cet article ne s'applique pas à la pénalité sanctionnant le défaut de payer à l'échéance un prêt consenti sans intérêt sur le principal. *Cf.* sur ce point *164618 Canada inc.* c. *Compagnie Montréal Trust*, [1998] R.J.Q. 2696 (C.A.).

[1600] Désormais, l'article 1801 C.c.Q. interdit la clause de dation en paiement ayant pour objet de garantir l'exécution d'une obligation : *cf. Société d'hypothèques C.I.B.C.* c. *Prévost*, J.E. 96-580 (C.S.); *Petrela Surety Services Inc.* c. *Zammit*, [1996] R.J.Q. 790 (C.S.) et l'article 1756 C.c.Q. réglemente strictement la faculté de rachat ayant pour objet de garantir un prêt.

[1601] Disposition applicable, selon l'article 92 L.A.R.C.C., aux clauses pénales non encore exécutées, même si l'inexécution de l'obligation s'est produite avant l'entrée en vigueur du nouveau Code. *Cf.* cependant *2735-3713 Québec inc.* c. *Lavoie*, J.E. 97-381 (C.S.). Exemples de clauses pénales

sanctionne, on l'a vu, les clauses abusives qui peuvent être contenues dans un contrat d'adhésion ou de consommation, et plus précisément avec la définition qu'en donne ce dernier. Sera donc abusive la clause pénale qui « désavantage [...] d'une manière excessive et déraisonnable, [l'une des parties], allant ainsi à l'encontre de ce qu'exige la bonne foi ». Ce rapproche-

---

jugées abusives : *cf. 151276 Canada inc.* c. *Verville*, [1994] R.J.Q. 2950 (C.S.); *Société générale Beaver inc.* c. *Métaux ouvrés St-Philippe Inc.*, J.E. 94-1295 (C.S., en appel, C.A. Montréal, n° 500-09-001322-940); *Immeubles des Brasseries Molson ltée* c. *Kellandale Investments Inc.*, [1995] R.J.Q. 154 (C.S., règlement hors cour, 1997-07-09, C.A. Montréal, n° 500-09-000054-957); *Piques* c.*Poirier*, J.E. 94-1918 (C.Q.); *Concordia Services sanitaires inc.* c. *Investissements Nakis inc.*, J.E. 96-1473 (C.S.); *Univers gestion multi-voyages inc.* c. *Air Club international inc.*, J.E. 97-772 (C.S.); *Groupe Jean Coutu (P.J.C.) inc.* c. *Tremblay*, J.E. 97-1097 (C.S.); *Simard* c. *Simard*, J.E. 97-1745 (C.S.); *Groupe Cinisco inc.* c. *Groupe Ventco inc.*, J.E. 98-795 (C.S.); *Potvin & Bouchard inc.* c. *3127877 Canada inc.*, J.E. 98-2319 (C.S.); *Charrette* c.*Évaluations J. Lafortune inc.*, J.E. 99-2192 (C.Q.); *Estrie Toyota inc.* c. *Majewski*, J.E. 99-1505 (C.S.); *Iris, le Groupe visuel (1990) inc.* c. *Laliberté, Bessette et Associés*, J.E. 99-1109 (C.S.); *9039-3117 Québec inc.* c.*Domaine de la Détente inc.*, J.E. 99-815 (C.S.); *Surplec* c. *Drouin*, J.E. 00-1518 (C.S.); *Gestions L.L. Grenier inc.* c.*Fillion*, J.E. 00-1481 (C.S.); *Chiasson* c. *Lalonde*, J.E. 00-1911 (C.S.); *Services immobiliers Pierre Leblanc inc.* c. *Bouchard*, J.E. 00-140 (C.Q.). Exemples de clauses pénales n'ayant pas été jugées abusives : *Groupe S.N.C. Lavalin inc.* c. *Lebeuf*, [1995] R.J.Q. 170 (C.S.); *Hibbeln* c. *2817161 Canada inc.*, J.E. 95-1145 (C.S.); *1400924 Canada inc.* c. *World Trade Centre Montreal Development Corp.*, J.E. 95-1532 (C.S.); *Houle* c. *Tremblay*, J.E. 96-490 (C.A.); *D. Paquette et Fils Rembourrage ltée* c. *Jolicoeur*, J.E. 96-694 (C.A.);*Medi-Dent Service* c. *Bercovitch*, J.E. 96-2131 (C.S.); *Serviettes industrielles Normand inc.* c. *Automobiles Rivière-du-Loup inc.*, J.E. 96-1384 (C.Q.); *Slush Puppie Montréal inc.* c.*Salaison de Fleurimont inc.*, J.E. 97-1313 (C.Q.); *Groupe Jean Coutu (PJC) inc.* c. *Café chinois inc.*, J.E. 98-1493 (C.S.); *2622-1374 Québec inc.* c. *Sardo*, J.E. 98-1767 (C.Q.);*2429-8952 Québec inc.* c. *Trois-Rivières (Ville de)*, [1998] R.J.Q. 2442 (C.S., en appel, C.A. Québec, n° 200-09-002237-987); *Société de gestion Place Laurier inc.* c. *Beaulieu*, J.E. 99-1070 (C.S.); *Slush Puppie Canada inc.* c.*Sycan Entreprises Ltée*, J.E. 00-292 (C.Q.); *Centre du camion Gamache inc.* c. *Bolduc*, J.E. 00-241 (C.Q.). À noter qu'en certaines circonstances, l'application d'une clause pénale objectivement raisonnable peut s'avérer excessive : *cf. Dionne et Fils (1988) inc.* c. *Gagnon*, J.E. 00-5 (C.S.).

ment nous paraît préférable à l'attitude qui consisterait à donner au juge un pouvoir souverain d'appréciation, non soumis aux critères de l'article 1437 C.c.Q.[1602]. En outre, il serait étonnant que le juge puisse être ici plus sévère dans son appréciation de l'abus qu'il ne pourrait l'être dans le cadre des contrats d'adhésion ou de consommation, lesquels sont « particulièrement surveillés »[1603].

Cela dit, il importe de souligner, d'une part, qu'il n'est pas nécessaire que la clause pénale abusive se trouve dans un contrat d'adhésion ou de consommation pour que s'applique l'article 1623, al. 2 C.c.Q. et, d'autre part, que cette disposition ne permet pas au juge d'annuler la clause – contrairement à ce qu'autorise l'article 1437 C.c.Q. –, mais simplement de réduire la peine. En conséquence, le tribunal qui procédera à la réduction de la peine doit maintenir celle-ci au-delà du préjudice réel, à défaut de quoi il se trouverait à faire totalement disparaître l'utilité d'une telle clause. Le tribunal doit donc s'astreindre à remplacer la peine abusive par une peine raisonnable, compte tenu de toutes les circonstances[1604]. S'agissant d'une disposition particulière propre à la clause pénale, le pouvoir du juge se limite à la réduction de la clause pénale, lors

---

[1602] On comparera *Immeubles des Brasseries Molson ltée* c. *Kellandale Investments Inc.*, [1995] R.J.Q. 154 (C.S., règlement hors cour, 1997-07-09, C.A. Montréal, n° 500-09-000054-957) et *Gestion Jeroden inc.* c. *Choice Hotels Canada Inc.*, J.E. 00-2175 (C.S.) qui appliquent les critères de l'article 1437 C.c.Q. au cas d'une clause pénale abusive, à *151276 Canada inc.* c. *Verville*, [1994] R.J.Q. 2950 (C.S.), qui refuse de le faire. Voir cependant BAUDOUIN et JOBIN, 5ᵉ éd., n° 107, p. 125 et 126 : ces auteurs prônent le caractère autonome de l'article 1623 C.c.Q.

[1603] Jean PINEAU, « Existence et limites de la discrétion judiciaire dans la formation et l'exécution du contrat », dans Service de la formation permanente, Barreau du Québec, *Développements récents en droit commercial (1996)*, Cowansville, Éditions Yvon Blais, 1996, p. 1, à la page 15; de même, Jean PINEAU, « La discrétion judiciaire a-t-elle fait des ravages en matière contractuelle? », dans Service de la formation permanente, Barreau du Québec, *La réforme du Code civil, cinq ans plus tard*, Cowansville, Éditions Yvon Blais, 1998, p. 141.

[1604] *Cf.* cependant *Pulice* c. *Coretti*, J.E. 00-733 (C.S.).

même que celle-ci se trouverait dans un contrat d'adhésion ou de consommation[1605].

On constate que l'article 1623, al. 2 C.c.Q. ne vise que la clause pénale qui est abusive à l'égard du débiteur, mais ne vise pas le cas de la peine qui serait très inférieure au préjudice subi, désavantageant ainsi le créancier. Même si l'on ne doit pas confondre la clause pénale avec une clause de limitation de responsabilité (leurs objectifs étant totalement différents), il peut arriver qu'une clause dite « pénale » corresponde à une limitation ou même à une véritable exonération de responsabilité, dans la mesure où le montant prévu est insignifiant dans les circonstances; c'est pourquoi les causes susceptibles de rendre nulle une clause élisive ou limitative de responsabilité (par exemple, la faute intentionnelle ou lourde, art. 1474 C.c.Q.) devraient avoir un effet identique sur une clause pénale de ce type[1606] : on ne peut pas permettre qu'une clause « pénale » fournisse au débiteur le moyen de se dégager trop facilement de ses obligations[1607].

Il est une clause fréquemment rencontrée, qu'il est permis de rapprocher de la clause pénale, et qui a fait l'objet de nombreuses discussions et de jugements contradictoires : elle prévoit que, si le créancier est appelé à recourir aux services d'un avocat pour forcer le débiteur à exécuter, ce dernier devra payer « tous les frais, honoraires, commissions réclamés par l'avocat »... On s'est demandé, entre

---

[1605] *Cf.* en ce sens, BAUDOUIN et JOBIN, 5ᵉ éd., n° 109, p. 127; *contra* Jean-Louis BAUDOUIN et Patrice DESLAURIERS, *La responsabilité civile*, 5ᵉ éd., 1998, n° 1260. p. 736 et 737; Nathalie CROTEAU, « Le contrôle des clauses abusives dans les contrats d'adhésion et la notion de bonne foi », (1996) 26 *R.D.U.S.* 401, 419. On ajoutera que l'on retrouve, en matière de clauses pénales, plusieurs mesures favorables au débiteur lorsqu'il est consommateur (*cf.* par exemple, art. 13, 195(b), 203 L.P.C.); *cf.* Gérard DUGRÉ et Stefan MARTIN, « Les contrats nommés », dans Gil RÉMILLARD (dir.), *Le nouveau* Code civil du Québec : *un bilan*, Montréal, Wilson et Lafleur, 1995, p. 53, à la page 67. Voir cependant *Dubreuil* c. *D.K. Automobile inc.*, [1996] R.J.Q. 1144 (C.A.).

[1606] MARTY et RAYNAUD, 2ᵉ éd., t. 1, n° 621 et suiv., p. 776 et suiv.; STARCK, 6ᵉ éd., vol. 2, n° 1799 et suiv., p. 648 et suiv.; *cf. infra*, n° 480.

[1607] STARCK, 6ᵉ éd., vol. 2, nᵒˢ 2033 et 2035, p. 709 et 710 : Alain SÉRIAUX, *Droit des obligations*, Paris, P.U.F., 1992, n° 64, p. 232, à la page 238.

autres choses, si l'objet d'une telle obligation était ou non suffisamment déterminé pour être valide, comme l'exige l'article 1373, al. 2 C.c.Q. : la Cour d'appel a jugé qu'une telle clause était « trop indéterminée et incertaine pour être acceptée »[1608] : il est vrai, certes, que l'objet de l'obligation n'est pas déterminé; toutefois, n'est-il pas déterminable ? Le moins qu'on puisse dire est que la prestation a « pour objet une chose déterminée au moins quant à son espèce » : ce sont des sommes d'argent; quant à la « quotité de la chose », on a pu prétendre qu'elle est déterminable, puisqu'elle équivaut aux sommes d'argent que le créancier impayé devra débourser pour obtenir exécution[1609]; néanmoins on conçoit assez aisément le danger que le débiteur peut courir, dans la mesure où le créancier ne lésinerait pas sur les dépenses en frais judiciaires ou extrajudiciaires, en recourant, par exemple, aux services des trois avocats « les plus chers en ville » (le « dream team »)[1610] !

Il n'est alors guère surprenant que les tribunaux hésitent quant à la validité des clauses de ce type : alors qu'en 1997, suivant en cela sa jurisprudence antérieure, la Cour d'appel jugeait invalide la clause d'un bail prévoyant le remboursement des frais d'avocat, sur la base du caractère indéterminé de l'obligation[1611], en 1998, cette même Cour jugeait qu'une clause similaire contenue dans un acte de prêt hypothécaire était valide, étant suffisamment déterminée ou déterminable[1612]. Il est vrai qu'en cette dernière affaire, la Cour s'est appuyée sur certaines dispositions du Code (notamment l'article 2779 C.c.Q.) permettant au créancier hypothécaire d'être remboursé des « frais engagés », expression qui a été jugée suffisamment large pour inclure les frais extrajudiciaires raisonnables (honoraires d'avocats).

Ces décisions ne sont peut-être pas aussi contradictoires qu'elles paraissent l'être; en effet, dès lors que la loi ou les parties prévoient expressément ou implicitement la possibilité d'un contrôle judiciaire quant au caractère raisonnable des frais encourus, le danger pour le débiteur est neutralisé et rien ne s'oppose à ce que le créancier puisse,

---

[1608] *Turcot* c. *Cibula*, [1974] C.A. 452.

[1609] *Cf.* Bernard GRENIER, « Les précédents valent ce que valent leurs motifs », (1974-75) 77 *R. du N.* 317, 319 et suiv.

[1610] *Cf. supra*, n°s 130 et 468.

[1611] *Cf. Les Finesses de Charlot inc.* c. *Noël*, J.E. 97-58 (C.A.) se fondant sur *Turcot* c. *Cibula*, [1974] C.A. 452.

[1612] *Cf. 164618 Canada inc.* c. *Compagnie Montréal Trust*, [1998] R.J.Q. 2696 (C.A.).

s'il l'a stipulé, recouvrer les *frais raisonnables* qu'il a dû engager pour obtenir satisfaction. Aussi, nous semble-t-il justifié d'admettre la validité d'une telle clause dans le cadre d'une obligation portant sur une somme d'argent (l'article 1617, al. 3 C.c.Q. prévoyant un contrôle judiciaire)[1613], ainsi que dans le cadre de l'exercice des recours hypothécaires, exercice strictement soumis au contrôle des tribunaux. En revanche, la validité d'une telle clause nous paraît douteuse lorsque ni la loi, ni les parties ne laissent aux tribunaux un pouvoir d'appréciation, le débiteur étant alors à la merci du créancier qui choisirait les avocats les « plus chers en ville »...

Certains prétendent qu'une telle clause serait aussi illégale, en vertu de l'article 3, al. 5, de la *Loi sur le recouvrement de certaines créances*[1614], aux termes duquel « une personne ne peut, dans le recouvrement d'une créance [...] recouvrer ou réclamer d'un débiteur une somme d'argent supérieure à celle qui est due ». Si cette disposition rend nulle une telle clause, autant dire que toute clause pénale est désormais nulle, dès lors qu'elle est l'accessoire de l'obligation principale de payer une somme d'argent. Ce n'est certainement pas ce qu'a voulu le législateur : replaçant l'article 3, al. 5, dans son contexte, l'intention de celui-ci n'est-elle pas seulement de prévenir les abus des « percepteurs » qui usent de tous moyens, plus ou moins légitimes, dans le seul but de contraindre le débiteur ? Ne s'agit-il pas aussi d'empêcher le créancier de faire assumer par le débiteur des frais de recouvrement qui n'avaient précisément pas été prévus par les parties dans une clause pénale ? On évite ainsi que le créancier ne se fasse justice à lui-même.

B. La libération du débiteur

470. *Inexécution justifiée.* En vertu de l'article 1693 C.c.Q., lorsque l'obligation devient impossible à exécuter en raison d'une force majeure et avant que le débiteur ne soit en demeure, ce dernier est « libéré » de cette obligation, qui donc est

---

[1613] *Cf. supra*, n° 468.
[1614] L.Q. 1979, c. 70; *cf.* Nicole L'HEUREUX, « Le recouvrement de créances : une nouvelle protection pour le consommateur », (1982) 42 *R. du B.* 111.

éteinte[1615]. Cette disposition signifie que, dans une telle hypothèse, le débiteur ne peut pas être tenu d'exécuter par équivalent et qu'en conséquence il ne peut être condamné à verser des dommages-intérêts : il n'a aucune responsabilité à assumer. À la force majeure, il est permis d'ajouter d'autres causes de libération du débiteur prévues par la loi; enfin les parties contractantes ont pu prévoir, elles-mêmes, certaines clauses emportant libération du débiteur.

a) La libération prévue par la loi

1. *Le cas de force majeure*

Dans le droit d'hier, on en était venu à utiliser indistinctement les expressions « cas fortuit » et « force majeure », même si l'article 17(24) C.c.B.C. cherchait à les distinguer. Le nouveau Code civil s'en tient à l'expression « force majeure ».

471. *Éléments constitutifs.* Le cas de force majeure est un événement qui se caractérise par la présence de deux éléments incontournables, l'irrésistibilité (*vis major*) et l'imprévisibilité (cas fortuit), auquel on ajoute parfois un troisième élément, l'extériorité (cause étrangère), d'appréciation plus difficile.

C'est pourquoi l'article 1470, al. 2 C.c.Q., qui définit la force majeure, ne reprend que les deux premiers éléments, en précisant cependant que la cause étrangère qui est imprévisible et irrésistible constitue un cas de force majeure.

472. *L'irrésistibilité.* L'événement qui rend l'exécution impossible doit être un obstacle tout à fait insurmontable et inévitable; il doit s'agir d'une force à laquelle une personne moyenne, placée dans une semblable situation, n'est pas capable de résister ou de faire front, comme la force des éléments

---

[1615] Il y a, toutefois, des cas de force majeure qui, sans libérer le débiteur, retardent temporairement l'exécution de l'obligation : *cf.* MALAURIE et AYNÈS, t. 6, 10ᵉ éd., n° 835, p. 489.

naturels ou la force de l'autorité publique. C'est, donc, une impossibilité absolue, ce qui écarte une impossibilité seulement relative telle que la simple difficulté d'exécution[1616].

473. *L'imprévisibilité*. Cet obstacle doit, en outre, avoir été imprévisible[1617]; il ne pouvait pas être prévu par le débiteur lors de la conclusion du contrat. S'il avait pu l'être, le débiteur aurait dû prendre les précautions qui s'imposaient alors et, peut-être, aurait-il dû ne pas contracter. Là encore, le tribunal doit se demander si une personne moyenne aurait dû, en semblables circonstances, prévoir l'événement et non point seulement si le débiteur était en mesure de le prévoir[1618].

474. *L'extériorité*. L'extériorité signifie que l'événement irrésistible et imprévisible doit se situer en dehors du domaine d'activités dont le débiteur est normalement responsable. Ainsi, les tribunaux français ont jugé qu'un transporteur ne pouvait se libérer en prouvant simplement que l'accident a été causé par une défaillance mécanique imprévisible et irrésistible; il doit prouver en outre que cette défaillance résulte d'un fait extérieur – la cause étrangère –, qui présente elle-même les caractères de la force majeure[1619]. Cependant, on ne saurait exiger, en toutes circonstances, que l'événement imprévisible et irrésistible se produise en dehors du domaine d'activités dont le débiteur est normalement responsable : par exemple, la grève a souvent été considérée comme un cas de force majeure libérant le débiteur, alors même que cette grève se déroulait dans le cadre de l'entreprise de ce dernier. Le critère d'extériorité, on le voit, n'est pas nécessairement facile à circonscrire, ce qui auto-

---

[1616] *Cf. Rivest* c. *Corporation du village de St-Joseph*, [1932] R.C.S. 1.

[1617] Et non point « imprévu », comme le mentionnait erronément l'article 17(24) C.c.B.C. : il s'agit d'une question de « prévisibilité » et non de « prévision ».

[1618] *Cf. Five Star Jewellery Co.* c. *Horovitz*, [1991] R.J.Q. 993 (C.A.).

[1619] MARTY et RAYNAUD, 2ᵉ éd., t. 1, nᵒ 557, p. 698 et 699. C'est pourquoi celui qui a fait exécuter son obligation contractuelle par un tiers, demeure responsable de l'inexécution fautive, par ce tiers, de l'obligation : c'est ce qu'on appelle la responsabilité contractuelle du fait d'autrui : *cf. supra* nᵒ 444 et *cf.* également POPOVICI, 1995, p. 129 et suiv.

rise les tribunaux à l'exiger ou non au gré des circonstances[1620]. On peut alors comprendre que le législateur ne l'ait pas mentionné expressément en tant que troisième élément constitutif de la force majeure.

Il est clair cependant que le fait extérieur qui présente les caractères d'imprévisibilité et d'irrésistibilité est un cas de force majeure, ce que précise l'article 1470, al. 2 C.c.Q. *in fine*.

475. *Combinaison de ces éléments.* Compte tenu de ces deux... ou trois composantes, l'existence d'un cas de force majeure exclut la possibilité d'une faute de la part du débiteur. Inversement, il est permis de prétendre que l'existence d'une faute de la part du débiteur exclut l'éventualité d'une force majeure : s'il y a faute, la cause du préjudice est imputable au débiteur.

On a pu dire que les principaux cas de force majeure étaient des événements naturels ou encore le fait de l'autorité publique : c'est la tempête, le cyclone, le tremblement de terre; c'est le « fait du prince » tels la réquisition, le blocus ou la prohibition d'exporter, ou bien l'état de guerre ou la grève. Encore faut-il qu'ils soient réellement imprévisibles : dans le cadre d'un transport maritime, il est difficile de prétendre que la tempête est imprévisible[1621] ! Il est aussi difficile de prétendre

---

[1620] *Cf.* Patrice JOURDAIN, « Responsabilité délictuelle et responsabilité contractuelle », *Rev. trim. dr. civ.* 1998.680, 689 : ainsi, la maladie a été considérée comme pouvant constituer un cas de force majeure, bien qu'elle soit une circonstance interne à la personne. En réalité, le critère d'extériorité suppose une analyse objective du risque qui s'est réalisé : s'agit-il d'un risque qui, à la lumière des circonstances doit être assumé par le débiteur (tel que le bris mécanique du véhicule utilisé par un transporteur) ou d'un risque autre dont ne devrait pas avoir à répondre ce débiteur (tel le soudain infarctus du conducteur) ?

[1621] La Cour suprême du Canada a jugé, en matière de transport maritime de marchandises, que la tempête ne pouvait libérer le transporteur que lorsqu'elle revêtait les caractères d'imprévisibilité et d'irrésistibilité : *cf. Falconbridge Nickel Mines Ltd.* c. *Chimo Shipping Ltd.*, [1974] R.C.S. 933; *Charles Goodfellow Lumber Sales Ltd.* c. *Verreault*, [1971] R.C.S. 522; *cf.* Jean PINEAU, *Le contrat de transport terrestre, maritime, aérien*, Montréal, Éditions Thémis, 1986, n° 172, p. 205 et 206.

aujourd'hui qu'une grève est un cas de force majeure : elle est de plus en plus prévisible, sous réserve de la « grève sauvage »[1622] ! Le vol à main armée qui *a priori* paraît être l'illustration du cas de force majeure, n'en est pas nécessairement un, lorsque le débiteur qui avait l'obligation de garder et de livrer la marchandise n'a pas pris les mesures qui s'imposaient pour tenter d'éviter le vol[1623]. Il importe, donc, que l'événement soit vraiment imprévisible, irrésistible, et, en certains cas, extérieur à l'activité du débiteur[1624].

2. Les autres causes de libération

À la force majeure, on ajoute deux autres causes qui sont certaines (le fait du créancier et le fait d'un tiers) et une troisième sur laquelle on s'interroge (l'absence de faute).

476. *Le fait du créancier.* Le créancier ne peut guère se plaindre de ne pas recevoir satisfaction lorsque l'inexécution résulte de son propre fait : le passager d'un train, qui se blesserait « en se penchant par la fenêtre », serait mal venu de reprocher à son débiteur l'inexécution de son obligation de sécurité : cet événement n'est pas véritablement assimilable à la force majeure, puisqu'il n'est pas nécessairement imprévisible (une imprudence est toujours possible) ou irrésistible (on peut toujours bloquer les fenêtres...)[1625].

477. *Le fait d'un tiers.* Le débiteur sera libéré de l'inexécution résultant du fait d'un tiers lorsque ce fait était

---

[1622] *Cf.* J. PINEAU, *id.*, n° 175, p. 207 et 208.

[1623] *Cf. Quinn Freight Lines Ltd.* c. *Guilbault Transport Inc.*, [1987] C.A. 393; commentaires de Jean PINEAU, « Transport terrestre de marchandise : le vol à main armée et la force majeure », (1978) 38 *R. du B.* 813; *cf.* également *American Home, compagnie d'assurances* c. *Inter-Tex Transport inc.* [1994] R.R.A. 21 (C.A.); *Bouchard* c. *Sécurespace inc.*, J.E. 98-2326 (C.Q.).

[1624] *Cf. Ouellette Motor Sales Ltd.* c. *Standard Tobacco Co.*, [1960] B.R. 367; *Terminal Construction Co.* c. *Piscitelli*, [1960] B.R. 593.

[1625] *Cf.*, par exemple, *Salvage Disposal Corp.* c. *Canadian Pacific Railway Co.*, [1975] C.A. 692.

imprévisible et irrésistible : c'était le cas (antérieurement à la *Loi sur l'assurance automobile*) du transporteur par autobus, lorsque le dommage subi par le passager résultait de la faute du conducteur de la voiture antagoniste, faute que le chauffeur de l'autobus ne pouvait ni prévoir ni empêcher[1626].

478. *L'absence de faute.* En démontrant que l'inexécution de l'obligation a été empêchée par la survenance d'un événement extérieur, imprévisible et irrésistible, le débiteur prouve en même temps qu'il n'a pas commis de faute. On s'est cependant demandé s'il pouvait se libérer en prouvant simplement qu'il n'a pas commis de faute. Ce problème ne se pose pas dans l'hypothèse où le débiteur s'est engagé à exécuter une obligation de moyens, puisque – par définition – le créancier doit ici prouver que le dommage est le résultat d'une faute du débiteur; mais il se pose dans l'hypothèse d'une obligation de résultat. Si l'on permet au débiteur d'une obligation de résultat de se libérer en prouvant seulement l'absence de faute de sa part, le créancier de l'obligation inexécutée devra assumer la perte qu'il subit, toutes les fois que la cause de l'inexécution demeure inconnue ou douteuse. Certains auteurs soutiennent cette possibilité[1627], mais ce point de vue nous paraît devoir être contesté[1628].

La différence de situation quant au fardeau de la preuve est particulièrement éloquente dans le cadre du transport aérien international de passagers soumis à la Convention de Varsovie 1929 : s'il suffit au transporteur de prouver que l'accident ne résulte pas de sa faute, il n'aura pas besoin de prouver l'origine de l'accident et pourra être libéré toutes les fois que la « boîte noire » ne dévoilera pas les causes

---

[1626] *Cf. Banque Toronto-Dominion* c. *Consolidated Paper Corp.*, [1962] B.R. 805.

[1627] *Cf.* Daniel JACOBY, *La théorie des risques dans les contrats synallagmatiques parfaits et imparfaits*, Mémoire de D.E.S., Montréal, Faculté des études supérieures, Université de Montréal, 1967, p. 40 et suiv.

[1628] *Cf.* BAUDOUIN, 3ᵉ éd., nᵒ 737, p. 445 et 446. Sur la libération du débiteur, *cf.* MARTY et RAYNAUD, 2ᵉ éd., t. 1, nᵒ 552 et suiv., p. 693 et suiv.; MAZEAUD, 9ᵉ éd., t. 2, vol. 1, nᵒ 575 et suiv., p. 664 et suiv.; Geneviève VINEY, *Traité de droit civil – La responsabilité : conditions*, Paris, L.G.D.J., 1982, nᵒ 383 et suiv., p. 455 et suiv.

de l'accident; au contraire, si l'on exige de lui qu'il prouve la force majeure, il sera responsable dans l'hypothèse où il ne démontrera pas la cause étrangère qui a été à l'origine de cet accident[1629].

En revanche, il est des cas où le débiteur de l'obligation inexécutée ne pourra même pas se libérer en prouvant la force majeure : c'est ce que certains appellent une obligation de garantie (*cf.* art. 1470, al. 1 *in fine* C.c.Q.). Ainsi, en vertu de l'Accord de Montréal 1966, le transporteur aérien international qui y est soumis sera responsable de l'accident, même si celui-ci résulte d'une force majeure[1630].

b) La libération prévue par les parties

Les parties stipulent parfois que le débiteur sera libéré de toute responsabilité au cas d'inexécution de ses obligations, ou dans l'hypothèse où l'inexécution résultera de telle cause déterminée; d'autres fois, il est stipulé que la responsabilité du débiteur ne pourra pas dépasser tel montant. Ce sont les clauses de non-responsabilité et de limitation de responsabilité.

1. *Les clauses de non-responsabilité*

479. *Exclusion de responsabilité.* On sait que le Code civil contient un certain nombre de dispositions relatives aux contrats nommés, qui précisent notamment les obligations que chacune des parties doit remplir. On se rappelle également que, le plus souvent, ces règles sont seulement supplétives et non point impératives. Les contractants peuvent, en conséquence, y déroger. Aussi, n'est-il pas rare de trouver des clauses dites de non-responsabilité, qui ont pour objet de dispenser le débiteur d'assumer telle obligation que la règle générale met normalement à sa charge ou qui ont pour objet de prévoir des cas d'inexécution, dans lesquels la responsabilité du débiteur

---

[1629] *Cf.* Jean PINEAU, *Le contrat de transport terrestre, maritime, aérien*, Montréal, Éditions Thémis, 1986, n° 234, p. 296 et 297.
[1630] *Id.*, n° 257, p. 327-329.

ne sera pas engagée. Par exemple, le vendeur stipule qu'il ne sera pas responsable des vices cachés de la chose vendue; le transporteur maritime stipule qu'il ne sera pas responsable du dommage causé à la marchandise pour la mouillure. Mais il s'agit là de clauses dont le but est de diminuer l'étendue ou le nombre des obligations découlant normalement du contrat. Vivant dans un climat de liberté contractuelle, les parties peuvent valablement stipuler de telles clauses, dans la mesure, toutefois, où elles ne vont pas à l'encontre d'une disposition d'ordre public.

Cependant, ce ne sont pas ces clauses qui nous intéressent réellement. Le problème est de savoir si, dans le cadre d'un contrat, le débiteur peut valablement s'exonérer de responsabilité, dans l'hypothèse où l'inexécution de son obligation résulterait de sa faute.

On prétendait, jadis, que l'existence d'une clause de non-responsabilité n'avait pour effet que de renverser le fardeau de la preuve et d'exiger, ainsi, du créancier qu'il prouve la faute du débiteur. C'était partir du principe erroné qu'un contrat ne pouvait donner naissance qu'à des obligations de résultat et qu'il faisait nécessairement peser sur le débiteur une présomption de responsabilité; c'était oublier qu'un contrat peut aussi créer des obligations de moyens. On s'accorde aujourd'hui pour dire qu'une clause de non-responsabilité a pour effet de libérer le débiteur, même si l'inexécution résulte de sa faute, et de faire ainsi assumer au créancier la perte qui en résulte.

Cependant, dans les contrats relatifs aux biens et aux services, la *Loi sur la protection du consommateur* dispose, de façon impérative, qu'est interdite la stipulation par laquelle un commerçant se dégage des conséquences de son fait personnel ou de celui de son représentant (art. 10 L.P.C.).

480. *Faute intentionnelle (dol) et faute lourde.* Est-ce à dire que, par une telle clause, le débiteur pourra s'exonérer quelle que soit la gravité de sa faute ? Pourra-t-il se libérer ainsi, même si l'inexécution résulte de sa faute intentionnelle (dol) ? Reconnaître un tel droit à un débiteur permettrait à celui-ci d'exécuter ou non à sa guise ses obligations, ce qui ne peut être toléré. La clause de non-responsabilité n'est donc pas valable lorsque l'inexécution résulte d'une faute intentionnelle du débiteur.

Doit-on, alors, appliquer l'adage *culpa lata dolo aequiparatur* et assimiler la faute lourde au dol ? La faute lourde se distingue du dol en ce qu'elle n'est pas intentionnelle; mais elle est une faute particulièrement grossière qui dénote un complet mépris des intérêts d'autrui. Elle est si grave qu'on va l'assimiler au dol, afin d'éviter, comme l'ont écrit MM. Mazeaud, que le méchant ne puisse jouer trop facilement à l'imbécile : « ne pas assimiler la faute lourde au dol serait permettre au débiteur de se dispenser à son gré d'exécuter son obligation, sous le couvert de la clause d'exonération »[1631]. Malgré l'opinion contraire émise, dans un *obiter dictum*, par un juge de la Cour suprême[1632], la Cour d'appel du Québec a clairement, et avec raison, assimilé la faute lourde au dol[1633]. C'est ce que consacre désormais l'article 1474, al. 1 C.c.Q[1634].

Cependant, le nouveau Code insiste sur le droit de la personne à la protection de ses droits fondamentaux, en prohibant toute clause ayant pour objet d'exclure ou de limiter la responsabilité pour le préjudice corporel ou moral (art. 1474, al. 2 C.c.Q.).

Dans le droit d'hier, se posait la question de savoir si était valide la clause d'exonération pour un préjudice causé à la personne, dans le cadre, par exemple, d'un contrat de transport, mais l'existence de lois particulières a fait en sorte que les tribunaux n'ont pas eu à se pro-

---

[1631] MAZEAUD, 9e éd., t. 2, vol. 1, n° 635, p. 765.

[1632] *R. c. Canada Steamship Lines Ltd.*, [1950] R.C.S. 532, 540 (j. Rinfret).

[1633] *Ceres Stevedoring Co. c. Eisen Und Metall A.G.*, [1977] C.A. 56; commentaires de Jean PINEAU, « Transport terrestre de marchandises : le vol à main armée et la force majeure », (1978) 38 *R. du B.* 813. Sur la responsabilité du transporteur aérien international au cas de faute lourde ou inexcusable, *cf.* Jean PINEAU, *Le contrat de transport terrestre, maritime, aérien*, Montréal, Éditions Thémis, 1986, nos 252 et 253, p. 318-323.

[1634] *Cf. Bergeron c. Encanteurs Continental ltée*, J.E. 97-5 (C.Q.).

noncer. Toutefois, même en l'absence de lois particulières[1635], on pouvait soutenir que, la personne humaine étant hors du commerce juridique, c'eût été porter atteinte aux droits fondamentaux de la personne et aller à l'encontre de l'ordre public que de s'exonérer conventionnellement au cas de préjudice causé à la personne.

En résumé, la clause de non-responsabilité n'est valable que pour le préjudice matériel et dans la mesure où l'inexécution de l'obligation ne résulte pas d'une faute intentionnelle ou d'une faute lourde : un débiteur ne peut donc s'exonérer que de sa faute légère, la simple erreur de jugement ou la simple négligence[1636].

La jurisprudence ayant retenu la définition donnée par Pothier de la faute lourde, les tribunaux avaient souvent tendance à hésiter avant de qualifier de « lourde » la faute du débiteur[1637]. On pouvait alors regretter que les juges n'usent pas de leur pouvoir souverain d'appréciation, comme ils auraient pu le faire, nous semble-t-il, pour rendre inapplicable une telle clause, lorsque le comportement fautif était celui d'un professionnel dont on aurait dû exiger plus que d'un simple particulier : il aurait paru légitime de se montrer alors plus sévère dans la qualification de la faute et moins indulgent à l'égard du débiteur fautif. Désormais, la faute lourde étant circonscrite, à l'article 1474 C.c.Q., en fonction de critères plus souples que ceux auxquels faisait référence la définition de Pothier, les tribunaux devraient avoir moins de réticence que dans le passé à qualifier de lourde la faute caractérisée d'un professionnel.

Si le dol et la faute lourde peuvent rendre inefficace une clause d'exonération de responsabilité, il est logique, comme on l'a déjà dit, qu'ils produisent le même effet à l'égard de la clause pénale qui, prévoyant une peine minime, équivaudrait en réalité à une clause d'exonération[1638]. De la même manière,

---

[1635] *Cf.* en matière de responsabilité sportive, Renée JOYAL-POUPART, *La responsabilité civile en matière de sports au Québec et en France*, Montréal, P.U.M., 1975.

[1636] Quant aux clauses de non-responsabilité contenues dans un contrat d'adhésion ou de consommation, *cf. supra* n° 239.1.

[1637] *Cf. Télé-Montage Inc.* c. *Air Canada*, [1981] C.A. 146.

[1638] *Cf. supra*, n° 469.

la faute lourde est assimilée à la faute intentionnelle dans l'hypothèse prévue par l'article 1613 C.c.Q.[1639].

481. *Faute d'un préposé.* On s'est également demandé si un débiteur pouvait stipuler qu'il ne répondrait pas de l'inexécution résultant de la faute de l'un de ses préposés. La Cour suprême du Canada a très tôt reconnu la validité de cette clause[1640]. Il faut cependant admettre que là encore la faute intentionnelle du préposé, qui doit être considérée comme celle de son commettant, rend la clause inefficace. La faute lourde étant assimilée au dol, on doit encore admettre que la faute lourde du préposé engage la responsabilité du commettant, comme s'il l'avait commise lui-même. En outre, une telle clause ne produirait aucun effet, quelle que soit la gravité de la faute du préposé qui serait à l'origine d'un préjudice corporel ou moral (art. 1474, al. 2 C.c.Q.).

482. *Connaissance et acceptation de la clause.* Il est un dernier point à signaler. Une clause de non-responsabilité ne peut être opposée au créancier de l'obligation inexécutée que dans la mesure où ce dernier en a eu connaissance et l'a acceptée. S'agissant d'un contrat, on envisage mal – *a priori* – que le contractant en ait ignoré l'existence lorsque la clause est insérée expressément dans le contrat. Néanmoins, il arrive, parfois, que cette clause ne soit portée à l'attention du créancier qu'après la conclusion du contrat, lorsqu'elle est inscrite à l'endos d'un reçu ou sur une pancarte accrochée à quelque mur : ainsi en est-il de la situation de l'automobiliste vis-à-vis du propriétaire d'un parc de stationnement, ou de la situation de celui qui laisse son manteau et son parapluie au vestiaire de l'établissement fréquenté, etc.

La jurisprudence était, sur ce point, assez confuse, car, selon les circonstances, les juges avaient tendance à se montrer plus ou moins compréhensifs à l'égard de la victime[1641]. Le

---

[1639] *Cf. supra*, n° 465.

[1640] *Cf. Glengoil Steamship Co.* c. *Pilkington*, (1898) 28 R.C.S. 146.

[1641] *Cf.* à titre d'exemples, *Garage Touchette Ltée* c. *Metropole Parking Inc.*, [1963] C.S. 231; *Omer Barré Verdun Ltée* c. *Wawanesa Mutual*

nouveau Code établit désormais le principe selon lequel la partie qui invoque un avis, affiché ou non, stipulant exonération ou limitation de responsabilité doit prouver que l'autre partie en avait véritablement connaissance au moment de la formation du contrat (art. 1475 C.c.Q.), cette preuve pouvant cependant se faire par présomption de faits (par exemple, l'emplacement et les dimensions d'une affiche joueront à cet égard un rôle incontestable).

On rappellera que, selon l'article 1435, al. 1 C.c.Q., la « clause externe à laquelle renvoie le contrat lie les parties ». Cette règle générale n'a cependant pas pour effet de mettre de côté la règle particulière de l'article 1475 C.c.Q.; en conséquence, la clause de non-responsabilité à laquelle renverrait le contrat ne sera opposable au cocontractant que si celui-ci en a eu véritablement connaissance au moment de la formation du contrat. On aboutit ainsi, en ce cas particulier, à une situation analogue à celle que l'on a déjà rencontrée dans le cadre du contrat d'adhésion ou de consommation (art. 1435, al. 2 C.c.Q.).

2. Les clauses de limitation de responsabilité

483. *Plafond de responsabilité.* Il s'agit de la clause selon laquelle le débiteur fixe, au cas où sa responsabilité serait engagée, un montant au-delà duquel il ne sera pas tenu. Il importe de ne pas confondre cette clause avec la clause pénale qui est une évaluation conventionnelle et forfaitaire de l'indemnité qui compensera une inexécution fautive, même si parfois, comme on l'a vu, ces deux clauses peuvent être rapprochées.

La clause de limitation permettra au débiteur de ne pas dépasser un plafond de responsabilité. Si le préjudice subi par le créancier n'atteint pas ce plafond, la réparation sera intégrale; si, au contraire, le préjudice est supérieur au plafond prévu, le créancier sera indemnisé jusqu'à concurrence du montant fixé limitativement, mais devra assumer la perte pour le surplus. C'est ainsi que le transporteur ferroviaire, par exem-

---

Insurance Co., [1968] B.R. 726; *Girard c. National Parking Ltd.*, [1971] C.A. 328; *Safeway Parking Ltd. c. Marsan*, [1976] C.A. 97.

ple, limite sa responsabilité à tant de dollars par livre pour la marchandise transportée.

Une telle clause peut être fort utile pour le débiteur comme pour le créancier : le débiteur sait à quoi il s'expose et peut s'assurer en conséquence; le créancier sait, lui aussi, ce qui l'attend et peut s'organiser en fonction du risque couru. Toutefois, un tel plafond ne peut avoir aucun effet à l'égard d'un préjudice corporel ou moral (art. 1474, al. 2 C.c.Q.) et, à l'égard du préjudice matériel, on doit admettre ici, comme dans le cadre d'une clause d'exonération, le principe selon lequel la faute intentionnelle ou la faute lourde du débiteur ou de l'un de ses préposés, fait « sauter » le plafond, rend la clause inefficace et entraîne une réparation intégrale (art. 1474, al. 1 C.c.Q.).

L'intérêt de cette clause limitative a été si bien compris que le législateur en a adopté le principe dans certaines lois particulières, principalement dans le domaine du transport : ce sont des dispositions qu'on connaît depuis longtemps en matière maritime[1642] (la Convention internationale de Bruxelles 1924 sur le transport maritime de marchandises sous connaissement) et en matière aérienne[1643] (Convention internationale de Varsovie 1924, Protocole de La Haye 1955, Accord de Montréal 1966, sur le transport aérien international). On retrouve la même idée dans la *Loi sur l'assurance automobile* qui limite l'indemnisation du dommage causé à la personne à une rente calculée sur la base du revenu, celui-ci ne pouvant dépasser une somme déterminée et révisée chaque année.

[1642] En vertu de la *Loi sur le transport des marchandises par eau*, L.C. 1993, c. 21, la responsabilité du transporteur – lorsqu'elle est engagée – est limitée approximativement à 1 400 $ par colis ou unité. *Cf.* Asma GHANNOUCHI, *La limitation de responsabilité du transporteur dans le cadre du transport maritime sous connaissement*, mémoire de maîtrise, Montréal, Faculté des études supérieures, Université de Montréal, 1998.

[1643] En vertu de la Convention internationale de Varsovie, la responsabilité du transporteur est limitée envers chaque voyageur à la somme approximative de 10 000 $ (125 000 francs-or); cette somme a été portée à 20 000 $ environ par le Protocole de La Haye et à 58 000 $ (frais de justice non compris) par l'Accord de Montréal. *Cf.* Jean PINEAU, *Le contrat de transport terrestre, maritime, aérien*, Montréal, Éditions Thémis, 1986, n° 241 et suiv., p. 304 et suiv.

Section 2. Le contrôle exercé par le créancier

484. *Généralités.* S'il est vrai que les biens du débiteur sont « le gage commun » des créanciers, il est normal qu'un créancier ait la possibilité de surveiller son « gage » (mais on sait que l'idée de gage est inexacte, puisque le créancier n'a aucun droit réel sur un bien particulier appartenant au débiteur, s'il est créancier chirographaire).

Néanmoins, le créancier qui a un droit de contrôle sur le patrimoine de son débiteur ne peut l'empêcher de faire certains changements dans la composition de son patrimoine. C'est pourquoi le législateur a précisé les « mesures de contrôle » susceptibles d'être exercées par le créancier : outre, bien sûr, la possibilité pour le créancier de « prendre toutes les mesures nécessaires ou utiles à la conservation de ses droits » (art. 1626 C.c.Q.)[1644], il lui accorde le droit d'intenter les actions qui appartiennent à son débiteur et dont celui-ci ne tire pas avantage (art. 1627 et suiv. C.c.Q.) et le droit de faire révoquer les actes frauduleux passés par le débiteur (art. 1631 et suiv. C.c.Q.). La première action est appelée « action oblique » et la seconde « action en inopposabilité », aussi connue sous l'appellation « action paulienne ».

Par. 1. *L'action oblique*

485. *But de l'action.* Un débiteur insolvable peut avoir la tentation de ménager ses efforts pour faire reconnaître les droits qui sont les siens, s'il sait que ce sont ses créanciers qui en profiteront et non point lui. Pourquoi poursuivre un débiteur récalcitrant si cette créance doit être immédiatement engloutie par d'autres ?

[1644] Par exemple, le créancier peut faire saisir avant jugement les biens de son débiteur « lorsqu'il est à craindre que sans cette mesure le recouvrement de sa créance ne soit mis en péril » (art. 733 C.p.c.). *Cf.* également TANCELIN, 6ᵉ éd., n° 490 qui prône l'autonomie de la notion de « fraude à la loi ».

Dans une telle situation, le créancier de l'insolvable a avantage à surveiller de près les intérêts de son débiteur et, afin d'empêcher un plus grand dépérissement de son « gage », il a même intérêt à agir, par voie oblique, à la place de son débiteur, en se substituant à lui : il exercera, à la place de son débiteur, l'action contre le débiteur de son débiteur[1645].

486. *Domaine d'application.* Le créancier peut exercer, dit l'article 1627 C.c.Q., « les droits et actions » de son débiteur. Cette terminologie peut prêter à confusion. Ce ne sont pas tant les droits de son débiteur qu'il exerce que les actions dont son débiteur est titulaire et qui sont destinées à faire valoir ses droits : il va pouvoir intenter le recours que son débiteur refuse ou néglige d'exercer; il va pouvoir, à la place de son débiteur, forcer l'exécution de la prestation due à ce dernier. Ce n'est pas à dire qu'il pourra exercer tous les « droits » de son débiteur; il ne pourra, certes, pas gérer le patrimoine de son débiteur, accomplir à sa place des actes d'administration ou de disposition : il ne lui appartient pas de prendre l'initiative d'aliéner un bien de son débiteur ou de modifier la composition du patrimoine de celui-ci. C'est pourquoi il est plus juste de parler de « droits munis d'actions »[1646]. Ainsi, le créancier pourra-t-il faire entrer dans le patrimoine de son débiteur un bien qui devrait s'y trouver; mais il ne pourra pas conclure un contrat à sa place, même si celui-ci pouvait s'avérer avantageux. D'ailleurs, comme on l'a fait remarquer, le fait de contracter constitue l'exercice d'une faculté et non point celui d'un droit. Cependant, il n'est pas toujours aisé de faire la distinction entre une faculté – non sus-

---

[1645] Il importe de distinguer l'action oblique de l'« action directe » qui est celle par laquelle, en certaines hypothèses particulières prévues par la loi, une personne peut agir contre le débiteur de son débiteur, non point au lieu et place de ce dernier (par voie oblique), mais en son nom personnel (par voie directe). À titre d'exemple, en matière d'assurance-responsabilité, le tiers lésé peut faire valoir son droit d'action directement contre l'assureur de la personne responsable (*cf.* art. 2501 C.c.Q.). Sur l'action directe, *cf.* MARTY et RAYNAUD, 2ᵉ éd. t. 2, n° 156 et suiv., p. 140 et suiv. *Cf.* également : *Allstate, compagnie d'assurances* c. *Général Accident*, J.E. 01-4 (C.A.).

[1646] MAZEAUD, 9ᵉ éd., t. 2, vol. 1, n° 961, p. 1041.

ceptible d'être exercée par voie oblique – et une option qui serait un droit déjà né, qu'on aurait la possibilité de consolider ou, au contraire, de refuser, et qui, dès lors, pourrait être l'objet d'une action oblique. Par exemple, on pourrait être porté à croire que l'acceptation d'une succession est une faculté qui ne pourrait être exercée par voie oblique et pourtant on admet que les créanciers du successible peuvent accepter la succession à sa place, lorsqu'à leur préjudice le successible néglige de le faire[1647]; en effet, il faut comprendre que le droit à la succession est né dès le décès du *de cujus* : le créancier ne ferait alors que consolider le droit de son débiteur, en acceptant, à sa place, la succession que ce débiteur aurait refusée.

487. *Droits attachés à la personne.* En outre, parmi les « droits et actions » du débiteur, il en est que le créancier ne peut pas exercer : « ceux qui sont exclusivement attachés à la personne du débiteur » (art. 1627, al. 2 C.c.Q.). Ce sont les droits qui ont un caractère si personnel que des considérations d'ordre moral interviennent et en interdisent l'appréciation par quelqu'un d'autre que le débiteur lui-même : seul ce dernier doit décider de l'opportunité de les faire valoir ou non. Il en est ainsi des actions extrapatrimoniales, notamment les actions d'état (recherche de paternité, divorce, séparation de corps), même si des effets pécuniaires importants peuvent en résulter[1648]. On refuse également aux créanciers du débiteur d'exercer à sa place une faculté de rachat d'une police d'assurance[1649].

L'action oblique n'est pas non plus admise lorsqu'elle vise des droits insaisissables, tels les aliments, de même que les actions tendant à la réparation d'un préjudice. Dans le cas des aliments, il ne servirait à rien, en effet, de les faire rentrer dans le patrimoine du débiteur puisqu'ils ne pourraient pas

---

1647 Albert MAYRAND, *Les successions* ab intestat, Montréal, P.U.M., 1971, n° 252, p. 223 et 224; *cf.* également Germain BRIÈRE, *Les successions*, Montréal/Cowansville, C.R.D.P.C.Q./Éditions Yvon Blais, 1994, n° 215 et suiv., p. 266 et suiv.

1648 En matière de séparation judiciaire de biens, *cf.* art. 490 C.c.Q.

1649 *Lauwers* c. *Tardiff*, [1966] C.S. 79.

être saisis. Dans le cas de l'indemnisation d'un préjudice, il serait logique de distinguer entre le dommage corporel ou moral et le dommage matériel, seul le second devant pouvoir faire l'objet d'une action oblique[1650]; on peut, cependant, comprendre ce refus, lorsque le montant des dommages-intérêts, bien que compensant un préjudice matériel, revêt un caractère alimentaire[1651].

Ces quelques explications étant données, il faut énoncer les conditions d'exercice de l'action oblique et les effets qu'elle produit.

A. Les conditions d'exercice de l'action oblique

Elles sont relatives au débiteur, au créancier et à la créance elle-même.

488. *Les conditions relatives au débiteur.* Le créancier n'a le droit d'agir par la voie oblique que dans la mesure où le débiteur demeure inactif et n'intente pas le recours auquel il a droit; la simple lenteur ou la mollesse du débiteur ne suffiraient donc pas à justifier une initiative trop zélée du créancier : on ne doit pas permettre à ce dernier de s'immiscer de façon intempestive dans les affaires d'autrui. Au contraire, le refus ou la passivité du débiteur autorisera son créancier à agir à sa place.

D'un point de vue pratique, le créancier qui exercera l'action oblique, prendra la précaution de mettre en cause son débiteur afin que ce dernier ne puisse lui reprocher ultérieu-

---

[1650] Certains considèrent cependant que l'action tendant à obtenir réparation d'un préjudice corporel revêt un caractère pécuniaire qu'ils font prévaloir sur son aspect « personnel »; aussi auraient-ils tendance à admettre alors l'action oblique (*cf.* MARTY et RAYNAUD, 2ᵉ éd., t. 2, nᵒ 151, p. 133 et suiv.; BAUDOUIN ET JOBIN, 5ᵉ éd., nᵒ 694, p. 536).

[1651] *Cf. Fortier* c. *Miller*, [1943] R.C.S. 470 : il a été jugé qu'une indemnité pour frais hospitaliers et perte de revenus avait un aspect alimentaire. *Cf.* BAUDOUIN et JOBIN, 5ᵉ éd., nᵒ 694, p. 536.

rement de l'avoir privé de ses moyens de défense et afin que le jugement puisse lui être opposé.

489. *Les conditions relatives au créancier.* Pas d'intérêt, pas d'action ! Cette règle de procédure (art. 55 C.p.c.) est tout aussi valable pour le créancier qui voudrait agir par voie oblique. Il est nécessaire que le retour du bien ou de la valeur dans le patrimoine du débiteur présente un intérêt pour le créancier; c'est pourquoi il ne lui est pas permis d'attaquer des biens insaisissables. C'est aussi pour cette raison que l'action lui sera en principe refusée lorsque son débiteur est solvable : à quoi lui servirait-il d'agir en justice contre le débiteur de son débiteur, alors qu'il y a tout lieu de croire qu'il sera payé ?

C'est dire que le créancier ne pourra s'immiscer sans raison dans la gestion du patrimoine de son débiteur.

490. *Les conditions relatives à la créance.* S'agissant d'une mesure conservatoire, on pourrait croire *a priori* que le créancier pourrait agir alors même que sa créance ne serait pas certaine[1652]. Cependant, il serait anormal en un tel cas de laisser une personne s'immiscer dans les affaires du débiteur. Aussi, la loi exige-t-elle que la créance du demandeur soit certaine au moment où il intente l'action oblique (art. 1627, al. 1 et 1628 C.c.Q.), ce qui exclut le créancier conditionnel ou éventuel (tel celui dont la créance fait l'objet d'une contestation non frivole). Par ailleurs, puisque l'action oblique prépare à la saisie, il est logique que l'on exige du créancier que sa propre créance soit liquide et exigible au moment du jugement sur l'action (art. 1628 C.c.Q.), à défaut de quoi il ne serait pas en mesure de saisir les biens qu'il cherche à faire entrer dans le patrimoine de son débiteur[1653].

Quant à la créance que le titulaire de l'action oblique veut faire rentrer dans le patrimoine de son débiteur, il est évident

---

1652 En ce sens, TANCELIN, 6ᵉ éd., nᵒˢ 907 et 920, p. 473 et p. 479.
1653 Selon l'article 93 L.A.R.C.C., une action oblique en cours au moment de l'entrée en vigueur du nouveau Code ne peut être rejetée au seul motif que la créance du demandeur n'était pas liquide ou exigible au moment où il a intenté l'action.

qu'elle doit être certaine, liquide et exigible : cette action ne pourrait, donc, pas porter sur une obligation assortie d'un terme[1654] ou d'une condition.

On précisera qu'il importe peu que la créance à recouvrer soit supérieure ou inférieure à celle que le titulaire de l'action possède contre son propre débiteur : si la première est de 100, il est indifférent que la seconde soit de 80 ou de 120.

B. Les effets de l'action oblique

491. *Les effets limités du recours.* Le créancier exerçant l'action de son débiteur et non point la sienne propre, il pourra se voir opposer, par le défendeur à l'action oblique, toutes les exceptions que ce dernier aurait pu faire valoir à l'encontre du débiteur (art. 1629 C.c.Q.). C'est ainsi, notamment, qu'une transaction en cours d'instance entre le défendeur et son créancier sera opposable au titulaire de l'action oblique[1655].

Pour la même raison, l'action oblique ne profitera pas au seul titulaire de l'action; la créance récupérée rentrant dans le patrimoine du débiteur, tous les créanciers de ce dernier pourront en tirer avantage : elle fait, alors, partie du gage commun de tous les créanciers (art. 1630 C.c.Q.). C'est dire le peu d'intérêt que présente l'action oblique : son titulaire se donne beaucoup de mal pour un résultat bien mince, n'ayant aucun droit de préférence sur le bien ou la valeur recouvré. La procédure de saisie-arrêt est beaucoup plus efficace (art. 625 à 640 C.p.c.), si ce n'est que cette dernière ne peut être exercée que dans l'hypothèse où le créance du saisissant est liquide et exigible au moment du jugement autorisant la saisie-arrêt.

[1654] On pourrait prétendre que le créancier a le droit d'agir par voie oblique lorsque la créance de son débiteur est assortie d'un terme et que le défendeur à l'action oblique est insolvable : en ce cas, par application de l'article 1514 C.c.Q., ce défendeur devrait être déchu du terme. Le résultat de l'exercice d'une telle action en de telles circonstances risque cependant d'être décevant...

[1655] Si cette transaction revêt un caractère frauduleux, on aborde, alors, le domaine de l'action paulienne (*cf. infra*, n° 492 et suiv.).

Par. 2. *L'action en inopposabilité (ou action paulienne)*

492. *But du recours.* Il s'agit d'une action qui vient du droit romain, créée croit-on, soit par le jurisconsulte Paul (IIIe siècle), soit par un préteur de la période classique, qui aurait aussi porté ce nom.

Une personne « couverte » de dettes tente d'éviter la perte de certains de ses biens qui lui restent encore, en les mettant à l'abri d'une façon déloyale : elle donne le bien à un proche, le vend à vil prix dans le but de frustrer ses créanciers, ou encore elle favorise frauduleusement l'un de ses créanciers. L'action paulienne est destinée à protéger le créancier de cette personne, lequel verrait son « gage » se rétrécir dangereusement, en lui permettant d'attaquer l'acte accompli « en fraude de ses droits ».

On examinera les conditions d'exercice de cette action, puis ses effets.

A. Les conditions d'exercice de l'action paulienne

493. *Conditions générales.* On retrouve, tout d'abord, les conditions énoncées dans le cadre de l'action oblique.

Les actes que le créancier peut attaquer sont les actes juridiques patrimoniaux, mais non point ceux qui sont exclusivement attachés à la personne du débiteur : un créancier ne peut pas attaquer la reconnaissance, par son débiteur, d'un enfant, ou l'obtention d'un jugement de divorce ou de séparation de corps; au contraire, il peut attaquer une séparation de biens judiciaire prononcée ou exécutée en fraude de ses droits : c'est là un acte à caractère essentiellement patrimonial (art. 490 C.c.Q.)[1656].

[1656] Dans le même esprit, *cf.* art. 470 C.c.Q. dans le cadre de la renonciation au partage d'une société d'acquêts et l'art. 652 C.c.Q. dans le cadre de la renonciation à une succession. La jurisprudence admet que des conclusions de nature paulienne soient prises dans le cadre de procédures diverses : *cf. Prééminence Souscription inc.* c. *Corp. financière Excellence*, J.E. 95-1128 (C.S.).

Il est en principe nécessaire que le débiteur soit insolvable ou que, par l'acte qu'il passe, il se rende ou cherche à se rendre insolvable (art. 1631 C.c.Q.) : en effet, s'il est solvable, l'acte juridique qu'il conclut ne devrait pas nuire au créancier[1657]. On retrouve la règle procédurale : pas d'intérêt, pas d'action. En dehors d'une mise en faillite, l'état d'insolvabilité est un état de fait laissé à l'appréciation du tribunal : le débiteur est insolvable lorsqu'il est clair qu'il n'est plus en mesure de remplir ses obligations[1658]. C'est pourquoi le tribunal pourrait décider que l'insolvabilité actuelle du débiteur ne donnerait pas ouverture à l'action paulienne, dans l'hypothèse où celui-ci aurait démontré ses aptitudes à rétablir des situations financières parfois difficiles[1659].

Il est toutefois nécessaire d'apporter ici quelques précisions, car l'acte posé par le débiteur peut nuire au créancier avant même que son insolvabilité soit réelle. On a pu constater, en effet, notamment dans le cadre d'une séparation de corps ou d'un divorce, que le débiteur alimentaire qui, au départ, n'est pas insolvable, fait tout pour le devenir ou pour faire croire qu'il l'est, afin de se libérer de son obligation alimentaire; aussi tente-t-il de faire sortir de son patrimoine les biens sur lesquels le créancier alimentaire pourrait avoir une sûreté et serait susceptible de se faire payer (*cf.* art. 2730 C.c.Q.). Il y a là un subterfuge qui ne doit pas tromper le tribunal; celui-ci doit assimiler à l'insolvabilité cette diminution du patrimoine du débiteur, qui pourrait être fatale au créancier[1660]. C'est ce que consacre désormais l'article 1631 C.c.Q., selon lequel un acte frauduleux peut être attaqué lors même que le débiteur ne serait pas véritablement insolvable.

[1657] *Cf. Droit de la famille-889*, J.E. 97-498 (C.A.).

[1658] *Cf. In re Normandin : Inns c. Dominion Structural Steel Ltd.*, [1959] B.R. 14, 19.

[1659] *Caisse populaire Ste-Madeleine Sophie c. Paquette*, [1979] C.S. 228.

[1660] *Cf. Duchesne c. Labbé*, [1973] C.A. 1002; *Biron c. Poirier*, [1978] C.S. 231; *Alain c. Rousseau*, [1979] C.S. 871; *Tracy (Ville de) c. Placements Ferco inc.*, J.E. 00-1686 (C.S., en appel, C.A. Montréal, n° 500-09-010014-009).

De la même façon que dans le cadre d'une action oblique, le créancier ne peut exercer l'action paulienne que si sa créance est certaine au moment où l'action est intentée, mais il faudra que cette créance soit liquide et exigible au moment du jugement sur l'action (art. 1634, al. 1 C.c.Q.)[1661]. Le créancier ne pourra donc pas exercer cette action si sa créance est assortie d'une condition (ou fait l'objet d'une contestation non frivole[1662]); au contraire, si elle est assortie d'un terme, il pourra agir et obtenir jugement dans la mesure où, au jour de ce jugement, la dette se trouve échue, notamment en raison de l'insolvabilité du débiteur (art. 1514 C.c.Q.).

Outre ces conditions, il en est qui sont propres à l'exercice de l'action paulienne.

494. *Acte d'appauvrissement postérieur à la naissance de la créance.* Il faut que l'acte attaqué soit un acte d'appauvrissement du débiteur. On dit que l'acte attaqué doit avoir créé ou aggravé l'insolvabilité du débiteur ou autrement avoir mis en péril le recouvrement de la créance. C'est, en effet, dans ces hypothèses que le créancier subit un préjudice[1663].

C'est aussi pour cette raison qu'en principe seuls peuvent exercer l'action paulienne les créanciers dont la créance est antérieure à l'acte attaqué. En effet, un créancier ne peut prétendre avoir subi un préjudice du fait d'un acte juridique qui serait né avant que lui-même ne devienne créancier : lorsqu'il contracte, il est en mesure de connaître la composition

---

[1661] *Cf. Dokht-Sepehri* c. *Reza-Moeini-Ghavghani*, J.E. 96-252 (C.S.). Comme pour l'action oblique, une action en inopposabilité en cours ne peut être rejetée au seul motif que la créance du demandeur n'était pas liquide ou exigible au moment où il a intenté son action (art. 93 L.A.R.C.C.).

[1662] La contestation qui n'est pas sérieuse, dont la sincérité peut être mise en doute, ne rend pas la créance incertaine : *cf. Crealise Packaging Inc.* c. *Guérette*, J.E. 97-1446 (C.S.); *Cochois* c. *Fontaine*, J.E. 97-06 (C.S.).

[1663] *Cf. Toulon Development Corp.* c. *McMahon Essaim inc.*, J.E. 00-1384 (C.A.). De même, lorsque les biens n'ont jamais appartenu au débiteur, mais ont été simplement détenus à titre de consignataire, l'action ne peut réussir : *Martineau, Walker* c. *Manufacturiers de cuir Chez Albert (1990) inc.*, J.E. 96-476 (C.Q.).

du patrimoine de son nouveau débiteur et ne peut être victime d'une « fraude », qui aurait été perpétrée antérieurement (art. 1634, al. 2 C.c.Q.). Ce principe connaît cependant une exception, puisqu'un créancier postérieur peut devenir titulaire de l'action paulienne, en démontrant que l'acte passé antérieurement était destiné à commettre une fraude à son égard[1664], c'est ce qu'énonce l'article 1634, al. 2 C.c.Q. *in fine.*

Cependant, il n'est pas toujours aisé de définir ce qu'il faut entendre par « acte d'appauvrissement ». On dira, tout d'abord, que le refus de s'enrichir ne constitue pas un appauvrissement : un créancier ne peut pas se plaindre du refus par son débiteur d'accepter une donation, le fait de contracter étant une faculté qui est tout à fait personnelle et qui n'appartient pas, on l'a vu, au titulaire de l'action oblique. Au contraire, comme on l'a vu, la renonciation à une succession ou au partage des acquêts est un acte d'appauvrissement susceptible d'être attaqué par action paulienne (art. 652 et 470 C.c.Q.). L'acte d'appauvrissement consiste, donc, en une diminution véritable du patrimoine du débiteur : une donation, une vente à vil prix en sont des exemples. « Qui paie ses dettes s'enrichit », dit-on... Un simple paiement ne peut donc pas être attaqué, à moins, on le verra, que ce paiement ait pour but d'accorder frauduleusement une préférence à un autre créancier (art. 1631 C.c.Q. *in fine*). De la même manière, de nouveaux engagements à titre onéreux ne pourront être attaqués, puisqu'on ne permet pas à un tiers de s'ingérer dans les affaires d'autrui : cependant, la collusion frauduleuse, on le verra, fera tomber ce nouvel engagement.

495. *Acte accompli en fraude des droits du créancier.* Il faut que l'acte attaqué ait été accompli « en fraude » des droits du créancier (art. 1631 C.c.Q.). C'est l'aspect fautif, essentiel à l'action paulienne.

[1664] *Cf. Alain* c. *Rousseau,* [1979] C.S. 871. Il en est de même lorsque l'action paulienne est prise par un syndic; son effet s'étend alors à tous les créanciers de la faillite, y compris ceux dont la créance est postérieure à l'acte attaqué : *In re Gestion Cogemar Ltée,* [1989] R.J.Q. 2266 (C.A.).

On s'est interrogé, en droit français, sur cette notion de fraude (le *consilium fraudis*), qui a été comprise, par les uns, comme étant l'intention de nuire, et, par les autres, comme étant la conscience du dommage que l'acte fait subir au créancier. Le *Code civil du Bas Canada* précisait que, pour pouvoir être attaqué, l'acte devait avoir été fait par le débiteur « avec l'intention de frauder » et qu'il devait avoir pour « effet de nuire au créancier » (art. 1033 C.c.B.C.). On trouvait, dans cette disposition, l'intention malveillante de la part du débiteur et la nécessité d'un préjudice subi par le créancier. Néanmoins, cette « précision » ne nous paraissait pas apporter une solution claire. L'« intention de frauder » peut recouvrir, en effet, la volonté de nuire, mais elle peut consister aussi à vouloir seulement soustraire certains biens à la poursuite des créanciers, en sachant qu'on va leur causer un préjudice; il y a, en ce dernier cas, désir de se protéger par tous les moyens, y compris les moins honnêtes, sans pour autant désir de nuire : quoi qu'il en soit, il y a malhonnêteté, mauvaise foi, dans la mesure où le débiteur qui agit ainsi a conscience du préjudice que cet acte fera subir au créancier[1665]. Le *Code civil du Québec* ne reprend pas l'article 1033 C.c.B.C., se contentant d'exiger que l'acte attaqué ait été conclu « en fraude des droits du créancier », mais les solutions du droit antérieur demeurent; il suffit donc que le débiteur agisse malhonnêtement, avec la conscience d'agir au préjudice des droits de son créancier[1666].

Une telle preuve n'est cependant pas toujours aisée à établir; aussi le législateur a-t-il établi des présomptions de fraude, qui faciliteront la tâche du créancier.

496. *Présomptions de fraude.* Le Code distingue selon que le contrat est à titre gratuit ou à titre onéreux.

[1665] *Cf.* MARTY et RAYNAUD, 2ᵉ éd., t. 2, nº 179, p. 163 et 164; MAZEAUD, 9ᵉ éd., t. 2, vol. 1, nº 993 et suiv., p. 1063 et suiv.; *cf. Duchesne c. Labbé,* [1973] C.A. 1002; *Coupal* c. *Piché,* (1939) 45 R.L.n.s. 453 (C.S.); *Houle* c. *Houle,* (1934) 40 R.J. 308 (C.S.).

[1666] *Bélanger (Syndic de),* [1998] R.D.I. 557 (C.A.); *Peluso* c. *Réalisations Mont-Chatel inc.* [1998] R.J.Q. 2245 (C.A.); *Constructions St-Mathias inc.* c. *Société immobilière Goyer inc.,* J.E. 97-119 (C.S.); *Compagnie Montréal Trust du Canada* c. *Koprivnik,* [1996] R.J.Q. 443 (C.S.); *Tracy (Ville de)* c. *Placements Ferco inc.,* J.E. 00-1686 (C.S., en appel, C.A. Montréal, nº 500-09-010014-009); *Crochetière* c. *Vidanovic,* J.E. 95-1688 (C.S.).

Un contrat à titre gratuit est réputé fait avec l'intention de frauder si, lors de sa conclusion, le débiteur est insolvable ou le devient de par la conclusion même de ce contrat (art. 1633 C.c.Q.). Il suffira au créancier de prouver l'état d'insolvabilité du débiteur[1667]; en règle générale, un insolvable qui fait des libéralités ne les fait pas sans intention malhonnête : aucune autre preuve ne sera nécessaire. On n'a pas même à se préoccuper de la bonne ou de la mauvaise foi du tiers acquéreur. De toute façon, ce tiers acquéreur ne subit aucun préjudice : il perd seulement le bénéfice d'une libéralité.

On observe que l'article 1633 C.c.Q. prévoit également que le paiement fait en exécution d'un tel contrat à titre gratuit est réputé fait avec l'intention de frauder dès lors que le débiteur est insolvable au moment du paiement ou qu'il le devient de par ce paiement. Cette disposition sera utile lorsque le débiteur, bien que solvable au moment de la conclusion du contrat à titre gratuit, s'avère insolvable lors de son exécution. En ce dernier cas, en effet, seul le paiement est susceptible d'être attaqué et non point le contrat en tant que tel : cela signifie que le tiers acquéreur pourra participer à la faillite de son débiteur.

Au contraire, si le débiteur conclut un acte à titre onéreux, il y aura présomption de fraude lorsque le cocontractant connaissait l'insolvabilité du débiteur ou le fait que celui-ci, par cet acte, se rendait ou cherchait à se rendre insolvable (art. 1632 C.c.Q.)[1668]. C'est donc dire que le contrat à titre onéreux

---

[1667] *Alain c. Rousseau*, [1979] C.S. 871; *Alexis Nihon Developments Ltd. c. Oded*, J.E. 96-2273 (C.S.); *Graf c. Gagnon*, J.E. 97-550 (C.Q.); *Centre hospitalier de soins de longue durée trifluvien c. Demontigny*, J.E. 99-225 (C.Q.).

[1668] Le tribunal peut prendre en considération les liens de parenté ou autres qui existent entre les parties au contrat à titre onéreux pour présumer que le tiers a connaissance de l'état financier du débiteur avec qui il contracte. En ce sens, *cf. Banque royale du Canada c. Rousseau*, [1977] C.S. 1090; *Compagnie Montréal Trust du Canada c. Koprivnik*, [1996] R.J.Q. 443 (C.S.); *Tony Renda Construction Ltd. (Syndic de)*, J.E. 95-52 (C.S.); *Gestion Rachdavh inc. (Syndic de)*, J.E. 95-688 (C.S.); *Québec (Sous-ministre du Revenu) c. Deschênes*, [1998] R.D.I. 505 (C.Q.); *Ducros c. Rolland*, [1998] R.D.I. 657 (C.S.); *Dorais (Syndic de)*, J.E. 96-1196

conclu par un débiteur insolvable avec un cocontractant qui ignorait cet état d'insolvabilité ne peut être attaqué, la loi protégeant ici le tiers-acquéreur de bonne foi[1669].

Là encore, cette même présomption s'applique au paiement fait en exécution d'un tel contrat lorsque le créancier connaissait l'insolvabilité du débiteur ou le fait qu'il se rendait ou cherchait à se rendre insolvable par ce paiement (art. 1632 C.c.Q.), ce qui s'avérera utile dans les cas où l'insolvabilité n'existait pas au moment de la conclusion du contrat, mais existait au moment du paiement.

497. *Connaissance de l'insolvabilité et mauvaise foi.* On peut cependant se demander si la connaissance de l'insolvabilité signifie mauvaise foi de façon irréfragable.

Dans le droit d'hier, l'article 1034 C.c.B.C. indiquait que le contrat à titre gratuit était « réputé fait avec l'intention de frauder » dès lors que le débiteur était insolvable, et l'article 1035 C.c.B.C. indiquait que le contrat à titre onéreux était « réputé fait avec l'intention de frauder » lorsqu'il était conclu avec une personne qui connaissait cette insolvabilité. Dans le cas du contrat à titre gratuit, tout le monde s'entendait pour dire que l'insolvabilité du débiteur constituait une présomption irréfragable de fraude[1670]; devait-on donner à l'expression « réputé fait avec l'intention de frauder » le même sens, lorsqu'il s'agissait d'un contrat à titre onéreux ? Il était *a priori* gênant de ne pas donner un sens identique à des mots identiques. Toutefois, si – dans le cadre d'un contrat à titre onéreux – on avait également donné à la présomption un caractère irréfragable, on aurait pu aboutir à une injustice, en privant le tiers du bénéfice de son contrat, alors même qu'il n'était pas de mauvaise foi; en effet, on pouvait concevoir que le

---

(C.S.). La simple complaisance du tiers est parfois suffisante à convaincre le tribunal : *Migner (Succession de)* c. *Lecours*, J.E. 98-577 (C.Q.).

[1669] *N.H.* c. *S.R.*, [2000] R.D.I. 294 (C.S.).
[1670] *Gagliano* c. *Jordanou*, J.E. 01-126 (C.S., en appel, C.A. Montréal, n° 500-09-010477-008).

cocontractant ait eu connaissance de l'insolvabilité, sans pour autant être de mauvaise foi et avoir l'intention de frauder : tel était le cas de celui qui avait contracté dans le cours normal de ses affaires, sans aucunement participer à la fraude, malgré la connaissance qu'il avait de l'insolvabilité. Ainsi, l'article 1035 C.c.B.C. ne faisait que renverser le fardeau de la preuve, le cocontractant devant alors prouver sa bonne foi[1671]. Cette solution nous paraissait confirmée par l'article 1038 C.c.B.C., qui prévoyait le cas où il y aurait eu intention de frauder de la part du débiteur (selon l'article 1035 C.c.B.C.), mais bonne foi de la part du cocontractant : c'était dire que ce dernier pouvait être de bonne foi malgré sa connaissance de l'état d'insolvabilité de son débiteur.

Le nouveau Code civil reprend, dans les articles 1632 et 1633, la terminologie utilisée aux articles 1034 et 1035 C.c.B.C. (contrat « réputé » fait avec l'intention de frauder), mais selon l'article 2847, al. 2 C.c.Q., la présomption légale « qui concerne des faits réputés est absolue » et non susceptible de preuve contraire. Est-ce à dire que le législateur a entendu modifier le droit d'hier quant au caractère de la présomption visant les contrats à titre onéreux ? La question nous paraît discutable. En effet, la connaissance de l'insolvabilité ne signifie pas nécessairement mauvaise foi ou intention de frauder : on peut songer, comme on l'a déjà mentionné, à celui qui consent un prêt, bien que connaissant l'insolvabilité de l'emprunteur, afin de permettre à l'emprunteur de « se rétablir ». Ce n'est pas en tant que tel la connaissance de l'insolvabilité qui est répréhensible, mais bien l'acte malhonnête[1672]. Si la seule connaissance

---

[1671] *In re Gérard Nolin Ltée : Banque canadienne nationale* c. *Bellavance*, [1979] C.A. 168 (cet arrêt cite de nombreuses décisions judiciaires allant dans le même sens). *Cf.* également MARTY et RAYNAUD, 2ᵉ éd., t. 2, n° 181, p. 166 et 167.

[1672] *Cf.* François TÔTH et Nathalie VÉZINA, « La bonne foi des parties au contrat à titre onéreux dans l'action en inopposabilité : réforme ou *statu quo* ? », (1992-93) 23 *R.D.U.S.* 215. On voit ici le danger que représente l'adoption de textes interprétatifs qui présupposent une très grande précision et vigilance de la part du législateur! *Cf.* Alain-François BISSON, « Nouveau Code civil et jalons pour l'interprétation : traditions

de l'insolvabilité établissait de façon irréfragable la fraude, on condamnerait éventuellement, par exemple, toute survie de l'entreprise du contractant insolvable, avec toutes les conséquences qui en découleraient, ce qui n'apparaît pas être la meilleure politique législative ou judiciaire. C'est pourquoi, avec d'autres, nous avons favorisé le maintien de la solution d'hier et c'est en sens que va majoritairement la Cour d'appel, en s'appuyant sur une doctrine quasi-unanime[1673].

Il est vrai, cependant, qu'en faisant de la présomption de l'article 1632 C.c.Q., une présomption simple, susceptible donc de preuve contraire, on doit ignorer l'article 2847, al. 2, C.c.Q. qui a été édicté afin d'éviter hésitations et doutes quant au caractère irréfragable ou non des présomptions : c'est ce que met en lumière le juge dissident de la Cour d'appel[1674], qui redoute qu'une telle attitude « émascule la portée du second alinéa de l'article 2847 C.c.Q. et risque d'entraîner, par ricochet, de l'incertitude dans l'interprétation et l'application des autres articles du Code... où le législateur a choisi les mots « réputés » ou « présumés », sapant ainsi l'effort de clarification entrepris »; il reproche, en conséquence, à la majorité de réécrire l'article 1632 C.c.Q., « cette tâche de réécriture n'[étant] pas celle du juge mais plutôt, s'il l'estime à propos, celle du législateur ».

Certes, cette dissidence ne manque pas de poids : l'article 1632 C.c.Q. utilise effectivement le terme « réputé » et l'article 2847, al. 2, dispose effectivement que « réputé » signifie présomption irréfragable; par conséquent, soutient le juge dissident, le législateur a entendu modifier le droit d'hier, ce que confirmerait, selon lui, les *Commentaires du ministre* sous l'article 1632 C.c.Q. qui se lisent ainsi : « Cet article regroupe, dans une formulation plus simple et plus précise, l'essentiel des dipositions des articles 1035, 1036 et 1038 C.c.B.C. concernant

---

et transitions », (1992) 23 *R.D.U.S.* 1, 18. On comparera avec l'approche prudente adoptée en ce qui a trait aux clauses « nulles », « sans effet » ou « réputées non écrites » de l'article 1438 C.c.Q. *Cf. supra*, n° 205.

[1673] *Banque Nationale du Canada* c. *S.S.*, [2000] R.J.Q. 658 (C.A.).

[1674] *Banque Nationale du Canada* c. *S.S.*, [2000] R.J.Q. 658 (C.A.) (j. Chamberland).

les présomptions de fraude s'attachant aux actes à titre onéreux faits par le débiteur au préjudice des droits de son créancier. Comme dans le passé, il préserve les droits du tiers de bonne foi qui a fourni valeur en contrepartie du contrat ou du paiement. Cependant, les exigences de bonne foi sont resserrées, puisque la connaissance de l'état d'insolvabilité, atteinte ou recherchée, du débiteur constituera désormais un obstacle à la bonne foi. »

En vérité, ces commentaires nous paraissent ambigus, dans la mesure où le second paragraphe nous indique que « les exigences de la bonne foi sont resserrées », alors que le premier paragraphe nous réfère non seulement aux articles 1035 et 1036 C.c.B.C., mais aussi à l'article 1038 du même Code, selon lequel « un contrat à titre onéreux fait avec l'intention de frauder de la part du débiteur mais de bonne foi de la part de la personne avec qui il contracte, ne peut être annulé... »; et c'est précisément cet article 1038 C.c.B.C. qui, dans le droit d'hier, permettait, entre autres arguments, de prétendre que la présomption des articles 1035 et 1036 C.c.B.C. était une présomption simple.

Nous croyons que le législateur (peut-être plus précisément les légistes) – ne voulant rien modifier car la solution était raisonnable – a tout simplement reproduit par inadvertance le terme « réputé », emprunté des articles 1035 et 1036 C.c.B.C. dans l'article 1686 de l'Avant-projet de loi sur les obligations (avant d'avoir étudié les dispositions sur la preuve) puis dans l'article 1630 du Projet de loi 125, devenu l'article 1632 C.c.Q., omettant alors la coordination qu'il y avait lieu de faire avec la disposition portant sur les présomptions. Les *Commentaires du ministre* ayant été rédigés, puis corrigés après coup, il n'est pas surprenant qu'ils puissent être équivoques.

En conclusion, le demandeur à l'action paulienne doit prouver, d'une part, que le contrat à titre onéreux passé par son débiteur a été conclu avec conscience par ce dernier du préjudice qu'il lui faisait subir et, d'autre part, que le tiers contractant avait connaissance de l'insolvabilité de celui avec lequel il traitait : ce tiers pourra cependant démontrer que, malgré cette connaissance, il n'a pas participé à la fraude, étant de bonne foi.

498. *Délai de l'action paulienne.* L'article 1040 C.c.B.C. fixait le délai de prescription de l'action paulienne à un an à compter du jour où le créancier avait eu connaissance du contrat ou du paiement. Il était toutefois permis de penser que le moment où le créancier avait connaissance de l'existence du contrat conclu par le débiteur avec un tiers ne correspondait pas nécessairement au moment où ce même créancier découvrait le caractère frauduleux de l'opération; en ce cas, on devait dire que le délai d'un an commençait à courir à compter du jour où le créancier avait eu connaissance de la fraude : en effet, un tel délai ne pouvait commencer à courir avant même que le créancier ne fût en mesure d'agir et il l'était seulement lorsqu'il avait découvert la fraude. Cette solution est consacrée à l'article 1635 C.c.Q., en vertu duquel l'action doit « être intentée avant l'expiration d'un délai d'un an à compter du jour où le créancier a eu connaissance du préjudice résultant de l'acte attaqué »[1675].

On s'est également demandé quelle était la nature de ce délai : simple délai de prescription ou délai de déchéance, non susceptible d'interruption ou de suspension. L'opinion majoritaire a préféré qualifier un tel délai de « déchéance », compte tenu du caractère particulier de ce recours qui menace la sécurité des transactions[1676], ce qui est confirmé à l'article 1635 C.c.Q.

B. Les effets de l'action paulienne

499. *Inopposabilité de l'acte frauduleux.* Dans le droit antérieur, on s'interrogeait sur la nature juridique de l'action pau-

---

[1675] *Cf. Peluso* c. *Réalisations Mont-Chatel inc.*, [1998] R.J.Q. 2245 (C.A.); *Morin* c. *Fou du Roi inc.*, J.E. 98-1630 (C.S.); *Québec (Sous-ministre du Revenu)* c. *2965-0421 Québec inc.*, J.E. 00-1462 (C.S.).

[1676] *Cf.* BAUDOUIN et JOBIN, 5ᵉ éd., n° 705, p. 542; MARTINEAU, 1977, n° 366, p. 371 et 372.

lienne : s'agissait-il d'une action en nullité, d'une « révocation relative »[1677], ou d'une action en inopposabilité ? Le nouveau Code civil apporte une réponse claire : d'une part, l'action est dite « en inopposabilité », d'autre part, l'article 1631 C.c.Q. indique le droit qu'a le créancier de « faire déclarer inopposable à son égard » l'acte fait en fraude de ses droits[1678].

Ne s'agissant donc pas d'une action en nullité, le bien transmis au tiers acquéreur ne sera pas restitué au débiteur et ne se retrouvera donc pas dans son patrimoine; l'acte sera tout simplement inefficace à l'égard du créancier-demandeur qui pourra ainsi faire saisir le bien entre les mains du tiers comme s'il était demeuré dans le patrimoine de son débiteur[1679]. Ce dernier est ainsi doublement sanctionné puisqu'il n'atteint pas son objectif et perd malgré tout la propriété de sa chose. On voit donc la différence entre cette action paulienne et l'action

---

[1677] MIGNAULT, t. 5, p. 296.

[1678] C'est pourquoi une transaction conclue entre un créancier et son débiteur qui s'avère insolvable ne peut être attaquée par ce créancier au moyen de l'action en inopposabilité : il est difficile de concevoir qu'un contrat auquel une personne est partie puisse lui être inopposable... sans par ailleurs être annulé! Voir cependant *Caisse Populaire Desjardins de Sherbrooke-Est* c. *Connolly*, [1995] R.J.Q. 2235 (C.Q.) : une action en annulation d'une telle transaction, fondée sur l'erreur ou le dol, nous semblerait conceptuellement plus appropriée...

[1679] Si la personne qui a contracté avec le débiteur insolvable a, à son tour, transféré le bien à un sous-acquéreur, l'action en inopposabilité ne réussira que si ce sous-acquéreur a été complice de la fraude, à moins qu'il n'ait acquis à titre gratuit : *Mirza* c. *Qureshi*, J.E. 97-1788 (C.S.). Dans l'hypothèse où le sous-acquéreur aurait un titre opposable au demandeur, celui-ci serait alors indemnisé par le premier acquéreur : *cf. Peluso* c. *Réalisations Mont-Chatel inc.*, [1998] R.J.Q. 2245 (C.A.); *Delaye* c. *Maranda*, J.E. 96-1056 (C.Q.). La situation est semblable dans l'hypothèse où le premier acquéreur a consenti un bail sur l'immeuble acquis : *Caisse populaire Québec-Est* c. *Ouellet*, J.E. 99-836 (C.S.). On observera que l'action en inopposabilité peut faire l'objet d'une préinscription selon les articles 2939 et 2966 C.c.Q., la Cour supérieure ayant considéré que cette action est assimilable à une action en résolution ou résiliation admise à la publicité : *2949-6064 Québec inc.* c. *Commission des droits de la personne et des droits de la jeunesse*, J.E. 97-118 (C.S.).

oblique qui, elle, est une action prise par le créancier au nom du débiteur et qui, en conséquence a un « effet collectif », alors que l'action paulienne, prise par le créancier en son propre nom, a un effet « individuel », l'acte attaqué n'étant inefficace qu'à l'égard du demandeur.

L'article 1636 C.c.Q apporte cependant certaines précisions quant aux effets de l'action paulienne. Lorsque l'acte est déclaré inopposable à l'égard du créancier-demandeur, il l'est aussi à l'égard des autres créanciers qui auraient pu intenter l'action, qui ne l'ont pas fait, mais qui sont intervenus à celle qui a été exercée, afin de protéger leurs droits : « tous peuvent faire saisir et vendre le bien qui en est l'objet et être payés en proportion de leur créance, sous réserve des droits des créanciers prioritaires ou hypothécaires ».

Lorsque l'acte attaqué est un paiement portant sur une somme d'argent, l'inopposabilité devrait se traduire par la possibilité pour le demandeur de saisir entre les mains du défendeur des biens d'une valeur équivalente à ce que ce dernier a reçu du débiteur insolvable, à moins qu'il n'aime mieux désintéresser le créancier. Ce défendeur serait ainsi dans une situation semblable à celle qu'il aurait eu à subir si le débiteur insolvable lui avait cédé un bien autre qu'une somme d'argent[1680].

On constate que l'inopposabilité était, en définitive, la sanction qui s'imposait, celle d'ailleurs qui, antérieurement, était la seule à pouvoir être mise en pratique[1681].

500. *Action paulienne et faillite.* Compte tenu des conditions imposées à l'exercice de cette action et à ses effets, il n'est pas certain qu'un créancier ait avantage à prendre individuellement une telle initiative : il court, notamment, le risque de voir les autres créanciers du débiteur insolvable se ruer au litige et d'en perdre ainsi le bénéfice. En revanche, l'action paulienne apporte un complément

---

[1680] Dans *Biron (Syndic de)*, J.E. 99-479 (C.A.), la Cour a ordonné au défendeur de remettre les sommes au demandeur.

[1681] *Cf.* PINEAU et BURMAN, 2ᵉ éd., n° 398, p. 465.

précieux aux dispositions de la *Loi sur la faillite et l'insolvabilité*, dont le domaine est plus circonscrit[1682].

Lorsque le recours exercé par le syndic, afin d'attaquer un paiement préférentiel ou un acte frauduleux, est fondé sur une disposition de la *Loi sur la faillite et l'insolvabilité* (par exemple, art. 91 et suiv.), l'article 1635 C.c.Q. ne s'applique aucunement : un arrêt de la Cour suprême du Canada[1683] – relativement à l'article 1040 C.c.B.C. correspondant –, a mis un terme à une jurisprudence constante qui préconisait le contraire et a décidé que le délai dans lequel devait s'exercer une telle action était celui du droit commun et non point celui du recours paulien.

Normalement, la faillite du débiteur vient priver chacun de ses créanciers du droit d'exercer l'action paulienne. Néanmoins, dans l'hypothèse où il ne rencontrerait pas les conditions de l'un des recours prévus par la *Loi sur la faillite et l'insolvabilité*[1684], le syndic – en tant que représentant de la collectivité des créanciers – peut exercer cette action, dans le délai d'un an à compter du jour de sa nomination (art. 1635 C.c.Q. *in fine*).

Il se peut, cependant, que l'un des créanciers exerce lui-même l'action paulienne, à défaut par le syndic de le faire : l'article 38(1) L.F.I. le lui permet, s'il obtient du tribunal une ordonnance l'autorisant à intenter ces procédures en son propre nom; en ce cas, il serait vraisemblablement soumis aux conditions d'exercice de l'action paulienne et au délai d'un an à compter du jour où il aurait eu connaissance du préjudice. Si, toutefois, le syndic décidait de procéder

---

[1682] *Cf. In re Gestion Cogemar Ltée*, [1989] R.J.Q. 2266 (C.A.).

[1683] *Gingras c. General Motor Products of Canada*, [1976] 1 R.C.S. 426; *cf.* également *In re Pigeon et Kemp Inc. : Marcoux c. Waxman*, [1975] C.A. 161; *Employer's Liability Assurance Corp. c. Ideal Petroleum (1959) Ltd.*, [1978] 1 R.C.S. 230.

[1684] En vertu de l'article 72(1) L.F.I., les dispositions de la *Loi sur la faillite et l'insolvabilité* n'abrogent ni ne remplacent les règles du droit commun qui ne sont pas incompatibles avec les dispositions de cette loi. *Cf. Robinson c. Countrywide Factors Ltd.*, (1977) 72 D.L.R. (3d) 500 (C.S.C.). *Cf.* également Pierre CARIGNAN, « La compétence législative en matière de faillite et d'insolvabilité », (1979) 57 *R. du B. can.* 47. Il ne semblerait d'ailleurs pas exclu que le syndic puisse également exercer l'action paulienne, même dans l'hypothèse où il disposerait d'un recours prévu par cette loi, mais on peut douter de l'avantage d'une telle action en pareille situation.

à la demande de ce créancier, il agirait alors au profit de la collectivité (art. 38(4) L.F.I.) et serait soumis, outre les conditions d'exercice de l'action, au délai de prescription propre au syndic (art. 1635 C.c.Q. *in fine*)[1685], que le syndic ait eu ou non connaissance tardive de la fraude. Cette solution peut paraître rigoureuse, mais elle se justifie par la fonction même du syndic qui consiste, entre autres choses, à prendre en mains les affaires du failli et à s'enquérir de toutes les opérations effectuées par celui-ci. Il ne faut pas perdre de vue qu'il s'agit là d'un recours exceptionnel qui menace les tiers.

[1685] Sur la possibilité qu'aurait le syndic d'invoquer en certains cas le délai « individuel » plutôt que le délai « collectif », cf. *In re Koko Enterprises Ltd. : Wayman* c. *Banque Toronto-Dominion*, C.S. Montréal, n° 500-11-000568-754, 28 novembre 1978, j. Lévesque, ainsi que le commentaire critique d'Albert BOHÉMIER, « Le recours paulien en matière de faillite, conditions d'exercice et prescription, quoi de neuf ? », (1979) 39 *R. du B.* 655.

TITRE III
LES REMANIEMENTS APPORTÉS
AU LIEN OBLIGATOIRE

Après avoir envisagé l'exécution volontaire puis forcée de l'obligation, il reste à examiner les divers remaniements qui peuvent être apportés au lien obligatoire, lesquels sont destinés à transférer la créance à une tierce personne, à en faciliter l'exécution ou à l'éteindre, en tout ou en partie. On envisagera successivement la cession de créance, la novation, la délégation et la remise de dette.

CHAPITRE I
LA CESSION DE CRÉANCE

501. *Présentation.* La cession de créance figurait dans le *Code civil du Bas Canada* au chapitre de la vente (art. 1570 et suiv., « vente de créances »). Il n'y avait là rien d'inexact, si ce n'est que cela supposait une transmission à titre onéreux, alors que rien n'interdisait un transfert de créance sans que fût envisagée une contrepartie, donc une transmission à titre gratuit. C'est pourquoi il a pu sembler préférable de rattacher la « cession de créance » à la théorie générale des obligations plutôt que de la laisser dans la vente des biens incorporels.

La cession de créance, qui était inconnue du droit romain, a acquis en droit moderne une importance pratique considérable. En effet, le créancier peut, avant l'échéance, avoir besoin de liquidités qu'il pourra obtenir en cédant à titre onéreux ses droits à un tiers. En général, ce tiers ne paie pas la pleine valeur de cette créance, cherchant par cette opération à réaliser un certain profit; le cédant y trouve néanmoins avantage, puisqu'il obtient ainsi avant terme des liquidités et évite les risques de litige ou d'insolvabilité de son débiteur. Ainsi, la cession de créance est-elle imprégnée de l'idée de spéculation, idée qu'on ne retrouve pas, on l'a vu, dans le cadre de la subrogation.

Section 1. Les conditions de la cession de créance[1686]

502. *Conditions de validité de la cession de créance.* La cession de créance est un contrat, à titre onéreux ou à titre gratuit, par lequel un créancier, le cédant, transmet à un tiers, le cessionnaire, tout ou partie d'une créance ou d'un droit d'action qu'il a contre son débiteur, le cédé (art. 1637, al. 1 C.c.Q.). S'appliquent donc à elle, toutes les conditions ordinaires de validité des conventions. Toutefois, ne peuvent faire l'objet d'une cession certaines créances qui sont essentiellement attachées à la personne du créancier (par exemple, une créance alimentaire[1687]) ou certaines autres que désigne la loi (par exemple, le droit à des dommages-intérêts punitifs résultant de la violation d'un droit de la personnalité, art. 1610, al. 2 C.c.Q.).

503. *Conditions d'opposabilité de la cession de créance.* Comme antérieurement, la convention entre le cédant et le cessionnaire se forme dès l'accord de volonté[1688], mais n'est opposable au débiteur et aux tiers que dans la mesure où certaines formalités sont accomplies[1689]. Ces formalités ont été simplifiées par rapport à ce qu'elles étaient antérieurement (art. 1571 C.c.B.C.). Selon l'article 1641, al. 1 C.c.Q., la « cession est opposable au débiteur et aux tiers, dès que le débiteur y a acquiescé ou qu'il a reçu une copie ou un extrait pertinent de l'acte de cession ou, encore, une autre preuve de la cession qui soit opposable au cédant ». Comme le précisent les commentaires du ministre, « une simple mention sur un état de compte, pourvu qu'elle soit claire, une lettre adressée au débiteur cédé en

---

[1686] Sur le plan du droit transitoire, l'article 94 L.A.R.C.C. dispose : « Les cessions de créance sont régies par la loi en vigueur au moment de la cession, mais les conditions d'opposabilité prévues par le nouveau code sont applicables aux cessions antérieures à son entrée en vigueur lorsque les conditions prévues par l'ancien code n'ont pas encore été remplies ».

[1687] *Droit de la famille-2469*, [1996] R.J.Q. 1935 (C.S.).

[1688] *Provi-Grain (1986) inc. (Syndic de)*, [1994] R.J.Q. 1804 (C.A.).

[1689] *Société immobilière Marathon ltée* c. *Legris*, J.E. 96-219 (C.S.); *Boisclair (Syndic de)*, J.E. 99-153 (C.S., en appel, C.A. Montréal, n° 500-09-007376-981).

même temps que la facture [...] pourront désormais constituer autant de moyens de rendre la cession opposable au débiteur cédé et aux tiers »[1690]. Dès lors que le débiteur a reconnu qu'il est au courant de la cession ou qu'il a reçu une preuve de la cession, celle-ci lui est donc opposable, ainsi qu'aux autres tiers qui peuvent avoir un intérêt sur la créance cédée[1691].

Dans certaines hypothèses particulières, le Code apporte des précisions quant à l'opposabilité de la cession.

Tout d'abord, lorsque la cession porte sur une universalité de créances (actuelles ou futures), c'est en principe l'inscription de cette cession au registre des droits personnels et réels mobiliers qui la rend opposable aux débiteurs et aux tiers[1692]. Ce principe n'est cependant valable qu'à l'égard des tiers, puisque la cession d'une universalité de créances n'est opposable aux débiteurs cédés que si ceux-ci ont acquiescé à la cession ou que les autres formalités prévues à l'article 1641 C.c.Q. ont été accomplies à leur égard (art. 1642 C.c.Q.)[1693]. Le législateur a voulu ici éviter, comme c'était le cas dans le droit d'hier, que la cession de créances soit opposable aux débiteurs cédés, alors que leur connaissance de la cession pouvait n'être que supposée, voire fictive.

Ensuite, dans l'hypothèse où le débiteur cédé ne pourrait être trouvé au Québec, la cession est opposable au débiteur et aux tiers, « dès la publication d'un avis de la cession, dans un journal distribué dans la localité de la dernière adresse connue du débiteur ou, s'il ex-

---

[1690] *C.M.J.*, t. I, art. 1641 C.c.Q. Cependant la simple connaissance de la cession est insuffisante : *Banque Nationale du Canada* c. *Tardif*, [1998] R.J.Q. 1268 (C.S.).

[1691] Selon l'article 1644 C.c.Q., le débiteur à qui on rend la cession opposable par la remise d'une preuve de la cession au moment de la signification d'une action exercée contre lui peut désormais payer dans le délai fixé pour la comparution sans encourir de frais judiciaires, à moins qu'il n'ait alors été en demeure d'exécuter l'obligation. Cette règle a pour but de décourager une certaine pratique qui consiste à mettre le débiteur cédé au courant de la cession en même temps qu'on lui signifie l'action; elle codifie le droit antérieur sur le sujet. *C.M.J.*, t. I, art. 1644 C.c.Q.; *cf.* également *Compagnie d'administration Gilles Séguin inc.* c. *2617-0522 Québec inc.*, J.E. 94-264 (C.S.).

[1692] *Cf. Sun Life Trust Co.* c. *Vinet*, J.E. 96-750 (C.Q.).

[1693] *Cf. Melamed* c. *Standard Electric inc.*, J.E. 95-861 (C.S.).

ploite une entreprise, de la localité où elle a son principal établissement » (art. 1641, al. 2 C.c.Q.).

Enfin, la cession n'est opposable à la caution que dans la mesure où les formalités d'opposabilité prévues à l'égard du débiteur cédé ont été accomplies également à l'égard de la caution, mesure nouvelle destinée à protéger les droits de la caution (art. 1645 C.c.Q.).

L'opposabilité de la cession a des effets fort importants pour les parties et les tiers, ce qu'on verra en examinant les effets de la cession de créance.

Section 2. Les effets de la cession de créance

504. *Effet translatif.* La cession transmet au cessionnaire toute la créance, principal et accessoires (art. 1638 C.c.Q.)[1694], ce qui inclut désormais les arrérages d'intérêt accrus avant la cession, l'article 1575 C.c.B.C. n'ayant pas été repris. Cependant, le cessionnaire ne peut obtenir plus que ce à quoi avait droit le cédant[1695], et la cession ne peut porter atteinte aux droits du débiteur, ce qui découle de l'effet translatif de la cession. Le nouveau Code ajoute que la cession ne peut « rendre [l'obligation du débiteur] plus onéreuse » (art. 1637, al. 2 C.c.Q.) : selon les commentaires, on vise ici à éviter que le morcellement d'une créance puisse porter préjudice au débiteur, notamment en augmentant les frais judiciaires au cas de litige, ce qui nécessitera de la part des cessionnaires multiples qu'ils joignent leur recours[1696].

Quant au débiteur cédé, puisque la cession ne peut porter atteinte à ses droits, ni rendre son obligation plus onéreuse, il

---

[1694] Cf. *Cegeco Design et Construction Ltée* c. *137857 Canada Inc.*, [1988] R.J.Q. 332 (C.A.) : une clause compromissoire est jugée comme étant l'accessoire d'une créance. Cf. également : *Enseignes A.L.M. inc.* c. *Deux-Glaces de St-Louis-de-France inc.*, J.E. 95-707 (C.S.); *167363 Canada inc.* c. *W.R. Grace Ltd.*, J.E. 01-2301 (C.A.). La cession d'une créance ne transfère pas nécessairement le recours en responsabilité qui pourrait être intenté par le cédant contre un professionnel : *Mutuelle-vie des fonctionnaires du Québec* c. *Dussault*, J.E. 00-1952 (C.S.).

[1695] *Daignault (Succession de)* c. *Potvin*, J.E. 00-2211 (C.S.).

[1696] *C.M.J.*, t. I, art. 1637 C.c.Q.

peut opposer au cessionnaire tous les moyens qu'il aurait pu faire valoir à l'encontre du cédant (exception d'inexécution, vices cachés, droit de résolution)[1697], notamment tout paiement ou toute cause d'extinction de l'obligation survenue avant que la cession ne lui soit devenue opposable (art. 1643, al. 1 C.c.Q.)[1698]. Ce débiteur peut également opposer au cessionnaire le paiement fait de bonne foi à un créancier apparent, lors même que ce cessionnaire aurait accompli les formalités rendant la cession opposable (art. 1643, al. 2 C.c.Q.)[1699].

505. *Garanties.* Lorsque la cession est à titre onéreux, des dispositions particulières prévoient certaines garanties qui pèsent sur le cédant : on retrouve alors l'aspect « vente » de la cession de créance. Le cédant à titre onéreux garantit, en effet, que cette créance existe et qu'il en est le créancier lors même que la cession aurait été faite sans garantie. Cette garantie n'a cependant pas lieu lorsque le cessionnaire a acquis la créance « à ses risques et périls » ou lorsqu'il a connu, au moment de la

---

[1697] *C.I.B.C. Finance inc.* c. *Usereau*, J.E. 99-1094 (C.Q.).

[1698] *Cf. Seigneur* c. *Immeubles Beneficial ltée*, [1994] R.J.Q. 1535 (C.A.). Quant à l'extinction, par compensation, de la dette cédée, *cf.* art. 1680 C.c.Q.; *cf. supra*, n° 354.

[1699] *Banque Canadienne Impériale de Commerce* c. *Construction G.C.P. inc.*, J.E. 99-32 (C.A.). Lorsque le cédé acquiesce à la cession, il lui sera difficile de prétendre que le cédant est un « créancier apparent » : *cf. Barakett* c. *Trust national*, [1996] R.J.Q. 2036 (C.Q.); *Compagnie de Financement Agricrédit* c. *Corbin*, J.E. 96-1637 (C.Q.). Il est clair que l'alinéa second de l'article 1643 C.c.Q. s'appliquera dans l'hypothèse où le cédant n'était pas apparemment le créancier : soit un débiteur A qui doit à X, mais qui croit de bonne foi devoir à Y, créancier apparent. X cède sa créance à Z qui accomplit les formalités rendant la cession opposable au débiteur A; mais celui-ci n'en tient aucun compte puisqu'il croit devoir à Y et non point à X, et effectue en conséquence son paiement entre les mains de Y. Ce paiement est alors opposable à Z en dépit du fait que ce dernier a accompli les formalités d'opposabilité, puisque, en l'absence même d'une cession, ce paiement fait au créancier apparent aurait été opposable à X en vertu de l'article 1559 C.c.Q. On constate donc que le second alinéa de l'article 1643 C.c.Q. n'est qu'une application, à une situation très particulière impliquant une cession de créance, de la règle énoncée à l'article 1559 C.c.Q. Les Commentaires du ministre réfèrent à cet égard à l'article 1145 C.c.B.C., sans toutefois citer l'article 1559 C.c.Q., au même effet.

cession, le caractère incertain de la créance (art. 1639 C.c.Q.). Si le cédant doit en principe répondre de l'existence de la créance, il n'a pas, en revanche, à répondre de la solvabilité du débiteur-cédé; s'il en répond, par une simple clause de garantie, il ne sera tenu de garantir la solvabilité du cédé qu'au moment de la cession et qu'à concurrence du prix qu'il a reçu (art. 1640 C.c.Q.). Cette garantie, qui peut être étendue à la solvabilité du cédé au moment de l'exécution de l'obligation, devient alors une « garantie de fournir et faire valoir », ce qui la rapproche de la caution.

Dans l'hypothèse particulière d'une cession partielle, le cédant et le cessionnaire sont payés en proportion de leur créance respective (art. 1646, al. 1 C.c.Q.)[1700]; il en est de même des cessionnaires multiples d'une même créance. Cependant, en ce dernier cas, les cessionnaires qui bénéficient d'une garantie de « fournir et faire valoir » sont payés par préférence à tous les autres (incluant le cédant), leur rang respectif étant fonction de la date à laquelle leur cession est devenue opposable au débiteur (art. 1646, al. 2 C.c.Q.).

On soulignera que le nouveau Code contient quelques dispositions particulières à la cession d'une créance constatée dans un titre au porteur (art. 1647 à 1650 C.c.Q.). Une telle créance peut être cédée par la simple tradition, d'un porteur à un autre, du titre qui la constate (art. 1647 C.c.Q.), sans autres formalités d'opposabilité. Le débiteur qui a émis le titre est tenu de payer la créance au porteur qui le lui présente, les moyens de défense qu'il peut invoquer alors pour refuser de payer étant considérablement limités (art. 1648, 1649 et 1650 C.c.Q.).

On mentionnera, en outre, que la « cession de créance en garantie », fréquemment utilisée dans le droit d'hier comme moyen de financement des entreprises (cession des comptes recevables), mais dont la nature et les effets juridiques restaient flous[1701], est désor-

---

[1700] À cet égard, celui qui cède partiellement sa créance est moins favorisé que le subrogeant qui n'a reçu qu'un paiement partiel, lequel, comme on l'a vu, est préféré au subrogé pour ce qui lui reste dû (art. 1658, al. 1 C.c.Q.).

[1701] *Cf. Place Québec Inc.* c. *Desmarais*, [1975] C.A. 910; *cf.* également Louis PAYETTE, « Cession de créances en garantie », (1968) 3 *R.J.T.* 281;

mais remplacée par l'« hypothèque sur des créances », régie par les règles générales applicables aux hypothèques et aux règles particulières prévues aux articles 2710 à 2713 C.c.Q.[1702].

505.1. *Cession de contrat.* On rappellera que la cession de dette n'est pas admise dans notre droit, puisqu'on ne peut se libérer d'une obligation en en confiant l'exécution à un tiers. En outre, la personnalité du débiteur n'est pas indifférente au créancier : celui-ci préfère généralement traiter avec une personne solvable et honnête ! Néanmoins, on peut parvenir à un résultat voisin par la novation par changement de débiteur. La prohibition de la cession de dette a pour conséquence qu'en principe la cession d'un contrat synallagmatique n'est pas possible, sauf évidemment si toutes les parties en cause y consentent ou si la loi l'organise[1703].

Cependant, il paraît possible de se débarrasser de l'analyse classique qui est faite de la cession de contrat, comme étant l'addition d'une cession de créance et d'une cession de dette; ainsi, éviterait-on l'obstacle de l'interdiction de la cession de dette : il suffirait d'admettre que la cession de contrat constitue un transfert (ou une cession) de la « qualité de contractant ». Rien ne s'y oppose, en effet, si les contractants originaires et le tiers contractant nouveau (cessionnaire) sont d'accord : en cette hypothèse, le contractant cédant sort du contrat, transfère les

---

Pierre CIOTOLA, « Les cessions de créance : modalités de réalisation et conflit de collocation », (1983) 17 *R.J.T.* 365.

[1702] *Cf.* Pierre CIOTOLA, *Droit des sûretés*, 3ᵉ éd., Montréal, Éditions Thémis, 1999, par. 3.81 et suiv.

[1703] La cession de contrat est une question fort débattue : Christian LARROUMET, *Les opérations juridiques à trois personnes*, Thèse, Bordeaux, Université de Bordeaux, 1968, p. 159 et suiv.; MARTY et RAYNAUD, 2ᵉ éd., t. 1, nº 348 et suiv., p. 357 et suiv.; TERRÉ, SIMLER et LEQUETTE, 6ᵉ éd., nº 1212 et suiv., p. 972 et suiv.; STARCK, 6ᵉ éd., vol. 3, nº 16, p. 9 et suiv.; Alain SÉRIAUX, *Droit des obligations*, Paris, P.U.F., 1992, nº 176, p. 585 et suiv.; FLOUR, AUBERT et SAVAUX, vol. 1, 9ᵉ éd., nº 449, p. 326 et suiv.; MALAURIE et AYNÈS, t. 6, 10ᵉ éd., nº 780 et suiv., p. 449 et suiv.; Jacques GHESTIN, Christophe JAMIN et Marc BILLIAU, *Traité de droit civil – Les effets du contrat*, 2ᵉ éd., Paris, L.G.D.J., 1994, nº 670 et suiv., p. 732 et suiv.; POPOVICI, 1995, p. 135 et suiv.

droits et obligations qu'il a envers son cocontractant cédé au cessionnaire qui lui est ainsi substitué, et prend ainsi la qualité de contractant[1704]. La cession de contrat produit alors tous ses effets à l'égard du cessionnaire.

La question, toutefois, se pose de savoir ce qu'il en est lorsque le cocontractant originaire, le cédé, ne donne pas son acceptation : ce dernier peut avoir avantage, en effet, à ce que le contrat soit exécuté par le contractant originaire (cédant); il en est clairement ainsi lorsqu'il s'agit d'un contrat *intuitu personae*. Même en l'absence de cet *intuitu personae*, le contractant originaire peut encore avoir intérêt à ce que son cocontractant soit le cédant et non point le cessionnaire. L'accomplissement des formalités prévues par l'article 1641 C.c.Q., relatives à la cession de créances, serait-il alors suffisant à autoriser l'opposabilité de la cession du contrat au cocontractant cédé? Nous ne le croyons pas, car ces formalités ne peuvent avoir pour effet de libérer le contractant cédant à l'égard du contractant cédé : il ne pourrait en être ainsi, que dans l'hypothèse où le cédé accepterait cette libération.

Le législateur québécois est intervenu expressément dans la cession de bail. En vertu de l'article 1870 C.c.Q., le locataire peut céder son bail après avoir avisé le locateur de son intention et avoir obtenu son consentement; toutefois, ce locateur ne peut refuser de consentir à la cession de bail sans un motif sérieux et, s'il refuse d'indiquer ce motif dans les 15 jours de la réception de l'avis, il est réputé avoir consenti (art. 1871 C.c.Q.). Il est aussi clairement édicté que la cession de bail décharge l'ancien locataire de ses obligations, toutefois, si la cession porte sur un bail autre que le bail d'un logement, les parties peuvent convenir autrement (art. 1873 C.c.Q.). Certes, de ces dispositions gouvernant la cession de bail, on ne peut tirer une règle générale; néanmoins, il est permis de constater que, pour libérer le locataire-cédant de ses obligations, le

---

[1704] *Cf. Héli-Forex inc.* c. *Nation cri de Wemindji*, [2000] R.J.Q. 417 (C.A.); *Steamatic Canada inc.* c. *Gestion A.D.C.R. inc.*, J.E. 01-47 (C.S.); *Alsco Uniformland Linen Service Ltd.* c. *Pâtisserie de Gascogne inc.*, J.E. 00-2259 (C.Q.).

consentement du locateur cédé est exigé, tout au moins théoriquement, même si le législateur lui impose... de ne pas refuser sans juste motif. On relève donc l'importance théorique que le législateur accorde au consentement du contractant cédé, ce qui peut être considéré, selon nous, comme un signal à l'adresse de la doctrine et de la jurisprudence.

La Cour d'appel s'est d'ailleurs récemment penchée sur cette question[1705] : elle confirme la nécessité du consentement du contractant cédé pour qu'une cession de contrat puisse se réaliser (ajoutant que ce consentement peut être donné à l'avance dans le contrat originaire, le cédé acceptant alors l'éventuelle cession du contrat[1706]). Toutefois, elle ne donne pas à cette cession de contrat les effets qui devraient normalement résulter d'un « transfert de la qualité de contractant », dans la mesure où, comme certains le préconisent, elle refuse de libérer le contractant originaire, lors même que la cession du contrat a été consentie par tous, *en l'absence d'une intention non équivoque à cet égard* : en dépit de son appellation, la cession de contrat n'aurait donc pas un véritable effet translatif. On aboutit alors, nous semble-t-il, à la négation même de la notion de *cession* de contrat, conformément à la position de certains auteurs pour lesquels une « cession de contrat », même si elle est faite avec l'accord du cédé, ne fait que donner naissance à un nouveau contrat, identique au contrat originaire, mais laissant (sauf intention contraire) subsister ce dernier : on obtient ainsi, ce qui nous paraît être une « délégation (parfaite ou imparfaite) de contrat »...plutôt qu'une véritable « cession de contrat ».

[1705] *N.C. Hutton Ltd.* c. *Canadian Pacific Forest Products Ltd.*, J.E. 00-161 (C.A.).

[1706] Il en est de même dans le cas de substitution autorisée de mandataire : *cf.* POPOVICI, 1995, p. 126 et suiv.

CHAPITRE II
LA NOVATION

506. *Notion.* La novation est une convention qui a pour but d'éteindre une obligation en en créant une nouvelle qui prend la place de celle qui a disparu. L'idée fondamentale à retenir est que la novation se caractérise par l'extinction d'une obligation et la création simultanée d'une autre : cette opération a joué, en droit romain, un rôle considérable, alors qu'elle est aujourd'hui d'une utilité pratique très relative.

Section 1. Les éléments de la novation

Un rapport d'obligation s'éteint et un autre le remplace : le nouveau peut être différent du précédent par son objet ou par sa cause, ou par la personnalité des parties.

507. *La novation par changement d'objet.* Une personne a promis à une autre le versement d'un capital; il est convenu ultérieurement que cette promesse de capital est remplacée par la promesse d'une rente. Un débiteur doit payer 1 000 $ à son créancier; il est, plus tard, convenu que cette obligation portant sur une somme d'argent sera remplacée par l'obligation de livrer un corps certain. Il faut se garder de confondre cette opération avec une dation en paiement. La dation en paiement ne fait qu'éteindre une obligation existante, sans en créer une nouvelle (par exemple, l'obligation de payer 1 000 $ est *exécutée* en remettant au créancier tel bien mobilier : *cf.* art. 1799 et 1800 C.c.Q.); au contraire, il s'agira d'une novation par changement d'objet si l'obligation de payer 1 000 $ est éteinte et remplacée par l'obligation de livrer ultérieurement tel bien mobilier : en ce cas, une obligation nouvelle est créée (art. 1660, al. 1 C.c.Q.)[1707]. Aussi, n'y a-t-il pas novation lorsque le changement porte sur le terme du paiement ou sur les garanties : ce ne sont, là, que de simples modifications à la dette existante, qui n'affectent pas son existence [1708].

508. *La novation par changement de cause.* Un locataire, momentanément en difficulté dans le paiement de ses loyers, convient avec son locateur de verser, dans un an, une somme globale correspondant à tous les arriérés. Il y a novation par changement de cause si la dette qui avait pour cause un contrat de louage est éteinte, pour être remplacée par un nouvelle dette (art. 1660, al. 1 C.c.Q.) qui a pour cause un contrat de prêt[1709] : la solution serait peu avantageuse, en l'espèce, pour le locataire qui n'aurait plus les droits que la loi lui accorde en tant que locataire, puisqu'il perdrait cette qualité pour devenir emprunteur.

509. *La novation par changement de créancier.* Claude, créancier, et Denis, débiteur, conviennent que, désormais, le créancier sera Henri et non plus Claude[1710]. Le rapport d'obligation entre Claude et Denis est éteint pour être remplacé par un rapport d'obligation nouveau entre Henri et Denis (art. 1660, al. 2 C.c.Q.). Cette opération ne présente guère d'intérêt aujourd'hui, puisque la cession de créance permet de réaliser un changement de créancier, ce qui n'était pas possible en droit romain. Toutefois, les deux institutions sont distinctes, puisque

---

[1707] *Cf. Gestimo, société en commandite* c. *Lupien,* J.E. 97-236 (C.A.).

[1708] *Cf.* MARTY et RAYNAUD, 2ᵉ éd., t. 2, n° 415, p. 383; MAZEAUD, 9ᵉ éd., t. 2, vol. 1, n° 892, p. 992, n° 1221, p. 1251 et n° 1223 et suiv., p. 1248 et suiv.; STARCK, 6ᵉ éd., vol. 3, nᵒˢ 534-541, p. 222-226; *cf.* également BAUDOUIN et JOBIN, 5ᵉ éd., n° 937, p. 751 et suiv. Sur la novation par changement d'objet et le paiement par chèque, *cf. In re Chamberland,* [1988] R.J.Q. 1159 (C.A.).

[1709] *Cf. Banque nationale du Canada* c. *Drazin,* J.E. 97-1757 (C.S.) : contrat de crédit-bail remplacé par un contrat de « vente conditionnelle » des équipements faisant l'objet du crédit-bail.

[1710] *Cf. Pépinières Sheridan Ltée* c. *Québec (Ministre des Finances),* J.E. 96-299 (C.S.).

la cession, on l'a vu, n'a pas pour effet d'éteindre le rapport d'obligation entre le cédant et le cédé : aussi, le cessionnaire conserve-t-il les garanties dont la dette est assortie. En outre, le consentement du cédé n'est pas requis, mais certaines formalités doivent être remplies (art. 1641 C.c.Q.). Dans le cadre de la novation, en revanche, le consentement du débiteur est nécessaire, puisqu'il s'agit d'une convention, mais aucune formalité particulière n'est requise.

510. *La novation par changement de débiteur.* Cette novation s'opère « lorsqu'un nouveau débiteur est substitué à l'ancien, lequel est déchargé par le créancier » (art. 1660, al. 1 C.c.Q.). On a deux variétés de novation par changement de débiteur :

1. Claude est créancier de Denis, débiteur. Un tiers, Henri, vient spontanément s'obliger, en tant que nouveau débiteur à la place de Denis; ce dernier est libéré, sans même avoir consenti, puisque la novation par la substitution d'un nouveau débiteur peut s'opérer « sans le consentement de l'ancien débiteur » (art. 1660, al. 1 *in fine* C.c.Q.). Cette solution est conforme à l'idée exprimée dans l'article 1555 C.c.Q., selon lequel un tiers peut payer la dette d'autrui, sans le consentement du débiteur. Cette novation est appelée *expromissio*. Si le consentement du débiteur initial n'est pas nécessaire, celui du créancier, au contraire, l'est absolument.

2. Claude est créancier de Denis, débiteur. Un tiers, Henri, vient s'obliger, en tant que nouveau débiteur, envers Claude, à la demande ou sur l'ordre de Denis, le débiteur ancien. On est en présence d'une « délégation » : le débiteur ancien délègue un débiteur nouveau pour payer à sa place. C'est le cas du débiteur hypothécaire qui délègue à son créancier, l'acheteur de l'immeuble hypothéqué. Dans la mesure où, par ce changement, l'obligation ancienne est éteinte pour être remplacée par une obligation nouvelle, cette délégation qui est dite parfaite vaut novation (art. 1668 C.c.Q. *in fine*; *cf. infra :* la délégation). On constate que la novation par change-

ment de débiteur est un moyen indirect de transmettre une dette[1711].

511. *Aliquid novi.* Dans toutes les hypothèses envisagées (changement d'objet, de cause, de créancier, de débiteur), on a un lien de droit nouveau qui implique l'accomplissement simultané de deux opérations distinctes : d'une part, l'ancien rapport d'obligation est éteint et, d'autre part, un nouveau rapport de droit est créé, différent du premier par l'objet ou par la cause, ou par la personnalité du créancier ou du débiteur (*aliquid novi*).

On observera, tel que mentionné ci-dessus, que, dans le cadre de la novation par changement d'objet, la simple modification des modalités accessoires   de la dette, lesquelles n'affectent pas son individualité propre, ne constitue pas l'*aliquid novi* requis : ainsi, l'ajout d'un terme (ou la prolongation de celui qui était originairement prévu) ou d'une garantie ne saurait, à lui seul, entraîner novation par changement d'objet[1712]. En revanche, faire d'une obligation pure et simple une obligation conditionnelle (ou vice-versa) nous semble être une transformation suffisamment importante pour qu'il y ait novation, si les autres conditions sont réunies.

512. *Animus novandi.* L'accord des parties doit porter précisément sur l'extinction de l'obligation ancienne, sur la création de l'obligation nouvelle et sur le lien de cause à effet entre ces deux opérations. C'est ce qu'on appelle l'*animus novandi* ou l'intention de nover[1713]. Cependant, cette intention ne se présume pas[1714] : elle doit être évidente (art. 1661 C.c.Q.), même si elle n'a pas nécessairement besoin d'être exprimée

---

[1711] *Cf. Monterosso* c. *Andreopoulos*, J.E. 87-960 (C.A.).

[1712] *Cf. Banque Canadienne Impériale de Commerce* c. *Scalia*, J.E. 97-1153 (C.S.) : l'augmentation d'une marge de crédit n'opère pas novation.

[1713] *Cf.* MARTY et RAYNAUD, 2ᵉ éd., t. 2, n° 421, p. 388 et suiv.; TERRÉ, SIMLER et LEQUETTE, 6ᵉ éd., nᵒˢ 133 et suiv., p. 1060 et suiv.; STARCK, 5ᵉ éd., vol. 3, n° 542 et suiv., p. 228 et suiv.

[1714] *Cf. Rémy* c. *Gagnon*, [1971] C.A. 554; *Émond* c. *Banque Toronto-Dominion*, [1978] C.A. 344.

expressément[1715]. La novation consistant, en effet, en une renonciation par le créancier à sa créance ancienne, il ne peut
pas y avoir de présomption à cet égard : le renonciation à un
droit ne se présume pas. Cette intention de nover doit donc être
dépourvue de toute équivoque, même si elle peut être recherchée dans les faits de l'espèce[1716]. Il faut cependant comprendre qu'elle doit être commune et concordante; ainsi, lorsque
l'un des contractants demeure passif à l'égard de l'initiative
d'un changement, prise par l'autre, on doit conclure qu'il n'y a
pas novation, à moins que cette passivité ne soit contrariée par
d'autres éléments qui viendraient conforter l'*animus novandi*
de ce contractant apparemment passif. Si, donc, la preuve de
l'intention n'est pas apportée, il n'y a pas novation[1717], *a fortiori* si la preuve révèle l'absence d'intention de nover[1718]. On
précisera que la simple indication faite par le débiteur d'une
personne qui doit payer à sa place, ou faite par le créancier
d'une personne qui doit recevoir à sa place, n'opère pas novation, pas plus que le transfert d'une dette avec ou sans
l'acceptation du débiteur : en effet, l'un ou l'autre de ces faits
n'établit pas l'intention de nover, comme le précisait l'article
1174 C.c.B.C.

[1715] Cf. *Ville d'Anjou* c. *Châtillon-Anjou Inc.*, [1977] C.A. 175; *Banque de
Montréal* c. *Chaput*, [1979] C.A. 222; *Trust Général du Canada* c. *Immeubles Restau-Bar inc.*, J.E. 94-706 (C.S.); *Beaudette* c. *Caisse Populaire d'East Angus*, J.E. 96-1641 (C.S.). Cf. également Jacques MESTRE,
« Obligations en général », *Rev. trim. dr. civ.* 1998.377.

[1716] Cf. Jacques MESTRE, « Obligations en général », *Rev. trim. dr. civ.*
1996.618.

[1717] Cf. *Lavoie* c. *Schiff*, J.E. 96-1639 (C.A.); *9026-2924 Québec inc.* c. *9015-
3834 Québec inc.*, J.E. 99-2119 (C.S., en appel, C.A. Québec, n° 200-09-
002813-993); *Crown Life Insurance Co.* c. *2329-7294 Québec inc.*, J.E.
99-1949 (C.S.); *2151-9186 Québec inc.* c. *Delwasse*, J.E. 97-1330 (C.S.);
Église de Scientologie c. *Office de la protection du consommateur*, [1997]
R.J.Q. 2233 (C.S., en appel, C.A. Québec, n° 200-10-000332-971).; *Caisse
populaire Ste-Famille de Sherbrooke* c. *Belzile*, J.E. 94-28 (C.S.).

[1718] Cf. *Trust La Laurentienne du Canada inc.* c. *Sheitoyan*, J.E. 99-187
(C.S.).

Section 2. Les effets de la novation

513. *Double effet, extinctif et créateur*. La novation produit, on le devine, un double effet, extinctif et créateur. Elle éteint l'obligation ancienne comme si celle-ci avait été exécutée et elle crée une obligation nouvelle, comme si un nouveau contrat avait été conclu. Toutefois, elle s'effectue en un seul temps, comme s'il y avait un seul événement, la disparition du premier rapport étant la cause de la naissance du second, et cette naissance étant la cause de cette extinction : ce lien entre les deux rapports est fondamental. Aussi, faut-il que le second se soit valablement formé, pour que le premier cesse d'exister.

Néanmoins, il y a une rupture entre ces deux rapports d'obligation. C'est pourquoi la dette ancienne n'est pas transférée avec tous ses caractères et tous ses vices. Ainsi, les hypothèques[1719] qui pouvaient garantir la dette primitive ne sont pas transmises : elles s'éteignent avec elle, à moins qu'il en ait été convenu autrement de façon expresse (art. 1662 C.c.Q.); de même, les codébiteurs solidaires et les cautions sont libérées par la novation qui s'opère entre le créancier et l'un des codébiteurs solidaires ou le débiteur principal (art. 1665, al. 1 C.c.Q.).

Pour la même raison, l'ancien rapport d'obligation étant éteint, les moyens de défense (exception d'inexécution, droit de résolution, etc.), que le débiteur aurait pu opposer à son créancier, ne peuvent être invoqués à l'égard de la créance nouvelle. Mais encore faut-il, pour qu'il y ait novation, que l'obligation ancienne n'ait pas été frappée de nullité[1720]. Si elle était nulle de nullité absolue, on ne peut guère parler de substitution d'un rapport de droit, puisque la nullité absolue peut être invoquée d'office par le tribunal et ne peut être confirmée : admettre la

---

[1719] Les articles 1176 et 1177 C.c.B.C. visaient non seulement les hypothèques, mais aussi les privilèges. Les articles 1662 et 1663 C.c.Q. ne visent que les hypothèques, à l'exclusion des priorités : cette modificiation est due au fait que dans le nouveau droit des sûretés, les priorités ne revêtent pas le caractère d'une sûreté réelle assortie d'un droit de suite (*cf.* art. 2650 et 2660 C.c.Q.).

[1720] *Cf.* Jacques MESTRE, « Obligations en général », *Rev. trim. dr. civ.* 1996.619.

novation d'une telle obligation équivaudrait à en admettre la confirmation. Si elle était nulle de nullité relative, il y aurait néanmoins novation dans la mesure où l'on pourrait prétendre qu'il y a eu confirmation de l'obligation annulable par la novation, ce qui suppose la connaissance du vice au moment de l'opération. Toutefois, dans l'hypothèse où la confirmation de l'obligation annulable n'est pas prouvée, il ne peut y avoir novation de l'obligation annulable. On doit en conclure qu'en principe la novation implique la validité de l'obligation ancienne, de la même façon, d'ailleurs, que la validité de l'obligation nouvelle : la nullité de cette dernière empêcherait l'extinction de l'obligation primitive[1721].

514. *Réserve des hypothèques.* On a dit que les hypothèques liées à l'obligation primitive disparaissaient avec l'extinction de celle-ci, à moins que les parties aient expressément convenu de les réserver (art. 1662 C.c.Q.). Lorsque la novation s'opère par la substitution d'un nouveau débiteur, deux situations peuvent se présenter (art. 1663, al. 2 C.c.Q.) :

- l'ancien débiteur conserve le bien grevé de l'hypothèque : avec son accord, le créancier peut réserver l'hypothèque sur ce bien (ce n'est ici que l'application du principe énoncé à l'article 1662 C.c.Q.); cependant, les parties ne peuvent s'entendre pour « transférer » cette hypothèque sur un des biens du nouveau débiteur puisque cela pourrait avoir pour effet de porter préjudice aux créanciers antérieurs de ce nouveau débiteur (art. 1663, al. 2, 1re proposition C.c.Q.)[1722];

- le bien grevé de l'hypothèque est transmis de l'ancien débiteur au nouveau débiteur : en ce cas, le créancier pourra, avec l'accord de ce nouveau débiteur, réserver son hypothèque sur

---

[1721] Sur les conséquences de l'annulation de l'obligation nouvelle au cas de dol ou de violence de la part du créancier : *cf.* notes de Civ. 6 sept. 1995, J.C.P.1997.II.22854, note Jacob et Cass. Com. 14 mai 1996, J.C.P. 1997.II.22895, note Jacob.

[1722] On notera que selon l'article 1664 C.c.Q., « [l]orsque la novation s'opère entre le créancier et l'un des débiteurs solidaires, les hypothèques liées à l'ancienne créance ne peuvent être réservées que sur les biens du codébiteur qui contracte la nouvelle dette » : c'est dire que le créancier ne peut réserver son hypothèque que s'il opère novation avec le codébiteur solidaire qui est propriétaire du bien hypothéqué.

ce bien (art. 1663, al. 2 *in fine* C.c.Q.), car une telle « réserve d'hypothèque » ne peut avoir, en ce cas, pour effet de nuire aux créanciers antérieurs du nouveau débiteur.

C'est cette seconde situation qui se rencontrera le plus fréquemment. Ainsi, lorsqu'un débiteur hypothécaire vend son immeuble hypothéqué et que l'acquéreur dudit immeuble accepte d'assumer l'hypothèque, le créancier hypothécaire peut alors libérer le débiteur primitif et réserver son hypothèque sur ce même immeuble, sans avoir à exiger de l'acheteur qu'il lui consente une nouvelle hypothèque sur ce même bien : le créancier hypothécaire a un nouveau débiteur, il y a novation par changement de débiteur, mais maintien de l'hypothèque antérieure[1723].

Sans la règle de l'article 1663, al. 2 *in fine* C.c.Q., que l'on ne trouvait pas dans le *Code civil du Bas Canada*, les créanciers hypothécaires n'auraient aucun intérêt à libérer le débiteur primitif (même s'ils obtenaient une nouvelle hypothèque du nouveau débiteur), puisque toute hypothèque n'est opposable aux tiers qu'à compter de sa publication. Avec cette nouvelle disposition devrait disparaître la réticence qu'avaient hier les créanciers hypothécaires à libérer leur débiteur lors même qu'un tiers, présentant les mêmes garanties de solvabilité, acceptait d'assumer cette dette hypothécaire.

515. *Cautions et codébiteurs solidaires.* Lorsque l'obligation primitive est assortie d'une caution, son extinction par la novation entraîne la libération de cette caution (art. 1665, al. 1 *in fine* C.c.Q.). Le créancier peut cependant exiger que la novation soit conditionnelle à l'accession de la caution à la nouvelle obligation : si, en ce cas, la caution refuse d'accéder au nouveau rapport d'obligation, l'ancienne créance (et donc la caution de celle-ci) subsiste (art. 1665, al. 2 C.c.Q.). Les mêmes principes s'appliquent à la novation qui s'opère entre le créancier et l'un des codébiteurs solidaires, la novation libérant les autres codébiteurs à l'égard du créancier, celui-ci conservant cependant la possibilité de rendre la novation conditionnelle à l'accession des codébiteurs au nouveau rapport de droit (art. 1665 C.c.Q.) [1724].

[1723] Encore faut-il que la libération du débiteur hypothécaire originaire soit claire et non-équivoque, à défaut de quoi, il s'agira d'une délégation imparfaite : *cf. infra*, n° 518.

[1724] L'article 1666 C.c.Q. vise la novation consentie par un créancier solidaire : elle est inopposable aux cocréanciers, si ce n'est pour la part de ce créancier dans la créance solidaire.

CHAPITRE III
LA DÉLÉGATION

516. *Définition.* La délégation est un acte juridique par lequel une personne – le délégant – donne l'ordre à une autre personne – le délégué – de payer à sa place une troisième personne – le délégataire. Le plus souvent, le délégant est créancier du délégué et désire soit faire une libéralité au délégataire, soit exécuter l'obligation qu'il a, lui-même, à l'égard du délégataire[1725]. Ce faisant, on évite un double paiement. On constate, alors, qu'on est très proche d'opérations telles que la stipulation pour autrui et la cession de créance, bien qu'on ne puisse les assimiler ou les confondre[1726].

Section 1. La notion de délégation

517. *Transmission indirecte de dette.* La lettre de crédit constitue une illustration de cette opération. Le montréalais qui désire aller passer ses vacances à Paris et veut éviter d'emporter dans ses bagages la monnaie française dont il aura besoin, demande à son banquier, chez qui il a un compte approvisionné, de lui remettre une lettre de crédit qui sera payable par un banquier parisien. Le banquier montréalais – débiteur de l'obligation de restituer les sommes qui lui ont été

[1725] Mais il n'est aucunement nécessaire que le délégué soit le débiteur du délégant, *cf.* Jacques MESTRE, « Obligations en général », *Rev. trim. dr. civ.* 1995.113.

[1726] La délégation étant un acte juridique, les conditions générales de formation des conventions doivent être respectées.

prêtées par son client – ordonne au banquier français, qui est son correspondant, de payer telle somme audit client lorsque celui-ci se présentera à ses guichets. Le banquier montréalais est le délégant; le banquier parisien est le délégué; le vacancier est le délégataire. En l'espèce, le vacancier qui avait pour débiteur son banquier montréalais, aura désormais un nouveau débiteur qui sera le banquier parisien.

Cette opération est une transmission indirecte de dette. Elle suppose le consentement des trois personnes intéressées. La délégation est, donc, proche de la novation par changement de débiteur, dans la mesure où l'accord du créancier est absolument nécessaire; mais elle s'en sépare dans la mesure où le débiteur initial doit aussi consentir nécessairement à la délégation.

Si la délégation est une technique peu utilisée en droit civil, elle est, au contraire, souvent invoquée pour analyser certaines opérations en droit commercial.

Section 2. Les effets de la délégation

Au niveau des effets, on distingue deux variétés de délégation, selon que le délégant, c'est-à-dire le débiteur initial, est libéré ou non à l'égard du créancier délégataire.

518. *Délégation imparfaite.* Normalement, le délégant n'est pas libéré de sa dette à l'égard du créancier délégataire : il demeure, donc, responsable dans le cas où le délégué ne paie pas (art. 1668 C.c.Q.)[1727]; d'une certaine manière, il est garant du

---

[1727] *Cf. 2758-6635 Québec inc.* c. *Domaine de la Rivière-aux-pins,* J.E. 96-1161 (C.S., appel accueilli uniquement aux fins de réduire le montant dû : J.E. 99-1883); *Lavoie* c. *Schiff,* J.E. 96-1639 (C.A.); *9026-2924 Québec inc.* c. *9015-3834 Québec inc.,* J.E. 99-2119 (C.S., en appel, C.A. Québec, n° 200-09-002813-993); *Crown Life Insurance Co.* c. *2329-7294 Québec inc.,* J.E. 99-1949 (C.S.); *2151-9186 Québec inc.* c. *Delwasse,* J.E. 97-1330 (C.S.); *Caisse populaire Ste-Famille de Sherbrooke* c. *Belzile,* J.E. 94-28 (C.S.).

paiement[1728]. Si le banquier parisien refusait d'honorer la lettre de crédit qui lui était présentée, le banquier montréalais devrait restituer au vacancier la somme correspondante. Cette délégation est dite imparfaite et se distingue nettement de la novation par changement de débiteur, puisque celle-ci éteint la dette originaire et, en conséquence, libère le débiteur initial (art. 1660, al. 1 C.c.Q.).

519. *Délégation parfaite.* Cependant, il pourrait être convenu que le créancier « décharge le débiteur » (art. 1668 *in fine* C.c.Q.) : le débiteur initial est, alors, libéré à l'égard de son créancier et n'est plus garant du paiement par le délégué qui devient le nouveau débiteur. Le délégataire n'a plus de recours contre le délégant dans l'hypothèse où le délégué ne paierait pas; le délégué est son seul et unique débiteur. Le banquier montréalais n'aurait rien à rembourser, dans l'hypothèse où le banquier parisien n'honorerait pas la lettre de crédit. Cette délégation est dite parfaite et elle aboutit à une novation par changement de débiteur[1729].

On constate, donc, que la délégation imparfaite laisse subsister l'obligation ancienne aux côtés de la nouvelle, alors que la délégation parfaite éteint l'engagement initial, principal et accessoires, et crée un nouvel engagement, distinct du premier.

519.1. *La délégation imparfaite peut-elle devenir parfaite?* Certaines décisions récentes font état d'une situation qui, à l'origine, constitue une délégation imparfaite et qui, à la suite du comportement douteux du délégataire, se transformerait en une situation de délégation parfaite, opérant novation et libérant de ce fait le débiteur originaire (délégant). Il en est ainsi lorsqu'un prêt garanti par hypothèque est assumé par le tiers-acquéreur du bien hypothéqué et que le créancier (délégataire), bien que n'ayant pas libéré le débiteur originaire, omet de l'informer des renouvellements pouvant modifier les modalités du prêt originaire. En un tel cas, il a été jugé que le débiteur

---

[1728] Le délégant poursuivi par le délégataire pourra ainsi se retourner contre le délégué, lequel doit assumer le fardeau définitif de la dette : *Société immobilière Maxima* c. *Leclerc*, [1994] R.D.I. 6 (C.A.).

[1729] *Cf. supra,* n° 513.

originaire était néanmoins libéré, la délégation, imparfaite à l'origine, se transformant ainsi, après coup, en délégation parfaite opérant novation[1730].

L'idée que la délégation puisse ainsi changer de nature au fil du temps nous paraît pour le moins étrange; c'est au moment même de la délégation que se décide sa nature selon que le créancier libère ou non le débiteur originaire : une délégation imparfaite ne peut donc demeurer qu'imparfaite[1731]. Cela ne signifie cependant pas que le comportement du créancier délégataire soit sans conséquence : l'omission d'informer le débiteur originaire (délégant) des renouvellements du prêt et des autres circonstances pertinentes (telles les modifications qui y sont apportées), doit pouvoir en effet entraîner la libération de ce délégant, qui est d'une certaine manière assimilable à une caution, laquelle a un droit à l'information (art. 2345 et 2355 C.c.Q.)[1732]. C'est d'ailleurs ce droit à l'information qui est à la base de la plupart de ces décisions. Cette dernière perspective conduit au résultat souhaitable, sans toutefois malmener les règles relatives à la délégation.

520. *L'opposabilité des moyens de défense.* Un exemple nous aidera à bien situer le problème. Soit V, le vendeur d'un im-

---

[1730] *Banque Laurentienne du Canada* c. *Mackay*, [1999] R.J.Q. 238 (C.S., en appel, C.A. Montréal, n° 500-09-007518-988); *Caisse Populaire Desjardins de St-Rédempteur* c. *Auclair*, J.E. 99-101 (C.S.); *Banque Laurentienne du Canada* c. *Adeclat*, J.E. 99-1643 (C.S.); *Caisse Populaire Desjardins Domaine St-Sulpice* c. *2425-0771 Québec inc.*, J.E. 98-392 (C.S.); *Banque Nationale du Canada* c. *Portelance*, J.E. 97-1713 (C.S.); *Compagnie Trust Royal* c. *Entreprises B.M. St-Jean inc.*, J.E. 97-1158 (C.S.); *Groupe Permacon inc.* c. *Fata*, J.E. 97-1052 (C.Q.).

[1731] D'ailleurs, si la délégation imparfaite devenait parfaite, opérant ainsi novation, l'hypothèque garantissant le prêt devrait en principe disparaître, à moins que l'on prétende que cette novation « tacite » s'accompagne d'une réserve de l'hypothèque, toute aussi tacite...

[1732] *Fiducie du Groupe Investors Ltée* c. *Guida*, J.E. 01-253 (C.A.). Il faut cependant que le délégant ait subi un préjudice résultant du défaut d'information : *Crédit industriel Desjardins Inc.* c. *Moulins Grover Ltée*, J.E. 01-69 (C.S., en appel, C.A. Montréal, n° 500-09-010416-006); *Assurance-vie Desjardins-Laurentienne Inc.* c. *Société en commandite Les appartements Darche*, J.E. 00-1987 (C.S.).

meuble, qui préalablement avait emprunté de P, et qui demande à son acheteur A, de s'engager à payer le prix d'achat à son prêteur P. On constate que V, débiteur initial de P, est remplacé par l'acheteur A : dans la mesure où P accepte de libérer son débiteur initial, on se trouve dans un schéma de novation (délégation parfaite); mais, on l'a vu, il peut en être autrement : P peut accepter l'engagement de A envers lui, sans pour autant libérer V et, il aura, alors, deux débiteurs (délégation imparfaite). Aux fins d'explications, on distinguera soigneusement ces deux situations.

– Délégation parfaite : La délégation parfaite valant novation, il faut ici combiner les articles 1669, al. 1 et 1663, al. 1 C.c.Q.

En conséquence, le délégué A (nouveau débiteur) ne peut opposer au délégataire P (créancier) les moyens qu'il aurait pu faire valoir contre le délégant V, même s'il en ignorait l'existence au moment de la délégation (art. 1669, al. 1 C.c.Q.) : en effet, la relation délégué-délégant (A-V) n'intéresse aucunement le délégataire P qui peut ignorer les rapports entre eux et les raisons pour lesquelles le délégué A s'est engagé envers lui. Ainsi, A ne pourrait opposer à P le vice caché dont l'immeuble est affecté.

Le délégué A ne peut pas davantage opposer au délégataire P les moyens que le délégant V aurait pu faire valoir contre le délégataire P. En effet, par la novation, les exceptions qui affectaient le rapport initial V-P disparaissent avec lui. Le seul moyen que le délégué A pourrait opposer au délégataire P serait la nullité du rapport P-V puisqu'un nouveau rapport n'a pu naître en éteignant un rapport initial qui n'existait pas (art. 1663, al. 1 C.c.Q.)[1733].

– Délégation imparfaite : il faut en ce cas combiner les articles 1669 et 1670 C.c.Q.

[1733] On retrouve cette même règle au second alinéa de l'article 1669 C.c.Q., aux termes duquel le délégué peut opposer au délégataire le fait que « rien ne [soit] dû » à ce dernier.

Là encore, le délégué A ne peut opposer au délégataire P les moyens qu'il aurait pu faire valoir contre le délégant V, même s'il en ignorait l'existence au moment de la délégation (art. 1669, al. 1 C.c.Q.). Toutefois, le délégué A peut opposer au délégataire P tous les moyens que le délégant V aurait pu faire valoir contre le délégataire P (art. 1670, al. 1 C.c.Q.). En effet, le délégué A s'engage envers le délégataire P à payer la dette que le délégant V a à l'égard de P, laquelle continue d'exister avec toutes ses exceptions : aussi est-il normal que le délégué puisse faire valoir ces exceptions qui concernent la dette qu'il s'est engagé à payer[1734]. Le second alinéa de l'article 1670 C.c.Q. empêche cependant le délégué d'opposer au délégataire la compensation qui serait intervenue entre le délégant et le délégataire; en effet, la condition de réciprocité (art. 1672 C.c.Q.), si elle existe dans le rapport V-P, n'existe pas dans le rapport A-P (de toute façon, il y a toujours possibilité pour P ou pour V de renoncer à la compensation acquise : aussi serait-il incongru que A puisse l'imposer).

On remarquera que le texte de l'article 1669 C.c.Q. est similaire au texte de l'article 1180 C.c.B.C. que l'on appliquait aussi bien à la délégation parfaite qu'à la délégation imparfaite, ce qui rendait ambiguë l'exception à la règle, c'est-à-dire l'expression « rien n'est dû au délégataire » : était-ce à dire seulement le rapport délégant-délégataire est nul ou était-ce à dire plus que cela ? Généralement, les auteurs s'en tenaient à la nullité du rapport délégant-délégataire. Cela nous paraissait normal dans le cas de délégation parfaite, qui vaut novation, puisque, d'une part, un rapport nouveau ne peut remplacer un rapport qui n'existait pas et que, d'autre part, les moyens de défense relatifs au rapport initial disparaissent avec lui : seule la nullité du rapport délégant-délégataire peut donc être opposée au délégataire par le délégant. Il était cependant anormal que, dans le cas de délégation imparfaite, on ne permît pas au délégué d'opposer au délégataire, outre la défense de nullité du rapport délégant-délégataire, tous les autres moyens que le délégant aurait pu faire valoir contre le délégataire, puisqu'il est un débiteur qui ne fait que

---

[1734] En suivant le même raisonnement, le délégué ne peut payer par anticipation une dette que le délégant ne pouvait ainsi payer : *Laberge* c. *Caisse de Dépôt et de placement du Québec*, [1994] R.J.Q. 2211 (C.S.), conf. [1998] R.J.Q. 1956 (C.A.).

s'ajouter au premier et qui s'engage à payer la dette de celui-ci. C'est cette distinction que consacre désormais l'article 1670 C.c.Q., lequel ne vise donc que la seule délégation imparfaite[1735].

521. *Délégation et stipulation pour autrui.* La délégation se distingue de la stipulation pour autrui, même si, dans les faits, il est parfois difficile de déterminer laquelle de ces deux opérations les parties ont entendu réaliser.

Tout d'abord, la délégation n'existe pas avant que le créancier délégataire n'ait accepté l'opération, alors que la stipulation pour autrui naît dès que se réalise l'accord de volonté entre le stipulant et le promettant, sans que l'acceptation du tiers bénéficiaire soit nécessaire; on sait, en effet, que le droit de ce tiers naît immédiatement et que l'acceptation qu'il donne a pour seul effet d'assurer l'irrévocabilité de la stipulation. Ensuite, le promettant peut opposer au tiers bénéficiaire de la stipulation pour autrui toutes les exceptions qu'il aurait pu opposer au stipulant, alors que, on l'a vu, le délégué ne peut aucunement opposer au délégataire les exceptions qu'il pourrait opposer au délégant.

Lorsque la stipulation pour autrui est le mécanisme utilisé par le stipulant pour se libérer de la dette qu'il a envers le tiers bénéficiaire[1736], il est facile de confondre cette opération avec la délégation imparfaite. En effet, le tiers bénéficiaire qui ne recevrait pas satisfaction du promettant conserverait, outre son recours contre ce dernier, le recours qu'il avait contre son débiteur, le stipulant : il aurait ainsi deux débiteurs de la même façon que le délégataire qui, lui aussi, a deux débiteurs, le délégant et le délégué.

Ce risque de confusion ne devrait pas exister, dès lors que le débiteur primitif est libéré par la création d'une obligation nouvelle : en ce cas, en effet, il s'agirait d'une délégation parfaite « opérant novation »;

[1735] On aboutit ainsi aux conclusions suivantes : le premier alinéa de l'article 1669 C.c.Q. vise les deux types de délégation alors que l'article 1670 C.c.Q. ne vise que la délégation imparfaite; par ailleurs, le second alinéa de l'article 1669 C.c.Q. doit être interprété différemment selon que l'on se trouve dans une situation de délégation parfaite ou imparfaite : au premier cas, il doit être lu à la lumière de l'article 1663 C.c.Q., dans le second cas, à la lumière de l'article 1670 C.c.Q. *Contra* : Vincent KARIM, *Commentaires sur les obligations*, vol. 2, Cowansville, Éditions Yvon Blais, 1997, p. 488.

[1736] *Cf. supra*, n° 303.

mais encore faut-il que l'intention de nover puisse être clairement établie – puisqu'elle ne se présume pas –, à défaut de quoi l'on se retrouvera dans la situation précédemment décrite : est-ce une délégation imparfaite ou une stipulation pour autrui ? La Cour suprême semble ne pas différencier ces deux opérations triangulaires, dans la mesure où, pour résoudre le problème qui lui était posé, elle a appliqué en même temps les articles 1029 et 1173 C.c.B.C., relatifs respectivement à la stipulation pour autrui et à la délégation, comme s'il s'agissait d'une seule et même notion[1737]. Et pourtant, il est important de ne pas les confondre, compte tenu que leurs effets ne sont pas les mêmes.

La stipulation pour autrui n'est rien d'autre qu'un contrat entre stipulant et promettant, dont profitera une tierce personne qui devient ainsi créancière malgré elle; celle-ci peut donc ignorer sa qualité de créancière et l'apprendre longtemps après que son droit soit né. En revanche, la délégation a pour point de départ un lien de droit entre le délégant-débiteur et le délégataire-créancier, obligation qui pourra être exécutée par une tierce personne, le délégué, qui aura alors la qualité de débiteur dans la mesure où il y aura consenti; dans un tel contexte, pas plus que le délégué ne peut ignorer sa qualité de débiteur, le délégataire ne peut aucunement ignorer son droit de créance, qui ne peut exister sans qu'il l'ait voulu.

Il ne devrait donc y avoir un risque de confusion entre les deux opérations que dans l'hypothèse où le créancier bénéficiaire serait présent à la stipulation et accepterait immédiatement d'en profiter; il importera alors de déterminer, compte tenu des circonstances, quelle a été la véritable intention des parties.

522. *Délégation et indication de paiement.* Lorsque le débiteur désigne à son créancier une personne qui paiera à sa place, sans que celle-ci s'oblige personnellement au paiement de la dette, il n'y a qu'une simple indication de paiement et non point une délégation (art. 1667 C.c.Q.). Une telle « indication de payer » n'est pas autre chose qu'un mandat : un débiteur charge une personne, qui ne s'engage pas personnellement, de payer, pour lui et en son nom, une autre personne. Le mandataire se distingue, alors, du délégué, en ce

---

[1737] *Proulx c. Leblanc*, [1969] R.C.S. 765. Dans une affaire similaire, la Cour d'appel va clairement dans le sens d'une stipulation pour autrui : *Gervais c. Monty*, [1989] R.J.Q. 1452 (C.A.).

que le délégué, qui accepte la délégation, s'engage à devenir lui-même débiteur sur l'ordre du délégant[1738].

523. *Délégation et cession de créance.* La délégation peut aussi être rapprochée de la cession de créance. Dans l'un et l'autre cas, une personne (délégant ou cédant) semble transmettre à une seconde (délégataire ou cessionnaire) le droit qu'elle pouvait faire valoir à l'égard d'une troisième (délégué ou cédé). En réalité, la délégation, qu'elle soit parfaite ou imparfaite, n'opère pas un transfert de droit : si elle est parfaite, il y a novation et donc extinction puis création d'un nouveau lien de droit, distinct du premier; si elle est imparfaite, il y a création d'un nouveau rapport de droit, qui s'ajoute au rapport initial, il n'y a donc pas transmission d'un droit de créance.

[1738] *Cf. Mathon* c. *Hôtels Delta Ltd.*, J.E. 00-293 (C.S.); *cf.* également Yannick DAGORNE-LABBÉ, « La délégation imparfaite de créance et le mandat : distinctions », *D.*1991.JP.488.

CHAPITRE IV
LA REMISE DE DETTE

Section 1. Conditions de formation

524. *Nature juridique.* La remise de dette est une convention par laquelle le créancier et le débiteur s'entendent pour libérer ce dernier, en tout ou en partie, de son obligation (*cf.* art. 1687 C.c.Q.).

C'est un acte juridique bilatéral qui exige, donc, la volonté des parties : non seulement celle du créancier, mais aussi celle du débiteur. Lorsqu'on dit que la remise de dette est une « renonciation à un droit », la formule est malheureuse : il faut, en effet, se garder de confondre cette remise avec la véritable « renonciation » qui est, en soi, un acte juridique unilatéral par lequel une personne, par sa seule volonté, se prive d'un droit : renoncer à une succession est un acte unilatéral de volonté, destiné à engendrer des effets de droit, indépendamment de la volonté du *de cujus*. Au contraire, la remise d'une dette par un créancier suppose l'accord du débiteur : le lien d'obligation intéressant tout autant le débiteur que le créancier, il est normal que sa disparition volontaire implique l'accord de ces deux personnes[1739]. S'agissant d'une convention, le créancier peut revenir sur sa décision et retirer son « offre de remise », tant que le débiteur n'a pas donné son acceptation.

[1739] MARTY et RAYNAUD, 2ᵉ éd., t. 2, n° 309, p. 273.

Le nouveau Code précise que la remise peut être à titre o-néreux ou à titre gratuit (art. 1688, al. 2 C.c.Q.). En effet, un créancier peut consentir une remise dans une intention libé-rale, mais il peut aussi le faire dans un but intéressé, dans le cadre d'une transaction, par exemple[1740].

525. *Conditions de formation.* Ce sont les règles normales de formation des contrats qui s'appliquent. En conséquence, la remise de dette est soumise aux conditions de fond de la convention dont elle est l'instrument; si, donc, elle constituait une opération contraire à l'ordre public, elle ne serait pas vala-ble : il en serait ainsi, par exemple, si elle consistait à renoncer à une créance alimentaire, le droit aux aliments étant indispo-nible.

Lorsque cette convention est à titre gratuit, elle est une li-béralité par laquelle le créancier libère son débiteur et, de ce fait, éteint la dette : dans cette mesure, c'est un « mode volon-taire d'extinction ». Cependant, elle diffère des libéralités en ce sens que, si les conditions de fond de la donation doivent être respectées, la remise n'est pas soumise aux conditions de forme de la donation : c'est une donation indirecte. En conséquence, l'acceptation donnée par le débiteur suffira sans qu'il y ait lieu d'exiger notamment, comme dans la donation, la forme nota-riée (art. 1811 et 1824 C.c.Q.).

526. *Remise expresse et remise tacite.* Puisque la remise de dette est une convention qui n'est soumise à aucune formalité particulière, elle peut être expresse ou tacite (art. 1688, al. 1 C.c.Q.); de même s'appliquent les règles normales de preuve énoncées dans les articles 2860 et suiv. C.c.Q. Comme l'a jugé la Cour suprême du Canada et l'a rappelé la Cour d'appel du Québec, la remise de dette ne se présume cependant pas et le juge doit s'assurer que telle était l'intention des parties[1741].

[1740] *Id.*, n° 310, p. 274.
[1741] *Brilliant Silk Manufacturing Co.* c. *Kaufman*, [1925] R.C.S. 249; *Balcano Inc.* c. *Blackwood Hodge Ontario Sales Ltd.*, [1978] C.A. 199. *Cf.* Jacques MESTRE, « Obligations en général », *Rev. trim. dr. civ.* 1994.860.

Toutefois, lorsque le créancier met volontairement son débiteur en possession du titre original de l'obligation, il est présumé lui consentir une remise de dette, à moins que les circonstances permettent de déduire qu'il y a eu paiement (art. 1689, al. 1 C.c.Q.). Comme le dit Mignault, la remise du titre constitue une présomption de remise de la dette et cet abandon du titre peut être prouvé par tous les moyens, par témoin ou par simples présomptions de fait : la possession du titre par le débiteur en est une[1742].

On notera cependant que la renonciation à une priorité ou une hypothèque ne fait pas présumer la remise de la dette ainsi garantie (art. 1691 C.c.Q.); on doit en déduire, comme le précisait l'article 1182 C.c.B.C., que la remise de la chose donnée en gage ne crée pas non plus une présomption de remise de dette : dans tous ces cas, c'est un simple témoignage de confiance, manifesté par le créancier à son débiteur.

Section 2. Les effets de la remise

La remise de dette a pour effet de libérer le débiteur et, donc, d'éteindre l'obligation totalement ou partiellement, selon qu'elle porte sur la totalité ou sur une partie de la dette.

Le législateur a apporté quelques précisions sur la remise, lorsque celle-ci concerne une dette solidaire ou une dette cautionnée.

527. *Remise de dette et solidarité.* Tout d'abord, « Le créancier qui [...] met l'un des débiteurs solidaires en possession du titre original de l'obligation, est [...] présumé faire remise de la dette à l'égard de tous » (art. 1689, al. 2 C.c.Q.). Cette remise du titre à l'un profite à tous : par le dessaisissement du titre, le créancier démontre sa volonté de se priver de son droit à l'égard de tous.

On rappellera ensuite que la remise de dette consentie à l'un des codébiteurs solidaires ne libère pas les autres, si ce n'est pour la part de celui à qui la remise a été accordée, et que

---

[1742] MIGNAULT, t. 5, p. 617 et 618.

désormais la remise de dette implique la remise de solidarité, le créancier supportant en effet la part contributoire du codébiteur qu'il a déchargé, dans l'hypothèse où l'un des autres codébiteurs s'avérerait insolvable (art. 1690, al. 1 C.c.Q.)[1743].

528. *Remise de dette et cautionnement.* La remise expresse accordée au débiteur principal libère les cautions, alors que la remise accordée à la caution ne libère pas le débiteur principal : il n'y a là aucune modification par rapport au droit d'hier, même si le nouveau Code ne reprend pas les alinéas premier et deuxième de l'article 1185 C.c.B.C. (qui n'exprimaient qu'une évidence). Dans le premier cas, en effet, on ne fait que rendre compte de l'idée selon laquelle il n'y a pas de caution sans qu'il n'y ait un débiteur principal; dans le second cas, il s'agit d'une remise du cautionnement et non point d'une remise de la dette.

En cas de pluralité de cautions, la remise du cautionnement accordée à l'une d'elles ne libère pas, en principe, les autres; il en sera autrement dans l'hypothèse où les autres cautions auraient eu un recours contre la caution libérée : la remise consentie à celle-ci les libérerait, alors, jusqu'à concurrence de ce recours (art. 1692, al. 1 C.c.Q.)[1744].

Enfin, le second alinéa de l'article 1692 C.c.Q. prévoit le cas du créancier qui reçoit de la caution un montant destiné à libérer celle-ci de son cautionnement : ce versement ne doit pas être « imputé à la décharge du débiteur principal ou des autres cautions » : c'est dire qu'il ne doit pas être considéré comme le paiement partiel de la dette principale, sauf à l'égard des cautions dans le cas où elles auraient eu un recours contre la caution libérée : dans cette hypothèse, les cautions seraient libérées jusqu'à concurrence de ce recours. Le principe énoncé dans cette disposition s'explique par l'existence, entre le créancier et la caution libérée, d'une convention aléatoire, faite à titre onéreux : la caution « achète sa paix » en remettant quelque chose

---

[1743] *Cf. supra,* nᵒˢ 392 et 393.

[1744] *Cf. Caisse populaire de St-Étienne-de-Lauzon* c. *Gingras,* J.E. 01-30 (C.S.).

au créancier qui assumera le risque d'avoir, à l'échéance, un débiteur principal insolvable. Comme le dit Mignault, c'est une espèce de contrat d'assurance[1745].

[1745] MIGNAULT, t. 5, p. 624.

LISTE DES ABRÉVIATIONS

A.C.	Appeal Cases
al.	alinéa
art.	article
B.R.	Banc du Roi ou de la Reine
Bull. civ.	Bulletin civil des arrêts des chambres civiles de la Cour de cassation
C.A.	Cour d'appel
C.B.R. (3d)	Canadian Bankrupty Reports (3ᵉ série)
C.c.B.C.	*Code civil du Bas Canada*
C.c.fr.	Code civil français
C.c.Q.	*Code civil du Québec*
C. de D.	Cahiers de Droit
chr.	chronique
Civ.	Chambre civile de la Cour de cassation
com.	chambre commerciale
C.p.c.	*Code de procédure civile*
C.P. du N.	Cours de perfectionnement de la Chambre des notaires
C.R.D.P.C.Q.	Centre de recherche en droit privé et comparé du Québec
C.S.	Cour supérieure
D.	Recueil Dalloz
D.L.R. (3d)	Dominion Law Reports (3ᵉ série)
J.-Cl.	Jurisclasseur
J.E.	Jurisprudence Express
jur.	jurisprudence
L.A.R.C.C.	*Loi sur l'application de la réforme du Code civil*
L.F.I.	*Loi sur la faillite et l'insolvabilité*
L.G.D.J.	Librairie générale de droit et de jurisprudence
L.P.C.	*Loi sur la protection du consommateur*

L.Q.	Lois du Québec
L.R.C.	Lois révisées du Canada
L.R.Q.	Lois refondues du Québec
Meredith Lect.	Meredith Memorial Lectures
O.R.C.C.	Office de révision du Code civil
P.U.F.	Presses universitaires de France
P.U.M.	Presses de l'Université de Montréal
R.C.S.	Recueils de la Cour suprême du Canada
R.D.F.Q.	Recueils de droit fiscal québécois
R.D.I.	Revue de droit immobilier
R.D. McGill	Revue de droit de McGill
R. du B.	Revue du Barreau
R. du B. can.	Revue du Barreau canadien
R. du D.	Revue du Droit
R. du N.	Revue du Notariat
R.D.U.S.	Revue de droit de l'Université de Sherbrooke
Rev. trim. dr. civ.	Revue trimestrielle de droit civil
R.G.D.	Revue générale de droit
R.I.D.C.	Revue internationale de droit comparé
R.J.	Revue de jurisprudence
R.J.T.	Revue juridique Thémis
R.J.Q.	Recueils de jurisprudence du Québec
R.L.	Revue légale
R.L.n.s.	Revue légale (nouvelle série)
R.P.	Rapports de pratique
R.R.A.	Recueils de droit en responsabilité et assurance
S.C.	Statuts du Canada
somm.	sommaires commentés
S.R.B.C.	Statuts refondus du Bas Canada
suiv.	suivants
Trib. gr. inst.	Tribunal de grande instance

TABLE DE LA LÉGISLATION CITÉE

(Les chiffres renvoient aux numéros des paragraphes)

TABLE DES JUGEMENTS

(Les chiffres renvoient aux numéros des paragraphes)

JURISPRUDENCE QUÉBÉCOISE ET CANADIENNE

892   THÉORIE DES OBLIGATIONS

JURISPRUDENCE FRANÇAISE

OUVRAGES CITÉS PAR LE SEUL NOM DE L'AUTEUR

AUBRY et RAU, 6ᵉ éd., t. 1 :

AUBRY, Charles et C. RAU, *Cours de droit civil français*, 6ᵉ éd., t. 1, Paris, Librairies Techniques, 1935.

AUBRY et RAU, 6ᵉ éd., t. 2 :

AUBRY, Charles et C. RAU, *Cours de droit civil français*, 6ᵉ éd., t. 2, Paris, Librairies Techniques, 1935.

AUBRY et RAU, 6ᵉ éd., t. 4 :

AUBRY, Charles et C. RAU, *Cours de droit civil français*, 6ᵉ éd., t. 4, Paris, Librairies Techniques, 1935.

AUBRY et RAU, 6ᵉ éd., t. 9 :

AUBRY, Charles et C. RAU, *Cours de droit civil français*, 6ᵉ éd., t. 9, Paris, Librairies Techniques, 1935.

BAUDOUIN, 3ᵉ éd. :

BAUDOUIN, Jean-Louis, *Les obligations*, 3ᵉ éd., Cowansville, Éditions Yvon Blais, 1989.

BAUDOUIN, 4ᵉ éd. :

BAUDOUIN, Jean-Louis, *Les obligations*, 4ᵉ éd., Cowansville, Éditions Yvon Blais, 1993.

BAUDOUIN et JOBIN, 5ᵉ éd. :

BAUDOUIN, Jean-Louis et Pierre-Gabriel JOBIN, *Les obligations*, 5ᵉ éd., Cowansville, Éditions Yvon Blais, 1998.

BAUDRY-LACANTINERIE, 2ᵉ éd., vol. 13 :

BAUDRY-LACANTINERIE, Gabriel et L. BARDE, *Traité théorique et pratique de droit civil*, 2ᵉ éd., vol. 13, t. 3, « Des obligations », Paris, Sirey, 1905.

BAUDRY-LACANTINERIE, 3ᵉ éd., vol. 5 :

BAUDRY-LACANTINERIE, Gabriel, P. BONNECARRÈRE et G. CHENEAUX, *Traité théorique et pratique de droit civil*, 3ᵉ éd., vol. 5, t. 5, « Des personnes », Paris, Sirey, 1908.

BAUDRY-LACANTINERIE, 3ᵉ éd., vol. 13 :

BAUDRY-LACANTINERIE, Gabriel et L. BARDE, *Traité théorique et pratique de droit civil*, 3ᵉ éd., vol. 13, t. 2, « Des obligations », Paris, Sirey, 1908.

CARBONNIER, t. 3, 19ᵉ éd. :

CARBONNIER, Jean, *Droit civil*, t. 3, « Les biens », 19ᵉ éd., Paris, P.U.F. 2000.

CARBONNIER, t. 4, 13ᵉ éd. :

CARBONNIER, Jean, *Droit civil*, t. 4, « Les obligations », 13ᵉ éd., Paris, P.U.F., 1988.

CARBONNIER, t. 4, 16ᵉ éd. :

CARBONNIER, Jean, *Droit civil*, t. 4, « Les obligations », 16ᵉ éd., Paris, P.U.F., 1992.

CARBONNIER, t. 4, 21ᵉ éd. :

CARBONNIER, Jean *Droit civil*, t. 4, « Les obligations », 21ᵉ éd., Paris, P.U.F., 1998.

C.M.J., t. I et II :

MINISTÈRE DE LA JUSTICE, *Commentaires du ministre de la Justice*, Québec, Publications du Québec, 1993.

DEMOLOMBE, vol. 24 :

DEMOLOMBE, Charles, *Cours de Code Napoléon*, vol. 24, t. 1, « Traité des contrats ou des obligations conventionnelles en général », Paris, Imprimerie Générale, 1863.

DEMOLOMBE, vol. 25 :

DEMOLOMBE, Charles, *Cours de Code Napoléon*, vol. 25, t. 2, « Traité des contrats ou des obligations conventionnelles en général », Paris, Imprimerie Générale, 1863.

DEMOLOMBE, vol. 29 :

DEMOLOMBE, Charles, *Cours de Code Napoléon*, vol. 29, t. 6, « Traité des contrats ou des obligations conventionnelles en général », Paris, Imprimerie Générale, 1863.

DOMAT, t. 1 :

DOMAT, Jean, *Oeuvres complètes,* nouvelle édition revue et corrigée par J. Rémy, t. 1, « Les lois civiles dans leur ordre naturel », Paris, Alex-Gobelet, 1835.

FARIBAULT, t. 12 :

Traité de droit civil du Québec, t. 12, par Léon FARIBAULT, Montréal, Wilson et Lafleur, 1951.

FLOUR et AUBERT, vol. 1, 6ᵉ éd. :

FLOUR, Jacques et Jean-Luc AUBERT, *Les obligations,* vol. 1, « L'acte juridique », 6ᵉ éd., Paris, Armand Colin, 1994.

FLOUR et AUBERT, vol. 1, 7ᵉ éd. :

FLOUR, Jacques et Jean-Luc AUBERT, *Les obligations,* vol. 1, « L'acte juridique », 7ᵉ éd., Paris, Armand Colin, 1996.

FLOUR, AUBERT et SAVAUX, vol. 1, 9ᵉ éd. :

FLOUR, Jacques, AUBERT, Jean-Luc et Éric SAVAUX, *Les obligations,* vol. 1, « L'acte juridique », 9ᵉ éd., Paris, Armand Colin, 2000.

FLOUR et AUBERT, vol. 2, 8ᵉ éd. :

FLOUR, Jacques et Jean-Luc AUBERT, *Les obligations,* vol. 2, « Le fait juridique », 8ᵉ éd., Paris, Armand Colin, 1999.

GHESTIN, 2ᵉ éd. :

GHESTIN, Jacques, *Traité de droit civil — Les obligations — Le contrat : formation,* 2ᵉ éd., t. 2, Paris, L.G.D.J., 1988.

GHESTIN, 3ᵉ éd. :

GHESTIN, Jacques, *Traité de droit civil — La formation du contrat,* 3ᵉ éd., Paris, L.G.D.J., 1993.

LANGEVIN et VÉZINA, vol. 5 :

LANGEVIN, Louise et Nathalie VÉZINA, *Obligations, contrats et prescription,* Cowansville, Éditions Yvon Blais, 1995.

LAROMBIÈRE, t. 2 :

LAROMBIÈRE, M.L., *Théorie et pratique des obligations,* t. 2, Paris, Durand, 1857.

LARROUMET, t. 3, 3ᵉ éd. :

LARROUMET, Christian, *Droit civil,* t. 3, « Les obligations, le contrat », 3ᵉ éd., Paris, Économica, 1996.

MALAURIE et AYNÈS, t. 6, 4ᵉ éd. :

MALAURIE, Philippe et Laurent AYNÈS, *Cours de droit civil*, t. 6, « Les obligations », 4ᵉ éd., Paris, Cujas, 1994.

MALAURIE et AYNÈS, t. 6, 10ᵉ éd. :

MALAURIE, Philippe et Laurent AYNÈS, *Cours de droit civil,* t. 6, « Les obligations », 10ᵉ éd., Paris, Cujas, 1999.

MARTINEAU, 1977 :

MARTINEAU, Pierre, *Traité élémentaire de droit civil — La prescription,* Montréal, P.U.M., 1977.

MARTY et RAYNAUD, t. 1, vol. 1, 2ᵉ éd. :

MARTY, Gabriel et Pierre RAYNAUD, *Droit civil*, t. 1, vol. 1, « Introduction générale à l'étude du droit », 2ᵉ éd., Paris, Sirey, 1972.

MARTY et RAYNAUD, t. 2, vol. 1 :

MARTY, Gabriel et Pierre RAYNAUD, *Droit civil*, t. 2, vol. 1, « Les obligations », Paris, Sirey, 1962.

MARTY et RAYNAUD, t. 3, vol. 1 :

MARTY, Gabriel et Pierre RAYNAUD, *Droit civil*, t. 3, vol. 1, « Les sûretés, la publicité foncière », Paris, Sirey, 1971.

MARTY et RAYNAUD, 2ᵉ éd., t. 1 :

MARTY, Gabriel et Pierre RAYNAUD, *Droit civil*, 2ᵉ éd., t. 1, « Les sources », Paris, Sirey, 1988.

MARTY et RAYNAUD, 2ᵉ éd., t. 2 :

MARTY, Gabriel, RAYNAUD, Pierre et Philippe JESTAZ, *Droit civil*, 2ᵉ éd., t. 2, « Le régime », Paris, Sirey, 1988.

MAZEAUD, 8ᵉ éd., t. 1, vol. 1 :

MAZEAUD, Henri, MAZEAUD, Léon, MAZEAUD, Jean et François CHABAS, *Leçons de droit civil*, 8ᵉ éd., t. 1, vol. 1, « Introduction à l'étude du droit », Paris, Montchrestien, 1986.

MAZEAUD, 8ᵉ éd., t. 2, vol. 1 :

MAZEAUD, Henri, MAZEAUD, Léon, MAZEAUD, Jean et François CHABAS, *Leçons de droit civil*, 8ᵉ éd., t. 2, vol. 1, « Obligations, Théorie générale », Paris, Montchrestien, 1991.

MAZEAUD, 9ᵉ éd., t. 2, vol. 1 :

MAZEAUD, Henri, MAZEAUD, Léon, MAZEAUD, Jean et François CHABAS, *Leçons de droit civil,* 9ᵉ éd., t. 2, vol. 1, « Obligations, Théorie générale », Paris, Montchrestien, 1998.

MIGNAULT, t. 2 :

MIGNAULT, Pierre-Basile, *Le droit civil canadien*, t. 2, Montréal, Théoret, 1896.

MIGNAULT, t. 4 :

MIGNAULT, Pierre-Basile, *Le droit civil canadien*, t. 4, Montréal, Théoret, 1899.

MIGNAULT, t. 5 :

MIGNAULT, Pierre-Basile, *Le droit civil canadien*, t. 5, Montréal, Théoret, 1901.

MIGNAULT, t. 7 :

MIGNAULT, Pierre-Basile, *Le droit civil canadien*, t. 7, Montréal, Théoret, 1906.

PINEAU et BURMAN, 2ᵉ éd. :

PINEAU, Jean et Danielle BURMAN, *Théorie des obligations*, 2ᵉ éd., Montréal, Éditions Thémis, 1988.

PLANIOL et RIPERT, 2ᵉ éd., t. 6 :

PLANIOL, Marcel et Georges RIPERT, *Traité pratique de droit civil français*, 2ᵉ éd., t. 6, « Obligations », Paris, L.G.D.J., 1952.

PLANIOL et RIPERT, 2ᵉ éd., t. 10 :

PLANIOL, Marcel et Georges RIPERT, *Traité pratique de droit civil français*, 2ᵉ éd., t. 10, « Contrats civils », Paris, L.G.D.J., 1956.

POPOVICI, 1995 :

POPOVICI, Adrian, *La couleur du mandat,* Montréal, Éditions Thémis, 1995.

POTHIER, 2ᵉ éd., t. 2 :

POTHIER, Robert-Joseph, *Oeuvres de Pothier*, 2ᵉ éd., t. 2, annotées et mises en corrélation avec le Code civil et la législation actuelle par Bugnet, Paris, Plon, 1861.

RIPERT et BOULANGER, t. 2 :

RIPERT, Georges et Jean BOULANGER, *Traité de droit civil*, t. 2. Paris, L.G.D.J., 1957.

STARCK, 4ᵉ éd., vol. 2 :

STARCK, Boris, ROLAND, Henri et Laurent BOYER, *Obligations,* 4ᵉ éd., vol. 2, « Contrat », Paris, Litec, 1992.

STARCK, 6ᵉ éd., vol. 2 :

STARCK, Boris, ROLAND, Henri et Laurent BOYER, *Droit civil. Les obligations,* 6ᵉ éd., vol. 2, « Contrat », Paris, Litec, 1998.

STARCK, 5ᵉ éd., vol. 3 :

STARCK, Boris, ROLAND, Henri et Laurent BOYER, *Obligations,* 5ᵉ éd., vol. 3, « Régime général », paris, Litec, 1997.

TANCELIN, 4ᵉ éd. :

TANCELIN, Maurice, *Des obligations, contrat et responsabilité*, 4ᵉ éd., Montréal, Wilson et Lafleur, 1988.

TANCELIN, 6ᵉ éd. :

TANCELIN, Maurice, *Des obligations, actes et responsabilités,* 6ᵉ éd., Montréal, Wilson et Lafleur, 1997.

TERRÉ, SIMLER et LEQUETTE, 5ᵉ éd., 1993 :

TERRÉ, François, SIMLER, Philippe et Yves LEQUETTE, *Droit civil – Les obligations,* 5ᵉ éd., Paris, Dalloz, 1993.

TERRÉ, SIMLER et LEQUETTE, 6ᵉ éd., 1996 :

TERRÉ, François, SIMLER, Philippe et Yves LEQUETTE, *Droit civil – Les obligations,* 6ᵉ éd., Paris, Dalloz, 1996.

TERRÉ, SIMLER et LEQUETTE, 7ᵉ éd. :

TERRÉ, François, SIMLER, Philippe et Yves LEQUETTE, *Droit civil – Les obligations,* 7ᵉ éd., Paris, Dalloz, 1999.

WEILL et TERRÉ, 4ᵉ éd., 1979 :

WEILL, Alex et François TERRÉ, *Droit civil — Introduction générale*, 4ᵉ éd., Paris, Dalloz, 1979.

WEILL et TERRÉ, 4ᵉ éd., 1986 :

WEILL, Alex et François TERRÉ, *Droit civil — Les obligations*, 4ᵉ éd., Paris, Dalloz, 1986.

BIBLIOGRAPHIE

Monographies et recueils

ANTAKI, N. et C. BOUCHARD, *Droit et pratique de l'entreprise*, t. 1, Cowansville, Éditions Yvon Blais, 1999.

AUBERT, J.-L., *Notions et rôles de l'offre et de l'acceptation dans la formation du contrat*, Paris, L.G.D.J., 1970.

AUBRY, C. et C. RAU, *Cours de droit civil français*, 6ᵉ éd., t. 1, Paris, Librairies Techniques, 1935.

AUBRY, C. et C. RAU, *Cours de droit civil français*, 6ᵉ éd., t. 2, Paris, Librairies Techniques, 1935.

AUBRY, C. et C. RAU, *Cours de droit civil français*, 6ᵉ éd., t. 4, Paris, Librairies Techniques, 1935.

AUBRY, C. et C. RAU, *Cours de droit civil français*, 6ᵉ éd., t. 9, Paris, Librairies Techniques, 1935.

AYNÈS, L., *La cession de contrat et les opérations juridiques à trois personnes*, Paris, Économica, 1984.

BANDRAC, M., *La nature juridique de la prescription extinctive en matière civile*, Paris, Économica, 1986.

BARREAU DU QUÉBEC, *Mémoire du Barreau du Québec sur l'avant-projet de loi portant réforme au Code civil du Québec du droit des obligations — Des obligations en général*, Service de recherche et de législation, Montréal, Barreau du Québec, 1988.

BARREAU DU QUÉBEC, *Mémoire du Barreau du Québec sur l'avant-projet de loi portant réforme au Code civil du Québec du droit des obligations — Du contrat de travail et du contrat d'oeuvre*, Service de recherche et de législation, Montréal, Barreau du Québec, 1988.

BAUD, J.-P., *L'affaire de la main volée. Une histoire juridique du corps*, Paris, Seuil, 1993.

BAUDOUIN, J.-L. et P. DESLAURIERS, *La responsabilité civile*, 5ᵉ éd., Cowansville, Éditions Yvon Blais, 1998.

BAUDOUIN, J.-L. et P.-G. JOBIN, *Les obligations,* 5ᵉ éd., Cowansville, Éditions Yvon Blais, 1998.

BAUDOUIN, J.-L., *La responsabilité civile*, 4ᵉ éd., Cowansville, Éditions Yvon Blais, 1994.

BAUDOUIN, J.-L., *Les obligations*, 3ᵉ éd., Cowansville, Éditions Yvon Blais, 1989.

BAUDOUIN, J.-L., *Les obligations*, 4ᵉ éd., Cowansville, Éditions Yvon Blais, 1993.

BAUDOUIN, L., *Droit civil de la province de Québec : modèle vivant de droit comparé*, Montréal, Wilson et Lafleur, 1953.

BAUDRY-LACANTINERIE, G. et L. BARDE, *Traité théorique et pratique de droit civil,* 2ᵉ éd., vol. 13, t. 3, « Des obligations », Paris, Sirey, 1905.

BAUDRY-LACANTINERIE, G. et L. BARDE, *Traité théorique et pratique de droit civil,* 3ᵉ éd., vol. 13, t. 2, « Des obligations », Paris, Sirey, 1908.

BAUDRY-LACANTINERIE, G., P. BONNECARRÈRE et G. CHENEAUX, *Traité théorique et pratique de droit civil,* 3ᵉ éd., vol. 5, t. 5, « Des personnes », Paris, Sirey, 1908.

BAUDRY-LACANTINERIE, G., *Traité théorique et pratique de droit civil,* 3ᵉ éd., vol. 1, Paris, Sirey, 1908.

BÉNABENT, A., « Rapport français sur la bonne foi », dans *Travaux de l'Association Henri-Capitant, Journées Louisianaises, 1992,* Paris, Litec, 1994.

BÉNABENT, A., *La chance et le droit*, Paris, L.G.D.J., 1973.

BÉRIAULT, Y., M. RENAUD et Y. COMTOIS, *Droit de la concurrence,* Scarborough, Carswell, 1999.

BERLIOZ, G., *Le contrat d'adhésion*, 2ᵉ éd., Paris, L.G.D.J., 1976.

BOUT, R., *La gestion d'affaires en droit français contemporain*, Paris, L.G.D.J., 1972.

BRIÈRE, G., *Les libéralités*, 7ᵉ éd., Montréal, Éditions Thémis, 1977.

BRIÈRE, G., *Les successions*, Montréal/Cowansville, C.R.D.P.C.Q./ Éditions Yvon Blais, 1994.

BURMAN, D., « Le déclin de la liberté au nom de l'égalité », dans *Enjeux et valeurs d'un Code civil moderne — Les journées Maximilien-Caron 1990*, Montréal, Éditions Thémis, 1991.

CANTIN-CUMYN, M., *L'administration du bien d'autrui*, coll. « Traité de droit civil », Cowansville, Éditions Yvon Blais, 2000.

CARBONNIER, J., *Droit civil*, t. 4, « Les obligations », 13ᵉ éd., Paris, P.U.F., 1988.

CARBONNIER, J., *Droit civil*, t. 4, « Les obligations », 16ᵉ éd., Paris, P.U.F., 1992.

CARBONNIER, J., *Droit civil*, t. 3, « Les biens », 19ᵉ éd., Paris, P.U.F. 2000.

CARBONNIER, J., *Droit civil*, t. 4, « Les obligations », 21ᵉ éd., Paris, P.U.F., 1998.

CATALA, N., *La nature juridique du payement*, Paris, L.G.D.J., 1961.

CENTRE DE RECHERCHE EN DROIT PRIVÉ ET COMPARÉ DU QUÉBEC, *Dictionnaire de droit privé*, 2ᵉ éd., Montréal, C.R.D.P.C.Q. et Cowansville, Éditions Yvon Blais, 1991.

CHALLIES S.G., *The Doctrine of Unjustified Enrichment in the Law of the Province of Quebec*, 2ᵉ éd., Montréal, Wilson et Lafleur, 1952.

Chambre des Notaires du Québec (dir.), *La réforme du Code civil*, t. 2, Sainte-Foy, P.U.L., 1993.

CIOTOLA, P., *Droit des sûretés*, 3ᵉ éd., Montréal, Éditions Thémis, 1999.

COIPEL, M., « La liberté contractuelle et la conciliation optimale du juste et de l'utile », dans *Enjeux et valeurs d'un Code civil moderne — Les journées Maximilien-Caron 1990*, Montréal, Éditions Thémis, 1991.

COMMISSAIRES POUR LA CODIFICATION DES LOIS DU BAS CANADA, « Premier Rapport des Commissaires pour la Codification des lois du Bas Canada qui se rapportent aux matières civiles, nommés en vertu du Statut 20 Vic. chap. 43 », dans *Code civil du Bas Canada, Premier, Second et Troisième Rapports*, Québec, imprimé par George E. Desbarats, 1865.

CORNU, G., *Vocabulaire juridique*, 3ᵉ éd., Paris, P.U.F., 1992.

CORNU, G., *Vocabulaire juridique*, 8ᵉ éd., Paris, P.U.F., 2000.

CÔTÉ, P.-A. et D. JUTRAS, *Le droit transitoire civil : sources annotées*, Cowansville, Éditions Yvon Blais, 1994.

CÔTÉ, P.-A., *Interprétation des lois,* 3ᵉ éd., Montréal, Éditions Thémis, 1999.

COUTURIER, G., *La confirmation des acte nuls*, Paris, L.G.D.J., 1972.

CRÉPEAU, P.-A. et É. CHARPENTIER, *Les principes d'UNIDROIT et le* Code civil du Québec *: valeurs partagées ?,* Scarborough, Carswell, 1998.

CRÉPEAU, P.-A., « Contrat d'adhésion et contrat type », dans Adrian POPOVICI (dir.), *Problèmes de droit contemporain, Mélanges Louis Baudouin*, Montréal, P.U.M., 1974.

CRÉPEAU, P.-A., *L'intensité de l'obligation juridique*, Montréal, C.R.D.P.C.Q. et Cowansville, Éditions Yvon Blais, 1989.

CRÉPEAU, P.-A., *La responsabilité civile du médecin et de l'établissement hospitalier*, Montréal, Wilson et Lafleur, 1956.

CROTEAU, N., « L'intervention du tribunal dans les contrats », dans *Développements récents en droit des contrats,* Service de la formation permanente, Barreau du Québec, Cowansville, Éditions Yvon Blais.

CROTEAU, N., *Le contrat d'adhésion : de son émergence à sa reconnaissance*, mémoire de maîtrise, Montréal, Faculté des études supérieures, Université de Montréal, 1995.

CUQ, É., *Les institutions juridiques des Romains*, Paris, Plon, 1891.

CUQ, É., *Manuel des institutions juridiques des Romains,* 2ᵉ éd., Paris, Plon, 1928.

DAVID, R., « Cause et considération », dans Université de Toulouse, Faculté de droit et des sciences économiques, *Mélanges offerts à Jacques Maury*, t. 2, Paris, Dalloz-Sirey, 1960.

DAVID-CONSTANT, S., « La bonne foi : une mer sans rivages », dans DAVID-CONSTANT, S. (dir.), *La bonne foi,* Liège, A.S.B.L., Éditions du Jeune Barreau de Liège, 1990.

DELEURY, É. et D. GOUBAU, *Le droit des personnes physiques,* 2ᵉ éd., Cowansville, Éditions Yvon Blais, 1997.

DELEURY, É. et D. GOUBAU, *Le droit des personnes physiques,* Cowansville, Éditions Yvon Blais, 1994.

DEMOLOMBE, C., *Cours de Code Napoléon,* vol. 24, t. 1, « Traité des contrats ou des obligations conventionnelles en général », Paris, Imprimerie Générale, 1863.

DEMOLOMBE, C., *Cours de Code Napoléon,* vol. 25, t. 2, « Traité des contrats ou des obligations conventionnelles en général », Paris, Imprimerie Générale, 1863.

DEMOLOMBE, C., *Cours de Code Napoléon,* vol. 29, t. 6, « Traité des contrats ou des obligations conventionnelles en général », Paris, Imprimerie Générale, 1863.

DESGORCES, R., *La bonne foi dans les contrats : rôle actuel et perspective,* thèse Paris II, 1992.

DOMAT, J., *Oeuvres complètes,* nouvelle édition revue et corrigée par J. Rémy, t. 1, « Les lois civiles dans leur ordre naturel », Paris, Alex-Gobelet, 1835.

DROGOUL, F., *Essai d'une théorie générale des nullités,* Paris, Rousseau, 1902.

DUBÉ, J.-L. et N. DI IORIO, *Les normes du travail,* 2ᵉ éd., Sherbrooke, Éditions R.D.U.S., 1992.

DUCHARME, L., « Le nouveau droit de la preuve en matières civiles selon le Code civil du Québec », dans Barreau du Québec et Chambre des Notaires du Québec (dir.), *La réforme du Code civil,* t. 3, Sainte-Foy, P.U.L., 1993.

DUCLOS, J., *L'opposabilité : essai d'une théorie générale,* Paris, L.G.D.J., 1984.

DUGRÉ, G. et S. MARTIN, « Les contrats nommés », dans Gil RÉMILLARD (dir.), *Le nouveau Code civil du Québec : un bilan,* Montréal, Wilson et Lafleur, 1995.

DUPEYRON, C., *La régularisation des actes nuls,* Paris, L.G.D.J., 1973.

FABIEN, C., « Le nouveau droit du mandat dans la réforme du Code civil », dans Barreau du Québec et Chambre des Notaires du Québec, *La réforme du Code civil – Obligations, contrats nommés,* t. 2, Sainte-Foy, P.U.L., 1993.

FABIEN, C., « Passage du mandat ordinaire au mandat de protection », dans Service de la formation permanente, Barreau du Québec, vol. 146, *Les mandats en cas d'inaptitude : une panacée ?*, Cowansville, Éditions Yvon Blais, 2001.

FABIEN, C., *Les règles du mandat,* Montréal, Chambre des Notaires du Québec, 1987.

FARIBAULT, L., *Traité de droit civil du Québec*, t. 12, Montréal, Wilson et Lafleur, 1951.

FLOUR, J. et J.-L. AUBERT, *Les obligations*, vol. 1, « L'acte juridique », 6ᵉ éd., Paris, Armand Colin, 1994.

FLOUR, J. et J.-L. AUBERT, *Les obligations,* vol. 1, « L'acte juridique », 7ᵉ éd., Paris, Armand Colin, 1996.

FLOUR, J. et J.-L. AUBERT, *Les obligations,* vol. 2, « Le fait juridique », 8ᵉ éd., Paris, Armand Colin, 1999.

FLOUR, J., J.-L. AUBERT et É. SAVAUX, *Les obligations,* vol. 1, « L'acte juridique », 9ᵉ éd., Paris, Armand Colin, 2000.

GASCON, C., G. AUDET, R. BONHOMME, C. LAMARCHE et L. LESAGE, *Le congédiement en droit québécois en matière de contrat individuel,* 3ᵉ éd., Cowansville, Éditions Yvon Blais, 1991.

GAUDEMET, E., *Théorie générale des obligations*, Paris, Sirey, 1937.

GAUDET, S., « Le droit de l'entrepreneur ou du prestataire de service au gain manqué », *Conférence Meredith 1998-1999,* Cowansville, Éditions Yvon Blais, 2000.

GAUDET, S., « Réflexions sur le droit de l'entrepreneur au gain manqué en cas de résiliation unilatérale du contrat d'entreprise ou de service », *Conférence Meredith, 1998-1999,* Cowansville, Éditions Yvon Blais, 2000.

GAUTRAIS, V., *L'encadrement juridique du contrat électronique international,* thèse de doctorat, Montréal, Faculté des études supérieures, Université de Montréal, 1998.

GAUTRAIS, V., *Le contrat électronique international : encadrement juridique,* Louvain-la-Neuve, Bruylant-Academia/ Bruylant, (édition expérimentale) 2000.

GAZZANIGA, J.-L., *Introduction historique au droit des obligations,* Paris, P.U.F. 1992.

GENDREAU, Y., *La protection des photographies en droit d'auteur français, anglais, américain et canadien*, Paris, L.G.D.J., 1995.

GHASMOUCHI, A., *La limitation de responsabilité des transporteurs dans le cadre du transport maritime sous connaissement*, mémoire de maîtrise, Montréal, Faculté des études supérieures, Université de Montréal, 1998.

GHESTIN, J. et M. BILLIAU, *Traité de droit civil : les obligations : les effets du contrat*, Paris, L.G.D.J., 1992.

GHESTIN, J., C. JAMIN et M. BILLIAU, *Traité de droit civil : les effets du contrat*, 2ᵉ éd., Paris, L.G.D.J., 1994.

GHESTIN, J., *Traité de droit civil — La formation du contrat*, 3ᵉ éd., Paris, L.G.D.J., 1993.

GHESTIN, J., *Traité de droit civil — Les effets du contrat*, 2ᵉ éd., Paris, L.G.D.J., 1994.

GHESTIN, J., *Traité de droit civil — Les obligations — Le contrat : formation*, 2ᵉ éd., t. 2, Paris, L.G.D.J., 1988.

GIFFARD, A.E., *Droit romain et ancien droit français — Les obligations*, Paris, Dalloz, 1958.

GINOSSAR, S., *Droit réel, propriété et créance*, Paris, L.G.D.J., 1960.

GOULET, J., « Un requiem pour les choses sacrées », dans Ernest CAPARROS (dir.), *Mélanges Germain Brière*, « Collection Bleue », Montréal, Wilson et Lafleur, 1993.

GUELFUCCI-THIBIERGE, C., *Nullités, restitutions et responsabilité*, Paris, L.G.D.J., 1992.

GUERRIERO, M.-A., *L'acte juridique solennel*, Paris, L.G.D.J., 1975.

HÉBERT, F., *L'obligation de loyauté du salarié*, Montréal, Wilson et Lafleur, 1995.

HÉLEINE, F., « Le droit des obligations. Une double préoccupation des tribunaux : contrôler les comportements, s'adapter au droit nouveau », dans RÉMILLARD, G. (dir.), *Le nouveau Code civil du Québec : un bilan*, Montréal, Wilson et Lafleur, 1995.

JACOBY, D., *La théorie des risques dans les contrats synallagmatiques parfaits et imparfaits*, Mémoire de D.E.S., Montréal, Faculté des études supérieures, Université de Montréal, 1967.

JAPIOT, R., *Des nullités en matière d'actes juridiques : essai d'une théorie nouvelle*, Paris, L.N.D.J., 1909.

JESTAZ, P., « L'obligation et la sanction : à la recherche de l'obligation fondamentale », dans *Mélanges offerts à Pierre Raynaud*, Paris, Dalloz-Sirey, 1985.

JOBIN, P.-G., « La révision du contrat par le juge dans le Code civil », dans Ernest CAPARROS (dir.), *Mélanges Germain Brière*, « Collection Bleue », Montréal, Wilson et Lafleur, 1993.

JOBIN, P.-G., « La stabilité contractuelle et le *Code civil du Québec* : un rendez-vous tumultueux », *Mélanges Paul-André Crépeau*, Cowansville, Éditions Yvon Blais, 1997.

JOBIN, P.-G., « Les sanctions de l'exécution du contrat », dans Service de la formation permanente, Barreau du Québec, *La réforme du Code civil, cinq ans plus tard*, Cowansville, Éditions Yvon Blais, 1998.

JOBIN, P.-G., *La vente dans le Code civil du Québec*, Cowansville, Éditions Yvon Blais, 1993.

JOBIN, P.-G., *Le louage*, 2ᵉ éd., Cowansville, Éditions Yvon Blais, 1996.

JOBIN, P.-G., *Les contrats de distribution de biens techniques*, Sainte-Foy, P.U.L., 1975.

JOLOWICZ, J.A., « Vue générale du droit anglais », dans JOLOWICZ, J.A. (dir.), *Droit anglais*, 2ᵉ éd., Paris, Dalloz, 1992.

JOSSERAND, L., *Cours de droit civil français*, 3ᵉ éd., vol. 2, Paris, Sirey, 1939.

JOYAL-POUPART, R., *La responsabilité civile en matière de sports au Québec et en France*, Montréal, P.U.M., 1975.

KARIM, V., *Commentaires sur les obligations*, vol. 1, Cowansville, Éditions Yvon Blais, 1997.

KARIM, V., *Commentaires sur les obligations*, vol. 2, Cowansville, Éditions Yvon Blais, 1997.

KOURI, R.P. et S. PHILIPS-NOOTENS, *Le corps humain, l'inviolabilité de la personne et le consentement aux soins : le regard du législateur et des tribunaux civils*, Sherbrooke, Éditions R.D.U.S. 1999.

L'HEUREUX, N. et L. LANGEVIN, *Les cartes de paiement : aspects juridiques*, Sainte-Foy, P.U.L., 1991.

L'HEUREUX, N., *Droit de la consommation,* 5ᵉ éd., Cowansville, Éditions Yvon Blais, 2000.

LAFOND, P.-C., *Précis de droit des biens,* Montréal, Éditions Thémis, 1999.

LAMBERT, J., « La genèse du mandat de protection et quelques autres considérations », dans Service de la formation permanente, Barreau du Québec, vol. 146, *Les mandats en cas d'inaptitude : une panacée ?,* Cowansville, Éditions Yvon Blais, 2001.

LAMONTAGNE, D.-C., *Biens et propriété,* 2ᵉ éd., Cowansville, Éditions Yvon Blais, 1995.

LAMONTAGNE, D.-C., *Biens et propriété,* 3ᵉ éd., Cowansville, Éditions Yvon Blais, 1998.

LAMONTAGNE, D.-C., *Droit de la vente,* Cowansville, Éditions Yvon Blais, 1995.

LANGEVIN, L. et N. VÉZINA, *Obligations, contrats et prescription,* vol. 5, Cowansville, Éditions Yvon Blais, 2000.

LAROMBIÈRE, M.L., *Théorie et pratique des obligations,* t. 2, Paris, Durand, 1857.

LARROUMET, C., *Droit civil,* t. 3, « Les obligations, le contrat », 3ᵉ éd., Paris, Économica, 1996.

LAURENT, F., *Principes de droit civil français,* t. 15, 3ᵉ éd., Bruxelles, Bruylant-Christophe, 1878.

LE TOURNEAU, P., *La règle « nemo auditur »,* Paris, L.G.D.J., 1970.

LECLERC, G., « Rapports canadiens : le contrat en général », dans *Travaux de l'Association Henri-Capitant, Journées Louisianaises, 1992,* Paris, Litec, 1994.

LEFEBVRE, B., « Quelques considérations sur la notion d'ordre public à la lumière du Code civil du Québec », dans Service de la formation permanente, Barreau du Québec, *Développements récents en droit civil* (1994), Cowansville, Éditions Yvon Blais.

LEFEBVRE, B., *La bonne foi dans la formation du contrat,* Cowansville, Éditions Yvon Blais, 1998.

LEFEBVRE, B., *Les clauses d'exclusivité dans les contrats de distribution de biens et services,* mémoire de maîtrise, Montréal, Faculté des études supérieures, Université de Montréal, 1988.

LLUELLES, D. avec la collaboration de B. MOORE, *Droit québécois des obligations,* vol. 1, Montréal, Éditions Thémis, 1998.

LLUELLES, D., *Précis des assurances terrestres,* 3ᵉ éd., Montréal, Éditions Thémis, 1999.

LUCAS DE LEYSSAC, C., « L'obligation de renseignements dans les contrats », dans *L'information en droit privé,* Paris, L.G.D.J., 1978.

LUTZESCO, G., *Théorie & pratique des* nullités, t. 1, « Essai sur les nullités des actes juridiques à caractère patrimonial », Paris, Sirey, 1938.

MALAURIE, M., *Les restitutions en droit civil,* Paris, Cujas, 1991.

MALAURIE, P. et L. AYNÈS, *Cours de droit civil,* t. 6, « Les obligations », 4ᵉ éd., Paris, Cujas, 1994.

MALAURIE, P. et L. AYNÈS, *Cours de droit civil,* t. 6, « Les obligations », 10ᵉ éd., Paris, Cujas, 1999.

MARTINEAU, P., *Traité élémentaire de droit civil — La prescription,* Montréal, P.U.M., 1977.

MARTY, G. et P. RAYNAUD, *Droit civil,* 2ᵉ éd., t. 1, « Les sources », Paris, Sirey, 1988.

MARTY, G. et P. RAYNAUD, *Droit civil,* t. 1, vol. 1, « Introduction générale à l'étude du droit », 2ᵉ éd., Paris, Sirey, 1972.

MARTY, G. et P. RAYNAUD, *Droit civil,* t. 2, vol. 1, « Les obligations », Paris, Sirey, 1962.

MARTY, G. et P. RAYNAUD, *Droit civil,* t. 3, vol. 1, « Les sûretés, la publicité foncière », Paris, Sirey, 1971.

MARTY, G., RAYNAUD, P. et P. JESTAZ, *Droit civil,* 2ᵉ éd., t. 2, « Le régime », Paris, Sirey, 1988.

MASSÉ, C., « La bonne foi dans l'exécution du contrat », dans *Travaux de l'Association Henri-Capitant, Journées Louisianaises, 1992,* Paris, Litec, 1994.

MASSE, C., « La responsabilité civile », dans Barreau du Québec et Chambre des Notaires du Québec (dir.), *La réforme du Code civil,* t. 2., Sainte-Foy, P.U.L., 1993.

MASSE, C., *Loi sur la protection du consommateur : analyse et commentaires,* Cowansville, Éditions Yvon Blais, 1999.

MASSOL, G., *La lésion entre majeurs en droit québécois*, Cowansville, Éditions Yvon Blais, 1989.

MAYRAND, A., *Des quasi-contrats et de l'action de in rem verso*, thèse de doctorat, Montréal, Université de Montréal, 1959.

MAYRAND, A., *Dictionnaire de maximes et locutions latines utilisées en droit*, 3ᵉ éd., Cowansville, Éditions Yvon Blais, 1994.

MAYRAND, A., *Les successions ab intestat*, Montréal, P.U.M., 1971.

MAZEAUD, H., « La lésion dans les contrats », dans *Travaux de l'Association Henri Capitant*, t. 1, Paris, Dalloz, 1946.

MAZEAUD, H., L. MAZEAUD et A. TUNC, *Traité théorique et pratique de la responsabilité civile délictuelle et contractuelle*, 6ᵉ éd., t. 1, Paris, Éditions Montchrestien, 1965.

MAZEAUD, H., L. MAZEAUD, J. MAZEAUD et F. CHABAS, *Leçons de droit civil*, 9ᵉ éd., t. 2, vol. 1, « Obligations, Théorie générale », Paris, Montchrestien, 1989.

MAZEAUD, H., MAZEAUD, L., MAZEAUD, J. et F. CHABAS, *Leçons de droit civil*, 8ᵉ éd., t. 1, vol. 1, « Introduction à l'étude du droit », Paris, Montchrestien, 1986.

MAZEAUD, H., MAZEAUD, L., MAZEAUD, J. et F. CHABAS, *Leçons de droit civil*, 8ᵉ éd., t. 2, vol. 1, « Obligations, Théorie générale », Paris, Montchrestien, 1991.

MESTRE, J., *La subrogation personnelle*, Paris, L.G.D.J., 1979.

MIGNAULT, P.-B., *Le droit civil canadien*, t. 2, Montréal, Théoret, 1896.

MIGNAULT, P.-B., *Le droit civil canadien*, t. 4, Montréal, Théoret, 1899.

MIGNAULT, P.-B., *Le droit civil canadien*, t. 5, Montréal, Théoret, 1901.

MIGNAULT, P.-B., *Le droit civil canadien*, t. 7, Montréal, Théoret, 1906.

MINISTÈRE DE LA JUSTICE, *Commentaires du ministre de la Justice*, Québec, Publications du Québec, 1993.

MOLINARI, P., *Loi annotée des services de santé et des services sociaux*, 10ᵉ éd., Montréal, Wilson et Lafleur, 1998.

MOREAU, M., « L'égalité sous le Code civil ; Enjeux et valeurs d'un Code civil moderne », dans *Enjeux et valeurs d'un Code civil moderne* — *Les journées Maximilien-Caron 1990*, Montréal, Éditions Thémis, 1991.

MOREL, A., *L'évolution de la doctrine de l'enrichissement sans cause*, mémoire de maîtrise, coll. Thémis, Montréal, Université de Montréal, 1955.

NORMAND, S., *Introduction au droit des biens,* Montréal, Wilson et Lafleur, 2000.

O.R.C.C., *Rapport sur le Code civil du Québec*, vol. I, « Projet de Code civil », Québec, Éditeur officiel, 1977, livre I.

O.R.C.C., *Rapport sur le Code civil du Québec*, vol. II, « Commentaires », t. 2, Québec, Éditeur officiel, 1977.

OUELLETTE, M., « Les personnes et la famille », dans Gil RÉMILLARD (dir.), *Le nouveau Code civil du Québec : un bilan*, Montréal, Wilson et Lafleur, 1995.

OURLIAC, P. et J. de MALAFOSSE, *Droit romain et ancien droit*, Paris, P.U.F., 1957.

PAYETTE, L., « Des priorités et des hypothèques », dans Barreau du Québec et Chambre des Notaires du Québec (dir.), *La réforme du Code civil*, t. 3, Sainte-Foy, P.U.L., 1993.

PAYETTE, L., *Les sûretés dans le Code civil du Québec,* Cowansville, Éditions Yvon Blais, 1994.

PELLETIER, B., « L'affaire des trésors de l'Ange-Gardien », dans Ernest CAPARROS (dir.), *Mélanges Germain Brière*, « Collection Bleue », Montréal, Wilson et Lafleur, 1993.

PERELMAN, C., *Logique juridique : nouvelle rhétorique*, 2e éd., Paris, Dalloz, 1979.

PERREAULT, C., *Les clauses pénales*, Cowansville, Éditions Yvon Blais, 1988.

PERROT, R. et P. THÉRY, *Procédures civiles d'exécution,* Paris, Dalloz, 2000.

PICOD, Y., *Le devoir de loyauté dans l'exécution du contrat*, Paris, L.G.D.J., 1989.

PIERRE-FRANÇOIS, G. L., *La notion de dette de valeur en droit civil*, Paris, L.G.D.J., 1975.

PINEAU, J. et D. BURMAN, *Effets du mariage et régimes matrimoniaux*, Montréal, Éditions Thémis, 1984.

PINEAU, J. et D. BURMAN, *Théorie des obligations*, 2ᵉ éd., Montréal, Éditions Thémis, 1988.

PINEAU, J., « Existence et limites de la discrétion judiciaire dans la formation et l'exécution du contrat », dans Service de la formation permanente, Barreau du Québec, *Développements récents en droit commercial* (1996), Cowansville, Éditions Yvon Blais, 1996.

PINEAU, J., « La discrétion judiciaire a-t-elle fait des ravages en matière contractuelle ? », dans Service de la formation permanente, Barreau du Québec, *La réforme du Code civil, cinq ans plus tard (1998)*, Cowansville, Éditions Yvon Blais, 1998.

PINEAU, J., « La philosophie générale du Code civil », dans *Le nouveau Code civil, interprétation et application __ Les Journées Maximilien-Caron 1992*, Montréal, Éditions Thémis, 1993.

PINEAU, J., « Les pouvoirs du juge dans le nouveau Code civil du Québec », dans *Nouveaux juges, nouveaux pouvoirs? Mélanges en l'honneur de Roger Perrot*, Paris, Dalloz, 1996.

PINEAU, J., « Théorie des obligations », dans Barreau du Québec et Chambre des Notaires du Québec (dir.), *La réforme du Code civil*, t. 2, Sainte-Foy, P.U.L., 1993.

PINEAU, J., *La famille : droit applicable au lendemain de la « loi 89 »*, Montréal, P.U.M., 1982.

PINEAU, J., *Le contrat de transport terrestre, maritime, aérien*, Montréal, Éditions Thémis, 1986.

PINEAU, J., *Le nouveau Code civil et les intentions du législateur (1999)*, 3ᵉ conférence Albert-Mayrand, Montréal, Éditions Thémis, 2000.

PINEAU, J., *Traité élémentaire de droit civil — La famille*, Montréal, P.U.M., 1972.

PLANIOL, M. et G. RIPERT, *Traité pratique de droit civil français*, t. 7, « Obligations », Paris, L.G.D.J., 1931.

PLANIOL, M. et G. RIPERT, *Traité pratique de droit civil français*, 2ᵉ éd., t. 6, « Obligations », Paris, L.G.D.J., 1952.

PLANIOL, M. et G. RIPERT, *Traité pratique de droit civil français*, 2ᵉ éd., t. 10, « Contrats civils », Paris, L.G.D.J., 1956.

PLANIOL, M., *Traité élémentaire de droit civil*, 9ᵉ éd., t. 1, Paris, L.G.D.J., 1922.

PLANIOL, M., *Traité élémentaire de droit civil*, 9ᵉ éd., t. 2, Paris, L.G.D.J., 1923.

POPOVICI, A., « De l'impact de la Charte des droits et libertés de la personne sur le droit de la responsabilité civile : un mariage raté », *Conférence Meredith, 1998-1999*, Cowansville, Éditions Yvon Blais, 2000.

POPOVICI, A., « Les contrats d'adhésion : un problème dépassé? », dans Adrian POPOVICI (dir.), *Problèmes de droit contemporain, Mélanges Louis Baudouin*, Montréal, P.U.M., 1974.

POPOVICI, A., *L'outrage au tribunal*, Montréal, Éditions Thémis, 1977.

POPOVICI, A., *La couleur du mandat*, Montréal, Éditions Thémis, 1995.

PORTALIS, « Discours préliminaire », dans François EWALD (dir.), *Naissance du Code Civil, An VII — an XII — 1800 - 1804*, Paris, Flammarion, 1989.

POTHIER, R.-J., *Oeuvres de Pothier*, 2ᵉ éd., t. 2, annotées et mises en corrélation avec le Code civil et la législation actuelle par Bugnet, Paris, Plon, 1861.

PRATTE, D., *Priorités et hypothèques*, Sherbrooke, Les Éditions Revue de droit de l'Université de Sherbrooke, 1995.

Précis élémentaire de droit romain, Paris, Sirey, 1926.

RAINVILLE, P., « De la connaissance à la reconnaissance en matière de gestion d'affaires », dans BAUDOUIN, J.-L., J.-M. BRISSON, F. CHEVRETTE, P.-A. CÔTÉ, N. KASIRER et G. LEFEBVRE (dir.), *Mélanges Jean Beetz*, Montréal, Éditions Thémis, 1995.

RANOUIL, V., *L'automie de la volonté, naissance et évolution d'un concept*, Paris, P.U.F., 1980.

RIEG, A., « La punctation : contribution à l'étude de la formation du contrat », dans JAUFFRET, A. (dir.), Études offertes à Alfred Jauffret, Aix-en-Provence, Faculté de droit et des sciences politiques d'Aix-Marseille, 1974.

RIPERT, G. et J. BOULANGER, *Traité de droit civil*, t. 2. Paris, L.G.D.J., 1957.

RIPERT, G., *Aspects juridiques du capitalisme moderne*, 2ᵉ éd., Paris, L.G.D.J., 1951.

RIPERT, G., *La règle morale dans les obligations civiles*, 4ᵉ éd., Paris, L.G.D.J., 1949.

RIPERT, G., *Le régime démocratique et le droit civil moderne*, 2ᵉ éd., Paris, L.G.D.J., 1948.

RIPERT, G., *Les forces créatrices du droit*, 2ᵉ éd., Paris, L.G.D.J., 1994.

ROBERT, P., *Le nouveau Petit Robert : dictionnaire alphabétique et analogique de la langue française*, Paris, Dictionnaires Le Robert, 1993.

ROLAND, H. et L. BOYER, *Adages du droit français*, 2ᵉ éd., t. 2, Lyon, L'Hermès, 1986.

ROLLAND, L., « La simulation dans le droit civil des obligations : le mensonge révélateur », dans KASIRER, N. (dir.), *Le faux en droit privé*, Montréal, Éditions Thémis, 2000.

ROUBIER, P., *Le droit transitoire : conflits des lois dans le temps*, 2ᵉ éd., Paris, Dalloz, 1960.

ROY, A., « Les régimes de protection du majeur inapte », dans Chambre des notaires du Québec (dir.), *Procédures non contentieuses – Doctrine – Document 5*, Montréal, Chambre des notaires du Québec, septembre 2000.

ROY, P., *Les dommages exemplaires en droit québécois, instrument de revalorisation de la responsabilité civile*, thèse de doctorat, Montréal, Faculté des études supérieures, Université de Montréal, 1995.

SALEILLES, R., *Essai d'une théorie générale de l'obligation d'après le projet de Code civil allemand*, Paris, F. Pichon, 1890.

SCHMIDT, J., *Négociation et conclusion de contrats*, Paris, Dalloz, 1982.

SÉRIAUX, A., *Droit des obligations*, Paris, P.U.F., 1992.

SIMLER, P., *La nullité partielle des actes juridiques*, Paris, L.G.D.J., 1969.

SIROIS, L.-P., *Tutelles et curatelles*, Québec, Action Sociale, 1911.

SOLUS, H. et R. PERROT, *Droit judiciaire privé*, t. 1, Paris, Sirey, 1961.

STARCK, B., H. ROLAND et L. BOYER, *Droit civil. Les obligations*, 6ᵉ éd., vol. 2, « Contrat », Paris, Litec, 1998.

STARCK, B., H. ROLAND et L. BOYER, *Obligations,* 5ᵉ éd., vol. 3, « Régime général », Paris, Litec, 1997.

STARCK, B., H. ROLAND et L. BOYER, *Obligations,* 4ᵉ éd., vol. 2, « Contrat », Paris, Litec, 1992.

STOFFEL-MUNCK, P., *L'abus dans le contrat, essai d'une théorie,* thèse Aix-Marseille, 1999.

TANCELIN, M., *Des obligations, actes et responsabilités,* 6ᵉ éd., Montréal, Wilson et Lafleur, 1997.

TANCELIN, M., *Des obligations, contrat et responsabilité,* 4ᵉ éd., Montréal, Wilson et Lafleur, 1988.

TANCELIN, M., *Des obligations,* vol. 1, « L'acte juridique légitime », Montréal, Wilson et Lafleur, 1994.

TANCELIN, M., *Des obligations,* vol. 2, « L'acte illégitime et les modes d'exécution », Montréal, Wilson et Lafleur, 1994.

TANCELIN, M., *Des obligations,* vol. 3, « Les techniques d'exécution et d'extinction », Montréal, Wilson et Lafleur, 1994.

TERRÉ, F., P. SIMLER et Y. LEQUETTE, *Droit civil – Les obligations,* 5ᵉ éd., Paris, Dalloz, 1993.

TERRÉ, F., P. SIMLER et Y. LEQUETTE, *Droit civil – Les obligations,* 6ᵉ éd., Paris, Dalloz, 1996.

TERRÉ, F., P. SIMLER et Y. LEQUETTE, *Droit civil – Les obligations,* 7ᵉ éd., Paris, Dalloz, 1999.

VACHON, P., « La notion d'entreprise de l'article 1525 C.c.Q. et son impact sur les transactions immobilières », dans BARREAU DU QUÉBEC, *Développements récents en droit commercial* (1995), Cowansville, Éditions Yvon Blais, 1995.

VEAUX, D., *J.-Cl. civ., Contrats et obligations — Effets de la nullité,* art. 1304-1314, fasc. 50.

VERNET, P., *Textes choisis sur la théorie des obligations en droit romain,* Paris, Durand, 1865.

VINEY, G., *Les obligations, la responsabilité : effets,* Paris, L.G.D.J., 1988.

VINEY, G., *Traité de droit civil — La responsabilité : conditions,* Paris, L.G.D.J., 1982.

WEILL, A. et F. TERRÉ, *Droit civil — Introduction générale,* 4ᵉ éd., Paris, Dalloz, 1979.

WEILL, A. et F. TERRÉ, *Droit civil — Les obligations*, 4ᵉ éd., Paris, Dalloz, 1986.

WEILL, A., « Connaissance du motif illicite ou immoral déterminant et exercice de l'action en nullité », dans *Mélanges dédiés à Gabriel Marty*, Toulouse, Université des sciences sociales de Toulouse, 1978.

WEILL, A., F. TERRÉ et P. SIMLER, *Droit civil — Les biens*, 3ᵉ éd., Paris, Dalloz, 1985.

WEIR, J.A., « Droit des contrats », dans John Anthony JOLOWICZ (dir.), *Droit anglais*, 2ᵉ éd., Paris, Dalloz, 1992.

ZACHARIAE, K.-S., *Le droit civil français*, t. 1, traduit par G. MASSÉ et C. VERGÉ, Paris, Durand, 1854.

Articles de revue

AUBERT, J.-L., « À propos d'une distinction renouvelée des parties et des tiers », *Rev. trim. dr. civ.* 1993.263.

AUBERT, J.-L., « Le droit pour le créancier d'agir en nullité des actes passés par son débiteur », *Rev. trim. dr. civ.* 1969.692.

BANDRAC, M. et P. CROCQ, « Sûretés, publicité foncière », *Rev. trim. dr. civ.* 1997.704.

BARRÉ, X., « Nullité et inexistence ou les bégaiements de la technique juridique en France », (1992) 26 *R.J.T.* 21.

BAUDOUIN, J.-L., « L'état de nécessité dans les contrats », (1963) 13 *R.J.T.* 170.

BERGERON, T.-L., « Des ventes dites conditionnelles », (1962) 22 *R. du B.* 150.

BICH, M.-F., « Du contrat individuel de travail en droit québécois : essai en forme de point d'interrogation », (1986) 17 *R.G.D.* 85.

BISSON, A.-F., « Nouveau Code civil et jalons pour l'interprétation : traditions et transitions », (1992) 23 *R.D.U.S.* 1.

BOHÉMIER, A., « Le recours paulien en matière de faillite, conditions d'exercice et prescription, quoi de neuf ? », (1979) 39 *R. du B.* 655.

BOIVIN, D.W., « La bonne foi et l'indemnisation des personnes assurées », (1998) 43 *R.D. McGill* 222.

BRIÈRE, G., « Le juriste à la recherche de la sanction appropriée », (1969) 4 *R.J.T.* 1.

CALAIS-AULOY, J., « L'influence du droit de la consommation sur le droit civil des contrats », *Rev. trim. dr. civ.* 1994.239.

CANTIN CUMYN, M., « La proriété fiduciaire : mythe ou réalité? », (1984) 15 *R.D.U.S.* 7.

CARBONNIER, J., « Contrats spéciaux », *Rev. trim. dr. civ.* 1955.128.

CARDINAL, J.-G., « Billet souscrit par un mineur – Nullité sans preuve de lésion – article 1009 C.c. », (1956-57) 59 *R. du N.* 561.

CARDINAL, J.-G., « Mineur émancipé – Art. 320 C.c. – Capacité d'être défendeur, sans assistance, dans une action en dommages-intérêts », (1959-60) 62 *R. du N.* 284.

CARIGNAN, P., « La compétence législative en matière de faillite et d'insolvabilité », (1979) 57 *R. du B. can.* 47.

CARON, Y., « Dommages intérêts et clause pénale », (1971-72) 74 *R. du N.* 328.

CATALA-FRANJOU, N., « De la nature juridique du droit de rétention », *Rev. trim. dr. civ.* 1967.9.

CHARBONNEAU, P., « Les patrimoines d'affectation : vers un nouveau paradigme en droit québécois du patrimoine », (1983) 85 *R. du N.* 491.

CHARPENTIER, É.M., « Le rôle de la bonne foi dans l'élaboration de la théorie du contrat », (1995-96) 26 *R.D.U.S.* 299.

CIOTOLA, P., « Les cessions de créance : modalités de réalisation et conflits de collocation », (1983) 17 *R.J.T.* 365.

COHET-CORDEY, F., « La valeur explicative de la théorie du patrimoine en droit positif français », *Rev. trim. dr. civ.* 1996.819.

COMTOIS, R. et Y. DESJARDINS, « Le jugement *Durand* et la subrogation », (1996) 98 *R. du N.* 232.

COMTOIS, R., « Mineur – Convention aux fins d'appliquer les dispositions d'un testament nul – Transaction non autorisée », (1964-65) 67 *R. du N.* 303.

CORDEIRO, M., « La bonne foi à la fin du vingtième siècle », (1995-96) 26 *R.D.U.S.* 223.

CORNU, G., « Contrats spéciaux », *Rev. trim. dr. civ.* 1963.364.

CRÉPEAU, P.-A., « La fonction du droit des obligations », (1998) 43 *R.D. McGill* 721.

CRÉPEAU, P.-A., « Le contenu obligationnel d'un contrat », (1965) 43 *R. du B. can.* 1.

CRÉPEAU, P.-A., « Réflexions sur le fondement juridique de la responsabilité civile du transport de personnes », (1960-61) 7 *R.D. McGill* 225.

CROTEAU, N., « Le contrôle des clauses abusives dans le contrat d'adhésion et la notion de bonne foi », (1995-96) 26 *R.D.U.S.* 401.

CUMYN, M., « Les restrictions à la liberté d'aliéner dans le *Code civil du Québec* », (1994) 39 *R.D. McGill* 877.

DAGORNE-LABBÉ, Y., « La délégation imparfaite de créance et le mandat : distinctions », D. 1991.JP.488.

DE JUGLART, M., « L'obligation de renseignements dans les contrats », *Rev. trim. dr. civ.* 1945.1.

DELEURY, É., « Une perspective nouvelle : le sujet reconnu comme objet du droit », (1972) 13 *C. de D.* 529.

DOYON, J.-M., « Droit, Loi et Équité », (1995) 26 *R.G.D.* 325.

DUBREUIL, C. et B. LEFEBVRE, « L'ordre public et les rapports patrimoniaux dans les relations de couple », (1999) 40 *C. de D.* 345.

DUPIN, F., « Protection des personnes inaptes : l'intérêt et l'autonomie du majeur protégé », (1997) 57 *R. du B.* 159.

FABRE-MAGNAN, M., « Le mythe de l'obligation de donner », *Rev. trim. dr. civ.* 1996.85.

FERRIER, D., « La détermination du prix dans les contrats stipulant une obligation d'approvisionnement exclusif », D. 1991.1.chr.237.

FOUCHARD, P., « L'injonction judiciaire et l'exécution en nature : éléments de droit français », (1989) 20 *R.G.D.* 31.

FRISON-ROCHE, M.-A., « L'indétermination du prix », *Rev. trim. dr. civ.* 1992.269.

GAGNON, P., « L'équité contractuelle en droit du logement depuis 1994 et l'interdiction conventionnelle relative aux animaux favoris », (1999) 59 *R. du B.* 333.

GALLOUX, J.C., « Réflexions sur la catégorie des choses hors commerce : l'exemple des éléments et des produits du corps humain en droit français », (1989) 30 *C. de D.* 1011.

GARDNER, D., « Un jalon dans l'établissement d'un nouvel ordre contractuel ? : *Houle* c. *Banque canadienne nationale* », (1991) 70 *R. du B. can.* 760.

GASCON, C., « Clauses restrictives : le tribunal peut-il en devenir le rédacteur? », (1993) 53 *R. du B.* 399.

GAUDET, S. et R.P. KOURI, « Contrats entre non-présents et contrats entre présents : y a-t-il une différence? », (1989) 20 *R.D.U.S.* 175.

GAUDET, S., « Chronique bibliographique », (1991) 36 *R.D. McGill* 235.

GAUDET, S., « Inexistence, nullité et annulabilité : essai de synthèse », (1995) 40 *R.D. McGill* 291.

GAUDET, S., « L'illusion de la lésion », (1988) 19 *R.D.U.S.* 15.

GAUDET, S., « Le droit à la réparation en nature en cas de violation d'un droit personnel *ad rem* », (1989) 19 *R.D.U.S.* 473.

GAUDET, S., « Le rôle de l'État et les modifications aux principes généraux du droit », (1993) 34 *C. de D.* 817.

GAUTHIER, P.-Y., « Contrats spéciaux », *Rev. trim. dr. civ.* 1992.403.

GAUTHIER, P.-Y., « Contrats spéciaux », *Rev. trim. dr. civ.* 1998.925.

GAUTRAIS, V., « La formation des contrats par télécopieur », (1995) 29 *R.J.T.* 377.

GAUTRAIS, V., « Une approche théorique des contrats : application à l'échange de documents informatisés », (1996) 37 *C. de D.* 121.

GHESTIN, J., « L'arrêt *Kravitz* et le droit positif français sur la garantie des vices cachés », (1979-80) 25 *R.D. McGill* 315.

GHESTIN, J., « La distinction entre les parties et les tiers au contrat », J.C.P.1992.I.3628.

GHESTIN, J., « Nouvelles propositions pour un renouvellement de la distinction des parties et des tiers », *Rev. trim. dr. civ.* 1994.777.

GRENIER, B., « Dommages-intérêts conventionnels ayant pour objet les frais extrajudiciaires », (1972) 13 *C. de D.* 477.

GRENIER, B., « Les précédents valent ce que valent leurs motifs », (1974-75) 77 *R. du N.* 317.

GRENIER, B., « Obligations hypothécaires et dommages-intérêts conventionnels », (1974-75) 77 *R. du N.* 63.

GRENON, A., « Le crédit-bail et la vente à tempérament dans le *Code civil du Québec* », (1994) 25 *R.G.D.* 217.

GUELFUCCI-THIBIERGE, « De l'élargissement de la notion de parties au contrat... à l'élargissement de la portée du principe de l'effet relatif », *Rev. trim. dr. civ.* 1994.275.

GUILLEMARD, S., « Qualification juridique de la négociation d'un contrat et nature de l'obligation de bonne foi », (1994) 25 *R.G.D.* 49.

GUILLEMARD, S., « Tentative de description de l'obligation de bonne foi, en particulier dans le cadre des négociations précontractuelles », (1993) 24 *R.G.D.* 369.

HAANAPPEL, P.P.C., « L'étendue des obligations découlant de la loi seule : commentaires sur l'affaire Lapierre », (1986) 20 *R.J.T.* 321.

HÉLEINE, F., « Le devenir d'une clause normalement soumise à l'ordre public jurisprudentiel ancien et légalisée par le droit nouveau », (1995) 3 *Repères* 6.

HÉLEINE, F., « Le refinancement d'un prêt par subrogation : trois décisions clefs en moins d'un an », (1995) 97 *R. du N.* 180.

HÉRON, J., « Étude structurale de l'application de la loi dans le temps », *Rev. trim. dr. civ.* 1985.277.

HUBERT, M., « Observations sur la nature et la validité de la clause d'échelle mobile », *Rev. trim. dr. civ.* 1947.1.

JAUFFRET SPINOSI, C., « La réforme des obligations : une perspective de droit comparé », (1989) 30 *C. de D.* 657.

JEANDIDIER, W., « L'exécution forcée des obligations contractuelles de faire », *Rev. trim. dr. civ.* 1976.700.

JÉOL, M., « Le contenu juridique des décisions du 1er décembre 1995 », *R.T.D. Com.* 1997.1.

JOBIN, G., « Les clauses abusives », (1996) 75 *R. du B. can.* 503.

JOBIN, P.-G., « Équité et sévérité dans la sanction d'une faute contractuelle », (1999) 78 *R. du B. can.* 220.

JOBIN, P.-G., « L'arrêt *Kravitz* : une réponse qui soulève plus d'une question », (1979-80) 25 *R.D. McGill* 296.

JOBIN, P.-G., « Le défaut de consentement », (1966-67) 8 *C. de D.* 225.

JOBIN, P.-G., « Les effets du droit pénal ou administratif sur le contrat : où s'arrêtera l'ordre public? », (1985) 45 *R. du B.* 655.

JOBIN, P.-G., « Les prochaines dispositions sur l'exploitation », (1979) 10 *R.G.D.* 132.

JOURDAIN, P., « Responsabilité délictuelle et responsabilité contractuelle », *Rev. trim. dr. civ.* 1998.680.

JUKIER, R., « The Emergence of Specific Performance as a Major Remedy in Quebec Law », (1987) 47 *R. du B.* 47.

JUTRAS, D., « Le tiers trompé (à propos de l'affaire *Bail Ltée*) », (1993) 72 *R. du B. can.* 28.

KARIM, V., « L'ordre public en droit économique : contrats, concurrence, consommation », (1999) 40 *C. de D.* 403.

KARIM, V., « Les recours appropriés en cas d'une offre ou promesse acceptée : l'action en passation de titre, l'action en exécution forcée et l'action en dommages-intérêts », (1991-92) 94 *R. du N.* 3.

KARIM, V., « Preuve et présomption de bonne foi », (1995-96) 26 *R.D.U.S.* 429.

KLOTZ, A., « Le droit au secours dans la province de Québec », (1991) 21 *R.D.U.S.* 479.

KOURI, R.P. et C. LEMIEUX, « La gestion d'affaires inopportune, l'indemnisation du faux gérant, et la portée de l'article 1490 C.c.Q. », (1993) 23 *R.D.U.S.* 501.

KOURI, R.P., « Le contractant de bonne foi et la cause illégale : réflexions sur le mutisme du législateur », (2000) 102 *R. du N.* 170.

KOURI, R.P., « The Putting in Default », (1971) 2 *R.D.U.S.* 1.

KRAUSS, M., « L'affaire Lapierre : Vers une théorie économique de l'obligation quasi-contractuelle », (1985-86) 31 *R.D. McGill* 683.

L'HEUREUX, N., « Le recouvrement de créances : une nouvelle protection pour le consommateur », (1982) 42 *R. du B.* 111.

LAFOND, P.-C., « Contours et ramifications de la "nouvelle" définition du contrat de consommation du *Code civil du Québec* », (1996) 56 *R. du B.* 569.

LALONDE, M., « Le juste prix dans notre droit de la vente », (1954-55) 1 *C. de D.* 54.

LANGEVIN, L., « L'affaire *Cooke* c. *Suite* : la reconnaissance de la "grossesse préjudice", mais à quel prix ? », (1996) 56 *R. du B.* 125.

LAROUCHE, A., « Droit des obligations », (1978) 9 *R.G.D.* 73.

LE TOURNEAU, P., « De l'allègement de l'obligation de renseignements ou de conseil », *D.* 1987.1.chr.101.

LE TOURNEAU, P., *J.-Cl. Civ.*, v° Contrats et obligations, fasc. 30.

LE TOURNEAU, P., *Rép. civ.* Dalloz, v° Bonne foi, n° 24.

LE TOURNEAU, P., *Rép. civ.*, Dalloz, v° Bonne foi, n° 1.

LECENE-MARÉNAUD, M., « Le rôle de la faute dans les quasi-contrats », *Rev. trim. dr. civ.* 1994.515.

LECLERC, G., « La bonne foi dans l'exécution des contrats », (1992) 37 *R.D. McGill* 1070.

LEDUC, F., « Réflexions sur la convention de prête-nom, contribution à l'étude de la représentation imparfaite », *R.T.D.C.* 1999.283.

LEFEBVRE, B., « La bonne foi dans la formation du contrat », (1992) 37 *R.D. McGill* 1053.

LEFEBVRE, B., « La justice contractuelle : mythe ou réalité ? », (1996) 37 *C. de D.* 17.

LEFEBVRE, B., « Le bonne foi : notion protéiforme », (1995-96) 26 *R.D.U.S.* 321.

LEMIEUX, M., « La compensation dans un contexte de proposition et de faillite », (1999) 59 *R. du B.* 321.

LEMIEUX, M., « Les clauses abusives dans les contrats d'adhésion », (2000) 41 *C. de D.* 61.

LETURMY, L., « La responsabilité délictuelle du contractant », *Rev. trim. dr. civ.* 1998.838.

LLUELLES, D. » Le transfert au sous-acquéreur de la garantie légale des vices cachés due par le fabricant, vendeur initial — Les lumières et les ombres de la décision *Kravitz* de la Cour suprême », (1979-80) 14 *R.J.T.* 7.

LOISEAU, G., « Des droits patrimoniaux de la personnalité en droit français », (1997) 42 *R.D. McGill* 319.

LOISEAU, G., « Ombre et lumière sur les interdits à la compensation », J.C.P.1997.I.22932.

MACDONALD, R., « Reconceiving the symbols of Property : Universalities, interests and other heresies », (1994) 39 *R.D. McGill* 761.

MARTIN, D.R., « L'engagement des codébiteurs solidaires adjoints », *Rev. trim. dr. civ.* 1994.49.

MARTIN, S., « Pour une réception de la théorie de l'imprévision en droit positif québécois », (1993) 34 *C. de D.* 599.

MASSE, C., « L'équité contractuelle », (1979) *Meredith Lect.* 48.

MASSE, C., « La réforme du droit des obligations. L'Avant-projet de Loi et la protection des consommateurs », (1989) 30 *C. de D.* 827

MASSÉ, G., « L'exécution des obligations via l'astreinte française et l'injonction québécoise », (1984) 44 *R. du B.* 659.

MAYRAND, A., « Conflit de deux libertés : Liberté de religion et liberté de tester », (1962-63) 65 *R. du N.* 383.

MAYRAND, A., « L'énigme des fautes simultanées », (1958) 18 *R. du B.* 1.

MAZEAUD, L., « De la distinction des jugements déclaratifs et des jugements constitutifs de droits », *Rev. trim. dr. civ.* 1929.17.

MESTRE, J., « Conditions purement et simplement potestatives », *Rev. trim. dr. civ.* 1990.284.

MESTRE, J., « De la renonciation au bénéfice d'une règle d'ordre public de protection », *Rev. trim. dr. civ.* 1998.670.

MESTRE, J., « Double facette de l'indivisibilité entre contrats », *Rev. trim. dr. civ.* 1995.363.

MESTRE, J., « L'illicité de la cause s'apprécie lors de la formation du contrat », *Rev. trim. dr. civ.* 1998.669.

MESTRE, J., « La déchéance du terme pour diminution des sûretés », *Rev. trim. dr. civ.* 1995.110.

MESTRE, J., « La pluralité d'obligés accessoires », *Rev. trim. dr. civ.* 1981.1.

MESTRE, J., « Le rappel des conditions de l'obligation *in solidum* », *Rev. trim. dr. civ.* 1991.528.

MESTRE, J., « Le silence observé en fin de période d'essai sur le sort du contrat rend celui-ci parfait », *Rev. trim. dr. civ.* 1999.376.

MESTRE, J., « Obligations en général », *Rev. trim. dr. civ.* 1994.849.

MESTRE, J., « Obligations en général », *Rev. trim. dr. civ.* 1994.343.

MESTRE, J., « Obligations en général », *Rev. trim. dr. civ.* 1994.584.

MESTRE, J., « Obligations en général », *Rev. trim. dr. civ.* 1994.860.

MESTRE, J., « Obligations en général », *Rev. trim. dr. civ.* 1995.618.

MESTRE, J., « Obligations en général », *Rev. trim. dr. civ.* 1995.93.

MESTRE, J., « Obligations en général », *Rev. trim. dr. civ.* 1995.113.

MESTRE, J., « Obligations en général », *Rev. trim. dr. civ.* 1996.145.

MESTRE, J., « Obligations en général », *Rev. trim. dr. civ.* 1996.383.

MESTRE, J., « Obligations en général », *Rev. trim. dr. civ.* 1996.618.

MESTRE, J., « Obligations en général », *Rev. trim. dr. civ.* 1998.97.

MESTRE, J., « Obligations en général », *Rev. trim. dr. civ.* 1998.377.

MESTRE, J., « Obligations en général », *Rev. trim. dr. civ.* 1999.831.

MESTRE, J., « Obligations en général », *Rev. trim. dr. civ.* 1999.78.

MESTRE, J., « Obligations et contrats spéciaux », *Rev. trim. dr. civ.* 1995.351.

MESTRE, J., « Obligations et contrats spéciaux », *Rev. trim. dr. civ.* 1997.115.

MESTRE, J., « Solidarité passive et paiement de l'intégralité du prix par l'un des codébiteurs », *Rev. trim. dr. civ.* 1998.906.

MIGNAULT, P.-B., « L'enrichissement sans cause », (1934-35) 13 *R. du D.* 157.

MOISAN, P., « Technique contractuelle et gestion des risques dans les contrats internationaux : les cas de force majeure et d'imprévision », (1994) 35 *C. de D.* 281.

MOLINARI, P., « Le droit de la personne sur son image en droit québécois et français », (1977) 12 *R.J.T.* 95.

MOORE, B., « À la recherche d'une règle générale régissant les clauses abusives en droit québécois », (1994) 28 *R.J.T.* 177.

MOORE, B., « De l'acte et du fait juridique ou d'un critère de distinction incertain », (1997) 31 *R.J.T.* 277.

MOORE, B., « L'offre dans un contrat d'assurance : une divergence qui en appelle une autre », (1998) 32 *R.J.T.* 361.

MOURY, J., « De l'indivisibilité entre les obligations et entre les contrats », *Rev. trim. dr. civ.* 1994.255.

MOUSSERON, J.-M., « Conduite des négociations contractuelles et responsabilité civile délictuelle », *R.T.D.Com.* 1998.243.

MOUSSERON, J.-M., « Le droit de la négociation contractuelle », (1995) 29 *R.J.T.* 287.

NAJJAR, I., « L'autonomie de la lettre de confort », D. 1989.chr.217.

NDOKO, N.-C., « Les mystères de la compensation », *Rev. trim. dr. civ.* 1991.661.

NEWMAN, H., « The Doctrine of the Cause or Consideration in the Civil Law », (1952) 30 *R. du B. can.* 662.

OPPETIT, B., « L'engagement d'honneur », D. 1979.chr.107.

OTIS, L., « L'ordre public dans les relations de travail », (1999) 40 *C. de D.* 381.

PATARIN, J., « Successions et libéralités », *Rev. trim. dr. civ.* 1990.126.

PAYETTE, L., « Cession de créances en garantie », (1968) 3 *R.J.T.* 281.

PIGNARRE, G., « À la redécouverte de l'obligation de *praestare* », *Rev. trim. dr. civ.* 2001.41.

PINEAU, J., « À la recherche d'une solution au problème de la promesse de vente », (1964-65) 67 *R. du N.* 387.

PINEAU, J., « L'ordre public dans les relations de famille », (1999) 40 *C. de D.* 323.

PINEAU, J., « Quelques réflexions sur la formule LLoyd du contrat d'assistance maritime », (1964) 24 *R. du B.* 528.

POISSON-DROCOURT, É., « Les restitutions entre les parties consécutives à l'annulation d'un contrat », *D.* 1983.1.chr.85.

POPOVICI, A. et C. CORBEIL, « La subrogation consentie par le débiteur qui supporte la charge définitive de la dette », (1999) 33 *R.J.T.* 277.

POPOVICI, A., « Le nouveau Code civil et les contrats d'adhésion », (1992) *Meredith Lect.* 137.

POPOVICI, A., « Les avant-contrats », (1995) 1 *C.P. du N.* 133.

POPOVICI, A., « Notes de terminologie juridique autour de la résolution du contrat », (1970-71) 73 *R. du N.* 343.

POUDRIER-LEBEL, L., « L'interprétation des contrats et la morale judiciaire », (1993) 27 *R.J.T.* 581.

POULIN, M. et C. LEBLANC, « La subrogation par le débiteur : une technique de l'ancien droit à la mode d'aujourd'hui », (1982-83) 85 *R. du N.* 49.

PRATTE, D., « Le prêt de consommation : contrat réel ou consensuel », (1988-89) 19 *R.D.U.S.* 287.

PRUJINER, A., « L'adaptation forcée du contrat par arbitrage », (1992) *R.D. McGill* 428.

RÉMY, P., « Contrats spéciaux », *Rev. trim. dr. civ.* 1984.522.

RÉMY, P., « La responsabilité contractuelle : histoire d'un faux concept », *Rev. trim. dr. civ.* 1997.323.

ROCHE-DAHAN, J., « L'exception d'inexécution, une forme de résolution unilatérale du contrat synallagmatique », D. 1994.chron. 255.

ROLLAND, L., « La bonne foi dans le *Code civil du Québec* : du général au particulier », (1995-96) 26 *R.D.U.S.* 377.

ROLLAND, L., « Les figures contemporaines du contrat et le *Code civil du Québec* », (1999) 44 *R.D. McGill* 1903.

ROSENSWEIG, R., « Unilateral Resolution, the State of Law and the Civil Code of Quebec », (1994-95) 97 *R. du N.* 3.

SCHMIDT-SZALEWSKI, J., « Les conséquences de l'annulation d'un contrat », J.C.P. 1989.I.3397.

SÉRIAUX, A., « La notion juridique de patrimoine », *Rev. trim. dr. civ.* 1994.801.

SHEPPARD, C.-A., « Do mandatory Injunctions Exist in Quebec Law? », (1963) 9 *R.D. McGill* 41.

SOURIOUX, J.-L., « *Vassili Christianos* – L'obligation d'informer dans la vente des produits mobiliers », (1989) 41 *R.I.D.C.* 1067.

STARCK, B., « Le contrat conclu en violation des droits d'autrui », J.C.P. 1954.I.1180.

TALLON, D., L'inexécution du contrat : pour une autre présentation », *Rev. trim. dr. civ.* 1994.223.

TANCELIN, M., « L'égalité douteuse de la résolution conventionnelle de plein droit de la vente d'immeuble », (1967-68) 9 *C. de D.* 293.

TÔTH, F. et N. VÉZINA, « La bonne foi des parties au contrat à titre onéreux dans l'action en inopposabilité : réforme ou *statu quo* ? », (1992-93) 23 *R.D.U.S.* 215.

TURGEON, H., « Jurisprudence. Bail perpétuel », (1942-43) 45 *R. du N.* 89.

VATINET, R., « Le mutuus dissensus », *Rev. trim. dr. civ.* 1987.252.

VÉZINA, N., « La demeure, le devoir de bonne foi et la sanction extrajudiciaire des droits du créancier », (1995-96) 26 *R.D.U.S.* 455.

VÉZINA, N., « Les articles 1459 à 1469 C.c.Q. et la responsabilité civile contractuelle : plaidoyer en faveur d'une thèse dite "restrictive" », (1996) 75 *R. du B. can.* 604.

VÉZINA, N., « Préjudice matériel, corporel et moral : variations sur la classification tripartite du préjudice dans le nouveau droit de la responsabilité », (1993) 24 *R.D.U.S.* 161.

VILLAGI, J.-P., « La convention collective et l'obligation de négocier de bonne foi : leçons du droit du travail », (1995-96) 26 *R.D.U.S.* 355.

VINEY, G., « Pour une interprétation modérée et raisonnée du refus d'option entre responsabilité contractuelle et responsabilité délictuelle », (1994) 39 *R.D. McGill* 813.

WEBER, W.S., « Defence and Cross-demand », (1952) 12 *R. du B.* 335.

ZÉNATI, F., « Propriété et droits réels », *Rev. trim. dr. civ.* 1991.560.

TABLE ALPHABÉTIQUE DES MATIÈRES

(Les chiffres renvoient aux numéros des paragraphes)

TABLE ANALYTIQUE DES MATIÈRES

INTRODUCTION

CHAPITRE I
LES CONDITIONS DE FORMATION DU CONTRAT

b) L'incapacité juridique

Par. 2. *L'objet*

A. La validité des prestations

a) La prestation doit être déterminée ou déterminable

Section 1. La détermination du contenu contractuel

Section 2. Le contrôle du contenu du contrat d'adhésion ou de consommation

LIVRE II
LES EFFETS DES OBLIGATIONS

TITRE I
L'EXÉCUTION DES OBLIGATIONS

CHAPITRE I
RÈGLES GÉNÉRALES D'EXÉCUTION DES OBLIGATIONS

**TITRE II
L'INEXÉCUTION DES OBLIGATIONS**

**CHAPITRE I
LES RÈGLES SPÉCIALES
AUX OBLIGATIONS CONTRACTUELLES**

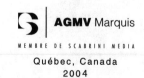

MEMBRE DE SCABRINI MEDIA

Québec, Canada
2004